中国石油云南销售公司志
（1999—2018）

中国石油云南销售公司　编

石油工业出版社

图书在版编目（CIP）数据

中国石油云南销售公司志：1999—2018/中国石油云南销售公司编．—北京：石油工业出版社，2019.4
　ISBN 978-7-5183-3217-5

Ⅰ．①中⋯　Ⅱ．①中⋯　Ⅲ．①石油销售企业－概况－云南－1999—2018　Ⅳ．① F426.22

中国版本图书馆CIP数据核字（2019）第042449号

中国石油云南销售公司志 1999—2018
ZHONGGUO SHIYOU YUNNAN XIAOSHOU GONGSIZHI 1999—2018

出版发行：石油工业出版社
　　　　　（北京安定门外安华里2区1号　100011）
　　　　网　　址：www.petropub.com
　　　　图书营销中心：(010) 64523731
　　　　编 辑 部：(010) 64244178　64523591
　　　　电子邮箱：nianjian@cnpc.com.cn
经　　销：全国新华书店
印　　刷：北京中石油彩色印刷有限责任公司

2019年4月第1版　2019年4月第1次印刷
889×1194毫米　开本：1/16　印张：67.25　插页：24
字数：1660千字

定价：358.00元
（如出现印装质量问题，请与图书营销中心联系）
版权所有　翻印必究

《中国石油云南销售公司志（1999—2018）》编纂委员会

主　　　　任：赵剑春
副　主　任：王德耀　魏秋冬　刘启然　杨亚进　杨声武　吴跃庆　朱敬波
委　　　　员：沈建雄　朱明刚　徐启东　王　虎　任家永　鲁振华　金笃军
　　　　　　刘秀兰　李世森　王克军　石爱武　聂　焱　李新宇　史咏梅
　　　　　　李海明　王志勇　谢淑海　潘竟忠　张月明　李海忠

编纂委员会办公室
主　　　　任：王　虎
副　主　任：张月明
顾　　　　问：杨宁海　陈进军　张晓玲　骆忠伟　刘启银　郝丽萍
特邀专家顾问：赵冬梅　杨天龙

《中国石油云南销售公司志（1999—2018）》
编 辑 部

主　　编：潘竟忠

副 主 编：张月明　李海忠

统　　稿：潘竟忠　李海忠

编　　辑：金红梅　袁海龙　章永明　曾小艳　曹军　武举

参编人员：张艳雪　冯涛　赵朝忠　向微微　褚苗苗　周斌

　　　　　杨光　杨映冬　吴蕾　汪韶琛　尉英　张先朝

　　　　　贾青　文竹　桑富芳　达晓丽　李北辰　李思霖

　　　　　叶芮含　李娇雁

凡 例

一、《中国石油云南销售公司志（1999—2018）》坚持以马列主义、毛泽东思想、邓小平理论、"三个代表"重要思想、科学发展观和习近平新时代中国特色社会主义思想为指导，运用辩证唯物主义和历史唯物主义立场、观点和方法，按照"实事求是"的原则和"广征、核准、精编、严审"的工作方针，真实、客观、全面地记录公司发展历史与现状，为公司高质量稳健发展提供科学依据和历史借鉴。

二、本志是第一部全面、系统记载公司发展历程的志书，记事上限始于1999年1月1日，下限止于2018年12月31日，个别发生在断限内的内容视情况适当上延。

三、本志以述、记、志、传、图、表、录为框架，由篇、章、节、目四个逻辑层次构成。全志设10篇、41章、168节，志首列有凡例、序言、插图、总述、大事记，志末附有附录和后记，以总述为纲，以大事记为经，以各篇为纬，横列门类，纵述史实，记述公司大事、要事。根据内容需要，宜文则文，宜图则图，宜表则表，以求文图并茂。

四、本志地名均依当地地图标准称谓或当地习惯称呼。度量衡单位按照国务院1984年2月发布的《中华人民共和国法定计量单位》执行。文字用法，按1986年10月10日国家语言工作委员会重新公布的《简化字总表》执行。数字用法，以国家标准化管理委员会2011年发布的《出版物上数字用法的规定》为准。标点符号，按照2012年6月1日实施的《中华人民共和国标点符号用法》使用。

五、本志中"集团公司"指代"中国石油天然气集团公司""中国石油天然气集团有限公司"。"股份公司"指代"中国石油天然气股份有限公司"。"销售公司"指代"中国石油销售总公司""中国石油天然气股份有限公司炼油与销售分公司""中国石油天然气股份有限公司销售分公司"。"西南公司"指代"中国石油销售西南公司"。"西南销售公司"指代"中国石油西南销售公司""中国石油天然气股份有限公司西南销售分公司"。"云南分公司"指代"中国石油天然气股份有限公司西南销售云南分公司"。"云南销售公司"指代"中国石油天然气股份有限公司云南销售分公司"。因公司在发展过程中名称多次变更，为简练文字，除大事记和组织机构并用全称或简称外，其余各篇章节倘若叙述中不产生歧义，原则上统一使用"公司"简称。

六、人物及荣誉篇主要收录了自公司成立以来历任党政主要领导任职简介，公司历年获省部级以上重要荣誉及事迹突出、有较大影响的先进模范人物情况简介。

七、本志收录文献多为全文照录。重点收录了涉及公司机构成立及调整的重要文件，部分在集团公司、销售公司重要会议上的发言材料、经验交流材料，以及获得奖励的文艺作品。

八、本志内容力求真实准确、全面客观，符合历史本来面目，所有内容均来源于公司档案及投资、营销、财务、调运、仓储、非油、人事等各处室提供的资料，志书内容及各项数据均由相关处室核实确认后予以采用。

九、本志中涉及的干部任免、任职时间均依据正式文件编录，少数干部的实际任命职务、实际履职时间等信息与正式文件内容不一致时，均以正式文件为准。

序

时光荏苒，见证创业画卷；岁月如歌，谱写壮丽篇章。1999年新春伊始，迎着新世纪的曙光，中国石油天然气集团公司正式组建西南销售分公司，拉开了中国石油在成品油市场服务西南三省区经济发展的序幕。20年来，公司历届领导班子带领全体干部员工，勇敢担当"我为祖国献石油"的光荣使命，积极助力国家西部大开发战略和"一带一路"建设，认真贯彻落实集团公司、股份公司各项工作部署，大力弘扬石油精神，别妻离子、以油为家，拓荒起步、艰难创业，翻山越岭、风雨无阻，排除万难、任劳任怨，汗水洒满云贵高原，脚步踏遍八桂大地，无愧燃情岁月，不负历史重托，以"石油工人干劲大，天大的困难也不怕"的豪情壮志与赤胆忠诚，谱写了一曲油龙滚滚促进祖国西南三省区经济腾飞的时代华章。

彩云呈祥，宝石花开遍云岭大地；春城放歌，石油魂铸就巍巍丰碑。1999年4月，中国石油西南销售云南分公司正式成立，标志着中国石油进军云南成品油市场的号角正式吹响。从此，中国石油云南销售人自觉肩负起支援云南经济社会发展的三大重任，着力网络开发，700多座加油站遍布云岭大地；精细企业管理，各项工作年年迈上新台阶；追求质量至上，牢固树立中国石油品牌良好形象；践行亲情服务，大力提升广大人民群众的幸福感、满足感和安全感；全力促销上量，20年共销售成品油近5000万吨，销售非油品逾60亿元；创利润25亿元，上缴利税73亿元，以优异的经营业绩，为中国石油在云南市场的高质量发展，为云南省经济社会发展和民生福祉做出重要贡献。

云南销售公司在原西南销售公司的基础上，由小到大、由弱变强，在改革创新中不断发展壮大。时值公司20周年华诞之际，为缅怀这段激情燃烧的岁月，致敬为公司发展挥洒热血的新老员工，记录公司20年不凡发展历程，传承公司20年来积淀的优秀文化和宝贵经验，现任党政领导班子谋划研定，组织开展《中国石油云南销售公司志（1999—2018）》编纂工作。戊戌甲子，历时八月有余，《中国石油云南销售公司志（1999—2018）》编纂完成，即将付梓，这是公司成立20年来的第一部志书，是公司20年来各项经营管理工作的集成之作，也是献给公司20年华诞的一份厚礼。本书客观真实地记录了公司20年发展历程，廿年之发展、廿年之人物、廿年之业绩、廿年之文化、廿年之变化，均在书中得到体现。本书是一部具有重要史料价值的文献著作，将起到"存史、资政、教化、育人"之功用。

在八个多月时间里，秉持"专家写志、众手成志"的写作原则，机关各处室、各单位倾力支持，全体编纂人员夙兴夜寐，严谨不苟，字斟句酌，精益求精，较好地完成了《中国石油云南销售公司志（1999—2018）》的编纂任务。在此，谨向所有关心、支持修志的历任领导和广大同仁，向付出辛勤劳动的全体编纂人员表示诚挚的敬意和衷心的感谢！

山以险峻成其巍峨，海以奔涌成其壮阔。我们已经走过了20年光辉岁月，创造了不平凡的发展历史。当前，公司已站在新的历史起点，正处于大有可为的重要历史机遇期，我们的事业方兴未艾，我们的未来光明可期。全体员工要以史为荣，以史为鉴，以史定辙，继承和发扬公司优良传统，励精图治、革故鼎新、开拓前进、攻坚克难，在习近平新时代中国特色社会主义思想和党的十九大精神指引下，认真贯彻落实党和国家的各项方针政策，坚决执行集团公司党组和云南省委省政府的各项工作部署，把"为上游业务发展创造市场空间，维护集团公司在滇利益整体最大化"作为新使命，坚持战略、市场、基层、问题"四个导向"，突出市场、品牌、创新、人才"四大战略"，打好网络开发、营销提质、信息化建设"三大攻坚战"，构建五大保障体系，积极应对互联网、云计算、大数据、人工智能等技术更迭和绿色能源快速发展带来的新挑战，努力拓展新的发展空间，书写新的历史篇章，在云岭大地继续点亮宝石花的璀璨光华，奋勇开创公司高质量稳健发展新局面，为集团公司全面建成世界一流综合性国际能源公司创造新的业绩，为云南省融入"一带一路"和长江经济带建设，建成面向南亚、东南亚辐射中心做出新的更大贡献！

党委书记、总经理

2019年1月

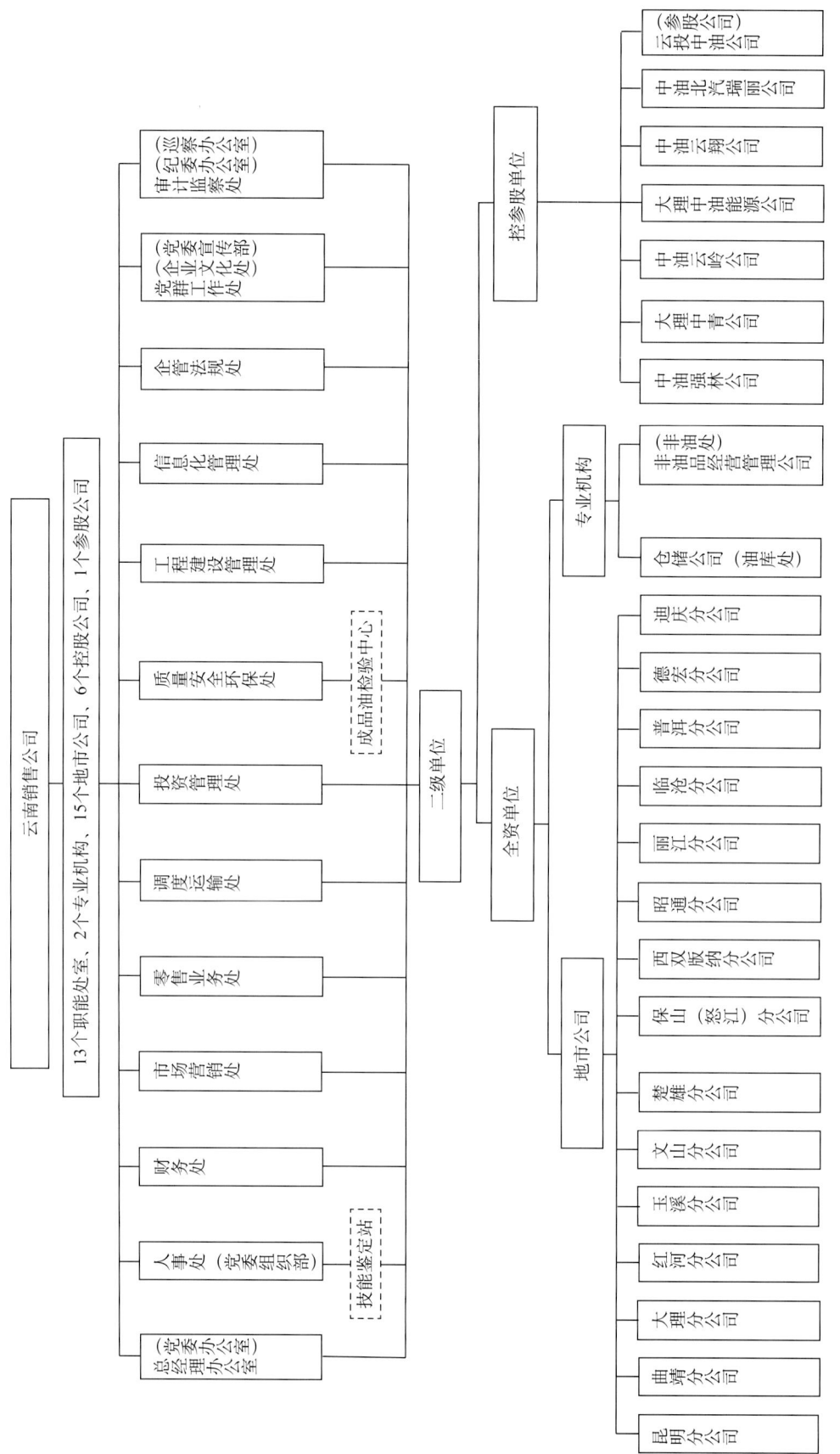

2018年云南销售公司组织机构图

一、上级领导关怀

2018年2月8日，中国石油天然气集团有限公司董事长、党组书记，股份公司董事长王宜林（左一）到公司调研

2016年9月13日，时任中国石油天然气集团公司董事、总经理、党组副书记，现任国家发展和改革委员会党组成员，国家能源局局长、党组书记章建华（左一）到公司调研

2003年10月8—12日，时任中国石油天然气集团公司党组成员、副总经理、股份公司总裁陈耕（中）到公司调研

2016年2月3日，时任中国石油天然气集团公司党组成员、副总经理，股份公司总裁，现任中国海洋石油集团有限公司董事、党组副书记、总经理汪东进（右三）到公司调研

2013年12月4日,时任中国石油天然气集团公司党组成员、副总经理,现任中国石油化工集团有限公司副总经理、党组成员喻宝才(右一)到公司调研

2018年7月8—9日,中国石油天然气集团有限公司总会计师、党组成员刘跃珍(右二)到公司调研

2008年10月28—30日,时任中国石油天然气股份有限公司副总裁、销售公司总经理刘宏斌(左三)到公司调研

2017年6月14日,中国石油天然气集团公司副总经理、安全总监段良伟(右二)到公司调研

2017年8月16日，中国石油天然气集团公司副总经理、股份公司非执行董事覃伟中（右二）到公司调研

2012年12月13日，中国石油天然气股份有限公司副总裁孙龙德（右一）到公司调研

2002年5月11日,时任中国石油天然气股份有限公司高级副总裁任传俊(右二)到公司调研

2003年8月10日,时任中国石油天然气股份有限公司副总裁段文德(左三)到公司调研

2004年3月26—4月2日,时任中国石油天然气集团公司党组成员、党组纪检组组长李克成(左三)到公司调研

2008年4月20日,原中国石油天然气集团公司党组成员、副总经理、股份公司董事,时任国务院参事郑虎(左三)到公司调研

2011年1月18日,时任中国石油天然气集团公司党组成员、总会计师王国樑(左三)到公司调研

2014年5月7日,时任中国石油天然气集团公司党组成员、副总经理兼安全总监沈殿成(左二)到公司调研

二、历任领导活动

时任中国石油销售西南公司筹备组组长聂端阳

时任西南销售公司总经理杨宁海在贵阳油库施工现场调研

时任西南销售公司党委书记项平生在云南分公司调研

时任西南销售公司党委书记王建中

时任西南销售公司党委书记刘建明到昆明分公司小石坝加油站慰问

时任云南销售公司总经理杨子清在曲靖分公司慰问

时任云南销售公司党委书记张安平在大理金花加油站调研

时任云南销售公司总经理杜丽学在昆明高新加油站调研

时任云南销售公司总经理兰建彬在丽江分公司调研

云南销售公司党委书记、总经理赵剑春在丽江古路湾加油站调研

2018年12月27日,云南销售公司四届二次员工代表大会暨2019年工作会、党委工作会在总部机关召开

云南销售公司领导班子(从左至右:吴跃庆、杨亚进、魏秋冬、赵剑春、王德耀、刘启然、杨声武、朱敬波)

三、经营管理工作

2000年5月23日,西南销售云南分公司与昆明鼎程有限责任公司签订昆明市白龙路鼎程加油站租赁经营合同,该站成为公司进入云南成品油零售市场的第一座加油站。同年,收购云南英茂、强林石化80%股权,成立中油英茂、中油强林公司

2000年6月2—17日,西南销售公司收购南宁西南石油公司8座加油站70%股权,组建广西联营公司;同时收购6座社会加油站,成为中国石油进入广西市场的第一批加油站

2001年3月,西南销售公司收购贵州贵新高速公路沿线5对双边加油站。4月,西南销售贵州分公司注册成立

2003年7月29日,西南销售云南分公司小菜园加油站、曙光加油站获评股份公司五星级加油站

2003年11月28日，西南销售公司工会第一次会员代表大会暨首届职工代表大会在昆明召开

2004年6月16日，西南销售云南分公司文山零售部开业

2004年10月28日,西南销售公司总部机关整体从成都搬迁至昆明

2004年11月5日,西南销售云南分公司在昆明举办首届加油站经理论坛

2005年11月,西南销售云南分公司安宁油库整体改造扩容工程竣工并举行开业典礼

2005年,西南销售公司和云南分公司两级机关整合,并成立 5 个区域性分公司

2005年底,西南销售公司销量首次突破300万吨,销售收入120亿元,资产总额达到35亿元,加油站总数近600座

2006年10月5日,由西南销售公司承办的"中国石油杯"2006中国—东盟国际汽车拉力赛首发车仪式在广西南宁扶绥加油站举行

2006年10月27日,西南销售公司云南配送中心在安宁油库举行揭牌仪式

2007年4月24日,西南销售公司首座民族特色加油站——大理金花加油站打造完成

2007年7月,西南销售广西分公司玉林油库主体工程建设完成,该油库是公司全资新建、工艺先进的储油库,总库容3万立方米

2008年1月12日开始,云南、贵州、广西桂北地区遭受50年不遇的冰雪凝冻灾害。西南销售公司采取多项措施,全力保证油品供应和队伍稳定。贵州分公司小碧加油站员工在冰雪封路后接收到公司送来的生活物资

2008年5月12日,四川汶川发生8.0级特大地震。地震灾情发生后,西南销售公司迅速启动应急联动保供机制,支援抗震救灾

2008年6月18日,西南销售公司组建成立云南、广西、贵州三省区物流公司

2008年10月1日，西南销售云南分公司中心调度室正式启动运行

2008年12月9—10日，西南销售公司管理体制调整。广西、贵州销售分公司上划股份公司直接管理，西南（云南）销售公司实行"一个机构，两块牌子"的管理模式

2009年10月16日,西南(云南)销售公司昆明油库建设项目在秧田冲举行开工奠基典礼

2010年8月,云南销售公司非油品中心正式更名为非油品经营管理公司。当年实现非油品销售收入3.06亿元,利润1449万元

2010年9月29日，中国石油加油IC卡上市推介会在昆明举行

2012年8月30日，云南销售公司昆明秧田冲油库首车24节柴油罐车进入卸油栈桥

2013年6月26日,云南销售公司启动"四部一中心"管理模式改革工作。12月5日,中国石油成品油销售地市公司工作会在昆明召开

2013年7月18日,云南销售公司首届"群聚精彩,因你不同"客户恳谈会在昆明召开

2014年12月3日,云南省总工会正式命名"张本荷劳模创新工作室"。同年,"张本荷劳模创新工作室"启动"优化百站,创效千万——U 计划"工作

2015年4月,云南销售公司清华洞油库(扩建)及蒙自、玉溪、保山油库建设工程项目全面开工建设

2015年7月15日,云南销售公司召开首届加油站经理人大会,推进加油站经理职业化建设

2017年3月22日,云南销售公司"好客雲品"自有商品商标注册成功。7月18日,自有商品"好客雲品普洱茶·邂逅"在昆明举行首发仪式

2017年7月5日,云南销售公司大理富海加油站正式营业,公司智慧加油站建设研究应用取得阶段性成果

2018年4月28日,集团公司重点工程项目、公司秧田冲油库昆明长水机场航空煤油储运工程项目正式开工建设

四、党群重要活动

2000年,中共西南销售云南中油英茂石油化工有限公司委员会召开成立大会

2002年4月8日,西南销售云南分公司党委成立。6月,分公司党委召开纪念建党81周年暨表彰会

2003年9月11日，西南销售云南分公司为小菜园加油站获中国石油天然气集团公司"百面红旗单位"举行揭牌仪式

2004年5月26日，西南销售云南分公司在全体干部中实行聘任上岗、逐级聘任

2005年8月8日,西南销售公司党委在昆明召开保持共产党员先进性教育活动动员会

2006年6月12日,西南销售公司党委全面启动"员工思想素质教育"宣讲活动

2007年12月，张本荷获中国石油天然气集团公司"中国石油·榜样"

2008年4月，西南销售公司党委号召向"中国石油·榜样"张本荷学习，并正式命名"张本荷式服务法"

2011年3月12日,中国石油首届"十大金花加油站经理"命名仪式暨现场交流会在昆明举行

2016年12月28日,中国共产党中国石油云南销售公司第一次代表大会在昆明召开

五、和谐企业建设

2004年2月,西南销售云南分公司召开2004年工作会议暨首届职工代表大会

2006年4月21日,共青团中国石油西南销售公司第一次代表大会在昆明召开

2013年1月,集团公司命名第五批中国石油企业精神教育基地。小菜园加油站成为46个企业精神教育基地之一

2014年8月3日,云南省昭通鲁甸发生6.3级地震,云南销售公司坚决履行三大责任,全力保障灾区油品供应,全力支援救灾

2018年3月12日,云南销售公司首届"十大金花加油站经理"授牌仪式在大理富海加油站举行

2018年10月27日,中国工会十七大代表、云南省"五一劳动奖章"获得者赵石妹载誉归来

六、主要荣誉展示

云南销售公司获中华全国总工会"全国五一劳动奖状"

云南销售公司获中华人民共和国人力资源和社会保障部、国务院国有资产监督管理委员会"中央企业先进集体"

云南销售公司获"全国职工职业道德建设标兵单位"

云南销售公司获集团公司 2011 年度"环境保护先进企业"

目录 Contents

中国石油云南销售公司志

总　述..1

大事记..9

第一篇　组织机构沿革..47

第一章　中国石油销售西南公司—中国石油西南销售公司
　　　　（1999.1—2008.12）..58
　　第一节　领导机构..58
　　第二节　机关部门..64
　　第三节　所属分公司..77
　　第四节　云南辖区所属经营机构..................................88
　　第五节　贵州辖区所属经营机构................................115
　　第六节　广西辖区所属经营机构................................124
　　第七节　所属控股公司..134

第二章　中国石油西南销售公司（云南销售公司）
　　　　—中国石油云南销售公司（2008.12—2018.12）......143
　　第一节　领导机构..143
　　第二节　机关部门..157
　　第三节　专业性机构..180
　　第四节　所属州市分公司..188
　　第五节　所属控参股公司..247

第二篇　网络开发建设..267

第一章　网络发展历程..270
　　第一节　油库发展..270
　　第二节　加油站发展..274
第二章　网络开发管理..278

第一节　开发权限 278
　　第二节　开发程序 279
　　第三节　开发模式 280

第三章　投资计划管理 282
　　第一节　规划管理 282
　　第二节　计划管理 284
　　第三节　投资管理权限演变 285
　　第四节　造价管理 286
　　第五节　项目后评价管理 288

第四章　工程建设管理 290
　　第一节　工程管理 291
　　第二节　油库建设 295
　　第三节　加油站建设 300
　　第四节　管道建设 306
　　第五节　设备管理 308

第三篇　成品油资源供应 313

第一章　成品油调运 316
　　第一节　配置资源 316
　　第二节　外采资源 321

第二章　成品油配送 327
　　第一节　加油站配送 327
　　第二节　库发及小额配送 336

第三章　仓储管理 338

第一节	油库管理	339
第二节	收发存管理	345
第三节	油库现状	348

第四章 运输损耗管理 354
第一节	铁路运输损耗	354
第二节	公路运输损耗	355
第三节	水路运输损耗	360
第四节	管道运输损耗	361

第五章 物流优化与创效 363
第一节	资源优化创效	363
第二节	配送优化创效	364
第三节	物流新技术应用和发展	366

第四篇 成品油销售业务 369

第一章 销售基础工作 371
第一节	计划管理	371
第二节	统计管理	374
第三节	市场管理	381

第二章 直销业务 385
第一节	业务沿革	385
第二节	价格管理	386
第三节	直销客户管理	391
第四节	"惠购油" APP 平台	399
第五节	油库客户服务中心	405

  第六节 客户经理管理 ... 408

 第三章 零售业务 ... 413
  第一节 零售业务发展 ... 414
  第二节 零售业务运行 ... 417
  第三节 零售客户管理 ... 428

 第四章 加油站管理 ... 431
  第一节 加油站规范管理 ... 431
  第二节 加油站服务管理 ... 434
  第三节 加油站队伍建设 ... 438

第五篇 非油品业务 ... 441

 第一章 非油商品采购 ... 445
  第一节 采购业务运行 ... 445
  第二节 采购业务管理 ... 448
  第三节 供应商管理 ... 452

 第二章 非油商品存储与配送 ... 455
  第一节 非油商品存储 ... 455
  第二节 中央仓管理 ... 457
  第三节 便利店管理 ... 458
  第四节 非油商品配送 ... 466

 第三章 非油商品销售 ... 469
  第一节 便利店销售 ... 469
  第二节 润滑油销售 ... 477
  第三节 汽服业务 ... 483

第四节　自有商品开发 486
　　第五节　其他业务 491

第六篇　合资合作 495

第一章　控股公司 497
　　第一节　中油雄海石油化工有限公司 497
　　第二节　中油英茂石油化工有限公司 498
　　第三节　中油强林石油化工有限公司 499
　　第四节　大理州中青石化有限责任公司 501
　　第五节　大理中油能源有限责任公司 503
　　第六节　中油云岭石油有限责任公司 505
　　第七节　云路中油石油有限责任公司 507
　　第八节　云南中油云翔石油有限公司 508
　　第九节　云南中油北瑞能源开发有限公司 509

第二章　参股公司 511
　　云投中油油品销售有限公司 511

第七篇　质量安全环保管理 513

第一章　体系建设 515
　　第一节　HSE管理体系 515
　　第二节　质量管理体系 526

第二章　安全管理 528
　　第一节　安全教育 528

  第二节 风险管理 533
  第三节 隐患管理 539
  第四节 安全监督 541
  第五节 安全技术 543
  第六节 应急管理 549
  第七节 环境保护 565
  第八节 节能节水管理 567

 第三章 质量管理 569
  第一节 化验室管理 569
  第二节 质量交接管理 571
  第三节 储存质量管理 573
  第四节 质量纠纷管理 574

 第四章 计量管理 576
  第一节 器具管理 576
  第二节 计量交接 578
  第三节 损耗管理 580

第八篇 企业管理 583

 第一章 财务管理 586
  第一节 会计核算 587
  第二节 资金管理 591
  第三节 财务稽查管理 596
  第四节 资产管理 599
  第五节 预算分析管理 601

目录 Contents

第六节　税价管理 ... 603
第七节　财务信息化管理 ... 606
第八节　开源节流降本增效 ... 607

第二章　企管法规 ... 611
第一节　制度建设 ... 611
第二节　基础工作管理 ... 613
第三节　法律管理 ... 629
第四节　股权管理 ... 637
第五节　内控与风险管理 ... 640
第六节　采购管理 ... 644

第三章　人力资源管理 ... 649
第一节　员工培训 ... 649
第二节　职业技能鉴定及专业技术职称评审 ... 654
第三节　劳动组织 ... 659
第四节　业绩考核 ... 662
第五节　薪酬管理 ... 668
第六节　人事档案 ... 675

第四章　信息化建设 ... 678
第一节　信息系统建设 ... 678
第二节　信息安全管理 ... 686
第三节　信息网络建设 ... 687
第四节　信息运维工作 ... 688

第五章　审计工作 ... 690
第一节　审计依据 ... 691

第二节　审计内容 ... 691
　　第三节　审计方法 ... 692
　　第四节　历年审计工作 ... 693

第六章　办公室业务 ... 697
　　第一节　文秘工作 ... 697
　　第二节　档案与保密工作 ... 700
　　第三节　后勤事务管理 ... 702

第九篇　党群工作 ... 705

第一章　党组织建设 ... 708
　　第一节　领导班子建设 ... 708
　　第二节　基层党组织建设 ... 715
　　第三节　党员队伍建设 ... 729
　　第四节　干部队伍建设 ... 731

第二章　思想政治工作 ... 739
　　第一节　政治理论学习 ... 739
　　第二节　主题教育 ... 741
　　第三节　新闻宣传 ... 743
　　第四节　企业文化 ... 747
　　第五节　典型选树 ... 755

第三章　纪检监察 ... 758
　　第一节　惩防体系建设 ... 758
　　第二节　反腐倡廉教育 ... 761
　　第三节　党内巡视巡察 ... 763

- 第四节 信访工作 765
- 第五节 合规监督 767

第四章 工会 769
- 第一节 民主管理 769
- 第二节 工会业务创新 771
- 第三节 女工工作 777
- 第四节 员工关爱 778

第五章 共青团 781
- 第一节 组织建设 781
- 第二节 "青字号"品牌创建 785
- 第三节 青年员工培养 786

第六章 社会责任 788
- 第一节 抗灾救灾 788
- 第二节 扶贫帮困 791
- 第三节 企地共建 793

第十篇 人物及荣誉 795

第一章 人物简介 796
- 第一节 公司历任党政主要领导简历 796
- 第二节 省部级以上主要先进典型简介 799

第二章 历年获表彰的公司级以上先进集体和优秀个人名单 819
- 第一节 国家级先进集体及优秀个人 819
- 第二节 集团公司级先进集体及优秀个人 821

第三节　股份公司级先进集体及优秀个人..................835
　　第四节　销售公司级先进集体及优秀个人..................837
　　第五节　省级先进集体及优秀个人..........................843
　　第六节　公司级以上创新案例、项目、论文及成果
　　　　　　获奖情况..849

第三章　历年获表彰的公司级先进集体和优秀个人名单......856
　　第一节　历年年度先进集体及优秀个人..................856
　　第二节　历年"七一"先进集体及优秀个人..............894
　　第三节　历年"五四"先进集体及优秀个人..............918
　　第四节　历届职业技能竞赛获奖集体及个人............944
　　第五节　历年新闻宣传先进集体及优秀个人............954
　　第六节　历年安全生产专业线先进集体及优秀个人...957
　　第七节　历年"和谐家庭"名单..............................983
　　第八节　首届"十大金花加油站经理"名单..............985

第四章　公司中级及以上专业技术职务任职资格人员
　　　　名单..986

第五章　技师人员名单..988

附　录..989

　　附录一　历年重要文件..990
　　附录二　重要经验交流材料..................................1035
　　附录三　主要获奖文艺作品..................................1056

后　记..1063

总 述

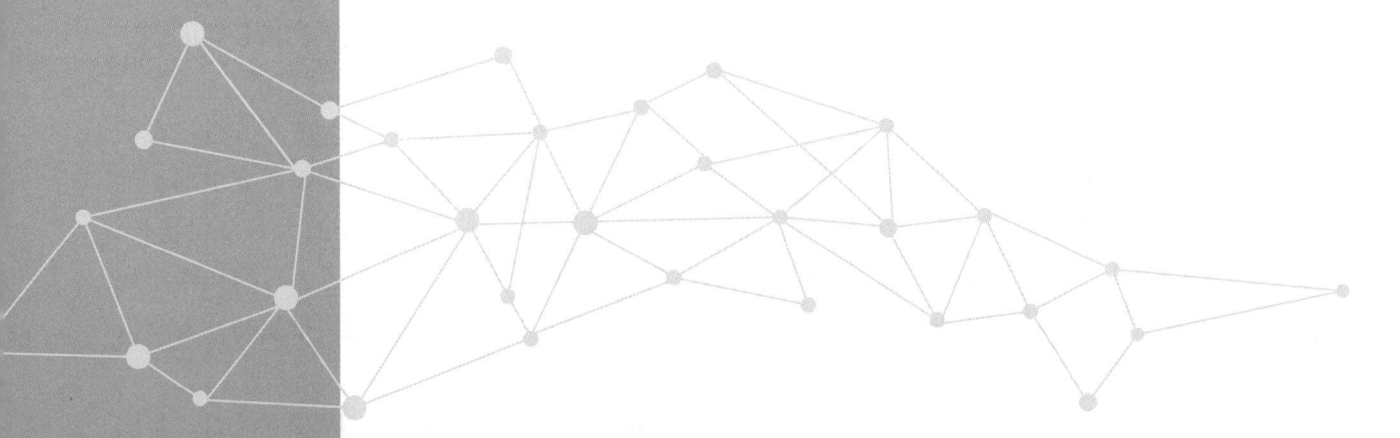

云南省地处祖国西南边陲，简称"云"或"滇"，位于东经97°31′—106°11′，北纬21°8′—29°15′之间，北回归线横贯南部。国土总面积39.4万平方千米，属山地高原地形，山地面积占84%。云南动植物种类数为全国之冠，素有"动植物王国"之称；有色金属矿产丰富，被誉为"有色金属王国"。云南气候基本属于亚热带高原季风型，全省平均气温，最热（七月）月均温在19—22℃之间，最冷（一月）月均温在6—8℃之间。干湿季节分明，雨季为5月至10月，集中了85%的降雨量；旱季为11月至次年4月，降水量只占15%。

全省有16个州（市）129个县（市、区）。截至2018年底，全省常住人口4800余万人，人口在6000人以上世居少数民族25个。2018年GDP1.79万亿元，全国排名第20位。烟草产业、旅游业、能源产业、生物产业、矿产业是云南五大支柱产业。公路总里程24.3万千米，其中高速公路通车里程突破5000千米，机动车保有量1300多万辆；铁路里程超过3000千米；有14个民用机场，航空资源在全国名列前茅。

在中国石油云南石化项目2017年投产前，云南省长期属成品油调入省份，处于全国成品油资源运输末端。云南省内成品油主要经营主体为中国石化、中国石油及民营企业。近年来，中国海油强势进入，民营企业抱团发展，省属企业扩大自主经营，经营主体多元化、市场竞争全面化格局逐步形成。截至2018年底，全省运营加油站3643座，其中中国石化占34%、中国石油占19.7%、社会单位占46.3%。省内在营油库33座，其中中国石化13座、中国石油9座、社会单位11座。2018年，云南成品油市场表观消费量1110万吨，中国石化市场份额57.5%，中国石油市场份额35%。

公司于1999年成立，至今已有20年发展历史。截至2018年底，公司有13个职能处室，2个专业机构，15个州市分公司和7个控参股公司；在营油库9座，加油站729座，员工5648人。

公司发展总体经历了四个阶段。

第一阶段从1997年5月至1999年1月，属中油西南销售有限公司时期。1997年初，中国石油天然气销售公司为建立统一有效的销售系统和完善的销售网络，批准同意组建西南公司。是年8月22日，中油西南销售有限公司第一次股东大会在北京召开，会议通过公司章程，规定公司由中国石油天然气销售公司、新疆石油管理局、玉门石油管理局等8个股东投资组建，会议选举产生第一届第一次董事会，聘任项平生为筹备组组长；11月18日，中油西南销售有限公司在成都注册成立；12月25日，任命项平生为总经理。中油西南销售有限公司为中国石油销售西南公司的创立和发展奠定了基础。

第二阶段从1999年1月至1999年7月，属中国石油销售西南公司时期。1998年5月，在国有企业重组改制、石油石化两家企业分立的大背景下，中国石油天然气总公司决定成立中国石油销售西南公司，并于同月成立筹备组，由聂端阳任组长。是年10月，任命杨宁海为筹备组组长。1999年1月15日，集团公司批准成立中国石油销售西南公司。3月22日，集团公司聘任杨宁海为经理，集团公司党组决定项平生任党委书记。4月19日，中国石油销售总公司批复同意设立云南分公司和黔桂分公司。

第三阶段从1999年7月至2008年12月，属中国石油西南销售公司时期。1999年7月，集团公司批复同意中国石油销售西南公司重组改制，成立中国石油西南销售公司。是年9月，集团公司任命杨宁海为西南销售公司经理，集团公司党组任命王建中为西南销售公司临时党委委员、党委书记。是年12月24日，在中国石油天然气股份有限公司重组上市的大背景下，按照股份公司机构设置方案，中国石油西南销售公司更名为中国石油天然气股份有限公司西南销售分公司，行政领导职务名称由"经理、副经理"改称为"总经理、副总经理"。2000年1月1日，中国石油销售总公司对西北销售公司、西南销售公司与四川、重庆石油公司业务管理关系进行调整，四川省、重庆市石油公司在西北炼化企业所发油品直接和西北销售公司结算，计划申报、调运组织、计划检查及其他业务关系仍由西南销售公司进行管理。2000年11月，西南销售公司将统一提报川、渝两地石油公司资源需求计划的职能移交西北销售公司，企业核心业务由"统一区内资源配置、规范区内销售市场、开拓区外销售市场"转变为专注区外销售市场开拓。

第四阶段从2008年12月至2018年12月，属中国石油天然气股份有限公司云南销售分公司时期。为进一步完善销售业务管理体制，提高组织运行效率，加快推进市场化战略，股份公司决定调整销售管理体制。2008年12月5日，西南销售公司管理的广西、贵州销售分公司上划管理，西南销售公司与云南销售公司实行"一个机构，两块牌子"的管理模式，公司简称西南（云南）销售公司，负责云南省的成品油销售业务。2009年11月19日，按照股份公司进一步理顺销售管理体制的要求，西南（云南）销售公司单独使用云南销售公司名称，不再加挂西南大区分公司牌子，不再履行西南地区资源二次配置职能，中国石油天然气股份有限公司西南销售分公司予以注销。

公司自成立以来，走过了20年不平凡的发展历程。20年来，公司历届领导班子和广大干部员工，从规范区内到开拓区外，从西南销售到云南销售，自拓荒之旅起步，一路披荆斩棘，一路风雨兼程，历经艰辛，激情创业，团结奋进，忘我拼搏，奉献青春热血，挥洒石油豪情。公司从无到有、从小到大、由弱变强，经历市场洗礼，顽强茁壮成长，走出一条区外销售企业快速发展、稳健成长的道路，为服务国家西部大开发战略，助力滇、黔、桂三省区经济社会发展，践行中国石油南方战略，保障辖区成品油供应做出了重要贡献。

1997—1999年初，公司筹备组建阶段。为贯彻集团公司南方战略，规范川渝区内成品油市场、开拓滇黔桂区外成品油市场，创业者们高瞻远瞩，务实奋进，完成艰巨而复杂的筹备组建和经营起步工作。1997年5月，集团公司在北京召开筹建西南公司座谈会，拉开组建工作序幕。8月，第一届股东大会在北京召开，会议由集团公司时任运销局局长刘勇主持，时任副总经理黄炎到会讲话。会议通过公司章程，确定公司名称为中油西南销售有限公司，注册资金4000万元，由中国石油天然气销售公司、新疆石油管理局等8家股东以货币形式出资，选举产生第一届董事会和监事会，刘勇任董事长，杨信为监事会主席，聘任项平生为筹备组组长、刘德祥为副组长。11月18日，中油西南销售有限公司在成都注册成立。12月25日，聘任项平生为总经理，刘德祥、罗辅朝、陈进军为副总经理。1998年5月，为适应集团公司重组后加强成品油营销工作的需要，决定成立中国石油销售西南公司，筹备组由聂端阳、项平生组成，聂端阳为组长；10月，杨宁海任筹备组组长。1999年1月15日，中国石油销售西南公司正式批复成立，开始进行区外市场调研，并协助国家经贸委清理整顿辖区成品油批发市场。1999年4月19日，中国石油销售总公司批复同意设立云南分公司和黔桂分公司。1999年11月，中国石油天然气股份有限公司重新调整机构设置，中国石油西南销售公司上划股份公司管理。12月24日，更名为中国石油天然气股份有限公司西南销售分公司。

1999—2003年，抢网络、夺市场的起步创业阶段。公司按照集团公司"规范区内、开拓区外"的战略部署，积极推行"资源统一配置、价格统一制定、运输统一管理、货款统一结算"四统一营销体制，紧紧围绕"做大网络、做强零售"目标，积极抢滩布点，争夺高效市场，实现中国石油在西南市场高质量、高起点发展。五年间，公司加油站总数达262座，资产型油库10座，年销量达180万吨，年零售量达71万吨，挤占了西南地区成品油销售市场的一席之地，整体竞争能力、市场控制能力、盈利能力实现质的飞跃。1999年，在公司正式成立的第一年，加强产销衔接，强化服务协调，统筹区内区外，有效支持"四统一"的顺利运行；加强党组织建设，成立5个临时党支部，积极发挥党员先锋模范作用，保证了公司改革发展的顺利进行，当年成品油销量达153.41万吨。2000年，在云南、广西和贵州通过全资收购、投资控股等方式收购和控股16座油库、库容10.7万立方米，加油站152座，达到120万吨销售能力，占云南、广西和贵州三省区社会需求620万吨总量的19.4%，基本形成集储运与销售、硬件与软件相互配套的一体化市场网络格局。在云南成功收购英茂石化公司和强林石化公司，并在大理集中收购10座加油站，市场开拓获得战略性突破，初步形成与中国石化分庭抗争格局。在广西南宁成功收购处于市中心交通繁华地段的7座加油站。公司当年零售实现零的突破，销量达13万吨。2002年8月，公司在云南第一座自建加油站红河西北路加油站建成投运。2003年，小菜园加油站获集团公司"百面红旗单位"。截至2003年底，公司在云南已拥有6座油库、124座加油站，五年累计销售成品油404万吨，其中零售120万吨。

2004—2008年，夯基础、上规模的快速发展阶段。公司领导班子和广大干部员工紧紧抓住集团公司全力建设南方能源战略通道和炼化基地的机遇，坚强有力地实施第二次跨越式发展战略。五年间，公司销售业务迅速发展，年销售总量突破300万吨；网络规模不断扩大，资产型加油站达791座，油库23座；精神文明建设成果丰硕，涌现出一大批在石油系统引起较大反响的先进集体和个人。2004年10月，公司机关从成都搬至昆明，干部员工舍小家、顾大家，别妻离子，从天府之国南下西南边陲，实现由远程管理到靠前指挥的战略转移。2005年，公司销量首次突破300万吨，销售收入突破120亿元，资产总额达35亿元，加油站总数近600座，员工总数达8500余人，公司规模迈上新台阶。同年，西南销售公司和云南分公司两级机关进行整合，并对云南辖区18个经营单位进行重组，成立5个区域分公司，进一步理顺了管理层级和管理体制。2006年，在资源极为紧缺的情况下，公司积极组织资源投放市场，零售量首次突破200万吨，经营规模不断扩大，成功跨入集团公司"二类企业"行列。2007年，积极推进发展方式、管理方式转变，加快向以零售为主导的销售结构转型，销售总量攀升至356.29万吨。2008年，沉着应对金融危机带来的冲击，在国际油价大幅下跌、国内经济明显放缓、成品油消费需求大幅下滑的情况下，销售总量仍保持在300.8万吨水平，零售总量达254万吨；在库存跌价损失严重的情况下，仍实现销售收入176.47亿元、利润1.14亿元；成功战胜历史罕见的雨雪冰冻灾害，公司党委被国务院国资委授予"2008年抗雨雪冰冻灾害先进基层党组织"称号。在云南市场，2008年实现销售总量150万吨，其中零售量125万吨、批发量25万吨；非油收入7313.3万元；在营加油站数量达291座、油库12座。

截至2008年底，公司成立十年来共销售成品油2093万吨、零售量1173万吨；资产型加油站达791座，油库达23座，建成遍布滇、黔、桂三省区的优质网络架构；党的建设工作全面融入企业经营管理，围绕中心、服务大局，公司凝聚力和战斗力持续增强，涌现出"全国五一劳动奖状"小碧加油站、"全国青年文明号"金花加油站、"集团公司百面红旗单位"小菜园加油站，以及"中国石油·榜样"、集团公司优秀青年张本荷等一大批先进集体和个人。公司胜利实现中国石油在西南三省区"三分天下有其一"的战略目标，为中国石油开拓区外市场做出重要贡献，也为滇、黔、桂三省区公司的创立和发展奠定重要基础。

2009—2018年，扩规模、提质量、促发展的二次创业阶段。贵州、广西销售公司上划管理，云南销售公司独立运行。面对管理体制调整后的新形势、新任务，公司历届领导班子和全体干部员工专注云南市场，致力转变发展方式，按照"借力大项目、开发大市场、建设大网络、实现大发展"工作方针，坚定"高效率、低成本、可持续"发展途径，以"转方式、优结构、重质量、强基础、抓执行"为工作主线，以"打造黄金终端、畅通炼厂后路"为主要思路，抢抓机遇，全面实施"低成本、规模化、优服务、强基础、人为本"五大战略，加快布局优化，推动服务升级，提升销售能力，增强发展实力，推动规模发展、质量发展、效益发展，为畅通炼厂后路、促进中国石油在滇整体利益最大化做出积极贡献，优质成品油资源和优良服务有效助力云南省经济腾飞。

这一时期，网络开发建设取得快速突破。公司网建工作紧紧围绕"建成与昆明炼厂产能相匹配的终端网络"目标，坚定"借力大项目、开发大市场、建设大网络、实现大发展"方针不动摇，聚全员之力，突破各种瓶颈与困境，千方百计做大做强终端网络。2010年9月，集团公司、股份公司分别与云南省政府、昆明市政府签署战略合作协议，奠定公司网络快速发展的重要基石；以两个协议为依托，公司统筹所属分公司与15个州市签订《销售网络建设合作协议》，与云南省公路开发投资有限责任公司等签订合资合作框架协议，极大地推动公司网络建设进程。2011年，公司全力推进协议落地，坚持集团开发，加快投运节奏，当年开发加油站258座，投运140座，创云南销售公司独立运行以来最高水平。2012—2013年，合资合作推进速度加快，中油云岭、云投中油、大理中油能源、中油云翔等控（参）股公司完成工商注册，正式成立并开展相关业务。2014年，销售公司给予公司投资项目收益率8%、可行性研究销量10吨以上的宽松利好政策。同时，促成云南省、昆明市政府开辟绿色通道、建立联审会办机制，统筹协调解决项目审批难问题，加速推进公司网络开发建设。2015年，销售公司将公司决策权限由B类调升为A类，云南省政府专门下发红头文件，明确简化库站建设审批流程、费用减免等政策。2014—2018年，公司抓住系统内外政策红利集中释放的难得机遇，实施"突出高效市场、巩固优势市场、追赶后进市场、补充空白市场"的网络开发思路，累计开发加油站214座，投运加油站156座，清华洞扩建项目及蒙自、玉溪、保山油库建成投运，航空煤油油库基本建成，库站网络持续拓展和完善。与2008年相比，在云南市场，公司新增加油站438座，在营加油站数量从291座增至729座；新改扩建油库7座，在营油库达9座，库容达43.1万立方米，辐射范围持续扩大，库站布局不断拓展和优化。

这一时期，成品油销量稳步增长。成品油销售业务坚持以市场为导向、以客户为中心、以效益为目标，加强市场研判，实施精准营销，突出零售主导地位，销售能力得到持续提升。2009年，面对运输流向受限、调运节奏难以把握等诸多困难，公司全力拓宽资源渠道，取得湛江地区油库统一协调权，提高了资源中转能力；与地方炼厂、中国海油、中国石化等建立较为稳定的资源外采渠道；积极应对市场变化，实施稳价保量、推价增效、降价促销等积极灵活的营销策略，成品油销量达201.94万吨，零售量达133.44万吨。2010—2011年，争取直炼配置、加大外采力度，全方位深化与延长油田、中国海油等资源单位的合作；加强调度指挥中心建设，全面打造调、运、销一体化融合管理平台；强化营销基础业务，积极开展"客户大普查、市场大调查"等活动，实施大客户开发方案，推进"总部经济"；全面开展"微笑、开口"工程，实施一片一策、一站一策、点对点竞争等主动进攻策略，零售终端能力持续增强。2010年销售总量突破300万吨，零售总量迈上200万吨台阶。2011年销售总量突破350万吨。2012—2013年，坚持"一切以销售为中心，一切以零售为中心，一切以客户为中心，一切以服务为中心"的营销理念，加大机构用户开发力度，成功举办公司首届客户座谈会；坚持"纯枪增量、服务增量、发卡增量、挖潜增量"，持续推进加油站标准化、规范化、信息化建设，深入开展"两服务一清洁"、低销低效站优化整治等活动，零售能力不断增强。2013年，销售总量突破400万吨，市场控制力进一步增强。2014年以来，云南经济增速放缓，油价波动频繁，柴油需求下降，汽油增速放缓，终端竞争激烈，公司积极迎接挑战，围绕"扩销降库增效"主基调，突出零售核心，实施精准营销，稳柴油、提汽油、优结构，销售业务保持平稳运行。2015年，召开首届加油站经理人大会。2016年，依托"中油好客e站"APP和"惠油购"直销微信平台，大力推广"10惠""最惠星期四"促销品牌。2017—2018年，积极主动协助云南省政府持续开展"云油利剑"成品油专项治理活动，大力净化市场环境。一系列聚焦市场、精准营销的措施，促进销售业务的稳步增长。与2008年相比，在云南市场，公司销售总量从150万吨增加到453万吨，年均增长11.7%；零售量从125万吨增加到255万吨，年均增长7.4%；批发量从25万吨增加到198万吨，年均增长23%，各项指标居销售公司前列。

这一时期，非油品业务成为新的重要经济增长平台。公司将非油品业务作为经营业务的重要组成部分，按照"油非并重"原则，不断健全体制机制，持续改革创新，拓展销售网络和经营项目，推动非油品业务高效快速发展。2009年2月，设立非油品中心，制定《非油业务管理办法》，初步明确加管处、非油品中心及各州市分公司的非油品业务管理职能和权限，完善进、销、存业务流程，搭建非油品业务专业化管理雏形。全年非油品业务收入1.16亿元，同比增长110.9%，在区外销售企业排名第三。2010年7月，组建非油品经营管理公司，负责全省非油品业务专业管理。当年，非油收入突破3亿元，同比增长164%，非油品利润1449万元，同比增长6倍，在销售公司排名第三。2011年4月，成立非油处，与非油品公司管理机构实行"一套机构、两块牌子"的运作模式，明确非油处、非油品公司、州市分公司、非油经营网点各层级管理责任，理清管理界面，完善业务流程。2012年，引进专业非油品业务管理团队，积极探索托管经营模式，当年托管增收2540万元；非油品业务收入4.58亿元，同比增长26.8%，利润同比增长21.3%。2013年，深化创新驱动，着眼核心商品创收增效，推行低效便利店内部目标经营承包，非油品业务收入突破

5.5亿元，非油品业务质量得到新提升。2014年，持续优化品类管理，引入广告位出租、汽服项目等新项目，深化专业管理，挖掘非油潜力，实现非油收入5.59亿元，非油品业务持续快速发展。2015年，顺应"互联网+"时代潮流，创新销售渠道，"好客云南"微商城上线运行，构建一站式O2O营销服务平台。2017年，突出高原特色，确定以"云烟、云药、云咖、云茶、云果、云水、云菌"为核心的"好客雲品"系列商品开发体系，成功注册自有商品品牌"好客雲品"商标；策划"昆仑好客十周年"等专题营销，"中油好客e站"、微商城等线上线下互动，实现店销7.1亿元。2018年，以整车销售业务及"好客海淘城"积极探索非油品业务发展新空间。与2008年比，在云南市场，2018年非油核心品类达22大类，非油收入12.8亿元，年均增长达30.6%；非油品利润年均增长53.8%；非油品业务致力转型升级，提质增效，销售业绩取得一年新增一亿元的优异成果，主要经营指标连续十年名列销售公司前五位，保持良好发展势头，成为助力公司未来经营转型发展的新引擎。

这一时期，企业管理水平持续提升。公司全面推行6S精细化管理和管理创新，连续开展基础工作及精细化大检查，基础管理工作水平不断提高；着力强化HSE体系、质量管理体系建设，安全环保数质量工作基础不断加强；突出规范和服务职能，强化量本利分析，狠抓降本增效工作，公司盈利能力不断提升；加强制度建设，强化合规管理，建立健全内部控制、诚信经营、合规管理、法律风险等防控体系，公司持续健康发展的基础更加扎实。2009—2010年，建立健全各项规章制度，规范工作程序、工作标准，制修订制度186项，为公司经营管理活动提供根本保障。2012—2013年，以"深化管理提升、加快服务转型"为主线，全面开展涵盖三基工作、管理挖潜、"三个创新"等工作的管理提升活动，实施"10+X"精益管控模式，全面促进基础管理上台阶。2014年，发挥规模优势，降低运营成本，深入推进公司招标采购专业化运作、一体化管理，实现公司内部工程、服务、物资采购的整体运作、有效管控。2015年，以"一全面三集中"管理为抓手、预算控制为手段，抓实"九项创效"，实现利润总额3.25亿元，创效能力持续提升。持续推进管理创新与实践工作，2015—2018年，30余篇（项）论文和项目获得销售公司及以上管理创新论文、管理创新成果奖，"防静电、防火花加油枪活接套"等2个项目获国家专利，公司获集团公司"2016年度管理创新与实践工作优秀组织单位"。管理创新的深入开展，激发广大员工投身企业现代化管理研究热情，促进创新工作实践向智力成果的转化和企业管理水平的提升。

这一时期，体制机制在改革创新中更加科学优化。公司坚持"机构扁平化、队伍专业化、运行高效率、服务高水平"思路，持续深化体制改革，理顺机制，优化流程，构建与市场发展相匹配的管理体系。2009年，为构建云南市场持续、稳定、快速发展的新格局，公司深化内部体制改革，新组建11个州市分公司、2个专业机构。2010年，公司进一步调整机关职能、理顺管理体制，新成立3家分公司、工程建设管理办公室，上划昆明公司网建管理职能，在各单位增设网络建设工程部，开展经营部试点，建立客户经理制，设置加油卡营销管理机构。2014年，全面推行州市分公司"四部一中心"模式，各单位部室精简率达38%。将大理中油能源公司与大理（中青）公司合署办公，燃气办与投资处合并管理，成立财务共享中心和设备处，整合营销处、加管处，成立市场营销处，并对相关职能进行调整。2016—2017年，合资合作工作不断规范和深化，新成立云南中油北瑞公司，中油强林公司与昆明公司合署办公，清算和注销云路中油公司。2018年，根据业务发展需要，进一步强化零售业务管理，将零售职能从市场营销处剥离，增设零售业务处。组建大项目部，着力推进网络开发及重点工程建设。

这一时期，党群工作特色鲜明，成效显著，群星闪烁。公司党委认真贯彻落实党的十八大、十九大精神，牢固树立"四个意识"，积极践行"五大发展理念"，始终把党的政治建设摆在首位，先后开展科学发展观、党的群众路线教育、"三严三实"专题教育等系列活动，深入推进"44655"基层党建工作，制定出台《新时期进一步加强党的建设实施意见》《关于加强基层党支部建设的实施意见》等多项加强党建工作制度，组织召开第一次党代会，选举产生新一届党委会和纪律检查委员会，成立党委巡察工作领导小组及办公室，从体制机制上进一步加强党建思想政治工作和党风廉政建设。制定发布党员干部"五条禁令""六项承诺""禁酒令"等制度规定，推动两级机关作风转变，石油精神成为凝聚员工、提升队伍先进性的强大动力，勇于担当、素质过硬、作风严实的干部队伍茁壮成长，忠于企业、业务精湛、吃苦耐劳的员工队伍逐步形成。公司先后获"全国五一劳动奖状""全国职工职业道德建设标兵单位""中央企业先进集体"等称号，涌现出国家级先进集体20余个、先进个人10余人，省部级先进集体100余个、先进个人200余人，以张本荷、张艳芬、秦怀波、赵石妹等为代表的一批先进典型成为行业标杆。金花加油站获"全国三八红旗集体"、集团公司"十大标杆加油站"，张本荷加油站被授予"全国青年文明号"，安宁油库获"销售系统十大标杆油库"，非油品公司中央仓被授予"全国工人先锋号"。张本荷获国务院国资委"中央企业劳动模范"、集团公司"十大特等劳动模范"、销售公司"明星加油站经理"等，被授予"铁人奖章"；张艳芬获共青团中央"全国最美青工""全国青年岗位能手"和"集团公司优秀青年"，被授予云南省"五一劳动奖章"；秦怀波获"全国五一巾帼标兵"；王玉琼获"中央企业优秀员工"、集团公司第八届"十大杰出青年"；张晓怀获云南省"劳动模范"；赵石妹被授予云南省"五一劳动奖章"，并当选2018年度中国工会第十七次全国代表大会代表。

忆往昔岁月，豪情满怀；看光明前景，重任在肩。在实施"十三五"规划承上启下的关键时期，面对新形势、新变化、新任务，公司新一届领导班子认真贯彻落实习近平新时代中国特色社会主义思想和党的十九大会议精神，以"五大发展理念"为指引，不忘初心，牢记使命，坚定发展信心，强化战略引领，把"为上游业务发展创造市场空间，维护集团公司在滇整体利益最大化"作为新使命，确定"坚持战略导向、市场导向、基层导向、问题导向，突出市场战略、品牌战略、创新战略、人才战略，打好网络开发、营销提质、信息化建设三大攻坚战，构建五大保障体系"的战略发展重点，明确下步发展方向和任务目标。站在新的历史起点，公司全体干部员工将在上级公司的正确领导下，在公司班子的坚强带领下，继承和发扬优良传统、不负历史、不负重托、埋头苦干、砥砺前行，继续谱写公司发展新篇章，努力开创高质量稳健发展新局面，创造公司的美好明天，向党和国家、向前辈创业者们，向关心和支持公司发展的各级领导交上一份圆满的答卷，为集团公司全面建成世界一流综合性国际能源公司再创佳绩，为云南省加快建设面向南亚东南亚辐射中心，实现高质量跨越式发展做出新贡献！

大事记

1997 年

年初　中国石油天然气销售公司批准同意组建北京、上海、江苏、西南、华南、滇黔桂等地区公司,旨在建立统一有效的销售系统和完善的销售网络。

5月22日　中油北京销售有限公司率先成立,中国石油天然气总公司副总经理黄炎到会并讲话。同时,召开西南公司筹建座谈会,拉开中油西南销售有限公司组建工作序幕。

6月25日—7月6日　中国石油天然气总公司在成都召开中油西南销售有限公司组建工作筹备会议,新疆、吐哈、塔里木、玉门、青海、四川石油管理局,西北管道局以及四川炼油化工总厂等单位参加。会议摸清各油田、炼厂等企业在西南地区的成品油销售及网络建设情况,为筹建工作提供第一手材料。

8月22日　中油西南销售有限公司第一次股东大会在北京召开,中国石油天然气总公司副总经理黄炎到会并讲话。会议通过《中油西南销售有限公司章程》,规定由中国石油天然气销售公司、新疆石油管理局、玉门石油管理局、长庆石油管理局、四川石油管理局、塔里木石油勘探开发指挥部、吐哈石油勘探开发指挥部、青海石油管理局八个股东投资组建。会议选举产生第一届董事会、监事会。

同日　中油西南销售有限公司召开第一届第一次董事会,会议选举刘勇为董事长,夏鸿辉、姜建衡为副董事长;聘任项平生为筹备组组长、刘德祥为副组长。

11月18日　中油西南销售有限公司在成都注册成立,主要负责西南地区成品油、石化产品等各类石油制品的批发零售、代购代销和委托加工。

12月25日　中油西南销售有限公司董事会任命项平生为总经理,刘德祥、罗辅朝、陈进军为副总经理。

1998 年

1月1日　青海省中青石化有限责任公司(简称青海中青公司)与云南省石油总公司大理公司(简称大理石油公司)共同出资,组建大理州中青石化有限责任公司(简称大理中青公司),青海中青公司持股51%,大理石油公司持股49%。

1月16日　中油西南销售有限公司与成都三洋实业公司达成协议,联合建设和经营成都泰祥加油站。

3月13日　青海中青公司与大理石油公司签订《合资经营补充协议》,将股权比例调整为青海中青公司持股75%,大理石油公司持股25%。

3月26日　中油西南销售有限公司董事会批准同意在乌鲁木齐、兰州等地注册分公司。

5月7日　中国石油天然气总公司决定成立中国石油销售西南公司,作为中国石油天然气销售公司的派出机构,负责对四川、重庆石油公司销售业务进行监督、指导和管理,以及开拓区外市场。

5月15日 中国石油销售西南公司筹备组成立,聂端阳任组长,项平生为筹备组成员。

6月17—22日 中国石油天然气集团公司(以下简称集团公司)副总经理黄炎一行到四川调研,听取中国石油销售西南公司工作汇报,对如何落实集团公司成品油价格改革等一系列文件精神作重要指示。

7月 云南省石油总公司划归中国石油化工集团公司管理,大理石油公司持有的大理中青公司股份划转中国石化持有。

10月20日 杨宁海任中国石油销售西南公司筹备组组长。

11月29日 集团公司宣布新疆、长庆、青海、玉门石油管理局以及兰州炼油化工总厂、乌鲁木齐石化总厂在川、渝的成品油油库、配套设施和加油站(包括股权);新疆、长庆、玉门、四川石油管理局以及吐哈、塔里木石油勘探开发指挥部、管道局(原西北石油管道建设指挥部)在中油西南销售有限公司中投入的股份,划转至中国石油销售总公司管理。

1999年

1月1日 杨宁海代表刘勇行使中油西南销售有限公司法人职权。

1月15日 集团公司批准成立中国石油销售西南公司,主要负责区内(川、渝)省石油公司和系统内其他成品油经营单位销售业务的管理、指导、协调、监督,市场规范管理,以及区外(滇黔桂)市场开拓。领导职数为5人,其中党委书记、经理为副局级,其他为正处级。

3月17日 中国石油销售西南公司与四川省石油集团公司达成协议,四川省石油集团公司将成都市中西顺城街1号国际大厦办公楼面积1335平方米及地下一层8个车位的资产无偿划拨给中国石油销售西南公司。

3月22日 集团公司任命杨宁海为中国石油销售西南公司经理。集团公司党组任命项平生为中国石油销售西南公司党委书记。

3月26日 中国石油销售总公司批复同意中国石油销售西南公司作为派出机构,保留法人资格,按子公司体制运作。机关设7个处室,均为正处级,人员编制45人,其中领导职数5人、处级职数18人。下属分公司(仓储中心)按副处级管理。

4月19日 中国石油销售总公司批准组建西南销售云南分公司和黔桂分公司,主要负责滇、黔、桂地区市场开发,机构级别均为副处级。

4月27日 中国石油销售总公司任命刘启银、骆忠伟为中国石油销售西南公司副经理。

7月16日 集团公司批复同意《中国石油销售西南公司重组改制方案》,中国石油销售西南公司更名为中国石油西南销售公司。机关人员编制45人,其中领导职数5人。下设经理办公室(党委办公室)、资源配置处、储运安全处、综合业务处、财务资产处、审计监察处、人事处(组织部）7个职能部门。

7月　中国石油西南销售公司把1999年工作重点确定为"规范区内市场、推动价格到位、开拓区外市场、提高市场占有率"。

8月13日　中国石油西南销售公司设立兰州、乌鲁木齐、西安办事处，任命袁薇、郑清甫、李建龙分别为兰州、乌鲁木齐、西安办事处主任。

9月17日　中国石油销售总公司决定将乌鲁木齐石化总厂新成石化有限公司102油库及配套设施划转至中国石油西南销售公司；中国石油西南销售公司在川建设的泰祥、邛崃两座加油站划转至四川省石油集团有限公司。

9月22日　集团公司任命杨宁海为中国石油西南销售公司经理。集团公司党组任命王建中为中国石油西南销售公司临时党委委员、党委书记。

9月24日　中国石油销售总公司任命骆忠伟、刘启银为中国石油西南销售公司副经理。中国石油销售总公司党委批准杨宁海、骆忠伟、刘启银为中国石油西南销售公司临时党委委员。

10月18日　中国石油销售总公司收购云南省楚雄经济技术开发区雄海石化有限公司70%股份，成立云南中油雄海石油化工有限公司（简称中油雄海石化公司）。

10月25日　中国石油销售总公司批复同意聘任陈进军为中国石油西南销售公司经理助理。

11月12日　中国石油西南销售公司成立滇黔桂分公司，刘启银兼任经理。

11月30日　中国石油天然气股份有限公司（以下简称股份公司）印发机构设置方案，确定将中国石油西南销售公司更名为中国石油天然气股份有限公司西南销售公司，上划股份公司管理。

12月24日　股份公司对所属专业公司、地区公司名称进行变更，中国石油天然气股份有限公司西南销售公司更名为中国石油天然气股份有限公司西南销售分公司（以下简称西南销售公司），行政领导职务名称由"经理、副经理"改称"总经理、副总经理"。

12月28日　中油雄海石化公司召开第一次股东会，会议通过公司章程，选举产生第一届董事会。同时，召开第一届第一次董事会，会议选举杨宁海为董事长，聘任马志莹为总经理。

2000年

1月1日　中国石油销售总公司对西北销售公司、西南销售公司与四川、重庆石油公司业务管理关系进行调整，四川、重庆石油公司在西北炼化企业所发油品直接与西北销售公司结算，计划申报、调运组织、计划检查及其他业务关系保持不变，仍由西南销售公司管理。

1月28日　西南销售公司2000年职工大会在成都召开。会议把公司2000年工作重点确定为"区外市场开发年"，全面实现"两个转变"，即：管理职能向经营职能转变，规范区内市场向开拓区外市场转变。

3月16日　中国石油销售总公司收购云南英茂石化有限公司80%股权，成立云南中油英茂石油化工有限公司，英茂集团股份有限公司、英茂石化有限公司职工持股会各占10%股权。

4月18日　云南中油英茂石油化工有限公司（以下简称中油英茂石化公司）注册成立，杨宁海为法定代表人，陈学继任总经理。

6月1日　中国石油销售总公司收购云南省强林石油化工总公司80%股权，成立云南中油强林石油化工有限公司。

6月2—17日　西南销售公司收购南宁西南石油公司8座加油站70%股权，组建广西联营公司；同时收购6座社会加油站。这是中国石油进入广西市场的第一批加油站。

6月6日　集团公司党组书记、总经理马富才，总会计师贡华章一行到西南销售公司调研检查指导工作。

同日　股份公司炼油与销售分公司发文明确各大区销售公司停止在区内收购、控股和租赁社会加油站，该项工作由省（区、市）石油公司负责。西南销售公司主要负责滇、黔、桂区外市场的零售网络建设工作。

6月23日　西南销售公司党委推荐王建中、宋根成、陈进军为公司纪律检查委员会委员人选，推荐王建中为公司纪委书记人选。

6月26日　云南中油强林石油化工有限公司（以下简称中油强林石化公司）注册成立，杨宁海为法定代表人，张永任总经理。

7月1—8日　中油西南销售有限公司大理分公司成立，接管福源、滇西、大运3座加油站。

7月13日　广西联营公司在南宁召开第一届第一次董事会。会议明确联营公司名称为南宁中油金站贸易有限公司，选举刘启银为董事长，聘任王诚信为总经理。

8月4日　中油英茂石化公司召开第一届第二次董事会，聘任刘杰为总经理，同时免去陈学继总经理职务。

10月10日　炼油与销售分公司批准组建西南销售贵州分公司和广西分公司。

11月1日　西南销售公司将统一提报川、渝两地石油公司资源需求计划的职能移交西北销售公司，核心业务由"统一区内资源配置、规范区内销售市场、开拓区外销售市场"转变为专注区外销售市场开拓。

11月4日　南宁中油金站贸易有限公司在南宁召开董事会，会议同意南宁西南石油公司退股，西南销售公司受让南宁西南石油公司8座加油站30%股权。同时，与西南销售公司联营的社会加油站（金星加油站）也将其30%股份退出。

11月15—18日　股份公司高级副总裁任传俊、炼油与销售分公司副总经理田景惠一行到云南、广西分公司调研检查指导工作。

12月19日　西南销售公司任命王诚信为广西分公司经理，刘光浩为大理分公司经理。

2001年

1月10—16日　炼油与销售分公司党委任命张晓玲为西南销售公司临时党委委员。炼油与销售分公司任命张晓玲为西南销售公司总会计师，骆忠伟为西南销售公司安全总监。

2月7日　西南销售公司决定撤销储运安全处，将资源配置处、综合业务处与储运安全处合署办公，统称为综合业务处。

2月13日　西南销售公司2001年工作会议在成都召开。会议把公司2001年工作重点确定为"网络开发与经营管理年"，大力发展区外销售网络，开拓滇、黔、桂销售市场。

3月24日　西南销售公司收购贵州贵新高等级公路沿线五对双边加油站。贵新高速是贵州分公司首条控制沿线全部加油站的高速公路。

4月1日　炼油与销售分公司对西北地区成品油销售实行"送货制"，对西南销售公司成品油计划申报、结算、计量等做出新规定。西南销售公司每月提前申报计划量，西北销售公司按量组织发货。

4月9日　中国石油天然气股份有限公司西南销售贵州分公司注册成立，主要负责在贵州省开展汽油、煤油、柴油、润滑油的批零兼营业务。

4月10日　西南销售公司任命徐书伟为广西分公司副经理，李怀忠为贵州分公司经理。

4月24日　中油西南销售有限公司大理分公司更名为中国石油天然气股份有限公司西南销售大理分公司。

5月28日　炼油与销售分公司批复同意西南销售公司增设质量安全处、加油站管理处；撤销资源配置处，其业务归并综合业务处。

6月13日　股份公司决定注销中油西南销售有限公司，其全部权益由集团公司注入股份公司，其资产、债权债务由西南销售公司管理。

7月4日　西南销售公司启动成都102油库改扩建工程和南宁油库建设工程项目，成立两个项目经理部，章建中、李建龙分别任经理。

8月10日　炼油与销售分公司批复同意组建西南销售广西百色、柳州、北海、桂林、玉林、河池六个片区公司；同意组建西南销售贵州遵义、六盘水、安顺、黔南、铜仁五个片区公司。

8月17日　西南销售公司与西北销售公司油品货款结算方式实行"一票制"，西北销售公司所开具的销售发票包括铁路运输费。

8月27日　西南销售公司党委同意建立临时工会委员会，宋根成任工会副主席。

8月30日　西南销售公司党委决定在领导班子及成员中开展以"讲学习、讲政治、讲正气"为主要内容的学习教育活动，以提高国有企业领导班子及成员的整体素质特别是思想政治素质，在企业各项工作中进一步落实"三个代表"重要思想。

11月16日　股份公司批复同意西南销售公司成都102油库新建2座1万立方米油罐、改造火车装卸栈桥、新建2条8.1千米、直径108毫米分输管线等工程。该项目为兰州—成都—重庆输油管道配套工程。

12月6日　股份公司副总裁、炼油与销售分公司总经理林青山一行到西南销售公司调研检查指导工作。

12月17日　股份公司监事孙崇仁、白新贺一行到西南销售公司调研检查指导工作。

2002年

2月4日　西南销售公司2002年工作会议在成都召开。会议把公司2002年工作重点确定为深化改革，加强管理，调整两个结构，挖掘两个潜力，增加市场份额，提高经营管理水平和经济效益。

3月7日　炼油与销售分公司批复同意撤销中油英茂石化公司、西南销售大理分公司，组建西南销售云南分公司，主要负责中国石油在云南地区的市场开拓和经营管理工作，并对区域内的控股公司进行统一管理。

3月　中油雄海石化公司、云南中油强林石油化工有限公司并入西南销售云南分公司统一管理，分别保留法人资格。

4月9日　西南销售公司党委决定成立云南分公司党委，郝丽萍任党委书记，刘杰任党委副书记；成立广西分公司党委，马志莹任党委书记，王诚信任党委副书记。

4月11—20日　西南销售公司召开中油云南地区经营机构重组大会，对中油英茂石化公司、大理分公司、云南中油强林石油化工有限公司、中油雄海石化公司进行重组，优化市场结构和资源配置，形成规模效益。

5月11日　股份公司高级副总裁任传俊一行到西南销售云南分公司调研检查指导工作。

5月24日　中国石油天然气股份有限公司西南销售云南分公司（以下简称云南分公司）注册成立，刘杰任总经理。

6月1日　成品油进销存管理系统在西南销售公司上线试运行。

6月6日　西南销售公司决定聘任副总经理刘启银兼安全总监，张永为总经理助理。骆忠伟不再兼任安全总监职务。

6月11日　股份公司高级副总裁任传俊一行到贵州分公司调研检查指导工作。期间，拜会贵州省省长石秀诗，就中国石油在贵州省的天然气业务及成品油销售网络建设交换意见。

6月17日　股份公司财务总监王国樑一行到西南销售公司调研检查指导工作。

7月10日　西南销售公司接收第一批按社会用工管理的15名大学生，大学生用工统一纳入社会用工管理范畴。

8月　西南销售公司打破行政区域，以油库为经济半径设立配送中心，推行配送制，实现物流、销售、运输、服务一体化，降低运营成本。

9月2日　中国石油天然气股份有限公司华南销售广东分公司将广西梧州2座加油站和1座油库资产移交给西南销售广西分公司管理，正式撤出广西市场。

9月14日　西南销售公司控股油库——广西河池油库正式投用，库容0.95万立方米。这是中国石油在广西的第一座油库。

9月15日　成都新成石化有限公司102油库改扩建工程项目竣工投用，库容由1.7万立方米增至3.7万立方米，成为公司一级集散库。新成分公司由"经营职能"向"仓储职能"转变。

10月15—20日　股份公司监事会监事白新贺、孙崇仁、佟魁杰一行到贵州分公司、云南分公司调研检查指导工作。

10月18日　西南销售公司开通视频会议系统，实现与集团公司、股份公司之间远程音频视频的实时双向传输。

11月13日　西南销售公司正式接管宝鸡西北石油运销公司云南大理油气分公司5座加油站。

11月25日　炼油与销售分公司决定调整区外销售机构名称，西南销售公司所属云南分公司、广西分公司、贵州分公司分别更名为中国石油天然气股份有限公司云南销售分公司、中国石油天然气股份有限公司广西销售分公司、中国石油天然气股份有限公司贵州销售分公司。

12月20日　广西南宁油库正式投用，该油库为西南销售公司全资油库，库容3万立方米。

2003年

2月21日　西南销售公司2003年工作会议在成都召开。会议把2003年工作重点确定为"管理增效年"，精细管理，增产增效，降本降费，各项管理工作上台阶。

3月19日　西南销售公司召开"六查六整顿"挖潜增效动员大会，全面开展查思想观念，整顿工作作风；查制度，整顿工作秩序；查低标准，整顿现场管理；查经营活动，整顿采购、营销、资金运作；查纪律，整顿干部员工队伍；查施工和用工，整顿施工队伍和临时用工，向精细管理要效益，并成为全年工作的主线。

6月30日　集团公司副总经理任传俊一行到广西销售桂林分公司调研检查指导工作。

7月11日　贵州分公司小碧加油站加油员肖兴颜获"中国石油十大加油状元"。肖兴颜是西南销售公司第一个中国石油加油状元。

9月3日　西南销售公司对机关管理岗位序列进行规范整合，实施机关高级主管、主管、主办岗位聘任制。

9月11日　云南分公司小菜园加油站被评为集团公司基层"百面红旗单位"。

9月19日　股份公司副总裁段文德，炼油与销售分公司总经理蔺爱国、副总经理田景惠一行到西南销售公司调研检查指导工作。

10月11日　股份公司总裁陈耕一行到西南销售公司调研检查指导工作。

10月14日　贵州遵义油库项目正式动工建设。该项目建设规模为1.5万立方米，总投资控制在4000万元，是中国石油在贵州省的第一座全资型油库。

11月25日　股份公司副总裁王福成一行到西南销售公司调研检查指导工作。

11月28日　西南销售公司工会第一次会员代表大会暨首届职工代表大会在昆明召开。会议选举产生首届工会委员会，宋根成当选为首届工会委员会副主席。

12月16日　西南销售公司党委在广西分公司召开"创建标准化党支部"现场观摩会议。

12月29日　西南销售公司党委同意成立共青团西南销售公司委员会，汪长波任团委副书记。

2004年

1月起　集团公司、股份公司将滇、黔、桂三省区定位为销售业务战略发展市场，加大对西南地区网络建设资金投放量和资源配置量，加大政策支持力度。

2月11—13日　西南销售公司召开2004年工作会议暨一届二次职工代表大会。会议把2004年工作重点确定为"开拓发展年"，深化改革创新，推动公司持续有效快速发展。

3月3日　广西分公司撤销南宁、北海、百色3个片区，成立南宁分公司、北部湾片区，直接隶属广西分公司管理。

3月26日—4月2日　集团公司党组成员、纪检组长、股份公司监事会主席李克成一行到贵州、云南分公司调研检查指导工作。

5月　贵州分公司成功创建侨星、阳关、小碧、龙里4座万吨级加油站，这是贵州分公司第一批万吨级加油站。

5月10日　集团公司党组成员、副总经理任传俊一行到西南销售公司调研检查指导工作，强调要切实做好经营和安全工作。

5月30日　西南销售公司确定QHSE管理体系机构、职责和实施计划，正式启动QHSE管理体系建设工作。

6月　炼油与销售分公司出资收购中油雄海石化公司30%剩余股权，移交西南销售公司管理，中油雄海石化公司成为全资公司。后注销中油雄海石化公司，成立中国石油天然气股份有限公司云南销售分公司楚雄油库。

7月1日　西南销售公司党委召开纪念建党83周年暨开展保持共产党员先进性教育活动座谈会。会上，王建中上题为"新时期保持共产党员先进性"的专题党课。

7月28日　炼油与销售分公司总经理蔺爱国一行到西南销售公司调研检查指导工作。

9月　贵州分公司推出全省通用油票，实现"一票在手、全省加油"。

9月23日　广西分公司正大加油站举行"中国石油百座红旗加油站"挂牌仪式。

9月26日　云南分公司与昆明铁路局签订协议，合作经营曲靖、宣威油库和相关加油站。

10月28日　西南销售公司机关办公地点由四川省成都市搬迁至云南省昆明市（五华区青年路389号志远大厦），贴近市场靠前指挥，这是公司发展史上的一次重大转折。

10月　根据业务发展需要，撤销综合业务处，拆分为营销处、调度运输处、加油站管理处，增设投资计划处、综合管理与法律事务处、党群工作处、信息化管理处，将仓储安全环保处更名为质量安全环保处。同时，西南销售公司与云南分公司两级机关进行整合，在云南辖区组织架构只设管理层和操作层。

11月17—20日　集团公司党组书记、总经理陈耕一行出席在南宁举行的"2004中国西部论坛"，与广西壮族自治区党委书记曹伯纯、自治区主席陆兵进行会谈。其间，视察金港、金明加油站，听取西南销售公司工作汇报。

11月27日　贵州遵义油库项目工程建设完工。

12月　贵州分公司取得镇胜高速公路、凯三高速公路、贵新高速公路和贵毕高等级公路等9座加油站的建设经营权。

12月3日　股份公司财务总监王国樑一行到西南销售公司调研检查指导工作，对西南销售公司业务发展、财务管理及搬迁后财务机构设置进行明确和指导。

12月12—13日　集团公司党组成员、副总经理任传俊，炼油与销售分公司总经理蔺爱国、副总经理杜烈奋一行到广西调研检查指导工作，落实钦州炼油厂项目及销售网络建设问题。

2005年

1月31日　炼油与销售分公司任命刘杰为西南销售公司副总经理，张永为副总经理兼安全总监，陈进军为副总经理，张晓玲为总会计师；免去刘启银西南销售公司副总经理、安全总监职务。

同日　炼油与销售分公司党委任命宋根成为西南销售公司党委副书记、纪委书记、工会主席，任命刘杰、张永、陈进军、张晓玲为西南销售公司党委委员；免去刘启银西南销售公司党委委员职务。

2月1—2日　西南销售公司召开2005年工作会议暨一届三次职工代表大会，会议把2005年工作重心确定为深化改革，加强管理，做大做强销售，全面实现各项经营管理目标，为公司第二次跨越式发展奠定坚实基础。

3月24—25日　西南销售公司2004年度经营活动分析会在广西桂林召开。2004年，公司销售成品油243.07万吨，同比增长34%。其中：零售117.25万吨，同比增长65%；实现利润3.39亿元；新增加油站177座。

3月30日　西南销售公司任命刘启银、郝丽萍为总经理助理。

4月5日　贵州分公司侨星、龙里和黄泥塘加油站被共青团贵州省委授予"青年文明号"。

5月18日　股份公司副总裁王福成一行到西南销售公司调研，听取工作汇报，并到小菜园加油站检查指导工作。

同日　西南销售公司召开干部大会，股份公司人事部副总经理单昆基、炼油与销售分公司总经理蔺爱国出席会议。股份公司人事部企业干部处处长任一村宣读集团公司党组任免决定：任命刘建明为西南销售公司党委书记、副总经理；免去王建中西南销售公司党委书记、委员职务。

5月28日　广西百色油库举行开工仪式，油库建设规模为1.9万立方米，总投资控制在4456万元。

6月15日　西南销售公司召开机关处级干部岗位竞聘大会，有10人参加竞聘，这是公司首次通过公开竞聘方式选聘机关处级干部。

6月26日　西南销售公司党委书记刘建明代表集团公司向广西慈善总会捐赠200万元人民币，支援广西地区抗洪救灾。

6月28日　贵州遵义油库正式投用，库容1.5万立方米。

6月29日　广西柳州油库举行开工仪式，建设规模为20.4万立方米，是钦州—南宁—柳州成品油管道的重要配套工程。

6月　西南销售公司成立项目建设管理办公室（临时机构），后机构名称确定为工程建设管理部。

7月13日　西南销售公司与中国工商银行签订POS机推广合作协议，在部分加油站开展POS机刷卡加油业务试点。

8月8日　西南销售公司召开保持共产党员先进性教育活动动员大会，标志着公司先进性教育活动全面启动。炼油与销售分公司党委副书记、先进性教育活动督导组组长上官建新一行出席会议。

8月　西南销售公司引入中国石油天然气运输公司承担公路配送工作，实现集约化、规范化、科学化的物流管理。

9月9日　西南销售公司援助120万元在云南省玉溪市建造希望小学"峨山万和小学"，并举行挂牌仪式。

9月10日　西南销售公司召开质量健康安全环境管理体系文件发布会，整合发布82个程序文件，这些文件体系基本满足公司质量健康安全环境管理体系的活动内容及管理要求。

10月19—23日　集团公司党组成员、副总经理、股份公司副总裁段文德，炼油与销售分公司总经理蔺爱国一行出席在广西南宁举行的"第二届中国—东盟博览会"。其间，拜会广西壮族自治区党委副书记、常务副主席郭声琨，就广西石化项目建设、成品油供应等问题交换意见，并听取西南销售公司工作汇报。

10月19—23日　中国石油销售企业第三届操作人员技能竞赛在四川成都举行。西南销售公司获15个奖项，其中获二等奖2人、三等奖5人、优秀奖7人，取得团体总分第二名的好成绩。

10月　股份公司与青海中青公司签订收购协议，对青海中青公司所持大理中青公司75%的股权进行收购。

11月16日　西南销售公司对云南辖区经营单位进行整合，成立滇中、滇西、滇东北、滇东南、滇南五个区域性管理公司，其职权是代表西南销售公司对云南省内的中国石油加油站、油库进行销售经营、市场建设、党务活动、行政事务、人事事务等管理。

11月22日　炼油与销售分公司开展西南销售公司QHSE管理体系审核验收工作。经过近10

天审核，公司QHSE管理体系顺利通过炼油与销售分公司验收。

11月28日　贵州贵阳油库项目开工建设，建设规模为2.2万立方米，总投资控制在8000万元。

12月7日　台湾中油公司（CPC）总经理陈宝郎一行到西南销售公司考察。

2006年

1月　股份公司将大理中青公司股权划转给西南销售公司管理。后大理石油公司注销。

2月6日　西南销售公司与广西兴通高速公路经营有限公司、广西新跨越交通建设工程有限公司合资成立广西百祥石油有限公司。

2月16—17日　西南销售公司召开2006年工作会议暨一届四次员工代表大会。会议提出公司"十一五"规划，即以网络拓展为基础，以扩大销量为龙头，以管理创新为动力，以人才优化为支撑，以党的建设为保证，认清形势，把握机遇，大力实施"发展、创新、人才"三大战略，加快发展，提高质量，打造现代营销企业，提升企业综合实力，力争主要经营指标比"十五"末期翻一番，全面实现第二次跨越式发展目标。

3月9日　西南销售公司召开内控视频会议，正式发布《内部控制管理手册》，确定12个一级流程、229项关键控制、97个控制程序文件和86项股份公司层面统一的控制实施证据。

3月14日　西南销售公司在广西南宁召开2005年度经济活动分析会，炼油与销售分公司总会计师杨信出席会议。2005年，公司销售成品油302万吨，同比增长25%，其中零售量154.65万吨，同比增长52%；新开发加油站286座，投运加油站170座；实现利润4.05亿元，企业规模上了一个新台阶。

3月21—23日　西南销售公司负责承办中国石油销售企业党委书记座谈会（广西南宁），股份公司企业文化部、监察部、炼油与销售分公司的主要领导出席会议。

3月28日　西南销售公司任命王诚信为广西分公司经理，杨德华为广西分公司副经理；免去马志莹广西分公司副经理职务，魏秋冬广西分公司副经理职务。

同日　西南销售公司党委任命杨德华为广西分公司党委书记，王诚信为广西分公司党委副书记；免去马志莹广西分公司党委书记职务，魏秋冬广西分公司党委委员职务。

3月31日　西南销售公司任命冉进军、王炳明为广西分公司副经理，宋琪为广西分公司总会计师。

同日　西南销售公司党委任命杨德华为广西分公司纪委书记；免去马志莹广西分公司纪委书记职务；任命冉进军为广西分公司党委委员、工会主席，王炳明为广西分公司党委委员。

4月6—7日　西南销售公司全面实施加油站模块化建设，统一标准、统一规范、统一视觉形象、统一品牌，实现加油站工程建设规范化、标准化。

4月13日　西南销售公司党委启动以创建"四好"领导班子、"标准党支部"、争做"党员先锋"为主要内容的"西南销售先锋"工程活动，加强党的建设。

4月21—22日　共青团中国石油西南销售公司第一次团员代表大会在昆明召开，会议选举产生第一届团委。

4月25—26日　西南销售公司绩效管理体系建设初步完成。经过北大纵横管理咨询有限公司全面调研和评估，重构公司绩效管理体系，出台《绩效考核管理程序》，为提高劳动生产率打牢基础。

5月23日—7月3日　股份公司管理层测试组和外部审计组对公司开展第一次内控全面测试。

6月6日　贵州分公司小碧、湘江、耀华和长城加油站被共青团贵州省委授予"青年文明号"。

6月12日　西南销售公司党委全面启动"员工思想素质教育"宣讲活动。

7月24日　西南销售公司代表股份公司向云南盐津地震灾区捐款300万元。

8月26—27日　由集团公司咨询中心主办、兰州石化公司承办、西南销售公司协办的中国石油构建和谐企业研讨会在昆明召开，全国人大环资委委员、集团公司咨询中心主任、集团公司原副总经理阎三忠出席会议。

8月28日　安宁油库经过整改后重新开业，库容扩大至2.3万立方米。

8月　西南销售公司印发机关处室编制定员方案，成立网络开发办公室，隶属工程建设管理部管理。后更名为项目建设管理办公室（副处级）。

9月11日　西南销售公司推进物流专业线改革，成立物流中心，实现对成品油资源出库前物流过程的统一管理。物流中心为附属单位，与调度运输处实行一个机构两块牌子，履行双重职能。

9月20日　中国石油董事会秘书李怀奇一行到广西分公司调研，其间，到南宁油库、南宁分公司部分加油站检查指导工作。

10月6日　"中国石油杯"2006中国—东盟国际汽车拉力赛车队在广西扶绥加油站举行加油仪式，刘建明致辞并为出征赛车加油。

10月8日　西南销售公司机关OA系统试运行。收文、发文工作陆续实现网上阅办、审批和处理，两级机关公文运转实现电子化。

10月15日　西南销售公司业务管理信息系统在滇中分公司试点运行，该系统涵盖公司经营业务各环节，形成完整的业务流程信息流。

10月22日　广西柳江油库正式投用，库容2万立方米。

10月27日　西南销售公司成立云南配送中心，实现跨区域公路配送。

10月30日　开展中国石油"情系母亲水窖助力新农村建设"捐款活动，公司组织员工捐款25416元，可建造25个"母亲水窖"。

11月2日　贵州省委副书记王富玉带领省"整脏治乱"专项行动督查组对安顺市部分中国石油加油站进行检查，赞扬中国石油加油站在旅游线上竖立了一块招牌，展现了中国石油大企业的风采。

11月3日　广西玉林油库建设工程全面启动，建设规模为2万立方米，总投资控制在3978万元。

12月12—13日　炼油与销售分公司总会计师杨信到公司调研安全环保工作，现场检查云南昆阳油库和兴隆、梁源加油站。

12月14—17日　股份公司副总裁刘宝和一行到云南德宏州出席中缅边民联欢大会50周年庆祝活动。

12月18日　西南销售公司全年资产型零售量突破200万吨大关。资产型零售比例达到68.75%，以零售为主导的公司特征更加凸显，基本实现"三分天下有其一"的目标，与竞争对手形成鼎力之势。

12月19日　股份公司副总裁刘宝和与云南省副省长李新华在昆明签署生物质能源产业发展合作协议，双方将在以非粮能源作物为原料生产燃料乙醇、以木本油料植物为原料制取生物柴油等方面进行全面合作。杨宁海、刘建明、张永等出席签字仪式。

12月29日　滇西公司丽江长水、古路湾加油站开业，实现中国石油销售网络在云南丽江市场零突破。

12月31日　贵州贵阳油库基本完成主体工程建设。

2007年

1月30—31日　西南销售公司召开2007年工作会议暨一届五次员工代表大会。会议提出妥善处理发展与质量、规范与执行、效益与安全、和谐与创新"四个关系"，把2007年发展的重点确定为抓好精细化营销、员工队伍建设、和谐企业构建，谋求内涵式发展，实现公司又好又快发展，打造具有较强核心竞争力的现代销售企业。

3月9—10日　西南销售公司召开2006年经济活动分析会，炼油与销售分公司总会计师杨信出席会议。2006年，公司销售成品油309万吨，同比增长2%，其中零售量212万吨，同比增长23%；新开发加油站237座，投运加油站41座；实现利润2.49亿元，企业发展质量不断提升。

3月20—27日　西南销售公司成立贵州、广西配送中心。至此，滇、黔、桂三省区配送中心初步建成，实现一次调运、二次中转、仓储配送的有机统一，形成高效有序的大物流框架体系。

3月28日　集团公司原纪检组组长、股份公司原监事会主席李克成到公司视察工作。

5月9日　云南省委常委、常务副省长罗正富一行到中缅油气管道及炼化基地备选厂址现场调研。

5月16—17日　炼油与销售分公司副总经理董仁平到公司调研网络发展和物流优化工作。

6月　张本荷被评为集团公司第四届优秀青年，后又获"中国石油·榜样""炼油与销售分公司加油状元"。

6月3日　云南省宁洱县发生6.4级地震，西南销售公司全力配合地方政府做好抗震救灾工作。在此次地震中，西南销售滇南分公司荣兴、双联2座加油站局部受损，无人员伤亡。

6月15—17日　炼油与销售分公司总经理蔺爱国、副总经理杜烈奋一行到广西分公司调研。

6月21日　西南销售公司代表股份公司向云南省宁洱县地震灾区捐款400万元。

6月　西南销售公司将调度运输处更名为调运与油库管理处（中心调度室），增加其油库管理职能。中心调度室采取与中国石油天然气运输公司合署办公模式。

7月3—6日　集团公司原副总经理任传俊到昆明调研工作。其间，会见云南省副省长罗正富。

7月25日　西南销售公司代表集团公司分别向云南、广西地区各捐款100万元，支援灾区重建工作。

9月12日　西南销售公司对管理体制和运行机制进行改革，明确省级分公司、区域性公司是销售经营的执行层和管理层，是成本控制中心。省级分公司机关部门设经理办公室（党委办公室）、综合计划与市场开发部、营销与客户管理部、加油站管理部、储运安全部、财务资产部、人力资源部（组织部）、党群工作部、审计监察部（纪检办公室）；设置1个附属机构，即工程建设管理部。区域性公司机关部门设综合办公室、综合计划与市场开发部、营销与客户管理部、加油站管理与安全运行部、财务资产部、人力资源部。

9月　炼油与销售分公司党委批准成立中共中国石油西南销售公司纪律检查委员会，宋根成为纪委书记。

10月11日　集团公司第四巡视组一行4人莅临公司开展巡视工作，巡视历时20天。

11月7—9日　西南销售公司在昆明举办第一届操作人员职业技能竞赛，来自基层9个单位127选手参加油品计量等6个项目的比赛。

11月20日　集团公司总会计师、党组成员王国樑到南宁参加国务院国资委产权管理工作会议。其间，到广西分公司调研检查指导工作。

12月　西南销售贵州分公司小碧加油站获集团公司2007年"标杆班组"。

12月底　广西玉林油库基本完成主体工程建设。

2008年

年初　我国南方大部分地区遭受罕见的低温雨雪冰冻灾害，西南销售公司及时启动应急预案，积极筹措资源投放市场，在确保自身安全生产的同时，在保供电、保交通、保民生方面发挥重要作用，有力地支持抗灾救灾工作。

1月24日　西南销售公司召开2008年工作会议暨一届六次员工代表大会。会议把2008年发展的重点确定为突出零售业务，突出大物流体系建设，突出HSE体系运行，突出劳动生产率提高，加快向以零售为主的销售结构转型。

2月26日　股份公司副总裁兼炼油与化工分公司总经理、党委书记沈殿成，股份公司副总裁孙龙德同云南省副省长和段祺在昆明举行会谈。双方就中国石油与云南省合作框架协议中相关内容及昆明炼化基地项目有关情况进行交流。

3月　西南销售公司召开2007年经济活动分析会。2007年，公司销售成品油356万吨，同比增长8%，其中零售量227万吨，同比增长6.5%；新开发加油站154座，投运加油站64座；实现利润2.58亿元，企业规模再上新台阶。

4月15日　广西车用乙醇汽油封闭运行庆祝仪式在南宁市举行，销售公司副总经理、安全总监田景惠代表集团公司出席仪式并发言。

4月20日　原集团公司副总经理、现国务院参事郑虎到滇南高仓加油站调研。

4月26日　集团公司副总经理曾玉康到贵州黔南、安顺、遵义等地调研。

4月29日　西南销售公司党委被国务院国资委授予"2008年抗雨雪冰冻灾害先进基层党组织"，西南销售贵州分公司小碧加油站经理江荣被授予"2008年抗雨雪冰冻灾害先进个人"。

4月　西南销售公司党委召开"中国石油·榜样"张本荷事迹学习活动推进会，并正式命名"张本荷式服务法"。

5月12日　四川省汶川县发生8.0级特大地震，西南销售公司全力以赴支持地震灾区抗震救灾和恢复重建工作。

5月　西南销售公司部署实施"三控制一规范"工作，即控制机构编制、控制用工总量、控制人工成本过快增长和规范薪酬分配秩序。

6月　西南销售公司决定在物流中心的基础上组建物流公司，对广西、贵州、云南三省区物流实行业务专业化管理。

同月　股份公司编印新版《加油站管理规范》，西南销售公司积极宣贯落实，基本实现"员工100%参与、100%熟知"目标。

7月1日　云南中油强林石油化工有限公司独立运作，对所属昆明地区的安宁油库、昆阳强森油库及曙光等14座加油站进行直接管理，对滇西地区的玉龙等3座加油站通过托管或租赁形式交由西南销售滇西分公司管理。

9月19日　国务院国有企业监事会主席韩修国一行到西南销售公司调研。

10月28—30日　股份公司副总裁、销售公司总经理刘宏斌一行到西南销售公司调研，到安宁、楚雄、清华洞3座油库和小菜园、金花等5座加油站现场检查指导工作。

12月5日　股份公司对西南销售公司管理体制做出调整，将西南销售公司管理的广西、贵州分公司上划股份公司直接管理。西南销售公司与云南销售公司实行"一套机构，两块牌子"，负责云南省的成品油销售业务。

同月　股份公司任命杨宁海为西南销售公司（云南销售公司）总经理。集团公司党组任命杨子清为西南销售公司（云南销售公司）党委书记。股份公司任命杨子清兼任纪委书记，陈进军任副总经理、党委委员；张晓玲任总会计师、党委委员，王德耀任副总经理、安全总监、工会主席、党委委员。

2009 年

1月16日　西南销售公司召开2009年工作会议暨二届一次员工代表大会。会议提出实施资源、网络、人才"三大战略",培育以营销、安全、廉洁、制度、人本文化为主要内容的企业文化,增强责任、发展、管理、安全、效率"五种意识",围绕保供应、抓网建、提份额、强终端、增效益、降费用的经营方针,全面推进以零售为主导全面发展的国内先进销售企业建设。

1月　西南销售公司对机构设置进行调整,机关设12个处室,即总经理办公室(党委办公室)、人事处(党委组织部)、财务处、营销处、调运处(调度指挥中心)、加油站管理处、仓储安全环保处、投资建设管理处、信息化管理处、企管法规处、党群工作处(企业文化处)、审计监察处(纪委办公室);撤销项目建设管理办公室,其业务并入投资建设管理处;保留成都综合协调办事机构,人员不列入机关编制。2个专业性机构,即物流中心、非油品中心。2个附属单位,即职业技能鉴定站(员工培训中心)、成品油检验中心。

2月　西南销售公司根据业务需要保留2个控股公司,即大理州中青石化有限责任公司、云南中油强林石油化工有限公司。大理州中青石化有限责任公司与大理分公司实行合署办公,按"一套班子、两块牌子"的经营管理模式进行统一管理。

同月　股份公司批复同意魏秋冬、王澍、刘启然任西南销售公司(云南销售公司)总经理助理。

2月28日　西南销售公司召开领导干部大会,宣布公司机构改革和领导干部任免。明确设立11个地州市分公司,将滇中、滇西、滇东北、滇东南和滇南分公司分别更名为昆明、大理、曲靖、红河、玉溪分公司,新设立文山、楚雄、保山、西双版纳、丽江和昭通分公司。

3月19日　西南销售公司党委召开深入学习实践科学发展观活动动员大会,同时举办领导干部培训班,标志着公司学习实践活动正式启动。

3月　西南销售公司召开2008年经济活动分析会。2008年,在国际油价大幅下跌情况下,公司成品油销售总量仍保持在300万吨水平,其中零售量254万吨,实现利润1.14亿元,拥有791座资产型加油站、23座油库。

6月17日　西南销售公司抓住中缅油气管道和云南炼化项目建设时机,积极参与地方政府加油站发展规划编制,与昆明商务局、规划局签署39座加油站、总投资12亿元的建设项目框架协议。后与楚雄州、保山市政府签订库站投资项目合作协议。

6月22日　西南销售公司召开纪念建党88周年暨深入学习实践科学发展观活动总结大会,集团公司学习实践活动第三指导检查组成员出席会议。公司学习实践活动取得阶段性成果。

同日　西南销售公司召开检企共建预防职务犯罪座谈会,云南省人民检察院党组副书记、常务副检察长倪慧芳出席会议。双方就建立预防职务犯罪联络工作机制、查处职务犯罪案件、建立反腐倡廉警示教育基地和开展纪检监察人员业务培训等进行交流。

7月9—14日　楚雄州姚安县发生6.0级地震,杨子清、王德耀出席捐赠仪式,代表西南销售公司向地震灾区捐献 100 吨柴油，以实际行动履行社会责任。

8月10日　西南销售公司承办中国监察学会石油分会第三片组理论研讨会，长庆油田、青海油田、大连石化、管道局、江西销售等 11 家单位代表参加会议。

10月　西南销售公司 ERP 系统上线运行，基本实现商流、物流和资金流的有效管理。后开展加油站管理系统部署实施工作，以实现加油站"进、销、存、量、价"一体化管控和"一卡在手、全国加油"目标。

10月16日　昆明秧田冲油库项目开工建设，一期建设规模 8.5 万立方米，总投资控制在 1.53 亿元。该项目是中国石油在云南省投资建设的第一座大型油库，也是云南省规模最大的现代商业油库。

11月3日　曲靖油库项目开工建设，建设规模为 5.28 万立方米，总投资控制在 9424 万元。

11月　股份公司决定对西南销售公司（云南销售公司）管理体制进行调整，注销西南销售公司。

12月5日　云南销售公司召开干部大会，集团公司党组成员、副总经理王宜林出席并讲话。集团公司人事部副主任金华宣读集团公司党组任免决定，杨子清任云南销售公司总经理兼党委副书记，张安平任党委书记兼副总经理。

12月11日　云南销售公司物流中心安宁油库、大理分公司金花加油站分获中国石油销售系统"十大标杆油库""十大标杆加油站"。

2010 年

1月1日　云南销售公司成功开发协同办公系统，集成公文管理、会议管理、印章管理、车辆管理及信息传递等多项功能，实现公司全体员工同时在线办公，提高机关办文、办会、办事效率。

1月8日　云南销售公司与昆明市商务局召开企地合作座谈会，双方就加油站项目审批政策、建立定期沟通机制达成共识。

1月12日　云南销售公司与红河州政府签订战略合作框架协议，双方就蒙自油库、加油（气）站的规划、选址、铁路线接轨、土地征用及相关手续办理等方面进行约定。红河州委书记刘一平、州长杨福生出席签字仪式。

1月14日　云南销售公司总经理助理魏秋冬出席大理州地震灾区捐赠仪式，代表公司向宾川县和剑川县地震灾区捐赠 200 吨柴油。

1月22—23日　云南销售公司召开二届二次员工代表大会暨 2010 年工作会、党委工作会。会议提出公司"十二五"发展规划，明确"三步走"发展目标，突出市场份额这一主题，抓住零售、网络两个根本，实施资源、人才、效率三大工程，充分发挥零售网络质量、先进典型带动、管道炼厂建设三大优势，努力开创规模与质量、发展与稳定、企业与员工和谐共进、全面发展的新局面。

2月1日　昆明市市长张祖林一行到公司调研，并就中国石油网络建设问题进行座谈。

2月23日　杨子清、张安平参加云南省抗旱救灾动员大会，并代表中国石油向云南省捐赠500万元抗旱资金。

2月　云南销售公司对机关处室部分职能进行调整，将仓储安全环保处更名为质量安全环保处，调度运输处更名为调运与油库管理处（调度指挥中心）。

3月15日　云南销售公司在昆明北仓县华加气站举行LNG装置试运行加气仪式。公司与昆明公交集团有限公司合作，首批投入50辆新型LNG公交车。

3月22—25日　云南销售公司党委开展"共产党员抗旱救灾特别捐献"活动，为云南省抗旱救灾捐款20.75万元。

4月　云南销售公司成立昆明地区网络建设协调领导小组，上划昆明分公司网建管理职能，加大昆明地区网络开发建设工作力度。

4月26日　张本荷获集团公司"十大特等劳动模范"；大理分公司金花加油站获集团公司"先进集体"。

5月10日　云南销售公司召开领导干部大会，会议宣布魏秋冬任云南销售公司副总经理、安全总监、党委委员。

5月25日　云南销售公司在昆明北仓县华加油站举行"张本荷加油站"命名揭牌仪式，销售公司副总经理上官建新等出席揭牌仪式。昆明北仓县华加油站正式更名为张本荷加油站。

5月29日　云南销售公司召开"基础管理年""作风建设年"动员大会，宣布《基础管理建设工程实施方案》《作风建设年活动实施方案》。

6月　云南销售公司启动创先争优活动，推进"456"基层党建工程，发动党组织和党员在推动科学发展的实践中建功立业，争当先锋。

6月6日　杨子清出席第十八届中国昆明进出口商品交易会、第三届南亚国家商品展、第八届东盟华商投资西南项目推介会暨亚太华商论坛项目签约仪式。其间，与大理州签订合作框架协议，双方就油气零售合作、建立定期会晤及日常协调机制等达成共识。

6月13日　云南销售公司与曲靖市政府在昆明签订合作框架协议，双方将在油气管道建设、成品油销售等方面开展合作。

6月　云南销售公司将物流中心更名为仓储管理中心，投资建设管理处更名为投资管理处，工程建设管理办公室独立运行。

7月13日　云南销售公司与昆明市城建投资开发有限责任公司签署融资合作协议，双方合作开发建设38座加油（气）站。股份公司副总裁、销售公司总经理刘宏斌等出席签约仪式。

8月2日　中国石油天然气股份有限公司云南销售分公司非油品经营管理公司（简称非油品公司）举行揭牌仪式。公司从体制机制、人员配备、薪酬激励等方面推进非油业务改革，管理架构基本形成。

8月18—20日　怒江贡山发生泥石流灾害，云南销售公司在第一时间将救灾油品送到现场。

怒江州委、州政府专门发来感谢信，对中国石油支援抢险救灾表示感谢。

8月31日　云南销售公司下发《关于借力大项目、开发大市场、发展大网络、实现大跨越的决定》文件，要求机关处室依托大项目，抓落实、抢进度，高效推进网络建设；依托大项目，抓客户、重开发，量效并举做强市场；依托大项目，树形象、担责任，全力以赴做好保供。

8月　云南销售公司决定组建临沧、普洱、德宏分公司，机构规格均为正科级，分别负责在临沧市、普洱市和德宏州的加油站网络建设和成品油市场开发。

9月9日　集团公司与云南省政府签署战略合作协议，双方将在油气管道建设、炼油化工、城市燃气和成品油销售等方面开展合作。股份公司与昆明市政府签署战略合作协议。后云南销售公司与云南省15个州市政府签订销售网络建设合作协议，与云南省公路开发投资有限责任公司签订合资合作框架协议，700座加油站、11座油库及6条成品油管道布局规划得到政府认可。

9月25日　云南销售公司与中国联通云南分公司签署战略合作协议，双方将在各自提供的业务服务中享受对方大客户的优惠待遇、双方销售渠道与客户资源共享、积分互换。

9月29日　云南销售公司举行中国石油加油IC卡推介会，开始以IC卡为载体拓展市场。云南省商务厅厅长熊清华、省工信委副主任许云、省发改委能源局副局长王勇出席推介会。

11月17日　中国石油驻滇企业协调组在公司机关召开首次座谈会，各驻滇企业将建立良好的协调联动机制，推动中国石油在滇业务一体化协同发展。

11月　云南销售公司调整完善薪酬体系，全面实现市场化员工与合同化员工同工同酬。

12月2—3日　销售公司党委书记、副总经理田景惠一行到云南销售公司调研。

12月8日　集团公司党组成员、副总经理喻宝才一行到云南销售公司调研，看望慰问一线员工。

2011年

1月5日　云南销售公司召开干部大会，集团公司党组成员、副总经理王宜林出席大会并讲话。集团公司人事部主任单昆基宣布集团公司党组任免决定，任命兰建彬为云南销售公司党委书记、纪委书记、副总经理。

1月18日　集团公司党组成员、总会计师王国樑到云南销售公司调研。其间，到张本荷加油站、安宁油库和昆仑燃气公司蓝龙潭储气库现场检查指导工作并看望慰问一线员工。

1月21—22日　云南销售公司召开二届三次员工代表大会暨2011年工作会、党委工作会。会议把2011年发展重点确定为资源保供、纯枪增量、协议落实、精细管理，努力实现又好又快科学发展。

2月28日　云南销售公司成立地罐交接推进领导小组，全面启动地罐交接工作，以改进加油站收油以汽油罐车为交接界面的手工计量交接方式。

3月7日　大理金花加油站获"全国三八红旗集体"。

3月11日　杨子清、兰建彬代表中国石油向德宏州盈江县地震灾区捐款500万元。

3月12日　中国石油首届"十大金花加油站经理"命名仪式暨现场交流会在张本荷加油站举行。张本荷被集团公司党组授予中国石油首届"十大金花加油站经理"。

3月17—18日　沙特阿拉伯石油公司总裁兼首席执行官法利赫一行到云南考察。其间，现场调研云南销售公司丽江古路湾加油站。

4月18日　昆明西园加油站"咔咔"汽车美容店开业，这是中国石油在云南首个"咔咔"汽车装饰美容服务店。

4月21日　销售公司总会计师赵传香一行到张本荷加油站调研。

同月　云南销售公司决定成立非油品管理处（正处级），作为机关独立部门，非油品管理处与非油公司管理机构实行"一套机构、两块牌子"的运作模式。

同月　股份公司决定刘启然任云南销售公司副总经理、党委委员，杨亚进任云南销售公司总会计师、党委委员。

5月　加油站管理系统实现单轨运行，加油站账、表、卡、册记录实现电子化、网络化。

5月26—28日　云南销售公司承办销售公司营销业务座谈会。销售公司副总经理付斌、副总经济师张宏等出席会议。杨子清代表云南销售公司致辞。

7月1日　二次物流配送系统正式上线运行，公司调、运、销一体化融合管理平台初步形成。

7月14日　张本荷加油站被授予2009—2010年度"全国青年文明号"。

7月29日　云南省副省长顾朝曦一行到昆明油库建设现场调研。

8月4日　云南销售公司与云南省公路开发投资有限责任公司合资成立中油云岭石油有限责任公司。

8月25—26日　销售公司副总经理上官建新、总经理办公室主任赵剑春一行到公司调研和检查精细化管理工作。

8月30日　云南销售公司邀请捷克VAE（VAE CONTROLS）集团控制公司市场总监古默廷到公司，就油库设计、自动化控制理念进行座谈交流。这是公司致力建设和打造国际一流油库的重要举措。

9月1日　云南销售公司利用宜宾吊黄楼油库开启销售企业跨区配送先河，实现宜宾吊黄楼油库向昭通地区成品油的配送业务。

10月14日　股份公司财务总监周明春一行到公司调研，听取工作汇报，到张本荷加油站、高新加油站现场调研。

10月17日　云南销售公司与大理州国有资产经营投资有限责任公司、大理市国有资产经营有限责任公司、祥云县国有资产经营担保有限责任公司合资成立大理中油能源有限责任公司（简称大理能源公司），与大理分公司、大理中青公司合署办公，实行"三家公司，一套机构"的运作模式。

11月1日　云南销售公司与新华社云南分社签订合作协议，双方将在智库咨询、专题资讯、舆情监测等领域开展合作。

11月2日　中油云岭石油有限责任公司召开首届股东会，会议选举李彦龙为首届董事会董事长。

11月16日　云南销售公司与昆明发展投资集团有限公司签署融资合作协议，双方合作开发建设101座加油（气）站。后公司与昆明市晋宁区工业产业开发有限公司签订16座加油（气）站合作开发建设协议；与昆明安宁发展投资集团有限公司签订14座加油（气）站合作开发建设协议；与昆明市交通场站开发运营有限公司签订20座加油（气）站合作开发建设协议。总计189座加油站项目（含市城投38座）合同总金额43.9亿元。

12月　股份公司同意云南销售公司与云南省投资控股集团有限公司合资成立云南云投中油油品销售有限公司。

12月29日　云南销售公司召开二届四次员工代表大会暨2012年工作会议、党委工作会议。会议提出"转方式、优结构、重质量、强基础、抓执行"工作主线，把2012年发展重点确定为资源保障、纯枪创效、库站投运、降本控费，构建客户服务、绩效管理、监督追究、考核评价和员工培训"五个体系"，全力提升经营质量。

2012年

1月31日　昆明市政府召开昆明地区销售网络建设专题协调会，全力支持中国石油网络建设。昆明市市长张祖林，市委常委、副市长朱永扬，副市长陈勇等参加会议。

2月　云南销售公司决定在信息化管理处下设信息运维管理中心（临时机构），加强信息运维管理工作。

3月6日　股份公司任命杜丽学为云南销售公司总经理、党委副书记。

3月　股份公司明确禁止委托代建加油站项目，以土地挂牌、拍卖方式供地的加油（气）站项目，采取自征自建方式开发。云南销售公司开始以自征自建、现状收购等方式开发新项目。

4月16日　云南销售公司与中国移动云南公司签署战略合作协议，双方将在各自提供的业务服务中享受对方大客户的优惠待遇、双方销售渠道与客户资源共享、积分互换等。

5月9日　云投中油油品销售有限公司召开首届股东会，会议选举苏绍良为首届董事会董事长。

5月10日　股份公司副总裁、销售公司总经理刘宏斌到高新加油站调研，在充分肯定便利店营销氛围和非油业务取得成绩后，鼓励加油站完善自助式加油模式，研究自助加油站应用定位，提高加油站服务水平和效率，提升加油站销售量。

5月18日　张本荷加油站、杨辉国分获销售公司"十大标杆加油站""十大模范经理人"。

同月　云南销售公司决定设立西北采调办，将广西办事处更名为钦州采调办，采调办为调运处驻外派出机构。

8月8日　云南销售公司凭借中国石油四川销售公司金江油库基础设备完备、库容充裕的优势条件，顺利实现金江油库向楚雄永仁、丽江华坪等地区的成品油跨区配送工作。

同月　股份公司同意云南销售公司与云南省公路局（云路油料储备中心）成立云南中油云路石油有限责任公司。

8月30日　昆明秧田冲油库正式投用，库容8.5万立方米。该油库按照2010版油库建设标准建成，自动化水平较高，是云南销售公司第一座全资型现代化油库。

8月31日　云南销售公司与中国建设银行云南省分行签署战略合作协议，双方将充分发挥各自网点优势，在渠道、产品和客户资源等领域开展合作。

9月4日　销售公司党委书记田景惠到云南销售公司调研，对公司各项工作给予充分肯定和高度评价。

9月7日　云南省昭通市彝良县发生5.7级地震，云南销售公司迅速启动突发地质灾害应急预案，保障油品和物资供应，全力开展抗震救灾工作。

9月　云南销售公司将调度指挥中心作为调运与油库管理处的附属机构管理，机构级别为副处级。

9月26日　云南销售公司全面启动"44655"基层党建工程，明确"十二五"期间基层"四好"班子、"四强"党组织、"六个一"党支部、"五心"党支部书记、"五带头"党员队伍的总体建设目标及考核标准，使公司党建工作迈上科学化、体系化、制度化建设新台阶。

10月　云南销售公司将仓储管理中心变更为仓储分公司，机构规格调整为正处级。

10月12—13日　云南销售公司在玉溪召开加油站"10+X"精益管控模式暨规范管理推进会，从重视程度、效率效益、卓越标准、样板引路、激发热情、重点考核六个方面，实行加油站"10+X"精益管控模式，深入推进"三基"工作和精细化管理。

11月6—8日　张本荷、张艳芬、王玉琼、董仕华、陈学艳、严茂雄获销售公司"明星加油站经理"。

11月　云南销售公司成立油库管理处，作为机关独立部门，油库管理处与仓储分公司实行"一套机构、两块牌子"的运作模式。将调运与油库管理处更名为调度运输处，不再履行油库管理职能。

12月21日　云南销售公司举办首届客户座谈会，旨在与客户建立多层次长效沟通联系机制，提升客户开发服务水平。

同日　云南销售公司与昆钢集团签订战略合作协议，双方将在成品油供应配送、天然气、润滑油、加油卡、物流园区加油站建设、钢材水泥采购等方面加强合作。

12月27日　云南销售公司召开二届五次员工代表大会暨2013年工作会议。会议提出"十二五"滚动发展规划，明确"三步走"发展思路，着力构建"工"字形发展格局，坚定"高效率、低成本、可持续"发展途径，全面开启"二次创业"新征程，力争到"十二五"末，实现"36918"发展目标。会议把2013年工作重点确定为服务转型、网络发展、精益管控、队伍建设，强"三基"、稳增量、控成本、提效率、促效益，加快推进国际水准销售企业建设步伐。

2013 年

1月6日　云南销售公司印发《关于转文风、改会风、强作风的规定》，就进一步改进工作作风、密切联系群众作出规定，落实集团公司"三短一简"（发短文、开短会、讲短话、简办事）要求。

1月10日　云南销售公司与西南管道公司签订车用燃气供气合作框架协议，由西南管道负责公司车用燃气供应。

1月15日　王德耀到丽江参加宁蒗县"6·24"地震捐款仪式，代表中国石油向宁蒗县地震灾区捐赠灾后重建资金300万元。

1月16日　云南销售公司与云南白药控股有限公司签订战略合作协议，双方将在成品油、润滑油和云南白药系列产品销售等方面开展合作。

1月21日　云南云路中油石油有限责任公司召开首届股东会，会议选举张书明为首届董事会董事长。

2月20日　云南销售公司与中国交通银行云南省分行签订战略合作协议，双方将充分发挥各自网点优势，在渠道、产品和客户资源等领域开展合作。

2月26日　云南销售公司获集团公司"2012年度安全生产模范先进企业""2012年度环境保护先进企业""2012年度节能节水先进企业"，成为销售企业中唯一同时获三项荣誉的企业。

3月6日　曲靖分公司如意加油站经理何燕琼被集团公司授予"百佳爱心人物"，昭通分公司"彝良加油站青年志愿者服务队"被集团公司授予"青年志愿服务先进集体"。

3月27日　国务院派驻国有重点大型企业监事会主席邰风涛一行到云南销售公司调研。邰风涛对公司深入学习贯彻党的十八大精神、建设国际水准销售企业、保障地方成品油供应、服务地方经济社会建设等方面取得的成绩给予高度评价。

3月　云南销售公司将昆明地区加油（气）站项目开发经理部机构调整到昆明分公司，作为昆明分公司机关职能部门管理（临时机构）。

4月10日　云南销售公司与云南机场集团有限责任公司签订战略合作协议，双方将在加油站租赁、油品供应、客票销售、广告宣传等方面进行合作。

4月20日　四川省雅安市芦山县发生7.0级地震，云南销售公司响应集团公司"百万石油员工抗震救灾捐款"行动，筹集抗震救灾资金18万元，并加大通往四川方向沿线加油站的油品资源及方便食品、饮用水等物资储备，为抗震救灾车辆提供服务保障。

4月26日　云南销售公司与云南煤化工集团有限公司签订战略合作协议，双方将在成品油、天然气、润滑油、煤制油以及其他化工产品等方面开展合作。

4月28日　张艳芬被授予云南省"五一劳动奖章"，楚雄分公司大平地加油站被授予云南省"工人先锋号"。

5月　云南销售公司决定成立车用燃气开发利用管理办公室，作为机关独立机构运行，加快车用燃气业务发展。在质量安全环保处下设资产管理中心，作为机关附属机构管理。

5月20日　云南销售公司与云南省东北商会签订战略合作协议，双方将在成品油供应、润滑油与非油品销售等方面开展合作。

5月30日　云南销售公司29座加油站被评为云南省2012年度"用户满意加油站"，31名员工被评为云南省"加油站服务明星"。

6月6日　大理金花加油站被评为中国石油基层建设"百个标杆单位"，其"文化铸站特色强站"基层建设案例被评为中国石油基层建设"十大案例"。

7月2日　云南销售公司与云南冶金集团股份有限公司签订战略合作协议，双方将在成品油、石油焦、天然气、润滑油等方面开展合作。

7月18日　云南销售公司召开2013年VIP客户恳谈会，21家重点省属企业和驻滇央企50余名VIP客户参加会议。会议发布VIP客户"十优服务承诺"，为每家客户发放"VIP客户服务卡"，将公司客户管理中心和分公司主要负责人指定为VIP客户专属客户经理，提供"一对一"优质服务。

7月　云南销售公司决定按照"四部一中心"组织机构运作模式，对玉溪分公司机关组织架构进行调整优化，将营销管理部、零售管理部、非油品业务部整合为业务运作部，网络建设工程部、质量安全环保部整合为质量安全工程部，综合办公室、党群工作部、人事劳资培训部整合为综合管理部，保留财务部机构不作调整，机关人员编制保持不变。在业务运作部下设客户服务中心，作为基层单位管理。

8月7日　云南销售公司召开党的群众路线教育实践活动动员大会，正式启动党的群众路线教育实践活动。

8月22日　云南销售公司与云南省能源投资集团有限公司签订战略合作协议，双方将发挥各自优势，在成品油资源、投资项目、咨询服务等方面进行合作。

8月　股份公司同意云南销售公司与云南物流产业集团有限公司合资成立云南中油云翔石油有限责任公司。

9月　曲靖油库顺利接卸第一批柴油，正式投入运行，库容5.4万立方米，年周转量39万吨。

同月　张本荷加油站改造项目建设完工，总投资482万元。该加油站第一次采用双层防渗承重油罐，建成客户服务体验中心，为客户提供一站式平台服务。

10月　云南销售公司决定按照"四部一中心"组织机构运作模式，对昆明分公司机关组织架构进行调整优化，机关人员编制调整为40人。在业务运作部下设客户服务中心，作为基层单位管理。

10月10日　云南省省长李纪恒对昆曲高速公路沿线黄金海岸加油站卫生间环境进行突击检查，对公司加油站现场服务和卫生间环境给予高度评价。

10月21日　云南销售公司机关办公地点由昆明市五华区青年路389号志远大厦搬迁至西山区滇池路555号中国石油昆明大厦。

10月24日　云南销售公司与红云红河集团签订战略合作协议，双方将在营销资源整合、产品开发与创新、信息资源共享等方面开展合作。

10月25日　云南销售公司获评"全国职工职业道德建设标兵单位"，成为唯一获此殊荣的成品油销售企业。

10月29日　云南销售公司被授予"全国五一劳动奖状"，成为唯一获此殊荣的成品油销售企业。

10月　云南中油云翔石油有限责任公司召开首届董事会，会议选举王少林为首届董事会董事长。

11月5日　张艳芬当选全国"最美青工"，成为中国石油销售企业唯一当选的员工。

11月18日　云南销售公司累计发售加油卡突破200万张，中国石油昆仑加油卡在云南省的知名度和影响力持续提升。

12月4日　中国石油油品销售地市公司工作会在昆明召开，云南销售公司负责承办。来自38家销售企业350多名代表参加会议。会议要求以零售为核心、以效益为目标，全力打造地市公司发展"升级版"，推动销售业务有质量有效益可持续发展。这次会议是销售公司首次召开的专题研究地市公司工作的会议。

12月5日　昆明分公司经理杨辉国、曲靖分公司经理罗建伟、大理分公司经理马黎、玉溪分公司经理李新获评销售公司"优秀地市公司经理"。

12月30—31日　云南销售公司召开三届一次员工代表大会暨2014年工作会、党委工作会。会议把公司2014年工作重点确定为调结构、提质量、增效益，突出效益引领，深化服务转型，全力开创以零售为核心的销售新局面，推动公司有质量有效益可持续发展。

2014年

1月　云南销售公司实行制度、流程、KPI"三位一体"考评模式，引进OMC考核评价方式，将公司领导、机关处室长、地市分公司领导班子成员纳入考核。

同月　公司制定工效挂钩、纯枪增量、降本控费三个专项考核办法，形成"一合同三办法"绩效管理体系。

3月1日　昆明火车站发生蒙面歹徒暴力恐怖袭击事件，云南销售公司全面升级管理，加强

"两会"期间安保,严格执行散装汽油"禁售令",与属地公安、安保、维稳机构建立密切合作关系,所属库站均安全平稳运营。

4月 云南销售公司按照"四部一中心"组织机构运作模式,对曲靖、大理、红河、文山、楚雄、保山、西双版纳、丽江、昭通、临沧、普洱、德宏公司12个地市公司机关组织架构进行调整优化,将机关8个部门整合为综合管理部、业务运作部、质量安全工程部和财务部。同时设立客户服务中心,作为基层单位管理。

4月5日 昭通市永善县发生5.3级地震。云南销售公司立即启动应急预案,第一时间对震区加油站及永善籍员工受灾情况进行排查,联系当地政府对接救灾需求,开辟绿色加油通道,全力支援抗震救灾。

5月7日 云南销售公司召开干部大会,集团公司副总经理、党组成员沈殿成出席会议并讲话。集团公司人事部总经理刘志华宣读集团公司党组任命决定,任命兰建彬为云南销售公司总经理、党委副书记;任命赵剑春为云南销售公司党委书记、纪委书记、工会主席、副总经理。

5月13日 云南销售公司与云南省农村信用社联合社签订战略合作协议,双方将在上门收款服务、客户资源共享、成品油供应、便利店商品销售、润滑油销售、联名卡等方面深入合作。

5月23日 云南销售公司与云南建工集团签订战略合作协议,双方将在成品油供应、加油卡销售及润滑油服务等方面深入合作。

5月24日 德宏州盈江县发生5.6级地震,云南销售公司第一时间启动应急预案,加强与当地政府沟通,了解救灾油品需求,开辟绿色加油通道,确保灾区人民生产生活用油。

5月30日 德宏州盈江县再次发生6.1级地震,云南销售公司督促油库开通绿色通道,优先保障震区油品资源发运,确保灾区油品足量供应。

6月5日 云南销售公司与山东高速云南发展有限公司签订战略合作协议,双方将在成品油销售、非油商品供应、润滑油服务等方面深入合作。

6月10日 张艳芬获"全国青年岗位能手"。

6月 股份公司决定杨声武任云南销售公司副总经理、党委委员。

7月9日 云南销售公司与中国电信云南分公司签订战略合作协议,双方将在成品油保障、信息技术支持、移动支付应用、优质客户转介、联合营销等方面深入合作。

8月3—4日 昭通市鲁甸县发生6.5级地震,兰建彬代表集团公司向昭通市鲁甸县地震灾区捐款500万元。

8月10日 销售公司副总经理廖国勤一行到昭通市鲁甸县地震灾区慰问调研,要求云南销售公司继续从政治高度认识抗震救灾保供工作重要性,全力保障油品供应,同时,抓好加油站安全运行,做好灾后重建阶段市场开发。

8月28日 云南销售公司获评集团公司"管理提升活动先进单位"。

9月10—13日 销售公司第一届"加油站经理人论坛"在广州召开,云南销售公司获得6个奖项,包括客户服务比赛二等奖、三等奖,班组服务比赛第一名,班组服务比赛第三名,论坛演讲第二名。

9月16日　云南销售公司与云南昊龙实业集团有限公司签订战略合作协议，双方将在成品油供应、润滑油和非油商品等方面深入合作。

9月　云南销售公司任命沈建雄为总经理助理，朱明刚为安全副总监，李彦龙为副总经济师。

10月7日　普洱市景谷县发生6.6级地震，云南销售公司第一时间启动应急预案，选定3条通往震区道路沿线31座加油站开辟绿色加油通道，保障抗震救灾油品供应。

12月3日　张本荷劳模创新工作室获云南省总工会命名授牌。

12月　云南销售公司将营销处、加油站管理处整合为市场营销处；设立设备管理处，设备处与工程建设管理处实行"一套机构、两块牌子"运作模式。

同月　云南销售公司成立"张本荷劳模创新工作室"和"金孔雀文化营销创意工作室"，开展加油站现场管理优化及文化营销工作。

12月26日　云南销售公司召开三届二次员工代表大会暨2015年工作会、党委工作会。会议提出突出加快发展主题，抓住零售、网络两个根本，扭住成本效益这个关键，实施安全生产、网络优化、客户开发、队伍建设、控本强基五大工程，开创规模与质量、安全与稳定、效率与效益、企业与员工和谐共进、全面发展的新局面，全力打造黄金销售终端。

2015年

1月7日　云南销售公司与中国联通云南分公司签订战略合作协议，双方将在销售渠道与客户资源共享、积分互换、信息化系统集成、开发服务等方面扩大合作。

2月6日　昆明分公司德发加油站经理杨兴林获云南省"五一劳动奖章"和云南省"职工职业道德建设十佳标兵"。

2月10日　销售公司副总经济师张宏到公司调研非油业务，要求在便利店店面优化和商品选择上大胆尝试，突出商品差异化、特色化；对高速公路服务区运营和营销深入思考、综合统筹研究。

3月2日　昆明分公司客户经理秦怀波获"全国五一巾帼标兵"。

3月5日　云南省政府、省商务厅先后出台《关于确保中国石油云南1000万吨/年炼油项目顺利投产的通知》《关于支持中国石油成品油销售网络建设工作的通知》等文件，明确加快配套库站建设、扩大油品销售等方面的优惠政策。

3月　玉溪油库项目开工建设，建设规模为6万立方米，总投资控制在1.72亿元。保山油库项目开工建设，建设规模为4万立方米，总投资控制在1.28亿元。

4月　蒙自油库项目开工建设，建设规模为6万立方米，总投资控制在2.12亿元。清华洞油库进行第三次改扩建，建设规模为6万立方米，总投资控制在1亿元。

4月15日　云南销售公司与云南冶金集团股份有限公司签订战略合作协议，双方进一步扩大合作范围，提高合作层次。

4月24日　楚雄东南加油站经理杨芹翠获云南省"五一劳动奖章"；昆明高新加油站经理张晓怀获云南省"五一巾帼标兵"；丽江古路湾加油站获云南省"工人先锋号"；曲靖罗平阿鲁加油站、玉溪东风加油站、文山文南经营部分获云南省"五一巾帼标兵岗"。

4月28日　集团公司副总经理、党组成员沈殿成到公司调研，看望慰问加油站一线员工。

同日　昆明分公司东兴加油站获集团公司"模范集体"，玉溪分公司客户经理宋凤英获集团公司"劳动模范"。

5月25日　云南销售公司召开"三严三实"专题教育启动会，全面开展"三严三实"专题教育，即严以修身、严以用权、严以律己，谋事要实、创业要实、做人要实。

6月2—4日　销售公司副总经理王波一行到云南销售公司调研，要求抓好油库建设各项手续办理、地方协调、施工全过程安全管控、施工质量、预算投资和进度工期等工作，力争把4座油库建成销售企业高标准、高质量的现代化油库。

6月10—12日　集团公司副总经理、党组成员喻宝才到云南销售公司调研，要求持续为客户提供有价值的服务，积极适应市场环境和客户消费方式的变化，变革创新商业模式，实现企业与客户长期稳定的共赢。

6月12日　云南销售公司与北汽云南瑞丽汽车有限公司签订合资合作框架协议。云南省副省长刘慧晏，集团公司党组成员、副总经理喻宝才，销售公司副总经理廖国勤，润滑油公司总经理王凌等出席签约仪式。双方将在成品油销售、加油站建设、汽车零配件、整车营销、3S店建设等方面深化合作。

6月17日　云南省政府召开专题会议研究中国石油在滇网络建设问题。常务副省长李江，副省长和段琪、刘慧晏出席会议。会议要求由省商务厅牵头，对中国石油在昆明189集团项目推动、各州市网络优化、高速公路网点加密等问题专题研究解决。

7月15日　云南销售公司召开"汇聚梦想，职引未来"首届加油站经理人大会，强化职业规划引领，激发经理人队伍干事创业热情。销售公司副总经理廖国勤出席开幕式并致辞。

7月15—16日　销售公司副总经理廖国勤到昆明、昭通分公司调研。

7月17日　云南销售公司召开2015年上半年工作会议。会议提出公司"十三五"发展思路，明确"54318"战略目标，即年销量520万吨，市场份额达50%；自营吨油商流费控制在421元，总库容控制在40万立方米以内；夯实三基工作，确保"三条红线"平稳受控，年纯枪量370万吨；年利润11亿元（其中，非油品年利润2.06亿元），非油收入14.6亿元，单站日销量不低于12.2吨；累计运营加油站840座，便利店达到820座。

7月　云南销售公司实施财务"三集中"管理，在财务处设置财务共享服务中心，负责全省财务付款、结算、核算业务。

8月10日　云南销售公司与中国云南路建集团股份有限公司签订战略合作协议。双方将在成品油、润滑油、沥青等产品供应，以及高速公路投资建设等方面开展合作。

8月24日　云南销售公司召开"重塑中国石油良好形象"大讨论活动启动会，开展知识竞赛、微信接力签名、主题演讲等活动，重温大庆精神铁人精神。

8月　云南销售公司成立迪庆分公司、怒江分公司，分别由丽江分公司、保山分公司管理。

9月1日　云南销售公司与云南快达航空物流有限公司签订战略合作协议，双方将在成品油、润滑油、车用尿素购销，以及烟草专卖店、加油站建设等方面开展合作。

9月7日　楚雄分公司经理赵文强获股份公司"十大模范经理人"，清华洞油库主任苏朝祥获股份公司"十大模范油库主任"，大理分公司金花加油站经理陈学艳获股份公司"十大模范加油站经理"，昆明分公司张本荷加油站加油员和利辉获股份公司"十大加油明星"。

9月9日　云南销售公司QC成果"提高柴油酸度测定准确率"获集团公司一等奖，成品油检验中心获集团公司"质量信得过班组"。

9月18日　云南销售公司与云南金孔雀交通运输集团有限公司签订战略合作协议。双方将在成品油、润滑油、车用尿素、加油站建设等方面开展合作。

10月15日　云南销售公司与云南本元支付管理有限公司签订战略合作协议，双方将在互联网支付、客户转介、联合营销等方面开展合作。

10月17日　云南销售公司获得中国石油2015年销售系统"开口营销"服务技能竞赛团体第二名、竞赛优秀组织奖、竞赛杰出班组和优秀班组，9名选手获得1金3银3铜及2个优秀奖。

10月29日　云南销售公司召开推行6S管理启动大会，制定下发加油站6S管理细则，全面推行加油站6S管理模式。

11月26日　云南销售公司"好客云南"微商城正式上线运行。

12月16日　云南销售公司首座智能智慧型加油站——昆明西福路加油站建成投运。

2016年

1月2—4日　中共中央政治局委员、国务院副总理汪洋到云南专题调研"直过民族"扶贫工作。其间，途经西双版纳分公司勐混加油站，称赞中国石油加油站管理很规范。

1月25—26日　云南销售公司召开三届三次员工代表大会暨2016年工作会、党委工作会。会议提出全面落实低成本、规模化、优服务、强基础、人为本"五大战略"，突出加快网建、扩销上量、服务提升、控本降费、固本强基"五大工程"，推进公司由油品销售商向加油站平台综合服务商转变。

2月2—3日　集团公司副总经理、党组成员、股份公司总裁汪东进到驻滇石油石化企业调研，看望慰问一线干部员工。其间，先后调研慰问秧田冲油库、高新加油站、集团公司"十大特等劳动模范"张本荷及云南石化建设工地等，并与云南省常务副省长李江、副省长董华进行会谈。

2月25日　云南销售公司党委召开"两学一做"学习教育启动大会，全面启动"学党章党规、学系列讲话，做合格党员"学习教育活动。

大事记

2月　清华洞油库扩建项目投入试运行，在用库容增至6.6万立方米，年周转量68万吨。

3月16日　销售公司副总经理张宏率领HSE体系审核组到公司调研检查，要求始终把安全数质量管控作为首要任务，抓好柴油扩销增量与双低站治理。

4月26日　集团公司总经理助理王铁军到昆明西福路加油站调研，要求公司加快信息化建设，让加油站变成一个快捷、便利的营销网络；加强加油站经理人队伍建设，让加油站经理人成为营销、管理等方面综合型人才；提升全员的安全生产意识，提高加油站安全管理水平。

4月　云南销售公司与北汽云南瑞丽汽车有限公司合资成立云南中油北汽瑞丽有限责任公司。

5月15日　云南省委书记李纪恒在龙江特大桥检查工作期间，到保山分公司潞江坝加油站视察，称赞中国石油加油站的卫生间很干净。

6月22日　销售公司副总经理宋文国一行到昆明秧田冲油库调研，要求公司加强与云南省政府沟通，推动网络建设再上新台阶；强化品牌建设，提升中国石油企业形象；积极探索新模式，提升销售能力；研究积分管理，提升市场份额；发挥年轻队伍优势，提升核心竞争力。

6月28日　集团公司副总经理兼安全总监沈殿成、销售公司副总经理宋文国到昆明西福路加油站调研。沈殿成要求加油站经理人敢想、敢做、敢当，积极发挥聪明才智，不断创新加油站管理模式，为顾客提供更加优质的服务。

7月29日　集团公司总会计师、党组成员刘跃珍一行到昆明西福路加油站调研，要求充分挖掘潜力，优化加油站现场和便利店布局，提升销售质量和创效能力。

8月8日　云南销售公司获评集团公司2015年度企事业单位业绩考核A级单位。

8月15日　中国石油驻滇企业协调小组联席会在公司机关召开，云南石化、西北销售云南分公司及管道、天然气、化工等业务板块13家单位参加会议。会议提出立足"全局一盘棋"思想，共举中国石油大旗，践行"在滇企业一家亲"理念，强化兄弟互信，深化协同运作，推进集团公司在滇业务整体协调发展。

9月1日　西双版纳勐养第一加油站、大理双廊服务区获评"2016—2017年度全国优秀服务区"，保山潞江坝服务区获评"全国百佳示范服务区"。

9月8—9日　云南销售公司太阳女QC小组申报的"提升非油口均销售额"QC活动成果获评集团公司一等奖；仓储分公司秧田冲油库储运化验班获评集团公司"质量信得过班组"。

9月13—14日　集团公司总经理、党组副书记章建华到云南销售公司调研。其间，到昆明西福路加油站检查指导工作，听取公司工作汇报，拜会云南省委书记、省长陈豪。他要求公司狠抓安全环保，创造和谐发展环境；狠抓经营管理，全面完成各项指标；加强党的建设，弘扬"石油精神"，落实好集团公司各项工作部署，为企业发展创造更加有利的条件。

9月29日　云南销售公司与云南昭通交通运输集团有限责任公司在昭通签订战略合作协议。双方将在成品油、润滑油、加油站建设等方面开展合作。

10月11日　国家能源局法制和体制改革司副司长丁志敏、石化联合会产业发展部副主任王孝峰一行到驻滇石油石化企业调研。其间，到昆明西福路加油站检查指导工作，要求油气企业顺应行业改革发展形势，带头营造公平环境与良好市场氛围，协力维护市场稳定，找准关键问题，提升创新发展驱动力，推动油气行业健康发展。

10月23—26日　集团公司外部董事路耀华、金克宁到云南销售公司调研，集团公司董事会秘书、办公厅主任王志刚、集团公司办公厅副主任李荡陪同调研。

10月　股份公司决定王德耀职务级别为副局级；吴跃庆任云南销售公司副总经理。

11月　云南省人民政府任命王德耀任云南省发展和改革委员会副主任（挂职两年）。

11月14—18日　集团公司"加油体验"第四季第三场"走进七彩云南·讲述能源与环境和谐共生的故事"媒体见面会在昆明举行。新华网、人民日报海外网、中新网等22家媒体采访团，深入张本荷加油站、云南石化、中缅管道瑞丽输气站进行采访报道。

12月2日　云南销售公司13名员工在销售公司首轮加油站操作员技师鉴定考核中获得加油站操作员技师职业资格。

12月23日　云南销售公司与润滑油公司在北京签订合作协议。双方将在换油点建设、车用润滑油销售、车辅产品销售、机构客户开发、社会渠道拓展等方面深度合作。

12月28日　云南销售公司召开中国共产党中国石油云南销售公司第一次代表大会，115名党员代表参加会议。会议选举产生第一届委员会和纪律检查委员会，赵剑春为党委书记、纪委书记，兰建彬为党委副书记。

12月29日　云南销售公司召开三届四次员工代表大会暨2017年工作会。会议提出以稳健发展为总方针，以畅通后路为源动力，重点做好网络攻坚、扩销上量、物流优化、服务提升、控本降费"五篇文章"，努力做大市场、做优总量、做强服务、做精效益、做亮品牌，为实现公司"十三五"目标奠定坚实基础。

2017年

1月11日　云南销售公司与中国石化云南公司召开专题会议，研究商标侵权集中整治工作。双方决定坚持"集中整治与长效打击相结合，发现一起查处一起"的原则，联合开展商标侵权集中整治活动，全面清除辖区内社会经营单位未经有效授权使用或冒用中国石化和中国石油相关注册商标行为，净化属地成品油市场经营环境。

2月27日　云南销售公司第一套柴油尾气净化液橇装加注设施在昆明分公司禄脿加油站完成首车首枪加注。

3月19日　集团公司党组第八巡视组进驻云南销售公司，开展为期2个月的专项巡视工作。

3月22日　云南销售公司"好客雲品"自有商品商标成功注册，初步建成自有商品体系，云茶、云烟、云药、云咖等在省内外上市销售。

4月24日　非油品公司中央仓获评全国"工人先锋号"。

4月28日　昆明高新加油站、楚雄太阳女加油站经理董俊芳分获全国"巾帼文明岗""巾帼建功标兵",昆明高新加油站经理张晓怀获云南省第二十二届"劳动模范",西双版纳景勐加油站、保山潞江坝加油站经理陆鹏燕、总经理办司燕分获云南省"巾帼文明岗""巾帼建功标兵"。

5月16日　云南销售公司自有商品"好客雲品"普洱茶邂逅、春晖、余音等系列7个商品条码获得批准,正式进入市场销售。

5月20日　金孔雀文化营销创意工作室获俄罗斯第十一届"火炬杯"艺术节系列比赛民间艺术类二等奖、原生态类三等奖。

6月2日　云南销售公司与云南中烟工业公司、云南省烟草专卖局(公司)签订战略合作协议。三方将在营销资源整合、产品开发与创新、信息资源共享等方面开展合作。

6月13日　云南销售公司成功开发"惠购油"直销APP系统,客户通过手机、电脑、短信、微信等渠道办理提油,实现直销业务从线下向线上转变。

6月13—14日　集团公司副总经理、安全总监段良伟到云南销售公司调研,听取公司工作汇报,到昆明西福路加油站现场调研和检查指导工作。

7月5日　大理富海加油站建成投运。该加油站集成新型智能加油机及高清车辆识别、人脸识别等系统,借助数据平台精细分析,实时掌握客户构成、进站频次、消费率、支付占比、卡销比等经营数据,全力为客户提供一站式智慧化服务体验。

7月12日　云南销售公司在昆明西福路加油站召开中国石油CN98超级汽油上市推介会。

7月14日　云南销售公司与保山市人民政府签订战略合作协议。双方将组建合资公司,共同实施加油(气)站项目建设及运营。

7月18日　云南销售公司举办非油自有商品"好客雲品·邂逅"系列普洱茶首发仪式。与云烟合作开发的3款定制专销烟,与云南白药合作开发的车之爽、应急包等83个单品同步上市。

8月4日　销售公司副总经理丛新兴到公司调研,到昆明秧田冲油库、东兴加油站现场检查指导工作,并从网络拓展、市场开拓、管理创新、物流优化、合规管理、安全环保数质量管控和员工队伍建设等方面提出要求。

8月14—16日　集团公司副总经理覃伟中到云南销售公司调研,听取公司工作汇报,到昆明秧田冲油库现场检查指导工作,要求抓住历史机遇、畅通云南石化后路,强化技术创新、深化信息化建设,抓实安全环保管理。

8月25日　云南销售公司向定点帮扶对象丽江市宁蒗县永宁坪乡结对帮扶的259名就学子女捐赠24.25万元物资,全力支援地方脱贫攻坚。

9月27—28日　云南销售公司"惠购油"APP平台获集团公司"管理创新奖"。

9月29日　云南销售公司举办2017年度客户座谈会,全省90多家企业代表参加会议。

9月　云南销售公司正式成立迪庆分公司,机构规格为正科级,与迪庆中青公司合署办公。

10月14—18日　玉溪、蒙自、保山油库分别完成首次付油装车作业,标志着公司3座新建管输油库正式投入运营。

10月19日　秧田冲油库—昆明长水机场航煤储运项目获得股份公司可研批复。

10月24日　共青团中国石油云南销售公司直属机关召开第一次代表大会。会议号召直属机关各级团组织和广大青年员工，以永不懈怠的精神状态、一往无前的奋斗姿态，为公司稳健发展贡献青春力量。

11月10日　云南销售公司在党的十九大期间维稳信访安保防恐工作受到集团公司嘉勉。

12月　集团公司党组任命朱敬波为云南销售公司纪委书记、党委委员。

12月15日　云南销售公司与临沧市人民政府签订战略合作协议。临沧市政府将授权市属国有资产经营有限公司取得土地，用于中国石油加油站建设，并优先办理项目立项、规划、报批等手续。

12月18日　云南销售公司与昆明海关签署走私油品处置合作备忘录，深化企地联合，全力打击油品走私，整治成品油市场秩序。

12月24日　昆明红瓦加油站3S店正式营业，公司汽车后服务业务进一步扩大。

12月25—26日　云南销售公司召开四届一次员工代表大会暨2018年度工作会、党委工作会。会议把2018年工作重点确定为网络优化、扩销增量、降本增效、深化改革、强化基础，全面开创公司高质量发展新局面。

12月31日　云南销售公司成品油销售突破400万吨（其中纯枪量234万吨、直批量173万吨），同比增长5%。

2018年

1月1日　昆明分公司与云南聚蛟企业管理股份有限公司签订昆石线10座加油站委托管理合同，创新加油站连线连片委托管理新模式，激活加油站管理活力，推进"双低站"治理和提升创效能力。

1月10—11日　国务院派驻中国石油监事会主席杜渊泉一行到云南销售公司检查调研，集团公司财务部副总经理翁兴波等陪同调研。

1月11日　云南销售公司与中国建设银行云南省分行合作开发的"中油龙卡"联名卡上市发布会在昆明举行。该卡集成加油、金融、ETC、生活应用四大功能。

1月　德宏分公司和瑞丽北汽公司联合开发的"一种加油站消防安全小型多功能灭火车"，获国家实用新型专利。

2月6—8日　集团公司党组书记、董事长王宜林到中国石化驻滇石油石化企业调研。其间，看望慰问一线干部员工，参加并指导企业领导班子民主生活会，会见云南省委省政府主要领导。王宜林要求云南销售公司以高质量发展为目标，不断开创稳健发展的新局面；以精细化管理为抓手，不断创造降本增效的新业绩；以安全环保、企地和谐为基础，不断构筑有效发展的新环境，为促进云南经济社会发展做出新贡献。

3月1日　云南销售公司加油站增值税发票管理系统全面上线，成品油发票将通过增值税发票管理新系统"成品油发票"模块开具，同时全部停用加油站现有单机版卷式冠名发票。

3月7日　销售公司党委书记廖国勤、副总经理王波到云南销售公司昆明秧田冲油库，就航煤储运项目推进工作进行调研。

3月12日　云南销售公司首届"十大金花加油站经理"授牌仪式在大理富海加油站举行。"十大金花加油站经理"分别为昆明分公司张艳芬、张晓怀、毛光燕，曲靖分公司梁华莉，大理分公司陈学艳、李文玲，玉溪分公司王玉琼，楚雄分公司董俊芳，保山分公司陆鹏燕，昭通分公司吴兴苹。

3月20日　云南销售公司定点扶贫工作受到云南省委书记陈豪、省长阮成发高度肯定，评价"中国石油云南销售为丽江宁蒗扶贫攻坚做了很多工作，中国石油为云南省扶贫脱贫事业做出了大量贡献"。近年公司先后投入扶贫资金近180万元，帮助宁蒗县41户定点扶贫户提前脱贫。

3月31日　中国石油与SCC超跑俱乐部联合主办"CN98澎湃体验春城跑山"活动，并在昆明西福路加油站举行发车仪式，打通CN98与SCC超跑俱乐部会员的联结，为广大车主提供良好的产品体验和口碑。

4月1日　云南销售公司全面推行成品油公路配送驾驶员自主卸油作业，积极为加油站员工减负。

4月12日　昆明金河等10座加油站建设项目集中开工，并在金河加油站建设项目选址地举行奠基仪式。该10座加油站建设项目主要为中国石油与昆明市政府下属的五大投资平台公司合作建设项目。

4月19日　云南销售公司召开干部大会，集团公司党组成员、副总经理喻宝才出席会议并讲话。集团公司人事部副总经理李刚宣读集团公司党组任免文件，任命赵剑春为云南销售公司总经理、党委书记、中国石油驻云南地区企业协调组组长。

4月25日　昭通巧家城北加油站赵石妹获云南省"五一劳动奖章"。

4月　秧田冲油库—昆明长水机场航煤储运项目开工建设，建设规模为6万立方米，设计年周转量150万吨。

5月4日　云南省委书记陈豪，省委常委、常务副省长宗国英、省委秘书长刘慧晏，副省长董华到云南石化现场调研，专题研究中国石油云南炼油项目生产运行及配套成品油销售网络建设情况。

5月17日　云南销售公司在昆明月马路加油站召开防渗一体化改造动员会，专门成立7人推进小组，全面开展加油站地下油罐防渗改造工作，并在今后3—5年内完成444座加油站防渗、油气回收等改造工作。

5月25日　昆明分公司青年团员和利辉获"全国优秀共青团员"。

5月28日　云南销售公司与兴业银行昆明分行签订战略合作协议，双方将在商业汇票贴现、ATM机进站服务等金融业务方面开展合作。

5月29—30日　集团公司副总经理覃伟中到昆明秧田冲油库现场调研，专题研究航煤储运工程项目推进情况。

6月1日　中国石油国Ⅵ标准油品上市新闻发布会在昆明西福路加油站举行,全面升级油品质量,提前向社会供应符合国Ⅵ（A）标准的汽油、柴油,销售价格执行提质不提价政策。

6月7日　云南销售公司党委启动党建信息化平台全面推广应用工作,提升党建工作质量和科学化水平。

6月11日　非油业务精益零售云南试点启动会在昆明召开,昆仑好客公司总经理刘刚、副总经理朱磊出席会议。作为试点单位,云南销售公司将围绕精益零售单品管理、假设—验证和数据经营"三大要点",建立非油业务精益零售运营体系,打造加油站3.0新版本。

7月1日　云南省启动"2018—云油利剑"成品油专项治理行动,严厉打击成品油走私、非法销售等违法犯罪行为,持续规范省内成品油市场秩序。

7月4日　股份公司董事会秘书吴恩来、独立董事林伯强、张必贻一行到昆明西福路加油站调研。

7月5日　云南销售公司与兴业银行昆明分行开展联合营销,为客户提供更具特色的增值活动、更专业的金融服务、更丰富的尊享礼遇,并在昆明西福路加油站举行"加油好兴动"联合营销启动仪式。

7月8—9日　集团公司总会计师、党组成员刘跃珍到驻滇企业调研,要求石化销售企业巩固和扩大开源节流降本增效、五化（专业化、信息化、国际化、标准化、制度化）管理、提升企业形象三项成果；抓好企地协同发展、炼销一体化协同发展、产能与金融结合发展三个协同发展；实现开源节流降本增效工程、改善企业经营机制增强企业发展活力、市场与网络建设三个新突破；防控好安全环保、财务经营、法律纪律三大风险；发挥好创建一流企业、改革创新、党建和企业文化建设三个引领作用。

7月12—13日　云南销售公司召开领导干部会议。会议调整公司"十三五"战略发展的方向和重点,提出坚持战略、市场、基层、问题"四个导向",以市场、品牌、创新、人才"四大战略"统领全局,牢记中国石油在滇效益最大化的使命,打好网络开发、营销提质、信息化建设"三大攻坚战",构建"三纵两横"、控本降费、HSE、人才和党建思想政治"五大保障体系",推动公司高质量稳健发展。

7月20日　云南销售公司与杭州大搜车汽车服务有限公司签订合作框架协议,双方将在整车销售、二手车置换、弹个车业务等方面开展合作。

7月23日　云南销售公司以综合业绩考核127.61总分值获评集团公司2017年度业绩考核A级单位。

同日　云南销售公司与云南建设基础设施投资股份有限公司签订战略合作框架协议,双方将在油站网络、工程建设、油品及非油品业务等方面开展合资合作。

7月31日　云南销售公司依托与杭州大搜车汽车服务有限公司战略合作优势,通过中油北瑞整车销售平台,优选上海大众斯柯达、东风日产四款车型开展整车销售业务。

8月17日　昭通分公司巧家城北加油站员工赵石妹当选中国工会第十七次全国代表大会代表。

8月24日　云南省公安厅召开全省公安机关"打击成品油走私非法销售违法犯罪专项行动部

署会",推动"云油利剑"专项整治从以罚没款为主向拘留判刑转变,提高打击震慑力度。

8月28日　云南销售公司与云南金孔雀交通集团公司签订合资合作协议,双方将充分发挥品牌、资源、服务、产品等优势,组建合资公司。

8月29日　云南销售公司与广州石油培训中心签订培训合作框架协议,双方将在咨询服务、人才培养等方面开展合作。

9月11日　云南销售公司与中油碧辟公司在广州签订战略合作协议,双方将在营销策划、人才培养、合资合作、物流及内控管理等领域开展合作。

9月18日　云南销售公司调整机关处室管理岗位序列,取消处长助理级,增设资深高级主管岗位,纳入职务管理岗位序列。

9月20日　云南销售公司成立汽服项目领导小组,下设汽服项目专项工作组,昆明、楚雄、昭通、普洱分公司为首批汽服项目试点单位。

10月15日　云南销售公司与昆明钢铁控股有限公司签订战略合作协议,双方将在加油站建设、成品油销售、LNG销售及加气站、润滑油及进口商品、汽车及后服务链、油气运输等方面开展合作。

10月24日　云南销售公司与楚雄云鑫石化有限公司签署合资合作协议,双方将在加油站建设运营、油气电经营、非油品及润滑油销售等方面开展合作。

10月22—26日　中国工会第十七次全国代表大会在北京召开,昭通分公司员工赵石妹作为云南省代表团成员出席会议。

11月8—9日　昆明分公司西福路加油站、昆明分公司副经理杨先春、秧田冲油库主任邓代斌、楚雄分公司客户经理郭霖、昆明分公司西福路加油站便利店主管沐桂萍分获集团公司"十大标杆加油站""十大模范经理人""十大模范油库主任""十大模范客户经理""十大模范便利店主管",红河分公司双龙加油站经理张见宝获销售公司"十大治理能手"。

11月13日　云南销售公司与瑞燃能源、恒炬商贸公司签订合资合作框架协议,三方将在加油站开发建设运营、油品销售、润滑油及非油品销售等方面开展深度合作。

同日　昆明分公司西福路加油站、人理分公司富海加油站被中国石油学会命名为"中国石油学会科普教育基地"。

11月16日　集团公司在大理召开基层建设云南销售现场会,云南销售公司负责承办会议。会议要求,积极探索基层建设新模式,建立符合实际的指标体系,拓展创新创效新途径,完善评先选优新形式,推进员工技能新提升,增强工作机制新保障。

11月20日　云南销售公司与楚雄云特石化有限公司签订合资合作框架协议,双方将在加油站建设运营、油气电经营、非油品及润滑油销售等方面开展合作。

11月24—25日　云南销售公司与杭州大搜车汽车服务有限公司联合举办首届"中国石油专场车展",共展出一汽奥迪、英菲尼迪等7个品牌24款车型,创收185万元。

11月28—30日　云南销售公司召开两级领导班子集体学习暨2019年工作务虚会,赵剑春作题为《用领导干部的行动力推动公司新发展》的讲话。会议要求，2019年把"为云南石化发展创造市场空间，维护集团公司在滇利益最大化"作为公司新使命，继续实施"四大战略"，打好"三大攻坚战"，构建"五大保障体系"，加快迈向500万吨新高点，争当区外销售企业新标杆。

11月28日　云南销售公司与深圳前海海淘城电子商务有限公司签订战略合作协议，双方将在跨境电商业务方面开展深度合作。

11月30日　云南销售公司成立大项目建设工作领导小组，下设大项目部，机构管理规格为二级，设立业务、工程、合资合作等部门，人员编制按"10+"模式设置。同步设立大项目部党支部，纳入直属机关党委管理。同时，撤销"昆明地区网络建设工作领导小组""昆明地区集团项目推进组"及"昆明地区加油（气）站项目开发经理部"。

12月1日　云南销售公司与云南锡业集团物流有限公司签订战略合作协议，双方将在产品质量、采购价格、优质服务、供需保障等方面开展合作。

12月4日　云南销售公司国Ⅵ（B）标准车用汽油上市新闻发布会在西福路加油站召开。从2019年1月1日零时起，云南省将在全省统一推广使用国Ⅵ（B）标准车用汽油，成为全国首个实现国Ⅵ（B）标准油品升级地区，提前国家计划4年实现国Ⅵ（B）标准油品升级。

12月21日　云南省公安厅召开打击整治成品油专项行动成效新闻通报会，会议通报：截至12月21日本年全省查获涉油案件1124件，取缔"黑窝点"303个，查处非法流动加油车716辆，刑事拘留89人，行政拘留427人，罚没不合格油品6920吨。

12月27日　云南销售公司召开四届二次员工代表大会暨2019年工作会、党委工作会。会议确立"为云南石化发展创造市场空间，维护集团公司在滇利益最大化"的新使命，明确提出全面推进"四大战略"，坚决打赢"三大攻坚战"，构建和完善"五大保障体系"，加快迈向500万吨新高点，打造区外销售企业新标杆。

12月30日　秧田冲航煤储运项目建设基本完工，建设过程中突破政策瓶颈、外输管线征地阻力、长周期降雨和复杂地质影响等难题，仅用7个月建成，为云南石化航煤扩销增量创造了条件。该项目是集团公司重点项目，库容6万立方米，年周转量150万吨。

12月31日　云南销售公司成品油销售总量突破450万吨，其中纯枪销量248万吨，非油收入突破12亿元，运营加油站突破700座，全面完成预算指标。

第一篇

组织机构沿革

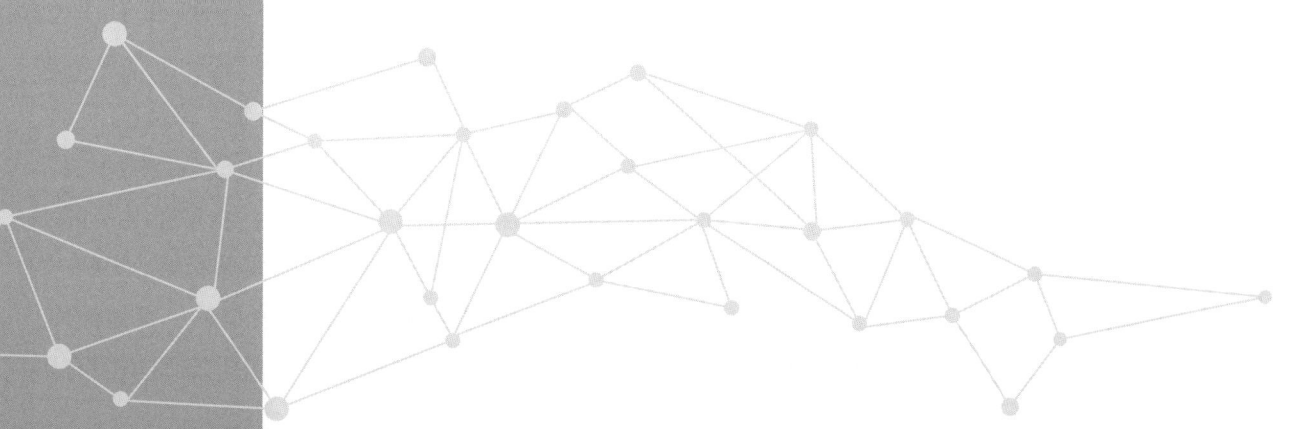

中国石油销售西南公司1999年1月正式成立，7月完成重组改制，更名为中国石油西南销售公司。中国石油天然气股份有限公司上市后，于1999年11月上划股份公司管理，12月，更名为中国石油天然气股份有限公司西南销售分公司。

2008年12月机构上划调整，西南销售公司与云南销售公司实行"一个机构，两块牌子"的管理模式。2009年11月，单独使用云南销售公司名称。

一、西南销售公司早期的改革与发展（1999—2003年）

西南销售公司成立之际，正值集团公司、股份公司进行重组改制时期。这一时期，西南地区资源调运混乱无序，川渝区内市场亟待规范，滇、黔、桂区外市场一片空白。面对前所未有的困难和挑战，在集团公司"规范市场、开拓市场"营销战略指导下，西南销售公司艰难起步，在经营机制、管理体制、市场开拓、网络建设、规范管理等方面锐意改革。截至2003年，短短五年时间，逐步占领和巩固区外市场，销售经营工作不断取得重大成就，发展能力不断增强。

（一）快速高效完成组建改制

1999年1月15日，集团公司同意组建中国石油销售西南公司（以下简称西南公司）。3月22日，集团公司聘任杨宁海为西南公司经理，集团公司党组决定项平生任西南公司党委书记。3月26日，中国石油销售总公司（以下简称销售总公司）明确西南公司为销售总公司派出机构，保留法人资格，按子公司体制运作。4月27日，销售总公司聘任刘启银、骆忠伟为西南公司副经理。7月16日，集团公司对西南公司重组改制，将西南公司更名为中国石油西南销售公司。11月30日，股份公司下发《中国石油天然气股份有限公司机构设置方案》，更名为中国石油天然气股份有限公司西南销售公司，简称中国石油西南销售公司。12月24日，股份公司下发《关于股份公司所属专业公司、地区公司名称变更的通知》，中国石油天然气股份有限公司西南销售公司更名为中国石油天然气股份有限公司西南销售分公司，行政领导职务名称由"经理、副经理"改称"总经理、副总经理"。

西南公司筹备组于1998年5月15日成立，成立后立即着手开始组建工作。1998年11月29日，集团公司下发《关于西部油田、炼厂企业在川、渝建设的经销成品油储运设施和加油站划转问题的通知》，按照通知要求，西南公司筹备组对原1997年8月由销售总公司和新疆、玉门、长庆、四川、青海石油管理局及塔里木、吐哈石油勘探开发指挥部8个股东共同出资组建的中油西南销售有限公司进行重新组建。西南公司成立后，按照"思想不乱、工作不断、秩序不乱"的工作方针，成立划转交接小组，派专人做好各方面工作，保证了划转期间各经营实体稳定。1999年9月1日，除乌鲁木齐石化总厂新成石化公司102油库及配套设施划转给西南公司外，其他油库、加油站及配套设施以及西南公司在川建设的泰祥、邛崃两座加油站划转给四川省石油集团有限公司。

重组改制后，作为销售总公司的派出机构，西南销售公司主要负责区内四川省、重庆市石油公司和集团公司系统各经营单位销售业务的管理、指导、协调、监督，提供服务，规范市场，在区内不直接从事批发业务。同时，负责区外市场的开拓、经营，保证炼厂后路畅通。西部成品油"四统一"运行方案实施后，四川省、重庆市石油公司在西北炼化企业所发油品直接和中国石油西北销售公司（以下简称西北销售公司）结算，计划申报、调运组织、计划检查及其他业务关系仍由西南销售公司进行管理。2000年11月，西南销售公司将统一提报川、渝两地石油公司资源需求计划的职能移交西北销售公司，企业核心业务由"统一区内资源配置、规范区内销售市场、开拓区外销售市场"转变为专注区外销售市场开拓。

（二）健全完善组织机构

西南销售公司成立后，机关职能部门、党委办事机构、所属单位尚未完全设立和组建。公司从实际出发，根据业务发展需要，结合专业化公司特点，逐步理顺管理体制，组建公司、分公司、片区分公司（或零售部）三级管理架构。

（1）健全机关管理机构。1998年5月西南公司筹备组成立后，根据组建实际情况，制定岗位设置方案。1999年1月正式成立后，销售总公司对西南公司机构设置进行批复，机关设经理办公室、计划处、调运处、市场处、财务资产处、人事政工处和审计纪检监察处7个处室，均为正处级。人员编制45人，其中领导职数5人（书记、总经理为副局级，其余为正处级），处级职数18人（含领导班子成员中处级干部人数）。1999年7月完成重组改制后，集团公司对西南销售公司职能部门进行调整，机关设经理办公室（党委办公室）、资源配置处、储运安全处、综合业务处、财务资产处、审计监察处、人事处（组织部），机关人员编制45人，其中领导职数5人，员工总数控制在66人以内。

2001年2月，根据业务发展需要，西南销售公司决定撤销储运安全处，将资源配置处、综合业务处与储运安全处合署办公，机构名称统称为综合业务处。同时，成立质量安全管理处。5月，中国石油天然气股份有限公司炼油与销售分公司（以下简称炼油与销售分公司）对西南销售公司机构调整进行批复，增设加油站管理处，将审计监察处挂靠人事处。根据实际运行情况，西南销售公司未在机关独立设置加油站管理处，其业务归属综合业务处管理。

2002年7月，为适应销售企业重组整合和管理需要，股份公司对西南销售公司机关机构设置进行调整，机关设总经理办公室（党委办公室）、营销处、仓储安全环保处、加油站管理处、财务处、人事处、审计监察处（纪检办公室）7个处室及结算中心、信息中心两个附属机构，机关人员编制增至50人。

（2）组建省级分公司经营机构。按照"规范市场、开拓市场"营销战略，加快向区外空白市场扩张销售网络，并根据区外市场规模发展的需要，适时成立省区分公司，对辖区内加油站进行统一管理，形成行之有效、集中受控的管理体系。

1999年4月，西南公司成立云南分公司和黔桂分公司，组织和实施黔、桂及周边地区市场开发，两家分公司机构级别暂定为副处级，人员编制分别暂定18人、16人，处级职数分别为3人，人员来源在系统内调剂解决。9月，为优化资产配置，理顺管理体制，销售总公司将原乌鲁木齐石化总厂与成都铁路局合资成立的新成石化公司102油库及配套设施划转给西南销售公司。10月，销售总公司在云南地区收购楚雄雄海石化有限公司70%的股份，成立中油雄海石油化工有限公司，在区外销售网络扩张上迈出实质性第一步。

2000年3月，销售总公司出资收购云南英茂集团股份有限公司80%的股权，成立中油英茂石油化工有限公司。6月，出资收购云南省强林石油化工总公司80%的股权，设立云南中油强林石油化工有限公司。7月，在云南大理地区设立大理分公司。10月，根据区外销售网络建设、营销和管理工作的需要，成立中国石油天然气股份有限公司西南销售贵州分公司和中国石油天然气股份有限公司西南销售广西分公司。

2002年3月，根据云南地区市场情况和网络收购布局现状，对云南地区各经营机构进行重组整合，将中油英茂石化公司、大理分公司两个全资公司和控股的中油雄海石化公司、中油强林石化公司进行重组，组建统一的中国石油天然气股份有限公司西南销售云南分公司，三个省级分公司的组建，在滇、黔、桂三省区形成快速反应、统一决策的业务运行机制，加快中国石油在滇、黔、桂三省区的市场扩张步伐。

（3）成立片区分公司、零售部。滇、黔、桂三个省级分公司，根据区域市场特点和网络开发规模，先后设立经营片区、零售片区。广西分公司根据建设发展需要，先后设立百色分公司、柳州分公司、北海分公司、桂林分公司、梧州分公司、玉林分公司、南宁分公司、河池分公司。贵州分公司根据业务发展需要，先后设立贵阳分公司、遵义分公司、六盘水分公司、安顺分公司、黔南分公司、铜仁分公司、毕节分公司。为适应经营管理需要，在云南省对下属经营机构进行重新调整，设置浑水塘配送中心、安宁配送中心、楚雄配送中心，负责油品的批发、配送等经营管理工作；设置城东零售片区、城北零售片区、城西零售片区、东郊零售片区、昆石零售片区、玉溪零售片区、保山零售片区、安宁配送中心零售部、楚雄配送中心零售部、大理零售部，负责油品零售经营管理工作。

至此，西南销售公司逐步构建起"管理层精干高效、各分公司符合管理需要、经营片区主攻市场销售"的扁平化管理组织架构。

二、西南销售公司快速发展时期的改革与发展（2004—2008年）

自2004年起，集团公司、股份公司、销售公司将滇、黔、桂三省区定位为销售业务的战略发展市场、增加销量的市场，加大对西南地区网络建设资金投放量、资源配置量，并加大政策支持力度。为抓住千载难逢的大发展机遇，2004年10月，西南销售公司将机关所在地由成都搬迁至昆明，贴近市场靠前指挥。2004—2008年，坚持以科学发展观为指导，坚决贯彻集团公司、股份公司一系列重大决策，依托中国石油强大的资源和品牌优势，精心谋划发展，持续深化改革，大力推进创新，走出一条区外成品油销售企业快速健康发展道路，实现市场占有率"三分天下有其一"的发展目标。

西南销售公司机关整体搬迁后，对云南地区经营机构进行整合，实行专业化管理，实现管理型向经营管理型的重大转变，初步建立起"管理垂直化、结构扁平化、业务专业化、权责清晰化"的现代营销体系。

（1）加强处室机构建设。2004年10月，根据业务发展需要，撤销原综合业务处，将综合业务处根据专业线拆分为营销处、调度运输处、加油站管理处，增设投资计划处、综合管理与法律事务处、党群工作处、信息化管理处，将仓储安全环保处更名为质量安全环保处。同时，对西南销售公司与云南分公司两级机关进行整合，在云南地区组织架构只设管理层和操作层两个层面，原云南分公司机关部门经营管理职能取消。2005年6月，西南销售公司成立项目建设管理办公室（临时机构），后机构名称确定为工程建设管理部。

2006年8月，根据专业化管理及业务发展需要，西南销售公司机关处室设总经理办公室（党委办公室）、综合计划处、营销处、调度运输处、加油站管理处、质量安全环保处、财务处、人事处（组织部）、综合管理与法律事务处、党群工作处、审计监察处（纪委办公室）、信息化管理处。其中，增设综合计划处，撤销投资计划处编制；西南销售公司附属单位设物流中心、项目建设管理办公室（副处级建制）。其中，物流中心与调度运输处实行"一个机构，两块牌子"管理模式，履行双重职能，人员不列入机关编制。机关处室附属机构有：总经理办公室（党委办公室）下设小车班，加油站管理处下设稽查室，党群工作处下设采编室。机关处室附属机构人员不列入机关编制，润滑油经营部同营销处分离，非油品经营部同加油站管理处分离，成立云南网络开发办公室，主要负责云南地区油库和高速公路加油站的开发，隶属项目建设管理办公室管理。机关定员编制110人，领导职数7人，处级职数22人，高级主管职数21人，主管职数15人，主办、助理主办职数42人。

（2）组建区域性公司。改革组建云南区域性公司。2005年，为加强对云南地区各经营单位集中统一管理，根据业务发展需要，在云南地区3个配送中心、12个零售片区的基础上，成立滇中分公司、滇西分公司、滇东北分公司、滇东南分公司、滇南分公司。在业务区域划分上，撤销城东片区、城北片区、昆石片区及安宁零售部，其业务划归滇中分公司管理，所辖地域为昆明地区；撤销楚雄零售部、大理零售部、保山零售部及瑞丽分公司，其业务划归滇西分公司管理，所辖地域为楚雄、大理、保山、临沧、丽江、瑞丽、迪庆及怒江地区；撤销曲靖零售部，其业务划归滇东北分公司管理，所辖地域为曲靖和昭通地区；撤销红河零售部和文山零售部，其业务划归滇东南分公司管理，所辖地域为红河和文山地区；撤销玉溪片区和西双版纳零售部，其业务划归滇南分公司管理，所辖地域为玉溪、西双版纳、思茅地区；在油库管理上，浑水塘配送中心所属浑水塘油库，安宁配送中心所属安宁油库、大屯油库、昆阳油库，划归滇中分公司管理；楚雄配送中心所属南华油库、清华洞油库、雄海油库，划归滇西分公司管理；浑水塘配送中心所属曲靖油库、宣威油库，划归滇东北分公司管理。

2006年，西南销售公司对云南地区五个区域性公司的名称进行规范，区域性公司统一规范名称为"中国石油天然气股份有限公司西南销售公司××公司"，简称"中国石油西南销售公司××公司"。云南五个区域性公司的性质为纯管理性公司，本身不从事任何经营活动，不办理营业执照、组织机构代码证等相关经营证照。其职权是代表西南销售公司对在云南省行政区划内的中国石油加油站、油库等经营实体，按区域划片进行销售经营、市场建设、党务活动、行政事务、人事事务等管理。

（3）理顺管理体制和运行机制。2007年，西南销售公司对管理体制和运行机制进行改革，明确省级分公司、区域性公司的定位、具体职责、管理权限和机关机构设置、定员编制，进一步理顺管理体制和运行机制。

省级分公司的定位：省级分公司是销售经营的执行层和管理层，是成本控制中心。主要承担销售经营、经营策略制定、财务核算与管理、网络开发与建设、党组织建设、群团管理及纪检监察等职能，同时，对所属片区公司的经营管理进行监督、协调、指导、服务。具体职责：负责销售经营管理，强化销售成本控制，完成下达的各项经营指标；负责协调上级公司组织实施资源优化配置方案；负责优化销售经营管理、节能降耗、降低成本、提高效益等有关具体管理办法的制定；负责油品数质量管理和售后服务工作；依法经营、遵守国家各项法律和规定，保证销售经营正常运行；负责财务核算和执行预算的管理工作；按照财务管理制度，在预算内开展经营活动；负责销售网络开发、建设规划、工程建设、项目可研论证及招投标工作；负责贯彻安全、质量、环保政策法规，实现安全运营、文明销售；负责员工队伍建设，员工薪酬管理、社会保险管理，建立激励与约束机制；负责党组织建设、企业文化建设、群团管理及纪检监察等工作。管理权限：有对授权范围内油品的销售经营权；有权对本公司资源优化配置提出建议、对所属片区公司销售经营进行具体组织、协调和管理；有权依据上级公司销售经营决策、年季度销售计划和经营指标，制定本单位的销售经营计划和财务计划；有对本单位区域范围内市场开发、网络建设权；有在本单位审批劳动用工计划范围内的用工权；有在下达薪酬总额控制范围内的工资、绩效奖金的分配权；有在审批的二级单位编制范围内机构设置权和管理人员的人事任免权；有降低本单位销售成本，增加效益的决策权，有对上级公司销售经营决策的建议权。

区域性公司的定位：区域性公司是销售经营的执行层和管理层，是成本控制中心。主要承担销售经营、经营策略制定、财务核算与管理、协助公司完成网络开发与建设、党组织建设、群团管理及纪检监察等职能，同时，对加油站的经营管理进行监督、协调、指导、服务。具体职责：负责销售经营管理，强化销售成本控制，完成下达的各项经营指标；负责协助上级公司组织实施资源优化配置方案；负责优化销售经营管理、节能降耗、降低成本、提高效益等有关具体管理办法的制定；负责油品数质量管理和售后服务工作；依法经营、遵守国家各项法律和规定，保证销售经营正常运行；负责财务核算和执行预算的管理工作；按照财务管理制度，在预算内开展经营活动；负责完成本单位销售网络的开发、建设规划等工作；负责贯彻安全、质量、环保政策法规，实现安全运营、文明销售；负责员工队伍建设，员工薪酬管理、社会保险管理，建立激励与约束机制；负责党组织建设、企业文化建设、群团管理及纪检监察等工作。管理权限：有对授权范围内油品的销售经营权；有权对本公司资源优化配置提出建议、对加油站销售经营进行具体组织、协调和管理；有权依据上级公司销售经营决策、年季度销售计划和经营指标，制订本单位的销售经营计划和财务计划；有对本单位区域范围内市场开发、网络建设权；有在上级公司审批劳动用工计划范围内的用工权；有在下达薪酬总额控制范围内的工资、绩效奖金的分配权；有在上级公司审批的机关编制范围内管理人员的人事任免权；有降低本单位销售成本，增加效益的决策权，有对上级公司销售经营决策的建议权。

根据省级分公司定位、职责和管理权限，省级分公司机关部门设经理办公室（党委办公室）、综合计划与市场开发部、营销与客户管理部、加油站管理部、储运安全部、财务资产部、人力资源部（组织部）、党群工作部、审计监察部（纪检办公室）。省级分公司设置1个附属机构，即工程建设管理部，附属机构人员不列入机关编制。区域性公司机关部门设综合办公室、综合计划与市场开发部、营销与客户管理部、加油站管理与安全运行部、财务资产部、人力资源部。

（4）推进物流专业线改革。2006年，为统筹物流的优化运行，提高专业化管理水平，实现"高效率、高质量、低成本"的降费增效目标，西南销售公司成立物流中心，实现对成品油资源出库（配送成品油资源到加油站签收）前物流过程的统一管理。物流中心为附属单位，与调度运输处实行"一个机构，两块牌子"管理模式，履行双重职能。成立物流专业线改革领导小组，杨宁海任组长，刘建明任副组长，成员为刘杰、张永、陈进军、张晓玲，领导小组下设办公室，办公室设在调度运输处。

物流中心主要职责：负责根据西南销售公司发展的总体战略，制定物流体系发展规划；负责制定物流管理各项制度；负责制定一次物流运输计划并组织实施；负责成品油资源收发存管理；负责制定物流配送计划并组织实施；负责物流过程数质量管理；负责物流费用预算、使用和控制；负责第三方承运商组织和管理；负责对物流体系运行进行综合绩效评价。物流中心（管理层）设置调运部、仓储配送部、综合管理部，人员编制为16人。

通过持续改革推进，西南销售公司建立健全了三省区配送中心，实现一次调运、二次中转、仓储配送的有机统一，初步形成高效有序的大物流框架体系。完成库存所有权上移，优化库容结构，大幅提高仓储能力，最高库存由18万吨提高到27万吨。二次配送业务打破行政区域管理界限，重新测定运距，优化配送方案，提高配送质量和效率，资源调运、配送、信息统一管理的大平台初步建立，吨油运费由2006年的103.13元下降到2007年的97.47元，下降5.49%。

2008年，为适应广西石化炼厂投产后资源结构所面临的重大调整，西南销售公司在2007年物流体制改革基础上，按照"加强油库建设，提升专业化管理水平，为大物流体系运行提供基础保障"的总体思路，将调度运输处更名为调运与油库管理处（中心调度室）。调运与油库管理处（中心调度室）除保留原调度运输处职责外，增加其油库管理职能。中心调度室采取与中国石油天然气运输公司合署管理模式。按照管理职能与运行职能分开、有效减少管理层级、尽量缩短管理链、提高管理和运行效率的原则,分别将三省区配送中心更名为三省区物流公司。物流公司在保留原配送中心职责的基础上,赋予所辖油库一级管理职能,并采取与辖区中国石油天然气运输公司合署管理,建立起以广西石化辐射西南三省区专业化、大物流、少环节、高效率的物流体系。

三、云南销售公司独立上划时期的改革与发展（2009—2018年）

2009年以来,面对管理体制调整后的新形势,云南销售公司广大干部员工深入贯彻和践行科学发展观,以集团公司建设综合性国际能源公司为引领,全面落实市场化战略,切实履行好经济、政治、社会三大责任,努力服务地方经济社会发展,全面推进和谐企业建设,有效承担云南成品油保供稳供职责,积极履行扶贫帮困、捐资助学、抗洪救灾等社会责任,得到了政府和社会的认可。

2008年12月,股份公司调整西南销售分公司管理体制,将西南销售公司管理的广西分公司、贵州分公司上划股份公司直接管理,西南销售公司继续与云南销售公司实行"一个机构,两块牌子"管理模式,西南销售公司机构规格保持副局级不变,行政上由股份公司直接管理,业务上归口销售分公司管理。2009年11月,股份公司对西南销售公司（云南销售公司）管理体制进行调整,注销西南销售公司,不再加挂西南销售公司牌子,不再履行西南地区资源二次配置职能,单独使用云南销售公司名称。面对管理体制调整,云南销售公司从实际出发,对内部组织机构持续进行改革调整。

（1）优化机关处室设置。2009年1月,对组织机构进行调整,机关设处室12个：总经理办公室（党委办公室）、人事处（党委组织部）、财务处、营销处、调运处（调度指挥中心）、加油站管理处、仓储安全环保处、投资建设管理处、信息化管理处、企管法规处、党群工作处（企业文化处）、审计监察处（纪委办公室）；撤销项目建设管理办公室,其业务并入投资建设管理处；保留成都综合协调办事处机构,人员不列入机关编制。专业性机构2个：物流中心、非油品中心。设附属单位2个：职业技能鉴定站（员工培训中心）、成品油检验中心。职业技能鉴定站（员工培训中心）、成品油检验中心业务上分别由人事处、仓储安全环保处负责管理。

2010年2月,云南销售公司对机关有关处室部分职能进行调整和明确,将仓储安全环保处更名为质量安全环保处,调度运输处更名为调运与油库管理处（调度指挥中心）。5月,成立质量管理体系办公室（临时机构）,办公室设在质量安全环保处。6月,成立工程建设管理办公室,撤销投资建设管理处下设的原工程建设管理办公室。投资建设管理处更名为投资管理处,下设加油（气）站开发管理办公室（临时性机构）和工程造价管理中心（临时性机构）。7月,成立加油卡管理中心,作为机关附属机构,业务主要由加油站管理处负责。

2011年4月,云南销售公司决定成立非油品管理处（正处级）,为机关独立部门,非油品管理处与非油品公司管理机构实行"一套机构、两块牌子"运作模式。11月,在加油站管理处下设稽查办公室,稽查办公室主任由加油站管理处副处长兼任。

2012年2月,为加强信息运维管理工作,云南销售公司决定在信息化管理处下设信息运维管理中心(临时性机构)。为加强内部控制管理工作,决定在企管法规处下设内控管理中心(临时性机构)。5月,成立接待办公室,作为总经理办公室附属机构。同月,设立西北采调办,将广西办事处更名为钦州采调办,采调办为调运与油库管理处驻外派出机构。9月,将调度指挥中心作为调运与油库管理处的附属机构管理,机构级别为副处级。10月,将工程建设管理办公室机构名称变更为工程建设管理处。11月,成立油库管理处,为机关独立部门,油库管理处与仓储分公司实行"一套机构、两块牌子"运作模式。将调运与油库管理处更名为调度运输处,明确调度运输处不再履行油库运行管理职能。

2013年5月,为加快车用燃气业务发展,云南销售公司决定成立车用燃气开发利用管理办公室(以下简称燃气办)。燃气办为机关独立机构,作为直属部门管理。同月,在质量安全环保处下设资产管理中心,作为机关附属机构管理。

2014年12月,在营销处、加油站管理处基础上整合设立市场营销处;设立设备管理处(以下简称设备处),设备处与工程建设管理处实行"一套机构、两块牌子"运作模式。

2018年5月,按照全面从严治党加强党的建设的要求,为进一步落实党建工作责任,夯实党建工作基础,提升党建工作质量,公司党委决定在党群工作处(企业文化处)加挂"党委宣传部"牌子,成立公司党委巡察工作领导小组办公室(以下简称巡察办),巡察办与审计处、纪委办合署办公。6月,为形成上下协调、沟通顺畅、以零售为核心的组织机构体系和业务运行机制,提升专业化管理水平,提升核心竞争力,公司决定将市场营销处拆分成市场营销处、零售业务处,分别负责公司库批业务、零售业务。

(2)组建地州(市)分公司。在原滇中分公司、滇西分公司、滇东北分公司、滇东南分公司和滇南分公司5个区域性公司的基础上,为便于与地方政府部门的沟通协调,分别更名为昆明分公司、大理分公司、曲靖分公司、红河分公司和玉溪分公司。同时,根据业务发展需要新设立文山分公司、楚雄分公司、保山分公司、西双版纳分公司、丽江分公司和昭通分公司6个地州(市)分公司。所属加油站按行政区域分别划归11个地州(市)分公司管理(不包括控股单位),加油站物流配送按照运距最短、运费最省、效率最高原则实行就近化管理。地州(市)分公司主要职能:负责加油站的标准化、规范化管理和运作;负责客户开发和油品销售(含润滑油批发业务);负责加油站网络项目开发建设;负责在本区域内对控股单位的市场监管和营销策划的统一制订。昆明分公司、大理分公司、曲靖分公司、红河分公司和玉溪分公司在负责本单位网络工程建设及检维修施工组织实施的同时,还分别负责原区域所属地州(市)分公司网络工程建设及检维修施工组织。5家分公司按副处级单位进行管理,文山分公司、楚雄分公司、保山分公司、西双版纳分公司、丽江分公司和昭通分公司按正科级单位进行管理。

2010年3月,为拓展销售终端,扩大网络规模,云南销售公司决定在临沧市、普洱市、德宏州、迪庆州分别成立临沧办事处、普洱办事处、德宏办事处、迪庆办事处4个派出机构。在大理分公司、西双版纳分公司、保山分公司、丽江分公司分别设立临沧投资项目部、普洱投资项目部、德宏投资项目部、迪庆投资项目部。各办事处与分公司投资项目部实行"一套机构、两块牌子"运作模式。6月，云南销售公司将物流中心更名为仓储管理中心，并对仓储管理中心机关部门设置、编制定员进行调整。7月，按照专业化管理、集约化经营的原则，云南销售公司决定在非油品中心的基础上组建非油品经营管理公司，简称非油品公司，为二级单位，下设中央仓。8月，云南销售公司决定在临沧、普洱、德宏3个办事处的基础上组建临沧分公司、普洱分公司、德宏分公司。撤销大理分公司、西双版纳分公司、保山分公司所设立临沧投资项目部、普洱投资项目部、德宏投资项目部。

2012年10月，按照销售公司完善物流体系建设和对油库管理要求，云南销售公司对仓储管理中心机构名称及规格进行调整，将仓储管理中心变更为仓储分公司，机构规格调整为正处级。

2014年初，按照"四部一中心"模式调整优化地州（市）分公司机关部门组织架构，至4月底，所属14个地州（市）分公司、2个专业性机构、5个控股公司机关部门均按照业务运作部、综合管理部、质量安全工程部、财务部、客户服务中心设置，优化缩减二级单位机关部门34个，减幅38%；减少机关编制167个，减幅28%；减少岗位人员114人，减幅21%。

2017年9月，公司为有效提升市场份额，加快网络开发及主非油销售节奏，同时更加明确管理权限和职责分工，充分调动和发挥员工积极性，决定在迪庆州正式成立"中国石油云南迪庆销售分公司"（简称迪庆分公司），作为公司所属二级单位独立运行，机构规格明确为正科级，并与迪庆中青公司合署办公，采取"一套机构、两块牌子"运作模式。同时，撤销丽江分公司迪庆业务运作部。

（3）成立控参股分公司。2009年2月，西南销售公司（云南销售公司）印发组织机构设置方案，根据业务发展需要，保留大理州中青石化有限责任公司、中油强林石油化工有限公司2家控股公司。

2010年9月，云南销售公司与云南省公路开发投资有限责任公司成立合作事宜筹备工作组。2011年5月，股份公司同意云南销售公司与云南省公路开发投资有限责任公司合资成立中油云岭石油有限责任公司。12月13日，中油云岭石油有限责任公司在云南省昆明市官渡区工商行政管理局登记注册成立。

2011年5月，云南销售公司与大理白族自治州政府成立合资公司筹备组。10月17日，大理中油能源有限责任公司在大理州工商局注册成立。12月，股份公司同意云南销售公司与大理国有资产经营投资有限责任公司、大理市国有资产经营有限责任公司、祥云县国有资产经营担保有限责任公司合资成立大理中油能源有限责任公司。

2011年5月，云南销售公司与云南省投资控股集团有限公司成立合资公司筹备组。2011年12月，股份公司同意云南销售公司与云南省投资控股集团有限公司合资成立云南云投中油油品销售有限公司。2012年7月9日，云投中油油品销售有限公司在昆明市经济技术开发区工商行政管理局登记注册成立。

2011年5月,云南销售公司与云南省公路局(云路油料储备中心)成立合资公司筹备组。2012年8月,股份公司同意云南销售公司组建云南中油云路石油有限责任公司。2013年2月18日,云路中油石油有限责任公司在昆明市经济技术开发区工商行政管理局登记注册成立。

2012年10月,云南销售公司与云南物流产业集团有限公司成立合作项目筹备工作组。2013年8月,股份公司同意云南销售公司组建云南中油物流石油有限公司。2013年11月18日,中油云翔石油有限责任公司在云南省工商行政管理局登记注册成立。

2016年3月,为进一步加强对合资合作单位的管理,充分整合资源,降低运营成本,扩大区域竞争优势,不断提升组织运行效率,决定对中油强林石油化工有限公司及昆明分公司机构设置、管理职能及人员编制等进行调整,将中油强林石油化工有限公司与昆明分公司实行合署办公,采取"一套机构、两块牌子"运作模式。4月,为进一步完善销售网络布局,扩大市场占有率,提高非油销售能力,保障云南炼厂后路畅通,决定与北汽云南瑞丽汽车有限公司组建合资公司,名称为云南中油北汽瑞丽有限责任公司。

2016年8月,清算注销云南云路中油石油有限责任公司。

2017年11月,同意云南中油北汽瑞丽公司纳入二级机构管理,不明确机构规格。

第一章 中国石油销售西南公司—中国石油西南销售公司

（1999.1—2008.12）

第一节 领导机构

1998年5月，中国石油天然气总公司决定成立中国石油天然气销售公司西南公司筹备组，注册地址在四川省成都市高新区高新大厦9楼。

1999年1月，集团公司决定正式组建中国石油销售西南公司，领导职数为5人，其中书记、经理为副局级，其他为正处级。3月，销售总公司明确中国石油销售西南公司党组织关系隶属中共中国石油销售总公司委员会。7月，集团公司决定对中国石油销售西南公司进行重组改制，更名为中国石油西南销售公司。11月，中国石油西南销售公司上划股份公司管理，作为股份公司地区公司，行政上由股份公司管理，业务上由炼油与销售分公司管理，后改为炼油与销售分公司管理，机构规格副局级。12月，更名为中国石油天然气股份有限公司西南销售分公司，行政领导职务名称由"经理、副经理"改称"总经理、副总经理"。党组织关系隶属中共中国石油天然气股份有限公司炼油与销售分公司委员会。机关办公地址在四川省成都顺城大街206号四川国际大厦21楼。

2001年8月，西南销售公司党委决定组建西南销售公司临时工会委员会，第一届委员会由宋根成、罗兵、任军组成。

2004年2月，西南销售公司团委召开一届一次委员会，选举汪长波任团委副书记。10月，西南销售公司经云南省工商行政管理局批准，在昆明登记注册，机关办公地址由成都迁至昆明市青年路389号志远大厦26楼。

2007年9月，经炼油与销售分公司党委批准，成立西南销售公司纪律检查委员会。

2008年12月，股份公司决定，调整西南销售公司管理体制，将西南销售公司管理的广西分公司、贵州分公司上划股份公司直接管理，西南销售公司继续与云南销售公司实行"一个机构，两块牌子"，西南销售公司机构规格保持副局级不变，行政上由股份公司直接管理，经营业务上归口销售分公司管理。西南销售公司受销售分公司委托，继续负责云南、广西、贵州等省区的区域资源优化配置。

一、中国石油销售西南公司（1998.5—1999.7）

1998年5月，中国石油天然气销售公司西南公司筹备组由聂端阳、项平生组成，聂端阳为组长。10月，杨宁海任西南公司筹备组组长。

1999年3月，集团公司聘任杨宁海为西南公司经理。同月，集团公司党组决定项平生任西南公司党委书记。4月，销售总公司决定聘任刘启银、骆忠伟为西南公司副经理。6月，销售总公司同意聘任陈进军为西南公司经理助理。

1999年5月，西南公司对领导班子成员及经理助理进行分工：经理杨宁海主持公司全面行政工作，分管人事、劳资、财务、审计、安全和经理办公室、财务资产处的工作；党委书记项平生主持公司全面党群工作，分管党的建设、思想政治、人事、监察、纪检、工会、计划生育、团委、离退休干部管理工作和人事政工处、审计纪检监察处；副经理刘启银分管区内市场规范和区外市场开发工作，负责成品油销售、价格制定、信息、保卫、防汛等管理，主管市场处和区外分公司；副经理骆忠伟分管计划、统计、质量、计量、油品调运组织工作，负责企业管理、法律事务、外事、基本建设等，主管计划处和调运处；总会计师分管国有资产管理、税收政策研究及执行，协助经理抓好财务管理、审计和预算工作，参与成品油的价格制定和调整；经理助理分管对外协调、办公自动化、多种经营和生活后勤，协助经理管理办公室工作，完成经理交办的其他工作。

（一）中国石油销售西南公司领导（1998.5—1999.7）

1998年5月—1999年3月

组　　长　聂端阳（1998.5—1998.10）
　　　　　杨宁海（1998.10—1999.3）
副 组 长　项平生（1998.5—1999.3）

1999年3月—1999年7月

经　　理　杨宁海（1999.3—1999.7）
副 经 理　刘启银（1999.4—1999.7）
　　　　　骆忠伟（1999.4—1999.7）
经理助理　陈进军（1999.6—1999.7）

（二）中国石油销售西南公司党委领导（1999.3—1999.7）

书　　记　项平生（1999.3—1999.7）

二、中国石油西南销售公司（1999.7—2008.12）

1999年7月，集团公司对西南公司重组改制方案进行批复，将西南公司更名为西南销售公司。

9月，集团公司党组决定王建中任西南销售公司临时党委委员、书记。销售总公司决定聘任骆忠伟、刘启银为西南销售公司副经理。销售总公司党委决定杨宁海任西南销售公司临时委员会委员、副书记，骆忠伟、刘启银任西南销售公司临时委员会委员。

2001年1月，炼油与销售分公司党委决定张晓玲任西南销售公司临时党委委员。炼油与销售分公司决定聘任张晓玲为西南销售公司总会计师，聘任骆忠伟为西南销售公司安全总监（兼）。

8月，西南销售公司党委决定组建西南销售公司临时工会委员会，第一届委员会由宋根成、罗兵、任军组成。

2002年5月，炼油与销售分公司聘任刘启银为西南销售公司安全总监（兼），免去骆忠伟兼任的西南销售公司安全总监职务。

6月，西南销售公司对领导班子成员及总经理助理分工进行调整：总经理、党委副书记杨宁海主持公司全面行政工作，主管公司改革、中长期发展规划、审计、劳资、人事等方面的工作，联系经理办公室、人事处、审计监察处；党委书记王建中主持公司党委全面工作，主管党的建设、班子建设、廉政建设、精神文明建设、思想政治工作、群团工作及综合治理，联系党委办公室、组织部、审计监察处；副总经理、党委委员骆忠伟分管经营工作，负责经营计划、油品调运、商情信息、市场规范、营销策略、营销业务管理、价格、统计及计算机信息系统管理等工作，协助总会计师抓好预算管理，联系综合业务处；副总经理、党委委员刘启银分管安全、质量、计量、环保、仓储、设备工作，负责公司全面安全生产、保卫及相关的管理，负责油库、加油站的技术改造及设施、设备的达标工作，联系质量安全处；总会计师、党委委员张晓玲分管财务、资产、税务等工作，抓好财务预算、决算、资金控制、定期的经营财务分析等工作，协助业务副总经理抓好价格管理和定期的经济活动分析，联系财务资产处；总经理助理陈进军协助总经理抓好公司改革工作，协助党委书记抓好综合治理工作，负责公司法律事务及经理办公室（党委办公室）的日常工作；总经理助理张永协助总经理抓好公司中长期发展计划，分管油品零售和加油站规范管理工作，负责对外合资合作、投资和库站建设工作。

2003年11月，西南销售公司工会召开第一次会员代表大会暨首届职工代表大会。冉进军、冯润堂、阳起元、宋根成、杨德华、郝丽萍当选为首届工会委员会委员，宋根成当选首届工会委员会副主席。

2004年2月，西南销售公司团委召开一届一次委员会，选举汪长波、朱妣、任家永、郑循建、赵民为团委委员，汪长波任团委副书记。

2005年1月，炼油与销售分公司决定聘任刘杰、陈进军为西南销售公司副总经理，聘任张永为西南销售公司副总经理兼安全总监，免去刘启银的西南销售公司副总经理、安全总监职务。炼油与销售分公司党委决定宋根成任西南销售公司党委副书记、纪委书记、工会主席，刘杰、张永、陈进军任党委委员；免去刘启银西南销售公司党委委员职务。

2月，根据上级公司对西南销售公司领导班子副职进行调整的决定，对领导班子成员分工进行调整：总经理、党委副书记杨宁海主持公司全面工作，着重抓好公司领导班子建设、企业发展规划、人事管理、审计监察工作，联系总经理办公室、人事处、审计监察处；党委书记王建中主持公司党委全面工作，着重抓好公司领导班子建设、员工队伍建设和党的建设、党风廉政建设工作，联系党委办公室、组织部；副总经理、党委委员刘杰分管油品销售、价格管理、客户管理、市场营销管理、加油站规范管理、信息管理、综合管理与法律事务工作，联系营销处、加油站管理处、综合管理与法律事务处、信息化管理处；副总经理兼安全总监、党委委员张永分管规划计划管理、网建投资管理、工程建设管理、安全数质量管理、设备设施管理，联系投资计划处、质量安全环保处；副总经理、党委委员陈进军分管成品油调度与运输、资源衔接与落实、二次物流配送和第三方承运管理，联系调度运输处。党委副书记、纪委书记、工会主席宋根成分管党建、纪检监察工作、思想政治工作、企业文化建设和群团工作，协助主要领导抓好领导班子建设，联系党群工作处、审计监察处（纪检办公室）；总会计师、党委委员张晓玲分管财务资产管理、预算管理、债务管理、税收管理、成本管理、权益管理，联系财务处。

2006年4月，共青团西南销售公司委员会召开第一次代表大会，选举王虎、王志平、吕红梅、刘诚、刘华江、肖兴林、李黎、李永生、周恒、郑循建、张楠为团委委员，王虎任团委副书记，主持团委工作。

5月，集团公司党组决定刘建明任西南销售公司党委书记；免去王建中西南销售公司党委书记、委员职务。炼油与销售分公司决定聘任刘建明为西南销售公司副总经理。

6月，根据工作需要，西南销售公司对领导班子成员分工进行明确：总经理、党委副书记杨宁海主持公司全面工作，着重抓好公司领导班子建设、企业发展规划、人事管理、审计监察工作，联系总经理办公室、人事处、审计监察处；党委书记、副总经理刘建明主持公司党委全面工作，着重抓好公司领导班子建设、员工队伍建设和党的建设、党风廉政建设工作，协助总经理抓好人事管理工作，联系党委办公室、组织部；副总经理、党委委员刘杰分管油品销售、价格管理、客户管理、市场营销管理、加油站规范管理、信息管理、综合管理与法律事务工作，联系营销处、加油站管理处、综合管理与法律事务处、信息化管理处；副总经理兼安全总监、党委委员张永分管规划计划管理、网建投资管理、工程建设管理、安全数质量管理、设备设施管理工作，联系投资计划处、质量安全环保处、工程建设管理部；副总经理、党委委员陈进军分管成品油调度与运输、资源衔接与落实、二次物流配送和第三方承运管理工作，联系调度运输处；党委副书记、纪委书记、工会主席宋根成分管党建、纪检监察工作、思想政治工作、企业文化建设和群团工作，协助主要领导抓好领导班子建设，联系党群工作处、审计监察处（纪委办公室）；总会计师、党委委员张晓玲分管财务资产管理、预算管理、债务管理、税收管理、成本管理、权益管理工作，联系财务处。

2007年8月，西南销售公司党委决定王虎任西南销售公司团委书记。

9月，炼油与销售分公司党委批准成立中共中国石油西南销售公司纪律检查委员会，宋根成、黄彦林、魏秋冬、刘启然、王虎为纪委委员。

2008年10月，为适应专业化改革要求，西南销售公司对领导班子成员分工进行调整：总经理、党委副书记杨宁海主持公司全面工作，着重抓好领导班子建设、企业发展规划、人事管理、审计监察工作，分管总经理办公室、人事处、审计监察处；党委书记、副总经理刘建明主持公司党委全面工作，着重抓好领导班子建设、员工队伍建设和党的建设、党风廉政建设工作，协助总经理抓好人事管理工作，分管党委办公室、组织部、成都办事处；副总经理、党委委员刘杰负责公司零售专业运行管理，具体负责石油产品销售、价格管理、客户管理、市场营销、加油站规范管理、非油业务、信息化建设、媒体危机管理等，分管营销处、加油站管理处、信息化管理处；副总经理兼安全总监、党委委员张永负责公司综合计划管理。具体负责生产运行的预算管理、网建投资管理、工程项目管理、安全环保管理、数质量管理、设备设施管理工作，分管综合计划处、质量安全环保处、项目建设办公室；副总经理、党委委员陈进军负责公司物流专业运行管理，具体负责成品油资源调运、油库管理、二次物流配送和中国石油天然气运输公司合署管理工作，分管调运和油库管理处（中心调度室）；党委副书记、纪委书记、工会主席宋根成协助党政主要领导抓好班子建设，具体分管党建、纪检监察工作、思想政治工作、企业文化建设和群团工作，分管党群工作处、纪委办公室；总会计师、党委委员张晓玲负责公司财务专业管理，具体负责管理费用的预算管理、财务资产管理、债务管理、税收管理、成本管理、股权管理、合同管理、内控体系建设、法律事务工作，分管财务处、综合管理和法律事务处。

12月，集团公司党组决定杨子清任西南销售公司党委书记，免去刘建明西南销售公司党委书记、委员职务。股份公司决定杨子清任西南销售公司副总经理；免去刘建明西南销售公司副总经理职务，免去刘杰西南销售公司副总经理、党委委员职务，免去张永西南销售公司副总经理、安全总监、党委委员职务。

同月，股份公司对西南销售公司管理体制做出调整，西南销售公司继续与云南销售公司实行"一个机构，两块牌子"运行模式，负责云南省成品油销售业务。股份公司决定杨宁海任云南销售公司总经理。集团公司党组决定杨子清任云南销售公司党委书记。股份公司决定杨子清兼任西南销售公司（云南销售公司）纪委书记，陈进军任西南销售公司（云南销售公司）副总经理、党委委员，张晓玲任西南销售公司（云南销售公司）总会计师、党委委员，王德耀任西南销售公司（云南销售公司）副总经理、安全总监、工会主席、党委委员；免去宋根成西南销售公司党委副书记、委员、纪委书记、工会主席职务。

（一）西南销售公司领导（1999.7—2008.12）

1999年7月—1999年12月

  经　　　　理　　杨宁海（1999.7—1999.12）

  副　经　　理　　刘启银（1999.7—1999.12）

  　　　　　　　　骆忠伟（1999.7—1999.12）

  经　理　助　理　陈进军（1999.7—1999.12）

1999年12月—2008年12月

  总　经　　理　　杨宁海（1999.12—2008.12）

副 总 经 理　骆忠伟（1999.12—2004.10）
　　　　　　　刘启银（1999.12—2005.1）
　　　　　　　刘　杰（2005.1—2008.12）
　　　　　　　张　永（2005.1—2008.12）
　　　　　　　陈进军（2005.1—2008.12）
　　　　　　　刘建明（2005.5—2008.12）
总 会 计 师　张晓玲（2001.1—2008.12）
安 全 总 监　骆忠伟（兼任，2001.1—2002.5）
　　　　　　　刘启银（兼任，2002.5—2005.1）
　　　　　　　张　永（兼任，2005.1—2008.12）
总经理助理　陈进军（1999.12—2005.1）
　　　　　　　张　永（2002.5—2005.1）
　　　　　　　刘启银（2005.3—2006.4）
　　　　　　　郝丽萍（2005.3—2007.5）

（二）西南销售公司党委领导（1999.7—2008.12）

书　　　记　项平生（1999.7—1999.9）
　　　　　　　王建中（1999.9—2005.5）
　　　　　　　刘建明（2005.5—2008.12）
副 　书 　记　杨宁海（1999.9—2008.12）
　　　　　　　宋根成（2005.1—2008.12）
委　　　员　项平生（1999.7—1999.9）
　　　　　　　王建中（1999.9—2005.5）
　　　　　　　杨宁海（1999.9—2008.12）
　　　　　　　刘启银（1999.9—2005.1）
　　　　　　　骆忠伟（1999.7—2004.10）
　　　　　　　张晓玲（2001.1—2008.12）
　　　　　　　宋根成（2005.1—2008.12）
　　　　　　　刘　杰（2005.1—2008.12）
　　　　　　　张　永（2005.1—2008.12）
　　　　　　　陈进军（2005.1—2008.12）
　　　　　　　刘建明（2005.5—2008.12）

（三）西南销售公司纪委领导（2000.6—2008.12）

书　　　记　王建中（2000.6—2005.1）
　　　　　　 宋根成（2005.1—2008.12）
副　书　记　徐书伟（2001.11—不详）
　　　　　　 黄彦林（2005.3—2008.12）
委　　　员　王建中（2000.6—2005.1）
　　　　　　 宋根成（2000.6—2005.1）
　　　　　　 陈进军（2000.6—2005.3）
　　　　　　 徐书伟（2001.11—不详）
　　　　　　 郝丽萍（2001.11—2002.4；2005.3—不详）
　　　　　　 张　永（2002.12—2005.3）
　　　　　　 杨德华（2005.3—2006.3）
　　　　　　 黄彦林（2007.9—2008.12）
　　　　　　 魏秋冬（2007.9—2008.12）
　　　　　　 刘启然（2007.9—2008.12）
　　　　　　 王　虎（2007.9—2008.12）

（四）西南销售公司工会（2001.8—2008.12）

主　　　席　宋根成（2005.1—2008.12）
副　主　席　宋根成（2001.8—2005.1）

（五）西南销售公司团委（2004.2—2008.12）

书　　　记　王　虎（副处级，2007.8—2008.12）
副　书　记　汪长波（2004.2—2006.5）
　　　　　　 王　虎（主持工作，2006.5—2007.8）

第二节　机关部门

一、经理办公室—经理办公室（党委办公室）—总经理办公室（党委办公室）（1999.3—2008.12）

1999年3月，西南公司设立经理办公室。主要职责：负责协助公司领导组织日常办公，收集信息、贯彻指令、制定管理办法；协调各处室工作，负责办公自动化管理；负责文书、秘书、档案管理，行政、后勤、安全保卫、保密及外事联络工作。编制定员7人。

7月，西南销售公司进行重组改制，经理办公室更名为经理办公室（党委办公室），原安全保卫职责划归储运安全处管理。

2004年10月，西南销售公司设总经理办公室（党委办公室）。主要职责：负责制定行政（党委）年度工作安排，并督促、检查和总结落实情况；组织筹备协调全局性会议、重要活动及对外接待工作；负责行政（党委）重点工作调研和督办；负责行政（党委）印章、印信管理；负责文件、资料的收发、审批与管理；负责档案（不含人事档案）、图书资料管理；负责对以西南销售公司名义上报或下发的正式文件进行政策性和文字性审查，并打印、下发、上报；负责行政事务、后勤、车辆管理；负责保密、信访、公共关系、计划生育工作；负责办公用品的购置、维护和保管。编制定员7人。

2006年8月，西南销售公司印发机关处室编制定员方案，总经理办公室（党委办公室）定员编制调整为8人，下设附属机构小车班，编制定员6人，附属机构人员不列入机关编制。

（一）经理办公室（1999.3—1999.7）

主　　任　陈进军（兼任，1999.6—1999.7）
副 主 任　杨德华（1999.6—1999.7）
　　　　　邓时进（1999.6—1999.7）

（二）经理办公室（党委办公室）（1999.7—2004.10）

主　　任　陈进军（兼任，1999.7—2004.10）
副 主 任　杨德华（1999.7—2004.10）

（三）总经理办公室（党委办公室）（2004.10—2008.12）

主　　任　陈进军（兼任，2004.10—2005.1）
　　　　　杨德华（2005.6—2006.3）
　　　　　魏秋冬（2006.8—2008.12）
临时负责人　杨德华（2005.1—2005.6）
副 主 任　杨德华（2004.10—2005.1）
　　　　　聂志坚（2005.7—2007.7）
　　　　　曾　中（2007.8—2008.12）
协助负责人　聂志坚（2005.1—2005.7）

二、计划处—资源配置处（1999.3—2001.2）

1999年3月，西南公司设立计划处。主要职责：按照集团公司制定的"规范区内、开拓区外"经营战略，负责对西南供应区成品油配置计划的管理、协调、监督、落实工作；根据区内成品油市场的需求量，负责资源总量的平衡，编制年度、季度、月度成品油配置计划；负责区外成品油销售计划下达，以及购销合同签订；负责成品油配置计划落实，以及重要工程和救灾急需油品计划调整平衡工作；编制成品油配置计划收、拨、存报表，建立健全配置计划执行台账、资料；负责成品油计划的衔接和落实，检查计划执行和完成情况；掌握炼厂的生产、库存、产量以及铁路运输等情况。编制定员8人。

7月，西南销售公司进行重组改制，将计划处调整设置为资源配置处，主要职责：负责经营发展战略和政策的研究制定；负责编制、上报中长期发展计划；负责成品油配置计划的编制、协调、检查。定员编制调整为4人。

2001年2月，西南销售公司将资源配置处、储运安全处与综合业务处合署办公，机构名称统称为综合业务处。

（一）计划处（1999.3—1999.7）

副 处 长　张　永（1999.6—1999.7）
　　　　　李克俭（1999.6—1999.7）

（二）资源配置处（1999.7—2001.2）

处　　　长　张　永（1999.9—2000.6）
　　　　　　郝丽萍（2000.6—2001.2）
副 处 长　李克俭（1999.9—2001.2）

三、调运处—储运安全处（1999.3—2001.2）

1999年3月，西南公司设立调运处。主要职责：负责销售总公司对西南辖区配置成品油调运工作，组织四川省、重庆市月度调运计划编制、上报；负责组织辖区成品油调运任务，协调好铁路、炼厂等有关部门关系；负责组织调运信息收集；根据销售总公司下达的（季）月配置计划，组织提报铁路运输计划，并按照均衡发运、轻重缓急原则组织调运；负责派驻机构调运人员业务归口管理；负责掌握西部各炼厂的生产、库存、出厂情况、铁路车流、流向，为炼厂生产后路做好疏通工作；按照销售总公司"开拓区外"方针，负责区外销售的调运工作。编制定员16人。

7月，西南销售公司进行重组改制，将调运处整合设置为储运安全处（含防火管理）。主要职责：负责成品油调运组织和安全管理；负责成品油的产运销衔接；负责收集成品油生产、储运等相关信息,编制有关报表。编制定员8人。

2001年2月,西南销售公司决定撤销储运安全处,将资源配置处、储运安全处与综合业务处合署办公,机构名称统称为综合业务处。

(一)调运处(1999.3—1999.7)

处　　　长　王建国(1999.6—1999.7)
副　处　长　王　健(1999.6—1999.7)

(二)储运安全处(1999.7—2001.2)

处　　　长　王建国(1999.9—2001.2)
副　处　长　王　健(1999.9—2001.2)

四、市场处—综合业务处(1999.3—2004.10)

1999年3月,西南公司设立市场处。主要职责:在区内市场,对四川省、重庆市的成品油经营单位的销售业务进行管理、指导、协调、检查,组织市场调查和市场研究,定期对市场动态进行分析,建立价格信息网点,随时注意了解价格变化情况,并协助省、市公司监督、检查市场价格执行情况,建立公司内部各类业务数据库,定期进行各类数据统计及分析,负责信息和统计等方面的微机联网工作,督促检查本公司业务协调会议确定事项的执行情况,协调本公司各业务部门相互间关系;在区外市场,扩大市场份额,负责组织区外市场开发,负责区外销售网络和销售机构的设置及管理,负责区外计划的落实与资金回笼,代表销售总公司做好区外储、运、销设施的收购、收编、合资、合作的调研、谈判、协调并上报销售总公司。编制定员6人。

7月,西南销售公司进行重组改制,将市场处调整设置为综合业务处。主要职责:负责市场、信息、企业管理;负责区内成品油经营单位和区外分公司的业务指导、协调、监督和检查;负责区外市场价格的管理;负责区内外储运设施和销售网络建设的管理;负责公司下属加油站的管理等。定员编制调整为5人。

2001年2月,西南销售公司决定撤销储运安全处,将资源配置处、储运安全处与综合业务处合署办公,机构名称统称为综合业务处。

2004年10月,西南销售公司将综合业务处根据专业线划分拆分为营销处、调度运输处、加油站管理处。

(一)市场处(1999.3—1999.7)

处　　　长　郝丽萍(1999.6—1999.7)
副　处　长　杨洪彬(1999.6—1999.7)

（二）综合业务处（1999.7—2004.10）

处　　　长　郝丽萍（1999.9—2002.4）
　　　　　　李克俭（2002.4—2004.10）
副　处　长　杨洪彬（1999.9—2000.6）
　　　　　　马志莹（1999.9—2000.6）
　　　　　　李克俭（2000.6—2002.4）
　　　　　　王　健（2001.2—2002.7）

五、财务资产处—财务处（1999.3—2008.12）

1999年3月，西南公司设立财务资产处。主要职责：在西南公司和销售总公司财务处领导下，按照销售总公司财务的有关管理规定对全公司财务进行管理；在总经理领导下，组织实施全面经济核算，反映和监督公司经营全过程，开展日常会计核算；根据实际经营特点，组织各项财务活动；做好财务收支的预算、控制、核算、分析和考核工作；制定和完善财务制度和管理办法。编制定员8人。

7月，西南销售公司进行重组改制，财务资产处职责调整为：负责财务、资产、审计工作；负责资金管理、编制年度财务决算；负责资金筹措、调运；负责经济活动分析和日常财务工作等。定员编制调整为12人。

2002年7月，西南销售公司对机构设置进行调整，财务资产处更名为财务处。

2004年10月，西南销售公司对机关部门设置及人员编制进行调整，设财务处。主要职责：负责资金筹措、调度和管理，编制年度财务预决算；负责资产价值管理、股权投资管理、债权债务管理、产权管理、税务管理、费用管理及成本核算管理；负责财务报表及财务分析、资本运营机关本部日常核算工作；负责结算管理，制定和完善结算细则和操作规范；参与油品价格的测算、建议及价格公布；协助做好资本性项目支出、股权投资、投资收益评价工作。编制定员20人。

2006年8月，西南销售公司印发机关处室编制定员方案，财务处定员编制调整为27人。

（一）财务资产处（1993.6—2002.7）

处　　　长　张晓玲（1999.6—2002.7）
副　处　长　梅元金（1999.6—2002.7）

（二）财务处（2002.7—2008.12）

处　　　长　张晓玲（2002.7—2002.12）
　　　　　　张建银（2002.12—2005.6）
　　　　　　梅元金（2005.6—2008.12）

副 处 长 史咏梅（2005.7—2008.12）
　　　　　韩经昆（2006.2—2008.12）
　　　　　宋　琪（2008.6—2008.12）
　　　　　景占虎（2008.6—2008.12）

六、人事政工处—人事处（组织部）（1999.3—2008.12）

1999年3月，西南公司设立人事政工处。主要职责：根据销售总公司赋予的管理权限，负责公司人事管理、劳动工资、教育培训工作；负责公司党组织建设、工会群团工作。

7月，西南销售公司进行重组改制，人事政工处更名为人事处（组织部），定员编制调整为4人。

2001年5月，炼油与销售分公司对西南销售公司机构进行调整，将审计监察处挂靠人事处。

2002年7月，西南销售公司对机关设置进行调整，审计监察处更名为审计监察处（纪检办公室），不再挂靠人事处。

2004年10月，股份公司对西南销售公司机关部门设置及人员编制进行调整，设人事处（组织部）。主要职责：负责制订干部人事、劳资保险、员工培训、班子建设等方面的制度、规定，负责编制长远人才发展规划和年度薪酬、员工总量计划并组织实施；负责直属单位班子建设、班子成员任期和年度考核，并提出调整意见；负责干部员工管理、培训工作及人事档案管理；负责专业技术职务的评审、聘任和技术人才培养工作；负责机构编制及定员、劳动合同管理；负责工资总额管理，监督检查下属单位工资总额执行情况；负责业绩考核的兑现；负责社会保险福利政策及人事劳资综合信息管理；负责出国政审管理；负责党员、入党积极分子管理；负责党员组织关系接转。

2005年6月，西南销售公司成立培训中心，培训中心负责员工培训规划、培训实施及日常培训管理工作，日常管理机构设在人事处（组织部）。培训中心管理人员由人事处（组织部）员工兼任，培训中心昆明培训基地设在安宁市昆瑞公路34千米处。

2006年8月，西南销售公司印发机关处室编制定员方案，人事处（组织部）定员编制调整为8人。

（一）人事政工处（1999.3—1999.7）

处　　　　长　宋根成（1999.6—1999.7）
副　处　长　李怀忠（1999.6—1999.7）

（二）人事处（组织部）（1999.7—2008.12）

处　长（部　长）　宋根成（1999.9—2005.6）

郝丽萍（2005.6—2007.5）

刘启然（2007.7—2008.12）

副处长（副部长） 李怀忠（1999.9—2001.4）

刘启然（2005.7—2007.7）

杨京会（2007.8—2008.12）

（三）培训中心（2005.6—2008.12）

主　　　任　刘建明（兼任，2005.6—2008.12）

副　主　任　郝丽萍（兼任，2005.6—2007.5）

七、审计纪检监察处—审计监察处—审计监察处（纪检办公室）—审计监察处（纪委办公室）（1999.3—2008.12）

1999年3月，西南公司设立审计纪检监察处。

7月，西南销售公司进行重组改制，审计纪检监察处更名为审计监察处，定员编制调整为5人。

2001年5月，西南销售公司对机构进行调整，将审计监察处挂靠人事处。

2002年7月，西南销售公司对机关设置进行调整，审计监察处更名为审计监察处（纪检办公室），不再挂靠人事处。

2004年10月，西南销售公司设审计监察处（纪检办公室）。主要职责：负责监督检查所属单位、机关各部门党风廉政建设责任制、管理干部廉洁自律规定的贯彻执行情况；负责对党员、管理干部进行党风党纪、政风政纪和廉政勤政方面的教育；负责对所属单位及各级管理人员，贯彻国家法律法规和执行公司重大决策、规章、制度情况监督检查；负责对财务收支的真实性、合法性和经营活动效益状况进行内部审计监督；负责围绕资本运行、油品采购、经营销售、网络建设和油库、加油站常规工作，开展效能监察和专项检查；负责参与工程项目的审签、招投标和工程结算的审计；负责处理涉及党风党纪问题群众的来信来访，受理涉及党风党纪问题举报、控告和申诉；负责信访案件的调查和审理工作。编制定员6人。

2006年8月，西南销售公司印发机关处室编制定员方案，审计监察处（纪检办公室）更名为审计监察处（纪委办公室），定员编制调整为7人。

（一）审计纪检监察处（1999.3—1999.7）

处　　　长　罗辅朝（1999.6—1999.7）

（二）审计监察处（1999.7—2002.7）

处　　　长　罗辅朝（1999.9—2000.8）

　　　　　　　宋根成（兼任，2000.8—2001.12）

　　　　　　　徐书伟（2001.11—2002.7）

　　副 处 长　李怀忠（2000.8—2001.4）

（三）审计监察处（纪检办公室）（2002.7—2006.8）

处　长（主　任）　黄彦林（2005.6—2006.8）

临 时 负 责 人　黄彦林（2005.1—2005.6）

副处长（副主任）　聂　焱（2005.7—2006.8）

（四）审计监察处（纪委办公室）（2006.8—2008.12）

处　长（主　任）　黄彦林（2006.8—2008.12）

副处长（副主任）　聂　焱（2006.8—2008.12）

　　　　　　　　　聂志坚（2007.7—2008.12）

八、质量安全管理处—仓储安全环保处—质量安全环保处（2001.2—2008.12）

　　2001年2月，西南销售公司成立质量安全管理处，暂定编制3人，设处长岗位、安全管理岗位、设备管理岗位、数质量管理岗位。主要职责：在销售总公司储运安全处和西南销售公司的领导下，认真贯彻国家及销售总公司质量、安全管理法律法规，积极落实质量、安全、环保、健康、标准化、计量、节能等有关政策规定；研究制定年度及中长期质量、安全管理工作计划和规划，提出并完善各类考核、检查标准；负责监督油气储运工程设计审查、施工监理和重要技术、设备、材料引进招标及工程验收；负责监督各分公司质量、安全管理标准及技术规范的执行；负责油库、加油站储运设施、设备、质量、安全、技术管理；负责辖区内质量、安全的岗前培训和有关专业的岗位操作培训并考核发证；定期对各单位质量、安全、管理工作进行检查评比考核；负责年度安保基金计划、审批、使用；负责督促本单位各类机动车辆及驾驶员安全、教育和年检、年审工作。编制定员4人。

　　2002年7月，西南销售公司对机关设置进行调整，质量安全管理处更名为仓储安全环保处。

　　2004年10月，西南销售公司对机关部门设置及人员编制进行调整，仓储安全环保处更名为质量安全环保处。主要职责：负责检查所属单位贯彻国家质量、安全管理法律法规和上级质量、安全、环保、健康、标准化、计量、节能等方面政策规定的执行情况；负责制订中长期及年度质量、安全管理工作计划和规划，提出并完善各类考核、检查标准；负责监督油气储运工程设计审查、施工监理和重要技术、设备、材料引进招标及工程验收；负责监督所属单位质量、安全管理标准及技术规范执行，并定期汇报；负责储运设施、设备、质量、安全、技术管理，技术改造及节能降耗科技新成果推广应用；经授权负责所属单位质量、安全的岗前培训和有关专业的岗位操作证培训并考核发证；定期对所属单位质量、安全、管理工作进行检查评比考核，提出表彰奖励建议，履行安全一票否决制；负责本单位年度安保基金计划、审批、使用，建立安保基金台账、完善运行程序；负责督促各类机动车辆及驾驶员安全、教育和监督各项安全、运行、维护、保养制度的执行；负责组织所属单位各类重大和特大以上事故调查上报及对事故责任者提出处理建议；负责消防设施及劳动保护集中管理；负责HSE委员会办公室日常业务工作，做好其他资料统计整理和定期上报工作。

2006年8月，西南销售公司印发机关处室编制定员方案，质量安全环保处编制定员调整为8人。

（一）质量安全管理处（2001.5—2002.7）

处　　　长　罗辅朝（2001.5—2002.7）

（二）仓储安全环保处（2002.7—2004.10）

处　　　长　罗辅朝（2002.7—2004.10）

副　处　长　杨洪彬（2003.5—2004.10）

（三）质量安全环保处（2004.10—2008.12）

处　　　长　罗辅朝（2004.10—2007.1）

　　　　　　朱明刚（2007.7—2008.12）

临时负责人　谢淑海（2007.1—2007.7）

副　处　长　李海明（主持工作，2005.7—2007.1）

　　　　　　谢淑海（2007.8—2008.6）

协助负责人　桂纯路（2005.1—2005.7）

九、加油站管理处（2001.5—2008.12）

2001年5月，炼油与销售分公司同意增设加油站管理处。根据实际运行情况，西南销售公司未在机关独立设置加油站管理处，其业务归属综合业务处管理。

2004年10月，股份公司对西南销售公司机关部门设置及人员编制进行调整，将综合业务处根据专业线划分拆分为营销处、调度运输处、加油站管理处。加油站管理处主要职责：负责加油站零售计划制定，日报、周报、月报的零售统计及分析工作；负责零售信息、价格管理工作；负责加油站的促销策略、辅营业务管理工作；负责加油站接收、投运及油品配送计划编报工作；负责加油站规范化服务和加油站统一形象（标志、标识、编码、广告、员工服饰及加油站包装等）管理工作；负责加油站维修、技术改造方案的审定和项目验收工作；负责加油站设备的选型，参与采购招投标、设备配置及设备日常管理工作；负责加油站创星达标工作；负责特许经营加油站开发管理工作；负责便利店日常管理和经营；负责加油站管理各种制度、运作模式制定、规范工作；配合质量安全部门、财务部门、人事部门做好加油站数质量管理、安全环保管理、财务管理和培训工作。编制定员12人。

2006年8月，西南销售公司印发机关处室编制定员方案，明确非油品经营部同加油站管理处分离，业务运行模式和编制定员另定。加油站管理处定员编制调整为8人，下设附属机构稽查室，编制定员4人，稽查室人员不列入机关编制。

处　　　长　商博军（2005.6—2008.12）
副 处 长　伍　岩（2005.7—2008.12）
　　　　　冯术坤（2005.7—2005.11）

十、调度运输处（2004.10—2008.12）

2004年10月，西南销售公司对机关部门设置及人员编制进行调整，将综合业务处根据专业线划分拆分为营销处、调度运输处、加油站管理处。调度运输处主要职责：负责制定成品油资源优化配置方案；负责调拨计划落实、区域间油品调配、运输费用结算；负责制定成品油运输计划，调动统计及分析，衔接处理成品油调运过程中的各种事宜；负责处理调运中的质量、计量纠纷，合理控制运输费用和库存；负责油品二次配送的协助管理。编制定员8人。

2006年9月，西南销售公司成立物流中心，对成品油资源出库（配送成品油资源到加油站验收）前物流过程的统一管理，物流中心为机关附属单位，与调度运输处实行"一个机构，两块牌子"的运作模式，履行双重职能，人员不列入机关编制。2008年6月，成立调度指挥中心。

（一）调度运输处（2004.10—2008.12）

处　　　长　王　健（2005.6—2008.12）
临时负责人　王　健（2005.1—2005.6）
副 处 长　刘秀兰（2005.7—2008.6）
　　　　　高玉新（2008.6—2008.12）
　　　　　谢淑海（2008.6—2008.12）

（二）调度指挥中心（2008.6—2008.12）

主　　　任　王　健（2008.6—2008.12）
副 主 任　高玉新（2008.6—2008.12）

十一、营销处（2004.10—2008.12）

2004年10月，西南销售公司对机关部门设置及人员编制进行调整，将综合业务处根据专业线划分拆分为营销处、调度运输处、加油站管理处。营销处主要职责：负责市场营销策略研究，提出营销业务发展计划和建议，提出成品油资源优化配置方案建议和制订销售政策、管理办法；负责日常经营工作的管理和监督；负责经济活动分析；负责市场分析预测、价格测算、采集和制定；负责客户开发和用户档案及销售台账的建立和管理工作；负责购销结算、库存管理与商流统计工作；负责外采油品及物资供应商的选择、谈判及采购合同签订；负责建立、指导、管理配送中心的建设和运营；负责油库日常生产营销管理；协助做好油库安全设施检查、维修、改造工作。编制定员8人。

2006年8月，西南销售公司印发机关处室编制定员方案，明确润滑油经营部同营销处分离，业务运行模式和编制定员另定。营销处定员编制调整为8人。

处　　　长　吴跃庆（2005.6—2008.12）
副　处　长　赵文强（2005.7—2008.12）

十二、投资计划处—综合计划处（2004.10—2008.12）

2004年10月，西南销售公司对机关部门设置及人员编制进行调整，设投资计划处。投资计划处主要职责：负责审定所属单位中长期网络建设发展规划，编制、上报中长期网络建设发展规划；负责审定所属单位年度网络发展计划和投资计划，编制、下达年度网络发展计划，与上级公司对接年度投资计划、年度投资调整计划，分解、下达年度投资计划，对所属单位年度网络购建进度和投资计划完成情况进行检查、监督和统计；负责限内投资项目中所属单位评审项目的审查及投资计划的下达和评审项目的评审、批复及投资计划的下达；负责限上投资项目项目建议书、可行性研究的编制、上报以及初步设计的初审、上报；负责投资项目可行性研究、项目谈判、项目评审、合同签订，设计、施工、监理招投标，及主要物资采购、工程建设、竣工验收等全过程的检查监督；规范工作程序和工作标准，指导所属单位做好项目实施管理工作；负责网络建设投资项目的后评价工作。编制定员9人。

2006年8月，西南销售公司印发机关处室编制定员方案，增设综合计划处，撤销投资计划处编制。综合计划处定员编制调整为8人。

（一）投资计划处（2004.10—2006.8）

处　　　长　王　澍（2005.6—2006.8）
临时负责人　王　澍（2005.1—2005.6）
副　处　长　李月平（2005.7—2006.8）

协助负责人　李月平（2005.1—2005.7）

（二）综合计划处（2006.8—2008.12）

处　　　长　王　澍（2006.8—2008.12）
副　处　长　李月平（2006.8—2008.12）
主任经济师　刘秀兰（2008.6—2008.12）

十三、综合管理与法律事务处（2004.10—2008.12）

2004年10月，西南销售公司对机关部门设置及人员编制进行调整，设立综合管理与法律事务处。综合管理与法律事务处主要职责：负责组织制订规章制度并检查落实执行情况；负责牵头组织管理体制改革和制定中长期发展规划；负责股权管理工作；负责合同管理及审查工作；负责业绩合同管理、指标制定及考核工作；负责法律事务的纠纷和处理；负责QHSE体系文件编写与修订，并对QHSE体系文件科学性、适用性和可操作性进行跟踪，收集信息，组织管理评审；负责内控体系的建设和维护工作。编制定员6人。

2006年8月，西南销售公司印发机关处室编制定员方案，综合管理与法律事务处定员编制调整为8人。

临时负责人　朱明刚（2005.1—2005.7）
副　处　长　朱明刚（主持工作，2005.7—2007.7）
　　　　　　任家永（主持工作，2007.8—2008.12）

十四、党群工作处（2004.10—2008.12）

1999年3月，西南销售公司设立人事政工处。思想政治工作和企业文化建设归属人事政工处管理，后归属人事处（组织部）管理。

2004年10月，西南销售公司对机关部门设置及人员编制进行调整，设党群工作处。党群工作处主要职责：负责党支部的政治理论学习和员工的思想教育工作；负责对内对外宣传报道、精神文明和企业文化建设工作；负责各类先进典型事迹的挖掘和宣传，弘扬正气；负责党支部建设和党员队伍的日常教育和管理；负责工会、共青团日常工作，做好妇女工作；做好改革发展中干部员工队伍思想稳定工作。编制定员4人。

2006年8月，西南销售公司印发机关处室编制定员方案，党群工作处下设附属机构采编室，编制定员5人，采编室人员不列入机关编制。

处　　　长　李彦龙（2006.3—2006.9）

临时负责人　王　虎（2007.1—2007.8）
副　处　长　李彦龙（主持工作，2005.6—2006.3）
　　　　　　王　虎（主持工作，2007.8—2008.12）

十五、信息化管理处（2004.10—2008.12）

2004年10月，西南销售公司对机关部门设置及人员编制进行调整，设立信息化管理处。信息化管理处主要职责：负责信息化建设的规划、标准及项目实施管理；负责信息技术应用项目的规划、建设、开发组织、应用、升级、维护和技术管理工作；负责网络安全、防病毒和数据备份工作，确保企业信息系统安全、可靠和稳定运行。编制定员5人。

2006年8月，西南销售公司印发机关处室编制定员方案，信息化管理处编制定员调整为8人。
副　处　长　王志勇（主持工作，2005.7—2008.12）

十六、工程建设管理部—项目建设管理办公室（2005.6—2008.12）

2005年6月，西南销售公司成立项目建设管理办公室（临时机构），后机构名称确定为工程建设管理部。主要职责：负责新建、技改等建设项目实施阶段组织、管理和内部质量监督管理，外委检维修项目及其他外委工程项目实施阶段组织、管理和内部质量监督管理；负责招标管理、设计管理、预算管理、合同签订、工程款拨付、工程建设内部质量监督和协调、器材设备采购、工程投资过程控制、生产设备、投料试车以及工程竣工验收工作的组织等。编制控制在18人以内，人员不占机关编制。7月人员编制调整为20人。

2006年8月，西南销售公司印发机关处室编制定员方案，成立网络开发办公室，主要负责地区油库和高速公路加油站的开发，隶属工程建设管理部管理。9月，西南销售公司决定将"工程建设管理部"更名为"项目建设管理办公室"（副处级建制）。同时，将原投资计划处下设的"网络建设办公室"并入项目建设管理办公室管理。项目建设管理办公室主要职责：负责新建、技改、检维修工程项目实施阶段的组织、管理和内部质量监督管理工作；负责工程建设项目的招标管理、设计管理、预算管理、质量监督、投资控制、竣工验收及协调管理等工作；负责炼油与销售分公司限上油库建设项目实施阶段的组织、管理和内部质量监督的直接管理工作；负责地区网络建设工作，工程项目（新建、技改、检维修）实施阶段的组织、管理、内部质量监督，工程项目的设计队伍、施工队伍和监理队伍的招标（议标）、合同签订、工程款拨付，直接负责地区油库和高速公路加油站网络建设项目的开发工作。项目建设管理办公室为机关附属机构，人员编制总数22人，人员不列入机关编制。

（一）工程建设管理部（2005.6—2006.9）

经　　　理　秦绍锁（2006.2—2006.9）

临时负责人　秦绍锁（2005.6—2006.2）

（二）项目建设管理办公室（2006.9—2008.12）

主　　　任　秦绍锁（2006.9—2008.12）

第三节　所属分公司

一、云南分公司（1999.4—2008.12）

1999年4月，西南公司设立云南分公司。主要职责：组织和实施周边地区市场开发，稳定发展区外销售网络；组织区外运销衔接；掌握市场动态，收集、整理和反馈市场信息，为上级经营决策提供依据。机构级别暂定为副处级，人员编制18人，处级职数3人，人员来源通过销售总公司在系统内调剂解决。

2002年3月，炼油与销售分公司批复同意撤销英茂、大理两个全资分公司，组建统一的中国石油天然气股份有限公司西南销售云南分公司，全面负责中国石油在云南地区的市场开拓和经营管理工作，并对区域内的控股公司进行统一管理。重组后的云南分公司，名称定为"中国石油天然气股份有限公司西南销售云南分公司"，机构规格按正处级管理。人员配置除少量领导和业务骨干从单位内部调剂外，其余全部实行社会用工。4月，西南销售公司在昆明召开中油地区经营机构重组大会，对经营机构工商登记注册、重组交接等工作进行安排部署，宣布云南分公司党政领导班子任命决定，将地区的四个分（控股）公司（英茂、大理分公司，强林、雄海控股公司）重组为云南分公司的工作正式拉开帷幕。

重新组建过程中，原中油英茂石油化工有限公司、中油雄海石油化工有限公司、中油强林石油化工有限公司、大理分公司组织机构撤销，中油英茂公司、中油雄海公司、大理分公司注销，中油强林公司机关并入西南销售云南分公司机关，与云南分公司实行"一套班子、两块牌子"管理模式，保留中油强林公司原有法人资格。随即，云南分公司对下属经营管理机构进行设置调整，设立机关部门，成立配送中心和零售片区，进一步理顺了管理机制。

统一组建后，云南分公司下设经理（党委）办公室、人力资源部、审计监察部、财务部、业务部、加油站管理部、质量安全技术监督部、信息技术部8个部门。设置浑水塘、安宁、楚雄3个配送中心，负责油品批发、配送等经营管理工作；设置城东片区、城北片区、城西片区、东郊片区、昆石片区、玉溪片区、保山片区和安宁配送中心、楚雄配送中心、大理零售部10个零售片区（配送中心零售部），负责油品零售经营管理工作；瑞丽分公司、西双版纳云龙加油站、曲靖城东加油站、普洱加油站、开远加油站等零售经营机构直属公司管理。是年8月，英茂、大理、强林、雄海四家控股公司会计报表合并为云南分公司一套会计报表。同时，会计核算流程由原层层核算变为云南分公司直接核算。

2002年4月，西南销售公司党委决定成立云南分公司党委，并纳入西南销售公司党委直接管理。5月，经云南省工商行政管理局核准，"中国石油天然气股份有限公司西南销售云南分公司"正式成立，公司负责人为刘杰。11月25日，经云南省工商行政管理局核准，名称变更为"中国石油天然气股份有限公司云南销售分公司"。6月，云南分公司党委决定，成立云南分公司团委，团委设在人力资源部，负责团委日常工作，团委与人力资源部合署办公。12月，西南销售公司党委决定成立云南分公司工会，并纳入西南销售公司工会直接管理，同时接受云南分公司党委领导。

2003年1月，西南销售公司党委同意由桂纯路、吴跃庆、王丽萍、杨林华组成云南分公司工会委员会，云南分公司工会下设办公室，与经理（党委）办公室合署办公。6月，云南分公司对下辖零售片区进行重新设置，撤销城西、东郊2个零售片区，保留城北、城东、昆石、安宁零售部4个零售片区，将原东郊片区管辖的浑水塘、金马、兴隆、阿拉、易隆、牛街等6座加油站及原城西片区管辖的望城加油站划入城东片区管理，将原城西片区管辖的高新、王家桥、沙朗、马街、明波、团山等6座加油站划入城北片区管理，官渡加油站划入昆石片区管理。增设曲靖、文山、红河、西双版纳四个零售部。9月，公司根据经营管理需要设立工程计划部。

2004年6月，西南销售公司党委决定成立云南分公司纪委。云南分公司机关并入西南销售公司机关统一管理，西南销售公司与云南分公司实行"一套班子、两块牌子"管理模式，云南分公司下设的经营机构由西南销售公司机关直接管理。

2005年12月，西南销售公司在云南地区成立5个区域分公司，成立滇中分公司，所辖地域为昆明地区，撤销城东片区、城北片区、昆石片区及安宁零售部，其业务划归滇中分公司管理；成立滇西分公司，所辖地域为楚雄、大理、保山、临沧、丽江、瑞丽、迪庆及怒江地区，撤销楚雄零售部、大理零售部、保山零售部及瑞丽分公司，其业务划归滇西分公司管理；成立滇东北分公司，所辖地域为曲靖和昭通地区，撤销曲靖零售部，其业务划归滇东北分公司管理；成立滇东南分公司，所辖地域为红河和文山地区，撤销红河零售部和文山零售部，其业务划归滇东南分公司管理；成立滇南分公司，所辖地域为玉溪、思茅及西双版纳地区，撤销玉溪片区和西双版纳零售部，其业务划归滇南分公司管理；撤销浑水塘、安宁、楚雄配送中心机关建制，其所属油库日常安全管理、员工队伍建设，按地域划归区域性公司。其中浑水塘配送中心所属的浑水塘油库、安宁配送中心所属安宁油库、大屯油库、昆阳油库，划归滇中分公司管理；楚雄配送中心所属南华油库、清华洞油库、雄海油库划归滇西分公司管理；浑水塘配送中心所属曲靖油库、宣威油库划归滇东北分公司管理。

截至2008年12月，西南销售公司在云南地区所属经营机构未经历重大调整，云南地区在册员工5500人，拥有油库10座，运营加油站263座，成品油年销量149万吨。

（一）云南分公司领导（1999.4—2008.12）

1. 云南分公司领导（1999.4—2002.3）

经　　理　刘　杰（1999.6—2002.3）

2. 云南分公司领导（2002.3—2008.12）

经　　理　刘　杰（2002.4—2005.1）

副 经 理　郝丽萍（2002.4—2005.3）

　　　　　吴跃庆（2002.4—2005.6）

　　　　　桂纯路（2002.4—2004.10）

总会计师　黄彦林（2002.4—2005.6）

安全监理　查贵诚（2003.1—2004.10）

经理助理　张汉泉（2002.6—2004.10）

　　　　　罗建伟（2002.6—2005.11）

　　　　　李彦龙（2003.3—2005.5）

（二）云南分公司党委领导（2002.4—2008.12）

书　　记　郝丽萍（2002.4—2005.3）

副 书 记　刘　杰（2002.4—2005.1）

委　　员　郝丽萍（2002.4—2005.3）

　　　　　刘　杰（2002.4—2005.1）

　　　　　黄彦林（2002.4—2005.6）

　　　　　桂纯路（2002.4—2004.10）

　　　　　吴跃庆（2003.9—2005.3）

（三）云南分公司纪委领导（2004.6—2008.12）

书　　记　郝丽萍（2004.6—2005.1）

（四）云南分公司工会（2002.12—2008.12）

主　　席　郝丽萍（2002.12—2005.3）

（五）云南分公司团委（2002.6—2008.12）

书　　记　朱　妡（兼任，2002.6—2004.3）

二、黔桂分公司（1999.4—2000.10）

1999年4月，中国石油销售总公司同意西南公司设立黔桂分公司。主要职责：组织和实施黔、桂及周边地区市场开发，稳定发展区外销售网络；组织区外运销衔接；掌握市场动态，收集、整理和反馈市场信息，为上级经营决策提供依据。机构级别暂定为副处级，人员编制16人，处级职数3人，人员来源通过销售总公司在系统内调剂解决。

1999年11月，公司成立滇黔桂分公司。

2000年10月，为适应区外销售网络建设、营销和管理工作的需要，加大西南地区油品市场开发力度，炼油与销售分公司同意西南销售公司在贵州和广西设立区域分公司，黔桂分公司随即撤销。

经　　理　刘启银（1999.11—2000.6）
副经理　刘　杰（1999.11—2000.6）
　　　　夏永才（1999.11—2000.6）
　　　　宋　琪（1999.11—2000.6）

三、大理分公司（2000.8—2002.4）

2000年7月，正式接收福源、滇西、大运3座加油站，大理分公司经营工作正式启动。8月，为理顺在成品油市场开发业务关系，正式成立大理分公司。12月，西南销售公司党委批准成立大理分公司临时党支部。

2001年4月，中油西南销售有限公司大理分公司更名为中国石油天然气股份有限公司西南销售大理分公司。5月，西南销售公司党委决定成立大理分公司党支部。6月，西南销售公司党委决定组建大理分公司工会。

2002年4月，西南销售公司在昆明召开"中油地区经营机构重组大会"，宣布将英茂、大理分公司和强林、雄海控股公司重组为云南分公司。8月，英茂、大理、强林、雄海四家控股公司会计报表合并为云南分公司一套会计报表，会计核算流程由原层层核算变为云南分公司直接核算。

（一）大理分公司领导（2000.8—2002.4）

经　　理　刘光浩（2000.8—2002.4）
安全总监　刘光浩（2001.7—2002.4）

（二）大理分公司党支部领导（2000.12—2002.4）

1. 大理分公司临时党支部（2000.12—2001.4）
书　　记　刘光浩（2000.12—2001.4）
2. 大理分公司党支部（2001.5—2002.4）
书　　记　刘光浩（2001.5—2002.4）
委　　员　刘光浩（2001.5—2002.4）

吴利民（2001.5—2002.4）

邹学光（2001.5—2002.4）

戴吉山（2001.5—2002.4）

赵子花（2001.5—2002.4）

（三）大理分公司工会（2001.6—2002.4）

代 主 席　吴利民（2001.6—2002.4）

四、贵州分公司（2000.10—2008.12）

2000年10月，为适应区外销售网络建设、营销和管理工作需要，加大西南地区油品市场开发力度，中国石油天然气股份公司炼油与销售分公司决定成立中国石油天然气股份有限公司西南销售贵州分公司。12月，西南销售公司党委批准成立贵州分公司临时党支部。

2001年4月，中国石油天然气股份有限公司西南销售贵州分公司在贵州省工商行政管理局注册登记，并获准在贵州开展汽油、煤油、柴油、润滑油批零兼营业务，标志着中国石油正式落户贵州。6月，西南销售公司党委决定成立贵州分公司党支部。同月，组建贵州分公司工会。

成立之初，贵州分公司机关设办公室、财务资产部、综合业务部、质量安全技术部4个部门，下辖贵阳、遵义、六盘水、安顺、黔南、铜仁6家分公司。2001年底，贵州分公司运营加油站20座，在册员工382人，全年成品油销售总量15.69万吨，其中成品油零售量3.57万吨。

2002年，根据业务发展需要，陆续成立审计监察部、加油站管理部、工程建设项目部和人力资源部，并成立毕节分公司。9月，贵州分公司对片区分公司经营管理体制、机构设置与工作职责进行明确，7个片区分公司机关设立综合办和经营办两个管理部门，岗位定员编制（含分公司经理）共计28人。片区分公司主要职责：按照贵州分公司的要求，对所属加油站经营、安全、用工实施管理，并根据授权开展片区分公司加油站网络开发，负责片区分公司统计工作和日常管理工作及加油站各项经营证件手续办理及年检年审；负责加油站日常安全管理、设备管理；拟定所属片区内部管理机构人员配置，对片区分公司范围的管理人员进行考核，对加油员工进行合理调配，并报贵州分公司备案；负责党、共青团、工会工作的开展，增强员工的凝聚力和战斗力。7个片区分公司名称统一规范为中国石油天然气股份有限公司贵州贵阳销售分公司、遵义销售分公司、六盘水销售分公司、安顺销售分公司、黔南销售分公司、铜仁销售分公司、毕节销售分公司。10月，西南销售公司党委批复同意成立中国石油天然气股份有限公司贵州分公司工会。

2003年5月，贵州分公司对办公室、财务资产部、综合业务部、加油站管理部、质量安全技术部、工程建设项目部、人力资源部和审计监察部8个部门的工作职责及定员标准进行系统明确，确立定员49人。

2004年3月，设立投资计划管理部，负责油库和加油站网络开发投资计划管理工作，编制4

人。是年，成立贵州分公司纪委。年底，贵州分公司运营加油站58座，在册员工1031人，全年成品油销售总量40.9万吨，其中成品油零售量15.94万吨。

2005年3月，设立信息技术管理部，负责公司计算机信息技术和网络管理工作，定员编制4人。9月，设立党委办公室，与经理办公室合署办公；设立党委组织部，与人力资源部合署办公；设立纪检办公室，与审计监察部合署办公。7月，贵州分公司明确片区分公司机关定岗定员标准，大片区（加油站数20座以上）分公司机关的定员人数（含分公司领导班子）为15人，中型片区（加油站数15—20座以上）的定员人数为13人，小型片区（加油站数15座以下）的定员人数为11人。

2006年2月，成立黔西南分公司，按照片区分公司职能，负责黔西南州成品油销售的经营管理及网络开发等工作，机关编制定员暂按6人配备。6月，贵州分公司为规范机构职能，理顺管理职责，对两级机关、油库及驻外油库营业室编制定员进行调整，除贵阳分公司领导职数3人，设经理、党支部书记、副经理各1人外，其余各片区分公司领导职数均为2人，设经理兼党支部书记、副经理各1人。在片区分公司设综合办公室、财务部、加油站管理部、投资安全设备部4个部室，各设主管岗位1人。

2007年1月，贵州分公司对机关部门设置进行调整，撤销信息技术管理部，其工作职能合并到办公室，原信息技术管理部人员统一纳入办公室管理。3月，成立西南销售公司物流中心贵州配送中心，编制8人。调整遵义油库隶属关系，将遵义分公司管理的遵义油库隶属关系上划西南销售公司直接管理。

2008年12月，股份公司决定，调整贵州分公司管理体制，将公司上划股份公司直接管理。上划前，贵州分公司下辖自有油库1座，代储库8座，运营加油站138座，在册员工1656人，全年成品油销售总量51.41万吨，其中成品油零售量42.58万吨。

（一）贵州分公司领导（2001.4—2008.12）

经　　理　李怀忠（2001.4—2008.12）
副 经 理　杨洪彬（2000.12—2003.9）
　　　　　袁载兴（2000.12—2006.3）
　　　　　阳起元（2002.4—2006.3）
　　　　　商博军（2002.4—2005.6）
　　　　　魏秋冬（2006.3—2006.8）
　　　　　李丙义（2006.3—2008.12）
　　　　　李建龙（2006.3—2008.12）
总会计师　景占虎（2000.10—2008.12）
安全总监　杨洪彬（兼任，2001.7—2003.9）
　　　　　袁载兴（兼任，2003.9—2006.3）

李丙义（兼任，2006.6—2008.12）

(二) 贵州分公司党组织领导（2000.12—2008.12）

1. 贵州分公司临时党支部（2000.12—2001.6）

书　　记　李怀忠（2001.4—2001.6）

副 书 记　袁载兴（2000.12—2001.6）

2. 贵州分公司党支部（2001.6—2002.12）

书　　记　李怀忠（2001.6—2002.12）

副 书 记　袁载兴（2001.6—2002.4）

　　　　　阳起元（2002.4—2002.12）

委　　员　李怀忠（2001.6—2002.12）

　　　　　袁载兴（2001.6—2002.4）

　　　　　杨洪彬（2001.6—2002.12）

　　　　　阳起元（2002.4—2002.12）

　　　　　商博军（2002.4—2002.12）

3. 贵州分公司党委（2002.12—2008.12）

书　　记　李怀忠（2002.12—2006.3）

　　　　　魏秋冬（2006.3—2006.8）

　　　　　李丙义（2007.1—2008.12）

副 书 记　阳起元（2002.12—2007.1）

　　　　　李怀忠（2006.3—2008.12）

委　　员　李怀忠（2002.12—2006.3）

　　　　　杨洪彬（2002.12—2003.5）

　　　　　袁载兴（2002.12—2006.3）

　　　　　商博军（2002.12—2005.6）

　　　　　景占虎（2002.12—2008.12）

　　　　　魏秋冬（2006.3—2006.8）

　　　　　李建龙（2006.3—2008.12）

　　　　　李丙义（2007.1—2008.12）

(三) 贵州分公司纪委（2004.6—2008.12）

书　　记　阳起元（2004.6—2008.12）

委　　员　阳起元（2004.6—2008.12）

　　　　　任家永（2006.5—2008.12）

程斌虎（2006.5—2008.12）

高　平（2006.5—2008.12）

李文峰（2006.5—2008.12）

（四）贵州分公司工会（2001.6—2008.12）

主　　席　阳起元（2002.10—2008.12）

代 主 席　袁载兴（2001.6—2002.10）

副 主 席　景占虎（2006.3—2008.12）

五、广西分公司（2000.10—2008.12）

1999年4月，中国石油销售总公司同意西南公司设立黔桂分公司。

2000年5月，股份公司在秦皇岛召开网络投资工作会议，会议决定，投资开发广西市场。同月，西南销售公司在广西成立办事机构，具体负责广西成品油销售、市场开发和网络建设等业务。6月，西南销售公司与南宁西南石油公司签订联营协议，双方共同出资组建石油产品销售企业（即联营公司）。西南销售公司出资认购南宁西南石油公司8座加油站70%的股权；剩余部分由南宁西南石油公司按30%股份投资计。同时，西南销售公司收购社会加油站6座。至此，14座联营、收购加油站经统一包装后正式运营，标志着中国石油进入广西市场。7月，广西联营公司在广西南宁市召开第一届第一次董事会。会议明确公司名称为：南宁中油金站贸易有限公司。西南销售公司副总经理刘启银担任董事长，李怀忠、王诚信任董事。董事会聘任王诚信为南宁中油金站公司总经理。8月，南宁中油金站贸易有限公司正式注册成立。10月，为加大西南地区油品市场开发力度，炼油与销售分公司决定在广西设立区域分公司，名称定为中国石油天然气股份有限公司西南销售广西分公司，人员编制14人，其中含领导职数3人，机构规格正处级，机关本部设在广西南宁。11月，南宁中油金站贸易有限公司联营双方在广西南宁召开董事会，同意南宁西南石油公司退股，西南销售公司同意受让南宁西南石油公司转让《联营协议》中8座加油站资产的30%股权。同月，与西南销售公司联营的金星加油站将其30%股份退出。截至11月中旬，广西分公司在广西市场已运营全资加油站10座。12月，西南销售公司党委批准成立广西分公司临时党支部，王诚信为党支部书记。同月，广西分公司机关设立办公室。

2001年4月，广西分公司对下属经营机构设置进行调整，成立桂林、梧州、河池、百色4个片区分公司，具体负责辖区内市场开发、成品油销售和非油品业务。5月，西南销售公司党委同意广西分公司组建党支部，王诚信任书记，徐书伟任副书记，冉进军、阳起元、时占英为委员；6月，根据业务发展需要，广西分公司机关增设业务部、财务部、工程部、加油站管理部、网络办公室5个部门。同月，西南销售公司党委同意广西分公司组建工会，徐书伟担任工会代主席。8月，广西分公司决定成立北海片区，负责开发广西北海成品油销售、市场开发和网络建设等业务。

2002年1月，广西分公司根据业务发展需要，成立玉林分公司。同月，广西分公司机关增设储运安全部。4月，西南销售公司党委决定成立广西分公司党委，党委成员由马志莹、王诚信、冉进军组成。5月，广西分公司对机关职能部门设置进行调整，设立信息技术管理部、人力资源部、审计监察部，新设立的人力资源部增加党委组织部工作职责并合署办公，办公室增加党委办公室工作职责并合署办公，网络办公室隶属储运安全部管理。9月，广西分公司规范名称为中国石油天然气股份有限公司广西销售分公司。同月，广西分公司决定成立南宁（零售）片区，主要负责南宁、北海、百色片区内加油站的直接管理及全区加油站的领导管理。同时，根据工作需要，撤销储运安全部、信息技术管理部，合并成立设备安全部。整合设立后，公司机关共有7个职能部门，即：办公室、业务部、加油站管理部、财务部、审计监察部、人力资源部、设备安全部。

2003年4月，根据公司实际情况和工作需要，广西分公司决定撤销南宁（零售）片区，成立百色片区。同月，成立加油站管理部，负责加油站经营管理工作，原设备安全部网络开发职能规划加油站管理部。6月，为适应经营管理工作需要，广西分公司成立南宁片区，隶属广西分公司加管部管理。8月，广西分公司机关增设工程建设部。

2004年3月，根据发展和管理需要，广西分公司决定撤销南宁片区，成立南宁分公司，主要负责南宁地区、百色地区的油品零售业务和加油站管理及市场开发。撤销北海片区，成立北部湾分公司，具体负责开发北部湾（北海、钦州、防城港）地区成品油销售、市场开发、网络建设和油库、油站管理等业务，机关本部设在广西钦州，原业务部钦州办事处划入北部湾分公司管理。撤销百色片区，其业务由南宁分公司管理。10月，恢复成立百色分公司。

2005年7月，广西分公司机关增设党群工作部、网络开发办公室，工程建设部更名为工程计划部。

2006年1月，广西分公司成立员工培训中心。员工培训中心挂靠人力资源部，作为机关附属机构。11月，广西分公司机关增设成立综合计划部，网络开发办公室划入综合计划部管理。

2008年12月，股份公司决定调整广西分公司管理体制，上划股份公司直接管理。上划前，广西分公司下辖油库5座，运营加油站220多座，在册员工3100多人，全年成品油销售总量近100万吨。

（一）广西分公司领导（2000.12—2008.12）

经　　理　王诚信（王成信，2000.12—2008.12）

副 经 理　阳起元（2000.12—2002.4）

　　　　　冉进军（2000.12—2008.12）

　　　　　徐书伟（正处级，2001.4—2002.4）

　　　　　马志莹（2002.4—2006.3）

　　　　　王炳明（2004.7—2008.6）

　　　　　魏秋冬（2004.7—2006.8）

　　　　　　　杨德华（2006.3—2008.12）
总会计师　阳起元（2000.12—2002.4）
　　　　　　　宋　琪（2002.4；2006.3—2008.12）
安全总监　冉进军（2001.7—2008.12）
经理助理　李建龙（2001.5—2006.3）
　　　　　　　苏德祯（2002.10—2006.10）
　　　　　　　赵华成（2006.6—2008.12）

（二）广西分公司党组织领导（2000.12—2008.12）

1. 广西分公司临时党支部（2000.12—2001.5）

书　　记　王诚信（2000.12—2001.5）

2. 广西分公司党支部（2001.5—2002.4）

书　　记　王诚信（2001.5—2002.4）

副 书 记　徐书伟（2001.5—2002.4）

委　　员　王诚信（2001.5—2002.4）

　　　　　　　徐书伟（2001.5—2002.4）

　　　　　　　冉进军（2001.5—2002.4）

　　　　　　　阳起元（2001.5—2002.4）

　　　　　　　时占英（2001.5—2002.4）

3. 广西分公司党委（2002.4—2008.12）

书　　记　马志莹（2002.4—2006.3）

　　　　　　　杨德华（2006.3—2008.12）

副 书 记　王诚信（2006.3—2008.12）

委　　员　马志莹（2002.4—2006.3）

　　　　　　　王诚信（2002.4—2008.12）

　　　　　　　冉进军（2002.3—2008.12）

　　　　　　　魏秋冬（2004.7—2006.8）

　　　　　　　王炳明（2004.7—2006.3）

　　　　　　　杨德华（2006.3—2008.12）

（三）广西分公司纪委（2004.6—2008.12）

书　　记　马志莹（2004.6—2006.3）

　　　　　　　杨德华（2006.5—2008.12）

委　　员　杨德华（2006.5—2008.12）

魏　飙（2006.5—2008.12）

陈海龙（2006.5—2008.12）

江南萍（2006.5—2008.12）

郑循建（2006.5—2008.12）

（四）广西分公司工会（2003.12—2008.12）

主　　席　冉进军（2003.1—2008.12）

副 主 席　宋根成（2003.12—不详）

六、物流中心—物流公司（2006.9—2008.12）

2006年9月，为统筹物流的优化运行，提高专业化管理水平，西南销售公司决定成立物流中心，实现对西南销售公司成品油资源出库（配送成品油资源到加油站签收）前物流过程统一管理。物流中心为附属机构，与调度运输处实行"一个机构，两块牌子"运作模式，履行双重职能，人员不列入机关编制。主要职责：负责根据发展的总体战略，制定物流体系发展规划；负责制定物流管理的各项制度；负责制定一次物流的运输计划并组织实施；负责成品油资源收发存管理；负责制定物流配送计划并组织实施；负责物流过程数质量管理；负责物流费用预算、使用和控制；负责第三方承运商组织和管理；负责对物流体系运行进行综合绩效评价。物流中心设置调运部、仓储配送部、综合管理部3个部门，人员编制16人。

2008年6月，为进一步深化物流体制改革，成立物流公司，对广西、贵州、云南三省区物流公司实行业务管理专业化，业绩考核规范化，社保关系属地化（劳动合同、基本社会保险、住房公积金由所在地省级公司代管）管理模式。在日常生产经营方面接受公司机关业务处室的管理、监督、指导与考核。物流公司机构设置为配送管理部、油库管理部、综合办公室3个职能部门。编制14人（不含油库人员）。其中：经理1人（兼党总支书记）、副经理1人；部门主任2人、部门副主任1人；助理主办、办事员、操作人员9人。

（一）物流中心领导（2006.9—2008.6）

副主任　王　健（正处级，2006.9—2008.6）

　　　　李彦龙（正处级，2006.9—2008.6）

（二）物流公司领导（2008.6—2008.12）

经　理　李彦龙（2008.6—2008.12）

副经理　吕振忠（2008.6—2008.12）

　　　　陈世民（2008.6—2008.12）

（三）物流公司党总支领导（2008.6—2008.12）

书　记　李彦龙（2008.6—2008.12）
委　员　李彦龙（2008.6—2008.12）
　　　　吕振忠（2008.6—2008.12）
　　　　陈世民（2008.6—2008.12）

（四）物流公司工会（2008.6—2008.12）

主　席　李彦龙（2008.6—2008.12）
委　员　吕振忠（2008.6—2008.12）

（五）物流公司团总支（2008.6—2008.12）

书　记　李世荣（2008.6—2008.12）

第四节　云南辖区所属经营机构

一、浑水塘配送中心（2002.6—2005.12）

2000年3月，中油英茂石油化工有限公司成立，在昆明地区下辖浑水塘油库，库容3.43万立方米。

2002年6月，云南分公司对下属经营管理机构进行重新设置，设置浑水塘配送中心，负责昆明及周边地区的油品批发、配送等经营管理工作，机关设综合办公室、销售部、财务部3个部门，管辖浑水塘油库。同月，云南分公司党委设置第二党支部，管辖范围包括浑水塘油库。设置第二团总支，管辖范围包括浑水塘配送中心。

2003年3月，云南分公司党委设置浑水塘配送中心工会，所辖范围包括浑水塘配送中心、东郊零售片区、昆石零售片区，马黎为工会临时召集人。

2004年3月，云南分公司党委对基层党支部进行重新设置，成立浑水塘配送中心党支部，负责管辖浑水塘配送中心。同月，云南分公司团委决定，成立浑水塘配送中心团总支，负责管辖浑水塘配送中心。8月，云南分公司工会决定成立浑水塘配送中心工会。12月，云南分公司决定在浑水塘配送中心设立安技部和配送车队，加强安全和运输配送工作。

2005年4月，西南销售公司党委决定，对云南地区各经营单位党组织进行重新组建和调整，按行政机构划分，成立浑水塘配送中心党支部。同月，西南销售公司团委同意由解晶宇、张昆、冷长虹三人组成浑水塘配送中心团总支委员会，解晶宇任团总支书记。5月，西南销售公司工会决定成立浑水塘配送中心分工会。12月，成立滇中分公司，浑水塘配送中心撤销，其业务划归滇中分公司管理。

（一）浑水塘配送中心领导（2002.6—2005.12）

经　　理　马　黎（2002.6—2005.12）
副 经 理　任在元（2002.6—2005.12）
　　　　　谢淑海（2002.6—2004.6）
　　　　　刘利荣（2004.6—2005.12）
安全监理　马　黎（2003.1—2005.12）
副 监 理　任在元（2003.1—2005.12）

（二）浑水塘配送中心党支部领导（2004.5—2005.12）

书　　记　刘利荣（2004.5—2005.4）
　　　　　马　黎（2005.4—2005.12）
委　　员　刘利荣（2004.5—2005.12）
　　　　　马　黎（2005.4—2005.12）
　　　　　张　立（2005.4—2005.12）

（三）浑水塘配送中心工会（2005.5—2005.12）

主　　席　杨信波（2005.5—2005.12）

（四）浑水塘配送中心团总支（2005.4—2005.12）

书　　记　解晶宇（2005.4—2005.12）

二、安宁配送中心（2002.6—2005.12）

2000年3月，中油英茂石油化工有限公司成立，在昆明地区下辖大屯油库。2000年6月，中油强林石油化工有限公司成立，在昆明地区下辖安宁油库、昆阳油库。

2002年6月，云南分公司设置安宁配送中心，负责昆明及周边地区油品批发、配送等经营管理工作，机关设综合办公室、销售部、财务部3个部门，管辖大屯油库、安宁油库、昆阳油库、安宁配送中心零售部。同月，云南分公司党委设置第三党支部，管辖范围安宁配送中心（含零售部），邓代斌任党支部书记。设置第三团总支，管辖安宁配送中心（含零售部）。

2003年3月，云南分公司党委设置安宁配送中心工会，所辖范围包括安宁配送中心、安宁零售部，邓代斌为工会临时召集人。

2004年3月，云南分公司党委成立安宁配送中心党支部，负责管辖安宁配送中心。同月，云南分公司团委决定，成立安宁配送中心团总支，负责管辖安宁配送中心。8月，云南分公司工会决定成立安宁配送中心工会。12月，云南分公司决定在安宁配送中心设立安技部和配送车队，加强安全和运输配送工作。

2005年4月，西南销售公司党委决定成立安宁配送中心党支部。同月，西南销售公司团委同意由杨霖、石春芳、刘金刚三人组成安宁配送中心团总支委员会，杨霖任团总支书记。5月，西南销售公司工会决定成立安宁配送中心分工会，委员会由秦怀波、李世春、王礼、李承明、杨霖组成，秦怀波任工会主席。12月，成立滇中分公司，安宁配送中心撤销，其业务划归滇中分公司管理。

（一）安宁配送中心领导（2002.6—2005.12）

经　　理　邓代斌（2002.6—2005.12）
副 经 理　何　林（2002.6—2005.12）
　　　　　秦怀波（2002.6—2005.12）
　　　　　刘乐明（2002.6—2004.10）
　　　　　李世春（2004.10—2005.12）
安全监理　邓代斌（2003.1—2005.12）
副 监 理　何　林（2003.1—2005.12）

（二）安宁配送中心党支部领导（2005.4—2005.12）

书　　记　邓代斌（2005.4—2005.12）
委　　员　邓代斌（2005.4—2005.12）
　　　　　潘文彪（2005.4—2005.12）
　　　　　杨明华（2005.4—2005.12）

（三）安宁配送中心工会（2005.5—2005.12）

主　　席　秦怀波（2005.5—2005.12）

（四）安宁配送中心团总支（2005.4—2005.12）

书　　记　杨　霖（2005.4—2005.12）

三、楚雄配送中心（2002.6—2005.12）

1999年10月，中油雄海石油化工有限公司成立，在楚雄地区下辖雄海油库，库存1.3万立方米。2000年3月，中油英茂石油化工有限公司成立，在楚雄地区下辖南华油库，库存0.6万立方米。

2002年6月，云南分公司设置楚雄配送中心，负责楚雄地区油品批发、配送等经营管理工作，机关设综合办公室、销售部、财务部3个部门,将原中油英茂公司在楚雄地区南华分公司管辖的南华油库、中油雄海公司管辖的雄海油库划归其管理。

2002年6月,云南分公司党委决定设立第四党支部,负责基层党建工作,管辖范围楚雄配送中心,闫继怀任第四党支部书记。同月,云南分公司党委下设第四党支部,管辖范围楚雄配送中心。

2003年3月,云南分公司党委设置楚雄配送中心工会,所辖范围是楚雄配送中心、楚雄配送中心零售部,闫继怀为工会临时召集人。

2004年3月,云南分公司党委成立楚雄配送中心党支部,负责管辖楚雄配送中心。同月,云南分公司团委决定,成立楚雄配送中心团总支,负责管辖楚雄配送中心。8月,云南分公司工会决定成立楚雄配送中心工会。12月,云南分公司决定在楚雄配送中心设立安技部和配送车队,加强安全和运输配送工作。

2005年4月,西南销售公司党委决定,成立楚雄配送中心党支部。同月,西南销售公司团委同意由肖兴林、刘劲松、余艳琼三人组成楚雄配送中心团总支委员会,肖兴林任团总支书记。5月,西南销售公司工会决定成立楚雄配送中心分工会,委员会由李敬东、张克全、蒋兴剑、肖兴林、施建恒组成,李敬东任工会主席。12月,滇西分公司成立,楚雄配送中心撤销,其业务划归滇西分公司管理。

(一)楚雄配送中心领导(2002.6—2005.12)

经　　理　闫继怀(2002.6—2005.12)
副 经 理　李　锐(2002.6—2004.8)
　　　　　盛毅辉(2002.6—2005.12)
　　　　　李敬东(2004.6—2005.12)
安全监理　闫继怀(2003.1—2005.12)
副 监 理　李　锐(2003.1—2004.8)

(二)楚雄配送中心党支部领导(2005.4—2005.12)

书　　记　闫继怀(2005.4—2005.12)
委　　员　闫继怀(2005.4—2005.12)
　　　　　张　云(2005.4—2005.12)
　　　　　谢映红(2005.4—2005.12)

(三)楚雄配送中心工会(2005.5—2005.12)

主　　席　李敬东(2005.5—2005.12)

（四）楚雄配送中心团总支（2005.4—2005.12）

书　　记　肖兴林（2005.4—2005.12）

四、城东零售片区（2002.6—2005.12）

2000年，中油英茂石油化工有限公司、中油强林石油化工有限公司合资组建。其中，中油英茂公司在昆明地区运营管理加油站16座，中油强林公司在昆明地区运营管理加油站11座。

2002年6月，云南分公司对下属经营管理机构进行重新设置，设置城东零售片区，负责油品零售经营管理工作，机关设行政、人力资源主管、业务主管、安全主管、财务主管各1名，城东零售片区管辖曙光、东菊、昙华、白云、小庄、新迎、严家山、双龙8座加油站。同月，云南分公司党委设置第二党支部，管辖城东零售片区，刘利荣任党支部书记。设置第五团总支，管辖城东零售片区。

2003年3月，云南分公司党委在城东零售片区设置工会小组，直属云南分公司工会管理。5月，云南分公司决定将曲靖城东、东源加油站划入城东零售片区管理。9月，云南分公司对昆明地区零售片区进行重新设置，撤销城西、东郊两个片区，将云南分公司直属管理的曲靖城东、东源加油站，原东郊片区管辖的浑水塘、兴隆、阿拉、易隆等加油站，原城西片区管辖的望城加油站共计7座加油站划入城东片区管理，城东零售片区管辖加油站15座，办公地点设在曙光加油站。

2004年3月，云南分公司党委对基层党支部进行重新设置，成立昆明地区零售片区党支部，负责管辖城东零售片区，沈建雄任临时党支部书记。同月，云南分公司团委决定成立城东零售片区团总支，负责管辖城东零售片区。8月，云南分公司工会决定成立城东零售片区工会。

2005年4月，西南销售公司党委对云南地区各经营单位党组织进行重新组建和调整，成立城东零售片区党支部。同月，西南销售公司团委同意由张玲、付仕勇、周克敏三人组成城东零售片区团总支委员会，张玲任团总支书记。5月，西南销售公司工会决定成立城东零售片区工会，委员会由赵群银、何昆寿、刘培友、何艳波、王丽红组成，赵群银任工会主席。12月，成立滇中分公司，城东零售片区撤销，其业务划归滇中分公司管理。

（一）城东零售片区领导（2002.6—2005.12）

经　　理　沈建雄（2002.6—2005.12）
安全监理　沈建雄（2003.1—2005.12）

（二）城东零售片区党支部领导（2005.4—2005.12）

书　　记　沈建雄（2005.4—2005.12）
委　　员　沈建雄（2005.4—2005.12）
　　　　　何昆寿（2005.4—2005.12）

赵秀康（2005.4—2005.12）

（三）城东零售片区工会（2005.5—2005.12）

主　　席　赵群银（2005.5—2005.12）

（四）城东零售片区团总支（2005.4—2005.12）

书　　记　张　玲（2005.4—2005.12）

五、城北零售片区（2002.6—2005.12）

2002年6月，云南分公司设置城北零售片区，负责油品零售经营管理工作，机关设行政、人力资源主管、业务主管、安全主管、财务主管各1名，城北零售片区管辖小菜园、鼎城、昌达、圆通、岗头、王旗营、茨坝、学府8座加油站。同月，云南分公司党委设置第二党支部，管辖城北零售片区，刘利荣任党支部书记。设置第六团总支，管辖城北零售片区。

2003年3月，云南分公司党委在城北零售片区设置工会小组，直属云南分公司工会管理。9月，云南分公司对昆明地区零售片区进行重新设置，撤销城西、东郊两个片区，将原城西片区管辖的高新、王家桥、沙朗、马街、明波、团山6座加油站划入城北零售片区管理，城北片区管辖加油站14座，办公地点设在小菜园加油站。

2004年3月，云南分公司党委对基层党支部进行重新设置，成立昆明地区零售片区党支部，负责管辖城北零售片区，谢金祥任临时党支部书记。同月，云南分公司团委决定成立城北零售片区团总支，负责管辖城北零售片区。8月，云南分公司工会决定成立城北零售片区工会。

2005年4月，西南销售公司党委对云南地区各经营单位党组织进行重新组建和调整，成立城北零售片区党支部。同月，西南销售公司团委同意由陈英、邱英、陈景三人组成城北零售片区团总支委员会，陈英任团总支书记。5月，西南销售公司工会决定成立城北零售片区分工会，委员会由李树东、陈英、刘世荣、张艳芬、姚丽娟组成，李树东任工会主席。12月，成立滇中分公司，城北零售片区撤销，其业务划归滇中分公司管理。

（一）城北零售片区领导（2002.6—2005.12）

经　　理　谢金祥（2002.6—2005.12）
安全监理　谢金祥（2003.1—2005.12）

（二）城北零售片区党支部领导（2005.4—2005.12）

书　　记　宁德荣（2005.4—2005.12）
委　　员　宁德荣（2005.4—2005.12）
　　　　　邱　英（2005.4—2005.12）

薛振声（2005.4—2005.12）

（三）城北零售片区工会（2005.5—2005.12）

主　　席　李树东（2005.5—2005.12）

（四）城北零售片区团总支（2005.4—2005.12）

书　　记　陈　英（2005.4—2005.12）

六、城西零售片区（2002.6—2003.9）

2002年6月，云南分公司对下属经营管理机构进行重新设置，设置城西零售片区，负责油品零售经营管理工作，机关设行政、人力资源主管、业务主管、安全主管、财务主管各1名，城西零售片区管辖高新、望城、王家桥、沙朗、马街、明波、官渡、团山8座加油站。同月，云南分公司党委设置第五党支部，管辖城西零售片区，伍岩任党支部书记。设置第七团总支，管辖城西零售片区。

2003年3月，云南分公司党委在城西零售片区设置工会小组，直属云南分公司工会管理。9月，云南分公司对昆明地区零售片区进行重新设置，撤销城西零售片区，将原城西片区管辖的望城加油站划入城东零售片区管理，高新、王家桥、沙朗、马街、明波、团山6座加油站划入城北零售片区管理，官渡加油站划入昆石零售片区管理。

经　　理　伍　岩（2002.6—2003.9）

安全监理　伍　岩（2003.1—2003.9）

七、东郊零售片区（2002.6—2003.9）

2002年6月，云南分公司对下属经营管理机构进行重新设置，设置东郊零售片区，负责油品零售经营管理工作，机关设行政、人力资源主管、业务主管、安全主管、财务主管各1名，东郊零售片区管辖浑水塘、金马、兴隆、阿拉、易隆、牛街6座加油站。同月，云南分公司党委设置第二党支部，管辖东郊零售片区，刘利荣任党支部书记。设置第二团总支，管辖东郊零售片区。

2003年3月，云南分公司党委设置浑水塘配送中心工会，所辖范围包括浑水塘配送中心、东郊零售片区、昆石零售片区，马黎为工会临时召集人。9月，云南分公司对昆明地区零售片区进行重新设置，撤销东郊零售片区，将原东郊片区管辖的浑水塘、兴隆、阿拉、易隆4座加油站划入城东零售片区管理，金马、牛街2座加油站划入昆石零售片区管理。

经　　理　武学华（2002.6—2003.9）

安全监理　武学华（2003.1—2003.9）

八、昆石零售片区（2002.6—2005.12）

2002年6月，云南分公司对下属经营管理机构进行重新设置，设置昆石零售片区，负责油品零售经营管理工作，机关设行政、人力资源主管、业务主管、安全主管、财务主管各1名，昆石零售片区管辖小石坝、新村、坤达、兴昆、大渔、雨龙、桂港、宏程8座加油站。同月，云南分公司党委设置第五党支部，管辖昆石零售片区，伍岩任党支部书记。设置第八团总支，管辖昆石零售片区。

2003年3月，云南分公司党委设置浑水塘配送中心工会，所辖范围包括浑水塘配送中心、东郊零售片区、昆石零售片区，马黎为工会临时召集人。5月，云南分公司决定将开远西北路加油站划入昆石零售片区管理。9月，云南分公司对昆明地区零售片区进行重新设置，撤销城西、东郊两个片区，将原城西片区管辖的官渡加油站，原东郊片区管辖的金马、牛街2座加油站划入昆石零售片区管理。

2004年3月，云南分公司党委对基层党支部进行重新设置，成立昆石零售片区党支部，负责管辖昆石零售片区。同月，云南分公司团委决定成立昆石零售片区团总支，负责管辖昆石零售片区。8月，云南分公司工会决定成立昆石零售片区工会。

2005年4月，西南销售公司党委对云南地区各经营单位党组织进行重新组建和调整，成立昆石零售片区党支部。同月，西南销售公司团委同意由郭力、鲁艳琼、李琴三人组成昆石零售片区团总支委员会，郭力任团总支书记。5月，西南销售公司工会决定成立昆石零售片区分工会，委员会由盖沂伟、杨怀祥、刘榕、张楠、王艳梅组成，盖沂伟任工会主席。12月，成立滇中分公司，昆石零售片区撤销，其业务划归滇中分公司管理。

（一）昆石零售片区领导（2002.6—2005.12）

经　　理　鲁　伟（2002.6—2005.11）
安全监理　鲁　伟（2003.1—2005.11）

（二）昆石零售片区党支部领导（2005.4—2005.12）

书　　记　鲁　伟（2005.4—2005.12）
委　　员　鲁　伟（2005.4—2005.12）
　　　　　高　健（2005.4—2005.12）
　　　　　张　华（2005.4—2005.12）

（三）昆石零售片区工会（2005.5—2005.12）

主　　席　盖沂伟（2005.5—2005.12）

(四)昆石零售片区团总支(2005.4—2005.12)

书　　记　郭　力(2005.4—2005.12)

九、玉溪零售片区(2002.6—2005.12)

2002年6月,云南分公司对部分下属经营管理机构的设置做出调整,在玉溪地区设置玉溪零售片区,负责油品零售经营管理工作,将甸心、兴隆、中心、兴新、昆曼5座加油站划入玉溪零售片区管理,办公地点设在兴新加油站。年底,玉溪零售片区共有加油站5座,员工总数75人。

2002年6月,云南分公司党委决定设立第六党支部,负责基层党建工作,管辖玉溪零售片区,支部共有党员5名。同月,经云南分公司党委同意,云南分公司团委下设第九团支部,管辖玉溪零售片区。

2003年3月,经云南分公司党委同意,设置玉溪零售片区工会小组,直属云南分公司工会管理。5月,云南分公司决定将普洱双联加油站划入玉溪零售片区管理。

2004年3月,云南分公司党委决定对基层党支部进行重新设置,成立昆明地区零售片区党支部,玉溪零售片区归其管辖。同月,经云南分公司党委同意,决定以行政单位为管辖范围对各团总支进行重新设置,成立玉溪零售片区团总支,负责管辖玉溪零售片区。6月,全资收购的东风加油站开业,玉溪零售片区办公地点随之从兴新加油站搬迁至东风加油站。8月,经云南分公司工会研究决定,以行政单位为管辖范围对基层工会进行重新设置,成立玉溪零售片区工会。

2005年4月,西南销售公司党委对云南地区各经营单位党组织进行重新组建和调整,成立玉溪零售片区党支部。同月,西南销售公司团委同意由余红美、罗成、普春花三人组成玉溪零售片区团总支委员会,余红美任团总支书记。5月,西南销售公司工会决定成立玉溪零售片区工会,委员会由吴玉明、刘海龙、曹双辉、余红美、张继弟组成,吴玉明任工会主席。

12月,成立滇南分公司,玉溪零售片区撤销,其业务划归滇南分公司管理。撤销前,玉溪零售片区运营加油站14座,员工总数199人,成品油年销售总量5.98万吨。

(一)玉溪零售片区领导(2002.6—2005.12)

经　　理　董天佑(2002.6—2004.3)
　　　　　杜　斌(2004.3—2005.12)
安全监理　董天佑(2003.1—2004.3)
　　　　　杜　斌(2004.3—2005.12)

(二)玉溪零售片区党支部领导(2005.4—2005.12)

书　　记　吴玉明(2005.4—2005.12)
委　　员　吴玉明(2005.4—2005.12)

刘贵久（2005.4—2005.12）

杨　晋（2005.4—2005.12）

（三）玉溪零售片区工会（2005.5—2005.12）

主　　席　吴玉明（2005.5—2005.12）

（四）玉溪零售片区团总支（2005.4—2005.12）

书　　记　余红美（2005.4—2005.12）

十、保山零售部（2002.6—2005.12）

2002年6月，云南分公司对下属经营管理机构进行重新设置，成立保山零售部，负责油品零售经营管理工作。机关设置综合办公室、业务部、财务部3个部门，管辖诚信、环城、现代、马街、桂花、石头寨6座加油站。同月，云南分公司党委设置第一党支部，管辖保山零售部，陶文斌任党支部书记。设置第十团总支，管辖保山零售部。

2003年3月，云南分公司工会设立保山零售部工会，所辖范围保山零售部、瑞丽分公司，刘和珺为工会临时召集人。

2004年3月，云南分公司党委研究决定对基层党组织重新设置，组建11个党支部，保山零售部党支部负责管辖保山零售部。同月，云南分公司团委决定以行政单位为管辖范围对基层团总支进行重新设置，设立13个团总支，保山零售部团总支负责管辖保山零售部。8月，云南分公司工会按照行政机构重新设置保山零售部工会等16个基层工会组织。

2005年4月，西南销售公司党委对云南地区各经营单位党组织进行重新组建和调整，成立保山零售部党支部。同月，西南销售公司团委同意由徐重临、龙超敏、李永群3人组成保山零售部团总支委员会，徐重临任团总支书记。5月，西南销售公司工会决定成立保山零售部工会，委员会由徐红萍、陈金玲、徐重临组成，徐红萍任工会主席。

2005年12月，西南销售公司在云南地区成立滇中、滇西、滇东北、滇东南、滇南五个区域性公司。撤销保山零售部，其业务划归滇西分公司管理。

（一）保山零售部领导（2002.6—2005.12）

经　　理　刘和珺（2002.7—2004.6）

　　　　　刘　槟（2004.6—2005.12）

副 经 理　戴吉山（2002.7—2005.12）

安全监理　刘和珺（2003.1—2004.6）

　　　　　刘　槟（2004.6—2005.12）

副 监 理　戴吉山（2002.7—2005.12）

（二）保山零售部党支部领导（2004.5—2005.12）

书　　记　戴吉山（2004.5—2005.4）
　　　　　　刘　槟（2005.4—2005.12）
委　　员　戴吉山（2004.5—2004.12）
　　　　　　刘　槟（2005.4—2005.12）
　　　　　　徐红萍（2005.4—2005.12）

（三）保山零售部工会（2005.5—2005.12）

主　　席　徐红萍（2005.5—2005.12）

（四）保山零售部团总支（2005.4—2005.12）

书　　记　徐重临（2005.4—2005.12）

十一、安宁配送中心零售部（2002.6—2005.12）

2002年6月，云南分公司对下属经营管理机构进行重新设置，设置安宁配送中心零售部，负责油品零售经营管理工作，机关设行政、人力资源主管、业务主管、安全主管、财务主管各1名，安宁配送中心零售部管辖龙山、宏宇、大屯、草铺新站、草铺老站、禄脿、草融、和平8座加油站。同月，云南分公司党委设置第三党支部，管辖范围包括安宁配送中心零售部，邓代斌任党支部书记。设置第三团总支，管辖范围安宁配送中心零售部。

2003年3月，云南分公司党委设置安宁配送中心工会，所辖范围包括安宁配送中心、安宁配送中心零售部，邓代斌为工会临时召集人。

2004年3月，云南分公司党委对基层党支部进行重新设置，成立昆明地区零售片区党支部，负责管辖安宁配送中心零售部，伍岩任临时党支部书记。同月，云南分公司团委决定成立安宁配送中心零售部团总支，负责管辖安宁配送中心零售部。8月，云南分公司工会决定成立安宁配送中心零售部工会。

2005年4月，西南销售公司党委对云南地区各经营单位党组织进行重新组建和调整，成立安宁配送中心零售部党支部。同月，西南销售公司团委同意由李辉、马金燕、雀海东3人组成安宁配送中心零售部团总支委员会，李辉任团总支书记。5月，西南销售公司工会决定成立安宁配送中心零售部工会，委员会由周立国、冯爱华、杨跃红组成，周立国任工会主席。12月，成立滇中分公司，安宁配送中心零售部撤销，其业务划归滇中分公司管理。

（一）安宁配送中心零售部领导（2002.6—2005.12）

经　　理　潘晓青（2002.6—2005.12）
安全监理　潘晓青（2003.1—2005.12）

（二）安宁配送中心零售部党支部领导（2005.4—2005.12）

书　　记　周立国（2005.4—2005.12）

（三）安宁配送中心零售部工会（2005.5—2005.12）

主　　席　周立国（2005.5—2005.12）

（四）安宁配送中心零售部团总支（2005.4—2005.12）

书　　记　李　辉（2005.4—2005.12）

十二、楚雄配送中心零售部（2002.6—2005.12）

2002年6月，云南分公司对下属经营管理机构进行重新设置，设置楚雄配送中心零售部，负责楚雄地区的油品零售经营管理工作，机关设行政、人力资源主管、业务主管、安全主管、财务主管各1名，管辖南路、楚东等10座加油站。年底，楚雄配送中心零售部运营加油站10座，员工总数138人，成品油销售总量4.4万吨。

2002年6月，云南分公司党委决定设立第四党支部，负责基层党建工作，管辖范围楚雄配送中心零售部，闫继怀任第四党支部书记。同月，云南分公司党委下设第四团支部，管辖范围楚雄配送中心零售部。2003年3月，云南分公司党委设置楚雄配送中心工会，所辖范围是楚雄配送中心、楚雄配送中心零售部，指定闫继怀为工会临时召集人。

2004年3月，云南分公司党委对基层党支部进行重新设置，成立楚雄配送中心零售部党支部，负责管辖楚雄配送中心零售部。同月，云南分公司团委决定成立楚雄配送中心零售部团总支，负责管辖楚雄配送中心零售部。8月，云南分公司工会决定成立楚雄配送中心零售部工会。

2005年4月，西南销售公司党委决定，对云南地区各经营单位党组织进行重新组建和调整，按行政机构划分，成立楚雄配送中心零售部党支部。同月，西南销售公司团委同意由苏艳华、董庆福、曹荣俊3人组成楚雄配送中心零售部团总支委员会，苏艳华任团总支书记。5月，西南销售公司工会决定成立楚雄配送中心零售部工会，委员会由王洪玖、王斌、黄慧玲组成，王洪玖任工会主席。12月，成立滇西分公司，楚雄配送中心零售部撤销，其业务划归滇西分公司管理。撤销前，楚雄配送中心零售部运营加油站14座，员工总数164人，成品油销售总量6.7万吨。

（一）楚雄配送中心零售部领导（2002.6—2005.12）

经　　理　刘　槟（2002.6—2004.6）

　　　　　李　新（2004.12—2005.12）

副 经 理　李　新（2004.6—2004.12）

安全监理　刘　槟（2002.6—2004.6）

　　　　　李　新（2004.12—2005.12）

（二）楚雄零售片区党支部领导（2004.5—2005.12）

书　　记　刘　槟（2004.5—2005.4）
　　　　　李　新（2005.4—2005.12）
委　　员　刘　槟（2004.5—2005.4）
　　　　　李　新（2005.4—2005.12）

（三）楚雄配送中心零售部工会（2005.5—2005.12）

主　　席　王洪玖（2005.5—2005.12）

（四）楚雄配送中心零售部团总支（2005.4—2005.12）

书　　记　苏艳华（2005.4—2005.12）

十三、大理零售部（2002.6—2005.12）

2002年6月，云南分公司对下属经营管理机构进行重新设置，设置大理零售部，负责大理地区的油品零售经营管理工作，并顺利接管中油强林石化有限公司大理分公司和中国石油西南销售大理分公司原有18座加油站及相关业务，机关设行政、人力资源主管、业务主管、安全主管、财务主管各1名。同月，云南分公司党委设置第七党支部，管辖范围大理零售部（含公司在大理的其他经营机构），刘光浩任党支部书记。设置第十一团总支，管辖范围大理零售部（含在大理的其他经营机构）。11月，为进一步理顺成品油市场业务关系，销售总公司以属地管理为原则将中国石油西北运销公司大理分公司所辖大理东郊、跃进东、跃进西、金汇4座加油站划归云南分公司管理，具体业务由大理零售部统一负责，后分别收购临沧凤山、大河、金源和丽江关坡4座加油站。

2003年3月，云南分公司党委设置大理零售部工会，所辖范围大理零售部，指定李博红为工会临时召集人。7月，云南分公司党委任命李新为第七党支部书记。

2004年3月，云南分公司党委对基层党支部进行重新设置，成立大理零售部党支部，负责管辖大理零售部。同月，云南分公司团委决定成立大理零售部团总支，负责管辖大理零售部。8月，云南分公司工会决定成立大理零售部工会。

2005年4月，西南销售公司党委对云南地区各经营单位党组织进行重新组建和调整，成立大理零售部党支部。同月，西南销售公司团委同意由彭娟、陈舜丽、董慧昕3人组成大理零售部团总支委员会，彭娟任团总支书记。5月，西南销售公司工会决定成立大理零售部工会，委员会由董慧昕、杜敏、李献庭、陈建红、高勇组成，董慧昕任工会主席。12月，成立滇西分公司，大理零售部撤销，其业务划归滇西分公司管理。撤销前，大理零售部在营加油站21座，员工总数288人，管辖福源、新飞、昌龙、新兴、滇西、永昌、大运、红太阳、牛街、永丰、玉龙、跃进、邓川、东郊、跃进东、跃进西、金汇、凤山、大河、金源、丽江关坡21座加油站，成品油年销售总量4.2万吨。

（一）大理零售部领导（2002.6—2005.12）

经　　理　刘光浩（2002.7—2004.5）
　　　　　赵立世（2004.6—2005.12）
副 经 理　李博红（2002.7—2005.12）
　　　　　李　新（2003.4—2004.6）
　　　　　赵立世（2003.4—2004.6）
安全监理　李博红（2003.1—2005.12）
　　　　　赵立世（2004.6—2005.12）

（二）大理零售部党支部领导（2004.5—2005.12）

书　　记　李　新（2004.5—2004.6）
　　　　　赵立世（2005.4—2005.12）
委　　员　李　新（2004.5—2004.6）
　　　　　赵立世（2005.4—2005.12）
　　　　　李博红（2005.4—2005.12）
　　　　　朱自强（2005.4—2005.12）

（三）大理零售部工会（2005.5—2005.12）

主　　席　董慧昕（2005.5—2005.12）

（四）大理零售部团总支（2005.4—2005.12）

书　　记　彭　娟（2005.4—2005.12）

十四、文山零售部（2004.6—2005.12）

2004年3月，云南分公司成立文山零售部筹备组，拟整体租赁文山交通运输集团公司所属8座加油站，罗建伟任筹备组组长，成员由江海涛、葛新、杨瑞军、尤然、阮凌、李曙明、何振兴组成。文山零售部筹备组正式接管文山交通运输集团公司8座加油站并开业运营，中国石油正式进入文山成品油销售市场。4月，云南分公司党委对基层党支部进行重新设置，成立文山零售部党支部，云南分公司团委决定成立文山零售部团总支。

6月，云南分公司正式成立文山零售部，办公地点设在文山灰土寨加油站，主要负责中国石油在文山州的成品油销售、市场开发、网络建设工作。机构规格为副科级，人员定编9人，机构设置为行政人事部、财务部、业务部、网建安部。8月，云南分公司工会决定成立文山零售部工会。年底，文山零售部运营加油站 12 座，员工总数 147 人，成品油销售总量 2.17 万吨。

2005 年 4 月，西南销售公司党委对云南地区各经营单位党组织进行重新组建和调整，成立文山零售部党支部。同月，西南销售公司团委同意由李龙、张丽娟、周有何 3 人组成文山零售部团总支委员会，李龙任团总支书记。5 月，西南销售公司工会决定成立文山零售部工会，委员会由何振兴、陈洲云、胡文玲组成，何振兴任工会主席。

2005 年，文山零售部在文山地区收购全资加油站 4 座，租赁加油站 1 座。12 月，西南销售公司决定成立滇东南分公司，撤销文山零售部，原文山零售部所属的 17 座加油站划归滇东南分公司管理。

（一）文山零售部领导（2004.6—2005.12）

经　　理　李曙明（2004.6—2005.12）
副经理　　王　恒（2005.2—2005.12）
安全监理　李曙明（2004.6—2005.12）

（二）文山零售部党支部领导（2004.5—2005.12）

书　　记　李曙明（2004.5—2005.12）
委　　员　李曙明（2004.5—2005.12）
　　　　　陈洲云（2005.4—2005.12）
　　　　　邓大海（2005.4—2005.12）

（三）文山零售部工会（2005.5—2005.12）

主　　席　何振兴（2005.5—2005.12）

（四）文山零售部团总支（2005.4—2005.12）

书　　记　李　龙（2005.4—2005.12）

十五、曲靖零售部（2004.6—2005.12）

2001 年 1 月，曲靖城东加油站开业运营，自此中国石油正式进入曲靖成品油市场。2002 年 6 月，云南分公司党委下设 7 个党支部，城东加油站划入第一党支部管辖。2003 年 1 月，曲靖东源加油站开业，城东、东源 2 座加油站直属云南分公司管理。2003 年 5 月，城东、东源加油站划入城东片区管辖。

2004 年 2 月，曲靖瑞麟加油站开业。3 月，宣威祥达、陆良西华加油站开业。4 月，沾益玉林加油站、师宗丹凤加油站开业。5 月，师宗红太阳、罗平顺风加油站开业。6 月，罗平环城加油站开业。截至 6 月，云南分公司在曲靖范围内共运营加油站 10 座，在册员工 101 人。同月，云南分公司决定成立曲靖零售部，管辖曲靖市、昭通市辖区内所属加油站，办公地点设在曲靖东源加油站。7月，云南分公司团委同意成立曲靖零售部团总支，杨朝丽任团总支书记。同月，成立曲靖零售部QHSE管理委员会并成立曲靖零售部防火安全委员会、安全生产领导小组。8月，云南分公司工会决定成立曲靖零售部工会。年底，曲靖零售部运营加油站15座，在册员工135人，成品油销售总量3.4万吨。

2005年4月，西南销售公司党委对云南地区各经营单位党组织进行重新组建和调整，成立曲靖零售部党支部，委员会由刘和珺、杨勇、祝永明组成，刘和珺担党支部书记。同月，由杨朝丽、林柳旭、葛俊武3人组成曲靖零售部团总支委员会，杨朝丽任团总支书记；5月，西南销售公司工会决定成立曲靖零售部工会，委员会由杨朝丽、杨瑞军、葛俊武组成，杨朝丽担任工会主席。

12月，曲靖零售部撤销，其业务划归滇东北分公司管理。撤销前，曲靖零售部运营加油站25座，员工总数187人，成品油年销售总量8.94万吨。

（一）曲靖零售部领导（2004.6—2005.12）

经　　理　刘和珺（2004.6—2005.12）

副 经 理　杨　勇（2004.6—2005.12）

安全监理　刘和珺（2004.6—2005.12）

（二）曲靖零售部党支部领导（2005.4—2005.12）

书　　记　刘和珺（2005.4—2005.12）

委　　员　刘和珺（2005.4—2005.12）

　　　　　杨　勇（2005.4—2005.12）

　　　　　祝永明（2005.4—2005.12）

（三）曲靖零售部工会（2005.5—2005.12）

主　　席　杨朝丽（2005.5—2005.12）

（四）曲靖零售部团总支（2004.7—2005.12）

书　　记　杨朝丽（2004.7—2005.12）

十六、西双版纳零售部（2004.6—2005.12）

2004年6月，云南分公司决定在西双版纳地区设置西双版纳零售部，并将原中油西双版纳燃气有限公司所属云龙加油站及其4名员工同时划转至西双版纳零售部，负责中国石油在西双版纳、思茅两个地区的成品油销售。8月，云南分公司工会决定成立西双版纳零售部工会。云南分公司团委同意成立西双版纳零售部团总支。年底，西双版纳零售部开发投运良源、蓝天、江南、茶苑、茶城5座全资加油站，租赁勐养、嘎洒、兰花、荣兴、振兴5座加油站。

2005年4月,西南销售公司党委对云南地区各经营单位党组织进行重新组建和调整,成立西双版纳零售部党支部。同月,西南销售公司团委同意由张丽明、吴玲珊、谢青3人组成西双版纳零售部团总支委员会,张丽明任团总支书记。5月,西南销售公司工会决定成立西双版纳零售部工会,委员会由苏建坤、李姑、罗娅3人组成,苏建坤任工会主席。

12月,成立滇南分公司,撤销西双版纳零售部,西双版纳零售部在西双版纳州、普洱市行政区划内的所有加油站业务划归滇南分公司管理。撤销前,西双版纳零售部运营加油站17座,员工总数157人,成品油年销售总量6.8万吨。

(一)西双版纳零售部领导（2004.6—2005.12）

经　　理　李永生（2004.6—2005.12）

安全监理　李永生（2004.6—2005.12）

(二)西双版纳零售部党支部领导（2005.4—2005.12）

书　　记　李永生（2005.4—2005.12）

(三)西双版纳零售部工会（2005.5—2005.12）

主　　席　苏建坤（2005.5—2005.12）

(四)西双版纳零售部团总支（2005.4—2005.12）

书　　记　张丽明（2005.4—2005.12）

十七、红河零售部（2004.9—2005.12）

2002年8月,云南分公司第一座自建加油站——开远西北路加油站开业,自此中国石油正式进入云南省红河州成品油市场。2003年11月,建水县清远加油站开业。2004年1月,开远市鼎兴加油站开业。2月,开远市鑫隆加油站开业。6月,云南分公司决定成立红河零售部筹备组,主要负责红河州内的零售网络开发及相关工作,筹备组负责人由工程计划部张平担任。7月,屏边县双龙加油站开业。截至2004年6月,云南分公司在红河州内共运营加油站5座,员工74人,具体业务由昆石零售片区管理。

2004年9月,云南分公司决定成立红河零售部,管辖范围为红河州辖区内公司所属加油站,办公地点暂时设在红河州蒙自县银杏大道,将昆石零售片区管辖的西北路、鼎兴、鑫隆、双龙、清远5座加油站划转红河零售部管理。9月27日,昆石零售片区正式与红河零售部进行加油站划转交接,红河零售部正式开始运营。机关设有人力资源行政、业务、安全、财务4个办公室。年底,红河零售部运营加油站8座,员工总数为113人。

2005年4月,西南销售公司党委对云南地区各经营单位党组织进行重新组建和调整,成立红河零售部党支部。同月,西南销售公司团委同意由张慧、宋建强、沈常俊3人组成红河零售部团总支委员会,张慧任团总支书记。5月,西南销售公司工会决定成立红河零售部工会,委员会由陈金龙、宋建强、汤艳航组成,陈金龙任工会主席。

12月,成立滇东南分公司,红河零售部撤销,其业务划归滇东南分公司管理。撤销前,红河零售部运营加油站9座,员工总数143人,成品油销售总量3.8万吨。

(一)红河零售部领导(2004.9—2005.12)

经　　理　张　平(2004.9—2005.12)
安全监理　张　平(2004.9—2005.12)

(二)红河零售部党支部领导(2005.4—2005.12)

书　　记　张　平(2005.4—2005.12)
委　　员　张　平(2005.4—2005.12)
　　　　　李跃强(2005.4—2005.12)
　　　　　薛雷声(2005.4—2005.12)

(三)红河零售部工会(2005.5—2005.12)

主　　席　陈金龙(2005.5—2005.12)

(四)红河零售部团总支(2005.4—2005.12)

书　　记　张　慧(2005.4—2005.12)

十八、滇中分公司(2005.12—2008.12)

2005年12月,为适应在云南地区的发展,西南销售公司决定在云南地区成立5个区域分公司。成立滇中分公司,所辖地域为昆明地区,机关办公地点设在昆明市。同时撤销原昆明地区的城东、城北、昆石片区、安宁零售部,其业务纳入滇中分公司管理。撤销浑水塘、安宁配送中心机关建制,将浑水塘、安宁、大屯、昆阳4座油库纳入滇中分公司管理。

2006年1月,西南销售公司将滇中分公司规范名称为中国石油天然气股份有限公司西南销售分公司滇中公司。滇中分公司性质为纯管理性公司,本身不从事任何经营活动,不办理营业执照、组织机构代码证等相关经营证照。其职权是代表西南销售公司对在云南省内的加油站、油库等经营实体,按区域划片进行销售经营、市场建设、党务活动、行政事务、人事事务等管理。滇中分公司管理中国石油在云南省昆明市行政区划内的加油站、油库等经营单位。办公地设于昆明市五华区。2月,西南销售公司工会决定成立滇中分公司临时工会委员会,西南销售公司团委决定成立共青团滇中分公司临时委员会。3月,西南销售公司党委决定成立滇中分公司党总支。4月,为进一步加强加油站经营管理工作，滇中分公司设立 ME 管理机构。5月，滇中分公司党总支设立第一、第二、第三、第四、第五党支部。

2006年底，滇中分公司运营加油站68座，油库4座，员工总数1238人，成品油销售总量58.93万吨。

2007年1月，西南销售公司对所属有关单位机关机构设置和编制定员等事宜进行明确，滇中分公司机关设置6个部门，即：综合办公室、综合计划与市场开发部、营销与客户管理部、加油站管理与安全运行部、财务资产部、人力资源部。机关编制65人（含领导班子成员），其中领导班子职数5人、部门主任（副主任）职数11人。3月，增设储运安全技术监督部，机关编制57人。

10月，滇中分公司党总支对所属的库站党支部进行重新调整，库站基层党支部由原来的3个增加到9个，基层党支部以区域为单位，分别设立第一、第二、第三、第四、第五区域5个区域党支部，以油库为单位，设置安宁油库、四瑞油库、大屯油库、昆阳油库4个油库党支部。

2008年6月，为进一步深化物流体制改革，西南销售公司明确对油库实施专业化管理，所属油库按行政区域划归物流公司管理，中油强林公司启动股份制公司运行模式。7月，将原滇中分公司管辖的大屯、四瑞、民航、晋宁4座油库划归物流公司管理，划出员工101人。将牛街、团山、岗头、圆通、曙光、桂港、双龙、草铺老、草融、和平、禄脿11座加油站及昆阳油库、安宁油库划归中油强林石油化工有限公司管理，划出员工282人。滇中分公司原油库营业室作为营销与客户管理部派驻各油库的经营网点，由营销与客户管理部进行全面管理。

7月，按照西南销售公司做大做强非油业务的总体部署，促进非油业务快速发展，滇中分公司研究决定，对加油站便利店业务、润滑油销售业务及加油站资产出租业务等非油业务并入加油站统一管理，同时在加油站管理部设非油业务规范管理专职岗位1人，兼职岗位2人。截至2008年底，滇中分公司在册员工1071人，加油站68座，成品油年销售总量45.98万吨，非油销售收入2834.39万元。

（一）滇中分公司领导（2005.11—2008.12）

经　　　理　冯术坤（2005.11—2008.12）
副　经　理　罗建伟（2005.11—2007.1）
　　　　　　谢淑海（2005.11—2007.1）
　　　　　　郭　瑜（2005.11—2008.12）
　　　　　　吴　振（2005.11—2008.12）
　　　　　　李海明（2007.1—2008.12）
　　　　　　刘乐明（2007.8—2008.10）
安　全　监　督　谢淑海（2006.12—2007.1）

(二)滇中分公司党总支领导(2005.11—2008.12)

书　　记　罗建伟(2005.11—2007.1)
　　　　　李海明(2007.1—2008.12)
副 书 记　冯术坤(2005.11—2008.12)
委　　员　罗建伟(2005.11—2007.1)
　　　　　冯术坤(2005.11—2008.12)
　　　　　郭　瑜(2006.3—2008.12)
　　　　　谢淑海(2006.3—2007.1)
　　　　　吴　振(2006.3—2008.12)
　　　　　李海明(2007.1—2008.12)
　　　　　刘乐明(2007.8—2008.10)

(三)滇中分公司工会(2006.2—2008.12)

主　　席　李海明(2007.4—2008.12)
临时负责人　罗建伟(2006.2—2007.1)

(四)滇中分公司团委(2006.2—2008.12)

书　　记　周　恒(2008.5—2008.12)
临时负责人　周　恒(2006.2—2008.5)

十九、滇南分公司(2005.12—2008.12)

2005年12月,西南销售公司成立滇南分公司,所辖区域为玉溪、思茅及西双版纳地区,机关办公地点设在思茅市。撤销玉溪片区和西双版纳零售部,其业务划归滇南分公司管理。

2006年1月,西南销售公司将滇南分公司规范名称为中国石油天然气股份有限公司西南销售分公司滇南公司,滇南分公司性质为纯管理性公司,本身不从事任何经营活动,不办理营业执照、组织机构代码证等相关经营证件。其职权是代表西南销售公司对在云南省行政区划内的中国石油加油站、油库等经营实体,按区域划分进行销售经营、市场建设、党务活动、行政事务、人事事务等管理。滇南分公司管理中国石油在云南省玉溪市、思茅市、西双版纳州行政区划内的加油站等经营单位。办公所在地由思茅市迁至玉溪市红塔区。2月,西南销售公司工会同意成立滇南分公司临时工会委员会。同月,西南销售公司团委同意成立共青团滇南分公司临时委员会。3月,西南销售公司党委同意成立滇南分公司党总支。同月,滇南分公司设立机关、玉溪、思茅、西双版纳四个基层临时团总支委员会,设立机关、玉溪、思茅、西双版纳4个基层临时工会委员会,设立机关、玉溪、西双版纳(含思茅地区)3个基层党支部。10月,滇南分公司在机关、玉溪、思茅、西双版纳4个基层临时团总支下设13个团支部。年底，滇南分公司运营加油站27座，员工总数453人，油品销量9.71万吨。滇南分公司被集团公司评为2006年度直属机关"先进职工之家"。

2007年1月，西南销售公司对所属有关单位机关机构设置和编制定员等有关事宜进行明确，滇南分公司机关设置6个部门，即：综合办公室、综合计划与市场开发部、营销与客户管理部、加油站管理与安全运行部、财务资产部、人力资源部。机关人员编制35人（含领导班子成员），其中领导班子成员职数5人，部门主任（副主任）职数8人。2月，滇南分公司机关设置6个部门（含ME工作组）。

6月，滇南分公司党总支对工会、团委进行调整，滇南分公司工会下设机关、玉溪地区、普洱地区、西双版纳地区4个基层分工会。滇南分公司团委下设机关、玉溪红塔区、江川通海地区、思茅地区、西双版纳地区5个团总支、30个加油站团支部。

截至2008年底，滇南分公司运营加油站32座，员工总数385人，成品油年销售总量13.82万吨。滇南分公司被集团公司党组评为2008年度"思想政治工作先进集体"。

（一）滇南分公司领导（2005.11—2008.12）

经　　　理　沈建雄（2005.11—2008.12）
副　经　理　武宜彬（2005.11—2007.1）
　　　　　　任立荣（2005.11—2008.12）
　　　　　　韦立志（2006.8—2008.12）
　　　　　　张书明（2007.1—2008.12）
　　　　　　袁载兴（2007.8—2008.6）
安　全　监　督　沈建雄（2006.12—2008.12）

（二）滇南分公司党总支领导（2005.11—2008.12）

书　　　记　武宜彬（2005.11—2007.1）
　　　　　　张书明（2007.8—2008.12）
副　书　记　沈建雄（2005.11—2008.12）
　　　　　　张书明（2007.1—2007.8）
委　　　员　武宜彬（2005.11—2007.1）
　　　　　　沈建雄（2005.11—2008.12）
　　　　　　任立荣（2006.3—2008.12）
　　　　　　韦立志（2006.8—2008.12）
　　　　　　张书明（2007.1—2008.12）
　　　　　　袁载兴（2007.8—2008.6）

（三）滇南分公司工会（2006.2—2008.12）

主　　席　武宜彬（2006.3—2008.12）
临时负责人　武宜彬（2006.2—2006.3）

（四）滇南分公司团委（2006.2—2008.12）

书　　记　李永生（2006.3—2007.7）
　　　　　张　岚（2007.7—2008.7）
　　　　　张利娟（2008.7—2008.12）
临时负责人　李永生（2006.2—2006.3）

二十、滇西分公司（2005.12—2008.12）

2005年12月，西南销售公司成立滇西分公司，所辖地域为楚雄州、大理州、保山市、临沧市、丽江市、德宏州、迪庆州及怒江州。撤销楚雄零售部、大理零售部、保山零售部及瑞丽分公司，将原楚雄零售部16座加油站、保山12座加油站、瑞丽2座加油站和楚雄配送中心南华油库、清华洞油库、雄海油库划归滇西分公司统一管理。滇西分公司成立之初，机构设置7个部门：综合办公室、加油站管理部、业务部、安全环保部、网络开发办公室、财务资产部、人力资源部，机关人员编制55人。共运营加油站51座，员工总数713人。

2006年1月，西南销售公司将滇西分公司规范名称为中国石油天然气股份有限公司西南销售分公司滇西公司，滇西分公司性质为纯管理性公司，本身不从事任何经营活动，不办理营业执照、组织机构代码证等相关经营证件。其职权是代表西南销售公司对在云南省行政区划内的中国石油加油站、油库等经营实体，按区域划分进行销售经营、市场建设、党务活动、行政事务、人事事务等管理。滇西分公司管理中国石油在云南省楚雄州、大理州、临沧市、保山市、德宏州、丽江市、迪庆州、怒江州行政区划内的加油站、油库等经营单位，负责所辖区域网络开发、成品油零售及批发等业务。办公所在地位于楚雄市团结路。2月，西南销售公司工会决定成立滇西分公司临时工会委员会，西南销售公司团委决定成立共青团滇西分公司临时委员会。3月，西南销售公司党委决定成立滇西分公司党总支。6月，滇西分公司党总支决定成立机关第一、机关第二、楚雄、大理、保山、腾冲、临沧、丽江8个基层党支部；8月，滇西分公司工会研究决定成立机关、楚雄、大理、保山、腾冲、临沧、丽江8个分工会；同月，滇西分公司在机关第一、机关第二、楚雄、大理、保山、腾冲、临沧、丽江8个基层临时团总支委员会下设31个团支部。

9月，滇西分公司办公地点由楚雄市团结路搬迁至大理市开发区富海路77号。11月，滇西分公司实施中心站管理模式，成立楚雄、南华、大理、丽江、保山、临沧、腾冲、瑞丽8个中心站。年底，滇西分公司运营南华、雄海、清华洞3座油库和53座加油站，员工总数751人，成品油年销售总量18.5万吨。

2007年1月，西南销售公司对所属有关单位机关机构设置和编制定员等有关事宜进行明确，滇西分公司机关设置6个部门，即：综合办公室、综合计划与市场开发部、营销与客户管理部、加油站管理与安全运行部、财务资产部、人力资源部；机关人员编制60人（含领导班子成员），其中领导班子成员职数5人、部门主任（副主任）职数11人。2月，滇西分公司设置楚雄、大理、保山和腾冲4个ME工作组。3月，为使各部门更好地发挥专业化职能管理作用，滇西分公司重新对机关机构设置和编制定员进行明确和调整，机关综合办公室、综合计划与市场开发部、营销与客户管理部、加油站管理与安全运行部、财务资产部、人力资源部6个职能部门不变，增设储运安全技术监督部，机关编制57人。

7月，为进一步加强党建工作，经滇西分公司党总支研究决定，将保山党支部划分为3个党支部，原保山党支部不变，新成立腾冲党支部和瑞丽党支部。

2008年3月，撤销南华中心站，原中心站所辖加油站及相关业务划归楚雄中心站统一管理。撤销滇西分公司直管大理玉龙加油站、大理金花加油站，划归大理中心站统一管理。同月，经滇西分公司团委研究，并报公司党总支批准，决定对原有各地区团组织进行调整，以中心站为单位设立8个团总支，即：大理、楚雄、保山、丽江、宾川、腾冲、临沧、瑞丽中心站团总支。

5月，滇西分公司设置8个中心站，即：楚雄、大理、宾川、丽江、保山、临沧、腾冲、瑞丽中心站。中心站主要负责加油站规范管理、日常监督、检查落实及地方政府关系沟通协调和安全运行管理工作，确保区域内员工队伍思想稳定，全面实现公司下达的各项经营业绩目标任务。

7月，滇西分公司党总支对工会、团委进行调整，滇西分公司工会下设机关、楚雄、大理、临沧、保山、瑞丽、丽江7个基层分工会。滇西分公司团委下设机关、楚雄、大理、宾川、临沧、保山、腾冲、瑞丽、丽江9个基层团总支、41个加油站团支部。2008年6月20日，大理州中青石化有限责任公司与滇西分公司合署办公。

截至2008年底，滇西分公司管辖运营加油站53座，员工总数759人，成品油年销售总量18.5万吨。

（一）滇西分公司领导（2005.11—2008.12）

经　　　理　闫继怀（2005.11—2008.12）

副　经　理　蒋雁飞（2005.11—2006.8）

　　　　　　马　黎（2005.11—2008.12）

　　　　　　李博红（2005.11—2008.11）

　　　　　　张德华（2005.11—2008.6）

　　　　　　袁载兴（2006.12—2007.8）

　　　　　　罗建伟（2007.1—2008.12）

　　　　　　李殿益（兼任，2008.6—2008.12）

财 务 总 监　张德华（2005.11—2008.6）

　　　　　　李殿益（2008.6—2008.12）
安 全 监 督　马　黎（2006.12—2008.12）

（二）滇西分公司党总支领导（2005.11—2008.12）

书　　　记　罗建伟（2007.1—2008.12）
副 书 记　闫继怀（2005.11—2008.12）
　　　　　　蒋雁飞（2005.11—2006.8）
委　　　员　闫继怀（2005.11—2008.12）
　　　　　　蒋雁飞（2005.11—2006.8）
　　　　　　马　黎（2006.3—2008.12）
　　　　　　李博红（2006.3—2007.12）
　　　　　　张德华（2006.3—2008.6）
　　　　　　袁载兴（2006.12—2007.8）
　　　　　　罗建伟（2007.1—2008.12）
　　　　　　李殿益（2008.6—2008.12）

（三）滇西分公司工会（2006.2—2008.12）

主　　　席　蒋雁飞（2006.3—2006.8）
　　　　　　罗建伟（2007.1—2008.12）
临时负责人　蒋雁飞（2006.2—2006.3）

（四）滇西分公司团委（2006.2—2008.12）

书　　　记　肖兴林（2007.6—2008.4）
　　　　　　徐红萍（2008.5—2008.12）
临时负责人　肖兴林（2006.2—2007.6）
副 书 记　徐红萍（2007.6—2008.5）
　　　　　　丁　磊（2008.5—2008.12）

二十一、滇东南分公司（2005.12—2008.12）

2005年12月，西南销售公司决定成立滇东南分公司，所辖区域为红河州、文山州，机关办公地点设在蒙自市。同时撤销红河零售部和文山零售部，其业务划归滇东南分公司管理。

2006年1月，西南销售公司将滇东南分公司规范名称为中国石油天然气股份有限公司西南销售分公司滇东南公司。滇东南分公司主要对红河州、文山州内中国石油加油站进行销售经营、市场建设、党务活动、行政事务、人事事务等管理。机关设加油站管理部、安全环保部、网络开发办公室、财务资产部、人力资源部、综合办公室6个部门。2月，滇东南分公司在文山地区设立了ME管理机构，负责对文山地区17座加油站进行监督与指导，同时还负责员工社保办理、加油员调整及对外协调工作，人员编制4人。2月，西南销售公司团委同意成立共青团滇东南分公司临时委员会，下设红河州、文山州两个团总支，以机关和各加油站为单位成立27个团支部。同月，西南销售公司工会同意成立滇东南分公司临时工会委员会，以机关和各加油站为单位设立27个工会小组。3月，西南销售公司党委同意成立滇东南分公司党总支，下设立机关、红河州、文山州三个基层党支部。年底，滇东南分公司运营加油站36座，员工总数477人，成品油销售总量12.28万吨。

2007年1月，西南销售公司对所属有关单位机关机构设置和编制定员等有关事宜重新进行明确，同意滇东南分公司机关设置6个部门，即：综合办公室、综合计划与市场开发部、营销与客户管理部、加油站管理与安全运行部、财务资产部、人力资源部。机关人员编制35人（含领导班子成员），其中领导班子成员职数5人、部门主任（副主任）职数8人。4月，滇东南分公司成立红河ME管理机构，主要负责红河地区加油站运行监督及指导，人员编制3人。12月，滇东南分公司重新对机关机构设置和编制定员进行调整，机关综合办公室、综合计划与市场开发部、营销与客户管理部、加油站管理与安全运行部、财务资产部、人力资源部6个职能部门不变，其中加油站管理与安全运行部、营销与客户管理部挂两块牌子，实行合署办公。设置2个派驻机构，即文山ME、红河ME，业务接受加油站管理与安全运行部指导。设置1个临时机构，即油库建设项目组。设置1个附属机构，即综合办公室下设小车班。机关编制总定员35人（含领导班子成员，不含派驻机构、临时机构和部门附属机构人员），其中领导班子职数5人、职能部门主任（副主任）职数8人。综合办公室编制定员3人，综合计划与市场开发部编制定员4人，加油站管理与安全运行部（营销与客户管理部）编制定员9人，财务资产部编制定员为8人，人力资源部编制定员为6人。年底，滇东南分公司运营加油站46座，员工总数533人，成品油年销售总量14.56万吨。

2008年3月，滇东南分公司党总支撤销原机关、文山地区、红河地区3个党支部，在机关设置人力资源部、财务资产部、加油站管理与安全运行部（营销与客户管理部）、综合办公室、综合计划与市场开发部4个联合党支部，在加油站设置9个协作区党支部。7月，滇东南分公司调整加油站管理与安全运行部的管理职能，单独组建营销与客户管理部。营销与客户管理部编制定员5人，加油站管理与安全运行部编制定员4人。年底，滇东南分公司管辖运营加油站45座，员工总数590人，成品油销售总量16.43万吨。

（一）滇东南分公司领导（2005.11—2008.12）

经　　　理　李　新（2005.11—2007.1）
　　　　　　彭国强（2007.1—2008.12）

副 经 理 刘利荣（2005.11—2007.8）
　　　　　张　平（2005.11—2008.12）
　　　　　宋　亮（2005.11—2006.1）
　　　　　唐衍尘（2006.8—2008.12）
　　　　　陈海龙（2007.8—2008.12）
安 全 监 督 张　平（2006.12—2008.12）

（二）滇东南分公司党总支领导（2005.11—2008.12）

书　　记 陈海龙（2007.8—2008.12）
副 书 记 李　新（2005.11—2007.1）
　　　　　刘利荣（2005.11—2007.8）
　　　　　彭国强（2007.1—2008.12）
委　　员 李　新（2005.11—2007.1）
　　　　　刘利荣（2005.11—2007.8）
　　　　　张　平（2006.3—2008.12）
　　　　　宋　亮（2005.11—2006.1）
　　　　　唐衍尘（2006.8—2008.12）
　　　　　彭国强（2007.1—2008.12）
　　　　　陈海龙（2007.8—2008.12）

（三）滇东南分公司工会（2006.2—2008.12）

主　　席 刘利荣（2006.3—2007.8）
　　　　　陈海龙（2007.8—2008.12）
临时负责人 刘利荣（2006.2—2006.3）

（四）滇东南分公司团委（2006.2—2008.12）

书　　记 张　楠（2006.2—2007.2）
　　　　　张　慧（2007.2—2008.12）
临时负责人 张　楠（2006.2）

二十二、滇东北分公司（2005.12—2008.12）

2005年12月，西南销售公司决定成立滇东北分公司。
2006年1月，西南销售公司将滇东北分公司规范名称为中国石油天然气股份有限公司西南销售分公司滇东北公司。主要管理中国石油在曲靖市、昭通市行政区划内的加油站、油库等经营单位，办公所在地设在曲靖市麒麟区。滇东北分公司机关设置7个部门，机关编制35人。2月，西南销售公司工会同意成立滇东北分公司临时工会委员会，委员有赵立世、吕红梅、姚海军、刘子俊、陈金龙，赵立世担任临时负责人。同月，西南销售公司团委同意成立共青团滇东北分公司临时委员会，由吕红梅、杨朝丽、黄平、马崇炜、刘子俊5人组成，吕红梅担任临时负责人。3月，西南销售公司党委同意成立滇东北分公司党总支。7月，滇东北分公司聘任梅英杰为罗平地区ME，文开勇为曲靖地区ME，朱杰桢为宣威地区ME。

2007年2月，滇东北分公司决定成立民主管理委员会，由张洪伟担任委员会组长，成员6人。同月，成立滇东北分公司团委，由吕红梅担任团委书记，下设曲靖区域、宣威区域、罗平区域和昭通区域4个团总支。同月，对工会及相关机构进行重新设置，由赵立世担任主席。3月，滇东北分公司对部门进行了机构调整，机关部门由原有的7个调整为6个，即：综合办公室、综合计划和市场开发部、营销与客户管理部、加油站管理与安全运行部、财务资产部和人力资源部。同时设立执行部和昭通中心站（负责昭通地区和会泽县）。4月，因人员发生调整，党总支委员调整为赵立世、葛楚祥、武宜彬、杨勇、苏丽佳、尹水才、李兴林7人，党总支副书记赵立世全面主持党务工作。同时成立第一、第二、第三、第四、第五共5个基层党支部。8月，滇东北分公司决定进行机构调整，对机关6个部门进行定岗定编，其中综合办公室定编3人、综合计划和市场开发部定编3人、营销与客户管理部定编4人、加油站管理与安全运行部定编4人、财务资产部定编7人、人力资源部定编5人。设立2个附属机构，取消区域ME，组建销售中心（原执行中心不变）。

截至2008年底，滇东北分公司运营加油站40座，成品油年销售总量13.52万吨，在册员工462人。

（一）滇东北分公司领导（2005.11—2008.12）

经　　　理　彭国强（2005.11—2007.1）
　　　　　　武宜彬（2007.1—2008.12）
副　经　理　赵立世（2005.11—2007.8）
　　　　　　臧国云（2006.8—2008.12）
　　　　　　刘利荣（2007.8—2008.12）
　　　　　　葛楚祥（2006.7—2008.12）
安 全 监 督　赵立世（2006.12—2007.11）
行 政 助 理　黄　平（2007.8—2008.12）

（二）滇东北分公司党总支领导（2005.11—2008.12）

副　书　记　赵立世（2005.11—2007.8）
　　　　　　刘利荣（2007.8—2008.12）

　　　　　　彭国强（2005.11—2007.1）
　　　　　　武宜彬（2007.1—2008.12）
委　　　员　赵立世（2005.11—2007.8）
　　　　　　彭国强（2005.11—2007.1）
　　　　　　臧国云（2006.8—2008.12）
　　　　　　武宜彬（2007.1—2008.12）
　　　　　　刘利荣（2007.8—2008.12）
　　　　　　葛楚祥（2006.7—2008.12）

（三）滇东北分公司工会（2006.2—2008.12）

主　　　席　赵立世（2007.2—2007.8）
　　　　　　杨　勇（2007.9—2008.12）
临时负责人　赵立世（2006.2—2007.2）

（四）滇东北分公司团委（2006.2—2008.12）

书　　　记　吕红梅（2007.2—2007.9）
　　　　　　陈　雪（2007.9—2008.12）
临时负责人　吕红梅（2006.2—2007.2）

第五节　贵州辖区所属经营机构

一、贵阳分公司—贵阳销售分公司（2001.5—2008.12）

2001年5月，西南销售贵州贵阳分公司（以下简称贵阳分公司）成立，隶属于西南销售贵州分公司，财务实行报账制，由西南销售贵州分公司统一核算和纳税。

2002年9月，更名为中国石油天然气股份有限公司贵州贵阳销售分公司（以下简称贵阳销售分公司）。同月，为进一步完善经营管理体制，设立综合办、经营办2个部门，定员编制（含领导）6人。12月，贵阳销售分公司在贵州省贵阳市工商行政管理局注册。

2003年5月，成立贵阳销售分公司党支部，党组织关系隶属贵州销售分公司党委。6月，成立贵阳销售分公司工会。

2006年6月，贵阳销售分公司对机关部室进行调整，设综合办公室、财务部、加油站管理部、投资安全设备部4个部室，定员编制（含分公司领导）19人。

（一）贵阳分公司—贵阳销售分公司领导（2001.5—2008.12）

1. 贵阳分公司（科级，2001.5—2002.9）

经　　理　　袁载兴（2001.6—2002.8）
　　　　　　付忠述（2002.8—2002.9）

2. 贵阳销售分公司（科级，2002.9—2008.12）

经　　理　　付忠述（2002.9—2006.1）
　　　　　　程斌虎（2006.1—2007.6）
　　　　　　王勇波（2007.6—2008.12）
副 经 理　　卢　伟（2005.3—2006.2）
　　　　　　张仁志（2006.3—2008.1）
　　　　　　李　严（2008.2—2008.12）

（二）贵阳销售分公司党支部领导（2003.5—2008.12）

书　　记　　付忠述（2003.5—2006.4）
　　　　　　程斌虎（2006.4—2007.6）
　　　　　　王勇波（2007.6—2008.12）
副 书 记　　卢　伟（2005.6—2006.4）
委　　员　　郭先林（2003.5—2007.7）
　　　　　　陈柳柏（2003.5—2006.8）
　　　　　　张仁志（2006.3—2008.1）
　　　　　　李　严（2008.5—2008.12）
　　　　　　曾飞达（2008.5—2008.12）
　　　　　　胡志威（2008.5—2008.12）
　　　　　　聂东鲁（2008.5—2008.12）

（三）贵阳销售分公司工会（2003.6—2008.12）

主　　席　　付忠述（2003.6—2006.4）
　　　　　　张仁志（2006.4—2008.1）
　　　　　　李　严（2008.2—2008.12）

二、遵义分公司—遵义销售分公司（2001.5—2008.12）

　　2001年5月，西南销售贵州遵义分公司（以下简称遵义分公司）成立，隶属于西南销售贵州分公司，财务实行报账制，由西南销售贵州分公司统一核算和纳税。设财务部、综合业务部。

2002年9月，更名为中国石油天然气股份有限公司贵州遵义销售分公司（以下简称遵义销售分公司）。

2003年2月，成立遵义销售分公司党支部，隶属贵州销售分公司党委。6月，成立分工会。

2004年6月，遵义销售分公司在遵义地区工商行政管理局注册。地址：遵义市汇川区香港路。同月，设综合办公室、财务部、加油站管理部、投资安全设备部4个部室。

（一）遵义分公司—遵义销售分公司领导（2001.5—2008.12）

1. 遵义分公司（科级，2001.5—2002.9）

经　　理　　杨洪彬（兼任，2001.6—2002.9）

2. 遵义销售分公司（科级，2002.9—2008.12）

经　　理　　杨洪彬（兼任，2002.9—2003.10）
　　　　　　高　平（2003.10—2007.3）
　　　　　　常鸿斌（2007.3—2008.6）
　　　　　　邓智慧（2008.6—2008.12）

副 经 理　　常鸿斌（2004.2—2005.3）
　　　　　　杜培新（2006.1—2007.3）
　　　　　　胡海龙（2007.6—2008.12）

（二）遵义销售分公司党支部领导（2003.2—2008.12）

书　　记　　高　平（2003.10—2007.3）
　　　　　　常鸿斌（2007.3—2008.6）
　　　　　　邓智慧（2008.6—2008.12）

委　　员　　高　平（2003.10—2007.3）
　　　　　　常鸿斌（2007.3—2008.6）
　　　　　　邓智慧（2008.6—2008.12）
　　　　　　张正江（2003.12—2008.5）
　　　　　　王建国（2003.12—2006.5）
　　　　　　胡海龙（2007.6—2008.12）

（三）遵义销售分公司工会（2003.11—2008.12）

主　　席　　高　平（2003.11—2006.6）
　　　　　　胡海龙（2007.6—2008.12）

三、毕节分公司—毕节销售分公司（2002.4—2008.12）

2002年4月，西南销售贵州毕节分公司（以下简称毕节分公司）成立，隶属于西南销售贵州分公司。9月，更名为中国石油天然气股份有限公司贵州毕节销售分公司（以下简称毕节销售分公司）。同月，设立综合办、经营办2个部门，定员编制（含分公司领导）4人。

2003年6月，成立毕节销售分公司工会。

2005年8月，成立毕节销售分公司党支部，党组织关系隶属贵州销售分公司党委。

2006年3月，毕节销售分公司在毕节市七星关区注册。6月，毕节销售分公司对部室进行调整，设综合办公室、财务部、加油站管理部、投资安全设备部4个部室，定员编制（含分公司领导）14人。11月，分公司设立党支部。

（一）毕节分公司—毕节销售分公司领导（2002.4—2008.12）

1. 毕节分公司（科级，2002.4—2002.9）

经　　理　（空缺）

2. 毕节销售分公司（科级，2002.9—2008.12）

经　　理　　王勇波（2006.3—2007.6）

　　　　　　卢　伟（2008.2—2008.12）

副 经 理　　王勇波（主持工作，2004.3—2006.3）

　　　　　　卢　伟（2006.2—2008.2）

　　　　　　詹　丹（2008.2—2008.12）

（二）毕节销售分公司党支部领导（2005.8—2008.12）

书　　记　　王勇波（2006.11—2007.6）

　　　　　　卢　伟（2008.2—2008.12）

副 书 记　　王勇波（主持工作，2005.8—2006.4）

　　　　　　卢　伟（2007.6—2008.12）

委　　员　　王勇波（2005.8—2007.6）

　　　　　　卢　伟（2007.6—2008.12）

　　　　　　朱清毅（2006.11—2008.2）

（三）毕节销售分公司工会（2003.6—2008.12）

主　　席　　王勇波（2006.4—2007.8）

　　　　　　卢　伟（2007.8—2008.12）

四、黔南分公司—黔南销售分公司（2001.5—2008.12）

2001年5月，西南销售贵州黔南分公司（以下简称黔南分公司）成立，隶属于西南销售贵州分公司，财务实行报账制，由西南销售贵州分公司统一核算和纳税。

2002年9月，更名为中国石油天然气股份有限公司贵州黔南销售分公司（以下简称黔南销售分公司）。同月，设立综合办、经营办两个部门，定员编制（含分公司领导）6人。

2003年5月，成立黔南销售分公司党支部，党组织关系隶属于贵州销售分公司党委，6月，成立黔南销售分公司工会。

2006年1月，黔南销售分公司在贵州省黔南地区工商行政管理局注册。6月，黔南销售分公司机关部室进行调整，设综合办公室、财务部、加油站管理部、投资安全设备部4个部室，定员编制15人。

（一）黔南分公司—黔南销售分公司领导（2001.6—2008.12）

1. 黔南分公司（科级，2001.6—2002.9）

经　　理　　秦如国（2001.6—2002.8）
　　　　　　牛庆明（2002.8—2002.9）

2. 黔南销售分公司（科级，2002.9—2008.12）

经　　理　　牛庆明（2002.9—2008.12）
副 经 理　　苏　石（2006.3—2007.6）
　　　　　　李文锋（2007.6—2008.12）

（二）黔南销售分公司党支部领导（2003.5—2008.12）

书　　记　　牛庆明（2003.5—2008.12）
委　　员　　牛庆明（2003.5—2008.12）
　　　　　　黄　辉（2003.5—2005.3）
　　　　　　李昂鸿（2003.5—2003.10）
　　　　　　苏　石（2006.3—2007.6）
　　　　　　李文锋（2008.6—2008.12）
　　　　　　沈　畅（2008.6—2008.12）
　　　　　　莫忠华（2008.6—2008.12）
　　　　　　何廷章（2008.6—2008.12）

（三）黔南销售分公司工会（2003.6—2008.12）

主　　席　　牛庆明（2003.6—2006.4）
　　　　　　苏　石（2006.4—2007.8）
　　　　　　李文锋（2007.8—2008.12）

五、安顺分公司—安顺销售分公司（2001.5—2008.12）

2001年5月，西南销售贵州安顺分公司（以下简称安顺分公司）成立，未设立机关，隶属于西南销售贵州分公司，财务实行报账制，由西南销售贵州分公司统一核算和纳税。

2002年9月，更名为中国石油天然气股份有限公司贵州安顺销售分公司（以下简称安顺销售分公司），设财务部、综合业务部2个部室。

2003年6月，成立安顺销售分公司工会。

2005年4月，成立安顺销售分公司党支部，党组织关系隶属贵州销售分公司党委。6月，机关部室进行调整，设综合办公室、财务部、加油站管理部、投资安全设备部4个部室。

2006年7月，安顺销售分公司在安顺市工商行政管理局注册。

（一）安顺分公司—安顺销售分公司领导（2001.5—2008.12）

1. 安顺分公司（科级，2001.5—2002.9）

经　　理　李怀忠（兼任，2001.6—2002.8）

副 经 理　王世德（2002.8—2002.9）

2. 安顺销售分公司（科级，2002.9—2008.12）

经　　理　刘天相（2006.3—2008.12）

副 经 理　王世德（主持工作，2002.9—2006.1）

　　　　　黄　辉（2005.3—2007.6）

　　　　　刘天相（主持工作，2006.1—2006.3）

（二）安顺销售分公司党支部领导（2005.4—2008.12）

书　　记　刘天相（2006.4—2008.12）

副 书 记　黄　辉（主持工作，2005.4—2006.4）

委　　员　刘天相（2006.4—2008.12）

　　　　　黄　辉（2005.4—2006.4）

　　　　　赵体华（2005.4—2006.4）

　　　　　罗琼英（2005.4—2007.6）

　　　　　董　兰（2006.2—2007.4）

　　　　　杨　慧（2007.4—2008.12）

（三）安顺销售分公司工会（2003.6—2008.12）

主　　席　王世德（2003.6—2006.1）

　　　　　黄　辉（2006.4—2007.6）

　　　　　刘天相（2007.6—2008.12）

六、六盘水分公司—六盘水销售分公司（2001.5—2008.12）

2001年5月，西南销售贵州六盘水分公司（以下简称六盘水分公司）成立，隶属于西南销售贵州分公司，具体负责六盘水片区的成品油销售工作。任家永临时负责六盘水分公司的各项工作。6月，西南销售贵州分公司总会计师景占虎兼任六盘水分公司经理。

2002年9月，更名为中国石油天然气股份有限公司贵州六盘水销售分公司（以下简称六盘水销售分公司），机关设立综合办、经营办2个部门，定员编制（含分公司领导）4人。

2003年5月，成立六盘水销售分公司党支部，党组织关系隶属贵州销售分公司党委。6月，成立六盘水销售分公司工会。同月，成立六盘水销售分公司团总支。

2006年6月，调整机关部室，设立综合办公室、财务部、加油站管理部、投资安全设备部4个部室，定员编制（含分公司领导）14人。

（一）六盘水分公司—六盘水销售分公司领导（2001.5—2008.12）

1. 六盘水分公司（科级，2001.5—2002.9）

经　　理　景占虎（兼任，2001.6—2002.8）

副 经 理　任家永（2001.12—2002.9）

2. 六盘水销售分公司（科级，2002.9—2008.12）

副 经 理　任家永（主持工作，2002.9—2003.2）

　　　　　徐　路（主持工作，2004.3—2008.12）

　　　　　张发富（2005.3—2008.12）

（二）六盘水销售分公司党支部领导（2003.5—2008.12）

书　　记　徐　路（2003.5—2006.4）

副 书 记　张发富（2005.8—2006.4；主持工作，2006.4—2008.12）

委　　员　徐　路（2003.5—2006.4）

　　　　　张发富（2005.8—2008.12）

　　　　　张开勇（2003.5—2008.12）

　　　　　李和平（2003.5—2008.12）

　　　　　丁未名（2006.7—2008.12）

（三）六盘水销售分公司工会（2003.6—2008.12）

主　　席　徐　路（2003.6—2006.4）

　　　　　张发富（2006.4—2008.12）

七、铜仁分公司—铜仁销售分公司(2001.5—2008.12)

2001年5月,贵州分公司成立中国石油天然气股份有限公司西南销售贵州铜仁分公司(以下简称铜仁分公司),隶属于西南销售贵州分公司,财务实行报账制,由西南销售贵州分公司统一核算和纳税。2002年8月,西南销售贵州分公司着手组建铜仁分公司,由杜培新临时负责铜仁分公司各项组建工作。9月,铜仁分公司更名为中国石油天然气股份有限公司贵州铜仁销售分公司(以下简称铜仁销售分公司)。

2003年6月,成立铜仁销售分公司工会。

2004年3月,任命杜培新为铜仁销售分公司副经理,主持工作。6月,对机关部室进行调整,设综合办公室、财务部、加油站管理部、投资安全设备部4个部室,定员编制14人。

2006年3月,铜仁销售分公司在铜仁地区工商行政管理局注册。4月,成立铜仁销售分公司党支部,党组织关系隶属于贵州销售分公司党委。

(一)铜仁分公司—铜仁销售分公司领导(2001.5—2008.12)

1. 铜仁分公司(科级,2001.5—2002.9)

经　　理　(空缺)

2. 铜仁销售分公司(科级,2002.9—2008.12)

副 经 理　杜培新(主持工作,2004.3—2006.1)

　　　　　马少勇(主持工作,2006.1—2008.12)

　　　　　胡海龙(2006.3—2007.6)

　　　　　黄　辉(2007.6—2008.12)

(二)铜仁销售分公司党支部领导(2006.4—2008.12)

副 书 记　马少勇(主持工作,2006.4—2008.12)

委　　员　马少勇(2006.4—2008.12)

　　　　　胡海龙(2006.4—2007.6)

　　　　　黄　辉(2007.6—2008.12)

　　　　　陈文俊(2006.4—2008.12)

　　　　　蒋光树(2006.4—2008.12)

　　　　　张小燕(2007.10—2008.12)

(三)铜仁销售分公司工会(2003.6—2008.12)

主　　席　杜培新(2003.6—2006.4)

　　　　　胡海龙(2006.4—2007.6)

　　　　　黄　辉(2007.8—2008.12)

八、黔西南销售分公司（2006.2—2008.12）

2006年2月，贵州黔西南销售分公司（以下简称黔西南销售分公司）成立，隶属于贵州销售分公司。机关设立综合业务部、财务部2个部室，定员编制6人。4月，成立黔西南销售分公司党支部，党组织关系隶属贵州销售分公司党委。8月，黔西南销售分公司在贵州省黔西南州工商行政管理局注册成立。

2007年6月，黔西南销售分公司对机关部室进行调整，设立综合业务部、财务部、综合办公室和质量安全环保部4个部室。

（一）黔西南销售分公司领导（2006.2—2008.12）

经　　理　王爱科（2006.2—2007.6）
　　　　　　曹靖国（2007.6—2008.12）
副 经 理　齐卫东（2006.3—2007.6）
　　　　　　蒋　勇（2007.6—2008.12）

（二）黔西南销售分公司党支部领导（2006.4—2008.12）

书　　记　王爱科（2006.4—2007.6）
　　　　　　曹靖国（2007.6—2008.12）
委　　员　王爱科（2006.4—2007.6）
　　　　　　曹靖国（2007.6—2008.12）

（三）黔西南销售分公司工会（2006.4—2008.12）

主　　席　王爱科（2006.4—2007.6）
　　　　　　曹靖国（2007.8—2008.12）

九、遵义油库（2005.6—2008.12）

遵义油库位于贵州省遵义市遵义县南白镇火车站社区，于2005年6月投用，库容1.2万立方米，隶属贵州遵义销售分公司，具体负责遵义、毕节、铜仁部分地区的成品油配送。设立综合办公室、储运部、铁路调度部3个部门，下设卸油班、发油班、警消班、化验班4个班组。

2007年6月，将油库上划贵州销售分公司管理，机构规格为副科级。

2008年6月，遵义油库下划贵州销售物流分公司管理。

遵义油库领导（2005.3—2008.12）

主　　任　韩永成（2005.3—2006.1）
　　　　　　杜培新（2006.1—2008.10）

黄敬亮（2008.10—2008.12）
副 主 任　胡成安（2006.1—2006.8）
　　　　　曾云保（2005.3—2008.1）

第六节　广西辖区所属经营机构

一、桂林分公司—桂林销售分公司（2001.4—2008.12）

2001年4月，西南销售广西分公司决定成立西南销售广西桂林分公司（简称桂林分公司），具体负责桂林市成品油销售，机构规格为正科级，人员编制9人，西南销售广西分公司副总经理冉进军兼任经理，机关本部设在桂林市。

2002年1月，袁义清任桂林分公司经理。5月，桂林分公司成立党支部委员会并纳入西南销售广西分公司党委管理。

9月，中国石油天然气股份有限公司西南销售广西分公司更名为中国石油天然气股份有限公司广西销售分公司（简称广西销售分公司）。中国石油天然气股份有限公司西南销售广西桂林分公司更名为中国石油天然气股份有限公司广西桂林销售分公司（简称桂林销售分公司）。

2003年5月，桂林销售分公司设立工会委员会。

2006年10月，王世杰任桂林销售分公司经理兼党支部书记。

2008年1月，桂林销售分公司决定调整机关部门，研究决定设置3个部门：综合事务部、综合业务部、财务部，不再单独设立市场开发部、营销与客户管理部、加油站管理部与安全运行部，定员362人，其中机关定员20人。

截至2008年12月，桂林销售分公司有租赁油库1座，加油站30座，年销售总量12万吨。

（一）桂林分公司—桂林销售分公司领导（2001.4—2008.12）

经　　理　冉进军（兼任，2001.4—2002.10）
　　　　　袁义清（2002.1—2006.10）
　　　　　王世杰（2006.10—2008.12）
副 经 理　张壮强（2001.4—2001.12）
　　　　　袁义清（2001.4—2002.1）
　　　　　阎振华（2001.4—2005.3）
　　　　　蒋英明（2004.6—2006.9）
　　　　　周　乐（2005.3—2006.2）
　　　　　张晓龙（2005.3—2006.10）

　　　　　王　洋（主持工作，2006.2—2006.9）
　　　　　陈　亮（2007.8—2008.12）

（二）桂林分公司党支部—桂林销售分公司党支部领导（2002.5—2008.12）

书　　记　袁义清（2002.5—2006.10）
　　　　　王世杰（2006.10—2008.12）

（三）桂林销售分公司工会（2003.7—2008.12）

主　　席　阎振华（2003.7—2005.3）
　　　　　张晓龙（2007.3—2008.12）

二、北海分公司—北部湾销售分公司（2001.4—2008.12）

2001年4月，西南销售广西分公司决定组建西南销售广西北海分公司（简称北海分公司），西南销售广西分公司副总经理阳起元兼任经理。8月，销售公司同意组建西南销售广西北海分公司，具体负责开发广西北海成品油销售、市场开发和网络建设等业务。9月，西南销售广西分公司聘任邓时进为北海分公司代经理。

2002年1月，西南销售广西分公司聘任邓时进为北海分公司经理。

9月，西南销售广西分公司决定撤销北海分公司，组建南宁（零售）片区。北海分公司统一归到南宁（零售）片区管理，业务也相应进行划转，南宁（零售）片区主要负责南宁、北海、百色片区加油站管理及全区加油站的领导管理。冯术坤任片区副主任，主管北海片区工作。

2004年3月，撤销南宁（零售）片区，成立北部湾销售分公司，具体负责北部湾（北海、钦州、防城港）地区成品油销售、市场开发、网络建设和油库、油站管理等业务。2004年机关编制定员14人。2005年机关人员编制15人，油库人员编制3人，加油站人员编制102人，张湘生任副经理（主持工作），机关本部设在广西钦州。2007年，共有22座加油站，其中营业加油站18座、在建加油站4座，加油站人员编制增加到267人。

（一）北海分公司—北部湾销售分公司领导（2001.4—2008.12）

经　　理　阳起元（兼任，2001.4—2001.9）
　　　　　邓时进（代理，2001.9—2002.1；2002.1—2002.9）
　　　　　张湘生（临时负责，2004.3—2007.6）
　　　　　李　博（2007.6—2008.12）
副 经 理　冯术坤（常务，2001.4—2001.8）
　　　　　罗贤新（2001.4—不详）

陈图进（2001.4—不详）

张湘生（2004.6—2006.6）

严忠勇（2004.6—2006.11）

李　博（2005.3—2006.10；主持工作，2006.10—2007.5）

易景明（2006.11—2008.12）

（二）北海分公司党支部—北部湾销售分公司党支部领导（2004.6—2008.12）

副 书 记　严忠勇（兼任，2004.6—2006.11）

委　　员　张湘生（2004.3—2007.6）

　　　　　李　博（2007.6—2008.12）

（三）北部湾销售分公司工会（2007.3—2008.12）

主　　席　易景明（2007.3—2008.12）

三、柳州分公司—柳州销售分公司（2001.4—2008.12）

柳州销售分公司原隶属西南销售广西分公司，于2001年1月成立办事机构，主要负责成品油销售、市场开发和网络建设等业务。4月，西南销售广西分公司决定成立西南销售广西柳州分公司（简称柳州分公司），并任命副经理徐书伟兼任柳州分公司经理。同月，西南销售广西分公司决定任命经理王诚信兼任柳州分公司经理。8月，柳州分公司在柳州市工商局注册成功，正式取得工商营业执照。

2002年1月，西南销售广西分公司任命赵德仁为柳州分公司经理。5月，西南销售广西分公司决定成立柳州分公司党支部并纳入西南销售广西分公司党委直接管理，梁一斌担任党支部书记。

9月，中国石油天然气股份有限公司西南销售广西分公司更名为中国石油天然气股份有限公司广西销售分公司（简称广西销售分公司）。中国石油天然气股份有限公司西南销售广西柳州分公司更名为中国石油天然气股份有限公司广西柳州销售分公司（简称柳州销售分公司）。

10月，广西销售分公司人事会议决定，柳州销售分公司机关定员9人，梁一斌任经理。

2003年3月，梁一斌任柳州销售分公司经理。5月，柳州销售分公司成立工会委员会。12月，李发喜任柳州销售分公司党支部书记。

2006年10月，广西销售分公司任命徐广录为柳州销售分公司经理、党支部书记。

2008年3月，柳州销售分公司成立设备安全部。5月，广西销售分公司调整柳州分公司的机构设置，机关下设综合事务部、综合业务部、财务部三个部门。机关定员17人，非油人员1名，共18人。

（一）柳州分公司—柳州销售分公司领导（2001.4—2008.12）

经　　理　徐书伟（兼任，2001.4—不详）
　　　　　王诚信（兼任，2001.4—2002.1）
　　　　　赵德仁（2002.1—2003.3）
　　　　　梁一斌（2003.3—2006.11）
　　　　　徐广录（2006.10—2008.12）
副 经 理　王西平（2001.4—2001.9）
　　　　　郑明辉（2001.9—2005.3；2006.11—2008.12）
　　　　　徐才水（2001.9—2006.11）
　　　　　许雨顺（2005.3—2006.10）
　　　　　李　钢（2005.3—2005.8）

（二）柳州分公司党支部—柳州销售分公司党支部领导（2002.5—2008.12）

书　　记　梁一斌（2002.5—2003.12）
　　　　　李发喜（2003.12—2006.10）
　　　　　徐广录（2006.10—2008.12）
副 书 记　梁一斌（2004.6—2006.10）
委　　员　徐书伟（2001.4—不详）
　　　　　王诚信（2001.4—2002.1）
　　　　　赵德仁（2002.1—2003.3）
　　　　　梁一斌（2002.5—2006.10）
　　　　　李发喜（2003.12—2006.10）
　　　　　徐广录（2006.10—2008.12）
　　　　　莫振萍（2006.10—2008.12）
　　　　　李玉英（2006.12—2008.12）
　　　　　郑明辉（2006.12—2008.12）
　　　　　周　帆（2006.12—2008.12）

（三）柳州销售分公司工会（2003.7—2008.12）

主　　席　郑明辉（2003.7—2005.3；2006.1—2008.12）

四、玉林分公司—玉林销售分公司（2001.4—2008.12）

2001年4月，西南销售广西分公司决定成立西南销售广西玉林分公司（简称玉林分公司），赵华成任经理,同月,西南销售广西分公司经理王诚信兼任玉林分公司经理。

2002年1月,王炳明任经理。玉林分公司机关管理人员定编9人,下设经理、副经理、财务主管、会计、出纳、行政、加油站管理岗、综合业务岗及司机。5月,设立玉林分公司党支部,党支部委员会由3人组成,王炳明任党支部书记。同月,设立玉林分公司工会委员会。10月,根据西南销售广西销售分公司定员、定编、定岗、定薪工作要求,玉林分公司机关管理人员定编9人,玉林机务段代储库6人(含保安3人),贵港海军代储油库4人。

9月,中国石油天然气股份有限公司西南销售广西分公司更名为中国石油天然气股份有限公司广西销售分公司(简称广西销售分公司)。中国石油天然气股份有限公司西南销售广西玉林分公司更名为中国石油天然气股份有限公司广西玉林销售分公司(简称玉林销售分公司),王炳明任经理。

2005年,根据广西销售分公司核定编制要求,玉林销售分公司定编223人,其中机关定编18人,下设业务部、财务部、加油站管理部、综合办公室,增设临时性机构(网络开发小组),按实有人员运行,不核定编制。广西分公司聘任何朝晖为玉林分公司党支部书记。

2008年,根据广西销售分公司核定人数,玉林销售分公司机关定员增至20人,其中领导班子2人(高管1人、主管1人)、非油人员1人,下设综合事务部、综合业务部和财务部。

(一)玉林分公司—玉林销售分公司领导(2001.4—2008.12)

经　　理　赵华成(2001.4—不详)
　　　　　王诚信(兼任,2001.4—2002.1)
　　　　　王炳明(2002.1—2004.7)
　　　　　许雨顺(2006.10—2008.12)
副 经 理　王炳明(常务,2001.4—2002.1)
　　　　　何朝晖(2001.12—2005.2)
　　　　　张燕东(2004.6—2006.11)
　　　　　昌君武(2005.3—2008.12)

(二)玉林分公司党支部—玉林销售分公司党支部领导(2002.5—2008.12)

书　　记　王炳明(2002.5—2005.3)
　　　　　何朝晖(主持工作,2005.3—2006.10)
　　　　　许雨顺(2006.10—2008.12)
委　　员　王诚信(2001.4—不详)
　　　　　赵华成(2001.4—2002.1)
　　　　　王炳明(2002.5—2004.7)
　　　　　何朝晖(2002.5—2006.10)

黄　萍（2002.5—2006.10）

许雨顺（2006.10—2008.12）

（三）玉林销售分公司工会（2003.7—2008.12）

主　　席　何朝晖（2003.7—2005.3）

　　　　　昌君武（2005.3—2008.12）

五、河池分公司—河池销售分公司（2001.4—2008.12）

西南销售广西河池分公司（简称河池分公司）成立于2001年4月，负责河池市的市场开发、成品油销售和非油业务，王明敏任经理。

2001年9月，西南销售广西分公司聘任赵德仁为河池分公司代理经理。

2002年3月，经西南销售广西分公司领导班子会议研究，决定对所属各分公司实行新的定员定编。河池分公司机关人员编制3人，赵德仁任经理；河池油库编制4人，赵德仁兼主任。5月，经中共中国石油天然气股份有限公司西南销售广西分公司委员会批准成立河池分公司党支部委员会，赵德仁任党支部书记。

9月，西南销售广西分公司更名为中国石油天然气股份有限公司广西销售分公司（简称广西销售分公司）。中国石油天然气股份有限公司西南销售广西河池分公司更名为中国石油天然气股份有限公司广西河池销售分公司（简称河池分公司）。

10月，广西销售分公司再次调整机构设置与人员编制，河池分公司机关定员9人。聘任赵德仁为河池分公司经理兼油库主任。

2003年5月，经中共广西销售分公司委员会、工会委员会批准，成立河池销售分公司党支部及河池销售分公司工会委员会。

2008年5月，广西销售分公司对所属分公司重新调整机构设置及核定编制定员，河池销售分公司机关设：综合事务部、综合业务部、财务部3个职能部门，编制定员18人。12月，中共中国石油天然气股份有限公司广西销售分公司委员会任命魏秋冬为河池销售分公司党支部书记。

（一）河池分公司—河池销售分公司领导（2001.4—2008.12）

经　　理　王明敏（2001.4—2001.9）

　　　　　赵德仁（代理，2001.9—2002.10；2002.10—2006.10）

　　　　　张湘生（2007.5—2008.12）

副 经 理　赵德仁（常务，2001.4—2001.9）

　　　　　陆金耀（2001.4—不详）

　　　　　张晓龙（2001.12—不详）

于宝泽（2002.9—不详）

徐才水（2003.4—2004.4）

陈　斌（2004.6—2008.12）

郑明辉（2005.3—2006.11）

张湘生（2006.10—2007.5）

（二）河池分公司党支部—河池销售分公司党支部领导（2002.5—2008.12）

书　　记　赵德仁（2002.5—2003.12；2004.6—2006.10）

　　　　　魏秋冬（2003.12—2004.6）

副 书 记　陈　斌（2006.11—2008.12）

委　　员　张晓龙（2001.12—不详）

　　　　　赵德仁（2002.5—2003.12；2004.6—2006.10）

　　　　　于宝泽（2002.9—不详）

　　　　　魏秋冬（2003.12—2004.6）

　　　　　张湘生（2007.5—2008.12）

（三）河池销售分公司工会（2003.7—2008.12）

主　　席　徐才水（2003.7—2004.4）

　　　　　陈　斌（不详—2008.12）

六、梧州分公司—梧州销售分公司（2001.4—2008.12）

2001年4月，西南销售广西分公司决定成立西南销售广西梧州分公司（简称梧州分公司），主要负责所辖梧州辖区的网络开发建设及成品油批发、零售业务。王诚信兼任梧州分公司经理。11月，马瑜骏为梧州分公司经理。

2002年1月，梧州分公司机关设在广西梧州市港丰花园。3月，西南销售广西分公司确定梧州分公司机关人员编制为9人。

9月，中国石油天然气股份有限公司西南销售广西分公司更名为中国石油天然气股份有限公司广西销售分公司（简称广西销售分公司）。西南销售广西梧州分公司正式更名为中国石油天然气股份有限公司广西梧州销售分公司（简称梧州销售分公司）。10月，徐广录任梧州销售分公司经理。

2003年5月，广西销售分公司明确梧州销售分公司作为广西销售分公司下属10个党支部之一，徐广录代行书记职责。6月，广西销售分公司确定梧州销售分公司机关人员编制为10人，新恒丰油库编制为12人，所属加油站的编制为32人。12月，根据基层党支部选举结果，明确徐广录为梧州分公司党支部书记。

2004年2月,梧州销售分公司机关编制11人,所属加油站的编制增加到67人,新恒丰油库增加副主任一职。8月,梧州销售分公司增加网络开发小组和加油站管理部主管的编制定员,机关编制岗位增加到13个。

2006年10月,广西销售分公司任命何朝晖为梧州销售分公司经理、党支部书记。

2007年3月,梧州销售分公司机关编制定员17人。

(一)梧州分公司—梧州销售分公司领导(2001.4—2008.12)

经　　理　王诚信(2001.4—2001.11)
　　　　　马瑜骏(2001.11—2002.10)
　　　　　徐广录(负责人,2002.9—10;2002.10—2006.10)
　　　　　何朝辉(2006.10—2008.12)
副 经 理　苏靖生(2001.11—不详)

(二)梧州销售分公司党支部领导(2003.1—2008.12)

书　　记　徐广录(2003.1—2004.6)
　　　　　何朝辉(2006.10—2008.12)
委　　员　王诚信(2001.4—2001.11)
　　　　　马瑜骏(2001.11—2002.10)
　　　　　徐广录(2002.9—2006.10)
　　　　　何朝辉(2006.10—2008.12)
　　　　　苏靖生(2006.10—2009.2)
　　　　　刘　斌(2006.10—2009.2)
　　　　　罗崇亮(2006.10—2009.2)
　　　　　麦满怡(2006.10—2009.2)

(三)梧州销售分公司工会(2003.7—2008.12)

主　　席　苏靖生(2003.7—2008.12)

七、百色分公司—百色销售分公司(2001.4—2008.12)

2001年4月,西南销售广西分公司决定成立西南销售广西百色分公司(简称百色分公司),负责百色地区成品油零售业务、加油站管理及市场和网络开发工作等,西南销售广西分公司总经理王诚信兼任经理。

2002年1月,西南销售广西分公司任命朱建民为百色分公司经理。

3月,西南销售广西分公司对所属各分公司实行新的定员定编,百色分公司机关编制5人,朱建民任经理。4月,西南销售广西分公司聘任徐才水为百色分公司代经理。5月,西南销售广西分公司党委同意成立百色分公司党支部。

9月,根据广西销售分公司实际情况和工作需要,撤销百色分公司的机构编制,组合成立南宁(零售)片区,徐才水任南宁(零售)片区副主任,主管设备管理、百色片区工作。同月,中国石油天然气股份有限公司西南销售广西分公司更名为中国石油天然气股份有限公司广西销售分公司(简称广西销售分公司)。西南销售广西百色分公司更名为中国石油天然气股份有限公司广西百色销售分公司(简称百色销售分公司)。

2003年4月,根据广西销售分公司实际情况和工作需要,撤销南宁(零售)片区,成立百色片区,辖管5座加油站,并设立管理代表一名。5月,经中共中国石油天然气股份有限公司广西销售分公司委员会批准成立百色片区党支部,李梅任党支部书记。

2004年3月,广西销售分公司研究决定撤销百色片区,并由南宁销售分公司管理。10月,广西销售分公司领导与百色市委、市政府领导在百色会谈,就广西销售分公司在百色市建设加油站、油库问题达成一致意见:计划在百色市所辖县区新建20座加油站和1座油库。为加强百色片区经营销售管理,加快网络建设,决定恢复百色销售分公司机构设置。

2005年,广西销售分公司开展全员竞聘,所属各分公司领导班子统一设置经理1人,党支部书记1人,副经理2人,下设业务部2人,财务部4人。3月,李妃宏任百色销售分公司经理,恢复百色销售分公司党支部机构设置。

2007年6月,郑循建任百色销售分公司党支部书记。

2008年,百色销售分公司机关定员增至15人,其中领导班子2人,下设综合事务部、综合业务部和财务部。

(一)百色分公司—百色销售分公司领导(2001.4—2008.12)

经　　理　王诚信(兼任,2001.4—2002.1)
　　　　　朱建民(2002.1—2002.9)
　　　　　徐才水(代理,2002.4—2002.8)
　　　　　冉进军(2003.3—2003.12)
　　　　　李妃宏(2005.3—2007.5)
　　　　　郑循建(2007.5—2008.12)
副 经 理　朱建民(常务,2001.4—2002.1)
　　　　　黄庭杰(2001.4—2002.3)
　　　　　黄位柱(主持工作,2005.3—2007.3)
　　　　　罗英学(2005.3—2006.11;兼任,2006.11—2007.3)
　　　　　郑循建(2006.10—2007.5)

（二）百色销售分公司党支部领导（2003.5—2008.12）

书　　记　李　梅（2003.5—2003.12）
　　　　　冯术坤（2003.12—2004.6）
　　　　　郑循建（2007.6—2008.12）
副 书 记　罗英学（2004.11—2006.10）
　　　　　郑循建（2006.10—2007.6）

（三）百色销售分公司工会（2003.5—2008.12）

主　　席　王　芳（2003.5—不详）

八、南宁销售分公司（2004.3—2008.12）

2004年3月，根据广西销售分公司发展和管理需要，为落实组织机构建设，加强管理，广西销售分公司决定撤销南宁片区，成立中国石油天然气股份有限公司广西南宁销售分公司（简称南宁销售分公司），直接隶属广西销售分公司管理，主要负责南宁地区、百色地区的油品零售业务和加油站管理及市场开发。机关编制11人，下设经理、党支部书记、副经理、业务部、财务部、加油站管理部、综合办公室、网络开发小组等岗位，时战英任临时负责人。6月，成立广西南宁销售分公司党支部并纳入西南销售广西分公司党委直接管理，李艳玲任党支部书记。

2006年5月，原属于玉林销售分公司管辖的南宁市横县加油站建设和成品油销售等业务，调归南宁销售分公司管辖。横县范围内加油站建设及成品油销售等业务，均由南宁销售分公司管理。

2007年，南宁销售分公司重新设置编制定员，决定机关编制定员增至12人，下设高级主管、主管、加油站管理与安全运行部、营销与客户管理部、综合事务部、市场开发部。

2008年，根据西南销售公司核定人数，南宁销售分公司机关定员增至15人，其中领导班子2人，下设综合事务部、综合业务部和财务部。

（一）南宁销售分公司领导（2004.3—2008.12）

经　　理　时战英（临时负责人，2004.3—2008.12）
副 经 理　李艳玲（2004.6—2008.12）
　　　　　易景明（2004.6—2006.11）
　　　　　李　钢（2006.11—2008.12）

（二）南宁销售分公司党支部（2004.6—2008.12）

书　　记　李艳玲（2004.6—2006.10）
副 书 记　时战英（2004.6—2008.12）

委　　员　时战英（2004.6—2008.12）
　　　　　李艳玲（2004.6—2006.10）
　　　　　易景明（2004.6—2006.10）
　　　　　李方圣（2004.6—2006.10）
　　　　　郭荣德（2004.6—2006.10）

（三）南宁销售分公司工会（2004.6—2008.12）

主　　席　郑　锋（2004.6—2008.12）

第七节　所属控股公司

一、中油雄海石油化工有限公司（1999.10—2008.8）

1999年10月18日，中国石油销售总公司和云南省楚雄经济技术开发区雄海石化有限公司双方代表在成都签订《雄海石化有限公司部分资产产权转让中国石油销售总公司并成立中油雄海石油化工有限公司的合同》，由中国石油销售总公司出资2700万元收购雄海石化有限公司70%的股份，并成立中油雄海石油化工有限公司（以下简称中油雄海公司）。12月28日，中国石油西南销售公司、雄海石化有限公司双方代表召开中油雄海公司首次股东会，选举董事会成员。同日，根据股东大会决议，中油雄海公司召开第一届董事会，选举杨宁海为董事会董事长，聘任马志莹为总经理，负责中油雄海公司经营活动，并任董事会成员。中油雄海公司机关设综合办公室、财务部、业务部3个部门，运营加油站8座。

2000年12月，西南销售公司党委批准成立中油雄海公司党支部，马志莹任党支部书记。

2001年6月，西南销售公司党委同意中油雄海公司组建工会，闫继怀担任工会代主席。

2002年3月，炼油与销售分公司批复同意撤销英茂、大理2个全资分公司，组建统一的云南分公司，全面负责中国石油在云南地区的市场开拓和经营管理工作，并对区域内的控股公司进行统一管理。4月，西南销售公司在楚雄召开重组大会，就中油雄海公司与云南分公司交接工作进行安排部署。

2004年6月，炼油与销售分公司同意西南销售公司实施与雄海石化有限公司的股权并购转让，并将并购后的股权交由西南销售公司进行管理。

2008年5月，西南销售公司决定注销中油雄海公司。

（一）中油雄海石油化工有限公司董事会（1999.12—2008.8）

董 事 长　杨宁海（1999.12—2004.3）
　　　　　刘　杰（2004.3—2008.8）

董　　事　杨宁海（1999.12—2004.3）
　　　　　王克敏（1999.12—2008.8）
　　　　　刘启银（1999.12—2004.3）
　　　　　张　永（1999.12—2004.3）
　　　　　姜　晏（1999.12—2008.8）
　　　　　刘　杰（2004.3—2008.8）
　　　　　黄彦林（2004.3—2008.8）
　　　　　闫继怀（2004.3—2008.8）

（二）中油雄海石油化工有限公司监事会（1999.12—2008.8）

主　　席　张书伟（2004.3—2008.8）
董　　事　张晓玲（1999.12—2004.3）
　　　　　罗辅朝（1999.12—2004.3）
　　　　　蒋艳明（1999.12—2008.8）
　　　　　梅元金（2004.3—2008.8）

（三）中油雄海石油化工有限公司领导（1999.12—2002.4）

总 经 理　马志莹（1999.12—2002.4）
副总经理　杨洪彬（1999.12—2002.4）
　　　　　邓时进（1999.12—2002.4）
　　　　　闫继怀（2000.10—2002.4）
安全总监　闫继怀（2001.7—2002.4）

（四）中油雄海石油化工有限公司党支部领导（2000.12—2002.4）

书　　记　马志莹（2000.12—2002.4）
委　　员　马志莹（2000.12—2002.4）
　　　　　闫继怀（2001.5—2002.4）
　　　　　姜　晏（2001.5—2002.4）

（五）中油雄海石油化工有限公司工会（2001.6—2002.4）

代 主 席　闫继怀（2001.6—2002.4）

二、中油英茂石油化工有限公司（2000.3—2002.4）

2000年3月16日，中国石油销售总公司、英茂集团股份有限公司、英茂石化有限公司职工持股会三方代表在昆明签订《英茂石化有限公司股权转让合同》，由中国石油销售总公司出资4800万元收购英茂集团股份有限公司、英茂石化有限公司职工持股会持有的英茂石化有限公司80%的股权，收购后，英茂集团股份有限公司、英茂石化有限公司职工持股会各占10%的股份。经股权转让后，原英茂石化有限公司更名为中油英茂石油化工有限公司（以下简称中油英茂公司）。

4月18日，经云南省工商行政管理局核准，"中油英茂石油化工有限公司"正式成立。设综合办公室、财务部、业务部3个部门，运营加油站47座，管辖南华、浑水塘2座油库。

12月，西南销售公司研究同意推荐刘杰为中油英茂公司经理（正处级），宋琪为总会计师（副处级）。

2001年8月，西南销售公司党委批复同意成立中油英茂公司临时党委，刘杰任党委书记，丁南、聂志坚、桂纯路任委员。

2002年3月，炼油与销售分公司批复同意撤销英茂、大理2个全资分公司，组建统一的云南分公司，全面负责中国石油在云南地区的市场开拓和经营管理工作，并对区域内的控股公司进行统一管理。5月，西南销售公司决定注销中油英茂公司。

（一）中油英茂石油化工有限公司董事会（2000.4—2002.4）

董 事 长　杨宁海（2000.4—2002.4）
董　　事　杨宁海（2000.4—2002.4）
　　　　　刘启银（2000.4—2002.4）
　　　　　潘晋明（2000.4—2002.4）
　　　　　张晓玲（2000.4—2002.4）
　　　　　刘　杰（2000.4—2002.4）
　　　　　王建国（2000.4—2002.4）
　　　　　陈旭杰（2000.4—2002.4）

（二）中油英茂石油化工有限公司监事会（2000.4—2002.4）

监　　事　李怀忠（2000.4—2002.4）
　　　　　章优梁（2000.4—2002.4）
　　　　　张汉泉（2000.4—2002.4）

（三）中油英茂石油化工有限公司领导（2000.4—2002.4）

总 经 理　陈学继（2000.4—2000.8）
　　　　　刘　杰（2000.8—2002.4）
副总经理　刘　杰（2000.4—2000.8）
　　　　　武志舟（2000.4—2000.8）
　　　　　丁　南（2000.8—2002.4）

　　　　　吴跃庆（2000.8—2002.4）
　总会计师　宋　琪（2000.8—2002.4）
　安全总监　丁　南（2001.7—2002.4）
　高级顾问　陈学继（2000.8—2002.4）

（四）中油英茂石油化工有限公司临时党委领导（2001.8—2002.4）

　书　记　刘　杰（2001.8—2002.4）
　委　员　刘　杰（2001.8—2002.4）
　　　　　丁　南（2001.8—2002.4）
　　　　　聂志坚（2001.8—2002.4）
　　　　　桂纯路（2001.8—2002.4）

（五）中油英茂石油化工有限公司工会（2001.6—2002.4）

　主　席　刘　杰（2001.6—2002.4）

三、中油强林石油化工有限公司（2000.6—2008.12）

　　云南省强林石油化工总公司成立于1992年4月。2000年6月，中国石油销售总公司、云南省强林石油化工总公司双方代表签订《中国石油销售总公司与云南省强林石油化工总公司合资组建云南中油强林石化有限公司合同》，由中国石油销售总公司出资10560万元购买云南省强林石油化工总公司80%的股权，并成立云南中油强林石油化工有限公司（以下简称中油强林公司），具体业务运营由西南销售公司负责管理。同月，经云南省工商行政管理局核准，"云南中油强林石油化工有限公司"正式成立，法定代表人为杨宁海，总经理为张永。8月，中油强林公司董事长杨宁海主持召开第一届第一次董事会。董事会决定聘任张永为经理，卢保林为常务副经理，夏瑞华为副经理，黄彦林为总会计师，聘期均为三年。12月，西南销售公司研究同意推荐张永为中油强林公司总经理，黄彦林为总会计师（副处级）。

　　2001年10月，西南销售公司党委批复同意成立中油强林公司党支部，张永任党支部书记，罗建伟、黄彦林、周德经、刘槟为委员。

　　2002年3月，炼油与销售分公司批复同意撤销英茂、大理两个全资分公司，组建统一的云南分公司，全面负责中国石油在云南地区的市场开拓和经营管理工作，并对区域内的控股公司进行统一管理。4月，中油强林公司机关并入云南分公司机关，与云南分公司实行"一套班子、两块牌子"管理模式，保留中油强林公司原有法人资格。

　　2008年7月1日以后，中油强林公司独立运作。领导班子3名，其中总经理、财务总监由中油方委派，副总经理由强林石化委派，机关设综合办公室、加油站管理部、储运安全部、财务资产部4个部门。每个部门设正副主任各1名，正职由西南销售公司委派，副职由云南省强林石油化工总公司委派。机关定员控制在20人以内。办公地点在东风东路延长线曙光加油站后的综合楼。党建、纪检监察、工会、共青团工作纳入西南销售公司统一管理。6月，西南销售公司将9名管理人员由滇中分公司调动至中油强林公司机关工作。截至2008年底，中油强林公司所辖油库2座，运营加油站15座，停业站1座，共有员工348人。

（一）中油强林石油化工有限公司董事会（2000.6—2008.12）

董 事 长　杨宁海（2000.6—2004.3）
　　　　　刘　杰（2004.3—2008.10）
　　　　　魏秋冬（2008.10—2008.12）
副董事长　卢保强（2000.6—2008.10）
　　　　　张世铭（2008.10—2008.12）
董　　事　杨宁海（2000.6—2004.3）
　　　　　卢保强（2000.6—2008.10）
　　　　　刘启银（2000.6—2004.3）
　　　　　张晓玲（2000.6—2004.3）
　　　　　王建国（2000.6—2004.3）
　　　　　黄彦林（2000.6—2007.4）
　　　　　卢保林（2000.6—2008.10）
　　　　　刘　杰（2004.3—2008.10）
　　　　　郝丽萍（2004.3—2007.4；2008.10—2008.12）
　　　　　桂纯路（2004.3—2007.4）
　　　　　史咏梅（2004.3—2008.10）
　　　　　王　澍（2007.4—2008.10）
　　　　　朱明刚（2007.4—2008.10）
　　　　　冯术坤（2007.4—2008.10）
　　　　　魏秋冬（2008.10—2008.12）
　　　　　张世铭（2008.10—2008.12）
　　　　　王　健（2008.10—2008.12）
　　　　　梅元金（2008.10—2008.12）
　　　　　李　新（2008.10—2008.12）
　　　　　杨　骞（2008.10—2008.12）

（二）中油强林石油化工有限公司监事会（2000.6—2008.12）

主　　席　黄彦林（2007.4—2008.12）
召 集 人　李怀忠（2000.6—2004.3）
　　　　　徐书伟（2004.3—2007.4）
监　　事　梅元金（2000.6—2008.10）
　　　　　刘云仙（2000.6—2004.3）
　　　　　董志崇（2000.6—2004.3）
　　　　　余　俊（2007.4—2008.12）
　　　　　官　静（2007.4—2008.10）
　　　　　马志莹（2008.10—2008.12）
　　　　　苏丽佳（2008.10—2008.12）
　　　　　卢忠芸（2008.10—2008.12）

（三）中油强林石油化工有限公司领导（2000.6—2008.12）

总 经 理　张　永（2000.6—2002.5）
　　　　　李　新（2008.7—2008.12）
副总经理　卢保林（2000.6—不详）
　　　　　夏瑞华（2000.6—不详）
　　　　　张世铭（2008.7—2008.12）
财务总监　黄彦林（2000.6—2002.5）
　　　　　王湘江（2008.7—2008.12）
安全总监　卢保林（2001.7—2002.4）

（四）中油强林石油化工有限公司党组织领导（2001.10—2008.12）

1. 中油强林石油化工有限公司党支部（2001.10—2002.4）

书　　记　张　永（2001.10—2002.4）
副 书 记　罗建伟（2001.10—2002.4）
委　　员　张　永（2001.10—2002.4）
　　　　　罗建伟（2001.10—2002.4）
　　　　　黄彦林（2001.10—2002.4）
　　　　　周德经（2001.10—2002.4）
　　　　　刘　槟（2001.10—2002.4）

2. 中油强林石油化工有限公司党总支（2008.7—2008.12）

书　　记　李　新（2008.7—2008.12）

委　　员　李　新（2008.7—2008.12）
　　　　　　王湘江（2008.7—2008.12）
　　　　　　彭　云（2008.7—2008.12）

（五）中油强林石油化工有限公司工会（2008.7—2008.12）

主　　席　王湘江（2008.7—2008.12）

四、大理州中青石化有限责任公司（1998.1—2008.12）

大理州中青石化有限责任公司（以下简称大理中青公司）成立于1998年1月1日，最初由青海省中青石化有限责任公司（以下简称青海中青公司）与云南省石油总公司大理公司（以下简称大理石油公司）共同出资组建，注册资本2900万元，其中青海中青公司出资2200万元，占75%，大理石油公司出资700万元，占25%。

大理中青公司成立之初设立党政办公室、业务部、财务部、安技部和油管部5个部门，领导职数5人，员工总数156人，运营清华洞油库1座，加油站3座（沙龙、清华洞和龙岗加油站）。

1999—2001年，期间分别成立昆明明波分公司、润滑油分公司、液化气分公司、零售分公司、大理隆达实业公司（泰安酒店）、祥云县清华洞实业开发有限公司、宾川中青实业开发有限责任公司、临沧分公司、丽江分公司9家全资公司以及成立保山中青公司、迪庆中青公司、临沧中青公司、德宏中青公司4家控股公司。

2002—2003年，面对所面临的严峻挑战和巨大困难，大理中青公司上下齐心协力、团结一致，在上级公司的有力支持下，全力以赴维护经营秩序，确保了公司经营管理顺利进行。

2004年底，为开发临沧市场，大理中青公司在临沧地区注册成立大理州中青石化有限公司临沧分公司。2005年6月，大理中青公司成立丽江分公司。10月，中国石油天然气股份有限公司与青海中青公司签订吸收合并协议，对青海中青公司所持大理中青公司75%的股权进行收购。

2006年1月，股份公司将大理中青公司委托西南销售公司进行管理。11月27日，大理石油公司注销。

2002—2008年，受市场、股权及业务关系等影响，先后注销润滑油分公司、零售分公司、大理隆达实业公司（泰安酒店）、祥云县清华洞实业开发有限公司和宾川中青实业开发有限责任公司，保留昆明明波分公司和液化气分公司。

（一）大理州中青石化有限责任公司董事会（1998.1—2008.12）

董 事 长　谢传安（1998.1—2002.5）
　　　　　张　永（2003.5—2008.12）
董　　事　谢传安（1998.1—2002.5）

杨仕文（1998.1—2008.12）

虞坚中（1998.1—2008.12）

李晓奎（1998.1—2008.12）

张占通（1998.1—2008.12）

张正绕（1998.1—2008.12）

赵存根（1998.1—2008.12）

张　永（2003.5—2008.12）

（二）大理州中青石化有限责任公司监事会（1998.1—2008.12）

主　　席　余卫泽（1998.1—2008.12）
监　　事　李建祥（1998.1—2008.12）
　　　　　张广泰（1998.1—2008.12）

（三）大理州中青石化有限责任公司领导（1998.1—2008.12）

总 经 理　谢传安（1998.1—2002.5）
　　　　　张　永（2003.5—2007.1）
　　　　　李　新（2007.2—2008.12）
副总经理　熊红志（1998.1—2008.12）
　　　　　张长生（1998.1—2002.12）
　　　　　赵存根（1998.1—2002.5）
　　　　　张　鹏（2002.3—2008.12）
　　　　　于承志（2002.6—2002.12）
财务总监　梅元金（2003.3—2005.5）
　　　　　李殿益（2005.6—2008.12）
经理助理　刘宝成（1998.1—2002.5）
　　　　　李　军（2000.5—2002.5）
　　　　　郭向斌（2003.4—2007.9）
　　　　　连伟才（2003.7—2008.12）

（四）大理州中青石化有限责任公司党总支领导（1998.1—2008.12）

书　　记　李建祥（1998.1—2002.5）
　　　　　张　永（兼任，2003.5—2007.1）
　　　　　李　新（兼任，2007.1—2008.6）
　　　　　罗建伟（兼任，2008.6—2008.12）
委　　员　李建祥（1998.1—2002.5）

熊红志（1998.1—2008.12）
张长生（1998.1—2002.12）
赵存根（1998.1—2002.5）
张　鹏（2002.3—2008.12）
于承志（2002.6—2002.12）
张　永（2003.5—2007.1）
梅元金（2003.3—2005.5）
李殿益（2005.6—2008.12）
李　新（2007.1—2008.6）
罗建伟（2008.6—2008.12）

（五）大理州中青石化有限责任公司工会（1998.1—2008.12）

主　席　李建祥（1998.1—2002.3）
　　　　郭向斌（2002.4—2007.2）
　　　　熊红志（2007.3—2008.12）

第二章　中国石油西南销售公司（云南销售公司）—中国石油云南销售公司

(2008.12—2018.12)

第一节　领导机构

2008年12月，股份公司决定调整西南销售公司管理体制，将西南销售公司管理的广西分公司、贵州分公司上划股份公司直接管理，西南销售公司继续与云南销售公司实行"一个机构，两块牌子"管理模式，西南销售公司机构规格保持副局级不变，行政上由股份公司直接管理，业务上归口销售公司管理。西南销售公司受销售公司委托，继续负责云南、广西、贵州等省（区）的区域资源优化配置。

2009年11月，股份公司决定对西南销售公司（云南销售公司）管理体制进行调整，注销西南销售公司，不再加挂西南销售公司牌子，不再履行西南地区资源二次配置职能，单独使用云南销售公司名称。

截至2018年12月，云南销售公司设有15个机关处室，管理15个地市分公司，非油、仓储2个专业分公司，中油强林、大理中青、中油云岭、大理中油能源、中油云翔、中油北汽瑞丽6个控股公司，云投中油1个参股公司。

一、西南销售公司（云南销售公司）（2008.12—2009.11）

2008年12月，股份公司决定杨宁海任云南销售公司总经理。集团公司党组决定杨子清任云南销售公司党委书记。股份公司决定杨子清兼任西南销售公司（云南销售公司）纪委书记，陈进军任西南销售公司（云南销售公司）副总经理、党委委员，张晓玲任西南销售公司（云南销售公司）总会计师、党委委员，王德耀任西南销售公司（云南销售公司）副总经理、安全总监、工会主席、党委委员；免去宋根成西南销售公司党委副书记、委员、纪委书记、工会主席职务。

2009年1月，西南销售公司（云南销售公司）对领导班子成员分工进行明确：总经理、党委副书记杨宁海主持公司全面工作，着重抓好领导班子建设、企业发展规划、人事管理、审计监察工作，分管总经理办公室、人事处、审计监察处；党委书记、纪委书记、副总经理杨子清主持公司党委全面工作，着重抓好党的建设、领导班子建设、员工队伍建设、党风廉政建设及思想政治工作，协助总经理抓好人事管理，分管党委办公室、组织部、党群工作处、纪委办公室、成都办事处；副总经理、党委委员陈进军负责公司物流管理、油库管理、营销零售管理、非油业务、媒体危机管理、信息化建设，分管调运与油库管理处（中心调度室）、营销处、加油站管理处、信息化管理处；总会计师、党委委员张晓玲负责财务管理、预算管理、股权管理、法律事务管理、内控体系建设，分管财务处、综合管理和法律事务处；副总经理、安全总监、工会主席、党委委员王德耀负责公司投资计划管理、HSE运行管理、工程项目管理、设备设施管理、工会工作、企业文化建设，分管综合计划处、质量安全环保处、项目建设管理办公室。

2月，股份公司同意聘任魏秋冬、王澍、刘启然为西南销售公司（云南销售公司）总经理助理。

3月，根据西南销售公司（云南销售公司）二届一次员工代表大会选举结果，并报上级工会同意，决定西南销售公司（云南销售公司）工会委员会由王德耀、王虎、刘启然、史咏梅、张书明、李海明、罗建伟、彭国强、刘利荣组成，其中王德耀任工会主席，王虎任工会副主席。同月，西南销售公司（云南销售公司）党委决定任命潘竟忠为团委书记，朱妩为团委副书记。

4月，西南销售公司（云南销售公司）决定纪律检查委员会由杨子清、刘启然、王虎、李海明、蒋雁飞、汪长波、彭国强、沈建雄组成。其中，杨子清任纪委书记（上级已发文任命）。

（一）西南销售公司（云南销售公司）领导（2008.12—2009.11）

总　经　理　杨宁海（2008.12—2009.11）
副 总 经 理　杨子清（2008.12—2009.11）
　　　　　　陈进军（2008.12—2009.11）
　　　　　　王德耀（2008.12—2009.11）
总 会 计 师　张晓玲（2008.12—2009.11）
安 全 总 监　王德耀（兼任，2008.12—2009.11）
总经理助理　魏秋冬（2009.2—2009.11）
　　　　　　王　澍（2009.2—2009.11）
　　　　　　刘启然（2009.2—2009.11）

（二）西南销售公司（云南销售公司）党委领导（2008.12—2009.11）

书　　　记　杨子清（2008.12—2009.11）
副　书　记　杨宁海（2008.12—2009.11）

委　　　员　杨子清（2008.12—2009.11）

　　　　　　杨宁海（2008.12—2009.11）

　　　　　　陈进军（2008.12—2009.11）

　　　　　　张晓玲（2008.12—2009.11）

　　　　　　王德耀（2008.12—2009.11）

（三）西南销售公司（云南销售公司）纪委（2008.12—2009.11）

书　　　记　杨子清（2008.12—2009.11）

委　　　员　杨子清（2008.12—2009.11）

　　　　　　刘启然（2009.4—2009.11）

　　　　　　王　虎（2009.4—2009.11）

　　　　　　李海明（2009.4—2009.11）

　　　　　　蒋雁飞（2009.4—2009.11）

　　　　　　汪长波（2009.4—2009.11）

　　　　　　彭国强（2009.4—2009.11）

　　　　　　沈建雄（2009.4—2009.11）

（四）西南销售公司（云南销售公司）工会（2008.12—2009.11）

主　　　席　王德耀（2008.12—2009.11）

副　主　席　王　虎（2009.2—2009.11）

（五）西南销售公司（云南销售公司）团委（2008.12—2009.11）

书　　　记　王　虎（2008.12—2009.3）

　　　　　　潘竟忠（2009.3—2009.11）

副　书　记　朱　妩（2009.3—2009.11）

二、云南销售公司（2009.11—2018.12）

2009年11月，根据股份公司决定，西南销售公司（云南销售公司）不再加挂西南销售公司牌子，单独使用云南销售公司名称。

11月27日，股份公司决定杨子清任云南销售公司总经理，免去杨宁海云南销售公司总经理职务。同日，集团公司党组决定张安平任云南销售公司党委委员、书记，免去杨子清云南销售公司党委书记职务。同日，股份公司决定杨子清任云南销售公司党委副书记，免去其纪委书记职务；张安平任云南销售公司纪委书记、副总经理。免去杨宁海云南销售公司党委副书记、委员职务。

12月，云南销售公司对管理层成员分工进行明确：总经理、党委副书记杨子清主持公司全面工作，着重抓好领导班子建设、企业发展规划、人事管理、审计监察工作，分管总经理办公室、人事处、审计监察处；党委书记、纪委书记、副总经理张安平主持公司党委全面工作，着重抓好党的建设、领导班子建设、员工队伍建设、党风廉政建设及思想政治工作，协助总经理抓好人事管理，分管党委办公室、组织部、党群工作处（企业文化处）、纪委办公室、成都办事处；副总经理、党委委员陈进军负责公司物流管理、油库和加油站管理、批发和零售营销业务、非油业务、信息化建设，公司新闻发言人，分管调运处（调度指挥中心）、营销处、加油站管理处、信息化管理处、物流中心；总会计师、党委委员张晓玲负责财务管理、预算管理、股权管理、法律事务管理、内控体系建设，分管财务处、企管法规处；副总经理、安全总监、工会主席、党委委员王德耀负责公司投资计划管理、HSE运行管理、工程项目管理、设备设施管理、工会工作，分管投资建设管理处、仓储安全环保处；总经理助理魏秋冬协助陈进军副总经理负责信息化建设，兼加油站管理处处长，分管非油品中心；总经理助理王澍协助王德耀副总经理工作，兼投资建设管理处处长；总经理助理刘启然协助党政主要领导工作，兼人事处（组织部）处长。

2010年4月，股份公司决定魏秋冬任云南销售公司副总经理、安全总监、党委委员，免去王德耀云南销售公司安全总监职务。

5月，根据领导班子成员变化情况，云南销售公司对管理层成员分工进行明确：总经理、党委副书记杨子清主持公司全面工作，着重抓好领导班子建设、干部管理、企业发展规划、人事劳资业务、绩效管理、审计监察工作，分管总经理办公室、人事处、审计监察处；党委书记、纪委书记、副总经理张安平主持公司党委全面工作，着重抓好党的建设、领导班子建设、干部管理、员工队伍建设、企业文化建设、媒体危机管理、党风廉政建设、思想政治工作，分管党委办公室、组织部、党群工作处（企业文化处）、纪委办公室、成都办事处；副总经理、党委委员陈进军负责公司物流管理、油库管理、批发营销业务，分管调运处（调度中心）、营销处、物流中心；总会计师、党委委员张晓玲负责公司财务管理、预算管理、资金管理、股权管理、法律事务、内控体系建设，分管财务处、企管法规处；副总经理、工会主席、党委委员王德耀负责公司投资计划管理、工程建设管理、设备设施管理、工会工作，分管投资建设管理处；副总经理、安全总监、党委委员魏秋冬负责公司零售业务管理、HSE管理、非油品业务、信息化建设，公司新闻发言人，分管加油站管理处、质量安全环保处、信息化管理处、非油品中心；总经理助理王澍协助王德耀副总经理工作；总经理助理刘启然协助公司党政主要领导工作。

9月，云南销售公司党委调整纪律检查委员会组成人员：王虎、史咏梅、刘启然、孙卫刚、朱妩、张安平、张书明、聂焱、蒋雁飞、谢淑海、潘竟忠，张安平任纪委书记（上级已发文任命）。

12月，集团公司党组决定兰建彬任云南销售公司党委书记、党委委员。免去张安平云南销售公司党委书记、党委委员职务。股份公司决定兰建彬任云南销售公司纪委书记、副总经理，免去张安平云南销售公司纪委书记、副总经理职务。

2011年4月，股份公司决定兰建彬兼任云南销售公司工会主席，刘启然任云南销售公司副总经理、党委委员，杨亚进任云南销售公司总会计师、党委委员，免去张晓玲云南销售公司总会计师、党委委员职务，免去王德耀云南销售公司工会主席职务。

同月，根据管理层成员变化情况，云南销售公司对管理层成员分工进行明确：总经理、党委副书记杨子清主持公司全面工作，着重抓好领导班子建设、干部管理、企业发展规划、人事劳资业务、绩效管理、审计监察工作，分管总经理办、人事处、审计监察处；党委书记、纪委书记、工会主席、副总经理兰建彬主持公司党委全面工作，着重抓好党的建设、领导班子建设、干部管理、员工队伍建设、企业文化建设、媒体危机管理、党风廉政建设、思想政治工作、工会工作，分管党委办公室、组织部、党群处、纪委办、成都办事处；副总经理、党委委员陈进军负责公司物流管理、油库管理、批发营销业务，分管调运处（调度中心）、营销处、仓储中心；副总经理、党委委员王德耀负责公司投资计划管理、工程建设管理、设备设施管理，分管投资处、工程办；副总经理、安全总监、党委委员魏秋冬负责公司零售业务管理、HSE管理、非油品业务、公司新闻发言人，分管加管处、质安处、非油处；副总经理、党委委员、总法律顾问刘启然负责公司股权管理、法律事务、制度建设、信息化建设、行政事务、生活后勤，协助公司党政主要领导做好干部管理、党群工作、人事劳资培训业务，分管企管处、信息处，协管人事处（组织部）、总经理办（党委办公室）、党群处；总会计师、党委委员杨亚进负责公司财务管理、预算管理、资金管理、内控体系建设，分管财务处；总经理助理王澍协助王德耀副总经理工作，重点协助做好库站、管道等工程建设项目的开发、呈报、立项工作；副总经济师吴跃庆协助陈进军副总经理做好油品调运工作，协助王德耀副总经理做好昆明地区网络开发工作。

6月，根据管理和发展实际，云南销售公司对管理层部分成员分工进行调整：副总经理、党委委员王德耀负责公司投资计划管理、工程建设管理（油库项目建设工作除外）、设备设施管理，分管投资处、工程办；总经理助理王澍协助王德耀副总经理工作，重点协助做好库站、管道等工程建设项目的开发、呈报、立项工作，分工负责油库项目建设工作，其他管理层成员分工不变。

同月，云南销售公司党委调整纪律检查委员会组成人员：王虎、史咏梅、兰建彬、朱妣、刘忠华、孙卫刚、李敬东、李新宇、聂焱、黄瓒、蒋雁飞，兰建彬任纪委书记（上级已发文任命）。

12月，根据工作需要，云南销售公司对领导班子部分成员分工进行调整：总会计师、党委委员杨亚进协助总经理杨子清做好审计工作，其他领导班子成员分工不变。

2012年3月，股份公司决定杜丽学任云南销售公司总经理，免去杨子清云南销售公司总经理职务。杜丽学任云南销售公司党委委员、副书记，免去杨子清云南销售公司党委副书记、委员职务。

12月，根据工作需要，云南销售公司对领导班子成员分工进行明确：总经理、党委副书记杜丽学主持公司全面工作，着重抓好领导班子建设、干部管理、企业发展规划、人事劳资业务、绩效管理、审计监察工作，分管总经理办、人事处、审计监察处；党委书记、纪委书记、工会主席、副总经理兰建彬主持公司党委全面工作，着重抓好党的建设、领导班子建设、干部管理、员工队伍建设、企业文化建设、媒体危机管理、党风廉政建设、思想政治工作、工会工作，分管党委办公室、组织部、党群处、纪委办、成都办事处；副总经理、党委委员陈进军负责公司物流管理、批发营销业务，分管调运处、营销处；副总经理、党委委员王德耀负责公司投资计划管理、工程建设管理、设备设施管理，分管投资处、工程处；副总经理、安全总监、党委委员魏秋冬负责公司零售业务管理、天然气业务管理、HSE及数质量管理、非油品业务管理、油库业务管理，担任公司新闻发言人，分管加管处、质安处、非油处、油库处；副总经理、党委委员、总法律顾问刘启然负责公司股权管理、法律事务、制度建设、信息化建设、行政事务、生活后勤。协助公司党政主要领导做好干部管理、党群工作、人事劳资培训业务，分管企管处、信息处，协管人事处（组织部）、总经理办（党委办公室）、党群处；总会计师、党委委员杨亚进负责公司财务管理、预算管理、资金管理、内控体系建设、精细化管理。协助公司总经理做好审计方面的工作，分管财务处。同时，明确副总经济师吴跃庆分工，协助副总经理陈进军抓好营销、调运方面的工作。

2013年2月，根据工作需要，云南销售公司对领导班子成员分工进行明确：总经理、党委副书记杜丽学主持公司全面工作，着重抓好领导班子建设、干部管理、企业发展规划、人事劳资业务、绩效管理、审计监察工作，分管总经理办、人事处、审计监察处；党委书记、纪委书记、工会主席、副总经理兰建彬主持公司党委全面工作，着重抓好党的建设、领导班子建设、干部管理、员工队伍建设、企业文化建设、媒体危机管理、党风廉政建设、思想政治工作、工会工作，分管党委办公室、组织部、党群处、纪委办、成都办事处；副总经理、党委委员陈进军负责公司物流管理、油库业务管理，分管调运处、油库处；副总经理、党委委员王德耀负责公司投资计划管理、工程建设管理、设备设施管理，分管投资处、工程处；副总经理、党委委员魏秋冬负责公司批发营销业务、零售业务管理、天然气业务管理、非油品业务管理，担任公司新闻发言人，分管营销处、加管处、非油处；副总经理、党委委员、总法律顾问刘启然负责公司HSE及数质量管理、股权管理、法律事务、制度建设、信息化建设、行政事务、生活后勤，协助公司党政主要领导做好干部管理、党群工作、人事劳资培训业务，分管质安处、企管处、信息处，协管人事处（组织部）、总经理办（党委办公室）、党群处；总会计师、党委委员杨亚进负责公司财务管理、预算管理、资金管理、内控体系建设、精细化管理，协助公司总经理做好审计方面的工作，分管财务处。

5月，根据工作需要，云南销售公司对部分领导班子成员分工进行调整：副总经理、党委委员、安全总监、总法律顾问刘启然负责公司车用燃气开发利用业务、资产管理工作，担任公司新闻发言人，分管燃气办；副总经理、党委委员魏秋冬不再负责公司天然气业务工作，不再担任公司新闻发言人；副总经理、党委委员王德耀不再负责公司设备设施管理工作。

7月，根据工作需要，云南销售公司对领导班子成员分工进行明确：总经理、党委副书记杜丽学主持公司全面工作，着重抓好领导班子建设、干部管理、企业发展规划、人事劳资业务、绩效管理、审计监察工作，分管人事处、审计监察处；党委书记、纪委书记、工会主席、副总经理兰建彬主持公司党委全面工作，着重抓好党的建设、领导班子建设、干部管理、员工队伍建设、企业文化建设、媒体危机管理、党风廉政建设、思想政治工作、工会工作，分管党委办公室、组织部、党群处、纪委办、成都办事处；副总经理、党委委员陈进军负责公司物流管理、油库业务管理、分管调运处、油库处；副总经理、党委委员王德耀负责公司投资计划管理、车用燃气开发利用业务、信息化建设工作，分管投资处、信息处、燃气办；副总经理、党委委员魏秋冬负责公司批发营销业务、零售业务、非油品业务管理，分管营销处、加管处、非油处；副总经理、党委委员、安全总监、总法律顾问刘启然负责公司HSE及数质量管理、资产管理、工程建设管理、法律事务、行政事务、生活后勤管理，担任公司新闻发言人，协助公司党政主要领导做好党群工作，分管总经理办、质安处、工程处，协管党群处；总会计师、党委委员杨亚进负责公司财务管理、预算管理、资金管理、内控体系建设、股权管理、制度建设、精细化管理，协助公司总经理做好审计方面的工作，分管财务处、企管处，协管审计监察处。

2014年4月，集团公司党组决定赵剑春任云南销售公司党委委员、书记，免去兰建彬云南销售公司党委书记职务。股份公司决定兰建彬任云南销售公司总经理，免去杜丽学的云南销售公司总经理职务。股份公司决定兰建彬任云南销售公司党委副书记，免去其纪委书记、工会主席职务；赵剑春任云南销售公司纪委书记、工会主席、副总经理，免去杜丽学云南销售公司党委副书记、委员职务。

5月，根据工作需要，云南销售公司对领导班子成员分工进行明确：总经理、党委副书记兰建彬主持公司全面工作，着重抓好领导班子建设、企业发展规划、审计监察工作，分管审计监察处；党委书记、纪委书记、工会主席、副总经理赵剑春主持公司党委全面工作，着重抓好党的建设、领导班子建设、员工队伍建设、企业文化建设、媒体危机管理、党风廉政建设、思想政治工作、工会工作，分管党委办公室、组织部、党群处、纪委办；副总经理、党委委员陈进军负责公司人事管理、劳资业务、绩效管理、行政事务、生活后勤管理，协助公司党委主要领导做好党群工作，分管总经理办、人事处、成都办事处，协管党群处；副总经理、党委委员王德耀负责公司物流管理、油库业务管理，分管调运处、油库处；副总经理、党委委员魏秋冬负责公司批发营销业务、零售业务、非油品业务管理，分管营销处、加管处、非油处；副总经理、党委委员、安全总监、总法律顾问刘启然负责公司HSE及数质量管理、资产管理、工程建设管理、投资计划管理、车用燃气开发利用业务、信息化建设、法律事务，担任公司新闻发言人，分管质安处、工程处、投资处、信息处、燃气办；总会计师、党委委员杨亚进负责公司财务管理、预算管理、资金管理、内控体系建设、股权管理、制度建设、精细化管理，协助公司总经理做好审计监察方面的工作，分管财务处、企管处，协管审计监察处。

6月，股份公司决定杨声武任云南销售公司副总经理、党委委员。同月，根据领导班子调整实际，云南销售公司对部分领导班子成员分工进行调整：副总经理、党委委员杨声武负责公司内控体系建设、股权管理、制度建设、精细化管理，分管企管处和公司所属控参股单位；总会计师、党委委员杨亚进不再负责公司内控体系建设、股权管理、制度建设、精细化管理工作，不再分管企管处。

9月，公司任命杨辉国为公司总经理助理；沈建雄为公司总经理助理；朱明刚为公司安全副总监；李彦龙为公司副总经济师。

2014年初，公司按照"四部一中心"模式调整优化地市分公司机关部门组织架构，至4月底，所属14个地（市）分公司、2个专业性机构、5个控股公司机关部门均按照业务运作部、综合管理部、质量安全工程部、财务部、客户服务中心设置，优化缩减二级单位机关部门34个，减幅38%；减少机关编制167个，减幅28%；减少岗位人员114人，减幅21%。12月，在营销处、加油站管理处的基础上整合设立市场营销处；设立设备管理处，简称设备处，设备处与工程建设管理处实行"一套机构、两块牌子"运作模式。

2015年7月，云南销售公司对部分领导班子成员分工进行重新调整：副总经理、党委委员、安全总监、总法律顾问刘启然负责公司HSE及数质量管理、采购管理（不含非油商品采购）、科技管理、内控体系建设、股权管理、制度建设、精细化管理、法律事务、在建油库项目管理，担任公司新闻发言人；协助副总经理陈进军做好人事管理、劳资业务、绩效管理、行政事务、生活后勤管理。分管质安处、企管处、协管人事处、总经理办、成都办事处。副总经理、党委委员杨声武负责公司工程建设（不含在建油库工程项目管理）、资产管理、设施设备管理、投资计划管理、信息化建设。分管工程处、投资处、信息处和公司所属控参股单位。

8月，公司注册成立云南迪庆销售分公司、云南怒江销售分公司，分别由丽江分公司、保山分公司管理。同时撤销迪庆办事处（丽江项目部）和怒江办事处（保山项目部）两个管理机构。

截至2015年底，公司机关设处室12个，所属二级单位22个，公司在册员工6289人。

2016年3月，公司对部分领导班子成员分工作出调整，副总经理刘启然负责公司HSE及数质量管理、人事管理、劳资业务、绩效管理、采购管理（不含非油商品采购）、科技管理、内控体系建设、股权管理、制度建设、精细化管理、法律事务、行政事务、生活后勤、在建油库工程项目管理，担任公司新闻发言人。协助公司党委主要领导做好党群及纪检方面的工作。分管质安处、企管处、人事处、总经理办，协管党群处、纪委办。10月，股份公司决定王德耀职务级别为副局级。同月，股份公司决定，吴跃庆任云南销售公司副总经理。集团公司党组决定，吴跃庆任云南销售公司党委委员。12月，中共云南省委决定，王德耀任云南省发展和改革委员会副主任（挂职两年）。中共云南省委组织部决定，王德耀任云南省发展和改革委员会党组成员（挂职两年）。同月，公司对领导班子成员工作分工作出调整，总经理兰建彬主持公司全面工作，着重抓好领导班子建设、企业发展规划、审计监察工作，分管审计监察处；党委书记、纪委书记、工会主席、副总经理赵剑春主持公司党委全面工作，着重抓好党的建设、领导班子建设、员工队伍建设、企业文化建设、媒体危机管理、党风廉政建设、思想政治工作、工会工作，分管党办、组织部、党群处、纪委办；副总经理魏秋冬负责公司批发营销业务、零售业务、非油品业务管理，分管市场营销处、非油处；副总经理刘启然负责公司人事管理、劳资业务、绩效管理、采购管理（不含非油商品采购）、内控体系建设、股权管理、制度建设、精细化管理、法律事务、行政事务、生活后勤管理，协助公司党委主要领导做好党群及纪检方面的工作，分管人事处、企管处、总经理办、四川业务服务部，协管党群处、纪委办；总会计师杨亚进负责公司财务管理、预算管理、资金管理，协助公司总经理做好审计方面的工作，分管财务处，协管审计监察处；副总经理杨声武负责公司工程建设管理、资产管理、设施设备管理、投资计划管理、信息化建设,分管工程处(设备处)、投资处、信息处和公司所属控参股单位;副总经理、党委委员吴跃庆负责公司物流管理、油库业务管理、安全环保、HSE及数质量管理、科技管理,担任公司新闻发言人,分管调运处、油库处、质安处;副总经理王德耀因挂职云南省发改委副主任,不再分管公司具体业务,按照公司发展需要,协助公司协调对接地方政府部门相关事宜,推进公司全省网络开发建设等相关工作。

是年,为进一步加强对合资合作单位的管理,充分整合资源,降低运营成本,扩大区域竞争优势,不断提升组织运行效率,公司决定对中油强林石油化工有限公司及昆明分公司机构设置、管理职能及人员编制等进行调整,将中油强林石油化工有限公司与昆明分公司实行合署办公,采取"一套机构、两块牌子"运作模式,并按照"机构统一设置、人员统一管理、工作统一部署、业绩统一考核"的原则进行管理。4月,为进一步完善公司销售网络布局,扩大市场占有率,提高非油销售能力,保障云南炼厂后路畅通,公司决定与北汽云南瑞丽汽车有限公司组建合资公司,新设合资公司名称为云南中油北汽瑞丽有限责任公司。6月,公司成立昆明地区集团项目推进组,并调整昆明地区网络建设工作领导小组成员。杨辉国任组长,投资处、昆明分公司分管投资工程工作的副处长、副经理任副组长。公司分管投资工程工作的副总经理任昆明地区网络建设工作领导小组组长。

12月27—28日,中国共产党中国石油云南销售公司第一次代表大会召开,出席代表115人。会议选举产生第一届委员会和纪律检查委员会,赵剑春为党委书记、纪委书记,兰建彬为党委副书记。截至2016年底,云南销售公司机关设处室12个,所属二级单位22个,在册员工6006人。

2017年1月,调整公司党委班子成员工作分工:党委书记、纪委书记、工会主席、副总经理赵剑春主持公司党委全面工作;着重抓好党的建设、领导班子建设、员工队伍建设、企业文化建设、媒体危机管理、党风廉政建设、思想政治工作、工会和共青团工作;联系党委办公室、组织部、党群处、纪委办,挂点单位昆明(中油强林)公司。党委副书记、总经理兰建彬主持公司行政全面工作;负责上级党组织和本级党委决策在公司行政领域的贯彻落实,着重抓好领导班子建设、公司战略发展规划、审计监察工作;联系审计监察处,挂点单位玉溪分公司。党委委员、副总经理魏秋冬负责公司批发营销业务、零售业务、非油品业务管理;着重抓好公司党委决策在分管业务领域的贯彻落实,对联系处室和挂点单位的党建思想政治工作和党风廉政建设工作负直接领导责任;联系市场营销处、非油处(非油品公司),挂点单位红河分公司、文山分公司、非油品公司。党委委员、副总经理、总法律顾问刘启然协助公司党委书记做好党委日常工作;负责公司人事管理、劳资业务、绩效管理、采购管理(不含非油商品采购)、内控体系建设、股权管理、制度建设、精细化管理、法律事务、行政事务、生活后勤管理;着重抓好公司党委决策在分管业务领域的贯彻落实,对联系处室和挂点单位的党建思想政治工作和党风廉政建设工作负直接领导责任;联系人事处(组织部)、企管处、总经理办(党委办公室)、四川业务服务部,协助党委书记联系党群处、纪委办,挂点单位大理(中青、能源)公司、保山分公司、德宏分公司。党委委员、总会计师杨亚进负责公司财务管理、预算管理、资金管理,协助公司总经理做好审计方面的工作；着重抓好公司党委决策在分管业务领域的贯彻落实，对联系处室和挂点单位的党建思想政治工作和党风廉政建设工作负直接领导责任；联系财务处，协助党委副书记联系审计监察处，挂点单位西双版纳分公司、丽江分公司。党委委员、副总经理杨声武负责公司工程建设管理、资产管理、设施设备管理、投资计划管理、信息化建设；着重抓好公司党委决策在分管业务领域的贯彻落实，对联系处室和挂点单位的党建思想政治工作和党风廉政建设工作负直接领导责任；联系工程处（设备处）、投资处、信息处、公司所属控参股单位，挂点单位楚雄分公司、临沧分公司、普洱分公司。党委委员、副总经理、安全总监吴跃庆：负责公司物流管理、油库业务管理、安全环保、HSE及数质量管理、科技管理；担任公司新闻发言人；着重抓好公司党委决策在分管业务领域的贯彻落实，对联系处室和挂点单位的党建思想政治工作和党风廉政建设工作负直接领导责任；联系调运处、油库处、质安处，挂点单位曲靖分公司、昭通分公司、仓储分公司。党委委员、副总经理王德耀挂职云南省发改委副主任，协助公司协调对接地方政府部门相关事宜，推进公司全省网络开发建设等相关工作。

9月，为有效提升市场份额，公司决定在迪庆州正式成立"中国石油云南迪庆销售分公司"，简称迪庆分公司，作为公司所属二级单位独立运行，机构规格明确为正科级，并与迪庆中青公司合署办公，采取"一套机构、两块牌子"运作模式，按照"机构统一设置、人员统一管理、工作统一部署、业绩统一考核"原则进行管理。同时，撤销丽江分公司迪庆业务运作部。11月，为加快非油品销售业务发展，股份公司同意云南销售公司设立非油品销售分公司，列二级机构序列，机构规格为处级；撤销非油品业务中心。同意中油北汽瑞丽公司纳入二级机构管理，不明确机构规格。

12月，集团公司党组任命朱敬波为云南销售公司纪委书记、党委委员。截至2017年底，公司机关设处室12个，所属二级单位22个，在册员工5695人。

2018年2月，对部分领导班子成员分工进行调整。党委书记、工会主席、副总经理赵剑春主持公司党委、工会全面工作；着重抓好党的建设、领导班子建设、员工队伍建设、思想政治工作、工会和共青团工作；分管党委办公室、组织部、党群处。副总经理、党委委员、总法律顾问刘启然负责公司人事管理、劳资业务、绩效管理、采购管理（不含非油商品采购）、内控体系建设、股权管理、制度建设、精细化管理、法律事务、行政事务、生活后勤管理；协助公司党委主要领导做好党群方面的工作；分管人事处、企管处、总经理办、四川业务服务部，协管党群处。总会计师、党委委员杨亚进负责公司财务管理、预算管理、资金管理；分管财务处。党委委员、纪委书记朱敬波负责公司纪检工作，协助公司总经理做好审计方面的工作；分管纪委办，协管审计监察处。同时，同步对党委部分领导班子成员分工进行调整，党委书记、工会主席、副总经理赵剑春主持公司党委、工会全面工作；着重抓好党的建设、领导班子建设、员工队伍建设、思想政治工作、工会和共青团工作；联系党委办公室、组织部、党群处，挂点单位昆明（中油强林）公司。党委委员、副总经理、总法律顾问刘启然协助公司党委书记做好党委日常工作；负责公司人事管理、劳资业务、绩效管理、采购管理（不含非油商品采购）、内控体系建设、股权管理、制度建设、精细化管理、法律事务、行政事务、生活后勤管理；着重抓好公司党委决策在分管业务领域的贯彻落实，对联系处室和挂点单位的党建思想政治工作和党风廉政建设工作负直接领导责任；联系人事处（组织部）、企管处、总经理办（党委办公室）、四川业务服务部，协助党委书记联系党群处，挂点单位大理（中青、能源）公司、保山分公司、德宏分公司。党委委员、总会计师杨亚进负责公司财务管理、预算管理、资金管理；着重抓好公司党委决策在分管业务领域的贯彻落实，对联系处室和挂点单位的党建思想政治工作和党风廉政建设工作负直接领导责任；联系财务处，挂点单位西双版纳分公司、普洱分公司。党委委员、副总经理杨声武负责公司工程建设管理、资产管理、设备设施管理、投资计划管理、信息计划建设；着重抓好公司党委决策在分管业务领域的贯彻落实，对联系处室和挂点单位的党建思想政治工作和党风廉政建设工作负直接领导责任；联系工程处（设备处）、投资处、信息处，挂点单位楚雄分公司、临沧分公司。党委委员、纪委书记朱敬波负责公司纪检工作，协助公司总经理做好审计方面的工作；着重抓好公司党委决策在分管业务领域的贯彻落实，对联系处室和挂点单位的党建思想政治工作和党风廉政建设工作负直接领导责任；联系纪委办，协助党委副书记联系审计监察处，挂点单位丽江分公司、迪庆分公司。

4月，股份公司决定赵剑春任云南销售公司总经理。

6月，公司党政主要领导调整后，对领导班子成员分工进行调整。公司总经理、党委书记、工会主席赵剑春主持公司、公司党委、工会全面工作；着重抓好党的建设、领导班子建设、企业发展规划、员工队伍建设、思想政治工作、工会和共青团工作、审计工作；分管总经理办（党委办公室）、党群处（宣传部）。副总经理、党委委员王德耀挂职云南省发改委副主任，负责协助公司协调对接地方政府部门相关事宜，推进公司全省网络开发建设等相关工作。副总经理、党委委员魏秋冬负责公司批发营销业务、物流管理、油库业务管理、股权企业管理；分管市场营销处、调运处、油库处（仓储分公司）、公司所属控参股单位。副总经理、党委委员、总法律顾问刘启然负责公司组织人事管理、劳资业务、绩效管理、采购管理（不含非油商品采购）、内控体系建设、股权管理、制度建设、精细化管理、法律事务，协助公司总经理做好行政事务、生活后勤管理、审计方面的工作，协助党委主要领导做好党委日常工作及工会工作；分管人事处（组织部）、企管处，协管总经理办（党委办公室）、党群处（宣传部）。总会计师、党委委员杨亚进负责公司财务管理、预算管理、资金管理；分管财务处。副总经理、党委委员杨声武负责公司工程建设管理、资产管理、设施设备管理、投资计划管理、信息化建设；分管工程处、投资处、信息处。副总经理、党委委员、安全总监吴跃庆负责公司零售业务、非油品业务、安全环保、HSE及数质量管理、科技管理；担任公司新闻发言人；分管零售业务处、非油处（非油品公司）、质安处。纪委书记、党委委员朱敬波负责公司纪检监察工作；分管审计监察处、纪委办、巡察办。

（一）云南销售公司领导（2009.11—2018.12）

总　　经　　理　杨子清（2009.11—2012.3）
　　　　　　　　杜丽学（2012.3—2014.4）

　　　　　　　　　兰建彬（2014.4—2018.4）

　　　　　　　　　赵剑春（2018.4—2018.12）

　　副 总 经 理　陈进军（2009.11—2015.11）

　　　　　　　　　王德耀（2009.11—2018.12；副局级，2016.10—2018.12，挂任云南省发展和改革委员会副主任、党组成员）

　　　　　　　　　张安平（2009.11—2010.12）

　　　　　　　　　魏秋冬（2010.4—2018.12）

　　　　　　　　　兰建彬（2010.12—2018.4）

　　　　　　　　　刘启然（2011.4—2018.12）

　　　　　　　　　赵剑春（2014.4—2018.12；2014.9—2016.12挂任云南省发展和改革委员会副主任）

　　　　　　　　　杨声武（2014.6—2018.12）

　　　　　　　　　吴跃庆（2016.10—2018.12）

　　总 会 计 师　张晓玲（2009.11—2011.4）

　　　　　　　　　杨亚进（2011.4—2018.12）

　　安 全 总 监　王德耀（兼任，2009.11—2010.4）

　　　　　　　　　魏秋冬（兼任，2010.4—2013.3）

　　　　　　　　　刘启然（兼任，2013.3—2017.4）

　　　　　　　　　吴跃庆（兼任，2017.4—2018.12）

　　总法律顾问　刘启然（2011.4—2018.12）

　　总经理助理　魏秋冬（2009.11—2010.4）

　　　　　　　　　王　澍（2009.11—2011.5）

　　　　　　　　　刘启然（2009.11—2011.4）

　　　　　　　　　杨辉国（2014.9—2017.1）

　　　　　　　　　沈建雄（2014.9—2018.12）

　　　　　　　　　杨　健（2018.1—2018.4）

　　　　　　　　　徐启东（2018.1—2018.12）

　　副总经济师　吴跃庆（2011.4—2016.10）

　　　　　　　　　李彦龙（2014.9—2017.12）

　　安全副总监　朱明刚（2014.9—2018.12）

（二）云南销售公司党委领导（2009.11—2018.12）

　　书　　　记　张安平（2009.11—2010.12）

　　　　　　　　　兰建彬（2010.12—2014.4）

　　　　　　　赵剑春（2014.4—2018.12）
副　书　记　杨子清（2009.11—2012.3）
　　　　　　　杜丽学（2012.3—2014.4）
　　　　　　　兰建彬（2014.4—2018.4）
委　　　员　张安平（2009.11—2010.12）
　　　　　　　杨子清（2009.11—2012.3）
　　　　　　　陈进军（2009.11—2015.11）
　　　　　　　张晓玲（2009.11—2011.4）
　　　　　　　王德耀（2009.11—2018.12）
　　　　　　　兰建彬（2010.12—2018.4）
　　　　　　　魏秋冬（2010.4—2018.12）
　　　　　　　刘启然（2011.4—2018.12）
　　　　　　　杨亚进（2011.4—2018.12）
　　　　　　　杜丽学（2012.3—2014.4）
　　　　　　　赵剑春（2014.4—2018.12）
　　　　　　　杨声武（2014.6—2018.12）
　　　　　　　吴跃庆（2016.10—2018.12）
　　　　　　　朱敬波（2017.12—2018.12）

（三）云南销售公司纪委领导（2009.11—2018.12）

书　　　记　张安平（2009.11—2010.12）
　　　　　　　兰建彬（2010.12—2014.4）
　　　　　　　赵剑春（2014.4—2017.12）
　　　　　　　朱敬波（2017.12—2018.12）
委　　　员　张安平（2009.11—2010.12）
　　　　　　　刘启然（2009.11—2011.6）
　　　　　　　王　虎（2009.11—2018.12）
　　　　　　　李海明（2009.11—2010.9）
　　　　　　　蒋雁飞（2009.11—2015.12）
　　　　　　　汪长波（2009.11—2010.9）
　　　　　　　彭国强（2009.11—2010.9）
　　　　　　　沈建雄（2009.11—2010.9）
　　　　　　　史咏梅（2010.9—2018.12）
　　　　　　　孙卫刚（2010.9—2016.12）

朱　妣（2010.9—2016.12）

张书明（2010.9—2011.6）

聂　焱（2010.9—2016.12）

谢淑海（2010.9—2011.6）

潘竟忠（2010.9—2016.12）

兰建彬（2010.12—2014.4）

刘忠华（2011.6—2016.4）

李敬东（2011.6—2016.12）

李新宇（2011.6—2015.12；2018.10—2018.12）

黄　瓒（2011.6—2013.3）

赵剑春（2014.4—2017.12）

王克军（2015.12—2018.2）

李　新（2015.12—2016.12）

任家永（2016.12—2018.12）

朱敬波（2017.12—2018.12）

刘秀兰（2018.2—2018.10）

（四）云南销售公司工会（2009.11—2018.12）

主　　　席　王德耀（2009.11—2011.4）

　　　　　　兰建彬（2011.4—2014.4）

　　　　　　赵剑春（2014.4—2018.12）

副　主　席　王　虎（2009.11—2018.1）

　　　　　　刘秀兰（正处级，2012.10—2018.12）

　　　　　　李新宇（正处级，2018.1—2018.12）

（五）云南销售公司团委（2009.11—2018.12）

书　　　记　潘竟忠（2009.11—2010.8）

副　书　记　朱　妣（2009.11—2010.8）

　　　　　　李保中（主持工作，2010.9—2011.5）

　　　　　　刘国栋（2011.5—2016.3）

　　　　　　谢　刚（2016.6—2017.9）

　　　　　　刘振兴（2018.4—2018.12）

第二节 机关部门

一、总经理（党委）办公室（2008.12—2018.12）

2009年1月，股份公司对西南销售公司（云南销售公司）机构设置进行批复，同意机关设总经理办公室（党委办公室）。主要职能：负责领导日常办公和公务活动的安排；负责重要会议及活动组织筹备工作；负责重大决策和重要工作部署执行情况进行监督、检查和催办；负责协调机关各部门的工作运行，了解掌握机关各部门、各单位的工作动态，并将掌握的信息进行集中分析、整理，向领导提供决策依据；负责工作简报、工作安排、工作总结、综合报告及重要会议领导讲话等材料的起草；负责来文来电处理、公文核稿、文件收发、传阅及印鉴管理；负责文书、档案管理及保密工作，并编写大事记；负责公共关系及公车管理、办公用品管理等后勤保障工作；负责信访接待、稳定工作。

同月，云南销售公司决定成立政策研究室，为云南销售公司特设机构，挂靠总经理办公室（党委办公室）管理，政策研究室下设业务课题组、综合管理课题组、安全环保课题组、思想政治工作（企业文化）课题组和秘书组5个专业小组，主要负责研究云南销售公司发展方向、发展战略、重大决策、重要政策、重要改革以及云南销售公司运行和管理体制等方面的相关问题，并提出意见和建议，起草重要文件、相关材料、综合性文稿以及有价值的可行性研究报告。

2012年5月，公司成立接待办公室，作为总经理办公室附属机构，主要负责公司重大接待活动策划、安排、统一协调及实施等工作。

2014年9月，为加强公司档案工作领导，更好地履行职责，公司决定成立档案工作委员会，档案工作委员会下设办公室，办公室设在公司总经理（党委）办公室。

2015年7月，根据集团公司《关于清理规范驻外办事处有关工作的通知》要求，公司决定撤销成都综合协调办事处机构，原成都综合协调办事处相关职能并入公司总经理办公室（党委办公室），具体业务由总经理办公室（党委办公室）继续履行相关职能。

2018年5月，为进一步提高公司机关处室的综合管理水平，加强业务统筹协调和工作衔接，公司决定在总经理办公室（党委办公室）设置保密档案管理科、机要文秘科、综合管理科。

（一）总经理（党委）办公室（2008.12—2018.12）

主　　任　魏秋冬（2008.12—2009.2）
　　　　　李彦龙（2009.2—2010.8）
　　　　　聂　焱（2011.5—2012.10）
　　　　　王克军（2013.7—2018.1）

　　　　　　　王　虎（2018.1—2018.12）
　　副 主 任　任　军（2009.8—2012.10）
　　　　　　　张书明（主持工作，2010.8—2011.5）
　　　　　　　王克军（主持工作，2012.10—2013.7）
　　　　　　　张月明（2014.8—2018.12）
　　　　　　　李海明（2015.9—2016.3）
　　　　　　　韩培荣（2016.12—2018.11）
　　协助负责人　任　军（2009.2—2009.8）
　　　　　　　王克军（2011.5—2012.10）

（二）政策研究室（2009.11—2018.12）

　　主　　任　李彦龙（2009.11—2010.8）
　　　　　　　刘启然（兼任，2011.9—2018.12）

二、人事处（党委组织部）（2008.12—2018.12）

　　2009年1月，股份公司对西南销售公司（云南销售公司）机构机构设置进行批复，同意机关设人事处（党委组织部）。主要职能：负责根据发展规划编制企业中长期和年度人力资源规划，制修订人力资源管理制度；负责领导班子建设和后备干部队伍建设，按权限负责领导人员的培养、考核和任免工作；负责党的组织建设、党员队伍和入党积极分子队伍的管理工作；负责机构设置及职权界定和人员编制及劳动定员定额管理工作；负责企业劳动关系及劳动用工的管理；负责企业薪酬总额和人工成本管理工作；负责社会保险、补充保险、住房公积金和离退养人员的管理；负责专业技术职务的申报、评审与管理；负责企业员工培训和技能鉴定工作；负责企业员工调配和毕业生引进工作；按管理权限负责员工的人事档案管理；负责外事管理工作；负责各类劳动工资、各类人才、干部人事、社会保险等统计报表工作；负责委派到股权单位的股东代表、董事、监事的选拔及考核。人事处（党委组织部）负责管理下设附属职业技能鉴定站（员工培训中心）。

　　2014年3月，为提高员工和退休人员医疗保障水平，缓解员工就医负担，公司决定成立补充医疗保险管理委员会，补充医疗保险管理委员会下设办公室，办公室设在人事处（党委组织部），主要负责研究制定公司补充医疗保险管理政策及相关规章制度，补充医疗保险基金收支审核及日常管理工作。

　　2018年5月，为进一步加强公司党建工作的组织领导和管理工作，进一步提高公司机关处室综合管理水平，加强业务统筹协调和工作衔接，公司决定在人事处（党委组织部）设置党建工作科、干部人事科、劳动分配科、培训鉴定科。

（一）人事处（党委组织部）（2008.12—2018.12）

处　长（部　长）　刘启然（2008.12—2009.2；兼任，2009.2—2011.4）
　　　　　　　　　刘忠华（2012.11—2016.4）
　　　　　　　　　任家永（2016.4—2018.12）
副处长（副部长）　张书明（2009.2—2010.8；2018.1—2018.12）
　　　　　　　　　刘忠华（2009.8—2012.11）
　　　　　　　　　任家永（2010.8—2011.5）
　　　　　　　　　潘竟忠（2011.5—2013.7）
　　　　　　　　　孙　英（2013.7—2014.8）
　　　　　　　　　李新宇（2014.8—2018.1）
协助负责人　　　　刘忠华（2009.3—2009.8）

（二）职业技能鉴定站（2009.1—2018.12）

站　　　长　　张书明（2009.2—2010.8）
　　　　　　　任家永（2010.8—2011.5；2016.4—2018.12）
　　　　　　　刘忠华（2012.11—2016.4）

（三）员工培训中心（2008.12—2018.12）

主　　　任　　张书明（2009.2—2010.8）
　　　　　　　任家永（2010.8—2011.5；2016.4—2018.12）
　　　　　　　刘忠华（2012.11—2016.4）

三、财务处（2008.12—2018.12）

2009年1月，股份公司对西南销售公司（云南销售公司）机构设置进行批复，同意机关设财务处。主要职能：负责贯彻执行国家和上级公司财经法规及财务制度，负责财务工作方针、工作目标的开展、检查和落实；负责建立和完善财务管理制度体系和财务内控体系；负责财务预算方案的拟定，编制并衔接年度、季度、月度预算，以及预算执行分析及考核数据的上报；负责资金管理、银行账户管理，通过网上银行下拨及跟踪监控资金计划（年、月、周）执行情况和资金收支动态；负责批发和零售购销业务的结算与核算工作；负责存货管理和核算；负责固定资产、无形资产及其他资产的价值管理和核算工作；会同相关部门进行固定资产的报废审批与上报；协助实物管理部门进行固定资产清查盘点工作；负责编制会计报表汇总、合并和财务分析；负责债权债务、权益核算和管理；负责税收管理；负责资本性支出的管理与核算，股权投资的财务管理与会计核算工作；参与油品价格测算、经济合同的审核、签订；负责机关本部的经费报销、工资及附加费的日常核算及财务管理；负责财务、资产、资金管理信息系统的推广应用；负责牵头组织公司经济活动分析。

2010年2月，云南销售公司对机关处室管理职能进行调整明确，将清欠管理职能从营销处调整到财务处，清欠办公室设在财务处，主要负责债权、债务的动态跟踪分析、日常监督管理及债务清欠的组织工作。

2012年10月，为进一步提高公司机关处室的综合管理水平，加强业务统筹协调和工作衔接，公司决定在财务处设置业务科室，财务处设五个科室，即：稽查科、价税管理科、会计核算科、综合管理科、资产管理科，科室科长职数均为1人（正科级）。

2014年9月，为进一步统一核算标准、降低资金管理风险、强化费用管控，提升财务专业线流程化、标准化、规范化工作水平及工作效率，实现"算管分离"，公司决定在财务处下设"集中支付与报销共享服务中心"（简称"财务共享中心"），作为机关附属机构管理。财务共享中心主要负责公司日常费用、工资、社保、"三费"的会计核算工作；负责公司资金支付申请、复核、审核及付款工作；负责协助做好公司费用预算编制及集中报销系统费用预算的维护工作；负责公司集中报销系统内扫描单据的审核及账务系统凭证审核工作；负责公司集中报销系统、预算系统、影像系统的日常运行维护工作等。

处　　长　黄　瓒（2011.2—2013.3）
　　　　　　杨　健（2014.12—2018.4）
　　　　　　鲁振华（2018.7—2018.12）
副　处　长　史咏梅（2008.12—2009.2；主持工作，2009.2—2010.8）
　　　　　　张德华（2009.8—2010.8）
　　　　　　唐衍尘（2010.8—2011.5）
　　　　　　王湘江（2010.8—2011.8）
　　　　　　霍　芩（2013.6—2018.11）
　　　　　　贺　健（2013.6—2018.12）
　　　　　　杨　健（主持工作，2013.9—2014.12）
协助负责人　张德华（2009.2—2009.8）
　　　　　　杨　健（2011.8—2012.10）
　　　　　　黄　瓒（2010.5—2011.2）
　　　　　　霍　芩（2012.10—2013.6）
　　　　　　贺　健（2012.10—2013.6）

四、营销处—市场营销处（2008.12—2018.12）

2009年1月，股份公司对西南销售公司（云南销售分公司）机构设置进行批复，同意机关设营销处。主要职能：负责调研辖区内市场变化情况，跟踪和把握市场规律，及时做出预测和分析，提出销售规划建议；负责编制、上报年、季、月成品油需求计划、制定资源优化配置方案和油品销售计划，并组织实施；根据上级公司指导意见提出权限外成品油销售价格的建议，经公司价格领导小组审定后，上报和下达辖区内的成品油销售价格，并对执行情况进行监督检查；负责市场营销策划工作；负责成品油商流统计及统计分析工作，及时编制上报各类统计报表；负责辖区内市场信息管理工作，研究竞争对手油品来源、销售策略、促销手段等情况，提出应对措施；负责协调地方政府开展市场规范和市场整顿工作；负责专项用户管理和重要的社会、机构用户的开发与管理；负责销售业务信息系统的推广应用。

2010年2月，公司对机关处室管理职能进行调整明确，营销处是综合统计工作的归口职能部门，将清欠管理职能从营销处调整到财务处。6月，将对标管理职能由企管处调整到营销处。10月，公司在营销处下设客户管理中心，机构级别为副处级，主任由营销处处长兼任。在分公司设立客户服务部，客户服务部与分公司营销管理部（或综合业务部）实行"一套机构、两块牌子"运作模式。在昆明分公司、大理分公司分别设立客户服务中心，作为分公司基层单位管理，工作上接受分公司客户服务部的领导。其他分公司可根据各自条件依托加油站或机关办公场所设置客户服务中心，设置方案报经公司审批后执行。

2012年4月，为加快完善市场和营销策略研究体系，强化战略规划和市场研究对营销策略安排和资源运作的指导作用，提高公司的市场快速反应和运作能力，公司决定成立市场营销研究小组，研究小组日常工作由营销处牵头组织，相关处室配合完成。10月，为进一步提高公司机关处室的综合管理水平，加强业务的统筹协调和工作衔接，公司决定在营销处设置业务科室，营销处设"三科一中心"，即：市场销售科、计划运行科、综合统计科、客户管理中心；科室科长职数均为1人（正科级），客户管理中心设副主任1人（正科级）。

2014年6月，公司决定成立差异化营销研究策划小组，营销处负责定期提出直销专业线差异化营销策略的意见和建议，并对实施情况进行监控改进及评估。12月，深入推进机关处室职能和管理流程优化，形成上下协调、沟通顺畅、适应公司发展需要的组织架构体系和业务运行机制，公司决定对营销处、加油站管理处处室机构设置及管理职能等进行调整，在营销处、加油站管理处（加油卡管理中心）的基础上整合设立"市场营销处"；市场营销处下设"六科一中心"，即：加油站运营管理科、价格商情科、营销策划科、计划运行科、综合统计科、加油卡管理科、客户开发管理中心。其中：客户开发管理中心机构级别为副处级，主任由市场营销处副处长兼任；市场营销处人员编制为24人。市场营销处主要职能，负责加油站运营管理，包括加油站规范管理（含加油站规范化、标准化、定置化管理等）、现场服务（含加油站服务规范、服务提升、"两服务一清洁"等）、形象标识管理（含加油站形象管理、标识标牌管理、办公设施、前庭服务设施配备及改进等）、加油站研究与运营管理（含加油站委托经营、租赁经营、特许经营，新站前期调研、论证、选址、可行性研究，自助站建设与推广，加油站"小改大"项目，加油站全流程诊断，"双低站"治理，吨级站、星级站、样板站打造、培育与管理以及加油站管理系统应用）等；负责成品油销售业务，包括成品油资源配置、销售计划编制、市场研判、竞争对手分析、价格商情管理、销售政策研究、营销策略制定、进销调存运行管理、批发、直销、纯枪、橇装业务管理、油品结算管理、综合统计、对标管理以及销售ERP系统管理等；负责加油卡（IC卡）业务，包括加油卡营销与推广、加油卡卡片管理、加油卡积分及礼品兑换管理、卡系统相关设备管理、卡业务数据统计分析、卡系统日常运行和监督管理等；负责客户管理，包括批发、直销、零售客户的开发与维护，客户档案的建立、分析与管理，战略客户框架协议的推进落实，物流车队客户管理，客户分类分级、等级评定及动态管理，客户经理队伍建设与管理（含客户经理分级考评），以及客户需求调研、客户服务、客户投诉管理、95504客服平台应用等。

2018年6月，为形成上下协调、沟通顺畅、以零售为核心的组织机构体系和业务运行机制，提升专业化管理水平，提升核心竞争力，公司决定将市场营销处拆分成市场营销处、零售业务处，分别负责公司库批业务、零售业务。

（一）营销处（2008.12—2014.12）

处　　　长　吴跃庆（2008.12—2009.2）
　　　　　　冯术坤（2009.8—2011.5）
　　　　　　殷长征（2012.10—2013.3）
临时负责人　冯术坤（2009.2—2009.8）
　　　　　　徐启东（2011.5—2012.10）
副　处　长　赵文强（2009.2—2010.8）
　　　　　　胡登华（2010.8—2014.8）
　　　　　　武宜彬（2012.10—2013.7）
　　　　　　金笃军（2012.10—2013.7；主持工作，2013.7—2014.12）
　　　　　　唐衍尘（2014.8—2014.12）
协助负责人　徐启东（2011.1—2011.5）
　　　　　　徐光磊（2011.5—2012.10）

（二）市场营销处（2014.12—2018.12）

处　　　长　沈建雄（兼任，2014.12—2017.5）
　　　　　　金笃军（2017.9—2018.12）
副　处　长　金笃军（正处级，2014.12—2017.9）
　　　　　　徐光磊（正处级，2014.12—2017.2）
　　　　　　唐衍尘（2014.12—2018.11）
　　　　　　孙　英（2014.12—2018.7）
　　　　　　孙晓娜（2017.2—2018.7）

（三）客户管理中心（2012.10—2018.12）

主　　任　金笃军（2012.10—2017.9）

　　　　　唐衍尘（2017.9—2018.12）

五、调度运输处—调运与油库管理处（调度指挥中心）—调度运输处（2008.12—2018.12）

2009年1月，股份公司对西南销售公司（云南销售公司）机构设置进行批复，同意机关设调度运输处。主要职能：负责制定年度、季度、月度资源调运计划和优化运行实施方案；负责优化整体运输方案，合理编制计划，包括铁路、公路及海运计划，降低运输费用，并做好调度运输统计分析工作；负责成品油调运计划的组织实施；负责所属单位成品油二次配送与优化运行工作；负责及时与上级公司编制、上报调运动态信息；负责年度、季度、月度运输费用支出情况跟踪分析和监督检查，协助财务部门做好运输费用的预、决算工作；负责物流指挥、调运组织管理体系的建立完善工作；负责资源调运配送过程中的数质量管理及外采油品超耗的索赔工作；负责与承运商的协调及运输超耗的索赔工作；负责成品油资源的收发存管理及对外采购油品工作；负责除汽油、煤油、柴油以外炼油产品的调度运输组织；负责生产运行指挥，对日常生产运行行使调度指挥中心职能；负责根据物流运行需要，提出油库租赁意见；负责物流运行信息系统的推广应用。

2010年2月，公司调整有关处室管理职能，将调度运输处更名为调运与油库管理处（调度指挥中心），调运与油库管理处是成品油二次配送优化及运行管理的归口职能部门，物流中心不再承担二次配送优化及运行管理工作。

2012年5月，公司决定设立西北采调办，将广西办事处更名为钦州采调办，采调办为调运处驻外派出机构。9月，将调度指挥中心作为调运处的附属机构管理，机构级别为副处级，并将仓储管理中心配送部整体纳入调度指挥中心管理。10月，为进一步提高公司机关处室的综合管理水平，加强业务的统筹协调和工作衔接，公司决定在调运处设置业务科室，调运处设"三科一中心"，即：物流优化科、运输计划科、综合管理科、调度指挥中心；科室科长职数均为1人（正科级），调度指挥中心设副主任1人（正科级）。11月，公司成立油库管理处，将调运与油库管理处更名为调度运输处，明确调度运输处不再履行油库运行管理职能，调整配送中心（客户服务中心）管理关系，将配送中心（客户服务中心）机构及人员划归仓储分公司管理，由财务处、调运处和营销处对仓储分公司的财务、物流和商流业务进行指导和监督。明确仓储分公司与调度运输处、调度指挥中心管理界面。调度运输处主要职能：负责油库实物库存的统一调度管理、物流环节数质量管控、内部移库和ERP系统暂估的审批、铁路局层次协调和铁路编组通过效率的沟通，负责根据月度运行计划编制、汇总相关费用预算并对运输费用支出情况的跟踪分析和监督检查，协助财务部门做好运输费用的预、决算工作，负责对货到票未到、票到货未到以及暂估数量的核对，并协助财务处做好差异原因分析，负责制定、报批油库租赁方案，商谈油库租赁合同，办理租赁手续，支付租赁费用及协调处理油库运行中的其他事宜。调度指挥中心主要职能：负责出库计划的编制和系统录入，负责承运商管理和公路运费的申报、支付、核销、统计、分析、控制，负责出库后油品数质量监督管理、中国石油天然气运输公司对油罐车变更品名清罐作业审批、系统变更和ERP系统暂估需求提报等工作。

2013年11月，为进一步加强资源外采工作的分析研判和统筹协调，建立起贴近市场、快速反应、高效决策的资源外采运行机制，不断提升公司效率、效益，经研究，公司决定成立资源外采领导小组及办事机构，外采领导小组下设资源外采办公室（简称外采办，临时性机构），外采办设在调运处，主要职责外采办负责建立健全公司资源外采工作相关制度；负责分析研判外采市场及价格走势，研究提出外采策略；负责对外沟通协调，组织落实好外采资源及资金计划等；负责外采合同的起草、法律审查及签订工作；负责外采油品的数质量管理；负责组织做好外采油品收发存工作；负责研究明确外采油品的销售渠道、销售方式；负责组织对外采油品进行效益分析和评价；负责组织对外采供应商进行考核评价；负责调查处理外采资源数质量纠纷、法律纠纷以及索赔工作等。

2018年5月，根据云南石化投产后公司资源购进渠道发生重大变化的实际情况，公司决定撤销西北采调办、钦州采调办，原采调机构相关职能及人员并入调运处。

（一）调度运输处（2008.12—2010.2）

处　　　长　王　健（2008.12—2009.1）
　　　　　　吴跃庆（2009.2—2010.2）
副　处　长　高玉新（2008.12—2009.2）
　　　　　　谢淑海（2008.12—2010.2）
　　　　　　唐衍尘（2009.8—2010.2）
协助负责人　唐衍尘（2009.2—2009.8）

（二）调运与油库管理处（2010.2—2012.11）

处　　　长　吴跃庆（2010.2—2011.4）
　　　　　　石爱武（2012.10—2012.11）
临时负责人　石爱武（2011.4—2012.10）
副　处　长　唐衍尘（2010.2—2010.8）
　　　　　　刘秀兰（2010.8—2012.10）
　　　　　　谢淑海（2010.2—2010.8；2011.5—2012.10）
　　　　　　熊红志（2010.8—2011.5）
　　　　　　王湘江（2011.8—2012.9）

　　　　　　　郑阁辉（2012.10—2012.11）
协助负责人　赵立世（2012.10—2012.11）

（三）调度运输处（2012.11—2018.12）

处　　　长　石爱武（2012.11—2013.2）
　　　　　　　沈建雄（2013.2—2014.8）
　　　　　　　吴跃庆（2014.12—2016.10）
　　　　　　　谢淑海（2016.12—2018.6）
　　　　　　　朱明刚（2018.6—2018.12）
副 处 长　　郑阁辉（2012.10—2014.6）
　　　　　　　赵立世（2013.6—2016.12）
　　　　　　　任立荣（2015.7—2018.12）
协助负责人　赵立世（2012.11—2013.6）

（四）调度指挥中心（2009.1—2018.12）

主　　　任　吴跃庆（2009.2—2011.4）
　　　　　　　石爱武（2012.2—2012.9）
　　　　　　　赵立世（2013.6—2016.12）
　　　　　　　任立荣（2018.1—2018.12）
临时负责人　石爱武（2011.4—2012.2）
　　　　　　　赵立世（2012.9—2013.6）
副 主 任　　高玉新（2009.1—2009.2）
　　　　　　　刘秀兰（2010.8—2012.10）
　　　　　　　熊红志（2010.8—2011.5）
　　　　　　　谢淑海（2011.5—2012.10）
　　　　　　　王湘江（2011.8—2012.9）
　　　　　　　刘国梁（2012.2—2014.6）
　　　　　　　徐光磊（2012.2—2012.10）
　　　　　　　金笃军（2012.2—2012.10）
　　　　　　　尹丽芳（2012.2—2012.10）
　　　　　　　杨　健（2012.2—2012.10）
　　　　　　　张伟荣（2012.11—2018.12）

六、加油站管理处—零售业务处（2008.12—2018.12）

2009年1月，股份公司对西南销售公司（云南销售公司）机构设置进行批复，同意机关设加油站管理处。主要职能：负责成品油零售业务运营管理，包括成品油零售业务年度预算编制和制定下达年、季、月度零售计划以及零售业务统计、分析工作，并提出零售业务发展规划建议；负责指导零售市场的客户开发，开展零售业务促销策划，组织全省范围内的统一促销活动，负责零售价格执行的监督、检查管理工作；负责《加油站管理规范》的贯彻执行和监督检查，包括组织开展加油站达标创星及考评工作；负责《加油站细节管理手册》的宣贯执行，以及加油站统一形象（含标志、标识、编码、广告应用及站内标识标牌、配套服务设施、办公设施、生活设施的选型、配备）和定置化管理；负责制订加油站优化运营方案，培育万吨级站、星级站、样板站，组织挖掘低效站的潜力；负责加油站服务质量的提高以及便民措施的推广工作，协调处理加油站投诉；负责加油站运营安全管理和零售环节损耗管理；负责加油站设施设备管理，包括加油站检维修、技改和改扩建项目及大修项目的计划、安排、验收；协助做好收购、新建加油站项目评审工作；负责加油站先进管理方式和新技术、新设备、新材料和信息系统的推广应用工作，提出加油站加油机、液位仪等主要设备技术选型、使用要求及日常使用检查工作；负责客户服务中心和卡运营管理中心的管理；负责非油品业务运营管理，包括非油品业务年度预算编制、制定下达年、季、月度销售计划以及非油品业务统计、分析工作，并提出非油品业务发展规划建议；负责《非油品业务运作手册》的贯彻执行和监督检查，包括非油品业务品牌形象管理、非油品业务配套设施的选型、配备和定置化管理；负责非油品业务项目开发管理和供应链管理。

2010年2月，云南销售公司对机关处室管理职能进行调整明确，橇装加油站项目由加油站管理处负责组织开发。7月，云南销售公司机关附属设加油卡管理中心，业务上主要由加油站管理处负责。同月，云南销售公司在非油品中心的基础上组建非油品经营管理公司，并明确加油站管理处非油管理职能：负责组织编制非油业务中长期发展规划；负责非油业务宏观政策的协调；负责与上级公司协调非油业务相关事宜，做好油品与非油品销售业务的协调工作；负责对非油品公司及各分公司非油销售业务实施监督、考核等。

2011年4月，云南销售公司设立非油品管理处，加油站管理处不再履行非油业务的相关管理职能。11月，加油站管理处下设稽查办公室，稽查办公室主任由加油站管理处副处长兼任。

2012年10月，为进一步提高公司机关处室的综合管理水平，加强业务的统筹协调和工作衔接，公司决定在加管处设置业务科室，加管处设四个科室，即：加油站运营管理科、规范管理科、加油卡管理科、零售管理科，科室科长职数均为1人（正科级）。

2014年6月，为切实做好公司营销工作，通过油、卡、非业务的差异化营销打造品牌，提升服务，实现销售规模和质量的双提升，公司决定成立差异化营销研究策划小组。差异化营销研究策划小组主要由加油站管理处、营销处、非油品管理处三个部门负责人和相关岗位人员组成。办公室设在加油站管理处,具体工作由加油站管理处组织牵头,营销处、非油品管理处配合,并聘请专业团队负责营销策划支持。加油站管理处负责总体营销活动的协调组织工作;负责定期提出零售专业线差异化营销策略的意见和建议,并对实施情况进行监控改进及评估。12月,公司决定对营销处、加管处处室机构设置及管理职能等进行调整,在公司营销处、加油站管理处(加油卡管理中心)的基础上整合设立市场营销处。

2018年6月,为形成上下协调、沟通顺畅、以零售为核心的组织机构体系和业务运行机制,提升专业化管理水平,提升核心竞争力,公司决定将市场营销处拆分成市场营销处、零售业务处,分别负责公司库批业务、零售业务。并将质安处加油站稽查、神秘顾客访问、零售保管损耗管理职能调整至零售业务处。

(一)加油站管理处(2009.1—2014.12)

处　　　长　魏秋冬(兼任,2009.2—2010.4)
　　　　　　伍　岩(2010.8—2014.8)
　　　　　　沈建雄(2014.8—2014.12)
副 处 长　伍　岩(2009.2—2010.8)
　　　　　　张　鹏(2010.8—2011.5)
　　　　　　孙　英(2011.12—2013.7;2014.8—2014.12)
　　　　　　杨　健(2012.10—2013.9)
　　　　　　徐光磊(2014.8—2014.12)
协助负责人　金笃军(2011.5—2012.10)

(二)加油卡管理中心(2010.7—2014.12)

主　　　任　伍　岩(2010.8—2014.8)
　　　　　　沈建雄(2014.8—2014.12)
副 主 任　张　鹏(2010.8—2011.5)
　　　　　　孙　英(2011.12—2013.7;2014.8—2014.12)
　　　　　　杨　健(2012.10—2013.9)
　　　　　　刘小波(2012.11—2014.12)
　　　　　　徐光磊(2014.8—2014.12)

(三)零售业务处(2018.6—2018.12)

处　　　长　刘秀兰(2018.6—2018.12)
副 处 长　孙晓娜(2018.7—2018.12)

七、仓储安全环保处—质量安全环保处（2009.1—2018.12）

2009年1月，股份公司对西南销售公司（云南销售公司）机构设置进行批复，同意机关设仓储安全环保处。主要职能：负责制修订公司仓储及健康安全环境规章制度；负责组织建立和完善HSE（健康、安全、环保）管理体系，组织HSE管理体系内部审核，建立并管理HSE信息系统；编制HSE动态，组织HSE管理体系宣贯工作，负责HSE委员会（安全生产委员会）办公室日常工作；负责编制中长期安全生产规划，制订年度安全生产工作计划；负责制定仓储、安全、环保、数质量业绩指标并配合专业职能部门进行考核；牵头组织安全生产管理考核、安全业绩考核工作和安全生产先进单位的考核评比工作；参与重大建设项目相关内容的可行性研究报告、初步设计和竣工验收；负责新、改、扩建工程项目安全环保"三同时"监督，组织、协调安全评价工作；负责安全生产监督工作，组织安全生产监督检查，包括承包商安全监督管理工作；负责交通安全监督工作，组织交通安全培训，推广交通安全新技术；负责应急预案体系建设，组织专项应急预案的制修订、审核和备案工作，组织应急预案的培训和演练；负责安全新技术推广工作，以及安全研究、评价、监督、检验检测等机构业务归口管理；负责劳动防护用品管理的监督工作；负责生产安全事故统计分析，负责组织安全事故调查处理；负责组织对受损现场进行核查，理赔，组织协调和处理安全方面重大争议和纠纷，定期分析安全生产形势；负责油库、支管线等储运设施设备管理，包括检维修、技改和改扩建项目及大修项目的计划、安排、验收；负责制定油库、支管线管理规章制度、标准规范和操作规程，并组织实施；负责油库工艺技术、生产运营管理及管理达标监督检查；参与油库及支管线新技术、新工艺、新设备、新材料和信息系统的推广应用；负责提出油库主要设备选用技术标准和要求；参与新建、改造油库的投产运行及相关组织工作；参与油库的定编定岗、费用定额及预算管理工作；负责安全教育培训工作；协助人事部门对仓储、质量、计量、安全、环保管理人员进行专业技术教育培训；负责安全生产宣传工作，负责组织安全隐患的识别、审核、立项、计划编制、整改和验收工作；负责仓储、安全、环保节能、设备、质量、计量等管理工作的综合统计分析上报工作。

2010年2月，公司对机关处室管理职能进行调整明确，将仓储安全环保处更名为质量安全环保处，明确质量安全环保处是固定资产、数质量管理、科技管理、应急管理设备实施检维修及技改技措项目管理的归口职能部门。5月，公司成立质量管理体系办公室（临时机构），办公室设在质量安全环保处。

2013年5月，为加强公司资产管理工作，进一步促进和提高公司资产管理的动态化和精细化水平，确保各项生产经营管理工作顺利进行，公司决定在质安处下设"资产管理中心"，作为机关附属机构管理。主要职责：负责研究制定公司实物资产监督管理制度，明确物资采购、安装、转资、分配、使用、维护、修理、停用、闲置、调配、报废与处置等各环节的管理职责和程序；负责建立公司实物资产监管静态台账；负责监督各职能部门、使用单位建立实物资产的档案与台账，并定期组织清查、清点，保证账、卡、物三相符；负责利用信息系统，建立实物资产动态管理信息，组织做好实物资产从采购、安装、转资、分配、使用、维护、修理，到停用、闲置、调配、报废与处置全过程管理；定期分析设备完好率、利用率和维修率等重要技术指标；负责设备培训与技术交流工作，组织开展设备的基础知识、"四懂三会"和新技术、新工艺、新方法的培训与交流；负责监督实物资产管理的各环节，建立奖惩制度，组织对设备事故的调查或对违反实物资产管理制度的行为进行责任追究等。

2014年12月，为深入推进机关处室职能和管理流程优化，公司决定将加油站稽查、零售环节损耗管理等职能调整至质安处，包括加油站稽查（含日常检查、专项稽查、年度综合大检查等）、神秘顾客访问、零售环节损耗管理、加油站环节远程地罐交接等相关职能。

2018年5月，为进一步提高公司机关处室的综合管理水平，加强业务的统筹协调和工作衔接，公司决定在质安处设置HSE监督管理科、质量标准化管理科、计量损耗管理科。

（一）仓储安全环保处（2009.1—2010.2）

处　　　长　朱明刚（2009.2—2010.2）
副　处　长　李月平（2009.2—2009.5）

（二）质量安全环保处（2010.2—2018.12）

处　　　长　朱明刚（2010.2—2018.6）
　　　　　　李世森（2018.7—2018.12）
副　处　长　李世森（2012.10—2018.7）
　　　　　　尹丽芳（2012.10—2015.7）
　　　　　　杨　勇（2016.3—2018.12）
协助负责人　李世森（2011.5—2012.10）
　　　　　　尹丽芳（2011.5—2012.10）

（三）成品油检测中心（2009.1—2018.12）

主　　　任　李月平（兼任，2009.2—2009.5）
　　　　　　尹丽芳（兼任，2011.5—2015.7）
　　　　　　李世森（兼任，2015.7—2016.5）
　　　　　　杨　勇（兼任，2016.5—2018.12）

八、投资建设管理处—投资管理处（2009.1—2018.12）

2009年1月，股份公司对西南销售公司（云南销售公司）机构设置进行批复，同意机关设投资建设管理处。主要职能：负责战略发展规划的研究制订；负责制修订投资管理办法；制订中长期网络发展规划和年度工作计划；负责油库项目的市场调研、选址、谈判等前期工作；负责编制油库项目建议书，委托编制油库的可行性研究报告、工程评价报告及资产评估报告；负责已开工油库项目的监理派驻、施工质量监督；负责加油站项目的评审、报批和立项工作；负责工程项目招投标管理、工程预决算管理，检查指导各分公司开展工程预决算工作；负责审核加油站、油库的收购、建设、委托合同和相关证照手续；按照管理权限对新建、改扩建、维修、包装等工程建设项目方案审核；指导、监督各分公司实施工程项目建设施工管理及竣工验收管理；负责贯彻落实上级关于工程项目建设的规定、标准和办法并制定相关实施细则，监督检查实施情况；负责工程建设项目的设计、施工和监理单位资质审查及准入管理，规范建设市场秩序；负责投资项目的后评价工作；参与重大工程建设项目的质量、安全事故的调查和处理，协同主管部门做好储运设施、加油站的技术改造工作；协助人事部门对网建人员进行专业培训；协助考核部门对各分公司网络建设工作进行考核；负责协调、处理同各级政府及行业主管部门关系；负责对上上报及对外披露统计数据的归口管理。同时，撤销项目建设管理办公室，其业务并入投资建设管理处。

2010年6月，公司成立工程建设管理办公室，撤销投资处下设的原工程建设管理办公室，投资建设管理处更名为投资管理处，简称投资处。编制定员调整为7人，其中领导职数2人。投资处下设加油（气）站开发管理办公室（临时性机构）和工程造价管理中心（临时性机构）。加油（气）站开发管理办公室编制定员4人，其中主任1人；工程造价管理中心编制定员2人，其中主任1人。投资处负责组织编制中长期发展规划、年度投资计划并组织实施；负责相关管理制度的制定和审核；负责加油（气）站、技改技措等资本性支出项目的前期论证（包括新建、收购、控参股等项目布局选址、市场调研、法律手续、经济评价和投资额度等）、可行性研究报告审核、呈报和立项工作；参与协助油库（管道）项目的可行性研究报告审核、呈报、立项工作；负责工程建设投资的概算、预决算管理；参与加油（气）站项目的初步设计审查；负责工程建设项目的后评价管理；定期组织开展投资项目分析评价工作；负责各项投资、检维修、技改技措项目计划的确定和项目资金的审查、预算管理，并对计划执行情况进行监督、检查和考核；负责对外合资合作项目、对外投资项目的谈判和实施工作；负责按规定做好新建、收购、租赁、控参股加油（气）站项目行政审批手续办理、合同审查、签订、执行及证照手续办理等工作；负责加油（气）站、检维修、技改技措项目档案的收集、整理、归档工作；负责加油（气）站开发管理办公室和工程造价管理中心的领导工作。8月，为了加大昆明地区项目开发工作力度，公司成立昆明地区网络建设工作领导小组，下设昆明地区加油（气）站项目开发经理部（简称昆明项目部），昆明项目部与投资处合署办公，负责昆明地区的加油（气）站开发。

2012年8月，为全面快速推进公司加气站开发建设工作，加强加气站项目推进工作的组织保障，公司决定成立加气站项目推进工作组，组长由殷长征兼任。

2013年3月，公司将昆明地区加油（气）站项目开发经理部机构调整到昆明分公司，作为昆明分公司机关职能部门管理（临时性机构）。7月，为了扎实做好高速公路加油站项目前期工作，准确掌握高速公路建设动态，落实每座高速公路加油站项目的开发建设，加强高速公路加油站项目推进工作组织保障，公司决定成立高速公路加油站项目开发组（以下简称项目组），项目组在投资处设立办公室，开展高速公路加油站项目推进相关工作。

5月，为进一步加强投资处相关业务的统筹协调和工作衔接，公司决定在投资处现设业务小组的基础上整合设立业务科室，投资处设"两科一中心"，即：规划计划科、市场开发科、造价管理中心。

2014年2月，进一步加大公司在建项目推进工作力度，着力提升网络建设质量，公司决定成立在建项目推进领导小组，领导小组下设办公室，办公室设在投资处。

（一）投资建设管理处（2009.1—2010.5）

处　　长　王　澍（兼任，2009.2—2010.5)
副 处 长　秦绍锁（2009.2—2009.3)
协助负责人　殷长征（正处级，2010.5)
　　　　　　李月平（2009.5—2010.5)
　　　　　　王少林（2010.3—2010.5)

（二）投资管理处（2010.5—2018.12）

处　　长　殷长征（2011.2—2012.10)
　　　　　徐启东（2012.10—2016.6)
　　　　　李彦龙（2016.6—2018.1)
　　　　　王克军（2018.1—2018.12)
临时负责人　殷长征（2010.6—2011.2)
副 处 长　李月平（2010.6—2012.10)
　　　　　高玉新（2010.8—2011.5)
　　　　　汪长波（2011.5—2012.9)
　　　　　聂志坚（2011.5—2013.6)
　　　　　王少林（2012.10—2013.10)
　　　　　吴　金（2012.10—2013.7)
　　　　　王正华（正处级，2013.6—2016.2)
　　　　　汪明权（2013.6—2018.12)
　　　　　顾伟明（2016.6—2018.12)
　　　　　汪长波（2016.12—2018.12)
协助负责人　汪明权（2012.10—2013.6)

（三）工程造价管理中心（2012.10—2018.12）

主　　　任　汪明权（2012.10—2018.12）

九、信息化管理处（2009.1—2018.12）

2009年1月，股份公司对西南销售公司（云南销售公司）机构设置进行批复，同意机关设信息化管理处。主要职能：负责根据整体发展战略及规划，结合股份公司信息技术总体规划，组织编制信息化建设发展规划和年度计划，并提出建设经费需求；负责组织信息系统控制的宣贯、培训、督导、执行和检查等工作；负责组织学习、贯彻、落实股份公司信息化相关制度和规定，参照制定信息化管理制度；负责组织信息系统项目的建设、实施和推广及信息系统的运行、维护、升级工作；负责信息化相关设备的采购及使用、维护管理工作；负责信息安全、网络安全的管理，对分公司的信息安全状况进行检查和指导；对信息的发布和信息保密提供技术支持和保障；负责组织信息系统相关的技术培训和新技术的推广应用，并对分公司信息化工作进行管理、指导和技术支持；负责组织和管理信息合作与交流。

2012年2月，为进一步加强信息运维管理工作，公司决定在信息化管理处下设信息运维管理中心（临时性机构），主任由信息处副处长兼任。主要职责：负责组织公司各类信息系统日常维护、优化和管理，保障公司信息管理系统的正常运行和应急响应；负责严格执行公司信息管理的运维制度、流程、管理策略和安全策略，确保信息运维工作的高效和安全；负责组织安排公司各信息系统、网络和信息化设备的监控、维护和安全巡检，确保问题提前发现、提前解决；负责为公司信息系统的应用和业务管理提供指导和技术咨询服务，深化信息系统应用效果；负责积极进行运维团队的建设、管理和人才培养，确保运维队伍的稳定等。

2018年5月，为进一步提高公司机关处室的综合管理水平，加强业务的统筹协调和工作衔接，公司决定在信息处设置信息综合科、信息系统运维科。

（一）信息化管理处（2009.1—2018.12）

处　　　长　冯术坤（2011.5—2011.8）
　　　　　　吴跃庆（兼任，2011.8—2012.10）
　　　　　　聂　焱（2012.10—2016.4）
　　　　　　李海明（兼任，2016.4—2018.6）
副　处　长　王志勇（主持工作，2009.1—2011.5）
　　　　　　唐　璐（2012.10—2018.11）
负　责　人　石爱武（主持工作，2018.6—2018.12）
协助负责人　唐　璐（2011.4—2012.10）

(二)信息运维管理中心(2012.2—2018.12)

主　　　任　唐　璐(2012.10—2018.11)

十、企管法规处(2009.1—2018.12)

2009年1月,股份公司对西南销售公司(云南销售公司)机构设置进行批复,同意机关设企管法规处。主要职能:负责组织建立内部控制管理体系,风险管理工作,内控体系宣贯、培训、考核、监督、执行及持续维护和更新;负责生产经营计划的平衡与下达,并对生产经营计划的执行情况进行跟踪、统计、分析和反馈;负责绩效考核工作的组织与实施,业绩合同的制订,根据业绩合同及重点工作进行考核;根据安排,对系统主要经济政策、管理模式和运行机制组织研究;负责管理规章制度,编制规章制度规划和年度计划,组织重要规章制度起草论证,审核本部制定的规章制度草案,规章制度综合管理工作;参与重大决策的法律论证,对有关重要法律文件的合法性进行审查,提供法律咨询意见;按照有关规定和授权,办理经营管理活动中涉及的各项法律事务;负责组织开展法律宣传教育工作;负责组织建立并维护法律风险防范控制体系;负责归口管理对外发生的法律纠纷;受委托,组织或代表西南销售公司(云南销售公司)参与诉讼和非诉讼活动;负责合同管理,对本部对外签订的合同进行法律审查,按照安排参与重大项目的合同起草、谈判和签约工作,处理招投标活动中的法律事务以及合同专用章的使用和管理;负责工商登记事务及商标商号管理,组织并指导所属经营单位的工商登记工作;负责股权管理工作,审核股权投资项目计划及可行性研究,提出股权投资重大决策建议;在控股单位董事会中代表西南销售公司(云南销售公司)行使股东职能,负责托管股权企业三会议案的报批和决议的监督落实,协助提出委派的股东代表、董事、监事建议人选并负责委派人员的日常业务管理;管理股权档案,跟踪股权企业的经营情况、财务状况;按照股权处置程序组织开展股权清理工作。

2012年2月,为进一步加强内部控制管理工作,公司决定在企管法规处下设内控管理中心(临时性机构),简称内控中心。主要职责:负责制订内部控制体系实施方案和实施计划,并组织实施;负责制订和完善公司内部控制体系管理制度、工作程序,执行股份公司内部控制体系建设相关标准和方法,并监督实施;负责按照公司内部控制体系评估测试标准进行综合评估;协调配合管理层测试和外部审计;负责组织、督促机关各处室、所属单位建立和健全内部控制体系,监督、检查本部及所属单位内部控制体系贯彻、执行情况,并跟踪整改措施的落实;负责组织中介机构开展内控自我测试及专项测试工作;负责根据内部控制体系建设要求定期组织开展内控培训,推进内控工作执行力等。

2014年10月,为进一步加强公司物资与服务采购管理,深入推进公司招标采购专业化运作、一体化管理,实现公司内部工程、服务、物资采购的整体运作、有效管控,公司决定对物资与服务采购职能等进行调整,明确企管处为公司招投标管理、物资与服务采购管理、供应商(服务商)

管理的归口管理部门。主要职责：负责组织制（修）订公司招投标管理、物资与服务采购管理、供应商（服务商）管理等相关制度，并监督实施；负责组织对权限范围内的招标方案、招标结果（拟授标建议）和可不招标事项进行审核审批；负责招标评审专家库的管理与信息维护，包括公司内部招标评审人员的资格审查、管理和信息维护；负责公司招标代理机构的选择和业务管理；负责对公司供应商（服务商）的准入、考评、退出等实施全过程管理；负责公司物资与服务采购合同的法律审查；负责指导、监督、检查公司招投标、物资与服务采购工作；负责组织做好物资与服务采购工作全过程的评价，推进相关工作得到持续改进；负责组织处理招投标、物资与服务采购项目的有关争议及法律纠纷等。

2018年5月，为进一步提高公司机关处室的综合管理水平，加强业务的统筹协调和工作衔接，公司决定在企管处设置管理提升与采购科、法律与股权科、企业管理（内控）科。

（一）企管法规处（2009.1—2018.12）

处　　长　李彦龙（2010.8—2011.5）
　　　　　任家永（2012.10—2016.4）
　　　　　聂　焱（2016.4—2018.12）

临时负责人　任家永（2011.5—2012.10）

副　处　长　任家永（主持工作，2009.2—2010.8）
　　　　　刘秀兰（2009.2—2010.8）
　　　　　汪长波（2010.8—2011.5）
　　　　　唐衍尘（2011.5—2014.8）
　　　　　王湘江（2014.8—2016.12）
　　　　　朱　妩（2016.12—2018.12）

（二）内控管理中心（2012.2—2018.12）

主　　任　唐衍尘（2012.10—2014.8）
　　　　　王湘江（2014.8—2016.12）
　　　　　朱　妩（2016.12—2018.12）

十一、党群工作处（企业文化处）—党群工作处（企业文化处、党委宣传部）（2009.1—2018.12）

2009年1月，股份公司对西南销售公司（云南销售公司）机构设置进行批复，同意机关设党群工作处（企业文化处）。主要职能：负责党的基本理论和基本路线的宣传教育，保证党的路线、方针、政策的贯彻执行；负责员工思想政治工作，了解、反映员工的思想动态，维护员工的正当权益，稳定员工队伍；负责精神文明和企业文化建设，深入开展"员工之家""青年文明号"等群众性创建活动和先进典型的选树、评比及推荐；负责调查、总结、推广基层党群工作经验，掌握基层党群工作的信息；发挥党、工、团等组织作用，组织开展各类群众性劳动竞赛活动，组织开展体检等医疗保健工作，维护员工身心健康；负责对外宣传工作，负责企业综合性内刊的编辑和发行。

2010年2月，公司对机关处室管理职能进行调整明确，党群工作处是"五小工程"工作归口职能部门。

2012年11月，为进一步繁荣公司文化艺术事业，有计划、有组织地开展公司文化艺术活动，活跃广大员工的文化生活，增强员工队伍的凝聚力和向心力，推动公司科学发展，公司党委、公司决定成立云南销售公司文化艺术工作者联合会（简称云南销售文联），委员会下设办公室，办公室设在公司党群工作处。

2018年5月，为进一步提高公司机关处室的综合管理水平，加强业务的统筹协调和工作衔接，公司决定在党群工作处（企业文化处）设置新闻宣传科、思想政治工作科、工会工作科。同月，按照全面从严治党加强党的建设的要求，为进一步落实党建工作责任，夯实党建工作基础，提升党建工作质量，公司党委决定在党群工作处（企业文化处）加挂"党委宣传部"牌子。

（一）党群工作处（企业文化处）（2009.1—2018.5）

处　　　　长　王　虎（2009.8—2018.1）
　　　　　　　刘秀兰（2018.1—2018.5）
临 时 负 责 人　王　虎（2009.2—2009.8）
副　　处　　长　王　虎（主持工作，2009.1—2009.2）
　　　　　　　潘竟忠（2009.8—2010.8）
　　　　　　　张书明（2011.5—2012.9）
　　　　　　　李保中（2011.4—2011.8）
　　　　　　　刘秀兰（正处级，2012.10—2018.1）
　　　　　　　李新宇（正处级，2018.1—2018.5）
协 助 负 责 人　潘竟忠（2009.3—2009.8）

（二）党群工作处（企业文化处、党委宣传部）（2018.5—2018.12）

处　长（部　长）　刘秀兰（2018.5—2018.6）
　　　　　　　　李新宇（2018.11—2018.12）
副处长（副部长）　李新宇（2018.6—2018.11）

十二、审计监察处（纪委办公室）—审计监察处（纪委办公室、巡查办）（2008.12—2018.12）

2009年1月，股份公司对西南销售公司（云南销售公司）机构设置进行批复，同意机关设审计监察处（纪委办公室）。主要职能：负责企业党风廉政建设、反腐败和纪检监察工作；负责经营管理者遵守廉政准则、制度、规定情况的监督检查，参与对领导班子和管理者的考核评议工作；建立和完善内部监督制约机制，开展执行行政监察、效能监察和专项检查；受理对机关及所属单位管理者违纪违法行为的控告举报，对其违反党纪政纪的案件进行调查处理；对有关经营管理者进行诫勉谈话；对党员、干部进行党风廉政建设和党纪政纪条规教育；负责党纪、政纪案件的管理和业务指导；负责制定内部审计制度和管理办法，制定年度和阶段审计工作计划并组织实施，以及企业经营管理者的任前、任中和离任审计；负责检查所属单位经营活动的真实性、合理性，对影响企业经济效益的突出问题，组织专项审计，对严重违反财经法纪的行为进行专案审计；监督、检查内部约束机制的执行情况，提出完善或修改意见；参与投资项目的可行性研究和经济效益评估，参与大宗物资采购、"限上项目"招投标的监督工作；代表公司对控股单位履行监事管理职能。

2017年3月，进一步加强和改进公司党风廉政建设和反腐败工作，公司党委决定成立公司党风廉政建设和反腐败工作领导小组，领导小组是公司党委领导党风廉政建设和反腐败工作的议事协调机构。主要职责：协助公司党委并指导协调各单位党委、纪委履行党风廉政建设和反腐败工作主体责任、监督责任；贯彻落实公司党委部署，研究协调解决公司党风廉政建设和反腐败工作有关重大问题；领导和协调公司机关各处室做好党风廉政建设和反腐败相关工作；及时向集团公司党组和党组纪检组汇报工作，加强与地方党委、纪委沟通协调；组织开展公司党风廉政建设和反腐败工作的理论研究。领导小组下设办公室，办公室设在公司纪委办公室。4月，公司党委决定成立公司巡察工作领导小组，领导小组是公司巡察工作的议事协调机构。主要职责：协助公司党委做好对所属各级党组织的巡察工作；贯彻落实公司党委部署，研究协调解决公司巡察工作有关重大问题；及时向集团公司党组巡视工作领导小组和巡视办公室汇报工作；组织开展公司巡察工作的理论研究。领导小组下设办公室，办公室设在公司纪委办公室。

2018年5月，按照全面从严治党加强党的建设的要求，为进一步落实党建工作责任，夯实党建工作基础，提升党建工作质量，公司党委决定成立中国石油云南销售公司党委巡察工作领导小组办公室（以下简称巡察办），巡察办与审计监察处、纪委办公室合署办公。

同月，为进一步提高公司机关处室的综合管理水平，加强业务统筹协调和工作衔接，公司决定在审计监察处纪委办公室设置审计科、纪检监察科。

处　长（主　任）　黄彦林（2008.12—2009.2）
　　　　　　　　　　史咏梅（2010.8—2018.12）

副处长（副主任） 聂　焱（主持工作，2009.2—2010.7）
　　　　　　　　聂志坚（2007.7—2009.2）
　　　　　　　　郭争光（2009.8—2014.10）
　　　　　　　　钟　文（2015.8—2018.12）
协助负责人　　　郭争光（2009.6—2009.8）

十三、工程建设管理办公室—工程建设管理处—工程建设管理处（设备管理处）（2010.5—2018.12）

2009年2月，西南销售公司（云南销售公司）对机构设置进行调整，撤销项目建设管理办公室，其业务并入投资建设管理处。

2010年5月，股份公司对云南销售公司机构设置有关问题的批复，同意设立工程建设管理办公室，为临时性机构，下设油库（管道）建设管理办公室（临时机构）。6月，公司成立工程建设管理办公室，工程建设管理办公室为机关独立部门，简称工程办。编制定员6人，其中领导职数2人。工程办下设油库（管道）建设管理办公室（临时性机构），编制定员4人，其中主任1人。撤销投资处下设的原工程建设管理办公室，人员并入工程办。工程办负责公司工程建设项目实施阶段的全过程管理，包括油库（管道）项目的选址、可行性研究报告审核、呈报、立项至竣工验收，加油（气）站从初步设计至竣工验收阶段的工程质量、进度、安全、投资、合同的控制管理；负责相关管理制度的制定和审核；负责工程建设项目、检维修及技改技措项目设计、施工、监理及工程物资供应商的初审、推选（在已入围的供应商中选择）和现场考察工作；负责油库（管道）、加油（气）站投运交接的组织工作；负责组织工程建设项目的转资工作；负责工程建设项目新技术、新设备、新材料的推广应用；负责组织或参与工程建设项目质量、安全事故的调查处理；负责对所属各单位工程建设管理工作进行监督、检查和指导；负责工程建设项目结算资料的收集和提交工作；负责油库（管道）工程项目档案资料的收集、整理、归档工作；负责油库（管道）建设管理办公室和各油库（管道）项目经理部的领导工作等。

2012年9月，为全面快速推进成品油管道配套油库项目建设工作，加强油库推进工作的组织保障，公司决定在整合成品油管道配套油库项目建设推进工作组的基础上，成立成品油管道配套油库项目建设经理部（以下简称油库项目经理部），工程建设管理办公室负责油库项目经理部的协调与管理。10月，根据业务发展实际，云南销售公司调整工程建设管理办公室机构，将工程建设管理办公室机构名称变更为工程建设管理处。

2013年5月，为进一步加强工程处相关业务的统筹协调和工作衔接，公司决定在工程处现设业务小组的基础上整合设立业务科室，工程处设三个科室，即：综合管理科、项目管理科、施工管理科。

2014年12月，为深入推进机关处室职能和管理流程优化，公司设立设备管理处（以下简称设备处）。设备处与工程处实行"一套机构、两块牌子"运作模式。将加油站检维修、设施设备标准化管理等职能调整至工程处。包括加油站相关设备选型、配置、维护以及新技术、新设备、新材料的推广应用以及工程检维修与技改项目计划编制与管理等职能。将公司设施设备管理职能由质安处调整至工程处（设备处）。工程处（设备处）为公司设施设备的归口管理部门。负责组织编制公司设施设备中、长期发展规划和年度更新改造计划；负责设施设备管理制度的制定、审核；负责对公司设施设备的选型、配置、维护保养、技术改造、经济运行、检修、停用、调剂、报废等进行全过程管理；负责牵头组织编制设施设备操作、维护、检修、检验、检测等技术规程，及时掌握设施设备状况，做好设施设备技术状况的分析、安全评价工作；负责设施设备新技术的应用和推广；负责公司设施设备基础技术资料的收集、整理和归档工作；负责审查办理设施设备的闲置封存、报废调拨等手续；负责设施设备管理情况的监督、检查和考核；负责组织设施设备事故抢修，组织事故的鉴定、调查和处理，协调解决使用管理中发生的纠纷等工作。将公司质安处下设的资产管理中心划归工程处（设备处）管理，即在工程建设管理处（设备处）下设"资产管理中心"，作为机关附属机构管理，为正科级单位。

（一）工程建设管理办公室（2010.5—2012.10）

主　　　　任　王　澍（兼任，2010.6—2011.5）
副　主　　任　王少林（2011.2—2012.10）
协 助 负 责 人　王少林（2010.6—2011.2）
　　　　　　　吴　金（2011.5—2012.10）
副主任工程师　谢安升（2011.5—2012.10）

（二）工程建设管理处（2012.10—2018.12）

处　　　　长　韩培荣（2012.10—2016.3）
　　　　　　　李海明（2016.3—2018.12）
常 务 副 处 长　韩培荣（兼任，正处级，2016.3—2016.12）
副　处　　长　李月平（2012.10—2016.12）
　　　　　　　赵永德（2013.6—2018.12）
　　　　　　　王建华（2016.12—2018.12）
协 助 负 责 人　赵永德（2012.10—2013.6）
副主任工程师　谢安升（2012.10—2018.12）
　　　　　　　张先朝（2012.10—2018.12）

十四、非油品管理处（2011.4—2018.12）

2011年4月，云南销售公司成立非油品管理处，为机关独立部门，简称非油处。领导职数2人，一般管理人员1人。非油处与非油分公司管理机构实行"一套机构、两块牌子"运作模式。主要职能：负责组织编制非油业务中长期发展规划；负责非油业务宏观政策的沟通和协调；负责相关管理制度的制定和审核；负责分公司非油业务年度经营目标和专业管理标准的制定、执行情况的监督、指导和考核；负责非油业务的专业管理，包括非油业务采购管理、规范管理、品牌管理、价格管理、设施设备管理、检维修管理、市场与项目开发、供应链管理、HSE管理、营业促进、预算编制、成本控制、业务指导、专业培训及非油业务的统计、分析和评价等。同时，加油站管理处不再履行公司非油业务的相关管理职能。

2014年6月，公司决定成立差异化营销研究策划小组，非油品管理处负责定期提出非油品专业线差异化营销策略的意见和建议，并对实施情况进行监控改进及评估。

处　　　长　　沈建雄（2011.5—2013.2）
　　　　　　　石爱武（2013.2—2017.5）
　　　　　　　沈建雄（兼任，2017.5—2018.11）
　　　　　　　王志勇（2018.11—2018.12）
常务副处长　　王志勇（兼任，2014.12—2018.11）

十五、油库管理处（2012.11—2018.12）

2012年11月，为进一步深化物流体制改革，实现资源统一组织、物流统一优化、油库统一管理，提高油库管控的一体化水平，公司决定成立油库管理处，为机关独立部门，简称油库处，领导职数1人。油库处与仓储分公司实行"一套机构、两块牌子"运作模式。主要职能：负责组织编制油库管理、仓储运行的中长期发展规划；负责油库相关业务的沟通与协调；负责油库业务数据的统计、分析、评价和上报；负责相关管理制度、标准规范和操作规程的制定和审核；负责油库技改、改扩建项目的技术方案论证；参与油库新建及改扩建项目可行性研究报告评估、初步设计审查和竣工验收；负责配合相关处室办理油库投用相关证照、手续等。

处　　　长　　彭国强（2012.11—2013.10）
　　　　　　　谢淑海（兼任，2014.8—2018.12）

十六、车用燃气开发利用管理办公室（2013.5—2014.8）

2013年5月，为加快车用燃气业务的发展，扩宽业务范围，抢占车用燃气（CNG、LNG等）

市场，加快网络开发，提高市场占有率，规范车用燃气业务的开发、运行和管理，云南销售公司决定成立车用燃气开发利用管理办公室（临时机构，机构级别为正处级，简称燃气办）。燃气办为机关独立机构，作为机关直属部门管理，人员编制5人，其中主任1人。主要职责：负责加气站开发建设总体运行计划编制，制定周、月度推进目标、措施，并组织落实。负责对推进情况进行指导、检查、监督和考核；负责收集整理云南省加气站相关政策、市场信息；组织相关处室、单位开展加气站项目调研、评价；负责协调、指导、监督分公司办理加气站在当地政府的行政审批手续（包括立项、投资备案、规划、土地、消防、安监、环保、防雷、建设、用水、用电等手续）；负责组织办理加气站项目省级行政部门的审批手续，统一协调供气协议的签订，组织跨地区项目的洽谈；负责协调加气站项目立项、可研编制、报审、设计、预审、报批、合同签订、付款及工程建设等工作；负责车用燃气业务销售计划的制定、落实及车用燃气的采购、客户开发等方面的工作；负责定期组织召开车用燃气业务推进工作协调会，协调、处理加气站建设工作中存在的问题；负责汇报车用燃气业务开发建设推进工作进展情况、存在的问题及推进工作建议、措施等。

2014年8月，为进一步加强公司加油站、加气站项目的统筹规划、顶层设计以及油气一体化管理，规避投资风险、降低投资建设成本、提高投资回报率，公司决定撤销公司车用燃气开发利用管理办公室，原燃气办相关职能并入投资处，相关处室及基层单位继续履行涉及加气站项目建设和管理的相关职能。

主　　　任　李彦龙（兼任，2013.5—2014.8）
副　主　任　李海明（2013.7—2014.8）

第三节　专业性机构

一、非油品中心—非油品经营管理公司（2009.2—2018.12）

2009年2月，为进一步完善销售业务管理体制，提高组织运作效率，西南销售公司（云南销售公司）决定设置非油品中心，非油品中心机关设综合办公室、综合业务部、财务部3个部门。机关编制定员12名，其中领导职数3名、部门负责人职数3名。主要职能：负责便利店商品的购进；负责中央仓的建设管理；负责便利店商品配送业务。润滑油批发业务统一划归地州（市）分公司管理。2月，西南销售公司（云南销售公司）党委撤销云南非油品经营部党支部，成立非油品中心党总支。

9月，根据销售公司《非油业务运作手册》制定《非油业务管理办法》，初步明确加油站管理处、非油品中心及分公司在非油业务管理上的管理职能和权限，完善进、销、存业务流程，搭建非油业务专业化管理雏形。

2010年7月，按照专业化管理、集约化经营的原则，公司在非油品中心的基础上组建非油品经营管理公司（以下简称非油品公司），为公司下属二级单位，下设中央仓。非油品公司机构规格正处级，机关设综合办公室、市场开发与业务运作部、采购与仓储配送部、财务部、润滑油与化工产品经营部5个部门。人员编制27人，其中领导职数4人、部门领导职数5人、中央仓设主任1人。主要职能：负责全省非油业务专业管理，具有经营管理职能，包括非油业务采购管理、规范管理、品牌管理、市场与项目开发、供应链服务、HSE管理、润滑油与化工产品销售、营业促进、预算编制、成本控制、业务指导、IC卡销售、专业培训及非油业务的统计、分析和评价等。同月，经公司党委批准，成立非油品公司党委，负责党组织和党员的日常管理。非油品公司党委下设3个党支部，党员27名。10月，云南销售公司工会决定成立非油品公司临时工会委员会，委员会由聂焱、王红权、张岚、毕建琼组成。

2011年4月，公司成立非油品经营管理处（简称非油处），明确非油处、非油品公司、地州（市）分公司、非油经营网点各层管理责任，理清管理界面，完善业务流程，基础管理日趋规范，非油处与非油品公司管理机构实行"一套机构、两块牌子"运作模式，非油品公司机关人员编制由27人增调至29人。7月，非油品公司机关增设人事劳资培训部。11月，公司根据业务需要对非油品公司机关组织机构进行调整，增设"项目开发与管理部"，原"市场与业务运作部"更名为"业务运作部"。年底，非油品公司机关职能部门由原来的6个调增为7个，分别为：综合办公室、人事劳资培训部、业务运作管理部、项目开发与管理部、采购与仓储配送部、润滑油与化工产品部、财务部，下辖1个中央仓、3个销售部，员工69人。

2013年8月，为进一步理顺内部管理关系，优化职能分配，提高工作效率，根据工作需要对非油品公司机关组织机构进行调整，将原"业务运作管理部""采购与仓储配送部""润滑油与化工产品部"调整为"营销计划部""业务运作部""配送保障部"，将"项目开发与管理部"调整为"项目客户开发与管理部"。在册员工65人。

2014年10月24日，公司将全部物采业务划归非油品公司管理，非油品公司机关管理部门再次进行优化整合。11月30日，物资与服务采购部正式成立，新增设市场开发部，将原营销计划部与业务运作部合并，调整后机关管理部门由原来综合办公室、营销计划部、项目客户开发部、业务运作部、配送保障部、财务部6个部门，调整为综合办公室、业务运作部、市场开发部、项目开发与管理部、物资与服务采购部、仓储配送（安全）部、财务部7个部门。在册员工62人。

2015年1月13日，非油品公司结合机关组织机构调整实际，按照业务对口，党员集中的原则，将原有的4个党支部调整划分为6个党支部，分别为综合办公室党支部、业务运作部党支部、市场开发部党支部、客户开发与管理部财务部党支部、仓储配送（安全）部中央仓党支部、物资与服务采购部党支部。在册员工55人。

2016年3月2日，按照《关于非油品公司市场开发部更名为润滑油营销部有关情况的批复》要求，非油品公司组织完成润滑油营销部部门和各岗位职责的修订完善，明确岗位编制，下发

《关于明确润滑油营销部人员编制及岗位职责的通知》。5月10日，非油品公司中央仓获云南省总工会"工人先锋号"。在册员工66人。

2017年1月11日，非油品公司党委组织召开第一次党员大会。换届选举第一届委员会和第一届纪律检查委员会。12月14日，按照云南销售公司《关于非油品公司调整优化机关机构及人员编制等有关问题的批复》要求，将原7个部门调整优化为综合办公室、便利店与商品部、润滑油与汽服业务部、市场拓展部、采购物流（质量安全）部、计财部6个管理部门，机关定编为36人。12月15日，为适应公司发展需要，规范统一经营管理人员岗位发展路径，强化专业技术人才培养，有效管控管理人员规模及优化人员结构，非油品公司组织开展了机关机构调整暨干部竞聘上岗工作。在册员工60人。

（一）非油品中心（2009.2—2010.7）

1. 非油品中心领导（2009.2—2010.7）

经　　　理　江海涛（2009.8—2010.7）
副　经　理　苏豪杰（2009.8—2010.7）
　　　　　　聂志坚（2009.2—2010.6）
行政临时负责人　江海涛（2009.2—2009.8）
行政协助负责人　苏豪杰（2009.2—2009.8）

2. 非油品中心党总支领导（2009.2—2010.7）

书　　　记　聂志坚（2009.2—2010.7）
副　书　记　江海涛（2009.2—2010.7）
委　　　员　聂志坚（2009.2—2010.7）
　　　　　　江海涛（2009.2—2010.7）
　　　　　　杨林华（2009.3—2010.7）
　　　　　　苏豪杰（2009.8—2010.7）

3. 非油品中心纪检审计监察组织（2009.3—2010.6）

纪检审计监察员　马先艳（2009.4—2010.6）

4. 非油品中心工会（2009.3—2010.7）

主　　　席　苏豪杰（2009.3—2010.7）

5. 非油品中心团支部（2009.3—2010.7）

书　　　记　马先艳（2009.3—2010.7）

（二）非油品经营管理公司（2010.7—2018.12）

1. 非油品经营管理公司领导（2010.7—2018.12）

经　　　理　沈建雄（2010.8—2013.2；2017.5—2018.11）
　　　　　　石爱武（2013.2—2017.5）

　　　　　　　　　王志勇（2018.11—2018.12）
行政临时负责人　沈建雄（2010.7—2010.8）
常 务 副 经 理　王志勇（2015.9—2018.11）
副 　经 　理　聂　焱（2010.7—2011.5）
　　　　　　　　　江海涛（2010.7—2010.8）
　　　　　　　　　王志勇（2011.5—2012.12）
　　　　　　　　　聂志坚（2013.6—2014.8）
　　　　　　　　　潘竟忠（2013.7—2018.11）
　　　　　　　　　方指胜（2014.12—2018.12）
　　　　　　　　　张　平（2016.3—2018.11）
　　　　　　　　　徐光磊（2018.11—2018.12）
总 　会 　计 　师　郑阁辉（2010.8—2012.10）
　　　　　　　　　权国才（2013.6—2018.11）
　　　　　　　　　杨瑞军（2018.11—2018.12）
行政协助负责人　郑阁辉（2010.7—2010.8）
　　　　　　　　　权国才（2013.2—2013.6）
安 　全 　总 　监　聂　焱（2010.9—2011.5）
　　　　　　　　　王志勇（2011.6—2014.8）
　　　　　　　　　潘竟忠（2014.8—2018.11）

2. 非油品经营管理公司党委领导（2010.7—2018.12）

书 　　　记　聂　焱（2010.8—2011.5）
　　　　　　　　　沈建雄（2011.5—2013.2）
　　　　　　　　　石爱武（2013.2—2013.7）
　　　　　　　　　潘竟忠（2013.7—2018.11）
　　　　　　　　　徐光磊（2018.11—2018.12）
党委临时负责人　聂　焱（2010.7—2010.8）
副 　书 　记　沈建雄（2010.7—2011.5；2017.5—2018.11）
　　　　　　　　　石爱武（2013.7—2017.5）
　　　　　　　　　王志勇（2018.11—2018.12）
委 　　　员　聂　焱（2010.8—2011.5）
　　　　　　　　　沈建雄（2011.5—2013.2；2017.5—2018.11）
　　　　　　　　　石爱武（2013.2—2017.5）
　　　　　　　　　潘竟忠（2013.7—2018.11）
　　　　　　　　　江海涛（2010.7—2010.8）

郑阁辉（2010.8—2012.10）

王志勇（2011.6—2012.12）

聂志坚（2013.6—2014.8）

权国才（2013.2—2018.11）

方指胜（2014.12—2018.12）

张　平（2016.3—2018.11）

徐光磊（2018.11—2018.12）

杨瑞军（2018.11—2018.12）

3. 非油品经营管理公司纪委领导（2010.7—2018.12）

书　　　记　聂　焱（2010.7—2011.5）

王志勇（2011.5—2013.7）

潘竟忠（2013.7—2018.11）

徐光磊（2018.11—2018.12）

4. 非油品经营管理公司工会（2010.7—2018.12）

主　　　席　聂　焱（2010.7—2011.6）

王志勇（2011.6—2013.7）

潘竟忠（2013.7—2018.11）

徐光磊（2018.11—2018.12）

5. 非油品经营管理公司团委（2010.7—2018.11）

书　　　记　罗真勇（2010.7—2014.12）

李思霖（2016.1—2018.2）

副　书　记　李思霖（2014.7—2018.2）

贾　青（2018.2—2018.12）

二、物流中心—仓储管理中心—仓储分公司（2009.2—2018.12）

2009年2月，西南销售公司（云南销售公司）决定设置物流中心，物流中心机关设综合办公室、综合业务与安全环保部、油品配送部3个部门，采取与中国石油天然气运输公司合署管理模式。物流中心机关编制定员17名，其中领导职数2名、部门负责人职数3名。新疆、兰州调运点人员划归物流中心管理，业务上由调运处直接管理。物流中心机关编制定员总数、领导职数、部门负责人职数，均不含中国石油天然气运输公司派驻人员。物流中心主要职能：草拟并具体负责资源二次配送计划的执行；负责油品进出库指令的现场作业管理；负责所属油库资产、人员的一级管理和数质量管理；负责油库HSE体系建设。物流中心在册员工182人，其中管理人员35人。2月，西南销售公司（云南销售公司）决定成立物流中心党总支。

2010年6月，云南销售公司将物流中心更名为仓储管理中心，机构规格副处级。同时，撤销仓储管理中心油品配送部，将"综合业务与安全环保部"分设为综合业务部、质量安全环保部。仓储管理中心主要负责云南、广西、广东、攀枝花等地区油库成品油进、出、存作业管理；负责所属油库安全、资产、人员的一级管理和数质量管理；负责油库HSE体系建设。机关设综合办公室、质量安全环保部、财务资产部3个部门。

2011年7月，仓储管理中心机关增设财务部、人事劳资培训部，机关人员编制由16人调增至19人。

2012年10月，按照销售公司完善物流体系建设和对油库管理的要求，公司对仓储管理中心机构名称及规格进行调整，将仓储管理中心变更为仓储分公司，机构规格从原来的副处级调整为正处级，机关人员编制由19人调增至27人。同月，公司党委决定成立仓储分公司党委、仓储分公司纪委，撤销仓储分公司党总支。11月，公司团委决定成立仓储分公司团委，撤销仓储分公司团总支。同月，成立油库管理处（以下简称油库处），为机关独立部门，油库处与仓储分公司实行"一套机构、两块牌子"运作模式。明确油库处与仓储分公司主要职能，仓储分公司主要负责油库现场管理、生产组织和作业流程优化；负责油库设施设备管理、日常信息系统维护、检维修项目的具体实施、验收；负责油品收发存数量、质量管理；负责油库HSE管理和节能环保管理；负责油库经营证照的保管、年检以及专用线共用协议等与油库运行相关的证照、手续的办理；负责油库员工队伍建设、资产、费用管理等。调整仓储分公司机关机构设置及人员编制，仓储分公司机关设"三部一室"，即：生产运行部、安全环保部、财务部、综合办公室。机关人员编制调整为31人（含调度指挥中心管理的配送部8个编制），其中领导职数4人、部门正副主任职数7人。调整配送中心（客户服务中心）管理关系，将配送中心（客户服务中心）机构及人员划归仓储分公司管理。由财务处、调运处和营销处对仓储分公司的财务、物流和商流业务进行指导和监督，并明确仓储分公司与油库处、仓储分公司与调运处、仓储分公司与调度指挥中心管理界面。

截至2013年底，仓储分公司在册员工342人。党支部8个，党员83人。在营油库15座，其中省内油库12座、省内资产型（租赁管理型）油库11座（昆明秧田冲、新曲靖、安宁、大屯、四瑞、昆阳、楚雄、清华洞、曲靖、宣威、罗平油库）、代储型油库1座（民航油库）。省外油库3座，其中租赁管理型油库1座（钦州天盛）、代储型油库2座（宜宾吊黄楼、攀枝花金江）。

2018年3月，宣威油库正式停运，宣威油库人员统一由曲靖松林油库管理。5月，仓储分公司结合西北销售公司管理经验，在管道油库实行大班组管理，管道油库设置调度岗、化验岗、储运岗、发油岗、卸油岗、安技检维修岗、警消岗。同月，清华洞油库铁路卸油管线正式停用。

（一）物流中心（2009.2—2010.6）

1. 物流中心领导（2009.2—2010.6）

经　　　　理　谢淑海（2009.2—2010.8）

副　经　　理　张洪伟（2009.8—2010.6）

　　　　　　　　陈世民（2009.3—2010.6）

行政协助负责人　张洪伟（2009.2—2009.8）

2.物流中心党总支领导（2009.2—2010.6）

书　　　　记　谢淑海（2009.2—2010.6）

委　　　　员　谢淑海（2009.2—2010.6）

　　　　　　　张洪伟（2009.3—2010.6）

　　　　　　　陈世民（2009.3—2010.6）

　　　　　　　李世荣（2009.3—2010.6）

3.物流中心纪检审计监察组织（2009.4—2010.6）

纪检审计监察员　钱志惠（2009.4—2010.6）

4.物流中心工会（2009.3—2010.6）

主　　　　席　张洪伟（2009.3—2010.4）

　　　　　　　谢淑海（2010.4—2010.6）

5.物流中心团总支（2009.3—2010.6）

书　　　　记　任　倩（2009.3—2010.6）

（二）仓储管理中心（2010.6—2012.10）

1.仓储管理中心领导（2010.6—2012.10）

经　　　　理　谢淑海（2010.6—2010.8）

　　　　　　　熊红志（2010.8—2011.5）

　　　　　　　谢淑海（兼任，2011.5—2012.10）

副　　经　　理　吕振忠（2010.8—2011.10）

　　　　　　　张先朝（2011.6—2012.7）

行政协助负责人　张先朝（2011.5—2012.10）

安　全　总　监　谢淑海（2011.10—2012.2）

　　　　　　　杨　忠（2012.2—2012.9）

2.仓储管理中心党总支领导（2010.6—2012.10）

书　　　　记　谢淑海（2010.6—2010.8）

　　　　　　　熊红志（2010.8—2011.5）

　　　　　　　谢淑海（2011.5—2011.12）

　　　　　　　杨　忠（2011.12—2012.10）

副　书　　记　谢淑海（2011.12—2012.10）

委　　　　员　谢淑海（2010.6—2010.8；2011.5—2012.10）

　　　　　　　熊红志（2010.8—2011.5）

　　　　　　　　吕振忠（2010.8—2011.6）

　　　　　　　　张先朝（2011.5—2012.10）

　　　　　　　　杨　忠（2011.12—2012.10）

3. 仓储管理中心纪检审计监察组织（2010.8—2012.9）

纪检审计监察员　钱志惠（2010.6—2012.7）

4. 仓储管理中心工会（2010.8—2012.10）

主　　　　席　熊红志（2010.8—2011.5）

　　　　　　　吕振忠（2011.5—2011.10）

　　　　　　　杨　忠（2011.12—2012.10）

5. 仓储管理中心团总支（2012.3—2012.10）

书　　　　记　任　倩（2012.3—2012.10）

（三）仓储分公司（2012.10—2018.12）

1. 仓储分公司领导（2012.10—2018.12）

经　　　　理　彭国强（2012.10—2013.10）

　　　　　　　谢淑海（2014.8—2018.12）

副　经　　理　熊红志（2014.8—2018.11）

　　　　　　　张学坤（2015.7—2018.12）

　　　　　　　陈　银（2015.7—2018.11）

　　　　　　　潘竟忠（2018.11—2018.12）

　　　　　　　唐　璐（2018.11—2018.12）

安　全　总　监　谢淑海（2012.12—2014.8）

　　　　　　　熊红志（2014.8—2018.11）

2. 仓储分公司党委领导（2012.10—2018.12）

书　　　　记　谢淑海（2012.10—2014.8）

　　　　　　　熊红志（2014.8—2018.11）

　　　　　　　潘竟忠（2018.11—2018.12）

副　书　　记　彭国强（2012.10—2013.10）

委　　　　员　彭国强（2012.10—2013.10）

　　　　　　　谢淑海（2012.10—2018.12）

　　　　　　　熊红志（2014.8—2018.11）

　　　　　　　张学坤（2015.7—2018.12）

　　　　　　　陈　银（2015.7—2018.11）

　　　　　　　潘竟忠（2018.11—2018.12）

唐　璐（2018.11—2018.12）
3. 仓储分公司纪委领导（2012.10—2018.12）

书　　　记　谢淑海（2012.10—2014.8）

　　　　　　熊红志（2014.8—2018.11）

　　　　　　潘竟忠（2018.11—2018.12）

4. 仓储分公司工会（2012.10—2018.12）

主　　　席　谢淑海（2012.10—2014.8）

　　　　　　熊红志（2014.8—2018.11）

　　　　　　潘竟忠（2018.11—2018.12）

5. 仓储分公司团委（2012.10—2018.12）

书　　　记　任　倩（2012.10—2017.6）

　　　　　　杨　忠（2017.6—2018.12）

第四节　所属州市分公司

一、昆明分公司（2009.2—2018.12）

2009年2月，西南销售公司（云南销售公司）在原5个区域分公司的基础上，根据业务发展需要整合设立11个地州（市）分公司，将中国石油天然气股份有限公司西南销售分公司滇中分公司更名为中国石油天然气股份有限公司云南昆明销售分公司（以下简称昆明分公司）。昆明分公司机关设综合办公室、综合业务部、网络建设工程部、质量安全环保部、财务资产部5个部门。人员编制40人，其中领导班子职数4人、部门负责人职数10人。机构规格副处级。主要职能：负责加油站的标准化、规范化管理和运作；负责客户开发和油品销售（含润滑油批发业务）；负责加油站网络项目开发建设；负责在本区域内对控股单位的市场监管和营销政策的统一制订；负责本单位网络工程建设及检维修施工组织实施。2月，西南销售公司（云南销售公司）党委决定对党组织设置进行调整，撤销原滇中分公司党总支，成立昆明分公司党委。3月，成立昆明分公司纪委。

6月，昆明分公司党委对所属各区域党、工、团设置进行了重新调整，将机关原2个党支部合并为1个党支部，将原5个区域党支部按照属地管理模式划分调整为6个区域党支部。同月，设立机关、第一、第二、第三、第四、第五、第六区域工会和区域团总支。

是年，昆明分公司在册员工1125人，下属党支部7个，共有党员105人。开发加油站7座，投运加油站2座，在营加油站68座。全年销售成品油66.61万吨，非油销售收入7198万元。

2010年6月，云南销售公司对所属单位机关编制定员进行调整，昆明分公司综合业务部非油业务、卡系统业务、综合办公室党群业务各增加编制1人，质量安全环保部增加编制2人，财务资产部增加编制6人。7月，成立非油品业务部，同时撤销综合业务部的非油管理职能，机关编制定员58人。同月，昆明分公司成立城东、城南、城西、城北、安宁昆阳、石林6个经营部，同时撤销原第一、第二、第三、第四、第五、第六区域团队。每个经营部设主任、规范管理岗、内控管理岗、客户经理各1人，人员不纳入机关编制。城东经营部负责管理东北城区、东郊片区13座加油站；城南经营部管理南市区、昆洛线、呈贡地区13座加油站；城西经营部管理昆明西城区及禄劝一线11座加油站；城北经营部管理北市区、昆曲一线10座加油站；安宁昆阳经营部管理安宁、昆阳地区11座加油站；石林经营部管理昆石一线、宜良、石林地区10座加油站。12月，云南销售公司将昆明分公司所辖牛街、关雨、马街、国昌、茨坝、建南6个润滑油门市划归非油分公司管理。

是年，昆明分公司在册员工1245人，下属党支部11个，共有党员122人。开发加油站78座，投运加油站3座，在营加油站73座。全年销售成品油94.05万吨，非油销售收入1.04亿元。

2011年7月，云南销售公司明确昆明分公司类别为二类公司，机构管理规格为正处级，机构行政级别为副处级，机关设综合办公室、党群工作部、人事劳资培训部、营销管理部、零售管理部、网络建设工程部、质量安全环保部、财务部，机关编制60人，保留非油品业务部，编制3人。同月，昆明分公司党委对所属党支部进行重新设置，成立机关第一、第二、第三、第四党支部及城东、城南、城西、城北、安宁昆阳、石林6个经营部党支部，成立第一个万吨级加油站党支部—西园加油站独立党支部。同月，昆明分公司工会决定成立机关及城东、城南、城西、城北、安宁昆阳、石林6个经营部工会小组。昆明分公司团委决定成立城东、城南、城西、城北、安宁昆阳、石林6个经营部团总支，并根据区域管辖范围，成立机关团支部及所属65个加油站团支部。

是年，昆明分公司在册员工1282人，下属党支部11个，共有党员173人。开发加油站154座，投运加油站20座，在营加油站80座。全年销售成品油111.55万吨，非油销售收入7834万元。

2012年4月，云南销售公司明确昆明分公司类别为一类公司，机构管理规格为正处级，机构行政级别为副处级。10月，昆明分公司机构行政级别调整为正处级，机关人员编制调整为70人。11月，昆明分公司党委对基层党组织进行调整，将原11个党支部调整设置为8个党总支，党总支下设27个党支部，其中万吨级加油站独立党支部13个。

是年，昆明分公司在册员工1290人，下属党总支8个，党支部27个，共有党员219人。开发加油站10座，投运加油站1座，在营加油站82座。全年销售成品油101万吨，非油销售收入1.2亿元。

2013年3月，云南销售公司将昆明地区加油（气）站项目开发经理部机构调整至昆明分公司，作为昆明分公司机关职能部门管理（临时性机构），人员编制5人。4月，为健全纪委的组织结构，经昆明分公司党委、纪委民主推荐，并报云南销售公司党委批准，将纪委办公室由党群工作部调整至人事劳资培训部。10月，云南销售公司决定按照"四部一中心"组织机构运作模式对昆明分公司机关组织架构进行调整优化，将原营销管理部、零售管理部、非油品业务部整合为业务运作部，网络建设工程部、质量安全环保部整合为质量安全工程部，综合办公室、党群工作部、人事劳资培训部整合为综合管理部，保留财务部机构不做调整。机关人员编制调整为40人，其中领导班子成员5人、机关部门35人。在业务运作部下设客户服务中心，作为基层单位管理，工作上接受业务运作部的领导。11月，昆明分公司办公地址搬迁至云南省昆明市滇池路569号南亚风情第壹城中国石油昆明大厦21楼。

是年，昆明分公司在册员工1202人，下属党总支8个，党支部27个，共有党员208人。开发加油站2座，投运加油站10座，在营加油站91座。全年销售成品油112.26万吨，非油销售收入1.12亿元。

2014年8月，昆明分公司对机关部门职能进行调整：将业务运作部的规范管理、保管损耗管理职能和运维服务小组中的运行监控、系统运维、稽查内控、日常维修等保障性职能调整至质量安全工程部，运维服务小组的信息数据共享职能保留在业务运作部；将质量安全工程部的工程建设、工程检维修调整至项目开发经理部，实现网络开发、工程建设的统一管理；将业务运作部95504投诉处理职能调整到质量工程部，将督办职能调整至综合管理部。调整后机关部门仍为4个，人员编制为40人。

是年，昆明分公司党委对所属党支部进行新的划分，将所属8个党总支、27个党支部调整为7个党总支、32个党支部。昆明分公司在册员工1221人，下属党总支7个，党支部32个，共有党员216人。开发加油站1座，投运加油站3座，在营加油站93座。全年销售成品油86.97万吨，非油销售收入1.21亿元。

2015年，昆明分公司党委对所属党支部进行新的划分，将原所属的7个党总支、32个党支部调整为7个党总支、39个党支部。昆明分公司在册员工1236人，下属党总支7个，党支部39个，共有党员231人。开发加油站9座，投运加油站9座，在营运加油站111座。全年销售成品油103.69万吨，非油销售收入1.27亿元。

与"十一五"末相比，公司在营加油站数量从73座增加到111座，销售总量从94.05万吨增加到103.69万吨，非油销售收入从1.04亿元增加到1.27亿元，市场份额从27%增长至35%。"十二五"期间，累计实现成品油销量515.47万吨，非油销售收入5.59亿元，总体销售收入525.66亿元。

2016年3月，云南销售公司对中油强林公司及昆明分公司组织架构进行调整优化，中油强林公司与昆明分公司合署办公，采取"一套机构、两块牌子"运作模式，并按照"机构统一设置、人员统一管理、工作统一部署、业绩统一考核"原则进行管理。合署办公后，机关设业务运作部、质量安全工程部、综合管理部、财务部、合资合作部。人员编制调整为49人（其中领导班子5人、机关部门44人）。同月，中油强林公司办公地址搬迁至云南省昆明市滇池路569号南亚风情第壹城中国石油昆明大厦21楼。

是年,昆明分公司在册员工1291人,下属党总支7个,党支部45个,共有党员258人。开发加油站10座,投运加油站5座,在营加油站126座。全年销售成品油119.37万吨,非油销售收入2.07亿元。

2017年1月,昆明(中油强林)公司成立运维服务管理团队,对机关部门职能进行调整:将质量安全工程部日常检维修管理、系统运维、资产信息管理、系统配送业务和项目开发经理部负责的技改检维修工程项目管理统一纳入公司运维服务团队管理,实现加油站大型技改和设备设施日常维修一体化管理。调整后机关部门仍为5个,人员编制为49人。

5月,昆明分公司党委对机关党支部进行新的划分,将机关1个党总支,5个党支部调整为3个党支部。8月,将原来6个经营部党总支,40个党支部调整为12个片区党支部和3个加油站党支部。12月,增设呈澄片区1个党支部。8月,昆明(中油强林)公司将原城东、城南、城西、城北、安宁昆阳、石林6个片区经营部调整为12个片区经营部(团队),分别为:安宁片区经营部、城北片区经营部、城东片区经营部、西山片区经营部、昆曲片区经营部、官渡团队、昆阳团队、昆石团队、呈贡团队、昆沙团队、石林团队、宜良团队。12月,昆明(中油强林)公司增设呈澄片区经营部,至此,昆明(中油强林)公司下设13个片区经营部(团队)。

是年,昆明(中油强林)公司在册员工1307人,下属党支部19个,共有党员236人。开发加油站22座,投运加油站21座,在营加油站126座。全年销售成品油130.45万吨,非油销售收入2.25亿元。

2018年1月,昆明(中油强林)公司在昆石团队10座加油站实行委托管理模式,划出员工68人。

8月,昆明(中油强林)公司成立党群工作部(纪委办公室)。调整后,机关设业务运作部、质量安全工程部、综合管理部、财务部、合资合作部、党群工作部(纪委办公室)6个部门,机关人员编制49人。

截至12月,昆明(中油强林)公司在册员工1597人,下属党支部19个,共有党员240人。全年开发加油站17座,投运加油站19座,在营加油站141座。全年销售成品油157.46万吨,非油销售收入2.62亿元。

(一)昆明分公司领导(2009.2—2018.12)

经　　　理　　高玉新(2009.2—2010.8)
　　　　　　　杨辉国(2010.8—2016.6)
　　　　　　　徐启东(2016.6—2018.12)
副　经　理　　李海明(2009.2—2010.8)
　　　　　　　郭　瑜(2009.2—2009.9)
　　　　　　　王小宁(2009.10—2010.8)

　　　　　　　杨　健（2009.2—2011.8）
　　　　　　　朱　妣（2010.8—2016.12）
　　　　　　　徐光磊（2010.8—2011.5）
　　　　　　　杨先春（2010.8—2018.12）
　　　　　　　王湘江（2013.7—2014.8）
　　　　　　　孟碧军（2014.9—2016.11）
　　　　　　　赵立世（2016.12—2017.9）
　　　　　　　胡登华（2016.12—2018.12）
　　　　　　　罗建伟（2017.2—2018.12）
　　　　　　　郑阁辉（2017.2—2018.12）
　　　　　　　李敬东（2017.9—2018.12）
　总 会 计 师　杨　健（2010.8—2011.8）
　　　　　　　孟碧军（2011.9—2014.8）
　　　　　　　郑阁辉（2014.9—2018.12）
　安 全 总 监　杨先春（2010.9—2014.8）
　　　　　　　朱　妣（2014.8—2016.12）
　　　　　　　罗建伟（2017.4—2018.12）

（二）昆明分公司党委领导（2009.2—2018.12）

　书　　　记　李海明（2009.2—2010.7）
　　　　　　　朱　妣（2010.8—2016.12）
　　　　　　　罗建伟（2017.2—2018.12）
　临时负责人　杨辉国（2010.8—2010.8）
　副 　书 　记　高玉新（2009.3—2010.7）
　　　　　　　杨辉国（2010.8—2016.6）
　　　　　　　徐启东（2016.6—2018.12）
　委　　　员　李海明（2009.2—2010.7）
　　　　　　　郭　瑜（2009.2—2009.9）
　　　　　　　高玉新（2009.3—2010.7）
　　　　　　　王小宁（2009.10—2010.8）
　　　　　　　杨　健（2009.2—2011.8）
　　　　　　　朱　妣（2010.8—2016.12）
　　　　　　　杨辉国（2010.8—2016.6）
　　　　　　　杨先春（2010.8—2018.12）

孟碧军（2011.9—2016.11）
王湘江（2013.7—2014.8）
郑阁辉（2014.9—2018.12）
徐启东（2016.6—2018.12）
赵立世（2016.12—2017.9）
胡登华（2016.12—2018.12）
罗建伟（2017.2—2018.12）
李敬东（2017.9—2018.12）

（三）昆明分公司纪委领导（2009.4—2018.12）

书　　记　李海明（2009.4—2010.7）
　　　　　朱　妩（2010.8—2016.12）
　　　　　罗建伟（2017.2—2018.12）

（四）昆明分公司工会（2006.2—2018.12）

临时负责人　罗建伟（2006.2—2007.1）
主　　席　郭　瑜（2009.3—2009.9）
　　　　　李海明（2010.4—2010.7）
　　　　　朱　妩（2010.8—2016.12）
　　　　　罗建伟（2017.2—2018.12）
副 主 席　王亚静（2009.2—2018.12）

（五）昆明分公司团委（2009.4—2018.12）

书　　记　周　恒（2009.4—2012.8）
副 书 记　张高宁（2014.4—2017.8）
副 书 记　金红梅（2017.8—2018.12）

二、曲靖分公司（2009.2—2018.12）

2009年2月，西南销售公司决定将中国石油天然气股份有限公司西南销售分公司滇东北公司更名为中国石油天然气股份有限公司云南曲靖销售分公司（以下简称曲靖分公司），按副处级单位管理，将原滇东北分公司管辖的昭通地区4座加油站（昭通珠泉加油站、昭通葡泉加油站、昭通荷花加油站和昭通文屏加油站）及52名员工单独分离，由昭通分公司进行管理。曲靖分公司机关设置5个部门：综合办公室、综合业务部、网络建设工程部、质量安全环保部、财务资产部。机关人员编制28人，其中领导班子职数4人。曲靖分公司主要负责曲靖地区加油站的标准化、规范化管理和运作；负责客户开发和油品销售（含润滑油批发业务）；负责加油站网络项目开发建设；负责在本区域内对控股单位的市场监管和营销策划的统一制定。同月，西南销售公司（云南销售公司）党委决定对党组织设置进行调整，撤销滇东北分公司党总支，成立曲靖分公司党委。3月，云南销售公司党委决定成立曲靖分公司纪委。同时，曲靖分公司党委决定成立曲靖分公司工会。4月，曲靖分公司党委成立机关第一、第二、第三、第四4个党支部。同月，曲靖分公司团委设立机关、曲靖、沾益、陆良、师宗、罗平、宣威、富源、会泽9个团总支。5月5日，西南销售公司（云南销售公司）废止"中国石油天然气股份有限公司西南销售分公司滇东北公司"印章，启用"中国石油天然气股份有限公司云南曲靖销售分公司"印章。

12月25日，曲靖分公司办公地点从曲靖市西苑小区安厦酒店搬迁至曲靖市子午路众合大厦13、14楼。曲靖分公司在册员工307人。下属党支部4个，共有党员45名。开发加油站7座，在营加油站59座。全年销售成品油21.59万吨，非油销售收入1282万元。

2010年3月，曲靖分公司党委对党支部进行调整，成立机关第一、第二、第三、第四党支部。6月，云南销售公司对曲靖分公司机关定编进行了调整，扩充为41人。7月，云南销售公司批复同意曲靖分公司根据网络布局成立麒麟经营部、宣威经营部、富源经营部、师宗经营部、会泽经营部，负责对曲靖七县一市一区所属61座加油站进行统筹管理，经营部编制4人，其中主任1人、规范管理岗1人、内控管理岗1人、客户经理岗1人。8月，曲靖分公司党委撤销原4个党支部，成立机关第一党支部、第二党支部、麒麟党支部、宣威党支部、富源党支部、师宗党支部、会泽党支部。11月，曲靖分公司团委撤销原9个团总支，成立机关直属、麒麟经营部、宣威经营部、富源经营部、师宗经营部、会泽经营部6个团总支。12月，曲靖分公司乐维润滑油门市划入非油分公司统一管理。

是年，曲靖分公司在册员工671人。下属党支部7个，共有党员59名。开发加油站20座，投运加油站26座，在营加油站85座。全年销售成品油26.24万吨，非油销售收入2018万元。

2011年2月，曲靖分公司增设沾益经营部、陆良经营部，对经营部管辖加油站进行重新划分。3月，增设沾益、陆良两个党支部。6月，增设沾益经营部、陆良经营部2个团总支。9月，人事劳资培训部从综合办公室分离，成为机关独立部门。同时，撤销综合业务部，增设零售管理部和营销管理部，财务资产部更名为财务部。7月，曲靖分公司党委增设瑞麟加油站党支部。曲靖分公司在册员工1040人。下属党支部10个，共有党员77名。开发加油站13座，投运加油站14座，在营加油站99座。全年销售成品油21.5万吨，非油销售收入1811万元。

2012年9月，增设曲靖大花桥加油站党支部。12月，增设沾益玉林加油站、会泽奔腾加油站、陆良西华加油站3个党支部。曲靖分公司在册员工862人。下属党支部14个，共有党员122名。在营加油站99座。全年销售成品油32万吨，非油销售收入2304万元。

2013年，曲靖分公司在册员工839人。下属党支部14个，共有党员126名。在营加油站99座。全年销售成品油32.02万吨，非油销售收入3417万元。

2014年4月，按照云南销售公司调整优化地（市）公司组织机构要求，曲靖分公司将机关原有9个部门整合为综合管理部、业务运作部、质量安全工程部和财务部4个部门。机关编制35人，其中领导职数5人、综合管理部8人、业务运作部10人、质量安全工程部6人、财务部6人。同时设立客户服务中心，作为基层单位管理，人员编制10人。设立机关一党支部、机关二党支部、麒麟党支部、沾益党支部、宣威党支部、会泽党支部、富源党支部、师宗党支部、陆良党支部、瑞麟加油站党支部、大花桥加油站党支部、玉林加油站党支部、奔腾加油站党支部、陆良西华加油站党支部、宣威吉通加油站党支部、会泽振兴加油站党支部、会泽大水井加油站党支部、马龙三所加油站党支部，党员124人。

是年，曲靖分公司在册员工737人。下属党支部18个，共有党员124名。在营加油站97座。全年销售成品油24.58万吨，非油销售收入3376万元。

2015年，曲靖分公司在册员工710人。下属党支部18个，共有党员145名。在营加油站97座。全年销售成品油24.89万吨，非油销售收入4514万元。

与"十一五"末相比，公司在营加油站数量从84座增加到99座，销售总量从27.6万吨增加到32.8万吨，非油销售收入从2012万元增加到4514万元，市场份额从25%增长到31%。"十二五"期间，累计实现成品油销量164万吨，非油销售收入1.65亿元，总体销售收入140.9亿元。

2016年，曲靖分公司升格为二类公司，机构管理规格为正处级。机关人员编制为35人，设置业务运作部、综合管理部、质量安全工程部和财务部4个部门。由于道路改造，会泽大水井（主）、师宗海子、黄泥堡主副、罗平板桥、陆良交通、陆良雄林、陆良中茂加油站停业。沾益林龙加油站退租，曲靖百家姓加油站投运。

是年，曲靖分公司在册员工692人。下属党支部17个，共有党员152名。在营加油站92座。全年销售成品油25.32万吨，非油销售收入5275万元。

2017年曲靖城东加油站退租，奔腾2、沾益怀兴、富源腰3座加油站投运，实际运营加油站93座。设立机关一党支部、机关二党支部、麒麟党支部、沾益党支部、宣威党支部、会泽党支部、富源党支部、师宗党支部、罗平党支部、陆良党支部、瑞麟加油站党支部、大花桥加油站党支部、会泽奔腾加油站党支部、马龙党支部，党员153人。

是年，曲靖分公司在册员工690人。下属党支部14个，共有党员153名。开发加油站2座，投运加油站2座，在营加油站93座。全年销售成品油26.58万吨，非油销售收入7266万元。

2018年6月，曲靖分公司成立党群工作部（纪委办公室）。

截至12月，曲靖分公司在册员工686人，共有13个党支部，党员150名。全年开发加油站2座，投运加油站3座，在营加油站93座；销售成品油30.55万吨，非油销售收入8443万元。

（一）曲靖分公司领导（2009.2—2018.12）

经　　　理　武宜彬（2009.2—2012.10）
　　　　　　罗建伟（2012.10—2017.2）

　　　　　　　　徐光磊（2017.2—2018.11）
　　　　　　　　马　黎（2018.11—2018.12）
副　经　理　　王大力（2009.2—2009.5）
　　　　　　　　臧国云（2009.2—2010.8）
　　　　　　　　杨　勇（2009.9—2014.8）
　　　　　　　　蒋雁飞（2009.2—2011.10）
　　　　　　　　葛楚祥（2011.3—2016.6）
　　　　　　　　李新宇（2011.10—2014.8）
　　　　　　　　李　新（2014.8—2018.12）
　　　　　　　　张书明（2014.8—2015.7）
　　　　　　　　陈金和（2016.12—2018.4）
　　　　　　　　高亚文（2017.2—2018.12）
　　　　　　　　朱　彬（2015.7—2018.12）
　　　　　　　　朱杰桢（2018.4—2018.12）
总 会 计 师　　高亚文（2010.8—2017.2）
副总会计师　　高亚文（2017.2—2018.11）
安 全 总 监　　杨　勇（2010.9—2014.8）
　　　　　　　　李　新（2014.8—2018.12）

（二）曲靖分公司党委领导（2009.2—2018.12）

临时负责人　　蒋雁飞（2009.2—2009.5）
　　　　　　　　李新宇（2011.10—2012.10）
书　　　记　　蒋雁飞（2009.6—2011.10）
　　　　　　　　李新宇（2012.11—2014.8）
　　　　　　　　李　新（2014.8—2018.12）
副　书　记　　武宜彬（2009.2—2012.10）
　　　　　　　　罗建伟（2012.10—2017.2）
　　　　　　　　徐光磊（2017.2—2018.11）
　　　　　　　　马　黎（2018.11—2018.12）
委　　　员　　王大力（2009.3—2009.5）
　　　　　　　　武宜彬（2009.3—2012.10）
　　　　　　　　臧国云（2009.2—2010.8）
　　　　　　　　杨　勇（2009.9—2014.6）
　　　　　　　　蒋雁飞（2009.3—2011.10）

葛楚祥（2011.3—2014.6）
高亚文（2010.9—2018.12）
李新宇（2012.11—2014.8）
罗建伟（2012.10—2017.2）
李　新（2014.8—2018.12）
张书明（2014.8—2015.7）
朱　彬（2015.7—2018.12）
陈金和（2016.12—2018.4）
徐光磊（2017.2—2018.11）
朱杰桢（2018.4—2018.12）
马　黎（2018.11—2018.12）

（三）曲靖分公司纪委领导（2009.3—2018.12）

书　　记　蒋雁飞（2009.3—2011.10）
　　　　　李新宇（2011.10—2014.8）
　　　　　李　新（2014.8—2018.12）

（四）曲靖分公司工会（2009.3—2018.12）

主　　席　王大力（2009.3—2009.9）
　　　　　杨　勇（2009.9—2010.4）
　　　　　蒋雁飞（2010.4—2011.10）
　　　　　李新宇（2011.10—2014.8）
　　　　　李　新（2014.8—2018.12）
副 主 席　张书明（2015.3—2015.7）

（五）曲靖分公司团委（2009.4—2018.12）

书　　记　陈　雪（2009.4—2012.5）
　　　　　胡　晓（2012.5—2018.12）

三、大理分公司（2009.2—2018.12）

2009年2月，西南销售公司（云南销售公司）将中国石油天然气股份有限公司西南销售分公司滇西公司更名为中国石油天然气股份有限公司云南大理销售分公司（以下简称大理分公司）。大理分公司机关设综合办公室、综合业务部、网络建设工程部、质量安全环保部、财务资产部5个部门。人员编制 25 人，其中领导班子职数 4 人、部门负责人职数 8 人，机构规格副处级。主要职能：负责加油站的标准化、规范化管理和运作；负责客户开发和油品销售（含润滑油批发业务）；负责加油站网络项目开发建设；负责在本区域内对控股单位的市场监管和营销政策的统一制订；负责本单位网络工程建设及检维修施工组织实施。大理分公司办公地点为云南省大理州大理市下关经济开发区富海路 77 号。同月，西南销售公司（云南销售公司）党委决定对公司党组织设置进行调整，撤销原滇西分公司党总支，成立大理分公司党委。3 月，成立大理分公司纪委。

3 月，大理中青公司与大理分公司实施合署办公，按"一套班子、两块牌子"经营管理模式进行统一管理。根据文件规定，大理中青公司设置 3 个部门：综合办公室、综合业务部、财务资产部。机关编制 20 人，其中领导职数 2 人、部门负责人职数 6 人。合署办公后，大理分公司和大理中青公司编制为 45 人，年底，大理分公司油品销量 22 万吨，运营清华洞油库 1 座、液化气库 1 座，4 个控股公司及 1 个全资分公司，加油站 52 座，员工总数 637 人（加油站数及员工数量含大理中青公司丽江分公司、大理中青公司临沧分公司 2 个全资分公司和临沧中青公司、德宏中青公司、迪庆中青公司、保山中青公司 4 个控股公司）。

是年，大理分公司在册员工 252 人。下属党支部 5 个，共有党员 96 名。开发加油站 5 座，投运加油站 4 座，运营加油站 25 座。全年销售成品油 15.36 万吨，非油销售收入 761 万元。

2010 年 6 月，云南销售公司对所属相关单位机关机构及编制定员进行适当调整，增加大理分公司非油业务岗位编制 3 人、稽查管理岗编制 1 人，机关编制调增至 49 人。同月，大理中青公司丽江分公司整体租赁给中国石油云南丽江销售分公司属地管理，所辖 4 座加油站实物资产及人员进行全面划转。8 月，大理分公司党委按照地域和党员分布情况，决定设立 8 个党支部。10 月，大理中青公司临沧分公司整体租赁给中国石油云南临沧销售分公司进行属地管理，所辖临沧城南、城北及沧源 3 座加油站实物资产、人员进行全面划转。年底，大理分公司油品销量 19 万吨，运营清华洞油库 1 座、液化气库 1 座，4 个控股公司，加油站 48 座，员工总数 762 人（加油站及人员含临沧中青公司、德宏中青公司、迪庆中青公司、保山中青公司四个控股公司）。

是年，大理分公司在册员工 278 人。下属党支部 6 个，共有党员 93 名。开发加油站 3 座，投运加油站 5 座，运营加油站 15 座。全年销售成品油 18.98 万吨，非油销售收入 588.51 万元。

2011 年 9 月，大理分公司机关增设人事劳资培训部、非油品业务部，拆分综合业务部为零售管理部和营销管理部。机关编制定员 49 人，其中领导班子职数 4 人、部门职数 14 人。11 月，德宏中青公司整体租赁给中国石油云南德宏销售分公司属地管理，所辖 7 座加油站实物资产及人员全部划转。

是年，大理分公司在册员工 329 人。下属党支部 6 个，共有党员 80 名。开发加油站 11 座，投运加油站 5 座，运营加油站 29 座。全年销售成品油 19.92 万吨，非油销售收入 583.63 万元。

2012 年，大理中青公司临沧分公司整体租赁给中国石油云南临沧销售分公司属地管理，所辖 4 座加油站实物资产及人员进行全面划转。大理分公司在册员工 359 人。下属党支部 8 个，共有党员 76 名。开发加油站 4 座，投运加油站 1 座，运营加油站 30 座。全年销售成品油 20.52 万吨，非油销售收入951.6万元。

2013年，大理分公司在册员工456人。下属党支部8个，共有党员101名。开发加油站3座，投运加油站5座，运营加油站37座。全年销售成品油20.14万吨，非油销售收入1909.57万元。

2014年3月，云南销售公司对《调整优化大理（中青）公司组织架构的请示》进行批复：将机关部门调整为4个，将营销管理部、零售管理部、非油品业务部整合为业务运作部；将质量安全环保部、网络建设工程部整合为质量安全工程部；将综合办公室、人事劳资培训部整合为综合管理部；财务部机构保持不变。机关编制定员40人，其中领导班子职数5人、部门职数11人。根据批复，大理（中青）公司于4月10日正式完成机关职能部门优化调整工作。

5月，经大理分公司党委研究决定，在祥云地区增设顺达加油站党支部，增设后党支部数增为9个。

8月，中国石油云南大理销售分公司、大理中青公司、大理中油能源有限责任公司合署办公，采取"一套班子、三块牌子"运作模式。实行合署办公后，其机关机构统一按照地市公司机关部门设置标准，设置业务运作部、质量安全工程部、财务部、综合管理部四个部门。实行合署办公后，其公司领导班子职数在公司类别对应的领导班子职数基础上调增1人。

是年，大理分公司在册员工363人。下属党支部9个，共有党员86名。运营加油站37座。全年销售成品油21.08万吨，非油销售收入2303万元。

2015年5月，云南销售公司采用2014年度"规模类指标""质量类指标"完成情况测算确定大理（中青、能源）公司属于三类公司，机构管理规格为副处级，机关职能部门分为业务运作部、综合管理部、质量安全工程部、财务部，2015年编制按44人执行（其中增加的4人用来解决合作方委派人员），新的地市公司类别有效期为2015年1月1日至12月31日。

是年，大理分公司在册员工341人。下属党支部8个，共有党员76名。开发加油站5座，续租加油站1座，运营加油站38座。全年销售成品油23.86万吨，非油销售收入2867万元。

与"十一五"末相比，大理分公司在营加油站数量从25座增加到38座，销售总量从18.98万吨增加到23.86万吨，非油销售收入从588.51万元增加到2867万元，市场份额从23.5%增长到30.1%。"十二五"期间，累计实现成品油销量87.93万吨，非油销售收入8614.8万元，总体销售收入86.86亿元。

2016年5月，云南销售公司采用2015年度"规模类指标""质量类指标"完成情况测算确定大理（中青、能源）公司属于三类公司，机构管理规格为副处级，机关职能部门分为业务运作部、综合管理部、质量安全工程部、财务部，2016年编制按44人执行（其中增加的4人用来解决合作方委派人员），新的地市公司类别有效期为2016年1月1日至12月31日。

是年，大理分公司在册员工367人。下属党支部9个，共有党员78名。开发加油站7座，投运加油站1座，续租加油站1座，运营加油站38座。全年销售成品油25.31万吨，非油销售收入3431.9万元。

2017年4月，根据《关于创新组建大理（中青、能源）公司基层党支部的通知》要求，将原来的9个党支部进行合并,按照以经营部片区为单位,成立机关党支部、大理经营部党支部、祥云经营部党支部、环洱片区党支部、剑川片区党支部5个党支部。

7月,云南销售公司采用2016年度"规模类指标""质量类指标"完成情况测算确定大理(中青、能源)公司属于二类公司,机关职能部门分为业务运作部、综合管理部、质量安全工程部、财务部,2017年编制按44人执行(其中增加的4人用来解决合作方委派人员),新的地市公司类别有效期为2017年1月1日至12月31日。

是年,大理分公司在册员工388人。下属党支部5个,共有党员74名。开发加油站2座,投运加油站3座,运营加油站41座。全年销售成品油27.2万吨,非油销售收入5399万元。

2018年2月,根据公司网络发展的不断扩大,经营站点不断增多,结合油站管理实际,为进一步加强对加油站的管理,将公司所辖加油站重新划分为两个经营部、三个片区进行管理,分别为大理经营部(所辖加油站15座)、祥云经营部(所辖加油站13座)、剑鹤片区(所辖加油站12座)、云永片区(所辖加油站6座)、巍南片区(所辖加油站6座)。

4月,根据《关于下发党支部换届选举结果的批复》要求,结合公司机构调整和人员变动情况,落实"三同时"制度,大理分公司党委将原来的5个党支部进行调整,成立机关党支部、大理经营部党支部、祥云经营部党支部、剑鹤片区党支部、云永片区党支部、巍南片区党支部6个党支部。

5月,云南销售公司采用2017年度"规模类指标""质量类指标"完成情况测算确定大理(中青、能源)公司属于二类公司,机构管理规格为正处级,机关职能部门分为业务运作部、综合管理部、质量安全工程部、财务部,2018年编制按44人执行(其中增加的4人用来解决合作方委派人员),新的地市公司类别有效期为2018年1月1日至2018年12月31日。同时,根据《关于调整大理等2个地市公司机构规格的通知》要求,大理分公司机构规格由副处级调整为正处级。

截至12月,大理分公司在册员工478人,共有6个党支部,党员89名。全年开发加油站1座,投运加油站2座,在营加油站48座;销售成品油28.11万吨,非油销售收入6386.31万元。

(一)大理分公司领导(2009.2—2018.12)

经   理 闫继怀(2009.2—2011.5)
      马 黎(2012.10—2018.11)
      刘利荣(2018.11—2018.12)
行政临时负责人 马 黎(2011.6—2012.9)
副 经 理 李殿益(2009.3—2010.2)
      汪长波(2009.3—2010.7)
      王建华(2009.3—2011.10)
      王湘江(2010.3—2010.7)
      谢淑海(2010.8—2011.5)

　　　　　　　　李晓波（2010.8—2018.12）
　　　　　　　　李敬东（2011.6—2016.1）
　　　　　　　　施　鸿（2014.8—2018.12）
　　　　　　　　王正华（2016.2—2018.12）
　　　　　　　　韦立志（2017.2—2018.12）
财 务 总 监　李殿益（2009.3—2010.2）
　　　　　　　　王湘江（2010.3—2010.7）
总 会 计 师　钟　文（2010.8—2015.8）
　　　　　　　　韦立志（2015.9—2017.2）
副总会计师　韦立志（2017.2—2018.12）
安 全 总 监　王建华（2010.9—2011.9）
　　　　　　　　李晓波（2011.10—2016.12）
　　　　　　　　李敬东（2014.6—2016.1）
　　　　　　　　王正华（2016.2—2018.12）

（二）大理分公司党委领导（2009.2—2018.12）

书　　　记　汪长波（2009.8—2010.7）
　　　　　　　　谢淑海（2010.8—2011.5）
　　　　　　　　李敬东（2012.10—2016.1）
　　　　　　　　王正华（2016.2—2018.12）
临时负责人　汪长波（2009.2—2009.8）
　　　　　　　　李敬东（2011.6—2012.10）
副 书 记　闫继怀（2010.8—2011.5）
　　　　　　　　马　黎（2011.6—2018.11）
　　　　　　　　刘利荣（2018.11—2018.12）
委　　　员　李殿益（2009.3—2010.2）
　　　　　　　　汪长波（2009.3—2010.7）
　　　　　　　　王建华（2009.3—2011.10）
　　　　　　　　王湘江（2010.3—2010.7）
　　　　　　　　谢淑海（2010.8—2011.5）
　　　　　　　　闫继怀（2010.8—2011.5）
　　　　　　　　钟　文（2010.8—2015.8）
　　　　　　　　李晓波（2010.8—2018.12）
　　　　　　　　李敬东（2011.6—2016.1）

马　黎（2011.6—2018.11）

韦立志（2015.9—2018.12）

王正华（2016.2—2018.12）

刘利荣（2018.11—2018.12）

（三）大理分公司纪委领导（2009.2—2018.12）

书　　　记　汪长波（2009.4—2010.7）

谢淑海（2010.8—2011.5）

李敬东（2011.6—2016.1）

王正华（2016.2—2018.12）

（四）大理分公司工会（2009.2—2018.12）

主　　　席　汪长波（2010.4—2010.7）

谢淑海（2010.8—2011.5）

李敬东（2011.6—2016.1）

王正华（2016.2—2018.12）

副　主　席　钟　文（2014.4—2015.8）

韦立志（2016.2—2018.12）

（五）大理分公司团委（2009.2—2018.12）

书　　　记　陶绍勇（2009.4—2010.6）

丁　磊（2010.7—2011.9）

侯　杰（2011.10—2015.6）

李　婷（2015.7—2018.1）

副　书　记　陶绍勇（2018.1—2018.12）

四、红河分公司（2009.2—2018.12）

2009年2月，西南销售公司（云南销售公司）将中国石油天然气股份有限公司西南销售分公司滇东南公司更名为中国石油天然气股份有限公司云南红河销售分公司（以下简称红河分公司）。红河分公司机关设综合办公室、综合业务部、网络建设工程部、质量安全环保部、财务资产部5个部门。人员编制23人，其中领导班子职数4人、部门负责人职数8人，机构规格副处级。主要职能：负责加油站的标准化、规范化管理和运作；负责客户开发和油品销售（含润滑油批发业务）；负责加油站网络项目开发建设；负责在本区域内对控股单位的市场监管和营销政策的统一制订；负责本单位网络工程建设及检维修施工组织实施。同月，西南销售公司（云南销售公司）党委对公司党组织设置进行调整，撤销滇东南公司党总支，成立红河分公司党委。3月，成立红河分公司纪委。4月，红河分公司党委撤销原滇东南分公司所有党支部，根据职能部门设置2个机关党支部，即综合办公室和网络建设工程部联合党支部，综合业务部、质量安全环保部及财务资产部联合党支部。在加油站按照区域模式设置5个基层党支部，即：第一、第二、第三、第四、第五党支部。同月，红河分公司组建临时工会、团委。9月，红河分公司党委撤销原红河分公司机关2个党支部及基层5个党支部，重新成立机关党支部，基层成立第一区域、第二区域2个基层党支部。年底，红河分公司在册员工366人。下属党支部3个，共有党员40名。开发加油站14座，投运加油站8座，在营加油站24座。全年销售成品油9.57万吨，非油销售收入239.71万元。

2010年6月，云南销售公司对所属相关单位机关机构及编制定员进行调整，红河分公司非油品业务、卡系统业务、质量安全环保部、财务部、党群业务、人力资源管理业务各增加编制定员1人，红河分公司机关总编制定员32人。年底，红河分公司在册员工456人。下属党支部3个，共有党员64名。开发加油站28座，投运加油站11座，在营加油站43座。全年销售成品油18.74万吨，非油销售收入707.49万元。

2011年4月，红河分公司党委撤销原3个党支部，设置1个机关党总支，6个基层党总支。5月，云南销售分公司批准红河分公司成立蒙屏、开弥、建石、个元4个经营部，各经营部定编3人。7月，云南销售公司对各州市（分）公司类别、机构管理规格、行政级别、机关职能部门设置及人员编制进行调整，红河分公司类别为四类公司，机构管理规格、机构行政级别为副处级，机关职能部门设综合办公室、人事劳资培训部、零售管理部、营销管理部、网络建设工程部、质量安全环保部、财务部7个部门，机关人员编制37人。同月，红河分公司党委撤销原7个党总支，设置1个机关党支部，4个基层党支部。年底，红河分公司运营加油站56座，员工总数为535人。下属党支部7个，共有党员100名。全年开发加油站14座，投运加油站13座。全年销售成品油20.72万吨，非油销售收入751.62万元。

2012年1月，因开远、弥勒地区新增加油站较多，红河分公司对经营部管理范围和管理人员进行适当调整。设置开远片区、弥泸片区、个元片区、建石片区4个经营部，原蒙屏片区经营部团山1、2，田心1、2和绿洲5座加油站由零售管理部直管。同月，红河分公司党委撤销原5个党支部，设置机关、开远片区经营部、弥泸片区经营部、个元片区经营部、建石片区党支部、团山加油站、清远加油站7个党支部。4月，云南销售分公司确定红河分公司类别为三类公司，机构管理规格为副处级，机关人员编制为50人。另设非油业务岗位编制3人，专职稽查管理岗位2人，红河分公司机关人员编制为55人。5月，云南销售分公司批准红河分公司设置非油品业务部，人员编制为3人。年底，红河分公司在册员工552人。下属党支部12个，共有党员144名。开发加油站7座，投运加油站6座，在营加油站62座。全年销售成品油21.72万吨，非油销售收入2039.62万元。

2013年，红河分公司在册员工578人。下属党支部13个，共有党员163名。开发加油站2

座,投运加油站7座,在营加油站68座。全年销售成品油27.26万吨,非油销售收入3161.81万元。

2014年4月,云南销售公司决定按照"四部一中心"组织机构运作模式对红河分公司机关组织架构进行调整优化,将原综合办公室、人事劳资培训部整合为综合管理部,零售管理部、营销管理部、非油品业务部整合为业务运作部,质量安全环保部、网络建设工程部整合为质量安全工程部,保留财务部机构不做调整,机关编制由50人缩减为35人。设立弥开经营部、蒙屏经营部、个元经营部、建石经营部4个片区经营部对加油站进行划区域管理。同时在业务运作部和财务部分别下设客户服务中心、财务录入点两个基层分支机构协助开展业务工作。

是年,根据经营部组织结构及党员分布情况,红河分公司撤销开远经营部党支部、弥勒经营部党支部、团山加油站党支部、茂源加油站党支部、鸡个加油站党支部5个党支部;保留机关党支部、个元经营部党支部、蒙屏经营部党支部、建石经营部党支部、田心加油站党支部、清远加油站党支部、燕子洞加油站党支部、八号洞加油站党支部8个党支部;成立弥开经营部党支部、团山—绿洲加油站党支部、鸡个—沙治—玉河加油站党支部、鑫海—茂源加油站党支部、弥勒服务区党支部5个党支部。年底,红河分公司在册员工495人。下属党支部13个,共有党员155名。开发加油站2座,未投运新加油站,在营加油站70座。全年销售成品油26.19万吨,非油销售收入2677万元。

2015年12月,按照加油站党支部创建工作目标要求,红河分公司在原有13个党支部基础上新成立草坝加油站党支部。年底,红河分公司在册员工535人。下属党支部14个,共有党员153名。开发加油站1座,投运加油站2座,在营加油站72座。全年销售成品油28.3万吨,非油销售收入3651万元。

与"十一五"末相比,公司在营加油站数量从43座增加到72座,销售总量从18.74万吨增加到27.53万吨,非油销售收入从707万元增加到3635万元,市场份额从27%增长到36%。"十二五"期间,累计实现成品油销量124.05万吨,非油销售收入1.33亿元,总体销售收入90.68亿元。2014年获云南省总工会"基层工会女职工工作示范单位"。

2016年10月,按照党支部建设要求,红河分公司对原有14个党支部按照实际情况进行优化调整,撤销弥开经营部党支部,草坝加油站党支部,鸡个、沙治、玉河加油站党支部,八号洞加油站党支部,燕子洞加油站党支部,田心加油站党支部,团山、绿洲加油站党支部7个党支部;保留机关党支部,个元经营部党支部,蒙屏经营部党支部,建石经营部党支部,清远加油站党支部,弥勒服务区党支部,鑫海、茂源加油站党支部7个党支部;新成立开远片区经营部党支部,弥泸片区经营部党支部,团山、绿洲、草坝加油站党支部3个党支部。年底,红河分公司在册员工549人。下属党支部10个,共有党员147名。开发加油站2座,投运加油站4座,在营加油站74座。全年销售成品油25.49万吨,非油销售收入4481万元。获股份公司"保后路、增份额、增纯枪、增效益"先进集体。

2017年,红河分公司设机关党支部,个元经营部党支部,蒙屏经营部党支部,建石经营部党支部，清远加油站党支部，弥勒服务区党支部，鑫海、茂源加油站党支部，开远片区经营部党支部，弥泸片区经营部党支部，团山、绿洲、草坝加油站党支部10个党支部。年底，红河分公司在册员工563人。下属党支部10个，共有党员145名。开发加油站3座，投运加油站4座，在营加油站78座。全年销售成品油24.96万吨，非油销售收入5835万元。

2018年12月，红河分公司在册员工530人，共有10个党支部，党员131名。全年开发加油站6座，投运加油站2座，在营加油站80座；销售成品油27.43万吨，非油销售收入6633万元。

（一）红河分公司领导（2009.2—2018.12）

经　　　　理　彭国强（2009.2—2011.11）
　　　　　　　孙卫刚（2011.11—2015.7）
　　　　　　　赵文强（2015.7—2018.12）
副　经　　理　孙卫刚（2009.2—2011.11；2015.5—2018.12）
　　　　　　　胡登华（2009.2—2010.9）
　　　　　　　杨　杰（2010.9—2011.5）
　　　　　　　王湘江（2012.9—2013.7）
　　　　　　　张　平（2012.10—2015.7）
　　　　　　　李世春（2012.10—2014.12）
　　　　　　　李海忠（2013.7—2018.12）
　　　　　　　王国锋（2014.12—2018.12）
　　　　　　　郎　胜（2017.2—2018.12）
协助负责人　　刘　波（2011.5—2011.11）
　　　　　　　李世春（2011.11—2012.10）
总　会　计　师　权国才（2010.9—2013.2）
　　　　　　　郎　胜（2013.7—2017.2）
副总会计师　　郎　胜（2017.2—2018.12）
安　全　总　监　杨　杰（2010.8—2011.6）
　　　　　　　刘　波（2011.6—2011.11）
　　　　　　　李世春（2011.11—2014.6）
　　　　　　　张　平（2014.6—2015.7）
　　　　　　　孙卫刚（2015.7—2018.12）

（二）红河分公司党委领导（2009.2—2018.12）

书　　　　记　彭国强（2009.2—2010.8）
　　　　　　　孙卫刚（2010.8—2012.10）

　　　　　　　　　张　平（2013.6—2015.7）
　　　　　　　　　孙卫刚（2015.7—2018.12）
党委临时负责人　张　平（2012.10—2013.6）
副　书　记　　彭国强（2010.8—2011.11）
　　　　　　　　　孙卫刚（2012.10—2015.7）
　　　　　　　　　赵文强（2015.7—2018.12）
委　　　员　　彭国强（2009.2—2011.11）
　　　　　　　　　孙卫刚（2009.2—2018.12）
　　　　　　　　　胡登华（2009.2—2010.9）
　　　　　　　　　权国才（2010.9—2013.2）
　　　　　　　　　杨　杰（2010.8—2011.5）
　　　　　　　　　刘　波（2011.5—2011.11）
　　　　　　　　　李世春（2011.11—2014.12）
　　　　　　　　　王湘江（2012.9—2012.12）
　　　　　　　　　张　平（2012.10—2015.7）
　　　　　　　　　李海忠（2013.7—2018.12）
　　　　　　　　　郎　胜（2013.7—2018.12）
　　　　　　　　　王国锋（2014.12—2018.12）
　　　　　　　　　赵文强（2015.7—2018.12）

（三）红河分公司纪委领导（2009.3—2018.12）

书　　　记　　彭国强（2009.3—2010.8）
　　　　　　　　　孙卫刚（2010.8—2012.10；2015.7—2018.12）
　　　　　　　　　张　平（2012.10—2015.7）

（四）红河分公司工会（2009.3—2018.12）

主　　　席　　孙卫刚（2009.3—2010.4；2010.8—2012.10；2015.7—2018.12）
　　　　　　　　　彭国强（2010.4—2010.8）
　　　　　　　　　张　平（2012.10—2015.7）

（五）红河分公司团委（2009.3—2018.12）

书　　　记　　杨　栗（2009.3—2018.12）

五、玉溪分公司（2009.2—2018.12）

2009年2月，西南销售公司（云南销售公司）将滇南分公司更名为中国石天然气股份有限公司玉溪分公司（以下简称玉溪分公司），将普洱、西双版纳地区15座加油站及员工145人按行政区域划归西双版纳分公司管理。玉溪分公司机关设置综合办公室、综合业务部、网络建设工程部、质量安全环保部、财务资产部5个部门。机关人员编制20名，其中领导班子职数4名、部门负责人职数8名。公司主要职能：负责加油站的标准化、规范化管理和运作；负责客户开发和油品销售（含润滑油批发业务）；负责加油站网络项目开发建设；负责在本区域内对控股单位的市场监管和营销政策的统一制订。玉溪分公司按副处级单位进行管理。

2009年，西南销售公司（云南销售公司）党委决定对公司党组织设置进行调整，撤销滇南分公司党总支，成立玉溪分公司党委；3月，西南销售公司党委决定成立玉溪分公司纪律检查委员会。

2010年6月，云南销售公司对所属相关单位机关机构及编制定员进行适当调整，玉溪分公司非油品业务、卡系统业务、质量安全环保部、党群专业线、人力资源管理业务各增加编制定员1人，财务专业线增加编制定员2人，玉溪分公司机关总编制定员28人。年底，玉溪分公司油品销量突破14.1万吨，运营加油站21座，员工总数335人，玉溪分公司工会被评为中国石油天然气集团公司"先进工会组织"。

2011年5月，云南销售公司批准玉溪分公司设置红塔、通海两个经营部，编制定员均为3人。7月，云南销售公司对各州（市）公司类别、机构管理规格、行政级别、机关职能部门设置及人员编制进行调整，玉溪分公司类别为四类公司，机构规格按副处级管理，机构行政级别为副处级，机关职能部门设综合办公室、人事劳资培训部、零售管理部、营销管理部、网络建设工程部、质量安全环保部、财务部，机关人员编制30人，人员编制按五类公司执行。9月，根据公司管理需要，将两个经营部名称分别变更为云南玉溪分公司红元经营部及云南玉溪分公司通澄经营部。年底，玉溪分公司油品销量15.7万吨，运营加油站27座，员工总数413人。

2012年4月，云南销售公司对各州（市）公司类别、机构管理规格、行政级别、机关职能部门设置及人员编制进行调整，玉溪分公司类别为三类公司，机构规格按副处级管理，机构行政级别为副处级，机关职能部门设综合办公室、人事劳资培训部、零售管理部、营销管理部、网络建设工程部、质量安全环保部、财务部，机关人员编制增加至37人，人员编制按四类公司执行。年底，玉溪分公司油品销量突破15.81万吨，非油销售收入突破1155万元，运营加油站28座，员工总数406人。

2013年4月，云南销售公司对各州（市）公司类别、机构管理规格、行政级别、机关职能部门设置及人员编制进行调整，玉溪分公司类别为四类公司，机构规格按副处级管理，机构行政级别为副处级，机关职能部门设综合办公室、人事劳资培训部、零售管理部、营销管理部、网络建设工程部、质量安全环保部、财务部,机关人员编制保持不变为37人,人员编制按四类公司执行。7月,根据公司批复,按照科学先进、业务至上、业务统筹、监管结合、优化流程、提高效率、服务转型、提升管理的原则,对组织架构进行调整优化,构建横向压缩、纵向扁平、简约高效的组织运营模式,机关部门由8个部门合并为四个部门,设业务运作部、综合管理部、财务部、质量安全工程部,机关定编保持不变,同时撤销云南玉溪分公司红元经营部及云南玉溪分公司通澄经营部。年底,玉溪分公司油品销量突破16.24万吨,非油销售收入突破2010.1万元,运营加油站26座,员工总数357人。

2014年3月,云南销售公司对各州(市)公司类别、机构管理规格、行政级别、机关职能部门设置及人员编制进行调整,玉溪分公司类别为三类公司,机构规格按副处级管理,机构行政级别为副处级,机关职能部门设业务运作部、综合管理部、财务部、质量安全工程部,机关人员编制减少至30人,人员编制按四类公司执行。年底,玉溪分公司油品销量突破16万吨,非油销售收入突破1700万元,运营加油站28座,员工总数346人,党员65名。

2015年5月,云南销售公司对各州市公司类别、机构管理规格、行政级别、机关职能部门设置及人员编制进行调整,玉溪分公司类别为三类公司,机构规格按副处级管理,机构行政级别为副处级,机关职能部门设业务运作部、综合管理部、财务部、质量安全工程部,机关人员编制为30人,人员编制按四类公司执行。年底,玉溪分公司油品销量突破19万吨,非油销售收入突破1900万元,运营加油站30座,员工总数358人,党员人数72名。

2016年5月,云南销售公司对各州(市)公司类别、机构管理规格、行政级别、机关职能部门设置及人员编制进行调整,玉溪分公司类别为三类公司,机构规格按副处级管理,机构行政级别为副处级,机关职能部门设业务运作部、综合管理部、财务部、质量安全工程部,机关人员编制仍为30人,人员编制按四类公司执行。年底,玉溪分公司油品销量突破21万吨,非油销售收入突破2100万元,运营加油站32座,员工总数363人,党员人数83名。

2017年7月,云南销售公司对各州(市)公司类别、机构管理规格、行政级别、机关职能部门设置及人员编制进行调整,玉溪分公司类别为三类公司,机构规格按副处级管理,机构行政级别为副处级,机关职能部门设业务运作部、综合管理部、财务部、质量安全工程部,机关人员编制仍为30人,人员编制按四类公司执行。年底,玉溪分公司油品销量接近23万吨,非油销售收入接近3000万元,运营加油站35座,员工总数372人,党员人数89名。

2018年5月,云南销售公司对各州(市)公司类别、机构管理规格、行政级别、机关职能部门设置及人员编制进行调整,玉溪分公司类别为三类公司,机构规格按副处级管理,机构行政级别为副处级,机关职能部门设业务运作部、综合管理部、财务部、质量安全工程部,机关人员编制仍为30人,人员编制按四类公司执行。

截至12月,玉溪分公司在册员工355人,共有9个党支部,党员94名。全年开发加油站5座,投运加油站5座,在营加油站38座;销售成品油23.18万吨,非油销售收入3629.5万元。

（一）玉溪分公司领导（2009.2—2018.12）

经　　　理　沈建雄（2009.2—2010.7）
　　　　　　李　新（2010.7—2014.7）
　　　　　　江海涛（2014.8—2018.12）
副　经　理　韦立志（2009.2—2010.11）
　　　　　　方指胜（2009.8—2010.9）
　　　　　　潘竟忠（2010.8—2011.5）
　　　　　　马占德（2010.9—2013.7）
　　　　　　江海涛（2011.5—2014.6）
　　　　　　刘　宇（2013.8—2018.12）
　　　　　　徐时国（2014.10—2018.12）
　　　　　　张继弟（2014.11—2018.12）
　　　　　　苏丽佳（2017.2—2018.12）
协助负责人　方指胜（2009.2—2009.8）
　　　　　　鲁振华（2010.11—2011.2）
总 会 计 师　鲁振华（2011.2—2014.6）
　　　　　　苏丽佳（2014.8—2017.2）
副总会计师　苏丽佳（2017.2—2018.12）
安 全 总 监　马占德（2010.9—2013.7）
　　　　　　刘　宇（2013.10—2014.11）
　　　　　　张继弟（2014.11—2018.12）
安全副总监　关成礼（2017.1—2018.12）

（二）玉溪分公司党委领导（2009.2—2018.12）

书　　　记　沈建雄（2009.2—2010.7）
　　　　　　李　新（2010.7—2010.8）
　　　　　　潘竟忠（2010.8—2011.5）
　　　　　　江海涛（2011.5—2014.10）
　　　　　　徐时国（2014.10—2018.12）
副　书　记　李　新（2010.8—2014.8）
　　　　　　江海涛（2014.10—2018.12）
委　　　员　沈建雄（2009.2—2010.7）
　　　　　　韦立志（2009.2—2010.11）
　　　　　　方指胜（2009.2—2010.9）

　　　　　李　新（2010.7—2014.8）
　　　　　马占德（2010.9—2013.7）
　　　　　潘竟忠（2010.8—2011.5）
　　　　　鲁振华（2010.11—2014.8）
　　　　　江海涛（2011.5—2018.12）
　　　　　刘　宇（2013.7—2018.12）
　　　　　苏丽佳（2014.8—2018.12）
　　　　　徐时国（2014.10—2018.12）
　　　　　张继弟（2014.11—2018.12）

（三）玉溪分公司纪委领导（2009.2—2018.12）

书　　记　李　新（2010.7—2010.8）
　　　　　潘竟忠（2010.8—2011.5）
　　　　　江海涛（2011.5—2014.10）
　　　　　徐时国（2014.10—2018.12）

（四）玉溪分公司工会（2009.2—2018.12）

主　　席　方指胜（2009.3—2010.4）
　　　　　沈建雄（2010.4—2010.7）
　　　　　李　新（2010.7—2010.8）
　　　　　潘竟忠（2010.8—2011.5）
　　　　　江海涛（2011.5—2014.10）
　　　　　徐时国（2014.10—2018.12）
副 主 席　张继弟（2011.3—2011.12）
　　　　　鲁振华（2011.12—2014.6）

（五）玉溪分公司团委（总支）（2009.2—2018.12）

书　　记　张利娟（2009.3—2016.7）
　　　　　汪韶琛（2016.7—2017.9）
副 书 记　汪韶琛（2017.10—2018.12）

六、文山分公司（2009.2—2018.12）

2009年2月，西南销售公司（云南销售公司）在文山地区成立中国石油天然气股份有限公司云南文山销售分公司（以下简称文山分公司），主要负责文山州境内加油站的标准化、规范化管理和运作,客户开发和油品销售(含润滑油批发业务),加油站网络项目开发建设工作,机构规格为正科级。机关人员编制19人,其中领导班子职数3人、经理助理职数1人(具体分管财务工作)、部门负责人职数4人。机关设置综合办公室、综合业务部(含网络开发)、质量安全环保部、财务资产部4个部门。管辖加油站22座,员工总数238人。同月,西南销售公司(云南销售公司)党委决定成立文山分公司党总支,文山分公司党总支下设机关、基层2个党支部。3月,西南销售公司(云南销售公司)党委决定成立文山分公司工会和文山分公司团总支。文山分公司工会下设22个工会小组,团总支下设20个团支部。年底,文山分公司在册员工277人。下属党支部2个,党员50名。开发加油站3座,投运加油站4座,在营加油站24座。全年销售成品油9.33万吨,非油销售收入382万元。

2010年6月,云南销售公司对文山分公司机关人员编制进行调整,机关人员编制增加到26人。8月,根据文山分公司的管理规模、运营质量、管理幅度及市场占有率等情况,云南销售公司决定将文山分公司机构规格由正科级升格为副处级单位,机关人员编制调整为28人。12月,文山分公司党委调整设置机关、文山区域、砚山区域、珠街加油站4个党支部,文山分公司工会调整设置37个工会小组,团委增设3个区域团总支,下设37个团支部。同月,文山分公司办公地点从会兰加油站搬迁到文山市望华路2号。年底,文山分公司在册员工456人。下属党总支1个、党支部4个,共有党员50名。开发加油站11座,投运加油站9座,在营加油站34座。全年销售成品油14.41万吨,非油销售收入701万元。

2011年7月,文山分公司定级为四类分公司,机关人员编制增至37人。机关机构设置综合办公室、人事劳资培训部、营销管理部、零售管理部、网络建设工程部、质量安全环保部、财务部7个部门。同时,根据业务发展需要,增设非油品业务部,人员编制3人。8月,文山分公司设置文山、砚山、广南3个片区经营部,每个片区经营部人员编制3人。年底,文山分公司在册员工474人。下属党支部5个,党员55名。开发加油站7座,投运加油站7座,在营加油站39座。全年销售成品油18.05万吨,非油销售收入649万元。

2012年4月,文山分公司定级为三类分公司,机关人员编制增至55人(含非油品业务部3人、稽查管理岗2人)。11月,成立客户服务中心,并设置7名客户经理。同月,文山分公司党委对所属党支部设置做出调整,增设会兰加油站、羊街加油站、迎宾加油站、丘北区域、广南区域5个党支部,党支部总数增加至9个。年底,文山分公司在册员工475人。下属党总支0个、党支部9个,党员56名。投运加油站5座,在营加油站44座。全年销售成品油18.92万吨,非油销售收入1039万元。

2013年底,文山分公司在册员工456人。下属党支部9个,共有党员57名。投运加油站2座,在营加油站45座。全年销售成品油20.51万吨,非油销售收入1794万元。

2014年2月,文山分公司机关机构按"四部一中心"模式进行整合和优化,公司机关设置业务运作部、综合管理部、质量安全工程部、财务部四个部门,业务运作部下设客户服务中心。3月,按照云南销售公司《地市公司分类管理办法》的有关规定,文山分公司定级为三类分公司,机关人员编制调整为35人。6月，文山分公司党委调整设置机关、文山区域、砚山区域、广南区域、会兰加油站、羊街加油站、珠街加油站、迎宾加油站、骏城加油站9个党支部，共有党员57人。年底，文山分公司在册员工432人。下属党支部9个，党员52名。投运加油站1座，在营加油站47座。全年销售成品油19.55万吨，非油销售收入2030万元。

2015年4月，文山分公司调整设置3个工会分会。5月，文山分公司地市公司类别定级为三类分公司，机关人员编制35人。年底，文山分公司在册员工433人。下属党支部9个，党员55名。开发加油站3座，投运加油站2座，在营加油站47座。全年销售成品油21.82万吨，非油销售收入2628万元。

与"十一五"末相比，公司在营加油站数量从34座增加到47座，销售总量从14.41万吨增加到21.82万吨，非油销售收入从701万元增加到2628万元，市场份额从41%减少到39.18%。"十二五"期间，累计实现成品油销量98.85万吨，非油销售收入8140万元，总体销售收入73.55亿元。

2016年5月，文山分公司地市公司类别定级为三类，机关编制35人。年底，文山分公司在册员工436人。下属党支部9个，党员64名。开发加油站1座，投运加油站1座，在营加油站47座。全年销售成品油24.75万吨，非油销售收入3282万元。

2017年1月，文山分公司党委召开第一次党员大会，选举产生公司第一届党委委员，由张鹏、刘利荣、杜斌、杨瑞军、马占德组成；选举生产公司第一届纪律检查委员会由张鹏、苏彦林、薛雷声、王国祥、张俪诚组成。7月，按照云南公司《地市公司分类管理办法》的有关规定，文山分公司定级为二类分公司，机关人员编制35人。年底，文山分公司在册员工421人。下属党支部9个，共有党员67名。开发加油站3座，投运加油站1座，在营加油站46座。全年销售成品油21.49万吨，非油销售收入4401万元。

2018年5月，云南销售公司将文山分公司机构规格由副处级调整为正处级。文山分公司定级为二类分公司，机关人员编制35人。截至12月，文山分公司在册员工433人，共有9个党支部，党员66名。全年开发加油站1座，投运加油站2座，在营加油站48座；销售成品油22.66万吨，非油销售收入5023.82万元。

（一）文山分公司领导（2009.2—2018.12）

经　　　　理　罗建伟（副处级，2009.2—2012.10）
　　　　　　　徐光磊（2012.10—2014.8）
　　　　　　　刘利荣（2014.8—2018.11）
　　　　　　　吕振忠（2018.11—2018.12）
副　经　理　　谢安升（2009.2—2010.8）
　　　　　　　梅英杰（2009.2—2010.8）
　　　　　　　江海涛（2010.8—2011.5）

　　　　　　　　杜　斌（2010.8—2018.12）

　　　　　　　　张　鹏（2011.5—2018.12）

　　　　　　　　马占德（2016.3—2018.12）

　　　　　　　　杨瑞军（2017.2—2018.11）

　　　　　　　　权国才（2018.11—2018.12）

总 会 计 师　杨瑞军（2010.8—2018.11）

　　　　　　　　权国才（2018.11—2018.12）

安 全 总 监　杜　斌（2010.8—2011.6；2013.10—2014.6）

　　　　　　　　张　鹏（2011.6—2013.10；2014.6—2018.12）

（二）文山分公司党组织领导（2009.3—2018.12）

1. 文山分公司党总支（2009.3—2010.8）

书　　　　记　谢安升（2009.3—2010.8）

副 　书 　记　罗建伟（2009.3—2010.8）

委　　　　员　谢安升（2009.3—2010.8）

　　　　　　　　罗建伟（2009.3—2010.8）

　　　　　　　　梅英杰（2009.3—2010.8）

2. 文山分公司党委（2010.8—2018.12）

书　　　　记　江海涛（2010.8—2011.5）

　　　　　　　　张　鹏（2011.5—2018.12）

副 　书 　记　罗建伟（2010.8—2012.10）

　　　　　　　　徐光磊（2012.10—2014.8）

　　　　　　　　刘利荣（2014.8—2018.11）

　　　　　　　　吕振忠（2018.11—2018.12）

委　　　　员　江海涛（2010.8—2011.5）

　　　　　　　　罗建伟（2010.8—2012.10）

　　　　　　　　杜　斌（2010.8—2018.12）

　　　　　　　　杨瑞军（2010.8—2018.11）

　　　　　　　　张　鹏（2011.5—2018.12）

　　　　　　　　徐光磊（2012.10—2014.8）

　　　　　　　　刘利荣（2014.8—2018.11）

　　　　　　　　马占德（2016.3—2018.12）

　　　　　　　　吕振忠（2018.11—2018.12）

　　　　　　　　权国才（2018.11—2018.12）

（三）文山分公司纪检组织领导（2009.4—2018.12）

1. 文山分公司纪检审计监察组织（2009.4—2010.8）

纪检审计监察员　杨瑞军（2009.4—2010.8）

2. 文山分公司纪委（2010.8—2018.12）

书　　　记　江海涛（2010.8—2011.5）

　　　　　　张　鹏（2011.5—2018.12）

（四）文山分公司工会（2009.3—2018.12）

主　　　席　梅英杰（2009.3—2010.4）

　　　　　　谢安升（2010.4—2010.8）

　　　　　　江海涛（2010.8—2011.5）

　　　　　　张　鹏（2011.5—2018.12）

副　主　席　杨瑞军（2011.2—2012.1）

（五）文山分公司团组织（2009.3—2018.12）

1. 文山分公司团总支（2009.3—2010.8）

书　　　记　吕红梅（2009.3—2010.3）

　　　　　　苏彦林（2010.3—2010.8）

2. 文山分公司团委（2010.8—2018.12）

书　　　记　苏彦林（2010.8—2018.12）

副　书　记　章永明（2013.10—2018.12）

七、楚雄分公司（2009.2—2018.12）

2009年2月，西南销售公司（云南销售公司）决定在原5个区域分公司的基础上，根据业务发展需要整合设立11个地州（市）分公司，成立中国石油天然气股份有限公司云南楚雄销售分公司（以下简称楚雄分公司），机构规格正科级，机关办公地点设在楚雄市开发区所属太阳女加油站，具体负责中国石油在楚雄地区的油品销售（含非油销售）、客户开发、经营策略制定、加油站规范化运作与管理、财务核算与管理、网络开发与建设、党工群团建设、员工队伍建设等工作。楚雄分公司机关定编为17人，其中领导职数3人、经理助理职数1人（具体分管财务工作）、部门主任4人。楚雄分公司设置综合办公室、综合业务部、质量安全环保部、财务资产部4个部门。同月，西南销售分公司（云南销售分公司）党委决定成立楚雄分公司党总支，负责基层党建工作。同时，成立楚雄分公司工会。3月，成立楚雄分公司团总支。同月，楚雄分公司团总支决定成立19个加油站团支部。5月，楚雄分公司党总支成立机关党支部和三家塘党支部。同月，楚雄分公司工会在所辖区域成立机关、楚雄城区（含双柏地区）、南华地区（含牟定、永仁地区）、禄丰地区4个分工会。年底，楚雄分公司在册员工225人。下属党支部2个，共有党员23人。开发加油站3座，投运加油站3座，在营加油站21座。全年销售成品油8.37万吨，非油销售收入245万元。

2010年6月，云南销售分公司对所属相关单位机关机构及编制定员进行调整，楚雄分公司机关编制定员增至28人。12月，楚雄分公司增设网络建设工程部，编制定员为4人。年底，楚雄分公司在册员工263人。下属党支部2个，共有党员27人。开发加油站12座，投运加油站3座，在营加油站24座。全年销售成品油11.44万吨，非油销售收入450万元。

2011年6月，楚雄分公司工会根据加油站发展情况和管理需要，增设永仁地区分工会。7月，云南销售公司对各州（市）分公司类别、机构管理规格、行政级别、机关职能部门设置及人员编制进行调整，将楚雄分公司机构规格定为副处级，行政级别定为正科级。8月，楚雄分公司设置楚禄、南武2个经营部，各经营部编制均为3人。11月，楚雄分公司机关设立综合办公室、人事劳资培训部、零售管理部、营销管理部、网络建设工程部、质量安全环保部、财务资产部等7个部室，机关人员编制37人。同月，楚雄分公司党总支决定成立东南加油站独立党支部。年底，楚雄分公司在册员工344人。下属党支部3个，共有党员50人。开发加油站5座，投运加油站5座，在营加油站29座。全年销售成品油12.26万吨，非油销售收入511万元。

2012年5月，楚雄分公司党总支将原有的3个党支部进行调整，重组设立7个党支部，其中新成立万吨级加油站独立党支部3个。10月，云南销售公司决定将楚雄分公司行政级别由正科级调整为副处级，机关编制37人。同月，云南销售公司党委决定成立楚雄分公司党委、楚雄分公司纪委，撤销楚雄分公司党总支。11月，云南销售公司团委决定成立楚雄分公司团委，撤销楚雄分公司团总支。12月，楚雄分公司机关办公地点搬迁至楚雄市开发区紫溪大道与龙江路交叉路口拔云中心。年底，楚雄分公司在册员工361人。下属党支部7个，共有党员71人。开发加油站1座，投运加油站2座，在营加油站31座。全年销售成品油13.63万吨，非油销售收入865万元。

2013年，云南销售地（市）公司分类定级中楚雄分公司为四类副处级单位，机关编制37人。年底，楚雄分公司在册员工333人。下属党支部7个，共有党员71人。全年未开发投运加油站，在营加油站31座。全年销售成品油15.98万吨，非油销售收入1457万元。

2014年，云南销售地（市）公司分类定级中楚雄分公司为三类副处级单位，机关编制按四类公司执行，机关编制定员30人。4月，云南销售分公司决定按照"四部一中心"组织机构运作模式对楚雄分公司机关组织架构进行调整优化，将原营销管理部、零售管理部、非油品业务部整合为业务运作部，质量安全环保部、网络建设工程部整合为质量安全工程部，综合办公室、人事劳资培训部整合为综合管理部，保留财务部机构不做调整，机关编制30人。将销售结算等职责从财务部剥离，在库站选点设立财务录入点，编制3人。同时成立客户服务中心编制6人（其中客户服务中心主任由业务部主任担任），楚雄经营部编制3人，作为机关附属机构，人员不纳入机关编制，工作上接受业务运作部领导。7月，楚雄分公司党委决定增设南永加油站党支部、金叶加油站党支部、西城加油站党支部。年底，楚雄分公司在册员工326人。下属党支部10个，党员68人。全年未开发投运加油站，在营加油站31座。全年销售成品油17.59万吨，非油销售收入1499万元。

2015年，云南销售地（市）公司分类定级中楚雄分公司为三类副处级单位，机关编制按四类公司执行，机关编制定员30人。年底，楚雄分公司在册员工318人。下属党支部10个，党员71人。开发加油站3座，投运加油站3座，在营加油站33座。全年销售成品油17.52万吨，非油销售收入2332万元。

与"十一五"末相比，楚雄分公司在营加油站数量从24座增加到33座，销售总量从11.44万吨增加到17.52万吨，非油销售收入从450万元增加到2332万元，市场份额从30%增长到37%。"十二五"期间，累计实现成品油销量76.98万吨，非油销售收入6664万元，总体销售收入56.42亿元。楚雄分公司先后获楚雄州"安全生产先进单位"、共青团楚雄州委"全州共青团工作优秀单位"、楚雄市"质量走廊示范单位"等称号。

2016年，在云南销售地市公司分类定级中，楚雄分公司为三类副处级单位，机关编制按四类公司执行，机关编制定员30人。2月，楚雄分公司党委决定撤销楚禄联合党支部、西城加油站党支部，增设楚雄党支部、客户经理党支部。年底，楚雄分公司在册员工320人。下属党支部10个，党员76人。开发加油站2座，投运加油站2座，在营加油站34座。全年销售成品油20.38万吨，非油销售收入2732万元。

2017年，在云南销售地市公司分类定级中，楚雄分公司为三类副处级单位，机关编制按四类公司执行，机关编制定员30人。年底，楚雄分公司在册员工333人。下属党支部10个，共有党员76人。开发加油站7座，投运加油站2座，在营加油站35座。全年销售成品油23.04万吨，非油销售收入3629万元。

2018年，在云南销售地市公司分类定级中，楚雄分公司为二类正处级单位，机关编制按四类公司执行，机关编制定员30人。2月，楚雄分公司党委决定撤销客户经理党支部、金叶党支部、南武联合党支部，增设元牟联合党支部。6月，根据云南销售公司整体要求，在原来"四部一中心"的机构设置中增设党群工作部（纪委办公室），人员编制2人，机关人员总编制不变，在机关编制定员范围内调剂使用。年底，楚雄分公司在册员工340人，共有8个党支部，党员80名。全年开发加油站4座，投运加油站5座，在营加油站40座；销售成品油24.2万吨，非油销售收入3898.3万元。

（一）楚雄分公司领导（2009.2—2018.12）

经　　　　理　刘利荣（2009.2—2010.8）
　　　　　　　赵文强（2010.8—2015.6）
　　　　　　　蒋雁飞（2015.7—2018.12）
副　经　　理　李敬东（2009.2—2011.5）
　　　　　　　鲁　伟（2009.2—2011.9）

　　　　　　　　郎　　胜（2010.8—2013.7）
　　　　　　　　李新宇（2011.5—2011.10）
　　　　　　　　蒋雁飞（2011.10—2015.6）
　　　　　　　　李亚林（2012.10—2018.12）
　　　　　　　　尹丽芳（2015.7—2018.12）
　　　　　　　　刘小波（2016.3—2018.12）
　　　　　　　　钟永洪（2017.2—2018.12）
总 会 计 师　钟永洪（2013.7—2018.12）
行政协助负责人　李亚林（2011.10—2012.10）
安 全 总 监　李敬东（2010.8—2011.5）
　　　　　　　　李新宇（2011.6—2011.10）
　　　　　　　　蒋雁飞（2011.10—2013.10；2014.8—2015.6）
　　　　　　　　李亚林（2013.10—2014.8）
　　　　　　　　尹丽芳（2015.7—2018.12）

（二）楚雄分公司党组织领导（2009.2—2018.12）

1. 楚雄分公司党总支（2009.2—2012.10）

书　　　　记　李敬东（2009.8—2011.5）
　　　　　　　　李新宇（2011.5—2011.10）
　　　　　　　　蒋雁飞（2011.10—2012.10）
临 时 负 责 人　李敬东（2009.2—2009.8）
副　书　　记　刘利荣（2009.2—2010.8）
　　　　　　　　赵文强（2010.8—2012.10）
委　　　　员　李敬东（2009.2—2011.5）
　　　　　　　　刘利荣（2009.2—2010.8）
　　　　　　　　鲁　伟（2009.3—2011.9）
　　　　　　　　赵文强（2010.8—2012.10）
　　　　　　　　李新宇（2011.5—2011.10）
　　　　　　　　蒋雁飞（2011.10—2012.10）

2. 楚雄分公司党委（2012.10—2018.12）

书　　　　记　蒋雁飞（2012.10—2015.7）
　　　　　　　　尹丽芳（2015.7—2018.12）
副　书　　记　赵文强（2012.10—2015.7）
　　　　　　　　蒋雁飞（2015.7—2018.12）

委　　　　员　蒋雁飞（2012.10—2018.12）
　　　　　　　赵文强（2012.10—2015.6）
　　　　　　　李亚林（2012.10—2018.12）
　　　　　　　郎　胜（2012.10—2013.7）
　　　　　　　钟永洪（2013.7—2018.12）
　　　　　　　尹丽芳（2015.7—2018.12）
　　　　　　　刘小波（2016.3—2018.12）

（三）楚雄分公司纪检组织领导（2009.3—2018.12）

1. 楚雄分公司纪检审计监察组织（2009.4—2012.10）
纪检审计监察员　杨玉琳（2009.4—2010.9）
2. 楚雄分公司纪委（2012.10—2018.12）
书　　　　记　蒋雁飞（2012.10—2015.7）
　　　　　　　尹丽芳（2015.7—2018.12）

（四）楚雄分公司工会（2009.3—2018.12）

主　　　　席　鲁　伟（2009.3—2010.4）
　　　　　　　李敬东（2010.4—2011.5）
　　　　　　　李新宇（2011.5—2011.10）
　　　　　　　蒋雁飞（2011.10—2015.7）
　　　　　　　尹丽芳（2015.7—2018.12）

（五）楚雄分公司团组织（2009.3—2018.12）

1. 楚雄分公司团总支（2009.3—2012.11）
书　　　　记　张春渝（2009.3—2012.11）
2. 楚雄分公司团委（2012.11—2018.12）
书　　　　记　张春渝（2012.11—2013.5）
　　　　　　　曹玉宏（2017.12—2018.9）
副　书　　记　苏丕超（2013.5—2018.12）

八、保山分公司（2009.2—2018.12）

2009年2月，西南销售公司（云南销售公司）决定成立中国石油天然气股份有限公司云南保山销售分公司（以下简称保山分公司），机构规格正科级。保山分公司管辖保山、德宏、怒江三个地州。同月，西南销售公司（云南销售公司）党委决定成立保山分公司党总支。成立之初，机关办公地点设在保山市隆阳区汉庄镇大沙河（兰城加油站）。5月，机关办公地点搬至保山市隆阳区龙泉路移民局院内。按照西南销售公司（云南销售公司）组织机构设置方案，保山分公司（含德宏、怒江）机关设置综合办公室（含网络开发）、综合业务部、质量安全环保部、财务资产部4个部门。机关人员编制17人，其中领导职数3人、经理助理职数1人（具体分管财务工作）、部门负责人职数4名。

2010年3月，云南销售公司在德宏州成立德宏办事处，作为派出机构，保山分公司设立德宏投资项目部，办事处和项目部实行"一套机构、两块牌子"运作模式，主任由保山分公司经理兼任。

6月，云南销售公司对所属相关单位机关机构及编制定员进行适当调整，保山分公司机关人员编制28人。8月，云南销售公司在德宏办事处的基础上组建德宏分公司，撤销保山分公司所设立的德宏投资项目部，相关业务由德宏分公司负责承担，保山分公司将所管辖的姐告、姐勒、云岭3座加油站，42名员工划归德宏分公司。年底，保山分公司员工总数254人。运营加油站24座，油品销量突破10万吨。

2011年7月，云南销售公司对各州（市）分公司类别、机构管理规格、行政级别、机关职能部门设置及人员编制进行调整，保山分公司类别为四类公司，机构规格按副处级管理，机构行政级别为正科级，机关职能部门设综合办公室、人事劳资培训部、零售管理部、营销管理部、网络建设工程部、质量安全环保部、财务部，机关人员编制37人，人员编制按四类公司执行。12月，云南销售公司批复，同意保山分公司设立隆昌、腾冲两个片区经营部，每个经营部设主任岗、规范管理岗、内控管理岗3个岗位。

2012年4月，保山分公司党委对基层党组织进行调整。在3个党支部基础上新增潞江坝加油站等2个党支部，公推直选党支部书记。10月，云南销售公司党委研究决定成立保山分公司党委、保山分公司纪委，撤销保山分公司党总支。11月，云南销售公司团委研究决定成立保山分公司团委，撤销保山分公司团总支。截至2012年底，保山分公司下设5个党支部，4个工会分会，29个加油站民主管理小组和团支部，员工总数303人。运营加油站29座，成品油销售总量12.6万吨。

2013年3月，保山分公司研究决定撤销隆昌、腾冲2个片区经营部，零售管理部内设客户管理、稽查内控管理2个小组。8月，保山分公司对部分机关部门进行调整，撤销质量安全环保部、网络建设工程部、人事劳资培训部3个部门，成立质量安全工程部，将人事劳资培训部职能并入综合办公室。同月，保山分公司党委对基层党工团组织进行调整，新增怒江等5个党支部、5个工会分会。截至2013年底，保山分公司在册员工270人，下设党支部10个，党员68人。运营加油站30座，成品油销售总量14.13万吨，非油销售收入1085万元。

2014年3月，云南销售公司对各州（市）公司类别、机构管理规格、机关职能部门设置及人员编制进行调整，保山分公司类别为三类公司，机构规格按副处级管理，机关职能部门设业务运作部、综合管理部、质量安全工程部、财务部，机关人员编制30人。同月，云南销售公司批复，同意保山分公司机关设立业务运作部等4个部门，业务运作部下设客户服务中心。截至2014年底，保山分公司员工总数为265人。下设党支部10个，党员62人。设9个工会分会，30个加油站民主管理小组。运营加油站 30 座，成品油销售总量 15.42 万吨，非油销售收入 1346 万元。

2015 年 3 月，因隆阳区政府办公用房调剂，保山分公司机关办公楼由隆阳区兰城街道龙泉路移民局院内搬迁至保山市隆阳区永昌街道太保北路 44 号。同月，保山分公司党委对基层党工团组织进行调整，新增公司女工委员会，并对各党支部、各分工会所管辖范围进行调整。11 月，保山分公司施甸祥丰加油站投运。12 月，保山分公司党委对基层党工团组织进行调整，将"隆昌第二党支部"规范为"施甸联合党支部"，"怒江党支部"规范为"怒江联合党支部"，10 个党支部调整为 8 个党支部。截至 2015 年底，保山分公司员工总数为 277 人。下设党支部 8 个，党员 62 人。下设 9 个工会分会，30 个加油站民主管理小组。运营加油站 32 座，成品油销售总量 14.38 万吨，非油销售收入 1402.57 万元。

2016 年 8 月，根据云南销售公司安排，撤销怒江办事处（保山项目部）管理机构，注册成立怒江分公司，由保山分公司负责管理。根据云南销售公司要求，明确公司职能部门由 4 个部室调整为 5 个部室，分别为业务运作部、质量安全工程部、怒江业务运作部、财务部、综合管理部，机关编制增加到 33 人。下设客户服务中心和财物录入点 2 个附属机构。截至 2016 年底，保山分公司加油站运营座数为 34 座，员工总数为 277 人。下设党支部 8 个，党员 62 人。下设 9 个工会分会，34 个加油站民主管理小组。成品油销售总量 15.2 万吨，非油销售收入 1819.88 万元。

2017 年 7 月，为认真落实好《云南销售公司党委关于落实全面从严治党要求加强党的建设的实施意见》要求，保山分公司党委围绕中心工作，并综合党员分布和加油站团队管理探索的需要，将隆昌第一党支部、隆昌第二党支部合并组建隆昌联合党支部，将施甸联合党支部、潞江坝加油站党支部合并组建潞江坝加油站联合党支部。截至 2017 年底，保山分公司运营加油站 32 座，员工总数为 263 人。下设党支部 6 个，党员 62 人。下设 9 个工会分会，32 个加油站民主管理小组。成品油销售总量 14.32 万吨，非油销售收入 2244.38 万元。

2018 年 6 月，保山分公司将机关第一党支部、机关第二党支部合并为机关党支部，6 个党支部调整为 5 个党支部，党员 60 人。7 月，保山分公司成立党群工作部（纪委办公室）。截至 2018 年底，保山分公司在册员工 276 人，共有 5 个党支部，党员 57 名。全年开发加油站 3 座，投运加油站 4 座，在营加油站 36 座；销售成品油 17.05 万吨，非油销售收入 2522.26 万元。

（一）保山分公司领导（2009.2—2018.12）

经　　　　理　　马　黎（2009.2—2011.5）
　　　　　　　　熊红志（2011.5—2012.9）
　　　　　　　　汪长波（2012.9—2016.12）
　　　　　　　　吴　金（2016.12—2018.12）
副　　经　　理　　张月明（2009.2—2014.8）
　　　　　　　　刘　波（2009.2—2011.5）
　　　　　　　　钟永洪（2010.8—2013.7）

　　　　　　　　李永生（2011.5—2017.9）
　　　　　　　　王晓华（2011.12—2013.7）
　　　　　　　　谢　旸（2013.1—2018.12）
　　　　　　　　尚　思（2013.7—2018.12）
　　　　　　　　李月平（2016.12—2018.12）
　　　　　　　　赵　平（2017.9—2018.12）
　　　　　　　　龙超敏（2017.9—2018.12）
副总会计师　龙超敏（2017.9—2018.12）
安 全 总 监　张月明（2009.2—2012.4）
　　　　　　　　王晓华（2012.4—2013.7）
　　　　　　　　谢　旸（2013.10—2014.8）
　　　　　　　　杨　勇（2014.8—2016.5）
　　　　　　　　吴　金（2016.5—2016.12）
　　　　　　　　李月平（2016.12—2018.12）

（二）保山分公司党组织领导（2009.2—2018.12）

1. 保山分公司党总支（2009.2—2012.10）

书　　　　　　记　张月明（2010.8—2012.10）
临 时 负 责 人　张月明（2009.2—2010.8）
副　　书　　记　马　黎（2009.2—2011.5）
　　　　　　　　熊红志（2011.5—2012.9）
　　　　　　　　汪长波（2012.9—2012.10）
委　　　　　　员　张月明（2009.2—2012.10）
　　　　　　　　马　黎（2009.2—2011.5）
　　　　　　　　刘　波（2009.2—2011.5）
　　　　　　　　钟永洪（2010.8—2012.10）
　　　　　　　　熊红志（2011.5—2012.9）
　　　　　　　　李永生（2011.5—2012.10）
　　　　　　　　王晓华（2011.12—2012.10）
　　　　　　　　汪长波（2012.9—2012.10）

2. 保山分公司党委（2012.10—2018.12）

书　　　　　　记　张月明（2012.10—2014.8）
　　　　　　　　杨　勇（2014.8—2016.5）
　　　　　　　　吴　金（2016.5—2016.12）

　　　　　　　　李月平（2016.12—2018.12）
副　书　记　汪长波（2012.10—2016.12）
　　　　　　　　吴　金（2016.12—2018.12）
委　　　员　张月明（2012.10—2014.8）
　　　　　　　　汪长波（2012.10—2016.12）
　　　　　　　　钟永洪（2012.10—2013.7）
　　　　　　　　李永生（2012.10—2017.9）
　　　　　　　　王晓华（2012.10—2013.7）
　　　　　　　　谢　旸（2013.1—2018.12）
　　　　　　　　尚　思（2013.7—2018.12）
　　　　　　　　杨　勇（2014.8—2016.5）
　　　　　　　　吴　金（2016.5—2018.12）
　　　　　　　　李月平（2016.12—2018.12）
　　　　　　　　赵　平（2017.9—2018.12）
　　　　　　　　龙超敏（2017.9—2018.12）

（三）保山分公司纪检组织领导（2010.8—2018.12）

1. 保山分公司纪检审计监察组织（2010.8—2012.10）

纪　检　委　员　张月明（2010.8—2012.10）

2. 保山分公司纪委（2012.10—2018.12）

书　　　记　张月明（2012.10—2014.8）
　　　　　　　　杨　勇（2014.8—2016.5）
　　　　　　　　吴　金（2016.5—2016.12）
　　　　　　　　李月平（2016.12—2018.12）

（四）保山分公司工会（2009.3—2018.12）

主　　　席　刘　波（2009.3—2010.4）
　　　　　　　　张月明（2010.4—2014.8）
　　　　　　　　杨　勇（2014.8—2016.5）
　　　　　　　　吴　金（2016.5—2016.12）
　　　　　　　　李月平（2016.12—2018.12）

（五）保山分公司团组织（2009.3—2018.12）

1. 保山分公司团总支（2009.3—2012.11）

书　　　记　曹南楠（2009.3—2010.5）

和敬媛（2010.5—2012.3）

袁海龙（2012.3—2012.11）

2. 保山分公司团委（2012.11—2018.12）

书　　　记　袁海龙（2012.11—2018.6）

副　书　记　张国刚（2018.6—2018.12）

九、西双版纳分公司（2009.2—2018.12）

2009年2月，西南销售公司（云南销售公司）决定成立中国石油天然气股份有限公司云南西双版纳销售分公司（以下简称西双版纳分公司），机构规格正科级。原滇南分公司所属加油站按行政区域划归各地州（市）分公司管理。西双版纳分公司管辖西双版纳傣族自治州和普洱地区所属加油站。机关设置综合办公室、综合业务部、质量安全环保部、财务资产部4个部门。机关人员编制15人，其中领导班子职数3人、经理助理1人（具体分管财务工作）、部门负责人职数4人。主要职能：负责加油站的标准化、规范化管理和运作；负责客户开发和油品销售（含润滑油批发业务）；负责加油站网络项目开发建设；负责在本区域内对控股单位的市场监管和营销政策的统一制订。同月，西南销售公司（云南销售公司）党委决定成立西双版纳分公司党总支。年底，西双版纳分公司在册员工216人，党支部3个，党员25名。在营运加油站19座，全年销售成品油5.93万吨，非油销售收入133.51万元。

2010年1月，西双版纳分公司机关增设网络建设工程部。4月，云南销售公司决定在普洱成立办事处、普洱投资项目部，办事处与项目部实行"一套机构、两块牌子"运作模式，由西双版纳分公司负责管辖。8月，云南销售公司成立普洱分公司，同时，撤销西双版纳分公司在普洱设立的普洱投资项目部。将原西双版纳分公司所辖的双联、兰花、茶苑、荣兴、振兴、茶城、景谷城西、勐烈8座加油站，员工87人划转至普洱分公司。年底，西双版纳分公司在册员工154人，党支部3个，党员21名。在营运加油站12座，全年销售成品油6.84万吨，非油销售收入411.36万元。

2011年7月，云南销售公司明确西双版纳分公司类别为五类公司，机构规格按正科级管理，机构行政级别为正科级，机关职能部门设综合办公室、人事劳资培训部、零售管理部、营销管理部、网络建设工程部、质量安全环保部、财务部，机关人员编制30人，人员编制按五类公司标准执行。年底，西双版纳分公司在册员工228人，党支部3个，党员30名。在营运加油站16座，全年销售成品油8.51万吨，非油销售收入431.52万元。

2012年10月，云南销售公司党委决定成立西双版纳分公司党委、西双版纳分公司纪委，撤销西双版纳分公司党总支。11月，云南销售公司团委决定成立西双版纳分公司团委，撤销西双版纳分公司团总支。年底，西双版纳分公司在册员工234人，党支部6个，党员36人。开发加油站 2 座，投运加油站 1 座，在营运加油站 19 座，全年销售成品油 8.29 万吨，非油销售收入 816.59 万元。

2013 年，西双版纳分公司在册员工 193 人，党支部 6 个，党员 37 人。在营运加油站 20 座，全年销售成品油 9.03 万吨，非油销售收入 1032 万元。

2014 年 1 月，西双版纳分公司召开一届五次员工代表大会暨 2014 年工作会、党委工作会。3 月，成立女工委员会。同月，云南销售公司对西双版纳分公司机构设置和编制定员进行批复：将营销管理部、零售管理部整合为"业务运作部"，将质量安全环保部、网络建设工程部整合为"质量安全工程部"，将综合办公室、人事劳资培训部整合为"综合管理部"，财务部机构不做调整；人员编制按公司确定的类别执行。4 月，西双版纳分公司按照云南销售公司关于机构设置和编制定员的批复，组织开展机关部门管理岗位人员双向选择，完成组织机构优化调整工作。年底，西双版纳分公司在册员工 193 人，党支部 6 个，党员 37 名。在营运加油站 20 座，全年销售成品油 9.76 万吨，非油销售收入 866 万元。

2015 年 1 月，西双版纳分公司召开二届一次员工代表大会暨 2015 年工作会、党委工作会，差额选举产生第二届工会委员会和经费审查委员会。年底，西双版纳分公司在册员工 188 人，党支部 6 个，党员 38 名。开发加油站 2 座，投运加油站 2 座，在营运加油站 21 座，全年销售成品油 9.58 万吨，非油销售收入 1283.65 万元。

与"十一五"末相比，公司在营加油站数量从 12 座增加到 21 座，销售总量从 6.84 万吨增加到 9.58 万吨，非油销售收入从 411.36 万元增加到 1283.65 万元，市场份额从 33% 增长到 48.7%。"十二五"期间，累计实现成品油销量 45 万吨，非油销售收入 4430 万元。

2016 年 1 月，西双版纳分公司召开二届二次员工代表大会暨 2016 年工作会、党委工作会。年底，西双版纳分公司在册员工 199 人，党支部 6 个，党员 38 名。在营运加油站 21 座，全年销售成品油 9.62 万吨，非油销售收入 1680 万元。

2017 年 1 月，西双版纳分公司召开二届三次员工代表大会暨 2017 年工作会、党委工作会。9 月，西双版纳分公司团委召开第一次代表大会，选举产生第一届委员会委员。11 月，西双版纳分公司党委优化党支部设置，成立思小沿线加油站联合党支部、小磨沿线加油站联合党支部、景洪城区加油站联合党支部、景洪城郊加油站联合党支部、勐海片区加油站联合党支部 5 个党支部，撤销原普光加油站党支部、勐仑加油站党支部。年底，西双版纳分公司在册员工 168 人，党支部 5 个，党员 39 名。在营运加油站 19 座，全年销售成品油 9.76 万吨，非油销售收入 1980.42 万元。

2018 年 2 月，西双版纳分公司优化机关管理岗位，分批次完成机关管理人员竞聘工作。10 月，云南销售公司统一组织竞聘，西双版纳分公司增设经理助理 1 名。

截至 12 月，西双版纳分公司在册员工 165 人，共有 5 个党支部，党员 37 名。全年开发加油站 3 座，投运加油站 4 座，在营加油站 21 座；销售成品油 9.07 万吨，非油销售收入 1734 万元。

(一)西双版纳分公司领导(2009.2—2018.12)

经　　　　理　赵立世（2009.2—2012.9）
　　　　　　　杨　忠（2012.9—2017.9）
　　　　　　　王志平（2017.9—2018.12）
副　经　　理　吕振忠（正科级，2009.2—2010.8）
　　　　　　　杜　斌（2009.2—2010.8）
　　　　　　　李新宇（2010.8—2011.5）
　　　　　　　李世春（2010.8—2011.11）
　　　　　　　周德锐（2010.8—2013.7）
　　　　　　　朱杰桢（2011.11—2013.7）
　　　　　　　王志平（2012.10—2017.9）
　　　　　　　魏宏伟（2013.7—2015.7）
　　　　　　　关　营（2013.7—2018.12）
　　　　　　　朱维全（2016.3—2018.12）
　　　　　　　邓一鑫（2016.8—2018.12）
　　　　　　　臧国云（2017.9—2018.12）
总　会　计　师　魏宏伟（2015.7—2016.8）
　　　　　　　邓一鑫（2018.4—2018.12）
副总会计师　邓一鑫（2016.8—2018.4）
行政协助负责人　王志平（2011.5—2012.10）
安　全　总　监　李新宇（2010.9—2011.5）
　　　　　　　王志平（2011.6—2013.10）
　　　　　　　关　营（2013.10—2014.8）
　　　　　　　王志平（2014.8—2017.9）
　　　　　　　臧国云（2017.9—2018.12）

(二)西双版纳分公司党组织领导(2009.2—2018.12)

1.西双版纳分公司党总支（2009.2—2012.10）
书　　　　记　赵立世（2009.2—2010.8）
　　　　　　　李新宇（2010.8—2011.5）
临时负责人　王志平（2011.5—2012.10）
副　书　　记　赵立世（2010.8—2012.9）
　　　　　　　杨　忠（2012.9—2012.10）
委　　　　员　赵立世（2009.2—2012.9）

　　　　　　　杜　斌（2009.3—2010.8）
　　　　　　　周德锐（2009.3—2012.10）
　　　　　　　李新宇（2010.8—2011.5）
　　　　　　　李世春（2010.8—2011.11）
　　　　　　　王志平（2011.5—2012.10）
　　　　　　　杨　忠（2012.9—2012.10）

2.西双版纳分公司党委（2012.10—2018.12）

书　　　　记　王志平（2012.10—2017.9）
　　　　　　　臧国云（2017.9—2018.12）
副 书 　　记　杨　忠（2012.10—2017.9）
　　　　　　　王志平（2017.9—2018.12）
委　　　　员　王志平（2012.10—2018.12）
　　　　　　　杨　忠（2012.10—2017.9）
　　　　　　　周德锐（2012.10—2013.7）
　　　　　　　朱杰桢（2012.10—2013.7）
　　　　　　　关　营（2013.7—2018.12）
　　　　　　　魏宏伟（2013.7—2016.8）
　　　　　　　朱维全（2016.3—2018.12）
　　　　　　　邓一鑫（2016.8—2018.12）
　　　　　　　臧国云（2017.9—2018.12）

（三）西双版纳分公司纪检组织领导（2009.3—2018.12）

1.西双版纳分公司纪检审计监察组织（2010.8—2012.10）

纪检审计监察员（2009.4—2012.10）
　　　　　　　李新宇（2010.8—2011.5）
　　　　　　　王志平（2011.5—2012.10）

2.西双版纳分公司纪委（2012.10—2018.12）

书　　　　记　王志平（2012.10—2017.9）
　　　　　　　臧国云（2017.9—2018.12）

（四）西双版纳分公司工会（2009.3—2018.12）

主　　　　席　吕振忠（2009.3—2010.4）
　　　　　　　赵立世（2010.4—2010.8）
　　　　　　　李新宇（2010.8—2011.5）

王志平（2011.5—2017.9）

臧国云（2017.9—2018.12）

（五）西双版纳分公司团组织（2009.3—2018.12）

1. 西双版纳分公司团总支（2009.3—2012.11）

书　　　记　黄　亚（2009.3—2012.11）

2. 西双版纳分公司团委（2012.11—2018.12）

书　　　记　黄　亚（2012.11—2013.8）

　　　　　　罗　靖（2014.5—2017.10）

副　书　记　罗　靖（2017.10—2018.12）

十、丽江分公司（2009.2—2018.12）

2009年2月，西南销售公司（云南销售公司）决定成立中国石油天然气股份有限公司云南丽江销售分公司（以下简称丽江分公司），机构规格正科级。公司机关设置综合办公室、综合业务部（含网络开发）、质量安全环保部、财务资产部4个部门。机关人员编制10人，其中领导班子职数3人、经理助理职数1人（具体分管财务工作）、部门负责人职数4人。主要职能：负责加油站的标准化、规范化管理和运作；负责客户开发和油品销售（含润滑油批发业务）；负责加油站网络项目开发建设；负责在本区域内对控股单位的市场监管和营销政策的统一制订。丽江分公司按正科级单位进行管理。丽江分公司管辖古路湾加油站、长水加油站、祥云加油站、关坡加油站，员工人数70人。同月，西南销售公司（云南销售公司）党委决定成立丽江分公司党总支。3月，成立丽江分公司工会。4月，丽江分公司成立机关、古路湾加油站、长水加油站、关坡加油站、祥云加油站6个团支部。年底，成品油销售总量2.8万吨，员工人数72人。

2010年1月，丽江分公司机关增设网络建设工程部。3月，云南销售公司决定在迪庆州成立办事处，在丽江分公司成立迪庆投资项目部，办事处与项目部实行"一套机构、两块牌子"运作模式。迪庆办事处位于迪庆州香格里拉县达瓦路105号，主要负责迪庆州市场信息的采集、分析及反馈工作；负责客户的开发与维护工作；负责辖区内网络开发工作；负责对辖区内加油站现场服务、安全、计量、质量、员工培训等规范管理情况进行监督、检查和指导；负责与地方政府协调处理好辖区内网络开发、消防安全、技术监督、税务缴纳工作等。5月，云南销售公司决定调整大理中青公司丽江分公司等部分单位机构设置和管理关系，按照"人随资产走"原则，相关人员全部进行划转。机关管理人员并入丽江分公司机关，大理中青公司丽江分公司所属玉河、东山、雄古、永胜4座加油站整体交由丽江分公司租赁经营管理，其人员全部划归丽江分公司。

2011年1月，原四川攀枝花销售分公司所属金安、华坪、荣将、南华4座加油站划入丽江分公司管理，并划转员工18人。7月，云南销售公司确定丽江分公司类别为五类，机构管理规格为正科级，机关编制30人，其中领导职数4人。机关设立7个部门，分别为综合办公室、财务资产部、质量安全环保部、人事劳资培训部、营销管理部、零售管理部、网络建设工程部。8月，丽江分公司综合办公室根据业务职能整合划分为综合办公室和人事劳资培训部。年底，成品油销售总量5.36万吨，员工人数166人。

2012年2月，丽江分公司对原第一、二党支部人员做出相应调整，新增古路湾党支部。3月，丽江分公司撤销综合业务部，成立营销管理部和零售管理部。10月，云南销售公司党委决定成立丽江分公司党委、丽江分公司纪委，撤销丽江分公司党总支。11月，云南销售公司团委决定成立丽江分公司团委，撤销丽江分公司团总支。同月，云南销售公司根据业务发展实际决定，丽江分公司增设1名副经理领导职数，负责迪庆州相关业务，迪庆办事处主任由丽江分公司副经理兼任。12月，成立长水党支部。

2013年12月，丽江分公司党委在香格里拉片区成立香格里拉党支部。年底，丽江分公司在册员工177人，所属党总支1个，党支部4个，党员43人。运营加油站21座，成品油销售总量9.56万吨，非油销售收入629万元。

2014年3月，云南销售公司决定按照"四部一中心"组织机构运作模式对丽江分公司机关组织架构进行调整优化，将原营销管理部、零售管理部、非油品业务部整合为业务运作部，综合办公室、人事劳资培训部整合为综合管理部，网络建设工程部、质量安全环保部整合为质量安全工程部，保留财务部机构不做调整。截至2014年底，丽江分公司共有员工171名，下设党支部5个，共有党员40名。运营加油站21座，实现成品油销售总量11.56万吨，非油销售收入1004万元。

2015年7月，成立拉市海服务区党支部。截至2015年底，丽江分公司共有员工167名，下设党支部6个，党员43名。运营加油站21座，实现成品油销售总量12.65万吨，非油销售1257万元。

2016年，丽江分公司共有员工144名，下设党支部6个，党员43名。运营加油站25座，实现成品油销售总量11.64万吨，非油销售收入1437万元。

2017年1月，在迪庆办事处的基础上成立迪庆分公司，运作模式为两块牌子一套班子。5月，成立宁蒗扶贫党支部。9月，按照云南销售公司统一部署，迪庆分公司正式独立运行，丽江分公司划转8座加油站至迪庆分公司，划转后丽江分公司在营加油站18座。截至2017年底，丽江分公司共有员工166名，下设党支部7个，党员43名。运营加油站26座，实现成品油销售11.61万吨，非油销售1900万元。

2018年12月，丽江分公司在册员工160人，共有7个党支部，党员39名。全年开发加油站5座，投运加油站4座，在营加油站22座；销售成品油10.42万吨，非油销售收入1802.46万元。

（一）丽江分公司领导（2009.2—2018.12）

经　　　　理　张　平（2009.2—2012.10）

　　　　　　　吕振忠（2012.10—2018.12）
　　　　　　　马　晨（2018.11—2018.12）
副　经　理　徐时国（2009.2—2010.8）
　　　　　　　徐光磊（2009.2—2010.8）
　　　　　　　顾伟明（2010.8—2016.6）
　　　　　　　木本坚（2010.8—2014.8）
　　　　　　　张晓华（2010.8—2016.7）
　　　　　　　程锦春（2013.6—2018.12）
　　　　　　　马占德（2014.8—2016.3）
　　　　　　　赵　平（2016.3—2017.9）
　　　　　　　葛楚祥（2016.6—2018.12）
　　　　　　　魏宏伟（2017.2—2018.12）
　　　　　　　苏艳华（2017.9—2018.12）
总　会　计　师　魏宏伟（2016.8—2018.12）
安　全　总　监　顾伟明（2010.8—2013.10）
　　　　　　　木本坚（2013.10—2016.6）
　　　　　　　葛楚祥（2016.6—2018.12）

（二）丽江分公司党组织领导（2009.2—2018.12）

1. 丽江分公司党总支（2009.2—2012.10）
书　　　　记　徐时国（2009.2—2010.8）
　　　　　　　顾伟明（2010.8—2012.10）
副　书　记　张　平（2009.2—2012.10）
委　　　　员　徐时国（2009.2—2010.8）
　　　　　　　张　平（2009.2—2012.10）
　　　　　　　耿普选（2009.3—2010.8）
　　　　　　　徐光磊（2009.2—2010.8）
　　　　　　　顾伟明（2010.8—2012.10）
　　　　　　　木本坚（2010.8—2012.10）
　　　　　　　张晓华（2010.8—2012.10）

2. 丽江分公司党委（2012.10—2018.12）
书　　　　记　顾伟明（2012.10—2016.7）
　　　　　　　葛楚祥（2016.6—2018.12）
副　书　记　吕振忠（2012.10—2018.11）

　　　　　　　　木本坚（2014.8—2017.9）

　　　　　　　　马　晨（2018.11—2018.12）

委　　　员　顾伟明（2012.10—2016.7）

　　　　　　　　木本坚（2012.10—2017.9）

　　　　　　　　吕振忠（2012.10—2018.11）

　　　　　　　　张晓华（2012.10—2016.7）

　　　　　　　　程锦春（2013.6—2018.12）

　　　　　　　　马占德（2014.8—2016.3）

　　　　　　　　赵　平（2016.3—2017.9）

　　　　　　　　葛楚祥（2016.6—2018.12）

　　　　　　　　魏宏伟（2016.8—2018.12）

　　　　　　　　苏艳华（2017.9—2018.12）

　　　　　　　　马　晨（2018.11—2018.12）

（三）丽江分公司纪检组织领导（2010.8—2018.12）

1. 丽江分公司纪检审计监察组织（2010.8—2012.10）

纪　检　委　员　顾伟明（2010.8—2012.10）

2. 丽江分公司纪委（2012.10—2018.12）

书　　　记　顾伟明（2012.10—2016.6）

　　　　　　　　葛楚祥（2016.6—2018.12）

（四）丽江分公司工会（2009.3—2018.12）

主　　　席　徐光磊（2009.3—2010.4）

　　　　　　　　徐时国（2010.4—2010.8）

　　　　　　　　顾伟明（2010.8—2016.6）

　　　　　　　　葛楚祥（2016.6—2018.12）

（五）丽江分公司团组织（2009.3—2018.12）

1. 丽江分公司团总支（2009.3—2012.11）

书　　　记　李佐兴（2009.3—2010.4）

　　　　　　　　徐代强（2010.4—2012.11）

2. 丽江分公司团委（2012.11—2014.6）

书　　　记　徐代强（2012.11—2013.12）

　　　　　　　　姬　志（2013.12—2018.12）

十一、昭通分公司（2009.2—2018.12）

2009年2月，西南销售公司（云南销售公司）决定成立中国石油天然气股份有限公司云南昭通销售分公司（以下简称昭通分公司），主要负责昭通地区的成品油零售及批发业务，以及该地区销售网络的开发建设和管理工作，管辖昭通地区范围内4座加油站，机构规格正科级。机关办公地点位于昭通市昭阳区珠泉路247号建材城2栋5楼。昭通分公司机关设立综合业务部、综合办公室、财务部、质量安全环保部4个部门，机关定编人员10人，其中领导职数3人、经理助理职数1人（具体分管财务工作）、部门负责人职数4人。同月，西南销售公司（云南销售公司）党委设立昭通分公司党总支。3月，成立昭通分公司工会和昭通分公司团总支。昭通分公司党总支下设1个党支部。年底，运营加油站4座，成品油销售总量3.7万吨，员工总数74人。

2010年1月，昭通分公司机关增设网络建设工程部。9月，昭通分公司党总支将原有1个党支部调整为3个党支部。

2011年8月，云南销售公司对各州（市）分公司类别、机构管理规格、行政级别、机关职能部门设置及人员编制进行调整，昭通分公司类别为五类公司，机构规格按正科级管理，机构行政级别为正科级。机关职能部门根据业务需要将综合办公室划分为综合办公室和人事劳资培训部，将业务综合部划分为零售管理部、营销管理部。机关定编人员33人，领导班子4人，经理助理1人。年底，成品油销售总量9.34万吨，运营加油站18座，员工总数496人。

2012年3月，昭通分公司党总支将原有的3个党支部调整为9个党支部。10月，云南销售公司党委决定成立昭通分公司党委、昭通分公司纪委，撤销昭通分公司党总支。11月，云南销售公司团委决定成立昭通分公司团委，撤销昭通分公司团总支。年底，昭通分公司在册员工405人，所属党支部9个，党员57人。运营加油站41座，成品油销售总量14.25万吨，非油销售收入1317万元。

2014年4月，云南销售公司决定按照"四部一中心"组织机构运作模式对昭通分公司机关组织架构进行调整优化，将原综合办公室、人事劳资培训部整合为综合管理部，零售管理部、营销管理部和非油管理部整合为业务运作部，质量安全环保部、网络建设工程部整合为质量安全工程部，保留财务部机构不做调整，机关定员编制30人。5月，机关办公地点搬迁至昭通市昭阳区太平办事处桃源社区。年底，昭通分公司在册员工292人，所属党支部9个，党员62人。运营加油站41座，成品油销售总量14.49万吨，非油销售收入1375万元。

2015年，昭通分公司在册员工330人，所属党支部5个，党员50人。运营加油站44座，成品油销售总量17.47万吨，非油销售收入2097万元。

2016年，昭通分公司类别为三类公司，机构规格按副处级管理，机构行政级别为副处级。昭通分公司在册员工298人，所属党支部5个，党员56人。运营加油站45座，成品油销售总量17.92万吨，非油销售收入2486万元。

2017年,昭通分公司类别为四类公司,机构规格按副处级管理,机构行政级别为副处级。昭通分公司在册员工350人,所属党支部5个,党员54人。运营加油站47座,成品油销售总量18.53万吨,非油销售收入4091万元。

2018年6月,昭通分公司类别为三类公司,机构规格按副处级管理,机构行政级别为副处级。截至12月,昭通分公司在册员工370人,共有5个党支部,党员50名。全年开发加油站4座,投运加油站2座,在营加油站45座;销售成品油21.84万吨,非油销售收入4804万元。

(一)昭通分公司领导(2009.2—2018.12)

经　　　　理　葛楚祥(2009.2—2010.8)
　　　　　　　徐时国(2010.8—2014.6)
　　　　　　　陈金和(2014.6—2016.2)
　　　　　　　李敬东(2016.2—2017.9)
　　　　　　　赵立世(2017.9—2018.12)
常 务 副 经 理　马　晨(副处级,2018.4—2018.11)
副　　经　　理　陈金和(2009.2—2014.10)
　　　　　　　李世春(2009.8—2010.8)
　　　　　　　申永毅(2010.8—2015.7)
　　　　　　　葛　华(2010.8—2017.9)
　　　　　　　詹宝军(2015.7—2017.9)
　　　　　　　臧国云(2017.2—2017.9)
　　　　　　　蔡　峰(2017.4—2018.12)
　　　　　　　杨　忠(2017.9—2018.12)
　　　　　　　马　晨(2017.9—2018.4)
　　　　　　　刘国栋(2017.9—2018.12)
行政协助负责人　李世春(2009.2—2009.8)
总 会 计 师　申永毅(2015.7—2016.3)
　　　　　　　臧国云(2016.3—2017.4)
　　　　　　　蔡　峰(2017.4—2018.12)
安 全 总 监　葛　华(2010.8—2014.8)
　　　　　　　孙晓娜(2014.10—2017.3)
　　　　　　　臧国云(2017.3—2017.9)
　　　　　　　杨　忠(2017.9—2018.12)

（二）昭通分公司党组织领导（2009.2—2018.12）

1. 昭通分公司党总支（2009.2—2012.10）

书　　　记　陈金和（2009.2—2012.10）

副　书　记　葛楚祥（2009.2—2010.8）
　　　　　　徐时国（2010.8—2012.10）

委　　　员　陈金和（2009.2—2012.10）
　　　　　　葛楚祥（2009.2—2010.8）
　　　　　　李世春（2009.3—2010.8）
　　　　　　徐时国（2010.8—2012.10）
　　　　　　申永毅（2010.8—2012.10）
　　　　　　葛　华（2010.8—2012.10）

2. 昭通分公司党委（2012.10—2018.12）

书　　　记　陈金和（2012.10—2014.10）
　　　　　　孙晓娜（2014.10—2017.3）
　　　　　　李敬东（2017.3—2017.9）
　　　　　　杨　忠（2017.9—2018.12）

副　书　记　徐时国（2012.10—2014.10）
　　　　　　陈金和（2014.10—2016.2）
　　　　　　李敬东（2016.2—2017.3）
　　　　　　臧国云（2017.3—2017.9）
　　　　　　赵立世（2017.9—2018.12）

委　　　员　陈金和（2012.10—2016.2）
　　　　　　徐时国（2012.10—2014.10）
　　　　　　葛　华（2012.10—2017.9）
　　　　　　申永毅（2012.10—2016.3）
　　　　　　孙晓娜（2014.10—2017.3）
　　　　　　詹宝军（2015.7—2017.9）
　　　　　　臧国云（2016.3—2017.9）
　　　　　　蔡　峰（2017.4—2018.12）
　　　　　　杨　忠（2017.9—2018.12）
　　　　　　赵立世（2017.9—2018.12）
　　　　　　马　晨（2017.9—2018.11）
　　　　　　刘国栋（2017.9—2018.12）

（三）昭通分公司纪检组织领导（2010.8—2018.12）

1. 昭通分公司纪检审计监察组织（2010.8—2012.10）

纪 检 委 员　陈金和（2010.8—2012.10）

2. 昭通分公司纪委（2012.10—2018.12）

书　　　　记　陈金和（2012.10—2014.10）
　　　　　　　孙晓娜（2014.10—2017.3）
　　　　　　　臧国云（2017.3—2017.9）
　　　　　　　杨　忠（2017.9—2018.12）

（四）昭通分公司工会（2009.3—2018.12）

主　　　　席　李世春（2009.3—2010.4）
　　　　　　　陈金和（2010.4—2014.10）
　　　　　　　孙晓娜（2014.10—2017.3）
　　　　　　　臧国云（2017.3—2017.9）
　　　　　　　杨　忠（2017.9—2018.12）

（五）昭通分公司团组织（2009.3—2018.12）

1. 昭通分公司团总支（2009.3—2012.11）

书　　　　记　李颂赟（2009.3—2010.4）
　　　　　　　杨家勇（2010.4—2011.10）
　　　　　　　赵　然（2011.10—2012.11）

2. 昭通分公司团委（2012.11—2018.12）

书　　　　记　赵　然（2012.11—2018.12）

十二、临沧分公司（2010.8—2018.12）

2010年8月，云南销售公司决定在临沧办事处的基础上组建临沧分公司，机构规格为正科级。撤销大理分公司所设立的临沧投资项目部，相关业务由临沧分公司负责承担。临沧分公司机关设综合办公室、综合业务部、网络建设工程部、质量安全环保部、财务资产部5个部门，机关人员编制18人，其中领导班子职数3人、部门负责人职数5人。主要职责：负责成品油及非油业务的销售工作；负责加油站的标准化、规范化管理与运作；负责网络开发和建设工作；负责客户的开发、维护与市场信息调研工作；负责组织并开展党、工、团相关工作；负责辖区内突发事件的调查和处理；负责与当地政府协调处理好辖区内网络开发、消防安全、技术监督、税务缴纳工作等。同月，临沧分公司在临沧市工商行政管理局注册成立并独立运营，机关办公地点位于临沧市临翔区城北加油站。9月,大理分公司所属金源等11座加油站划入临沧分公司管理,大理中青公司所属城南、城北、沧源3座加油站整体租赁给临沧分公司经营管理。同时,大理分公司78名员工,大理中青公司25名员工转入临沧分公司管理。10月,云南销售公司党委决定成立临沧分公司党总支。云南销售公司工会决定成立临沧分公司工会,云南销售公司团委决定成立临沧分公司团总支。同月,机关办公地点迁至临沧市临翔区忙令3号路延长线中段。年底,临沧分公司在册员工115人。下属党总支1个、党支部3个,共有党员16名。开发加油站1座,投运加油站1座,在营加油站15座。全年销售成品油2.246万吨,非油销售收入133万元。

2011年,临沧分公司机关增设人事劳资培训部,综合业务部下增设1个经营部,机关定员编制24人。年底,临沧分公司在册员工119人。下属党总支1个、党支部3个,共有党员23名。开发加油站4座,投运加油站4座,在营加油站19座。全年销售成品油4.65万吨,非油销售收入280万元。

2012年10月,云南销售公司党委决定成立临沧分公司党委、临沧分公司纪委,撤销临沧分公司党总支。11月,云南销售公司团委决定成立临沧分公司团委,撤销临沧分公司团总支。同月,临沧分公司党委成立4个联合党支部,分别为中心党支部、第二党支部、第三党支部和第四党支部。年底,临沧分公司在册员工127人。党支部4个,共有党员28名。开发加油站7座,投运加油站7座,在营加油站26座。全年销售成品油6.43万吨,非油销售收入415万元。

2013年2月,临沧分公司在册员工189人。下设党支部4个,共有党员27名。工会下设25个民主管理小组。下设3个联合团支部、24个团小组,共有团员185人。开发加油站0座,投运加油站0座,在营加油站26座。全年销售成品油7.24万吨,非油销售收入730万元。

2014年2月,临沧分公司新成立9个党支部,其中独立党支部4个,共有党员33人。团支部25个,团员178人。4月,云南销售公司决定按照"四部一中心"组织机构运作模式对临沧分公司机关组织架构进行调整优化,将原综合办公室更名为综合管理部,零售管理部、营销管理部整合为业务运作部,质量安全环保部、网络建设工程部整合为质量安全工程部,保留财务部机构不做调整,设立客户服务中心,作为基层单位管理,工作上接受业务运作部领导,机关定员编制30人。年底,临沧分公司销售成品油8.37万吨,实现非油销售收入904万元,非油毛利150万元。在册员工192人,党支部9个,党员33名。开发加油站0座,投运加油站0座,在营加油站26座。

2015年6月,云南销售公司决定将临沧分公司机构规格由正科级调整为副处级。年底,临沧分公司销售成品油9.81万吨,其中纯枪销量7.17万吨、直销2.64万吨;实现非油销售收入1249万元,非油毛利239万元。在册员工198人,下设党支部6个,共有党员35名。开发加油站1座,投运加油站1座,在营加油站27座。

与"十一五"末相比,公司在营加油站数量从15座增加到27座,销售总量从2.25万吨增加到9.81万吨,非油销售收入从133万元增加到1249万元,市场份额从9%增长到32%。"十二五"期间,累计实现成品油销量36.53万吨,非油销售收入3452万元,总体销售收入28亿元。

2016年5月,临沧分公司召开二届一次员工代表大会。年底,临沧分公司在册员工210人。党支部6个,共有党员41名。在营加油站27座。全年销售成品油9.96万吨,非油销售收入1701万元。

2017年7月,临沧分公司类别为三类,机构管理规格为副处级。临沧分公司党委决定:撤销机关中心党支部、业务运作部党支部。8月,临沧分公司召开第一次团代会。12月,经临沧分公司党委研究,决定撤销机关中心党支部、业务运作部党支部。临沧分公司党支部由6个调整为4个,分别为:临翔联合党支部、凤庆云县联合党支部、耿马双江沧源联合党支部、永德镇康联合党支部,共有党员44名。在册员工225人。开发加油站4座,投运加油站1座,在营加油站28座。年底,销售成品油10.39万吨,其中纯枪销量8.23万吨、直销2.16万吨;实现非油销售收入2226万元。

2018年7月,临沧分公司成立党群工作部(纪委办公室)。

截至12月,临沧分公司在册员工215人,共有4个党支部,党员50名。全年开发加油站5座,投运加油站3座,在营加油站29座;销售成品油11.45万吨,非油销售收入2965万元。

(一)临沧分公司领导(2010.8—2018.12)

经　　　　理　方指胜(2010.8—2014.12)
　　　　　　　杨洪祯(2014.12—2018.4)
　　　　　　　陈金和(2018.4—2018.12)
副　　经　　理　吕振忠(2011.10—2012.10)
　　　　　　　连伟才(2010.8—2018.12)
　　　　　　　刘小波(2010.8—2012.12)
　　　　　　　王宏明(2012.10—2015.7;2017.2—2018.12)
　　　　　　　杨洪祯(2013.7—2014.12)
　　　　　　　李世春(2014.12—2018.12)
　　　　　　　刘国栋(2016.3—2017.9)
　　　　　　　谢　刚(2017.9—2018.12)
总　会　计　师　王宏明(2015.7—2017.2)
副总会计师　　王宏明(2017.2—2018.12)
安　全　总　监　连伟才(2010.9—2012.4)
　　　　　　　刘小波(2012.4—2012.12)
　　　　　　　王宏明(2012.12—2014.6)
　　　　　　　杨洪祯(2014.6—2015.1)
　　　　　　　李世春(2015.1—2018.12)

（二）临沧分公司党组织领导（2010.8—2018.12）

1. 临沧分公司党总支（2010.8—2012.10）

书 记 方指胜（2010.8—2011.10）
　　　　吕振忠（2011.10—2012.10）
副 书 记 方指胜（2011.10—2012.10）
委 员 方指胜（2010.8—2012.10）
　　　　吕振忠（2011.10—2012.10）
　　　　连伟才（2010.8—2012.10）
　　　　刘小波（2010.8—2012.10）

2. 临沧分公司党委（2012.10—2018.12）

书 记 杨洪祯（2013.7—2014.12）
　　　　李世春（2014.12—2018.12）
副 书 记 方指胜（2012.10—2014.12）
　　　　杨洪祯（2014.12—2018.4）
　　　　陈金和（2018.4—2018.12）
委 员 方指胜（2012.10—2014.12）
　　　　连伟才（2012.10—2014.6）
　　　　刘小波（2010.10—2012.12）
　　　　王宏明（2012.10—2018.12）
　　　　杨洪祯（2013.7—2018.4）
　　　　李世春（2014.12—2018.12）
　　　　刘国栋（2016.3—2017.9）
　　　　谢 刚（2017.9—2018.12）
　　　　陈金和（2018.4—2018.12）

（三）临沧分公司纪检组织领导（2010.8—2018.12）

1. 临沧分公司纪检审计监察组织（2010.8—2012.10）

纪 检 委 员 刘小波（2010.9—2011.10）
　　　　　　吕振忠（2011.10—2012.10）

2. 临沧分公司纪委（2012.10—2018.12）

书 记 杨洪祯（2013.7—2014.6）
　　　　李世春（2014.12—2018.12）

（四）临沧分公司工会（2010.10—2018.12）

主　　席　连伟才（2010.9—2011.10）
　　　　　吕振忠（2011.10—2012.10）
　　　　　杨洪祯（2013.7—2014.12）
　　　　　李世春（2014.12—2018.12）

（五）临沧分公司团组织（2010.10—2018.12）

1.临沧分公司团总支（2010.10—2012.11）

书　　记　刘小波（2010.11—2012.11）

2.临沧分公司团委（2012.11—2018.12）

书　　记　马振海（2012.12—2014.4）
　　　　　张智锋（2014.5—2018.8）
副书记　　马丽娜（2018.8—2018.12）

十三、普洱分公司（2010.8—2018.12）

2009年8月，云南销售公司决定在普洱办事处的基础上组建普洱分公司，机构规格为正科级。撤销西双版纳公司所设立的普洱投资项目部，相关业务由普洱分公司负责承担。普洱分公司机关设综合办公室、综合业务部、网络建设工程部、质量安全环保部、财务资产部5个部门，机关人员编制18人，其中领导班子职数3人、部门负责人职数5人。主要职责：负责成品油及非油业务的销售工作；负责加油站标准化、规范化管理与运作；负责网络开发和建设工作；负责客户开发、维护与市场信息调研工作；负责组织并开展党、工、团相关工作；负责辖区内突发事件的调查和处理；负责与当地政府协调处理好辖区内网络开发、消防安全、技术监督、税务缴纳工作等。9月，云南销售公司决定将西双版纳分公司管辖的宁洱双联、宁洱荣兴、茶苑、茶城、兰花、振兴、景谷城西、江城勐烈8座加油站划分至普洱分公司管理。同月，云南销售公司党委决定成立普洱分公司党总支，负责党组织和党员的日常管理，普洱分公司党总支下设3个党支部，党员23名。12月，云南销售公司团委决定成立普洱分公司团总支，团总支下设以加油站为单位的团支部8个。年底，在营加油站8座（含橇装），开发加油站9座，投运1座橇装式加油设施，成品油销售4.09万吨。

2010年，普洱分公司在册员工120人。下属党支部2个，共有党员22名。开发加油站9座，运加油站1座，在营加油站6座。全年销售成品油4.09万吨，非油销售收入192万元。

2011年，普洱分公司在册员工145人。下属党支部3个，共有党员31名。开发加油站4座，投运加油站5座，在营加油站11座。全年销售成品油4.45万吨，非油销售收入320.7万元。

2012年10月，云南销售公司党委研究决定成立普洱分公司党委、普洱分公司纪委，撤销普洱分公司党总支。11月,云南销售公司团委决定成立普洱分公司团委,撤销普洱分公司团总支。年底,普洱分公司在册员工143人。下属党支部5个,共有党员50名。投运加油站1座,在营加油站12座。全年销售成品油5.69万吨,非油销售收入502万元。

2013年,普洱分公司在册员工175人。下属党支部7个,共有党员46名。开发加油站1座,投运加油站7座,在营加油站19座。全年销售成品油7.73万吨,非油销售收入950万元。

2014年4月,云南销售公司决定按照"四部一中心"组织机构运作模式对普洱分公司机关组织架构进行调整优化,将原综合办公室更名为综合管理部,综合业务部更名为业务运作部,质量安全环保部、网络建设工程部整合为质量安全工程部,保留财务部机构,设立客户服务中心,作为基层单位管理,工作上接受业务运作部的领导,机关定员编制25人,客户服务中心定员编制10人。年底,普洱分公司在册员工182人。下属党支部7个,共有党员44名。投运加油站1座,在营加油站20座。全年销售成品油9.17万吨,非油销售收入850.6万元。

2015年,普洱分公司在册员工210人。下属党支部7个,共有党员46名。开发加油站2座,投运加油站1座,在营加油站21座。全年销售成品油10.93万吨,非油销售收入1483万元。

与"十一五"末相比,公司在营加油站数量从6座增加到21座,销售总量从4万吨增加到10万吨,非油销售收入从176万元增加到1282万元,市场份额从16%增长到30%。"十二五"期间,累计销售成品油37.97万吨,非油销售收入2769万元,总体销售收入28.08亿元。

2016年,普洱分公司在册员工213人。下属党支部7个,共有党员47名。开发加油站1座,投运加油站2座,在营加油站23座。全年销售成品油12.62万吨,非油销售收入1726万元。获集团公司党组"先进基层党组织"。

2017年1月,普洱分公司召开中国共产党中国石油云南普洱销售分公司第一次党员大会,选举产生中共中国石油云南普洱销售分公司第一届委员会委员、书记;中共中国石油云南普洱销售分公司第一届纪律检查委员会委员、书记。9月26日,普洱分公司召开共青团中国石油云南普洱销售分公司第一次代表大会和第一届委员会第一次体会议,选举产生第一届委员会委员及副书记。年底,普洱分公司在册员工241人。下属党支部7个,共有党员47名。开发加油站2座,投运加油站2座,在营加油站25座。全年销售成品油13.46万吨,非油销售收入2400万元。

2018年5月,普洱分公司党委将党支部调整为5个,共有党员47人;公司团委下设团支部23个,共有团员95名。

截至12月,普洱分公司在册员工292人,共有5个党支部,党员50名。全年开发加油站7座,投运加油站3座,在营加油站28座;销售成品油13.7万吨,非油销售收入2977万元。

(一)普洱分公司领导(2010.8—2018.12)

经　　　　理　刘利荣(2010.8—2014.8)
　　　　　　　张洪伟(2014.8—2018.12)
副　经　　理　马　晨(2010.8—2014.6)

　　　　　　　　　　苏艳华（2010.8—2011.10）
　　　　　　　　　　霍丽芳（2011.5—2011.10）
　　　　　　　　　　张洪伟（2011.10—2014.6）
　　　　　　　　　　蔡　峰（2012.10—2015.7）
　　　　　　　　　　刘登全（2012.10—2018.12）
　　　　　　　　　　鲁振华（2014.8—2015.7）
　　　　　　　　　　张书明（2015.7—2018.1）
　　　　　　　　　　申永毅（2017.4—2018.12）
　　　　　　　　　　蔡新江（2017.9—2018.12）
　　　　　　　　　　冯运松（2018.4—2018.12）
　行政协助负责人　刘登全（2011.10—2012.10）
　　　　　　　　　　蔡　峰（2011.10—2012.10）
　总　会　计　师　蔡　峰（2015.7—2017.4）
　副 总 会 计 师　申永毅（2017.4—2018.12）
　安　全　总　监　苏艳华（2010.8—2011.10）
　　　　　　　　　　刘登全（2011.12—2014.8）
　　　　　　　　　　鲁振华（2014.8—2015.7）
　　　　　　　　　　张书明（2015.7—2018.1）
　　　　　　　　　　张洪伟（兼任，2018.1—2018.4）
　　　　　　　　　　刘登全（2018.4—2018.12）

（二）普洱分公司党组织领导（2010.8—2018.12）

1. 普洱分公司党总支（2010.8—2012.10）
　书　　　　　记　刘利荣（2010.8—2011.10）
　临 时 负 责 人　张洪伟（2011.10—2012.10）
　委　　　　　员　刘利荣（2010.8—2012.10）
　　　　　　　　　　马　晨（2010.8—2012.10）
　　　　　　　　　　苏艳华（2010.8—2011.10）
　　　　　　　　　　霍丽芳（2011.5—2011.10）
　　　　　　　　　　张洪伟（2011.10—2012.10）

2. 普洱分公司党委（2012.10—2018.12）
　书　　　　　记　张洪伟（2012.10—2014.8；2018.1—2018.4）
　　　　　　　　　　鲁振华（2014.8—2015.7）
　　　　　　　　　　张书明（2015.7—2018.1）

　　　　　　　刘登全（2018.4—2018.12）
副　书　记　刘利荣（2012.10—2014.8）
　　　　　　　张洪伟（2014.8—2018.1；2018.4—2018.12）
委　　　员　张洪伟（2012.10—2018.12）
　　　　　　　刘利荣（2012.10—2014.8）
　　　　　　　马　晨（2012.10—2017.9）
　　　　　　　蔡　峰（2012.10—2017.9）
　　　　　　　刘登全（2012.10—2018.12）
　　　　　　　鲁振华（2014.8—2015.7）
　　　　　　　张书明（2015.7—2018.1）
　　　　　　　申永毅（2017.4—2018.12）
　　　　　　　蔡新江（2017.9—2018.12）
　　　　　　　冯运松（2018.4—2018.12）

（三）普洱分公司纪检组织领导（2010.8—2018.12）

1. 普洱分公司纪检审计监察组织（2010.8—2012.10）

纪　检　委　员　张洪伟（2011.10—2012.10）

2. 普洱分公司纪委（2012.10—2018.12）

书　　　记　张洪伟（2012.10—2014.8）
　　　　　　　鲁振华（2014.8—2015.7）
　　　　　　　张书明（2015.7—2018.1）
　　　　　　　张洪伟（2018.1—2018.4）
　　　　　　　刘登全（2018.4—2018.12）

（四）普洱分公司工会（2010.9—2018.12）

主　　　席　马　晨（2010.9—2011.10）
　　　　　　　张洪伟（2011.10—2014.8）
　　　　　　　鲁振华（2014.8—2015.7）
　　　　　　　张书明（2015.7—2018.1）
　　　　　　　刘登全（2018.4—2018.12）

（五）普洱分公司团组织（2010.12—2018.12）

1. 普洱分公司团总支（2010.12—2012.11）

书　　　记　陈涛涛（2010.12—2011.10）
副　书　记　赵　岚（2012.6—2012.11）

2. 普洱分公司团委（2012.11—2018.12）

副　书　记　赵　岚（2012.11—2018.12）

十四、德宏分公司（2010.8—2018.12）

2010年8月，云南销售公司决定在德宏办事处的基础上组建德宏分公司，机构规格为正科级。撤销保山分公司所设立的德宏投资项目部，相关业务由德宏分公司负责承担。机关设综合办公室、综合业务部、网络建设工程部、质量安全环保部、财务资产部5个部门，机关人员编制16人，其中领导班子职数3人、部门负责人职数5人。主要职责：负责成品油及非油业务的销售工作；负责加油站的标准化、规范化管理与运作；负责网络开发和建设工作；负责客户的开发、维护与市场信息调研工作；负责组织并开展党、工、团相关工作；负责辖区内突发事件的调查和处理；负责与当地政府协调处理好辖区内网络开发、消防安全、技术监督、税务缴纳工作等。9月，德宏分公司在德宏州芒市工商局注册成立。同月，成立德宏分公司党总支、德宏分公司工会、德宏分公司团总支。机关办公地点位于德宏州芒市勐腊路。10月，机关办公地点搬迁至芒市大街101号芒市海关大楼。德宏分公司成立初期，运营姐勒、边关、姐告、云岭4座加油站，员工人数40人，成品油销售总量0.3万吨。

2011年11月，大理中青公司将德宏中青交通石化有限责任公司芒市加油站、宏运加油站、芒核加油站、瑞丽加油站、章凤加油站、盈江加油站、梁河加油站7座加油站及员工正式移交德宏分公司代管，德宏分公司成品油销售网络遍及德宏州三县两市。年底，运营加油站14座，橇装站9座，成品油销售总量2.5万吨，非油销售收入43.5万元。

2012年3月，德宏分公司党总支成立瑞丽、梁河、盈江、陇川和机关直属5个党支部，党员人数23人。10月，云南销售公司党委决定成立德宏分公司党委、德宏分公司纪委，撤销德宏分公司党总支。11月，云南销售公司团委决定成立德宏分公司团委，撤销德宏分公司团总支。年底，德宏分公司管辖加油站17座，橇装加油站9座，员工总数226人，成品油销售总量6.3万吨，非油销售收入490万元。

2013年9月，德宏分公司办公地点搬迁至芒市大街59号。年底，德宏分公司在册员工193人，所属党支部5个，党员37人。运营加油站21座，成品油销售总量7.99万吨，非油销售收入940万元。

2014年5月，云南销售公司决定按照"四部一中心"组织机构运作模式对德宏分公司机关组织架构进行调整优化，将原综合办公室更名为综合管理部，综合业务部更名为业务运作部，质量安全环保部、网络建设工程部整合为质量安全工程部，保留财务部机构不做调整，撤销原"网络建设工程部"，成立"客户服务中心"。机关定员编制24人。年底，德宏分公司共有党支部5个，分别为机关党支部、芒市党支部、盈江党支部、梁河党支部、瑞丽党支部，党员45名。加油站总数 23 座，橇装站 7 座，员工总数 204 人，基层团支部 23 个，工会小组 23 个，成品油销售总量 8.13 万吨，非油销售收入 882 万元。

2015 年，德宏分公司共有党支部 5 个，分别为机关党支部、芒市党支部、盈江党支部、梁河党支部、瑞丽党支部，党员 46 名。加油站总数 25 座，橇装加油站 7 座，员工总数 204 人，基层团支部 25 个，民主管理小组 25 个，成品油销售总量 7.87 万吨，非油销售收入 1290 万元。

2016 年，德宏分公司共有党支部 5 个，分别为机关党支部、芒市党支部、盈江党支部、梁河党支部、瑞丽党支部，党员 50 名。加油站总数达 27 座，橇装加油站 7 座，员工总数 203 人，基层团支部 27 个，民主管理小组 27 个，成品油销售总量 10.14 万吨，非油销售收入 1618.6 万元。

2017 年，德宏分公司共有党支部 5 个，分别为机关党支部、芒市党支部、盈江党支部、梁河党支部、瑞丽党支部，党员 48 名。加油站总数达到 29 座，橇装加油站 4 座，员工总数 198 人，基层团支部 29 个，民主管理小组 29 个，成品油销售总量 10.37 万吨，非油销售收入 2047.81 万元。

2018 年 6 月，德宏分公司机关成立党群工作部（纪委办公室）。截至 12 月，德宏分公司在册员工 221 人，共有 5 个党支部，党员 50 名。全年开发加油站 1 座，投运加油站 2 座，在营加油站 30 座；销售成品油 11.23 万吨，非油销售收入 2642 万元。

（一）德宏分公司领导（2010.8—2018.12）

经　　　　理　任立荣（2010.8—2015.7）
　　　　　　　鲁振华（2015.7—2018.7）
　　　　　　　王湘江（2018.7—2018.12）
副　　经　　理　彭　云（2010.8—2016.3）
　　　　　　　朱杰桢（2010.8—2011.10）
　　　　　　　王建华（2011.10—2016.12）
　　　　　　　陈明红（2012.10—2018.12）
　　　　　　　周德锐（2013.7—2015.7；2017.2—2018.12）
　　　　　　　王湘江（2016.12—2018.7）
　　　　　　　施建恒（2015.7—2018.4）
　　　　　　　李献庭（2018.4—2018.12）
　　　　　　　孙　英（2018.7—2018.12）
行政协助负责人　陈明红（2011.11—2012.10）
总　会　计　师　周德锐（2015.7—2017.2；2018.4—2018.12）
副　总　会　计　师　周德锐（2017.2—2018.12）
安　全　总　监　朱杰桢（2010.9—2011.10）
　　　　　　　王建华（2011.10—2012.4）

彭　云（2012.4—2014.6）

王建华（2014.6—2016.12）

王湘江（2016.12—2018.11）

孙　英（2018.11—2018.12）

（二）德宏分公司党组织领导（2010.8—2018.12）

1. 德宏分公司党总支（2010.8—2012.10）

书　　　记　任立荣（2010.8—2011.10）

　　　　　　王建华（2011.10—2012.10）

副 书 记　任立荣（2011.10—2012.10）

委　　　员　任立荣（2010.8—2012.10）

　　　　　　彭　云（2010.8—2012.10）

　　　　　　朱杰桢（2010.8—2011.10）

　　　　　　王建华（2011.10—2012.10）

2. 德宏分公司党委（2012.10—2018.12）

书　　　记　王建华（2012.10—2016.12）

　　　　　　王湘江（2016.12—2018.7）

　　　　　　孙　英（2018.7—2018.12）

副 书 记　任立荣（2012.10—2015.7）

　　　　　　鲁振华（2015.7—2018.7）

　　　　　　王湘江（2018.7—2018.12）

委　　　员　王建华（2012.10—2016.12）

　　　　　　任立荣（2012.10—2015.7）

　　　　　　彭　云（2012.10—2016.3）

　　　　　　陈明红（2012.10—2018.12）

　　　　　　周德锐（2013.7—2018.12）

　　　　　　鲁振华（2015.7—2018.7）

　　　　　　施建恒（2015.7—2018.4）

　　　　　　王湘江（2016.12—2018.12）

　　　　　　李献庭（2018.4—2018.12）

　　　　　　孙　英（2018.7—2018.12）

（三）德宏分公司纪检组织领导（2010.8—2018.12）

1. 德宏分公司纪检审计监察组织（2010.8—2012.10）

纪 检 委 员　王建华（2011.10—2012.10）
2. 德宏分公司纪委（2012.10—2018.12）
书　　　　记　王建华（2014.10—2016.12）
　　　　　　　王湘江（2016.12—2018.7）
　　　　　　　孙　英（2018.7—2018.12）

（四）德宏分公司工会（2010.8—2018.12）

主　　　　席　彭　云（2010.8—2011.10）
　　　　　　　王建华（2011.10—2016.12）
　　　　　　　王湘江（2016.12—2018.7）
　　　　　　　孙　英（2018.7—2018.12）

（五）德宏分公司团组织（2010.8—2018.12）

1. 德宏分公司团总支（2010.8—2012.10）
书　　　　记　濮兴美（2010.8—2012.4）
团 委 副 书 记　刘　慧（2012.4—2012.10）
临 时 协 助 负 责 人　杨　娟（2012.4—2012.10）
2. 德宏分公司团委（2012.10—2018.12）
团 委 副 书 记　刘　慧（2012.10—2018.12）
临 时 协 助 负 责 人　杨　娟（2012.10—2017.8）

十五、迪庆分公司（2010.8—2018.12）

2017年9月，为加快迪庆州网络开发及主非油销售节奏，有效提升中国石油市场份额，公司在迪庆州正式成立"中国石油云南迪庆销售分公司"（简称为迪庆分公司），作为所属二级单位独立运行，机构规格为正科级，并与公司股权单位迪庆中青交通石化有限责任公司合署办公，采取"一套机构、两块牌子"运作模式，按照"机构统一设置、人员统一管理、工作统一部署、业绩统一考核"的原则进行管理。同时，撤销丽江分公司迪庆业务运作部。

迪庆分公司机关设综合管理部、业务运作部、质量安全工程部3个部门。机关编制为14人，其中领导班子职数4人（含对方委派班子副职1人），部门领导职数4人（综合管理部2人，业务运作部、质量安全工程部各设1人），其他一般管理人员6人（每个部门各2人）。主要职能：负责成品油及非油销售工作；负责加油站的标准化、规范化管理与运作；负责网络开发和建设工作；负责客户的开发、维护与市场信息调研工作；负责组织并开展党、工、团相关工作；负责辖区内突发事件的调查和处理；负责与当地政府协调处理好辖区内网络开发、消防安全、技术监督、税务缴纳工作等。

2017年底，迪庆分公司运营加油站9座，在册在岗员工65人。实现成品油销售总量0.9万吨，非油销售收入148.56万元。

迪庆分公司组建的同时，迪庆分公司党委随之成立，下设党支部1个——香格里拉党支部，迪庆分公司党委成立时有党员8名。2018年1月，成立迪庆分公司工会，召开迪庆分公司一届一次员工代表大会，选举产生工会委员会、女工委员会和经费审查委员会。4月，召开共青团迪庆分公司第一次团员代表大会，选举产生团委委员。团委下设3个团支部，分别为香格里拉团支部、德钦团支部、开发区团支部。

2018年12月，迪庆分公司在册员工86人，共有1个党支部，党员9名。全年开发加油站2座，投运加油站2座，在营加油站11座；销售成品油3.25万吨，非油销售收入594.58万元。

（一）迪庆分公司领导（2017.9—2018.12）

经　　　理　李永生（2017.9—2018.12）
副　经　理　木本坚（2017.9—2018.12）
　　　　　　马中华（2017.9—2018.12）
　　　　　　张开平（2017.9—2018.12）
安　全　总　监　木本坚（2017.9—2018.12）

（二）迪庆分公司党组织领导（2017.9—2018.12）

书　　　记　木本坚（2017.9—2018.12）
副　书　记　李永生（2017.9—2018.12）
委　　　员　马中华（2017.9—2018.12）
　　　　　　张开平（2017.9—2018.12）

（三）迪庆分公司纪委（2017.9—2018.12）

书　　　记　木本坚（2017.9—2018.12）

（四）迪庆分公司工会（2017.9—2018.12）

主　　　席　木本坚（2017.9—2018.12）

（五）迪庆分公司团委（2018.4—12）

副　书　记　李星龙（2018.4—2018.12）

第五节　所属控参股公司

一、中油强林石油化工有限公司（2008.12—2018.12）

2008年5月，中油强林石油化工有限公司（以下简称中油强林公司）在中国石油西南销售公司办公地点昆明市志远大厦26楼召开临时股东会暨董事会会议，决定中油强林公司自2008年7月1日以后独立运作。年底，中油强林公司在册员工345人，运营加油站17座（含托管加油站3座），油库2座。

2009年2月，西南销售公司（云南销售公司）印发组织机构设置方案，明确中油强林公司机关设置综合办公室、营销运作部、储运安全部、财务资产部4个部门，机关人员编制20人（含强林方选派人员）。其中领导职数3人（含强林方选派人员1人）、部门负责人职数8人（含强林方选派人员4人），机构规格副处级，中油强林公司接受昆明分公司的市场监管，执行昆明分公司制定的本地州（市）市场营销方案。3月，西南销售公司（云南销售公司）党委决定成立中油强林公司党总支。年底，中油强林公司在册员工309人，下属党总支1个，党员23名。

2010年8月，云南销售公司推荐聂志坚为中油强林公司副总经理，领导班子职数增加到4人。9月，中油强林公司党总支下设机关、昆明片区、安宁片区3个党支部。同月，云南销售公司党委决定成立中油强林公司工会。年底，中油强林公司在册员工272人，下属党总支1个，党员23人。

2011年4月，云南销售公司团委决定成立中油强林公司团总支。7月，按照云南销售公司的机构及编制调整意见，人事工作从综合办公室分离，单独成立人事劳资培训部，机关部门增至5个，机关编制21人。年底，中油强林公司在册员工250人，下属党总支1个、党支部3个，党员23名。

2012年1月，中油强林公司党总支成立禄脿万吨级加油站独立党支部。9月，中油强林公司党总支决定成立曙光、和平、桂港3座万吨级加油站独立党支部。10月，云南销售公司党委决定成立中油强林公司党委、中油强林公司纪委，撤销中油强林公司党总支。中油强林公司党委下设机关、禄脿、曙光、和平、桂港、昆明联合党支部以及草铺联合党支部共计7个党支部。11月，云南销售公司团委决定成立中油强林公司团委，撤销中油强林公司团总支。年底，中油强林公司在册员工250人，下属党支部7个，党员27名。

2013年4月，中油强林公司安宁油库、昆阳油库人员劳动关系不变，工资和"三费"由仓储分公司代发，工资总额、人工成本费用仍由中油强林公司承担。年底，中油强林公司在册员工199人，下属党支部7个，党员33人。

2014年3月，云南销售公司决定按照"四部一中心"组织机构运作模式对中油强林公司机关组织架构进行调整优化，将综合办公室、人事劳资培训部整合为综合管理部；将综合业务部更名为业务运作部；将质量安全环保部调整为质量安全工程部；财务部机构不做调整。机关人员编制不做调整。年底，中油强林公司在册员工179人、党支部7个、党员44名。

2015年底，中油强林公司在册员工171人、党支部7个、党员45名。

2016年3月，云南销售公司对中油强林公司及昆明分公司组织架构进行调整优化，中油强林公司与昆明分公司实行合署办公，采取"一套机构、两块牌子"运作模式，并按照"机构统一设置、人员统一管理、工作统一部署、业绩统一考核"的原则进行管理。

（一）中油强林石化有限公司董事会（2008.12—2018.12）

董　事　长　魏秋冬（2008.12—2009.6）
　　　　　　高玉新（2009.6—2010.8）
　　　　　　杨辉国（2010.9—2016.6）
　　　　　　徐启东（2016.6—2018.12）
副董事长　张世铭（2008.12—2011.10）
董　　事　魏秋冬（2008.12—2009.6）
　　　　　　张世铭（2008.12—2011.10）
　　　　　　郝丽萍（2008.12—2012.5）
　　　　　　王　健（2008.12—2009.6）
　　　　　　梅元金（2008.12—2009.6）
　　　　　　李　新（2008.12—2010.8）
　　　　　　杨　骞（2008.12—2018.12）
　　　　　　高玉新（2009.6—2010.8）
　　　　　　李海明（2009.6—2013.7）
　　　　　　杨辉国（2010.9—2016.6）
　　　　　　卢忠芸（2011.10—2018.12）
　　　　　　吴　金（2013.7—2016.3）
　　　　　　朱　妣（2016.3—2016.12）
　　　　　　杨先春（2016.3—2018.12）
　　　　　　孟碧军（2016.3—2016.11）
　　　　　　聂　焱（2016.4—2018.12）
　　　　　　徐启东（2016.6—2018.12）
　　　　　　胡登华（2016.12—2018.12）
　　　　　　罗建伟（2017.2—2018.12）

李敬东（2017.9—2018.12）

（二）中油强林石化有限公司监事会（2008.12—2018.12）

主　　　　席　黄彦林（2008.12—2009.6）
　　　　　　　聂　焱（2009.6—2010.9）
　　　　　　　史咏梅（2010.9—2018.12）
监　　　　事　余　俊（2008.12—2018.12）
　　　　　　　马志莹（2008.12—2009.6）
　　　　　　　苏丽佳（2008.12—2012.11）
　　　　　　　卢忠芸（2008.12—2011.10）
　　　　　　　史咏梅（2009.6—2010.9）
　　　　　　　黄　瓒（2011.10—2013.3）
　　　　　　　杨　健（2015.2—2018.4）

（三）中油强林石化有限公司领导（2008.12—2018.12）

总　经　理　李　新（2009.2—2010.8）
　　　　　　李海明（2010.8—2013.7）
　　　　　　吴　金（2013.7—2016.3）
　　　　　　杨辉国（2016.3—2016.6）
　　　　　　徐启东（2016.6—2018.12）
副总经理　　张世铭（2008.12—2010.4）
　　　　　　聂志坚（2010.8—2011.5）
　　　　　　王小宁（2010.8—2016.3）
　　　　　　卢忠芸（2011.5—2016.3）
　　　　　　杨先春（2016.3—2018.12）
　　　　　　孟碧军（2016.3—2016.11）
　　　　　　朱　妩（2016.3—2016.12）
　　　　　　赵立世（2016.12—2017.9）
　　　　　　胡登华（2016.12—2018.12）
　　　　　　罗建伟（2017.2—2018.12）
财务总监　　王湘江（2009.2—2010.3）
　　　　　　韦立志（2010.8—2015.9）
　　　　　　郑阁辉（2016.3—2018.12）
安全总监　　王小宁（2011.5—2016.3）

朱　妩（2016.3—2016.12）

罗建伟（2016.12—2018.12）

（四）中油强林石化有限公司党组织领导（2009.3—2018.12）

1. 中油强林石化有限公司党总支（2009.3—2012.10）

书　　　记　李　新（2009.2—2010.8）

　　　　　　聂志坚（2010.8—2011.5）

　　　　　　李海明（2011.5—2012.10）

副　书　记　李海明（2010.8—2011.5）

　　　　　　杨辉国（2016.3—2016.6）

委　　　员　李　新（2009.2—2010.8）

　　　　　　王湘江（2009.3—2010.3）

　　　　　　彭　云（2009.3—2010.3）

　　　　　　李海明（2010.8—2012.10）

　　　　　　聂志坚（2010.8—2011.5）

　　　　　　韦立志（2010.8—2012.10）

　　　　　　王小宁（2010.8—2012.10）

2. 中油强林石化有限公司党委（2012.10—2018.12）

书　　　记　李海明（2012.10—2013.7）

　　　　　　吴　金（2013.7—2014.6）

　　　　　　朱　妩（2016.3—2016.12）

　　　　　　罗建伟（2016.12—2018.12）

委　　　员　李海明（2012.10—2013.7）

　　　　　　吴　金（2013.7—2014.6）

　　　　　　韦立志（2012.10—2014.6）

　　　　　　王小宁（2012.10—2014.6）

　　　　　　朱　妩（2016.3—2016.12）

　　　　　　杨先春（2016.3—2018.12）

　　　　　　孟碧军（2016.3—2016.11）

　　　　　　郑阁辉（2016.3—2018.12）

　　　　　　罗建伟（2016.12—2018.12）

　　　　　　胡登华（2016.12—2018.12）

　　　　　　赵立世（2016.12—2017.9）

　　　　　　李敬东（2017.9—2018.12）

（五）中油强林石化有限公司纪检组织领导（2009.3—2018.12）

1. 中油强林石化有限公司纪检审计监察组织（2009.4—2012.10）

纪 检 委 员　聂志坚（2010.8—2011.5）
　　　　　　　王小宁（2011.5—2012.10）

2. 中油强林石化有限公司纪委（2012.10—2018.12）

书　　　　记　王小宁（2012.10—2016.3）
　　　　　　　朱　妣（2016.3—2016.12）
　　　　　　　罗建伟（2016.12—2018.12）

（六）中油强林石化有限公司工会（2009.9—2018.12）

主　　　　席　王湘江（2009.3—2010.4）
　　　　　　　李　新（2010.4—2010.7）
　　　　　　　聂志坚（2010.7—2011.5）
　　　　　　　王小宁（2011.5—2016.3）
　　　　　　　朱　妣（2016.3—2016.12）
　　　　　　　罗建伟（2016.12—2018.12）
副 　主 　席　王亚静（2016.3—2018.6）

（七）中油强林石化有限公司团组织（2011.4—2018.12）

1. 中油强林石化有限公司团总支（2011.4—2012.11）

书　　　　记　王湘江（2009.3—2010.3）
　　　　　　　张俊璇（2010.3—2011.1）
　　　　　　　张丽明（2011.4—2012.11）

2. 中油强林石化有限公司团委（2012.11—2018.12）

书　　　　记　张丽明（2012.11—2016.3）
副 　书 　记　张高宁（2016.3—2017.8）
　　　　　　　金红梅（2017.8—2018.12）

二、大理州中青石化有限责任公司（2008.12—2018.12）

2009年3月，西南销售公司（云南销售公司）对大理州中青石化有限责任公司（以下简称大理中青公司）管理体制进行调整，大理中青公司与大理分公司实施合署办公，按"一套班子、两块牌子"经营管理模式进行统一管理。合署办公之前，中青公司机关设有党政办公室、业务部、财务部、安技部、加管部5个部室，机关编制定员35人，在册员工465人（含控股公司）。下设昆明明波分公司、丽江分公司、液化气分公司以及保山、德宏、临沧、迪庆等4家控股公司，资产型油库1座、资产型液化气库1座、全资加油站14座、控股加油站16座，公司机构规格为副处级。年底，大理中青公司在册员工169人。

2010年6月，大理中青公司丽江分公司整体租赁给中国石油云南丽江销售分公司属地管理，所辖加油站实物资产及人员全部进行划转。年底，大理中青公司在册员工162人。

2011年9月，经大理州工商行政管理局登记核准，大理中青公司股东变更为中国石油天然气股份有限公司和中国石油化工股份有限公司，其中中国石油持股75%，中国石化持股25%。大理中青公司在册员工155人。

2012年，中青公司丽江分公司、临沧分公司、临沧中青公司、德宏中青公司整体租赁后仍保留相应资质，保山中青公司和迪庆中青公司仍由大理中青公司管理。年底，大理中青公司在册员工134人。

2013年1月，迪庆中青公司将所属4座加油站在内的资产承包给云南销售公司统一管理，人员关系仍由迪庆中青公司管理，财务独立核算。4月，云南销售公司下发文件，自2013年5月1日起，将大理中青公司清华洞油（气）库业务、资产、人员、安全等委托仓储分公司管理。清华洞油（气）库人员人事关系不做调整，劳动合同仍与原单位签订。人员工资和"三费"由仓储分公司代发，工资总额、人工成本费用仍由大理中青公司承担。人员的党工团关系实行属地管理，统一参加仓储分公司组织的相关活动和安排。12月，大理州中青石化有限责任公司营业执照法定代表人由张永变更为闫继怀。年底，大理中青公司在册员工54人。

2014年8月，中国石油云南大理销售分公司、大理中青公司、大理中油能源有限责任公司合署办公，采取"一套班子、三块牌子"运作模式。实行合署办公后，其机关机构统一按照地市公司机关部门设置标准，设置业务运作部、质量安全工程部、财务部、综合管理部4个部门。实行合署办公后，其公司领导班子职数在公司类别对应的领导班子职数基础上调增1人。年底，大理中青公司在册员工49人。

2015年5月，云南销售公司采用2014年度"规模类指标""质量类指标"完成情况测算确定大理（中青、能源）公司属于三类公司，机构管理规格为副处级，机关职能部门分为业务运作部、综合管理部、质量安全工程部、财务部，2015年编制按44人执行（其中增加的4人用来解决合作方委派人员），新的地市公司类别有效期为2015年1月1日至12月31日。年底，大理中青公司在册员工50人。

2016年5月，云南销售公司采用2015年度"规模类指标""质量类指标"完成情况测算确定大理（中青、能源）公司属于三类公司，机构管理规格为副处级，机关职能部门分为业务运作部、综合管理部、质量安全工程部、财务部，2016年编制按44人执行（其中增加的4人用来解决合作方委派人员），新的地市公司类别有效期为2016年1月1日至12月31日。9月，大理州中青石化有限责任公司营业执照法定代表人由闫继怀变更为马黎。大理中青公司在册员工50人。

2017年7月，云南销售公司采用2016年度"规模类指标""质量类指标"完成情况测算确定大理（中青、能源）公司属于二类公司，机构管理规格为正处级，机关职能部门分为业务运作部、综合管理部、质量安全工程部、财务部，2017年编制按44人执行（其中增加的4人用来解决合作方委派人员），新的地市公司类别有效期为2017年1月1日至12月31日。年底，大理中青公司在册员工49人。

2018年5月，云南销售公司采用2017年度"规模类指标""质量类指标"完成情况测算确定大理（中青、能源）公司属于二类公司，机构管理规格为正处级，机关职能部门分为业务运作部、综合管理部、质量安全工程部、财务部，2018年编制按44人执行（其中增加的4人用来解决合作方委派人员），新的地市公司类别有效期为2018年1月1日至12月31日。

（一）大理州中青石化有限责任公司董事会（2008.12—2018.12）

董 事 长　张　永（2008.12—2009.3）
　　　　　闫继怀（2009.3—2015.9）
　　　　　马　黎（2015.10—2018.11）
　　　　　刘利荣（2018.11—2018.12）

董　　事　张　永（2008.12—2009.3）
　　　　　杨仕文（2008.12—2013.9）
　　　　　虞坚中（2008.12—2013.9）
　　　　　李晓奎（2008.12—2013.9）
　　　　　张占通（2008.12—2013.9）
　　　　　张正绕（2008.12—2013.9）
　　　　　赵存根（2008.12—2013.9）
　　　　　闫继怀（2009.3—2015.9）
　　　　　戴树华（2013.10—2014.6）
　　　　　张伟成（2013.10—2018.12）
　　　　　邹玉能（2013.10—2018.12）
　　　　　任家永（2013.10—2016.4）
　　　　　马　黎（2013.10—2018.11）
　　　　　钟　文（2013.10—2015.9）
　　　　　李敬东（2015.10—2016.1）
　　　　　韦立志（2015.10—2018.12）
　　　　　陈兴锁（2015.10—2018.12）
　　　　　王正华（2016.2—2018.12）
　　　　　聂　焱（2016.4—2018.12）
　　　　　刘利荣（2018.11—2018.12）

（二）大理州中青石化有限责任公司监事会（2008.12—2018.12）

主　　席　余卫泽（2008.12—2013.9）
　　　　　张　红（2013.10—2018.12）
监　　事　李建祥（2008.12—2013.9）
　　　　　张广泰（2008.12—2013.9）
　　　　　史咏梅（2013.10—2018.12）
　　　　　史　军（2013.10—2018.12）

（三）大理州中青石化有限责任公司领导（2008.12—2018.12）

总 经 理　李　新（兼任，2008.12—2009.3）
　　　　　闫继怀（兼任，2009.2—2011.5）
　　　　　马　黎（2011.6—2018.11）
　　　　　刘利荣（2018.11—2018.12）
副总经理　熊红志（2008.12—2010.8）
　　　　　张　鹏（2008.12—2010.8）
　　　　　谢淑海（2010.8—2011.5）
　　　　　王建华（2010.8—2011.10）
　　　　　李晓波（2010.8—2018.12）
　　　　　王正华（2016.2—2018.12）
财务总监　李殿益（2008.12—2010.2）
　　　　　王湘江（2010.3—2010.8）
　　　　　钟　文（2010.8—2015.9）
　　　　　韦立志（2015.10—2018.12）

（四）大理州中青石化有限责任公司党组织领导（2008.12—2018.12）

1. 大理州中青石化有限责任公司党总支

书　　记　李　新（兼任，2008.12—2009.3）
　　　　　汪长波（2009.3—2010.7）
　　　　　谢淑海（2010.8—2011.5）

2. 大理州中青石化有限责任公司党委

书　　记　李敬东（2012.10—2016.2）
　　　　　王正华（2016.2—2018.12）
副 书 记　闫继怀（2009.2—2011.5）
　　　　　马　黎（2011.5—2018.11）

　　　　　　　刘利荣（2018.11—2018.12）
临时负责人　李敬东（2011.5—2012.10）
委　　　员　熊红志（2008.12—2010.8）
　　　　　　　张　鹏（2008.12—2010.8）
　　　　　　　李殿益（2009.1—2010.2）
　　　　　　　闫继怀（2009.2—2011.5）
　　　　　　　王湘江（2010.3—2010.7）
　　　　　　　王建华（2010.8—2011.10）
　　　　　　　钟　文（2010.8—2015.9）
　　　　　　　李晓波（2010.8—2018.12）
　　　　　　　李敬东（2011.5—2016.2）
　　　　　　　马　黎（2011.5—2018.11）
　　　　　　　韦立志（2015.10—2018.12）
　　　　　　　王正华（2016.2—2018.12）
　　　　　　　刘利荣（2018.11—2018.12）

（五）大理州中青石化有限责任公司工会（2008.12—2018.12）

主　　　席　熊红志（2008.12—2009.3）
　　　　　　　李殿益（2009.3—2010.2）
　　　　　　　汪长波（2010.4—2010.8）
　　　　　　　谢淑海（2010.8—2011.5）
　　　　　　　李敬东（2011.5—2016.2）
　　　　　　　王正华（2016.2—2018.12）

三、云南中油云岭石油有限责任公司（2011.11—2018.12）

　　云南中油云岭石油有限责任公司（以下简称中油云岭公司）是中国石油天然气股份有限公司与云南省公路开发投资有限责任公司合资组建的股份制企业。中油云岭公司由股份公司授权云南销售公司托管。

　　2010年9月，为快速推进网络开发工作，云南销售公司与云南省公路开发投资公司决定成立合作事宜筹备工作组（临时性协调机构）。李彦龙任筹备组组长，聂志坚、倪增华任副组长。筹备组下设办公室，办公室设在企管处。

　　2011年5月，股份公司同意云南销售公司与云南省公路开发投资有限责任公司合资成立中油云岭公司。11月，中油云岭公司首届股东会、董事会、监事会在震庄宾馆召开。股东会推荐由李彦龙、杨志勇、彭国强、任家永、保全华组成首届董事会，推荐由赵志远、史咏梅组成首届监事会。董事会选举李彦龙为首届董事会董事长，监事会选举赵志远为首届监事会主席。12月，中油云岭公司在云南省昆明市官渡区工商行政管理局登记注册成立，注册资本玖仟捌佰万元人民币。办公地点设在云南省昆明市官渡区民航路400号云南城投大厦A座5楼。

中油云岭公司由股份公司授权云南销售公司托管，按正处级单位进行管理，主要承担着全省高速公路道路沥青供应及加油（气）站（服务区）的开发、建设和经营管理工作。

2012年4月，中油云岭公司组建综合办公室、财务资产部、网络开发部3个部门。随后根据业务开展及发展需要，加以调整完善。年底，中油云岭公司在册员工13人，党员11人。

2013年2月，中油云岭公司增设工程建设管理部，调整网络开发部为网络开发与安全环保部。11月，增设业务运作部。同月，经云南销售公司党委决定成立中油云岭公司党委，下设机关党支部、综合办公室党支部、财务资产部党支部、网络开发与安全环保部党支部及工程建设管理部党支部。同月，云南销售公司工会决定成立中油云岭公司工会，云南销售公司团委决定成立中油云岭公司团委。年底，中油云岭公司在册员工20人，所属党总支1个，党支部4个，党员17人。

2014年3月，云南销售公司决定按照"四部一中心"组织机构运作模式对中油云岭公司机关组织架构进行调整优化，将综合办公室更名为综合管理部，网络开发与安全环保部、工程建设管理部整合为质量安全工程部，财务资产部调整为财务部，业务运作部机构不做调整，机关人员编制不做调整。年底，中油云岭公司在册员工18人，下属党总支1个，党支部4个，党员16名。

2015年，中油云岭公司在册员工17人，下属党总支1个，党支部4个，党员15名。

2016年10月，云南销售公司党委根据中油云岭公司业务发展和党员队伍现状，调整中油云岭公司党组织设置，撤销中共中油云岭公司委员会，成立中共中油云岭公司支部委员会，党组织关系纳入直属机关党委管理。年底，中油云岭公司在册员工16人，党支部1个，党员14名。

2017年12月，中油云岭公司召开股东会、董事会会议。股东会同意云南省公路开发投资有限责任公司（已更名为云南省交通投资建设集团有限公司）将持有的中油云岭公司49%股权无偿划转给云南交投集团经营开发有限公司。年底，中油云岭公司在册员工14人，党支部1个，党员12名。

截至2018年12月，中油云岭公司领导班子5人（董事长为兼任，财务副总监系代管），在编员工12人，党员11人。设置四部一室（业务运行部、质量安全工程部、财务部和综合管理部），在营服务区（加油站）4座。

（一）云南中油云岭石油有限责任公司董事会（2011.11—2018.12）

董 事 长　李彦龙（2011.11—2014.8）
　　　　　伍　岩（2014.8—2016.9）
　　　　　王少林（2016.10—2018.12）
　　　　　唐衍尘（2018.11—2018.12）

副董事长　杨志勇（2011.8—2018.4）
董　　事　杨志勇（2011.8—2018.4）
　　　　　李彦龙（2011.11—2014.8）
　　　　　彭国强（2011.11—2012.10）
　　　　　任家永（2011.11—2016.3）
　　　　　保全华（2011.11—2018.4）
　　　　　曹靖国（2013.6—2016.2）
　　　　　伍　岩（2014.8—2016.9）
　　　　　胡登华（2016.3—2016.12）
　　　　　聂　焱（2016.4—2018.12）
　　　　　王少林（2016.10—2018.12）
　　　　　朱　妣（2017.1—2018.12）
　　　　　孙　健（2018.5—2018.12）
　　　　　夏国红（2018.5—2018.12）
　　　　　唐衍尘（2018.11—2018.12）

（二）云南中油云岭石油有限责任公司监事会（2011.11—2018.12）
主　　席　赵志远（2011.11—2013.7）
　　　　　李晶哲（2013.7—2018.4）
　　　　　曹爱娟（2018.5—2018.12）
监　　事　史咏梅（2011.11—2018.12）
　　　　　裴　兵（2018.6—2018.12）

（三）云南中油云岭石油有限责任公司领导（2011.11—2018.12）
总　经　理　杨志勇（2011.11—2018.5）
　　　　　　夏国红（2018.5—2018.12）
副总经理　　彭国强（2011.11—2012.10）
　　　　　　曹靖国（2013.6—2016.2）
　　　　　　张德华（2017.2—2018.12）
　　　　　　孙　健（2018.5—2018.12）
财务总监　　张德华（2011.11—2017.1）
　　　　　　周　琳（2018.10—2018.11）
　　　　　　高亚文（2018.11—2018.12）
安全总监　　张德华（2012.11—2013.10）

　　　　　　　曹靖国（2013.10—2016.2）

　　　　　　　张德华（2017.4—2018.12）

财务副总监　周　琳（2017.2—2018.9）

经 理 助 理　朱　彬（2012.4—2015.7）

经 理 助 理　裴　兵（2018.10—2018.12）

（四）云南中油云岭石油有限责任公司党组织领导（2013.11—2018.12）

1. 云南中油云岭石油有限责任公司党委（2013.11—2016.10）

党委书记　　李彦龙（2013.11—2014.8）

　　　　　　伍　岩（2014.8—2016.9）

委　　员　　李彦龙（2013.11—2014.8）

　　　　　　杨志勇（2013.11—2016.10）

　　　　　　张德华（2013.11—2016.10）

　　　　　　曹靖国（2013.11—2016.2）

　　　　　　伍　岩（2014.8—2016.9）

2. 云南中油云岭石油有限责任公司党支部（2016.10—2018.12）

书　　记　　王少林（2016.10—2018.11）

（五）云南中油云岭石油有限责任公司工会（2013.11—2018.12）

工 会 主 席　李彦龙（2013.11—2014.8）

　　　　　　伍　岩（2014.8—2016.9）

　　　　　　王少林（2016.10—2018.11）

副 主 席　　汪帮红（2013.11—2014.6）

　　　　　　周　琳（2017.3—2018.12）

（六）云南中油云岭石油有限责任公司团组织（2013.11—2018.12）

书　　记　　刘　穗（2013.11—2018.12）

四、云投中油油品销售有限公司（2012.5—2018.12）

　　云投中油油品销售有限公司（以下简称云投中油公司）是中国石油天然气股份有限公司与云南省投资控股集团有限公司（以下简称云投集团公司）合资组建的股份制企业，中国石油持股40%。

　　2011年5月，为快速推进网络开发和销售业务发展，云南销售公司决定与云南省投资控股集团有限公司成立合资公司筹备组。吴跃庆任筹备组组长，筹备组下设办公室，办公室设在营销处。

12月，股份公司同意云南销售公司与云南省投资控股集团有限公司合资成立云南云投中油油品销售有限公司。

2012年5月，云投中油公司首届股东会、董事会、监事会在云投集团公司召开。股东会选举产生首届董事会董事、董事长、监事会主席。同月，云投中油公司组建综合办公室、财务部、业务部、实业部4个部门，领导职数4人，部门负责人4人。7月，云投中油公司在昆明市经济技术开发区工商行政管理局登记注册成立，注册资本7000万元人民币，办公地点在昆明市官渡区春城路62号证券大厦7楼。年底，云投中油公司在册员工7人。

2013年，云投中油公司为更好地开展业务工作，取消实业部，组织架构调整为3个部门，综合办公室、财务管理部、业务部。年底，云投中油公司在册员工16人。

2014—2018年，云投中油公司平均在册员工14人。

（一）云投中油油品销售有限公司董事会（2012.5—2018.12）

董 事 长　苏绍良（2012.5—2014.6）
副董事长　徐光磊（2012.5—2012.10）
　　　　　武宜彬（2012.10—2013.7）
　　　　　胡登华（2013.7—2016.3）
　　　　　曹靖国（2016.3—2018.12）
董　　事　苏绍良（2012.5—2014.6）
　　　　　徐光磊（2012.5—2012.10）
　　　　　任家永（2012.5—2016.3）
　　　　　刘晨雨（2012.5—2018.12）
　　　　　沈新祥（2012.5—2018.12）
　　　　　武宜彬（2012.10—2013.7）
　　　　　胡登华（2013.7—2016.3）
　　　　　曹靖国（2016.3—2018.12）
　　　　　聂　焱（2016.3—2018.12）

（二）云投中油油品销售有限公司监事会（2012.5—2018.12）

主　　席　史咏梅（2012.5—2018.12）
监　　事　段海波（2012.5—2018.12）

（三）云投中油油品销售有限公司领导（2012.5—2018.12）

总 经 理　徐光磊（2012.5—2012.10）
　　　　　武宜彬（2012.10—2013.7）

　　　　　　胡登华（2013.7—2016.3）

　　　　　　曹靖国（2016.3—2018.12）

　　副总经理　张　杰（2012.11—2018.12）

　　财务总监　沈新祥（2012.5—2013.8）

　　　　　　杨红梅（2013.8—2018.12）

五、大理中油能源有限责任公司（2011.9—2018.12）

2010年6月，为贯彻落实云南省政府与中国石油天然气集团公司签订的战略合作框架协议精神，大理州人民政府与中国石油云南销售公司在"昆交会"上签订《合作框架协议》，约定由大理州人民政府和中国石油共同出资在大理州注册成立合资公司，合作经营汽车加油、加气等业务。

2011年10月，大理中油能源有限责任公司（以下简称中油能源公司）在大理州工商局注册成立。在册员工3人。运营加油站0座。中油能源公司成立初期，实行与大理（中青）公司合署办公，"三家公司，一套机构"的运作模式。

2012年8月，大理中油能源公司机关暂设综合办公室、网络建设工程部和财务部3个部门，人员编制暂定16人，其中公司领导5人、部门领导职数6人。9月，大理中油能源公司正式独立运行。同期成立综合办公室、财务部、网络建设工程部3个部门。中油能源公司在册员工5人。

2013年，大理中油能源公司在册员工24人。

2014年8月，中国石油云南大理销售分公司、大理中青公司、大理中油能源公司合署办公，采取"一套班子、三块牌子"的运作模式。实行合署办公后，其机关机构统一按照地市公司机关部门设置标准，设置业务运作部、质量安全工程部、财务部、综合管理部4个部门。实行合署办公后，公司领导班子职数在公司类别对应的领导班子职数基础上调增1人。大理中油能源公司在册员工25人。

2015年5月，云南销售公司确定大理（中青、能源）公司属于三类公司，机构管理规格为副处级，机关职能部门分为业务运作部、综合管理部、质量安全工程部、财务部，2015年编制按44人执行（其中增加的4人用来解决合作方委派人员），新的地市公司类别有效期为2015年1月1日至12月31日。大理中油能源公司在册员工26人。

2016年1月，大理中油能源有限责任公司营业执照法定代表人由闫继怀变更为马黎。

5月，云南销售公司确定大理（中青、能源）公司属于三类公司，机构管理规格为副处级，机关职能部门分为业务运作部、综合管理部、质量安全工程部、财务部，2016年编制按44人执行（其中增加的4人用来解决合作方委派人员），新的地市公司类别有效期为2016年1月1日至12月31日。大理中油能源公司在册员工29人。

2017年7月，云南销售公司确定大理（中青、能源）公司属于二类公司，机构管理规格为正处级，机关职能部门分为业务运作部、综合管理部、质量安全工程部、财务部，2017年编制按44人执行（其中增加的4人用来解决合作方委派人员），新的地市公司类别有效期为2017年1月1日至12月31日。大理中油能源公司在册员工29人。

2018年5月，云南销售公司确定大理（中青、能源）公司属于二类公司，机构管理规格为正处级，机关职能部门分为业务运作部、综合管理部、质量安全工程部、财务部，2018年编制按44人执行（其中增加的4人用来解决合作方委派人员），新的地市公司类别有效期为2018年1月1日至12月31日。

（一）大理中油能源公司董事会（2011.9—2018.12）

董 事 长　闫继怀（2011.9—2015.9）
　　　　　马　黎（2015.10—2018.11）
　　　　　刘利荣（2018.11—2018.12）
副董事长　崔兆春（2011.9—2018.12）
董　　事　闫继怀（2011.9—2015.9）
　　　　　任家永（2011.9—2016.4）
　　　　　马　黎（2011.9—2012.12；2014.9—2018.12）
　　　　　崔兆春（2011.9—2018.12）
　　　　　李敬东（2011.9—2016.1）
　　　　　陈榆杰（2011.9—2018.12）
　　　　　熊红志（2012.12—2014.8）
　　　　　王正华（2016.2—2018.12）
　　　　　聂　焱（2016.4—2018.12）
　　　　　刘利荣（2018.11—2018.12）

（二）大理中油能源公司监事会（2011.9—2018.12）

主　　席　孙光泽（2011.9—2015.10）
　　　　　张春涛（2015.11—2018.12）
监　　事　黄　瓒（2011.9—2015.10）
　　　　　杨　健（2015.10—2018.12）
　　　　　段志妮（2015.10—2018.12）

（三）大理中油能源公司领导（2011.9—2018.12）

总 经 理　马　黎（2011.9—2012.12；2014.9—2018.11）
　　　　　熊红志（2012.12—2014.8）
　　　　　刘利荣（2018.11—2018.12）

副 经 理　施　鸿（2011.10—2018.12）
　　　　　李敬东（2011.10—2014.8）
　　　　　李晓波（2014.9—2018.12）
财务总监　钟　文（2011.10—2015.9）
　　　　　韦立志（2015.10—2018.12）
安全总监　施　鸿（2013.5—2016.4）
　　　　　王正华（2016.5—2018.12）

六、云路中油石油有限责任公司（2013.1—2016.8）

云路中油石油有限责任公司（以下简称云路中油公司）是中国石油天然气股份有限公司与云南省公路局（云南云路沥青油料经销公司）合资组建的股份制企业，中国石油天然气股份有限公司持股51%，云南云路沥青油料经销公司持股49%，云路中油公司由股份公司授权云南销售公司托管。

2011年5月，为快速推进网络开发和销售业务发展，云南销售公司与云南省公路局（云路油料储备中心）成立合资公司筹备组。李月平任筹备组组长，臧国云任副组长。筹备组下设办公室，办公室设在投资处。

2012年8月，股份公司同意云南销售公司实施组建云南中油云路石油有限责任公司项目。

2013年1月，云路中油公司首届股东会、董事会、监事会在云路中油公司召开。股东会选举产生首届董事会董事、董事长、监事会主席。云路中油公司组建综合办公室、财务资产部、综合业务部、网络建设工程部4个部门，领导职数5人，部门负责人6人。年底，云路中油公司在册员工10人（不含股东方委派人员），所属党支部1个，党员7人。

2月，云路中油公司在云南省昆明市经济技术开发区工商行政管理局登记注册成立，注册资本玖仟捌佰万元人民币。办公地点在昆明市官渡区拓东路270号昆铁得胜大厦A座11楼。

2014年3月，云南销售公司决定按照"四部一中心"组织机构运作模式对云路中油公司机关组织架构进行调整优化，综合办公室更名为综合管理部，综合业务部更名为业务运作部，网络建设工程部调整为质量安全工程部，财务部机构不做调整。机关人员编制不做调整。

2015年12月，公司开始清算云南云路中油石油有限责任公司。

2016年8月，公司注销云路中油石油有限责任公司。

（一）云路中油石油有限责任公司董事会（2013.1—2016.3）

董 事 长　张书明（2013.1—2014.8）
　　　　　曹靖国（2014.8—2016.3）
副董事长　许伟东（2013.1—2016.3）

董　　事　张书明（2013.1—2014.8）
　　　　　许伟东（2013.1—2016.3）
　　　　　巴福生（2013.1—2016.3）
　　　　　任家永（2013.1—2016.3）
　　　　　臧国云（2013.1—2016.3）
　　　　　曹靖国（2014.8—2016.3）

（二）云路中油石油有限责任公司监事会（2013.1—2016.3）

主　　席　段玉青（2013.1—2016.3）
监　　事　黄　瓒（2013.1—2013.3）

（三）云路中油石油有限责任公司领导（2013.1—2016.3）

总 经 理　许伟东（2013.1—2014.6）
副总经理　汤玉波（2013.1—2016.3）
　　　　　娄　毅（2013.1—2016.3）
总会计师　臧国云（2013.1—2016.3）
安全总监　汤玉波（2013.3—2016.3）

七、云南中油云翔石油有限公司（2013.10—2018.12）

云南中油云翔石油有限公司（以下简称中油云翔公司）是中国石油天然气股份有限公司与云南物流产业集团有限公司合资组建的股份制企业，中国石油天然气股份有限公司持股51%，云南物流产业集团有限公司持股49%，中油云翔公司由股份公司授权云南销售公司托管。

2013年8月，股份公司同意云南销售公司实施组建云南中油物流石油有限公司项目。10月，中油云翔公司首届股东会、董事会、监事会在昆明召开。股东会选举产生首届董事会董事、董事长、监事会主席。

11月，中油云翔公司在云南省工商行政管理局登记注册成立，注册资本贰仟万元人民币，办公地点在昆明市青年路389号志远大厦26楼。机关设综合办公室、财务部、综合业务部、质量安全工程部4个部门。中油云翔公司在册员工16人，共有党员9名。

2014年1月，中油云翔公司成立机关党支部。3月，云南销售公司决定按照"四部一中心"组织机构运作模式对中油云翔公司机关组织架构进行调整优化，将综合办公室更名为综合管理部，综合业务部更名为业务运作部，质量安全工程部、财务部机构不做调整，机关人员编制不做调整。年底，中油云翔公司在册员工16人，共有党员10名。

2015年，中油云翔公司在册员工14人，共有党员10名。

2016年3月,中油云翔公司首届股东会第二次会议在昆明市召开。根据工作岗位变动的实际,会议决定由王小宁担任公司董事,朱维全不再担任公司董事,公司其他董事不作调整。5月,中油云翔公司股东会在昆明市召开。根据工作岗位变动的实际,会议决定由聂焱担任公司董事,任家永不再担任公司董事,公司其他董事不作调整。中油云翔公司在册员工14人,共有党员10名。

2017年,中油云翔公司在册员工13人,共有党员9名。

2018年,中油云翔公司在册员工10人,共有党员9名。

(一)云南中油云翔石油有限责任公司董事会(2013.10—2018.12)

董 事 长　王少林(2013.10—2018.11)
　　　　　张　平(2018.11—2018.12)
董　　事　王少林(2013.10—2018.11)
　　　　　任家永(2013.10—2016.4)
　　　　　朱维全(2013.10—2016.4)
　　　　　刘　宁(2013.10—2018.12)
　　　　　符开胜(2013.10—2018.12)
　　　　　聂　焱(2016.4—2018.12)
　　　　　王小宁(2016.4—2018.11)
　　　　　张　平(2018.11—2018.12)

(二)云南中油云翔石油有限责任公司监事会(2013.10—2018.12)

主　　席　申晟川(2013.10—2018.12)
监　　事　史咏梅(2013.10—2018.12)
　　　　　李　洋(2013.10—2018.12)

(三)云南中油云翔石油有限责任公司领导(2013.10—2018.12)

总 经 理　张炳宏(2013.10—2015.6)
副总经理　朱维全(2013.10—2016.3)
　　　　　古　斌(2013.10—2015.6)
　　　　　王小宁(2016.4—2018.12)
财务总监　周　琳(2013.10—2018.11)
　　　　　高亚文(2018.11—2018.12)

八、云南中油北汽瑞丽有限责任公司（2016.4—2018.12）

2015年4月，云南销售公司与北汽云南瑞丽汽车有限公司（以下简称北汽瑞丽公司）签订《战略合作框架协议》，协议约定双方组建合资公司共同负责在北汽瑞丽公司现有及规划新建厂区、园区土地上共同开发建设加油站，并在公司现有或新建加油站建设2S、3S整车销售店现场服务。8月，为充分调动和利用各种社会资源，完善公司销售网络、拓展销售渠道、扩大销售规模，公司决定成立公司与北汽云南瑞丽汽车有限公司合资合作领导小组及推进工作组（为临时性协调机构）。领导小组下设推进工作组，推进工作组设在市场营销处。主要工作职责：负责合资合作工作的顶层设计、整体安排和重大事项决策；负责研究确定营销策略，研究解决项目推进过程中出现的重大问题，有效推进项目落地等；负责协调、推进合资合作的具体事宜，统筹协调和处理合资合作过程中出现的各类问题；负责编制合资公司可行性研究报告、资产评估报告等材料，并上报上级部门审批；负责加油站建设项目审批，力争在年底前投运；负责办理合资公司成立前的各项手续及筹备工作；负责3S店建设标准、运营模式、服务功能、网点分布，以及站外店建设等；负责北汽云南瑞丽汽车有限公司生产经营所需成品油、润滑油、化工等产品销售模式的建立；负责处理合资合作其他未尽事宜等。

2016年4月，为进一步完善公司销售网络布局，扩大市场占有率，提高非油销售能力，保障云南炼厂后路畅通，云南销售公司同意与北汽云南瑞丽汽车有限公司组建合资公司，并成立相关专项工作推进小组。新设合资公司注册资本1800万元，其中中国石油天然气股份有限公司现金出资918万元，占注册资本51%，控股管理；北汽瑞丽公司现金出资882万元，占注册资本49%，参股管理。新设合资公司名称为"云南中油北汽瑞丽有限责任公司"，负责开发北汽瑞丽公司及下属单位新开发厂区的用油市场和周边社会市场，先期开发中油道达加油站。

（一）云南中油北汽瑞丽有限责任公司董事会（2016.4—2018.12）

董　事　长　魏秋冬（2016.10—2018.12）
董　　　事　魏秋冬（2016.10—2018.12）
　　　　　　沈建雄（2016.10—2018.12）
　　　　　　聂　焱（2016.10—2018.12）
　　　　　　石爱武（2016.10—2017.5）
　　　　　　王志勇（2017.5—2018.12）

（二）云南中油北汽瑞丽有限责任公司监事会（2016.4—2018.12）

监　　　事　史咏梅（2016.10—2018.12）

（三）云南中油北汽瑞丽有限责任公司领导（2016.4—2018.12）

常务副总经理　石爱武（2016.10—2017.5）

　　　　　　　王志勇（2017.5—2018.12）
副总经理　罗真勇（2018.1—2018.12）
财务总监　周　琳（2016.10—2018.11）
　　　　　　　高亚文（2018.11—2018.12）

第二篇

网络开发建设

20年来，公司始终把网络开发建设作为"生命工程"，坚持网络开发数量与质量并重，持续扩大和优化销售网络布局，网络规模保持快速发展。1999—2008年，西南销售公司按照集团公司"规范区内、开拓区外"的战略部署，在滇、黔、桂三省区通过收购、合资等形式，积极拼抢滇、黔、桂三省区零售网络，奠定公司持续健康发展的基石。截至2008年，公司在滇、黔、桂三省区拥有791座资产型加油站、23座油库。城区、高速公路加油站比例，3000吨以上加油站比例，加油站综合达销率在销售系统居于前列。2009—2018年，云南销售公司按照"有质量、有效益、可持续"的发展思路，坚定"借力大项目、开发大市场、建设大网络、实现大发展"方针不动摇，在集团公司、股份公司与云南省政府、昆明市政府签订战略合作协议的基础上，抓住中缅油气管道、云南炼厂两大项目建设历史机遇，紧盯战略协议落地，推进集团项目，突出油库周边，插点高速公路，填补空白县区，网络规模进一步扩大。2018年以来，公司将网络开发列为"三大攻坚战"之一，持续加大加油站零售网络开发建设力度，实现网络的有效扩张。截

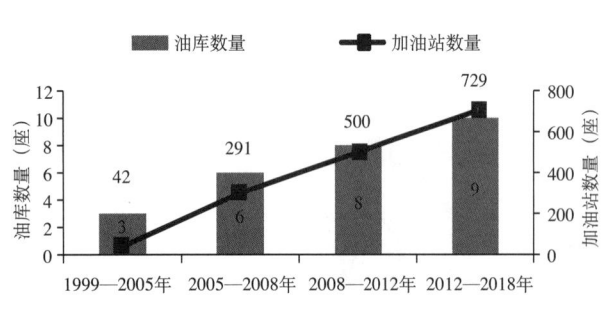

图2-1　1999—2018年云南市场加油站网络发展情况

至2018年底，公司在云南省拥有在营加油站729座，油库9座（见图2-1），库站网络覆盖全省16个州市，为公司高质量稳健发展奠定坚实基础。

公司工程建设始终坚持制度化、规范化、标准化、程序化运作，把制度、标准建设作为工程建设管理基石，修订《工程建设管理办法》等管理制度，按照各项管理制度组织开展工程建设管理工作，有效促进了工程建设管理工作水平的持续提升。在油库建设方面，2009年，公司自建昆明（秧田冲）、曲靖（松林）油库，采用"业主+监理+E+P+C"模式，设计、采购、施工独立运行。2014年，在成品油管道工程配套油库项目蒙自、玉溪、保山、清华洞（扩建）油库建设时，采用"业主+监理+E+PC"模式，采购、施工由总承包单位负责，油库建设管理模式结合实际不断完善；昆明（秧田冲）、曲靖（松林）、蒙自、玉溪、保山、清华洞（扩建）油库项目均顺利建成投运。在加油站建设方面，严格执行既有制度、标准、规范，开展工程管理模式创新。2010年，在文山莲城加油站首次采用车道下承重防渗罐池结构，尝试"立体化节约用地"。2011年，在腾冲中盛加油站采用膜结构罩棚，实现城市社区狭小场地低成本建站目标。2014年，在昆明白云加油站采用拉森钢板桩支护工艺，为在狭窄空间、流沙层、软地基、易塌方等复杂地质状况下罐区开挖提供新方法。2015年，在昆明西福路加油站，室外地坪采用金刚砂硬化技术，增加地坪硬度，延长使用寿命，防止在使用过程中起灰扬土，保持站内卫生。2016年，在昆明观音山加油站采用"凤凰系统"进行油罐内衬施工，为加油站油罐防渗改造提供新工艺。2017年，在大理富海加油站采用蝴蝶型罩棚，在中国石油建设标准基础上结合地域文化特色，实现在标准基础上的有效创新。

伴随着网络开发建设发展，公司投资计划管理、造价管理、后评价管理等基础管理工作不断规范。在投资计划管理方面，1999—2008年，投资计划管理范围涉及滇、黔、桂三省区，投资计

划制度、管理模式等开始形成并逐步系统化、规范化。2009年以来，随着公司销售网络快速发展，投资管理权限逐步增大，投资计划在项目数、计划总额、完成额等方面逐步增大，计划管理逐步细化、加强，信息化水平逐步提高。2012年，公司实施"四项资金一本账"管理，将库站开发建设及改造、维修项目等所涉及资金统一进行管理，计划管理涵盖面更加全面，改造项目统筹性显著增强。2016—2018年，加油站防渗改造工作启动，"油卡非润"改造计划进行统筹考虑。销售公司下放四类项目投资计划的管理权限，计划管理工作踏上新的工作起点。

在造价管理方面，始终注重投资回报和投资控制，从零起步，逐步实现专业化管理。尤其是在网络快速发展时期，造价管理在投资审核、控制预算等方面的作用更加突出。2009年，公司设置造价管理岗位，由具有造价资质人员专职负责项目造价控制，进一步推进造价管理的专业化。2013年，公司正式成立造价管理中心，负责项目估算、概算审核、拦标价编制以及项目结算管理。造价管理中心自成立以来，充分发挥造价管理和控制的作用，有效控制投资，截至2018年造价节约率均在5%以上。

在后评价管理方面，公司认真落实集团公司后评价管理目标和要求，率先在销售企业中开展项目后评价工作，并在处室设置后评价管理岗，制定公司后评价管理制度。通过专人专岗，发挥后评价"回头看"作用，用后评价结论更好地指导项目前期工作的开展，使公司网络开发等投资项目管理与决策更科学、更合规、更优质。

公司成立以来，公司及投资工程专业线多次获上级公司表彰，先后获集团公司"十三五"规划工作先进单位，销售公司"销售网络开发先进单位""投资与工程工作先进单位"，获股份公司"网络开发先进团队""工程建设优秀团队"等荣誉。

第一章 网络发展历程

公司进入滇、黔、桂三省区市场初期，在抢网络、夺市场的起步创业阶段，紧紧围绕"做大网络、做强零售"的目标，积极抢滩布点，经历从小到大、由弱变强的发展历程。西南销售公司按照"建设与西部资源相匹配的销售网络"的指导思想，通过参股贵州大成石化公司，控股南宁繁华地段12座加油站，尤其是以收购云南英茂、强林石化为标志，成功通过资本、股权运作等方式，在短期内迅速建立起西南市场零售网络，确立公司在西南市场的地位。2009年，云南销售公司独立运行以来，抓住中缅油气管道、昆明炼厂两大项目建设历史机遇，紧盯"建成与昆明炼厂产能相匹配的终端网络"目标，坚定"借力大项目、开发大市场、建设大网络、实现大发展"方针不动摇，推动《战略合作协议》落地。油库建设在租赁的基础上，自建昆明（秧田冲）、曲靖（松林）、保山、蒙自、玉溪5座油库和清华洞（扩建）油库项目，进一步完善油库布局，增强仓储能力。加油站开发通过收购、租赁、自征自建、合资合作等方式，迅速扩大网络规模，优化网络布局。2018年，公司将网络开发列为"三大攻坚战"之一，将"开放、合作、共享"作为公司网建发展方针，紧紧围绕"十三五"末实现900座运营加油站的目标，对云南区域市场进行细分，抢占高速公路、旅游景区、城市中心等高效市场。截至2018年底，在营加油站数量增加到729座，油库9座，为公司持续健康发展奠定坚实基础。

第一节 油库发展

1999—2000年，西南销售公司从云南英茂石化有限公司收购浑水塘油库、南华油库，从楚雄雄海石油化工有限公司收购楚雄油库；控股大屯油库、安宁油库，参股昆阳油库。浑水塘油库、南华油库、楚雄油库为全资库；大屯油库、安宁油库（见图2-2）、昆阳油库为参控股油库。2002年，公司所属广西分公司油库布局得到新发展，河池油库（控股）正式投运，库容

图2-2 安宁油库

0.95万立方米，标志着中国石油在广西无油库的历史正式结束。

是年，投资3410万元的成都102油库改扩建工程项目顺利投运，库容由1.7万立方米增加至3.7万立方米，增强中转调节功能，为各单位资源优化配置发挥积极作用。10月，102油库分输站开始输入第一批柴油，标志着公司辖区成品油供应受入川瓶颈制约的状况得以大幅缓解。同时，102油库第一批油品装车出库，发往云南，开始发挥中转油库的中转调节功能。

2003年10月，公司所属贵州分公司遵义油库建设项目正式破土动工建设，标志着贵州分公司油库建设的开始。

2004年，公司控股清华洞油库（见图2-3），与昆明铁路局签订《曲靖、宣威油库、加油站合作经营协议书》，合作经营的油库和加油站于10月先后开业，结束中国石油在滇西、滇东北地区无油库的历史。

图2-3　清华洞油库

是年，公司网络建设持续发展，贵州分公司贵阳油库概算获准批复，进入施工图设计和招标阶段，六盘水油库进入可行性研究阶段；广西分公司柳州油库完成初步设计评审，玉林、桂林、百色油库进入可行性研究阶段。

2005年，广西百色油库、柳州油库举行开工仪式；公司在贵州省第一座自有油库——遵义油库正式投运，结束中国石油在贵州无油库的历史。公司拥有资产型油库13座，总库容23.24万立方米。

2006年，公司取得广西玉林油库可行性研究批复，油库建设规模2万立方米，项目建设投资控制在3978万元以内。建成并投运柳州油库，百色油库通过销售公司立项评审；收购并扩建兴义油库项目通过销售公司初审；铜仁、六盘水、蒙自、丽江等油库项目前期工作取得新进展。

是年，贵州贵阳油库动工建设（见图2-4），油库北距贵阳市约12千米，西距黔贵铁路改貌站300米，占地面积约62亩，总库容2.2万立方米。其中柴油1.2万立方米，汽油1万立方米（2009年5月竣工投运）。

2007年，因云南省新建昆明长水国际机场，浑水塘油库按规划要求停业拆迁。同年，百色油库开工建设，柳江油库乙醇汽油调配中心项目达到使用条件。昆明、铜仁、兴义、丽江等油库项目前期工作有序推进。

图2-4　贵阳油库

2008年1月，云南省发改委下发《关于加快开展新规划油库项目前期工作的通知》，要求公司抓紧做好昆明等7座油库项目的可行性研究。同时，开展土地预审、环评、水土保持等相关专题研究工作，取得国土、水利和环保等部门有关意见。

是年，公司进一步加快油库开发建设步伐。按照"总体规划、分步实施"要求，明确短中期发展目标，制定库站技术改造具体措施，确定昆明、屯里、曲靖等重点油库项目建设，倒排时间进度，责任落实到人，建立奖惩机制，确保重大工程、重点项目全力推进。贵阳油库竣工并组织验收，玉林、百色油库主体工程完工，兴义、铜仁油库通过销售公司可行性研究评审，昆明、南宁油库完成可行性研究。

2009年，为进一步加大油库开发建设力度，公司成立油库项目开发建设工作组，按油库建设规划，油库项目开发建设工作组下设7个项目经理部，由辖区公司负责人兼任各项目经理部经理，负责组建项目经理部。同年，公司按照昆明（秧田冲）油库施工进度安排以及昆明市委、市政府对招商引资工作部署和要求，加快昆明（秧田冲）油库项目推进速度，于10月举行昆明（秧田冲）油库项目开工奠基仪式。

2010年4月，为尽快建成与中国石油南方战略相匹配的集散、分销库及管道网络，公司成立丽江、保山两个油库项目经理部。11月，为进一步加强成品油管道、油库、加油站工程项目建设工作，发挥专业管理优势，公司在工程建设管理办公室设成品油管道、油库、加油站3个项目建设经理部，并在新上油库项目的昭通、保山、丽江、文山、红河、楚雄、大理（中青）等单位设立油库项目部。

是年，公司油库建设有序推进，昆明（秧田冲）、曲靖（松林）油库主体工程完工，油库铁路专用线建设取得进展；7座新建油库（蒙自、玉溪、丽江、昭通、普洱、保山、曲靖）、2座扩建油库（昆明秧田冲、清华洞）项目取得云南省商务厅核准，"两干四支"（安宁—楚雄—大理—保山、安宁—昆明—玉溪—蒙自、昆明—曲靖—昭通、安宁—楚雄—攀枝花、玉溪—普洱、大理—丽江）6条成品油管道项目取得云南省发改委预核准。

2011—2013年，公司所属油库、管道等项目前期工作及施工建设有序推进。2012年，昆明（秧田冲）油库顺利投运，清华洞（扩建）油库等6座管道配套油库完成可行性研究上报，三条成品油管道干线工程完成核准工作，各项报建、评审、土地征用工作有序推进。2013年9月，曲靖（松林）油库顺利接卸第一批柴油，标志着曲靖（松林）油库正式投入运行，进一步增强滇东北、滇东南地区油库配送能力。

2014年，公司管道配套油库项目前期工作顺利推进，清华洞（扩建）油库项目获得销售公司初设批复，取得地方政府建设用地规划许可和建设工程规划许可，玉溪、蒙自、保山3座油库新建项目通过地方政府规划选址和安全、环保、地质灾害、职业卫生等专项评价，完成征地前期工作，并通过销售公司初步设计评审。

2015—2017年，为进一步完善油库布局，增强储备能力，公司加快推进新建油库建设工作。2015年4月，公司清华洞（扩建）、蒙自、玉溪、保山4座油库同时开工建设。12月，清华洞（扩建）油库工程基本完工，投运前各项准备工作有序开展。2016年2月，公司清华洞油库柴油罐开始进油，标志着清华洞油库改扩建新罐区顺利投运。

2017年9月,清华洞、保山、玉溪、蒙自油库完成首次管输进油。随着管输油库投运,物流运行由过去单一铁路入库、公路出库转变为公路出库、管道入库运作,油库运行模式发生重大变化。以上四个油库项目的建成投运,有效填补公司在滇南、滇东南地区无分销油库的空白,加强滇西地区储存、中转油品的资源保供能力。随着昆明(秧田冲)、曲靖(松林)、保山、蒙自、玉溪5座新建油库和清华洞(扩建)油库项目完工,公司先后退租晋宁、大德、民航、四瑞、曲靖、宣威6座油库,停用大屯、昆阳2座油库。截至2018年底,公司在用油库9座,库容43.1万立方米,公司油库网络建设及库容达到预定目标,油库布局进一步完善,辐射能力、自动化程度和运行管理水平得到进一步提高(见表2-1)。

表2-1 公司在云南省油库发展情况

序号	项目名称	项目性质	库容（万立方米）	总投资（万元）	建设或使用起始时间	备注
1	宣威油库	租赁	0.65		2004—2018年	退租
2	曲靖乐维油库	租赁	0.65		2004—2018年	退租
3	罗平油库	租赁	2.05		2006年	在用
4	民航油库	租赁	1.8		2007—2013年	退租
5	晋宁油库	租赁	5.5		2006年11月—2013年	退租
6	四瑞油库	租赁	1.9		2006—2011年	退租
7	大德油库	租赁	6		2010年9月—2013年	退租
8	大屯油库	控股	1.8		2000—2017年	关停
9	浑水塘油库	全资收购	1.3		2000—2007年	拆迁
10	昆阳油库	参股	1.9		2002—2017年	关停
11	楚雄油库	全资收购	1.3		2004年至今	在用
12	安宁油库	控股	2.3		2002年	在用
13	南华油库	全资收购	0.6		2000—2009年	关停
14	清华洞油库	控股	9.1	10061	2015年4月—2016年5月	扩建
15	昆明(秧田冲)油库	自建	8.5	15253	2010—2011年3月	
16	曲靖(松林)油库	自建	5.4	9424.1	2010—2011年12月	
17	保山油库	自建	4	12817	2015年4月—2016年12月	
18	玉溪油库	自建	6	17237	2015年4月—2016年11月	
19	蒙自油库	自建	6	21171	2015年4月—2016年11月	

2018年,公司秧田冲航煤储运项目克服了协调难度大、雨季周期长、边运营边施工、时间紧任务重等困难,取得商务立项、投资备案、安全预评价批复、环境影响评价批复、职业病危害评价批复、水土保持方案批复、节水批复、消防审查意见等前期报备地方批复手续,突破地下溶洞、高填方等工程施工困难,于12月底完成主体工程建设。

第二节 加油站发展

1999年,销售公司下发《关于划转部分西北油田、炼厂在川建设的成品油储备设施和加油站通知》,要求玉门油田、新疆油田、长庆油田、青海石油管理局和乌鲁木齐石化总厂、兰州炼油化工总厂6家单位在川建设的9座油库、27座加油站及配套设施的资产、负债、权益和联营企业的股本金及相应权益划转到销售公司。为优化资产配置,理顺管理体制,将乌鲁木齐石化总厂新成石化公司102油库及配套设施划转给西南销售公司。

2000年6月,公司与南宁西南石油公司签订联营协议,双方共同出资组建石油产品销售企业(即联营公司)。公司出资认购南宁西南石油公司8座加油站70%股权,剩余部分由南宁西南石油公司按30%股份投资计。同时,公司又在社会收购6座加油站。14座加油站经统一包装后经营,这是中国石油进入广西市场后的第一批加油站。是年,公司接收福源、滇西、大运3座加油站,大理分公司经营工作正式启动。截至2000年底,公司在云南、广西和贵州大部分地区通过全资收购、投资控股等方式收购和控股加油站152座,基本形成储运与销售、硬件与软件相互配套的一体化市场网络格局。

2001年3月,公司与贵阳成美贸易有限公司签订股份转让协议,以92.3万元价格同时获得侨星、云岩成美、白云加油站的全部股权,这是公司进入贵州市场后的第一批加油站项目,且都是贵阳市区地理位置优越的项目。

4月,公司与贵州贵新高等级服务管理有限公司、贵阳阳光工贸公司在贵州饭店达成协议,由公司出资9450万元收购贵新高等级公路沿线五对双边加油站,贵新高速成为公司在贵州首条全线控制成品油市场的高速公路。

2002年,广东销售公司将其在广西梧州的2座加油站、1座油库移交给广西分公司管理,广东销售公司正式撤出广西市场。同时,公司在大理召开原宝鸡西北石油运销公司云南大理油气分公司并入云南分公司交接期间管理工作会议,正式接管其5座加油站。

2003年,公司积极争取到股份公司、销售公司对网络建设的投资政策,明确所处市场发展方向,全面分析研究制定发展框架,确保网络建设取得突破性进展,当年探明库、站网点340多个,完成或开始建设库、站34座。

2004年,公司召开网络建设专题会议,将网络建设工作指导思想调整为"以市场为导向,以效益为中心,以创新为动力,以城市和高速公路主干道为重点,打通五条线,突破四大区域,强化发展一个核心",明确2004年新增加油站80座任务目标。贵州分公司取得镇胜、凯三和贵毕高等级公路9座加油站建设经营权;云南分公司以城市和高速公路主干道为重点,大力发展滇东北,充实调整滇中、滇西,突破文山、昭通、丽江等三个空白市场,全年新增已通过评审加油站项目135座,其中签订合同加油站128座,投运47座,取得新增加油站数超过前4年总和的好成绩。

2005—2007年，公司持续坚持把网络建设作为"生命工程"和"一把手工程"，进一步加大中心城市和高速公路加油站开发力度，优化销售网络布局的网络建设重点和发展方向，制定网络建设三年规划和发展目标。2005年，开发加油站286座，投运加油站170座，均超过年度计划指标。截至2005年底，公司拥有资产型加油站571座，其中营运449座，"加油站达销率""城区、高速公路加油站比例""3000吨以上加油站比例"三项指标均在销售系统居于前列。2006年，开发加油站237座（其中储备站80座），新投运41座，其中城市加油站和高速公路加油站比例达到85.7%，比上年提高12.7%。2007年，开发加油站154座，新投运加油站64座，公司资产型加油站总数达733座。

2008年，公司进一步加大新站开发投运力度，加强与地方各级政府沟通协调，在征地拆迁、项目建设，特别是高速公路加油站开发上积极争取政策倾斜和支持。实行加油站开发任务化管理和两级评审制度，加快项目推进，提高开发质量，全年投运加油站40座。

2009年，公司按照"主攻城市站、发展高速站、挖掘潜力站"的原则，积极参与地方政府加油（气）站发展规划编制，先后与昆明市商务局、规划局签署39座加油站、总投资12亿元的建设项目框架协议；与楚雄州、保山市政府签订库站投资项目合作协议；签订14座高速公路加油站租赁合同；在昭通市开展片区打包开发和整体报批并取得突破；在楚雄、大理抓住中缅油气管道项目建设时机，集中向地方政府申报一批油气合建站项目；在红河、曲靖在持续清理续建项目的同时大力开发新项目。全年开发加油站64座、投运47座，分别完成销售公司下达计划的320%、362%。

2010年4月，为加大在昆明地区网络开发建设的工作力度，公司成立昆明地区网络建设协调领导小组，指导、帮助昆明分公司开展网络开发，研究制订昆明地区网络开发方向、开发政策和具体措施，协调政府相关职能部门，研究解决昆明地区网络开发建设过程中出现的各种问题。

是年，公司与15个州市签订《销售网络建设合作协议》，与云南省公路投资有限责任公司（以下简称省公投）签订合资合作框架协议，700座加油站、11座油库及6条成品油管道的布局规划得到政府协议认可。坚持以大中城市、高速公路、交通干道为重点投资方向，采取"参与规划、政府协议、合作经营、委托开发"等方法，成功实现对昆明、昭通78个加油站项目的打包开发；全线控制6条高速路32座加油站；开发昆明地区和高速公路项目89个，占开发总数的44%。全年开发加油站202座，投运加油站87座，新投运加油站平均自营单站日销量10.51吨。

2011年，公司坚持以"中心城区、高速公路"为主的投资方向不动摇，坚持集团开发、走合资道路，大力发展重点城市项目，与昆明发展投资集团有限公司（以下简称昆发展）、昆明市城建投资开发有限责任公司（以下简称昆城投）合作的139个项目，按照政府"四规合一"要求，进入土地办理环节。全年在昆明地区开发加油站162座，占开发总数的62.8%，其中集团项目151座，占93%。与昭通市交通局打包合作22个项目，已开工7个。与云南省投资控股集团有限公司（以下简称省投）、省公投、大理州政府合资联营工作全速推进。全年开发加油站258座，完成全年计划指标的143%；投运加油站125座，年度投运数量创近三年来最高水平。

2012年，公司全力推进协议落实，加快网络开发速度。牢牢抓住中缅油气管道和云南石化两大项目实施带来的有利时机，全力促进协议落实；按照2012—2015年滚动发展规划，以发展规划指导网络开发，着力网络建设质量和效益，抢占重点项目发展先机，加大协议落实力度。云南省商务厅新核批加油站430座，战略协议加油站审批率82.69%；全年新开发加油站42座，投运加油站40座，完成销售公司下达计划。

2013年，公司紧紧围绕高速公路、旅游景区、城市中心等高效市场，统筹完善2014—2016年油站网络建设滚动发展规划，指导网络开发，提升网络建设质量和效益。全年开发加油站27座，其中大丽高速5座服务区加油站顺利实现投运，高速公路服务区开发工作取得重大突破。

2014年，公司面对投资政策全面收紧、集团项目落地难、关键区域布点难、项目开发成本高等困难，积极向上争取政策，加大与地方政府沟通协调力度，争取到集团公司对公司网络发展政策支持，以及销售公司投资项目收益率8%、可行性研究销量10吨以上的宽松政策，促成云南省政府、昆明市政府开辟绿色通道，建立联审会办机制，统筹协调解决项目审批难问题。

2010—2014年，公司为应对昆明市能源发展新形势，占领昆明车用天然气市场，积极推进加气站开发，北仓、雨花两座橇装LNG加气站于2010年3月顺利试运行，实现云南省LNG加气站零的突破。为全面快速推进加气站开发建设工作，公司于2012年8月成立加气站项目推进工作组，负责加气站开发建设总体运行计划编制和加气站项目调研、评价。同时，促成云南省政府明确"加油站新增加气站项目、加气站、加油站与加气站合建项目由公司负责建设"，从源头上抢占网络建设先机。协助云南省住建厅完成《云南省城镇燃气发展"十二五"规划》中汽车加气站规划部分修编工作，规划布局199个加气站。完成昆明地区5座加气站、大理9座油气合建站评审上报工作。2013年5月，成立车用燃气开发利用管理办公室（以下简称燃气办），作为机关直属部门管理。燃气办通过对云南车用燃气市场发展现状进行研究，向公司专题汇报开展车用燃气业务研究建议，认为"十三五"期间暂不适宜开展车用燃气业务，2014年8月撤销燃气办。

2015年，公司借助中缅油气管道和云南石化两大项目，加快推进销售网络开发建设。云南省政府召开专题会议，研究解决中国石油在滇网络建设问题。其中：昆明189集团项目累计落实土地43座，建成18座，投运15座；高速公路加油站项目投运14.5对，取得规划7对，道路开口批复1对。在14个空白县城及4个空白县域完成新项目开发，5个空白县城（施甸、华宁、弥渡、景东、镇沅）及3个空白县域（施甸、景东、镇沅）实现新项目投运。创新开发模式，力推合资合作，优选西畴县、富源县、沾益县等5座社会加油站试点托管合作。全年开发加油站50个，完成年度目标100%；投运加油站41个，完成年度目标68%。对已开发尚未投运的375个项目组织开展专项清查，对禄达财智、合纵连横两家公司无法推进的21个项目签订解除协议，37个委托代建项目年内整改完毕24个。"十二五"期间，公司新增加油站198座，在营站数量从419座增加到617座，其中万吨加油站达到34座，3000吨级以上加油站占比达50.8%，网络布局不断优化，实现规模质量发展。

2016年，公司围绕重点区域，持续加大攻坚力度。促成云南省商务厅、交通厅、昆明市政府下发文件，全力支持公司在空白县区、高速公路、昆明地区加油站开发建设，453座目标站点纳入

《云南省成品油分销体系"十三五"发展规划》,并初步确定3个绿岛加油站点。

是年,公司完善"周例会、周通报、月督办、季约谈"制度,健全网建专项考核办法,严考核、硬兑现,激发各单位网络开发热情。全年开发加油站47座(其中全资站20座、租赁站21座、昆明集团项目6座);投运加油站27座(其中新建站投运24座、租赁到期站续租投运3座)。2个空白县域(姚安、镇沅)及3个空白县城(姚安、镇沅、兰坪)实现新站投运,空白县域及空白县城分别减少至7个和24个。同时,3个空白县域(绥江、德钦、维西)及3个空白县城(绥江、德钦、维西)完成新站建设。高速公路插点、新建高速布点、突破空白区县等重点、难点项目取得实质性进展,蒙自绕城高速服务区加油站顺利投运。

2017年,公司深入落实集团公司与云南省会谈精神,加大汇报协调力度,云南省多次召开专题会议研究配套网络建设问题,云南省商务厅牵头推进重点区域布局优化。选派6名干部到州市政府部门挂职,与保山市、临沧市政府签订合作框架协议。集团项目推进取得突破,建成投运及待投运26座、在建5座。消除空白县3个、空白县城6个。全年开发加油站66座,完成全年开发任务的132%,在销售公司排名第一。投运加油站43座,完工待投运7座,在建21座。

2018年,公司将加油站网络建设发展作为第一发展战略,确定以"开放、合作、共享"作为公司网建发展方针,紧紧围绕"十三五"发展目标,对云南区域市场进行细分,通过各单位和各处室共同努力,超额完成全年开发任务目标。全年开发加油站62座,投运66座。制定"定制化"网建项目,明确区域、明确进度,填补了昆明嵩明县、丽江宁蒗县、普洱西盟县、迪庆维西县等县城、县域的空白,有效完善公司加油站网络布局。截至2018年底,公司有在营加油站729座,其中全资加油站占比55%、租赁加油站占比42%、合资合作加油站占比3%(见图2-5)。

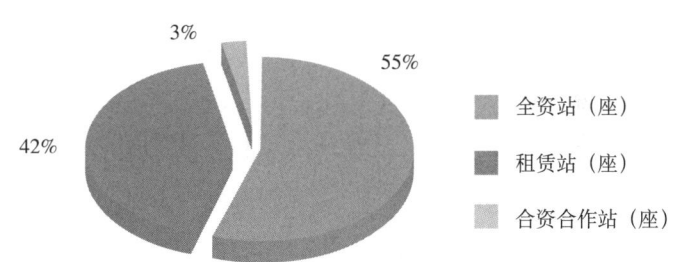

图2-5　2018年加油站占比情况

第二章　网络开发管理

公司成立以来，始终坚持以网络开发为重点，克服一无市场、二无队伍、三无经验的困境和竞争对手的强力挤压，实施"规模扩张"战略，积极拼抢滇、黔、桂三省区零售网络，为公司网络发展奠定重要基础。

在网络开发权限方面，公司严格按照集团公司、销售公司项目开发指导意见，合理有序开展网络开发工作。在网络开发程序方面，公司成立之初，网络开发由各单位推荐，报公司统一负责实施。随着公司网络不断发展，公司进一步规范开发程序，成立项目工程建设管理办公室，统一负责网络开发。

在网络开发模式方面，1999—2002年，中国石油进入滇、黔、桂三省区市场，网络开发模式主要通过新建、收购、租赁、控股等多种方式，在短期内迅速形成较为完备的库站网络。2003—2008年，公司网络开发主要以收购、租赁为主。2009—2018年，随着公司网络不断发展，项目开发模式逐步转变为以自征自建、租赁、合资合作为主，优先选择州府所在地城区及城市中心站点，强力推动主要高速公路干线插点项目，重点开发其他新建高速有效站点，加快开发空白县域、空白县城站点，补充开发国、省道和发达地区乡镇高销高效加油站，控制无效、低效、与公司已有加油站相互竞争的加油站开发。

第一节　开发权限

1999—2008年，公司项目开发权限是投资3000万元以下的油气储运项目、炼油化工及配套项目、安全环保隐患治理项目、节能减排项目、生产支持性科研项目；投资2000万元以下加油站及成品油销售配套项目、单台（套）非安装设备购置项目。

2009—2013年，公司投资权限为3000万元（不含）以内项目。2012年3月，集团公司、销售公司发文禁止委托代建代办。

2014年，销售公司下发当年租赁项目开发指导意见，要求县级以上城市、高速公路、重点风景区可行性研究销量不低于20吨，达销期不高于租赁期的1/5，租金利润率或投资回报率不低于12%，租赁项目租金非逐年支付或年租金在260万元及以上均为限上销售公司审批项目；加油站项目收购为四类项目，权限仍为3000万元（不含），其余加油站项目税后财务内部收益率标准暂按10%，股权项目暂执行12%，国、省道和乡镇加油站执行12%，公司需按8%政策执行的项目，需上报销售公司审批。油气混合站项目财务内部收益率按11%执行。

2015年，公司投资决策权限为总投资5000万元（不含）以下的新建、收购项目，以及年付租金的租赁项目和非年付租金合计3000万元（不含）以下的租赁项目。

2016年，公司投资权限延续2015年权限，增加股权项目投资权限，即：投资1000万元（不含）以内控、参股新设企业或增资扩股项目。

2017—2018年，公司投资决策权限收购权限调整至8000万元（不含）、租赁项目调整至4000万元（不含），同时股权项目调整至投资在3000万元以内无工程建设股权投资或有工程建设5000万元（不含）以内股权项目投资。

第二节　开发程序

1999—2004年，公司所属滇、黔、桂三省区公司的项目开发由所属单位推荐，公司统一负责实施。各单位按照库站配套、完善网络的原则进行网络建设，各片区、配送中心等基层单位向滇、黔、桂省区公司推荐，完成初审后上报公司进行评审。严格按照"前期论证、谈判、评审、付款、稽查监督、接收、验收"等程序和"分级负责、逐级上报、统一管理"的投资管理模式组织实施项目开发工作。

2005—2008年，公司机关迁至昆明市并与云南分公司机关合署办公后，为规范网络开发程序，公司成立项目工程建设管理办公室，统一负责加油站开发工作。各单位完成项目现场调研与推荐后，由项目工程建设管理办公室负责商谈、可行性研究编制、组织评审等，评审通过并由公司投资管理处负责下达项目立项批复后实施。限下项目公司直接组织实施，限上项目报销售公司评审，通过后由公司具体实施。

2009—2010年，撤销大区公司（西南销售公司）后，公司所属各单位完成项目现场调研，符合公司网络发展要求的项目上报公司项目建设管理办公室，项目建设管理办公室组织现场核查。各单位组织项目评审小组进行项目评审，评审通过后报项目建设管理办公室，项目建设管理办公室对项目进行评审并通过后，报公司综合计划处审查，审查通过后由综合计划处组织公司投资项目管理委员会进行评审。公司投资项目管理委员会评审通过后，由综合计划处将项目上报销售公司进行核准，核准通过后综合计划处下发立项批复文件，项目建设管理办公室书面通知各单位开展项目前期工作。

2010—2012年，公司赋予各单位网络建设更多职能，尤其在高效项目和整体打包项目开发方面，简化工作流程，实行特事特办，投资管理委员会评审后提报总经理办公会议统一决策，确保在较短时间内使项目落地。

2012—2013年，公司进一步规范开发程序。各单位由项目推荐人进行项目推荐，组织相关部门对项目进行实地考察，项目经所属各单位预审后向公司提请现场调研，公司加油（气）站项目现场调研组及公司项目调研小组（由公司主要领导、分管领导、投资管理处处长、加油站管理处处长组成）分别赴实地开展现场调研。调研通过的项目由所属各单位开展项目可行性研究并完成评审材料，投资管理处审查材料后，组织加油（气）站开发项目评审组进行项目评审，评审通过的限下项目上报销售公司备案，并下达立项批复。对于时间紧迫项目、重大项目、集团开发项目等公司重点关注或涉及公司商业机密的项目，为加强对项目信息的保密控制，可以不经过公司加油（气）站开发项目评审组评审，直接由投资管理委员会或总经理办公会审定，审定通过后按照相关规定进行项目备案或上报销售公司申请评审，通过后下达立项批复。

2014年，公司所属各单位完成项目现场调研后，上报公司投资管理处，投资管理处审核项目并组织公司调研组（由投资、工程、加管、非油、质安、企管等处室人员组成）进行现场考察，现场考察认可的开发项目，由各单位组织项目评审，评审通过上报公司总经理办公会进行研究决策。总经理办公会评审通过的项目，投资管理处组织项目所在单位、公司相关处室完成投资项目管理系统信息录入。限下项目上报销售公司备案、限上项目上报销售公司评审。通过销售公司备案或评审的项目，公司下达立项批复，取得投资计划后实施。

2015年，公司所属各单位组织项目上报，投资管理处组织公司现场考察，项目审核通过后提报公司总经理办公会评审，评审通过后公司下达批复。投资管理处组织项目所在单位、相关处室完成投资管理系统信息填报和备案，取得销售公司投资计划后实施。限上项目须销售公司评审通过后方可实施。

2016—2018年，公司所属各单位完成项目现场调研后上报公司投资管理处，投资管理处组织市场营销、非油、质安等处室现场踏勘，公司主要领导、分管领导及机关处室参与现场调研。"三级调研"认可的项目经所属单位评审通过后上报公司，公司可行性研究评审小组组织可行性研究技术评审，通过评审后提报公司总经理办公会评审决策，决策同意实施的项目由公司下达批复后实施。限上项目需上报销售公司评审，销售公司批复后方可实施。

第三节　开发模式

1999年，中国石油进入滇、黔、桂三省区市场，加油站网络开发主要以股权收购为主。

2000年，公司确定"选择重点市场，优化营销网络，实现规模发展，确保资产增值"的指导思想，根据不同地区市场情况，采取不同对策加快网络开发速度。在中心城市及经济发达地区，采取整体收购、控股等方式，以库带站，成片开发，形成能力，占领市场。

2001年5月，公司对网络开发工作进行策略调整，加油站购建选点范围原则上只考虑公司油库合理配送半径的中心城市和交通要道，投资形式上仅限全资收购和15年以上长期租赁，优中选优。

2002年，为抢占终端网络市场，公司对网络开发工作提出新的发展思路，计划通过发展特许经营加油站模式进行网络开发，报股份公司后未获得批准，此发展模式就此搁浅。

2003—2008年，公司网络开发主要是定向收购为主，由合作方取得商务批复、规划、土地等其中一项手续，公司与其签订定向收购协议，合作方完成各项手续办理，并按中国石油建站标准完成加油站建设后，由公司整体收购。

2009—2011年，公司网络开发主要是委托第三方代办代建。第三方负责项目土地前期手续办理及商务批复、规划调整等工作，具有加油站建设资质的第三方，公司与其商定建设规模及费用后，委托对方建设。

2012—2014年，集团公司、销售公司下发《关于禁止委托代建加油站项目的通知》，禁止委托第三方代建行为，包括委托第三方收购土地、委托第三方办理前期手续、委托第三方建设等非地区公司自行开发加油站的行为；土地收购合同中不得体现第三方业主代办加油站建设、经营证照手续的条款。通过土地部门挂牌、拍卖方式供地的加油（气）站项目，主要采取自征自建方式开发。

2015—2018年，销售公司开发指导意见提出，鼓励合资合作开发方式，可与地方政府、国资平台、机构用户、物流企业、民营加油站等开展合作。可通过现金出资、资产或股权收购、兼并重组等方式组建合资公司，发挥各方在资源、市场、资本等方面的优势，同时研究探索特许经营、品牌加盟合作开发方式。

第三章 投资计划管理

公司投资计划管理始终按照"规划引领、计划管控"的思路，紧紧围绕公司库站销售网络建设等投资项目，做好投资计划的统筹平衡、上报及下达等工作，为公司快速发展提供坚实的资金基础（见表2-2）。1999—2008年，投资计划信息化水平不断提高，从最初手工报表，逐步发展到投资计划管理系统，后期随着信息化建设工作推进，实现与其他数据管理系统衔接。2009—2018年，随着大区公司注销和云南销售公司精细化管理工作水平不断提高，检维修项目等费用化改造项目计划管理，逐渐统一到投资计划管理部门进行管控，形成"四项资金一本账"管理模式，项目改造计划统筹性、前瞻性、准确性显著提高。

表2-2 云南销售公司2009—2018年投资计划完成情况　　　　　　　　　　单位：万元

年度	当年计划	上年结转	当年完成
2009	25246	11680	24487
2010	126764	12786	134471
2011	149348	5162	151854
2012	156249	4918	147698
2013	89326	13469	87422
2014	79716	14830	42258
2015	72575	52288	62544
2016	79722	62318	72331
2017	16486	60994	39822
2018	69057	37658	97269

第一节 规划管理

1999—2003年，中国石油进入滇、黔、桂三省区，编制第一个"五年计划"，即"十五"计划：在云南地区以3座油库为基础，重点完成油库隐患、工艺流程设计和设备更新维护，使其年周转次数达到7次，提高油库运营效率和降低仓储费用。网络建设以城市为中心，在城市和公路干道上连片开发，完成以昆明市为中心的零售网络布局，稳定占有昆明市零售市场份额。同时，在曲靖和玉溪建立零售网络桥头堡，在保山、瑞丽、西双版纳形成零售网点群，进而向滇西、滇南、滇东北纵深发展。计划到"十五"末，在云南实现加油站总数70座，零售能力34万吨/年。在广西拥有各类资产型加油站149座，占公司加油站总数的26.8%，零售能力43万吨/年。在贵州拥有各类资产型加油站142座，占公司加油站总数的25.6%，零售能力41万吨/年。

2004年，西南销售公司按照"两个转变"要求及"大市场、大营销、大流通、大销售"思路，编制2004—2010年网络发展规划，坚持以人为本，以效益为中心，坚持做精管理，全力开拓市场，突出终端网络，全面提高盈利能力和竞争能力。通过规划明确公司网络发展方向，力争尽快通过完善网络布局、优化销售结构，缩短与竞争对手的差距，确保公司持续、稳定、健康发展。规划到2010年，公司在辖区的油库总数达到25座，总库容45.55万立方米。规划新增加油站560座，使公司资产型加油站总数达到1115座，形成400万吨/年零售能力。在云南规划新增加油站176座，资产型加油站总数达到440座，形成160万吨/年零售能力。在广西规划新增加油站324座，资产型加油站总数达到473座，形成170万吨/年零售能力。在贵州规划新增加油站60座，资产型加油站总数达到202座，形成73万吨/年零售能力。

2007年，为落实中国石油"南方战略"，股份公司在公司辖区内规划并开始实施广西石化和云南石化两个大型炼化项目。两个项目的规划建设投产将从根本上消除长期制约公司发展成品油供应运输"瓶颈"。4月，为适应新形势，公司编制《中国石油西南销售公司2007—2015年网络发展规划》，重新规划辖区销售网络布局和发展目标。

2011年9月，结合国家加快建设云南面向西南开放重要桥头堡战略实施，以及云南石化、中缅油气管道项目建设带来资源格局变化和发展机遇，云南销售公司编制《"十二五"发展规划》，规划以"滇中城市群"和"一线六路"（中缅油气管线和成昆、贵昆、南昆、内昆、昆玉、广大丽）及主要景区市场为重点，突出一个主题（市场份额），抓住两个根本（零售、网络），实施三项工程（资源、人才、效率），发挥三大优势（零售网络质量、先进典型带动、管道炼厂建设），开创三个新局面（规模与质量，发展与稳定，企业与员工和谐共进、全面发展的新局面），实施三步走的战略，实现"36918"发展目标。

"36918"："3"即强"三基"，实现基层组织坚强有力，基础管理科学规范，基本素质整体优良；"6"即促发展，实现年销售成品油600万吨、油库仓储能力具备60万立方米；"9"即上规模，累计投运加油站900座；"1"即增效益，实现吨油利润100元以上；"8"即提效率，实现非油收入8亿元、零售比例达到80%以上。

2015年9月，按照集团公司"有质量、有效益、可持续"发展方针和销售公司"加快建设以零售为核心的营销体系"部署要求，在全面、客观总结"十二五"发展情况的基础上，公司创新思维、科学论证，深刻分析云南成品油市场面临形势，编制《"十三五"发展规划》，明确"54318"发展战略目标，提出"低成本、规模化、优服务、强基础、人为本"五大战略，确立

"打造黄金终端、畅通炼厂后路"主体思路。

2018年，公司全面审视、评估公司"十三五"发展规划执行情况，详细分析云南省宏观经济环境、成品油市场环境、企业内部矛盾及所面临机遇和利好方面发生的变化。站在新的历史起点，谋划公司"十三五"后几年高质量稳健发展的新目标、新任务，提出坚持"战略、市场、基层、问题"四大导向，重点突出"市场、品牌、创新、人才"四大战略，打好"网络开发、营销提质、信息化建设"三大攻坚战，构建五大保障体系。在网络开发方面，提出了到"十三五"末期"运营加油站900座以上"的发展目标，按照"以昆明为中心的滇中城市圈""具备一定网络规模的地区""成长性市场"三个层级，进一步明确各地州的加油站网络发展目标。

第二节　计划管理

1999—2001年，按照集团公司投资计划管理办法，各级、各类、各种资金来源投资项目均纳入股份公司统一投资计划进行管理，综合业务处作为公司投资计划归口管理部门，负责公司投资计划管理，投资计划申报及下达。公司《投资计划管理办法》明确处室及各单位管理职责，制定了公司投资计划申报、下达等管理流程。

2002年10月，公司下发《关于编制2003年度技术改造、设备购置、检维修工程等项目计划的通知》，明确管理程序和职责，进一步加强管理工作的预见性和计划性，在确保安全生产以及设备、设施安全可靠性的同时，使其设备、设施及资金效能最大化。

2003—2008年，公司在库站开发项目及技改项目管理上，将滇、黔、桂三省区的投资项目计划归口综合计划处进行统一管理。费用化改造计划由各专业处室进行管理。

2009—2012年，公司加强库站技改及检维修项目管理工作，制定并下发《检维修管理实施细则》，并在2011年、2012年两次进行修订。实施细则对库站技改、检维修项目从立项、计划下达、实施管理、安全管理及各单位职责等方面进行详细规定，明确年度框架建议计划、批次实施计划及专项计划管理模式。

2012年，公司提出"四项资金一本账"，将投资管理处管理的投资及检维修费、质量安全环保处管理的安保基金、财务处管理的折旧返还资金，统一由投资管理处进行管理。同时制定下发《四项资金管理办法》，进一步明确了四项资金的内容、使用范围，相关部门的管理职责，确定了四项资金年度框架计划、项目（年度）计划、项目批复、四项资金批次计划、月度资金计划的管理流程，规定了各步骤的办理流程、计划执行及计划完成情况考核等内容，并对紧急突发事件的计划管理及计划管理的通用性要求进行了规定。

是年，公司开始在中国石油投资计划管理信息系统进行计划编制下达，计划管理初步实现自动化。

2013年，按照《关于印发〈中国石油天然气股份有限公司安全生产费用计提和使用规定〉的通知》相关要求，上级公司将安全生产费资金发至公司进行管理。公司根据相关文件及会计准则要求，制定安全生产费相关规定，将安全生产费一并纳入四项资金统一进行管理。为沿袭"四项资金一本账"做法，将安全生产费与安保基金列为一项资金。

是年，公司项目立项正式在"中国石油销售公司投资项目管理系统"实行自动化管理，"中国石油投资项目一体化管理系统"上线，"中国石油投资计划管理信息系统"并入该系统，项目立项和投资计划申报下达实现无缝衔接。

2014年，公司修订《四项资金管理办法》，将计划管理程序修改为由年度框架计划到项目（年度）计划、由项目（年度）计划到项目批复（或立项批复）、由项目批复到批次计划，由粗到细，不断细化计划管理框架结构。

2015年，公司在往年"从框架计划、项目（年度）计划、项目批复、内部月度批次计划，由粗到细、精细管控全过程计划闭环管理模式"基础上，优化流程，取消内部月度批次计划，将项目批复与工程建设管理处设计方案评审进行合并，提高工作效率。

2016年，集团公司在ERP系统增加投资工程管理模块，衔接投资项目管理系统与一体化管理系统，计划直接下达到ERP系统，从而开展采购订单、实施进度和付款等业务处理，实现项目立项到计划下达再到项目实施及完成计划的一条线全自动管理。

是年，销售公司启动加油站防渗改造工作，明确提出增量改造等项目并入防渗改造一起实施，推动地下储罐防渗及"油卡非润"一体化改造。由此，加油站检维修项目、加油机等设备更新、主非油小改大项目等，与防渗改造一并立项实施，以往单独下达的专项计划逐步减少。

2017年，销售公司下放部分四类项目投资计划管理权限，为健全投资计划管理制度，公司编制《投资计划管理实施细则》，制订自主安排项目投资计划申报及下达流程，完善计划监督与考核。制定《技改检维修项目计划管理实施细则》，结合四项资金管理办法，完善技改、检维修等术语定义，增加技改检维修项目立项原则和要求、项目计划安排原则及要求等，计划管理进一步向主动转变。

2018年，为更好地推动加油站防渗改造工作，公司成立防渗改造领导小组，制订防渗一体化改造实施方案，并与各单位签署《2018年防渗一体化改造任务书》《防渗改造工程廉洁承诺书》。防渗改造项目立项工作由各单位完成改造方案及可行性研究报告，报公司防渗改造领导小组评审，通过后报公司投资管理委员会审议，审议通过后报销售公司审核。

第三节　投资管理权限演变

1999—2002年，公司按照销售公司"总量控制、集体决策、严格程序、效益为中心"原则进行管理，权限总体没有变化。

2003年3月，销售公司对投资管理权限进行明确，华北、华东、西南、山东、大连销售公司总投资在2000万元以下、其他公司1000万元以下的加油站项目由各地区公司根据销售公司下发的各项规定负责审批，并根据授权签订合同等相关法律文件。

2004—2005年，公司为加强投资管理，成立投资管理委员会，全面负责公司投资及相关管理工作，具体职责为审定公司中长期网络发展规划，对公司网络建设重点项目和重大投资事项进行研究、决策，审定公司年度网络建设投资建议计划，对总投资800万元（含800万元）以上公司限内网络建设项目进行评审，对公司限上投资项目进行预审。

2006年12月，公司为更好地做好网建工作，规范投资管理行为，提高工作效率，细化工作流程，严格工作标准，明确管理程序和职责，确保网建质量、投资等得到有效控制，下发《网络建设管理程序》，明确项目建设管理办公室是网建工作的归口管理部门，负责库、站销售网络建设工作。各单位负责选址规划、项目调研、项目谈判、初级评审等工作，项目建设管理办公室负责工程估算，报投资委员会进行项目评审，并报销售公司进行核准。

2007—2013年，为进一步规范投资业务流程管理，股份公司内控与风险管理部、规划计划部共同组织有关部门和企事业单位对投资相关业务进行全面梳理，编制投资业务领域与业务流程对照表，建立投资业务流程目录，评估经营风险，确定重大风险，强化控制措施，理清各级管理权限和业务流程接口。

2015年12月，销售公司根据股份公司资本运行部《关于开展股权投资转授权有关事项的回复意见》，下放股权投资项目决策权限，投资1000万元（不含）以内控股、参股的新设合资公司及增资扩股项目，由公司自行审批。

2016—2018年，集团公司下放部分第四类项目投资计划管理权限，销售企业下放投资计划管理权限的第四类项目范围为：新建、收购加油站项目及已列入年度前期工作计划的加油站扩建项目。销售公司每半年一次下达总额，公司在总额范围内平衡下达给各单位。同时，明确公司2017年投资权限额度为1亿元，2018年投资权限额度为5000万元。

第四节　造价管理

1999—2004年，因公司主要以收购、租赁库站为主，公司造价管理无专门机构。

2005年5月—2009年3月，公司设立项目建设管理办公室，并设置工程造价管理岗，主要负责云南辖区加油站新建、技改及检维修工程结算初步审查等工作。初步审查完成的项目，交审计监察处进行定案审计。

2009年，公司造价管理岗并入投资建设管理处下设的油库项目推进小组，协助完成曲靖（松林）油库、昆明（秧田冲）油库项目可行性研究估算与初设概算报批、施工招标拦标价编制与审查等相关工作。

2010年3月，公司在投资管理处下设造价中心，造价管理岗并入投资管理处造价中心，主要负责审查公司加油站、油库技改及检维修项目预算、施工招标拦标价以及工程竣工结算。

2011—2012 年,公司加强工程项目造价控制管理,外委工程结算审计金额 2.78 亿元,外审审减额 1274.64 万元。强化工程建设项目和物资采购项目招标审查审批管理,通过招标共节约资金 430 万元。

2013 年 6 月,公司发文成立造价管理中心,主要职责是审核油库和加油站项目的投资估算、概算、编制拦标价,审核工程项目的结算。

2014—2015 年,公司造价管理中心完成清华洞(扩建)油库、玉溪油库、蒙自油库、保山油库、秧田冲航煤储运项目的投资概算审查,完成新建类、改造类和检维修类加油站项目的计划审核、拦标价编制和结算审核工作。

2016 年,公司造价中心结算审核工作由结论性审核转变为对计划控制、标准取定、资料完备性的审查,结论性审核由审计监察处一次审核完成,保证分工明确、提高工作效率。将重点工作放在控制项目概算,在投资批复后严格审查概算,合理控制工程建设项目的拦标价,保证投资合理使用。全年审查加油站投资估算 57 座,审核金额 6.73 亿元。完成拦标价编制 50 座,金额 0.95 亿元。审查技改检维修项目预算 214 项,金额 0.64 亿元。审核工程结算 248 项,审定金额 1.87 亿元。

2017 年,公司造价工作重心前移,从项目投资估算、拦标价编制、项目结算到技改、检维修项目审查,实现造价工作全覆盖,为项目正确决策和投资严格控制夯实基础。全年审查投资估算 130 座加油站 7.98 亿元,编制 126 座加油站拦标价 2.09 亿元,审查技改检维修项目 176 项金额 2133.79 万元,审查结算项目 224 项金额 1.52 亿元,投资造价节约率 8.75%。

2018 年,公司造价管理工作充分发挥投资控制作用,以防渗一体化改造为重心,现场踏勘与现场评审相结合,现场定内容、定量、定价,有效控制项目投资(见表 2-3)。同时,通过转变工作方式,变被动参与为主动参与,切实将造价管理工作的重心前移。全年审查投资估算 173 座加油站 4.87 亿元,编制 140 座加油站拦标价 2.29 亿元,审查结算项目 70 项 1.45 亿元,投资造价节约率 8.08%。

表 2-3 公司工程项目造价控制管理情况

年度	审核项目(项目)	审核资金(万元)	审减资金(万元)	节约率(%)
2013	107	10452	1307	12.5
2014	223	48555	1767	3.64
2015	186	40766	1459	3.58
2016	321	83200	2537	3.05
2017	546	118033	3517	2.98
2018	470	114459	7443	6.5

第五节　项目后评价管理

2005年，公司开始后评价工作，按照集团公司要求，编写完成《2002—2004年投资项目详细后评价报告》，之后每年组织云南、广西、贵州分公司开展后评价工作。

2005年12月，公司按照股份公司开展项目后评价工作部署，项目后评价范围涉及2002—2004年全部投资项目。此次后评价工作任务面宽量大、时间紧迫，为加强对项目后评价工作组织领导、保证项目后评价工作质量，公司成立项目后评价领导小组和后评价办公室，制定工作计划，精心组织实施，在年底按时完成全部工作任务。

2006年，公司配合集团公司咨询中心完成《2002—2004年投资项目独立后评价报告》，并针对独立后评价报告中提出的问题进行相应整改，整改意见反馈至集团公司规划计划部。是年，制定公司《后评价工作管理办法》。

2007年，公司下发《关于开展2007年后评价工作的通知》，对云南、贵州、广西分公司共97个投运满1年的项目进行简化后评价，从97个项目中选取10个项目进行详细后评价，简化后评价与详细后评价均依循股份公司下发的后评价编制细则进行报告编制。

2008年，公司下发《关于开展2008年后评价工作的通知》，在公司范围内对2005年7月—2006年6月投运的83个加油站进行简化后评价，并要求各单位组织开展2006年建设项目自评价工作。完成股份公司规划计划部下发的《安全环保隐患治理项目后评价调查表》，对公司范围内的2006年安全环保隐患治理项目开展后评价调查。

2009年，公司下发《关于开展2009年后评价工作的通知》，对公司2006年7月—2007年12月投运的48个加油站进行简化后评价。

2010—2011年，公司按照集团公司要求，开展详细后评价工作，编写完成《2008—2009年投资项目详细后评价报告》。为更好地完成报告编写，成立以投资分管领导为组长的后评价工作领导小组和工作小组，工作小组设在投资建设管理处，后评价报告在北京通过专家组的验收审核，按照专家组修改意见进行修改后上报股份公司规划计划部。

2012年，按照销售公司要求，公司对2009—2010年扩建项目进行后评价，填报《2009—2010年扩建项目后评价调查表》。对2005—2011年以来的加油站建设项目进行后评价分析，填报《2005—2011年加油站项目后评价报表》，覆盖466个项目。同时，对橇装加油站、未达销加油站进行后评价专项分析。

2013—2017年，公司对2011—2012年投运的165座加油站进行后评价。对2015年投运的23座加油站进行后评价。2017年，集团公司后评价信息系统上线，公司邀请项目组在现场对14家分公司的后评价工作人员进行培训。

2018年，按照集团公司要求，公司完成《2014—2016年销售网络投资项目后评价报告》编制，并于8月初通过了后评价专家组审查验收，配合独立后评价工作组完成对清华洞（扩建）油库、大理富海加油站、大运加油站的现场调研和典型项目的资料查阅。

第四章　工程建设管理

公司工程建设包括油库、加油站的新建、改扩建、设备更新、技改、检维修及办公楼（室）维修、装修等工程。公司按照规划布局，积极完善网络建设。2008年前，油库主要采用收购、控股、参股、租赁等方式运营，这一时期建设了柳州、百色、贵阳等油库。2009年，为加快公司网络布局，昆明（秧田冲）油库、曲靖（松林）油库相继开工。2012年8月，昆明（秧田冲）油库建成投运，油库设有51个铁路接卸鹤位，是云南省首座单批次接收油品超过2500吨的油库。2013年3月，曲靖（松林）油库投入运行，曲靖（松林）油库的铁路卸车栈桥采用和中国石化合作的模式，在中国石化铁路专用线上建设卸车装置，这一合作模式使曲靖（松林）油库提前4年投运。2015年，销售公司同意公司建设蒙自、玉溪、保山、清华洞（扩建）油库，同一年建设4座油库，开创销售公司油库建设先例。按照云南石化、成品油管道投运时间，清华洞（扩建）油库于2016年2月投运，蒙自、玉溪、保山油库于2017年8月相继投运，4座管道配套油库建设圆满完成。

公司加油站建设采用收购、租赁、合资、合作等方式，经过20年发展，实现从无到有且规模不断扩大，为公司发展打下坚实基础。"十二五"以来，公司自建项目进入快车道，通过收购、自建方式，打造一批样板加油站。为规范加油站建设，公司不断细化加油站建设管理，规范网络建设程序，加强网络基本建设项目过程管理，确保网络建设工程质量，缩短建设周期，合理降低工程造价，提高投资效益，对新建、小改大、防渗（油气回收）、技改检维修全过程形成系统的管理标准。2017年，公司创新片区经理管理模式，建立工程项目一体化推进机制，发挥机关和基层联合作战优势，强化片区经理桥梁纽带作用，确保工程建设项目有序推进。在大理富海加油站建设中，充分考虑地域特色、民族文化等元素的融合，吸收国内外加油站先进设计理念，首次应用新理念、新工艺13项，打造造型新颖、视觉美观的大理富海特色站；在昆明红瓦加油站改造中，充分考虑周边商圈因素和非油业务新的增长点，优化加油站"油卡非润"功能布局，成功引入汽车3S新业态，使方案设计充分体现现代销售服务理念，实现"人·车·生活生态圈"有机结合，成为销售企业加油站建设的样板和示范。

第一节　工程管理

1999—2005年，公司工程管理主要以库站收购过程中工程审查、把关和改造为主要工作，以项目为主线，由项目负责人从设计到验收投运全程管理。

2005—2008年，随着销售公司第一版加油站建设标准出台，公司设立专门的设计管理岗位、造价管理岗位，分别负责对加油站设计规范、建设标准的应用审核和加油站建设投资控制，使工程管理更加专业和深入。

2008—2018年，销售公司第二、三、四版加油站建设标准陆续出台，建设标准的全面性、细致性、深入性持续提升，公司按照加油站建设标准，不断推进工程建设项目的专业化管理，标准化设计、工厂化预制、模块化施工、信息化管理、机械化作业的管理水平大幅提高。公司出台《工程建设管理办法》和相关业务实施细则，从设计、选商、施工、预验收、试生产到竣工验收等各环节管理更加规范，项目建设管理水平持续提升。尤其是近年来，先后打造昆明张本荷加油站、高新加油站、玉溪东风加油站、大理金花加油站等一批样板加油站、标杆加油站，建成公司第一个客户服务中心和第一个"咔咔"汽车服务中心，第一次应用FF双层罐、成品操作井，卸油手孔和新型智能加油机，公司工程管理水平持续提升。

一、设计管理

公司对设计单位实行统一管理，在集团公司、销售公司入围的设计单位中通过招标择优选择作为公司入围单位，年度统一谈判定价，各单位在公司入围队伍中择优推荐，经公司工程建设管理（设备）处、非油品管理处等部门审批确认后开展设计工作。

方案设计时，各单位必须提供可行性研究报告、项目用地边界图及拐点坐标、周边规划（用地、建设、交通）和地形测绘图，设计单位必须到现场踏勘。方案设计评审坚持"两级"（各单位、公司）评审制，依据《加油站建设标准》、国家规范以及相关资料数据、经营经验等规范标准和经营需要，由零售、非油、质量安全、信息、投资、工程等专业线派人参加评审并签字确认。

方案设计评审通过后，设计单位根据各单位提供的地勘报告开展施工图设计，施工图设计中拟采用油罐、加油机、液位仪、潜油泵、发电机、配电柜、发油管线等必须选用公司入围产品，价格采用公司年度谈判价格，檐口灯箱、操作井盖、成品操作井、消防沙箱、消防器材柜、进出口灯箱、主标识立牌、油品指示灯箱等可模块化生产的产品须选用标准规格。

施工图必须经过会审，方可用于施工。施工图会审由各单位组织，工程建设管理部门及施工、监理、设计等单位参加，力求在施工前解决可能发生的设计遗漏问题，并形成会审纪要，责成设计单位修改完善。

对施工过程发现的因环境变化引起的设计变更,按《工程建设办法》所规定流程和权限进行审批,未经审批不得擅自变更。对涉及平面布局、功能、规模变化,建筑结构新增或改变的技改检维修项目也须进行工程设计。

二、施工管理

在工程项目施工管理中,公司重点做好进度、质量、成本和安全四个方面控制。管控重点落实在施工现场,统筹工程实施各关键环节控制点的落实,推进工程建设项目精准管控,着力项目质量、安全、工期、结算程序管控,狠抓加油站建设项目现场管理工作。从计划、开工、过程、验收、结算管理,通过系统层层紧扣、环节关联,管控程序步骤,真正实现工程管理的效果和规范,实现工程"四要素"(质量、安全、投资、工期)目标。

每年年底,由各单位、工程建设管理部门对施工单位进行打分考评(见表2-4),考核结果作为工程施工服务商年度考核的重要依据。

表2-4 工程施工服务商效能考核表

	工程施工服务商单位名称		1		2		3		4	
	考核内容	标准分	得分	扣分原因	得分	扣分原因	得分	扣分原因	得分	扣分原因
一	总体效能	30								
1	服务工作总体效能评价	5								
2	发生工程安全事故或被发现存在重大安全隐患的,该项不得分。是否明确项目建设中关键岗位相关人员HSE职责	5								
3	未按HSE管理计划进行风险识别或风险识别不到位的,发现一项次扣2分;未按识别到风险落实对应措施的,发现一项次扣2分	8								
4	未按规定使用作业许可票证的,发现一项次扣2分;未落实现场文明施工措施的,发现一个项次扣1分,扣至1分为止	8								
5	及时校验更新安全设施、监测仪器。对所有特种设备管理是否得到授权机构的注册、检测、检验,并在有效期内使用。现场设备设施齐全完好,安全附件齐全有效,无安全隐患或跑冒滴漏等现象	4								
二	质量管理效能考核	20								
1	发生工程质量事故该项不得分。承包商是否策划并在受控条件下进行生产和服务提供	5								

续表

	工程施工服务商单位名称		1		2		3		4	
	考核内容	标准分	得分	扣分原因	得分	扣分原因	得分	扣分原因	得分	扣分原因
2	是否针对项目实际建立了质量管理体系并有效运行，项目质量计划是否得到有效实施	5								
3	是否采用适宜的方法对质量管理过程进行监视，并在适用时进行测量，以验证提供的产品或服务要求已得到满足	5								
4	质量相关证明文件、记录、资料是否真实、完整。工程质量检查记录、评定资料与工程进度不同步的，发现一次扣1分；记录、资料数据与实物质量复测数据不相符的，发现一项次扣1分；扣至1分为止	5								
三	成本管理效能考核	20								
	工程报价是否合理	4								
	未按投资（或成本）使用计划签订服务（或采购）合同，被发现一次扣1分	8								
	是否建立变更管理程序。变更和签证的费用增减未经有效审批擅自实施，被发现一次扣1分；扣为0分为止	8								
四	工期管理效能考核	20								
1	是否编制切合实际的项目进度计划，相应的控制措施是否能够认真实施，偏差能否及时纠正	10								
2	工期是否满足合同约定	10								
五	其他管理	10								
1	信息管理考核：未按时完成结算资料中相关数据、信息或有缺失的，质量不符合要求的，发生一次扣0.5分。扣至0分为止	5								
2	培训管理考核：未参加年度培训考核，发生一次扣1分；参加考核但成绩不合格，发生一次扣1分；扣至0分为止	5								
六	加分项									
	合计	100								

（一）进度控制。对所有建设项目在合同中约定工期，编制开、竣工计划和关键节点控制表，施工过程中两级工程管理人员不定期巡回检查，发现问题限时督促整改，及时分析工期滞后原因，制定纠偏和赶工措施，保证施工进度有效控制。有效分析施工作业周期特征，科学谋划，把施工作业段划分一般作业期、危险作业期、重点作业期；建立危险作业现场管控标准模块，涵盖作业许可审批、标准作业环节、操作程序、现场监督职责等操作规程；缩短危险、重点作业施工时间并进行现场升级监督，形成有效的现场监督模式，有效缩短施工工期，减少安全压力。建设过程

设置总体目标和阶段性目标，对包含阶段性建设工程的工作内容进行细致分解，由建设、承包商共同组成领导小组，明确负责领导、负责部门、负责人、责任人和完成时间、管理职责，重点针对现场管理监督，建立考核和奖惩机制，按期兑现；将建设任务指标与项目所属单位各部门和承包商单位工作绩效挂钩，增加工作主动性，保障现场施工受控和规范化实施。

（二）质量控制。认真贯彻《建设工程质量管理条例》和国家有关质量标准、质量监督法规条例，落实质量三检制和关键工序、关键部位监理旁站监督机制。对《工程建设管理办法》《加油（气）站工程建设项目管理实施细则》两个制度进行修订和完善，增加质量管理和投运管理内容，修订作业程序性的管理内容。完善作业控制表单，对施工开工、危险作业、合同履行、质量体系、结算审计等管理环节，从安全、质量、工期、结算等方面做详细明确的规定，从源头把牢行动准则。施工现场全面建立质量管理台账，进行施工前质量审核，结合施工巡查，强化质量和安全作业管理，尤其关注交叉作业环节的风险评价和质量管控，制定标准操作模块，形成质量标准验收指导意见，不断总结和改进，逐步完善和形成一套有效的作业管控标准规程，推广使用，提高现场质量和安全管控能力。

（三）投资控制。采用限额设计，抓好顶层设计，把好设计源头关，方案设计估算投资超过立项批复工程部分的，一律不予评审通过；设计概算超过方案估算的，一律不进入施工图设计。建设过程中，设计变更、工程签证必须按程序进行审批，未经审批一律不得实施。实施全项目结算，上报结算超概算的，从严审查，挤尽水分。

（四）安全控制。进场前组织安全教育和安全培训考试，考试合格方能进入场地施工。施工现场重点做好"两书一表"（计划任务书、作业指导书和检查表）的符合性和实效性审查，重点落实现场施工管理、安全管理、特种作业人员的符合性和真实性检查，不在备案登记范围内的资源库人员，严禁参与施工现场管理工作，并对施工、监理单位进行年度作业安全质量考核，建立黑名单清退制度。工程实施中，监理单位驻站监督、各单位每周巡检、片区管理人员月度巡检，及时督促措施落实，发现、纠正实施过程中违规、违章行为，将QHSE保障措施落实到位，实现施工安全"零事故"的目标。建立常态化工程建设HSE审核小组，按年度建设计划逐项开展工程专项整治工作，对所属单位施工现场全覆盖审核检查，与承包商共同评价作业现场安全、质量管理流程，完善现场标准统一的体系管理操作文件，建立一套适用于公司建设项目工程管理的标准程序文件，有效提升公司施工现场HSE管控能力，并培养一批施工作业专项审核员。

三、采购管理

公司充分发挥集中采购优势，在设备选型前认真开展技术交流，依据第一时间获得的最先进技术，对设备适用性、先进性、可靠性、安全环保性和维修经济性制定技术标准，在设备招标中坚持技术先进、质量第一、性价比最优、设备全寿命周期费用最经济的原则优选供应商。在设备使用周期内,由公司相关处室及使用单位综合考虑供应商业绩、质量管理、成本控制、技术开发、用户满意度、交货周期等方面情况,对供应商做出全面、具体、客观的综合评价。根据供应商绩效评价结果建立公平、一致的激励机制,对评价优秀的供应商增加供货份额,对评价靠后的供应商减少供货份额,有效提高供货质量和服务水平,降低公司采购风险和采购成本。

四、工程监理

公司所有建设项目均采用外委监理单位监理。每年对监理单位进行考核评审,确定入围监理单位,以文件形式予以公布。项目开工前,由各单位从入围监理单位中推荐,报采购管理部门审批后与之签订监理合同和HSE合同。通过工程监理,公司建设项目的施工质量、进度、投资和安全得到有效控制。工程建设项目开工前,建设单位主持召开第一次工地例会,在施工过程中,总监理工程师定期主持召开工地例会,会议纪要由项目监理机构负责起草,并经与会各方代表会签。建设过程中监理单位根据工程进展情况和建设需要及时组织专题会议,解决施工过程中的各种专项问题。建设单位、监理单位和施工单位针对具体工程建设项目分别编制《项目管理实施规划》,内容包括完成项目所必需的专业工作和管理工作。建设单位的《项目管理实施规划》是指工程建设项目总体部署,监理单位的《项目管理实施规划》是指《监理规划》《监理实施细则》,施工单位的《项目管理实施规划》是指《施工组织设计》和HSE两书一表。所有《项目管理实施规划》应协调一致,且在实施过程中由项目管理机构进行跟踪检查和必要调整。

第二节 油库建设

一、油库建设管理模式演变

1999—2003年,为快速进行公司网络布局,公司对辖区所有油库进行摸排,与油库所有者实施战略合作,采用收购、控股、参股、租赁等方式,建立公司油库网络。

2003年6月,公司转发销售公司《关于加强油库和加油站建设管理的通知》,要求油库建设及技术改造项目必须严格按照国家最新颁布的设计规范和设计标准执行;油库建设和改造项目及检维修工程项目施工队伍必须从公司建设项目准入队伍中选择;油库建设及技改项目的设备采购严格按公司《设备材料采购管理标准》执行;油库建设及技改项目的开工必须按照《工程项目开工报告管理标准》执行;油库建设及技改项目的施工必须严格按施工规范进行施工,并按规范、标准做好工程竣工验收工作。

2004—2008年，公司项目建设管理办公室成立后，为更好地适应公司业务发展需要，公司开始规划建设自有油库。项目建设管理办公室按照公司规划布局和工作要求，完成规划选址。这一时期，油库前期管理模式采用"项目建设管理办公室＋各单位"模式运行。

2009—2011年，公司自建昆明（秧田冲）、曲靖（松林）油库，采用"业主＋监理+E+P+C"的模式，设计、采购、施工独立运行。在业主管理上，公司组建项目经理部负责油库现场施工管理与协调，油库所在单位负责办理油库所有手续，公司工程建设管理办公室负责甲供物资采购。

"业主＋监理+E+P+C"，是指建设单位项目经理部完成项目策划、审批，在项目建设过程中行使甲方职权，"监理单位+E+P+C"由业主单独招标确定，其中监理代表甲方在现场行使安全、质量、进度、投资管理职责。E即设计，入围设计单位独立完成项目可行性研究、初步设计、施工图设计；P即采购，项目主要设备、材料由业主自行采购；C即施工总承包，由中标单位完成工程建设项目的施工和试运行。

2010年，公司制定《工程建设管理办法》，对油库建设从制度上进行规范，将油库的新建、改扩建、设备更新、技改、检维修全部纳入统一管理。明确新建油库、扩建油库项目应成立专门的项目部，配备相应的项目管理人员，明确工作职责。同时，明确全项目管理要求，以及对工程建设项目可行性研究、设计、监理、测绘、勘察等工程服务商及施工承包商、设备材料供应商的选择确定标准。

2011年，公司按照规划目标，除续建昆明（秧田冲）、曲靖（松林）油库外，陆续开展清华洞（扩建）、丽江、蒙自、昭通4座油库前期工作。为进一步规范油库建设，下发《2011年油库建设实施方案》，明确在油库建设过程中，项目组负责抓好工期、投资、安全等控制目标的实现，联同设计、监理、施工等单位，做好施工全过程管理，确保油库建设顺利运行。

2013年，公司下发《油库工程建设项目管理实施细则》，对油库工程建设项目管理、初步设计、施工图评审、"三通一平"、施工现场管理、工程服务商管理做了明确要求和规定。

2014—2017年，在蒙自、玉溪、保山、清华洞（扩建）油库建设时，采用"业主＋监理+E+PC"模式，采购、施工由总承包单位负责；在业主管理上，公司组建项目经理部负责油库建设、验收和施工管理，油库所在属地州市公司负责油库前期规划、土地手续办理等工作。

"业主＋监理+E+PC"模式，是指建设单位项目经理部完成项目策划、审批，在项目建设过程中行使甲方职权，"监理单位+E+PC"由业主单独招标确定，其中监理代表甲方在现场行使安全、质量、进度、投资管理职责；E即设计，由入围设计单位独立完成项目可行性研究、初步设计、施工图设计；PC即采购、施工总承包，由中标单位完成工程建设项目的采购、施工和试运行。

2018年，秧田冲航煤储运项目开工建设，采用"业主＋监理+E+PC"模式，采购、施工由总承包单位负责；在业主管理上，公司组建项目经理部总体负责油库建设管理和手续办理等工作。

二、重点油库建设

经过多年建设,公司油库建设管理日趋成熟,专业化管理水平得到全面提升,油库实现以租赁为主向全资为主的转变,油库网络布局得到进一步优化(见表2-5、图2-6)。

表2-5 2009—2018年油库建设情况　　　　　　　　　　　　　　　　单位:万立方米

序号	油库名称	所在区域	建设规模	建设时间	投运时间	进库方式
1	昆明(秧田冲)	昆明	8.5	2009.10	2012.8	铁路、管道
2	曲靖(松林)	曲靖	5.4	2009.11	2013.3	铁路、管道
3	清华洞(扩建)	大理	6	2015.4	2016.2	铁路、管道
4	蒙自	红河	6	2015.4	2017.9	管道
5	玉溪	玉溪	6	2015.4	2017.9	管道
6	保山	保山	4	2015.4	2017.8	管道
7	秧田冲航煤储运项目	昆明	6	2018.5		管道

(一)昆明(秧田冲)油库

昆明(秧田冲)油库位于云南省昆明空港经济区李其社区。项目占地255.5亩,库容8.5万立方米;含污水处理、消防、油气回收、供配电、自动控制、通信、油库信息管理等配套系统;铁路专用线1.4千米,54列装鹤位铁路卸油栈桥,卸油栈桥到库区输油管线2.24千米。

2006年,公司取得浑水塘油库搬迁的商务批复,2009年公司上报昆明(秧田冲)油库初步设计评审请示。2009年10月16日,昆明(秧田冲)油库开工建设,项目由中国石油集团工程设计有限责任公司北京分公司设计,北京兴油工程建设监理有限公司负责监理,新疆吐哈油田建设有限责任公司负责总承包施工。2012年8月30日,随着整列油罐车油品输送到储罐,公司第一座按照2010版油库建设标准建成、自动化水平较高、可以整列油罐车同时作业的全资现代化油库投入运营。

图2-6 云南辖区自建油库分布示意图

（二）曲靖（松林）油库

曲靖（松林）油库位于云南省曲靖市沾益县。曲靖（松林）油库为云南成品油管道配套油库，也是公司在曲靖市、昭通市的分销油库。

曲靖（松林）油库总占地面积102亩，有储罐9座，可存储92号、95号汽油和0号柴油3个品种油品。油库总库容5.4万立方米。与中国石化共用铁路专用线，有铁路卸油鹤位20个；有公路发油岛5座，下装发油鹤位14个，上装发油鹤位2个。

曲靖（松林）油库于2008年取得商务立项，2009年上报初步设计评审请示。曲靖（松林）油库项目由总装备部设计研究院设计，北京兴油工程建设监理有限公司负责监理，中国石油天然气第一建设公司负责总承包施工。2009年11月3日开工建设，2013年3月油库投运。铁路卸油采用租赁中国石化松林油库卸油设施，在中国石化松林油库内新建卸油栈桥、泵棚、配电室等，新建输油管线至曲靖（松林）油库。云南石化投产后，启用管道入库方式，2017年12月，第一批次油品通过管道顺利入库。

（三）蒙自油库

蒙自油库位于云南省蒙自市红河工业园区雨过铺镇，蒙自油库为云南成品油管道配套油库，也是公司在红河州、文山州的分销油库。

蒙自油库总占地面积158.68亩，油库库容6万立方米；设计周转量每年98.6万吨，年周转次数23次，为二级油库。设汽车装车岛5座（其中1座预留），设计装车能力每年115.5万吨。

蒙自油库于2006年取得商务批复，2015年取得销售公司初步设计批复，2015年4月开工建设。项目由中国石油集团工程设计有限责任公司华北分公司设计、兰州寰球工程公司监理、中国石油天然气管道局总承包施工。蒙自油库处于山地丘陵地带，坡陡沟多，落差达54米，属强膨胀性岩土地质结构，施工难度大。项目部技术人员集思广益，科学论证，将原需要140天的地基强夯处理方案调整为分层碾压，工期节约近一半。蒙自油库2017年7月完成内部竣工验收，9月投运试运行。

（四）玉溪油库

玉溪油库位于云南省玉溪市红塔区研和镇。玉溪油库总占地面积为99.32亩，总库容6万立方米，设计周转量每年80万吨。油库有4座发油岛，下装发油鹤位12个。

玉溪油库于2008年取得商务立项，2015年取得销售公司初步设计批复，2015年4月开工建设。项目由中国石油集团工程设计有限责任公司华北分公司设计、北京华油鑫业工程技术有限公司监理、中油吉林化建工程有限公司总承包施工。在建设过程中，玉溪油库现场每天施工时间超过10小时，项目管理团队主动放弃节假日，保障报建手续办理进度与建设进度，玉溪油库于2017年7月完成内部竣工验收，9月投运试运行。

（五）保山油库

保山油库位于云南省保山市隆阳区。保山油库占地面积 80 亩，总库容 4 万立方米，设计年总周转量 56.1 万吨。

保山油库于 2008 年取得商务立项，2015 年取得销售公司初步设计批复，2015 年 4 月开工建设。项目由中国石油工程建设公司华东设计分公司设计、吉林梦溪工程管理有限公司监理、天津大港油田集团工程建设有限责任公司总承包施工。在建设过程中，充分利用地形现状，采用台阶式布置方式，从高到低依次为罐区、辅助生产区、生产管理区、装车区；油罐区布置在挖方区，地基承载力稳定，既节约投资又保证工期。保山油库于 2017 年 7 月完成内部竣工验收，8 月投入试运行。

（六）清华洞（扩建）油库

清华洞油库位于云南省大理州祥云县。清华洞油库总占地面积 280 亩，扩建前库容 3.1 万立方米，为二级成品油库。油库利用天然地势高差自流发油，高差约 28 米；在用发油亭 4 座、发油鹤位 8 个、计量亭 1 座，主要中转 92 号汽油、95 号汽油和 0 号柴油。

油库始建于 1965 年 5 月，1988 年进行第一次扩建，1990 年进行第二次扩建，2015 年开始第三次改扩建。2010 年公司取得清华洞（扩建）油库商务立项，2014 年取得销售公司初步设计批复。建设规模 6 万立方米，建成后总库容提升至 9.1 万立方米。项目由中国石油集团工程设计有限责任公司华北分公司设计、青岛华油工程建设监理有限公司监理、中国石油天然气第一建设公司总承包施工。在扩建过程中，将库区 1 级动火区域内的管线焊接及设备安装全部移至安全区域进行预制，预制好后倒运至旧罐区组装，科学、有序、安全地解决油库边生产边建设过程中的一系列难题。2015 年 12 月，清华洞（扩建）油库完工，2016 年 1 月完成内部竣工验收，2 月进油试运行。2018 年，按照绿色环保安全发展理念，再次对油库进行"五小工程"建设和"家文化"打造，改造后的油库被誉为"花园中的油库，油库中的花园"。

（七）秧田冲航煤储运项目

秧田冲航煤储运项目位于昆明（秧田冲）油库内。该项目于 2017 年 10 月取得销售公司可行性研究批复，2018 年 4 月项目初步设计通过销售公司专家评审。2018 年 4 月先期开展"三通一平"和边坡治理工作，12 月之前完成商务立项、投资备案、安全预评价批复、环境影响评价批复、职业病危害评价批复、水土保持方案批复、节水批复、消防审查意见等前期报备地方批复手续。项目由中国石油管道局工程有限公司设计、兰州寰球工程公司监理、天津大港油田集团工程建设有限责任公司施工。在建设过程中突破了地下溶洞、高填方等工程施工困难，于 2018 年 12 月底完成主体工程建设，建成储罐 3 具，总库容 6 万立方米，年周转能力 150 万吨。

三、规划未建油库

丽江油库在2006年取得商务立项，2010年完成可行性研究编制。2011年4月，昆明铁路局组织相关单位对丽江油库铁路专用线设计进行现场踏勘，因接轨点不能满足丽江货运站规划，接轨方案未予通过。同时，因管道规划的大理—丽江支线不再建设，丽江油库油源进库方式全部被推翻，未继续推进后续工作。

昭通油库在2008年取得商务立项，2010年完成可行性研究编制。2011年4月，成都铁路局组织相关单位对昭通油库铁路专用线方案进行现场踏勘，因造价超过2亿元无法实施。同时，因管道规划的曲靖—昭通支线不再建设，昭通油库油源进库方式全部被推翻，未继续推进后续工作。

安宁成品油储备库在2012年取得商务立项。2013年5月，集团公司规划计划部在北京组织召开安宁油库项目可行性研究报告评审会，公司根据评审意见完成报告修改，因集团公司规划调整，将项目全部资料移交西南成品油管道公司。

南华油库（扩建）在2012年取得商务立项。2013年3月，集团公司规划计划部在北京组织召开南华油库项目可行性研究报告评审会，公司根据评审意见完成报告修改，因集团公司规划调整，项目暂缓实施。

楚雄油库（扩建）在2007年取得商务立项，文山普者黑油库在2010年取得商务立项，普洱油库在2011年取得商务立项，根据集团公司和公司历次油库规划调整，楚雄、普者黑、普洱油库在取得商务立项后，未继续推进后续工作。

第三节　加油站建设

一、管理模式演变

1999—2004年，公司在各单位均设立投资计划部，负责加油站建设工作，按照项目化管理模式，由项目经理负责项目从立项批复到投运的"全要素、全过程"管理。为规范网络建设程序，加强网络基本建设项目过程管理，参照国家建设行业部门和销售公司有关规定，公司结合实际制定《西南销售分公司大型建设项目管理办法》《西南销售分公司中小型基建项目管理办法》，对项目立项、项目监理管理、项目设计、招标与合同管理、施工管理、验收与试运行管理、项目文档管理等方面工作进行明确。

2005—2008年，公司总部迁至昆明后，撤销原云南分公司投资计划部，在公司设立项目建设管理办公室。为提高工程管理质量和项目运行效率，减轻现场监督人员劳动强度，项目办新设立设计管理岗、物资采购岗、结算审核岗、综合管理岗。项目建设管理办公室除负责公司在云南省区域内网络建设工程外，还监管广西分公司、贵州分公司工程管理工作；广西、贵州分公司的投资计划部划分为网络开发部和工程部，工程部负责加油站建设工作。公司根据国家法律法规以及股份公司基本建设有关文件，结合西南地区实际，先后制订《工程建设项目管理文件》《加油站工程建设作业指导书》，使工程建设项目管理做到有章可循。根据销售公司《加油站工程实行模块化建设实施方案》，公司制订《西南销售公司加油站工程实行模块化建设实施方案》，并下发至广西分公司、贵州分公司及云南区域分公司，进一步加强项目管理。同时，开展与中国石油系统内框架协议单位的合作，严把设计、物资采购、施工管理和投资结算"四关"；以强化过程控制、确保工程质量为重点，狠抓项目管理，按期完工率、设计质量合格率、设备材料采购质量合格率、单位工程质量合格率达100%。

2009—2012年，随着公司机构职能调整，剥离贵州分公司、广西分公司的工程建设监管职责，撤销项目办，将项目管理职责划归投资建设管理处，将项目运行职责划归各单位。2011年，公司网络建设工作量迅速增大，为增强管理力量，公司成立工程建设管理办公室。公司细化完善《工程建设管理办法》和相关实施细则，识别工作风险，明确部门职责，细化工作流程，强化工作成效。落实上级公司精细化管理工作会议精神，明确工程管理工作精细化要求，并出台激励措施，加大加油站建设投运奖励力度。

2013—2014年，为进一步提高工程建设工作质量和管理水平，公司撤销工程建设管理办公室，成立工程建设管理处，工程建设管理处设项目管理、施工管理、综合管理三个科室。各单位按照"四部一中心"管理机构，将工程管理职能并入新成立的质量安全工程部。公司按照集团公司"有质量、有效益、可持续"发展要求，进一步加大在建项目推进力度，对存量项目按优劣顺序有序推进，对部分通过改造可提升销量的潜力站点进行重点打造，新增投运项目90座，完成重点打造加油站16座，其中在大丽高速创下同期一次性建设5座服务区的成绩。

2015—2018年，为理顺管理职能，提高管理效率，工程建设管理处服务选商、物资采购、工程款结算等管理职责划归非油处，实施集中采购、集中支付。按照"抓炼厂投运机遇，扩炼厂销售后路"思路，公司加大力度落实战略合作框架协议，积极推进网络开发建设。新增投运加油站174座。

二、主要设备与工艺

销售公司先后推出2005版、2008版、2010版、2017版共四版加油站建设标准，在不同发展时期，公司认真落实加油站建设标准，建设改造一批标准加油站，标准化设计、集约化采购得到落实，模块化建设、规范化管理水平逐步提高。

在公司发展过程中，成品油加油设备经过多次升级换代，尤其是随着新环保法的实施，公司加油设备快速升级换代。主要设备和典型工艺流程如下。

（1）油罐。按在用情况分四个类型：钢—玻璃纤维增强塑料双层罐、玻璃纤维增强塑料双层油罐、钢罐内衬玻璃纤维增强塑料改造、防渗罐池＋单层钢罐。

（2）加油机。按供油方式分为自吸式、潜泵式；按操作方式分为一般式、自助式；按加油速度分为标准流量机、大流量机；按功能档次分普通型、拓展型。

（3）工艺流程。加油站主要工艺有卸油、加油、油气回收工艺，加油又分为自吸泵加油机工艺、潜油泵燃油加油机工艺。

自吸泵加油机工艺流程：提起油枪，开关信号送入电脑装置，在启动电动机同时打开电磁阀，电动机带动泵将油罐中的油吸入泵内，增压后进行油气分离，气体被排出机外，油则进入流量计推动活塞作往复运动。流量计带动传感器中的分度盘，产生脉冲电信号，送入电脑装置。流量计活塞每完成一个循环即通过了一定固定体积的油，传感器输出一定数量的脉冲电信号，送入电脑装置进行运算显示，实现输油量的计量和控制。经过计量的油通过导静电输油胶管，由加油枪向机外受油容器供油。

潜油泵燃油加油机工艺流程：提起油枪，开关信号送入电脑装置，电脑装置处理后打开电磁阀，同时将请示潜油泵供油信号传送给电气控制装置，电气控制装置启动潜油泵供油。高压油通过过滤器进入流量计推动活塞作往复运动。流量计带动传感器中的分度盘，产生脉冲电信号，送入电脑装置。流量计活塞每完成一个循环即通过一定固定体积的油，传感器输出一定数量的脉冲电信号，送入电脑装置进行运算显示，实现输油量的计量和控制。经过计量的油通过导静电输油胶管，由加油枪向机外受油容器供油。

三、重点项目建设情况

（一）大丽高速公路服务区（停车区）项目

大丽高速全长192千米，项目起于大理市凤仪镇，止于丽江市黄山丫口，于2013年12月底建成通车。

大丽高速公路全程设有3对服务区、3对停车区，平均间距约31千米。公司租赁1对半服务区、1对停车区，共5座服务（停车）区。各服务（停车）区规模如下。

（1）双廊服务区加油站（丽江方向）：位于大理至丽江方向61千米处，占地103.5亩，主要包括综合楼两层3323平方米，观景台约1155平方米，宿舍楼三层948平方米，站房两层360平方米，罩棚850平方米，修理库（一层225平方米）和辅助用房等。

（2）双廊服务区加油站（大理方向，见图2-7）：位于大理至丽江方向63千米处，占地54.7亩，主要包括综合楼三层3028平方米，公共卫生间518平方米，宿舍楼三层882平方米，站房两层503平方米，罩棚（大、小车分区，大车550平方米，小车483平方米），修理库（一层225平方米）和辅助用房等。

(3) 牛街停车区（丽江方向）：位于大理至丽江方向99千米处，占地30亩，主要包括综合楼两层2610平方米，站房两层503平方米，罩棚（大、小车分区，大车850平方米，小车483平方米）和辅助用房等。

(4) 牛街停车区（大理方向）：位于大理至丽江方向97千米处，占地32亩，主要包括综合楼两层2610平方米，站房两层503平方米，罩棚850平方米和辅助用房等。

图 2-7　双廊服务区加油站（大理方向）

(5) 拉市海服务区加油站（丽江方向）：位于大理至丽江方向181千米处，占地80亩，主要包括综合楼两层4339平方米，站房两层320平方米，罩棚（大、小车分区，大车550平方米，小车550平方米），修理库（一层225平方米）和辅助用房等。

大丽高速公路项目于2014年8月28日立项，批复租赁费1.85亿元，租期15年。设计、监理、施工单位均按照公司《服务（供应）商管理办法》进行选商。设计、监理单位在公司当年入围单位中采用竞争性谈判方式择优选用，设计单位是云南省公路规划设计研究院、哈尔滨天源石化工程设计有限公司，监理单位是北京华油鑫业工程监理有限公司。施工单位在公司当年入围单位中采用招投标方式择优选用，施工单位有新疆中油建筑安装工程有限责任公司、湖南省第六建设工程有限公司、云南庞展建筑工程有限公司、河北金品工程建设有限公司、福建力天集团有限公司；包装单位有四川省桑瑞光辉标识系统股份有限公司、江阴富仁高科装饰工程有限公司、福建力天集团有限公司。

按照公路建设方"服务区与公路同时投运"的要求，公司于2013年7月22日成立建设项目部，7月27日项目全面开工。项目组及各参建单位紧盯建设工期，克服各种困难，在确保质量、安全的前提下，实现提前1天完工、投运的目标。同期一次性建设五座服务区，在公司属第一次，主体工程最短工期仅60天。

图 2-8　张本荷加油站

（二）张本荷加油站升级改造项目

张本荷加油站（见图2-8）于2013年4月下达计划，5月开工，9月完工，投入资金482万元。新建1座两层钢混框架结构的客户服务中心，建筑面积406平方米。客户服务中心集直销、售卡和非油等业务于一体，以信息化系统为支撑，实现直销与零售、营销与调运、业务与财务"三个一体化融合"。同时，为客户搭建业务合作平台，实现公司与客户、客户与客户之间的客户转介。

张本荷加油站建设第一次采用FF双层防渗承重油罐、承重操作井盖，具备防渗检测功能，罐区地面兼具通行、停车功能，改善了经营环境，提高了土地利用率。同时，对加油区、便利店、卫生间等功能区及外观形象按新标准进行打造，对站级管理系统、监控系统进行升级改造，使加油站功能更加完善，布置更加合理，形象更加亮丽，营造了更好的销售氛围，销量提升明显，客户体验更佳。

（三）金花加油站特色站打造项目

图2-9　大理金花加油站

金花加油站（见图2-9）位于"五朵金花"的故乡，云南省大理白族自治州大理市万花路。占地14.15亩，于2005年11月开业，开业之初油品日均销量约13吨，非油日均销售收入约1000元。2006年，油品年销量超过万吨。2008年，金花加油站按照"市场导向、中油品牌、民族特色"的理念，在中国石油VI设计中引入白族文化元素，通过青砖青瓦、墙面彩绘等进行以大理白族文化元素为主的特色站打造，成为大理一道靓丽风景。2013年利用已有土地建成汽车服务中心和客户服务中心，服务功能更加完善，盈利能力进一步增强。2018年，金花加油站油品日均销量提升至56吨，非油日均销售收入提升至12000元。2018年，集团公司基层建设工作会在云南大理召开，与会嘉宾对金花加油站的民族特色、家文化建设、标准化党支部打造给予高度评价。

（四）富海加油站建设项目

大理富海加油站（见图2-10）位于云南省大理市经济开发区富海路与苍山路交叉处，占地5.8亩，建筑面积168平方米，罩棚面积1440平方米，30立方米储油罐4个，四枪加油机6台。该项目于2016年6月取得立项批复，批复投资1460.79万元。由哈尔滨天源石化工程设计有限公司进行设计，由北京华油鑫业工程监理有限公司监理，由四川华远建筑工程有限公司进行主体施工，形象包装由四川桑瑞光辉标识系统有限公司完成。

图2-10　大理富海加油站

富海加油站项目于2016年8月开工，2017年6月完工并投运。建设过程在创新使用"蝴蝶型"罩棚的基础上，采用智慧加油机、车辆识别系统、人脸识别系统、车辆自动引导系统，建成公司智慧站升级版，在销售公司范围属首创，得到销售公司好评和兄弟公司称赞，为公司后续智慧站建设积累了经验。

四、技改检维修

1999—2004年，为满足公司销售网络规模迅速扩张的需求，针对通过收购、租赁、控股等模式开发的现状站，按照规范要求消除安全隐患，按照经营需求完善经营设施、修缮生活设施，整改加油站300余座。

2005—2010年，按照规范和2005版、2008版加油站建设标准，对公司在营加油站有序进行安全隐患治理和形象打造，公司加油站的安全根基更加牢固，加油站外观形象得到统一提升。消除隐患加油站137座，打造形象站19座，其中包括昆明张本荷加油站、大理金花加油站的打造。2008年发生冰冻灾害后，公司部分加油站发生罩棚垮塌事故，按照销售公司要求，公司对在营加油站罩棚安全隐患进行排查，并制定实施三年治理计划。

2011—2013年，公司按照规范和2010版加油站建设标准，对在营加油站继续进行安全隐患治理和形象打造，加油站安全根基更加牢固，按新的标准统一加油站外观形象。消除隐患加油站221座，打造形象站27座。

2013—2017年，除继续进行安全隐患治理和形象打造外，根据国家环保治理要求，从2015年起对在营加油站开展渗漏检查，并进行防渗和油气回收改造，截至2017年底，完成102座加油站的治理任务。

2017年，公司进一步规范技改检维修计划管理。计划安排上，技改检维修计划重点安排小改大费用化项目。全年分5批次下达，成熟一批，下达一批。计划执行上，下达的技改检维修计划，严格按照计划申报时审核确定的项目内容、实施计划及时间节点予以实施。跟踪督促上，定期汇总计划完成进度，通报已下达计划完成情况；未完成前一批次计划项目结算资料送审的单位，暂缓下达下一批次技改检维修计划。审核流程上，改造项目由实施单位按需提出，明确整改方案、增量增效预计效果、费用预算、税费、实施计划、停业时间等，填报计划申报评审表，经各单位相关人员签字确认，报相关处室审核通过后，交投资处复核汇总；由投资处按程序提交总经理办公会审议，通过后下达计划。全年共下达计划282项，开工205项，完工179项。

2018年，公司以在营加油站防渗改造和油气回收治理为重点，兼顾主、非油改造需求，按照"一体化改造"思路和"8年内不再投入资金改造"的要求进行设计、施工。为确保一体化改造项目按计划实施，安全、质量、工期、投资四要素得到有效控制，公司于5月17日召开防渗治理一体化改造动员会暨培训会，专门做出部署安排。同时，成立专门负责一体化推进协调小组，下发防渗一体化改造实施方案及分年度推进计划。全年完成加油站一体化改造159座（见表2—6）。

表2-6 公司防渗治理一体化改造项目完成情况　　　　　　　　　　　　　　单位：座

序号	单位	已完成改造加油站	未完成改造加油站
1	昆明	72	20
2	曲靖	43	48
3	大理	11	31
4	红河	30	45
5	玉溪	16	14
6	文山	14	28
7	楚雄	10	16
8	保山	14	13
9	西双版纳	4	15
10	丽江	7	10
11	昭通	23	10
12	临沧	6	17
13	普洱	11	13
14	德宏	21	2
15	迪庆	5	3
	合计	287	285

第四节　管道建设

中国石油云南成品油管道工程是国家重点工程中缅油气管道工程和云南石化1000万吨/年炼化工程的配套建设项目，项目以云南石化所产成品油为资源供应中心，在炼厂旁配套建设管道首站油库，并以首站油库为中心建设安宁—昆明—曲靖、安宁—楚雄—大理—保山、安宁—玉溪—蒙自三条主干线和大理—丽江、玉溪—普洱、蒙自—文山、曲靖—昭通、大理—临沧五条支线（见表2-7、图2-11），沿途经过云南省12个州市、43个县区市，线路总长2081千米，项目永久用地面积约43.1公顷。

2009年12月，为与云南石化和公司油库规划形成配套，根据集团公司规划计划部安排，公司成立管道前期工作项目组，开展项目前期工作。主要开展云南成品油管道整体规划、委托开展"三干一支"（安宁—大理—保山、安宁—昆明—曲靖、安宁—玉溪—蒙自、大理—丽江）成品油管道项目可行性研究和相关专项评价工作。

表2-7 管道规划建设数据表

线路	距离（千米）	管输量（万吨/年）	品种	连接油库
安宁—昆明—曲靖	294	322	汽油、柴油、航煤	昆明（秧田冲）油库、曲靖（松林）油库
安宁—楚雄—大理—保山	397	322	汽油、柴油	南华油库、清华洞油库、保山油库
大理—丽江	207	27	汽油、柴油	清华洞油库、丽江油库
安宁—玉溪—蒙自	252	225	汽油、柴油	昆明（秧田冲）油库、玉溪油库、蒙自油库
玉溪—普洱	295	43	汽油、柴油	玉溪油库、普洱油库
蒙自—文山	132	40	汽油、柴油	蒙自油库、文山油库
大理—临沧	235	25	汽油、柴油	清华洞油库、临沧油库
曲靖—昭通	245	35	汽油、柴油	曲靖（松林）油库、昭通油库

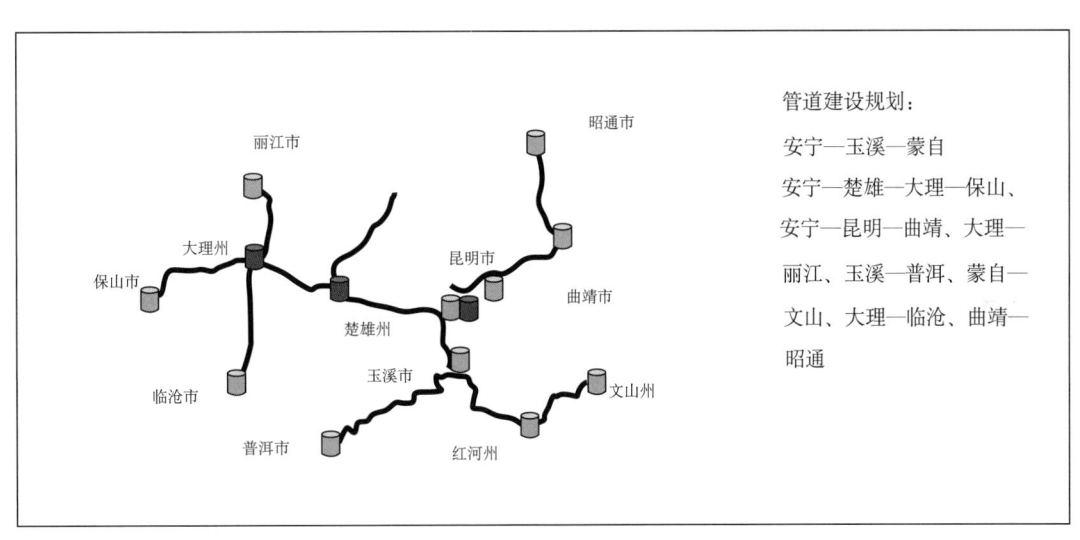

图2-11 管道规划建设图

2010年4月，为进一步加大油库（管道）项目建设工作力度，尽快建成与中国石油南方战略相匹配的集散、分销库及管道网络，实现公司科学发展、跨越式发展，公司成立安宁—昆明—曲靖成品油管道项目经理部、安宁—玉溪—蒙自—文山（含玉溪—普洱支线）成品油管道项目经理部、安宁—楚雄—大理—保山（含大理—丽江、楚雄—攀枝花支线）成品油管道项目经理部。

12月，根据股份公司规划计划部《关于下发中缅油气管道与云南成品油管道项目前期工作协调会会议纪要的函》要求，将云南成品油管道"三干一支"项目的建设和运营由销售公司移交天然气与管道公司等单位，由管道建设项目经理部具体负责组织建设。

2011年2月，为确保移交顺利，公司与管道建设项目经理部共同召开云南成品油管道项目移交及建设工作协调会，根据会议要求，联合成立项目核准小组。公司移交工作组进驻中缅管道工程项目部，顺利完成项目移交后，安排2名人员进入项目核准小组，继续协助办理成品油管道项目前期核准工作。

2012年，公司积极配合管道建设项目经理部，开展云南省成品油管道三条干线工程项目的政府核准工作。4月，项目整体获得云南省发改委核准，标志着云南成品油管道三条干线工程项目前期核准工作全部完成，工程正式进入开工建设阶段，也为配套油库顺利开工奠定了基础。9月，圆满完成云南成品油管道项目核准和初步设计批复后，项目核准小组撤销，公司相关人员返回原单位。

第五节　设备管理

一、管理机制

1999—2009年，公司设备管理分别由各单位和相关处室进行管理，随着西南销售公司改制，云南销售公司成立，将分散在质量安全环保处、投资建设管理处、财务处的设备管理职责划归至质量安全环保处，统一规划协调公司设备管理工作。

2010—2013年，针对设备管理现状，公司制定下发《设备管理办法》，规定设备从选型、验收、维修保养、闲置报废的全过程管理流程和具体要求，明确机关各处室及所属单位的设备管理职责和管理目标，完善库站设备定期巡检制度，积极推广全员维修，操作人员通过岗位技术培训，做到"四懂三会"（懂结构、懂性能、懂原理、懂用途和会操作、会保养、会排除故障），设备润滑做到"五定"（定人、定质、定时、定点、定量）管理，初步夯实设备管理的清洁、紧固、润滑、调整、防腐、堵漏等基础工作。为进一步加强设备管理工作，公司下发《关于成立公司资产管理机构的通知》，在质量安全环保处增设"资产管理中心"，从公司层面确定设备管理的机构编制、业务流程、岗位设置，理清设备管理界面和职责。

2014—2015年，为深入推进机关处室职能和管理流程优化，形成上下协调、沟通顺畅、适应发展要求的组织架构体系和业务运行机制，公司下发《关于调整营销处、加油站管理处等部分处室机构设置及管理职能的通知》，将在质量安全环保处下设的实物资产管理中心划归工程建设管理（设备）处，原质量安全环保处实物资产管理中心的2名管理人员划归工程建设管理（设备）处管理，重新划分设备管理的机构编制、业务流程、岗位设置。

2016年，公司本着"精干、高效、满负荷"的原则，按照设备分级管理的要求，公司下发《关于进一步明确设施设备管理机构及管理职能的通知》，建立公司、各单位、基层库站较完备的三级管理架构，重新修订发布《设备管理办法》，实现设备采购、安装、转资、使用、维护、修理、停用、闲置、调配、报废与处置等各环节管理流程的专业化、表单化。

是年，建立公司、各单位、基层库站三级设备监督检查机制，明确设备监督检查的覆盖范围，加大检查力度，全年组织2次公司级设备管理检查，发现设备管理方面存在的问题152项，下发整改清单127条。年底重点对橇装加油设施检查整改情况开展"回头看"复查，橇装加油设施存在的腐蚀严重、维修不及时、现场卫生差等问题得到有效整改。

2017年，公司设备信息化管理系统首次上线运行，充分运用信息化管理手段，在系统中建立分类、分项设备设施明细台账，实现设备规格参数、点检维护、检修记录、运行情况等动态管理，定期分析设备完好率、利用率和维修率等重要运行技术指标，充分发挥设备效能，提升设备动态化、信息化管理水平。

是年，在设备管理过程中坚持设计、制造与使用相结合、维护与计划检修相结合、技术管理与经济管理相结合的原则，以设备全生命周期性能价格比最优、综合成本最低、运行费用最经济引进新设备、新材料、新技术。先后对智慧型加油机、双层油罐、双层复合管线、油气回收及防渗动态监测技术开展技术交流、经济论证，在充分掌握核心技术的基础上，制定下发相关设备的适用性、可靠性、维修性、安全环保性和经济性的技术要求，确保新技术、新设备、新材料在加油站安全、环保、高效运营中发挥保驾护航作用。

2018年，公司借鉴学习兄弟单位库站设备维护保养管理方式，结合云南地域特点，引入预防性维修、事后维修和状态维修三者结合的设备维修方法，形成整体外包、分专业承包、企业自修等不同模式，建立从操作人员、维修人员、管理人员到设备制造厂商参加的全员维护保养运行机制，实现人力资源优化和设备安全经济运行。

是年，针对公司特种设备管理现状，依据国家、集团公司特种设备管理法规及相关制度，完成特种设备管理台账建立，共清理纳入特种设备管理范围的各类设备380项，编制下发压力容器、叉车、小油罐车、压力管线专项操作规程。

二、制度建设

2010年，公司专门制订《设备管理办法》，使设备设施管理有章可循，有据可查，并对公司总经理办公室、党群工作处、加油站管理处、调度运输处、投资管理处、工程建设管理处及基层库站的设备管理职能进行划分，从制度上堵塞设备设施管理漏洞，为实现设备设施全要素、全过程管理奠定基础。

2011年，公司制订《固定资产管理实施细则》，明确财务处是公司固定资产价值归口管理部门，负责具体组织开展固定资产清查、报废资产及处置方案上报工作，指导、监督所属单位财务部门资产管理及核算工作。质量安全环保处作为公司设施设备的归口管理部门，负责具体审查办理固定资产的闲置封存、报废、调拨等手续，会同财务处开展全公司固定资产清查工作。

2013年，公司成立资产管理中心，修订《实物资产管理实施细则》，进一步落实各单位、基层库站实物资产管理的第一责任。

2015年，根据公司相关处室职能调整要求，重新修订《设备管理办法》《实物资产管理实施细则》，工程建设管理（设备）处作为公司固定资产管理中设施设备归口管理部门，负责具体审查办理固定资产闲置封存、报废、调拨等手续，会同财务处开展公司固定资产清查工作。

2016年，公司下发《设备设施日常维修管理办法》，全面推进设备维护科学化和预知性检修，坚持"量效第一、安全运维、勤俭节约"原则，优化人力资源和降低维修成本，科学合理使用维护保养费用，保证支付渠道畅通、专款专用，确保库站设备设施安全长周期运行。

2017年，公司重新修订《设备设施管理办法》《实物资产管理实施细则》，按照设备分级管理原则，进一步落实各单位、基层库站设备管理第一责任。

2018年，随着公司库站规模不断扩大，设备设施数量不断上升，共有各类设备13.15万余项（见图2-12、图2-13）。为进一步加强设备管理，公司将《设备设施管理办法》《实物资产管理实施细则》合并为《设备设施管理办法》，进一步强化公司、所属单位、基层库站的三级设备监督检查职责，确保设备监督检查的覆盖范围和检查力度，不断提高设备管理的针对性和有效性。

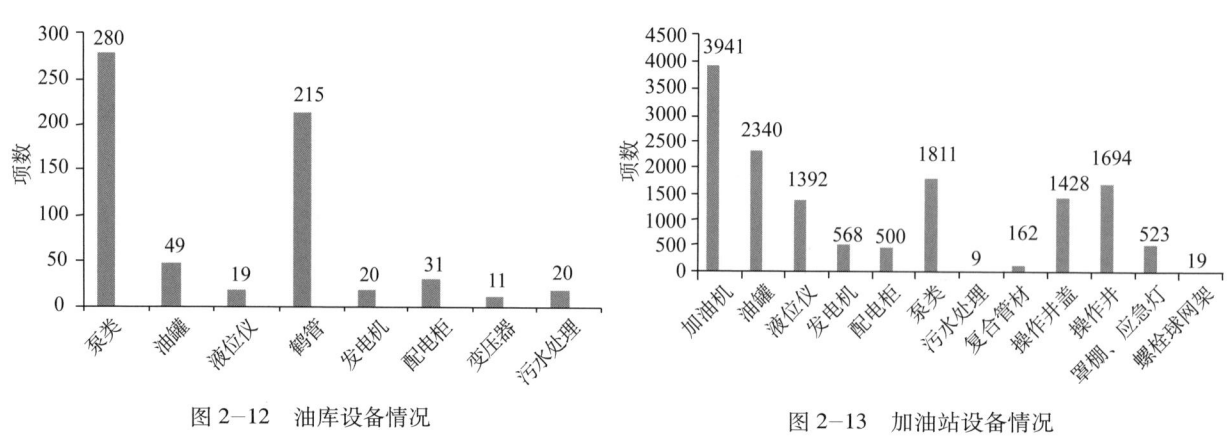

图2-12　油库设备情况　　　　　　　　图2-13　加油站设备情况

三、实物资产管理

1999—2008年，公司成立初期，实物资产主要通过各专业线安全检查、财务检查等方式对实物资产进行清查，并造册登记做好实物资产管理工作。

2009—2012年，公司发布《固定资产管理实施细则》，确定财务处是公司固定资产价值的归口管理部门，负责具体组织开展固定资产清查、资产报废及处置方案上报工作，质量安全环保处是公司固定资产实物管理部门，负责待报废资产鉴定，审查固定资产的闲置、封存、报废、调拨等手续办理。公司财务处、质量安全环保处为摸清家底，先后开展现场调研8次，现场访谈48人次，汇总整理意见建议117条，清查盘点2次，拓展了固定资产管理工作的思路和模式。

2013—2015年，公司将资产管理范围由固定资产拓展到实物资产，下发《关于成立公司资产管理机构的通知》，在质量安全环保处增设资产管理中心，确定实物资产管理的机构编制、业务流程、岗位设置。为深入推进机关处室职能和管理流程优化，公司下发《关于调整营销处、加油站管理处等部分处室机构设置及管理职能的通知》，将在质量安全环保处下设的实物资产管理中心划归工程建设管理（设备）处，重新划分实物资产管理机构编制、业务流程、岗位设置。

2016—2018年，公司资产管理信息化管理系统上线运行，实现资产盘点、转资调拨、报废处置等环节网上申报审批操作。公司首次建立闲置资产库，制定实物资产提率提效年度实施方案，明确机关处室及所属单位资产提率提效目标，严格按照管理程序处置低效闲置报废资产，持续优化和盘活在用存量资产，摸清公司实物资产分布情况（见表2-8），提高资产使用效率。其间，公司建立年度集中盘点、所属单位季度盘点、库站一月一盘的实物资产盘点制度，将实物资产管理工作前置。在工程项目方案评审时评估设备设施改造更新的可行性，在实物资产到达现场时严格按照合同开箱验收，在工程竣工验收通过时办理预转资入库手续，在办理付款审批手续时完成转资，坚持将账实相符、账物相符作为实物资产管理标准化达标考核指标。

表2-8 实物资产分布情况

项目	金额（万元）	设备数（项）
机关本部	8223.70	6229
非油品公司	350.71	1284
昆明（强林）分公司	89443.93	17601
仓储分公司	87715.66	13638
楚雄分公司	36905.99	7871
大屯油库	2441.65	169
大理（中青、能源）分公司	61047.10	9655
丽江分公司	13335.29	4551
迪庆分公司	3773.62	121
德宏分公司	19260.19	4384
西双版纳分公司	10610.56	3105
普洱分公司	27966.61	3116
临沧分公司	12547.71	2966
保山分公司	27511.97	7015
文山分公司	40230.50	8593
红河分公司	47232.96	12759

续表

项　目	金额（万元）	设备数（项）
玉溪分公司	22579.05	5599
曲靖分公司	64875.50	14081
昭通分公司	66997.20	8179
控股单位	111.56	659
合　计	643161.47	131575

第三篇

成品油资源供应

公司成立之初，正是中国石油在西部地区推行成品油"四统一"营销体制的初期，公司成品油由纳入"四统一"管理的西部炼厂通过铁路运输到西南地区。受铁路运力及川口流向限制等因素影响，油品运输难度较大。2009年以来，随着中国石油在云南市场不断拓展，公司逐步建立"以西部炼厂铁路运输为主，东北下海中转入省为辅，外采补充"的多元化资源配置体系。随着西部管道、兰成渝管道投运，广西石化、四川石化相继投产，云南地区资源格局逐步发生变化。2017年，云南石化投产后，给公司物流运行带来根本性变化，云南从资源末梢变成资源生产地；通过新建3座管道配套油库和扩建1座油库，红河、玉溪、保山等州市实现油品属地配送，形成"6座管道库+1座地付库+3座铁路库"的资源储输格局。

公司始终将资源调运作为主营业务，随着公司销售业务规模增长，资源调运量逐年稳步上升。2001—2008年，公司为云南、广西、贵州三省区合计配置资源调运量由144万吨增加到339.14万吨（见表3–1），年均增长12.4%，2003年突破200万吨，2005年突破300万吨。2009—2018年，公司配置资源调运量由210.39万吨增加到251.78万吨（见表3–2），年均增幅8%，2010年配置资源调运量突破300万吨，2018年突破400万吨。

表3-1　2001—2008年西南销售公司配置资源完成情况　　　　　　　　　　　　　　　单位：万吨

项目	2001年	2002年	2003年	2004年	2005年	2006年	2007年	2008年
合计	144.34	149.7	214.63	281.82	334.54	359.09	320.7	339.14
汽油	44.75	41.63	67.09	102.01	127.7	123.48	113.24	90.43
柴油	99.59	108.07	147.54	179.81	206.84	235.61	207.46	248.71
柴汽比	2.23	2.60	2.20	1.76	1.62	1.91	1.83	2.75

表3-2　2009—2018年云南销售公司配置计划完成情况　　　　　　　　　　　　　　　单位：万吨

项目	2009年	2010年	2011年	2012年	2013年	2014年	2015年	2016年	2017年	2018年
合计	210.39	301.00	340.54	358.93	388.68	375.03	375.04	397.43	398.26	451.78
汽油	79.26	98.13	106.68	122.66	130.32	133.12	121.94	144.40	151.04	188.89
柴油	131.13	202.87	233.86	236.27	258.36	241.91	253.10	253.03	247.22	262.89
柴汽比	1.65	2.07	2.19	1.93	1.98	1.82	2.08	1.75	1.64	1.39

公司按照"以销定存、以存定进"原则，坚持铁路、水路、公路、管道多方式运输，直炼、外采、串换多渠道保障，西北、东北、川桂多流向平衡，调运、仓储、配送全流程互动，逐步建成灵活、稳定、有效的资源保障体系。在资源调运上，根据市场变化，全面统筹资源渠道，协调解决运输难题，强力保障资源供应；在仓储管理上，深化油库专业管理，强抓安全和数质量管理，建立与铁路各站段的良好沟通机制，有效提升运行效率；在二次配送上，将保障加油站正常销售当成始终坚持的目标，在体制机制、技术手段、管理要求、业务流程等各方面进行不断探索，为

中国石油履行三大责任做出积极贡献。1999—2008年，公司克服网络布局分布不均，仓储能力较弱，资源运输距离和周期较长等困难，配送量从9万吨增长至125万吨，增长14倍，2006年突破100万吨关口，有效保障零售市场份额逐年提高（见表3-3）。2009—2018年，随着销售规模扩大，配送数量和平均运距逐年提高，配送保障能力也随之不断增强（见表3-4）；在资源优化上，通过对国际油价、国内供需等变化趋势分析研判，合理把握调运节奏，不断优化库存摆布，通过系统外串换、系统内跨省调运等方式填补油库辐射空白区域，确保做到减运距、降库存、增效益；在损耗管理上，严抓一二次运输损耗管理，扎实做好铁路卸油，大力推进地罐交接，牢固树立"降低损耗就是增加效益"理念，为公司开源节流、降本增效做出突出贡献。

表3-3　1999—2008年西南销售公司纯枪配送完成情况

项　目	单　位	1999年	2000年	2001年	2002年	2003年	2004年	2005年	2006年	2007年	2008年
配送量	万吨	—	9.06	31.38	33.60	40.15	68.72	88.28	101.78	119.50	125.38
平均运距	千米	—	—	—	—	—	—	133.00	138.00	129.00	132
吨油运费	元/吨	—	—	—	—	—	—	36.39	57.56	54.18	84.69

表3-4　2009—2018年云南销售公司纯枪配送完成情况

项　目	单　位	2009年	2010年	2011年	2012年	2013年	2014年	2015年	2016年	2017年	2018年
配送量	万吨	133.44	142.68	180.48	206.74	229.87	228.67	226.42	237.63	234.61	248.03
平均运距	千米	145	184	164	187	212	186	191	195	193	175
吨油运费	元/吨	126.37	123.30	116.40	134.64	147.28	129.37	132.84	135.32	134.09	120.35

第一章　成品油调运

公司地处西南，远离资源地，运输方式单一，资源组织较为困难。且公司仓储能力弱、油库布局不合理、接卸能力差，受运距、周期、流向和费用等因素制约，资源保供成为长期制约公司发展的主要瓶颈。1999—2009年，资源主要依赖东北炼厂、西北炼厂，其中西北炼厂资源均由铁路发运，须通过上西坝等限制口，发运点多达七八个，远至新疆、格尔木，运输周期长达10天；东北炼厂资源须通过海运至广东湛江和广西钦州港后，再通过铁路中转入云南、广西、贵州三省区，运输组织极为困难。2010年，广西石化投产，资源发运紧张局面得到缓解，运输周期缩短至5天，但仍然依赖西北炼厂资源。2014年四川石化投产，资源供应格局变为"广西石化为主、四川石化为辅"，资源供应瓶颈逐步缓解。2017年云南石化投产后，云南从资源末梢地变成资源生产地，公司属地化资源格局初步形成。随着安宁—大理—保山、安宁—昆明—曲靖、安宁—玉溪—蒙自三条管道投运，资源保障能力进一步增强。

公司坚持"以销定调"原则，贴近市场，全力争取直炼配置，加大外采力度，优化油库管理，最大限度使一次物流调运均衡保障，流向合理，按需供给，储能匹配，尽可能避免资源在空间、时间、流向上摆布不均衡情况。同时，打破区域管理划分，实现油库存储能力及库存资源共享，形成资源统一平衡、统一调度，有效保障成品油市场的稳定供应。

第一节　配置资源

一、资源流向变化

1999年6月，中国石油在西北地区推行成品油"四统一"营销体制，形成西部地区成品油统一销售新格局。公司按照中国石油、中国石化互供框架协议，加强中国石化资源调入衔接工作，70%中国石化资源由公司配置给各单位，遏制资源向辖区内社会经营单位流入，对规范区内市场和保障供应起到积极作用。

2000年，公司以调运组织为龙头，千方百计组织资源，确保稳定供应。在成品油调运组织上，注重调运方法，提高公司整体效益；在资源平衡方面，压区外、保区内，优先安排川、渝计划；在油品发运上，坚持"先川渝、后云贵"的原则，控制云贵地区发运进度，优先安排川、渝地区油品发运。在资源紧张的情况下，保证川渝石油公司资源供应。同年，公司统一提报川、渝两地石油公司资源需求计划的职能移交西北销售公司。

2001年4月，西部省区销售公司和公司实行"送货制"，需提前向西北销售公司上报每月到货站点需求量，西北销售新疆分公司按西北销售公司计划需求量组织发货，逐步建立规范、科学、合理的西部辖区成品油供应体制。

2002年9月，兰成渝管道（兰州—川渝）顺利投产运营，公司成品油资源通过西部地区炼厂及川渝管输油库铁路调入，发货点主要以新疆、甘肃及川渝管输油库为主，东北方向成品油则作为补充资源。10月，四川102油库分输站开始输入第一批柴油，标志着公司辖区成品油供应受入川瓶颈制约状况得到大幅缓解；四川102油库第一批油品装车出库，发往公司辖区，开始发挥中转油库的中转调节功能。

2003—2005年，公司在计划资源落实、油品合理配置、市场发展预测等方面做了大量工作，资源向价格到位率高的市场倾斜，向加大开发力度的市场倾斜；各单位在市场信息、配置计划、销售节奏、二次配送等方面做细工作，并及时反馈互动，通过各环节合力科学调整资源流向，获得较好市场效益。

2006—2007年，西部管道正式进油（新疆—甘肃），至此新疆大量资源通过管道进入内地市场，解决兰成渝长期资源供应不足的情况。公司成品油资源由西部地区炼厂及川渝管道油库通过铁路采取送货制方式调入。因川口受限因素，公司增加东北下海油调运量，从东南沿海中转入省，少量资源由外采进行有效补充，资源结构更趋合理。

2008年6月，西北资源迅速减少，东北资源大幅增加，8月，东北资源达总量的85%。公司委托地炼加工成品油6.04万吨，与中国石化实现优势资源互供，串换、管道下载资源5.72万吨，补充完善资源结构，达到缩短采购距离、降低采购成本、提高资源获取能力的目的。公司全年完成配置资源342.43万吨，其中东北配置资源183.1万吨，完成全年计划的130.88%，同比增长49.95%。

2009年，公司取得湛江地区油库的统一协调权，提高资源中转能力。同时，积极沟通协调，与地方炼厂、中国海油、中国石化等单位建立较为稳定的资源外采渠道。

2010年9月，随着广西石化投产，公司资源流向结构发生重大变化，70%以上配置资源改由广西石化供应。

2011年，公司以提高直炼资源兑现率为重点，盯紧计划进度，加强广西资源调运组织，扩大地付量。全面统筹资源渠道，努力调控调运节奏，全年追加配置计划9.3万吨，兑现直炼资源188万吨，下达计划兑现率94%，同比提高5%。

2014—2016年，四川石化投产，兰成渝管道彭州支线正式进油投运。自此，公司配置资源保障能力进一步增强，90%配置资源通过四川石化和广西石化经铁路运输入省。

2017年8月，云南石化投运，结束公司成品油资源远距离调入历史，西北销售公司安宁公路地付、云南管网"三干一支"（安宁—保山、安宁—蒙自、安宁—曲靖及昆明支线管道）逐步投运，管道分输库作用有效发挥，公、铁、管运输格局更加合理完善，资源保障更具优势。

2018年，随着安宁—保山、安宁—蒙自、安宁—曲靖三条输油管线全线投运，给公司物流运行带来质的变化，公司从资源末梢地变成资源供应主产地，保山、德宏、玉溪、蒙自实现属地配送，资源保障能力显著增强。从运输方式来看，一次运输方式由原来单一的铁路运输变为管道、铁路、地付联运。

二、资源保障

1999年9月，中国石油、中国石化资源紧张，中国石化调入云贵资源明显减少，满足不了市场需求，而公司区外资源计划得不到保障，逐月递减，油品资源异常紧张，大部分地区限制或停止油品批发业务，主要保零售供应。这一现象引起云南省政府高度重视，要求紧急调运部分资源，以保证市场供应和国家重点工程用油。公司向销售公司申请12月紧急调入云贵地区成品油10万吨，以后每月调入8万—10万吨资源。同年，公司设立新疆办事处，在新疆重要资源地靠前指挥，统筹协调，确保资源保障。

2000—2002年，公司以调运组织为龙头，按轻重缓急、效益最佳原则，组织资源调运，加强资源配置管理，提高计划兑现率。在资源平衡方面，压区外、保区内，优先安排川渝计划；在油品发运上，坚持"先川渝、后云贵"原则，控制云贵地区发运进度。根据股份公司区外网络建设战略部署，公司加大区外网络建设开发力度，但现有网络日常经营必需资源得不到保障，多次出现断油停业情况，经济效益和销售数量受资源影响大幅下降，资源供给不足严重制约和影响公司区外网络的正常运行和开发建设工作。由于西北资源受铁路运力影响，资源调运总量受限，且中国石化资源量锐减，为正常履行区内市场保供责任，满足区外网络建设需要，公司申请配置东北下海油每月6万吨，其中广西市场2万吨/月，通过铁路中转补充云贵资源缺口4万吨/月。

2003年，云南市场由于资源紧张，社会加油站大量停业，中国石化部分加油站相继停业，对外批发业务全面停止，云南省部分地区出现油荒。为此，云南省政府连续两次召开油品供应专题会议，公司就油品供应现状及应对措施作了汇报。同时，全力组织资源，保证按国家指导价格供应市场，为云南省政府排忧解难，所属加油站未发生断油和停业现象，担负起非常时期中国石油应承担的社会责任。

2004年，西南成品油市场需求快速增长，市场价格上调预期因国际油价连创新高不断增强，引发秋季补库行情提前到来，价格快速上行，资源告紧。公司配置计划欠量较大，西南三省区所有权总库存持续下降。资源总量不足、资源结构不合理、资源分布不均衡使公司正常资源供应无法保障，部分品种在部分地区脱销。公司积极协调销售公司在配置资源方面给予更多支持，并追加配置计划和确保每月足额配置资源，以缓解资源紧张局面，确保西南辖区市场稳定供应。

2005年，随着公司零售网络不断扩大，成品油需求量逐步上升，配置计划已无法保证零售市场基本供应。连续强降雨，致使山洪、泥石流等自然灾害频繁发生，云南省政府多次关注资源问题，要求全力确保资源供应，公司申请追加3万吨资源以保证市场供应。面对资源持续偏紧、市场消费结构与资源配置结构不匹配、运输紧张等具体情况，公司优化资源流向，加强计划衔接，及时调整营销策略，控制销售节奏，保证市场供应。

2006年，面对成品油资源持续偏紧、运输能力严重不足、市场需求又异常旺盛等客观因素，公司积极向销售公司争取资源配置计划，加大与资源单位地协作力度，有力保障了市场份额内成品油稳定供应。根据资源配置和市场状况，公司实施收放有序的销售策略，较好地控制销售运行状态，提高市场把控能力，重点保证农牧业生产、城市公共事业及重点节庆期间的市场供应。全年完成资源调运总量296.53万吨，同比增长9.35%，配置资源兑现率不断提高。

2007年，为加强与资源单位、铁路运输部门的业务沟通与协调，公司将原新疆、兰州调运点进行整合，成立西北调运业务协调办公室，紧贴资源地协调资源。公司拓宽资源进货渠道，筹措成品油资源，全力以赴保障市场稳定供应，面对成品油市场需求旺盛、资源严重紧缺、油荒持续时间长的严峻形势，公司认真履行市场保供责任，千方百计追加资源、调运油品，有效缓解因成品油供应紧张对群众生活、重点工程、企业生产、灾区重建带来的影响。

2008年，因国际油价不断飙升，国内成品油资源偏紧，云南省处于成品油消费高峰期。受到四川汶川地震灾害影响，公司计划经四川调入云南的成品油资源约10万吨难以落实，中国石化从茂名到云南铁路运输车辆滞后，成品油供应形势十分严峻。面对资源长期不足、油库长时间断电、公路配送受阻、资源无法出库、铁路运行中断等多重挑战，公司精心组织，合理安排，全力以赴保障资源供应。

2009年，受四川灾后重建影响，运输流向受限，西北资源调入困难。云南省遭遇十年不遇特大干旱，抗旱救灾用油大幅增加。由于铁路运力不足，公司资源计划完成率低，致使库存降至低位警戒线以下，加油站出现大面积断档脱销，严重影响市场供应。为提高配置资源兑现率，公司克服西北全年5次长时间停限装影响，按月制定切实可行的物流运行方案，积极与资源单位及销售公司协调沟通，并3次通过云南省政府帮助协调铁道部解决运输问题。在公司协调下，铁道部下达2次湛江转运云南部令，1次西北5列装车部令。公司在湛江召开东北下海资源转运云南运输协调会，派专人到湛江、钦州协调下海资源接卸、中转问题，优化二次中转环境，稳步提高资源中转能力，充分发挥东、西北资源互相调剂、互为补充的作用。

2010年，公司紧盯市场、库存结构及直属炼厂产销存生产信息，积极协调争取配置计划，从资源计划提报、炼厂发运资源摆布、发运时间落实、调运节奏把握和油库接卸转运各环节入手，全过程加强与销售公司、资源单位、铁路部门的协调联系，合理制定资源调运方案，使得配置资源大幅增加。全年调入配置资源186万吨，同比增长15%，为资源保障奠定基础。

2011年，面对资源紧张、外采难度大、仓储能力不足等困难，公司积极争取配置资源、加大外采力度、优化物流配送、强化油库管理，有效保障了资源供应。以做精配置资源为主线，对配送距离较长的滇西地区尽可能增加配置计划，紧盯计划进度，控制发运节奏，确保均衡执行；以统筹平衡资源渠道为重心，合理编制各发运点调运计划，强化运输计划管理与执行，监督油库库存与接卸，一次运输到库比率同比提高2%；以提高配置计划兑现率为落脚点，加强与销售公司、资源单位的沟通协调，资源兑现率同比提高2%。

2012年，公司密切关注资源、市场、价格、客户等因素，重点考虑抗旱保供需求及直属炼厂产存信息，关注东北、西北销售公司每月计划安排和每日调度情况，准确掌握资源信息，积极争取政策支持，适时调整资源流向，确保资源安排到位、发运到位。设立钦州、兰州采调办，实现调运靠前指挥，在资源保障方面起了较大作用。

2013年，四川遭遇罕见特大暴雨天气，受暴雨影响，四川铁路宝成线、成昆线、成灌线几度限速运行或暂时中断行车，兰成渝管道停输。面对突发状况，公司制定应急保障措施，密切关注四川暴雨和洪灾情况以及兰成渝管道抢修进展，全力组织好后续资源发运，积极协调西北销售公司将西部资源计划调至广西石化发运，并争取加大地付计划量。同时，加大钦州天盛油库汽油外采转运力度，确保省内资源供应平稳。重点关注97号汽油库存较低情况，出现铁路运行不畅情况且可用库存低于1000吨时，立即采取紧急应急措施，通过加油站低库存运行来确保持续供应。同时，通过采取向中国石化外采或串换方式，做好补充97号资源的应急准备。

2014年，公司紧盯全年目标任务，以资源保供、突出效益为原则，坚持以销定调、稳调降库，努力克服市场低迷、西北销售公司物流优化调整、炼厂检修、地震灾区保供和油品置换等困难，突出采调办靠前指挥作用；密切产调衔接，畅通沟通渠道，动态掌握信息，把握全局性、区域性、阶段性资源供给特点，资源调运均衡有序。按照"配送有保障、应急有库存"原则，重点保障主力库、灵活调剂辅助库、有效补充储备库，合理摆布各区域资源，调入成品油375万吨，其中配置资源294万吨，一次资源到位率同比提高2%。

2015年，公司坚持"以销定调、优化运行、降库增效"原则，把握调运节奏，强化均衡发运，以保供稳供、资源创效为前提，稳调降库，努力克服市场低迷、大区物流优化调整、地震灾区保供和油品置换等困难，争配置、优外采、强配送、创效益，调入成品油375万吨。其中，配置资源313万吨，兑现率同比提高1个百分点，实现"一次调运保障有力、二次配送优化运行、三条红线平稳受控"的运行目标。

2016年，公司克服大区物流优化调整、油品升级置换及油价频繁波动等不利因素，统筹"四种库存"平衡，综合应用"代储、互供、跨配"等手段，强化协调，把握节奏，优化资源流向、品种结构、配送方式、库存摆布，调入成品油380万吨，其中，配置资源320万吨，兑现率同比提高3个百分点。统筹进、销、存、调，科学制定外采计划，增加创效空间，外采资源37.46万吨，同比增加28.36万吨。加大与中国石化合作，串换资源20.6万吨，节约配送费用870万元。

2017年，云南石化顺利投产，公司主动适应云南石化投产资源变化，加快管输油库投用，以畅通炼厂管输方式建立公、管、铁联运模型，确保资源组织平稳、有序，资源得到更加有力保障。

2018年，公司加大与西北销售公司和管道公司的产销衔接，实现安宁—保山、安宁—蒙自管道全品种、小批量、多批次灵活输送。同时，克服云南炼厂生产不稳定、铁路装车受限、管输油品沉淀时间长等困难，持续优化公路、管输、铁路联运模型，实现资源有序调入，确保市场稳定供应。全年累计调入成品油451.78万吨，同比增加53.52万吨。

2009—2018年，公司配置资源以西北直属炼厂资源铁路调入为主，占总配置资源调入量的91%以上（见表3-5）；东北下海资源作为配置资源补充，占总配置资源调入量的10%以下（见表3-6）。

表3-5 2009—2018年云南销售公司西北配置资源完成情况　　　　　　　　　单位：万吨

项目	2009年	2010年	2011年	2012年	2013年	2014年	2015年	2016年	2017年	2018年
合计	134.57	144.54	178.62	208.34	261.26	286.31	313.44	287.40	338.93	451.78
汽油	57.30	52.40	45.89	64.00	86.25	90.84	104.19	99.62	119.35	188.89
柴油	77.27	92.14	132.73	144.34	175.01	195.47	209.25	187.78	219.58	262.89
柴汽比	1.35	1.76	2.89	2.26	2.03	2.15	2.01	1.88	1.84	1.39

表3-6 2009—2017年云南销售公司东北配置资源完成情况　　　　　　　　　单位：万吨

项目	2009年	2010年	2011年	2012年	2013年	2014年	2015年	2016年	2017年
合计	28.01	41.74	9.53	44.16	27.82	7.90		19.47	19.23
汽油	1.09	4.57	2.98	9.49	2.28			1.43	15.75
柴油	26.92	37.17	6.55	34.67	25.54	7.90		18.04	3.48
柴汽比	24.70	8.13	2.20	3.65	11.20	—		12.62	0.22

第二节　外采资源

一、外采管理

外采资源是指从中国石油直属炼厂以外的渠道购进的成品油（包括汽油、煤油、柴油）。开展外采业务主要是为了弥补直属炼厂配置资源不足、满足市场销售需求。公司自2006年开展外采业务以来，始终严守"三条红线"，坚持以炼制企业为主，以具备稳定资源渠道、仓储和物流设施的社会经营单位为辅的供应商入围原则，不断加强和规范外采管理。

2006年，公司开始开展外采业务，制订《自采资源管理办法》。在供应商的选择上考虑云南地处铁路发运末端，发运难度大、运距长，主要以辖区内及周边具有铁路发运能力的单位为主，如昆明乐维、成都铁路物资、贵州铁路物资，并实行货到验收合格后付款。

2007年，公司在继续深化与具有铁路发运能力供应商合作基础上，加强与沿海地区具有仓储、铁路发运条件的供应商合作，克服社会资源短缺、采购价格倒挂等困难，结合市场需求和资源供应情况，执行"淡储旺销"采购策略，把握好外采节奏和数量，适时买断延炼资源，保证外采油品的经济效益。

2008年，国际油价持续攀高，最高达147美元/桶，国内炼油企业亏损加剧，生产积极性不高，开工率大幅下降。市场资源趋紧、外采价格长期高位运行，毛利空间收窄，个别时段出现进销倒挂，给公司外采带来极大困难。政府为解决产销矛盾并扶持地方炼厂，要求中国石油、中国石化两大集团将部分原油委托地炼加工并负责销售。公司积极联系地炼资源，向政府部门申请"高进高出"政策，实施顺价销售，同时与中国石化串换、管道下载资源满足销售需求。

2009年，公司外采职能由营销处调整至调度运输处，修订《非统配资源采购管理办法》，加强市场价格走势研判、把握好外采节奏和数量，与东明石油经销有限公司、广西田东石油化工总厂、陕西延长中立新能源有限责任公司等地方炼厂以及中国海油、中国石化、中化中油广东有限公司等单位签订长期供油协议，建立较为稳定的资源外采渠道。

2010年，国际原油价格总体呈现上涨态势，最高突破90美元。外采成品油利润空间逐步减小，尤其是柴油资源采购价格更贴近于辖区内销售价，9月以后国内柴油出现油荒。公司继续加强与陕西延长中立新能源有限责任公司、东明石油经销有限公司、中国石化、中国海油的长期合作，确保外采资源的稳定供应。

2011年，公司面对市场需求迅速增加、仓储能力严重不足、外采资源成本较高、资源保障困难等挑战，利用沿海租赁油库，不断拓展海上资源外采，完善属地外采政策，合理把握外采节奏，有效降低采购成本，努力破解资源短缺困局。

2012年，公司进一步规范成品油外采供应商管理，以达到优化成品油外采供应商结构，提高供应商质量的目的。按照以地炼资源为主，社会经营单位为辅的外采策略，实行外采供应商分级管理模式，突出以延长集团为中心，地炼单位为主，社会优质经营单位为辅的采购策略。公司要求油品质量除必须符合国家标准外，还须符合公司外采指标要求，并按照到港（站）计量数作为交货结算数量。

2013年，公司按照集团公司"有质量、有效益、可持续"发展要求，进一步加强资源外采工作的分析研判和统筹协调，建立起贴近市场、快速反应、高效决策的资源外采运行机制，不断提升公司效率、效益；成立资源外采领导小组，负责统筹协调公司资源外采工作，同时成立资源外采办公室。年底，公司召开外采供应商业务座谈会，逐一对20家申请单位的资质进行审查、现场评分，按照公司"三重一大"决策程序确定15家入围供应商，其中6家是炼制企业，9家是具备炼厂代理销售油品资质、有较强铁路发运能力、业界商业信誉好、资金实力强的中间商，外采供应商涵盖山东、沿海和湖南等多区域，进一步丰富外采资源流向渠道。

2014年，根据销售公司重新修订的《成品油外采业务管理办法》，为进一步规范成品油采购行为，提高运行效率和经济效益，公司对《外采管理办法》进行修订。同时，进一步加强油品质量管控，要求供应商必须提供炼厂油源证明。2014年起，公司实行询价采购，采用传真收发询价函及报价信息，并由公司外采办成员评标，拟订供应商供应品种、数量、价格，书面报外采办成员和公司审批后实施。

2015年，公司按照"突出效益、扩大外采、严守三条红线"的原则，积极开展外采业务，在完成直炼配置计划前提下扩大外采规模，增强议价能力。公司进一步完善询价采购程序，根据外采计划通过电子邮件收发询价函及报价信息，根据外采办成员评标结果形成外采业务实施建议，按照"三重一大"决策程序，报公司总经理办公会确定外采供应商、品种、数量、价格后实施外采。

2016年，公司实行远程招投标管理，利用加密软件对供应商报价信息进行加密处理，确保公平、公正，实现"阳光外采"。统筹进、销、存、调，科学制定外采计划，增加创效空间，强化油品质量源头管控，实行油品装车现场前置取样化验，对油品质量起到有效把控作用。

2017—2018年，销售公司下发《关于对系统外炼厂资源实施统一集中采购管理模式的通知》，为进一步加强成品油资源采购管理，统一运作外采资源，提升外采降费创效作用，从2017年1月起，由大区公司组织对系统外炼厂成品油资源实施统一采购管理。按照"资源统一收购、价格统一谈判、运输统一协调、货款统一结算"的原则，由大区公司统一采购。公司按照《地方炼厂成品油集中采购管理办法（试行）》履行相关职责，做好协调配合工作。

二、外采流程

公司自2006年开展外采业务以来，始终坚持外采计划管理和采购过程审批，发挥集体决策作用规避外采风险，2006—2013年实行与供应商电话商谈采购（见图3-1），2014—2018年实行询价采购（见图3-2），确保外采过程公平、公正。

三、外采完成情况

2006—2017年，公司共外采资源723.48万吨，创效18.48亿元（见表3-7）。

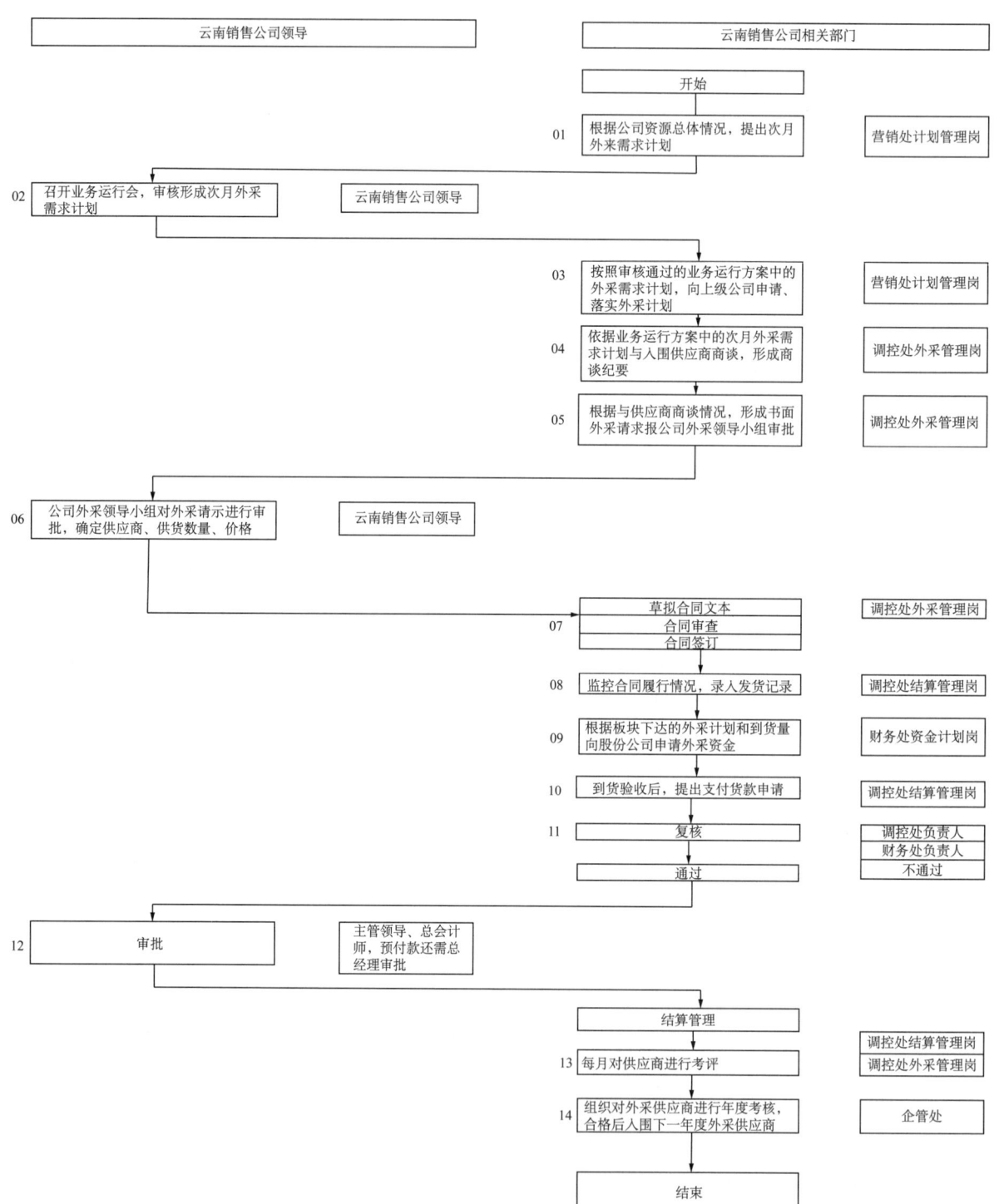

图 3-1 电话商谈采购流程

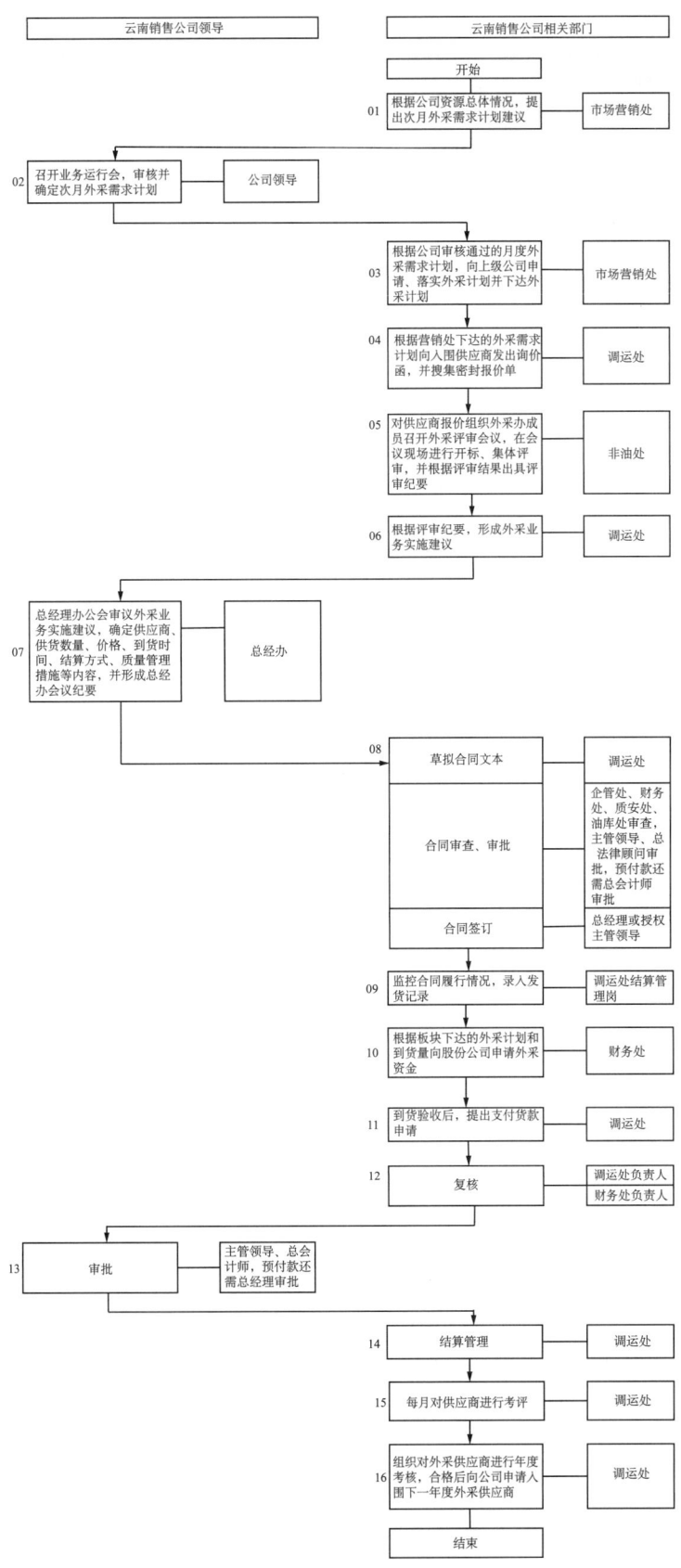

图 3-2 询价采购流程

表 3-7 2006—2017 年外采资源完成情况

项目	单位	2006年	2007年	2008年	2009年	2010年	2011年	2012年	2013年	2014年	2015年	2016年	2017年
完成量	万吨	25.97	40.67	17.45	38.59	102.14	162.00	98.77	113.71	13.02	16.10	68.56	26.50
创效	万元	7038	3364	5827	6749	21411	33000	47554	6080	8500	8462	35690	1165

第二章　成品油配送

成品油配送主要指将成品油从各油库配送到加油站。公司成立以来，一直将保障加油站正常销售作为一项重点工作，在体制机制、技术手段、管理要求、业务流程等方面不断进行探索，实现保终端销售，降低运行成本，提升经营效益的目标。云南石化投运前，公司成品油的配送主要为铁路发运—公路配送模式；蒙自、玉溪、保山等管道配套油库投运后，成品油配送形成炼厂—管道配套油库—加油站的"管道+公路"配送体系，公路配送距离大幅缩短。

公司成立以来，成品油配送主要以公路配送为主要方式。西南地理环境复杂，地质灾害频发，公路坡长弯多沟深，公路配送困难较多。面对塌方、洪水、冰冻、地震等多种考验，公司有效组织成品油配送工作，为中国石油履行三大责任做出应有的贡献。1999—2008年，公司在三省区配送量从9万吨增至125万吨；2009—2018年，公司在云南省内配送量从133万吨增至248万吨，为销售业务的顺利开展提供保障。

第一节　加油站配送

一、配送运行管理

1999—2002年，公司所属加油站每天8—9时，通知油库当日所需配送的油品和数量，特殊情况可临时通知油库；油库在接到通知后合理安排调度，并做详细记录。若加油站未能及时通知油库，导致脱销断档，油库人员不承担责任。

2003—2005年8月，加油站每月25日前将下月配送申请以计划形式报片区零售经理（非配送中心片区的直接申报），再由片区零售经理以书面形式报配送中心销售部，经销售部综合平衡后，将月度配送计划送到油库车队、加油站及零售部手中，油库车队根据配送计划逐日办理提油手续，并按照公司优化确定的配送路线，按时将油品配送到指定加油站。加油站如需临时配送，需由零售片区经理提出申请，以书面形式提前12小时送到配送中心，由配送中心再按程序进行配送。加油站配送流程（见图3-3）：

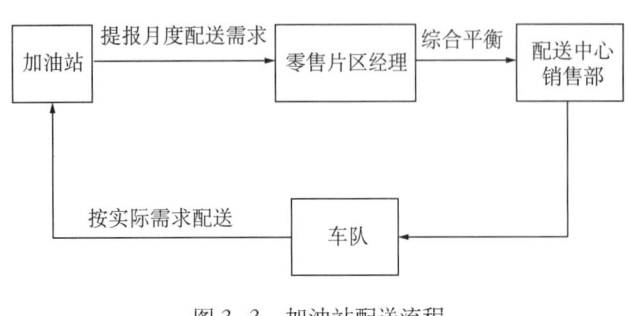

图 3-3 加油站配送流程

公司配送中心的配送程序。各配送中心在预测下月销售量的基础上，于每月 20 日前提出配送计划报公司业务部，经公司平衡后，于 25 日前将下月成品油配置计划及配置量下达各配送中心。配送中心根据公司下达的原配置计划编制下月配送运输计划，对每天配送量在 2 车以上的加油站，需做出当日各时段的配送计划。

配送计划的检查。公司对各配送中心配送计划执行情况进行对照检查，主要检查配送中心是否超计划配送和欠计划，各加油站购进数与配送数是否一致，如有出入必须说明原因。

日配送计划的接卸。各配送中心必须在 18 点前按公司下达的配送计划将次日配送派车单和发货单填好，于次日一早交驾驶员送货，对临时更改的配送计划，各配送中心需报公司备案，并说明原因，再由公司根据情况调整配送计划，方可进行配送。若配送计划不能执行，必须及时通知对方，以便采取应急措施。

核算管理。逐月对各油罐车进行单独核算，根据销售部门和加油站认定的单据，严格审核驾驶员报销的各项费用，分别设立台账，做出收入、成本、工资核算明细。配送中心须每月 25 日前将各配送单位的运费收入和费用进入当期费用。

2005 年 8 月，公司引入中国石油天然气运输公司承担公路配送工作，按照《成品油公路第三方承运合同》有关条款，为实现集约化、规范化、科学化的物流管理，由各单位将加油站需求计划报中国石油天然气运输公司，由其所属辖区车队配送至加油站。

2006 年 10 月，为统筹物流优化运行，提高专业化管理水平，公司成立物流中心，实现跨区域公路配送，制定下发《物流业务管理实施细则（实行）》，物流中心根据公司成品油月度零售计划制定月度配送计划，并下达配送中心；各单位每日 12 点前向配送中心报送加油站次日需求计划；配送中心根据加油站日需求计划传至各单位，各单位结合月度配送计划制定日配送计划，每日 17 点前向各油库营业室、承运车队下达次日配送指令。营业室每日收集、整理、归档保存配送原始单据，核对配送计划完成情况，汇总后与加油站进行书面对账签认，无误后向配送中心和财务处报送，配送中心再与中国石油天然气运输公司进行核对，无误后拟制《加油站送货结算单》并进行结算。

2007 年，云南配送中心在滇南分公司玉溪片区进行加油站主动配送的"补货制"试点，利用区域公司、加油站的计算机网络，通过 QQ 群传递信息。"补货制"比"要货制"日均配送量有了明显增加，加油站没有出现脱销和压车现象。对加油站配送运距重新进行测定，重新划定油库最小配送半径，为进一步优化配送路径、实现跨区配送和完善配送方案提出翔实依据。对运输车辆布局与配送计划执行地不匹配，以及资源紧张偏紧时物流中心无法对整体资源实施控制等问题进行明确。月度资源计划和营销计划下达后，物流中心按照营销计划进度均衡执行，物流中心对资源情况进行前瞻性分析，及时提出确保加油站正常经营的出库调整方案，经营销处确认后严格执行。

2008年，为充分发挥中国石油内部单位的整体优势，公司下发《中国石油西南销售公司、中国石油天然气运输公司物流体系运行合署管理暂行办法》，在销售系统内率先试行与中国石油天然气运输公司合署办公新模式，持续推进高度集中的配送综合计划管理。进一步强化综合计划管理和综合统计分析，各相关专业业务流程进一步理顺，计划编制科学性、有效性有所增强；通过加强计划比对分析，有效提高计划调整速度和应变能力。随着大物流体制运行，为完善配送中心费用的审批手续，加强管理，由公司物流中心给各配送中心下达预算指标。各油库所发生的正常运输费由各配送中心负责支付核算。

2009年12月，公司制定《公路配送计划制定和执行监督实施细则》《公路配送应急预案》等管理规定及应急预案，理顺6个业务操作流程，为安排配送计划、降低物流费用提供可靠依据。(1)建立所有流向至各油库的运费数据库和优化运输模型，综合考虑各方面费用，按综合费用最低的原则制定调运方案，合理摆布资源。(2)对因道路变道、新增加油站等原因造成的运距变化重新核定和确认，优化和完善配送。(3)加大与中国石化等单位串换业务，弥补在资源、库存、油库布局上的缺陷，利用对方资源，降低配送费用。(4)建立与中国石油天然气运输公司、各单位长效沟通机制，最大限度减少和避免加油站脱销事件。同时，及时与中国石油天然气运输公司协调运力，组织一批车辆充实到各区域市场，保障配送计划高效完成。结算方面，统一标准，规范费用核算及使用，规范物流成本核算方法，对统计口径、统计方法、统计标准进行统一，形成科学的统计核算方法。

2010年，公司以信息化建设为手段，加强精细化管理，实现物流降费增效。以现行物流系统为基础，大力推行物流优化系统开发、应用工作，按照综合费用最低的原则优化资源调运和配送方案，合理摆布资源和组织运输，实现物流运行整体优化。实现提油配送IC卡系统上线运行工作，紧紧把握价格走势、供需变化及库存动态，通过实施配送系统不断优化油库发油和卸油时间、加油站卸油和配送在途时间，使得油库作业精细化、配送运行精细化管理得到加强。完成物流系统和ERP系统的集成和接口工作，实现ERP物流部分的并轨运行，在推进系统建设中，切实增强物流数据的准确性、及时性。在系统中设定阈值，规范物流数质量处理，确保物流各环节数量交接有序，索赔到位。

2011年，公司实行一、二次物流工作联动管理模式，按照综合费用最低的原则优化资源调运和配送方案；紧密结合油库资源动态变化情况，在优化基础上科学合理制定配送计划，实现优化、高效配送。持续推进地罐交接工作，加强与中国石油天然气运输公司和各单位有效沟通，及时反馈配送过程中存在的问题，最大限度减少和避免加油站脱销事件。7月1日，二次物流系统1.0正式上线运行，全面支撑二次物流业务，配送运费结算从原来的配送单据逐单结算过渡到系统取数结算。

2012年，公司成立调度指挥中心，按照"按最优化线路配送"的思路，充分发挥调度指挥中心联合办公优势，运用二次物流优化系统优化配送方案，按照"力保最优、减少次优、严控备选"的配送原则开展工作。为进一步优化加油站成品油公路配送，降低公路运输费用，实现公路配送科学运行，各单位、各油库联合中国石油天然气运输公司对所属在营、在建加油站配送运距进行复测。

2013年，公司积极落实销售公司物流会议精神，优化配送渠道，全年通过宜宾、攀枝花向省内跨区配送油品。同时，做大与中国石化串换业务，互补油库辐射空白。是年，公司成立运距复测领导小组，负责运距复测工作整体组织和协调工作。为进一步加强二次配送基础管理，提高精细化管理水平，推行主动配送，实现精准、及时、安全、高效配送。规范运距动态管理，根据《关于开展2013年公路配送运距测定（复测）通知》要求，完成新增加油站、新投运油库、道路变更及争议运距的复测和确认工作，新运距于10月21日零时正式启用。

2014年，为加强成品油运费管理，规范结算流程，实现统筹优化，降低物流成本，销售公司与中国石油天然气运输公司协调一致，对成品油公路运费结算进行明确，中国石油天然气运输公司为各省区公司进行成品油配送业务所发生的配送运费，由省区公司直接与中国石油天然气运输公司所属公司进行结算，省区公司所属各单位不得单独与中国石油天然气运输公司进行运费结算。公司按照销售公司物流优化的总体要求，与中国石油天然气运输公司深入研究公路物流优化方案，不断提高配送效率，降低运营成本。

2015年，公司扎实推进主动配送（见图3-4），深化二次物流系统运用，通过Retail软件及时调整优化模型，进一步完善系统参数，提高计划准确性和严肃性，系统生成的二次配送优化计划可执行率超过90%；全面深化与中国石油天然气运输公司合署办公，畅通双方应用系统、信息传递、运行动态等渠道，每日与中国石油天然气运输公司对接资源和运力摆布，均衡编制配送计划，70千米标准车辆日运行1.8趟次，同比提升0.1次。

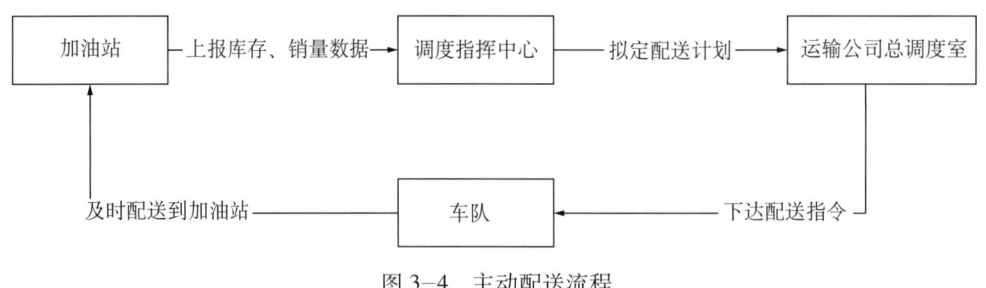

图3-4　主动配送流程

2016年，公司坚持做精、做细配送工作，加强与相关处室、中国石油天然气运输公司、各单位沟通协调，共同促进成品油配送业务良性发展。（1）精准二次物流配送，持续提升保供能力。开发远程交接管理平台、托管站管理平台，实现基础资料数字化管理、加油站库存采集、损耗报警等基础功能；深化二次物流系统运用提效率，优化计划可执行率超过90%；降低运输过程耗时，配送装卸时间缩短60分钟；进一步完善常态化重大事件、突发事件应急体系建设，实现节假日等特殊时段资源平稳有效供应。（2）发挥与中国石油天然气运输公司合署办公优势，加强沟通，共同修订下发管理制度及操作规程，确保"标准、流程、操作"三统一；根据月度销售计划，科学调整运输车辆摆布，确保配送计划足额、准点完成；双方共享业务运行信息系统，监督运行，提高车辆运行效率，单车日配送0.8次，同比提升0.02次；与中国石油天然气运输公司签订公路配送损耗管理合同，实现节约奖励、超耗处罚的双赢管理目标。12月，销售物流管理系统（2.0版）整合提升一、二次物流和油库管理系统正式上线运行，功能升级，其中运费管理模块实现运费系统结算功能。

2017年，公司继续深化主动配送，以"把所属各单位从物流环节彻底解放出来"为目标，深入推进主动配送，不断提高主动配送优化率和上车率，优化率达90%、上车率达70%。提高特殊时段保供能力，把握节日销售特点，预测市场变化，实施总调对保供站在线监控、驾驶员远程点名、中国石油天然气运输公司领导分片下基层靠前指挥等措施，有效应对节假日等特殊时段配送需求，确保销售平稳运行。提高交界市场保供能力，统筹物流优化和采购成本，在交界市场增加中国石化泸州纳西、攀枝花大沙坝、百色三雷油库油品供应，优化二次配送，提高交界市场保障能力。

2018年，为提高成品油物流管理水平，提升油品装卸运行效率，在全面夯实远程地罐交接工作基础上，公司开展公路配送驾驶员自主接卸作业，于1月全面推行。截至2018年底，公司配送加油站729座（见图3-5），配送出库的油库29座（含中国石化所属油库，四川销售公司、广西销售公司所属油库及社会单位所属油库）。

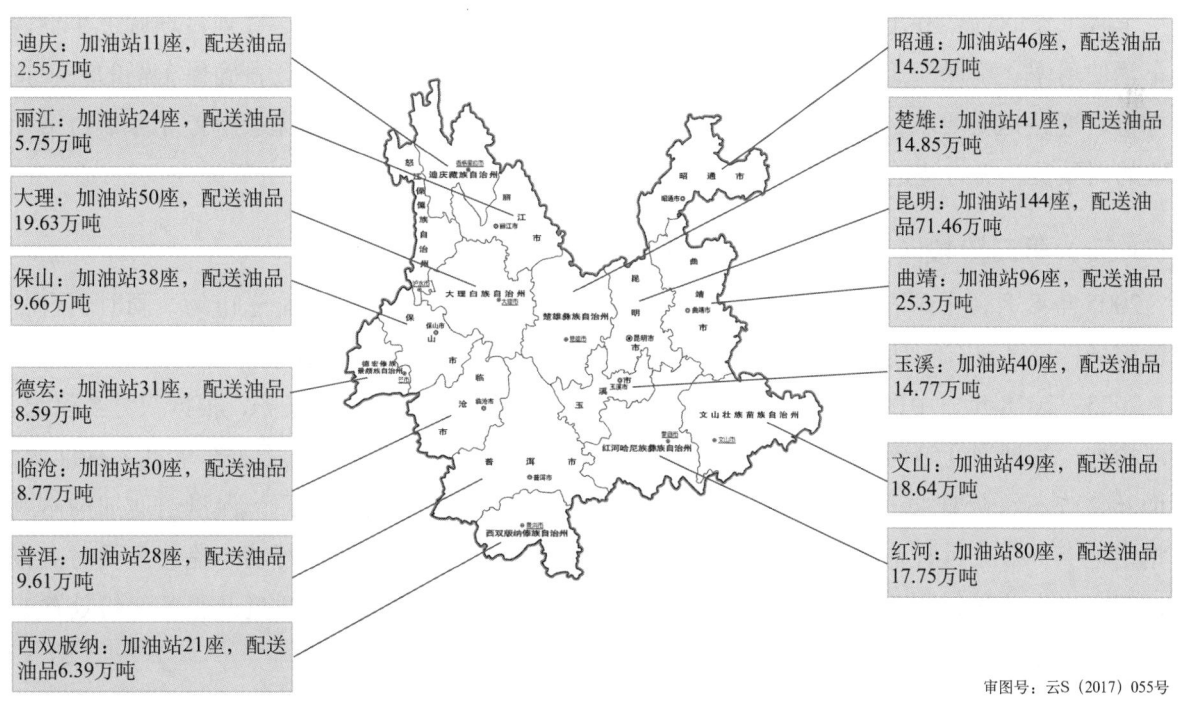

图3-5　公司2018年加油站配送情况

二、配送车辆及承运商管理

（一）第一阶段（2001—2004年）

2001年，为加强对油罐车辆管理，进一步规范运输经营活动，合理、有效提高车辆使用率，确保公司各加油站质量、数量和配送及时，降低成本费用，提高服务质量，健全管理体系，公司制定《油品配送管理办法（暂行）》，并在大屯油库试行。在油库成立一支专业配送运输队伍，车辆管理人员配置1—2名，负责车辆调派，掌握各加油站库存情况，除完成正常配送任务外还需完成临时配送任务，并试行汽柴油分装。

2002—2004年，公司持续加强配送车辆及承运商管理。2002年8月，公司配送中心成立后，运输组织方式由原来加油站派车改为由配送中心统一组织运输配送，有利于运输队伍精干高效和运费统一管理，减少运输管理环节，提高运输能力。

配送中心组织运输原则：各配送中心根据月末配送量，按精干高效原则，调派运输车辆。运输车辆使用一律采用按吨付费的办法，不搞租赁、承包。运输车辆对外配送尽量实行运费和货款分开结算，由用户承担运费，配送方只接受货款，货款结算价格必须按公司规定价格执行。对系统内配送加油站，运费由配送中心承担。每个配送中心成立专业运输车队，选派1—2名工作责任心强、懂汽车运输管理的人员为车队负责人。

车队工作职责：在配送中心领导下，做好运输业务管理工作；按配送计划合理调度车辆，提高车辆使用率，确保配送任务完成；对车辆进行定期和不定期的技术检查，确保车辆的各项技术指标符合道路运输要求。配送中心驾驶员实行公开招聘，严格考核，择优录用。经考核合格择优录取的驾驶员，需与配送中心签订聘用协议，驾驶员必须服从调度，及时出车。

（二）第二阶段（2005—2018年）

2005年8月，中国石油天然气运输公司西南分公司进入公司成品油配送市场，同时整合公司运输市场，公司自有和社会运力移交中国石油天然气运输公司西南分公司统一管理。

2005—2018年，中国石油天然气运输公司按照承运合同履行责任和义务，根据双方会议纪要、协议精神、管理制度等落实各项工作。根据公司发展需求提前储备运力，根据车辆准入标准购置、新增及整改不符合要求车辆。负责按配送计划指令要求将油品按时、保质、保量送达加油站或客户指定地点。建立远程监控和现场稽查制度，对承运车辆运行全过程进行动态监督。及时上报配送过程中突发信息，完善抢险救灾、新闻危机、交通环保安全事故、数质量及服务纠纷处置的应急预案，对突发事件进行快速有效处理。

三、配送应急保障

西南地区地理环境复杂,地质灾害频发,公司成品油配送应急工作经历了塌方、洪水、冰冻、地震等考验,为保障市场销售、履行社会责任做出了积极贡献。

2008年8月,德宏州盈江县苏典乡、勐弄乡先后发生5.0级和5.9级地震,为保证抗震救灾工作顺利进行,让灾区人民尽快恢复正常生产生活秩序,帮助灾民开展生产自救、重建家园,8月22日,公司调拨抗震救灾油品1000吨(柴油600吨、汽油400吨)。

2009年7月,楚雄州姚安县"7·9"地震发生后,公司向地震灾区捐献100吨柴油。

2010年1月,大理州宾川县平川镇和剑川县发生地震后,公司向大理州地震灾区捐赠200吨柴油。7月,受强降雨影响,香(格里拉)德(钦)公路大面积塌方,造成德钦县成品油供应紧张。公司积极与云南省商务厅协调,增加供应计划,科学调度资源,加大对迪庆州投放量,日配送从30吨提高到60吨,并紧急调整滇西地区在途油品72吨,变道直接配送至迪庆州,保证公司在迪庆州内4座加油站550吨以上高库存运行,确保德钦县油品供应。8月,怒江州贡山县普拉底乡突发泥石流灾害,公司代表集团公司捐助贡山泥石流抢险救灾汽柴油50吨,并在第一时间将油品送到灾区,中国石油成为捐献物资支援灾区的第一家企业。

2012年3月18日,玉溪市易门县发生森林火灾,并迅速蔓延至昆明境内,17时,安宁草铺王家滩突发森林大火,火势较大,造成2千多亩过火面积。火灾发生后,公司全力以赴保障抢险救援运输物资车辆的油品供应充足,积极配合扑救火灾。中油强林公司迅速成立物资供应保障小组,并在草铺加油站开辟应急救援绿色通道,抽调精干人员成立"3·18"森林火灾应急油品供应小组,配合草铺镇政府做好油品物资供应保障。积极组织协调增加油品库存调运计划,配送车辆进驻现场服务,保证消防车辆和机械的油品供应。截至3月24日,为40余车次运输物资车辆供油4吨。出动油罐车2台、便携式加伦桶20只,灌装柴油2000升、汽油2000升送往救援现场,安排油罐车24小时在救援现场为各种抢险救援设备进行加油服务。

6月24日,丽江市宁蒗彝族自治县、四川省凉山彝族自治州盐源县交界发生5.7级地震。截至25日10时,川滇交界地震已造成两省7.1万人受灾,4人死亡,22人重伤,130余人轻伤,紧急转移安置2.2万人。当地电力、通信等受到一定影响。灾情发生后,公司立即组织抗震救灾工作,紧急配送油品102吨。

9月7日,昭通市彝良县与贵州省毕节地区威宁彝族回族苗族自治县交界发生5.7级地震,震源深度14千米;12时16分,彝良县又发生5.6级地震,至9月8日14时,地震造成18.3万户74.4万人受灾,灾害造成的直接经济损失为37.04亿元。公司立即成立抗震救灾保供小组,制定"11451"油品保供方案[即1套安全保障方案,昆明至彝良灾区沿途的14座救灾绿色通道加油站(见表3-8),5辆流动加油车,1份抗震救灾保供手册],有效开展抗震救灾工作,确保赶赴灾区救援车辆的成品油供应。

表 3-8　2012 年抗震救灾沿线加油站油品保供联系点

序号	加油站名称	地址	供应油品名称	加油站经理	手机号	值班电话
1	红瓦加油站	昆明市东三环红瓦村	93号、97号、0号	李志新	×××	×××
2	严家山加油站	昆明市官渡区昆曲高速公路11千米处严家山收费站旁	93号、97号、0号	何德能	×××	×××
3	德发加油（主）站	昆明市嵩明县昆曲高速公路47千米处	93号、97号、0号	杨兴林	×××	×××
4	德发加油（副）站	昆明市嵩明县昆曲高速公路47千米处	93号、97号、0号	杨兴林	×××	×××
5	双龙加油站	昆明市盘龙区双龙乡昆曲高速公路19千米处	93号、97号、0号	宁德平	×××	×××
6	大水井加油（主）站	崇待高速路驾车乡大水井服务区K103+900米处	93号、97号、0号	何江文	×××	×××
7	大水井加油（副）站	崇待高速路驾车乡大水井服务区K103+900米处	93号、97号、0号	何江文	×××	×××
8	会泽奔腾加油站	会泽县迤车镇中河村委会	93号、97号、0号	何江文	×××	×××
9	荷花加油站	昭通市昭麻公路K14+194+K14+222处	93号、97号、0号	桂贤稳	×××	×××
10	红路加油（主）站	昭通市昭阳区北闸镇红路村	93号、0号	彭加强	×××	×××
11	红路加油（副）站	昭通市昭阳区北闸镇红路村	93号、97号、0号	彭加强	×××	×××
12	兰花地加油站	昭通市昭阳区盘河乡新华村1组	93号、0号	刘鹏飞	×××	×××
13	闸上加油站	昭通市鲁甸县文屏镇文屏东路358号	93号、0号	周开吕	×××	×××
14	彝良加油站	昭通市彝良县毛坪乡	93号、0号	严茂雄	×××	×××

2013年11月，云南省进入柴油消费旺季，工程建设陆续进入攻坚时期，工矿生产、基础建设、物流运输的油品需求大幅拉升，柴油需求提升较快，周边市场尤其是四川地区柴油紧张态势尤为明显。11月24日，中国石化茂昆管线广西段管线冒点，停输50小时，日均管输量1.2万吨，影响2.5万吨油品管输量。11月26日，正在施工的沪昆高铁第七标段施工塔发生倒塌，贵州省六盘水市成品油输油管线破损，沪昆铁路贵阳至安顺段运行临时中断，茂昆管线贵州到昆明段全面停输。受以上因素影响，云南市场柴油资源供应持续紧张。在资源紧张时期，公司柴油库存节节下滑，最低时油库库存加在途不足5万吨，油库库存仅2万吨左右，仅能满足三天左右的销售需求，随时可能出现脱销断档局面。公司建立日运行碰头会制度，专人驻点催发资源，按日计划组织销售，严肃日出库计划，及时做好油品接卸等有力措施，有效化解资源紧张局面，将资源紧张对公司产生的不良影响降到最低。

2014年5月24日，德宏州盈江县发生5.6级地震，公司第一时间启动应急预案。5月30日，德宏州盈江县再次发生6.1级地震，公司迅速安排部署，开通绿色通道，优先保障震区油品资源发运，确保灾区油品足量供应。

8月3日,昭通市鲁甸县发生6.5级地震,公司迅速启动应急预案,紧急抽调滇东北配送中心5辆油罐车应急配送,保障在处于灾区及昭阳区通往永善县灾区沿途的6座加油站高库存运行,确保救灾保供加油"绿色通道"通畅,救灾油品足量供应。

12月6日,普洱市景谷县连续发生5.8级和5.9级地震。公司第一时间启动突发事件应急处置预案,迅速与云南省、普洱市两级政府及抗震救灾部门取得联系,及时了解抗震救灾实际需求,开辟绿色加油通道,全力保障灾区生产自救及灾后重建油品足量供给,并及时向地方政府报告抗震救灾和油品保供工作情况。

2015年3月1日,临沧市沧源县发生5.5级地震,公司立即启动应急预案,积极联系当地政府对接需求,加大临沧震区成品油资源保供力度,截至3月1日20点,当天向临沧地区配送出库成品油225吨(汽油65吨、柴油160吨);3月2安排配送成品油420吨(汽油200吨、柴油220吨),比计划增长46%。

8月22日,文山州富宁至花甲公路平麻小组路段发生山体滑坡地质灾害。灾情发生后,公司迅速启动应急预案,第一时间对辖区加油站员工、站房设施设备,以及地处灾害区域的员工家庭情况进行排查。同时,在通往灾区抢险的沿途加油站开通抢险救灾绿色加油通道,增派加油站现场服务人员,分别从文山州、广南县紧急调配两辆小油罐车前往富宁县配合抢险工作,两车共16000升油于8月23日到达抢险救灾现场。

2017年,公司不断提高突发事件应急处置能力,完善应急保障机制,强化应急处置能力,有效应对年初极寒天气全省道路通行受限,年中昭通、临沧等地区雨季道路塌方,年末危货车辆按核载限行等不利情况,应急配送0.4万吨,确保加油站正常运营。

2018年2月,云南省多地遭遇大范围低温雨雪冰冻天气,受持续低温影响,多条高速公路、国省干道因结冰封闭。特别是2月5日,昆明市低温达到零下4摄氏度,超低降温导致昆明市多条重点道路限行。公司迅速启动冰冻天气应急预案,全力保障春运期间油品保供。协调西北销售公司延长安宁地付作业时间,确保每日配送计划全部完成装车。与合作单位对接昭通、水富地区油库资源情况,就近出库配送,保障昭通地区重点站油品销售。重点收集昆明、曲靖、昭通现场情况,安排专人巡查加油站、车载视频。密切关注加油站库存变化,合理摆布库存,督促油品及时接卸,保障重点站油品库存储备,确保不脱销、不断档。寒潮天气期间,日均完成6679吨392车次油品配送。加强车辆安全预警防范,督促中国石油天然气运输公司为雨雪冰冻路段行驶车辆配套安全防滑链、垫木等防滑设施设备,为驾驶员准备便携食品。不具备道路运输安全条件的线路一律停运,油罐车在封闭路口等候通行。加强与交警、运政等部门的沟通联系,密切关注道路通行情况,第一时间获取道路通行信息,结合实际勘察选择合适的路线组织配送,确保油品能及时配送到位。

第二节　库发及小额配送

一、库发配送管理

库发配送业务是指公司安排承运车辆实施配送，将油品送达客户指定地点的业务模式。

2009年，受经济大环境影响，成品油市场需求相对低迷，特别是进入雨季以来，云南成品油市场需求大幅萎缩，公司销量下滑严重。为推动公司营销业务发展，提高核心竞争力，公司在批发销售环节开展配送服务，配送对象原则上为机构用户，对于再流通客户可结合市场实际组织开展，对于忠诚客户特别是优质机构客户，公司优先保障其配送。在开展库发配送销售业务过程中，公司对外报价均以"配送到货价"形式进行报价，即：公司当期批发吨价顺加配送吨油运费后的价格。对于库发客户配送运距确认，首次配送由各单位客户经理与客户拟定初步运距，中国石油天然气运输公司承运驾驶员对运距进行复核并重新确认运距，此后该客户运距均按此运距进行计算运费。

2009—2014年，公司库发配送业务全部由中国石油天然气运输公司独立承运。随着公司批发销量不断增加，客户需求也逐渐多样化，中国石油天然气运输公司运力及车型已无法满足客户需求。

2015年7月，为进一步提升配送运行效率，打通服务"最后一公里"，公司开展一票结算业务，简化客户成本核算和账务处理流程，结合直销客户实际需求与公司业务发展需要，对一票制配送结算有关业务流程进一步梳理和完善，下发《库发公路配送一票制结算业务流程（试行）》通知，按照"先试行，后推行"模式，有序开展库发配送业务。

2016年6月，为提高客户满意度，公司组织召开直销配送座谈会，针对中国石油天然气运输公司运力不足问题，由各单位试点引入社会承运商9家、车辆210辆参与批发配送，由各单位与入围承运商签订承运合同和结算。

2017年5月，公司按照"中国石油天然气运输公司为主、社会运力为辅"的配送保障体系，根据"五统一"（承运商、运价、调度、结算、考核）原则，统一引入社会承运商8家、车辆240辆进行配送，各单位不再单独引入社会承运商，有效解决库发配送车型不匹配，承运商服务质量不高，运价不统一等问题，保障各区域直销客户及时配送，提高客户满意度，杜绝库发配送不及时的投诉问题。

2018年7月，公司按照持续完善、不断提升原则，发挥社会承运商区域和车型多样化优势，扩大社会承运商规模，招标引入10家社会承运商参与库发配送，明确库发配送合同按一年签订，每年以招标入围方式引进社会承运商。

二、小额配送管理

2005年，为提高公司在云南省零售市场占有率，满足加油站客户外送油品需要，公司下发《中国石油西南销售公司云南地区小型油罐车运行管理办法》。根据各零售片区现有外送客户情况、月送油量及市场潜力进行车辆分配，小型油罐车日常管理及运行管理由零售片区负责。

2007年，根据公司局部地区网络布局不完善、库站设施不匹配问题，公司充分发挥现有网络功能，扩大部分地区销售半径，购置22辆小型油罐车，进一步提升加油站零售量和市场控制力。

2009年，按照销售公司《关于加强小额配送工作的实施意见》要求，公司明确小额配送业务界定和归口管理部门，提出客户开发维护、客户管理与服务、资源保障、配送管理等内容，在配送管理上做好过程管理，严格配送要求。

2010年7月，公司库发小额配送和加油站直销业务发展迅速，公司对各单位库发小额配送和加油站直销执行情况进行监控，杜绝未经批准违规进行库发小额配送和加油站直销。

2011—2013年4月，小型油罐车由中国石油天然气运输公司进行管理，2011年运行59台，中国石油天然气运输公司自有车辆27台，托管公司车辆32台。各单位依据《小额配送管理办法》进行管理，按照客户需要，由经营部或加油站提报需求计划，由零售管理部门审核后在加油站装油配送。

2013年4月—2017年5月，小型油罐车由各单位管理，运行42台，中国石油天然气运输公司自有车辆27台，公司自有车辆15台。根据《2013年小型油罐车优化运行方案》，对小型油罐车管理模式进行调整，将公司租赁给中国石油天然气运输公司的小型油罐车收回，反租中国石油天然气运输公司适合小额配送车辆，根据各地需求情况，将车辆重新分配，交由各单位自主管理，与中国石油天然气运输公司协商签订3年租赁合同。

2017年6月—2018年5月，小型油罐车由中国石油天然气运输公司管理，运行40台，中国石油天然气运输公司自有车辆27台，公司自有车辆13台。为防范安全风险，实施小油罐车专业化管理，公司调整管理模式，车辆和人员移交中国石油天然气运输公司管理，明确承运方的安全主体责任。小油罐车年费用同比减少76.5万元，并减少租赁、人工成本、保险、检维修等固定费用支出，有效降低运行费用。

2018年6月，公司按照"放、管、服"原则，统一标准、预算控制、简化审批，由公司制定承运商及车辆准入标准，拟定运输合同范本，分区域拟定最高运输限价。经公司招投标后，拟定入围承运商名单，并下放小额配送运力选择权，由各单位自行在入围名单内选承运商，按照公司合同范本签订合同后进行配送，运费由各单位自行结算。

第三章　仓储管理

公司仓储管理面对"点多、面广、线长"的运行特点，积极应对复杂多变的油品销售形势，突出效率、效益、服务品牌建设，仓储管理工作呈现良好态势。

1999—2008年，公司油库管理以"效率高、数量准、场地清"为服务标准，用制度规范现场操作、服务用语，提升油库服务能力；对油库现场安全、设备设施、施工安全、业务运行、数质量管控、人事薪酬等重点工作，进行全覆盖检查考核，进一步强化油库基础管理。2008年，为适应广西石化炼厂投产后公司资源结构所面临的重大调整，以及销售公司对油库管理和完善物流体系建设的具体要求，公司在2007年物流体制改革的基础上，坚持整体运行，以提高配送效率，降低运输成本为目标，建立专业化、大物流、少环节、高效率的物流体系，从组织架构、运输方式、仓储布局、配送管理入手，进一步深化物流体制改革，最终形成以广西石化辐射西南三省区的大物流运作体系。

2009—2018年，为进一步深化物流体制改革，实现资源统一组织、物流统一优化、油库统一管理，提高油库管控的一体化水平，公司于2012年成立仓储分公司，对油库进行专业化管理。主要负责云南地区油库成品油作业管理，负责所属油库安全、资产、人员和数质量管理，负责油库HSE体系建设。2017年，油库运行模式发生变革，3座管道油库建成，5座管道油库实现管输，地付投运，关停大屯、昆阳，退租曲靖、宣威油库，全资油库6座，控股油库2座，租赁1座；公司油库区域分布合理，库存保障能力增强，自动化水平大幅提升。9月，清华洞、保山、玉溪、蒙自油库完成首次管输进油，公司新建管输油库正式投用，公司物流运行由单一的铁路入库、公路出库转变为公路、管道、铁路一体化运作。

截至2018年底，公司有省内在营油库9座，即：滇中地区昆明（秧田冲）油库、安宁油库，滇西地区清华洞油库、保山油库、楚雄油库，滇东北地区曲靖（松林）油库、罗平油库，滇南地区玉溪油库、蒙自油库。全资油库为昆明（秧田冲）油库、楚雄油库、曲靖（松林）油库、蒙自油库、玉溪油库、保山油库，参控股油库为安宁油库、清华洞油库，租赁油库为罗平油库。以上油库总库容43.1万立方米。省外串换油库6座，即：吊黄楼油库、百色油库、金江油库、大沙坝油库、水富油库、百色三雷油库。

第一节 油库管理

一、油库分类、管理目标及历年运营情况

（一）油库分类

一级库为油库库容在 10 万立方米（含 10 万立方米）以上；二级库为油库库容在 10 万立方米以下，3 万立方米（含 3 万立方米）以上；三级库为油库库容在 3 万立方米以下，1 万立方米（1 万立方米）以上；四级库为油库库容在 1 万立方米以下，1000 立方米以上；五级库为油库库容在 1000 立方米以下。

（二）油库管理目标

油库管理始终以安全环保优先，"三条红线"平稳受控为主体思路，坚持"环保优先、安全第一、质量至上、以人为本"的理念，抢抓机遇，深入推进油库专业化进程，强化岗位责任落实，注重过程管理与控制，HSE 管理实现零伤害、零污染、零事故；数质量受控，人员队伍和谐稳定，油库安全平稳运行。实现规模与质量、安全与稳定、效率与效益、企业与员工和谐共进、全面发展。

（三）云南辖区油库历年运营情况

1999—2003 年，公司在用油库 6 座，库容 9.86 万立方米，具体为浑水塘油库、大屯油库、安宁油库、昆阳油库、楚雄油库、南华油库，其中二级库 1 座、三级库 4 座、四级库 1 座。

2004—2005 年，公司在用油库 9 座，库容 14.27 万立方米，具体为浑水塘油库、大屯油库、安宁油库、昆阳油库、楚雄油库、南华油库、清华洞油库、曲靖油库、宣威油库，其中二级库 2 座、三级库 4 座、四级库 3 座。

2006 年，公司在用油库 13 座，库容 25.92 万立方米，具体为浑水塘油库、大屯油库、安宁油库、昆阳油库、楚雄油库、南华油库、清华洞油库、民航油库、四瑞油库、罗平油库、曲靖油库、宣威油库、晋宁油库，其中二级库 3 座、三级库 7 座、四级库 3 座。

2007—2008 年，公司在用油库 12 座，库容 22.52 万立方米，具体为大屯油库、安宁油库、昆阳油库、楚雄油库、南华油库、清华洞油库、民航油库、四瑞油库、罗平油库、曲靖油库、宣威油库、晋宁油库，其中二级库 2 座、三级库 7 座、四级库 3 座。

2009—2010 年，公司在用油库 11 座，库容 21.92 万立方米，具体为大屯油库、安宁油库、昆阳油库、楚雄油库、清华洞油库、民航油库、四瑞油库、罗平油库、曲靖油库、宣威油库、晋宁油库，其中二级库 2 座、三级库 7 座、四级库 2 座。

2011年，公司在用油库12座，库容24.92万立方米，具体为大屯油库、安宁油库、昆阳油库、楚雄油库、清华洞油库、民航油库、四瑞油库、罗平油库、曲靖油库、宣威油库、晋宁油库、大德油库，其中二级库3座、三级库7座、四级库2座。

2012年，公司在用油库12座，库容30.92万立方米，具体为昆明（秧田冲）油库、大屯油库、安宁油库、昆阳油库、楚雄油库、清华洞油库、民航油库、四瑞油库、罗平油库、曲靖油库、宣威油库、大德油库，其中二级库4座、三级库6座、四级库2座。

2013年，公司在用油库12座，库容33.32万立方米，具体为昆明（秧田冲）油库、曲靖（松林）油库、大屯油库、安宁油库、昆阳油库、楚雄油库、清华洞油库、民航油库、四瑞油库、罗平油库、曲靖油库、宣威油库，其中二级库4座、三级库6座、四级库2座。

2014—2015年，公司在用油库10座，库容30.12万立方米，具体为昆明（秧田冲）油库、曲靖（松林）油库、大屯油库、安宁油库、昆阳油库、楚雄油库、清华洞油库、罗平油库、曲靖油库、宣威油库，其中二级库4座、三级库4座、四级库2座。

2016年，公司在用油库10座，库容33.62万立方米，具体为昆明（秧田冲）油库、曲靖（松林）油库、大屯油库、安宁油库、昆阳油库、楚雄油库、清华洞油库、罗平油库、曲靖油库、宣威油库，其中二级库4座、三级库4座、四级库2座。

2017年，公司在用油库13座，库容47.51万立方米，具体为昆明（秧田冲）油库、曲靖（松林）油库、蒙自油库、玉溪油库、保山油库、大屯油库、安宁油库、昆阳油库、楚雄油库、清华洞油库、罗平油库、曲靖油库、宣威油库，其中二级库7座、三级库4座、四级库2座。

2018年，公司在用油库9座，库容43.1万立方米（见表3-9），具体为昆明（秧田冲）油库、曲靖（松林）油库、安宁油库、楚雄油库、清华洞油库、罗平油库、保山油库、蒙自油库、玉溪油库，其中二级库7座、三级库2座。

表3-9 云南辖区2000—2018年油库情况统计

年份	油库数量（座）	设计库容（万立方米）	年份	油库数量（座）	设计库容（万立方米）
2000年	6	9.86	2010年	11	21.92
2001年	6	9.86	2011年	12	24.92
2002年	6	9.86	2012年	12	30.92
2003年	6	9.86	2013年	12	33.32
2004年	9	14.27	2014年	10	30.12
2005年	9	14.27	2015年	10	30.12
2006年	13	25.92	2016年	10	33.62
2007年	12	22.52	2017年	13	47.51
2008年	12	22.52	2018年	9	43.10
2009年	11	21.92			

二、油库安全管理

2000—2003年，公司在所属油库成立分公司，日常运行中，由各油库独立对各自安全、生产、设备设施进行专管，中油英茂、中油强林两家控股公司分别对各自所辖油库安全工作进行监管。

2003—2004年，公司按照区域划分组建配送中心，为进一步优化仓储布局，公司以租罐代储的油库仅对油库出入库计量、油品质量、库存保管进行管控，安全、操作、设施、人员等均由库方负责。各配送中心对所辖油库安全、生产、设备设施实行统一管理。

2005—2007年，公司根据区域划分，依托所属各单位对油库实施管理。2006年，公司在原有基础上继续以租罐代储方式租赁罗平、晋宁、民航等油库，公司仅对油库收发存账务、油品数质量进行管理；以整租方式租赁四瑞油库，对油库安全、生产、设备设施进行统一管理。

2008年6月，公司成立物流公司对所属油库实行人、财、物集中管理，建立油库月度综合检查机制，每月对油库实行全覆盖安全检查，月末对安全检查情况进行通报点评，并根据检查情况进行排名、考核，通过奖优惩劣的方式逐步提升油库安全管控主动意识，稳步提升油库安全管理工作。

2009—2012年，仓储分公司实施车辆出行集中审批机制，对机关、所属油库车辆出行、维修保养实行集中审批管理。出车前必须在协同办公系统提报申请，明确出行目的、出行路线、行车距离、预计用车时间等基本信息，待仓储分公司审批同意后方可出行，在削减油库交通安全风险的同时，进一步提升对公务用车的统筹监管能力。

2013年，针对日益严峻的内外部安全形势，以及仓储专业线安全管理工作需要，在仓储分公司安全环保部设置稽查专岗，进一步规范油库月度检查工作，年初制定全年检查计划，月初细化当月检查内容形成检查表，统筹组织开展覆盖全油库的月度综合检查工作，月末编制检查通报，针对问题逐条整改、落实、消项，实现闭环管理。

2014年，为提升全体员工岗位风险防范能力，发挥安全考核导向作用和激励作用，提高全员安全素质，按照每年或每半年频次开展一次全员安全技能考核工作，覆盖油库全体员工。通过理论与实操相结合，设置专项奖励基金等方式，有效提升基层员工主动参与安全管理工作的积极性。

2015年，为使油库应急预案更具有针对性、适宜性和可操作性，公司组织对各油库突发事件应急预案进行修订完善，形成"16+1"（1个油库突发事件总体预案，16个专项应急预案）预案，进一步提高应对和处置各类突发事件能力，最大程度减轻危害和损失。

是年，公司成立油库风险分级防控体系建设工作小组，确保油库风险分级防控体系建设工作有序、快速、高效实施。按照三个阶段组织实施，最终形成《油库安全风险分级防控指南》和《油库安全风险分级防控表》，11月20日完成油库危害辨识、风险评价、风险控制措施制定、风险分级防控责任落实，持续提升公司油库安全风险防控能力。

2015起，为提高油库保安队伍素质，更好地履行安全保卫职责，公司引入保安服务竞争机制。

在云南省范围内邀请具有《保安服务许可证》及相关资质的公司，参与所属油库安保服务，由油库每季度对保安进行服务评价，仓储分公司按照油库评价情况对保安及保安公司进行具体考核，实行优胜劣汰机制。为做好油库保安人员安全管理，确保人身安全不受伤害，杜绝发生安全生产事故，要求全体保安熟知油库各项管理规定，并全员签订《安全承诺书》。同时，公司建立油库设备设施保养、维修外包机制，引入第三方专业单位，签订维保合同，定期对油库机泵、阀门、管线等主要设施进行巡检、维护保养，确保对设备故障防患于未然，提高应对突发故障维修保障能力，为油库安全平稳运行奠定基础。

2016年1月，公司首次对改扩建的清华洞油库，新建的玉溪、蒙自、保山油库实行PSSR（新油库投运前的风险识别），在油库投运前从使用者的角度全面辨识各类风险，制定整改措施，保证油库顺利平稳投运。

2017年，公司在大屯油库开展消防车驾驶员培训，为管输油库投运做好人员和技术储备。邀请云南省安宁市公安局消防大队一线消防官兵授课，采用理论和现场操作，对车辆性能、保养维修、驾驶技巧、设备操作等方面进行专业化培训，满足消防车日常使用需要，规范油库特种作业人员管理，提高员工消防车操作及驾驶技能。

是年，公司将每月例行油库安全检查，优化为"1+1"（安全部门+其他部门）检查模式，全面提升油库各专业线工作管理水平，针对公司要求、季节特征及隐患风险开展相应主题检查活动，当月检查当月通报，下月检查并复查上月问题，举一反三，切实做好油库各方面安全工作。

2018年1月，公司建立油库全员缴纳安全风险抵押金机制，制定专项方案将安全风险抵押金缴纳覆盖至油库全体员工，有效促进全员参与安全管理积极性，助推油库安全工作管理水平不断提升。3月，将HSE量化体系审核工作内容纳入油库月度综合检查。

三、油库数质量管理模式

公司成立以来，高度重视油库环节油品数质量管控，设立数质量岗，油库计量员、化验员均需持证上岗。每月对油库损耗管控情况进行排名，损耗异常或连续排名最后的油库，油库主任对损耗原因进行细致分析，并向上级汇报。油库将每月损耗完成情况纳入油库绩效考核范畴，在绩效奖金中予以体现。截至2018年底，未发生过一起油库环节油品质量事故，未发生过一起客户计量纠纷。

1999—2000年，公司以油库为单位，建立化验室，设置计量岗，油品主要来源于乌鲁木齐石化、兰州石化、四川102油库、咸阳石化等地，作业方式为铁路入库，公路出库。

2001—2005年，公司所属油库各项业务及油品数质量管理由浑水塘、安宁、楚雄3个配送中心按属地划分进行管理，油品主要来源于乌鲁木齐石化、兰州石化、四川102油库、咸阳石化等地。

2006年，因昆明长水机场项目建设，关停浑水塘油库，2006—2008年先后租赁晋宁、民航、四瑞、罗平油库，停用南华油库。所属油库按区域划分，由所在地单位进行管理，油库数质量由所属单位质安部门进行管理，油品主要来源于乌鲁木齐石化、兰州石化、四川102油库、咸阳石化等地。

2008年，公司成立物流公司，油库由各单位统一划入物流公司管理。所属油库均设置化验室，各油库配备1—2名专职化验员，设置油品计量岗，油品主要来源于乌鲁木齐石化、兰州石化、四川102油库、咸阳石化等地，数质量统一由物流公司油库管理部进行管理。

2009—2011年，公司在物流公司基础上成立物流中心，综合业务与安全环保部负责油库成品油进、出、存作业管理和数质量管理，2011年起，所属油库油品出库计量交接均采用流量计，减少人为操作误差。

2012年10月，公司成立仓储分公司，生产运行部负责油库成品油进、出、存作业管理和数质量管理。在营油库15座，其中省内油库12座，库容30.92万立方米，省内资产型（租赁管理型）油库11座（昆明秧田冲、曲靖松林、安宁、大屯、四瑞、昆阳、楚雄、清华洞、曲靖、宣威、罗平油库），代储型油库1座（民航油库）。省外油库3座，租赁管理型油库1座（钦州天盛），代储型油库2座（宜宾吊黄楼、攀枝花金江）。油品主要来源为广西石化、兰州石化、四川102油库、咸阳石化等地，配置油品按照入库必检项目进行化验管理，外采油品送公司2座中心化验室进行全分析化验。油品入库方式为铁路，出库方式为公路。

2012—2017年，公司新建昆明（秧田冲）、曲靖（松林）、保山、蒙自、玉溪5座油库，改扩建清华洞油库，6座管道配套自动化油库全部投入使用。先后退租晋宁、大德、民航、四瑞、曲靖、宣威6座油库，停用大屯、昆阳2座油库。2016年，公司所属油库实现在线性温度补偿付油，提升出库油品数量精准度。针对外采油铁路发运量大幅上涨的情况，安排人员赴钦州、湛江、山东等地开展前移取样，在确保外采油品质量受控的同时，有效提高外采油铁路接卸效率，降低了铁路延时费。

2017—2018年，公司油库入库油品均来自云南石化，管道油库入库方式由铁路转变为管输，采用流量计交接，按照配置油进行入库必检项目化验。2018年11月，公司在曲靖（松林）油库开展油库零误差付油试点。

四、油库队伍建设

1999—2008年，公司所属油库人员300余人。同时，每年从石油院校招聘有能力、肯吃苦的大学生参与油库管理工作，并逐步发展为油库的中坚力量。

2010年6月，公司在原物流中心基础上，成立仓储管理中心，结合公司发展规划和内部管理需要，按照组织扁平、人员精干、专业化管理、集约化经营的原则，进一步挖掘内部潜力，盘活人才资源。仓储管理中心设有综合办公室、质量安全环保部、综合业务部、财务资产部3个部门，员工256人。

2012年10月，公司成立仓储分公司（油库处），将机关编制定员由19人调整为27人（含公司调度指挥中心管理的配送部8个编制），其中领导职数3人。

2013年4月1日起，公司将中油强林公司安宁油库、昆阳油库人员委托仓储分公司管理。安宁油库、昆阳油库人员人事关系不做调整，劳动合同仍与原单位签订。人员工资和"三费"由仓储分公司代发，工资总额、人工成本费用仍由中油强林公司承担。人员的党工团关系实行属地管理，统一参加仓储分公司组织相关活动和安排。5月1日起，将大理中青公司清华洞油（气）库业务、资产、人员、安全等委托仓储分公司管理。清华洞油（气）库人员人事关系不做调整，劳动合同仍与原单位签订。人员工资和"三费"由仓储分公司代发，工资总额、人工成本费用由大理中青公司承担。人员党工团关系实行属地管理，统一参加仓储分公司组织的相关活动和安排。

2014年，仓储分公司坚持正确的选人用人导向，先后开展油库主任、副主任、主任助理、班组长竞聘工作，使一批管理能力强、综合素质高、群众基础好的优秀员工走上管理岗位，其中7名优秀大学生走上油库主任助理岗位，逐步优化了员工队伍结构，储备后备管理人员10人，业务骨干62人，技术能手18人，为新油库投运做好人力准备。

2015年，为加强员工队伍建设，仓储分公司组织机关骨干、油库主任及后备管理人员12人，分赴西固、咸阳油库进行参观学习。重点学习管输油库业务运行流程，自动化设施应用，日常运行中与炼厂、管道方所需的业务协调及数质量交接等方面的重点知识，为公司管输油库建设及顺利投运奠定基础。

2016—2018年，为了适应公司发展需要，仓储分公司坚持"人才强企"理念，创新人才选拔、培育、激励模式，加快人才培育，盘活人才资源，激发员工队伍活力，为油库专业线发展提供了强有力的支撑。

（1）个性培育人才。2016年，云南石化进入工程收尾阶段，仓储分公司3座管道油库建设即将完工。仓储分公司精心制定方案，利用问卷调查、组织座谈等方式，广泛征集员工意愿，把个人发展与公司转型发展对人才的需求有机融合，确保个人专长和意愿与公司对人才的需求同向同轨。由综合办公室牵头，会同各专业部门，按照初中高三个培养层级，明确个性培育方式、培养层级、培养目标，做到个性培养。按照工作时间长短及现任岗位特点，分类突出培育重点，对工作年限较短的技术人才，侧重提升解决现场常见问题的能力，对工作年限较长的技术人才，侧重提升综合素质能力。对技术较全面、成熟的技术人才，侧重提升创新创效管理能力。

（2）精准培育人才。采取集中培训（含内培和外培）与自学相结合的培训方式，立足管输流程、全员消防、日常管理和自动化控制等业务，树立重视学习、注重成长的良好导向。有针对性地培养和选拔政治坚定、业务过硬、作风扎实、堪当重任的青年业务骨干充实到基层管理岗位。鼓励并支持每一名业务骨干能在自己所学所爱的领域有所建树，成为多元化新型人才。建立"班前半小时""每周学习"等日常业务学习制度，组织全员针对履行岗位职责所需要的业务技能，运用知识讲座、讨论交流、模拟操作、测试考评、知识竞赛等形式进行练兵比武。管道油库投入建设至今，仓储分公司选派多名业务骨干分赴西北销售西固油库及四川销售 102、104 油库学习；以"开口营销"服务技能竞赛为契机，培养了一批技能过硬的年轻骨干；先后三次邀请区内公司油库管理专家到管输油库开展驻库培训、帮扶，以考核机制推动人才培养稳步推进，用奖励激励和绩效鞭策并重的方式使人才培养机制落地生根。

（3）搭台使用人才。搭建技术能力提升平台，发挥技术人才优势，有针对性地交任务、压担子，让技术人才独立承担解决技术难题、参与重大技术攻关，培育技术人才攻坚克难、敢于挑战的拼搏进取精神。在新油库投运前期，一批青年人才主动承担中间交接、"三查四定"问题核查、工艺流程图纸修订、定置化管理等准备工作，并负责与自动化厂家对接调试设备，确保新库自动化设备能够正常运行。针对管输油库分散、业务新的实际，仓储分公司大胆选用 9 名年轻骨干人才担任油库副主任，在破解生产难题、服务外部客户、优化管理结构中发挥才能。

第二节　收发存管理

一、铁路收油作业

公司自成立以来，受所处地理条件限制，油库入库方式均为铁路入库。主要发运站点有温泉、天回镇、彭县、钦州港、咸阳、颖川堡、湛江、九道湾、乌西等，单日最大接卸能力峰值时达 412 车，2014 年铁路接卸 306.71 万吨，2015 年铁路接卸 347.04 万吨，2016 年铁路接卸 360.16 万吨，2017 年铁路接卸 319.51 万吨，2018 年铁路接卸 101.4 万吨。

铁路收油作业流程为：油库接到公司下发铁路发车预报后，做好收油准备。铁路槽车到站后，核对预报、实车车号、铁路货票，"三核对"无误后进行油品化验。化验合格后开始计量、卸车。卸车结束后，联系铁路进行自备车返空，办理返空手续，并将收油数量录入公司业务系统。

2015 年，公司下发《关于进一步强化油库收发存作业管理的通知》，重点对接卸环节各主要岗位职责进一步明确：当班储运班长负责检查接卸环节准备、完成情况，储罐空容是否满足卸油条件，核对卸油工艺；油库值班主任确认各岗位准备工作全部完成，无误后下达卸油指令；各油库需合理安排管理人员值班，确保 24 小时均有管理人员在岗，夜间卸油时值班主任必须（主任、副主任、助理）全程跟岗做好作业安全监督。进一步规范铁路收油环节操作，确保油库日常业务运行工作严格受控。

2017 年 9 月，随着 3 条成品油管道陆续投运，安宁、楚雄、罗平、昆明（秧田冲）、曲靖（松林）等油库保留铁路入库，清华洞、玉溪、蒙自、保山油库为管道入库，油品来源均为云南石化。

二、管道收油作业

2017年9月22日,安宁—保山管线管输油到达保山油库,标志着公司首批管输油顺利投用;9月26日,安宁—蒙自管线投用;12月22日,安宁—曲靖管线投用。

2018年4月,安保线、安蒙线顺利实现92号、95号、0号全品种输送,有效降低公司物流运行费用。针对公司油库库容普遍偏小,管线油存量较大,柴油销售受气候变化影响较大的实际情况,经与西南管道、西北销售公司沟通协调,达成管线同时存放两种油品,避免存放单一油品后油库空容不足的问题,管输频次从初期平均每月1次,提升至月均2次,有效提高了管输运行效率。8月31日昆明支线顺利投运。截至2018年底,公司共接收管输油品190万吨,占入库总量的65.2%。

管输运行模式经过初期磨合、优化后,已趋于稳定,具体为:根据月度管输计划安排,西北销售云南分公司协调云南石化提前备油,西南管道公司负责编制批次管输方案。公司收到管输方案后,组织油库与分输站对接管输细节,确认无误后西南管道下达管输令。油库、分输站按管输令进行管输作业。管输油品使用管道质量流量计进行数量交接,混油由管道公司进行处理。管输结束后,西北销售云南分公司与公司对管输量进行结算。

三、公路发油作业

1999—2011年,油库发油均为公路上装发油。提油车辆到库后,先进行入库安全检查,合格后到营业室开单、排队、入库装油。装油结束,油库计量员进行计量,将计量数据填写在配送单内,装油车辆驾驶员持单到营业室换出门条,凭条出库。具体流程如下:

(1)油罐车入库前准备。驾驶员接调度指令到达油库排队等待入库装油。

(2)入库前检查。油库人员对入库装油的油罐车进行入库检查,包括油罐车安全状况检查、专车专用情况、卸油手柄情况、固定铅封和回程铅封、卸油口防尘盖检查等。

(3)营业室开单。营业室核对驾驶员、车辆信息通过后,进行开单。

(4)付油对位。驾驶员到达指定鹤位;油罐车停车熄火。

(5)发油前准备工作。检查罐车罐仓,确保符合装油条件;储运人员开启发油罐阀门;发油员检查发油设备(施)是否完好,确认流量计过滤器、消气器、恒压阀正常,管线压力在流量计允许工况范围内,相关作业人员开通发油工艺;发油员与驾驶员共同核对流量计起表数与发油台账起表数。

(6)发油操作。发油员与驾驶员共同核对品名与发油货位相符,确认车辆接地线完好,防火罩有效、开启,卸油阀关闭,打开汽车装油口,插入鹤管(距罐底不得大于200毫米),启动发油按钮;手动发油时缓慢开启发油阀门,控制流速,严格按照流量计流量范围进行发油。

(7) 发油结束。灌装完毕后发油员与驾驶员共同核对流量计止表数；发油员应遵照拔鹤管、收扶梯、取静电接地夹的顺序进行设备（施）复位，并填写发油台账。

(8) 出库计量。按计量管理规定进行计量、填单和施重车铅封操作，并将计量数据和重车铅封号填写到配送单上；驾驶员对单据信息进行核对。

(9) 营业室盖放行章。驾驶员持配送单到营业室加盖放行章。

(10) 出库检查。驾驶员持配送单到门卫室，门卫核对无误后放车出库。

2012年8月—2018年，随着昆明（秧田冲）、曲靖（松林）、蒙自、玉溪、保山、清华洞等新油库陆续投运，新油库付油方式以公路下装付油为主，并配备有自动付油系统，提油流程进一步优化、高效。具体流程如下：

(1) 油罐车入库前准备。驾驶员接调度指令到达油库排队等待入库装油。

(2) 入库前检查。油库人员对入库装油的油罐车进行入库检查，包括油罐车安全状况检查、专车专用情况、卸油手柄情况、固定铅封和回程铅封、卸油口防尘盖检查、确认车辆接地线完好，防火罩有效、开启。

(3) 营业室刷卡。营业室核对驾驶员、车辆信息无误后，刷卡排队。

(4) 付油对位。驾驶员到达指定鹤位；油罐车停车熄火。

(5) 发油前准备工作。检查罐车，确保符合装油条件；储运人员开启发油罐阀门；发油员检查发油设备（施）是否完好，确认流量计过滤器、消气器、恒压阀正常，管线压力在流量计允许工况范围内，相关作业人员开通发油工艺。

(6) 发油操作。发油员与驾驶员共同核对品名与发油货位相符，连接发油管线，罐车装油口阀门开启，刷卡启动发油按钮。

(7) 发油结束。灌装完毕后发油员与驾驶员共同核对装车数量；发油员应遵照断开发油管线、取静电接地夹的顺序进行设备（施）复位，并填写发油台账。

(8) 出库计量。不具备温度自动补偿功能的油库，手工测量前两车油温、密度；施重车铅封，铅封号传营业室。

(9) 营业室。营业室录入重车铅封号。有需要配送单的，到营业室打印配送单。

(10) 出库。驾驶员刷卡出库。自动付油油库的平均单车装油时间较手动付油油库减少18分钟左右，同时付油效率提高约40%。

四、库存管理

1999—2004年，公司油库存货管理施行日盘月结制度，油库负责每日库存盘点，具体为动罐每日计量，不动罐3日计量一次。盘点数据手工登记在《油池卡》内，通过油库收发存日报形式上报至公司业务部。月末各油库进行月末盘点，形成油库损耗月报上报公司，业务部负责与财务部进行月度账务核对,核销油库当月保管损溢。

2004—2007 年,公司油库库存管理工作划归各配送中心负责,各配送中心负责与配送中心财务部进行月度账务核对,并核销当月油库保管损溢。

2008—2010 年,公司全部油库业务划归省配送中心后,对所属油库日盘、月盘工作进行统一、规范,并利用系统提高工作效率。如:油库日盘点数据全部录入"储运业务管理信息系统"内,系统自动生成油库收发存管理报表,方便省配送中心及时掌握油库库存情况。公司配送中心统一组织所属油库进行月末盘点,采取油库间互排计量员交叉盘点模式,确保盘点数据真实、准确。配送中心业务部与公司财务处进行月度账务核对,统一核销油库保管损溢。

2011—2018 年,公司油库全面推行"油库管理信息系统",油库的日盘、月盘数据全部录入"油库管理信息系统"。该系统集成油库自动发油系统、视频监控系统、液位仪系统等子系统,方便公司随时掌控油库运行情况,进一步提升油库自动化管理水平。

第三节 油库现状

一、昆明(秧田冲)油库

图 3-6 昆明(秧田冲)油库

昆明(秧田冲)油库(见图 3-6)为公司全资油库,位于昆明空港经济区李其社区,占地 255 亩,于 2012 年 8 月底建成投产,属二级油库,为一次中转、二次分销库,资源主要来自云南石化,入库方式为管道、铁路,出库方式为公路。主要承担昆明地区油品供应,辐射加油站 360 余座,配送半径 300 千米。油库有储罐 9 座,其中拱顶罐 4 座、内浮顶罐 5 座,总罐容 8.5 万立方米,其中汽油 2.5 万立方米、柴油 6 万立方米;共有 92 号、95 号、0 号 3 个品种。油库拥有槽车卸油专用线一条,同时可停、卸 53 节槽车。

2012 年油库周转量 4.93 万吨,周转次数 0.7 次;2013 年油库周转量 61.46 万吨,周转次数 8.8 次;2014 年油库周转量 67.51 万吨,周转次数 9.6 次;2015 年油库周转量 83.01 万吨,周转次数 11.9 次;2016 年油库周转量 84.77 万吨,周转次数 12.1 次;2017 年油库周转量 80.13 万吨,周转次数 11.5 次;2018 年油库周转量 40.02 万吨,周转次数 5.96 次。

截至 2018 年底,油库有员工 30 人。其中,管理人员 5 人,操作员工 25 人,女员工 3 人,党员11人，属地化管理员工18人，占员工总数的60%。

二、安宁油库

图3-7 安宁油库

安宁油库（见图3-7）为公司控股油库（中国石油占股80%，云南强林石化占股20%），位于安宁市，占地49.5亩，于1995年建成投产，2000年8月中国石油接收管理，2006年进行改扩建，系三级油库，为二次分销库，资源主要来自钦州、黄陵、咸阳等地，入库方式为铁路，出库方式为公路。主要辐射昆明、红河、玉溪、普洱等州市。油库有储罐9座，总罐容2.3万立方米。

2010年油库周转量35.84万吨，周转次数20.8次；2011年油库周转量30.90万吨，周转次数17.9次；2012年油库周转量41.18万吨，周转次数24.5次；2013年油库周转量44.69万吨，周转次数26.9次；2014年油库周转量53.54万吨，周转次数32.2次；2015年油库周转量63.63万吨，周转次数38.3次；2016年油库周转量63.87万吨，周转次数38.5次；2017年油库周转量56.74万吨，周转次数34.2次；2018年油库周转量42.17万吨，周转次数24.46次。

截至2018年底，油库有员工35人。其中，管理人员5人，操作员工30人，女员工15人，党员14人，属地化管理员工24人，占员工总数的68.57%。

三、清华洞油库

图3-8 清华洞油库

清华洞油库（见图3-8）为公司控股油库（中国石油占股75.86%，中国石化占股24.14%），位于祥云县，全库占地面积283亩。1965年建设投运，经过四次库区改造，形成现有储罐18座，总库容为9.1万立方米的储罐区，其中储存汽油能力3.4万立方米、柴油5.7万立方米。实际使用库容为6.6万立方米，其中储存汽油2.6万立方米、柴油4万立方米，为二级成品油库。油库油品资源主要来自云南石化，入库方式为管输，出库方式为公路。2018年4月实现管输作业全品名入库,原有铁路接卸工艺暂停使用。油品配送范围辐射大理、丽江、保山、德宏、临沧等州市,辐射加油站180座。

2010年油库周转量39.85万吨,周转次数17.3次;2011年油库周转量28.62万吨,周转次数12.4次;2012年油库周转量37.69万吨,周转次数16.2次;2013年油库周转量50.67万吨,周转次数22.0次;2014年油库周转量57.63万吨,周转次数25.0次;2015年油库周转量60.23万吨,周转次数26.1次;2016年油库周转量72.57万吨,周转次数14.6次;2017年油库周转量67.77万吨,周转次数13.1次;2018年油库周转量61.12万吨,周转次数12.13次。

截至2018年底,油库有员工44人。其中,管理人员5人,操作员工39人,其中女员工9人,党员21人,属地化管理员工13人,占员工总数的22.8%。

四、曲靖(松林)油库

图3-9 曲靖(松林)油库

曲靖(松林)油库(见图3-9)为公司全资油库,位于曲靖市沾益区。于2012年9月建成投产。系二级油库,为一次中转、二次分销库,资源主要来自广西石化炼厂及西北各炼厂,入库方式为铁路,出库方式为公路。配送主要辐射到曲靖市5县3区和昭通市。油库库区占地102亩,储罐9座,可存储92号、95号汽油和0号柴油3个品种油品。

2013年油库周转量0.43万吨,周转次数0.1次;2014年油库周转量9.24万吨,周转次数2.3次;2015年油库周转量11.74万吨,周转次数3.3次;2016年油库周转量16.28万吨,周转次数4.4次;2017年油库周转量19.58万吨,周转次数4.7次;2018年油库周转量40.65万吨,周转次数10.02次。

截至2018年底,油库有员工31人。其中,管理人员5人,操作员工26人,女员工7人,党员7人,属地化管理员工13人,占员工总数的40.63%。

五、楚雄油库

楚雄油库(见图3-10)为公司全资油库,位于楚雄市经济开发区,始建于1996年,1998年1月9日投运,2000年5月被中国石油收购运行至今。油库占地面积96.36亩,分为罐区和卸发油区两部分,罐区至卸发油区由880米长输油管线连接,总库容1.3万立方米,系三级石油库,资源主要来自广西钦州,入库方式为铁路,出库方式为公路。主要辐射楚雄州及滇西部分地区,油库辐射加油站 50 多座。

2010 年油库周转量 10.88 万吨，周转次数 10.2 次；2011 年油库周转量 11.30 万吨，周转次数 11.0 次；2012 年油库周转量 14.64 万吨，周转次数 13.6 次；2013 年油库周转量 16.11 万吨，周转次数 15.0 次；2014 年油库周转量 17.15 万吨，周转次数 16.0 次；2015 年油库周转量 16.70 万吨，周转次数 15.6 次；2016 年油库周转量 17.38 万吨，周转次数 16.2 次；2017 年油库周转量 14.19 万吨，周转次数 13.2 次；2018 年油库周转量 6.98 万吨，周转次数 6.92 次。

图 3-10　楚雄油库

截至 2018 年底，油库有员工 23 人。其中，管理人员 4 人，操作员工 19 人，女员工 8 人，党员 9 人，属地化管理员工 20 人，占员工总数的 86.96%。

六、罗平油库

罗平油库（见图 3-11）属于租赁代储库，建于 1997 年 7 月，1998 年 5 月建成并投产营运，2006 年中国石油开始租赁使用。系二级油库，为一次中转、二次分销库，资源主要来自西北销售公司，入库方式为铁路，出库方式为公路。主要辐射云南罗平、师宗、陆良、石林、红河、文山和贵州兴义等地区。设备设施由库方负责管理，油库负责公司人员安全管理，油库收发油作业均由库方人员操作，公司人员只负责计量和监督工作。

图 3-11　罗平油库

2010 年油库周转量 24.22 万吨，周转次数 6.2 次；2011 年油库周转量 11.39 万吨，周转次数 2.9 次；2012 年油库周转量 22.64 万吨，周转次数 5.8 次；2013 年油库周转量 30.01 万吨，周转次数 7.8 次；2014 年油库周转量 34.24 万吨，周转次数 8.9 次；2015 年油库周转量 43.21 万吨，周转次数 11.2 次；2016 年油库周转量 37.85 万吨，周转次数 9.8 次；2017 年油库周转量 27.03 万吨，周转次数 11.8 次；2018 年油库周转量 9.52 万吨，周转次数 4.15 次。

截至 2018 年底，油库有员工 11 人。其中，管理人员 2 人，操作员工 9 人，女员工 1 人，党员 2 人，属地化管理员工 1 人，占员工总数的 9.09%。

七、蒙自油库

图3-12 蒙自油库

蒙自油库（见图3-12）为公司全资油库，位于蒙自市雨过铺镇，于2017年9月建成投产，属二级油库，为一次中转、二次分销库，资源主要来自云南石化，入库方式为管输，出库方式为公路。主要承担红河州、文山州油品供应。油库库区占地158.7亩，有储罐8座，总罐容为6万立方米。蒙自油库设计周转量每年98.6万吨，设计年周转次数23次。

2017年油库周转量5.24万吨，周转次数1.2次；2018年油库周转量41.40万吨，周转次数9.23次。截至2018年底，油库有员工23人。其中，管理人员5人，操作员工18人，女员工2人，党员9人，属地化管理员工6人，占员工总数的26.09%。

八、保山油库

保山油库（见图3-13）为公司全资油库，位于保山市隆阳区板桥镇，2017年9月建成投产，属二级油库，为一次中转、二次分销库，资源主要来自云南石化，入库方式为管输，出库方式为公路，主要辐射保山、德宏、怒江等地区。油库库区占地117亩，有储罐6座，总罐容为4万立方米。油库设计周转量每年56万吨，设计年周转次数20次。设汽车装车岛3座，设计装车能力每年55万吨。

图3-13 保山油库

2017年油库周转量3.29万吨，周转次数1.1次；2018年油库周转量27.94万吨，周转次数9.61次。截至2018年底，油库有员工23人。其中，管理人员5人，操作员工19人，女员工4人，党员7人，属地化管理员工4人，占员工总数的17.39%。

九、玉溪油库

玉溪油库（见图3-14）为公司全资油库，位于玉溪市红塔区研和镇。2017年9月底建成投产，属二级油库，为一次中转、二次分销库，资源主要来自云南石化，入库方式为管道，出库方式为公路。油库成品油资源配送辐射云南玉溪、西双版纳、普洱等州市。油库占地99.32亩，有储罐7座，总罐容为6万立方米。油库设计周转量每年80万吨，设计年周转次数18次。

图3-14 玉溪油库

2017年油库周转量4.89万吨，周转次数1.1次；2018年油库周转量37.33万吨，周转次数8.07次。截至2018年底，油库有员工22人。其中，管理人员5人，操作员工17人，女员工4人，党员10人，属地化管理员工1人，占员工总数的4.55%。

第四章　运输损耗管理

自公司成立以来,始终牢固树立"降低损耗就是增加效益"的理念,通过强化油品流转全过程管理,一、二次运输损耗持续下降,为公司开源节流降本增效做出了贡献。同时,随着损耗管控指标逐年降低,管理中面临持续降耗动力不足的困难。面对新形势,公司坚持开展运输损耗专项整治,通过创新管理机制,不断激发降耗动力,逐步建立低损耗、低成本、高效率运行机制。

1999—2008年,公司持续加强各环节运输损耗,建立与铁路发货单位的沟通协调机制,严格执行公路运输损耗国家标准,损耗管控不断得到加强。2009—2018年,公司每年制定运输损耗管控方案,切实做好铁路、公路、水路运输损耗管控工作。铁路运输损耗率从3.8‰下降至0.1‰,公路运输损耗率从1.35‰下降至0.16‰,水路运输损耗率从3.57‰下降至0.84‰。

第一节　铁路运输损耗

一、计量交接变化

1999—2010年,炼厂(发货单位)成品油出厂计量交接主要以人工检尺为主,即铁路运输损耗为收、发货双方铁路罐车计量数之差。由于公司70%以上资源需从西北购进,运输距离远、在途时间长,人工计量误差相对较大,导致铁路运输损耗居高不下。

2010年9月、2014年3月、2017年8月广西石化、四川石化、云南石化相继投产,新建炼厂铁路装车系统均配套有质量流量计,成品油出厂计量交接均以流量计进行计量交接,计量精度提升。

2012年,公司在销售公司系统内率先推行外采油品到站计量交接方式,实行铁路运输"零损耗"。同时,随着配置资源流向变化,铁路运输距离缩短,铁路运输损耗呈大幅下降趋势。

2018年,为解决铁路运输收、发双方计量方式不一致,导致计量误差较大问题,公司协同西北销售公司、云南石化共同推进铁路罐车成品油诚信交接,即成品油铁路运输采取起运站的"表"对目的地的"罐"进行计量交接。

二、损耗管控措施

1999—2008年,公司持续加强源头发运管控,建立与铁路发货单位的沟通协调机制,适时派人到发货单位跟踪发货计量,确保足量发货;强化到站真实性、准确性计量管控,对于出现异常铁路运输超耗的油库进行现场计量复核;规范超耗赔付工作流程,逐批与发货方办理超耗索赔工作。

2009—2018年,公司根据总体安排,结合损耗管理经验,每年制定运输损耗管控方案,切实做好铁路运输损耗管控工作,有效降低各环节油品损耗,损耗量逐年降低(见表3-10),实现公司"控耗、降本、增效"目标。

表3-10 2009—2018年铁路运输损耗完成情况

项目	单位	2009年	2010年	2011年	2012年	2013年	2014年	2015年	2016年	2017年	2018年
运输量	万吨	163.91	218.50	220.87	219.96	288.47	297.16	317.74	329.20	290.00	155.10
损耗量	吨	5196	4634	3907	2826	3088	1418	1081	684	718	159
损耗率	‰	3.17	2.12	1.77	1.28	1.07	0.48	0.34	0.21	0.25	0.10
损耗率增减	千分点	−0.63	−1.05	−0.35	−0.48	−0.21	−0.59	−0.14	−0.13	0.04	−0.14

铁路运输损耗管控措施:

(1)充分利用西北、钦州调运点靠前指挥作用,加大与铁路发站工作协调力度,与发货单位建立良好沟通联络机制,现场协调运输超损及索赔,确保源头足量发运。

(2)加强外采油品损耗管理,除中国海油、延炼资源外,其他外采资源原则上按照实收量作为结算量,确保外采油品铁路运输控制为零损耗。

(3)加强铁路到站油品接卸计量交接工作,对于出现异常铁路运输超耗的油库进行现场计量复核,防止油库出现计量不准确、数据错误的情况。

(4)规范铁路运输超耗索赔工作程序,逐笔登记和办理铁路运输超耗索赔工作,定期汇报索赔办理情况,确因特殊情况无法办理索赔的,报公司领导审批同意后才能进行核销处理。

(5)加强与西北销售公司沟通协调,争取保险理赔政策支持,2012年以来争取西北销售公司保险理赔524万元。

第二节 公路运输损耗

一、计量交接变化

1999—2005年,成品油公路配送交接采用静态计量交接方式,即油库出库、加油站到站计量交接均以手工计量数据为准，油库测量采用量油尺。油品配送到加油站后，加油站计量人员进行手工计量检尺，计算到站实收量，再与油库原发量对照，如运输损耗在定额标准内，加油站应当接卸，若出现超常规损耗，经双方计量人员复查，确因油库配送出现短损，由配送驾驶员负责补足。

2006年，油库出库、加油站到站手工检尺采用罐车专用丁尺，即通过测量空高值，在对应容积表中直接查出其实际容积。采用丁字尺计量后，提高手工检尺计量准确性，减少计量纠纷。同时，成品油公路运输实行"双铅封"，公路运输损耗大幅下降。

2008年，公司推行油库出库动态计量方式，即油库出库采用容积式流量计进行计量交接，通过流量计付油起止表数之差计算出付油体积，手工测量油温、密度后换算成付油标准体积。采用流量计出库计量交接后，减少人为影响因素。

2011年，成品油公路运输全面推行地罐交接，即油库公路付油时按标准体积付出量作为油品出库数量，配送到加油站后通过计量加油站地罐内卸前卸后油品标准体积之差确定加油站实际收油数量的一种油品收发交接方式。实行地罐交接后，成品油公路运输实现从传统罐车计量转变为加油站地罐计量、从手工计量转变为液位仪自动计量的两个重要转变，简化交接流程，有效控制运输损耗，提升油品装卸效率。

2014—2018年，公司按照"统筹规划、分步实施、试点运行、全面推进"原则，在全面夯实主动配送和地罐交接工作基础上，推行远程地罐交接，实现二次物流主动配送、运输过程在线监控、司机自主接卸、损耗纠纷远程仲裁，将所属各单位从物流环节解放出来，进一步优化加油站用工。

二、损耗管控措施

1999—2008年，公司通过跟车押运、运输稽查、重车施封方式加强运输过程管控。同时，严格执行公路运输损耗国家标准，实行单车、单趟次到站超损耗赔付机制，落实中国石油天然气运输公司、驾驶员公路运输损耗管理主体责任。

2009—2018年，公司按照年度考核指标，每年制订公路运输损耗专项管控方案，成立公路运输损耗管控工作领导小组，进一步明确职责、健全部门考核激励机制、完善各环节损耗控制措施，切实做好运输损耗管控工作，有效降低公路运输损耗，损耗率从2009年的1.52‰下降至2018年的0.16‰（见表3-11）。

表3-11　2009—2018年公路运输损耗完成情况

项目	单位	2009年	2010年	2011年	2012年	2013年	2014年	2015年	2016年	2017年	2018年
配送量	万吨	125.4	154	178.47	198.9	223.44	224.6	226	233.05	229.6	248.03
损耗量	吨	1911	1873	6463	3254	2368	1682	937	858	805	391

续表

项目	单位	2009年	2010年	2011年	2012年	2013年	2014年	2015年	2016年	2017年	2018年
损耗率	‰	1.52	1.22	3.62	1.64	1.06	0.75	0.41	0.37	0.35	0.16
损耗率增减	千分点	0.17	−0.31	2.41	−1.99	−0.58	−0.31	−0.33	−0.05	−0.02	−0.19

公路运输损耗管控措施如下。

（一）各司其职，明确分工

调度运输处负责公路配送运输监控管理，公路运输超耗数量的确认及索赔工作，运输配送过程产生纠纷的协调及处理，配合公司纪委办公室调查处理盗油举报事件。

质量安全环保处负责监督、指导油库流量计、加油站地罐检定，指导物流专业线对计量纠纷进行调查处理，配合纪委办公室调查处理盗油举报事件。

仓储分公司负责监督、指导油库规范开展收、发计量作业，确保计量数据真实、准确，对油库出库数量纠纷进行处理。

所属各单位负责统计及核算上报损耗数据，组织对运输损耗的赔付确认工作，指导本单位加油站接卸作业；负责液位计的日常监督检查及维护保养，参与油库流量计的检定并进行确认，组织加油站地罐容积标定工作，负责加油站罐容表的验收、启用、更新、校验。

中国石油天然气运输公司负责运输车辆的管理，包括车辆准入、车体技术状况改造、车辆运行管理、油罐车罐容表的检定及管理；配合销售公司对公路配送运输数量纠纷进行调查处理；对运输超耗数据进行确认及赔付；参与油库流量计的检定并进行确认；参与加油站油罐罐容表的检定并进行确认；参与加油站液位仪的调校并进行确认；对油库发油过程及加油站收油过程进行监督；负责车载视频系统及GPS系统的安装、运行维护及日常监控。

（二）油库环节管理

强化流量计精度管理。(1) 流量计强检时坚持"零误差"调校原则，将油库流量计整体付油误差率控制在 ±0.4‰以内。(2) 强检、自检误差率超过 ±1‰的流量计，经参与检定相关人员（计量检测院、公司计量站、中国石油天然气运输公司、各单位及油库）确认无法调校的须进行更换，未更换前原则上封表停用。因油库作业量较大需临时启用的，必须报请公司领导小组同意，付油时需进行超差补偿，确保出库计量准确。

加强油库出库动态监控。(1) 仓储分公司每日10点前对上日各油库出库的公路运输损耗进行通报，公路运输损耗率超0.4‰的油库要督促认真查找是否因温度、密度及流量计超差等因素影响，及时采取有效措施降低出库损耗。(2) 对连续3天公路运输损耗率超过1‰的流量计须安排自检，自检确认误差率超过 ±1‰的要安排强检调校。

（三）运输环节管理

（1）成立物流专业线稽查小组。由调度运输处、仓储分公司、中国石油天然气运输公司抽调人员组成，每月开展不少于2次油库、运输、加油站装卸规范性稽查，严厉查处各类违规问题。

（2）完善公路运输举报反映机制。明确偷盗油举报统一由公司调度运输处受理及处置，将举报电话通过库站及媒体向社会公布。

（3）严厉打击偷盗油行为。对查实有偷盗油行为的人员，属公司库站员工的给予开除处理，属承运商驾驶员的一律给予列入公司黑名单，不得再参与公司运输，涉嫌犯罪的移交司法机关处理。经查实单车、单次偷盗油行为对所属承运商处罚5万元（用于举报人奖励），同时按照"零损耗"原则追溯该驾驶员近一个月运输损耗，外协车队将按照"停车、停人"原则，将车辆和驾驶员列入黑名单，不得再参与公司配送任务。

（4）严格执行上级公司公路配送综合差量标准。自2017年3月1日起严格执行销售公司公路配送综合差量标准，其中汽油1.7‰、柴油1.2‰。中国石油天然气运输公司安装GPS和车载视频的承运车辆按照新标准确定是否超损，单车超损的必须上报处理，责任方承担超损赔偿；未安排GPS和车载视频的外协车严格按照不高于新的综合差量标准确定是否超损，超损部分由承运商赔偿。

（5）完善车载视频监控机制。加强对公路运输过程监控，调度指挥中心各片区调度岗人员根据每旬车辆驾驶员排名情况，对排名后十的车辆进行重点监控，抽查车辆的车载视频监控及GPS运行轨迹，一经发现驾驶员有违规行为，按照《成品油公路配送管理办法》及《地罐交接工作手册》进行从严处理。

（6）严格执行"三规一限"（规定线路、规定时间、规定停车地点，分时段限速制度）。调度指挥中心与中国石油天然气运输公司一起进行运输路线梳理，确定加油站配送"三规一限"区域，并向所属各单位、库站公示，违反"规定线路、规定停车地点"的该趟次运输损耗全额由中国石油天然气运输公司承担。

（四）加油站环节管理

规范加油站计量设施管理。(1)监督加油站严格执行液位仪每周校验制度，超出偏差上报所属各单位，联系液位仪厂商到站调校，同时所属各单位上报调度指挥中心，由调度指挥中心通知中国石油天然气运输公司参与调校。(2)新站投运站级系统必须同步投运，并提前完成地罐检定、罐容表备案和系统录入工作。如因特殊原因不能在投运前完成的，需书面上报调度指挥中心审批，并在开业后一周内完成地罐检定，不能按期完成的，该站运输损耗全额列入加油站零售损耗，公路运输损耗按"零损耗"计算。首次进油加油站须排查油库发油、运输及加油站接卸环节，均无异常的由所属各单位、中国石油天然气运输公司进行确认，并报调度指挥中心、质量安全环保处审批后由所属各单位业务运作部开通手工权限，按扣除综合差量率标准进行收油。(3)对地罐检定容积表确定性有争议的，按照"谁主张，谁举证"原则进行地罐复标，检定费用由责任方承担。

规范加油站接卸管理。(1) 加油站接卸油品前由驾驶员和卸油员共同对卸油的重点环节进行排查，承运车辆重点检查固定铅封、重车铅封、视频探头位置、卸油手把柄及保护箱等关键部位，查出问题的该趟次运输损耗全额由承运方承担；加油站排查加油站地罐容积表、液位仪周比对记录、探棒铅封启封记录及编号登记台账等关键记录，查出问题的该趟次运输损耗全额由加油站承担。(2) 加油站严格按照公司规范执行卸油操作，按照与中国石油天然气运输公司确认稳油时间进行地罐稳油，单仓合理卸油时间为1小时，杜绝超高、超低液位及超时卸油，特殊情况需超高、超低液位及超时接卸的加油站须上报所属各单位，由各单位报请调度指挥中心同意后方可进行接卸。未经调度指挥中心审批同意超高、超低液位及超时接卸的，该车损耗全额由加油站承担。(3) 卸油完毕，加油站必须控净罐车余油，与驾驶员共同对卸油后数据进行确认。(4) 加油站负责对车辆车载视频和GPS进行回放检查，对重点车辆必须逐车进行检查。如发现视频遮挡、黑屏、断点、探头位置偏移等情况，该车损耗全额由承运方承担。(5) 严禁驾驶员现场赔付损耗，不得对接卸数据进行人为调整，单车超损必须上报所属各单位进行处理。

完善各单位损耗监控机制。(1) 所属各单位加大铅封稽核力度，强化加油站卸油口视频轮巡制度，加大重点车辆和驾驶员的视频抽查频率。(2) 严格审批开通站级系统手工权限，当站级系统、液位仪通信系统发生故障或其他原因需进行手工收油操作的，加油站以照片形式将卸油前液位仪油高、油品体积、油温等相关数据上传所属各单位业务运作部备案，经业务运作部、质量安全工程部审批同意后加油站按远程地罐交接相关程序开始卸油操作，卸油结束后加油站再次以照片形式将液位仪油高、油品体积、油温等相关数据上传业务运作部备案，业务运作部安排开启手工权限录入收油数据，并建立台账备查，开启手工权限的岗位人员负责数据真实性核查。接卸油期间驾驶员参与监督加油站人员规范操作站级系统，若加油站私自调整收油数据将视为偷盗油行为。(3) 对已签认加油站地罐建立"日监控，周跟踪，月分析"机制，如对加油站地罐精准性有异议，采取"6车比对法"和地罐检定两种方式进行复核。(4) 做好加油站设备维护保养工作，确保地罐、液位仪、站级系统等设施完好，加油站计量器具检定证书在有效期内。(5) 所属各单位联合配送中心认真做好纠纷远程仲裁，开展单车超耗索赔确认工作，超耗索赔明细现场签认，每周核对，月底统一办理超耗索赔并报调度指挥中心备案。

（五）其他方面管理

加强日常监控管理。建立损耗"日数据分析、周数据核对、月数据通报"制度。(1) 调度指挥中心每日从二次物流管理系统导出数据，对数据进行统计分析，整理出所属各单位、油库、车辆、加油站损耗情况进行通报，重点对损耗较高的油库、车辆驾驶员、加油站分环节进行调查、分析、总结损耗异常原因，并制订控制措施。(2) 所属各单位每周必须关注油品配送损耗及现场赔付情况，组织对超耗情况进行数据核对和签认，每周将上一周核对情况报调度指挥中心。(3) 调度指挥中心对各单位公路运输损耗完成情况进行统计、分析及排名。编制损耗分析通报，对各环节损耗指标完成情况进行分析、考核和通报，对损耗管理经验和存在的问题进行剖析，对重点单位、配送中心、库、站、车辆进行通报,查找公司损耗管理的薄弱环节,有针对性地制订纠正措施。

考核及责任追究。(1)季度未完成公路运输损耗控制目标的,调度运输处对未完成目标原因进行分析,提出改进措施;半年未完成损耗控制目标的,处室负责人向分管领导说明情况,作出检查。(2)月度公路运输损耗完成率排名最后一位的单位给予通报,相关单位对排名靠后原因进行分析,提出改进措施;连续两月或年度累计四次排名最后一位的单位,由主要领导向公司分管领导说明情况,作出检查。(3)公司每月对库、站、车辆进行排名,排名后十位的加油站、配送车辆、后一位的油库除按绩效考核规定进行处罚外,对相关责任人进行责任追究,取消专业线年度先进单位评选资格。库、站第一次排名靠后的予以通报警告处分,连续两次或年度内累计三次排名靠后的进行岗位调换,调换后原属地内损耗率明显下降或新任属地内损耗率上升的相关责任人,先撤职、后核查、严处理,纪检监察跟进、调查,发现存在违规违纪的严肃处理。驾驶员第一次排名靠后的由中国石油天然气运输公司予以通报警告处分,连续两次或年度累计三次排名靠后的列入黑名单,并向油库、加油站进行公示。

第三节　水路运输损耗

一、计量交接方式

2009年,公司启动东北资源二次中转入省业务,通过水路运输方式将东北配置资源运至湛江及钦州港,上岸后再通过铁路运输方式转回省内。按照集团公司、股份公司计量管理制度相关要求,水路运输静态计量交接以油罐作为交接界面,即以起运港油罐发油数为原发量,以目的港油库油罐收油数为实收量,原发量与实收量之差为水路运输损耗,其中包括装船损耗、运输损耗和卸船损耗三个环节,定额损耗率汽油为4‰、柴油为3.5‰。

2011年,公司在沿海地区开拓外采业务,外采油品水路运输计量交接方式为目的港船舶作为交接界面,即以目的港船板检尺量为原发量,以目的港油库油罐收油数为实收量,原发量与实收量之差为水路运输损耗,仅有卸船损耗一个环节。与配置资源相比,水运损耗减少装船及运输两个环节,汽油、柴油定额损耗率下调至2.5‰。

2012年,沿海外采水路运输开始逐步推行目的港油库油罐计量交接,水路运输损耗大幅下降。

二、损耗管控措施

2009—2017年,公司开拓水运资源购进渠道,面对水运业务复杂、损耗居高不下的严峻形势,加强采购、装船、运输、卸船全环节管控，水运损耗呈逐年下降趋势（见表 3-12）。

表 3-12　2009—2017 年水路运输损耗完成情况

项目	单位	2009 年	2010 年	2011 年	2012 年	2013 年	2014 年	2015 年	2016 年	2017 年
船舶数	条	36	98	83	50	36	7	1	17	13
运输量	万吨	18.72	54.51	39.34	46.21	36.01	6.31	0.69	16.24	13.56
损耗量	吨	669	1695	1236	1004	937	127	13	238	113.00
损耗率	‰	3.57	3.11	3.14	2.17	2.60	2.01	1.88	1.47	0.83
损耗率增减	千分点	—	−0.46	0.03	−0.97	0.43	−0.59	−0.13	−0.42	−0.63

水路运输损耗管控措施：

（1）针对水运油品计量交接的业务特点，制定详细的接卸计量、验仓、管线巡查、铅封检验、单据填写和签字确认等方面的详细操作规程，提高公司驻库人员的操作规范性。

（2）加大发货单位的协调，建立良好的沟通联络机制，派人到发货单位跟踪发货计量交接流程，确保源头发油、收油计量器具符合规定要求，计量方法和计算方法保持统一，以此减少因计量方法不一致产生的超耗。

（3）规范水路运输超耗索赔工作程序，每次卸船前与发货方签订卸船协议，明确卸船各环节损耗标准，卸船后发生超耗的要求承运方进行赔付。

（4）加强对驻库人员的业务培训，帮助驻库人员熟悉和掌握海运油品计量交接的有关制度、标准和业务流程。同时，加强与承运方和油库方的沟通协调，帮助驻库人员熟悉了解油船结构、接卸油库收发油工艺流程，以便于驻库人员更好地进行卸前卸后验舱和对接卸油库油罐、管路、闸阀的检查确认。

（5）学习和借鉴其他兄弟单位的做法，与大连海运公司协调联系，实行运输船只准入备案机制，即公司有权拒绝综合差率较大或是连续两次出现综合差率超标的船只承运油品。

第四节　管道运输损耗

一、计量交接方式

2017 年 8 月，公司与中国石油西南管道分公司和中国石油西北销售分公司签订《云南成品油管道分输计量交接协议》，三方约定在管输投运初期先使用接收库大罐进行计量交接，待分输站质量流量计完成检定并运行稳定后，再启用流量计进行计量交接。

2017 年 9 月 12 日，安保管道投运，2017 年 9 月 12 日—2018 年 4 月 30 日期间管输油品使用清华洞、保山油库大罐进行计量交接，2018年5月1日启用分输站质量流量计进行计量交接。

2017年9月22日，安蒙管道投运，2017年9月22日—12月31日期间管输油品使用玉溪、蒙自油库大罐进行计量交接，2018年1月1日启用分输站质量流量计进行计量交接。

2017年12月19日，安曲管道投运，2017年12月19日—2018年4月20日期间管输油品使用曲靖（松林）油库大罐进行计量交接，2018年4月21日启用分输站质量流量计进行计量交接。

二、损耗管控措施

2017年9月起，公司三条成品油管道陆续投运，考虑到管输初期末站质量流量计不稳定性因素，积极协调西南管道采取油库大罐计量交接，2017年管输油品22.99万吨，实现管输零损耗。

2018年，公司按照三方签订的《云南成品油管道分输计量交接协议》要求，三条管道陆续启用流量计进行计量交接，损耗主要是输转进罐损耗，截至2018年底，管输油品190.4万吨，损耗1638吨，管输损耗率0.86‰，管输损耗平稳受控。

第五章　物流优化与创效

自公司成立以来，认真履行保供责任，多渠道筹措资源，精细调运组织，保障市场资源的足额供应。以保障资源为基础，随着云南省储运设施格局的变化，公司按照"效益最大、流向最优、费用最低、效率最高"的原则持续开展资源品种与市场配置优化、资源流向优化、油库库存优化及公路配送优化，实现"整体优化、投资节约、费用最优、效益最佳"的目标。

1999—2010 年，公司成品油调运以市场保供为主，同时兼顾各项业务优化与创效工作。2011—2018 年，公司科学推进跨区配送，充分发挥四川、广西周边储运设施辐射云南市场的区位优势，有效提升大物流运行，降低物流成本，跨区配送油品 34 万吨，节省运费 3718 万元，四川及广西地区的油库满足交界市场的供应需求，避免重复性投资，节约投资成本约 5 亿元；跨区配送业务有效提升油库周转效率，合理利用中国石油网络资源。在云南省内做大与中国石化串换业务，互补油库辐射空白，与中国石化互供油品 85 万吨，节约运费 3584 万元。

第一节　资源优化创效

2002 年 9 月，公司投资 3410 万元的四川 102 油库改扩建工程项目顺利完成投运，库容由 1.7 万立方米增至 3.7 万立方米，增强油库中转调节功能，为所属各单位资源优化配置发挥积极作用。

2005 年，公司优化资源结构，提高柴汽比，满足市场对柴油需求，柴汽比好于计划水平，积极引导加大高标号汽油销售力度，改善品种结构，提高经济效益。

2007 年，公司加强库存管理，完成库存所有权上移的阶段性工作，通过优化库容结构，大幅提高仓储能力，最高库存由 18 万吨提高到 27 万吨。

2010 年，公司采取改造提效、租赁增容、优化运行、均衡调进、串换代储等措施，增加可用库容 9 万立方米，其中租用大德油库 6 万立方米库容，为服务抗旱、淡储旺销发挥重要作用。

2011 年，公司在稳定主要购进渠道基础上，不断拓展海上资源外采，通过对国际油价、国内供需等变化趋势分析研判，合理把握外采节奏，有效降低采购成本。完善属地外采政策、流程等激励机制，全年外采资源 162 万吨，占资源总量的 46%，同比增长 39%，实现毛利 3.3 亿元，其中地采资源 5.5 万吨，实现零的突破。

2012年8月,在四川销售公司支持下,公司借助四川销售金江油库基础设备完备、库容充裕的优势条件,顺利实现金江油库向楚雄永仁、丽江华坪等地区的成品油跨区配送工作,顺利配送出库油品371吨,减少运距75千米,降低运费1.94万元。

2013年,公司利用广西石化投产后西南价区资源流向发生变化的契机,争取调拨价下调50元/吨政策,每年节约购进成本1.2亿元;积极落实销售公司《关于下达2012年财务预算指标的通知》精神,协调销售公司补贴沿海二次转运费用6000万元,地方铁路费用2000万元。

2014年,公司强化调储,合理周转,资源运作保障科学有序,优化资源计划和流向,调入油品375万吨,确保足额供应,有效杜绝油品脱销、断档;减少二次串换中转23.73万吨,资源运行效率显著提高。坚持低库存运行,月均库存14.74万吨,同比下降35.9%。稳步推进远程地罐交接及主动配送,全力提高配送效率,单车卸油时间缩短10分钟,单车日配送次数同比提高0.1次;公路、铁路运输损耗分别同比下降0.26‰、0.57‰。

是年,公司优化资源组织,加强衔接,优化资源切块计划和流向,调入油品374万吨,其中配置资源293万吨,计划兑现率98%,减少二次中转量23.73万吨,节约中转费4617万元。探索低库存条件下"快送、快检、快接、快卸、快配"运行模式,月均库存14.74万吨,同比下降35.9%。

2015年,公司协调延炼直发滇西,节约铁路运费4600万元;代储油品5.4万吨,创效4573万元;研判油价走势,控制调销节奏,规避跌价损失,创效2126万元;月均库存控制在14.3万吨,节约费用1760万元。

2016年,公司统筹三种库存平衡,积极争取代储政策,优化资源流向和库容结构,月均库存控制在13万吨左右,同比下降10%。

2017年,公司资源运作坚持"西北为主、东北补充"原则,东北资源控制在19.05万吨,通过严格控制下海油资源,节省沿海油库租赁费563万元;减租罗平油库2.11万立方米老罐区,减少油库租赁费660万元。

2018年,公司以"效率最高、成本最低"为优化目标,根据油库规模、周转能力、布局,对物流进行整体优化,有序推进低效油库关停、转型、退租,有效提升资产型油库运行效率,降低物流运行成本。云南石化投产后,炼厂地付及3座管道油库(保山油库、玉溪油库、蒙自油库)同步投运,关停、退租昆阳油库、大屯油库、曲靖油库、宣威油库4座油库。8月30日,安曲管道昆明支线顺利投运,标志着云南成品油管网"三干一支"全部完成投运,云南省内形成"1+6+3"运行模型(即"地付+6座管输库+3座铁路库的布局"),最大限度地满足市场需求。

第二节 配送优化创效

2003年,公司从市场信息、配置计划、销售节奏、二次配送等方面夯实基础,资源一次到站率96%，二次装卸、运输费用节约3011万元，油品损耗同比降低489吨。

2005年，成品油配送交由第三方承运商统一配送以后，为实现集约化、专业化、规模化的管理打下良好基础，物流配送业务服务水平得到有效提升。

2006年，公司物流中心成立后，库存统一管理，由物流中心制定配送方案和配送计划，合理利用库存杜绝跨区域配送，减少运距，提高配送效率；由物流中心根据营销计划和资源情况，提出一次到站计划，减少铁路二次变更，节约运输费用；梳理费用项目，实行统一管理，及时清理不合理费用；加强损耗管理，严格执行《损耗管理程序》，降低损耗。

2007年，公司实施物流专业线改革，优化物流配送运行，建立健全三省区配送中心，坚持上下互动、整体运行，实现一次调运、二次中转、仓储配送的有机统一，初步形成高效有序的大物流框架体系。二次配送业务打破行政区域管理界限，重新测定运距，优化配送方案，提高配送质量，配送能力达到最好水平。资源调运、配送、信息统一管理的大平台初步建立，降低了运行成本，物流专业线改革取得可喜成绩，公司吨油运费由2006年的103.13元下降到97.47元，下降5.49%。

2008年，公司按照管理职能与运行职能相分离、销售业务与物流配送相分开的原则，初步建立与广西石化相匹配、辐射西南三省区的大物流体系。在三省区对物流业务进行重新整合，组建3家物流公司，实现对油库、资源调运和物流配送的集中统一管理。

2010年，为更好地把握资源调运节奏，解决公司仓储设施不足、库容有限等问题，满足资源在品种、总量上的周转需求，充分保障资源供应，公司在钦州开展调运业务，成立钦州调运点，作为物流中心的下属单位，由物流中心直接管理。

2011年，公司加快推进物流体制改革，加强调度指挥中心建设，出台配送中心建设方案，全面打造真正意义的调、运、销一体化融合管理平台。统筹铁路、公路、仓储、配送物流全过程优化，强化库站和车辆视频监控系统应用，不断提高物流效率。积极争取公路补贴政策，全面推行地罐交接，努力降低物流成本。全年公路配送油品180.8万吨，同比增长17%，剔除广西石化地付22.3万吨影响，平均吨油运距162千米，同比减少22千米，吨油运费116元/吨，同比降低8元/吨，超耗索赔899.5万元，与中国石化互供油品4.8万吨，节约运费63.2万元。

2012年，公司科学优化一、二次物流运行，积极协调理顺一、二次配送界面以及地方铁路运费承担主体，争取二次中转运费补贴4700万元；优化降低平均运距11千米，节约运费1600万元；跨区配送取得突破，配送油品4.09万吨，节约物流费用573万元；加强串换业务，全年串换油品17万吨，节约运费470万元。

2013年，落实销售公司物流会议精神，优化配送渠道，通过宜宾、攀枝花向省内跨区配送油品5.84万吨，节约物流费用701万元；做大与中国石化串换业务，全年串换油品8万吨，节约运费300万元；地付提油19万吨，转移支付公路运费8300万元。

2014年，推进远程地罐交接及主动配送，全力提高配送效率，单车卸油时间缩短10分钟，单车日配送次数同比提高0.1次；开展运距复测工作，平均运距下降1千米；通过宜宾、攀枝花向云南省内跨区配送油品 10.32 万吨，节约物流费用 1084 万元。积极与中国石化开展串换、互供业务，互供油品 6 万吨，节约运费 220 万元。

2015 年，推进动态实时在线监控，单车配送装卸时间缩短 60 分钟。推进远程地罐交接和主动配送，实现在途车辆、油站库存、销售动态实时在线监控，单车配送装卸时间缩短 60 分钟。完善客户油库提油配套服务措施，推行"一卡通"，有效提升油库付油效率。持续优化物流系统，减少跨区配送，理顺与四川销售公司、广西销售公司"以采代储"的合作关系，实现跨区配送常态化，通过百色、宜宾和攀枝花向云南省内跨区配送油品 5.64 万吨，节约运费 617 万元；与中国石化实物互供油品 9.4 万吨，节约运费 333 万元。

2016 年，加大与中国石化合作，打通滇西 93 号汽油互供和 97 号汽油代储业务，串换资源 20.6 万吨，节约配送费用 870 万元。统筹物流优化和采购成本，在交界市场增加中国石化泸州纳西、攀枝花大沙坝、百色三雷油库，既有利于二配优化运行，又可提高交界市场的保障能力，配送油品 4.48 万吨，节约配送费用 448 万元。深入推进主动配送，完善零配、库发、站发及小额配送一体化配送体系，推进远程交接、油库"一卡通"和库存上移，引进社会运力 12 家，在 5 座托管站试点运行"监控平台"，在所有双低站推行库存上移，公路单车日配送提高至 0.8 次。

2017 年，物流精细化管理水平不断提升，深入推进主动配送，有效应对节假日、极端天气、限行等特殊情况，增加中国石化泸州纳西、攀枝花大沙坝、百色三雷 3 座交界市场油库，提高交界市场保供能力，周边油库跨区配送 3.63 万吨，节约配送费用 295 万元。积极争取总部串换资源，打通与中国石化 93 号、97 号汽油互供、串换渠道，在中国石化油库配送油品 24.05 万吨，节约配送费用 1391 万元。

2018 年，公司公路配送以"一、二次关联优化运输"模型为基准，以降低销售公司的整体物流成本和一、二次整体运费最低的原则进行公路配送运行，在运行中不断优化地付辐射半径，深入配送线路优化，最优线路配送比率达 95% 以上，为贵州销售公司免仓储费进行贵州省的跨区配送业务。通过一、二次关联优化，公司公路配送平均运距下降 17 千米，也为销售公司节省了物流成本。

第三节 物流新技术应用和发展

1999—2007 年，公司物流管理均依靠人工，从月度计划下达、每日请车、发车预报到油库油品到站接卸，均通过手工单据或传真传递信息，缺乏及时有效的管控手段；配送管理均依赖手工收集加油站库存销售信息，人工编排配送计划后，传输至运输单位和油库营业室，油库开具手工单据装油出库，配送车辆装卸油口未加装保护箱，未安装视频监控，运输过程无有效监控手段，到站人工计量交接，运费由人工核算，物流管理相对落后。

2007 年 5 月，公司业务管理信息系统全面正式上线运行，使用单位覆盖公司本部、云南地区五个区域公司、广西分公司、贵州分公司及其所属营业室、油库。系统功能涉及一次及二次关键业务，包含资源计划、调运管理、出入库管理、配送管理、运费结算等。系统上线后各营业室、油库停止手工单据的使用，全部使用"机打票据"进行业务流转，相关报表全部依据系统数据生成，公路运费结算由手工核对转变为配送单据核对的方式结算。

2008年8月，公司在业务管理信息系统基础上进行二期开发，通过扩展现有业务管理信息系统，实现覆盖销售、零售、物流的完整业务信息管理体系。以"物流业务运行体系"信息化和"零售业务管理"信息化建设为重心，配合零售管理信息化建设，开发液位仪应用系统，对销售业务管理、物流运行管理等方面进行相应扩展。项目建设完成后，能够较为全面地支持公司营销、物流和零售整体业务运行、管理、分析、控制工作。

2009年11月，按照公司信息化建设总体要求，公司规划部署的配送业务运行监控管理系统及系统集成项目相关准备工作就绪，于12月2日召开启动会，对相关工作进行安排部署，确保配送监控管理及系统集成项目顺利上线。

2010年4月，公司ERP系统与赛斯通业务管理信息系统（见图3-15）于4月1日实现业务单轨，油库出入库均实现系统自动集成，操作逐步向ERP系统过渡。结合公司ERP系统项目运行实际情况，切实提高ERP系统应用质量，推动ERP系统在公司范围内尽快实现财务单轨，并确保ERP系统单轨后有效运行，最终实现物流和商流集中管理。

图3-15 赛斯通业务管理信息系统

2011年7月，公司二次物流系统整合调度优化和物流过程管控，正式上线运行，全面替代自建赛斯通业务管理信息系统，全面支撑二次物流业务，实现从计划优化、计划下达、油库付油、油站收油到运费结算配送流程管控，配送运费结算从原来配送单据逐单结算，过渡为系统取数结费。一次物流系统同步上线运行，与销售ERP系统集成，实现铁路发货记录自动集成，初步实现资源发运进度监控。

10月，公司运输车辆试点安装视频监控，分别在驾驶室、车顶、车两侧四个位置安装摄像头，全方面监控车辆运行。截至2012年5月，中国石油天然气运输公司所有车辆均已安装视频监控，过程监管手段全面提升，公路配送损耗从2.6‰下降至1.5‰。

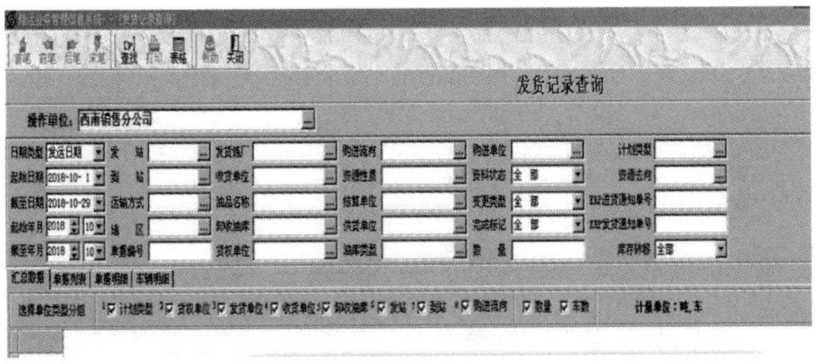

图3-16 物流管理系统（1.0版）

2016年12月，公司销售物流管理系统（2.0版）整合提升一、二次物流和油库管理系统（见图3-16、图3-17），包括计划优化、调运管理、油库管理、仓库管理、运力管理、物流门户、综合分析7个模块54项功能，12月底正式上线运行。一次物流模块全面实现从营销需求提报、配置资源下达、到站分解、运输计划生成、执行进度监控的资源调运管理；二次配送调度优化模块简化原有 Retail 优化软件功能，实现车辆、加油站油罐及配送运距等部分基础信息的批量维护，整合需求安排更为便利。

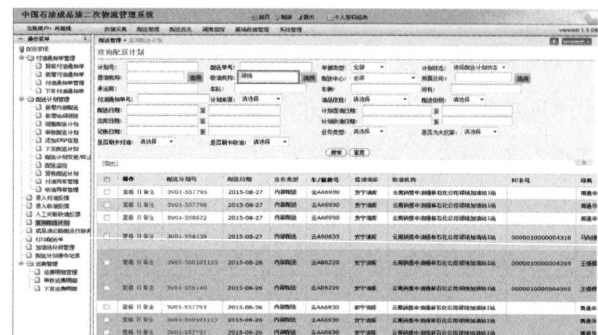 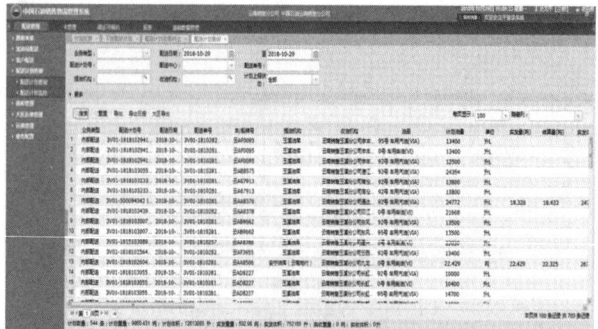

图 3-17　物流管理系统（2.0 版）

第四篇

成品油销售业务

公司成立20年来，面对复杂多变的成品油市场形势，坚决贯彻落实上级公司决策部署，健全营销体制机制，优化资源配置，坚持科学营销，为保障地方成品油市场供应、促进地方经济社会发展，为中国石油开拓区外市场做出积极贡献。

1999—2003年，公司在发展十分薄弱的基础上艰难起步。面对西南地区资源调运混乱无序，滇、黔、桂区外市场一片空白等困难，在集团公司"规范市场、开拓市场"战略的指导下，紧紧围绕"做大网络、做强零售"的目标，积极抢滩布点，争夺高效市场，实现中国石油在西南市场高质量、高起点发展。1999年到2003年，成品油年销量从55万吨增加到180万吨，实现五年翻三倍的目标，五年共销售成品油639万吨，逐步拓展和巩固区外市场。

2004—2008年，公司在改革创新中快速发展。这五年，公司依托中国石油强大的资源和品牌优势，立足滇、黔、桂三省区，贴近市场指挥，突出零售业务，推进管理创新，市场竞争力不断增强。2005年，成品油销量首次突破300万吨。2006年，公司成功跨入集团公司"二类企业"行列。截至2008年底，累计销售成品油2150万吨，公司实现市场占有率"三分天下有其一"的发展目标。

2009—2017年，公司加快推进以零售为主导的先进销售企业建设。2009年，面对金融危机带来的市场低迷、需求不旺、竞争激烈等诸多困难，公司采取积极灵活的营销策略，实施"稳价保量、推价增效、降价促销"等不同营销策略，成品油销量突破200万吨。2010年，全面推进"借力大项目、开发大市场、建设大网络、实现大发展"工作部署，销售规模突破300万吨，市场份额37%，排名区外销售第一，零售总量迈上200万吨台阶。2013年，深化管理提升，加快服务转型，科学营销实现提质上量，成品油销量突破400万吨。2015年，坚持"以市场为导向、以客户为中心、以效益为目标"，加强市场研判，科学营销策略，销售能力显著提升，直销市场份额超过60%，总体市场份额达到38.6%。

2018年，按照"以零售为核心、以市场为导向、以客户为中心、以效益为目标"的方针，充分发挥云南石化投产优势，着力构建纵向突出零售、直销、非油"三大"业务，横向打造高效的两级机关"三纵两横"营销体系，围绕提高市场份额、提高终端销量、提高经济效益，统筹考虑批发和零售、油品和非油品，以整体效益最大化为原则，因地制宜、因时制宜，实施灵活的营销策略，有效应对竞争和挑战，提高运营效率和经济效益，营销水平不断提升，销售总量稳步增长。2018年，成品油销量达453万吨，纯枪销量248万吨。

第一章　销售基础工作

公司成立以来，结合发展实际，持续加强计划、统计和市场管理等基础性工作，为公司准确把握市场形势、增强市场预判能力和应对能力、提升销售业务水平发挥重要作用。加强计划管理，坚持以销定进原则，合理制定成品油销售计划，强化计划的执行和监督，增强计划管理及时性、有效性、准确性。加强统计管理，规范业务统计工作流程，推进统计工作信息化建设，实现统计工作的数据化、信息化和系统化；及时反映公司成品油进、销、存情况，为经营管理决策、科学编制成品油销售和资源配置计划提供依据。加强市场管理，建立健全市场信息搜集、分析、运用机制，及时掌握市场行情，为科学制定营销策略提供翔实市场信息。强化与政府部门、竞合伙伴沟通协调，联合制定成品油市场维护措施，依法打击不法经营单位销售伪劣油品、恶意涨价降价等扰乱市场秩序行为，促进成品油销售市场健康发展。公司多次获云南省"成品油统计工作先进单位"，集团公司、股份公司"统计报表优胜单位"等荣誉。

第一节　计划管理

一、计划管理工作开展概要

1999年，为使西南辖区的资源配置计划更加科学合理，年初，公司对省市分公司各地区进、销、存情况进行全面统计和分析，核实每个地区公司月均销售和进货量，建立各省市分公司档案，为季度计划提报提供科学依据。为使季度计划更能贴近市场，依据对省市分公司进、销、存情况和市场走势的分析，将季度计划分解为月度计划，并以文件形式下达，增强了月度计划提报的严肃性和准确性。

2000—2004年，为全面落实"四统一"运行方案，确保西南地区成品油销售平稳运行，公司结合实际，制定实施计划配置、调运组织、资金结算和价格管理等4个实施细则。公司将统一提报川、渝两省市石油公司资源需求计划的职能移交给西北销售公司。结合西北地区成品油销售实行"送货制"的实际，对成品油计划申报、结算等进行了调整和完善。

2005—2006年，公司强化计划管理，控制销售节奏，严格按月、旬、周、日落实销售进度，加大进、销、存管理力度,随时掌握库存总量和结构,保持合理库存,规避市场风险。切实加强计划安排和督促检查,及时反馈计划执行情况,保证各项业务数据的唯一性。

2007—2010年,为加强对生产经营建设的全面统筹和调控,公司大力推进综合计划管理,强化对综合计划执行情况的检查、分析和反馈,综合计划管理基础得到巩固,较好地发挥综合计划决策参谋、综合平衡、监督检查和协调服务职能。

2011—2012年,为加强销售计划管理,公司成立计划管理领导小组,完善考核激励机制。结合公司年度整体业务运行安排,通过对市场走势的准确判断,制定月度、年度业务运行计划。坚持效益优先、量价互动、收放有序的销售策略,通过调拨价、出库计划两个杠杆合理调控销售节奏,取得明显效果。

2013年,公司修订《油(气)计划管理办法》,进一步精细计划管理内容与要求。明确三大原则:(1)统一管理,分级实施。公司营销处、调度运输处、加油站管理处、财务处按处室职责和管理流程,负责各类业务计划的编制、下达、调整、管理、检查、考核工作,各单位根据职责划分,具体组织实施。(2)坚持整体优化,效益优先。公司各类业务计划的编制,综合考虑市场、资源、成本、效益、仓储、运输等实际情况,在保证终端销售需求的基础上,科学调控各地区资源安排,做到科学、合理、优化,确保公司整体效益最大化。(3)严肃纪律,严格执行。各类业务计划一经下达,各职能部门和各单位要严格执行,坚决杜绝不按计划采购、配置、出库、运输、销售等行为的发生,确需调整时,必须严格按照计划调整的相关程序和权限办理。

2014—2015年,为便于各单位提前筹划次年营销工作,公司在制定次年销售计划时,对销售计划、定价机制、促销费使用等工作进一步明确,根据销售目标和相关政策调整,提前谋划次年增量思路和措施,确保实现销售开门红。认真对接当月进、销、调、存情况,了解次月资源状况,在此基础上公司加强与销售公司沟通衔接,按照全年预算目标合理安排次月销售计划。根据购进和销售量,科学合理测算,制定解决措施,确保提前发现并及时解决经营管理中的问题。

2016年,为优化业务运行,公司将月度进、销、调、存计划作为指导业务运行依据,根据各油库月底库存情况和公司下达的配置计划,合理制定次月各油库发运计划。出库计划按照满足直销客户需求以及加油站内调优化的原则统筹安排。根据出库计划和各油库合理库存情况,坚持以销定进和重点保障库容小、周转量大的原则制定各油库发运计划,相关处室共同商定后形成月度进、销、调、存计划。相关处室各司其职,监控计划进度完成情况,若实际运行与计划有较大出入,及时进行修正,确保运行受控。

2017年,销售公司继续执行额外量补贴政策,为充分利用好相关政策,公司紧盯每次政策要求及调整情况,积极与销售公司进行沟通,根据销售公司额外量补贴政策的调整情况,提出配置计划建议。

2018年,根据云南石化投运、公司整体库容变化、油库退租等情况,在总结经验基础上,公司制定科学合理的库存运行方案。通过了解加油站配送半径和直销客户提油习惯,认真测算各油库出库量,以销定进,用以指导库存运行管理,科学合理做好各油库进、销、存计划安排。资源紧张时,做好日运行监控,确保油品出库按计划均衡运行和油品资源不断档、不脱销、平稳供应。

二、计划管理职责及工作流程

公司成立计划管理领导小组,计划管理领导小组组长由公司总经理担任,副组长由分管营销、调运、财务工作的副总经理、总会计师担任,成员由营销、零售、调运、财务等部门负责人组成。日常工作由营销部门牵头负责。所属各单位成立计划管理小组,组长由各单位经理担任,副组长由分管营销、零售、财务工作的副经理担任,成员由相关业务、财务管理部门负责人组成。计划管理严格按照工作流程实施(见图4-1)。

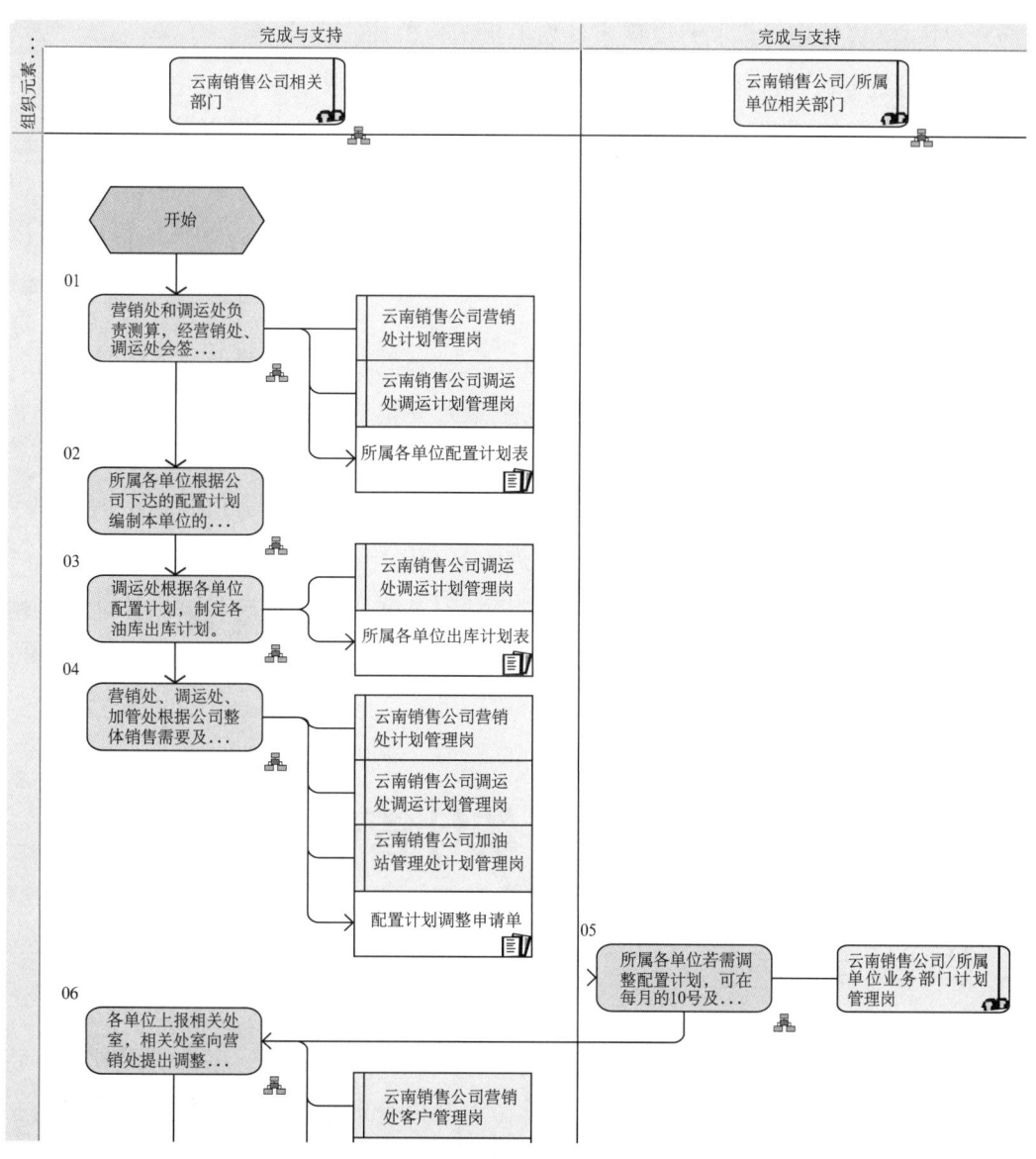

图4-1 公司计划工作流程

(一）职责与分工

公司职责：严格贯彻执行销售公司计划管理规定；负责对计划管理中的重大问题做出决策；负责协助上级公司做好计划管理的相关工作；负责审批公司年度、月度计划及计划的调整；负责公司计划贯彻执行情况的监督、检查；对公司内部违反计划管理规定的行为和责任人进行处理。

各单位职责：根据公司下达的配置计划和销售计划，及时制定各类营销方案和计划，确保计划执行的及时性、有效性、准确性；负责审批权限范围内各类成品油计划的请示，对超出权限范围内的营销计划审核后报公司营销部门办理审批；负责对本单位成品油计划执行情况监督检查。

（二）计划的编制与执行

（1）营销部门根据各单位年度预算以及当月可实现资源总量、库存水平、品种结构、市场预期，结合公司月度零售计划，编制月度需求计划上报销售公司。

（2）营销部门与零售部门根据公司制定的年初预算、市场淡旺季特点、各单位销售计划、当月实际销售需要等情况编制各单位月度销售计划，并于每月月底下达至各单位。

（3）销售计划一经确定，公司有关业务处室、各单位各司其职，认真组织落实。各单位根据公司下达的月度销售计划，分解到客户经理及加油站，并认真组织落实，确保销售计划的完成。

（三）计划的调整与检查

（1）公司年度、月度销售计划一经制定下达，原则上不再调整。但出现下述情况时，可结合实际情况对销售计划进行调整：市场供求关系发生重大变化或实际执行结果发生较大变化，以及资源配置计划进行调整时。

（2）年度、月度销售计划确需调整时，由各单位向公司对口处室提出调整申请，相关处室平衡各单位实际情况后再向公司业绩考核与薪酬管理委员会提出调整申请，经审批后执行。

（3）销售计划完成情况的分析与检查。营销部门和零售部门每月对各单位计划执行情况进行检查通报，并对存在问题进行总结分析。各单位业务运作部每月对计划执行、市场销售动态、市场变化情况等进行分析总结，预测市场走势。

第二节　统计管理

一、统计管理沿革

1999—2003年，公司推进进、销、存系统实施，做好初始化工作，不断升级软件，将线下统计向线上系统自动统计转变，系统功能日趋完善，为销售管理工作提供较好的监控平台，使数据统计和核查工作更为方便、快捷，为公司及时、准确进行经营决策提供依据。

2004年，公司加强统计基础工作，规范统计报表，按时准确上报各项统计报表，充分发挥统计服务和监督职能。强化统计管理，坚持推进原始凭证传递制度规范化，客观反映油品进、销、存实际情况，原始记录齐全，传递手续严格，切实做到账账相符、账实相符，确保统计数据的真实性。

2005年，为规范业务统计工作管理，提高数据统计的准确性、完整性、时效性，公司下发《销售业务统计指标解释》，进一步明确数据口径和数据来源，为数据准确统计奠定基础。

2006—2007年，公司加强统计信息化建设，依托赛思通系统建立公司成品油销售业务管理信息系统，将公司进、销、存业务系统化，建立分级分权限的数据统计，实现报表数据系统化、信息化管理，提高数据传递的及时性和准确性，减少手工工作统计量。

2008年，公司按照"全局一盘棋"思路，进一步强化综合统计分析，理顺各专业线业务流程，增强统计工作的科学性、有效性。

2009年3月起，公司按照销售公司统一安排，实施销售ERP系统。经过业务流程对接、系统集成测试、业务培训、权限收集分配、数据收集和初始化等工作后，ERP系统正式上线，打通公司与销售公司业务系统链接，深入推进统计工作的数据化、信息化和系统化。

2011年，为进一步规范统计管理工作，公司下发《综合统计管理办法》，各单位根据实际情况制定统计管理实施细则。为使统计工作在制度标准框架内规范运作，持续加大考核力度，从统计基础工作、统计报表管理等方面对统计工作运行质量进行指标量化综合评定，进一步提升数据应用水平。

2012—2015年，公司加强精细化管理，通过规范统计业务流程、统计报表管理等夯实统计工作基础，进一步优化报表结构，强化科学统计手段运用，增强经营数据对经营决策的支撑能力，使统计工作在服务经营管理、规范业务运行等方面发挥积极作用。

2016—2018年，公司统计工作覆盖进、销、存各环节，每日提供营销日报、进销存日报、各单位销售动态排名等报表和短信，每周对经营情况进行分析，每月进行通报。同时，依托"惠购油"APP，对客户、客户经理销售情况等数据进行实时统计分析，为公司经营决策提供数据保障。

二、历年主要销售指标统计数据

1999年，公司销售成品油153.41万吨，其中区内结算98.53万吨、区外销售54.88万吨。

2000年，公司销售成品油94万吨，同比增长71%；零售量13万吨，完成年度计划的4.3倍。

2001年，公司销售成品油145.16万吨，完成年度计划的145%，同比增长54%，销售总量占滇、黔、桂三省区社会需求总量的23%；零售量45.46万吨。

2002年，公司销售成品油162.53万吨，其中零售量58.26万吨，占销售总量的35.85%。

2003年，公司销售成品油180.66万吨，完成年度计划的109%，同比增加18.13万吨、增长

11.16%；零售量71.63万吨，零售比例为39.65%，零售比例增长3.23个百分点。

2004年，公司销售成品油243.07万吨，完成年度考核指标的98.12%，同比增加61.68万吨、增长34%；零售量117.25万吨，完成年度考核指标的148.22%，同比增加46.09万吨、增长64.77%。

2005年，公司销售成品油302万吨，完成年度考核目标的111.86%，同比增长24.61%。资产型零售量154.65万吨，完成年度考核目标的112.1%，同比增长52.1%。

2006年，公司销售成品油308.73万吨，同比增加6.71万吨，保持连续多年稳定增长。资产型零售量首次突破200万吨，达212.23万吨，同比增加39.48万吨、增长22.85%，资产型零售比例达68.75%。

2007年，公司销售成品油356.29万吨，同比增加46.76万吨，完成年度计划的107.97%，同比增长7.97%，零售量227.4万吨，同比增加14.22万吨。

2008年，在国际油价大幅下跌、国内经济明显放缓、成品油消费需求大幅下滑的情况下，全年销售总量仍保持在300.8万吨的水平。资产型零售量实现跨越式增长，零售量254万吨，同比增加26.6万吨、增长11.7%，比2004年翻了一番。

2009年，云南销售公司独立运行，销售成品油201.94万吨，完成销售公司下达计划的106%，同比增加51.65万吨；零售量133.44万吨，完成销售公司下达计划的108%，同比增加8.14万吨。

2010年，公司销售成品油300.57万吨，同比增加98.63万吨、增长48.8%；零售量212.28万吨，同比增加78.84万吨、增长59%。

2011年，公司销售成品油350.54万吨，完成销售公司下达计划的120.9%；零售量263.55万吨，同比增长24.2%，零售比例75.2%。全年售卡53万张，卡销比33%。

2012年，公司销售成品油378.1万吨，同比增长7.9%；零售量260.4万吨。

2013年，公司销售成品油414万吨，同比增长9.5%，以18%的加油站占有近35%的零售市场份额，市场控制力进一步提升。全年售卡80万张，卡销比39.5%。

2014年，公司销售成品油368万吨，市场份额37.8%；零售量242.6万吨、纯枪量229.6万吨；直销量84万吨，同比增长15.1%，直销市场份额51%。发售记名IC卡41.7万张，卡销比33.6%。

2015年，公司销售成品油385.6万吨，同比增长4.8%；省内自营量350.61万吨、纯枪量242.21万吨、直销量108.4万吨，分别同比增长12.7%、5.3%、33%。发售加油卡30.65万张，卡销比35.6%。

2016年，公司销售成品油387.59万吨，同比增长0.52%；省内自营365万吨、纯枪量244.1万吨，分别同比增长4%、0.78%。发售IC卡27.8万张，卡销比34.3%。

2017年，公司销售成品油407.07万吨，同比增长5%；纯枪量233.97万吨；直批量173.1万吨，同比增长12%。发售IC卡54万张，同比增长94.2%，卡销比35%。

2018年，公司销售成品油452.8万吨，同比增长11.4%；纯枪量248.03万吨；直批量140.02

万吨。发售 IC 卡 76.7 万张,卡销比 41.2%。

在 20 年发展历程中,公司各项经营销售指标实现了稳步增长(见表 4-1 至 4-3)。

表 4-1　1999—2008 年云南市场销售情况(商流口径数据)

年份	销售总量(万吨)	零售量(万吨)	批发量(万吨)	汽油量(万吨)	柴油量(万吨)	柴汽比
1999 年	37		37			
2000 年	27	13	14			
2001 年	88	33	55			
2002 年	82	34	48			
2003 年	90	40	50			
2004 年	104	69	35			
2005 年	119	88	31			
2006 年	159	103	56	63	96	1.52
2007 年	188	113	75	74	114	1.54
2008 年	150	125	25	58	92	1.59

表 4-2　2009—2018 年销售情况(商流口径数据)

年份	销售总量(万吨)	零售量(万吨)	批发量(万吨)	汽油量(万吨)	柴油量(万吨)	柴汽比	市场份额(%)
2009 年	202	133	69	80	122	1.53	32.0
2010 年	301	212	89	97	204	2.10	37.0
2011 年	351	264	87	105	246	2.34	38.5
2012 年	378	260	118	123	255	2.07	39.1
2013 年	414	270	144	132	282	2.14	39.1
2014 年	368	243	125	132	236	1.79	39.2
2015 年	386	248	138	124	262	2.11	40.5
2016 年	388	247	141	137	251	1.83	39.1
2017 年	407	252	155	156	251	1.61	39.4
2018 年	453	255	198	190	263	1.38	39.4%

表 4-3　各单位 2009—2018 年销售情况(商流口径数据)

单位	销售指标	2009 年	2010 年	2011 年	2012 年	2013 年	2014 年	2015 年	2016 年	2017 年	2018 年
昆明分公司	销售总量(万吨)	73.55	101.84	121.10	110.78	122.16	97.46	114.51	119.38	130.45	158.32
	零售量(万吨)	51.23	78.97	109.23	94.31	91.35	77.59	74.77	69.98	67.01	73.95
	批发量(万吨)	22.32	22.87	11.87	16.46	30.81	19.87	39.73	49.40	63.44	84.37
	汽油量(万吨)	32.75	41.39	40.81	43.21	37.57	37.48	40.43	43.50	55.34	75.37
	柴油量(万吨)	40.80	60.45	80.28	67.57	84.59	59.97	74.08	75.88	75.11	82.95
	柴汽比	1.25	1.46	1.97	1.56	2.25	1.60	1.83	1.74	1.36	1.10
	相对市场份额(%)				38.31	36.74	39.60	36.89	36.63	36.89	

续表

单位	销售指标	2009年	2010年	2011年	2012年	2013年	2014年	2015年	2016年	2017年	2018年
曲靖分公司	销售总量（万吨）	21.29	27.59	30.45	36.40	42.48	41.55	47.76	43.52	39.26	37.08
	零售量（万吨）	16.16	22.78	25.60	29.42	32.16	26.07	27.37	26.62	27.53	25.85
	批发量（万吨）	5.14	4.81	4.85	6.98	10.32	15.48	20.38	16.90	11.72	11.24
	汽油量（万吨）	7.79	9.96	9.14	9.14	11.07	12.75	13.23	15.19	15.99	15.31
	柴油量（万吨）	13.50	17.63	21.31	27.27	31.41	28.80	34.53	28.33	23.26	21.78
	柴汽比	1.73	1.77	2.33	2.98	2.84	2.26	2.61	1.86	1.45	1.42
	相对市场份额（%）					34.50	35.07	35.49	34.68	33.66	30.50
大理分公司	销售总量（万吨）	28.71	31.05	28.75	20.41	22.91	30.32	35.66	39.96	37.75	32.19
	零售量（万吨）	12.97	17.98	17.52	15.66	17.10	15.41	16.71	17.59	18.98	19.78
	批发量（万吨）	15.73	13.06	11.23	4.75	5.81	14.91	18.95	22.37	18.77	12.41
	汽油量（万吨）	12.82	10.96	9.56	5.23	5.71	7.28	11.90	14.37	14.99	12.43
	柴油量（万吨）	15.88	20.09	19.18	15.19	17.21	23.05	23.75	25.59	22.75	19.76
	柴汽比	1.24	1.83	2.01	2.91	3.02	3.17	2.00	1.78	1.52	1.59
	相对市场份额（%）					27.71	27.21	30.09	28.96	31.28	31.00
红河分公司	销售总量（万吨）	10.66	18.79	20.87	21.72	26.73	26.19	28.30	25.49	24.96	27.58
	零售量（万吨）	10.40	18.74	20.16	20.74	20.92	19.30	18.93	17.87	18.74	17.79
	批发量（万吨）	0.26	0.05	0.72	0.98	5.81	6.89	9.37	7.62	6.22	9.79
	汽油量（万吨）	3.39	5.21	4.82	5.58	6.82	7.59	8.69	9.19	9.90	11.98
	柴油量（万吨）	7.27	13.58	16.05	16.15	19.91	18.60	19.61	16.29	15.06	15.60
	柴汽比	2.15	2.61	3.33	2.90	2.92	2.45	2.26	1.77	1.52	1.30
	相对市场份额（%）					36.96	35.93	35.80	32.80	31.13	30.59
玉溪分公司	销售总量（万吨）	9.79	14.01	15.76	15.81	19.83	16.88	18.86	21.24	22.87	27.06
	零售量（万吨）	9.02	13.54	15.54	15.11	16.16	13.94	14.36	14.18	14.83	15.12
	批发量（万吨）	0.77	0.46	0.22	0.70	3.67	2.94	4.51	7.07	8.03	11.95
	汽油量（万吨）	3.43	4.28	6.04	5.08	5.30	5.74	6.66	7.63	8.42	11.92
	柴油量（万吨）	6.36	9.73	9.72	10.72	14.53	11.14	12.21	13.62	14.45	15.15
	柴汽比	1.85	2.27	1.61	2.11	2.74	1.94	1.83	1.79	1.72	1.27
	相对市场份额（%）					29.24	29.05	30.51	31.24	31.38	32.85
文山分公司	销售总量（万吨）	9.35	14.41	18.05	18.92	20.51	19.55	21.82	24.75	30.44	32.30
	零售量（万吨）	9.33	14.41	17.85	18.91	18.23	17.63	18.53	18.78	18.18	18.74
	批发量（万吨）	0.02	0.00	0.20	0.01	2.28	1.92	3.29	5.98	12.27	13.54
	汽油量（万吨）	3.29	3.98	4.12	5.09	5.97	6.76	7.71	8.64	10.51	11.37

续表

单位	销售指标	2009年	2010年	2011年	2012年	2013年	2014年	2015年	2016年	2017年	2018年
文山分公司	柴油量（万吨）	6.06	10.42	13.93	13.84	14.54	12.79	14.11	16.11	19.93	20.93
	柴汽比	1.84	2.62	3.38	2.72	2.44	1.89	1.83	1.87	1.90	1.84
	相对市场份额（%）					41.11	40.08	42.52	40.31	38.87	38.83
楚雄分公司	销售总量（万吨）	9.01	12.08	12.25	13.64	15.98	17.59	17.53	20.38	27.73	31.79
	零售量（万吨）	6.99	10.13	11.68	13.01	13.18	13.23	12.98	14.06	16.17	15.42
	批发量（万吨）	2.02	1.95	0.58	0.63	2.80	4.36	4.55	6.32	11.56	16.37
	汽油量（万吨）	3.22	3.63	3.58	3.88	4.13	4.88	5.81	6.65	8.37	13.92
	柴油量（万吨）	5.79	8.45	8.68	9.75	11.84	12.71	11.72	13.73	19.36	17.87
	柴汽比	1.80	2.33	2.43	2.51	2.86	2.60	2.02	2.07	2.31	1.28
	相对市场份额（%）					33.21	35.23	35.41	37.45	39.58	41.19
保山分公司	销售总量（万吨）	7.19	10.53	12.11	12.68	15.14	15.42	14.38	15.20	14.88	20.42
	零售量（万吨）	5.74	9.92	11.31	11.06	11.77	10.89	10.38	10.01	9.94	9.95
	批发量（万吨）	1.45	0.61	0.80	1.62	3.37	4.53	4.00	5.19	4.93	10.47
	汽油量（万吨）	2.51	3.07	3.14	3.70	3.63	3.99	4.43	5.14	5.07	7.32
	柴油量（万吨）	4.68	7.47	8.97	8.98	11.51	11.43	9.95	10.06	9.81	13.10
	柴汽比	1.87	2.44	2.85	2.43	3.17	2.86	2.24	1.96	1.93	1.79
	相对市场份额（%）					40.62	40.98	39.37	37.75	36.21	39.72
西双版纳分公司	销售总量（万吨）	7.08	8.49	8.79	8.29	9.84	9.76	10.53	9.76	9.76	9.07
	零售量（万吨）	5.92	8.28	8.64	8.13	7.71	7.84	8.45	8.00	7.81	6.74
	批发量（万吨）	1.16	0.21	0.15	0.16	2.12	1.92	2.08	1.76	1.95	2.32
	汽油量（万吨）	2.32	1.73	2.21	2.72	2.99	3.05	3.38	3.70	3.48	3.46
	柴油量（万吨）	4.76	6.77	6.58	5.57	6.84	6.71	7.15	6.06	6.28	5.61
	柴汽比	2.05	3.92	2.98	2.04	2.29	2.20	2.11	1.64	1.81	1.62
	相对市场份额（%）					51.63	51.59	50.80	46.86	44.65	42.57
丽江分公司	销售总量（万吨）	4.22	4.48	5.36	7.09	10.56	11.57	12.65	13.65	12.41	10.42
	零售量（万吨）	1.97	3.77	5.06	6.06	7.40	6.80	7.92	10.20	9.71	6.78
	批发量（万吨）	2.25	0.71	0.30	1.03	3.16	4.77	4.73	3.46	2.70	3.64
	汽油量（万吨）	1.39	1.58	2.10	2.90	3.68	3.67	4.27	4.25	3.83	3.04
	柴油量（万吨）	2.83	2.90	3.26	4.19	6.88	7.90	8.39	9.41	8.59	7.37
	柴汽比	2.04	1.84	1.56	1.44	1.87	2.15	1.97	2.21	2.24	2.42
	相对市场份额（%）					44.37	48.01	49.34	42.04	34.87	34.39

续表

单位	销售指标	2009年	2010年	2011年	2012年	2013年	2014年	2015年	2016年	2017年	2018年
昭通分公司	销售总量（万吨）	4.16	6.87	9.34	10.86	14.63	14.50	17.48	17.92	18.53	21.91
	零售量（万吨）	3.71	6.79	9.23	10.69	13.73	12.43	14.29	13.51	14.32	14.66
	批发量（万吨）	0.45	0.08	0.10	0.18	0.90	2.06	3.19	4.41	4.21	7.25
	汽油量（万吨）	1.43	2.16	2.44	3.45	4.35	4.46	5.85	6.74	7.09	7.95
	柴油量（万吨）	2.73	4.72	6.90	7.42	10.29	10.04	11.62	11.18	11.44	13.95
	柴汽比	1.92	2.19	2.83	2.15	2.37	2.25	1.99	1.66	1.61	1.75
	相对市场份额（%）					32.40	33.41	38.00	35.32	36.85	39.27
临沧分公司	销售总量（万吨）	0.00	2.55	4.65	6.44	7.66	8.37	9.81	9.96	10.39	11.47
	零售量（万吨）	0.00	2.55	4.60	5.78	6.61	7.04	7.89	8.08	8.53	8.96
	批发量（万吨）	0.00	0.00	0.05	0.66	1.05	1.34	1.93	1.88	1.86	2.51
	汽油量（万吨）	0.00	1.03	1.80	2.43	2.88	3.07	3.57	3.99	4.27	4.53
	柴油量（万吨）	0.00	1.52	2.85	4.02	4.78	5.30	6.24	5.97	6.12	6.94
	柴汽比	0.00	1.47	1.59	1.65	1.66	1.72	1.75	1.50	1.43	1.53
	相对市场份额（%）					29.98	31.93	35.57	33.12	31.61	32.62
普洱分公司	销售总量（万吨）	0.00	4.09	4.45	5.70	7.73	9.17	11.04	12.62	13.46	15.92
	零售量（万吨）	0.00	4.09	4.40	5.40	6.45	7.39	9.12	9.77	10.55	9.93
	批发量（万吨）	0.00	0.00	0.05	0.30	1.28	1.78	1.92	2.85	2.91	5.99
	汽油量（万吨）	0.00	1.34	1.32	1.76	2.36	2.74	3.25	3.68	4.02	5.23
	柴油量（万吨）	0.00	2.75	3.14	3.93	5.37	6.43	7.79	8.94	9.44	10.69
	柴汽比	0.00	2.05	2.38	2.23	2.28	2.35	2.39	2.43	2.35	2.04
	相对市场份额（%）					24.75	27.12	30.59	30.82	31.04	30.90
德宏分公司	销售总量（万吨）	0.00	0.32	2.73	6.21	7.90	8.13	7.87	10.13	10.36	11.24
	零售量（万吨）	0.00	0.32	2.73	6.15	7.04	7.04	6.73	8.22	8.56	8.61
	批发量（万吨）	0.00	0.00	0.00	0.06	0.87	1.09	1.14	1.91	1.80	2.63
	汽油量（万吨）	0.00	0.13	0.74	2.10	2.52	2.94	2.99	3.81	4.45	4.89
	柴油量（万吨）	0.00	0.19	1.99	4.11	5.38	5.19	4.88	6.32	5.92	6.35
	柴汽比	0.00	1.46	2.67	1.96	2.13	1.76	1.63	1.66	1.33	1.30
	相对市场份额（%）					40.29	42.80	41.85	46.78	44.68	47.49

续表

单位	销售指标	2009年	2010年	2011年	2012年	2013年	2014年	2015年	2016年	2017年	2018年
迪庆分公司	销售总量（万吨）	0.00	0.00	0.00	0.00	0.00	0.00	0.00	0.00	0.75	3.39
	零售量（万吨）	0.00	0.00	0.00	0.00	0.00	0.00	0.00	0.00	0.65	2.51
	批发量（万吨）	0.00	0.00	0.00	0.00	0.00	0.00	0.00	0.00	0.11	0.84
	汽油量（万吨）	0.00	0.00	0.00	0.00	0.00	0.00	0.00	0.00	0.37	1.57
	柴油量（万吨）	0.00	0.00	0.00	0.00	0.00	0.00	0.00	0.00	0.38	1.79
	柴汽比	0.00	0.00	0.00	0.00	0.00	0.00	0.00	0.00	1.02	1.14
	相对市场份额（%）									29.36	30.95

第三节　市场管理

一、市场维护

公司成立以来，一直重视与政府部门、竞合伙伴的工作协调，在资源协调、信息共享和政策争取等方面保持良好的沟通关系，建立多层面、定期沟通协调机制。

1999—2001年，在"燃油税"消息的影响下，成品油市场出现囤积、抢购现象，辖区资源进一步吃紧，大部分地区销量控制处于下限，销售形势紧张，市场和价格的异常情况引起当地政府的关注。公司及时做好"上情下达、下情上报"工作，转发销售公司《汽柴油销售价格管理》《库存商品管理》《做好当前成品油销售工作》等文件，向销售公司上报《广西北海天翔公司低价销售成品油情况汇报》《执行总公司会议纪要情况汇报（有关中青油品供应）》《西南销售分公司6月份接卸东兴油品情况》等汇报材料，争取销售政策支持。

2002—2005年，成品油销售市场出现的汽油资源紧张行情一直延续，汽油各种品号都相对紧张，柴油资源紧张情况愈演愈烈，产品供需结构严重失衡。为保证有限资源均衡供应，公司科学合理安排出库计划，倾力保障加油站零售供应。

2006—2008年，公司拓宽资源进货渠道，筹措成品油资源，全力以赴保障市场稳定供应。一方面，加强与销售公司沟通、协调，每月都尽可能地获得配置资源。另一方面，进一步加强与中国石化合作，实现优势资源互供，共同维护市场稳定，采取有效措施遏制不法经营商投机扰乱市场行为。

2009—2011年，面对跌宕起伏的成品油市场形势，公司通过云南省内信息点采集、政府公告、兄弟单位共享、销售公司分析通报等渠道，建立省内、国内、国际三个层次的市场分析和预测机制。通过日市场动态、周信息通报、月运行报告、年经营分析等手段，建立多层次信息通报和共享机制，使公司对市场走势判断更加准确，市场维护管理工作更加精确有效。

2012—2013 年，针对供应总量不足与结构性不匹配两种矛盾相互交织的情况，公司统筹柴汽关系，优化资源结构，加大汽油促销。结合各区域市场实际、价格水平和盈利能力，资源配置优先向高效地区倾斜。同时，根据不同资源形势，灵活调整柴油单售政策和客户经理汽油单卖绩效兑现等措施，销售结构进一步优化，汽油销售同比增长 7%。

2014 年，国际油价大幅下行，成品油销售市场呈现供应增多和需求疲弱态势，终端需求不均衡，销售价格偏低。除资源紧张时期外，柴油、汽油销售价格大部分时段均不到位，社会经营单位柴油、汽油销售价格分别低于公司 50—150 元 / 吨、600—800 元 / 吨左右，竞争对手手段多样化，客户争夺白热化，公司及时完善价格政策，积极适应市场形势。

2016—2017 年，针对辖区非法存储和销售走私油、非标油“黑窝点”搅乱市场秩序现象，公司联合中国石化云南石油分公司，积极支持云南省、各州市政府开展“云油利剑”行动。云南省反恐领导小组和云南省安全生产委员会先后印发《云南省涉恐隐患排查整治专项行动工作方案》和《危险化学品安全综合治理工作任务进度计划》，对涉恐隐患排查整治专项行动和危险化学品安全综合治理工作进行安排部署。各州市及成品油经营企业积极配合相关部门做好相关工作。以云南省政府实施“云油利剑”行动为契机，各单位紧密配合各州市政府及相关部门开展工作，建立协调机制，协助做好非法销售成品油的取证及线索提供等工作，支持政府部门开展工作。通过“云油利剑”行动，边境地区走私油猖獗势头得到遏制，堵住非标油品入滇渠道，成品油销售黑窝点及非法流动加油车减少 80% 以上，社会批发单位偷逃税收、低价销售得到整治，社会加油站销售行为得到规范。

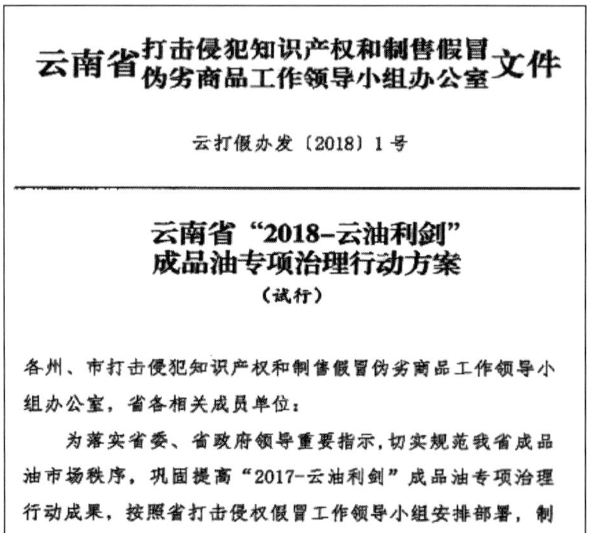
云南省打击侵犯知识产权和制售假冒伪劣商品工作领导小组办公室文件

云打假办发〔2018〕1 号

云南省“2018-云油利剑”
成品油专项治理行动方案
（试行）

各州、市打击侵犯知识产权和制售假冒伪劣商品工作领导小组办公室，省各相关成员单位：

为落实省委、省政府领导重要指示，切实规范我省成品油市场秩序，巩固提高“2017-云油利剑”成品油专项治理行动成果，按照省打击侵权假冒工作领导小组安排部署，制定本方案。

一、工作目标

自 2018 年 7 月 1 日起，用 1 年时间，在全省开展“2018-云油利剑”成品油专项治理行动，严厉打击成品油走私活动，

1

图 4–2　云南省“2018—云油利剑”
成品油专项治理行动方案（试行）

2018 年，为减少违规违法涉油行为对云南省正常成品油经济秩序的冲击，经与云南省政府打私办、商务厅双打办、公安厅等相关部门沟通协调，云南省打击侵犯知识产权和制售假冒伪劣商品工作领导小组办公室下发《云南省“2018—云油利剑”成品油专项治理行动方案（试行）》（见图 4–2），明确成品油市场整治目标和措施。8 月，公安部、云南省组织召开专题会议对打击走私油进行部署（见图 4–3），由云南省公安厅牵头，商务、工商、质检等职能部门配合，开展打击成品油走私非法销售违法犯罪专项行动，从行政处罚向刑事处罚转变，

从罚款没收为主向拘留判刑转变，增强震慑力。在云南省公安厅部署之下，各州市、县区公安机关积极行动，从查源头、铲窝点、扣车辆、收油品、拘留人等入手，加大行动力度。全年查获黑窝点、非法流动加油车、非标油运输车1127起，查扣车辆、油罐等1350余具，罚没油品7003吨，行政拘留427人，刑事拘留128人，逮捕42人，起诉29人。

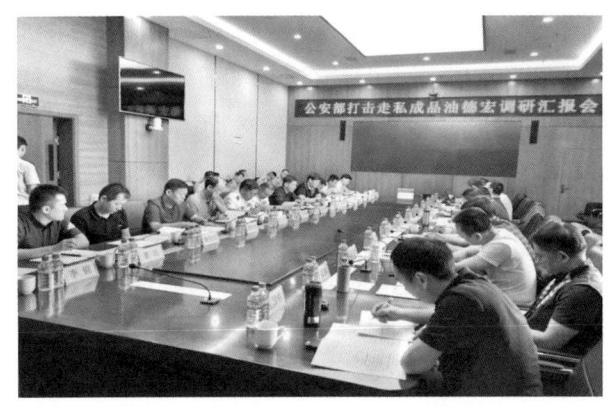

图4–3 “云油利剑”打击走私成品油专题会

二、市场情报收集

1999—2001年，公司成立之初，建立健全组织机构，迅速掌握市场动态，搜集、整理和反馈市场信息，为上级经营决策提供依据。每周按时上报销售公司西南地区市场情况，给销售公司、机关各部门、所属各单位提供《西南石油商讯》（见图4–4），每月下旬将下月调价预测及调价文件及时告知各单位。同时，利用炼厂生产、铁路运行、价格调整等方面信息，帮助各单位提报调运计划、把握销售节奏。

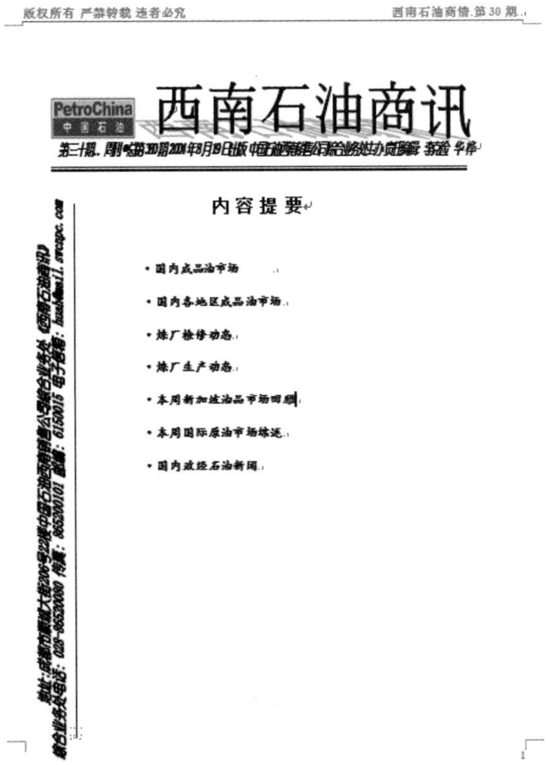
版权所有 严禁转载 违者必究　　西南石油商情.第30期

PetroChina 中国石油

西南石油商讯

内容提要

- 国内成品油市场
- 国内各地区成品油市场
- 炼厂检修动态
- 炼厂生产动态
- 本周新加坡油品市场回顾
- 本周国际原油市场综述
- 国内政经石油新闻

图4–4 《西南石油商讯》样稿

2002年，公司建立信息和分析机制，以公司业务部门为信息收集、处理、决策中心，形成“公司—业务部门—配送中心—销售代表”信息链。同时，一方面与周边市场，特别是成都市和广东省市场建立信息互通机制；一方面密切关注中国石化、社会加油站各方面经营情况，掌握资源、库存、价格、经营策略等信息，为公司实施相应策略提供科学依据，提高公司经营决策水平。

2003—2004年，面对资源紧张、价格波动大等复杂局面，公司采取一系列有效的应对措施，建立经济活动分析机制和市场快速反应机制，及时调整市场营销策略，加强对经营活动的事前预测、事中控制、事后分析，不断提升市场应对能力。

2005年，公司建立全年销售指标预算，充分预测本年度所属各单位、各区域资源状况、市场行情、销售环境、消费需求以及可能会出现的不利局面对销售造成的危害和影响程度，详细制定应对策略和解决方案。

2006年，公司建立有效的日运行监控、周经营分析、月经营效果评价体系，从购进、销售、客户、价格、赊欠、存货等方面，客观及时地对当前营销工作进行系统全面分析，建立适应辖区市场变化的销售节奏调控机制，确保辖区市场供应平稳运行。

2007—2008年，公司整合市场商情信息资源，扩大信息交流量，实现上下信息互动、强化信息交流，提高商情信息工作质量和效率，实现信息资源共享，为公司及各级销售部门提供全面的国际、国内以及区域内市场价格、资源、需求、销售等各方面信息，增强信息服务管理能力。

2009—2011年，公司加强对市场的预判、对国家和集团公司政策的研究。完善信息情报系统，强化对资源、竞争对手、政策信息的深入收集、整理和分析工作，形成有序的信息处理机制，确保营销策略有的放矢，增强对市场把控能力。

2012—2014年，公司以细化市场调查增强快速反应能力，推进"市场大调查、客户大普查"成果应用，深化以竞争态势图、客户分布图、项目规划图为主要内容的"三图"市场分析法，加快情报体系建设，有序构建258座加油站、54家客户的市场反馈信息，市场把控能力得到提升。发挥两级公司营销决策小组作用，结合每日汇总的市场讯情，建立日碰头、周通报营销决策机制，以市场为导向进行购、销节奏的调整。通过"三图"数据，更好地了解辖区内加油站分布、客户分布、规划项目分布，直观了解辖区内竞争态势、政府规划方向等信息。通过分析加油站分布，对劣势加油站做出政策支援；通过分析客户分布，了解潜在客户布局，做好客户开发工作。

2015年以来，依托销售公司情报系统，公司与规划院、专业资讯公司、中国石化云南石油分公司及周边兄弟公司，建立多维度的市场信息交互关系，构建"信息采集点、各单位、公司本部"三级管理体系，遵循"分级负责、建立渠道、专线反馈、归口管理"的原则，进一步增强市场应对时效性和针对性，提升公司经营决策效率。

2018年，公司持续拓展内外部信息渠道，完善内部以各单位和客户经理为主，外部以周边价格联络点和外部平台为主的价格情报体系，充分利用销售公司市场监控平台、金银岛、金凯讯等资讯平台，加强与周边市场情报共享和沟通，每日编制市场讯情，每周编制市场动态，及时掌握一线市场动态，实时精准的价格情报为公司销售业务提供信息支持。

第二章　直销业务

公司成立初期，将直销业务作为迅速做大销售市场的重要工作，根据成品油销售市场行情变化，推进营销体制变革，完善直销业务模式，制定有效措施开展直销业务，促进公司在滇、黔、桂三省区的市场竞争力提升。云南销售公司独立运行以来，坚持以市场为导向，以客户为中心，健全营销体制机制，加强销售价格管理，推出客户经理管理模式，积极实施网格化营销策略，促进直销市场份额提升。建立批零一体化、"油卡非润"一体化的客户开发和维护机制，加强企业集团、基建工程、物流车队、社会经营单位等重点客户开发和维护，实现直销业务由弱到强的转变。有效整合市场、产品、客户和经理人关系，推进直销业务模式创新和服务提升，创建"惠购油"APP平台，进一步扩大顾客群体、提高顾客黏度。公司多次获评销售公司"石油产品价格信息工作先进单位"，公司自主研发的"三全营销"客户开发服务法、社会加油站服务产品营销法获销售公司"经典营销策略"，"惠购油"APP平台建设及应用获集团公司"管理创新奖"。

第一节　业务沿革

1999—2008年，公司营销工作主要围绕客户开发和资源运作，客户开发工作主要由各省区公司、区域公司在当地开展，营销部门积极做好与销售公司的沟通协调，积极协调当地政府关系，为公司市场开拓和资源保障打下坚实基础。同时，根据业务变化建立完善业务模式，推动营销业务变革和创新。

2009—2011年，公司营销工作突出"转方式、重质量、上规模"工作主线，着力区域市场开发维护，健全体制机制，实施精细化管理，推进信息化建设，加强客户开发，提升市场份额，较好地完成各项经营管理指标。增强辖区资源保障能力，转变销售增长方式，推进营销体制变革，优化储销运行组织，提升营销队伍素质，进一步夯实基础工作。

2012—2017年，公司全面推出客户经理管理模式，推行129个县市市场网格化营销，进一步整合市场、产品、客户和经理人之间的关系，推出组合直销、加油卡、非油产品包、VIP客户专享产品，开设油库客户服务中心便利店，开展互促互销活动，推动公司"油卡非润"一体化营销工作。着力集团大客户开发工作，推动与总部经济合作，公司销售水平和销售质量显著提升。

2018年以来，营销业务坚持问题导向，创新营销机制，进一步清理净化市场环境，推进批零一体化营销，助力纯枪提质上量，增强盈利能力。积极打造营销新业态，提升客户新体验，充分利用公司自主开发的"惠购油"APP平台，实行直销业务全链条销售，进一步融合客户开单、提油、配送、选车等全销售环节一体化运作，为客户搭建更加高效、可靠的营销服务平台。

第二节　价格管理

一、定价模式

1999—2001年，为适应国家成品油价格机制，协调统一公司成品油批发价格，公司成立价格委员会。价格委员会结合公司库容实际，把握好量价关系，制定不同库存情况下的销售价格政策。

2002年，为规范公司成品油价格制定和执行程序，实施统一管理和监督，提高公司整体经营管理水平，公司下发《成品油价格管理办法》，各项价格由公司价格委员会审批制定。

2003年3月，公司修订《价格管理办法》，调整公司价格领导小组，组长由公司总经理担任，副组长由分管业务的副总经理担任，其他成员由综合业务处、财务资产处、审计监察处等处室负责人及有关价格管理人员组成。综合业务处为公司价格领导小组办公室，是公司价格综合管理部门，具体负责公司价格日常管理工作。批发环节的定价原则：在不违反当地的物价政策的前提下，按国家规定的批发价执行。特殊情况下，应根据当地市场的价格走势，在不违反国家价格政策的前提下，保持与中国石化同地、同时、同价，原则上不得低于当地中国石化批发价30元/吨。在资源吃紧并价格趋涨的情况下，各单位确定的批发价格只有在得到当地物价管理部门认可的情况下销售。

2005年8月，公司修订《成品油价格管理办法》，决定成立价格领导小组，组长由公司总经理担任，副组长由分管销售业务副总经理、总会计师担任，成员由营销处、调度运输处、加油站管理处、财务处和审计监察处负责人组成。公司价格领导小组是公司成品油价格管理的权力机构，负责公司价格制定。价格领导小组的日常事务机构为价格领导小组办公室，设在公司营销处，具体负责公司价格的日常管理工作。

2006年6月，公司修订《成品油价格管理办法》，公司及所属各单位本着"以市场为导向、开发有效市场、做大终端销售、增强盈利能力"的原则，根据国家及上级价格政策和市场成品油供需与价格走势，灵活制定权限内的库发、零售价。调整价格领导小组成员，组长由公司总经理担任，副组长由党委书记、分管营销、零售的副总经理和总会计师担任，成员由营销处、调度运输处、财务处、加油站管理处负责人组成。价格领导小组负责审核销售价格到位率低于95%的库发销售价格，审核低于配置油品调拨价的库发销售价格按"三重一大"有关规定报批。

2009年3月，公司修订《云南地区成品油批发价格管理实施细则》，调整价格领导小组成员，组长由公司总经理担任，副组长由分管营销、零售、调运的副总经理和总会计师担任，成员由营销处、调运处、财务处、加管处负责人组成。批发环节执行最低限价管理程序，公司价格办根据管理权限，在政府规定批发最高限价对应价格到位率的95%及以上且不低于配置油品调拨价范围内，制定库发销售最低限价、指导价格和最高限价，下达各单位执行；对超过价格办管理权限的最低限价，由营销处拟定最低限价调整建议，经价格办审核后，由价格办呈报公司价格领导小组，各成员审核同意并经组长审批后送达营销处，营销处通过销售业务管理系统通知各单位执行。

2010年4月，公司制定《油（气）价格管理办法》，调整价格领导小组成员，组长由公司总经理担任，副组长由分管营销、零售的副总经理和总会计师担任，成员由营销处、调运处、财务处、加管处负责人组成。批发环节的定价原则调整为：（1）库批自提基准价，是指以当期当地主要经营单位批发销售价格按一定权重进行加权后的价格，作为公司制定库批自提价格的基准价；加油站直销价参照库批自提价，顺加提油地与油库地区价差后制定。（2）库批配送基准价在库批自提基准价基础上，顺加配送运费后确定。对于无油库地区的库批配送价格，以当期当地主要经营单位配送到岸价按一定权重进行加权后确定库批配送基准价。小额配送价参照库批配送价，顺加提油地与油库地区价差后制定。结合市场实际，各主要经营单位对应权重，由价格办根据各经营单位在当地的市场份额进行确定。（3）省区交界市场，综合考虑邻省主要经营单位批发价格进行加权。

2011年4月，公司修订《成品油价格管理办法》，调整销售基准价的定价原则，以当期当地中国石化及社会经营单位主流批发销售价格按一定权重进行加权后的价格，作为公司制定库发销售价格的基准价。库发配送销售基准价在库发自提销售基准价基础上，顺加配送运费后确定。

2012年10月，公司修订《成品油价格管理暂行规定》，公司对价格管理权限进行优化，公司价格领导小组办公室设在财务处，公司总会计师任价格领导小组办公室主任，财务处负责人任副主任，成员由营销、调运、加管等部门负责人组成。价格领导小组是公司成品油价格管理的最高决策机构，负责公司成品油价格管理决策的制定。批发环节的定价原则调整为：营销部门结合各单位上报的价格信息和库批指导价建议，提出库批自提指导价和库批自提最低限价（库批配送指导价和最低限价还原后计算）建议，并提交申请，按价格管理权限及程序办理审批，审批通过后，由价格办下达各单位执行。各单位根据价格办下发的库批指导价和最低限价，制定本单位各星级客户的销售价格。当期各单位自行执行的库批销售价格高于批发最高限价时，自动进入库发配送环节销售。在运行过程中，各单位应根据市场情况，及时提出库批销售指导价格调整建议，并书面上报销售价格调整申请，报公司营销部门按管理权限办理审批。

2016年5月，公司修订《成品油价格管理办法》，明确价格审批管理程序：市场营销处结合各单位上报的价格信息，提出库批（库发）自提销售指导价及最低限价（库批配送指导价还原后计算）建议，由价格办下达各单位参照销售指导价及最低限价执行，各单位在公司规定的最低限价基础上，结合当期库批（库发）销售指导价制定各星级客户的销售价格。本着建立快速决策与反应机制的原则,明确价格审批时限。相关业务处室权限范围内的价格申请,应在收到下级单位价格请示的当日做出答复。公司价格办权限范围内的价格申请,应在接到销售价格申请表的 3 个小时内予以答复,超出权限的,上报价格领导小组审批,价格领导小组应在接到销售价格申请表的 4 小时内予以答复。

2017 年 5 月,公司修订《成品油价格管理办法》,调整价格审批权限,公司价格领导小组负责审批价格低于各单位最低指导价和交界市场最低限价 200 元以上批发、直销业务,公司价格办负责审批低于各单位最低指导价 100—200 元(含 200 元)以内的批发、直销业务和低于交界市场最低销售限价 100—200 元(含 200 元)以内的销售业务,市场营销处负责审批 1000 吨(含)以下且销售价格低于各单位最低指导价(内部结算价)和低于交界市场最低销售限价 100 元以内(含 100 元)的批发、直销销售业务。

2018 年 3 月 1 日起,公司全面实行客户自主下单报价、自主提油,系统自动预判价格,取消各单位的价格审批,减少各单位工作量,提升价格审批效率。7 月 26 日,根据处室机构调整,调整价格领导小组成员,组长由公司总经理担任,副组长由分管直销、零售、调运的副总经理和总会计师担任,成员由财务处、市场营销处、零售业务处和调度运输处负责人组成。同时,新增零售业务处审批权限,将原来"按升审批进行消费折让金额低于 0.15 元/升"的权限,由市场营销处调整至零售业务处。

二、价格政策

2000 年,由于上半年资源偏紧,公司根据市场行情,灵活销售价格,全年市场实际销价总体好于往年,销售毛利明显提高。昆明市 90 号汽油实际批发价低于规定批发价 50—180 元/吨,8 月份规定价与实际价相差最大为 315 元/吨,3 月份相差最小为 31 元/吨。0 号柴油市场形势明显好于汽油。

2002 年,为避免恶性竞争,打击违规经营,促进成品油市场有序规范发展,公司在云南、广西、贵州三省区力推价格到位,力保价格稳定,取得良好经济效益。

2003 年,针对不同市场情况,公司提出不同价格政策。一季度重点推价促销上量,二、三季度重点稳价促销保量,四季度重点稳定销售、控制节奏。各单位结合实际,因地制宜、因时制宜实施不同的营销策略,实现销量和利润双增长。进一步强化"量价互动"策略,把云南市场划分为 6 个大市场片区,再细分为 9 个小市场区域,以距离油库的远近,实施同一区域、同一类型客户执行同一价格,再流通用户的价格低于机构用户。

2004 年,在国际油价飙升、国内柴油资源持续紧张和柴油强势、汽油弱势成为市场主导的市场环境下,公司采取充分应用价格策略、大力促销汽油等营销措施,价格到位率明显好于 2003 年。

2005年，由于辖区内成品油销价倒挂，中国石油、中国石化两大集团炼油业务亏损，资源投放量不能完全满足市场需求。公司二季度配置资源比一季度少28万吨，三季度再次减少6万吨。批发价汽油、柴油同比提高650元/吨和540元/吨，汽油较国家规定批发到位价低27元。

2006年，公司建立顺应市场变化的销售调控机制，确保市场平稳供应。针对上半年市场资源不足、预期价格上行的情况，公司采取收缩型销售策略。同时，在实施收放有序的销售策略中，通过限定合理库存、最低限价、出库量、日销量、客户购买量、开单量等指标，规范销售行为。下半年，尤其从11月中旬起，汽油资源相对比较充裕、预期价格下行，公司采取柴汽搭配及在权限范围内降价手段，开展汽油促销，降低汽油库存水平，确保全年销售目标顺利完成。

2007年8月，公司下发《关于落实国家发改委〈关于加强成品油价格监督检查的通知〉和股份公司〈关于稳定成品油市场供应加强价格管理〉文件精神的通知》，要求各单位积极配合当地政府做好成品油市场稳定工作。根据自身资源状况，合理投放市场，在保证自有加油站和重点行业、重点部门供应的同时，与当地中国石化密切配合，共同做好对社会加油站的油品供应工作。严格执行国家和公司规定的价格政策和销售纪律，不擅自提高成品油销售价格，严禁大单销售，合理把握销售节奏，防止社会经营单位囤积居奇。做好销售价格自检自查工作，发现问题立即汇报并及时整改，同时做好迎接当地物价部门价格检查的相关准备工作，主动与当地政府部门沟通，争取政府的理解、支持和有利的价格政策。

2008年，为贯彻落实国家发改委和上级公司有关文件精神，公司下发《关于进一步加强成品油价格管理的紧急通知》。结合市场形势和公司经营情况，要求各单位必须严格执行当地政府规定的价格政策，维护市场价格稳定，提高公司价格到位率。同时，根据资源和市场状况，实施收放有序的销售策略，一至三季度，根据资源情况，合理优化批发量与零售量，保证公司效益最大化，同时通过限定最低限价、出库量、日销量、客户购买量、开单量等指标，规范销售行为，完成保供任务。四季度，市场资源比较宽松，价格持续下滑，面临资源大量到达而接卸力不足的局面，公司紧跟竞争对手价格变化，努力降低库存水平，减少库存跌价损失。

2009年，公司采取灵活有效销售策略，进一步对客户进行分级管理，针对长期稳定的客户，在价格政策上保持长期价格优势并确保资源供应。4—5月，辖区柴油供应出现间歇性紧张，公司果断关停部分边远低效加油站，确保机构用户供应，获得良好的市场反应。

2010年，公司下发《关于进一步加强价格管理的通知》，严格执行客户分级定价制度，公司下达的最低价为四星级客户供应价格，各星级客户间价差为10元/吨。鼓励各单位在价格执行上就高不就低，提高整体效益。严禁各单位间互相压低价格争抢公司内部客户，落实交接市场客户开发优先属地原则，在属地单位未开发或开发失败的情况下执行"谁开发、谁受益"原则，供应价格上严格执行公司规定。公司每周通报各单位价格到位率及价格执行情况，对价格管理较差的单位通报批评。

2011年，公司坚持"以资源定销量、以市场定价格"，通过每日业务碰头会，及时调整营销策略，达到"市场反应早于对手、竞争策略快于对手"的工作要求。针对淡旺季、抗旱保供、资源紧张等不同阶段的市场特点，通过淡季促销稳价、旺季增量保价、资源短缺时期保供推价等多种组合策略，实现营销策略由"被动应对"向"主动掌控"的转变。始终将柴油价格维持在零售到位价区间，实现全年加权综合价格到位率99.5%以上。

2012年，公司统筹批发、零售业务关系，坚持批零有效互动，强化价格管控。针对外采价格倒挂现象，积极争取政府政策支持，对外采油品销售实行"高来高走"。一、四季度实施顺价销售，累计顺价销售3.56万吨，增加毛利455万元；5、6月份快速推价到位，将柴油价格维持在零售到位价区间，销售质量和经营效益进一步提高。

2013年3月，国家发改委出台新的成品油定价机制，国内油价呈现小步快调局面。为应对定价机制调整，公司在客户服务、市场需求、信息收集、运行控制、快速反应、加强指导等方面下功夫，切实做到精细客户服务、精确市场需求、精密情报系统、精益业务运行、精准快速反应。

2014年，针对主要竞争对手终端竞争更加灵活积极和社会经营单位竞争力增强的形势，公司紧贴市场变化，下放价格权限，推行以库定价，客户稳定性明显增强。采取以费补价、密度营销、储油罐补贴、主动配送、销售中介、节庆促销等营销措施，减少价格优惠幅度，开展多样化的服务促销活动，云南省内自营量同比增加4.91万吨。

2015年，结合公司营销体系改革、市场情况和竞争形势，公司及时调整营销策略，下放直销价格审批权限，将直销环节销售价格上报审批改为实行指导价销售，各单位参考公司当期下达的销售指导价自主定价销售。强化过程管控，严禁各单位相互争抢客户，明确各单位价格领导小组对特殊销售价格进行审核、审批，将价格管理第一责任人明确为各单位经理，分别给予各单位经理、分管业务副经理和价格领导小组不同权限。下发《关于进一步明确2015年营销策略和相关配套措施的通知》，利用云南省国Ⅳ柴油封闭运行时机，运用网格化管理模式，精准分析不同客户的柴油消费需求，采取搭配销售、阶梯定价、大单定价、一单一价等销售方式，深挖优质客户潜力。

2016年1月13日，国家发改委修改成品油价格调整机制，设定40美元的"地板价"和130美元的"天花板价"。公司结合国际油价的走势和国内地炼资源销售价格下跌幅度，优化资源购进结构和库存结构，多采汽油、储备普柴、争取车柴，全面降低库存成本。坚持"贴近市场、客户分类、因地制宜、适时调整、量效结合"原则，实施差异化营销策略。对终端客户按照客户分类定价机制，结合市场竞争形势、价格走势等综合因素，继续按照VIP价格、大单价格和单拉价格相结合的销售指导价格，一客一价、以量定价、阶梯定价；对社会经营单位实施"贴近市场、以量定价"的销售政策；继续贴近交界市场价格执行，在公司购进价格允许的前提下，给予10—30元/吨的优惠。

2017年，为进一步提升精细营销水平，强化价格精细管控，公司实施量价费精细营销。精细批零客户量、价、费互动营销定价模式，明确批零一体化的定价机制，按照效益最大化的原则，统筹制定集团、库发、站发等客户销售价格、优惠幅度、油卡折扣、运费补贴、促销费用等标准，将价格优惠与油卡折扣、配送运费、促销费用有机组合，有效发挥价、费最大增量作用，控制单一客户的支出总成本，真正实现量价互动、促销上量。精细不同价格趋势、不同类别客户定价模式，结合油库分布、加油站商圈、价格趋势等情况，确定以站代库的加油站区域、数量以及点对点竞争加油站数量和区域，细化不同类别、不同价格趋势下的客户定价模式，结合批零价差的变化和客户类别，细化不同价差情况下批零客户定价原则。精细主动配送到岸价报价定价模式，以定价模式的转变推进服务营销模式的转变。按照不同客户类别，细化"油品＋运费"的到岸价组合定价模式，实行免费、部分收费、全部收费等多种配送模式，以客户不流失为准则，最大限度地减少单一的价格竞争，用服务弥补价格短板，以服务减少效益流失，实施低成本竞争。6月1日起，公司全面通过"惠购油"APP平台，实现客户价格全流程审批，按照权限进行价格审批，将整个价格审批时间控制在1小时以内，增强价格管理的合规性和时效性。

2018年，市场价竞争形势发生变化，宏观上批发价格已由地炼主导，全面实现市场化；微观上违规、走私油品对物流、基建等客户的定价产生较大影响。为此，公司简化各单位价格审批程序，设立市场营销处省级直销中心，专门负责直销业务的互联网营销，将直销商流业务由各单位上移到市场营销处管理，销售价格由客户直报，专人进行审核。实行组合价格优惠与油卡折扣、返利、电子券、运费和促销费等叠加定价模式，通过完善"惠购油"APP平台金融服务、线上支付、客户自主购油提油、自主绑卡、合同自助绑定、电子发票等功能，提升批直业务互联网营销水平。

第三节　直销客户管理

一、客户开发维护机制

1999—2003年，公司综合业务处在客户管理方面的职责主要是宏观管理，重点指导各单位的批发、零售环节的客户开发维护工作。

2004年，公司在综合业务处的基础上，成立营销处和加油站管理处，营销处负责开发维护批发与直销客户、重点机构客户。制定《客户开发维护管理办法》，建立健全重点再流通客户和重点机构客户档案明细。

2006—2007年，公司建立客户分级管理模式，加强对重点机构用户的监控管理，与各单位共同管理好前十名机构用户，政府部门及集团客户的开发和维护力度进一步加大。

2008年，公司采取"淡储旺销、服务增销、跨界扩销、考核促销"策略，引导客户经理大力开发市场，为客户提供亲情化服务。通过配送销售差异化服务吸引客户，稳定一大批交界市场客户。

2009年，公司提出"将客户开发与维护作为销售工作的第一重点"，千方百计开发维护客户，取得一定成效。公司批发环节共有机构用户195个，实现销量11.52万吨。

2010年，科学研判市场变化走势，全力开发客户，提升服务。针对淡旺季、抗旱救灾、资源紧张等不同情形的市场特点，加强营销人员培训，以管理和服务为销量找市场、为客户找价值、为资源找出路，培育公司可持续发展的生态圈。全面开展客户市场调研，客户开发由"开门等客"向"出门找客"转变。

2011年，公司推行客户分级管理和差异化营销，实施《大客户开发方案》，不断优化客户结构、提高销售质量。加大客户普查和回访力度，充分了解客户需求，制定有针对性的销售策略。进一步细分客户，建立起科学全面的客户管理系统，充分利用信息化手段，将客户分类管理，加大机构用户及长期稳定客户的开发和维护力度，不断优化客户结构。

2012年，公司成立客户开发管理中心，隶属于市场营销处，主要负责集团客户、重点客户的开发维护，实施批零客户一体化开发维护，督导各单位做好客户开发维护工作。加大机构用户开发力度，不断推进与集团客户的深入合作。召开首届"群聚精彩，因你不同"客户座谈会，进一步深化公司与客户的互惠双赢合作关系，为公司客户开发维护与量效提升创造条件。

2013年，公司突出"客户发展我们发展"的理念，推行资源保供优、专职服务优、服务模式优、价格信息优、开单提油优、配送管理优、量价保障优、售后服务优、沟通渠道优、资源共享优的VIP客户"十优服务"；坚持"客户的客户是客户"，与工业、金融、通信等行业优质客户资源转介并跨界共享，探索与光大银行及客户间三方合作。召开VIP客户座谈会，与昆明钢铁控股有限公司、云天化集团有限责任公司等重点集团客户签订战略合作协议。

2014年，公司持续推进集团客户开发维护，建立批零一体化开发与维护机制，实现集团客户、物流车队客户、小额配送客户三类客户批零一体化开发维护。5月，公司修订《加油站小额配送业务实施细则》，鼓励加油站在做好站发小额配送业务的同时，加快开展库发小额配送业务。6月，公司下发《关于加快推进物流车队客户开发工作的通知》，结合运输企业"营改增"相关政策的出台，制定物流车队客户开发与激励配套相关销售政策，全面开发物流车队客户。6—8月，所属14家分公司在区域内首次召开客户座谈会，全面提升中国石油在云南省的品牌知名度。

2015年，公司明确客户开发服务的重点，继续坚定推进集团客户深度合作。完善客户开发服务奖惩机制，实行重点潜在客户开发奖励政策，实施直销客户积分管理。建立健全客户服务体系，进一步融合客户开票、开单、提油、配送等整个销售链条的一体化运作。制定星级客户服务标准，继续推行VIP十优服务，打造公司服务品牌。

2016年，公司加强重点集团客户开发和维护，开展以"全产品链、全产业链和全生命周期"为核心内容的油卡非润组合营销（即"三全"营销），打通合作伙伴全产业链上所有产品的销售，实现空间、时间多维度一体化营销，实现全产品链纵向空间一体化营销、全产业链横向空间一体化营销、全生命周期时间一体化营销。

是年，公司制定《主动配送诚信交接实施方案》，全面推进油品主动配送业务，实行到岸交接。分别制定一票结算、两票结算业务中国石油天然气运输公司车辆与社会承运单位车辆主动配送流程，确保了主动配送业务的顺利开展。各单位全面梳理区域内需要开展主动配送机构客户、社会加油站名录及配送量，逐家客户沟通对接，一客一议，实行到岸价销售。加强与客户的主动沟通，提前对接配送需求，及时与承运单位沟通协调配送计划，与油库及客户服务中心做好提油对接，确保在客户要求时间内配送到位。全年有主动配送客户283家，月均配送油品1万吨。

2017年，公司全面推进客户服务营销体系建设，按照"明确目标、细化措施、完善服务、提高占比"原则，持续改变客户消费习惯，着力基建项目、社会加油站、交运集团、物流客户的开发。继续推进集团客户深度合作，整合供应链、完善服务链、打造价值链，开展跨界合作联合营销。实施精细管理，建立销量和利润并重的客户价值评价体系。9月，公司召开"迎炼厂投运"客户座谈会，组织与会客户现场参观云南炼厂，对"最具价值直销客户""10名持卡消费量最大客户""10名持卡消费周期最长客户"进行奖励。10—12月，为庆祝公司玉溪、蒙自、保山三座炼厂配套管道油库顺利投运，昆明、曲靖、玉溪、红河、保山、楚雄分公司等11家单位分别在区域内召开客户座谈会，组织客户现场参观配套油库，有效提升公司品牌影响力。

2018年，公司建立基建工程客户一体化开发维护模式，对辖区重点建设项目详细跟踪调查，制定开发计划，明确开发责任人、开发时间，做到开工一个、服务一个、供油一个。针对重点基建工程项目实行上下联动开发维护，市场营销处与集团客户总部建立定期当面沟通机制，所属各单位、客户经理层面与项目部对接协调具体事宜。基建工程项目开发维护坚持属地化原则，项目所在地分公司负责开发维护，做好配套服务，提供储油罐、加油机等设施，杜绝各单位之间恶意争抢客户，同时杜绝资源浪费。是年，公司下发《2018年物流车队客户开发服务方案》，确定物流客户开发模式、配套定制服务、增值税发票开具、销量还原机制。推行物流客户"三化"开发与维护，即用油方案定制化、油品管控技术化、日常服务增值化。全面精细橇装加油设施运营管理，加快闲置橇装加油设施的处理，强化橇装加油设施日常运行监控。

二、网格化客户开发模式

2005—2008年，公司以滇中、滇西、滇南、滇东南、滇东北分公司划分云南市场，进行网格化市场开发。

2012—2013年，为进一步增强快速反应能力，公司在"市场大调查、客户大普查"基础上，再次对市场进行"横向到边、竖向到底"的全覆盖、地毯式调查，汇总编制翔实的市场档案，为明确潜力市场、定位主攻方向打下坚实基础。

2015年，公司为进一步提升终端市场竞争力，按照点、线、面目标分解和营销服务一体化的原则，建立"网格化"市场开发责任制。以县区市场为目标，根据辖区经济发展和市场需求量，结合公司网络和客户分布，定区域、定人员、定目标、定责任、定奖惩，推行营销一体化、批零一体化、"油卡非润"一体化和经理人一体化，实行月通报、季考核，做精一个点、做强一条线、做大一个面。公司将云南省 129 个县区经济发展情况和市场竞争形势作为参考，结合公司在该区域的市场份额，将县区目标市场划分为固有市场、竞争市场和空白市场，采取针对性措施进行客户开发，101 个县区销量同比增加，直销市场份额达到 51%。

2016 年，公司进一步深化网格化市场开发，每月开展对标分析，重点强化奖惩措施，加强县区市场的调研、分析和帮扶。对销量下降的县区市场重点分析，制定针对性的措施；对空白县区市场，制定专门的市场开发措施，云南省 102 个县区销量同比增加，93 个县区市场占有率同比提升，14 个县区市场份额超过主要竞争对手，整体市场份额同比提升 3 个百分点，玉溪华宁、保山施甸、普洱墨江等县区实现销售零的突破。

2017 年，公司制定《网格化市场开发责任制方案》，确定网格化营销模式的点、线、面目标原则。"点"是指加油站或客户，明确每一座加油站所要达到的销售目标和市场份额，同时明确每一个重点客户的销售量和销售占比。"线"是指主要线路和主要行业，明确每一条线路上的加油站所要达到的销售目标和市场份额，同时明确主要行业的销量和销售占比。"面"是指县区市场，明确每一个县区市场中直销、纯枪要达到的销售目标和市场份额，同时明确重点客户在县区市场中的销售占比。通过纵向到底、横向到边的网格化管理，实现市场开发服务的全覆盖。全年 66 个县区销量同比增加，直销市场份额达 56%。

2018 年，公司持续推进网格化管理，强化月度通报、季度动态专项考核，实行公司对各单位、各单位对个人的两级动态考核，将月度各县区完成情况在月度视频会上排名通报。每季度公司对各单位实行专项考核，奖优罚劣；各单位对加油站经理和客户经理考核，按照年初签订的业绩合同和绩效考核办法每月考核兑现，进行排名通报，对同比下降区域及未完成目标区域，采取有效措施进行重点开发维护。

三、公司重点客户开发维护

（一）集团客户开发维护

2012 年之前，集团客户及其下属单位均由所属各单位自行开发，公司未进行系统性开发维护。

2012 年，公司与昆明钢铁控股有限公司签订战略合作协议，昆钢成为公司首家战略合作客户，当年销量超过 5 万吨。

2013 年，公司与云天化集团有限责任公司、云南冶金集团股份有限公司、华能澜沧江水电有限公司、云南煤化工集团有限公司、云南机场集团有限责任公司、中国移动云南省公司、中国建设银行云南省分行等 14 家重点客户签订战略合作协议（见图 4-5、图 4—6），当年销量超过 10 万吨。

2014 年，公司与云南省建设投资控股集团有限公司、洋浦南华糖业集团有限公司、云南白药集团有限公司、云南能源投资集团有限公司、云南昊龙集团有限公司、山东高速云南发展有限公司、云南英茂糖业（集团）有限公司、云南黄金集团有限公司等8家客户签订战略合作协议，当年销量超过5万吨。

2015年，公司与云南交通投资建设集团有限公司、云锡集团有限责任公司、昆明快达物流有限公司、云南金孔雀交通运输集团有限公司等4家客户签订战略合作协议，当年销量超过6万吨。

图4-5　公司与云南煤化工集团签订战略合作协议

2016年，公司与云南水泥建材有限公司签订战略合作协议。

2017年，公司与北汽集团有限公司、云南瑞和锦程实业有限公司等2家重点客户签订战略合作协议，当年销量超过2万吨。

2018年，公司与兴业银行昆明分行、云南华新建材投资有限公司等2家重点客户签订战略合作协议（见图4-7），当年销量超过1万吨。

图4-6　公司与云南机场集团有限责任公司
签订战略合作协议

图4-7　公司与兴业银行昆明分行签订战略合作协议

（二）基建工程客户开发维护

"十三五"期间，云南省基建工程项目（铁路、公路、机场、水利）全面开工建设，重点建设项目共265项。

1. 高速公路项目

2015年，公司开发大丽、新鸡、弥泸、蒙砚、宣曲、嵩昆等高速公路建设项目用油客户，当年实现销量6万吨。

2016年,公司开发思澜、玉临、勐满、弥玉、大嘎、蔓金、元绿等9条高速公路建设项目用油客户,当年实现销量10万吨。

2017年,公司开发玉临、保泸、沾会、上鹤、广那、蒙屏等12条高速公路建设项目用油客户,当年实现销量15万吨。

2018年,公司开发鹤剑兰、保施等14条高速公路建设项目用油客户,当年实现销量8万吨。

2. 铁路建设项目

2015年,公司开发云桂、玉磨、大临等铁路建设项目用油客户,当年实现销量3万吨。

2016年,公司开发蒙河、广大、大瑞等铁路建设项目用油客户,当年实现销量5万吨。

2017年,公司开发丽香、中老铁路建设项目用油客户,当年实现销量5万吨。

2018年,公司开发玉临、玉墨铁路建设项目用油客户,当年实现销量7万吨。

3. 机场建设项目

2015年,公司开发泸沽湖机场建设项目用油客户,当年实现销量2.5万吨。

2016年,公司开发临沧沧源机场建设项目用油客户,当年实现销量2万吨。

2018年,公司开发临沧凤庆机场建设项目用油客户,当年实现销量1万吨。

4. 水利建设项目

澜沧江苗尾水电站、澜沧江拖巴水电站等建设项目由华能澜沧江水电有限公司承建,墨江县中叶水库、西盟县永不落水库等建设项目由云南省建设投资控股集团有限公司承建,公司陆续开发水电站、水库项目用油客户,截至2018年底,实现销量6万吨。

(三)物流车队客户开发维护

2014年6月,结合运输企业"营改增"相关政策出台,公司下发《关于加快推进物流车队客户开发工作的通知》,并制定物流车队客户开发与激励配套相关销售政策,全面开发物流车队客户,当年物流车队客户实现销量8万吨。

2015年1月,公司下发《2015年物流车队客户开发服务方案》,重点做好物流车队客户的跨界联合营销,整合通信、保险、银行等相关行业合作伙伴优势资源,统筹考虑物流车辆在卫星定位系统平台、加油、保险、通信、ETC、金融、汽修、救援等方面的服务需求,设计"产品服务包",通过提高客户满意度,巩固和拓展物流客户群体,当年物流车队客户实现销量14万吨。

2016年1月,公司下发《2016年物流车队客户开发维护指导意见》,重点做好物流车队客户批零一体化营销,根据物流客户在公司年度直销量或纯枪量,实施"油卡非润"一体化优惠营销,办理加油卡给予汽油折扣,购买便利店商品、润滑油等给予优惠政策,当年物流车队客户实现销量18万吨。

2017年1月,公司下发《2017年物流车队客户开发服务方案》,重点做好物流车队客户定点定线路可视化营销,实现全国高速公路、国(省)道中国石油加油站位置的自动提醒,在车辆距离加油站5千米以内,由系统自动发送提醒短信至车载定位装置,语音播报给驾驶员,实现车辆与加油站信息互动，当年物流车队客户实现销量 20 万吨。

2018 年 1 月，公司下发《2018 年物流车队客户开发服务方案》，重点做好跨省物流车队客户分区域分线路联合营销。所属各单位之间对同一家跨区域消费的客户进行联合营销；与四川、广西和贵州等公司对大型跨省区物流客户进行联合营销，当年物流车队客户实现销量 24 万吨。

（四）社会加油站开发维护

2013 年，公司将社会加油站当作公司不同体制下的"内部加油站"来服务管理，针对社会加油站以价格需求为主的特点，实施"贴近市场、以量定价"的营销策略，向社会加油站销售成品油 15 万吨。

2014 年起，公司每年年初与社会加油站签订年度供油协议，约定全年油品采购量。

2016 年，公司下发《关于开展社会加油站专项调研工作的通知》，对云南省 1561 座社会加油站开展专项现场调研，摸清社会加油站基本情况，编制《云南省社会加油站专项调研报告》。

2017 年，公司下发《社会加油站服务营销实施方案》，充分发挥公司在加油站管理方面的专业优势，重点推广社会加油站产品服务包，将服务包的实施与客户购买量进行挂钩，采取免费赠送和有偿支付两种方式，进行服务输出，巩固与社会加油站的合作关系。

（五）小额配送客户开发维护

2010 年 2 月，公司下发《加油站小额配送业务实施细则》，明确加油站小额配送业务界面、开发维护客户范围，鼓励加油站开展站发小额配送业务，当年小额配送销量达 2 万吨。

2014 年 5 月，公司修订《加油站小额配送业务实施细则》，鼓励加油站在做好站发小额配送业务的同时，加快开展库发小额配送业务，明确小额配送销售价格，并以升价向客户报价，当年小额配送销量达 4 万吨。

2016 年 1 月，公司下发《关于进一步做好小额配送业务的通知》，按照批零一体化营销和效益最大化原则，根据市场销售价格趋势和加油站距离油库位置，实施直销价格与加油卡折扣联动、客户经理与加油站经理互动销售，当年小额配送销量超过 8 万吨。

2017 年 1 月，公司下发《2017 年小额配送客户开发服务方案》，明确加油站开发小额配送客户实现销量的奖励提成标准，有效提高了加油站开发小额配送业务的积极性，当年小额配送销量超过 12 万吨。

2018 年，公司制定下发《2018 年度客户开发服务方案》，明确加油站开展小额配送业务奖励激励机制，鼓励加油站全面开发维护小额配送客户、小微客户。积极推进主动配送业务，完善服务功能，进一步扩大客户规模，提升客户质量，当年小额配送销量超过 15 万吨。

（六）重点客户开发维护实例

1. 昆明钢铁集团有限责任公司

昆明钢铁集团有限责任公司（以下简称昆钢集团）是云南省大型省属企业，拥有全资、控股及参股子公司149家，产业遍布云南省16个州市，成品油年需求量达8万吨，占昆明市场年成品油需求量的3%，矿石、钢材运输等物流用油占其需求总量的80%。其用油方式为油库自提、定点加油和加油卡消费，年消费汽油、柴油达8万吨。

为快速推进与昆钢集团深度合作，公司与昆钢集团多次沟通协商，于2012年12月21日与昆钢集团签订战略合作协议，在成品油供应配送、天然气、润滑油、加油卡、物流园区加油站建设、钢材水泥采购等方面达成合作意向。

协议签订后，昆钢集团采取多种措施积极引导所属企业与公司开展成品油业务合作。公司与昆钢集团联合组成调研组，对其在云南省内10个地州的29家主要用油单位进行实地调研，准确了解昆钢集团所属企业的成品油、润滑油真实需求，制定差异化油品供应方案，逐一进行落实。下发《关于加强落实昆钢战略合作协议的通知》，提供昆钢集团所属单位主要联系人、联系方式，要求各分公司加大辖区内昆钢集团所属单位的开发维护力度。

实行四级开发维护模式，持续提升服务水平。公司领导作为首席客户经理，定期与昆钢集团高层进行沟通。公司客户管理中心主任是昆钢集团的专职客户经理，每月沟通座谈一次。分公司业务经理每周拜访一次，昆明分公司客户经理秦怀波驻点服务。公司聘请其所属的物流集团公司总经理为服务需求顾问，随时掌握生产、物流油品需求变化。客户经理每日编制昆钢进油量、出库量和客存油品曲线图，随时掌握需求进度。推出十优服务，每日发送价格变化信息，提醒客户油品变化趋势；在购买油品七日跌价后，在后期销售中予以弥补；制作VIP客户卡，在油库开通VIP绿色通道优先开单、优先发油；提供橇装加油设施，优先保障其生产、物流等方面油品需求；配备专职客户经理，一对一服务。

实行产品组合营销，持续拓展合作范围。根据昆钢集团业务发展，实行一站式产品组合销售，将直销、纯枪、润滑油、加油卡等产品捆绑式销售，油品供应辐射到昆钢产业链所在的昆明、红河、楚雄、玉溪、西双版纳、曲靖等10多个州市，为其物流园、钢厂安装橇装设施5台，5座加油站为其物流车辆定点加油。拓宽油品消费渠道，将昆钢内部员工使用的一卡通引入公司加油站，为5000多名员工办理加油卡，实现企业与员工用油绑定销售，年直销油品3.7万吨，加油站实现纯枪销售2.6万吨，润滑油350万元，加油卡1.05万张，销售比例达78%以上。

2. 云南远泽物流有限公司

云南远泽物流有限公司是云南省内一家大型跨省物流企业，主要运输路线为从红河、文山出省至广西、广东等沿海省份，月度用油量400吨以上，该客户与主要竞争对手合作紧密。

2014年，为了开发该客户，公司主动出击登门拜访，利用银行方面的朋友牵线搭桥，多次与远泽物流公司进行沟通，专门为客户制定《物流车队提效降费服务方案》，指定沿途定点加油站为客户服务，为其提供省钱、省油、省力、省时、省心的"五省"服务，最终云南远泽物流有限公司与公司达成合作意向，首次办卡充值100万元，办理主卡1张，子卡300张，截至2014年底，月均消费量超260吨。

由于当时广西销售公司部分高速公路加油站未安装加油站管理系统，导致不能刷卡消费，云南远泽物流有限公司意见较大。公司得知这一信息后，第一时间联系到广西销售公司，并通过销售公司零售处帮助协调省外消费刷卡问题，远泽物流听说为了解决跨省刷卡消费问题，集团公司领导亲自出面过问，对我们的工作态度给予高度认可。

根据云南远泽物流有限公司不同货运路线，公司逐一向其介绍中国石油站点分布，还特地对有价格优惠的站点进行特别标注，让驾驶员享受更加便利、更加优惠的服务。指定部分场地宽敞的加油站给予远泽物流公司货车免费洗车政策，同时积极协调联系广西销售、广东销售公司高速公路加油站为远泽物流公司货运车辆提供免费加水、停车、休息等服务，提高了客户满意度。

在日常拜访中了解到在通海、江川一带加油站夜间不营业，导致途经时加油困难的情况，公司立即就夜间加油事宜进行协调，加油站增加"叫醒服务"，使途经这一地区的货车能随时到站随时加油。

为使云南远泽物流有限公司账目清晰、充卡及时，公司指定部分加油站每天与其对账、分卡，做到客户随时有充值需求，加油站就立即给予办理分卡充值业务。云南远泽物流有限公司有子卡1500余张，平均每天分卡多则50张，少则15张，加油站对账、分卡没有出现过任何失误和差错。

第四节 "惠购油" APP 平台

一、"惠购油" APP 开发

公司"惠购油"平台经历了微信和 APP 两个阶段。2015 年，为解决油库客存提油风险，公司建立直销"惠购油"平台，"惠购油"平台是公司在中国石油销售系统首创的批发直销平台，采取"客户编码 + 验证码"的方式对客户提油身份进行验证，解决传统提油模式存在串提冒提风险的问题。通过平台实时向客户推送库存变动信息，客户可实时掌握油品购销存动态。将传统的纸质审批改为线上实时审批，大幅提升价格审批效率。线上开展最惠星期四、众筹团购、油价秒杀、购油送积分等活动，增加了客户购油黏性，稳定公司客户销售群体。2015 年 11 月 8 日，在昆明、玉溪、楚雄等 3 家分公司进行系统试运行工作。

2017 年 2 月，为解决微信平台存在的平台功能扩展受限、价格不能同步审批、促销活动未实现闭环运行、数据不能通过接口同步传输、数据分析预警功能不足、未实现对客户经理的实时管控、未实现资金流的动态管理、不能提供实时客服功能等问题，公司启动"惠购油" APP 系统开发工作。

6 月，公司"惠购油" APP 正式上线运行。"惠购油" APP 的上线，进一步提高营销效率。"惠购油" APP 实行直销价格集中管理与客户服务分级实施，推行客户在"惠购油" APP 自助下单，客户经理不再参与客户报价，各单位不再审批直销价格，专心做好客户服务、情报信息收集等工作，在引导各单位由价格竞争向服务竞争转变的同时，可进一步堵塞管理漏洞，保障直销业务合规运行。

在中国石油 2017 年油品销售精细化管理会议上，公司自主研发，可实现 CRM、ERP、物流 2.0 等系统功能融合并集成中国工商银行相关数据的"惠购油"APP 受到与会代表一致好评。9 月，公司自主研发上线的"惠购油"APP，因有效解决经营风险难管控、营销策略欠精准、服务效率不高等问题，在集团公司第四次管理创新经验交流会上获"管理创新奖"。12 月，集团公司公布 2017 年度管理创新成果，公司《直销"惠购油"微信营销平台建设及应用》获三等奖。

2017 年，平台注册客户 4424 家，销售订单 7945 笔，实现销量 44.68 万吨，提油订单 5.75 万笔，出库量为 51.43 万吨；一票结算主动配送客户 134 家，实现主动配送 7.69 万吨；系统平稳运行率 96%。利用 APP 开展"最惠星期四"促销，开展秒杀、团购等形式多样的促销活动，培养客户消费习惯，持续提升客户消费能力。实行销售订单、价格、运费等移动审批，数据系统自动传送，提高了工作效率，降低了劳动强度。

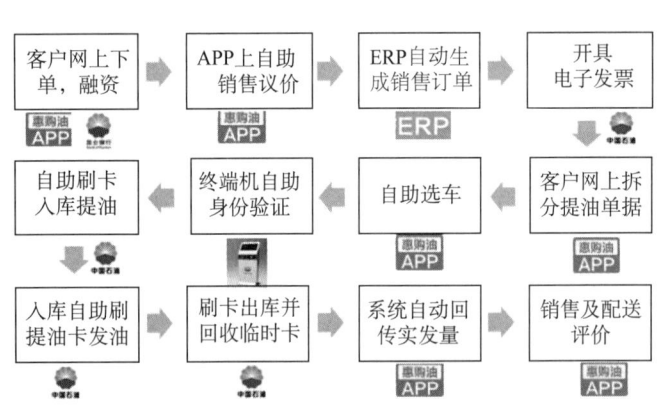

图 4-8　销售全环节系统闭环操作流程

2018 年，公司依托"惠购油"APP 系统，实现客户在"惠购油"APP 平台自助下单，推行客户在"惠购油"APP 平台提油环节自助拆单、提交提油单，并在油库客户服务中心自助终端机自助拆单、提交提油单，促进了直销业务合规管理。公司与昆仑银行联合开发客户融资和线上付款功能，进一步解决客户融资和资金支付问题，实现客户 APP 平台线上支付和金融服务功能，全面实现公司批发业务的全系统封闭运行（见图 4-8）。

二、"惠购油"APP 定位

"惠购油"APP，对内是销售管理平台，公司销售人员可实现移动办公和销售监控，提升工作效率。对外是客户营销平台，在帮助客户规避风险的同时，实现销售过程的可视化，增加客我双方交流。通过多样化促销活动，提升客户黏性。"惠购油"APP 不仅是现有业务的补充支持工具，更助力公司业务转型升级，创新营销商业模式。主要定位有：

（1）营销平台。推进"油卡非润"全产品链组合营销，开展多样化的直销促销活动，根据客户需求设计不同的产品组合，开展直销微信平台与非油商城的积分兑换营销，实现单一产品向组合产品营销转变。

（2）服务平台。开展一票结算主动配送，融合商流和物流，不断完善配送服务和后服务清单，将服务菜单化，实现碎片服务向一体服务转变。

（3）管理平台。实现客户自主线上购买产品、自主谈价、自助下单等；规范简化价格审批、移库、资金确认等移动化办公；实现销售订单、客存提油、余额的验证码校验、短信动态提醒，实现纸质化管理向移动办公管理转变。

（4）信息平台。将价格政策、营销理念和增值活动迅速向客户宣传，打造可信赖营销品牌，实现传统宣传向互联网推广的转变。

"惠购油"APP有效规避了四类管理风险：（1）中国工商银行专线实现了客户资金账户一对一匹配，规避客户经理私收油款的资金风险。（2）实现"二维码+身份证"双重验证，规避客户客存被冒提、倒卖的油品风险。（3）实现客户在手机和电脑上的电子签认，规避月底人工纸质带来的虚假签认风险。（4）适时动态短信实现油品购买成功或客存变化的实时提醒，规避搭车销售和价格套利的风险。

三、"惠购油"APP主要功能

"惠购油"APP建设围绕批发直销业务的物流、资金流、商流、信息流开展，主要业务环节包括批发直销业务的购油、提油等环节，建立客户成品油提油服务系统；配套搭建直销客户APP营销服务平台，提升客户提油服务效率；统筹优化直销业务流程中的关键环节，完善价格审批、资金到账确认、提油油库和提油时间预排等销售环节；探索移动客户端的开发，实现业务流程的信息化；现行价格、油价趋势等行业信息的推送；提供相关增值服务，如促销活动、积分兑换等。

（一）销售订单模块

1. 订单审批

实现销售订单流程的线上审批和财务部门的资金审核功能。

2. 价格审批

价格分级审批：根据价格权限的不同，不同价格由不同管理层次的人员审批。对订单价格进行识别，对不同的价格按照权限分级审批；可以在一个订单里面提多种油品，审批人员可以对单个油品价格进行审批同意或退回。

价格快速审批：通过调整客户属性，实现集团客户和大型社会单位的价格，直接由市场营销处价格管理岗走审批流程，各单位不再对其进行审批。

3. 两票结算操作

客户在下采购订单时，将油款和运费分开付款，两票结算。在提油服务配送中，可选择中国石油天然气运输公司配送或社会车辆配送，配送时不需要付运费。

4. 一票结算操作

客户在下采购订单时，将油款和运费一并付款，一票结算。在提油服务配送中，可选择中国石油天然气运输公司配送或社会车辆配送，配送时不需要付运费。客户或客户经理均可下单。

5. 自提订单变更车辆信息功能

在自提订单中增加"变更车辆信息"按钮，客户和客户经理在客户服务中心人员未进行"确认已开单"操作前，可对驾驶员姓名、身份证号、电话、车牌号进行修改。如变更车辆信息，提油验证码已经发送，车辆信息变更后，系统自动重发验证码，之前的验证码无效。

6. 客户经理和客户重发验证码功能

客户和客户经理通过APP都可以对客户重发验证码，以解决部分客户不会操作的问题。操作界面为：惠购油—订单查询—订单类型——社会车辆配送，找到对应提油单后，点击"重发验证码"即可，提油验证码重发后仍为客户手机和提油APP客户端收取。

7. 客户在"惠购油"APP自助下单

为进一步发挥"惠购油"APP平台作用，培养客户线上自助购油的消费习惯，提升客户体验，提高服务效率，从2018年1月开始，在曲靖、临沧、西双版纳等3家分公司试点全部客户在"惠购油"APP上直接下单，客户经理不再参与客户报价和下单；并对昆钢、云天化等集团客户由客户直接在"惠购油"APP上下单，各单位不再对集团客户进行销售价格审批。3月，推行客户在"惠购油"APP自助下订单。8月，推行客户在"惠购油"APP上自助提油下单，进一步提升了客户提油体验。

在推行客户下单的同时，简化各单位价格审批流程，将现行客户经理／客户、各单位价格领导小组、市场营销处、公司价格领导小组的价格审批管理模式，优化调整为客户、市场营销处、公司价格领导小组的审批管理模式，取消各单位5个价格审批岗位。具体操作流程如下：

（1）客户自主下单。客户在"惠购油"APP在线下单模块自主下单，填写购油品号、购油数量、购油油库，系统会根据客户级别和购买量自动生成销售价格。如客户认可系统价格，可直接下单购油；如客户不认可，可在公司设定的议价范围内进行议价，审批同意后执行。客户议价空间为系统定价的±100元之内，将根据市场实际适时动态调整，超出议价范围则无法提交价格。

（2）公司价格审批。客户下单后，销售订单直接流转到市场营销处价格管理岗，价格管理岗根据客户购油油库的价格信息、价格走势等综合因素进行价格审批。如审批不通过，价格管理岗在审批意见中明确填写建议购买价格，并将销售订单退回到客户，客户根据建议购买价格或者意向价格继续修改价格后重新提交订单，审批同意后执行。

（3）ERP系统开单。客户确认订单后，各单位业务部门销售管理岗完成订单确认后进行ERP自动开单操作。客户经理可通过"惠购油"APP推送信息跟踪客户购油动态。

（二）提油管理模块

1. 两票结算（社会车辆配送流程）

有查看客户自提或车辆配送订单、查询订单详情、安排自提时间、修改订单号、作废订单等功能；各审批阶段均有退回和作废功能。

2. 两票结算（中国石油天然气运输公司配送流程）

需要调度指挥中心安排配送油品的，由客户/客户经理发起申请，调度指挥中心安排计划后配送油品。

3. 一票结算（社会车辆配送）

由社会车辆进行油品配送或者客户自提的业务。有查看社会车辆配送订单、查询订单详情、安排自提时间、修改订单号、作废订单等功能；各审批阶段均有退回和作废功能。

4. 一票结算（中国石油天然气运输公司车辆配送）

由中国石油天然气运输公司车辆进行油品配送的业务，有查看配送订单、查询订单详情、安排自提时间、修改订单号、作废订单等功能；各审批阶段均有退回和作废功能。

5. 移库提油

从一个油库的客存转移到另外一个油库提油的过程，将纸质审批变为线上审批；APP上移库、客存下账从原开单油库下账，不影响库存。

（三）库存管理模块

1. 客存管理功能

（1）客存库存初始化：系统增加导入采购订单功能。统计提油服务系统目前的客存量，根据采购订单模板整理并导入系统，保证系统客存信息的准确性。

（2）客存多种模式的查询：按各单位、按客户、按油品、按客户经理的订单量、提油量、客存量的统计情况。客户可根据客户编码对自己的存量进行查询统计。客户查询界面统计客户存量总量。包含客户名称、客户卡号（客户编码）、客存总量。

（3）油库客存量统计：按照油库、客存量、时间进行统计。

（4）特殊时期的库存管控功能。

2. 客存查询

系统规则：客户提油后营业室进行开单确认，客存数量减少，客存数量自动调整。系统需要增加已出库量、客存量字段，同时，在"客存订单管理"界面显示"出库量""客存量"数据，方便账务核对。

3. 客存变动信息发送

每一次油品库存增减都会向客户发送对应的库存变动信息，客户可以实时掌握库存情况。

（四）统计查询模块

（1）日常数据查询：使用人员可以从不同维度查询所需要的统计信息，并在后台生成相应报表。

（2）价格查询：可查询价区、油品名称、挂牌价等价格信息。

（3）订单查询：按照订单号、申请日期、油品等信息查询各种类型的订单和审批状态。

(4)提油信息查询：按照订单号、申请日期、油品等信息查询待提油订单、已提油订单。

（五）数据分析预警模块

(1) 可按客户性质统计客户同比、环比各油品销售情况；有重点集团客户销售预警功能。

(2) 有客户销售吨油毛利、销售毛利情况及每日经营概况分析功能。

(3) 销售预警：有库存预警、客存预警、价格预警功能。

(4) 油品配送监控：对中国石油天然气运输公司配送油品进行监控，涉及客户、油品、综合油价、运距、运费承担等情况。

（六）促销管理模块

1. 各类促销活动的后台设置促销模块

公司可定期在促销模块开展积分签到、众筹、团购、竞价、秒杀、定期优惠、红包活动、电子代金券等多种类型活动。

2. 实现积分商城的关联与贯通

打通 APP 系统和积分商城的关联，客户购油有积分，积分可在积分商城兑换加油卡充值额、云南特产、日用百货、汽服产品、3C 产品等百种商品，增加非油微商城销售收入。客户可查询积分余额，可按照积分区间选择积分商品；可查询积分增减明细情况。

3. 电子红包

针对促销活动，实时向客户发送电子红包。红包发送规则后台自主设置，也可以发送随机红包，金额区间自主设置。在客户下单后自动根据实际下单量发送红包。客户下单时可自主选择，系统自动扣减对应价格并给予提示，提升客户购油愉悦感。

4. 电子优惠券

针对促销活动，向指定客户发送电子优惠券。电子优惠券可以在活动之前设置并向客户发送，也可以在活动后向符合规则客户发送，优惠券规则系统后台设置。电子优惠券可用于批发购油，也可用于积分商城购物抵扣，一券多种用途，客户自主选择使用。

5. 组合产品包

针对不同行业客户需求特性，将客户所需成品油、加油卡、非油商品、润滑油进行多样化自由组合，由客户根据需求自由选择产品包种类和数量，实现"油卡非润"一体化组合营销。产品包实行组合定价，对外全部采取组合报价，不拆分报价，避免与其他营销活动冲突。

（七）客户经理管理模块

(1) 考勤管理：具有客户经理日常考勤打卡、位置定位、日常请假审批等功能。

(2) 任务管理：具有客户经理的日常客户开发与拜访计划功能。客户经理完成拜访后在现场拍照存档，记录与客户沟通交流内容。

(3) 工作汇报：具有日报、周报、月报等功能，包括客户拜访情况、客户开发进展、新客户开发及新增销量、有客户未实现销量原因、存在问题与困难、需要公司协助解决的问题。

（4）销售统计：每个客户经理可以查询自己当天、当周、当月的销售完成量、完成率；查看自己在公司的排名情况；查看销售吨油利润情况。

（5）客户管理：记录客户主要联系人信息，是客户拜访、销售的基础数据，客户经理可随时查看和更新。客户经理根据客户拜访、油价走势、客户库存等情况推算客户购油时间周期，录入该模块内备忘。可分析客户销量变化情况。

（八）客服模块

通过文字稿、短视频、图片等多种模式展示系统功能，通过后台系统对客户疑问进行解答，及时解决用户使用过程中的问题。

第五节　油库客户服务中心

1999—2012年，公司所经营的油库均设营业室，设商流开票岗、收款岗2个岗位，同时兼顾收款、开票等业务，营业室人员的人事组织关系管理、日常考勤、绩效考核和薪酬发放均由油库所在地分公司进行管理，业务运行由营销部门和财务部门监督管理。

2012年10月，仓储分公司成立后，将11座油库（含租赁）营业室的管理权限划归仓储分公司，每个营业室设商流开票岗、收款岗两个岗位，有工作人员53人。仓储分公司负责营业室人员的人事组织关系管理、日常考勤、绩效考核和薪酬发放，业务运行由营销处和财务处监督管理。

2013年4月，公司将营业室名称改为客户服务中心，12座油库分别设立客户服务中心，客户服务中心设商流开票岗、收款岗、换单/付油确认岗3个岗位。客户服务中心主任由油库所在地分公司在商流开票岗、收款岗2个岗位中择优推荐合适人选，营销处、财务处审核，人事处任命。

一、油库客户服务中心设置原则

（1）属地管理，权责分明。油库客户服务中心人、财、物由油库所在地分公司负责管理。营销处和财务处对油库客户服务中心进行对口管理、业务指导和监督。

（2）集中办理，提高效率。实行商流开票、收款、换单付油、发票开具等业务一站式办理，客户只需缴款、签字即可，其余业务均由客户服务中心岗位人员完成。

（3）优化流程，限时办结。下放库存查询权限，推行油库定量发油，对销售订单、资金复核、发票开具等业务环节进行限时办理，减少客户等候时间。

（4）严格遵守"双盖章"制度。实行商流开票岗和资金复核岗职责分离，资金复核岗对资金是否足额入账负责；在ERP系统销售订单提交前，预付款资金录入环节归口财务部门，强化资金监控。

二、调整油库营业室机构、岗位设置及人员隶属关系

（一）调整机构及岗位设置

1. 调整机构

为进一步理顺油库营业室职能及业务流程，2013年4月，油库配送中心（客户服务中心）不再承担"客户服务中心"职能，将油库配送中心营业室名称变更为油库客户服务中心，油库客户服务中心由油库所在地分公司管理和考核。

2. 明确岗位设置

为实现方便、快捷的"一站式"服务，将配送中心调度室换单/付油确认岗、配送中心营业室商流开票岗、收款岗调整到油库客户服务中心。油库客户服务中心设商流开票岗、收款岗、换单/付油确认岗等3个岗位。

（二）调整人员隶属关系

1. 明确人员隶属关系

油库客户服务中心商流开票岗、收款岗、换单/付油确认岗人员隶属于油库所在地分公司，机构调整后，将原营业室商流开票岗、收款岗、换单/付油确认岗人员人事关系一并划归油库所在地分公司。

2. 人员选配及管理

商流开票岗、收款岗、换单/付油确认岗由油库所在地分公司管理，油库客户服务中心主任由油库所在地分公司在商流开票岗、收款岗2个岗位中选择合适人员任用，油库客户服务中心主任负责客户全过程服务管理。

三、油库客户服务中心岗位职责及日常管理

（一）油库客户服务中心岗位职责

油库客户服务中心核心职责为油品销售和客户服务。负责现金业务销售订单开具，收款和资金审核，销售结算，增值税发票和普通发票的领用、保管、开具、核销，进、销、存数据对账等工作。油库客户服务中心营业时间与油库发油时间保持一致。

商流开票岗职责：负责在ERP系统中开具销售订单、付油单和销售结算单；负责与油库客户服务中心收款岗进行资金核对；负责与油库、分公司核对ERP系统的销售、出库、结算等数据，并签字确认；负责开具增值税普通发票和专用发票；负责牵头与油库、各单位进行商流和物流进、销、存数据对账、统计工作。

收款岗职责：负责新客户往来资料的申请；负责客户银行卡、现金业务的办理及资金核对；每日营业室刷卡后及时将银行卡刷卡小票扫描后传至分公司专管会计处进行账务处理，作为财务挂账的依据，营业室做好存档工作；负责客户往来核对、签认；负责发票的领用、保管与复核等管理工作，并按规定填写《发票交接登记表》《发票领用缴销登记表》。

换单/付油确认岗职责：负责验证客户所持"付油单"有效性和真实性；负责根据"付油单"给客户拆单，并开具外销业务有效提油单据；负责与系统核对验证配送车辆、配送驾驶员信息，开具内调提油单据；负责每月与加油站核对、签认配送油品收卸数量；负责在相关业务系统中录入出库数据；负责与开票岗和油库发油岗每日核对油库出库数据，并填写对账签认单。

（二）油库客户服务中心日常管理

公司统一明确销售流程、服务承诺及监督等标识标牌，规范客户服务中心管理，提升服务水平。

（1）实行限时办结制。在油库客户服务中心张贴销售流程和每个流程的限时办理时间，各业务环节限时105分钟办结。

（2）公布客户投诉电话。在油库客户服务中心张贴投诉电话，各相关单位对客户投诉第一时间进行处理。

（3）明确油库客户服务中心考核和奖惩。油库所在地分公司完善油库客户服务中心人员考核奖惩办法，按月对客户服务中心人员服务质量和效率进行评价和考核，各分公司每月对油库客户服务中心的服务及管理进行评价。

（4）强化监督和检查。公司营销处、财务处等相关部门不定期对油库客户服务中心的业务流程执行、资金及发票管控、规范服务等进行检查，提高工作质量。

（5）加强指导，改进油库客户服务中心各项工作。所在地分公司财务部门收到客户预付货款及时录入中油财务FIMS系统，确保收到客户货款后能第一时间为客户开具订单。

2014年1月，为切实提升油库客户服务中心的服务水平，公司下发《关于明确油库客户服务中心管理界面的通知》，进一步界定油库客户服务中心职责：

（1）油库客户服务中心人、财、物由油库所在地分公司负责管理。营销处和财务处对油库客户服务中心进行对口管理、业务指导和监督。

（2）除营销处、财务处外的其他处室不能直接对油库客户服务中心安排工作和下达指令，如需下发指令，须经营销处统一下达给各单位。

（3）油库客户服务中心的开单必须坚持"先外销、后内调"的原则，特别是对各单位重点客户需优先开单、优先发油。

（4）各单位坚决杜绝"先内调、后外销"，同时油库客户服务中心对各单位开单要一视同仁，杜绝对所在地分公司优先开单。

第六节　客户经理管理

一、客户经理队伍建设

1999—2005年，公司熟悉油品零售经营以及现代企业经营的管理人才较为紧缺，未专门配备专职客户经理，批发客户开发和维护主要由各单位销售部门负责。

2006年开始，为进一步提升销售能力，公司积极探索建立客户经理制、销售代表责任制以及与之匹配的激励约束机制。逐步建立以客户关系管理系统为平台，以客户经理为载体的服务型客户营销体系。为保障客户经理工作实效，公司下发《经营部销售岗人员（客户经理）管理办法》，明确客户经理定位，加强客户经理专业培训，让客户经理掌握更多客户开发、公关技巧、客户服务、关系维护等方面的知识，熟悉相关业务制度、流程和相关专业知识，并通过营销实践将理论知识沉淀和升华，培养一支高素质的客户经理队伍。

2010年，为做大销售规模、强化客户开发服务，实施"油卡非润"一体化营销，公司建立专职客户经理队伍。加强客户经理队伍建设，通过定期开展客户经理培训和职业道德教育，不断提升客户经理开发和维护客户的水平，以适应公司业务快速发展需要，全年培养客户经理30名。

2011年，全面推进客户经理队伍建设，深化客户开发服务，初步实现了客户经理从"等客上门"到"上门服务"的思想转变，客户经理队伍壮大到44人。本着"谁开发谁受益"原则，公司对客户经理实施专项激励政策，极大地提高客户经理主动开发客户的积极性，为后期开发昆明钢铁集团公司、云天化集团公司、诺仕达集团公司等大型优质客户奠定良好的基础。

2012年，进一步完善客户经理管理机制，公司两次下发文件，明确人员编制，督促各单位将客户经理配备到位。同时，组织专业培训，提高客户经理调研市场、客户开发维护等方面的能力，初步建立起专业化市场开发队伍。细化客户经理日常管理工作，建立客户经理日报告、周总结、月考核、年度述职制度，进一步规范客户经理管理工作。

2013年，公司不断完善直销业务体系与客户经理队伍建设，随着"四部一中心"组织架构的落实，公司营销处客户管理中心专门负责直销业务和客户经理队伍管理。14家单位成立了客户服务中心，作为业务运作部下属机构，重点突出客户开发服务管理和客户经理队伍管理考核，专职客户经理达125名。同时，按照职业化队伍建设标准，制定完善了直销客户经理团队建设培养方案。

2014年，公司推行客户经理目标市场责任制，划拨专项资金、调整工资和提成比例，完善量效互动激励机制，125名客户经理实现销量57.24万吨。

2015年，公司按照市场区域划分配置客户经理，结合各区域市场需求规模以及客户数量、类型等情况，按照无交叉、无空白、全覆盖的原则，有针对性划分客户经理辖区，确保每个区县至少有 1 名客户经理。同时，客户经理配置遵循客户经理目标市场责任制基本原则，根据各县区 GDP 总量，差异化配置客户经理（见表 4-4）。经济发达目标市场即 GDP 总量在 100 亿元以上的县区，每个县区配置业务攻坚能力强、客户开发维护水平高的中高级客户经理 1—2 名；经济较发达目标市场即 GDP 总量在 50 亿—100 亿元的县区，每个县区配置具有一定销售能力和客户开发维护水平的中级客户经理 1 名；经济欠发达目标市场即 GDP 总量在 50 亿元以下的县区，每个县区配置初级客户经理 1 名。

2016 年，公司不再划分零售客户和批发客户，按照销量和区域进行类别划分，需求量大的划归客户经理维护，需求量小的划归加油站经理维护，客户经理和加油站经理既要开发服务直销客户，也要开发服务零售客户，实现开发一体化、绩效考核一体化。

表 4-4　各区域客户经理人员配置表

市场类型	客户经理级别	月销售计划（吨）	月度客户维护计划
经济发达目标市场	资深客户经理	3000 及以上	10 家以上
	高级客户经理	1200 及以上	8 家以上
	中级客户经理	700 及以上	6 家以上
	初级客户经理	500 及以上	5 家以上
经济较发达目标市场	资深客户经理	2500 及以上	9 家以上
	高级客户经理	1000 及以上	7 家以上
	中级客户经理	600 及以上	5 家以上
	初级客户经理	300 及以上	4 家以上
经济欠发达目标市场	资深客户经理	2000 及以上	8 家以上
	高级客户经理	900 及以上	6 家以上
	中级客户经理	500 及以上	4 家以上
	初级客户经理	200 及以上	3 家以上

2017—2018 年，结合《客户经理队伍建设方案》，公司进一步明确客户经理的客户开发维护、产品销售、市场调研及信息反馈等职责。同时，公司对客户经理的业务培训内容及周期进行规定，各单位每年对客户经理业务培训不得少于 4 次，公司每季度至少组织 1 次客户经理培训。在制度层面明确对客户经理的培训要求，加快客户经理队伍建设。

二、客户经理管理

2010 年以来，公司加强客户经理管理，制定客户经理"十不准"销售禁令，实行客户经理分级管理,依次分为初级客户经理、中级客户经理、高级客户经理和资深客户经理,每个级别的客户经理细分为A、B、C三档。分级标准主要考虑综合素质、服务能力、销售能力、基础资格(见表4-5)。见习客户经理要求必须在公司工作满一年以上,见习客户经理工作半年后方可参与初级客户经理的聘任。每年开展客户经理级别、档级评定工作,实行动态评价和管理。通过分级管理及动态评价,畅通客户经理晋升通道,最大限度地调动客户经理工作积极性。

表4-5 各等级客户经理人员素质情况表

级别	综合素质	服务能力	任职条件	比例控制
资深客户经理	富于创新精神,能够出色地完成本职工作,在团队中发挥领导者和专业影响力作用,能够独立培养新人和带领团队高效工作,是本业务领域有较深造诣的专家型人才	专业化、系统化服务;在团队中发挥核心骨干作用,是销售与服务的标杆,具备较强的团队领导能力和专业影响力	具有八年及以上营销与服务工作经验,担任高级客户经理工作三年及以上时间	3%—5%
高级客户经理	不仅能够出色地完成本职工作,而且能够在团队中组织经验分享,帮助培养新人,在销售服务工作方面,能够承担一定的示范和指导作用	个性化、系统化服务;在团队中发挥骨干作用,成为销售与服务的典型,具备一定的团队领导能力	具有五年及以上营销与服务工作经验,担任中级客户经理二年及以上时间	15%—20%
中级客户经理	能够出色地完成本职工作,能够对有问题进行分析总结,对工作提出改进性意见;能有效解决客户的问题	能对客户反映的问题进行总结分析并主动为客户提供服务,积极主动帮助客户解决问题	具有三年及以上营销与服务工作经验,担任初级客户经理二年及以上时间	20%—25%
初级客户经理	能够维系和发展有客户关系,能够根据客户需求,提供较好的销售与服务	按照服务标准及时响应客户需求,提供服务	客户经理试用期考核合格后,担任客户经理工作六个月及以上时间	40%—50%

客户经理"十不准"销售禁令

一、严禁违反公司规定和销售禁令;

二、严禁代收、代垫、挪用油款、信用额度或运费;

三、严禁个人及亲属开展与公司成品油等相关业务;

四、严禁与客户发生任何性质的借贷、融资等行为;

五、严禁以介绍客户、协助销售、代购油品等谋利;

六、严禁借用、挪用、倒卖客户客存油品;

七、严禁协助、参与虚开、套取和倒卖发票;

八、严禁以任何理由套取价格优惠;

九、严禁超越权限向客户承诺、开展经营事项;

十、严禁向客户吃拿卡要。

2012年，公司编制下发《客户经理管理办法》，从制度层面规范客户经理管理和日常业务管理。以鼓励客户经理积极开发机构用户、促进汽油销售、提高销售价格为原则，制定吨油绩效工资标准，吨油绩效工资及吨油经营费用标准实行动态管理。各单位按照此原则，以效益为中心，针对不同时期、不同市场、不同品种、不同价格、不同类型的客户，制定具体执行标准，在资源紧缺时期及时调整执行标准，原则上调整幅度不超过公司下达吨油绩效工资标准的±30%，切实提高客户经理工作积极性。

2014年，公司编制下发《2014年客户经理绩效考核办法》，进一步细化、优化客户开发流程、分级管理和奖惩措施，明确客户经理薪酬提成与毛利挂钩。客户经理直销环节实行单笔核算模式，根据客户经理每笔直销油品的数量与毛利，分别计算客户经理直销环节提成。实行吨油毛利梯次提成，鼓励客户经理"卖好油"，吨油毛利越高，提成系数越高。

2015年，为加强客户经理日常管理，引入口袋助理APP应用考勤管理，借助口袋移动办公APP，从考勤、流程、任务、客户拜访、工作汇报、客户动态、销售业绩七个方面实现客户经理管理信息化。

各单位根据客户经理负责的市场区域，将客户经理日常办公地点设置为考勤地点并报市场营销处备案。客户经理每日在口袋助理APP签到考勤，通过口袋助理APP上报当日工作完成情况，汇报主要内容包括当日销售情况、当日拜访客户、辖区价格信息、其他主要工作和存在的问题等内容。客户经理在完成客户拜访后，通过口袋助理APP进行记录，主要内容包括客户类型、拜访方式、拜访目的、拜访结果和存在的问题。

2016年，为进一步加强客户经理合规管理，公司在客户经理管理办法中增加客户经理入职、调岗和离职流程管理。各单位对客户经理入职、离职或调岗按照规定流程执行，避免离职人员在离开岗位后仍利用公司身份从事公司相关业务或从事其他业务，造成信息泄密或带来经济损失。

2017年底，公司下发《客户经理考核管理方案》，优化绩效提成考核指标，即：销售量（直销、纯枪和加油卡）占考核权重的70%，非油及润滑油占考核权重的10%，新客户开发占考核权重的10%，口袋助理APP日常考勤和"惠购油"APP规范应用占考核权重的10%。同时，强调客户经理合规管理，各单位与客户经理签订承诺书，客户经理承诺不违反公司禁令和管理规定，一旦发生，自行承担相应责任和损失。

2018年，公司实行客户自主下单，对客户经理销量考核指标不再区分直销和纯枪考核比例，统一对销售量进行考核。每月根据实际完成的直销量和纯枪量，按照相应的提成标准进行考核兑现，鼓励客户经理落实"三全营销"，按照客户全产业链、全产品链和全服务链一体化开发、组合产品销售、一站式服务。实行客户价格直报、集中审核，逐步取消客户经理价格权限，不参与客户报价。客户经理主要负责客户调研、开发、拜访、服务工作，及时收集反馈市场情报，开展主动配送，落实服务产品包等服务措施，解决客户服务需求，提出客户服务解决方案（见图4-9）。

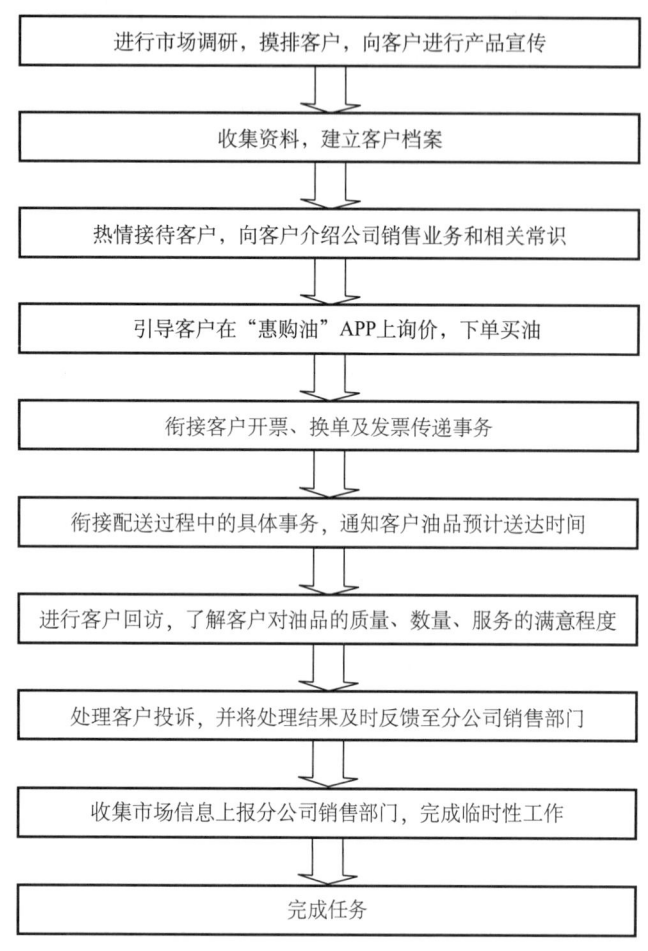

图 4-9　客户经理工作流程图

6月，公司将日常管理模块引入"惠购油"APP 中，停用口袋助理 APP，并明确了"惠购油"APP 客户经理管理内容，确定"惠购油"APP 日常应用考核内容与处罚标准。

三、优秀客户经理

客户经理队伍在探索构建"源于客户需求、终于客户满意"制度体系、服务体系过程中成长壮大，截至 2018 年底，公司共有专职客户经理 111 名。客户经理队伍建设适应了市场需求，顺应了时代潮流，推动了公司营销业务高质量发展，涌现出秦怀波、宋凤英、郭霖等一批优秀客户经理。优秀客户经理成为公司直销业务的主力军、客户经理队伍的领头羊，在日常业务中起到榜样作用。

第三章 零售业务

公司成立20年来，零售业务把握经济社会发展和消费趋势，加强信息化运用，推进销售模式、销售渠道、销售方式变革，优化业务流程，不断提升零售工作效率。坚持市场导向，精准市场分析，适时调整销售策略，实施"油卡非润"一体化营销。加大客户开发力度，推进客户管理模式、客户管理手段创新，零售业务规模不断扩大，销售质量持续提升。20年间，零售业务大致经历了四个发展阶段（见图4-10）。

1999—2004年，是零售业务快速发展阶段。1999年，公司把工作重点确定为"规范区内市场、推动价格到位、开拓区外市场、提高市场占有率"。2000年，公司把年度工作重点定位为"区外市场开发年"，全面实现"管理职能向经营职能""规范区内市场向开拓区外市场"的"两个转变"。2002

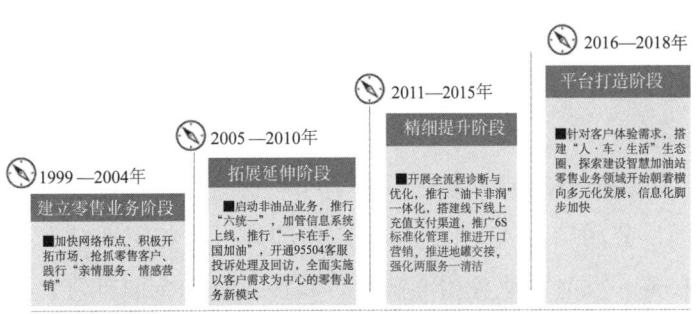

图4-10 公司零售业务发展历程

年，公司把工作重点确定为"深化改革，加强管理，调整两个结构，挖掘两个潜力"。2003年，突出"精细管理、增产增效、降本降费、各项管理工作上台阶"。2004年，把发展零售作为战略任务来抓，抓住资源偏紧的有利时机，积极开发终端用户，加油站管理水平不断提高，零售量突破性增长。

2005—2010年，是零售拓展延伸阶段。公司积极探索新形势下零售专业线改革，形成了中心站、ME、执行中心以及常规管理并存的多种管理模式。推行统一视觉形象识别、统一操作规程、统一顾客服务、统一员工培训、统一账表册记录本、统一定置管理的"六统一"工作，启动非油品业务，上线加管信息系统，推行"一卡在手、全国加油"，开通95504客服投诉处理及回访热线，全面实施以客户需求为中心的零售业务新模式。

2011—2015年，是零售精细提升阶段。公司开展全流程诊断与优化，推行"油卡非润"一体化，搭建线下线上充值支付渠道，推广6S标准化管理，推进地罐交接，强化"两服务一清洁"工作。加油站从单一加油服务的1.0时代走向"加油＋非油＋互联网"的2.0时代，形成"油卡非润"一体化产品销售体系，加速公司向品牌化、市场化、信息化、网络化发展。

2016—2018年，是零售平台打造阶段。为积极适应互联网时代发展，满足客户日益多元化和个性化需求，公司运用大数据、云计算、人工智能等技术，以客户和数据为纽带，探索建设智慧加油站，加快向加油站3.0升级，把加油站打造成为"安全、便捷、绿色、温馨、智能"的"人·车·生活"驿站，形成线上线下协同运营的客户服务综合平台，全面构建"人·车·生活"生态圈，为客户提供全产品、全渠道、全路途的服务，让加油站运营更智能、服务更专业、客户体验更温馨。

第一节　零售业务发展

一、零售业务模式变化

1999—2000年，辖区成品油销售市场处于粗放的孵化转型状态。为迅速开拓市场，公司启动资源市场股权收购合作，陆续完成油库、加油站收购，为零售市场开拓打下基础。2000年，实施零售加油站市场开拓战略，成立11家地州零售部及配送中心，公司正式进入批零一体化经营阶段。

2001—2002年，公司零售市场网络布局不断开拓和延伸，形成一定市场规模。为扩大市场份额，公司启动AB卡结算方式，即预付款和定期结算方式，为顾客提供车辆代管及用油登记对账服务，润滑油业务相继铺开。零售业务的全面推进，为滇、黔、桂三省区社会经济发展做出积极贡献，树立企业良好品牌形象。

2003—2008年，随着社会资源供给的持续加紧，各地经济建设及城市扩张进程不断深入，市场需求量逐年递增。为有效抢占市场，公司启动市场开发布局攻坚，期间投运加油站总数剧增，优质站点增加，布局更为合理，加油站基础管理体系逐步成熟。组织开展的零售小油罐车配送业务为客户提油带来便捷，服务管理人性化、亲情化，优于对手。2005年，办公OA系统、赛思通（SST）系统提升了公司管理效能。2006年，实现银行卡支付，加油站液位仪系统陆续安装，可实现单站管理的零售业务系统实施试点。2007年，开启加油站便利店销售模式，蓝天系统上线支撑非油销售。2008年，大零管系统（加管系统）全面进行初期基础设施部署，加油站信息化进程加速。

2009—2010年，网络布局不断向高速公路延伸，布局更趋合理，空白市场进一步缩减，竞争实力明显增强。针对中国石化加油卡客户开发模式带来的经营和管理冲击，2010年底，公司加管系统由SST系统并轨运行转入加管系统单轨运行阶段，IC卡管理系统、ERP系统、二配系统、油库系统、协同办公系统逐步取代原有OA系统和SST系统。同时，地罐交接模式的测点及系统运行逐步趋于成熟，油品交接模式转向地罐交接，加管系统正式运行，启动加油卡营销模式。为向客户提供便捷和实惠，公司取消AB卡销售模式，加管系统实现"油卡非润"一体化全面系统管理，加油、购物的新零售营运模式全面铺开，支付、开票更为便捷，油非互动、自助、系统优惠等多种优惠模式丰富了竞争手段，实现加油站岗位设置优化，降低劳动力成本，提升管理效能。

2011—2012 年，市场份额逐年增加，公司依托加管系统增强加油站客户管理，在自建电子版客户档案的基础上，BW 系统、加油站管理系统等上线运行，为加油站在市场商圈分析、客户管理、基础设施管理方面提供便捷。

2013—2014 年，社会经营单位成品油销售业务发展势头回热，为提升市场竞争力，片区经营部模式深入实施运行；出租车卡、教师卡、农机卡逐步推广，加油卡管理功能更加完善；公司与银行、4S 店合作业务相继开展；非油团购、广告位出租、汽服项目逐步推进，加油站多元化消费与服务进程不断加速。

2015—2016 年，社会经营单位抱团发展，加油站 6S 管理标准化、信息化程度提高，市场整体竞争更为激烈，价格、服务竞争呈现多元化。为应对激烈的市场竞争，公司与银行、电信、保险、4S 店等行业的合作不断深入，实现客户资源共享；同时，给客户以更多的组合消费方式和更大的价格优惠，并开展小额配送及站发业务，使客户在消费过程中获得最大便利与实惠。此外，积极开展"油卡非润"组合营销，借力以加油卡、非油商品销售为媒介的"中油好客 e 站"APP 平台，为顾客提供便捷、省心、省钱新型加油支付模式。

2017 年，为在市场竞争中抢得先机，扩大市场份额，公司结合"中油好客 e 站"APP 的深入推广应用，以"10 惠""会员日""天天惠""周六 98 号汽油专项活动""柴油专项活动""微信商城 95 折购券"等营销活动，提升客户消费体验。在原有跨界合作基础上，增加"咔咔"汽服加盟合作、大型汽修合作、ETC 充值合作。同时，针对市场区域客户群体及市场价格情况，公司积极推进加油站站发业务，制定客户经理开发零售非油客户激励政策，实施站点价格直降、系统优惠、以站代库价格政策，实现全年销量新增长。

2018 年，针对年初市场疲软、批零价差较大、社会加油站多元经营与服务全面提升等竞争趋势，为有效应对社会经营单位持续扩张和竞合伙伴电子券、联名卡的冲击，进一步提升市场竞争实力，公司逐步实施系统优惠、以站代库政策，恢复小额配送业务，积极调整柴油专项政策，加强与滴滴、货车帮业务平台合作，加大客户开发力度，提升市场客户保有量。针对中国石化大流量枪库批业务，公司积极开展以站代库站发业务，拓展品牌加盟，加强与客货运输等行业合作，完善基础功能设备及汽服项目，提升了整体竞争实力。

二、零售业务管理

（一）信息系统的发展变化

1. 配送环节变化

公司经历了配送业务运行管理系统—计划需求提报系统—二次信息物流—销售物流管理系统

等管理系统的发展变化过程。销售物流管理系统是将成品油从油库运输到加油站或者社会经营单位的配送过程管理系统,业务主要包括加油站配送、客户配送、移库、站间调拨等主要业务,相应功能模块包括数据采集、配送管理、配送优化等功能,通过强化业务培训、数据收集、业务流程对接、系统集成测试、权限收集分配等工作,2009年9月,ERP销售系统上线运行。2013年,ERP销售系统、加油站管理系统、油库管理系统、物流管理系统四大系统集成后,物流管理系统每天采集加油站销售与库存数据,通过系统优化加油站需求计划,实行主动配送。加油站通过系统能随时查看执行计划与在途计划,对销售与库存能适时掌握,避免了脱销断档情况发生,效率得到提升。

2. 销售环节变化

2000—2006年,加油站销售数据由加油站电话上报片区,片区汇总后上报加油站管理部门汇总。2007年,成品油销售业务管理信息系统上线,各单位每日对加油站进、销、存数据进行导入、审核,加油站管理部门零售统计管理岗每日检查销售业务管理信息系统中加油站进、销、存数据。

2009年1月,公司正式启用零售业务管理系统,并配合开发加油站液位仪应用系统。零售业务管理系统包括:管理层应用、加油站站级应用和数据接口三个方面。在零售业务管理层面,运用零售网络管理、零售计划管理、零售价格管理、数质量管理、数据统计分析、数据监控等功能;在加油站层面,强化站级账表管理等功能的运用;在系统接口方面,运用与物流安全运行监控平台提供数据的功能。

2011年1月,公司启动加油站管理系统单轨运行,加油站所有业务全面依托系统开展,所有手工报表、记录、台账逐步取消,加油站进、销、存数据均以系统数据为准。加油站运行的零售数据导入模板(《中国石油云南销售公司加油站进销存日报》)暂时保留,用于汇总上报零售数据,并作为销售业务管理信息系统和ERP系统的数据汇总依据。

2013年3月,公司自建的赛思通系统全部停用,所有业务流程全部在总部信息系统中进行操作。5月,ERP销售系统、加油站管理系统、油库管理系统、物流管理系统四大系统集成,改善成品油二次物流的计划、配送、库存、监控等业务流程,同时优化成品油配送,提高了配送效率。

(二)进、销、存业务流程发展变化

1. 账务核对流程变化

进、销、存是账务核对的3个关键点,必须准确无误,做到日清日结。2010年以前,进、销、存账务核对流程为:加油站每日按照计量台账、加油机起止泵码手工做《中国石油西南销售公司加油站进销存日报表》《中国石油西南销售公司加油站购进明细表》《中国石油西南销售公司加油站月盘点报表》;各单位业务经营数据全部依托赛思通系统,各单位每日按照加油站手工做的《中国石油西南销售公司加油站进销存日报表》将数据导入赛思通系统,每日、每月对进、销、存进行核对;加油站手工做《加油站油品购进差异核对表》,核对运输损耗。

2010年账务核对流程为:销售ERP系统上线成功后,加油站每日销售量按照ERP零售订单导入模板导入ERP销售系统。根据导入ERP销售系统销售、购进、库存数据核对进、销、存情况。

2011年以来账务核对流程为：加油站管理系统实质性单轨运行后，商品账实现上移，加油站按照体积保管实物，不进行账务处理。零售报表从HOS系统生成，业务、财务部门根据HOS系统出具的报表进行对账和账务处理。站级系统数据传输至ERP销售系统，实现进、销、存数据共享。公司取消加油站大部分手工报表，各单位、加油站数据核对工作量大幅减少。月末各单位业务部门以HOS系统中生成的《加油站油品月末核对表》与财务部门进行账务核对，以《加油站进销存盘点报表》《加油站油品损耗处理报表》为准，计算零售损耗，并提交财务部门进行账务处理。进、销、存以销售业务管理信息系统、ERP系统、HOS系统数据作为核对依据。

2. 盘点需求时间变化情况

2010年，账务核对用手工报表与赛思通系统进行核对，核对时间1—2天。2018年，所有基础数据全部通过站级系统自动传输，月底盘点仅用1天就能全部核对进、销、存数据，减少了加油站工作量。

（三）进、销、存业务变化成效

1. 四大系统集成

ERP销售系统、加油站管理系统、油库管理系统、物流管理系统四大系统集成，销售数据、购进数据、库存数据实现共享，账务核对快捷、准确。

2. 站级分析功能

加油站能随时查看每日、每周、每月销售结构情况、客户消费情况，为加油站经营管理提供有效依据。各单位能通过站级系统销售情况，详细分析每一座加油站客户支付方式、销售动态变化、客户油品需求、库存动态等情况，并将其作为销售决策和开展促销活动依据。

3. 实现无纸化办公

系统集成后，加油站手工报表全部取消，实现加油站日常工作减负，使加油站员工有更多时间和精力关注销售业务。

第二节　零售业务运行

一、零售业务规模

2000年，成品油零售量13万吨，零售规模实现零的突破，为年计划的4.3倍，零售比例18.31%，柴汽比1.93。

2001年，成品油零售量45.46万吨，零售比例31.32%，柴汽比2.09。

2002年，成品油零售量58.26万吨，零售比例35.85%，柴汽比2.31。

2003年，成品油零售量71.63万吨，零售比例39.65%，柴汽比2.26。

2004年，成品油零售量突破100万吨，达117.25万吨，零售比例48.24%，柴汽比2.04。

2005年，成品油零售量154.65万吨，完成考核目标的112.1%，同比增加52.1%，零售比例51.21%，柴汽比2.55。

2006年，资产型零售量首次突破200万吨大关，零售量212.23万吨，资产型零售比例68.75%，柴汽比1.89。

2007年，成品油零售量227.4万吨，零售比例63.82%，柴汽比1.78。

2008年，资产型零售量实现跨越式增长，零售量254万吨，比2004年翻了一番，比2007年增长近12个百分点，零售比例84.44%，柴汽比1.65。

2009年，在云南销售公司独立运行的第一年，成品油纯枪量133.44万吨，纯枪占比66.06%，柴汽比1.66。

2010年，成品油纯枪量142.68万吨，纯枪占比47.4%，柴汽比1.46。

2011年，成品油纯枪量180.48万吨，纯枪占比51.42%，柴汽比1.75。

2012年，成品油纯枪量206.74万吨，纯枪占比54.69%，柴汽比1.64。

2013年，成品油纯枪量227.92万吨，纯枪占比55.05%，柴汽比1.51。

2014年，成品油纯枪量224.78万吨，纯枪占比61.08%，柴汽比1.27。

2015年，成品油纯枪量226万吨，纯枪占比58.55%，柴汽比1.05。

2016年，成品油纯枪量233.6万吨，纯枪占比60.21%，柴汽比0.88。

2017年，成品油纯枪量233.97万吨，纯枪占比57.49%，柴汽比0.78。

2018年，成品油纯枪量248.03万吨，纯枪占比54.78%，柴汽比0.82。

20年间，零售业务规模实现从无到有，从小到大，零售结构不断优化，促进了经营管理质量提升（见表4-6）。

表4-6　2009—2018年纯枪情况

年份	运营加油站（座）	纯枪量（万吨）			单站日销量（吨）	纯枪占比（%）
		合计	汽油	柴油		
2009年	332	133.44	50.09	83.35	13.26	66.06
2010年	426	142.68	58.07	84.61	14.74	47.40
2011年	527	180.48	65.61	114.87	14.03	51.42
2012年	572	206.74	78.29	128.45	11.70	54.69
2013年	599	227.92	90.93	136.99	11.95	55.05
2014年	602	224.78	98.95	125.83	10.84	61.08
2015年	629	226	110	116	10.45	58.55

续表

年份	运营加油站（座）	纯枪量（万吨）			单站日销量（吨）	纯枪占比（%）
		合计	汽油	柴油		
2016 年	634	233.6	124.3	109.3	10.36	60.21
2017 年	661	233.97	131.7	102.27	10.22	57.49
2018 年	729	248.03	136.18	111.85	10.36	54.75

二、零售业务提质上量

1999—2003 年，公司坚持以效益为中心，以加强管理为基础，市场份额不断拓展，销量稳步增加。共销售成品油 639 万吨，其中零售 189 万吨，占总销售量的 29.6%，实现利税 3.5 亿元。公司认真分析自身优势和劣势，对市场的控制能力、竞争能力明显增强，云南、广西、贵州三家分公司的市场占有率分别为 45%、12%、20%。

2004 年，公司把发展零售作为战略任务来抓，结构明显优化，销售质量大幅提高。以做强做大零售业务为目标，抓住资源偏紧的有利时机，积极开发终端用户，推行"一站一策"的管理办法，坚持量、利、费三联互动的考核原则，广泛开展加油站达标创星、站容站貌整治等活动，加油站管理水平不断提高。零售量实现突破性增长，同比增长 63.69%，零售比例达 48.24%、同比增长近 9 个百分点，单站日销量 11.24 吨，保持行业领先水平。

2005 年，公司精心做好零售管理，以规范运行为目的，制定和推行加油站基础管理"六统一"标准，夯实了基础管理工作，提高了加油站规范管理水平、服务水平，零售比例达 51.21%。对云南、广西、贵州三省区的 232 座加油站进行了综合考核，为改进零售管理方式和管理手段提供了依据。优化柴汽比及品种结构，实行汽油、柴油搭配销售，提高了终端销售量，高标号汽油销量同比增长 57.3%。

2006 年，公司进一步明确以零售为主导的经营管理型公司定位，对物流、零售等专业线改革进行有益探索与实践。着力加强加油站基础工作，建立较为完善的检查督导考核体系。公司创星达标工作成效突出，五星级加油站 25 座，同比增加 21 座；四星级加油站 30 座，同比增加 22 座。单站日销量 13.15 吨，超出销售公司平均水平 5.35 吨。

2007 年，公司以提升零售质量为核心，围绕"创造一流、追求卓越"的目标，大力加强加油站软硬件建设，通过抓规范、抓细节、抓执行，使加油站综合管理水平有了质的飞跃，推出一批四星级、五星级加油站，打造一批特色样板加油站，平均单站日销量 13.38 吨。

2008 年，公司把发展重点放在"突出零售业务，突出大物流体系建设，突出 HSE 体系运行，突出劳动生产率提高"等方面，积极推进发展方式、管理方式转变，加快向以零售为主导的销售结构转型，发展质量不断提升，销售结构不断优化。公司零售比例由 2000 年的 18.31% 提高到

2008年的84.44%；零售市场份额由不足3%提升到23%；2008年单站日销量达14.4吨，比2007年提高1.02吨。

2009年，公司积极应对市场变化，采取主动灵活的营销策略，实施"稳价保量、推价增效、降价促销"等不同的阶段性营销策略，不断完善营销手段和销售模式。积极开展"上销量、保增长、强基础、促发展"劳动竞赛活动，单站日销量13.26吨，在区外销售企业排名第二。

2010年，公司着力抓好纯枪增量创效，持续培育万吨级加油站，大力推进"小站改大站、弱站变强站"，实施存量挖潜，开展小额配送和橇装等业务，单站日销量14.74吨，同比增加1.48吨；万吨级加油站达48座，三千吨级以上加油站达56%。

2011年，公司围绕纯枪创效目标，持续做强零售终端。准确定位核心市场、增量市场、竞争市场和潜力市场，实施市场分片、加油站分类和客户分群的差异化营销策略，纯枪销量同比增长26.49%。实施老站挖潜、新站增量、小站培育战略，全年整治低销站13座，老站单站纯枪日销量增加1.79吨。狠抓橇装加油项目开发与管理，采取自主和租赁经营模式填补空白市场，累计投运橇装加油设施96座，橇装设施实现销量2.55万吨。开展系列增量创效活动，纯枪单站日销量14.03吨，人均零售量达370吨。

2012年，公司持续推进加油站标准化、规范化、信息化建设，零售能力不断增强。推进纯枪增量创效，科学分析加油站周边商圈，开展主题促销、专题营销，实施点对点、定时错峰销售等组合策略，实现纯枪销量206.74万吨，同比增长14.55%；加强万吨级加油站培育，万吨级加油站达26座。抓实挖潜增量创效，加强低销低效站优化整治，100座加油站实行承包经营管理，日均纯枪销量同比增加1.1吨，增长25.5%；通过优化排班、现场划线等措施，有效提高了加油站管理与创效能力。

2013年，公司深化管理提升，加快服务转型，大力实施大站提量，复制推广高新加油站提量增效先进经验，45座复制推广的加油站销量同比增加2万吨。突出抓好"一站一策、一线一策、一片一策、一户一策"的"四个一"零售客户销售策略，紧盯年需求量100吨以上客户和全省50家零售重点客户，实现销量增、效益增、成本降，提升加油站管理水平和品牌价值的"两增一降两提升"目标。

2014年，公司突出纯枪销售，持续增强零售创效能力，每季开展市场大调查、客户大普查活动，健全零售客户档案，加大激励力度，新增客户287家，新增销量3.45万吨。深化加油站连线、连片、连客、连站营销，为客户提供省力、省时、省油、省事、省心服务的"四连五省"服务营销，提升沿线加油站竞争能力和客户满意度。组合实施平滑价区、周末错峰优惠、车队卡积分、单位卡消费返利等措施，开发月用油量10吨以上客户478家。精心客户服务，以打造强大现场为重点，持续深化"两服务一清洁"活动，推行大班组小班结、分时段自助加油等措施，持续开展同比"下降站""双低站"专项治理，助推加油站精细化管理上水平。

2015年，公司针对云南经济增速放缓，消费持续低迷，油价震荡回落，柴油需求下降，汽油增速放缓的市场形势，全面落实"保合规、保增长、保效益、保畅通、降成本"的"四保一降"

总要求，坚持"扩销、降库、增效"主基调，实施零售稳价推价、开展常态化促销等策略。强化促销策略系统性、精准性研究，推进"油卡非润"一体化营销，全年组织"加油吧·兄弟"等促销活动5期，实现增量7.6万吨。持续优化销售结构，增加97号汽油销量4.84万吨。

2016年，公司持续推进纯枪增量创效，坚持"增汽稳柴"策略，抓实"油卡非润"一体化营销，持续开展全流程诊断，运用阶梯折扣、返利、积分等政策加强驾校客户开发，利用开业促销、新站价格优惠等措施缩短新站达销期，持续提升汽油销量。加快站发小额配送业务，综合运用价格、服务等手段加快交运、物流等客户开发，实现柴油同比不降。新增33座98号汽油销售站点，汽油纯枪量同比增长13.2%，高标号汽油增长31.4%。优化现场增量创效，推进140座加油站全流程诊断，优化137座加油站油枪布局，治理"双低站"19座。单站日销量10.36吨，比区外销售行业平均水平高6.4%。创新营销增量创效，完成621座站APP应用试点，APP交易额达2680万元。

2017年，公司紧盯市场变化，全力增加纯枪销量，精确把握量、价、费、效关系，"油卡非润"促销一体化、批零价格一体化、客户开发一体化营销机制初步形成，终端客户销量占比62%。灵活纯枪分区域、时段、品种、客群营销，有效应对价格战，纯枪销量增长高于主要对手3个百分点。出台汽油增量10项措施，完善扩销奖励机制，纯枪汽油销量同比增加7.4万吨，其中高标号汽油增加8.35万吨，增长37.6%。实施加油站分类营销，大力培育高销、高效站，万吨级以上加油站达31座，5000吨级以上加油站达118座。

2018年，创新"油卡非润"一体化营销和互联网营销，与中国建设银行联合发行全国首张中油龙卡联名卡，集成加油、金融、ETC、生活四大功能，有效整合双方资源，延伸客户服务链，卡销比达46.7%，同比提高9.2%。深入实施加油站分类营销"销量上小站变大站、效益上低站变高站、品牌上弱站变强站"纯枪增量工程，全面深化全流程诊断与优化成果应用，"一站一策"量化、细化提效措施，纯枪日均销量达到6560吨，纯枪汽油增速超过5%。狠抓加油站运营天数管理，统筹组织加油站改造，加快新站投运、歇业站复业，审慎关停在营站，降低对销量的影响。通过各种积极有效的纯枪措施，公司零售能力进一步增强，零售相对市场份额达31%（见图4-11）。

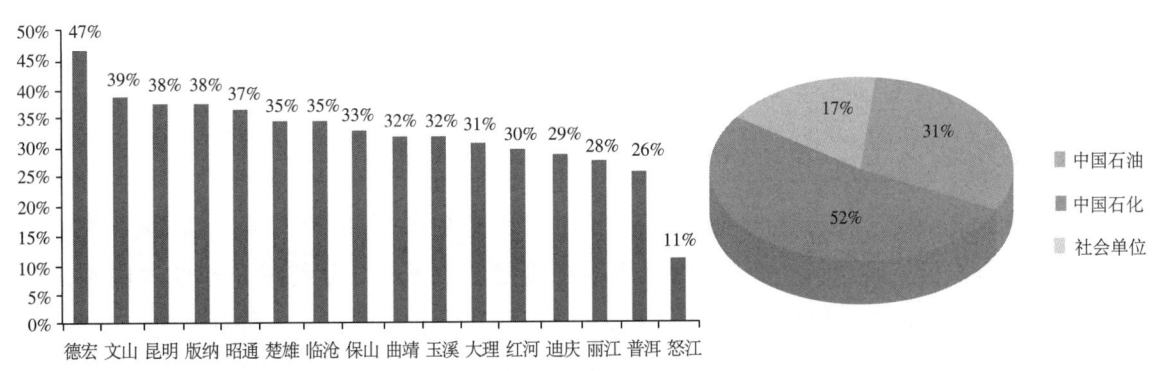

图4-11　2018年零售市场份额情况

三、重要零售业务营销活动

（一）加油卡上市推介会

昆仑加油卡是股份公司开发、用于结算支付的 IC 卡，可在全国各地的中国石油联网加油站加油、购买便利店商品及支付其他费用。昆仑加油卡的主要特点是全国加油、交易安全、方便快捷、便于管理、查询方便等。

2006 年 9 月 20 日，股份公司与中国工商银行联合召开中油牡丹卡项目电视会议，启动中油牡丹卡业务。为迅速提升中国石油加油卡在云南地区的市场影响力，进一步扩大加油卡消费群体，2010 年 9 月 30 日，公司在昆明震庄宾馆召开昆仑加油卡上市推介会，宣布昆仑加油卡在云南正式上市发行（见图 4-12）。

图 4-12　中油牡丹卡、昆仑加油卡

上市推介会前组织开展为期一个月的"开卡赢惊喜，万元大奖助你行"加油卡促销活动，在推介会现场进行幸运抽奖活动。活动期间，所属各单位充分抓住契机，将活动内容和销售策略有效结合，采取折扣优惠和抽奖送礼的营销策略，充分调动客户的办卡积极性。活动期间，发卡 4.79 万张，其中个人卡 1.43 万张、单位卡 0.77 万张、不记名卡 2.59 万张；日均发卡达 1546 张，超日均计划 416 张。

加油卡上市推介会将场内会议召开与场外办卡抽奖有效结合，营造了良好的市场舆论氛围，提升了社会公众对中国石油加油卡的关注度及认知度。

（二）CN98 汽油上市

为满足高端客户需求，提早抢占高端用户市场，2016 年 10 月 1 日开始，公司试点推广 98 号汽油上市。根据地理位置、客户群体、站点辐射范围等认真甄选，最终确定昆明、曲靖、大理、红河、玉溪 5 个州市的 15 座加油站试点销售 98 号汽油。公司对 15 座试点加油站逐站研究，优化油罐、油枪布局，统一更换标识，加快油品置换。同时，加强 98 号汽油配送、接卸、存储、销售全流程质量监管，按照"化验合格一个、销售一个"的原则，试点加油站正式挂牌销售油品前，必须持有质量安监部门出具的合格证书，确保 98 号汽油质量 100% 合格。在 15 座试点加油站进站口、便利店、罩棚立柱等重点部位粘贴和摆放海报、刀旗、门型展架、海报等宣传物料，提高了进站顾客消费欲望。公司借助微信、918云南交通台、今日头条、掌上春城等新闻媒体多渠道传播新品上市信息，以"加98有惊喜，三重好礼任由你！"为主题，开展充值送全球限量发行的变形金刚系列特种形象加油卡和享折扣的促销活动，受到高端消费者的青睐，销量逐日增加，15座试点加油站98号汽油日销量稳步增长。

按照销售公司整体推进CN98汽油上市工作部署，2017年3月31日，公司CN98汽油在全省14家分公司的161座加油站正式上市销售，上市首日实现销量115吨。结合销售公司CN98注册商标应用规范要求，公司从立牌、油品导视牌、加油机机身、油枪、加油站立柱、多功能服务台、操作井盖、油罐卸油口8处更换标识，品牌形象持续提升。围绕中国石油加油卡，设置专属卡，开展充值返利、会员日、消费送礼等活动，CN98汽油单卡充值金额达到1800元，超过普通卡近800元；同时，通过公司微信公众号平台，开展送CN98汽油抵用券、分享赠送CN98汽油抵用券等活动，公司微信公众号关注人数不断增加。按照公司《加油站现场及店面促销宣传指导意见》要求，对加油站、便利店、卫生间等23个宣传点的宣传内容，统一设计物料、统一音频视频制作文件、统一现场推广营销话术，让促销活动"听得到、看得见、摸得着"。

2017年7月12日，公司"中国石油CN98超级汽油上市推介会"在昆明西福路加油站现场召开（见图4-13）。云南省商务厅、质检院、消协有关部门，以及快达物流、中国工商银行昆明支行、雄霸驾校等客户代表参加推介会。新华社云南分社、人民网云南分站、中新网云南站、云南日报、新浪云南等11家媒体记者受邀到现场对推介会进行采访，现场对公司加油站现场服务和CN98超级汽油使用体会进行了分享。

图4-13　公司召开CN98超级汽油上市推介会

CN98超级汽油源自中国石油先进的炼油技术，满足高端车用油需求，是适配高端汽车高压缩比发动机的高效能清洁汽油。CN98超级汽油具有强劲动力，可提高发动机功率，加速性能好，运行平稳，有较强的抗爆性、低噪声、高燃烧值及更大的动力，可减少磨损，延长发动机寿命；具有更高清洁度，可降低81.76%的进气阀沉积物及31.1%燃烧室沉积物的生成，减少积碳，有良好的防锈、抗腐和喷嘴清净效果，可降低车辆的保养费用；具有更高的环保性能，含硫量低、锰含量及铅含量为零、燃烧值高，有利于保护环境，提高空气质量。同时将车辆尾气中的PM值降低46%，一氧化碳降低12.6%，碳氢化合物降低5.03%；具有更高的节能性。汽车加注CN98超级汽油后，在提升动力的同时，与其他油号相比可节约燃油，降低2.76%油耗，能为用户节省0.1元/升汽油使用成本。

（三）中油龙卡上市发布会

图 4-14　公司召开"中油龙卡"联名卡上市发布会

2018年1月11日，公司与中国建设银行云南省分行合作发行的"中油龙卡"联名卡上市发布会在昆明举行（见图4-14）。

"中油龙卡"是全国首张集成金融借记卡和昆仑加油卡功能的联名卡，并绑定ETC账户，集成融合"加油、金融、ETC、生活"四大功能，不仅可以实现银行卡的支付结算等金融功能，还能实现加油卡的充值消费及积分累积等功能，并搭建优质商户联盟特惠平台，建立智慧化移动充值的电子渠道，充分体现出功能集成化、服务创新化、出行高效化、资源整合化四大优势。

"中油龙卡"在支持线上（"中油好客e站"APP、中国建设手机银行客户端）和线下（中国石油加油站、建设银行智慧柜员机）渠道自助充值功能的同时，创新推出自动充值功能，对加油卡账户设置扣款额度，自动从"中油龙卡"金融账户划转资金到加油卡账户。广大车主足不出户，即可对中油龙卡的充值、圈存、消费记录等信息进行查询，享受一站式智慧加油服务。与此同时，中国石油与中国建设银行围绕"人·车·生活"服务链联合为广大车主提供开卡送油、九折加油、十元洗车、一元停车、ETC折扣、检车保险、快捷旅游、交通罚没、保真维修、商户联盟"十大权益"，为车主搭建起更为广阔的"车主生态圈"平台。

中油龙卡彻底打破传统加油卡或银行卡的单应用模式，是全国第一张集金融借记卡和昆仑加油卡功能为一体的单芯片多应用联名卡（见图4-15）。

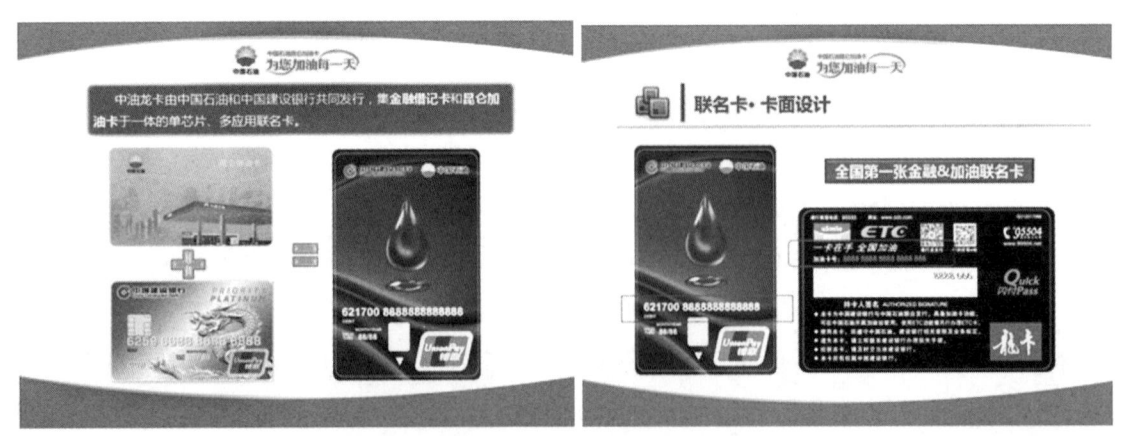

图 4-15　"中油龙卡"联名卡

（四）国Ⅵ标准油品上市发布会

2018年6月1日，公司在昆明西福路加油站现场召开"中国石油国Ⅵ油品上市新闻发布会"（见图4-16）。云南省能源局、质检院、消协相关领导，重点单位和个人客户代表，以及新华社、人民网、云南日报、中国新闻社等19家媒体受邀出席现场发布会。发布会现场播放国Ⅵ标准油品专题宣传片，从有效减少磨损，提高发动机功率，降低车辆尾气中的PM值、一氧化碳和碳氢化合物、清洁、环保等方面对国Ⅵ标准油品进行全面介绍。云南石化化验监测部对炼油工艺和油品质量进行详细的现场解答和推介，消费者代表现场对国Ⅵ标准油品的使用体验作了分享。国Ⅵ标准油品在云南的上市，也是公司致力于云南环保，让云南人民得实惠，让云南的天更蓝、水更清、山更绿所做出的郑重承诺。会后，各家媒体对与会嘉宾和领导作了深入采访，进行了跟踪报道。

图4-16　公司召开中国石油国Ⅵ标准油品上市新闻发布会

国Ⅵ标准油品执行国内第六阶段汽柴油排放标准，与国Ⅴ排放标准相比，汽油车的一氧化碳排放量降低50%，总碳氢化合物和非甲烷总烃排放限制下降50%，氮氧化物排放限制加严42%。国Ⅵ标准的实施采用两步走计划，分为"A、B"两个阶段。国Ⅵ标准油品可大幅减少汽车尾气排放，加严氮氧化物和颗粒物的排放限值，大幅降低环境污染，具有更清洁、更环保的特性，能有效降低汽车积碳，减少车辆磨损，降低车辆保养费用，动力更强、保养更省。

国Ⅵ标准汽油具备四大特点。(1)加严烯烃含量限值，由24%分别降至国Ⅵ油品A阶段18%、B阶段15%，云南石化汽油的烯烃都在12%以下；(2)加严芳烃含量限值，由40%降至35%，云南石化汽油的芳烃都在32%以下；(3)加严苯含量限值，由1%下降至0.8%，严于欧盟1%的标准，云南石化汽油的苯都在0.5%以下；(4)加严汽油馏程50%蒸发温度限值，由120摄氏度降至110摄氏度，因此根据汽车工业的要求，降低50%蒸发温度，云南石化汽油的50%蒸发温度基本都在100℃以下。

国Ⅵ标准柴油具备三大特点。(1)加严多环芳烃的含量限值，由11%下降至7%，严于欧盟8%的标准，云南石化柴油多环芳烃低于4%；(2)新增总污染物含量的指标，要求不大于24毫克/千克，云南石化柴油总污染物含量7毫克/千克以下；(3)调整车用柴油的密度、闪点等指标，国Ⅵ标准柴油标准收紧了密度上限要求，闪点限值由55摄氏度提高到60摄氏度，提高柴油的安全性能。

四、重要零售业务流程优化

（一）地罐交接流程优化

地罐交接是指成品油公路配送到加油站后，通过计量地埋储罐油品标准体积确定加油站实际收油数量的交接方式。地罐交接依托于二次物流系统、加油站管理系统、油库管理系统、ERP系统等信息化手段，有效解决交接过程随意性大、受人为影响因素多、业务流程复杂、配送效率不高、油品损耗居高不下等问题。实施地罐交接后，油罐罐容表进行统一标定、液位仪进行全面维护，计量精准度得到不断提高，收油、库存数据通过液位仪自动计量、站级系统自动计算，在工作量不断降低的同时库存数据更加真实，损耗大幅下降。地罐交接实现两大变革：（1）交接界面变革，从传统的罐车计量转变为加油站地罐计量；（2）计量方式变革，从手工计量改为液位仪自动计量。

2011年2月28日，公司召开地罐交接推进领导小组第一次会议。4月，公司召开地罐交接启动会，正式启动地罐交接工作。5月，为规范地罐交接工作流程，确保地罐交接工作顺利实施，公司编印《地罐交接工作手册》，对地罐交接的概念、交接方式、管理要求、工作流程等进行详细描述，加强对执行过程中的监督、检查和指导，确保地罐交接工作顺利推进。当年省内12座油库全部实现流量计发油，463座加油站实现液位仪自动计量和远程系统交接，二次运输损耗由最高时汽油6‰、柴油5‰，分别降到4‰和3‰。

2012年5月25日，公司在普洱召开地罐交接现场签认试点工作会，会议宣读实施地罐交接现场签认工作的签认标准、赔付方式、现场确认条件、现场操作签认流程、仲裁处理、相关要求及应急处理预案。

2015年，公司完成主动配送、库存上移等五大模块和56项功能开发推广，远程地罐交接信息平台正式上线运行。

（二）加油站高低峰流程优化

2012年7月，销售公司下发《加油站消高峰工作指导意见》。消高峰是指提高加油站的加油效率和收款效率，消除或削减加油排队高峰。公司通过合理画线和引导、合理调整加油枪、配置柴油大流量加油机、机动排班、优化交接班、错峰配送油品、大客户错峰加油等措施，缩短顾客加油时间（见图4-17）。通过增加室内收银设备和收款人员，采用卡机连接加油机和挎包收银等措施，缩短顾客付款时间。通过不断优化现场，加油和收款效率得到提升，顾客进站率不断提高。10月12日，公司在玉溪分公司召开加油站"10+X"精益管控模式暨规范管理推进会，相关单位就高速公路服务区管理、加油站规范管理、消高峰工作作经验介绍。"10+X"精益管控模式，即：一个核心（精细营销），六个优化（立项改造、地罐交接、测时写实、微笑服务、非油托管、信息建设），三个到位（预算到人、绩效到人、设备到人），X（创新、人本、建言……）。为更好地贯彻落实会议精神，做好"10+X"精益管控模式推进动员工作，公司要求各单位紧密结合工作实际，制定"10+X"精益管控模式推进实施方案，并抓好方案的执行和落实。是年，高新加油站、小菜园加油站通过消峰提效、创峰提量，日均纯枪销量分别增加1.5吨、2.5吨；红瓦加油站人均纯枪销量770吨，排名公司第一。

图4-17 加油现场消高峰情况

（三）全流程诊断

2013年6月，销售公司精细化会议上，对加油站全流程诊断与优化的定义、方法、路径及工作要求进行宣贯，启动全流程诊断与优化工作。8月，销售公司下发《加油站全流程诊断与优化指导意见》。

2013年8月，公司成立全流程诊断与优化领导小组及专项研究小组，细化制定《加油站全流程诊断与优化实施方案》，建立全流程诊断分析模型（见图4-18），对运行效率不高、挖潜提量空间较大的36座加油站，开展全流程诊断与优化治理。合理优化员工排班方式，推行大班组小班结，实现无缝式交接班，加油站交接班锁枪时间由3分钟减少到1分钟；将加油站油品盘点上移，月末盘点由所属各单位进行，加油站经营运转效率大幅提升。

2014年，公司以全流程诊断与优化为抓手，以高新加油站、普吉加油站等样板加油站为示范，坚持抓两头带中间，持续开展同比"下降站""双低站"专项治理。增加97号汽油销售站点60座，日均增量15.69吨。40座加油站实施"小改大"后，日均增量83吨。在公司职业技能竞赛上，把全

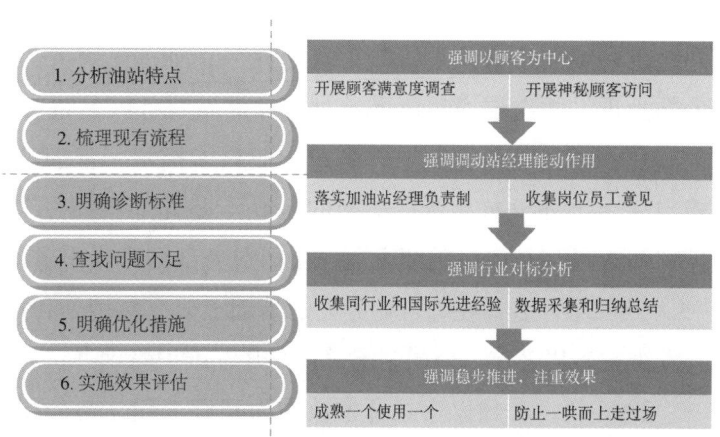

图4-18 全流程诊断分析模型

流程诊断与优化内容作为考核项目，在销售公司率先将全流程诊断与优化纳入技能竞赛范畴。

2015年11月，公司对全流程诊断与优化模型进行完善和细化，将理论研究转化为实践指导。从商圈诊断、销售诊断、客户诊断、运营诊断、岗位作业诊断等5个方面，设置23项诊断指标，综合经营数据信息挖掘、现场测试、商圈调查、客户调查、测时写实等方法，全方位诊断加油站经营管理中存在的问题。从诊断问题着手，有针对性地制定优化措施，全年完成331座加油站全流程诊断、117座加油站"小改大"工作。

2016年，结合公司"益助365"活动，对全流程诊断与优化模型开展全面培训，指导所属各单位定期开展诊断，出具诊断报告，根据诊断报告指导加油站改造、销售挖潜、现场服务及效率优化、排班优化和督导

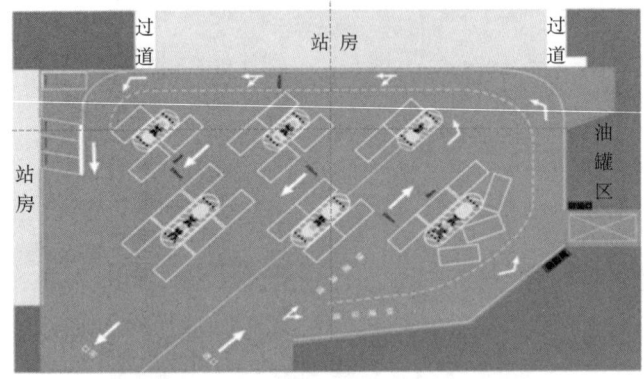

图4-19 某加油站全流程诊断现场优化

加油站精准营销、精细管理、精益服务（见图4-19）。全年推进140座加油站全流程诊断，优化137座加油站油枪布局，治理"双低站"19座。

第三节　零售客户管理

2000—2003年，公司综合业务处在客户管理方面的职责主要是宏观管理，重点指导所属各单位批发、零售环节的客户开发维护工作。2002年起，加油站客户管理主要采取A卡（预付）、B卡（赊销）、C卡（自用）三种。主要以A卡为主，A卡由客户先预付款，加油站根据客户需要为每辆车配一本加油本，驾驶员带加油本到指定的加油站进行加油。每加一笔在加油本上进行登记，同时也在加油站A卡明细表上登记签字；加油站财务人员每天对A卡明细表数据进行核对，确保余额为正，不出现加超情况；月末加油站财务人员携带A卡明细表与客户进行对账，确保没有出现漏登、错登等情况发生；客户一般只能指定一座加油站加油，不能跨加油站加油。B卡管理方式与A卡基本一样，唯一不同的是B卡是先加油，月末再进行结算。C卡为加油站自用油，只登记加油数量，月末将明细表上报公司财务部门，由财务部门进行账务处理。

2004年，公司在综合业务处的基础上成立营销处和加油站管理处，明确加油站管理处主要负责开发维护零售客户。公司制定《客户开发维护管理办法》，进一步细化客户类别、措施和奖励措施。

2006年，公司以市场开发数据为基础，建立与公司销售能力相匹配，与市场变化联动的客户价值评价、服务标准、满意度测评标准的客户开发与服务并重的综合管理体系，有针对性地进行客户开发和管理。加大各个层面的汽油客户开发力度，逐步突破制约公司提升销售质量的瓶颈。

2007—2008年，为扩大稳固高效的客户消费群体，公司把工作重点从经营油品转向经营客户，细化客户管理，强化情感营销。在资源紧张时期，严格执行"控批保零"政策，做好零售重点客户维护。

2009年，中国石油加油卡系统上线初期，加油卡分为记名卡和不记名卡两大类，分别针对客户自用和客户赠送使用，记名卡又分个人卡及单位卡。中国石油加油站管理系统上线以后，公司取消原来的A卡（预付）、B卡（赊销）、C卡（自用）管理模式，全部转为加油卡管理模式。

2011年，中国石油加油卡记名卡逐步细分为出租车（客运车）专用卡、农机车专用卡、教师专用卡等；不记名卡按照年度、节日推出狗年、鸡年生肖卡，六骏图纪念卡等加油卡，深受广大客户喜爱，不仅减少客户加油烦琐度，也简化与客户对账的程序。每次发票开具或对账，只需在系统里面直接导出即可查阅当月当年乃至多年的消费明细，降低客户资料容易丢失的风险，提高加油效率。

2013年，为扩大客户开发，公司设立张本荷客户服务体验中心，为客户提供一站式平台服务，试点推进从"单纯产品销售"到"综合服务体验"转变。积极与工业、金融、通信等行业优质客户资源转介并跨界共享，探索与光大银行及客户间三方合作。开发加油卡增值服务，创新加油卡充值模式，推进与集团单位、商家深度合作。

2014年，公司制定零售客户管理办法，优化客户开发流程，形成客户分级管理机制。每季开展客户普查，健全零售客户档案，加大激励力度，定人定责开发。为回馈教师，做好特殊群体的定向开发工作，公司开展教师卡专项促销活动。制定《加油站小额配送业务实施细则》，鼓励加油站在做好站发小额配送业务的同时，加快开展库发小额配送业务。结合运输企业"营改增"相关政策的出台，下发《关于加快推进物流车队客户开发工作的通知》，制定物流车队客户开发与激励配套相关销售政策，全面开发物流车队客户，全年物流车队客户实现销量8万吨。

2015年，公司鼓励所属各单位跨区域开发客户，根据实现销量按标准给予一次性奖励，超计划部分给予额外提成。完善量效互动激励机制，坚持"谁开发谁受益"原则，引导员工由"加油员"向"营销员"转变，调动全员营销积极性。积极推广"中油好客e站"App应用，为顾客消费省时省力，车内就可以实现付款，车主随时随地自助充值。利用公司销售微信平台上线运行，首次引入"O2O"营销模式，吸引粉丝12.7万人。

2016年，公司推进批零客户一体化开发，组合"油卡非润"产品一体化营销，融合商流、物流一体化运行，健全客户管理岗位设置，完善销量日动态跟踪机制，有的放矢开发和维护重点客户。下发《关于进一步做好小额配送业务的通知》，按照批零一体化营销和效益最大化原则，根据市场销售价格趋势和加油站距离油库的位置，实施直销价格与加油卡折扣联动，客户经理与加油站经理互动销售。

2017年，公司建立客户销售日动态监控机制，从上到下各个层级每日对客户月、年销量进行监控，分析客户同比、环比销售情况，查找客户销量变化原因，对由于人为因素造成客户流失和减量的，对相关责任人进行处罚。精确研究分阶段、分区域、分线路、分品种、分客群的营销策略，精确把握量价费效关系，突出批零整体算账，推进价值客户深度合作。实施电子券、价格直降、折扣返利等多重措施应对价格战，开发和维护零售客户。制定实施《2017年小额配送客户开发服务方案》，明确加油站开发小额配送客户实现销量奖励提成标准，提高加油站开展小额配送业务的积极性。

2018年，公司针对烟草行业专门推出了中烟联名卡，与建行联合推出中油龙卡，使顾客享受一站式智慧加油服务。全面建立零售客户互联网经营管理模式，依托客户管理CRM系统开发维护加油卡客户。加油站对周边2千米商圈内重点客户群体进行全面摸底调查，掌握相关负责人的姓名、联系方式、用油量、当前油品采购渠道及结算方式等信息，将月需求量0.5吨以上重点潜在客户信息录入CRM系统，建立客户信息档案。通过定期走访、电话拜访，随时掌握客户购油动态，利用公司当期营销政策，制定开发计划，加强公关开发，协助客户办理加油卡。各单位定期在CRM系统中核实加油站重点潜在客户信息档案建立情况及真实性，及时跟踪加油站对重点潜在客户的开发维护情况，并通过CRM系统对辖区内重点客户分类管理，掌握消费特性，分析消费需求，重点开发维护月需求量在10吨以上的政府单位、物流车队、移动通信、银行保险、汽车4S店等行业客户，制定分层级、有重点的客户开发计划，明确不同区域、路线客户开发方向，明确客户开发维护责任人。

是年，公司通过建立微信群、朋友圈信息分享开发维护游离客户。加油站通过CRM系统及加油卡管理系统，分析统计本站消费频率高、消费量较大的客户明细，建立本站客户微信群，将公司最新的销售政策、促销活动、广告宣传、产品信息在微信群内分享。加油站全体员工实时将公司营销政策通过微信转发至朋友圈，使客户能够持续关注并参与公司促销活动，让客户自愿做中国石油的品牌代言人，吸引更多客户进站加油消费。同时，各单位建立本区域内重点零售客户微信群，及时在群内分享公司营销政策，通过客户在微信群的献言献策，听取建议，解决客户难题，及时关注客户隐性需求，改进服务水平，为提供客户"私人定制"优质服务，真正让客户享受到"一站式、一体化"服务。公司建立集团客户与省级重点行业客户微信群，深度挖掘客户需求，对客户实施全生命周期管理，为公司营销政策制定、销售流程优化提供决策依据。建立零售客户电话号码档案，每月至少发布1次公司营销活动，在节假日向客户发送节日祝福、问候短信，增进感情。

第四章　加油站管理

公司成立之初，积极推行加油站"六统一"标准，开展达标创星活动，不断提高加油站管理水平。2009年以来，突出精细、提升品牌，坚持以规范管理推动加油站精细化建设，扎实开展以开口服务、微笑服务、卫生间清洁的"两服务一清洁"活动，实施神秘顾客访问、电子巡检，开展对标分析，以整理、整顿、清扫、清洁、素养、安全为主要内容的6S管理持续推进加油站精细化管理。强化加油站职业经理人建设，以全新标准打造精品加油站、样板加油站，队伍凝聚力得到增强，品牌形象得到提升，核心竞争力得到增强。加油站管理逐步实现由粗放管理向精细管理、由传统管理向现代管理的转变。

第一节　加油站规范管理

一、管理规范的制定和实施

1999—2000年，公司狠抓基础管理工作，以制度建设为重点，制定加油站服务执行标准。同时，为提高品牌影响力，公司统一加油站包装标准并进行统一包装。

2001—2003年，公司狠抓《加油站管理规范》的贯彻落实工作，下发《加油站规范管理检查考核实施细则》，对加油站需重点关注的工作、执行检查标准进行明确，进一步规范加油站基础工作，标志着公司检查考核走向制度化、标准化、常态化。

2004—2005年，公司制定和推行加油站基础管理"六统一"标准，从视觉形象识别、操作规程、服务、培训、账表卡册记录本、定置管理等六个方面进行统一规范，编印《中国石油西南销售公司加油站基础管理标准引用手册》，开展加油站管理服务月活动，加油站基础管理水平不断提升。

2006年，公司大力推行加油站"六统一"工作，建立较为完善的检查监督考核体系，创星达标工作成效显著。全年公司五星级加油站达25座，同比增加21座，四星级加油站达到30座，同比增加22座。

2007年，公司围绕"创造一流、追求卓越"的总体目标，大力加强加油站软硬件建设，通过抓规范、抓细节、抓执行，使加油站综合管理水平有了质的飞跃。深入开展创星达标、细节管理和提升加油站"四综合"管理水平等系列活动，推出一批四星、五星级加油站，打造一批特色样板加油站，加油站的细节管理更加到位，现场管理、客户服务和基础管理更为规范，初步形成一整套统一具体、操作性强的标准。

2008年，公司对照《加油站管理规范》，集中对72个相关流程、程序文件和表单进行修订。采取图文并茂的形式，编制《加油员应知应会手册》，库站员工人手一册，强化学习培训效果，全年打造综合形象样板加油站7座。

2009年，公司对照《加油站管理规范》（2008版）和《加油站细节管理手册》，对加油站"经理提示牌""证照框""四图框""企业文化宣传栏""站务公开""学习园地"等六块看板制定详细的管理标准。同时，为统一规范宣传海报及对外公示张贴，增加顾客公告牌，有效发挥信息传递的作用，成为日常工作的展示窗口。

2010—2011年，持续推进样板加油站打造，做优企业品牌形象。按照《加油站建设设计标准》（2010版）要求，以张本荷加油站为样板，推进标准加油站建设，严格验收标准和流程，打造功能全、标准新、水平高的标准加油站7座，昆明高新加油站等10座自助加油站正式运营。

2012—2013年，公司修订《加油站达标创星管理实施细则》等10项管理制度，全面开展宣贯培训，加油站细节管理水平得到有效提升，全年打造标准加油站7座，自助加油站30座，改造纯汽油加油站6座。研究制定87座重点旅游景区加油站发展规划，提升旅游景区加油站形象。

2014年，销售公司编印《销售公司管理手册——加油站业务分册》，对人力资源管理、现场服务与管理等内容进行修订完善。公司以此为契机，精心开展"卓越服务·超越期望"服务升级活动，强化动态稽查检查，推行"大班组小班结"、分时段自助加油等措施，服务水平与效率大幅提升。

2015年，公司举办首届加油站经理人大会，打通加油站经理职业发展通道，充分激发一线员工的工作积极性。总结推广四步促销法、快乐工作法、"满意100、服务A+"服务法等6种现场服务工作法，现场服务水平不断提升。扎实开展服务提升劳动竞赛，现场服务氛围、服务效率和服务水平显著提升。

2016年，公司编印《加油站6S管理手册》，对加油站分区域视觉形象标准进行统一明确，全面推行6S管理，打造6S标准示范加油站28座、民族特色加油站7座（见图4-20），对140座5000吨以上加油站进行全流程诊断与优化，实施亮化工程，推进系统优化升级。

图4-20　大理金花民族特色加油站为游客提供亲情服务

2017年，公司强化《加油站管理规范》(2017版)学习宣贯，两级机关成立宣贯小组，分片逐站进行培训。下发《员工着装及仪容仪表执行标准》《加油站班前会执行标准》等7项管理制度（见图4-21），将班前会作为员工培训提升的渠道，明确禁止锁闭、禁止以任何理由拒绝客户使用、禁止收费、禁止超1小时未巡检及清洁的卫生间管理"四禁止"，进一步夯实基础管理工作，加油站服务管理水平持续提升。制定实施加油卡无纸化办公、开卡身份证信息自动识别录入等18项加油站减负措施，释放基层员工主观能动性，提升加油站现场服务效率。

图4-21 加油站经理着装及仪容仪表执行标准

2018年，公司以《加油站管理规范》和《加油站6S管理手册》为标准，以打造"人·车·生活"生态圈为目标，改变传统服务理念。开展"卫生间""收银台"功能革命，对卫生间和收银台的设计和管理标准进行优化。建立以亲情服务、项目服务、闭环服务链和服务质量监督体系为核心的三位一体服务新模式，将加油站打造成多行业平台化、一体化的营销服务平台。

二、稽查及神秘顾客访问

2003—2005年，通过聘请中介机构开展神秘顾客访问等方式，对加油站经营管理工作进行检查考核，并将检查内容和经营考核指标有机结合，与员工薪酬奖惩挂钩，调动员工工作热情，形成各片区加油站在经营管理和亲情服务上"比、学、赶、超"的竞争局面。

2006—2008年，公司建立健全检查督导考核体系，强化库站监督检查，加大加油站稽查力度，推行"神秘顾客"暗访制度，引入全新的绩效服务评估手段，在督导改进服务质量方面取得显著成效。组织开展以加油站综合管理、库站资金安全为主要内容的专项检查，抽查加油站496座、油库10座，促进加油站综合管理水平提升，初步形成一套行之有效的加油站检查程序，为建立科学规范的加油站检查督导体系奠定基础。

2009—2011年，公司开展"基础管理年"活动，下发《加油站检查考评实施细则》，制定实施方案和考核办法，实施59个基础管理项目。采取客户评议调查、视频监控稽查，利用客户"第三只眼"和信息系统丰富稽查手段，开展检查面广、检查专业线全的基础工作精细化管理大检查。2011年，公司通过一季度稽查、半年综合检查和年度综合检查，共检查加油站149座，在公司范围内通报检查结果，对检查中发现的问题进行有效整改，进一步提升加油站管理水平。

2012年，为建立长效监督、检查和指导机制，实现管理重心下移，有效提升加油站综合运营水平，设立公司、分公司两级零售管理稽查机构，常态化开展神秘顾客访问、视频监控和加油站特别稽查、高级经营管理稽查，每月进行通报，及时进行整改。为切实发挥稽查作用，避免在运行过程中执行走样，统一运行模式，印发《稽查工作手册》，全面推行稽查管理模式。

2013—2015年，公司稽查职能处室由加油站管理处调整到质量安全环保处，监督、管理职能更加明晰。修订完善特别稽查表、高级经营管理检查表、稽查整改通知单、周检查表、各处室专业线重点工作管理检查表，明确了稽查标准，并下发《关于进一步加强稽查工作的通知》，对稽查范围、稽查工作目标、稽查组织、稽查依据、稽查方式、稽查频次做进一步要求。

2016年，公司梳理细化监督稽查标准，完善两级稽查体系，突出稽查重点，优化稽查方式，实现了由注重问题稽查向注重问题整改销项的转变。探索异体监督稽查工作机制，健全季度稽查分析和通报排名机制，对于问题较多的单位，要求挂片领导进行挂牌限期整改，整改完毕进行验证评价，使监督稽查成为提升制度执行和现场管理的有力抓手。

2017年，公司启动加油站神秘顾客访问工作，抽调专人对140座加油站内部服务进行暗访，并依照暗访结果，严肃追究相关责任人员的责任。同时，开展形式多样的监督稽查，每季度进行通报追责，督促各单位从严抓好加油站现场服务，增强客服体验。全年开展现场稽查4603站次、视频稽查19160站次，发现并整改问题16797项，问题整改及时率超过99.6%。与第三方签订协议，开展4次神秘顾客访问，暗访加油站2459站次，销售公司神秘顾客访问得分从年初的65.1分提升至年底的80.9分。

2018年，公司梳理细化库站稽查标准，明确稽查标准和频次，建立稽查工作例会制度，每月编发稽查工作通报，更加注重稽查问题的闭环管理，将稽查结果纳入业绩考核。在神秘顾客访问中，首次依托第三方开展员工满意度调查和顾客满意度调查，为经营决策提供依据。上半年，开展神秘顾客访问1258站次，组织现场稽查2188站（座）次、视频稽查10248站（座）次、发现并整改问题16378项，问题整改及时率93.1%。公司以视频稽查、现场稽查、神秘顾客访问以及专项稽查全方位多角度评估运行管理的工作机制日趋成熟。

第二节　加油站服务管理

公司作为"亲情服务、情感营销"的发源地和推行者，一直保持战略发展思维，不断升级服务体系，以打造"人·车·生活"生态圈为目标，着力改变传统服务理念，建立以亲情服务、项目服务、闭环服务链为核心的三位一体服务新模式，将加油站打造成多行业平台化、一体化的营销服务平台。

1999—2000年，公司强化服务意识，树立中国石油形象，加油站因地制宜增设洗车擦车、加水加气、停车住宿等优质服务，满足顾客需求，提升企业认知度。

2002—2005年,公司在销售系统内率先推行亲情服务、情感营销,"加油十三步曲""收银六步曲"得到有效延伸。2002年,广泛开展"投诉月、普通话月、微笑月、敬老月"等主题月活动,进一步规范加油站基础工作。

2007年,公司深入推广"关注细节、用心去做"的服务理念,挖掘总结张本荷在长期工作中形成的优质服务方法——"四多"服务法:多说一句,给客户温馨提示;多看一眼,把顾客记在心中;多帮一把,给顾客送去温暖;多跑一步,拉近与顾客距离。"四多"服务法得到广大顾客的青睐,提升公司的服务品牌认知度,在销售系统得到认可和推广。

2008—2010年,公司积极宣贯新版《加油站管理规范》,基本实现"员工100%参与、100%熟知"的目标。在全公司广泛推广"张本荷式服务法",出版发行《春城油站"小白灵"》书籍和《绽放的小荷》光碟。扎实推进奥运"微笑服务"活动,组织开展"迎奥运、抓服务、保安全、树品牌"专项活动。2010年,公司成立"张本荷式服务法示范队",组织到加油站进行巡回演示,打造以"金花加油站"为代表的一批管理精品、服务精品、形象精品和效益精品的加油站。

2012年,公司强化"张本荷式服务法"在加油站的示范效应(见图4-22),深入现场培训155场次。加油站服务实现了从一个人到一座站,从一种态度到一种精神,从一个方法到一种模式,从一个理念到一个品牌的转变。加快加油站服务环境的改造升级,美化加油站服务环境和形象,提升服务效率,提高进站率、加满率和回头率。扎实开展"两服务一清洁"活动,客户满意度持续提升。

图4-22 服务示范队开展微笑礼仪训练

2013年,公司深入开展"两服务一清洁"活动,公司上下努力践行"我们的加油站卫生间最清洁"的承诺,以优质的服务提高顾客满意度和企业品牌形象。10月,云南省省长突击检查黄金海岸加油站,对现场服务和卫生间环境给予高度评价。

2014年,公司精心开展"卓越服务·超越期望"服务升级活动,推行"大班组小班结"、分时段自助加油等措施,推广"新手势、新语言、新形象"三新服务,简化操作流程,让员工熟练掌握服务话术,微笑、开口常态化,员工服务形象显著提升。

2016年,针对客户体验需求,为搭建"人·车·生活"生态圈,公司积极探索建设智慧加油站。积极开展创星达标考评,完成28座6S标准示范加油站建设。

2017年,公司进一步细化管理标准,首次开展服务质量量化考核。明确"服务四禁":禁止加错油、禁止加完油后不盖油箱盖、禁止强行推销添加剂、禁止与顾客吵架打骂。结合各单位加油站服务项目开展情况,对清洗车窗、免费更换摩托车机油、高速公路站柴油车自助加水、"爱心暖贴"服务等5项服务进行流程标准完善,固化为可广泛推广的服务产品。全力打造"全面、快捷、舒适、便利、优质"的服务品牌，让服务创造更大的价值。

2018年，公司推行暖心、安心、爱心"三心"服务文化，加油站服务质量实现量化、可视化，服务驱动竞争力提升。实施加油站分级服务，结合加油站不同商圈客户群体需求的差异，根据加油站不同类型，确定加油站基本服务项目和增值服务项目，因地制宜、因站而宜，以差异化服务吸引客户、留住客户。

（一）城市加油站

（1）客户结构及服务需求：以汽油客户为主，多为公务车、私家车和出租车，加油站点多选择单位、家附近或二者通行沿线，一般加油地点较固定，对服务效率要求高，对站内促销比较感兴趣，有采购日常用品、车辆维护、交水电煤气有线电视费、ATM机取款、加油卡充值、饮用水等生活便利性消费需求。也可设置汽油车专用道、自助专用道，提供油品知识、汽车保养知识等服务内容。

（2）基本功能定位：加油服务+便利店+卫生间。

（3）增值服务项目：设置饮水机、拉卡拉、加油卡自助充值终端、ATM取款机，摆放外用药品及维修工具箱，提供雨伞及充电宝租用等便民服务。

（4）增收服务项目：借助专业力量合作开展洗车、汽车美容、车辆维修，水电煤气有线电视费代缴，高速ETC卡充值服务，邮件代收代投等经营项目；小区周边的加油站，可针对高端社区、机关小区等，开展加油取送车服务，收取一定的上门服务费。

（5）服务产品：加油低谷期提供擦洗车窗服务；针对老人、小孩、孕妇等提供"爱心暖贴"服务。

（二）高速公路服务区加油站

（1）客户结构和服务需求：以物流运输型客户、长途客运型客户和私家车客户为主，客户通常需要在站内使用卫生间、稍做休整或购物、餐饮、住宿、加水、简易擦车、修车，为继续前行做好准备，对站内齐备的服务设施要求较高。

（2）基本功能定位：功能定位为综合服务区，提供场地停靠休整和宽敞舒适干净的卫生间。

（3）增值服务项目：设置饮水机、拉卡拉、加油卡自助充值终端，摆放外用药品及维修工具箱，提供雨伞及充电宝租用等便民服务，针对长途司机的饮用水主动服务达到进站人数的80%；在客户缺油或其他情况发生时提供紧急救助或协助救援；通过多种方式提供路线图、路况、天气信息、紧急救援电话等温馨提示。

（4）增收服务项目：借助专业力量合作开展洗车、车辆维修、车胎充气，高速ETC卡充值服务，餐饮、土特产品销售；针对长途司机提供洗浴、自助洗衣；站房充足的加油站，可开展钟点休息房或住宿服务。

(5)服务产品：提供柴油自助加水服务；加油低谷期免费擦洗车窗；针对老人、小孩、孕妇等提供"爱心暖贴"服务。

（三）国道、省道加油站

(1)客户结构和服务需求：以物流运输型客户和工矿运输车为主，客户通常需要加水、购物，为继续前行做好准备。

(2)基本功能定位：加油服务＋便利店＋加水。

(3)增值服务项目：提供免费加水服务，针对长途司机的饮用水主动服务达到进站人数的80%。

(4)服务产品：提供柴油自助加水服务；为汽油客户提供免费擦洗车窗服务；针对老人、小孩、孕妇等提供"爱心暖贴"服务。

（四）旅游景区加油站

(1)客户结构和服务需求：以旅游客车和私家车客户为主，客户通常需要在站内使用卫生间、稍做休整或购物，购买水、食品、当地土特产品或各种旅游纪念品。

(2)基本功能定位：加油服务＋便利店＋卫生间＋旅游帮助。

(3)增值服务项目：此类站可提供饮用水、针线包、急救药箱、简易擦车、ATM取款机等服务；可提供旅游景点咨询服务、旅游景点天气预报等信息；员工可多开展导游等方面的知识培训，培养"小导游、小地图"员工，主动向顾客介绍景点情况、指引行车路线。

(4)增收服务项目：可自主或合作售卖土特产、旅游纪念品。

(5)服务产品：提供免费擦洗车窗服务；针对老人、小孩、孕妇等提供"爱心暖贴"服务。

（五）县城中心、乡镇加油站

(1)客户结构和服务需求：以私家车、农用车、工地用油、摩托车用户为主，乡镇站客户朴实直率，渴望受到尊重，对价格比较敏感，更喜欢人性化、聊天式拉近乎的"热乎"服务，不认同程序化的刻板服务，如有赠品会非常开心。

(2)基本功能定位：加油服务＋便利店＋机油。

(3)增值服务项目：提供免费饮用水服务。

(4)增收服务项目：可结合实际提供加油用铁桶、铝桶租借。

(5)服务产品：提供免费更换摩托车机油服务。

第三节 加油站队伍建设

一、片区团队建设

1999—2004 年,公司先后组建 27 个片区零售部、配送中心,推行加油站管理人员聘用公示等制度,实行员工聘用、使用的动态管理。

2006 年,公司积极研究 ME、中心站管理模式,并在滇西分公司进行试点,从而带动区域公司有效管理加油站,促进公司零售管理组织结构更趋高效合理。

2007 年,通过学习借鉴 BP 管理经验,公司积极探索新形势下的零售专业线改革,形成了中心站、ME、执行中心以及常规管理并存的多种管理模式。同时,在实践中不断加以完善,对提高加油站管理水平发挥积极作用。

2010 年起,公司推行片区经营部管理模式,根据各单位加油站布局和特点,结合辖区加油站数量和销量,因地制宜设立片区经营部,经营部原则上设置经营部主任、规范管理、内控管理 3 个岗位,强化区域内加油站的日常管理,进一步提高加油站经营管理水平和市场竞争力。

2013 年,按照公司开展加油站经营管理承包的总体安排和部署,公司下发《低销低效加油站经营管理承包实施方案》的通知,对 145 座低销低效加油站实施经营管理承包工作,进一步突出市场、客户和服务,优化考核管理,调动加油站经理和员工的积极性。

2014—2016 年,公司在文山西畴宏鑫、朝阳 2 座加油站探索社会加油站托管合作,推广到曲靖天生桥、大板等加油站。2016 年销售公司兰州精细化会议上,将公司社会加油站托管合作模式做法总结为品牌输出模式,并纳入销售公司"双低站"治理"3+1"模式之一。

2017—2018 年,公司借鉴湖北销售公司刘莎团队经验,探索员工转制委托管理模式,在昆明分公司昆石团队 10 座加油站实施员工转制,成立昆明聚蛟企业咨询有限公司,正式开展员工转制委托管理。优化《社会加油站品牌输出指导意见》,与文山塘子边、坡脚和曲靖大板、昭通三宝地等加油站合作开展品牌输出。推进加油站岗位合并,将加油站岗位统一为加油站经理、值班经理、营业员三类岗位,逐步减少非现场人员,将加油站工作重心向一线前移,不断加强现场力量,提升加油站服务水平。

二、加油站经理队伍建设

1999—2004 年,加油站站长以上的管理人员达 667 人,加油站队伍建设取得较大成效。2002 年,公司正式将"加油站站长"更名为"加油站经理",职责定位得到转变,加油站经理不仅仅局限于做好加油站内部管理，开始以加油站经营者的身份走向市场。

2005—2010年，健全竞争择优的人才成长机制，按照公司"提升销售能力、提高零售能力、扩大市场份额"的要求，推行万吨级、三千吨级加油站经理竞争上岗。更改加油站经理服装样式，进行形象升级，拓展和明确职能定位。

2011年，按照"超前储备加强梯队建设，提升素质消除人才短板"的管理要求，为建立加油站职业经理人队伍，持续提高加油站经理的专业管理能力和销售能力，公司分批组织开展以"学习规范、强化技能、推动管理、提升水平"为主要内容的加油站经理及后备人员培训工作。

2012—2013年，公司强化加油站经理岗位管理，通过先进、适用的指标评价体系，采用统一的评价标准，对加油站经理知识结构、专业技能、综合素质能力进行综合评估，按照初、中、高三个资格等级，对加油站经理进行科学评定，打通加油站经理职业发展通道。同时，提出全面推行加油站经理负责制，赋予其站内考核权、用人建议权、二次分配权、日常费用支配权、促销与价格建议权"五项权利"，确立加油站经理人的职责。为切实加强后备加油站经理人才储备，全面开展后备加油站经理选拔培养工作。

2014年，中国石油首届加油站经理论坛在广州举行，标志着加油站经理逐渐向有职业追求、职业素养、职业道德、职业成就的职业化加油站经理人转变。销售公司下发《关于加强加油站经理队伍建设的指导意见》，明确加油站经理任职条件，规范加油站经理职业资格认证，完善加油站经理选拔和任用机制，细化加油站经理"五项权利"。是年，公司下发《中国石油云南销售公司加油站经理、直销客户经理、油库经理队伍职业化团队建设方案》，结合油品销售行业特点，将公司的加油站经理、直销客户经理、油库经理定位为库站经营管理者、企业方针策略的执行者、石油文化传播者，库站团队带头人、竭诚服务客户的知心人、中国石油品牌形象代言人。同时，进一步提升加油站经理地位，对正式在岗的加油站经理、副经理均配备职业装，主要用于客户开发、对外交流、参加内部会议等场合。

2015年，公司召开加油站经理人大会，下发《关于加强加油站经理人队伍建设的指导意见》，以建设世界水平的销售企业为目标，以建立健全加油站经理选拔、任用、培养及考核体系为核心，以打通加油站经理人职业通道为重点，明确加油站经理人队伍在公司人力资源中的基础地位和战略地位，建立完善的培养、培训机制，建立合理的薪酬激励保障机制，形成科学有效的加油站经理人评价体系。明确到2020年，培养和建设一支适应公司发展需要，善学习、懂经营、会管理、精算账、优服务，具有较强执行力和领导力的加油站经理人队伍。年内，召开首届加油站经理人大会，表彰一大批优秀经理人，推进加油站职业经理人建设。选派25名加油站经理赴甘肃、西藏销售公司对口交流，拓展加油站经理跨区域历练渠道。

2016年，公司巩固加油站经理人大会精神，落实加油站经理"五项权利"，推进加油站经理人职业化建设。优选20名加油站经理赴广东销售公司、浙江销售公司等兄弟单位挂职，开展"益助365"现场培训和"每周一讲"微课堂，组织加油站经理交流学习22人次。组织参加中国石油第二届加油站经理论坛，张艳芬等一批优秀加油站经理获奖，张本荷加油站等3座加油站获评"百座示范站"。

2017年，公司制定《加油站经理积分管理实施方案》，针对加油站经理岗位特点和发展需要，以积分形式对加油站经理的行为、能力、绩效成果、个人素质、特殊贡献等进行全方位量化考核和评价，形成科学有效的加油站经理人评价体系。同时，将积分结果与薪酬福利、发展机会挂钩，引导加油站经理扎根基层建功立业，打造一支职业化、专业化、高素质的加油站经理人队伍，促进加油站效率效益、服务水平、品牌形象的整体提升。按照积分管理实施方案，公司在德宏、临沧2家分公司开展试点工作。

2018年，公司启动加油站经理外出交流培训三年计划，明确加油站经理外出培训率达100%的目标。公司与四川销售公司合作，按照"工作时间短优先""低学历优先"原则，统筹组织学习交流，在南充、泸州等地开班6期、参训人员超200人次。选派9名优秀加油站经理参加销售公司第三届加油站经理论坛，提升了加油站经理综合素质，推进了加油站经理人职业化建设。

第五篇

非油品业务

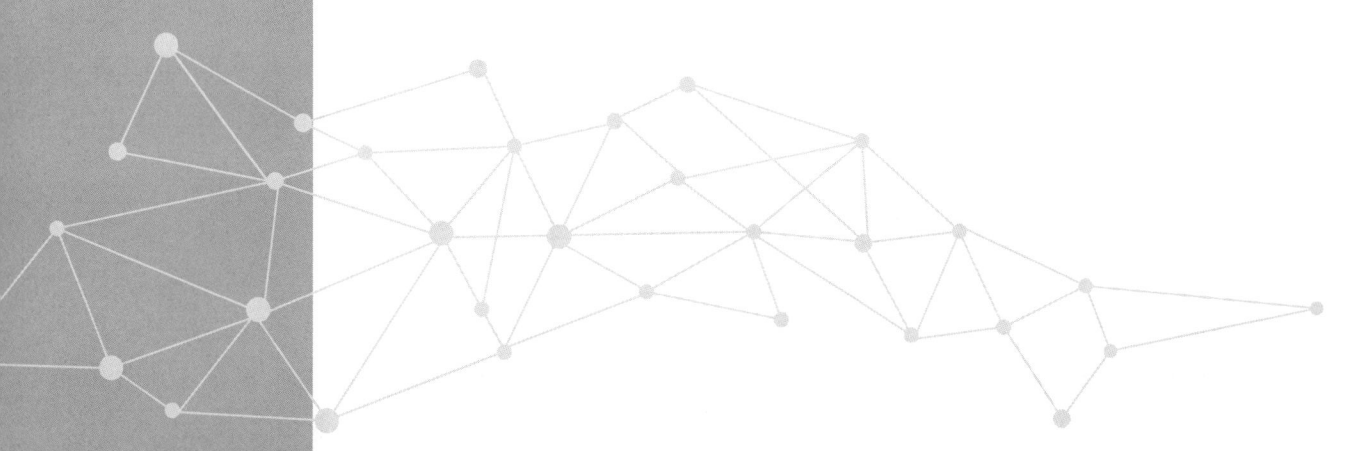

从 2000 年 7 月公司第一个加油站便利店开业起，非油品业务伴随着成品油业务成长而成长，至今已走过由小到大、由弱到强的发展历程。20 年间，非油品业务经历起步期、建章立制期和发展壮大期三个发展阶段，非油收入连年增长（见表 5-1），为满足消费者需求，壮大公司业务，促进云南经济发展做出积极贡献。

表 5-1　2009—2018 年非油品业务总体情况

项目	2009年	2010年	2011年	2012年	2013年	2014年	2015年	2016年	2017年	2018年
便利店座数（座）			371	445	517	569	589	624	649	663
非油收入（万元）	11598	30608	36149	45848	55089	55888	71235	80652	90928	128189
店内（万元）	5911	12424	12889	19099	30118	41205	48123	55253	70972	80223
店外（万元）	5687	18184	23260	26749	24970	14684	23112	25400	19956	47966
毛利率（%）	11.95	10.88	8.84	8.76	10.51	12.79	13.64	14.46	14.64	11.1

一、在艰难探索中起步（1999—2008 年）

1999 年初，公司以加油站为依托，着手开展润滑油业务、液化气业务，在此基础上，公司非油品业务开始探索起步。

2002 年，公司设置润滑油经营部与业务配送部。润滑油经营部负责润滑油经营业务统一管理，业务配送部负责便利店业务管理。

2003—2007 年，为进一步规范公司非主营业务经营管理，公司撤销业务配送部，设立非油品经营部，并与液化气销售中心、润滑油经营部等构成公司非主营业务经营机构。非油品经营部负责加油站便利店经营管理工作。2006 年 10 月 1 日起，非油品业务与加油站管理处分离，正式划归区域公司管理。非油品经营部管理人员及资产划归滇中分公司管理，原非油品经营部所属便利店按属地原则划归各区域公司管理。

2008 年，公司对非油品业务发展规划进行重点研究，确定把非油品业务列为新的利润增长点。坚持"油非并重"的原则，确立非油品业务"三步走"战略，加强非油品业务拓展。随着高新加油站、梁源加油站 2 个样板便利店顺利开业，公司第一批 84 个便利店装修完成，开展非油品业务的加油站达 325 个，实现非油收入 7313.3 万元，其中便利店销售收入 2893.9 万元。

二、在建章立制中发展（2009—2011 年）

2009 年 2 月，公司把非油品业务作为经营业务的重要组成部分，成立非油品中心，按照"油非并重"原则，不断拓展销售网络和经营项目，非油品业务正式起步并加快发展。全年实现非油收入 1.16 亿元，同比增长 110.9%，在 31 家销售企业排名第七，在区外销售企业排名第三。

2010年7月，公司将非油品中心更名为非油品经营管理公司（以下简称非油品公司），按照公司化运作体制机制，进一步明确非油品业务范围及工作职能。全年运营便利店272个，包装便利店109个，其中三十万元以上优质便利店92个，覆盖云南省14个地州。全年实现非油收入3.06亿元，利润1449万元，同比分别增长163.9%、562%，为非油品业务拓展形成良好支撑。

2011年，公司持续深化非油品业务改革。4月，成立非油品经营管理处，在销售系统率先建立"处室+公司"的非油管理模式，进一步规范非油品业务管理。公司在营便利店达371个，占在营加油站72%，培育三十万元以上优质便利店106个。全年实现非油收入3.6亿元，利润2086万元，同比分别增长18%、44%，非油收入在销售公司排名第三。

三、在改革创新中壮大（2012—2018年）

自2011年公司进一步规范非油品业务运行体制机制后，公司非油品业务走上快速发展道路。经过八年持续改革创新，非油品业务发展规模、便利店标准化建设、品类结构优化、自有商品培育开发、润滑油市场开拓、汽服、广告、餐饮、化工、金融等业务多元化发展，采购、仓储、物流配送等后勤保障实力显著增强，"人·车·生活"生态圈初步形成。

2012年，公司持续深化非油品业务改革，以"转方式、优结构、重质量、强基础、抓执行"为主线，因地制宜、规范发展，引进专业管理团队，推进昆明、滇东南、滇东北以及高速公路托管等项目。公司在营便利店445个，其中三十万元以上优质便利店178个。全年实现非油收入4.58亿元、利润2530万元，同比分别增长26.8%、21.3%。

2013年，围绕"创新驱动、开放合作、人才强企、管理提升"要求，改体制、强活力、优品类、强店面、重创新、促发展，抓队伍、固根基，转作风、树形象，全年在营便利店517个，其中三十万元以上优质便利店252个，同比增加74个。全年实现非油收入5.5亿元、利润5045万元，同比分别增长20.2%、99.4%。非油品公司获股份公司劳动竞赛"非油品业务先进集体"和销售公司"红牛销售竞赛亚军"。

2014年，公司深入落实"调结构、提质量、增效益"总体部署，以市场为导向，以店销为核心，以效益为目标，精细店面管理，科学商品营销。全年在营便利店569个，其中三十万元以上优质便利店306个，优质店占比53.8%；全年实现非油收入5.59亿元，同比增长1.5%，利润4506万元，均排名区外销售企业第三，公司获股份公司劳动竞赛"非油品业务先进集体"。

2015年，面对国际油价持续下滑，国内经济增长放缓，成品油需求减弱，纯枪销量增长乏力的不利形势，公司非油收入、利润继续位居销售公司前列，超额完成"十二五"收官任务。公司在营便利店589个，其中三十万元以上优质便利店376个、优质便利店占比64%；全年实现非油收入7.1亿元，利润6465.4万元，同比分别增长27.5%、43.5%。公司在销售公司非油品业务工作会上作题为《创新创效铸品牌、精耕非油促发展》的经验交流，公司连续三个季度夺得销售公司劳动竞赛"非油单元流动红旗"。

2016年，公司坚持以市场为导向、客户为中心、发展为主线、精细化管理为手段，基本形成经营机制灵活、品类结构优化、物流快捷高效、质量安全可控、线上线下同步发展、"油卡非润"一体化联动的非油品业务营销体系。公司在营便利店624个，其中三十万元以上优质便利店453个、优质便利店占比72.6%；全年实现非油收入8.06亿元，同比增长13.2%，位列销售公司第5名；利润7819万元，同比增长20.9%，位列销售公司第6名。102名员工在非油劳动竞赛中脱颖而出，获国内外学习观摩机会。公司获股份公司2016年度"劳动竞赛先进集体""油品销售营销金点子奖"；《昆仑之星车辅产品促销活动方案》获润滑油公司"昆仑之星"车辅产品营销创意比赛团队一等奖；在销售公司"武夷山矿泉水杯"包装饮料竞赛中，公司获集体一等奖。

2017年，公司以稳健发展为方针，主动应对零售业市场经济挑战，抢抓机遇、优化结构、开拓市场，圆满完成各项经营指标。全年在营便利店649个，其中三十万元以上优质便利店499个，优质便利店占比76.9%；实现非油收入9.09亿元，利润9412万元，同比分别增长12.7%、20.4%。各项指标位列销售公司前列，收入排名第六，利润排名第七。夺得股份公司劳动竞赛流动红旗7面，获可口可乐全国陈列竞赛一等奖；《商品价值矩阵在加油站便利店销售中的创新与应用》项目获集团公司2017年管理创新成果二等奖。

2018年，公司积极应对成油品市场激烈竞争与新零售发展挑战，牢牢抓住消费升级、汽车后服务、炼厂投运等发展机遇，坚持"优结构、增效益，拓业务、上规模，强服务、促发展"主线不动摇，精心运作、创新经营，加快店面与品类迭代升级，加快润滑油市场全渠道拓展，加快汽服业务抢滩布局，加快金融服务新业态探索，全年在营便利店663个，其中三十万元以上优质便利店527个、优质便利店占比达63.8%、百万元以上店272个、千万元店1个，实现非油收入12.8亿元，利润1.05亿元，同比分别增长41%、12.1%。2月、3月夺得股份公司劳动竞赛非油品业务类流动红旗5面。

第一章　非油商品采购

公司非油商品采购涵盖新品引入、采购实施、商品淘汰、商品信息变更、商品转商、合同履行等业务。采用"省级采购+地市采购"方式，积极引进适销对路的一线知名品牌、网红商品、媒体宣传曝光率高的新商品，占据一定市场份额和品牌优势的畅销商品，适应潮流、口味佳、功能强、吸引时尚消费群体的商品，高毛利、质量优、市场潜力大的商品，辅助培育区域性、季节性、时效性较强的地方特色商品，提高统采集中度，降低采购成本，提高采购层面的整体管理水平。非油商品采购强化资质审核，遵守有关法律法规和上级公司制度规定，坚持公开、公平、公正和互惠双赢、采购成本最低的原则，能从厂商中直接选择供应商（服务商）的采购项目，原则上不从代理商或经销商中选择。公司建立新型管理关系，实现供应商战略合作，鼓励、支持供应商做大做强，整合、优化供应商资源，推进对年销售100万元以下供应商的单品有序转商。"十三五"期间，公司致力培育出5000万元和亿元级供应商，共享公司发展红利，共同实现跨越式发展。公司对供应商开展综合评估，推进供应商分级管理，优选劣汰，实行账期结算兑现考核结果，积极开展试销评价，培育优质供应商。公司按照上一年度供应商总数的10%评选优质供应商，给予优质供应商省外销售推广、新品引入优先等特惠政策，初步建立起一支优质、稳定的供应商队伍，保障非油品业务快速发展。

第一节　采购业务运行

一、采购职能及演变

1999—2009年，在上级管理部门的指导下，按照"统采为主、地采为辅、直采直配、降低成本"的原则，开展非油商品采购管理工作。

2010—2013年，公司便利店商品采取非油品公司统一采购（以下称统采）和授权各单位当地采购（以下称地采）相结合的方式采购。各单位每月向非油品公司提供地采商品价格、配送价格信息，由非油品公司综合测算，对比统采、地采商品进货成本和配送成本，按照配送便捷、成本最低、服务最优的原则确定采购方式。

2014年,为灵活和丰富非油商品采购渠道,公司将百货及润滑油采购权限下放到各单位。百货方面,各单位根据各自需求开展地方特色、水果、进口食品以及未实施统采的商品采购;润滑油方面,当西南润滑公司采购的综合成本价格(含运费)高于各单位地采价格时,由各单位自行实施地采。

2015年,推进采办分离合规管理。由于公司将工程、物资及服务选商调整至非油品公司,非油品公司将非油商品采购、供应商管理等职能合并成立物资与服务采购部,从体制建设上有效堵塞管理漏洞,节约采购资金,降低采购成本,产生"1+1＞2"效应。

2016—2017年,公司出台《非油商品地方采购实施指导意见》,对非油商品地方采购职责、采购范围、业务流程、销售管理等内容进行明确,坚持"丰富产品、提升效益"原则,主要以区域性、季节性、时效性较强的地方特色商品为主要采购范围,为各单位顺利开展地采业务奠定基础。

2018年,按照销售公司推进集采业务工作要求,公司前置采购评审,强化监督考核,固化常规采购流程,对特色、紧急、生鲜、进口商品限时办结,提升采购效率;加强询价比价,对常规、促销品实施定量采购。

二、采购业务流程

(一)采购需求计划提报

由需求部门发起,填报《新品需求计划表》,经部门负责人、主管领导审核审批后,报送采购物流(质量安全)部,协同系统中同步报送《新品需求计划表》电子版。

(二)采购资料审查

由采购物流(质量安全)部负责,对采购商品的商品资料、供应商资料进行审查。商品资料由需求提报部门收集、初审,需求提报部门对提供的资料负责。商品资料包括最新的国家法律承认、有效期范围内的商品质检报告,家乐福或沃尔玛等3家大型超市销售小票(润滑油、化工产品、生鲜商品除外),供应商供货其他企业等3家发货单,厂商或经销商商品授权书(可追溯到厂商的授权书);销售公司内部单位采购商品只需提供商品质检报告。进口商品需提供商品授权书、报关单、质检报告以及至少一家单位销售小票、发货单;地方特色商品、政府推荐商品需提供商品质检报告、家乐福或沃尔玛等至少1家大型超市销售小票、供应商供货其他企业等1家发货单、厂商或经销商商品授权书;刚进入市场的新品以及仅供特殊渠道销售的商品不能提供上述资料,必须由供应商提供情况说明,供应商对提供资料的真实性负责。供应商资料由需求提报部门收集、初审,需求提报部门对提供的资料负责。供应商资料包括营业执照、开户许可证、一般纳税人认定表、商品流通许可证或生产许可证、厂商营业执照、厂商生产许可证、产品授权书(必须有授权经营期限,生产商无须提供)、资产信用证明(近三年资产、现金流量表或公司账户余额变动表等银行出具的资信证明）。销售公司内部单位只需提供营业执照。

（三）商务谈判

商谈小组由新品提报部门、采购物流（质量安全）部成员组成。非油商品采购商谈由非油品公司采购物流（质量安全）部组织，根据业务需要即时组织商谈。商谈小组成员原则上不得缺席，确实不能参加的需选派部门其他人员参加，共同讨论确定商谈结果，形成商谈纪要存档。商谈内容包括价格、试销任务量、结算方式、配送方式、配送补贴、销售折扣、销售奖励、退换货、违约责任等内容。润滑油及化工产品商务谈判主要条款按双方商谈一致的内容执行。百货商品采购商务谈判主要条款内容原则上按照以下设定内容进行商谈。

百货商品采购流程：

便利店商品。商品资料及供应商资料收集—采购需求计划—采购资料审查—确定价格—商务谈判（新供应商引入时进行）—评审会—新增商品审批—HOS 系统编码申请—订货与物流系统编码同步—合同签订（新供应商引入时进行）—开通系统订货。

生鲜商品。商品资料及供应商资料收集—采购需求计划—采购资料审查—确定价格—商务谈判（新供应商引入时进行）—新增商品审批—HOS 系统编码申请—订货与物流系统编码同步—合同签订（新供应商引入时进行）—开通系统订货。

线上商品。商品资料及供应商资料收集—采购需求计划—采购资料审查—确定价格—商务谈判（新供应商引入时进行）—评审会签—线上商品信息维护—HOS 系统编码申请—合同签订（新供应商引入时进行）。

销售公司商品。商品资料及供应商资料收集—采购需求计划—采购资料审查—商务谈判（新供应商引入时进行）—新增商品审批—HOS 系统编码申请—订货与物流系统编码同步—合同签订（新供应商引入时进行）—开通系统订货。

集采商品按昆仑好客公司要求执行。

香烟。由各单位或非油品公司便利店与商品部发起填报采购需求计划，经审批后香烟报采购物流（质量安全）部进行 HOS 系统编码申请及价格维护。

润滑油及化工产品采购流程：

润滑油及化工产品必须在 HOS 系统和订货系统中查询商品编码，有商品编码的，一律在订货系统中提报订单。HOS 系统有商品编码、有价格而订货系统无商品编码的，由计划财务部负责维护。HOS 系统和订货系统中经查询均无商品编码的，或有商品编码没有价格的，一律按照新品申报流程填报新品需求计划表并提供商品资料及供应商资料，按照百货类新品引进流程办理，待商品编码、订货系统维护完毕后由各单位在订货系统中提报订单。

三、采购业务方式

1999—2002年,公司非油商品采购百货类由业务配送部负责,润滑油经营部负责对润滑油经营业务统一管理。

2003—2009年,非油品经营部负责实施非油商品集中采购与管理。

2010—2013年,非油品公司成立后,由所属业务运行部负责实施非油商品集中采购与管理。

2014—2016年,非油品公司成立单独采购部门—物资与服务采购部,非油商品采购专业化、正规化。非油商品采购按照采购方式不同,分为配送中心采购(统采)、便利店采购(地采)、开放式采购(统采直配)、礼品采购。配送中心采购是指由非油品公司统一采购、统一结算、统一配送的商品采购方式,又称"统采"。便利店采购是指由各单位在当地采购、配送、结算的商品采购方式,又称"地采"。开放式采购是指非油品公司统一采购、统一结算、供应商直送的商品采购方式,又称"统采直配"。

2017—2018年,在原有采购方式基础上,针对采购时间紧,统采、地采时效均无法满足需要的应急商品,公司新增应急商品代销采购方式。建立代销机制,提升商品引入质量。(1)代销点选取。各单位可自行选取1—2个,不得超过2个加油站便利店作为代销点,选取后报非油品公司备案。(2)质量管控。引入的代销商品质量、供应商管理由各单位自行负责,在引入前按照《非油商品地方采购实施指导意见》对代销商品质量、供应商资质进行审查,符合条件的方可引入。(3)实物管理。各单位须自配单机版系统对代销商品的进销存进行管理,管理模式与加油站便利店商品管理方式一致;各单位要确保各站点及时入账,对代销商品的资金安全负责。(4)核算方法。各单位须与供应商签订《委托代销合同》,代销期3个月,代销期间不结算,代销报酬通过销售提成方式获取,销售提成比例为代销商品综合毛利率,提成金额即为代销商品毛利额,作为服务费确认收入。

第二节 采购业务管理

一、采购制度

为不断规范非油采购业务,公司制修订《非油商品采购管理实施细则》《非油商品地方采购实施指导意见》《非油商品供应商管理实施细则》等规章制度。

1999—2009年,非油业务运行初期,非油商品未形成专门的采购制度,按照《非油业务管理办法》执行。

2010—2014年，公司采购业务按照2010年印发的《非油品采购管理办法》执行。

2015年，公司制定《非油商品采购管理实施细则》《非油商品供应商管理实施细则》。

2016—2018年，公司3次对《非油商品采购管理实施细则》《非油商品供应商管理实施细则》进行修订完善，制定《非油商品地方采购实施指导意见》《非油采购人员廉洁从业"十不准"》《供应商廉洁自律"五不准"》《非油专业线员工廉洁从业"八不准"》等制度。

非油采购人员廉洁从业"十不准"

1. 不准接受由供应商或其利害关系人提供的宴请、娱乐、交通服务、财物等任何好处；
2. 不准将个人发生的任何费用在供应商处报销；
3. 不准未经审批对供应商进行调研、考察，工作安排的调研、考察活动中发生的交通费、食宿费等费用不得由供应商承担；
4. 不准在物资、商品采购和招投标过程中吃拿卡要；
5. 不准向供应商泄露公司涉密信息；
6. 不准向供应商推销产品或服务谋取个人利益；
7. 不准利用职权、工作之便或通过施加影响为供应商谋取不正当利益；
8. 不准从业人员亲属从供应商处谋取不正当利益；
9. 不准直系亲属借助公司非油平台经商办企业；
10. 不准参与任何有损公司形象和利益的活动。

供应商廉洁自律"五不准"

1. 不准在经济活动和业务往来中违反诚信、公平竞争的原则，采用不正当手段影响采购物资业务人员公正履行职责；
2. 在采购任何环节，不准以任何理由向非油品公司人员行贿，包括但不限于送钱、物、购物卡、有价证券、宴请、娱乐、交通服务、支付应由个人支付的各种费用；
3. 不准私下接触非油品公司人员，不以弄虚作假方式参加竞标；
4. 不准向非油品公司探听或私自传播商业秘密；
5. 不准借助正常商务活动之名恶意诋毁、故意诽谤非油品公司业务人员。

非油专业线员工廉洁从业"八不准"

1. 不准向外界泄漏公司商业秘密；
2. 不准直系亲属借助非油平台经商办企业；
3. 不准在物资、商品采购和招投标过程中吃拿卡要；
4. 不准接受有商业利益合作单位送的礼金礼物；
5. 不准接受任何影响公务活动的各种赠品；
6. 不准在非油业务盘点中弄虚作假、欺上瞒下；
7. 不准在非油促销活动中投机钻营和套现谋利；
8. 不准违反公司网络信息保密规定和公章管理使用规定。

二、采购考核

1999—2010年，公司对供应商采购考核未形成完整体系。

2011年，公司有供应商66家，年供应能力在100万元以上的21家，在10万元至100万元的22家，10万元以下的23家，公司考核机制尚不健全，供应商送货时效不受控。

2012—2018年，公司对供应商送货准确率、及时率、缺货率进行考核。特别是2015年《非油商品供应商管理实施细则》出台后，供应商考评严格按照下发专项通知、考评、结果运用的程序进行。考评内容固化为质量水平、合同履约、交货能力、售后服务、诚信经营及价格水平6个方面共19个项目。分半年、全年考评，区分统采供应商、统采直配供应商、地采供应商，考评结果划分为A级优秀供应商（85—100分）、B级合格供应商（70—84分）、C级辅助供应商（60—69分）、不合格供应商（60分以下）。考评目的是优化供应商结构，控制供应商数量。A级优秀供应商加大采购量，业务部门在新品引进方面列为优先考虑，原则上A级供应商能够满足需要不得选择B级供应商。表现特别突出可推荐为上一级别合作供应商，可加大采购量或给予一定奖励，在付款方面缩短结算周期，可在结算上靠前一档执行。B级合格供应商将继续开展正常采购，要求其对不足之处予以改善，根据改善后的结果决定是否进行采购或减量采购，并通知供应商提高供货能力。C级辅助供应商将降为下一级别合作，属于地采级别的，应减量采购或暂停采购；D级不合格供应商应予以淘汰并及时报告上级公司。

三、采购监督

1999—2009年，非油商品实行加油站便利店验收、质量把关反馈、厂家负责退换货的模式保障采购商品质量。

2010—2013年，非油商品按照"谁采购、谁负责"的质量负责制。采购的非油商品出现质量问题，按照权责对应原则，追究商品选型、供应商选择、采购实施等单位（部门）和岗位人员责任。审计监察处按照职责权限，对非油商品采购工作进行定期或专项审计、监察，对非油商品采购工作中发生的问题予以查处，造成损失的，追究相关人员责任。财务处对非油商品采购资金使用情况实施监督。

2014年，非油商品统一由非油品公司按照年度采购金额确定采购方式。年度采购在300万元以下的非油商品，由非油品公司按照程序组织采购；年度采购金额在300万元以上的非油商品，在合同谈判前，将相关资料递交审计监察处和企管法规处，审计监察处和企管法规处参与合同谈判过程。非油品公司负责采购的项目，由领导班子成员、各部门负责人及相关岗位人员组成项目评审小组，主要负责非油商品供应商和服务商准入审批，供应商和服务商管理工作领导、决策和监督，非油商品采购谈判。

2015年，非油品公司成立由分管物资采购工作领导、各部门负责人组成的谈判小组，负责对统采非油商品采购相关事宜与供应商进行谈判。非油品公司业务运作部负责非油商品引入，参与采购谈判，并负责对供应商促销费用进行执行、跟踪、落实；仓储配送（安全）部负责非油商品采购结算工作，参与采购谈判，负责合同销售折扣、销售奖励、配送费、缺货率扣款的执行、跟踪、落实；财务部参与采购谈判，负责对合同履行情况进行监督。企管法规处参与年度采购金额超过300万元的非油品供应商（服务商）谈判，对谈判过程进行全程监督。

2016年，公司成立由非油品公司机关业务部门和财务部门负责人组成的非油商品采购商谈小组，进行采购商谈，同时由非油品公司领导班子成员组成评审会进行采购商品评审。建立新品试销机制，原则上新品试销期为3个月（剔除合同签订期及配货期），试销商品及供应商列入HOS系统进行管理，禁止系统外销售。试销前由非油品公司物资与服务采购部根据《新品需求计划表》对新品进行市场调研、询价比价，组织谈判小组与供应商就合作主要条款进行商谈，商谈内容主要为价格、结算方式、试销任务量，其他费用如促销费等在试销期内不作约定，商谈完毕后形成商谈纪要，并由商谈人员签字；非油品公司物资与服务采购部根据商谈纪要，报评审会评审。通过后，填报《新增商品审核表》，经相关部门负责人、相关业务领导及经理审核后，由物资与服务采购部在系统中申请，同时办理供应商编码申请及试销协议签订手续。

2017年，非油商品采购商谈小组由提报新品所在部门（业务运作部、润滑油营销部、项目开发部）、物资与服务采购部、仓储配送（安全）部成员组成，负责采购过程监督，同时由非油商品评审专家负责对统采商品进行评审。为保证供应商引入质量，原则上新供应商引入后均要进行3个月试销（因公司订货周期最长的有1个月，为保证公平性，试销期3个月不含备货月）确定试销任务量及试销范围，试销期满完成试销任务量，供货协议自动延期一年，未完成任务量，试销期结束后协议终止。

2018年，商品采购由非油品公司领导班子成员、各部门负责人组成评审会，负责采购过程监督，每月对上月引入新品的试销结果进行评价，严格按照试销协议进行淘汰。利用"3·15质量月活动"及"基础管理提升年"稽查检查、联合监督检查等,对采购商品进行专项检查,及时对问题商品、不合格供应商进行处理。

第三节 供应商管理

一、合作管理

企管法规处是非油商品供应商的主管部门,非油处(非油品公司)是非油商品供应商的归口管理部门。公司对非油商品供应商管理坚持公开、公平、公正、互惠双赢原则,按照采购成本最低,从厂商中直接选择供应商。供应商与公司是合作关系,是公司非油业务发展的伙伴和依托,公司借助和依托供应商资源、渠道和政策优势,共同推进公司非油品业务发展。

2009—2012年,公司非油供应商管理坚持少量优秀集中原则,不断优化供应商资源。一线品牌商品争取与制造商、地区总代理直接合作,地方商品与本地厂商直接合作。2010年,借力集团公司与云南省政府签订合作框架协议契机,公司牢牢抓住中缅油气管道、云南石化等大项目建设带来的机遇和良好的外部环境,与本地集团企业强强联手,积极对接资源互供和团购业务。11月,公司与诺仕达公司签订七彩云南茶叶采购合同。12月,中国石油昆仑好客商洽会在昆明隆重举行,32家销售企业和113家供应商参加商洽会。非油品公司推荐天盟农资连锁有限责任公司、昆明七彩云南庆沣祥茶业股份有限公司、云南大理洱宝实业有限公司、临沧澜沧江茶叶有限公司、云南嘉华食品有限公司、云南白药大药房有限公司等六家地方特色产品供应商参展,其中天盟农资连锁有限责任公司、昆明七彩云南庆沣祥茶业股份有限公司、云南白药大药房有限公司取得战略合作伙伴资格,临沧澜沧江茶叶有限公司、云南大理洱宝实业有限公司、云南嘉华食品有限公司取得全国合作伙伴资格。

2013年,公司采用多维度分析评价改进、供应商二维评价模型,科学优化供应商和商品管控,实现品类和供应商管理优胜劣汰,培养月采购100万元以上的综合供应商7家。

2014年,从源头加强供应商管理,完善供应商资质审核制度,使商品供应渠道正规可靠,1000万元以上综合供应商2家。

2015年,非油品公司不断完善非油供应商入围、考评、监督等管理机制,实施供应商分级管理,与可口可乐等12个厂家开展核心商品直采,商品保供能力及单品创效能力进一步增强,单品品效962元,在销售公司排名第三。新培育全国合作供应商4家,区域合作供应商1家,地方合作供应商29家。

2016年12月,公司非油商品供应商答谢会在昆明阳光酒店举办,公司与16家特邀供应商共商非油品发展大计。公司培育的100万元以上级别优质百货供应商达31家,其中1000万元以上

5家。华鑫达商贸有限公司3年来累计采购量7923万元，从百万元级供应商成长为千万元级供应商。12月23日，公司与中国石油润滑油分公司在北京签署合作协议，双方约定在车用润滑油、车辅产品品类占比、汽服项目建设、社会渠道拓展、终端用户开发、车辅产品代加工、"昆仑"润滑油宣传推广、提高仓储配送效率等方面加大合作力度，发挥各自优势，共同提高昆仑产品在云南市场占有率和品牌知名度，为润滑油销售规模持续快速发展奠定坚实基础。

2017—2018年，公司供应商数量和结构趋于稳定，6家供应商年销售收入在1000万元，销售收入最高接近3000万元。

二、考核管理

2009—2012年，公司供应商考核主要根据业务发展需要，对合作供应商在业务部门采购层面、加油站使用层面进行日常评价。

2013年，公司淘汰C类供应商4家、转商2家、商品生产卫生质量投诉1家。

2014年，公司对合作的58家供应商进行考核，淘汰C类供应商3家、转商4家。

2015—2018年，公司专门印发《非油商品供应商管理实施细则》，每年2月（年度考评）、7月（半年度考评）对年度合作的所有非油商品供应商进行考评。统采供应商由非油品公司负责考评；地采供应商由地采供应商所在单位考评；统采直配供应商由非油品公司及统采直配供应商配送所涉及单位考评，考评总体组织由非油品公司负责。

对供应商的考核包括价格、质量、交货、合同履约率、售后服务等方面（见表5-2）。考评标准：质量水平30分，包含质量管理体系、商品认证情况、到货质量、使用质量、质量评价；合同履约20分，包含合同履约率、交货及时性、交货准确性；交货能力15分，包含交易数量、交货周期、增/减订货的响应能力、零星或紧急订货的保证能力；售后服务、诚信经营20分，包含诚信经营、反应及时率、问题处理、售后服务、共同改进、参与开发；价格水平15分，包括优惠程度、消化涨价能力。针对考核不合格的供应商进行降级或淘汰，截至2018年底，累计降级供应商17家，淘汰供应商56家。

表5-2 供应商年度考核表

序号	考核项目	考核分项	责任部门	参考分值	考核内容
1	质量水平（30分）	质量管理体系	采购物流（质量安全）部	0—2	建立质量管理体系并取得认证证书2分，无质量管理体系0分
		商品认证情况	采购物流（质量安全）部	0—3	商品是否取得认证，有3分，出现一项无商品认证得0分
		质量评价	采购物流（质量安全）部	0—5	商品质量出现有效顾客投诉的，此项得分为0分
		到货质量	中央仓	0—10	到货商品经检验确认为不合格品的，每次扣2分，由此影响经营的，视情况扣3—10分
		使用质量	中央仓	0—10	商品在销售和使用过程中发生质量问题，每次扣3分，影响经营正常进行的每次扣5—10分

续表

序号	考核项目	考核分项	责任部门	参考分值	考核内容
2	合同履约（20分）	合同履约率	计财部	0—8	全年合同履约率达到100% 8分；95%—100%减3分；90%—95%减5分；90%以下不得分
		交货及时性	中央仓	0—7	交货时间达不到合同或其他约定要求的，每次扣1分，由此影响经营的，视情况扣3—7分
		交货准确性	中央仓	0—5	交货数量未按合同或其他约定要求，超出合理量差范围的，每次扣1—2分，交货商品规格型号与合同或其他约定不符的，每次扣2—3分，商品到货后质量证明书、合格证、使用说明书、图纸、资料不完整、不符合要求的，递次扣1分
3	供货能力（15分）	交易数量	中央仓	0—5	考核期内同类商品该供应商供应公司数量最高者得5分，按次序排得分依次递减1分
		交货周期	中央仓	0—3	同类商品多个供应商供应周期最长的供应商得1分，供应周期每缩短1天加0.5分。同类商品单一供应商供应周期与上年相比每缩短1天加1分，此项最高3分
		增/减订货的响应能力	中央仓	0—3	供应商对公司要求增/减订货给予配合的，每次加1分，最高3分
		零星或紧急订货的保证能力	中央仓	0—4	供应商对公司零星或紧急订货给予积极解决的，视情况每次加1分最高4分
4	售后服务、诚信经营（20分）	诚信经营	便利店与商品部/润滑油与汽服业务部	0—5	诚信经营的5分，不诚信经营得0分
		反应及时率	便利店与商品部/润滑油与汽服业务部	0—4	对公司发出招标、报价、工作会议、问题整改等信息，一次未反馈扣2分，反馈不及时的扣1分，扣完为止
		问题处理	便利店与商品部/润滑油与汽服业务部	0—4	接到整改通知，对问题未及时按要求整改的一次扣2分，整改无效果的不得分
		售后服务	便利店与商品部/润滑油与汽服业务部	0—4	公司各单位对供应商进行投诉一次扣1分，未按合同约定进行技术培训、安装调试和其他售后服务项目的每次扣2分，扣完为止
		共同改进、参与开发	便利店与商品部/润滑油与汽服业务部	0—3	供应商在商品技术改良、新商品开发、降低成本方面与公司积极配合，视情况得1—3分
5	价格水平（15分）	优惠程度	采购物流（质量安全）部	0—10	同类商品多个供应商的价格按最低为基准，每高出5%扣1分，直至扣完，单一供应商的以上年价格为基准，每高出5%扣1分，直至扣完
		消化涨价的能力	采购物流（质量安全）部	0—5	注重市场价格变化，能改善流程、提高效率、降低成本，商品售价能稳中有降得5分，价格基本保持稳定，偶尔涨价得3分，供应商经常提出涨价愿望，价格还可以保持在合理的水平或之下的得1分
	合计			0—100	

第二章 非油商品存储与配送

2009年2月以来，公司以中央仓为基础，全面实施非油商品存储配送。便利店商品由非油中心统一采购，供应商送货至中央仓，仓库实施仓储分拣发货运作，通过公路运输配送至便利店，为非油品采购、仓储、配送业务模式奠定基础。按照存储商品性质不同，中央仓主要存储润滑油、汽车用品、家庭食品、酒类、包装饮料等大类商品，各单位加油站便利店存储香烟、包装饮料、散装饮料、奶类、酒类、糖果、零食、家庭食品、雪糕、饼干/糕点、面包、速食、日用品、清洁用品、个人护理用品、药品/计生/保健、办公图书音像、汽车用品、润滑油、化工农资、通信/数码/电脑、其他等22大类商品。截至2018年底，中央仓配送吞吐量达6.15亿元，配送云南省16个地州663个便利店，成为公司非油业务稳健高效物流配送的坚强后盾。

第一节 非油商品存储

一、存储概况

2009年2月—2011年7月，中央仓商品存储于牛街庄仓库；2011年8月—2014年8月，中央仓商品存储于云南腾俊国际物流公司王家桥仓库；2014年9月—2018年12月，中央仓商品存储于云南宝聚祥绿建科技有限公司呈贡工业园区仓库（见图5-1）。

图5-1 呈贡工业园区中央仓布局

二、存储制度

1999—2007年，公司未形成系统完整的非油商品存储制度。
2008—2012年，非油商品存储相关规定统一列入《非油品业务管理办法》。
2013—2017年，随着业务范围拓展，为进一步规范中央仓商品收、发、存、调及代储等业务，公司制定《非油品中央仓管理办法》，并先后四次对其进行修订，新增《非油商品配送管理实施细则》。

2018年，根据中央仓业务运行情况，结合代储业务开展，将《非油品中央仓管理办法》变更为《非油品仓储管理实施细则》。

三、存储管理

（1）非油商品的储存遵循三原则：防火、防水、防压、防鼠；定点、定位、定量、定时；先进先出。

（2）商品放在指定区域，严禁混合堆放，必须标识清楚，以防混淆或发生交叉污染。应进行托盘分类码放，按"上轻下重、上窄下宽"的方法进行存放，食品和非食品需分开存放，串味商品单独存放，润滑油大桶和小包装分开存放；润滑油大桶高度不得高于2层，中桶润滑油高度不得高于4层，小包装不得高于1.9米。

（3）对于非油商品需要退换货时按照保质期和退换货额度的要求进行。可退换货范围：国内商品剩余三分之一保质期，进口商品剩余四分之一保质期；按照《可订货商品明细表》中可退换货商品在月度销售金额的千分之三以内。因国家或地方法律法规停止销售的商品、首次新品订货不受千分之三限制，过期商品不退货。

（4）每月月末盘点时，非油品公司机关及中央仓人员组成盘点小组对中央仓实物逐一盘点；各单位加油站由加油站经理、便利店主管、店员组织盘点小组，各单位业务、财务人员组成监督盘点小组对便利店进行监盘，季度抽盘覆盖率达100%。在盘点时，除盘点数量外，还需对商品的保质期、损坏、变质等质量问题进行清查；结束时，编制三方对账表、盘点表。对发现的因鼠咬、涨袋、变质等非人为损坏商品，便利店按照销售金额（不含农资、润滑油、香烟）的千分之三、中央仓按照配送出库量的万分之三进行损耗处理。

（5）代储商品存储。与代储供应商协议签订后执行商品代储业务，代储商品管理。入库时根据供应商提供的代储商品入库单对代储商品品种、规格、质量、产地、保质期、成分、有效期、外包装是否被污染或破损等进行检验清点，确认无误后实物入库；出库时根据代储商品出库单结合采购订单数量进行配货后，将商品交分拣组进行分拣到站，随同正常百货一同配送到站。出现非人为损坏、破损、滞销商品需退、换货时，中央仓统一收集汇总后一并提报供应商办理退、换货事宜，并做好退、换货出库登记。定期、不定期对商品库存进行盘点，确保每期收、发、存数据的准确性。月末与供应商一同对代储商品数量、质量进行盘点确认。2015年以来，公司通过对外提供代储服务，累计创效201.7万元。2018拓展代储供应商10家，代储面积590平方米，全年创效22万元。

第二节　中央仓管理

一、演变情况

中央仓组建于 2009 年 2 月，最初仓库地点设置在昆明市官渡区牛街庄，当时仓储面积约 3000 平方米，年分拣配送吞吐量为 4704 万元。

2011 年，公司对非油品业务进行专业化运营管理。8 月，中央仓从牛街庄搬迁至王家桥，仓储面积在原基础上扩大 800 平方米，年分拣配送吞吐量 1 亿元以上。随着公司非油品业务迅猛发展，年分拣配送吞吐量逐年提升。

2014 年 9 月，中央仓从王家桥搬迁到云南宝聚祥绿建科技有限公司昆明市呈贡工业园区。中央仓占地面积 20 亩，整个库区主要由综合楼、主仓库和生活楼三部分构成，仓库场所面积约为 9060 平方米，其中仓储面积约为 7300 平方米。2017 年分拣配送吞吐量达 5.34 亿元。2018 年分拣配送吞吐量达 6.15 亿元。

二、业务运行流程

中央仓业务运行流程包含非油商品收、发、存、退业务管理。

商品收货。商品验收入库前，中央仓负责人根据《中国石油云南销售分公司商品采购订单》预计到货日期及数量，提前一至两天进行库位规划与调整，确保入库商品分区储存。商品验收时，按照《商品入库验收标准》由中央仓收货员根据供应商《送货单》与《中国石油云南销售分公司商品采购订单》对商品品名、规格、生产日期、保质期、条形码、数量、外包装等核对，且与供应商签字确认后，进行实物入库与系统入库。

商品发货。商品分拣时，分拣组长进行实物复核（品名、数量、质量等），根据《中国石油非油品云南配送中心分拣单》组织分拣员进行商品分拣，分拣完成后将商品放置于待发货区。商品发货时，发货员根据《中央仓商品配送行车记录表》，将商品归置到发货区，根据《中国石油云南销售分公司中心仓库复核单》与承运方共同确认商品数质量，双方实施明细交接，如有差异发货员需查找差异原因，双方在《中央仓商品配送出库单》上签字确认后，由承运商组织实施配送。

商品存储。按照第一节"非油商品存储"所述要求开展。

商品退货。对于需退货商品，中央仓根据《退货计划表》，制作《中央仓商品退货单》，随《中央仓商品配送出库单》交承运司机实施实物回仓，中央仓统一收集退货商品后与供货商办理退货。

三、业务运营管理

2009年以来,中央仓采取"仓储自营+配送外包"模式运作。

2010—2013年,中央仓开展测时写实,优化倒班排班,采取分拣人员分班制,制定分班作业计划,规范仓库作业标准,实行仓库储备管理。2011年,周转量急剧增加,公司实行一周两配,缩短各单位订货周期。2012年以来,实施卡板交接,按站分拣、顺序出库的工作方法,装车时间由3小时减少为1.5小时,出货时间由3—4天缩短为2—3天。

2014—2017年,公司为突破中央仓仓储瓶颈,实施中央仓整体搬迁,仓容扩大2000平方米,仓储条件不断优化。2015年自主开发的订货与物流系统(1.0)上线运行,持续优化订货与物流系统中的订单、代储、供应商、物流配送等功能模块。先推行"摘果式"分拣模式,试行"信任交接",借鉴广东中油BP中央仓管理经验,有效推行6S管理,将摘果式分拣转换成"摘果式+播种式"混合高效分拣,在全公司推行限时明细交接。2017年,对116个接卸强度大的站点由承运商负责搬货进库服务,切实落实减负工作。依托邮政物流实施彩票统采统配、快递到站服务,全年配送彩票量达342万元,配送保供率99.1%,人均分拣时效2180件/(人·时)。

2018年,结合公司非油品业务"十三五"发展规划,分析物流行业趋势,推进建仓论证,完成非油业务自建仓暨物流规划方案论证评审。实施物流运行全流程诊断,细化搬货进仓操作标准,优化调整便利店非油商品订货频次,一月两配以上站点增至369个,一月一配站点减少34个;针对集采商品、自有商品启用专车配送,试点车润、车辅产品分仓专项配送。在充分考虑配送运距跨度、百公里车辆运输成本及返空成本的基础上,以长、短途区域市场搭配切分四个配送区域。

第三节 便利店管理

公司加油站便利店按照地理位置,预测收入水平,分为高级店、标准店、基本店,其主要定型功能如下(见表5-3)。

表5-3 便利店功能区规模分级明细

类型	高级店			标准店		基本店
	高级店Ⅰ型	高级店Ⅱ型	高级店Ⅲ型	标准店Ⅰ型	标准店Ⅱ型	
面积(参考值)(平方米)	≥140	≥100		≥60		<60
单品(个)	≥1000	≥1000	600—1000	300—600		<300

续表

类型		高级店			标准店		基本店
		高级店Ⅰ型	高级店Ⅱ型	高级店Ⅲ型	标准店Ⅰ型	标准店Ⅱ型	
主要功能区及设备	收银区	高级收银台，带背柜和糖果架	标准收银台，带背柜和糖果架		标准收银台，带背柜和糖果架		简易收银台，带背柜和糖果架
	冷冻饮料区	高级型冷柜节能冷柜			普通型冷柜		
	便民服务区	泡面台、便捷餐台、饮料加热柜			泡面台		
	普通商品区	靠墙式商品货柜、中岛货架			靠墙式背网货架、中岛货架		
	汽车用品区	靠墙式商品货柜			靠墙式背网货架		
	管理系统	POS、BOS、多功能支付					POS、BOS

一、建设情况

便利店建设遵循中国石油加油站便利店设计标准及加油站建设标准。对于新建加油站，根据地理位置、周边客户类型、油品销量以及非油销量预测，参照分类、规模设置表，确定便利店类型，对照典型方案，如符合可直接选用，如条件相似适当修改应用。对于运营加油站改造，根据需求预测结果、便利店类型、面积、长宽比例，对照典型方案，如符合可直接选用，如条件相似的适当修改应用，并根据条件变化灵活应用。

1999—2004年，公司按照"抓设计、抓商圈、抓选择、抓管理、抓招标、抓安全"的理念，从质量、安全、执行标准到工期控制等各个方面开展便利店工程项目建设。

2005—2009年，公司根据销售公司《加油站建设标准设计》（2010版），从新建加油站设计入手，认真进行项目设计方案审核，全力推行新标准落地。

2010年，公司以样板便利店打造为抓手，认真落实《中国石油便利店标准方案》，从严审查方案设计，从严监督施工质量，从严验收工程项目。开展商圈分析，明确市场定位，确定商品选型标准，加快营业执照增项办理，利用现有设施设备，最大限度盘活闲置资产，对有条件的加油站限期开业，没条件的加油站实行现场打堆销售。公司实际运营网点272个，包装便利店109个，网络覆盖14个州市，为非油品业务的拓展提供良好支撑（见表5-4）。

2011年，公司按照"抓设计、降投资、树形象，抓商圈、定功能、明定位"的非油标准化建设理念，突出抓好uSmile昆仑好客和Carcare咔咔品牌形象打造，在人性化设计、标准细化和工艺突破上下功夫，将高速公路加油站和城市中心加油站便利店作为重点，对32个便利店进行规范包装，包装后的便利店销售收入提升20%。

表 5-4　2010 版便利店功能区规模分级明细

类型	位置	面积（平方米）	货架				
			饮料柜	收银台	餐台	货架	管理系统
高级店	城市主干道／高速路	＞80	6门	标准	标准	标准	2POS BOS 监控系统
标准店	市郊／繁华镇区／国道	60—80	4门	标准	标准	标准	1POS BOS 监控系统
机油店	省道／国道	＜60	2门	简易	无	标准	2POS 监控系统

2012 年，公司下达专项投资项目 34 个，投资金额 800 万元。加大项目评审科学性，抓好每一座新站设计评审和投运，采用非油处验收与委托各单位验收相结合的方式，做好每一个站点投运验收工作，完成非油专项打造项目 30 个以上。

2013—2014 年，公司深入开展便利店"小改大"挖潜提升改造普查工作，对 212 个便利店结构调整、便利店整体包装、站点营业室简单改造、非油站房设施搭建及包装、便利店设施设备配置及其他六个项目改造内容进行全方位调研普查，编制普查报告，完成第一批 83 个项目的评审和投资计划批复，为 2015 年便利店挖潜提升工作奠定基础。

2015 年，公司结合新版《加油站便利店标准设计》，按照"打造时尚有品位的国内一流加油站便利店"为目标，分 3 批下达投资项目 669 个，投资金额 1185.48 万元，用于便利店升级提升改造。同时，结合公司民族特色加油站打造需求，完成楚雄太阳女加油站民族特色加油站打造。

2016 年，公司在遵循原加油站便利店设计标准及加油站建设标准的基础上，按照标准升级、优化原则，在销售公司无投资计划情况下，利用公司库站技改检维修项目计划，下达项目 26 个，投资金额 95.69 万元。在不停业情况下，对销售较好的站点进行升级提升改造。新投运便利店 35 个，按照新版便利店建设标准完成非油项目打造 26 个，在完成改造项目的同时，新建的昆明西福路加油站以变形金刚为主题完成打造并投运（见图 5-2）。

图 5-2　西福路加油站便利店

2017 年，结合加油站储罐防渗一体化改造，公司积极向销售公司争取投资，同步实施便利店改造。在一体化改造项目外，下达项目 29 个，下达投资 737.46 万元。借助"小改大"、设施设备投入、广告位租赁等形式，做好店面形象改造，完成项目改造 28 个，单站日均增收 516 元。在完成项目改造的同时，2017 年公司新投运便利店 25 个，新建的大理富海加油站投运，便利店日均销售 1 万余元。

2017 版便利店功能区规模分级明细表（见表 5-5）。

表 5-5　2017 版便利店功能区规模分级明细

类型		高级店			标准店		基本店
		高级店Ⅰ型	高级店Ⅱ型	高级店Ⅲ型	标准店Ⅰ型	标准店Ⅱ型	
位置		城市干道站／社区站／高速站			城市站／郊区站／高速站／国道站		省道站／农村站
便利店销量（万元／年）		≥ 300	200—300	100—200	50—100	20—50	＜ 20
油品指标	油品销量（吨／年）	≥ 10000	5000—10000		3000—5000		＜ 3000
	汽柴比	≥ 1			≥ 1		

注：表中参数为参考指标。

2018 年，按照公司挖掘便利店销售潜力、拓展汽服业务、保障非油业务持续快速发展的重点要求，集中梳理一批增量空间较大的站点，作为 2018 年第一批非油专项投资项目进行打造。下达项目 25 个，投资金额 1030 万元。年内完成昆明北二环加油站、玉溪东风加油站、红河团山加油站、大理金花加油站等样板便利店打造。

便利店功能分区表及 2010—2018 年便利店运营情况表（见表 5-6、表 5-7）。

表 5-6　便利店功能分区

基本功能区					
功能区	收银区	普通商品区	冷冻饮料区	汽车用品区	便民服务区
可开展的服务项目	收银、发卡、烟酒、小微型商品等	零食、副食、常温包装饮料、日用品等普通商品	饮料、水、啤酒等包装冷饮	润滑油、燃油复合剂、玻璃水等汽车用品	饮用热水、泡面、熟食加热等便民服务
拓展功能区					
功能区	特色商品区	放心厨吧区	进口商品区	果蔬区	昆仑好客优选区	快餐区	便捷餐台区
可开展的服务项目	特色商品	米、面、粮、油、调料及炊具等厨房商品	进口高档商品	果蔬、水果及关联商品	精选、高级商品	快餐食品、现调饮料等	便捷就餐、休息
功能区	促销区	互动体验区	服务区	增值业务区			
可开展的服务项目	活动、打折、促销等商品	存取款、快递、资讯查询、彩票销售、ETC 自助服务、智慧体验以及各类便民缴费	加油卡自助充值、便民缴费	各类代理、洗衣代收服务、房车营地等服务			

注：服务项目参照此表设置，但不局限此表。

表 5-7　2010—2018 年便利店运营情况

指标	2010年	2011年	2012年	2013年	2014年	2015年	2016年	2017年	2018年
便利店数量	272	371	445	517	569	589	624	649	663
优质店数量	92	106	178	252	306	376	453	499	423
千万元店	0	0	0	0	0	1	2	1	1
五百万元店	0	0	0	0	2	3	2	12	20
三百万元店	1	2	6	11	11	11	17	17	30
百万元店	25	40	42	55	63	94	127	162	222
五十万元店	37	36	65	82	117	146	158	201	150
三十万元店	29	28	65	104	113	121	147	106	104
单店日均销售	1587	952	1176	1460	1521	2174	2414	2930	3315
吨油非油收入	110	70	92	126	140	202	232	270	324
客单价	20	12	18	24	30	35	38	40	47

二、氛围营造

便利店氛围营造是充分利用色彩、灯光、广告、布局、动线、商品选择及摆放、设备设施、音乐、气味、卫生、促销及信息化等要素，借鉴国内成功经验及国外理念实现符合加油站便利店特征的最佳商业氛围。

1999—2009 年，公司便利店处于业务发展初级阶段，单品数量较少，主要依靠现有货架，将商品陈列饱满，以琳琅满目的视觉感受来营造销售氛围。

2010 年，结合《加油站建设标准设计》（2010 版），通过标准化打造，便利店店面形象初步达成统一，销售氛围营造稳步提升。

2011 年，公司制定《便利店设计标准及设施设备配置标准》《便利店库房规范管理标准》，启用《商品陈列图》和《店长日志》，出台《检查稽查标准》，加大稽查检查力度，切实推动各项标准在加油站便利店落地生根，在符合标准的情况下营造便利店氛围。

2012 年，公司抓店面管理，促昆仑好客品牌知名度提升，完成 25 个样板便利店打造，从视、听、味不同感官角度，激发顾客购物欲望，昆明项目实现日均销售 14.1 万元，增长 59.9%，毛利率 21.4%，增长 1.5 个百分点，减员 41 人，月均增效 40 万元。公司组织开展 171 场现场"2 小时"销售冠军赛，单场销售最高达 5628 元。

2013 年，公司持续优化商品陈列，落实便利店商业氛围打造工作，抓实"两服务一清洁"工作，突出油枪口和收银台两个服务关键接触点，深入开展"微笑开口"及后备厢服务、小推车零距离服务、重点客户"送货到户"服务。

2014年，公司实施"一店一策"管理，推进便利店氛围营造。非油品公司成立帮扶小组对81座"双低站"和高速公路同比下降站点、148个主油价格优惠站点进行全流程诊断和一店一策帮扶，优质便利店占比57%，同比提高9个百分点，低销便利店减少48个。

2015年，公司突出营业氛围营造，开展"创意堆头大赛""369"知识竞赛，现场营业氛围及员工技能持续提升。"369"即：看三表，看销售排行表、看交接班表、看库存明细表；查六单，查订货单、查收货单、查退货单、查促销单、查变价单、查盘点表；做九事，查单陈列、盘点班结、微笑相迎、主动促销、及时录入、唱收唱付、随时理货、准确收退、即时调价。

2016年，公司认真贯彻执行销售公司"打造强大现场，服务创造价值"工作要求，实施便利店优化提升诊断、"三送三打造"专项工作，店面销售氛围、开口促销能力显著提高，优质便利店达453个，占比72.6%。

2017年，公司围绕"圈、场、价、人、货、活"开展店面氛围营造工作，即通过商圈调查、开口促销、差异定价、员工激励、商品选择、"油卡非润"一体化营销分批次对站点实施打造，制定整改措施600余条，店面氛围、销售质量稳步提升。全年培训各单位员工2845人次，非油品公司外送培训交流75人次，兄弟单位到公司交流学习60人次；张本荷加油站经理张艳芬获2016年度"中国连锁经营协会金牌店长"。

2018年春节期间，公司营造张灯结彩、琳琅满目、温馨愉快的乐购氛围（见图5-3），在高速公路及旅游景区重点加油站，打造"年味店"近300个，开设粮油专区53个，年货街21个，客单价同比增长17.6元。

图5-3 便利店春节氛围营造

三、管理制度

1999—2007年，公司未单独印发便利店管理相关制度。

2008年，公司为加强非油品业务财务管理，控制财务风险，先后印发《中国石油西南销售公司非油品业务财务管理与会计核算办法》《非油品业务开发管理程序》，规范非油品业务开发管理，明确职责，相关控制内容及要求。

2009年，公司印发《非油业务管理办法》，对非油商品采购管理、商品存货管理、商品销售定价审批管理、新项目开发、配送管理、供应商管理、非油品培训、非油品业务日常运行管理等内容及要求进行明确。

2010年，按照科学、简捷、高效、受控的原则进行业务流程过程辨识和风险点梳理，公司在业务流程评审和修订过程中注重严格把关、持续改进，增强非油品业务管理办法和各业务流程的有效性和执行力。新增非油品业务流程16个，修订流程8个，制定《财务审批管理实施细则》等制度7项。

2011年，结合业务变化对非油各项业务流程进行持续梳理和完善，公司制定下发《非油业务管理办法》，编制《中国石油云南销售公司非油管理业务手册》《中国石油云南销售公司炼油小产品与润滑油管理业务手册》，提高非油品业务运作的规范与可控性；制定《非油建设项目实施管理细则》，规范非油品业务投资项目评审程序；制定《润滑油与化工产品销售部业务实施细则》，抓好润滑油与化工产品业务及客户开发管理控制；结合公司新业务开展、业务系统应用、财务系统与业务系统接口运行，对非油品业务财务核算及管理内容进一步细化，修订印发《非油品业务核算及管理实施细则》。

2012年，公司借助内控体系检查、专项效能监察，重新梳理完善各项业务处理程序，编制试题库，促进经营管理风险防范能力不断提高。组织开展专业线风险识别，对67项风险提出防控措施，规避业务风险。

2013年，公司建立健全风险管控机制，对采购、新品引入等重点领域及关键风险点加强监管，各项业务运行规范受控。调整非油品业务激励办法，进一步完善非油品业务分配机制，提高非油品业务销售收入和盈利能力，界定高利、低利商品，明确各类商品提成比例，个人奖励标准，非油提成工资分配原则，超计划任务完成奖励标准。印发《非油专业管理绩效考核实施细则》《非油业务管理办法》《非油业务财务核算及管理实施细则》3项制度。

2014年，公司印发《加油站广告业务管理办法》等规章制度12项。

2015年，公司印发《非油专业管理绩效考核实施细则》《非油商品采购管理实施细则》《非油商品供应管理办法》《非油品业务会计核算与财务管理实施细则》《非油业务管理办法》《加油站便利店检查考评实施细则》《非油中央仓管理办法》7项规章制度。

2016年，公司印发《非油专业管理绩效考核实施细则》（见表5-8）《非油品业务会计核算与财务管理实施细则》《非油商品价格管理实施细则》《非油业务管理办法》《食品安全管理办法》《非油品客户投诉及纠纷处理实施细则》《非油品稽查实施细则》《非油品中央仓管理办法》《非油商品配送管理实施细则》《非油商品采购管理实施细则》《非油商品供应商管理实施细则》《物资（服务）及非油商品结算管理实施细则》12项制度。

2017年，针对物资采购、招投标、供应商管理等风险点，建立完善规章制度14项。

2018年，针对非油商品团购、彩票业务管理等风险点进行梳理，建立完善规章制度11项。

表 5-8 非油专业管理绩效考核实施细则

序号	考核内容	标准分值	考核细则
1	营运管理	10	配送管理。考评分值 10 分，月度考核，季度兑现。仓配转直配超过 5%，每超 1 个百分点扣 1 分；退货、直配、仓送在途为 0，每增加 100 元扣减 1 分；退货（针对分公司、便利店原因造成的退货），月度退货金额控制在月度销售金额的千分之三以内，每超千分之一扣 1 分；及时完成销售日结、系统变价通知单审核、发票过账，系统月度考核 99% 达标，低于一个百分点扣 1 分。扣完为止
		20	损耗管理。考评分值 20 分，月度考核，季度兑现。商品配送损耗按照 0.2‰ 控制，每超过万分之一扣 1 分；便利店商品损耗按照 23 大类进行分品类管理（其中香烟、润滑油、化工产品大类不允许产生损耗），损耗率为千分之三，每超千分之一扣 1 分。扣完为止
		15	商品质量。考评分值 15 分，月度考核，季度兑现。各级检查、抽查、客户投诉发现货架商品有质量问题，一票否决，扣 10 分；发生客户投诉商品过期的，引起质量纠纷每次扣 5 分，扣完为止。同时追究相关责任人的经济与管理责任
		20	库存管理。考评分值 20 分，月度考核，季度兑现。按月度库存管控计划考核（库存管控计划以当月下发为准），得分等于权重 × 完成率
		20	新项目管理。考评分值 20 分，月度考核，季度兑现。对新项目总体运营入账情况按时间进度进行考核。年度指标未完成，一票否决，分值全扣
2	专业管理	15	集中采购管理。考评分值 15 分，月度考核，季度兑现。未按规定时间完成合同签订的，每发现一例扣 2 分；未按规定时间完成物资验收的，每发现 1 例，扣 2 分。扣完为止

四、库存管理

1999—2009 年，非油商品库存由所属各单位加油站统一消化处理。

2010 年，公司把促销活动作为平台，消化积压、临期库存商品 45 种，商品价值 40 万元。

2011 年，公司加大对市场知名度高、销售增长空间大、消费需求旺商品的筛选和引入，有序淘汰滞销、薄利商品。全年共引入试销单品 56 个，可订货商品由原来的 800 余种增至近 1800 种，商品结构明显好转，商品流转明显加快，滞销商品库存下降 270 万元。

2012 年，公司强化库存管理，顺畅退换货流程，集中专项处理滞销品 400 余万元，对控股公司加油站实施"返购"和"以新换旧"，商品平均周转天数 86 天，同比减少 11 天；推广应用库存 ABC 分析法，清理出高库存商品 15 种，价值 215 万元；分析出适销对路可订货商品 1360 个，必有必保核心商品 105 个；通过库存清理优化，公司百货库存周转天数由年初的 94 天下降到 71 天；非油库存剔除化工产品后为 3926 万元，优于降库目标，节约财务费用 13.4 万元。

2013 年，公司加强库存管控，清理淘汰商品 160 万元，处理低效无效资产 20 余万元，存货周转天数由 94 天下降到 83 天。

2014 年，公司强化库存管控，百货润滑油存货周转天数同比下降 3 天。全年清理滞销库存

380万元，降幅74%，有效提升库存运行效率。

2015年，结合商品贡献度，公司通过双ABC分析法强化商品分析，有效提升非油单品品效，商品品效同比提升534元，增长126%。

2016年，公司加强双级ABC分析工具运用，实现科学订货，强化香烟库存消化、滞销商品库存清理，将历年在途商品库存由年初225万元降至为零。

2017年，公司紧盯重点商品，深入分析，分单品、单站制定降库标准，库存周转天数控制在60.4天，同比减少10.4天。

2018年，公司专门印发《非油商品降库存、提效率专项工作方案》，每个月对各单位降库工作开展情况、取得效果进行通报，库存周转天数控制在56.75天，同比减少3.65天。

第四节　非油商品配送

一、配送流程

中央仓结合月度期数把每期配送计划站点、件数发给承运商调度，承运商调度按照当期站点及线路排出配送计划，包含车辆信息、配送时间、配送人及联系电话。承运商在中央仓商品出库当天安排车辆到仓库装货。中央仓按照车辆装车信息提前做好出库商品备货，承运司机与中央仓发货员实行明细交接，共同对装车商品的数质量进行复核确认打包，完成装车。商品装车出库后，中央仓把配送信息通过微信群告知相应加油站，加油站便利店提前做好收货准备，承运司机把商品配送到站后，与便利店执行明细交接，对商品数质量进行复核确认，配送中出现的差异、破损情况，由承运司机进行现场赔付，并根据加油站需求，把商品搬运到指定地点，加油站便利店进行系统内收货，完成本次配送（见图5-4）。

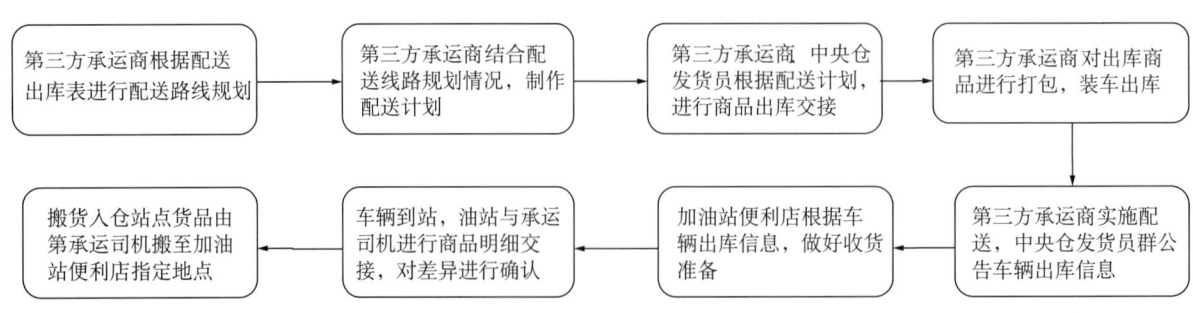

图5-4　非油商品配送流程图

二、配送管理

1999—2008年，公司非油商品实施直配，由供应商将商品直接配送到加油站。

2009—2010年，公司强化非油商品配送竞争机制，合理选择仓送直配，细化配送费用标准，配送费率控制在4.6%，同比下降1.9个百分点。加强配送过程监控，明确非油商品从中央仓装车出库到送达便利店的时间为72小时以内，其中昆明市全部实现48小时内送达，商品配送效率得到保证。

2011—2012年，公司强化配送线路、订货时间、最小订货量规范管理，实行一周两配，缩短各单位订货周期，昆明分公司、中油强林公司由原来每月两次订货增至每月四次，楚雄分公司、大理分公司、玉溪分公司、曲靖分公司由每月一次订货增至每月三次，其他公司订货也增至每月两次。确保单次运距在120千米以内的1天内配送到位，超过300千米3天内配送到位。

2013—2014年，公司通过"特性分析、功能定位"科学完善库区功能，实现高周转、低库存的优化目标，持续改进卡板交接、按站分拣、顺序出库的工作方法和措施，突破承运单位单一瓶颈，先后引进云南腾俊国际物流有限公司、云南志博物流有限公司、点石物流有限公司等社会物流参与配送，2014年物流费率下降至6.5%，最远配送运距达820千米，配送平均运距336千米。

2015—2016年，公司统筹平衡承运商运力，引入中国石油天然气运输公司、云南腾俊国际物流有限公司、云南华宏物流有限公司、嘉里大通物流有限公司、云南准点物流有限责任公司等物流单位，实现配送覆盖所属州市分公司677个便利店，最远配送运距达843千米，配送平均运距368千米，配送费率控制在4.52%。

2017—2018年，面对订货量同比增长的情况，公司新增云南昆明交通运输集团有限公司、云南顶众物流有限责任公司、云南快达航空物流有限公司等物资单位，结合非油商品配送需求属性，实施仓配、直配、特配模式保供，实现覆盖所属州市分公司683个便利店非油商品、彩票业务配送，最远配送运距达930千米，配送平均运距420千米。

三、配送考核

2009—2013年，从货物在装载点装入运输车辆后直到运抵收货，由承运商对货物的安全、质量、数量负责。运输过程中，如果货物发生短少、变质、污染、损坏、不能销售的情况，承运商按"货物采购价"进行赔付。

2014—2017年，严格落实配送运行过程管理，执行承运商服务考核，从中央仓装车出库、加油站收货入库、车辆回仓验收三个环节进行打分，对配送服务进行全流程闭环监督。每月根据承运情况进行考核，考核95分达标，对不达标的按照500元/分处罚。投诉率控制在1%以内，配送服务满意率100%，配送及时率98%，配送差错率控制在0.1%以内，交货准确率100%。

2018年，强化运力保障，提高配送效率，开展运输KPI指标考核，考核结果与运输费用计算挂钩。运费结算标准结合承运方装车计划准确率（35%）、剩货率（10%）、到站及时率（35%）、加油站满意率指标（20%）等指标设置分阶梯式运费结算标准，当考核指标完成率达100%时，百货统一按照采购价值的4.5%支付配送费用；润滑油在昆明市（50千米以内）按照采购价值的3%支付配送货费用，昆明以外地区按照4%支付。当考核指标完成率每下降5%，费率相应下调0.05%；考核指标完成率每上升5%（指标完成率115%封顶），费率相应上调0.05%。

第三章 非油商品销售

自销售公司非油品业务正式启动以来，公司非油品业务结合便利店客户消费需求，对商品进行销售定位，区别管理，严格监控商品的进、销、存等环节，提升各门店非油品规范化经营管理水平，非油品销售额实现新突破。

非油品公司引入品类经营管理，通过站级系统掌握消费者购物情况，并分析消费者对品类的需求后，突出香烟、包装饮料、汽车用品、家庭食品等核心商品销售，科学制定商品组合、存货管理、新商品开发、促销活动等，持续优化便利店商品结构，加快商品流转周期。2018年，围绕销售公司"人·车·生活"生态圈3.0建设打造要求，公司作为昆仑好客公司首批试点单位启动精益零售试点工作，通过导入MD商品协同供应计划体系，精简SKU（Stock Keeping Unit，库存进出计量的基本单元）数量，大力开发新商品，对商品的畅销、滞销、下架及时进行跟踪，进行全生命周期管理；重新梳理商品部职能，建立信息发布机制，将商品信息发布到门店，同时督导收集门店顾客意见、商品反馈信息，指导商品部改进商品开发工作。从战略、业务、流程、IT系统、DT数据等全方位分析诊断、优化，探索符合中国石油昆仑好客便利店自身业务实际的业务标准。

第一节 便利店销售

一、品类优化

1999—2009年，因非油商品种类较少，未开展全面优化工作。

2010年，公司加大核心产品开发，盈利空间得以拓展，包装饮料、香烟、日用品、汽车用品销售收入名列前茅。其中包装饮料4681万元，同比增长169%；香烟销售突破1000万元，同比增长3.6倍；汽车用品692万元，同比增长195%。

2011年，非油品公司增设品类管理岗，对家庭食品、包装饮料、香烟、汽车用品四大类商品实行品类管理，全面开展从选商、订货、库存、销售、促销、淘汰到市场调研反馈的一条龙管理。

开展市场调研，实施品类分析，引进高毛利商品，四大核心品类销售量效齐增。其中：香烟销售收入2769万元，同比增长170.94%；汽车用品销售收入1803万元，同比增长160.55%；家庭食品销售收入1058万元，同比增长180.78%。

2012年，公司实施品类管理，优化商品结构，可订货商品从1800余种精简到1100余种，精选必有必保商品100余种。加强进、销、存、调跟踪反馈，加快商品流转，缺货率控制在5%，便利店销量同比提升64%。其中香烟增量2437万元，增长119%，包装饮料增量700万元，增长45%，汽车用品增量600万元，增长42%；细分市场，灵活定价，品类毛利率同比增长0.95%。全年集中开展促销7次，实现增量520万元，毛利158万元。

2013年，公司着眼核心商品创收增效，加大核心商品订货、陈列、销售监督与指导力度，实现核心商品销售收入2.25亿元，占便利店总收入74.6%。

2014年，公司持续优化品类，引进保赐利玻璃水、统一冰红茶等畅销品131个，创收850万元；下放香烟、润滑油等商品价格审批权限及地采商品定价权限，香烟毛利同比增长25%，润滑油毛利同比增长2%；开展包装饮料后备厢竞赛，日均销售从12万元提高到15万元，增长21%。通过品类优化，核心品类销售收入和利润占比分别达42%、55%。

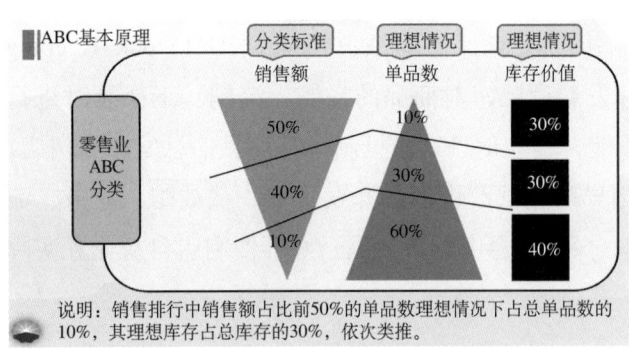

图5-5　ABC分类分析法原理

2015年，公司推广双级ABC分类分析法（见图5-5），培育高效商品346个，淘汰低效商品674个。扩大核心品类销售，灵活开展香烟团购，销售同比增长50.9%，增效393.2万元；提升部分包装饮料单品售价，增效179万元；与金龙鱼、中粮等知名厂商合作，家庭食品实现增效45.7万元。挖掘薯片、小吃、饼干、糕点等潜力品类销售，推进雪糕等应季商品销售，培育潜力商品165种，创效2827万元。

2016年，公司加强商品优化，改善品类结构，引入新品925个，淘汰低效商品1203个，百货毛利同比提升23.7%。

2017年，公司聚焦主要品类，发挥渠道优势，实现由跨品类分析向顾客导向的品类角色定位转型。加强与中国烟草合作，实施"先专销、后定制"合作模式，实现香烟销售收入3.03亿元、毛利2570.4万元，同比分别增长53.1%、36%。包装饮料以一线品牌扩规模、提形象，二线品牌提效益，创效2398.7万元。找准客户痛点，精准商品选择，以删除低效、补充缺失、突出差异、拉宽价格做好商品的选择与淘汰，品类结构进一步优化，商品品效达435.5元。

2018年，公司建立新品周引入、月评价机制，引入知名单品295个，淘汰低效商品338个，品效同比增加116元；扩大水果销售，引入高品质生鲜水果，单店月均创收5000元；联合厂家打造爆款，奶类销售同比增长161.1%；利用电子券、油非互动促销政策，加大50万元以上优质便利店陈列及宣传，实现武夷山水销售18.5万件，市场渗透力持续加强。2018年百货销售top20商品（见表5-9）。

表5-9 2018年百货销售top20商品

排名	非油品	销售收入（元）
1	红牛维生素功能饮料原味型250毫升	15161011.39
2	武夷山饮用天然矿泉水333毫升	9645223.21
3	珍茗山泉水550毫升	4463311.47
4	乐虎牛磺酸强化型功能饮料瓶装380毫升	4298034.70
5	好客云品苏打水饮料柠檬味380毫升	3971061.42
6	好客云品薄荷水饮料400毫升	3949768.20
7	滇雪纯正菜籽油5升	3471227.85
8	娃哈哈纯净水596毫升	3440043.40
9	农夫山泉天然水（24瓶1箱）380毫升	3339495.24
10	好客云品苏打水饮料玫瑰味380毫升	3019592.22
11	珍茗山泉水1.35升	2833603.63
12	娃哈哈苏打水350毫升	2622005.43
13	红河(软甲)20支	2592306.64
14	雀巢瓶装丝滑拿铁咖啡268毫升	2339642.66
15	农夫山泉饮用天然水550毫升	2050740.31
16	菜家村一级大豆油20升	1973114.77
17	立白生姜洗洁精1500克	1959596.54
18	伊利安慕希希腊风味酸奶黄桃+燕麦200克	1938868.61
19	格沃斯维生素饮料250毫升	1877882.23
20	康师傅冰红茶PET500毫升	1134973.14

二、营销活动

1999—2009年，公司未组织开展大型营销活动。

2010年，在销售公司框架协议下，公司加快开展名烟名酒进店工作，与供应商积极合作，中秋、国庆期间，完成促销收入156.43万元（其中月饼销售95.46万元、名酒销售56万元），毛利32.85万元。下半年共组织策划"中秋国庆"双节促销、"喜迎亚运、倾情回馈""温情寒冬、岁末酬宾"等三次大型促销活动，靠实市场需求，甄选适销对路的促销商品 50 余种，加大高利润商品引入力度，引导顾客消费转变，实现促销收入 168 万元。

2011 年，公司以节日出行、拜访馈赠为卖点，开展"元旦迎新，春节送福""春风送暖、实惠到家""激情五月欢乐行""国庆中秋，好礼送不停""秋冬进宝""好客有礼"等主题促销活动，拉动非油销售增长 30%；围绕新站开业和纯枪上量，精细组织"加油好礼送不停"系列活动，汽油销量增长 15%，油非互动成效显著。

2012 年，公司全年集中开展促销 7 次，促销形式包括特价、买赠、捆绑、团购、节日商品等，涵盖茶叶、小吃、饼干、糕点、饮料、日用品、润滑油、节日礼盒、新品推荐等多品种、多系列商品，实现增量 520 万元，毛利 158 万元。

2013 年，抢抓重大节假日良机，公司以 TOP50 畅销品、核心高利新品为重点，依托供应商让利、捆赠等促销政策和现场服务支持，开展"昆仑好客，喜迎春风"等主题促销活动六期，实现促销收入 5282 万元、毛利 934 万元，同比分别提升 26%、23%。客单价达 24 元，同比提高 6 元。

2014 年，公司启动加油卡积分兑换便利店商品工作，开放汽车用品、润滑油、日用品、个人护理用品 4 品类作为积分兑换商品。公司作为销售公司 7 家试点单位之一，全年开展日常促销 5 期，抓实固化科学备货、班前培训、美化陈列、有效宣传、开口推荐、奖优罚劣措施，实现促销收入 9758 万元，占店内收入 23%，同比增加 1935 万元，增效 333 万元。在昆明分公司、中油强林公司 40 座加油站开展"世界杯"主题专项促销，争取供应商 22 万元的场地租赁费支持。利用合作单位资源，开发非油品团购销售，供应商及托管方实现香烟及酒类团购 26 万余元，同比增长 37%。

2015 年，公司突出"油卡非润"一体化促销，先后策划开展"新春纳福，金羊献瑞"等促销活动 5 期，开展创意堆头大赛、"369"知识竞赛等营造现场营业氛围，推广"日销日兑"及小时销售竞赛等，客户进店购买率达到 10.7%，同比提升 28.9%；客单价 36.9 元/人，同比提升 33.4%。实现非油促销增收 2930 万元，获销售公司后备厢竞赛加多宝系列第一名。

2016 年，公司丰富消费体验，注重油非联促，在销售公司"武夷山矿泉水杯"包装饮料竞赛中，公司获集体一等奖、加多宝和昆仑山分品牌竞赛"最佳配合奖"、红牛分品牌竞赛"单店贡献奖"。

2017 年，借助供应商资源优势，强化促销、客户、效益一体化，做新做精"油卡非润"联合促销，做好电子券商品组合推介，实现促销收入 5941.2 万元，同比增长 31%，电子券兑换非油转换率达 23.8%。以"昆仑好客十周年"、重大节假日等为主题，强化非油商品销售、自有产品推介，联合厂商资源、区域优势，开展客户推介会 12 场次，昆明市实现非油商品预售量 3388 万元，其中百货预售量 1188 万元，润滑油年度签约框架协议量达 2200 万元。西双版纳州推介会当天实现销售收入 52 万元。德宏州销售可口可乐到缅甸，实现收入 37 万元。

2018年，针对不同汽油客户群体，实施油非买赠促销，实现非油增收1160.7万元；精心谋划"加油世界杯、精彩齐分享"主题促销，开展线下购物，线上抽奖、赛事竞猜等系列活动（见图5-6），打造"世界杯"主题促销加油站30个，发放奖券3万余张，"中石油云南昆仑好客"公众号活跃度增强，客流量增加约1.5万人次，促销单品收入翻番。

图5-6 丰富多样的主题促销

三、优化提升

1999—2009年，公司重点做好便利店规范化包装，未进行便利店改造提升工作。

2010年，以样板便利店打造为抓手，公司认真落实《中国石油便利店标准方案》，打造规范样板便利店1个，开展商圈分析，明确市场定位，确定商品选型标准，张本荷加油站样板打造取得实效，日销售由800元提高到3000余元，最高销售收入超过6000元。公司包装便利店109个，占便利店总数的46%。

2011年，公司以提高进店率和客单价为核心，结合便利店地理位置、销量等级实行分类分级管理，实施"一站一策"，以商品选型、陈列标准、价格定位、服务项目为重点，全面提升店面销售能力。

2012年，公司实施"开口微笑"服务工程，推进便利店生动化陈列，在每家州市分公司打造一个旗舰便利店。针对低销站开展"一对一"帮扶培训，店面规范管理水平得到一定提高，72个便利店"脱贫"，其中28个进入优质便利店行列。

2013年，公司对235个低效便利店开展内部目标经营承包，实施"一站一策"营销方案评审、经营任务竞拍、季度任务考核淘汰机制，"双低站"销售同比提升60%，毛利提升48%。

2014年，非油品公司成立帮扶小组对81个双低站和高速公路同比下降站点、148个主油价格优惠站点进行全流程诊断和一店一策帮扶，优质店占比达57%，同比提高9个百分点，低销便利店减少48个。

2015年，公司在325座加油站开展便利店全流程诊断，通过"一审四看二参与"现场帮扶指导，三十万元以上优质便利店收入同比提升29.4%，毛利同比提升25.1%。与此同时，全力打造精品加油站便利店，相继打造以地方民族文化特色为代表的丽江古路湾加油站，以区域定价增收创效为代表的文山珠街服务区加油站、大理双廊服务区加油站，以双提升旧貌换新颜为代表的昆明东兴加油站、普吉加油站，以特色产品销售为代表的楚雄大平地服务区加油站、红河弥勒服务区加油站，以优质开口促销为代表的中油强林禄膝加油站、临沧西河加油站，进一步提升了昆仑好客品牌形象。

2016年，公司认真贯彻执行销售公司"打造强大现场、服务创造价值"工作要求，实施便利店优化提升诊断等专项工作，店面销售氛围、开口促销能力显著提升，优质便利店达453个，占比72.6%。加强民族特色加油站打造，建成了一批以丽江古路湾加油站、楚雄太阳女加油站、德宏金孔雀加油站、文山宝宁加油站、昆明干坝塘加油站为代表的品牌站店；成功运行阳光便利店，实现百货收入551.2万元，毛利107.5万元，运行西福智能服务综合一体店，实现非油收入358.8万元，毛利72.7万元。

2017年，公司以"四推进四提升"为抓手，开展对现场基础陈列及开口促销指导培训21场次。深入研究便利店商品交接、库存优化、报表系统功能开发等项目，减少加油站现场手工报表5

份。持续加强非油专业线人才培养，内训 36 期，培训员工 1403 人次，非油队伍营销水平、岗位操作技能有效提升。

2018 年，结合销售公司对店面优化提升工作的总体安排，非油品公司围绕便利店这一增收提效主阵地，以站点分类分级工作为基础，重点从数据对标、现场优化、硬件提升三个方面入手，开展"一店一策"店面优化提升工作。

四、业务创新

2011 年，针对高速公路、城区、国省道、县乡、城郊结合加油站不同的商圈，公司尝试便利店分类管理，推行区域定价，有效提升店面盈利能力。结合高速公路客流量大、流动性大的特点，在德发加油站等 10 个高速公路站点对包装饮料、香烟、饼干、面包实施区域定价，较好地规避因季节变化、需求变化造成的销售收入波动，便利店销售收入同比增长 12%，毛利率提升 3 个百分点。

2012 年，公司按照"4321"总体原则（保持经营主体、形象标准、业务流程、安全管控 4 个不变；坚持用工方式、激励方式、营销方式 3 个转变；持续减员、降低成本 2 个降低；实现 1 个提升，即效益提升），严格执行中国石油《加油站管理规范》《非油品业务运作手册》，采用"统一规划、统一标准、统一核算、统一管理、统一采购"的运营管理方式，利用合作方在非油品零售行业的管理经验和专业的人力资源整合能力，为托管项目提供营销服务团队，协助做好加油站非油商品及项目开发、运营督导、员工培训、现场服务、店面促销等工作，培养一支能够支撑非油品业务未来发展的高水平专业队伍，快速提升便利店运营和销售质量，破解制约非油品业务快速、持续、健康发展的人才紧缺难题，为公司非油品业务快速发展探索新方法，在销售收入和销售毛利上体现成效。

2013 年，引领托管业务从当期经营收益向长期增收创效转变，规范托管运作流程，细化管理界面，强化项目管控，昆明、滇东南、滇东北、高速公路四个托管项目实现收入 1.8 亿元，同比增长 42%；毛利 3365 万元，同比增长 36%。8 月初，公司以玉溪分公司 29 个在营便利店为平台，引入专业化合作方，按照"312"（"3"即三个提升，提升非油增收创效能力，提升专业化运营水平，提升 uSmile 品牌价值；"1"即一个降低，降低运行成本；"2"即两个统一，统一规范管理，统一安全管控）的外包总体思路，对非油品业务经营管理进行整体外包，初步实现非油品业务"专业化、平台化、市场化"运营。建立安全、服务、人员、经营督导、监管等保障及考核机制，实施样板便利店氛围营造提升店面销售、商品地采地配降低物流成本、站间调货优化库存结构等，单店日均收入较项目启动前增长 85%，毛利较项目启动前增长 53%，非油品业务市场化运作初见成效。对 235 个低效店开展内部目标经营承包，实施"一站一策"营销方案评审、经营任务竞拍、季度任务考核淘汰等机制，双低站销售同比提升 60%，毛利提升 48%。

2014—2015 年,公司持续推进非油品业务创新。2014 年,公司 5 个托管项目实现收入同比增长 20.5%,毛利同比增长 21.7%,单店日均销售提升 124 元。昆明分公司新增 18 个便利店托管,实现项目托管全覆盖,加强项目管控,托管优质店占比从年初的 63% 提升到 67%。普洱市、西双版纳州 39 个便利店自 9 月实施托管,累计实现收入 585 万元,月均增长 20.6%。2015 年,公司店销占比提升至 66%,同比增加 10 个百分点。

2016 年,公司咔咔汽服新增织布营加油站"车便捷"自助洗车项目;开展微商城销售业务,200 名员工获"好客云南"微商城销售竞赛奖励。

2017 年,公司结合"惠购油"APP 平台、线下便利店和微商城的互通,坚持实体重"质"重"款",线上重"价"重"量"原则,实现"中油好客 e 站"、内购平台和微商城商品共享,实现线上收入 215.4 万元,创效 22 万元。彩票业务取得新进展,178 座加油站累计增收 149.5 万元,单站日均 42 元,节约设备押金投入 74 万元。ETC 项目新增 8 个站点资质,累计实现充值 2779 万元,增效 8.34 万元。

2018 年,精益零售 KOS 运营体系(见图 5-7)云南试点工作正式启动。公司在综合考虑全省站型、站级及店型三个因素的基础上,本着有代表性、可复制性原则,按照一定比例在昆明市选取 30 座加油站试点。

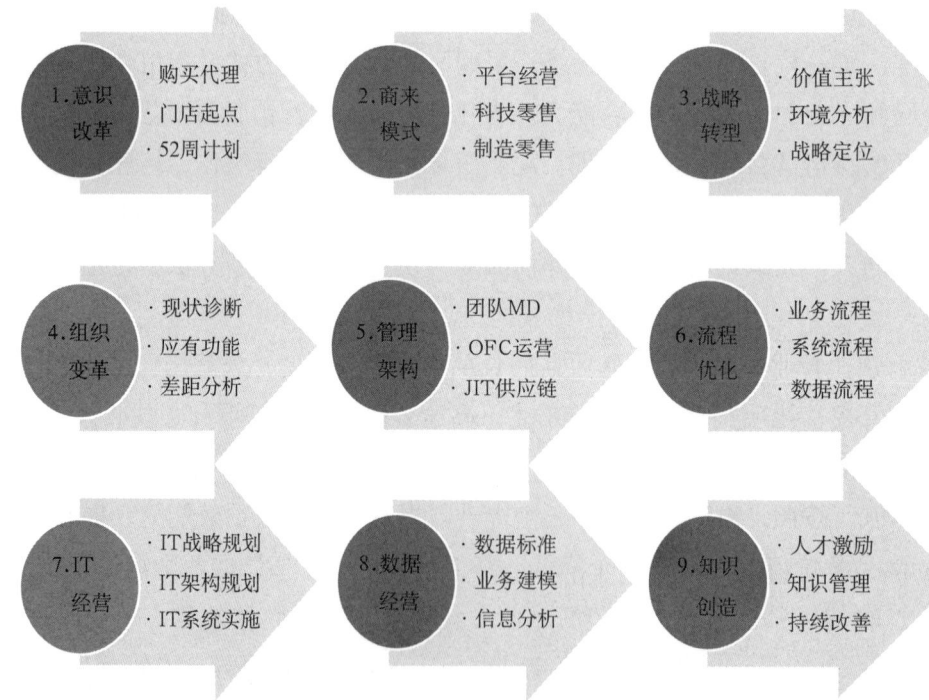

图 5-7　公司精益零售运营体系

是年,为紧跟时代步伐,踏上"买全球、卖全球"的网络营销节奏,11 月 18 日,公司与深圳前海海淘城电子商务有限公司合作开发的"好客海淘城"微信平台正式内测上线。11 月 28 日,公司与深圳前海海淘城电子商务有限公司在昆明举行战略合作签约仪式。截至2018年底，完成会员注册近7000余人，实现销售20余万元。

第二节　润滑油销售

一、市场拓展

润滑油销售业务是指销售车用、船用及各种工农业设备所需润滑油、脂和车辅产品的经营活动。

（一）业务起步（1999—2008年）

1999—2001年，中油英茂公司设润滑油经营部、中油强林公司设润滑油专岗，分别负责加油站润滑油销售工作，销售各类润滑油1000万元。

2002年，公司设置润滑油经营部，具体负责润滑油业务，销售各类润滑油1300万元。

2003年，公司将昆明牛街加油站闲置的18亩出租场地收回，改造为占地7000余平方米的润滑油存储库，陆续开设昆明汽配城、牛街、大理润滑油门市，开展润滑油站外批发业务，制定下发《润滑油经营管理办法》，销售各类润滑油2550万元。

2004年，公司制定下发《润滑油门市经营管理办法》《润滑油门市绩效考核管理办法》，开设曲靖、保山、文山等门市，销售各类润滑油3900万元。

2005—2006年，中国石油昆仑润滑油业务划归润滑油公司统一管理，在全国各省区设立分支销售机构。公司为做大做强昆仑润滑油业务，由经营多品牌润滑油转向主营昆仑牌润滑油，制定下发《昆仑润滑油销售激励管理办法》，先后开设玉溪、昆明小庄、昆明学府等门市，2005年销售各类润滑油5000万元，2006年销售各类润滑油5300万元。

2007年，公司在前期各项制度基础上，修订下发《润滑油经营管理制度汇编》，先后开设昆明关雨路、昆明国昌、开远等门市，销售各类润滑油5700万元。

2008年，公司制定下发《润滑油客户开发管理办法》，全力展开润滑油客户开发工作，销售各类润滑油6500万元。6月，将润滑油经营部和配送部合并组建非油品经营部，统一负责公司润滑油、便利店及其他非油品业务管理；将原润滑油部下设的12个门市业务及人员按属地交由区域公司负责经营管理。

（二）转型升级（2009—2018年）

2009年，公司制定《化工产品经营管理办法》，为化工产品销售奠定基础。在对商品需求计划报送及审核、采购制定及审批、商品入库验收及出库配送、商品仓储管理、商品进销价格制定及调整、供应商入围评估及考核管理等业务流程进行全面梳理后，制定下发《非油品中心综合业务管理办法》《润滑油质量管理办法》，明确加油站停止销售散装润滑油。将大理、曲靖、玉溪、昆明小庄、昆明关雨路、昆明学府、昆明国昌、保山、文山、开远等门市人员、业务纳入属地加油站管理，销售各类润滑油6691万元。

2010年，非油品公司机关设润滑油与化工产品部。以昆明市为中心，按照销售辐射150千米范围的标准设立润滑油与化工产品销售网络，建立4个润滑油与化工产品销售部，明确以业绩为导向的绩效管理方案，梳理润滑油与化工产品销售业务流程，建立科学合理的销售定价机制，整合销售力量，重建销售队伍，润滑油与化工产品销售业务得以规范发展，销售各类润滑油1.02亿元。

2011年，本着资源共享、同步收益原则，公司积极面向大型工矿企业、政府部门、企事业单位和运输、物流公司开展润滑油团购业务，新开发中油国电、中电投缅甸项目、澜沧江流域6个水电站、云天化集团、昆钢物流运输公司、云南锡业、云南铝业等48家终端客户，实现主非油终端机构用户销售收入1300万元，占总销售收入29.5%，综合销售毛利率达8.5%，同比增长4.15%。

2012年，公司坚持主非油客户同步开发、同步收益原则，协助各单位做好润滑油产品选型和技术服务支持，加大对柴油、汽油优质客户开发，以"轻带滑"方式成功开发国电白水电厂、文山氧化铝厂、中铁十局、中铁五局、云南锡业、元阳县新街镇正源矿业有限公司等37家终端客户，实现润滑油销售收入317万元，毛利率达8%。

2013年，公司根据精细管控的相关要求，梳理制定《润滑油月销售价格流程》，界定明确公司、非油处、各单位三级特价审批权限。协同配送部开辟地采通道，有效提高供货保障率与及时性。抓实主非油客户转介，全年实现销售收入6432万元。

2014年，公司发挥"油卡非润"四大产品组合优势，推进"轻带滑"营销模式，落实公司战略合作协议，积极协调西南润滑油公司在油品资源、价格、服务等方面的政策支持，全年245家润滑油客户实现销售收入1470万元。与强林石化开展"互采互供"，拓展昆仑专供油的销售渠道，专供油销售同比增长26%。

2015年，公司分析研讨非油客户开发与维护管理、润滑油与化工产品销售、云南特产省外团购，成功召开润滑油营销座谈会，印发《2015年润滑油销售指导意见》，跨界合作、技术营销助推润滑油销售，全年实现销售收入9531万元，同比增加4270万元，毛利748万元，同比增加241万元，超额完成年度任务指标。

2016年，公司与西南润滑油公司反复磋商，赢得营销政策、换油点建设资金、产品资源等多方面支持，全年获取价值42.62万元促销返利赠品油、9.61万元积分商品，争取投入云南金孔雀交通运输集团有限公司、昭通亿润物流集团有限公司开发费用支持16万元，解决13个柴机油、4个汽机油换油点建设所需门头包装、设备设施配备费用61.6万元，增加昆仑天润、天威系列SM、CI以上级别油品销售，弥补加油站专供系列高端汽、柴机油产品短板，保障客户需求，全年新增销售收入94万元。

2017年，公司与润滑油公司签订战略合作协议，构建"一体化运作、分层面管理、精细化执行"的运作机制；发挥公司、客户开发合作方、西南润滑油公司客户的资源、配送及时、技术服务优势，开展企业设备用油诊断，编制昆仑润滑油整体替代方案，其中大理力帆集团 6 家汽车、拖拉机厂，年需求装机、售后油 1100 吨，5 月至年底购昆仑油 300 吨、金额 268 万元；先后 10 余次登门拜访云南铝业，从产品节能、供应价格、技术服务等与其多次沟通，6 月实现首批轧制油 30 吨、添加剂 100 桶，成功挤占其已使用 10 余年的其他厂家石化产品份额。

2018 年，公司下发《2018 年润滑油及车辅产品营销方案》，昆仑车管家汽车服务平台搭建上线，社会汽服合作企业达到 129 家；培育区域经销商，车用油、车辅产品、工业油经销商实现普洱、西双版纳、玉溪、东川全覆盖；启动三类昆仑之星车辅产品销售外包，联合合作方推动站外社会渠道开发。借力新天润系列润滑油上市，举办产品升级发布会，客户现场定购金额达 210 万。开展员工内购，上半年，高端汽机油销售 2239 桶，销售收入同比增长 30.8 万元。实施分类营销，天威系列润滑油销售同比增长 23%，天润系列润滑油销售同比增长 121%，天蝎系列润滑油销售同比增长 18%。2009—2018 年润滑油销售情况（见表 5-10）。

表 5-10 2009—2018 年润滑油销售情况

时间	2009 年	2010 年	2011 年	2012 年	2013 年	2014 年	2015 年	2016 年	2017 年	2018 年
收入（万元）	6691	10253	4813	3941	6432	5247	9531	10930	12782	7667

二、管理与服务

（一）销售管理

1999—2008 年，公司润滑油销售实行手工台账管理。坚持"统购统销"，产品统一购进、价格统一制定、资金统一存缴、成本统一核算、人员统一管理。下发《润滑油经营管理办法》《润滑油门市经营管理办法》《润滑油门市绩效考核管理办法》《昆仑润滑油销售激励管理办法》《润滑油经营管理制度汇编》《润滑油客户开发管理办法》《化工产品经营管理办法》《润滑油质量管理办法》《润滑油知识培训手册》，为公司润滑油及化工产品销售开展提供制度保障。对商品需求计划报送及审核、采购制定及审批、商品入库验收及出库配送、商品仓储管理、商品进销价格制定及调整、供应商入围评估及考核管理等业务流程进行全面梳理，确保部门（门市、仓库）岗位设置合理，相互协调、监督到位。健全部门单品收发存总账，仓库、门市收发存账及门市销售台账，建立月盘月对制度，确保账账、账实相符。

2009—2018 年，公司润滑油销售实行电脑系统管理。明确以业绩为导向的绩效管理方案，梳理润滑油与化工产品销售业务流程，建立科学合理的销售定价机制。下发《润滑油与化工产品销售部业务运行实施细则（暂行）》《客户管理实施细则（暂行）》《客户经理管理实施细则（暂行）》《结算实施细则（暂行）》《中国石油云南销售公司炼油小产品与润滑油管理手册》《润滑油月销售价格》《客户服务中心组建方案》《客户服务中心工作细则及流程》《2015年润滑油销售指导意见》《2018年润滑油及车辅产品营销方案》。昆仑车管家汽车服务平台搭建上线，社会汽服合作企业达到129家。使用HOS、ERP系统对进销存进行管理，实现信息查询便捷，账务核对精确。

（二）重点客户开发

1999—2008年，润滑油销售处于业务起步阶段，公司以润滑油门市为依托开展包装油批发，协调系统内资源开展散油批发为主，成功开发云南三环化工股份有限公司、云南滇木人造板有限公司等机构客户。

2009—2015年，润滑油销售处于业务转型阶段，公司充分发挥主油客户和营销网点优势，将业务重心从站外转到站内，从批发转到加油站零售、机构客户开发。灵活应用非油品促销政策，积极开展团购业务，满足客户润滑油、车辅产品等关联消费需求，实现油非互动、资源共享。

2016—2018年，公司润滑油销售处于提质增效阶段。2016年，公司印发《2016年润滑油销售指导意见》，将壮山水泥英格索兰空压机专用油置换为昆仑合成脂等高毛利特种油，并带动车用油、车辅产品、柴汽油、加油卡的销售。支持昆明分公司开发昆钢水泥、祥丰化工等战略合作客户，新开发客户231家，新增润滑油销售收入799.18万元，实现毛利71.02万元、毛利率8.89%；全年维护新老客户381家，实现润滑油销售收入2540.31万元、毛利204.28万元、毛利率8.04%，全年实现销售毛利974万元，同比增长30%。

2017年，公司实施"油卡非润"一体化联动，支持各单位先后开发云南金孔雀交通运输集团有限公司、昭通亿润物流集团有限公司等终端客户，全年成功开发维护新老客户527家，实现销售收入3662.87万元、毛利278.41万元、毛利率7.6%。其中：老客户172家，实现销售收入1974.28万元、毛利154.17万元、毛利率7.8%；新客户343家，实现销售收入1684万元、毛利123.6万元、毛利率7.34%；新开发经销商5家，全年销售天润系列润滑油574吨、天蝎系列润滑油358吨。全年实现销售毛利1180万元，同比增长21.15%。

2018年，公司油非联动促销，先后推广"1+1、1+N"经销商发展、加油站汽服、汽修客户开发维护模式，中标昆明公交集团、云南云天化股份采购项目。全年各单位维护、开发润滑油客户16类622家，实现销售收入3700万元，毛利率7%。建筑工程、矿业、物流公交、水泥、化工类客户收入2220万元，占比60%；个体类客户数达189家，收入372万元，毛利率达12%；社会加油站、汽修类客户毛利率分别达23%和15%，实现润滑油销售毛利1350万元，毛利率达17.6%。

（三）销售服务

1999—2009年，公司明确以业绩为导向的绩效管理方案，梳理润滑油进、销、存业务流程，建立科学合理的销售定价机制，健全各项润滑油进销存调管理制度，润滑油批发业务得以规范发展。

2010年，对润滑油畅销品种按照保障一至两个月的销售进行储备，保证润滑油供应不断货。

对于便利店百货商品，以销售需求为指导进行采购，坚持低库存运作，最大限度减少资金占用成本。

2011年，公司开展4次综合工作检查，针对各单位缺乏润滑油专业知识及销售技能的实际情况，精心制定培训计划，编制培训课件，举办营销专业知识等培训6次，培训283人次。

2012年，公司历时9个月，分21期对各单位352人进行培训。通过对加油站（便利店）人员开展润滑油培训，分享终端客户开发经验，与终端客户进行座谈交流，提升润滑油专兼职营销人员专业技能，促进加油站（便利店）润滑油销售提质上量。公司全年安排客户经理实地走访各单位106个加油站（便利店），紧密与各单位配合，做好各单位产品选型和技术服务支持，对14家单位81个加油站便利店共2212桶油品进行调剂，最大化实现内部油品库存合理调配与销售。

2013年，公司制定培训计划，编制培训课件，组织视频培训1期，送培训到各单位、片区16场次，累计培训人员379人次。制定终端客户常用工业油、车用油等17小类昆仑润滑油与长城、美孚等品牌同级别油品对比、替换一览表和《水泥生产厂全设备润滑油解决方案》。挖掘整理文山分公司客户管理、中油强林公司草铺站终端客户开发、大理分公司顺达加油站专供油销售经验供公司员工交流分享。协同配送部开辟地采通道，有效提高供货保障率与及时性。

2014年，公司制定《2015年润滑油营销方案》，成功召开润滑油营销座谈会。充分结合协助各单位开发客户、蹲挂点、非油"小改大"调研、非油商品质量与库存盘点抽查、服务区投运推进等工作，赴117个加油站便利店开展学习调查。

2015年，公司调整下发奖励标准及考核权重，促进加油站经理、客户经理重视润滑油销售，挖掘分享客户开发营销成功案例。抓住赴各单位开发客户时机，组织开展员工润滑油知识及营销业务技巧强化培训13场，培训269人次。加强柴机油换油服务保障，与润达天下合作，在6个高速公路、国省道加油站开展咔咔柴机油换油点建设，车用润滑油销售收入同比增长203.8%，毛利同比增长135.2%；协调润达天下83个省内加油站外换油点为昆仑润滑油消费者提供免工时费换油服务，销售收入环比增长185%，毛利环比增长69%。

2016年，公司编写《加油站润滑油陈列标准》《昆仑润滑油车型推荐表》，下发《水泥、钢铁行业用油替换方案》，督导各单位调动、发挥加油站经理、客户经理销售积极性、创造性，加大终端客户开发力度；继续开展"送培训服务站点"活动，全年组织开展润滑油知识及营销业务技巧培训共计13场培训，培训269人次；在24个咔咔汽服点开展免费换汽机油服务，进一步加强天润系列高级汽机油品牌宣传及产品体验。

2017年，公司与西南润滑油公司共同管理和维护天润、天蝎系列产品线，统一价格管理和促销政策，为昆仑天威、天润、天工产品在云南各区域寻找合适的产品总代经销商。持续强化员工润滑油知识、营销技巧培训及"开口营销"技能提升，共组织开展13场实战演练，参与269人次；公司参与西南润滑油公司组织的机构客户开发精英赛，获1个"客户开发年度大奖"、2个"客户开发破冰奖"、10个"客户开发优秀奖"及集体"信息收集组织三等奖"。组织各单位优秀站点销售员工、客户经理、加油站经理和客户代表86人分批次赴润滑油厂交流，参加CCPC量产车大赛、润滑油营销培训。文山交运集团参加昆仑润滑油品牌体验活动后与文山分公司签订供油协议，代理文山区域天威、天润及昆仑之星车辅产品的销售，其自有、挂靠的3000余台车辆逐步替换、使用昆仑润滑油30余万元；各单位在加油站开展摩托车机油现场换油服务的基础上，推出"买摩托车机油送汽油"活动，实现加油站天蝎摩托车机油零售收入292万元，同比增长55%。

2018年，公司充分调动客户资源，发挥西南润滑油公司技术服务优势，指导各单位精准报价、投标，提供客户整体换油方案和用油技术指导，全程跟踪用油情况，客户黏性不断提升，实现润滑油销售收入7667.7万元，毛利1541.6万元。

三、客户开发管理

在云南市场，针对中国石油昆仑润滑油销售市场占有率低，授权经销渠道层次多元，润滑油公司未给予特殊销售政策倾斜的实际问题，公司润滑油销售业务着力突出"以轻带滑、组合营销、油非互促"的工作主线，遵循"分公司管理层带头是前提、客户经理攻坚是关键、加油站参与是基础"的工作思路，按照客户分级管理要求，根据客户类别、消费量及重要程度对客户进行分级开发和维护，形成分公司—客户经理—加油站三级客户开发管理模式。

（一）分公司

1. 管理要点

大型机构客户具有注重品牌、购买决策程序复杂、需求量大、对价格敏感等特点，分公司管理层通过与汽、柴油大型机构客户联动、政府推荐、客户转介等方式，一对一挂点对重点大型机构客户开发，使之认同中国石油企业文化、昆仑品牌及销售模式，进而逐步选择使用中国石油昆仑润滑油。在合作过程中通过定期登门拜访、个谈交流等形式，建立良好的客户关系，成功稳固优质客户。

2. 管理职责

（1）负责制定所辖州市分公司润滑油客户开发与推进实施计划。

（2）协助客户经理、加油站完成润滑油业绩指标。

（3）负责培训、指导所辖州市客户经理、加油站执行润滑油客户开发、管理工作。

（4）负责维护分公司级客户。

（5）协助客户经理、加油站做好润滑油终端客户开发油品选型、报价（投标）及技术服务。

（二）客户经理

1. 管理要点

客户经理手中有大量主油客户资源，且多为矿山、工程、工厂等终端客户，这类客户也是潜在的润滑油需求主力客户。分公司采取每月对客户经理下达润滑油销售任务，将客户经理18%的效益工资与润滑油销售任务挂钩，加大考核、兑现力度，强化客户经理润滑油销售意识，有效激励客户经理销售润滑油的积极主动性，充分发挥客户经理资源优势，深挖轻油客户润滑油消费需求，带动润滑油销售。

2. 管理职责

（1）完成年度润滑油业绩指标。

（2）负责辖区内润滑油客户日常开发及维护工作。

（3）做好润滑油终端客户开发油品选型、报价（投标）及技术服务。

（4）负责收集客户意见、市场需求，向分公司上报。

（5）负责受理客户投诉。

（三）加油站

1. 管理要点

为有效利用加油站这个销售平台，分公司加强加油站便利店专供油陈列，并在加油站场地有选择地陈列 200L 包装油，根据各加油站主油销售情况及客户群特点分析进行润滑油推销。加油站小额配送客户多为中小企业，具有批次用油量少、价格敏感度低，要求方便快捷的特点，此类客户数量多，易于开发、维护。加油站树立小额配送客户都是加油站潜在润滑油客户的理念，充分发挥加油站点多面广、辐射力强优势，开展润滑油销售。

2. 管理职责

（1）完成加油站年度润滑油业绩指标。

（2）负责加油站润滑油客户日常开发及维护工作。

（3）做好润滑油终端客户开发油品选型、报价（投标）及技术服务。

（4）负责收集客户意见、市场需求，向分公司上报。

（5）负责受理加油站客户投诉。

第三节　汽服业务

一、发展情况

汽车服务是指充分发挥加油站网络优势，通过自主经营、合资合作、租赁经营等多种发展模式，加快推进以洗车、美容、保养、小修为主的汽车服务业务发展，从而实现完善加油站服务功能，提高顾客消费体验满意度，提升品牌形象，培育新的利润增长点。

公司汽服业务开展从非油品公司组建初期就得到重视。经过积极探索，2012 年成立项目部，对公司汽服业务进行专项管理推进，先后在关雨路加油站、北二环加油站、西园加油站设立汽车服务中心，累计实现销售收入424.44万元，汽服项目场地租赁费11.35万元。业务起步之初，由于没有专业管理经验，公司采取多种合作模式共同推进，主要有场地租赁、联合经营、共同建设经营等，有效推动公司汽服业务开展。近年来，公司不断内外联动，探索汽服业务创新创效，取得了良好成效。

二、运营机制

公司汽车服务业务开展主要有自主经营、合资合作经营、租赁经营等多种经营模式。

1999—2009年，公司未开展汽车服务业务。2010年，非油品公司成立，为有效利用加油站闲置场地，昆明分公司、玉溪分公司开始尝试以场地租赁方式，在西园加油站、东风加油站引进合作方经营汽服业务，以场地出租为主，加油站不参与租赁方管理经营。

2011年，公司大力推广和实施汽车轮胎销售和换油保养项目，完成25个汽车服务中心标准化建设，在每个州市中心城市选点建设汽车服务中心，形成覆盖全省的经营网点，销售收入达2000万元。

2012年，公司下发《汽车服务中心属地化运作实施意见（试行）》，指导各单位因地制宜，按照属地化管理的方式开展汽车服务中心业务。督导文山分公司、保山分公司、西双版纳分公司、红河分公司完成9个加油站洗车场地租赁，实现租赁收入9.25万元。

2013—2014年，公司因地制宜灵活采用合作经营、场地租赁、委托经营等多种模式推进汽服项目，在营汽服中心达20个，同比增加14个，实现销售收入499.22万元，同比增长58%。2013年，打造咔咔旗舰店高新汽服中心，树立高端品牌形象。

2015年，公司与大地保险云南分公司签订《战略合作框架协议》，逐步开发员工自有车辆保险购买优惠活动、加油站内保险销售、保险公司购买主非油商品作为其促销礼品等项目。

2016年，公司围绕汽车全生命周期，更加注重"汽车后服务"市场，把加油站打造成"人·车·生活"驿站。指导各单位加快汽车美容、汽车配件销售与更换服务的开展，不断提升汽服业务创效能力。拓展业务领域，汽服站点达33个，实现利润167.2万元。

2017年，公司积极推进汽服业务，优选合作单位，与北汽瑞丽公司强强联合，正式组建中油北瑞能源开发有限公司。完成红瓦3S网点建设，组织召开红瓦加油站汽服业务现场观摩会，首次实现整车销售2台，创收6.2万元。10月11日，与润滑油公司合作的西福路加油站汽服中心试运营；全力推进自助洗车合作，新增昆明盈轶加油站、红河福达加油站等自助洗车项目11个。

2018年，公司加快推进共享洗车业务，完善建设标准和运营方案全面推进洗车业务，全年新投运共享洗车52座，汽服业务创效960万元。坚持"自营为主，合作为辅"，推进30个汽服2S项目打造，以快修快保带动润滑油销售的模式逐步成熟，顾客体验明显增强。

三、经营管理

1999—2009年,公司汽车服务业务处于探索阶段。缺经验、少制度,没有可借鉴模式,以场地租赁开展的汽服业务,经营方内部经营基本依赖自行管理,在外部管理方面按照加油站管理制度执行。

2010年,公司加大项目开发力度。在汽车服务业务上形成一定规模,实现汽车业务常态化经营。

2011年,公司汽服项目开发取得新进展。通过精心选点,在昆明、玉溪、曲靖三市完成6个咔咔汽车服务网点的打造,通过四轮定位和免费换油项目开展,拉动轮胎销售281.12万元,昆仑小包装车用专供油50万元。全年共投运玉溪东风店、曲靖瑞麟店、昆明北二环店、昆明西园店、文山会兰店5个服务项目站点。

2012年,公司大力推广和实施汽车轮胎销售、换油、美容、保养和汽车精品销售,在关雨路加油站等3个站点开展汽车服务中心,实现销售收入424.44万元,汽车场地租赁费11.35万元。

2013年,通过试点直管和属地化招商结合,公司确保已打造完成的昆明西园等汽车服务中心可持续健康运行;持续做好州市分公司汽车服务中心属地化招商运营督导工作,发挥闲置资产效益,逐步建立咔咔汽车服务中心服务网络。加快推进张本荷加油站、金花加油站汽车服务中心立项申报,争取投资支持,坚持形象和效益并重。9月26日,公司咔咔汽车服务旗舰店—高新加油站汽车服务中心完成打造并开业。11月15日,公司以委托经营方式在高新加油站开展的汽车保险销售项目投运。

2014年,遵循"合作双赢、稳步推进、体现效益、规范运作"原则,公司进一步加快汽服项目开展,因地制宜灵活采用合作经营、场地租赁、委托经营等多种模式推进汽服项目,加快推广汽服快餐业务,帮助各单位合理规划、科学选点,加大汽服项目的开发力度,为非油业务增收创效。公司在营汽服中心20个,同比增加14个,实现销售收入499.22万元,同比增长58%。

2015年,积极推广高新加油站咔咔汽车服务工作经验,探索汽服团队开发新模式,拓宽汽服项目和经营范围,打造10个爱心汽车驿站,创效145万元。12个服务区正式运营,全年创效830万元,汽服、租赁、广告等新项目创效200余万元。

2016年,公司抢抓市场商机,提高新项目运营效率。瞄准市场需求大力发展汽服项目,围绕汽车全生命周期,更加注重"汽车后服务"市场,把加油站打造成"人•车•生活"驿站。立足自有"咔咔"汽服品牌,打造品牌专营店11个;与北汽、上汽合作开展3S店建设,与润滑油公司开展2S店建设;在全省推广自助洗车项目,指导各单位加快整车销售、汽车美容、汽车配件销售与更换服务的开展,不断提升汽服业务创效能力。全年运营40个自助洗车项目,汽服业务销售收入257万元。

2017年,公司优选合作品牌,优质站点、优惠政策向中油北瑞、西南润滑油公司倾斜。中油北瑞完成红瓦加油站3S网点建设,与润滑油公司合作的西福路加油站汽服中心于11月1日投入试运营；加快启动中油北瑞业务，强力推动自助洗车项目的实施，新增自助洗车项目12个，启动昆明市自助洗车项目的踏勘选点建设。

2018年，公司有序开展整车销售。争取销售公司整车销售试点，探索新零售合作，打通业务流程，完成与阿里大搜车合作框架协议签订及昆明8个"弹个车"店中店试点方案；确定北汽新能源、上海大众、东风日产等6家整车资源。11月24—25日，公司与杭州大搜车汽车服务有限公司在昆明联合举办首届"中国石油专场车展"，创收185万余元。是年，公司整车销售业务销售车辆80辆。

公司咔咔汽车服务中心门店（见图5-8）。

图5-8 咔咔汽车服务中心

第四节 自有商品开发

一、开发概要

自有商品是指由中国石油昆仑好客公司主导或授权公司研发的自产自销商品，或者指定生产商生产、贴自主品牌标识、主要在自有门店和渠道进行营销，从设计、原料、生产到经销全程控制的商品。包括"昆仑好客品牌"+"生产商品牌"的双品牌产品及以"云烟、云药、云咖、云茶、云果、云水、云菌"为核心的"好客雲品"系列商品。

（一）开发组织机构

2016年，公司站在战略高度正式启动自有商品开发，展开深入研究，成立自有商品开发领导小组，聘请外部专家，加快推进步伐。

2017年，非油品公司成立市场拓展部，专门负责自有商品开发业务，实现自有商品开发专业化运作、专业化经营。

（二）开发原则

自有商品开发前对商品进行充分市场调研，按照"优质、低价、新鲜、便捷"原则，优先开发本地特产、高毛利商品。自有商品开发坚持重点突出，各有侧重。

（三）品牌体系

2017年3月22日，公司注册自有商品品牌"好客雲品"。3月30日，"好客雲品"在销售公司非油品业务工作会上首次亮相,"好客雲品"普洱茶及"好客雲品"品牌受到参会单位高度关注。

2018年,公司突出"好客雲品"为代表的核心品类,强化各单位地采生鲜农特产品为代表的补充品类,构建自有商品立体开发体系。

(四)产品体系

公司目前自有商品开发有4种模式:自有品牌、贴牌委托加工包销、联合品牌特产商品、渠道销售代理。

瞄准云南独特的绿色生态资源,围绕"人·车·生活"综合服务平台打造,在开展大量调研工作基础上,以研发推介"人和生活"个性化特色商品为出发点,确定以"云烟、云药、云咖、云茶、云果、云水、云菌"为核心的"好客雲品"系列商品开发体系。

2017年,以"人和生活"个性化特色商品为出发点,公司确定"好客雲品"系列商品开发体系。5月,公司取得"云南白药产品"中国石油渠道内唯一代理权。5月26日,云南中烟工业有限责任公司营销中心总经理一行到公司,就发挥双方品牌资源、渠道优势,开发专销、定制产品等进行交流。6月,公司与云南中烟工业有限责任公司、云南省烟草公司签署战略合作协议。7月,公司首发第一款好客雲品普洱茶——"邂逅·春晖"。9月,公司与后谷咖啡建立合作关系。

2018年,借力"昆仑好客""咔咔""昆仑好客优选+"为代表的总部旗舰品牌平台,围绕云药、云茶、云果、云花等享誉全国的高原特产,公司丰富自有商品体系。印发《关于下半年推进区域自有特色商品开发的通知》,调动各单位开发自有商品积极性。7月30日,大理分公司以双品牌模式开发的自有商品"好客雲品·余音·布朗沱茶"正式上市销售。

(五)销售概况

2017年,公司积极探索开展自有商品开发和销售业务,累计销售139万元。

2018年,公司加快自有商品开发推广,以"云药、云茶、云水、云菌"为代表的自有商品、特色商品累计销售1329.67万元,其中"好客雲品"薄荷水、苏打水上市销售1151.69万元,"好客雲品"普洱茶实现销售115.8万元,云南白药特色商品实现销售60.48万元。云南野生鲜菌预售卡销售1.7万元。争取高端、畅销、稀缺香烟资源,推出"本香世家"礼盒,销售75万元,首推中支阿诗玛联名礼盒线上预售700余套,中国石油高品质、值得信赖的香烟渠道销售品牌形象初步形成,香烟销售同比增量超1亿元(见表5-11)。

表5-11 2018年自有商品销售概况

自有商品	销售收入(万元)	毛利(万元)
云茶	115.8	26.71
云药	60.48	3.18
云水	1151.69	241.23
云菌	1.7	0.51
合计	1329.67	271.09

二、营销及管理

（一）管理制度

公司在自有商品开发过程中，完善制度流程，规范自有商品开发过程。通过制定《好客雲品普洱茶采购管理操作规范（试行）》，对普洱茶"采、储、配、销、存、质量、验收"等内容进行规范，为普洱茶开发建立制度保障。通过明确采购、销售、商品质量管控、配送质量管控、库存质量管控等流程，以及非油品公司各部门在自有商品开发过程中对应的管理职责，实现自有商品开发过程全流程管控。

（二）销售渠道

1. 渠道内容

通过云南省外兄弟公司加油站渠道零售、团购、互供互采等形式进行自有商品销售推广，通过选择省外销售服务合作商，推进自有商品省外销售。

针对适合零售网点销售的自有商品，打造自有商品专区，重点将自有商品在"中油好客e站"、昆仑好客微商城、内购平台上进行线上销售。

通过系统内单位、主非油客户转介、供应商（包括非油商品、物资与服务）渠道开发自有商品大客户，实现自有商品增量。

以行业展销会、订货会、商洽会、博览会为契机，实现自有商品推广销售。

通过各单位商品推介会、客户答谢会、业务拜访等形式实现省内销售。

2. 渠道案例

2016年6月30日—7月1日，销售公司自有商品内部对接会在福州贵安召开，销售公司、规划院、31家销售企业参会。云南白药系列产品作为公司自有产品在本次会议上参展。参展期间，云南白药系列产品中的14个单品受到其他兄弟公司的关注和欢迎，经过初步商洽，云南白药系列产品意向采购单位为21家，意向采购金额445万元。

2016年11月，在销售公司第二届加油站经理论坛昆仑好客特色商品展销会上，公司临沧普洱茶、云南白药车之爽、建水紫陶等6个系列28个特色商品亮相参展，实现现场销售收入5.05万元，在33家单位中排名第二，其中临沧普洱茶与建水紫陶销售收入分别达3.41万元、1.57万元，单品销售额分别排名第一、第四。

2017年，公司与山东销售公司等15家单位完成购销合同签订，普洱茶省外实现销售收入95.6万元，云南白药省外实现销售收入23万元，专销烟实现销售收入199.8万元。

2018年4月，在昆仑好客公司举办的南宁商洽会上，公司自有商品好客雲品普洱茶、咖啡、野生菌、云南白药牙膏、建水紫陶等系列共118款商品参展。会议期间，展会现场设置的普洱茶、咖啡、野生菌等品鉴区，得到了系统内多家单位认可。8家兄弟单位与公司达成采购意向，采购金额预计达 180 万元。公司推荐的 10 个特色商品全部入选"昆仑好客优选+"商品，获本次商洽会"优秀组织奖"。

2018 年，公司与新疆销售公司、甘肃销售公司、昆仑好客公司等 20 家销售系统兄弟单位签订销售合同，为云南特色商品省外销售奠定基础。与昆仑好客公司签订销售合同，加大与昆仑好客公司对接沟通力度，成功实现公司自有商品、云南特色商品在总部石油大厦便利店销售，2018 年实现销售收入 127.26 万元，取得良好的经济效应和展示效果。针对好客雲品普洱茶、云南白药牙膏、云南野生新鲜松茸、鲜花饼等特色特产商品，加大出省推广力度。公司与湖北销售公司、甘肃销售公司、广东销售公司等兄弟单位发生销售业务，共销售云南白药牙膏、好客雲品普洱茶 117.31 万元。

（三）自有商品销售服务外包模式

自有商品开发以后，销售尤为关键。自有商品专业性强，为尽快拓展市场，公司通过招标方式精选第三方服务商，确定保底任务量，超量奖励，最大限度扩大自有商品销售。

通过对武夷山水、昆仑好客优选+、东北冰源等自有商品销售服务进行招标，择优选取昆明华鑫达贸易有限公司、云南海萍商贸有限公司两家合作伙伴作为自有商品销售服务商，为扩大自有商品销售奠定了坚实基础。

三、自有商品开发

（一）"好客雲品"普洱茶开发

1. 开发过程

公司通过采购程序选择设计单位出具普洱茶自有商品开发方案，从项目理解、活动策划方案、产品包装设计和产品定位、产品上市时间、项目预算等方面进行开发方案设计，利用第三方专业机构资源介入自有商品开发过程。

通过不断品选 80 多款有代表性样茶，从市场准入、商品质量、物流配送、品类精选入手，确保自有商品差异化、高品质。坚持对厂商和产品广泛初选、逐一考察，根据考察结果再次分类甄别、组织专家对样品进行盲品品鉴，制定普洱茶自有品牌选品技术标准，将众多企业的优质茶资源、好产品集中到"好客雲品""邂逅、格调、余音、非凡"四个子系列名下。经过综合评定，最终确认自有商品及供应商集群，打造好客雲品普洱茶自有品牌，实现资源共享、强强联合、互惠互利、共赢发展。

2017 年 5 月 9 日，公司自有商品普洱茶条码申报获中国物品编码中心批准，公司申报的"好客雲品"邂逅·春晖（生茶）、邂逅·春晖 357 克（熟茶）、余音·普曲 357 克（生茶）、余音·普曲 357 克（熟茶）、格调·流芳 357 克（生茶）、格调·流芳 357 克（熟茶）、非凡·老班章 357 克

图 5-9 "好客雲品"普洱茶 7 个商品

(生茶)7 个商品(见图 5-9)对应的 7 个条码均已获批。

2. 产品推广

2017 年 3 月,销售公司在沈阳举办昆仑好客十周年营销启动会暨非油业务工作会。公司自有品牌商品"好客雲品"普洱茶首次亮相,这也是公司唯一参展的商品。会议期间,"好客雲品"普洱茶受到参会单位一致好评。该自有商品在展销期间实现现场销售 6874 元,取得兄弟公司意向采购订单 600 余万元。

2017 年 7 月 18 日,公司自有商品系列"好客雲品·邂逅"普洱茶在昆明阳光大厦首发。首发仪式上,"好客雲品·邂逅"普洱茶首发典藏版(2178 克)茶饼举行现场拍卖,并以 8000 元成交。拍卖所得款项移交公司工会,作为公司定点扶贫丽江宁蒗县昔腊坪村、马鹿塘村"爱心助学圆梦"工程专用款项。

截至 2018 年底,"好客雲品"普洱茶系列共有 15 款产品,公司积极拓展省外市场,已与河北销售公司、广东销售公司、上海销售公司、山东销售公司、北京销售公司等兄弟单位发生业务往来,产生销售收入 115.8 万元。

(二)"好客雲品"饮用水开发

1. 开发背景

由于近年来苏打水、薄荷水的健康概念备受消费者追捧,市场消费量急剧增长。2018 年 4 月,公司启动"好客雲品"苏打水、薄荷水开发项目。

2. 开发模式

现阶段采取贴牌模式,为自有品牌打下基础,也是最快实现创效的模式。通过与厂家直接合作,苏打水、薄荷水系列自有商品采取"好客雲品"、厂家品牌联合品牌冠名(见图 5-10)。

3. 产品定位

"好客雲品"苏打水、薄荷水水源来自云南得天独厚的高山玄武岩自涌泉,融合各种有益元素。无论从水源地、产品配方还是口味、包装上都较有特点和优势,每种产品的市场定位比较

图 5-10 好客雲品苏打水、薄荷水饮品

清晰，符合公司对苏打水、薄荷水的产品定位需求。

4. 开发过程

经过市场调研、产品考察、厂家考察、包装评审、新品评审、会议研究等自有商品开发流程，2018年4月，公司首款"好客雲品"苏打水、薄荷水上市销售。

（三）云南野生鲜菌开发

1. 开发背景

云南独特的地理环境及气候，孕育品种丰富的野生菌类，其中以松茸和松露最被消费者认可，其除具有较高的营养价值以外，口味独特，深受消费者喜爱。

2. 开发过程

新鲜野生松茸于每年7—9月上市，新鲜野生黑松露于每年10—11月及次年1月上市。经过会议论证，确定在鲜菌上市前一至两个月通过预售卡模式进行销售推广。

野生松茸产自香格里拉市，野生鲜松露产自楚雄州，均由厂家直接到产地收取新鲜采摘的鲜菌，全程冷链运输，不超过6小时到达昆明市，经过严格筛选检验后（其中松茸均为不低于7厘米，未开伞及半开伞，菌膜未破的精品）包装并通过顺丰快递发货。

2018年7月，公司自主打造的特色商品天齐野生鲜菌上市销售（见图5-11）。采取"线下预售卡销售+线上提货""线下门店品鉴推广+线上微商城"销售模式进行销售。

图5-11 "好客雲品"野生菌

第五节 其他业务

一、广告业务

加油站广告业务是公司以加油站建筑物、设备、设施以及场地为平台，以自主经营（含合作经营）、租赁经营等方式，对外提供广告服务的经营行为。主要类型有加油站平面广告、加油站多媒体广告及自媒体广告等。公司自2011年起正式开展广告业务，截至2018年底，在14家分公司578座加油站开展该业务，占公司在营站点总数的85%。

2011年，根据销售公司与北广传媒公司签署的《中国石油加油站广告位租赁合作框架协议》，公司正式与北广传媒开展业务合作，在昆明地区20个加油站点安装LED显示屏，34座加油站开展广告业务，创收4万元。

2012年，公司广告业务范围辐射到昆明分公司、曲靖分公司、红河分公司和西双版纳分公司共计170个站点，安装立柱广告牌1342块，加油机龙门广告位1082块，广告业务租赁收入实现17.3万元。

2013年，公司广告业务租赁收入实现15.7万元。

2014年11月，因北广传媒实际履约能力不足，其在公司及多家兄弟单位均出现拖欠租赁费的情况，2015年1月，根据销售公司与其签订的协议条款，征询律师意见后与其解约，未支付的业务租赁费最后由北广传媒在云南实际代理开展加油站广告业务的云南百高传媒支付。解除合作后，公司全省广告业务开始属地化招商运营。

2015年1月，公司印发《关于下发〈加油站广告业务开发及运作指导意见〉的通知》，全面指导各单位开展广告业务属地化招商。14家分公司通过招商合作，在所属552个站点开展广告业务。中标单位负责广告硬件设备安装，广告位使用招商等工作，合作期限最短1年，最长3年，实现销售收入203.79万元。2月，公司下发《加油站广告业务管理办法》，进一步规范广告业务管理标准及各个广告位标准。

2017年，公司根据销售公司《2016年新版广告规范标准》重新修订《加油站广告业务管理办法》。依托供应商资源，按便利店类型搭配分包，以提供产品宣传、陈列、新品引进等为吸引力，有效吸引现有供应商投放便利店内广告，在6家分公司110座加油站开展店内广告业务，创效76.4万元。

2018年，公司延续常规广告业务，创效247.2万元。

2011—2018年，广告业务累计创效867.6万元，其中店内广告创效76.4万元。

二、ETC业务

2017年3月，公司与山东高速云南发展有限公司合作开展ETC业务，签订《加油站代理ETC业务合作协议》，先后在严家山等11座加油站开展充值业务，充值款项全部直接收至山东高速云南发展有限公司账户，每月收取手续费，费率为0.3‰。

2018年3月，为推进ETC业务运营，公司借助第三方力量，与山东高速全资子公司云南通达资本管理有限公司、昆明润达天下交通服务有限公司进行三方合作，签订《ETC云通卡公路电子收费业务合作协议》，调整原运营不理想的网点，在大平地、潞江坝等近10座加油站开展ETC业务，2018年3—6月合计充值1.21亿元，单站日均充值达14.15万元，充值款由公司收取，按照T+2的模式缴存至通达云南发展有限公司账户，充值款采取现金、银行卡方式收取，季度收取手续费，费率为0.3%。

5月，公司对ETC业务运行情况进行评估，3—4月可取得佣金收入14.4万元，支出刷卡手续费11.96万元，实现收益2.7万元。ETC顾客数达22632人次，预估由于ETC充值客户带来潜在主油销售861吨，非油收入113万元。7月2日，公司ETC业务按照服务费收入的15%进行提成奖励。截至2018年底，公司共开展ETC业务站点累计8座，累计充值4.01亿元，提取奖励金额18万元。

三、福利彩票业务

在加油站试点推行彩票销售业务，既可丰富非油业务内容，又有助于提升店面形象、增强顾客黏性、延伸顾客再消费期望值。2017年4月17日，公司与云南省体育彩票管理中心合作，在便利店正式开展即开型体育彩票销售业务，云南体育彩票管理中心按照便利店彩票激活数据给予公司10%代销费用作为项目收益。公司首个中国体育彩票零售点在昆明高新加油站开业。开业当天，销售彩票374张，合计2893元。全年累计178座站点开展彩票销售业务，累计增收149.5万元，单站日均42元，节约设备押金投入74万元。2018年，公司新拓展福利彩票站点105个，累计实现收入510.07万元，增收378.46万元。

四、高速公路服务区业务

2013年起，公司正式开展服务区业务，共开发18个（其中12个双边站、6个单边站）综合服务区。服务区业务开展主要通过将服务区综合楼租赁给第三方并收取租赁费形式，服务区合作单位中有3家为专业高速公路项目服务公司（浙江祥云中盛高速公路服务区经营管理有限公司、江油市江永商贸有限公司、桐乡市金里高速公路服务区经营管理有限公司）。

2015年，本着合作共赢原则，为进一步加强联动合作，体现优势互补，达到便利店和服务区超市、餐厅有机联动，公司下发《关于在服务区开展联合营销的通知》，通过以加油就餐互动、就餐加水联销、客户资源共享、商品差异化营销、润滑油联合营销、卡非宣传等方式开展联合营销。

借力2018年云南省整治提升服务区活动契机，公司与弥勒、珠街服务区合作方深入合作，将服务区综合楼推倒重建，重新规划布局，在提升形象的同时，节约服务区建设资金3600万元。服务区年均租赁费收益661.8万元，截至2018年创效4003.8万元。

五、加油站闲置资产租赁业务

2016—2018年，公司除已开展服务区、广告等业务的场地外，指导各单位充分利用加油站闲置资产创效,实现收益最大化,共指导 15 家单位梳理出 48 座加油站闲置资产并进行租赁,业务累计创效 920.7 万元。

六、加油站快餐业务

着眼于创新销售模式、拓宽增收渠道、提升便利店效益,从 2012 年开始,公司在部分城市加油站开展快餐业务。

2012 年 3 月,公司与广州美汁途商贸有限公司(销售公司委托其开展加油站便利店快餐业务专项研究)签订合作协议,投资 67 万元,在高新加油站、北二环加油站、张本荷加油站、红瓦加油站和德发加油站等 10 座加油站开展业务,制作销售茶叶蛋、玉米、豆浆、冰沙、奶茶、咖啡等快餐产品。2014 年底,因广州美汁途商贸有限公司经营不善终止合作,公司快餐业务停滞。2012—2014 年,公司快餐业务累计实现销售 47.47 万元。

2015 年起,青海壹名苏商贸有限公司在昆明高新加油站、曲靖黄金海岸加油站等 3 座加油站开设"一名苏"快餐店。公司面向快餐店出租加油站场地,收取租赁费用。2015—2018 年,公司年均实现快餐业务租赁收入 6.54 万元。

第六篇

合资
合作

公司成立以来，按照"规范市场、开拓市场"战略，加快向区外市场扩张销售网络，采取收购、控股、参股的形式，扩大对外合资合作，促进公司快速发展，提升企业品牌影响力和竞争力。

1999—2008年，公司按照"建设与西部资源相匹配的营销网络"的指导思想，借助国家规范成品油市场的有利契机，确立以合资合作方式快速楔入市场的发展战略。通过与社会经营单位进行收购、重组、合资、合作等方式，收购云南雄海、英茂、强林公司股份，成立中油雄海、中油英茂、中油强林3家控股公司，公司在云南区域市场迅速构筑起成品油销售的市场网络体系，快速站稳云南成品油销售市场。为进一步规范市场，根据云南地区的市场情况和网络收购布局现状，对云南地区的各经营机构进行重组整合，将中油雄海、中油英茂、中油强林、大理分公司进行重组，组建统一的西南销售云南分公司。同时，收购大理中青公司股份，纳入公司统一管理，形成快速反应、统一决策的业务运行机制，确立公司在云南成品油销售市场的地位，加快中国石油在云南成品油销售市场扩张步伐。

2009—2013年，公司落实集团公司与云南省政府签订的战略合作协议，抓住中缅油气管道、云南石化两大项目建设的历史机遇，积极推进与云南省内具有较强实力和一定市场资源的企业合资合作，先后与云南省公路开发投资公司、大理州政府、云南省公路局、云南省投资集团、云南物流产业集团合资组建中油云岭、大理中油能源、云路中油、云投中油、中油云翔5家控股公司，不断做强做优做大网络规模，实现合资合作业务价值提升和互利共赢，提升公司在云南成品油销售市场的竞争力。

2014—2017年，公司坚持稳健发展方针，实施低成本扩张战略，稳步推进合资合作业务发展。适时调整优化合资合作项目，与北汽瑞丽公司合资组建中油北瑞控股公司，注销云路中油公司。

2018年以来，公司充分利用集团公司产业链优势和资源优势，以开拓市场为目标，大力发展零售型合资合作，公司与楚雄云鑫石化有限公司等签署合资合作协议，就加强加油站建设运营、油气电经营、非油润滑油销售等方面开展多元化合作。探索高效的股权管理模式，按照"抓大放小，统一标准，分级管理，严格考核"原则，对股权企业实施分类分级差异化管理，释放了股权企业活力。完善股权治理结构和管理体系，保障控参股公司合规运行。稳健推进合资合作公司发展，以资源共享、互利共赢扩大销售网络规模，拓展扩销增量、提质增效空间，发挥合资合作的战略投资作用。

第一章　控股公司

1999年10月，中国石油销售总公司在云南收购楚雄雄海石化有限公司70%的股份，成立中油雄海石油化工有限公司，在区外销售网络扩张上迈出了实质性的第一步。同一时期相继成立中油英茂、中油强林公司，使中国石油在进入云南成品油市场的起步之初就拥有较为优质的库站网点。2009年以后，为拓展云南成品油销售终端，坚持互利共赢原则，采取收购、合资合作等方式与地方政府、企业集团成立控股公司，扩大了经营网络规模，提升了市场竞争力。

第一节　中油雄海石油化工有限公司

一、股权结构

1999年10月18日，中国石油销售总公司和云南省楚雄经济技术开发区雄海石化有限公司在成都签订《雄海石化有限公司部分资产产权转让中国石油销售总公司并成立中油雄海石油化工有限公司的合同》，由中国石油销售总公司出资2700万元收购雄海石化有限公司70%的股份，成立中油雄海石油化工有限公司（以下简称中油雄海公司）。12月28日，中油雄海公司召开首次股东会、董事会，设立董事会、监事会，每届任期三年，可连选连任，选举杨宁海、王克敏、刘启银、张永、姜晏等人为首届董事会成员、杨宁海为首届董事会董事长。聘任马志莹为总经理，并任董事会成员。

2004年3月，中油雄海公司召开二届一次董事会，选举第二届董事会，第二届董事会组成人员为：刘杰、王克敏、黄彦林、闫继怀、姜宴。选举刘杰为第二届董事会董事长、法人代表人。4月19日，雄海石化有限公司同意将其持有的中油雄海公司30%股份全部转让给中国石油天然气股份有限公司。6月，炼油与销售分公司实施与雄海石化有限公司的股权并购转让，收购雄海石化有限公司持有的中油雄海公司30%剩余股权，并将并购后的股权交由公司管理。

二、经营发展及现状

中油雄海公司成立之初,机关设办公室、财务部、销售部 3 个部门,运营油库 1 座、加油站 8 座。

2002 年 3 月,中油雄海公司并入云南分公司统一管理,8 月,中油雄海公司会计报表合并为云南分公司一套会计报表,会计核算流程由原层层核算变为云南分公司直接核算。

2008 年 5 月,西南销售公司决定注销中油雄海公司。

第二节　中油英茂石油化工有限公司

一、股权结构

2000 年 3 月 16 日,中国石油销售总公司、英茂集团股份有限公司、英茂石化有限公司职工持股会三方代表在昆明签订《英茂石化有限公司股权转让合同》,由中国石油销售总公司出资 4800 万元收购英茂集团股份有限公司、英茂石化有限公司职工持股会持有的英茂石化有限公司 80% 的股权,收购后,英茂集团股份有限公司、英茂石化有限公司职工持股会各占 10% 的股份。经股权转让后,原英茂石化有限公司更名为中油英茂石油化工有限公司(以下简称中油英茂公司)。

2000 年 3 月 17 日,中油英茂公司召开第一次股东会、董事会,成立了董事会和监事会,董事会由杨宁海、刘启银、王建国、张晓玲、刘杰、陈学继、潘智明 7 人组成,董事会选举杨宁海为首届董事会董事长、法定代表人,聘任陈学继为总经理。

2000 年 8 月 4 日,中油英茂公司召开第一届第二次董事会,聘任刘杰为中油英茂公司总经理,聘任陈学继为中油英茂公司高级顾问,免去陈学继中油英茂公司的总经理职务。

二、经营发展及现状

2000 年 4 月 1 日,公司正式接管英茂石化有限公司 80% 资产及原有工作人员,中油英茂公司正式经营运作。4 月 18 日,经云南省工商行政管理局核准,"云南中油英茂石油化工有限公司"正式成立。云南省经贸委认定中油英茂公司成品油批发、仓储经营企业经营资格。中油英茂公司设综合办公室、财务部、业务部 3 个部门,管辖南华、浑水塘 2 座油库,运营加油站 47 座。

2002 年 3 月,炼油与销售分公司批复同意撤销中油英茂公司,云南分公司全面负责中国石油在云南地区的市场开拓和经营管理工作,并对区域内的控股公司进行统一管理。5 月,公司注销中油英茂公司。8 月,中油英茂公司会计报表合并为云南分公司一套会计报表,会计核算流程由原层层核算变为云南分公司直接核算。

第三节　中油强林石油化工有限公司

一、股权结构

2000年6月，中国石油销售总公司、云南省强林石油化工总公司双方代表签订《中国石油销售总公司与云南省强林石油化工总公司合资组建云南中油强林石化有限公司合同》，由中国石油销售总公司出资10560万元购买云南省强林石油化工总公司80%的股权，并成立云南中油强林石油化工有限公司（以下简称中油强林公司），具体业务运营由公司负责管理。同月，中油强林公司召开第一届股东会、董事会，选举杨宁海、刘启银、张晓玲、王建国、黄彦林、卢保强、卢保林7名成员组成首届董事会，董事会选举杨宁海为首届董事长，选举李怀忠、梅元金、刘云仙、董志崇4名成员组成首届监事会，聘任张永为中油强林公司总经理，监事会选举李怀忠为首届监事会主席。

2010年2月25日，中油强林公司召开股东会，同意云南强林石油化工总公司将其在中油强林公司的全部股份转让给云南强林石化有限公司。同时鉴于中国石油销售总公司更名为中国石油销售有限责任公司，3月，变更双方股东名称。4月15日，中油强林公司召开股东会、董事会，董事会免去杨宁海董事长职务，选举高玉新为董事长并任法定代表人。9月21日，中油强林公司召开股东会、董事会，同意股东方云南强林石化有限公司名称变更为云南强林石化集团有限公司。

2012年7月18日，根据《关于中国石油销售有限责任公司名下股权变更有关问题的批复》，中国石油销售有限责任公司将其在中油强林公司80%股权全部转至中国石油天然气股份有限公司名下，并办理股东名称变更。

二、经营发展及现状

2000年6月，经云南省工商行政管理局核准，中油强林石油公司正式成立，法定代表人为杨宁海，总经理为张永。7月，公司正式接管资产及原有工作人员，中油强林公司正式经营运作。经营范围包括：汽油、柴油、煤油、化工产品、石油制品、润滑油、炼化工艺工程设备的批发、零售、储运。公司有安宁油库、昆阳油库2座油库，20座加油站。

2002年3月，中油强林公司并入云南分公司统一管理，机关并入云南分公司机关，与云南分公司实行"一套班子、两块牌子"的管理模式，保留中油强林公司原有法人资格。8月，中油强林公司会计报表合并为云南分公司一套会计报表，会计核算流程由原层层核算变为云南分公司直接核算。

2005年9月，中油强林公司并入滇中分公司统一管理，保留中油强林公司原有法人资格。

2000—2008年6月，中油强林公司主要以公司承包经营的方式，向云南强林集团固定返利。

2008年7月，中油强林公司实行独立运作，对所属昆明地区的安宁、昆阳强森2座油库和曙光等14座加油站进行直接管理，对所辖滇西地区的玉龙等3座加油站通过托管或租赁形式交由滇西分公司管理。所属各加油站在品牌管理、规范管理、计划管理、预算管理、财务管理、工程项目管理、质量安全环保管理、信息化管理等方面按照公司统一模式、标准进行管理。并选定安宁油库、圆通加油站为样板重点打造，通过样板加油站的高标准引路作用，以点带面推进加油站规范管理。年底，自营油库2座，运营加油站15座。全年销售成品油11.58万吨，非油收入1532.14万元，实现净利润1505.14万元。

2009年，为拓展非油业务，对便利店进行规范化打造管理，增加经营范围：食品、香烟、汽车零配件、日用百货、农用物资的销售，汽车美容，房屋和机械设备的租赁。年底，自营油库2座，运营加油站15座。全年销售成品油8.17万吨，非油收入1320.54万元，实现净利润1574.78万元。

2010年，坚持量效并重，盈亏互补，灵活营销策略，以"保价上量"为经营方针，做大纯枪销售，纯枪量8.78万吨，同比增长7.7%。加大非油业务工作力度，在营加油站便利店业务开展率100%。年底，自营油库2座，运营加油站13座。全年销售成品油9.48万吨，非油收入1917.4万元，实现净利润1218.57万元。

2011年，加强损耗管控，开展所属各加油站油罐检定并启用新罐容表，全力开展运输损耗现场签认，对超耗车辆深挖原因，制定措施，损耗得到有效控制，比预算指标节余139.3万元。年底，自营油库2座，运营加油站12座。全年销售成品油10.11万吨，非油收入1599.93万元，实现净利润1034.58万元。

2012年，增加工业润滑油销售业务，精心打造草铺加油站百万元机油店，非油销售同期增长50%，并取得云南省加油站工业润滑油销售第一名。年底，自营油库2座，运营加油站12座。全年销售成品油9.25万吨，非油收入1764.81万元，实现净利润1076.20万元。

2013年，积极开展加油卡业务培训，采取"以送代办"提升发卡数量和质量，发售加油卡5.4万张，完成业绩指标的142.97%，沉淀资金1.73亿元。年底，自营油库2座，运营加油站11座。全年销售成品油9.69万吨，非油收入2055.46万元，实现净利润1148.83万元。

2014年，强化客户开发，提升直销批发业务，在曙光、双龙、和平、桂港加油站开展全流程诊断与优化。为应对高速公路加油站的车流量变化，在国道加油站增加库批业务。做好直销客户开发和维护，直销客户增至37家，直销9000吨，同比增长105.9%。年底，自营油库2座，运营加油站11座。全年销售成品油9.28万吨，非油收入2211.03万元，实现净利润1390.99万元。

2015年，实施6S管理，优化便利店现场陈列和商品库存，开展节假日商品堆头、便民推车推销和大型包装饮料、家庭食品、润滑油等5大类54种商品促销活动。突出团购业务，开发润滑油、香烟等客户，有效拓展非油创效渠道。年底，自营油库 2 座，运营加油站 11 座。全年销售成品油 9.48 万吨，非油收入 2485.06 万元，实现净利润 2611.89 万元。

2016 年 3 月，中油强林公司与昆明分公司合署管理，机构人员合并精简，成本费用有效降低，管理效率显著提升，为昆明地区加油站全面实施团队管理、委托转制承包奠定了坚实基础。合署管理后，为进一步提升加油站硬件设施及整体形象，陆续对草融、曙光、和平、桂港、岗头等 9 座加油站进行了改造，将岗头加油站打造为营销提升、智能智慧等客户体验及家文化员工体验为特色的新一代智慧型加油站。2016—2018 年，中油强林公司销售成品油 19.84 万吨，非油收入 7930.28 万元，实现净利润 9114.41 万元。

第四节　大理州中青石化有限责任公司

一、股权结构

大理州中青石化有限责任公司（以下简称大理中青公司）成立于 1998 年 1 月 1 日，由青海省中青石化有限责任公司（以下简称青海中青公司）与云南省石油总公司大理公司（以下简称大理石油公司）共同出资组建，注册资本 2900 万元。其中：青海中青公司出资 2200 万元，占注册资本的 75%；大理石油公司出资 700 万元，占注册资本的 25%。

1998 年 7 月，云南省石油总公司划归中国石油化工集团公司管理，大理石油公司持有的大理中青公司的股份划转中国石油化工集团公司持有。

2005 年 10 月，中国石油天然气股份有限公司与青海中青公司签订吸收合并协议，对青海中青公司所持大理中青公司 75% 的股权进行收购。

2006 年 1 月，中国石油天然气股份有限公司将大理中青公司的股权划转给公司管理。11 月 27 日，大理石油公司注销。

2011 年 9 月 6 日，经大理州工商行政管理局登记核准，大理中青公司股东变更为中国石油天然气股份有限公司和中国石油化工股份有限公司，其中，中国石油天然气股份有限公司持股 75%，中国石油化工股份有限公司持股 25%。

2014 年 4 月 15 日，大理中青公司股东双方签署股东会决议，鉴于中国石油化工股份有限公司开展油品销售业务内部重组，同意中国石油化工股份有限公司将其所持有的大理中青公司的股权（权益）全部注入中国石化全资子公司中国石化销售有限公司。大理中青公司股东变更为中国石油天然气股份有限公司持股 75%、中国石化销售有限公司持股 25%。

二、经营发展及现状

大理中青公司成立之初，设立党政办公室、业务部、财务部、安技部和油管部等5个职能部门。自营加油站3座，系统内租赁9座，拥有油库1座、液化气库1座。

1999—2005年，大理中青公司先后成立昆明明波分公司、丽江分公司、液化气分公司等4家全资分公司，与当地交通运输集团公司合资组建临沧中青交通石化有限责任公司、迪庆中青交通石化有限责任公司、德宏中青交通石化有限责任公司、保山中青交通石化有限责任公司4家控股公司，所属控股公司大理中青公司均控股51%，控股公司共有加油站23座。

2009年2月，大理中青公司与大理分公司实施合署办公，按"一套班子、两块牌子"的经营管理模式进行统一管理。大理中青公司接受大理分公司的市场监管，执行大理分公司制定的市场营销方案。紧紧围绕扩销上量，强化基础管理，加强网络开发，狠抓执行力建设，确保了安全平稳运营。年底，自营油库1座，自营加油站6座。全年销售成品油13.34万吨，实现利润1070.43万元。

2010年，积极发挥小额配送竞争优势，将客户延伸到巍山县、云龙县等销售空白区。与大理旅游集团等单位强强联合，开展"春节自驾自助游汽油大优惠""庆五一、迎世博汽油促销"等活动。积极开展"基础管理年"活动，精心打造湾桥样板加油站，推动基础工作精细化管理水平迈上新台阶。年底，自营油库1座，自营加油站5座。全年销售成品油13.29万吨，非油收入523.9万元，实现利润668.72万元。

2011年，加强信息采集点建设，形成准确的市场信息收集、上报、反馈体制。开展节日期间汽油促销活动，通过考核激励、政策倾斜等多项措施加大汽油特别是高标号汽油销售力度。年底，自营油库1座，自营加油站5座。全年销售成品油11.77万吨，非油收入113.7万元，实现利润-140.57万元。

2012年2月14日，所辖德宏中青公司梁河、芒市、章凤、瑞丽、畹町、宏运、芒核、盈江等8座加油站整体租赁给德宏分公司属地管理。3月22日，所辖临沧中青公司城市、斗阁、勐省、南伞、永康及凤庆客运站橇装加油点等6座加油站整体租赁给临沧分公司属地管理。全年分片逐站开展"点、线、面"终端竞争能力综合评价分析，实施市场分片、客户分群和加油站分类的差异化销售策略。实施老站挖潜、新站增量、低销站承包的培育措施。年底，自营油库1座，自营加油站4座。全年销售成品油2.19万吨，非油收入204.43万元，实现利润-367.01万元。

2013年1月1日，迪庆中青公司将所属4座加油站在内的资产承包给公司统一管理。4月18日，公司下文明确自2013年5月1日起，将清华洞油（气）库业务、资产、人员、安全等委托仓储分公司管理，清华洞油（气）库人员人事关系不做调整。全年突出效益为中心的零售营销模式，以客户服务中心为平台，实施组合营销。加强非油团购、批发业务，加大润滑油和化肥销售力度，"一站一策"打造"香烟型""润滑油型""饮料型"等不同类型便利店。年底，自营加油站4座。全年销售成品油2.16万吨，非油收入240.34万元，实现利润-369.58万元。

2014年8月11日，大理分公司、大理中青公司、大理中油能源公司合署办公，采取"一套班子、三块牌子"的运作模式。合署办公后，机关机构统一按照地市公司机关部门设置标准，设置业务运作部、质量安全工程部、财务部、综合管理部4个部门。全年扎实开展劳动竞赛，实行机关人员与挂点加油站任务量及全员营销量完成情况"双考核"，组织开展现场推销一小时竞赛、片区技能大比武、大干一百天百日冲刺主题活动，提高全员工作热情。年底，自营加油站4座。全年销售成品油1.81万吨，非油收入159万元，实现利润767.6万元。

2015年，围绕"补网络、扩份额，理机制、上销量，控成本、保效益，强基础、优服务"工作重点，积极构建批零结合的市场营销模式，实现由"经营加油站"向"经营市场"转变。持续开展"卓越服务·超越期望"服务升级活动，紧盯重点用油项目，制定个性化客户开发维护方案，开展加油站全流程诊断与优化工作，切实提升了加油站销量。年底，自营加油站4座。全年销售成品油1.92万吨，非油收入229.04万元，实现利润970.56万元。

2016年，坚定"集中力量发展公司规模，开发建设一批优质网点，奠定发展基础；做强销售业务，提升创效能力；理顺体制机制，夯实基础管理，提升公司内生动力"发展思路，构建全面发展的新局面。全面开展全员营销和劳动竞赛活动，综合运用消费返利、降价优惠等措施，实施一体化营销，提高了整体效益。年底，自营加油站4座。全年销售成品油2.45万吨，非油收入324.12万元，实现利润1822.25万元。

2017年，稳步实施"做大网络、做活零售、做强直销、做精非油、做实基础、做优队伍""六大战略"，坚定"调结构、夯基础，补网络、拓份额，严管控、提效益"的"三步走"发展战略，全力推进公司跨越式发展。实施"一站一策"，定期召开业务对接视频会，重点讲解销售政策、细化提量措施及激励方式，挖潜客户增量空间，拓宽销售渠道。年底，自营加油站4座。全年销售成品油1.75万吨，非油收入576.86万元，实现利润1965.86万元。

2018年，着力客户开发，增量创效提升市场竞争力；强抓精品，探索创新增强非油战斗力；严守"红线"，强化安全保障力；固本强基，注入发展内驱力。年底，运营加油站4座。全年销售成品2.51万吨，非油收入521.33万元，实现利润2205.13万元。

第五节　大理中油能源有限责任公司

一、股权结构

2010年6月，为贯彻落实云南省人民政府与中国石油天然气集团公司签订的战略合作框架协议精神，大理白族自治州人民政府（以下简称大理州政府）与公司在"昆交会"上签订《合作框架协议》，约定由大理州政府和中国石油天然气股份有限公司共同出资在大理州注册成立合资公司，合作经营汽车加油、加气等业务。

2011年5月，大理州政府召开十二届人民政府第31次常务会议，会议同意大理州国有资产经营投资有限责任公司与中国石油天然气股份有限公司共同出资组建大理中油能源有限责任公司（简称大理中油能源公司）。12月，中国石油天然气股份有限公司同意公司与大理州国有资产经营投资有限责任公司、大理市国有资产经营有限责任公司、祥云县国有资产经营担保有限责任公司合资成立大理中油能源公司。大理中油能源公司注册资本为人民币1亿元，中国石油天然气股份有限公司占注册资本的51%，大理州国有资产经营投资有限责任公司占注册资本的29%，大理市国有资产经营有限责任公司占注册资本的15%，祥云县国有资产经营担保有限责任公司占注册资本的5%。

二、经营发展及现状

2011年10月17日，大理中油能源公司在大理州工商局注册成立。主要经营范围：成品油、石油化工、化工产品（不含危险品）、润滑油、汽车零配件、日用百货、农用物资（含化肥零售）的销售；食品、香烟的销售；汽车美容、住宿及餐饮、房屋和机械设备的经营租赁、天然气的开发及利用、新能源开发及利用。成立初期，实行与大理分公司、大理中青公司合署办公。大理中油能源公司机关暂设综合办公室、网络建设工程部和财务部3个部门。

2012年9月17日，大理中油能源公司正式独立运行，设立综合办公室、财务部、网络建设工程部3个部门。全年实现利润–321.04万元。

2013年10月30日，大理中油能源公司首座加油站——祥云北环加油站开业投运。年底，营运加油站1座。全年销售成品油0.1万吨，非油收入1.4万元，实现利润–332.93万元。

2014年8月11日，大理中油能源公司与大理分公司、大理中青公司合署办公。合署办公后，机关机构统一按照地市公司机关部门设置标准，设置业务运作部、质量安全工程部、财务部、综合管理部4个部门。大理中油能源公司依托合署办公优势，有效整合人力、物力、财力等资源，做大油品和非油品销售。年底，营运加油站1座。全年销售成品油0.61万吨，非油收入116.93万元，实现利润–50.73万元。

2015年，持续深化管理提升、服务转型，按照"强三基、调结构、提效率、增效益、高质量"的发展思路，以零售为核心，深化精细管理，抓实安全管控，着力控本增效，加强队伍建设，推动有质量有效益可持续发展。年底，营运加油站1座。全年销售成品油0.71万吨，非油收入122.96万元，实现利润2.81万元。

2016年，巩固与地方政府关系，加快推进加油（气）站开发、投运。4月22日，云龙石门加油站投运开业，网络建设实现了新的突破。年底，营运加油站2座。全年销售成品油0.87万吨，非油收入176.14万元，实现利润13.64万元。

2017年，加快推进大理环文加气站投运，进军CNG车用燃气市场。年底，营运加油站2座。

全年销售成品油 1.01 万吨，非油收入 256.94 万元，实现利润 248.63 万元。

2018 年，稳步实施"补网络、增销量、活非油、保安全、夯基础、强队伍"六大工程。年底，运营加油站 2 座。全年销售成品油 0.97 万吨，非油收入 308.15 万元，实现利润 241.57 万元。

第六节　中油云岭石油有限责任公司

一、股权结构

中油云岭石油有限责任公司（以下简称中油云岭公司）是中国石油天然气股份有限公司与云南省公路开发投资有限责任公司合资组建的股份制企业，中油云岭公司注册资本为人民币 9800 万元。其中：中国石油天然气股份有限公司出资额为人民币 4998 万元，占注册资本的 51%；云南省公路开发投资有限责任公司出资额为人民币 4802 万元，占注册资本的 49%。

2011 年 5 月，中国石油天然气股份有限公司同意公司与云南省公路开发投资有限责任公司合资成立中油云岭公司。11 月 2 日，中油云岭公司召开首届股东会、董事会、监事会，推荐由李彦龙、杨志勇、彭国强、任家永、保全华 5 人组成首届董事会，推荐由赵志远、史咏梅 2 人组成首届监事会。董事会选举李彦龙为首届董事会董事长，监事会选举赵志远为首届监事会主席。

2017 年 12 月 27 日，中油云岭公司召开股东会、董事会，同意云南省公路开发投资有限责任公司（更名为云南省交通投资建设集团有限公司）将持有的中油云岭公司 49% 的股权无偿划转给云南交投集团经营开发有限公司。

二、经营发展及现状

2011 年 12 月 13 日，中油云岭公司在云南省昆明市官渡区工商行政管理局注册成立，主要经营范围为：成品油、润滑油、石脑油、石油气、天然气、石油化工及沥青产品、食品、香烟的销售，机械设备的销售租赁，汽车维修、美容、餐饮、住宿服务等。中油云岭公司由中国石油天然气股份有限公司授权公司托管，主要承担云南省高速公路道路沥青供应及加油（气）站（服务区）的开发、建设和经营管理工作。

2012 年，根据云南省交通厅、云南省商务厅"十二五"发展规划，中油云岭公司对云南省已通车 2600 公里高速公路、10 个"十一五"高速公路续建项目、16 个"十二五"高速公路新建项目进行全面勘察调研，对已通车高速公路拟插点项目、在建高速公路规划项目进行可行性研究论证，制定"十二五"发展规划。开发建设武昆高速公路大营服务区（双边）加油站，租赁昆明分公司石林昆皇加油站作为经营实体开展成品油销售业务，委托昆明分公司负责昆皇加油站的日常经营管理事项。与云南云岭高速公路养护绿化工程有限公司签订《合作框架协议书》，共同开展高速公路养护工程的成品油供应及其他相关业务的项目合作。拓展道路石油沥青的供应项目，与云南大丽高速公路建设指挥部签订《"国家高速公路网横12杭州至瑞丽公路大理—丽江联络线高速公路建设项目"路面沥青采购招标合同》。设综合办公室、网络开发部、财务资产部3个部门。年底，营运加油站1座。全年销售成品油1600吨，非油收入4万元，实现利润－394万元。

2013年，为加快网络建设，增设工程建设管理部，调整网络开发部为网络开发与安全环保部。对大丽、保腾高速公路设计的服务区（加油站）进行全面勘察、市场研判、可研论证，围绕大丽、保腾高速公路11座服务区（加油站）的建设经营权进行谈判。武昆高速公路大营服务区（双边加油站）正式投入运营，中油云岭公司迈入自主经营服务区（加油站）时期。加大空白市场开发力度，摸排潜在客户，安装撬装设施2台。拓展沥青销售业务，向云南大丽高速公路建设指挥部销售沥青1.8万吨。年底，营运加油站2座。全年销售成品油4682吨，非油收入1.01亿元，实现利润－76万元。

2014年，坚持以规模质量效益并重为出发点，修改完善中油云岭公司2015—2017年高速公路网络开发建设规划，创新思维推进项目开发。突出零售业务，强化富民（大营）服务区营运管理，富民（大营）服务区日均销售达到33.62吨、跨入万吨站行列，便利店月销售收入从年初的12.9万元增至年底的21.53万元。拓展直销业务，坚持"合作共赢"理念，"一客一策"开发客户25家，销售成品油5882吨。探索多元化发展机制，研究推进云南省外非油产品销售、社会加油站加盟经营合作模式。年底，营运加油站2座。全年销售成品油1.82万吨，非油收入645万元，实现利润28万元。

2015年，围绕"以价值创造为中心，强化内涵发展和外延拓展"的工作思路，紧盯云南省高速公路开工建设通车进度，确保第一时间实地勘察、科学调研，反复论证，争取高速公路服务区项目，取得瑞丽服务区（双边）经营权，年底，龙瑞高速公路瑞丽服务区（双边）加油站投运。创新非油业务模式，以地缘需求为出发点，尝试云南省内清真商品地采，实现销售收入12万元；向宁夏销售公司供给云南地区特色产品，实现销售收入6万元，入围宁夏销售公司、山东销售公司特色产品服务供应商名录。年底，营运加油站4座。全年销售成品油2.85万吨，非油收入404万元，实现利润220万元。

2016年，紧紧围绕"重质量、求规模、低成本、抢空白"的思路，确定"十三五"期间网络发展规划。对于高速公路新建项目，紧盯各条高速公路开工建设通车进度，参与江召高速公路雄壁服务区竞标工作；对高速公路插点项目，逐一调研已通车高速公路实际情况，协调推进网络开发项目进展。确定"攻高速、增基建"的成品油销售策略，制定策略性的业务运行方案，向云南省公路开发投资有限责任公司油品供应的三大主要企业即云南云岭石化有限公司、云南公投建设集团有限公司、云南云岭高速公路养护绿化工程有限公司供应成品油，实现销售1.77万吨。瞄准云南省公路开发投资有限责任公司与中国石化合作过程中的"空白点""真空期"，抢占同行单位销量1.22万吨。年底，营运加油站4座。全年销售成品油3.51万吨，非油收入473万元，实现利润 381 万元。

2017年，重新调研云南省已通车、在建10条高速公路12对加油站点，反复论证项目可行性，与业主单位对接太平、勐仑、六昭、红军哨4对高速公路服务区加油站点。摸排高速公路工程用油潜在需求，以高速公路项目合同段为单位，开展网格化营销，增量7259吨。结合云南省高速公路服务区提升改造的有利契机，对富民（大营）服务区实施233项形象提升、提质改造工程，富民服务区被交通运输部评为"全国优秀服务区"。年底，营运加油站4座。全年销售成品油3.95万吨，非油收入539万元，实现利润387万元。

2018年，强化网络开发，收集、梳理中国石油租赁交投集团23座服务区（加油站）的合同及经营情况，并形成初步合作方案。完成水麻高速的太平和庙口、大保高速的滴水岩、砚富高速的六诏等项目现场踏勘。开展全员营销活动，新开发客户15家，实现销量1347吨。采取非油品团购业务、劳保用品站内采购等方式，销售非油品11.13万元，并与云南施倍丰农业科技公司签订化肥销售合同，销售金额833万元。年底，营运加油站4座。全年销售成品油2.68万吨，非油收入1478.71万元，实现利润118.39万元。

第七节　云路中油石油有限责任公司

一、股权结构

云南云路中油石油有限责任公司（简称云路中油公司）是中国石油天然气股份有限公司与云南省公路局（云南云路沥青油料经销公司）合资组建的股份制企业，云路中油公司注册资本为人民币9800万元。其中，中国石油天然气股份有限公司以现金4998万元人民币出资，占注册资本的51%；云南云路沥青油料经销公司以现金或土地使用权及其他固定资产出资4802万元人民币，占注册资本的49%。云路中油公司由中国石油天然气股份有限公司授权给公司托管。

2013年1月21日，云路中油公司召开首届股东会、董事会、监事会，选举产生首届董事会董事，首届董事会由张书明、巴福生、许伟东、任家永、臧国云5人组成，选举张书明为首届董事会董事长、许伟东为副董事长，聘任许伟东为总经理。选举产生首届监事会，监事由段玉青、黄瓒2人组成，段玉青为首届监事会主席。

二、经营发展及现状

2013年2月18日，云路中油公司在云南省昆明市经济技术开发区工商行政管理局登记注册成立。主要经营成品油、石油化工、化工产品销售（不含危险品）、润滑油、汽车零配件、日用百货、农用物资（含化肥零售）的销售；食品、香烟的销售；汽车美容、住宿及餐饮、房屋和机械设备的经营租赁。成立之初，设立综合办公室、财务资产部、综合业务部、网络建设工程部4个部门。2013年，云路中油公司与云南省公路局16个地市公路总段协调，签订油品供应协议，实现销量1.2万吨。

2014年3月，云路中油公司按照"四部一中心"组织机构运作模式对机关组织架构进行调整优化，设置综合管理部、业务运作部、质量安全工程部和财务部4个部门。

2016年6月16日，云路中油公司召开股东会，决议解散云路中油公司，成立清算组开展财务、资产清算工作，并聘请中审众环会计师事务所对云路中油公司进行专题审计。8月25日，在都市时报发布注销公告，注销云路中油公司。

2013—2016年，云路中油公司累计销售成品油3.03万吨，非油收入753万元。

第八节　云南中油云翔石油有限公司

一、股权结构

云南中油云翔石油有限公司（以下简称中油云翔公司）是中国石油天然气股份有限公司与云南物流产业集团有限公司合资组建的股份制企业，中油云翔公司注册资本为人民币2000万元，其中中国石油天然气股份有限公司占注册资本的51%、云南物流产业集团有限公司占注册资本的49%，中油云翔公司由中国石油天然气股份有限公司授权给公司托管。

2013年8月，中国石油天然气股份有限公司同意公司实施组建云南中油物流石油有限公司项目。10月，中油云翔公司召开首届股东会、董事会、监事会，选举产生首届董事会、监事会，首届董事会由王少林、朱维全、任家永、刘宁、符开胜5人组成，选举王少林为首届董事会董事长，首届监事会由史咏梅、申晟川、李洋3人组成，选举申晟川为首届监事会主席。

二、经营发展及现状

2013年11月18日，中油云翔公司在云南省工商行政管理局登记注册成立，主要负责在云南物流产业集团现有、拟征、规划的土地上共同开发建设加油（气）站，主要经营石油制品（不含管理商品）、润滑油的销售。机关设综合办公室、财务部、综合业务部、质量安全工程部4个部门。按照中油云翔公司成立前可研中拟设加油站点开展布站实施工作，初步确定4座橇装加油站和1座拟建加油站的选址调研，达成1座租赁加油站的初步意向。

2014年3月，按照年初下达的潜在目标市场、目标客户，落实增值服务，开发客户89家，其中50家为固定客户。全力推动合作方物流产业集团下辖物流园区项目落地，通过多次与物流产业集团及下属各分公司现场对接，达成初步共识，为加快项目进程奠定了基础。全年销售成品油7424.92吨，非油收入30.26万元。

2015年，实施"油卡非润"一体化营销，新开发成品油客户21家，增量5819吨，润滑油销售收入3.42万元，沥青销量250吨，加油卡销售1245张。全年销售成品油1.56万吨，非油收入88.63万元。

2016年，抓住沪昆高速、玉磨铁路修建契机，新开发客户22家，沥青销量1030吨。全年销售成品油1.38万吨，非油收入213.04万元。

2017年，推进稳价销售提质增效，成品油销售价格到位率均超过同期水平，吨油毛利达到207元/吨，同比增长89.5%。全年销售成品油3795.98吨，非油收入10.74万元。

2018年，全面落实公司与昆明钢铁控股有限公司签订的战略合作框架协议任务目标，加强对昆明钢铁控股有限公司的成品油供应，延伸非油商品特别是润滑油合作，突出加油站建设运营，持续增强增量创效能力。全年销售成品油1.32万吨，非油收入647.44万元。

第九节　云南中油北瑞能源开发有限公司

一、股权结构

2016年12月20日，中国石油天然气股份有限公司与北汽云南瑞丽汽车有限公司签订合资协议书，成立云南中油北瑞能源开发有限公司（简称中油北瑞能源公司），协议商定中油北瑞能源公司注册资本为人民币1800万元。其中：中国石油天然气股份有限公司出资额为人民币918万元，占注册资本的51%；北汽云南瑞丽汽车有限公司出资额为人民币882万元，占注册资本的49%。

2017年3月30日，中油北瑞能源公司召开首届股东会、董事会、监事会。选举魏秋冬、陈磊、沈建雄、聂焱、石爱武、刘伟松、李志明为首届董事会成员，魏秋冬为首届董事会董事长、公司法定代表人，陈磊为首届董事会副董事长，聘任李志明为总经理，石爱武为常务副总经理。选举吕夏、史咏梅、葛玉洲为首届公司监事会成员，吕夏为首届监事会主席，任期三年，任期届满，可连选连任。

二、经营发展及现状

2017年4月21日，中油北瑞能源公司在昆明官渡区注册成立。经营范围为：新能源科学技术的研究及推广，加油站建设，润滑油、汽车、汽车零配件的销售，汽车维修服务，汽车装饰服务，汽车租赁，汽车服务。

（一）整车销售

2017年11月，中油北瑞能源公司在红瓦加油站启动了整车销售仪式。

2018年4月，中油北瑞能源公司顺利打通整车销售业务流程，销售2辆电动车。5月，与杭州大搜车汽车服务有限公司、浙江大搜车融资租赁有限公司签订《汽车新零售合作框架协议》，共同探索、开创新零售时代汽车销售与服务新模式。9月，实现公司第一位员工购车——东风日产骊威，第一位员工家属购车——斯柯达速派，第一位客户转介购车——货车，第一次代购——保时捷卡宴。

（二）共享洗车

2018年2月，共享洗车在昆明景明北路加油站、呈贡龙兴加油站试点建成投运。5月，完成《共享洗车建设标准》设计。6月，按照共享洗车建设标准，第一座（三车位）共享洗车点—迪庆五凤山洗车点建成投运。8月，第一座（单车位）共享洗车点—曲靖蓝宝洗车点建成投运。9月，第一座电子券共享洗车点—昭通工业园区加油站洗车点启动。

（三）咔咔汽服

2018年3月，中油北瑞能源公司自主经营昆明红瓦加油站主站咔咔汽服店建成投运。

2018年，营业收入361.1万元，实现利润7.15万元。

第二章　参股公司

2011年5月，公司与云南省投资控股集团有限公司成立合资公司筹备组。在合资公司的管理上，解放思想，合作共赢，充分尊重股权企业独立的法律地位，重视合作方的诉求，鼓励合作方参与到合资企业的具体经营管理中。公司采取参股形式，于2012年7月，中国石油天然气股份有限公司与云南省投资控股集团有限公司共同出资成立云投中油油品销售有限公司。截至2018年底，公司仅有一家参股公司，即云投中油油品销售有限公司。

云投中油油品销售有限公司

一、股权结构

云投中油油品销售有限公司（以下简称云投中油公司）是中国石油天然气股份有限公司与云南省投资控股集团有限公司（以下简称云投集团）合资组建的股份制企业。云投中油公司注册资本7000万元。其中，中国石油天然气股份有限公司出资额为人民币2800万元，占注册资本的40%；云南省投资控股集团有限公司出资额为人民币4200万元，占注册资本的60%。

2012年5月9日，云投中油公司召开首次股东大会、首届董事会、首届监事会，选举苏绍良、徐光磊、刘晨雨、任家永、沈新祥为公司首届董事会董事，选举苏绍良为首届董事会董事长，徐光磊为首届董事会副董事长，聘任徐光磊为总经理；选举史咏梅、段海波为首届监事会成员，史咏梅为首届监事会主席。

2015年6月，云投集团与其全资控股公司云南石化燃气有限公司签订股权转让协议，将云投中油公司60%股权无偿转让给云南石化燃气有限公司。

二、经营发展及现状

2012年7月9日，云投中油公司在昆明市经济技术开发区工商行政管理局登记注册成立，主要承担云投集团旗下成品油机构用户、中国石化机构用户和空白市场的开发和维护，主要经营成品油批发业务、石油化工、化工产品销售（不含危险品）、润滑油、汽车零配件、日用百货、农用物资（含化肥零售）的销售，食品、香烟的销售，汽车美容、住宿及餐饮、房屋和机械设备的经营租赁。机关设综合办公室、财务部、业务部、实业部4个部门。全年销售成品油3.5万吨，实现利润43.77万元。

2013年，紧紧以"扩销增量、降本增效、深化改革、强化基础"为主线，争抢竞争发展主动权，努力提升市场份额。年初制定开发"有质量，有效益"的客户开发计划，以提高销售能力及吨油毛利为出发点，积极做好潜在客户的系统跟进工作，通过细分客户类型、细化市场，采取"分类定价、一单一策"等方式扩销增量。全年销售成品油7.33万吨，实现利润18.71万元。

2014年，强化市场开发，提升市场份额，制定实施《云南云投中油油品销售有限公司薪酬管理暂行办法》，打破原有的固定绩效模式，将绩效与销量、吨油毛利直接挂钩。通过强化绩效考核管理，增强企业凝聚力、竞争力。全年销售成品油7.15万吨，实现利润18.27万元。

2015年，立足云投集团控参股用油单位开发，重点拓展中国石化及其他社会经营单位客户，持续提升市场份额。全年销售成品油16.87万吨，实现利润76.81万元。

2016年，抓住云投集团将石化燃气板块重新定位为贸易物流板块、集中采购平台，明确云投中油公司作为成品油主要供给方之契机，加大客户开发力度，争取与云投集团所属控、参股单位进行成品油采购合作，实现扩销增量。全年销售成品油10.67万吨，实现利润191.26万元。

2017年，抢抓云投集团"双百"项目契机，加强沟通协调，扩大与云投集团所属控、参股单位的成品油采购业务合作。多渠道定期搜集辖区市场、工程项目用油信息，有的放矢抢占市场份额。全年销售成品油9.88万吨，实现利润174.97万元。

2018年，加大拜访力度，提升售后服务质量，做好新、老客户维护、开发工作。做实客户档案、提油对账、往来签认等各项基础工作，提高客户的满意度。全年销售成品油10万吨，实现利润153.5万元。

第七篇

质量安全环保管理

经过20年的积累和发展，公司质量安全环保管理工作历经了传统管理阶段、综合管理体系阶段、两大体系独立运行阶段、全面改造提升阶段共四个阶段。1999—2005年为传统管理阶段，以责任制和监督检查为核心，专业管理较为粗放；2005—2009年为综合管理体系阶段，以较为系统、全面、科学的体系思想实施质量安全环保管理，但未能更好地发挥两级机关职能部门作用；2009—2013年为两大体系独立运行阶段，以顾客为关注焦点的质量管理体系与以风险防控为核心的HSE管理体系各自独立运行，为公司经营和发展提供了较好保障；2013年至今，采用世界范围内先进的管理工具、技术方法持续改造HSE管理体系，从管理理念、管理策略、管理工具、技术方法等方面全方位跟上时代步伐，质量安全环保工作发挥出更好的作用，铸亮品牌，保障经营，促进了公司高质量发展。

1999—2008年，公司安全环保数质量工作以HSE管理体系重点推进和质量管理体系有效运行为主线，进一步落实各级直线管理责任，加强监督审核，着力新方法、新工具的试点和应用，狠抓隐患治理，积极开展专业线培训和安全经验分享活动，有效组织针对性应急演练，杜绝了环境污染事件和上报工业安全生产责任事故。

2009—2014年，公司加强体系审核、现场督导和专项防控，严格风险防控，有序应对自然灾害及突发事件，持续增强应急保障能力，深化全过程质量管控，开展油品损耗专项整治，扎实推进实物资产提率提效，杜绝了环境污染事故。销售油品质量合格率及油品监督抽检合格率均为100%。

2015—2018年，公司坚持以HSE管理体系、质量管理体系有效运行和持续改进为主线，强化风险防控，狠抓重点环节、关键领域、特殊时期安全管控，妥善应对自然灾害事件，3座管道油库顺利投产，实现了零事故、零污染、零伤害的HSE管控目标，销售油品质量合格率及油品监督抽检合格率均达100%，未发生质量计量责任事故、重大纠纷及新闻危机事件，安全环保数质量工作取得长足进步。

公司成立以来，质量安全环保工作多次获上级公司表彰，其中2004—2006年连续3年获股份公司"安全生产先进单位"，2011年获股份公司"环境保护先进企业"，2012年获股份公司"节能节水先进企业""安全生产先进企业""环境保护先进企业"，2013年获股份公司"环境保护先进企业"，2017年获股份公司"质量先进企业""安全生产先进企业"。

第一章　体系建设

质量管理体系、健康安全环境（HSE）管理体系是现代企业管理思想质量管理、健康安全环境管理领域的最新成果，是世界发达国家 300 年制造全过程管理和石油天然气行业近百年健康安全环保管理经验的结晶，其与传统管理经验高度融合并科学、系统、严谨地引领企业健康发展、高质量发展。公司响应集团公司号召，充分汲取世界先进管理成果和经验，结合自身实际先后建立质量管理体系和 HSE 管理体系，并坚持不懈地优化和改进，促进公司各项基础管理的标准化和程序化。坚持和实践管理体系所确定的方针、目标和管理承诺，按照其各项要素相辅相成地稳扎稳打，确保经营产品优质稳定，有力保障安全环保及员工健康，显著提升公司综合管理水平，并使体系思想和机制根植于企业文化中，为公司长远发展奠定坚实基础。

公司健康安全环境（HSE）管理体系、质量管理体系于 2004 年和 2010 年发布实施以来，持续总结实践经验，修订体系文件，从制度上完善和优化体系。2015 年，在营 598 座加油站全部建立风险分级防控机制，油库风险分级防控全面启动。2016 年，将建立库站风险分级防控机制作为一项重点的系统工程持续推进，切实利用加油站经理安全资质认证、HSE 标准化库站建设等机会全力打造和构建常规作业风险防控体系。2017 年，参照销售公司 HSE 管理体系量化审核标准，充分兼容 HSE 和质量管理体系，编制了量化审核打分标准，采取"双盲"方式随机抽取审核站点，杜绝个别迎审站临时抱佛脚式的迎审准备。2018 年，公司深化 HSE 管理体系运行，坚持严抓严管不放松，突出风险分级防控和隐患治理，提升应急管理水平，杜绝了重特大安全环保事故事件。

第一节　HSE 管理体系

一、安全责任制的建立及实施

1999—2000 年，公司参照股份公司、销售公司安全生产相关制度及要求，下发《关于安全生产管理有关规定的通知》《关于事故隐患排查治理的通知》《关于劳动保护用品配置和使用发放的通知》《关于安全监督检查及考核的通知》《关于事故管理的通知》《关于对收购租赁加油站进行安全验收的通知》等 15 项规定。在各项规定起草过程中，依照安全生产法和环境保护法等法规要求，结合组织机构设置，明确公司、各单位、片区三级安全管理机构职责和安全管理人员的岗位职责。同时，下发《中国石油西南销售公司 HSE 委员安全责任区管理办法》，明确领导班子的安全责任区。

2001—2002 年，公司分别在各单位确定安全生产负责人，组建安全生产管理机构，并逐步在各油库和加油站设立专兼职安全员，进一步细化和明确内部各级安全生产责任。

2003 年 2 月，为贯彻"安全第一、预防为主"安全生产方针，提高领导干部安全意识，促进安全生产责任制的落实，确保油库要害部位安全生产，根据股份公司和销售公司《领导干部定点承包石油库要害部位管理办法》规定，实行公司 HSE 委员会成员及领导干部定点承包石油库安全生产要害部位制度，公司领导至少一季度、各处室负责人至少一个月到承包点检查一次安全生产工作。

2005 年，公司启动质量健康安全环保综合管理体系建立工作，以体系职能分配方式，详细罗列体系各个要素及其二、三级子要素，依照"谁主管谁负责"原则，将所有事项职责明确至各处室和各单位。各单位采用同样方式将安全生产责任细化至各部门及库站，较为系统全面地建立起直线安全生产责任制。

2005—2012 年，公司沿用管理体系职能分配方式同步调整、细化该套责任确定的科学模式，并根据公司变更、组织机构变化等情况适时调整安全生产责任。

2013 年，公司按照集团公司要求，重新梳理全员岗位安全职责，编制模板，逐级确认，补充建立全员 HSE "一岗双责"制度，直线、属地 HSE 责任均细化明确。

2014—2018 年，公司坚持每年局部修订和改进，不断完善和优化全员 HSE "一岗双责"体系，确定领导干部安全生产联系点。领导干部按要求填报《安全观察报告》《安全联系点意见反馈表》，作为安全活动联系点实施情况唯一验证记录。

二、HSE 管理体系的建立及实施

1997 年，集团公司选派专家组对国际主要石油天然气企业进行详细调研和考察，在充分借鉴基础上，结合中国石油天然气行业实际，制定并发布中国石油第一个管理标准——Q/SY 6276—1997《石油天然气工业健康、安全与环境管理体系》，用以系统、科学地提升石油天然气企业健康安全环保管理水平和业绩。2001 年 10 月，股份公司在总结前期部分单位体系建立试点情况的基础上，融合国际国内质量管理、职业卫生管理、环境管理体系、特别是健康安全环境管理体系（Q/SY 6276—1997）等有益做法和先进经验，制定并发布《质量健康安全环境管理体系要求》综合管理体系标准。

2002—2003 年，销售公司在所属企业着手建立 QHSE 综合管理体系。公司在两级机关组建体系办公室，全力推进质量安全环保综合管理体系建设工作。经过两年努力，公司建立以《质量健康安全环境管理体系手册》为总纲，以《客户管理程序》《危害辨识与风险评价管理程序》《应急管理程序》《污染治理管理程序》等81项程序文件为主体，以《油品质量检验报告》《危险因素台账》《不符合报告》《体系审核报告》等177项记录表单为载体的相对完整的质量健康安全环境综合管理体系。

2004年5月30日，公司下发《关于全面推行QHSE管理体系的通知》《关于明确QHSE管理体系管理者代表的通知》《关于成立西南销售公司体系办公室的通知》，确立公司QHSE管理体系机构、职责和具体的实施工作计划，标志着公司QHSE管理体系建设工作正式启动。公司抽调专人成立体系办公室，各单位成立体系办，配备3—5名专职人员，明确QHSE管理体系建立、运行和维护工作的主管领导和具体负责部门，公司和所属各单位均明确了体系建设联络员，为公司体系建设实施工作提供强有力的组织和人员保障。

5月31日，公司召开关于建立QHSE体系首次会议，对公司体系建立工作提出具体要求。随后广西、贵州、云南分公司分别召开贯标动员大会。由于QHSE管理体系建立实施工作是一项全新工作，公司专门邀请具有丰富体系管理经验的专家，对公司机关处室、各单位负责人进行体系知识培训，宣贯体系标准，强化体系管理理念。

5—6月，结合公司建立与实施质量健康安全与环境管理体系需要，成立公司QHSE管理体系办公室。由公司体系办牵头，在各单位组织QHSE管理体系培训。除公司组织的大规模贯标培训外，各单位积极开展体系知识培训，做到全员、全方位培训。公司两级体系办成员利用各种机会组织全员培训，带头讲课，组织讨论，深化理解，讲解过程识别方法、危害和环境因素识别与评价方法，极大地促进了广大员工对体系建立工作必要性、重要性和基本工作方法的认识和理解。公司下发贯标培训教材300多套，制作QHSE标准教学光盘4套；两级体系办利用定期出刊的《贯标动态》对一些标准术语知识进行宣传解释。

7—8月，公司体系办陪同咨询公司开展初始评审现场调研工作。调研组深入配送中心、零售片区、油库和加油站，通过交流、查阅基础资料、现场实地察看等方式，对照QHSE管理体系标准要求，对公司涉及组织机构、管理模式、数质量和安全环境管理等17个管理要素进行深入细致调查、分析。咨询公司就QHSE管理体系初始评审情况，向公司进行专题汇报，针对存在问题及需改进的主要方面，提出改进计划。通过开展深入调研工作，基本摸清了公司管理现状，提出了改进方向，为后续工作奠定了基础。同时，公司召开首次质量健康安全与环境管理体系贯标工作会议。为确保公司QHSE管理体系建立实施工作有效开展，规范工作程序，明确机关部门和所属单位在贯标工作中的职责和评价考核要求，制定下发《西南销售分公司QHSE贯标工作管理规定》。

9月，公司开始QHSE管理过程识别工作，下发《关于开展QHSE管理过程识别工作的通知》，对识别工作程序、方法和时间做出具体要求。体系办针对管理过程识别、分析及优化等内容对各单位机关工作人员进行一次全面培训。同时，与咨询公司对各单位进行现场指导，指出各单位存在的具体问题，澄清一些基本概念，保证过程识别的工作质量。各单位识别和整理一级管理过程138个，二级管理过程584个，三级管理过程660个。通过管理过程识别与优化，理清了管理思路，为开展体系设计和优化整合奠定了坚实基础。

2005年3月，公司召开体系建设工作动员会，标志着公司QHSE管理体系建设进入实质性操作阶段。9月，召开QHSE管理体系运行发布会，标志着公司QHSE管理体系的建立工作基本完成，进入到运行阶段。同时，为认真落实QHSE管理体系文件发布会会议精神，确保QHSE管理体系有效运行并顺利通过销售公司审核验收，机关各处室、各单位于9月15日—10月15日组织开展QHSE体系文件培训。

是年，公司将内控和QHSE两个体系统筹兼顾，统一部署，同步推进。QHSE体系建设方面，确定职能分配方案和体系设计方案、整合发布82个程序文件，基本满足公司质量健康安全环境管理体系的活动内容及管理要求。

2006年，公司认真贯彻"安全第一、预防为主"工作方针，积极开展"安全环保基础年"活动，完善安全监督管理体系，落实安全管理责任制，加强员工安全教育，强化员工安全意识，提高操作技能，建章立制，推动QHSE体系有效运行。全年重大伤亡责任事故为零，重大环境污染责任事故为零，销售油品质量抽查合格率为100%，20万元以上经济损失事故为零，实现安全生产平稳运行。

2007年，公司HSE体系建设得到加强。公司逐步完善HSE管理体系，对现行26个安全环保管理制度进行梳理和修订，对施工、动火等发生事故概率较大生产作业环节予以明确，确保作业过程处于受控状态。积极推行新版油库操作规程，并在运行中不断修改完善。基本完成公司总体应急预案、专项应急预案和基层各单位应急预案的编制。

2008年1月，公司根据《中国石油西南销售公司HSE管理手册》有关规定，统一规范公司HSE管理委员会活动，组织制定《中国石油西南销售公司HSE委员会章程》，并经HSE委员会讨论通过，予以发布实施。6月，根据集团公司《健康安全与环境管理手册》，公司组织各处室重新划分职能，梳理文件和制度，编制《HSE管理手册》及78份管理程序，新的HSE管理体系文件于2009年4月15日经总经理签发运行。

2009年，公司以HSE体系有效运行为抓手，强化培训和检查审核，员工安全环保意识、技能和体系运行绩效持续提升；深入开展百日安全专项整治、库站安全专项检查和隐患整改活动，进一步消除安全隐患。是年，顺利通过集团公司HSE审核和安全环保巡视，获集团公司"安全生产先进单位"。

2010—2011年，公司在总结分析HSE管理体系运行情况的基础上，组织对HSE管理体系进行改进。将原有管理程序按照事务大小逻辑划分为管理办法和管理实施细则两大类别，新设立HSE风险管理特别奖、风险隐患发现申报奖、安全环保举报奖，新增动土作业许可、管线打开作业许可管理实施细则，制定安全环保专业考核实施细则。

2012年，公司进一步总结实践经验，修订体系文件，制定《2012年HSE管理体系推进工作方案》，安排并完成 14 项重点改进任务。

2013 年，公司制定下发《2013 年 HSE 和质量管理体系审核计划》。选拔确定内部 HSE 管理体系、质量管理体系初级审核员 58 名，组织开展审核技能专项培训，编制审核检查表，开展 HSE 管理体系和质量管理体系内部审核。

2014 年，公司进一步加大管理体系内部审核力度，在总结 2013 年审核经验的基础上，分别于 4 月、9 月组织两次管理体系内部审核。

2015 年，公司深化 HSE 体系和质量体系建设，突出"库站楼仓车工钱信"管控重点，在所有在营库站建立风险分级防控体系，全年未发生安全环保事故。

2016—2017 年，公司以加油站经理安全资质认证考核、体系量化审核、库站风险分级防控机制建立为重点，深化和改进 HSE 管理体系。2016 年 11 月底完成所属 655 座加油站经理的安全资质认证考核。2017 年基本建立起加油站风险分级防控机制，并在 4 月和 9 月试点开展两轮体系量化审核，组织对 120 名中层领导干部进行了 HSE 履职能力评估。

2018 年，公司举办 HSE 管理体系审核员强化培训班。公司邀请北京三星九千认证中心资深审核员、培训师着重从 HSE 管理体系理论、量化审核标准要点、审核发现问题剖析、现场审核技巧、管理追溯等方面对审核员进行了强化培训。

三、HSE 管理体系审核

1999—2005 年，公司健康安全环保内部监督机制以年度安全大检查、隐患治理验收为主。公司每年五一、十一前分别开展两次安全生产大检查及隐患大排查，并督促问题整改和隐患治理，促进安全生产规范化。

2005 年 9 月，公司质量健康安全环境管理体系建立后，内部监督机制除日常监督检查、专项检查外，主要以公司年度管理体系审核为主。

2006—2008 年，公司坚持每年组织一次 HSE 管理体系内部审核，认真分析总结审核发现问题，分门别类地确定各类问题整改的责任单位、责任人和监督确认部门，有力削减体系运行中低老坏现象。

2009 年 6 月，集团公司对公司 HSE 管理体系运行情况进行审核，发现问题 65 项，其中一般性不符合项 9 个。公司对审核发现问题进行了整改。通过内外部审核及各类检查评价，公司 HSE 管理体系有效，HSE 绩效良好。

2010—2011 年，公司进一步健全内部监督机制，形成"三查一审"（每年在春节、劳动节、国庆节前开展三次安全生产大检查，在 6—8 月组织一次 HSE 管理体系内部审核）的工作机制。"三查"以现场问题和隐患发现及治理为主，体系审核以管理系统有效性为主。为进一步丰富审核组织，要求各单位每年必须开展一次内部 HSE 管理体系审核。

2012年，公司改进体系内部审核，将原来由审核人员根据体系文件临时编制审核检查变为统一编制检查表；删减审核前首次会议，提高审核效率；严细审核计划的过程要求，使审核过程更加规范；将一年一次审核改为每半年一次，强化了审核力度。

2013年，公司进一步强化监督机制，将原来"三查一审"正式修改为"五查两审"，即：春节前、入冬前各组织一次安全生产大检查，雨季、冬季分别组织一次交通安全、用电安全的专项检查，根据施工计划安排适时组织一次施工安全专项检查，每年五一、十一前各组织一次HSE管理体系审核。9月，销售公司第四审核组对公司进行为期一周的HSE管理体系审核，审核组先后访谈5位公司领导，审核公司机关13个处室，抽样审核仓储分公司安宁油库、普洱分公司思江路加油站施工现场、西双版纳分公司机关及云龙加油站，共发现问题27项。

2014—2015年，公司在审核过程中突出风险防控的有效性，强化库站现场审核过程的培训以及现场审核结束后与受审核单位的充分沟通交流，突出体系审核发现问题整改的有效性，进一步推动了体系的有效运行。

2016年，公司为强化体系运行过程监督，确保体系的有效运行和库站安全平稳受控运行，开展体系审核暨国庆节前安全生产大检查。审核加油站45座、机关部门28个、施工现场4个及非油中央仓，审核检查发现好的经验做法8项，发现问题380项，平均单站问题7.9个。

2017年，公司编制加油站管理体系量化审核标准、油库量化审核标准、各单位机关量化审核标准，并编制管理体系量化审核培训课件。培训内部审核人员，开展审前培训，注重审核结果的统计分析和总结通报，试点进行量化审核。经过2017—2018年的不断试点和摸索，初步建立起公司HSE管理体系量化审核模型及评分标准（见表7–1）。

2018年，公司首次尝试HSE管理体系内部量化审核外委模式，通过招标确定由北京三星九千认证公司实施管理体系量化审核。审核覆盖15家州市公司、仓储分公司、非油品公司及12个机关处室。

是年，销售公司HSE体系审核第五审核组对仓储分公司曲靖松林油库、楚雄分公司机关及2座在营加油站、3座一体化改造加油站进行审核，对机关各处室进行了跟踪审核，并对公司9名管理层成员进行访谈。此次体系审核突出防渗改造施工安全和承包商管理，重点围绕反违章、环保、应急、防渗、变压器、防冒顶、油库全流程诊断、领导专项、重大隐患和较大隐患10个专项进行。审核中，首次加入承包商、监理现场抽考、上半年审核发现问题整改情况验证等内容。审核组对污染防治、危化品管理、协商与沟通、作业许可、道路交通安全、变更管理6个方面提出了建议，并要求公司加强承包商准入资格与资质管理，从严要求承包商做好合同审查、人员培训与配备、方案编制审核审批、人员变更手续完善、安全应急演练等工作，定期对施工承包商工作进行考核评价。

表 7-1　加油站体系量化审核暨标准化达标验收考评表（部分）

要素	要素释意	建设标准	总分	评分原则	分值	检查表代码	考评方法	考评标准		得分	备注
								否决项	评分说明		
1.风险管理	1.1 风险防控	根据加油站实际建立最新有效的安全风险防控机制	2	成立分析组由一组骨干人员共同分析评价，以前庭主管及其他员工人员为成员的一组人共同分析制定，并经上级审核通过	1	YZ-1-1	访谈、提问、查记录、查《风险分控表》；查现场：风险管控措施在现场落实情况	未建立风险分级防控机制此项不得分	1人不清楚扣0.2分，不是一组骨干分析制定扣0.5，未经上级审核扣0.3分		
1.风险管理	1.1 风险防控	根据加油站实际建立最新有效的安全风险防控机制		成立分析组由一组骨干人员共同分析评价，能提供最新有效的加油站《风险分控防控表》，并经上级审核通过	1	YZ-1-2	访谈、提问、查记录、查《风险分控表》；查现场：风险管控措施在现场落实情况	未建立风险分级防控机制此项不得分	不是最新有效的扣0.5分，设备、工艺、设备、环境变更未针对性在分析确认的扣0.5分		
1.风险管理	1.1 风险防控	根据加油站实际建立最新有效的安全风险防控机制	4	危害风险辨识全面并符合加油站实际，风险评价较为可靠可信	3	YZ-1-3	访谈、提问、查记录、查《风险分控表》；查现场：风险管控措施在现场落实情况	未建立风险分级防控机制此项不得分	每少一项2级以上风险扣0.2分，每少一项一般风险扣0.1分，每多一项不存在风险扣0.2分		
1.风险管理	1.1 风险防控	根据加油站实际建立最新有效的安全风险防控机制		危害风险辨识全面并符合加油站实际，风险评级等级定合理可信	1	YZ-1-4	访谈查记录、查《风险分控表》风险管控措施在现场落实情况	未建立风险分级防控机制此项不得分	全部符合，得20分；凡不符合情况，由考评员判断得0~20分		
1.风险管理	1.1 风险防控	根据加油站实际建立最新有效的安全风险防控机制	2	针对较大风险体有效的预防、消减，控制措施能得到有效实施	针对评价为2级以上风险，从制度、规程、巡检监测、工程改造、培训、应急等方面论证并制定出有效措施，措施及时准确到位	2	YZ-1-5	访谈、提问、查记录、查《风险分控表》；查现场：风险管控措施在现场落实情况	未建立风险分级防控机制此项不得分	2级以上风险发现一项无措施不具体扣1分，措施不针对无实效扣1分，发现一项措施未落实扣1分，扣完为止		

续表

要素	要素释意	建设标准	总分	评分原则	分值	检查表代码	考评方法	考评标准		得分	备注
								否决项	评分说明		
1.风险管理	1.1风险防控	根据加油站实际建立最新有效的安全风险防控机制	2	员工掌握本岗位所涉区域场所及设备设施及操作中潜在的风险及防控措施	2	YZ-1-6	对照风险分级防控表访谈2名员工	未建立风险分级防控机制，此项不得分	全部符合，得2分，员工对本岗位区域场所潜在风险及控制措施了解不全面的，由考评员判断得0—2分		
1.风险管理	1.2隐患管理	存在的安全事故隐患项目记录在案，准确清楚描述治理的全过程，未治理的隐患制定并实施有效的监控运行措施	0.3	HSE信息系统隐患管理模块中各项信息记录完善，做到闭环管理	0.3	YZ-1-7	查隐患档案核实近3年省公司下发检维修计划、隐患治理计划等信息	—	隐患档案或记录有缺失，不规范，不准确每发现一处扣0.1分		
1.风险管理	1.2隐患管理	新发现的隐患项目及时报告或上报，未及时治理隐患项目制定具体有效的监控运行措施	0.3	新发现或出现的隐患项目及时上报	0.1	YZ-1-8	查现场：现场管理检查隐患治理情况；访谈加油站经理、员工	—	新发现或出现隐患项目未及时上报0.1分，发现一项未治理隐患没有制定监控措施运行扣0.2分		
1.风险管理	1.2隐患管理	存在的安全事故隐患项目记录在案，准确清楚描述治理的全过程，未治理的隐患制定并实施有效的监控运行措施		所有未治理隐患项目均制定具体有效的监控运行措施	0.2	YZ-1-9	查现场：现场管理检查隐患治理情况；访谈加油站经理、员工	—	新发现或出现隐患项目未及时上报0.1分，发现一项未治理隐患没有制定监控措施运行扣0.3分		近3年省公司未下发该站整改计划的，本条视为未涉及考评项

质量安全环保管理 第七篇

续表

要素	要素释义	建设标准	总分	评分原则	分值	检查表代码	考评方法	考评标准		备注
								否决项	评分说明	
1. 风险管理	1.2 隐患管理	存在的安全事故隐患项目记录在案，准确清楚描述治理的全过程，未治理的隐患制定并实施有效的监控运行措施	0.4	监控运行的各项防控措施都有效落实，重大隐患进行挂牌督办	0.3	YZ-1-10	查现场：现场检查隐患管理情况；访谈加油站经理、员工	—	每发现一项监控运行措施未有效落实扣0.2分，有员工不清楚监控运行措施主要内容扣0.1分	
1. 风险管理	1.2 隐患管理	存在的安全事故隐患项目记录在案，准确清楚描述治理的全过程，未治理的隐患制定并实施有效的监控运行措施		监控运行措施得到有效实施	0.1	YZ-1-11	查现场：现场检查隐患管理情况；访谈加油站经理、员工	—	每发现一项监控运行措施未有效落实扣0.2分，有员工不清楚监控运行措施主要内容扣0.2分	近3年省公司未下发该站整改计划的，本条视为未涉及考评项
2. 责任落实	2.1 岗位职责	按照"一岗双责"和风险管控的要求，所有岗位HSE职责清晰明确	1.5	形成岗位员工"一岗双责"职责描述，正式发布	1	YZ-1-12	查文件：查阅加油站各岗位"一岗双责"发布的文件	加油站未编制形成岗位员工"一岗双责"的，此项不得分	岗位员工HSE职责不明确每处扣0.1分，HSE职责与风险不相匹配每发现一处扣0.1分	
2. 责任落实	2.1 岗位职责	按照"一岗双责"和风险管控的要求，所有岗位HSE职责清晰明确		岗位员工HSE职责明确，与岗位工作和风险相匹配	0.5	YZ-1-13	查文件：查阅加油站各岗位"一岗双责"发布的文件	加油站未编制形成岗位员工"一岗双责"的，此项不得分	岗位员工HSE职责不明确每处扣0.1分，HSE职责与风险不相匹配每发现一处扣0.2分	

523

续表

要素	要素释意	建设标准	总分	评分原则	分值	检查表代码	考评方法	考评标准 否决项	考评标准 评分说明	得分	备注
2. 责任落实	2.1 岗位职责	按照"一岗双责"和风险管控的要求,所有岗位HSE职责清晰明确	1	岗位员工清楚、理解并落实本岗位HSE职责要求	0.5	YZ-1-14	访谈2名员工	加油站未编制形成岗位员工"一岗双责"的,此项不得分	员工能理解描述本岗位"一岗双责"职责描述内容	每发现1名员工不清楚或不理解岗位HSE职责扣0.1分,每发现1项HSE职责未履行扣0.1分	
2. 责任落实	2.1 岗位职责	按照"一岗双责"和风险管控的要求,所有岗位HSE职责清晰明确		岗位HSE职责得到有效落实	0.5	YZ-1-15	抽样员工HSE职责中的3项工作内容进行追踪,检查完成情况	加油站未编制形成岗位员工"一岗双责"的,此项不得分		每发现1名员工不清楚或不理解岗位HSE职责扣0.1分,每发现1项HSE职责未履行扣0.2分	
3. 目标指标	3.1 承诺和行动	个人做出具体可行的HSE承诺并积极履行或兑现	1	加油站经理作出并公示个人HSE承诺	0.3	YZ-1-16	查资料,访谈	未作出承诺该项不得分		有承诺并公示分,否则不得分	
3. 目标指标	3.1 承诺和行动	个人做出具体可行的HSE承诺并积极履行或兑现		加油站经理作出个人HSE承诺书,承诺包含具体的行动计划	0.3	YZ-1-17	查资料,访谈	未作出承诺该项不得分		视内容可行性得0—0.3分	
3. 目标指标	3.1 承诺和行动	个人做出具体可行的HSE承诺并积极履行或兑现		承诺内容结合个人实际具体可行	0.4	YZ-1-18	查资料,访谈	未作出承诺该项不得分		视内容可行性得0—0.4分	
3. 目标指标	3.1 承诺和行动	个人做出具体可行的HSE承诺并积极履行或兑现		承诺已履行或兑现						以履行程度得0—0.4分	
3. 目标指标	3.2 目标责任书	签订明确的HSE目标指标,包括过程性指标和结果性指标	1	加油站经理与上级单位签订《安全环保责任书》,责任书内容切实可行	1	YZ-1-19	查文件:查《安全环保责任书》	加油站经理未与上级单位签订《安全环保责任书》的,此项不得分		签订责任书得0.5分,但指标设置不符合要求或实际,每发现一处扣0.1分。当前油站实际,当前油站一处扣0.1分	

续表

要素	要素释意	建设标准	总分	评分原则	分值	检查表代码	考评方法	考评标准		得分	备注
								否决项	评分说明		
3. 目标指标 3.3 完成情况	定期自查HSE目标指标的完成情况	定期统计分析指标完成情况，对未完成情况进行原因分析	2	依据分公司对该加油站考核情况逐项核实并分析打分	1	YZ-1-20	查文件：根据分公司考核记录查分析资料	加油站经理未与上级单位签订《安全环保责任书》的，此项不得分	每发现一项指标未定期统计分析扣0.2分，未完成项目未进行原因分析的，每项扣0.1分		
3. 目标指标	定期自查HSE目标指标的完成情况	对未完成指标制定了新的计划或方案并有效实施		依据分公司对该加油站考核情况逐项核实并分析打分	1	YZ-1-21	查文件：根据分公司考核记录查分析资料	加油站经理未与上级单位签订《安全环保责任书》的，此项不得分	全部指标完成得全分，每发现一项未完成项目未重新制定措施并实施扣0.2分		

第二节　质量管理体系

一、质量管理体系的建立及发展

质量管理体系（Quality Management System，QMS）是指在质量方面指挥和控制组织的管理体系。质量管理体系是组织内部建立的、为实现质量目标所必需的、系统的质量管理模式，是组织的一项战略决策。它将资源与过程结合，以过程管理方法进行系统管理，根据企业特点选用若干体系要素加以组合，一般包括与管理活动、资源提供、产品实现以及测量、分析与改进活动相关的过程组成，可以理解为涵盖从确定顾客需求、设计研制、生产、检验、销售、交付之前全过程的策划、实施、监控、纠正与改进活动的要求，成为组织内部质量管理工作的系统要求。

2010年5月，公司启动质量管理体系建设工作，于5月27日成立公司质量管理体系建设办公室。7月，发布公司质量管理体系，进入试运行阶段。8月，组织开展质量管理体系内审员培训班，共培训内审员45名。10月，分三个组对公司机关13个处室、10个所属单位进行了质量管理体系内部审核。11月，公司下发《关于开展质量管理体系第三方认证审核工作的通知》，邀请北京三星九千认证中心对公司质量管理体系进行认证审核，取得质量管理体系认证证书。

2011—2012年，公司每年组织两次内部审核和管理评审，并通过第三方认证机构的年度监督审核。

2013年10月，由于公司部分机构调整，职能发生变化，为确保机构调整后质量管理体系文件符合公司经营管理要求，保证其有效性和可操作性。公司组织对质量管理体系文件进行全面修订，重点调整质量管理职能，明晰质量手册（1个）、程序文件（12个）、作业文件（28个）的层次关系，更改程序文件名称，下发质量管理体系文件，并于2013年10月10日起执行。

是年，结合集团公司质量管理体系推进评审实施细则的修订发布，为持续改进质量体系的适宜性、有效性，公司组织对体系进行整体评估，重新理顺机关各处室管理职能及文件层次结构。结合销售企业质量管理工作特点，统一编制内审检查表，将集团公司推进评审内容融入其中，修订《质量管理手册》等41个体系文件，并尝试开展卓越绩效评价工作。

2014—2015年，公司每年组织两次内部审核和管理评审，并通过第三方认证机构的年度监督审核和再认证审核，确保质量管理体系有效运行。

2016年7月，为持续提升公司全面质量管理驱动发展的能力，使全面质量管理成为公司可持续发展和各项业绩改进的有力支撑，在公司范围内开展群众性全面质量管理小组（简称QC小组）活动，促进全员积极参与质量管理，深入推进公司全面质量管理战略，为建设世界一流综合性国际能源公司提供质量保证。

2017年,按销售公司要求,公司邀请北京三星九千认证中心依据《质量管理体系要求》(GB/T 19001—2016),指导公司对现行质量管理体系进行换版修订,并于10月1日正式实施。

2018年,公司按照"以质取胜、以量取信、诚信经营"方针,持续完善质量管理体系,杜绝"缺斤少两",营造质优量足、放心消费的环境。同时,公司质量管理体系顺利通过第三方认证机构推荐,保持认证注册资格并换发新版认证证书。

二、质量管理体系审核

2010年起,公司每年接受一次第三方认证机构的年度监督审核或再认证审核,通过后由第三方认证机构推荐继续认证注册并颁发年度监督审核标识或再认证标志。10月,公司对两级机关、油库及加油站的质量管理体系运行情况进行现场审核,发现问题368项,一般不符合64项。

2010—2012年,公司积极开展质量管理体系建设,质量体系通过第三方认证,油品质量抽检合格率达到100%。

2013年,北京三星九千认证中心对公司质量管理体系进行第二次认证审核。审核组分三组对13个处室,昆明、楚雄、大理、临沧、中油强林等单位机关及所属26座加油站、仓储分公司、非油品公司机关及所属3座油库和1座中央仓进行现场审核。通过审核,审核组认为公司质量管理体系在上一认证周期内符合标准要求,保持了持续有效运行,同意推荐再次认证。

2014年,为加大质量计量监督抽检力度,提高质量体系审核效率,确保质量计量综合管理水平不断提升,公司下发《关于加强质量计量抽检和质量体系审核的通知》,对2014年质量计量监督抽查及质量体系审核工作进行安排。同时,为进一步推进质量管理体系的有效运行,实现体系运行持续改进,公司下发《关于开展质量管理体系监督审核工作的通知》,按照集团公司质量管理体系强制认证要求,由北京三星九千认证中心对公司质量管理体系开展2014年度监督审核工作。

2015—2017年,公司逐步将质量管理体系、HSE管理体系内部审核合并组织实施,坚持每年在"五一""十一"前组织开展两次体系内部审核。2017年开始试点量化审核,质量管理体系与HSE管理体系量化审核同步组织实施。

2018年,北京三星九千认证中心4名审核专家分四组对公司人事处、市场营销处、调运处、质安处、工程处5个处室,以及红河、玉溪、丽江、迪庆4家分公司机关和所属21座加油站、仓储分公司机关及4座油库、成品油检验中心、非油品公司机关及中央仓进行审核。就审核中发现的8个轻微不符合项及130个问题,分别从加大制度和规范的执行力度、加强设备设施的维护、强化监视测量设备的检定与校准、提高员工对质量风险的理解识别及制定相应管控措施四个方面提出了改进意见和建议。

第二章　安全管理

公司所经营产品主要是石油产品，属于典型的危险化学品经营企业。石油产品具有易燃、易爆、易挥发、易渗漏、易产生静电、有一定毒性等特点，在生产、储存和销售过程中一旦发生事故，将给企业带来很大损失。公司所辖大部分地区山大沟深路弯，气候多变，高雷暴日长，地震、泥石流、塌方、滑坡、洪灾等自然灾害频发，交通安全形势极其严峻。尤其是云南省没有大规模石油化工企业，本地石油化工施工力量薄弱，缺少必要的社会依托，施工安全难以有效保障。面对这些困难和挑战，公司始终坚持HSE管理体系建设及不断优化和改进，全面落实和细化安全责任，不断加强安全教育和培训训练，强化安全生产管理制度的严格执行，持续夯实管理基础，增强安全生产保障能力，确保公司平稳经营和发展。

1999—2004年，公司以全过程参与经营管理为手段，以落实各项内控制度为重点，加强内部监督、制约，保证公司各项工作安全平稳运行。

2005—2011年，公司以HSE管理体系、质量管理体系有效运行和持续改进为主线，以风险防控为核心，强基础、抓现场、控源头，着力库站现场风险防控，实现了零事故、零污染、零伤害的HSE管控目标。

2012—2018年，公司通过签订HSE责任书、承诺书等形式全面落实各级安全生产责任，确定库、站、楼、车、工、钱等管控重点，两级机关部门直线责任进一步落实。公司两级机关能够自觉主动地利用到库站的各种机会关注和落实安全环保措施，与现场员工展开良好互动，促进全员安全意识提升。公司未发生质量计量责任事故、重大纠纷及新闻危机事件，安全环保数质量工作取得长足进步。

第一节　安全教育

一、三级安全教育培训

公司始终以满足法律法规要求为前提，开展新员工入职三级安全教育培训。人事部门是员工培训工作的归口管理部门，负责协调培训资源，协助相关处室组织实施健康、安全、环保等技培训，负责督促指导各单位开展员工安全教育培训工作。安全部门是安全监督、油品计量、油品化验、设备管理、环保节能等专业技术培训的组织实施部门，负责识别培训需求，编制培训大纲，拟定健康、安全、环保、质量、计量等专业技术人员培训计划并负责组织或监督实施，负责核发相关专业技术证书、组织开展安全教育培训监督检查及考核。业务部门负责督促指导加油站开展安全教育培训，负责监督检查加油站人员持证上岗情况。

1999—2002 年，按照集团公司安全教育相关要求，公司建立新员工三级安全教育制度，新招聘员工开展分公司级、库站级、班组级安全教育。分公司级安全教育以汽油、柴油物理化学特性、安全环保法律法规为主，库站级安全教育以库站实际风险及管控措施、消防知识和技能为主，班组级安全教育以安全操作技能学习掌握为主。分公司级安全教育由各单位质安部门负责人讲授，库站级安全教育由加油站经理、油库副主任授课，班组级安全教育由前庭主管或油库班组长进行讲授。

2003 年，为在公司全体员工中普及《安全生产法》《消防法》等安全法律法规以及消防、油品等安全知识，公司举办第二届"消防安全知识竞赛"预赛、复赛和决赛，进一步增强全体员工安全意识，使安全工作警钟长鸣，确保员工生命和公司财产安全。

2005 年，为进一步反思"12·23"特大井喷责任事故的沉痛教训，公司根据集团公司有关文件精神，在各单位开展以"牢记事故教训，促进安全生产"为主题的第二个"安全生产警示日"活动，进一步深化员工安全意识，增强安全责任，促进安全生产。

2006 年，参照集团公司、销售公司管理办法，公司制定《安全教育培训实施细则》，并根据最新要求更新管理办法，建立员工三级安全教育卡，健全员工安全教育档案，进一步细化和丰富三级安全教育机制。

2007—2008 年，公司自上而下层层签订责任状和合同书，关键岗位和要害部位覆盖面达100%。深入开展安全生产基础年、安全生产教育月、安全警示日等活动，在库站建立"每日一题，每周一课，每月一考，每季一评"的安全教育机制，安全培训覆盖率和安全持证上岗率均达100%。

2009 年，公司组织编制加油站新员工入职安全教育培训课件（分公司级），对分公司级员工入职安全培训课件进行统一规范，编制统一的员工入职安全培训记录，对新员工安全教育培训记录档案再次进行规范。

2010—2013 年，集团公司参照国内外先进企业的典型做法和最佳实践，在大庆、辽阳、广州、大连、乌鲁木齐、北京建立 6 个安全培训中心，分批次组织强化安全环保专职人员的提升性培训，每年举办培训班多达 10 期。每年选派 15—25 名各级安全专兼职人员参加集团公司培训，为企业安全管理提供能力保障。

2014 年，根据设备设施及工艺变更情况，公司对入职安全教育培训课件进行修订，使公司级员工安全培训内容与时俱进，符合员工的实际需求。同时，对 2009 版新员工入职安全培训记录进行修订，让培训记录既满足政府检查要求，又符合公司档案管理要求。

2015年，公司组织两级机关班子成员和管理人员，各单位全体管理人员、库站全体员工参加集团公司《安全生产法》《环境保护法》远程培训和考试。同时，为落实销售公司《关于组织防汛知识应知应会考试的通知》要求，组织所属油库主任、加油站经理、质安专业线全体人员开展防汛知识应知应会考试和作业许可审批人抽考。

2016年，公司编制题库，建立标准，着手对加油站经理进行安全资质认证考核，通过分片区培训、现场指导、远程模拟学习考试等，560多名加油站经理安全综合素质得到提升。

2017年，公司将安全教育重点拓展至中层领导干部，组织整理和下发安全环保培训教材，开发考试题库，建立领导干部远程安全培训及考试机制，督促各级领导干部提升综合安全素养。当年10月，通过招标邀请第三方技术机构对120名中层领导干部进行全面的HSE履职能力评估，促进了领导干部安全意识、安全技能的提升和安全行为的改变。

2018年，公司建立健全所有员工的HSE履职能力评估机制，邀请第三方机构对214名中层领导干部进行全面的HSE履职能力评估。实现领导干部率先垂范，不断提升安全履职能力，影响和带动全体员工养成良好的安全习惯。

二、从业资格培训

危险化学品销售企业主要负责人、操作人员、安全管理人员和业务管理人员依法经过政府安全培训，取得从业资格证书是法律的基本要求。

公司坚持依法合规经营，分级负责相关人员培训取证工作，始终坚持电工、焊工、叉车等特殊工种需持证上岗作业要求，以实用为导向开展特殊工种培训工作，由各单位自行组织特种作业证培训取证工作。2010年以前，特种作业人员由各单位建立电子台账进行动态管理，2010年以后由集团公司主导建立HSE管理信息系统，特种作业人员台账统一在HSE信息系统中建立，进行动态管理，确保顺利组织特种作业人员安全取证并按时培训复审。

截至2018年底，公司有37人取得电工特种作业证，非油品公司中央仓有3人取得叉车特种设备作业证。包括公司主要负责人、安全总监、业务领导、安全部门人员，各单位主要负责人、安全总监、安全部门负责人、安全管理人员、各加油站经理、油库主任在内的各级管理人员835人均参加云南省及各州市两级安监局组织的安全管理培训，取得安全培训合格证，全面实现管理人员持证上岗。

三、培训矩阵开发应用

2014年，公司作为集团公司试点单位，组织编制开发HSE培训矩阵，全面分析加油站岗位职责，按照万吨级加油站岗位设置，将加油站岗位分为加油站经理、核算员、计量员、前庭主管、收银员、便利店员、加油员等 7 个岗位。对照岗位职责，分析岗位日常工作中可能面对的风险，结合应急管理、HSE 基本理念、工具方法等内容，细分培训单元，形成包含 71 个培训细目的 HSE 培训矩阵。同时，根据岗位实际需求，按照掌握、熟悉、了解三个层级对各岗位培训要求进行再次细化，形成 7 个岗位培训矩阵明细表，加油站经理需掌握最高难度达 71 个知识点，便利店员需熟悉或了解 45 个知识点。

按照"短课时"的思路编制 54 个培训课件，以销售公司开发的应急培训系统作为补充，形成完善的培训矩阵课件库，为开展培训提供了有力支持。每个课件均为 PPT 格式，平均不到 15 页，平均培训时间不到 5 分钟，把培训课时缩到最短，便于基层开展培训。

各库站利用班前会、站（库）务会时间开展 HSE 矩阵培训，平均每次培训不到 10 分钟，不占用员工大量时间，减轻库站负责人进行专业培训的压力，达到基层负责人便于开展培训、员工易于接受的目的。

2015 年，为持续提升加油站经理安全管理知识能力，确保公司各项业务持续平稳受控运行。公司从 8 月开始开展加油站经理安全资格认证，以 HSE 培训矩阵和课件为基础，开发包含 500 多道的理论认证试题库，并于 9 月 6 日前完成全部在职加油站经理安全资质理论认证考试。

2016 年，在所属各单位持续考评加油站经理安全资质认证的基础上，公司随机抽取 156 名加油站经理进行安全资质复核确认，并于当年启动油库主任安全资质认证考核试点工作。

2017 年，经几年来持续开展 HSE 矩阵培训，员工安全意识迅速提升，未发生安全生产事故。云南省经历 40 年一遇降水，近 20 座加油站发生内涝，2 座加油站发生整体被淹险情，公司均能在第一时间积极应对，并封堵卸油口、人工计量口等，未发生油品溢出事件，未发生员工伤亡事故。是年，公司将 HSE 矩阵培训正式纳入员工安全教育培训管理。在《安全教育培训实施细则》中对员工 HSE 矩阵培训中岗位名称、培训内容、掌握程度、培训周期、培训方式等主要内容进行明确要求，使公司整体 HSE 矩阵培训有章可依。

2018 年，公司以昆明分公司为代表，掀起微课堂式安全培训热潮，利用微信的便利性，开展短课件、可视频新型安全教育活动，并迅速在公司推广。同时，着力新员工入职培训视频化教材的开发研究。

四、HSE 履职能力评估

2016 年，公司以 HSE 培训矩阵加油站经理必须掌握的 69 个知识点为重点，编制 64 个课件，开发理论考试题库，通过远程培训系统对 712 名加油站经理及后备经理进行理论考试，并以风险辨识和突发事件应急处置为核心进行现场实操能力考评，对质安专业线 192 名管理人员进行业务知识能力测试。

2017 年，公司制定《中国石油云南销售公司领导干部安全环保履职能力评估实施方案》，正式启动领导干部安全环保履职能力评估工作（见图7-1、表7-2）。旨在全面落实集团公司《员工安全环保履职考评管理办法》，掌握当前领导干部安全环保履职能力现状，找出领导干部安全环保综合能力短板，切实提高领导干部HSE履职能力，促进直线责任有效落实，推动公司安全发展。

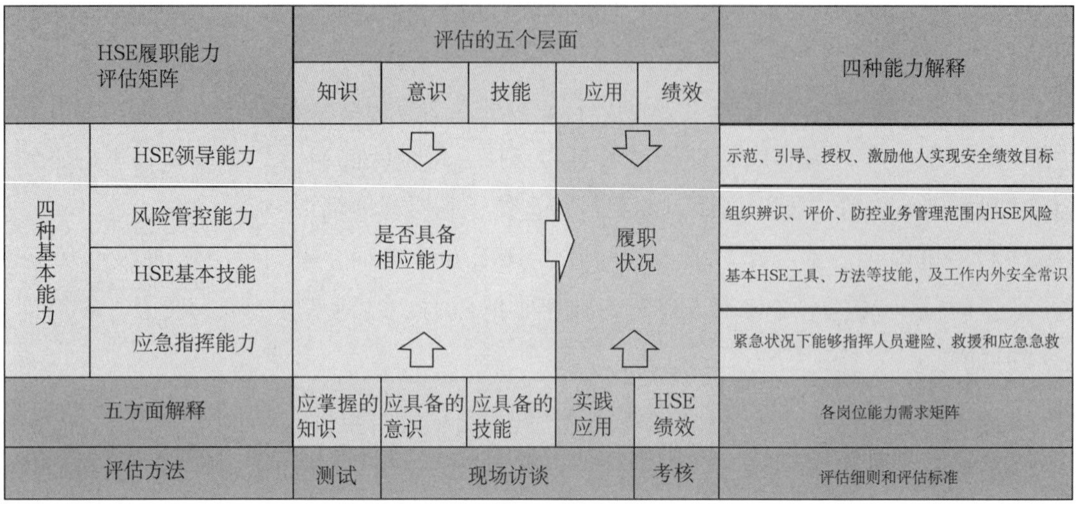

HSE履职能力评估矩阵		评估的五个层面					四种能力解释
		知识	意识	技能	应用	绩效	
四种基本能力	HSE领导能力	是否具备相应能力			履职状况		示范、引导、授权、激励他人实现安全绩效目标
	风险管控能力						组织辨识、评价、防控业务管理范围内HSE风险
	HSE基本技能						基本HSE工具、方法等技能，及工作内外安全常识
	应急指挥能力						紧急状况下能够指挥人员避险、救援和应急急救
五方面解释		应掌握的知识	应具备的意识	应具备的技能	实践应用	HSE绩效	各岗位能力需求矩阵
评估方法		测试	现场访谈		考核		评估细则和评估标准

图7-1 公司2017年度领导人员HSE履职能力评估矩阵图

表7-2 公司2017年度各项现场访谈问题得分标准

5分制	理解	态度	动机	应用	效果
0—1分	不理解	消极	应付（要求/审核）	没有应用	适得其反
1—2分	部分理解50%以上	被动50%以上	考核的影响（经济利益）	偶尔、部分应用	没有效果
2—3分	基本理解80%以上	部分主动，部分被动	周围环境影响（榜样/规则）	普通应用效果一般	部分达到预期效果
3—4分	全部理解100%	主动70%以上	因为价值观的影响	全面应用效果明显	大部分达到预期效果
4—5分	充分理解指导他人	主动90%以上	将安全作为自我价值体现	固化、优化	安全或超出预期效果
注解	前提条件	关键因素	基本目的	实际表现	最终效果
	先期入脑	内化于心		外化于行	

是年，公司启动关键岗位HSE履职能力评估，持续开展加油站经理安全资质认证考评。各单位采取自学月考、现场指导、区域互动、分片研讨等多种方式促进加油站经理综合安全素养的提升，从理论考试、现场实操两方面进行综合考评。公司考评小组多次奔赴数十座偏远加油站进行现场复评，与加油站经理共同进行风险辨识、应急模拟，始终坚持现场考评与培训教育相结合，655名加油站经理和后备经理均通过安全资质认证考核。

是年，公司聘请第三方专业机构，对120名中层领导干部进行安全履职能力评估，查找管理人员安全履职能力薄弱点，有针对性地加以培训、弥补和改进。持续开展加油站经理安全履职能力评估，年内对126名加油站经理进行复审，并对发现问题现场交流讲解，提升加油站经理安全履职能力。

2018年，公司进一步健全全员HSE履职能力提升机制，启动领导干部HSE履职能力3年提升工程计划，制定下发《领导干部HSE履职能力提升行动方案》，明确两级机关部门主任以上人员由外聘机构实施HSE履职能力评估、机关一般管理人员由各部门自行组织履职能力评估，进而形成立体、全面的HSE履职能力评估系统，以评促学、以评促训，快速提升全员HSE履职能力。

第二节　风险管理

一、风险辨识及评价

1999—2003年，公司主要以收购租赁滇、黔、桂三省区老旧油库、加油站方式拓展业务，老旧库站多数存在较大以上隐患。公司成立初期，风险辨识及评价系统概念尚未建立，主要是逐库逐站地排查治理重大隐患，以隐患排查治理和安全生产大检查方式确定较大风险并予以治理或整改。

2004年，公司按照体系管理思想和要求，引进危害辨识及风险评价的概念和机制，以全员查找危害方式开展风险识别活动，查找出各类危害及可能风险事件3000余项。

2005年，公司质量健康安全环保管理体系建立后，由两级安全管理部门为主导，动员全体员工梳理所有作业活动，填报《作业活动项目调查表》，组织员工逐个作业项目按照正常、异常、紧急三种状态和过去、现在、未来三种时态罗列危害因素，填写并上报《危险因素及初始危险调查表》，后由两级安全管理部门组建小组依靠经验评价风险大小。

2006—2008年，公司坚持每年一轮全员找风险活动，提交各类危害、隐患、风险18000条，经过管理人员分析整理，删除重复项和不存在问题，整理出安全风险7800项。

2009—2011年，公司HSE管理体系独立建立运行后，风险辨识及评价有了质的跨越，引进作业条件危险性评价法（LEC法），半定性半定量地评价识别各类危害因素，增强了风险辨识及评价的可靠性。

2012年，公司试点引进工作安全性分析法（JSA）（见表7-3），改进施工检维修活动及非常规作业风险分析，风险辨识更加全面有序。编制JSA培训课件，组织JSA培训，在专家指导下编制两项典型施工作业活动JSA模板，在全公司推广实施。

2013年，结合公司实际，参照国际上较为通用的风险矩阵评价法，全面提升风险评价的准确性和可靠性。风险评价矩阵（见表7-4至表7-6）主要针对每一个危害因素或风险事件，从发生的可能性、发生后后果严重性两个维度综合考量并打分，两项合成的总分划分为四个区间，分别为1—4级风险，4级最大，1级最小。

表 7-3　公司 2012 年度工作前安全分析表

单位								
人员	甲方项目主管		甲方 HSE 负责人		乙方 HSE 负责人		作业人员	

作业情况简述：

□新工作任务　□已做过工作任务　□交叉作业　□承包商作业　□相关操作规程　□作业许可证　□特种作业人员资质证明

工作步骤	工具、设备、材料、作业条件	施工地点	危害及其后果	风险评价			现有控制措施	增补措施	残余风险是否可接受
				可能性	严重度	风险值			

表 7-4　评估后果的严重性（S）

分数	人员伤亡程度	财产损失	对声誉的影响
5	·死亡 ·终身残废 ·丧失劳动能力	≥50 万元	引起公众的反应；持续不断的指责；国家级媒体的大量负面报道
4	·部分丧失劳动能力 ·职业病 ·慢性病 ·住院治疗	≥5 万元	引起整个区域公众的关注；大量的指责，当地媒体大量的反面报道；国内媒体负面报道，当地或国家政策的可能限制措施
3	·需要去医院治疗，但不需住院	≥1 万元	一些当地公众表示关注，受到一些指责；一些媒体有报道和政治上的重视
2	·皮外伤 ·短时间身体不适	小于 1 万元	公众对事件有反应，但是没有表示关注
1	·没有受伤	无	没有公众反应

表 7-5　事件发生的可能性（L）

分数	偏差发生频率	安全检查	操作规程	员工胜任程度 （意识、技能、经验）	防范、控制措施
5	每天发生，经常	从来没有检查	没有操作规程	不胜任（无任何培训、意识不够、缺乏经验）	无任何防范或控制措施
4	每月发生	偶尔检查或大检查	有，但只是偶尔执行	不够胜任	防范、控制措施不完善
3	每季度发生	月检	有操作规程，只是部分执行	一般胜任	有，但没有完全使用（如个人防护用品）
2	每年发生	周检	有，但偶尔不执行	胜任，但偶然出差错	有，偶尔失去作用或出差错
1	偶尔或一年以上发生	日检	有操作规程，而且严格执行	高度胜任（培训充分，经验丰富，意识强）	有效防范控制措施

表 7-6　风险评估表（R）

可能性＼严重性	1	2	3	4	5
1	1	2	3	4	5
2	2	4	6	8	10
3	3	6	9	12	15
4	4	8	12	16	20
5	5	10	15	20	25

2014—2018 年，公司持续应用风险矩阵评价法动态辨识各类风险，并针对 3 级以上风险制定和落实管控措施，确保库站平稳运行。

二、重点风险防控

针对作为重大危险源的油库，1999—2010 年，公司以隐患排查治理、油罐壁板测厚为重点开展风险防控。2011 年，仓储分公司成立后，突出专业化管理，以定期专业检查为主要手段防范风险隐患。2012 年，引入投运前安全评估（PSSR）展开地毯式的排查治理，消灭隐患、隐忧，保障新改扩建油库的安全平稳投运。6 年里先后对昆明秧田冲、曲靖松林、清华洞（扩建）、蒙自、保山、玉溪六座新改扩建油库实施了 PSSR。2014—2016 年，公司每年邀请四川销售公司、东北销售公司、西北销售公司、山东销售公司等兄弟单位的油库专家全面审核所属油库。2016—2018 年，公司主要以油库发油管线分级防控方式管控风险。

交通安全历来是安全管控重点领域。1999—2010 年，公司以《公务车辆安全管理通知》为指导，以突击检查行车安全状况为主要抓手管控交通安全。2011 年，公司推行内部准驾制度，对驾驶公务车辆资质严格审查和考核。2012 年，公司颁布"交通安全十不准"，公务车辆安装 GPS 监控系统，以更加严厉的手段削减交通领域的不安全行为。2013 年，公司每年以案例警示教育、车辆安全检查、安全带使用、超速疲劳驾驶为主要内容，持续开展交通安全专项整治活动。2015 年，推行交通安全承诺制，将私家车辆、摩托车、电动车安全驾驶全面纳入管控范畴强化监管。专项整治教育活动开展 3 年来，取得重大成效，交通安全全面好转。2016 年，公司下发《2016 年道路交通安全专项保障方案》，指导公司全体员工学习道路安全法规，熟练掌握公司交通安全管理制度，提高道路风险识别水平，掌握防御性驾驶的技能，全面提高公司全体员工道路交通安全风险管控能力。2017—2018 年，公司保持了交通安全零事故的良好局面。

交通安全十不准

一、不准无证驾车。

二、不准酒后驾车。

三、不准疲劳驾驶。

四、不准超速驾驶、强行超车和抢道。

五、不准驾驶与驾驶证不相符的车辆。

六、不准驾驶不合格车辆、带病车辆。

七、不准在驾驶时有吸烟、接打手机等不安全行为。

八、不准未履行审批手续长途出车。

九、不准超员、超载,不得搭载与执行公务无关的人员。

十、不准在未确认全部乘客系好安全带情况下启动车辆。

施工作业一直是石油石化行业事故多发环节,也是安全监管的重点。公司成立至今,一直致力于施工过程安全管控,从最初的检查处罚简单方式逐步发展到承包商资质审查入围、施工人员安全教育、施工项目JSA分析、安全技术交底、入场机具查验、HSE"两书一表"编制应用、作业许可审核审批、施工现场监护监控、施工安全专项检查、"四不两直"式(不发通知、不打招呼、不听汇报、不用陪同接待、直奔基层、直插现场)突击检查、项目HSE业绩评估等11个方面的较为全面严格管控,取得较好成效。

20年来,公司不断积累经验,持续补充完善,针对汛期、冬季编发专项安全保障方案,有针对性地落实各项保障措施,确保特殊季节特殊风险得到有效防范。每年元旦、春节、"3·15"、全国"两会"等敏感时段,提前预警和提示,实施升级管理,确保平稳安全运营。

三、安全形势分析

1999—2011年,公司安全形势分析主要采用四种方式进行:(1)定期组织安排隐患排查,制定隐患治理计划,治理重大风险。(2)利用每年度的管理体系评审来分析一年的安全工作情况,部署安排来年重点管控事项。(3)在合规性评价时分析不满足法规规定的事项,作为重点解决问题予以整改。(4)认真学习借鉴系统内尤其是销售系统发生的事故案例,针对事故原因组织查找同类风险因素并予以预防、控制和削减。

2012年,公司改进安全形势分析,结合云南自然条件实际,每年增加3次安全形势分析。(1)每年10月,在入冬前全面分析冬季安全生产规律和风险特点,有针对地组织防火、防冻、防凝、防滑、防冰雪积压导致罩棚坍塌、防烟花爆竹燃放等风险识别。(2)在每年2月底,对于春季到来后容易引发的山火、雷电、静电、大风等进行风险分析并部署落实防范措施。(3) 每年 5 月份组织汛期风险分析并部署安排防汛措施。

2014—2018 年,公司建立每季度安全形势分析机制。每年 3 月底、6 月底、9 月底、12 月底,分别发布本季度及上年同期的行业、公司内外事故、事件、灾害和险情信息,结合下季度中长期天气预报、自然灾害预警、重点工作计划等,编制《安全环保形势分析报告》,提交 HSE 委员会审议和补充,在全面分析基础上有重点、有针对地部署安排下季度重点风险防范措施。

四、风险分级防控

2015 年,公司抽调安全专业技术骨干、各单位安全管理骨干、加油站经理及部分操作经验丰富的老员工,组建加油站风险分级防控推进组,创新性地在昆明分公司、中油强林公司开展加油站风险分级防控试点,分设备设施、作业活动、周边环境三大领域识别出加油站常见风险 325 项,并使用矩阵法将所有风险依照实际评价为 1—4 级。同时,明确 1 级风险由岗位员工落实防控措施,防止 1 级风险增大和加剧;2 级风险由加油站经理和前庭主管落实防控措施,在防止加剧的同时适当削减;3 级风险由各单位落实管控措施,以逐步削减为主旨;4 级风险由公司业务主管部门落实防控措施。在总结试点经验的基础上编制《加油站风险分级防控》模板,组织加油站初步建立起风险分级防控机制,主要危害基本识别到位,风险评价日趋科学,防控责任具体落实到不同岗位。

是年,为有效推进加油站风险分级防控机制(见图 7-2、表 7-7)的全面建立,公司在总结

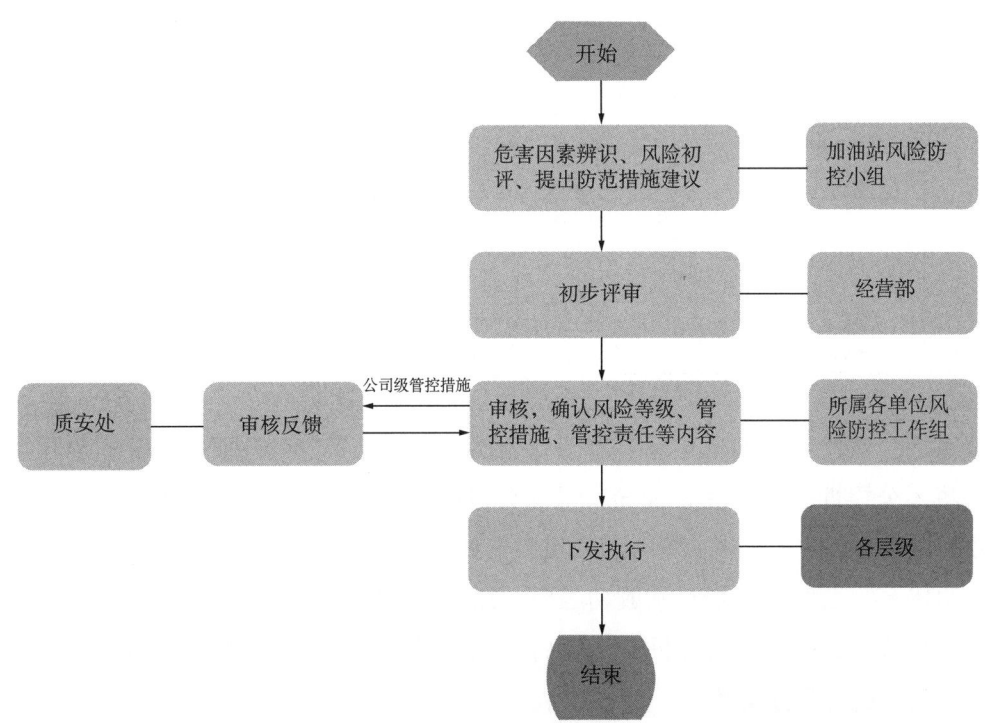

图 7-2 公司 2015 年风险防控机制建立的流程和组织

前期工作经验的基础上,分别在滇中、滇东南、滇西、滇东北分区域召开风险分级防控推进研讨会,着力让各级领导和专业线骨干掌握风险分级防控的实质、涵义、方法及具体开展步骤。同时,根据前期实践,对模板中风险控制措施组织新一轮讨论和修改,并让每一位员工充分参与到风险防控中去,各项风险防控措施更加贴近实际。

表7-7 油库、加油站风险分级防控检查

要素		评价标准	评价方法与扣分标准		备注
			加油站	油库	
1.风险防控	1.1 风险分级防控	1.建立风险分级防控机制	查协同或纸质文件,无经分公司正式审核发布的风险分级防控表扣3分	查协同或纸质文件,无经分公司正式审核发布的风险分级防控表扣3分	
		2.风险识别全面,无重要遗漏	对照风险分级防控表查现场,发现一项重大风险未记录扣1分,最多扣3分	查现场,发现一项重大风险未记录扣1分,最多扣3分	
		3.风险评价较为准确	使用矩阵法对辨识出的每项风险进行准确评价,发现一项评价错误扣1分,最多扣3分	使用矩阵法对辨识出的每项风险进行准确评价,发现一项评价错误扣1分,最多扣3分	
		4.防控措施完善可行	查3、4级风险防控措施是否完善可行,发现一项不具备操作性扣1分,最多扣3分	查3、4级风险防控措施是否完善可行,发现一项不具备操作性扣1分,最多扣3分	
		5.防控责任清晰	查风险分级防控表,各项风险防控责任是否明确到岗位,发现一项未明确到具体岗位扣1分,最多扣3分	查风险分级防控表,各项风险防控责任是否明确到岗位,发现一项未明确到具体岗位扣1分,最多扣3分	
	1.2 重大危险源管理	6.重大危险源相关信息准确录入HSE信息系统	不涉及	查油库HSE信息系统	仅限油库
		7.控制措施有效可行	不涉及	查现场消防、防渗、防雷、防静电等装置完好性,一项不完好扣1分	
		8.每季度检查措施有效性并录入系统	不涉及	查当年油库HSE信息系统中检查记录,缺1次扣1分	
	1.3 隐患管理	9.建立隐患台账,进行动态管理	未建立隐患台账扣2分;未进行动态管理扣1分	未建立隐患台账扣2分;未进行动态管理扣1分	
		10.暂时未能治理的隐患落实了监护措施	对照隐患台账查防控措施落实情况,未制定防控措施扣2分,防控措施落实不到位或无记录扣1分	对照隐患台账查防控措施落实情况,未制定防控措施扣2分,防控措施落实不到位或无记录扣1分	
	1.4 员工参与	11.员工清楚本岗位的主要风险及其防控措施	对照风险分级台账现场随机抽问不少于2名员工,一名不熟悉扣1分	对照风险分级台账现场随机抽问不少于2名员工,一名不熟悉扣1分	

2016年4月,集团公司安全环保节能部到公司进行现场考察、调研和指导,公司风险防控试点工作得到集团公司肯定。10月,公司将风险分级防控机制推广至所有加油站,576座加油站全部建立有效的风险分级防控机制,三、四级风险管控措施得到完善和严格实施。

2017—2018年,公司借鉴加油站成功经验,结合油库实际编制油库风险分级防控模板,推进所属油库建立相应的风险分级防控机制。随后,以识别全、评价准、突出高风险为原则致力于风险分级防控的动态更新及持续优化。

第三节 隐患管理

一、隐患排查评估

1999—2005年，公司安全隐患管理没有独立划分出来，安全隐患排查和检维修工作统一由质量安全部门管理。各单位年初申报检维修项目，由质量安全部门审查并确定下达计划，实施从计划下达至完工验收的全过程管理。

2006年12月，为进一步消除库站安全隐患，针对部分单位上报的安全隐患项目内容描述不清，项目概算把握不准，项目重报虚报现象，公司下发《关于组织库站安全隐患评估的紧急通知》，成立安全隐患评估领导小组，组织相关专业技术管理人员对库站进行彻底的安全隐患评估。在此基础上，准确把握库站硬件技术水平，集中力量解决库站安全隐患问题，切实实现硬件水平达到国家标准。

2007年，公司将安全隐患管理与检维修分开，检维修划归加油站管理处管理，安全隐患由质量安全环保处管理，并首次制定《安全隐患管理实施细则》，将隐患管理分为特别重大隐患、重大隐患、较大隐患和一般隐患四级，对应分级隐患项目又建立由公司、各单位和库站管理的分级管理模式，在资金方面首先保证隐患治理资金的到位。根据国家和销售公司对安全隐患管理的变化，在总结隐患管理基础上，修订《安全隐患管理实施细则》，将隐患分级调整为重大隐患和一般隐患，实施对重大隐患进行三级挂牌督办的制度（即由公司领导督办、专业处室查办、各单位领导主办），确保防范措施、责任、资金、时限和预案的"五落实"。

2008年，公司组织开展公司级和分公司级的安全隐患排查工作，通过销售公司HSE信息管理系统，建立一套完整的隐患台账和上报治理工作台账。公司根据GB 20952—2007《加油站大气污染物排放标准》，开始进行加油站油气回收的设计与改造工作。

2009—2011年，公司集中对加油站油罐区和罩棚存在较大以上的隐患进行大规模治理，油罐区主要针对地上油罐、浮土罐、半埋罐、非标罐、老旧罐、无证罐等进行治理；罩棚主要针对尖顶罩棚、庙宇罩棚、非标钢结构罩棚等进行治理。

2012年，公司组织3次大规模安全生产隐患排查评估活动，在排查评估中各单位发动专业线和库站员工，针对每个库站逐岗位、逐台件设备分析。经过严细、认真、全面的排查和日常巡查，共发现各类安全生产隐患376项，其中经过复核评估确认出较大隐患45项。公司筹集专项资金1399.52万元，对45项较大隐患进行三级挂牌督办治理。各单位针对存在的隐患，结合实际、因地制宜采取各项具体的监控运行措施，确保隐患项目治理工作完成前相应风险得到有效控制。

2013—2014年，公司强化隐患整改项目三级挂牌督办整改责任，加大每个项目整改过程的监督和协调，建立周跟踪、月通报督办机制，隐患整改取得长足进展，本质安全保障水平进一步提升。2014年，下达隐患治理计划180项，治理完成156项，取消5项，延期19项，投入资金2786万元，完成率89.1%。年度隐患整改数量和计划完成率均创历史新高。

2015年8月，公司根据《安全隐患管理实施细则》规定，对部分重点项目实施三级挂牌督办，指定项目经理，严格现场升级管控；精益治理实施方案，加快项目落实进度；对重点项目实施三级挂牌，严细周跟踪、月督察；准确记录项目进展，严肃项目责任追究。

2016—2018年，公司重大及以上隐患基本消除，较大隐患很少发生，隐患管理重点转化为对自然灾害事件造成破坏的项目治理上来。为此，公司创立紧急隐患项目快速处理机制，当灾害发生时，当即现场分析、现场定措施并实施，采取边治理边申报的安全隐患管理新模式。

二、隐患治理成效

1999—2005年，公司安全隐患资金投入没有独立统计，安全隐患治理在相关处室及各单位的配合下有序推进，期间未发生重大事故。

2006年，公司安排安全隐患整改及检维修资金6360.51万元，其中，股份公司用于油库专项环境"三级防控"治理资金为1560万元，用于油库安全环保隐患专项投资950万元；公司自筹投入整改资金3850.51万元。

2007年，公司投入资金1.2亿元，对安全隐患多、环境风险大的库站进行重点整治，对一批不符合安全环保要求的设备、库站进行更新改造。全年实现重大伤亡责任事故为零，重大环境污染责任事故为零，销售油品质量抽查合格率100%，20万元以上经济损失事故为零。

2008—2010年，公司确定隐患项目662个，根据汇总表统计的重大级隐患369项，共安排治理资金7741.9万元。

2011年9月，按照集团公司、销售公司要求，公司分单位自查、公司重点抽查、问题整改、迎接销售公司检查四个阶段，深入开展安全大检查自查自改活动。各单位查出问题982项，排查出一般隐患74项，公司查出问题117项，销售公司查出问题25项，活动取得预期目的，为进一步做好安全生产工作奠定坚实基础。

2012年，公司挂牌督办隐患项目34项，安排治理资金1567万元，主要解决加油站与周边安全间距不足的问题。

2013年，公司确认较大隐患56项，涉及整改资金7570万元。其中：油库16项，涉及5座油库，整改资金4020万元；加油站40项，涉及38座加油站，有2项为加油站普遍存在的隐患问题，整改资金3550万元。

2014年，公司突出安全运行风险、隐患排查及专项治理，投入2786万元专项资金，挂牌治理并完成156项重点隐患项目。

2015年以来，随着加油站油气回收、防渗漏改造的推进，公司将隐患治理融入一体化改造项目中,狠抓新站建设和老站改造质量,严格两级验收,从根本上杜绝新隐患的产生并在改造中解决所有老隐患。截至 2017 年,公司累计投入资金 1.87 亿元整改 872 个隐患,较大及以上安全隐患已基本得到治理;建立临时紧急隐患项目治理模式,确保突发重大安全环保隐患得到快速有效治理(见图 7—3)。

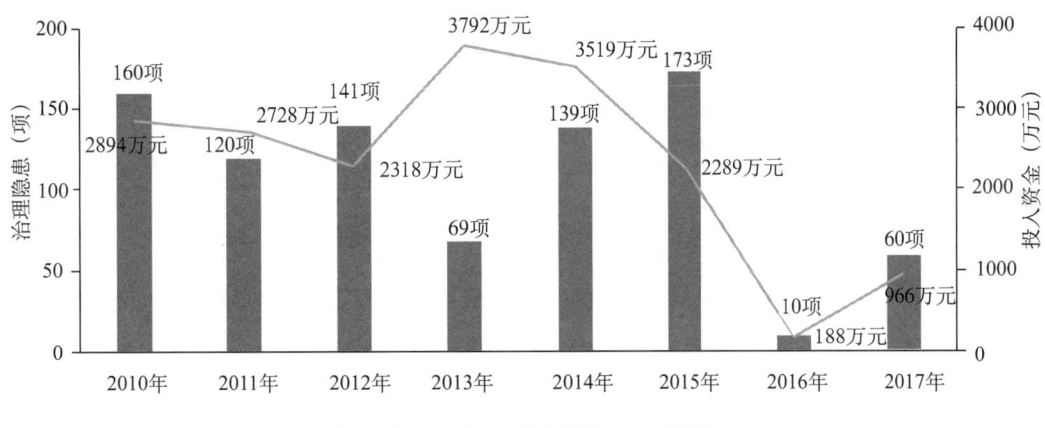

图 7—3　2010—2017 年隐患治理情况

2018 年,随着清华洞油库汽柴油卸油管线完成顶水作业并加装盲板,清华洞油库铁路卸油管线正式停用,这标志着长期影响油库安全生产与区域安全的重大隐患被彻底消除。清华洞油库卸油管线由于建设时间早,部分管线还存在焊接缺陷及埋深不足等问题。为此,公司迅速展开隐患排查治理工作,针对 15 处重要风险点制定措施,增设 9 个管线巡检点,设置油库专职巡线岗,每日全线巡检 2 次,对管线焊接、开孔、支架固定、弯管、焊缝等应力集中部位重点监护,同时利用卸油前后储罐计量数据,对管线运行情况进行实时监控。

第四节　安全监督

一、健全监督机制

1999—2011 年,公司以精细化检查为主,设立了包含 1000 余条检查项的综合性检查标准,每半年开展一次精细化检查,机关各处室均参加,采用翻牌巡检的方式入场检查。

2011—2016 年,公司逐步转化为以 HSE 管理体系审核为主的监督检查机制,2011 年下半年由加油站管理处牵头推广电子巡检。HSE 管理体系审核检查标准未进行有效固化,每次审核前按照当时的重点工作、重点风险等编制专项检查表,安全监督的针对性较强。

2017 年,根据销售公司量化审核标准,逐步推进 HSE 管理体系量化审核,建立起标准较为固定、标准覆盖全面的审核监督体系。

2018年,公司引入第三方开展HSE管理体系量化审核,基本采用销售公司检查标准,检查审核对公司整体安全管理水平的提升促进明显。

二、重点时段管控

2014年3月1日,昆明火车站暴恐事件发生后,公司立刻对全体员工进行预警,并加强和落实相关防范措施。(1)为库站配备防暴盾牌、钢叉、齐眉棍等防暴物品。(2)检查并配置齐全加油站无线报警系统和视频监控系统。(3)要求员工严密监督进入库站的人员及车辆,发现可疑情况立即报告。(4)完善偏远库站群防联防系统并强化防暴防恐联合应急演练,快速提升整体防恐能力。

2017年10月,党的十九大召开前,公司积极动员全体员工展开全面的安全隐患问题排查整治,实施特殊时期升级管理。同时充实偏远库站值班力量,建立起全员严防死守阵列和态势,确保不发生安全事故、环境事件、数质量纠纷、新闻危机和暴恐事件,为党的十九大召开营造安全、稳定、和谐的氛围。

在总结历次特殊时段、敏感时期特别管控经验的基础上,公司于2017年健全特殊敏感时段成熟的管控机制。(1)确定春节、国庆、"两会"等重点时段为特殊敏感时期。(2)建立特殊时段预警提示的全体动员机制。(3)针对不同特殊敏感时段编制专项管控方案,制定下发《春节生产运行安全保障方案》《两会期间生产运行安全保障方案》《汛期生产运行安全保障方案》和《冬季生产运行安全保障方案》,有针对性安排防盗抢、防恐、资源保供、升级管理、双人值守、员工动态跟踪等重点措施,确保特殊敏感时段和风险突出时公司经营管理工作平安有序。

三、杜绝项设立查处

2015年,在销售公司"八小整治"(危险爆炸区域隔爆封堵、螺栓紧锢、等电位跨接、静电导通、合同管理、施工方案、作业许可审批、定期检测/检定)"七个杜绝"的基础上,根据公司实际情况,结合库站常见较大风险,制定公司"24个杜绝项",并于2016年写入《安全生产考核奖惩管理实施细则》,明确奖惩要求,作为安全环保数质量监控的重点。

24个杜绝项

一、进入罐区及装卸油、灌桶作业未着防静电工作服。

二、车辆未熄火加注油品或卸油作业。

三、向塑料、橡胶等易积聚静电的容器灌注汽油。

四、卸油过程中未全程监卸。

五、灌桶、卸油作业前未及时采取消除静电措施。

六、防爆区域防爆封堵不严密未及时整改。

七、未经质量验收合格卸油入库（罐）。

八、库站新聘员工未经三级安全教育考核合格独立上岗操作。

九、未办理作业许可手续进行非常规作业。

十、未办理专项作业许可手续开展高处、动火、挖掘、吊装、临时用电、进入有限空间或管线打开作业。

十一、高处作业未按照规定系挂安全带、佩戴安全帽。

十二、非常规作业未提前报备。

十三、酒后进入库站现场参与作业。

十四、酒后驾驶机动车辆。

十五、驾驶摩托车、电动车不佩戴头盔。

十六、高速公路逆行、非法停车及超速行驶。

十七、防雷防静电检测不合格未及时整改。

十八、库站现场配置的消防器材失效未及时更换。

十九、过期或变质食品上架销售。

二十、加油机超差发油。

二十一、加油机、液位仪铅封破损或未按规定施封，流量计超期未强制检定。

二十二、未经审批修改进销存数据或开启系统手工权限。

二十三、施工作业现场未安排专人全程监控或监护。

二十四、事故、事件、险情及重大异常不及时报告。

2016—2018年，结合公司组织开展的整体性审核、检查、稽查，对"24个杜绝项"进行监督考核、通报，截至2017年底，共对106人次的杜绝项行为进行考核。2018年，在签订HSE目标责任书时，改变对"24个杜绝项"的考核办法，不直接考核惩罚到个人，仅对涉及单位的党政负责人进行考核，每发现一项扣除风险抵押金本金5%，半年公示，年度考核兑现，"24个杜绝项"威慑力进一步增强。

第五节　安全技术

一、标准规范收集应用

公司成立以来，为制定出适用的标准规范，在收集国家、行业和企业相关法律法规、规范标准、规章制度的前提下，公司制定《健康安全环境管理体系管理手册》《安全生产考核奖惩管理实施细则》《安全生产保证基金管理实施细则》《HSE内部审核管理实施细则》《HSE管理信息系统应用考核实施细则》《安全监督检查管理办法》《安全教育培训实施细则》《领导干部安全生产联系点管理实施细则》《危害因素辨识与风险评价管理实施细则》《加油站投运前HSE验收管理实施细则（试行）》《加油站建设项目竣工HSE验收管理办法（试行）》等46项规章制度，有效规范安全技术行为。

二、建立质量过程监控

公司成立初期，在加油站建设方面管理人员较为年轻、缺乏加油站建设选址、验收方面的经验，为把好加油站选址关、方案评审关、过程质量监控关和竣工验收关，制定《加油站建设质量监控检查表》（标准版和完整版）、《加油站HSE投用验收表》（2017版）、《库站HSE标准化达标评价标准》和《加油站现状评价标准》。

三、新改扩建项目验收

2015年，公司编制加油站验收HSE标准，在历次验收环节先后查处不合格项目319项，禁止不具备安全条件进油投运37站次，精简明确的标准，严格的验收确认，为公司新建、改扩建加油站安全投运提供保障。

2017年，公司在总结多年来安全技术经验的基础上，编制《加油站验收HSE标准（100条）》，供两级机关安全管理部门把好验收关，将问题和隐患消除在进油前。2017—2018年，对照"加油站验收HSE标准（100条）"，对所有新建、改扩建加油站进行了投运前验收。

四、收购租赁加油站安全评估

在总结历年来收购、租赁社会老旧加油站所出现的隐患、问题等经验基础上，公司组织编制收购、租赁加油站现状安全评价标准（见表7-8、表7—9），对发生可能性较大的事项逐项列明要求，以便于各单位安全工程部门掌握和使用。在每座老旧加油站收购、租赁前由各单位对其目标站逐条评价。存在先天重大缺陷且难以整改的坚决终止收购和租赁，存在较大隐患和问题但通过改造可以消除的明确列入收购、租赁方案中跟踪落实，并在投运前严格把关验收，确保收购、租赁加油站的本质安全保障水平，为今后安全平稳运营提供良好保障。

表7-8 加油站现状评价标准——站内设施之间的防火距离情况（35分）

车辆入口和出口是否分开设置				是□ 否□	
站内停车场和道路		单车道宽度	m	双车道宽度	m
		道路转弯半径	m	道路坡度	%
站内停车场和道路路面为		混凝土□ 砖石□ 土□ 沥青□ 其他□：			
罩棚（防雨棚）有效高度及材质		m，材质：		是否属于城市加油站	是□ 否□
储油区	埋地油罐与油罐之间的最近距离				m
	埋地油罐与站房的最近距离				m
	埋地油罐与其他建、构筑物的最近距离				m
	埋地油罐与燃煤独立锅炉房的最近距离				m
	埋地油罐与燃油（气）热水炉间的最近距离				m
	埋地油罐与站区围墙的最近距离				m
	埋地油罐与变配电间的最近距离				m
	通气管口与密闭卸油点的最近距离				m
	通气管口与站房的最近距离				m
	通气管口与其他建、构筑物的最近距离				m
	通气管口与燃煤独立锅炉房的最近距离				m
	通气管口与燃油（气）热水炉间的最近距离				m
	通气管口与变配电间的最近距离				m
	通气管口与站区围墙的最近距离				m
	通气管口与道路的最近距离				m
	密闭卸油点与其他建、构筑物的最近距离				m
	密闭卸油点与燃煤独立锅炉房的最近距离				m
	密闭卸油点与燃油（气）热水炉间的最近距离				m
	密闭卸油点与变配电间的最近距离				m
	密闭卸油点与站房的最近距离				m
	油罐顶部覆土厚度				m
	油罐周围填沙或细土的厚度				m
发油区	加油机与站房的最近距离				m
	加油机与燃煤独立锅炉房的最近距离				m
	加油机与其他建、构筑物的最近距离				m
	加油机与燃油（气）热水炉间的最近距离				m
	加油机与变配电间的最近距离				m
供配电	发电机排烟管高度				m

表7-9 加油站现状评价标准——电器消防排水装置基本情况（15分）

防雷	油罐是否进行防雷接地	是□ 否□	接地点数
	防雷接地、防静电接地、电器设备工作接地、保护接地等是否共用接地装置	是□	否□
	埋地油罐与露出地面的工艺管道是否相互做电器连接并接地	是□	否□
	站房与罩棚是否采用避雷带（网）保护	是□	否□
防静电	地上或管沟敷设的油品管道的始末端和分支处是否设防静电和防感应雷的联合接地装置	是□	否□
	汽油罐车卸车场地是否设罐车卸车时用的防静电接地装置	是□	否□
	罐车卸车防静电接地是否设置能检测跨接线及监视接地装置状态的静电接地仪	是□	否□
	爆炸危险区域内的油品管道上的法兰、胶管两端等连接处是否进行金属线跨接	是□	否□
供配电	信息系统是否有不间断供电电源	是□	否□
	罩棚（防雨棚）、营业室等处是否设事故照明（应急灯）	是□	否□
	供电方式	外接电源□ 自设小型内燃发电机供电□	
	供电电缆的敷设方式	直埋□	架空□
	是否采用电缆沟敷设电缆	是□	否□
	电缆是否穿钢管	是□	否□
消防	每台加油机有 4kg 以上干粉灭火器	只	厂家
	每台加油机有 6kg 以上泡沫灭火器	只	厂家
	罐区设置 35kg 干粉灭火器	只	厂家
	有几块灭火毯	块	厂家
	消防沙池容量	m^3	
油水分离池	雨水排放是否是明沟	是□	否□
	油水分离池是几级	二级□	三级□

五、新改扩建油库启动前安全评审（PSSR）

2009年以来，公司规划并启动新的油库建设和改扩建工程，为确保新改扩建油库的安全投运，公司全面引入启动前安全评审（PSSR）这一先进管理工具，为新油库投运保驾护航。

启动前安全评审（PSSR）是国外石油化工先进企业多年前形成的工艺安全十四要素的关键，是对项目投运前的最后核查确认，涉及从地勘、设计、安评、环评、施工、安装、供应商、监理、检验、检测、工艺资料、设备设施、管理制度、操作规程、人员培训、应急准备等各个方面，涵盖油库可研、设计、施工、中交、三查四定、水联运、调试等全过程。为了更好地应用这一先进武器，公司成立专门工作组，开展以下工作。

（一）健全PSSR工作组

公司从质量安全环保处、工程建设管理处、信息化管理处、仓储分公司抽调16名业务骨干（涵盖建设、运行、管理各层面），并外聘行业内2名专家，成立PSSR工作组，分别组建安全环保、工艺操作、机械完整性、电气、仪表联锁、消防应急6个专业组。

（二）编制工作表

工作组首先收集油库建设相关规范和标准，研阅4座油库地勘、可研、设计图纸，汇总分析近十年来油库发生的各类事故事件，历时一个多月，编制完成《新改建油库PSSR检查清单》（见表7-10），共涉及9大类306项。

表7-10 油库PSSR检查清单

分类	问题描述	整改负责人
A	危险区域未全部设置的标志牌、围栏等来标示，隔油池、事故池、处理后的污水池等未设置标志牌	工程处、项目部
A	部分阀门处操作平台无防护栏，操作时容易踩空摔倒跌落	工程处、项目部
B	地面的孔洞缺少护盖，罐区地沟无盖板，通道有障碍物。存在导致人员伤害的风险	工程处、项目部
A	含油污水处理系统多个压力表排放口未引入安全部位，不能满足安全要求	工程处、项目部
B	污水、含油污水处理槽，当人员上去操作，属于临边或高空作业存在跌落风险，缺少保护措施（如安全带挂点、安全绳等）	工程处、项目部
A	声光报警装置还未测试和验收	工程处、项目部
A	装置所需的最新工艺技术资料还未移交给营运方（油库），主要缺少包括：（1）工艺设计基础	工程处、项目部
	（2）工艺说明	工程处、项目部
	（3）界区条件表（特别是管道末站的输出工艺参数）	工程处、项目部
	（4）管道表	工程处、项目部
	（5）工艺设备一览表	工程处、项目部
	（6）工艺流程图（PFD）、爆炸区域划分图、设备布置图、可燃气体报警分布图、消防流程图、污水管线图	工程处、项目部
	（7）管道及仪表流程图（PID、UID公用工程流程图）	工程处、项目部
	（8）工艺设备资料及数据表	工程处、项目部
	（9）安全阀数据表或规格书以及一览表	工程处、项目部
	（10）设备厂家操作指南或规程	工程处、项目部
	（11）所有设备随即资料	工程处、项目部
	（12）仪表及电器设备的技术资料（因果图、联锁保护等）	工程处、项目部

(三)事前培训

以《新改扩建油库 PSSR 检查表》为主要内容,对工作组人员和油库人员进行为期一周的培训,明确每个项目核查确认对象、范围并明确核查方法。同时将不符合或不完全符合情形分成三类,即必改项(A 类)、限改项(B 类)和可改项(C 类)。A 类问题不能确保安全投运,未彻底整改前不得投运;B 类问题不影响投运但可能影响日后安稳长运行,限期半年或一年内整改;C 类问题不影响油库安全运行,但整改后便于操作和管理,可择机整改。

(四)资料整理

新改建油库投运前 PSSR 是对整个建设过程、建设资料、建设结果进行地毯式全面核对确认,事先准备齐全相关资料十分重要。PSSR 工作组会同各油库建设项目部、各油库运营团队历时两周收集油库新改扩建所有资料(包括地勘、科研、初设、施工图纸、HAZOP 报告、安评报告、环评报告、设计变更单、厂家供货随机技术资料、施工资料、质检资料、防雷防静电检测报告、探伤资料、监理日志、安全阀定压数据、可燃气体检测仪等鉴定报告、盲板图、三查四定资料、水联运资料、调试数据资料、运营团队培训资料、操作规程、管理制度及应急预案),为后续工作开展做好准备。

(五)现场核查

PSSR 工作组及各专业小组在对资料确认基础上,按照分工对现场每寸场地、每台设施、每个部件进行逐项核查,对跨接电阻、防雷防静电电阻等进行重复测试,对 17 处与初设图纸不符的变更补充 HAZOP 分析。6 座油库现场核查确认 54 天,发现各类问题、隐患 1321 项,并将其划分为 A、B、C 三类。

(六)重点核算

清华洞、蒙自、保山、玉溪四座油库都是管道进油公路出库型油库,与原来的老旧油库铁路进油不同,油库内管道、阀门和油罐均为常压设计,而管道输油设计压力为 9.6 兆帕,且管径差异很大,油品进库压力和最大瞬时流速的安全控制成为油库安全投运的关键。而管道输油前的投产水压力也较高,这些水主要经过油库处理合格后排放,与油品不同的是这些投产水可能会不经过末站正常减压机构而入库。为此,PSSR 工作组收集各库相应管道末站工艺设计图纸,访谈现场,反复计算和确认投产水流转工艺,各管输站出站压力值和最大流速,并书面告知管道营运方必须予以确保。

(七)跟踪验证

建立严密的问题跟踪验证机制,实施严格的动态销项制度,每周统计问题整改进展,每月组织一次现场验证或复测,确保 A 类问题得到有效整改后,确认具备进油投运条件。

(八)关键操作确认

PSSR 工作组在进油前指导各油库建立关键操作确认机制,对于首次进水、进油罐的全工艺流程反复确认,对其路径上的管道、阀门、仪表、联锁、盲板等状态建立双人操作机制,即一人操作复述、一人验证复述,一致后方可下达操作指令。同时强化进水、进油期间的现场巡检,要求每半小时核查确认区域异常,查听管道动态,确认压力、液位、流量等参数变化情况,并与管道末站保持紧密沟通。

第六节 应急管理

一、突发事件管理及处置

1999—2008 年,公司根据国家《突发事件应对法》《安全生产法》《环境保护法》《道路交通安全法》等规定,结合油库、加油站行业事故案例统计分析,以及云南自然灾害多发的特点,每年展开为期半年的突发事件分析。首先确定自然灾害主要为洪灾、地震、地质灾害 3 大类事件,必须组织紧急应对;其次确定油品零售行业常见应急事项主要为火灾爆炸、油品泄漏、混油、跑单、加错油、质量事故、脱销断档、堵库押车等 8 大类,进而分析梳理出交通事故、资金安全、劳动纠纷、突发刑事案件 4 大类。以上 15 大类应急事件作为公司建立初期主要应急内容。

2009—2018 年,根据南方地区 2008 年大面积冰冻雨雪灾害,公司增加气象灾害应急事件。2010 年增加食物中毒、新闻危机事件、环境污染、恐怖袭击、信息安全、群体性事件、公共场所和文化活动突发事件等 7 项应急事件。2011 年增加劳动纠纷应急事件。2012 年增加违规违纪突发事件。2013—2018 年,应急事件基本成熟稳定,未发生和增设新的应急事件。

二、应急预案建立

1999—2004 年,公司制定下发《重大自然灾害应急预案》《库站火灾爆炸应急预案》《交通事故应急预案》3 项相对独立的专项应急预案。

2005—2009 年,公司编制突发事件总体应急预案,建立公司、所属单位、库站三级应急预案体系,并在公司层面新增《突发环境事件应急预案》等 7 项专项应急预案,形成"1+10"的应急预案体系新模式。

2010—2012 年,公司细化、修订完善已有应急预案,新增《资金安全突发事件应急预案》《食物中毒应急预案》《新闻危机事件应急预案》等 11 项专项应急预案,并于 2012 年 3 月正式发布,公司应急预案体系基本完善。

2015—2016年，公司在总结各类突发事件应急实战经验的基础上进一步优化各项应急预案，并在库站层面试点应用现场应急处置卡（见表7-11）。

2017—2018年，公司应急预案系统得以完善，公司、各单位两级机关以"1+21"（见表7-12）应急预案体系为主导，油库、加油站以现场应急处置卡（根据各库站实际特点编制10—47项应急处置卡）为主体，确保既全面又灵活，便于基层培训和演练。

表7-11 加油站突发事件应急处置卡

序号	事故类型	处置项	应对措施	主要应急物资
1	A生产事故	1.1 埋地管线或埋地油罐油品泄漏	*迅速按下加油机紧急电源切断按钮。 *现场警戒，疏散人员、车辆，布置消防器材。 *水面有污染时，设置围油栏控制油品扩散，对水域实施现场警戒、监控。同时使用吸油毡等吸附水面油品。对水面无法回收的油品，喷洒消油剂。 *密切注意现场，情况危及人身安全时，指挥员工撤离现场，等待救援	防爆抽油泵、灭火器、铜铝制容器、吸油毡、消油剂、堵漏工具、围油栏、砂子、隔离警示带、锥型事故柱、防爆手电筒等
2	A生产事故	1.2.1 油罐车卸油时管线爆管应对措施	*停止加油作业。 *赶赴事件现场，协助前厅主管用沙子围堵泄漏油品。 *到应急仓库取铜铝等防爆容器、吸油毡、防爆手电筒等物资。 *协助前厅主管对跑冒油品进行回收	防爆抽油泵、灭火器、铜铝等防爆容器、吸油毡、消油剂、堵漏工具、围油栏、砂子、隔离警示带、锥型事故柱、防爆手电筒等
3	A生产事故	1.2.2 油船卸油时管线爆管应对措施	*停止加油作业。 *赶赴事件现场，协助前厅主管用沙子围堵泄漏油品。 *若大量油品流入水面，组织员工布放围油栏，对溢油水域进行围堵，控制油品扩散。 *使用抽油泵、吸油毡回收水面油品，对水面无法回收的油品喷洒消油剂	防爆抽油泵、灭火器、铜铝制容器、吸油毡、消油剂、堵漏工具、围油栏、砂子、隔离警示带、锥型事故柱、防爆手电筒等
4	A生产事故	1.2.3 接卸时油罐冒罐	*停止加油作业。 *使用抽油泵、铜铝质容器等回收油品。 *若大量油品流入水面，组织员工布放围油栏，对溢油水域进行围堵，控制油品扩散。同时使用抽油泵、吸油毡回收水面油品，对水面无法回收的油品喷洒消油剂	防爆抽油泵、灭火器、铜铝制容器、吸油毡、消油剂、堵漏工具、围油栏、砂子、隔离警示带、锥型事故柱、防爆手电筒等
5	A生产事故	1.2.4 加油船只溢油	*停止加油作业，按下加油机紧急切断按钮，呼喊示警。 *使用用吸油毡吸附、回收油品。 *若大量油品流入水面，组织员工布放围油栏，对溢油水域进行围堵，控制油品扩散。同时使用抽油泵、吸油毡回收水面油品，对水面无法回收的油品喷洒消油剂	接油盘、吸油毡、消油剂、沙子、堵漏器材、铜铝质容器、围油栏、手动抽油泵、灭火器、手持式扩音器、隔离警示带、锥形事故柱
6	A生产事故	1.2.5 油罐腐蚀穿孔应对措施	*停止加油作业。 *协助前厅主管使用堵漏器材对穿孔处进行封堵。 *使用吸油毡吸附回收油品。 *若大量油品流入水面，布放围油栏，对溢油水域进行围堵，控制油品扩散。同时使用抽油泵、吸油毡回收水面油品，对水面无法回收的油品喷洒消油剂	接油盘、吸油毡、消油剂、沙子、堵漏器材、铜铝质容器、围油栏、手动抽油泵、灭火器、手持式扩音器、隔离警示带、锥形事故柱
7	A生产事故	1.2.6 泵房（泵棚）油品泄漏应对措施	*停止加油作业。 *使用吸油毡、沙子、铜铝质容器等回收跑冒油品	接油盘、吸油毡、消油剂、沙子、堵漏器材、铜铝质容器、围油栏、手动抽油泵、灭火器、手持式扩音器、隔离警示带、锥形事故柱

续表

序号	事故类型	处置项	应对措施	主要应急物资
8	A生产事故	1.3 接卸油作业中发生跑、冒油	*迅速按下加油机紧急电源切断按钮。 *协助现场警戒，疏散人员、车辆，布置消防器材。 *协助用砂子等隔断、围堵。同时使用铜铝制容器等回收油品。 *检查水封井、排水沟等。如有油则使用吸油毡回收油品，同时采取隔断措施。 *密切注意火势发展，情况危及人身安全时，撤离现场，等待救援	防爆抽油泵、灭火器、铜铝制容器、吸油毡、消油剂、堵漏工具、围油栏、砂子、隔离警示带、锥型事故柱、防爆手电筒等
9	A生产事故	1.4 加油过程中出现跑冒油	*迅速按下加油机紧急电源切断按钮。 *现场警戒，疏散人员、车辆，布置消防器材。 *现场禁止启动加油车辆，杜绝火源接近。 *视情况布置消防器材，做好临战准备。 *用吸油毡吸干油面，再用干砂覆盖残油，待充分吸收后，用铜铝工具清理砂子。 *车辆推离现场。 *确认安全，恢复经营	防爆抽油泵、灭火器、铜铝制容器、吸油毡、消油剂、堵漏工具、围油栏、砂子、隔离警示带、锥型事故柱、防爆手电筒等
10	A生产事故	2.1 卸油时发生混油	*停止接卸作业，关闭油罐车卸油阀；如油罐车有紧急切断阀，立即按下按钮，报告。 *停止混油油罐对应的加油枪作业，如顾客受油容器已加入混合油品，及时与顾客协商置换油品。 *确认混油数量。 *根据油品质量情况，提出处理意见。 *视情况申请清洗油罐	消防砂、灭火器、灭火毯、隔离警示带、锥型事故柱等
11	A生产事故	2.2 加错油	*停止加油，报告。 *向顾客赔礼道歉。 *征求顾客同意后，抽出混合油品，重新加入合格油品。 *根据情况协商处理，赔偿顾客损失。情况严重时，联系汽车修理厂清洗油箱	消防砂、灭火器、灭火毯、隔离警示带、锥型事故柱等
12	A生产事故	3.1 埋地罐操作井内起火	*停止作业，切断电源。呼喊示警。 *使用灭火毯或者灭火器进行初期扑救，报告。 *现场警戒，疏散人员、车辆。 *视情况拨打119，通知周边单位，请求联防支援。 *密切注意火势发展，情况危急时，撤离现场，等待救援	消防砂、灭火器、灭火毯、隔离警示带、锥型事故柱等
13	A生产事故	3.2 电气设备着火	*停止作业，切断总电源，呼喊示警。 *使用灭火器扑救。报告上级。拨打119。 *当无法切断电源时，应确保人员在不触电情况下使用灭火器扑救。 *使用绝缘物体尽快切断电源。 *现场警戒，疏散人员、车辆。 *通知周边单位，并请求联防单位支援。 *密切注意火势发展，情况危及人身安全时，撤离现场，等待救援	消防砂、灭火器、灭火毯、隔离警示带、锥型事故柱等
14	A生产事故	3.3 加油车辆着火	*停止作业，切断总电源，呼喊示警。 *现场警戒，疏散人员、车辆，报告。 *加油车辆发生自燃，迅速使用灭火器扑救，拨打119。 *车辆油箱、车载敞口容器着火，首选灭火毯覆盖油箱口窒息灭火。 *密切注意火势发展，情况危及人身安全时，撤离现场，等待救援	消防砂、灭火器、灭火毯、隔离警示带、锥型事故柱等

续表

序号	事故类型	处置项	应对措施	主要应急物资
15	A 生产事故	3.4 加油机着火	*停止作业，切断总电源，呼喊示警，报告。 *用灭火毯覆盖或用灭火器扑救，将加油车辆推离现场。 *如加油机附近地面油品着火，用消防砂进行覆盖，或用灭火器扑救。 *现场警戒，疏散人员车辆。 *密切注意火势发展，情况危及人身安全时，撤离现场，等待救援	消防砂、灭火器、灭火毯、隔离警示带、锥型事故柱等
16	A 生产事故	3.5 卸油作业油罐车着火	*停止卸油，呼喊示警。 *关闭油罐车卸油阀，如油罐车有紧急切断阀，立即按下按钮，报告，拨打119。 *用灭火毯覆盖或用灭火器进行初期扑救。 *现场警戒，疏散人员、车辆。 *关闭油罐卸油阀。 *卸下卸油软管，取下静电接地夹。设法使油罐车驶离加油站。 *立即通知周边单位，并请求联防单位支援。 *密切注意火势发展，情况危及人身安全时，撤离现场，等待救援	消防砂、灭火器、灭火毯、隔离警示带、锥型事故柱等
17	A 生产事故	3.6 邻近区域着火	*报告，拨打119。 *视情况切断电源，关闭阀门。 *用灭火毯覆盖卸油口、计量操作井井盖。 *对存放润滑油或其它油品的仓库等采取防范措施。 *备足灭火器材，做好临战准备。现场警戒，密切监控或是发展	消防砂、灭火器、灭火毯、隔离警示带、锥型事故柱等
18	A 生产事故	3.7 人体意外着火	*大声呼喊示警，报告，拨打120。 *迅速将着火衣物脱下，如无法脱下，可原地打滚压灭火苗。 *用灭火毯包裹人体着火部位进行窒息灭火或用水浇灭着火物。 *特殊情况时可使用灭火器灭火，但不能喷射面部。 *尽快送就近医院抢救	消防砂、灭火器、灭火毯、隔离警示带、锥型事故柱等
19	A 生产事故	4.1 两车相撞	*停止相关区域作业。呼喊示警。 *现场隔离，做好车辆引导，合理调整加油车位。 *协助联系保险公司和汽车修理厂。 *如两车发生争执无法解决，拨打122或110 *报告	消防砂、灭火器、灭火毯、隔离警示带、锥型事故柱等
20	A 生产事故	4.2 站内车辆碰撞设备	*停止作业，关闭电源。呼喊示警。拨打122或110。 *现场区域警戒，做好车辆引导，合理调整作业车位。 *视情况布置消防器材，做好临战准备。 *设有视频监控系统的，查询并复制碰撞监控录像。 *报告，协商赔偿处理。 *如果发生油品泄漏或火灾，则采取相应措施	办公电话、消防砂、灭火器、灭火毯、隔离警示带、锥型事故柱等
21	A 生产事故	4.3 站内车辆撞伤员工	*停止作业，关闭电源。呼喊示警。拨打122或110。 *采取紧急救护措施后，送受伤人员到就近医院救治。 *实施现场警戒，保护事故现场，防止肇事车辆逃逸。争取第三方证人，记录事故过程。 *设有视频监控系统的，查询并复制碰撞监控录像。 *通知受伤人员家属	消防砂、灭火器、灭火毯、隔离警示带、锥型事故柱等

续表

序号	事故类型	处置项	应对措施	主要应急物资
22	B 自然灾害	1.1 洪涝灾害前的应急准备	* 通过广播，网络，电视等媒体了解，传递台风，暴雨，水文预警信。 * 对空油罐或存油量较少的油罐进行注水或注油保护。 * 关闭管线阀门，密封人孔，计量口，卸油口等易进水部位	防爆抽油泵，吸油毡，塑料薄膜，塑料胶带，编织袋，铁锹，救生衣（临水区域人员），发电机，应急灯，防爆手电筒，铁丝，生活物资等
23	B 自然灾害	1.2 洪涝灾害发生时应急措施	* 停止营业，切断电源。 * 疏散车辆和人员，设置警示标示	防爆抽油泵，吸油毡，塑料薄膜，塑料胶带，编织袋，铁锹，救生衣（临水区域人员），发电机，应急灯，防爆手电筒，铁丝，生活物资等
24	B 自然灾害	1.3 洪涝灾害发生后生产恢复措施	* 清理及恢复现场，清洁设备。 * 检测电气设备和线路，确认安全后方可通电。 * 加油站持续降雨时要利用液位仪或人工方法测量罐内水位情况。若罐内水位超标，应组织人员进行排水，必要时对油品抽样送检。 * 及时报告出险情况，提取并保存受损现场的声像资料统计损失，准备索赔	防爆抽油泵，吸油毡，塑料薄膜，塑料胶带，编织袋，铁锹，救生衣（临水区域人员），发电机，应急灯，防爆手电筒，铁丝，生活物资等
25	B 自然灾害	2.1 滑坡与泥石流预警（滑坡与泥石流来临前的应对措施）	* 积极参与培训及应急预案演练。 * 配合前庭主管在安全地带密集观察，发现异常或事故征兆要及时报告	防爆手电筒、便携式应急灯、帐篷、防雨篷布、棉被、消防铲、绳索、撬杠、担架、药箱、固定夹板及必要的生活物资等
26	B 自然灾害	2.2 滑坡与泥石流预警（滑坡与泥石流发生时的应对措施）	* 听从加油站经理统一安排，并按照预定路线撤离。 * 就近管理关闭电源、管线阀门，并及时撤离。 * 若无法及时撤离的，要设法与外界人员取得联系	防爆手电筒、便携式应急灯、帐篷、防雨篷布、棉被、消防铲、绳索、撬杠、担架、药箱、固定夹板及必要的生活物资等
27	B 自然灾害	2.3 滑坡与泥石流预警（滑坡与泥石流发生后的应对措施）	* 开展自救工作。 * 返回油站协助前庭主管清点受灾物资；若油站确存在险情及安全隐患时，不可私自返回油站，直到险情及安全隐患消除	防爆手电筒、便携式应急灯、帐篷、防雨篷布、棉被、消防铲、绳索、撬杠、担架、药箱、固定夹板及必要的生活物资等
28	B 自然灾害	3.1 雷电预警（雷电发生前的应对措施）	* 了解雷电对加油站设备的危害，牢记前庭主管班前会的提示。 * 协助前庭主管对油站防雷设备设施进行全面检查	防爆手电筒、便携式应急灯、担架、应急药箱等
29	B 自然灾害	3.2 雷电预警（雷电发生时的应对措施）	* 停止一切现场作业。 * 提示进站司机雷电期间停止作业的情况。 * 提示站内人员，避免使用手机、车载广播等电子设备。 * 如发现有人员受伤，应立即进行现场救护，并及时告知前庭主管	防爆手电筒、便携式应急灯、担架、应急药箱等
30	B 自然灾害	4.1 雪灾预警（雪灾冰冻发生前应急准备）	* 组织员工做好保暖防冻措施，员工要增添衣物、手套、药膏等。水管线、水泵等设备要采取排水措施或采用管道保温材料进行包裹，覆盖。 * 组织当班员工加强要害部位与关键设备的巡检。 * 根据指示，对于加油站油罐、管线靠近城市地下水管网，防止突发冻胀爆裂影响	草垫、融雪剂、管道保温材料、防滑链、防滑垫、防冻伤药膏、安全帽、全身式安全带、隔离警示带等

续表

序号	事故类型	处置项	应对措施	主要应急物资
31	B自然灾害	4.2雪灾冰冻发生时应对措施（罩棚未坍塌）	*组织当班员工及时清除作业现场的积雪、冰凌与冰面。 *定时测量罩棚附近地面的积雪厚度，以此推测罩棚上的积雪厚度，向加油站经理报告。 *定时对罩棚、立柱等进行安全巡查，发现险情或听到异常声音时，尽快组织撤离，报告加油站经理。 *卸油作业安排在白天进行，计量员上罐车前要清扫积雪，铺设防滑垫。 *监控加油现场情况，如遇险情及时切断电源。 *根据指示，对于存在罩棚坍塌风险关停的加油站，组织当班员工对出入口处实施现场警戒，禁止车辆、人员进站	防爆手电筒、安全帽、全身式安全带、防滑垫、应急灯、警戒线、隔离警示带、锥形事故柱等
32	B自然灾害	4.3雪灾冰冻发生时应对措施（罩棚坍塌）	*切断电源，停止营业，报告加油站经理。 *若坍塌罩棚下有车辆被困，首先确认有无人员伤亡，开展前期救助。 *组织员工，在坍塌区域、进出口处实施现场警戒，禁止车辆、人员进站	防爆手电筒、急救箱、灭火器材、隔离警示带、锥形事故柱等
33	B自然灾害	4.4雪灾设备冻害（新增部分）	*密切关注输油管线冻害变化情况。 *发现由于冻胀出现决裂管线、油罐移位等征兆，报告加油站经理，根据指示停止作业，组织当班员工切断电源，设置警示标志。 *根据指示组织当班员工疏散车辆和人员。 *若管线冻胀出现油品泄漏，立即启动埋地管线或埋地油罐油品泄漏应对措施	防爆工具、测爆仪、铝桶、吸油毡、隔离警示带、锥形事故柱等
34	B自然灾害	5.1大风预警（大风来临前应对措施）	*组织员工清理、转移或加固松散易倒、在强风中会造成损坏或丢失的物品。 *检查抢险物资，确保处于完好可用状态。 *组织当班员工关好各建筑物门窗，撤离危险地带或区域的人员。 *汽车油罐车提前预警，做好安全接卸准备	防爆手电筒、安全帽、应急灯、防尘口罩、隔离警示带、锥形事故柱等
35	B自然灾害	5.2大风响应（大风来临时应对措施）	*密切关注风力变化、设备设施受损等情况。 *发现险情及时报告上级，根据指示停止作业，5级以上风停止高处和动火作业，组织当班员工切断动力电源和罩棚照明电源，设置警示标志。 *组织当班员工疏散车辆和人员。 *远离简易房屋、罩棚等危险场所	防爆手电筒、安全帽、应急灯、防尘口罩、急救箱、灭火器材、隔离警示带、锥形事故柱等
36	B自然灾害	6.1高温天气预警（高温天气发生前的应对措施）	*及时了解高温中暑的自救方法，牢记前庭主管班前会提示。 *协助便利店主管配发清凉饮料、绿豆汤等降温食品	防暑降温药品、体温计、清凉饮料
37	B自然灾害	6.2高温天气预警（高温天气发生时的应对措施）	*若出现中暑前兆，要立即示意前庭主管，一是调整进行恢复休息；二是补充清凉饮料；三是临时调整岗位，尽量处于阴凉、通风处	防暑降温药品、体温计、清凉饮料
38	B自然灾害	7.1地震预警（地震发生前的应对措施）	*固定易发生移动、坠落的物品。 *积极参与地震自救培训及应急预案演练。 *学会观察地震前动物的反应及异常表现	帐篷、塑料布、棉被、手套、口罩、食物、医疗药品等

续表

序号	事故类型	处置项	应对措施	主要应急物资
39	B 自然灾害	7.2 地震预警（地震发生时的应对措施）	*在可能的情况下，迅速切断附近电源，停止一切作业。 *听从加油站经理指挥，迅速跑到空旷地带，远离高达建筑物。 *逃离到安全地带后，首先稳定情绪，并立即进行体力恢复，保证自救充沛的体力	帐篷、塑料布、棉被、手套、口罩、食物、医疗药品等
40	B 自然灾害	7.3 地震预警（地震发生后的应对措施）	*开展自救与互救。 *在确保安全的情况下，协助前庭主管查看受损情况。 *及时休整，稳定情绪，做好夜间防寒保暖工作	帐篷、塑料布、棉被、手套、口罩、食物、医疗药品等
41	B 自然灾害	8.1 霜冻、道路结冰预警（霜冻、结冰天气发生前的应对措施）	*了解霜冻、道路结冰情况的危害，牢记班前会前庭主管的提示。 *若正处于往返油站的他途中，一定要乘坐合法交通工具，并提示驾驶员安全行车	棉被、棉衣、手套、取暖设备、铁锹、工业用盐防爆手电、充足的食物、医药箱等
42	B 自然灾害	8.2 霜冻、道路结冰预警（霜冻、结冰天气发生时的应对措施）	*做好自我保护工作，防止车辆失控被撞情况。 *通知持卡用户加油站附近道路结冰情况，提前做好车辆防滑、防冻准备。 *尽量避免开车出行，若必须出行，须做好必要的防范措施	棉被、棉衣、手套、取暖设备、铁锹、工业用盐防爆手电、充足的食物、医药箱等
43	B 自然灾害	8.3 霜冻、道路结冰预警（霜冻、结冰天气发生后的应对措施）	*如发现有人员受伤，应立即进行现场救护，并及时报告前庭主管	棉被、棉衣、手套、取暖设备、铁锹、工业用盐防爆手电、充足的食物、医药箱等
44	C 社会安全	1.1 跑单	*记下跑单车辆的车牌号码。 *不得追逐跑单顾客，以免发生危险。 *核实损失金额，向警方报案。 *分析原因，以书面形式上报上级公司	视频监控、报警器等
45	C 社会安全	1.2 疑似抢劫	*根据站经理安排锁上门、窗。 *切断加油机电源。 *离开收银室前尽可能锁上收银机。 *躲藏至歹徒看不见的地方等候警察到来	视频监控、报警器等
46	C 社会安全	1.3 歹徒实施抢劫	*保持冷静，在心里默念"不要慌"。 *将之当作特殊客户服务，完全与罪犯合作，而不要试图阻止抢劫，人身安全比财物更重要，除非对方伤害你。 *如歹徒询问如何打开保险柜、办公室门，按加油站现金管理程序及要求统一口径如实回答。如："银行上门收款，保险柜须加油站和银行共同打开"等。 *不要盯着匪徒脸看，一直让手在对方视线内。 *尽量记住匪徒的长相、年龄、性别、身高、体型、口音和服装等特征。 *等到罪犯全部离开后才可移动，在任何情况下不要跟踪罪犯或离开加油站。 *与歹徒对话时合理用语，避免语言上惹怒歹徒	视频监控、报警器等

续表

序号	事故类型	处置项	应对措施	主要应急物资
47	C 社会安全	1.4 歹徒逃离现场	*记住歹徒逃离的方向和所使用的交通工具。 *帮助站经理回忆歹徒的体貌特征和作案过程，以及其他所有可能协助破案的线索。主要包括歹徒人数、性别、年龄、身高、体型、长相、口音、着装及行走特点、所持凶器、抢劫路径、交通工具颜色、牌号等细节。 *不要破坏歹徒留下的现场或任何物品。 *留住所有现场目击证人，等待警方到场；或者询问每位目击者姓名、住址和电话号码	视频监控、报警器等
48	C 社会安全	2 盗窃	*保护现场，等待警察到来。 *积极配合现场调查，提供可能的破案线索。 *清点、确认损失	视频监控、报警器等
49	C 社会安全	3.1 发现可疑物	*切断总电源、停止作业。 *现场警戒，疏散人员、车辆，迅速撤离。 *迎接警察，并指引到可疑物存放点。 *主动向警察提供有价值信息	视频监控、报警器、灭火器、隔离警示带、锥型事故柱等
50	C 社会安全	3.2 遇匿名威胁爆炸或扬言爆炸	*关闭电源、停止作业。 *现场警戒，疏散人员、车辆，迅速撤离。 *撤离后密切关注周围的可疑人、事、物	视频监控、报警器、隔离警示带、锥型事故柱等
51	C 社会安全	3.3 遇纵火恐怖袭击	*切断总电源、停止作业。 *现场警戒，疏散人员、车辆，迅速撤离。 *在进站口警戒，阻止人员和车辆进入。 *迎接消防车和公安人员	视频监控、报警器、灭火器、隔离警示带、锥型事故柱等
52	C 社会安全	4 群体性事件	*停止作业，疏散现场车辆、人员。 *做好站内人员集聚疏导和现场秩序维护。 *若事态进一步扩大，尽量避免发生肢体冲突，同时密切关注，防范情绪激动者可能进行的破坏或袭击，加强重点要害部位的防护	视频监控、报警器、盾牌、伸缩钢叉、警棍、防爆头盔等
53	C 社会安全	5 人员持刀袭击	*切断加油机电源。 *使用防爆用具保护自身安全，尽可能与暴恐分子周旋，争取外部救援力量到来。 *如果抵抗不住，躲藏至歹徒看不见的地方等候警察到来。 *保护现场，设置警戒线，阻止无关人员进行现场。 *清理现场，整理器材	防爆头盔、盾牌、大头棒、钢叉等
54	C 社会安全	6 人员驾车恶意冲撞	*切断总电源、停止作业。 *现场警戒，疏散人员、车辆，迅速撤离。 *在进站口警戒，阻止人员和车辆进入	视频监控、报警器、灭火器、隔离警示带、锥型事故柱等
55	D 公共卫生	1.1 禽流感	*预防措施：避免接触染病的禽类及其粪便。避免食用活的或未经煮熟的鸡鸭及其产品勤洗手，注意个人卫生。 *经过疫区人员要注意佩戴防疫用品。 *当发现员工有禽流感症状时：立即将该员工送到医院，并跟踪病情发展，及时获取诊断信息。 *当有员工被确诊为禽流感时：隔离与该员工接触的相关人员。报告、联系卫生防疫机构 *基本症状：早期表现类似普通流感，以病急，体温大多持续在39度以上，部分患者伴有恶心、腹痛、腹泻、稀水样便等消化道症状。 *传播途径：通过呼吸道和消化道传播	针对性的药品、体温计、血压计、水等

续表

序号	事故类型	处置项	应对措施	主要应急物资
56	D 公共卫生	1.2 甲型 H1N1 型流感	*预防措施：尽量避免前往人多拥挤、空气流通较差的公共场所。加强个人卫生和家庭环境卫生，注意居室自然通风，养成勤洗手的习惯尽量避免接触疫区人员。 *当发现员工有甲型 H1N1 型流感时：隔离与该员工接触的相关人员。报告联系卫生防疫机构。 *基本症状：早期症状与普通流感相似，包括发热、咳嗽、喉痛、身体疼痛、头痛、发冷和疲劳等，有些还会出现腹泻或呕吐、肌肉痛或疲倦、等部分患者病情可迅速发展，出现突然高热、体温超过 39 度，甚至继发严重肺炎、急性呼吸窘迫综合征等，甚至可能导致死亡。 *传播途径：通过呼吸道传播	针对性的药品、体温计、血压计、水等
57	D 公共卫生	2 食物中毒	*主要表现症状：恶心、呕吐、腹痛、腹泻等。 *预防措施：不吃生冷食物，食物生熟要分开，不到无卫生许可的摊档购买食品，碗筷要先清洁消毒后使用。当有员工出现食物中毒等症状时，立即送中毒人员到医院救治，配合卫生部门开展食物调查和病因诊断等工作	针对性的药品、体温计、血压计、水等

表 7-12　2017—2018 年"1+21"应急预案

预案	1+21
1	突发事件总体应急预案
1	资金安全突发事件专项应急预案
2	调运油品质量突发事件专项应急预案
3	油品脱销断档及堵车压车突发事件专项应急预案
4	成品油公路配送突发事件专项应急预案
5	环境污染突发事件专项应急预案
6	库站火灾爆炸突发事件专项应急预案
7	重大自然灾害突发事件专项应急预案
8	恐怖袭击突发事件专项应急预案
9	油品泄漏失控和中毒突发事件专项应急预案
10	人力资源短缺突发事件专项应急预案
11	劳动纠纷突发事件专项应急预案
12	混油、跑单、加错油品、加油站乱码突发事件专项预案
13	交通事故专项应急预案
14	群体性突发事件专项应急预案
15	食堂中毒突发事件专项应急预案
16	公共文化场所和文化活动突发事件专项应急预案
17	新闻媒体突发事件专项应急预案
18	信息安全突发事件专项应急预案
19	违法违规突发刑事案件专项应急预案
20	库站突发刑事案件专项应急预案
21	加油站油品资源紧张突发事件专项应急预案

三、应急物资储备

随着应急预案体系的不断丰富和完善，在多年持续扩展和积累的基础上，公司形成较为稳定的三级应急物资储备系统（见图7-4）。建立昆明、大理、曲靖、红河、普洱5家公司级应急物资储备中心，各储备中心配置发电机、应急照明灯、围油栏、吸油剂、大油桶、帐篷、行军床等41类应急物资。在各单位建立区域性应急物资储备库，配置灭火器、灭火毯、应急照明灯、发电机、围油栏、雨鞋雨衣、铁锹、消防铲等21类应急物资。在高位油库、加油站根据突发事件类别建立94个常备应急物资储备点。

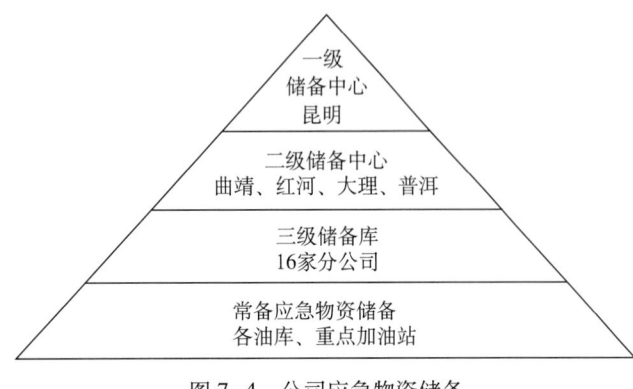

图7-4　公司应急物资储备

四、应急值班及预警

1999—2011年，公司高度重视应急值班值守工作，建立库站、各单位、公司三级应急值班值守制度，确保各库站和单位每时每刻都有领导干部和骨干定点值守。遇到恐怖袭击警示、政治敏感时期、重要节假日等安排双人值守和主要负责人亲自值班等升级管控措施。各级应急值班干部值班期间坚守岗位，认真落实各项值班要求，并随时奔赴现场指挥、协调处置各类突发事件。

2012—2018年，公司着手建立预警机制。（1）要求所有值班人员收集分析当地气象预警信息，对于灾害或重大风险事件发生概率明显上升的地点区域及时发出提示，督促落实预防和应对措施。（2）组织各库站负责人定期咨询当地防震减灾机构，了解本区域地质灾害分布及等级，有针对性地调整警戒防范等级和准备。（3）在汛期、冬季、重大节庆期间、政治敏感时期，提前进行风险分析和研判，逐级发布风险提示，以提醒和督导相关区域提高警觉，准备应急。（4）在行业相关领域发生事故事件时，及时对照分析类似事故成因，查找在公司相应领域的存在程度和可能形态，并将事故案例、分析研判结果和事故防范主要措施及时发至各单位和各库站。公司每年均快速、果断、妥当应对各类突发事件40余起，应急预警机制发挥了重要作用，公司整体应急响应能力稳步提升。

五、应急培训演练

1999—2009年，公司严格按照国家员工培训管理要求，组织开展新员工入职安全培训，其中至少开展2天应急管理培训，包含应急预案、应急器材使用等内容。在日常培训中，以库站现场应急实战演练和桌面演练为主，着力提升全员迅速处理突发事件的能力。

2010年10月，公司下发《关于开展云南销售公司三级联动应急预案演练的通知》，并于11月9日开展应急预案演练，检验公司、各单位、加油站三级应急指挥系统协调能力，查找应急预案及应急响应、应急处置等方面存在的问题，进一步提高预案实用性和可操作性，提升应急指挥能力和应急处置能力。

2011年，公司进一步规范应急培训和演练，从演练频次、演练计划、演练总结三个方面予以规范。要求加油站每月至少开展一次应急演练，并在年初制定全年度应急演练计划，在制定计划时突出加油站易发突发事件；油库在年初提交演练计划，每月组织一次应急演练，着重针对油品跑冒泄漏问题；各单位每半年至少组织一次分公司级应急演练，着重针对较大突发事件；公司每年至少组织一次较大规模应急演练。各层次每次应急演练结束后认真讲评，重点总结演练过程中存在的不足，进一步教育员工，提升应急处置和指挥能力。

2012—2016年，公司建立较为完整规范的应急培训演练体制。每次应急预案有较大修订更新，公司就开展针对性培训，确保各级应急指挥人员掌握应急步骤和要点。2012年、2014年、2016年分别组织开展应急专项培训，每年选派各单位安全总监、质安部门负责人轮流参加集团公司应急培训班，持续提升和保持应急指挥能力。公司机关每年至少组织一次较大规模应急演练，各单位机关每半年开展一次应急疏散演练，各油库和加油站每月按计划开展一次应急演练，所有应急演练活动结束必须现场讲评，以有效改进应急准备系统。

2016年，公司改进库站应急培训和演练，要求各库站与当地消防、应急办、社区展开广泛联合应急演练，并提炼各类应急预案演练步骤和核心操作，组织编制和试点应用应急处置卡。

2017—2018年，各单位和库站与当地社区、消防机构、治安机构、应急办等开展联合应急演练多达450次，应急实战能力显著提升。经过试点，公司应急处置卡得以全面推行，员工对于各类突发事件应急处置步骤和关键掌握更加娴熟。

六、突发事件应急实例

（一）昭通彝良"9·7"地震应急救援实例

1. 地震基本情况

2012年9月7日上午11点19分，昭通地区彝良县突发5.7级地震，给当地人民带来重大生命和财产损失。地震发生后，公司立即组建强有力的抗震救灾领导小组和指挥部，公司主要领导第一时间赶赴灾区，迅速组织部署安排各项抗震救灾措施，成功应对和处置本次突发灾难，确保员工生命和财产的安全，稳定灾区员工情绪；有力做好抗震救灾油品保供工作，做到不脱销、不断档、不限供，全面、切实、有效地履行经济、政治、社会三大责任，进一步提升中国石油的良好形象。

2. 应急救援过程

（1）迅速启动两级应急预案。

地震发生后，昭通分公司在第一时间向公司汇报情况的同时，立即启动分公司应急预案。公司接到报告后立即召开专门会议，全面部署抗震救灾各项工作。昭通分公司由经理、书记、部门骨干组成的抗震救灾应急工作小组于7日13：00赶至彝良灾区，指导彝良加油站开展抗震自救。公司抗震救灾指挥部第一批工作人员于8日凌晨4：30到达灾区，8日凌晨6：40，公司总经理、公司抗震救灾指挥部总指挥杜丽学带领相关处室工作人员到达灾区，亲临受灾一线，靠前指挥。

（2）建立"11451"抗震救灾模式。

地震发生后，公司迅速组建抗震救灾指挥部，并设立前线抢险救援组、资源保障组、后勤保障组、信息联络组等4个工作小组。建立"11451"抗震救灾模式，即：迅速启动1套抗震救灾预案，从昆明到震区彝良的所有中国石油14座加油站全部开通绿色加油通道服务抗震救灾，快速协调安排5辆流动油罐车在灾区现场开展流动加油服务，迅速编制公司《抗震救灾油品保供手册》1套并面向灾区发放。

（3）两线作战，紧密配合。

在抗震救灾过程中，公司前线抢险救援组与公司后方建立密切的联络，及时共享灾情、救援、路况、各方进展等动态信息，共同协调落实各项对策。前线抢险救援组在积极收集灾情最新信息的同时，坚持每天至少召开两次会议，分析形势，研讨对策。公司建立抗震救灾例会制度，每天下午5时组织各相关处室召开抗震救灾专题会议，汇总信息，分析商讨，协调落实各项具体措施。参与应急的各方均密切关注并收集灾情、救援和保供信息，及时向指挥部报告。通过畅通及时的联络，大量准确信息为抗震救灾决策提供了可靠依据。在抗震救援过程中，积极与各种媒体记者沟通配合，及时报道公司举措，同时注重收集和报道先进典型及事迹，彰显榜样，启发员工，提振士气。

（4）内外协作，保障有力。

资源保障组积极协调中国石油天然气运输公司于当日12：00紧急协调安排5辆流动油罐车，在灾区开展流动加油服务。第一时间开通沿线14座加油站抗震救灾绿色加油通道，快速向救灾车辆加油加水，免费向司机送饮用水、茶叶蛋、豆浆等食物。迅速向销售公司和集团公司申请增配落实资源，积极协调各相关单位予以大力支持。东北销售公司紧急变更93号汽油9700吨至钦州港，安排14500吨柴油优先装船发往云南；西北销售公司积极调整资源配置，确保每日100车油品及时发货；四川销售公司紧急安排宜宾吊黄楼油库连夜配送11车油品239吨补充昭通地区库存；与成都军区在现场签订救灾期间油品保供协议，有力确保了抗震救灾油品供应。

后勤保障组9月7日连夜紧急调集方便面、矿泉水、手套、毛巾等首批应急物资，于8日凌晨6时送到灾区现场。根据前线需求，帐篷、防爆手电筒、蔬菜水果、行军床、被褥等第二、第三批应急救灾物资也以最快速度采办和配送，确保了前线抗震救灾物资供应。

（5）摸查慰问，情暖灾区。

地震发生后，公司第一时间确认员工生命安全状况，及时对16名彝良籍员工及其家庭受灾情况进行详细调查，及时跟踪当地政府救援进展，掌握员工家庭存在的困难。震后第二天，公司就安排帐篷、矿泉水、方便面等物资的采购和调集，在深入灾区现场慰问员工家属的同时，一一送去急需的救灾物资和救助金。震后暴雨夜，收留并安置灾民近百人，对加油站周边受灾老人进行了慰问，充分表达了公司以人为本的经营理念，树立了良好企业形象。

（二）昆明地区"7·19"防汛抗灾实例

1. 基本灾情

2013年7月18日晚至19日，昆明市持续强降雨，局部地区累计降雨量超过180毫米，多处路段、隧道和小区积水严重，交通全面拥堵接近瘫痪，昆明、中油强林公司共计17座加油站和非油品公司中央仓进水，其中中油强林公司圆通、曙光、桂港副站，昆明分公司高新4座加油站共计11具油罐进水。

昆明分公司、中油强林公司、非油品公司第一时间启动分公司级应急预案，公司在第一时间召开紧急会议，对防汛工作进行安排部署，当即启动公司级洪汛灾害应急预案。

2. 应急处置过程

（1）启动应急预案。

灾情发生后，昆明分公司、中油强林公司、非油品公司立即启动分公司应急预案，同时向公司汇报情况。公司接到报告后也当即召开紧急会议，全面部署防汛抗灾工作。19日下午，公司总经理、公司防汛抗灾指挥部总指挥杜丽学带领相关处室工作人员到达受灾一线，靠前指挥。在公司主要领导的高度重视和亲自带动下，公司上下积极行动，确保了防汛抗灾工作的迅速全面展开。

（2）加强应急组织。

灾情发生后，公司组织召开紧急专题会议，安排部署防汛抗灾工作。公司副总经理、安全总监刘启然对防汛抗汛工作提出六点要求：①要加强对降雨地区、地下车库等易受洪涝灾害影响区域的检查和应对，转移贵重物资，随时准备安排人员撤离。②对灾害影响较重的库站切实加强油品质量检测，凡是油罐进水的加油站油品要全部取样化验分析，分析合格后方可开业，确保油品质量和安全。③重点排查、密切关注以往遭受洪涝灾害的重点库站和建筑物，包括沉降明显的库站局部区域，加强观测和监控。④加强联系，密切关注天气情况，研判灾情，落实防汛抗汛工作进展。⑤根据需要快速准备和调剂编织袋、抽水泵等应急物资，确保重点库站、重点区域应急物资配送到位。⑥紧密跟踪并掌握道路、资源调运等信息，根据灾情合理选择路线，确保资源调配安全及时。

公司总经理杜丽学对防汛抗汛工作做出五点指示：①要紧密联系气象部门，了解天气变化趋势，科学研判灾情，做出合理部署。②坚持"安全第一、环保至上、该停则停"的方针，根据灾情及发展变化趋势，销售、配送、施工等该停就停，确保"三条红线"全面受控。③迅速启动各级应急预案，按照公司副总经理、安全总监刘启然提出的六点要求全力做好受灾库站的堵、疏、抽、排工作，将损失和影响降至最低。④着力重点保障，对洪汛灾害受影响的重点客户予以慰问和保障,高度重视并做好资源、运力、后勤等保障工作。⑤强化组织领导,质量安全环保处牵头,调度运输处和各相关部门密切配合,及时通报灾情及抗灾信息,一般情况下每天通报两次,特殊情况随时报告,加强与相关政府部门、机构等的沟通,全面掌握灾情和信息,灵活调整方案,确保市场油品供应。

各单位接到信息后,立即行动起来,积极开展防汛抗汛工作。①再次检查确认周边防洪渠、排水渠沟等泄洪设施的疏通。②根据库站实际,特别是标高差异、挡土墙等采取堵挡、防护措施,尽可能减少库站进水。③确保库站内排水设施的完好,必要时采取措施扩大排疏通道或能力。④针对重点库站准备好编织袋、铁锹、抽水泵等应急物资,合理安排值班,保证应急所需人力,加强巡检,视灾情及趋势适时组织转移处于低洼地带的贵重物资。⑤对存在建筑缺陷的区域加密巡检和观察,发现险情及时警戒、报告、应对和撤离。⑥加强汛期出行安全,驾车行驶时注意路段信息,不贸然涉水通行,车辆涉水一经熄火,不能再次启动,迅速离车至安全地段联系等待救援。出行时远离危险建筑,不在被水浸泡的建筑及桥梁附近停留。

(3) 有序协作抢险。

灾情发生后,质量安全环保处立即下发《关于进一步加强汛期安全生产工作的通知》《关于启动公司洪汛灾害应急预案的通知》,落实公司领导指示,安排部署公司防汛抗灾工作;总经理办公室迅速组织人员对公司仓库物资及地下车库停放车辆进行转移,减少可能的损失;调度运输处与仓储分公司进行联合办公,做好汛期调运与仓储环节的衔接工作,确保各库站运行正常,库存相对充足,油品供应有保障。加油站管理处迅速了解加油站灾情进展,协调救灾和配送。人事处当周负责应急值班,及时收集、报告和沟通灾情信息,积极履行安全生产责任。

非油品公司中央仓进水当夜2:00就组织抗洪救灾,机关人员全部参与到中央仓物资转移与抢救中,利用各种清扫器具、盆桶等轮班排水;昆明分公司荣归加油站大量进水后,距离较近的东力加油站、天文加油站、良源加油站等在全面自查确认无重大险情后立即组织人力徒步赶赴荣归站参与抢险;中油强林公司所有机关人员、加油站休息员工全部自动投入曙光、圆通、桂港加油站的防洪排水和生产自救。各级员工在灾害面前展现出"灾情就是命令""团结就是力量"的精神风貌,不计个人得失,积极主动投入到抢险救灾中,最大限度减少了损失,避免了事态的进一步扩大。

(4) 迅速恢复营业。

灾情发生后,昆明分公司、中油强林公司及非油分公司,分别对辖区97座加油站和中央仓仓库人员、设备等情况进行全方位排查,对油罐区、管线、电路等重点部位进行安全隐患排查,特别是对各密封点进行防渗处理,防止进水。同时,昆明分公司及时与20余家客户进行电话联系,对其受灾情况和油品供应情况进行了解,并承诺将持续保障油品供应,且如有需要,将第一时间抽调员工进行援助。

19日晚,昆明分公司13座站、非油中央仓处理完毕恢复营业;20日晚,曙光站处理完毕,连夜检验合格后恢复营业;21日晚,圆通站4具汽油进水罐处理完毕恢复营业,22日下午18时,圆通站5号罐进水处理完毕恢复营业。至此,此次抗洪救灾顺利结束。

（三）昭通鲁甸"8·3"地震应急处置实例

1. 基本情况

2014年8月3日16时30分，云南昭通鲁甸发生6.5级地震，地震造成108.84万人受灾，617人死亡，112人失踪，3143人受伤。经排查，公司各项生产经营工作安全平稳运行，未发生员工伤亡情况。所属昭通、昆明、曲靖、楚雄等6家分公司14名员工家庭受地震灾害影响，其中1户有亲属伤亡、5户房屋倒塌、9户房屋开裂。公司所属文屏、理世、赵家海、小河塘、老店5座加油站站房等设备设施不同程度受损。

2. 事件应急处置经过

（1）应急响应。

8月3日16时40分，公司应急办公室接到昭通分公司电话上报地震灾情，第一时间启动重大自然灾害Ⅰ级突发事件应急预案，立即成立公司应急领导小组（见图7-5），宣布进入紧急状况。总经理立即对抗震救灾作出重要部署，安排安全总监带领质安、加管、党群等部门人员成立重大自然灾害事件现场应急指挥领导小组，第一时间赶赴灾区前线，核实现场情况，指挥现场救援工作。成立由各处室负责人组成的公司应急领导小组办公室，及时收集现场指挥领导小组信息，每日召开应急小组工作会议，发布灾情简报，同时昭通分公司成立抢险、警戒、救护、后勤保障工作小组，第一时间赶至现场。

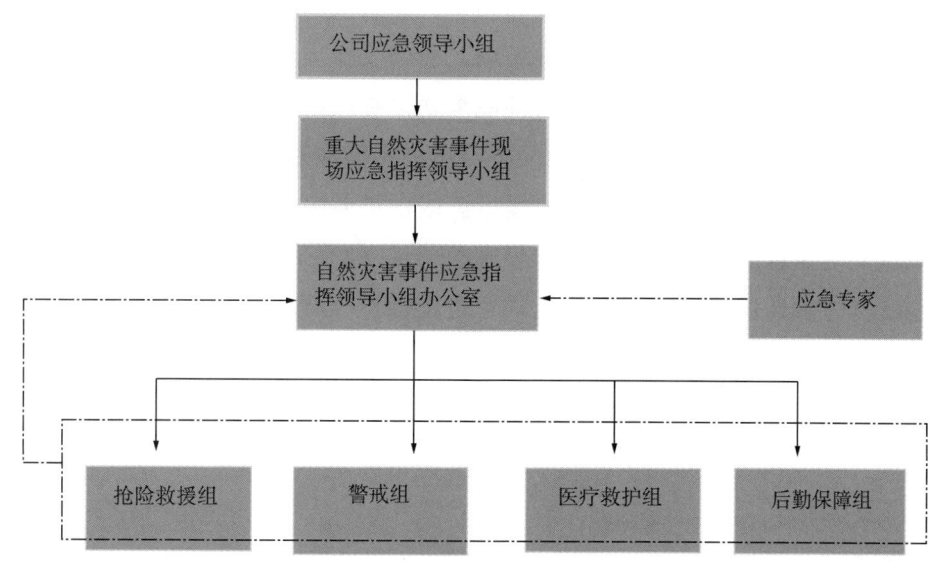

图7-5 重大自然灾害事件应急组织机构

（2）应急处置。

①迅速启动救援，8月3日16时32分，鲁甸地区加油站人员紧急撤离至加油站空地，清点人数，查看伤情，向昭通公司汇报，封闭库站油罐区，人员不得进入站房；17时05分由男员工对库站油罐区、站房等进行检查，确保无溢油及站房安全。昭通公司抢险救援组、警戒组及医疗救护组20：00完成对鲁甸地区文屏、理事、赵家海三座加油站安全检查，对道路中断的老店加油站电

话询问受灾情况并安抚驻站员工（8月5日上午该站巧家方向通车后，第一时间绕路曲靖会泽前往加油站进行安全检查并解决生活生产存在问题）。8月3日18时后勤保障小组开通昆明—鲁甸、宜宾—鲁甸、宣威—鲁甸沿线23座加油站绿色加油通道。8月4日凌晨2时现场应急指挥领导小组到达灾区，开始指导救灾工作。

②昭通公司后勤保障组第一时间与昭通市政府、商务局取得联系，汇报公司抗震救灾工作部署，听从政府抗震救灾工作指挥。公司于8月4日下午，代表集团公司向鲁甸地震灾区捐款500万元。同时组织公司、分公司员工为昭通鲁甸地震受灾群众捐款258261元，并及时将员工捐款购买灾区紧缺物资（矿泉水57000瓶、方便面18400桶、火腿2500根、面包2400包、卤鸡蛋8000个、八宝粥2400罐），组织专门车队送达鲁甸县民政部门。与武警部队签订临时供油协议，实行先付油后结算方式，有效保障部队抢险救灾工作。

③加强油品保供，地震发生后第一时间调派18台油罐车运输399吨油品（其中柴油156吨、汽油243吨）发往灾区；调派4辆流动油罐车，在灾区前线开展流动加油服务，并承担政府重托，连夜送油上堰塞湖抢险工地，累计配送油品3万余升，为抢险疏通堰塞湖提供坚实油品保障。严密监控应急配送车辆运行状况，确保油品及时到站，并在灾区重点加油站实行重车压车待卸，有效保障灾区油品正常供应。

④加强安全防范，汲取彝良加油站经验教训，主动与公安局及派出所联系，增加夜间派出所警力巡查，保障加油站治安安全。及时收集道路状况、天气情况，在小油罐车配送油品前，首先进行出车检查，对配送堰塞湖油品等特殊任务前，专门安排人员探路，与武警水电部队对接油品交接安全事项，在确保员工安全前提下进行油品配送。在政府发布灾区疫情风险时，组织员工进行学习，做好站内卫生，为员工提供热开水及矿泉水，有效应对灾区疫情风险。

⑤及时安排部署机关人员到前线，有效增援震区前沿赵家海及文屏加油站，对前线人员进行合理排班，保障人员休息。及时与当地交通管理部门建立顺畅的联络渠道，第一时间安排车辆进入赵家海加油站，为后期道路封闭后人员、物资进出提供保障。同时积极办理车辆通行证，保障油罐车等车辆正常通行。

⑥以人为本，在地震发生后，公司迅速对员工家庭受灾情况进行调查，8月4日完成全公司家庭受灾情况调查，公司党委书记、安全总监分别走访慰问受灾较重员工王健和雷家芬，同时对其他受灾员工做好安抚工作。

（3）响应解除。

8月13日，随着地震造成堰塞湖风险排除，鲁甸地震抢险救援工作转为灾后重建，公司应急领导小组宣布地震应急预案响应解除。

（4）恢复重建。

公司投资、工程、质安部门与昭通分公司组成灾后重建评估小组，对受地震造成影响的赵家海等加油站进行恢复评估，制定整改方案，申报资金计划。

（5）总结、评估和改进。

应急领导小组办公室组织对本次应急进行总结，评估好的做法及工作失误，提出预案修改要求，及时对预案进行修订完善，改进应急管理工作。

（四）昭通巧家城北加油站"9·27"抢劫纵火应急处置实例

2017年9月27日凌晨3时35分，一名男子驾驶一辆摩托车进入巧家城北加油站加油，当班女员工赵石妹为其加油。3时36分加完油，男子尾随赵石妹进入便利店掏出刀具从背后捅了赵石妹一刀，并将其推倒在地，抢劫赵石妹身上的现金，又逼迫赵石妹打开收银台钱箱实施抢劫。随后男子逼迫赵石妹回到加油现场，要求从加油枪放汽油出来放火。赵石妹劝说歹徒抢完钱就行了不要放火，放火很危险，但男子继续持刀逼迫赵石妹放油。赵石妹被迫开启5号加油机10号枪放出92号汽油，男子抢过油枪使用铜丝捆扎加油枪开关把，意图持续大量放油。赵石妹趁机摆脱男子控制，拉下油枪托关闭油枪，跑到站房二楼呼救。驻站值班的核算员叶艳玲、员工胡玉琼听到呼救后赶到现场。3时38分男子点燃汽油后逃跑。受伤员工赵石妹看到男子逃跑后，返回现场使用灭火器救火。3时40分，已受伤的赵石妹带伤将火扑灭。救火期间，核算员立即启动应急预案，切断加油机电源，拨打120急救电话，拨打报警电话，并向公司报告，暂停油站营业。

昭通分公司接报后立即启动应急预案，巧家片区立即组织人员救治受伤员工，保护案发现场。3时50分，120到达现场，受伤员工送往医院。3时58分，警察到达加油站，开展案件调查。片区经理先到医院查看员工伤情，4时5分到达事发加油站。4时16分，公司副经理到达事发加油站开展现场处置工作，后赶往医院协助救治受伤员工，并积极协助当地公安机关开展案件侦破工作。

公安机关开展案件侦破期间，公司、昭通分公司积极开展协调、协助工作。同时成立善后小组开展联系、安抚受伤员工和家属工作，并对油站员工组织心理疏导和安抚。

9月27日12时51分，巧家县公安局电话通知昭通公司嫌犯已抓获。16时左右公安机关将嫌犯带到加油站指认现场。现场指认结束，公安机关通知加油站可以清理现场恢复正常营业。加油站于9月27日18时40分恢复营业。

事件造成员工赵石妹背部受伤（伤口：深5厘米、宽2厘米、缝合4针），烧坏1把加油枪、2具干粉灭火器，损失营业款464元，92号汽油1.17升（7.7元）。

第七节 环境保护

一、油库三级防控

2005年11月13日，按照股份公司要求，公司对安宁油库、楚雄油库、大屯油库和昆阳油库进行"三级防控"改造治理。2006年，股份公司拨付油库专项环境"三级防控"治理资金1560万元,其中用于配备油库抢险物资、应急修理包、水质综合分析仪器、化验仪器、检测仪器和监控报警系统共计 654.68 万元,用于事故缓冲池的修建 905.32 万元。公司从拟订方案、编报计划、组织实施到竣工验收,仅用 5 个月时间,完成 11 座油库的治理。

二、环保治理

1999—2010 年,公司建设的加油站,地方环保部门逐年加强环境保护审查。2011 年国家加强环境保护后,地方环保部门对加油站的环境建设进行审查。2015 年 1 月 1 日,国家实施新《中华人民共和国环境保护法法》以来,当地政府加大环境违法处罚力度。为做好环境保护管理工作,公司加强宣传和培训工作,积极申请专项资金,解决老旧加油站的欠账工作;从新站建设入手,严把设计评审工作,明确提出加油站生活污水处理、化粪池设置、含油污水隔油池设计、环保沟布局等要求;对没有城镇污水管网的加油站坚决要求设置一体化污水处理系统,确保加油站清污分流符合国家规范要求。同时,公司要求所属单位建立环境管理信息台账,针对新建项目必须严格按照新环境保护法的规定及其环境评价的有关要求,完成项目的环境评价申报工作;在取得当地政府环境监管部门的批复后,由公司项目负责部门向环境管理部门报备有关资料,完善环境管理信息台账。

2007 年以前,国家没有对加油站油气回收进行强制要求。2007 年,在承办北京奥运会期间,为遵守对大气污染治理的承诺,国家发布《加油站大气污染物排放标准》等三部配套标准,要求公司于 2012 年 1 月 1 日实现加油站卸油油气回收,于 2015 年 1 月 1 日实现加油站卸油、加油站油气回收。公司积极组织学习并加强宣传和培训,从 2008 年开始在新建加油站的设计中实施油气回收系统。2008 年以来,为有效防控加油站油气渗漏造成的环境污染及火灾爆炸风险,公司对全部加油站(包括全资、合资、租赁站,不含特许加盟加油站),尤其是曾经发生过油气渗漏、溢油、跑油的加油站,濒临江河湖海、水源地等敏感度较高的环境高风险加油站,开展油气渗漏情况排查评估。2017 年 1 月,公司修订《加油站 HSE 合规性改造建议方案》,计划分期分批用 5 年时间完成 490 座加油站防渗漏改造工作。

2017 年 2 月 27 日,公司第一套柴油尾气净化液橇装加注设施在昆明禄脿加油站完成首车首枪加注,标志着云南省首套柴油尾气净化液橇装加注设施正式投运。

2017 年 3 月,昆明分公司提出当年基本完成所属全资加油站油气回收和油罐防渗漏的一体化改造建议,公司立即决策,向上级公司汇报,争取资金计划,并在 12 月底前完成 59 座加油站的改造任务,获得昆明市政府、云南省政府肯定和表扬。在改造中积累了施工质量、施工安全管控经验,为后续一体化改造工作提供了经验。

2018 年,公司成立加油站环保一体化改造领导小组,组建一体化改造工作组,切实履行央企社会责任,助力美丽中国建设,全力推进加油站环保一体化改造。工作组以"3+2 模式"实施一体化改造，即：用五年时间完成所有加油站的环保改造，计划在 2020 年底前，用 3 年时间基本完成主体加油站的环保一体化改造，再利用 2 年时间完成租赁临期站、存在各类纠纷站等相关加油站的改造。初步改造计划中，2018 年计划改造加油站 156 座，2019 年计划改造 114 座，2020 年计划改造 121 座，2022 年前改造其余 55 座。7 月，集团公司、销售公司进一步加快改造进程，要求 2020 年底前完成全部加油站的环保改造，公司随即调整改造计划，2018 年改造计划调整为 178 座，2019 年调整为 153 座，2020 年调整为 115 座，确保在 2020 年底前完成全部改造任务。

第八节 节能节水管理

一、目标指标管理

1999—2008 年，公司未对节能节水工作实施规范化专项管理，只在环境因素调查、经济活动分析和效能监察中不同程度提及。随着公司规模的扩大和基础管理的精细化，逐年加强节能节水治理工作。

2009—2018 年，公司加大节能节水管理力度，宣传节能节水重要性，培养节能节水意识，提倡人走灯灭，杜绝长流水，并初步摸索和制定加油站罩棚、办公室照明灯具开关具体时间等。2012 年，公司全面推行《HSE 目标责任书》，逐级下达各单位、各库站节能节水指标，设立"吨油标准能耗""吨油水耗"指标，并每年考核兑现，逐年压减，提升节能降耗成效。经过 6 年的努力，公司零售环节吨油耗能小于 1.12 千克标煤、吨油耗水小于 1.54 立方米，较 2012 年分别下降 29.3% 和 41.2%；油库环节周转吨油耗能少于 0.24 千克标煤、周转吨油耗水低于 0.39 立方米，较 2012 年分别下降 21.5% 和 27.9%。

二、节能技术应用

2009 年以来，公司在持续开展宣传教育，严明灯具开启管制，坚决查处长流水现象等工作的同时，积极探讨节能技术应用。

2011 年 11 月，公司与上海汇能公司合作，在昆明分公司德发加油站试点应用节能新技术，主要采取两项新技术：安装太阳能光伏发电系统，将罩棚和营业室灯具全部更换为 LED 灯。经过 2012 年一整年测试和统计分析，该项目当年节电 10934 千瓦·时，节约电费 8747 元，节约灯具维护更换费 7400 元，两项节能增效 16147 元，成效明显，但因项目实施成本较高，且蓄电池占用空间较大，未能大规模推广。

2013 年，公司在充分分析调研基础上，编制《关于光伏发电及新型节能灯具在加油站应用的分析报告》，决定暂不大规模安装应用光伏发电系统，全面推广使用 LED 照明灯具。

2014 年起，公司逐步淘汰落后的传统金卤灯，开始大规模使用 LED 灯。2015 起，LED 灯已成为公司库站建设改造的标准设备。

在研究应用照明节能技术的同时，公司将眼光放在电器节能和库站节水技术应用上。2012—2014 年，公司利用隐患排查和改造时机，先后投入 1200 万元淘汰旧式高耗能离心泵和空气开关式高耗能配电柜，广泛推广使用变频式潜油泵、管道泵和新式电子开关型配电柜。2014—2018 年，先后建立库站污水处理设施、雨水收集处理设施 87 台（套），将生活污水处理后的中水回用于库站绿化，收集雨水经沉淀、过滤、杀菌后用于员工洗浴和卫生间冲洗。

第三章 质量管理

公司在长期生产经营活动中，逐步梳理和形成良好质量管理理念和行为规范。健全检验机构，完善油品从采购、调运、仓储、配送、入站、出售等全流程质量管控模式，确保油品质量。1999年，公司经营符合《车用汽油》（GB 484—93）标准的含铅汽油，硫含量较高（不大于1500毫克/升），对环境的污染较大。2000年1月1日起升级为符合《车用无铅汽油》（GB 17930—1999）标准的汽油，该汽油不含铅，硫含量控制在500毫克/升以下，满足国Ⅱ排放标准。2010年1月1日起全面销售国Ⅲ汽油，硫含量控制在150毫克/升以下。2013年4月1日前，公司经营符合《轻柴油》（GB 252）标准的柴油，硫含量大概在1500毫克/升左右，2013年4月1日起经营符合《车用柴油》（GB 19147）标准的柴油，满足国Ⅲ排放标准。2014年1月1日起升级置换销售国Ⅳ汽油，硫含量不大于150毫克/升。2015年1月1日起升级柴油标准，硫含量控制在350毫克/升以内，满足国Ⅳ排放标准要求。2017年1月1日起升级销售国Ⅴ汽柴油，硫含量不大于50毫克/升。2018年6月1日起，公司再次升级油品质量，全面销售国Ⅵ（A）汽柴油，硫含量不大于10毫克/升，比国家要求时间提前半年，处于行业领先地位。

20年来，公司成品油历经多次升级，每一次升级都先行安排小样试验，按照试验结果确定具体置换方案。油库和加油站每完成一个油罐的置换均严格检验和确认，确保产品升级过程不出现任何纰漏，始终保证销售油品为当时最优产品。

第一节 化验室管理

一、机构建设

公司成品油检验中心分为安宁和清华洞成品油检验中心，共同承担公司所属库站成品油质量抽检、化验员培训以及安宁、清华洞油库的日常化验等工作，安宁成品油检验中心还承担着公司油品分析工技能鉴定现场准备及相关考评工作。

2007年11月，根据销售公司《销售企业产品质量管理规定》文件精神，公司结合实际，成立中心化验室。

2008年5月,公司成品油检验中心建成投用,主要承担所属库站成品油质量抽检、化验员培训和员工技能鉴定以及安宁油库的日常化验等工作。成品油检验中心建筑面积400平方米,工作人员8名,设备80余台(套),能开展汽柴油全项目分析测定。成品油检验中心自投用以来,通过严把"三关"来进行质量监控,即凡是进出油库的每批油品都按要求取样化验,所有库存油品都须定期开展库存检验和抽检,实现化验分析10万余次无差错。

2013年5月,公司成品油检验中心清华洞分中心成立,面积300多平方米,工作人员7名,设备60余台套,主要承担公司滇西片区库站成品油质量抽检、送检、计量器具检定以及清华洞油库的日常化验等工作。分中心人员业务能力及配备仪器方面都具备汽柴油全项目分析测定条件。分中心自投用以来,奉行"具备一流素质、实现一流操作、争创一流水平、确保一流质量"四个工作准则。凡是进出油库的每批油品都按要求严格取样化验,所有库存油品都定期开展库存检验和抽检。2013年以来,油品质量检验6万余次,完成10万余件计量器具检定,调校流量计1000多台次。

2017年,公司有7座油库级化验室(见图7-6),分别为昆明秧田冲、曲靖、楚雄、罗平、玉溪、蒙自、保山油库化验室,其中玉溪、蒙自、保山油库化验室于2017年9月与油库同步投用。各油库至少配备2名化验人员,均取得销售公司颁发的油品质量检验员证书;设备按销售公司及公司相关规定配备出入库必检化验项目,其中昆明秧田冲、曲靖、楚雄、罗平4座油库化验室的柴油检测项目除十六烷值、润滑性、脂肪酸甲酯、多环芳烃4个项目外,其余项目可全部检测,成品油检验中心具备汽柴油全部项目的检验能力。

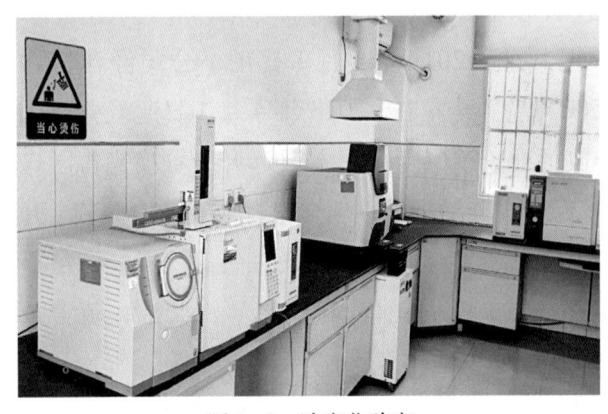

图7-6 油库化验室

二、能力认证

2009年,公司安宁成品油检验中心首次获得云南省质监局CMA证书,公司每年都与云南省产品质量监督检验研究院进行两次以上的实验室数据比对,并积极参加集团公司组织开展的实验室间数据比对。

2012年,公司通过云南省质监局组织的复评审及扩项评审,获得车用汽油18项、车用柴油14项、普通柴油16项的检测项目认证。

是年,公司实验室管理体系有效运行,顺利通过云南省资质认定复审。通过完善分析检测仪器配备,加强化验员技术培训,与技术服务机构开展数据比对,参加销售公司实验室市场化运作模式建设，对清华洞油库化验室进行扩建等措施，成品油检验中心技术管理水平不断提升，分析检验能力得到提高。在实验室资质认定复审中，成品油检验中心通过云南省质量技术监督局的审核验收。

2013年，公司安宁成品油检验中心参加集团公司组织的6个汽油检测项目实验室间比对分析活动，6个项目检测结果全部获得满意评价。

2015年，国家对检验机构实验室资质认定（CMA）法人资格的要求，调整为必须具备第三方独立法人资格，因公司成品油检验中心无法解决独立法人的问题，云南省质监局不再受理公司的复评审申请。

2015—2017年，公司参加中国石化云南、贵州等公司中心化验室间的数据比对活动并取得良好成绩。公司与中国石化云南石油公司数质量科技处已达成共识，公司成品油检验中心的检测数据与中国石化云南石油公司中心化验室的检测数据互认。

第二节　质量交接管理

一、铁路运输

（一）直炼油品铁路运输入库

由油库化验室根据调运计划或发货单位通知，核对车号、品名规格，检查铅封，核实随车《油品质量检验报告单》，按入库必验项目取样化验。质量合格后，填写《油品入库化验通知单》，交当班作业调度人员签字确认后卸油。

（二）外采油品铁路运输入库

按照销售公司《成品油外采业务管理办法》要求，选择有稳定提供合格产品能力的单位作为外采供应商。外采供应商为炼制企业（含中国石化、中国海油下属销售企业），严禁将参与生产或经营调合汽油柴油的单位纳入外采供应商范围。因特殊情况，确需从中间商外采的，应详细说明原因并经会议集体决策。同时，供应商须出具炼制企业委托其代理销售油品、拟供应油品来源以及质量承诺等文件、证明和手续。

每批油品须经过全分析（含内控指标）检测合格后方可购进，到货后应有真实有效的质量合格证或分析检验报告单。入库前须经全分析（含内控指标）检测合格后方可卸车。有条件油库尽量单罐单储，同时保留好入库留样。储油罐满或单批外采油品入库后须取大罐油样进行分析。外采柴油按照国家标准规定的全项目分析化验，外采汽油除按照国家标准规定的项目须化验外，还要化验公司规定的内控项目，合格后方可出库。

对由西北销售公司、东北销售公司集中统一采购的地炼油品,按照直属炼厂资源进行接收和管理,按要求进行入库必检项目化验,合格后入库。出库前不再进行全分析检验。

二、公路运输

(1) 直炼油品公路运输入库(地付):安宁地付油库每罐油品发油前,由仓储分公司向西北销售公司索取该批次油品出厂检验报告并留存备查,驻库人员不定期与西北销售公司就留样情况进行沟通,并进行检查,确保留样率达100%;油品采取抽样送检方式实施周期质量监控,每周每个牌号油品由仓储分公司取一个样品送安宁成品油检验中心做全分析化验,送检样品须有代表性。加油站按直炼配送油品开展质量验收。

(2) 外采油直接入站的,采购前要对计划采购的油品在生产企业油罐采样并按规定检验,确定合格后,对油罐进出口阀门施封。油品到加油站后必须留样并测量油品标准密度,与出厂标准密度进行核对,密度差不得超过±1.2千克/米^3。若密度差超过1.2千克/米^3,须及时查明原因并报所在单位。留样方式为每车油品都留样,第四车油品到后清理第一车留样,以此类推,滚动进行,确保加油站随时有最近三车的油样。

三、管道运输

(1) 接收管道新投用三个月内输送的油品,需进行全分析检验,合格后方可发出。

(2) 接收管道新投用三个月以后输送的油品,按以下规定开展质量验收,合格后方可发出。

车用汽油:外观、水分、机械杂质、密度、馏程、硫含量、胶质含量(未洗胶质和溶剂洗胶质)、硫醇(博士试验)、铜片腐蚀、芳烃含量、烯烃含量、水溶性酸或碱。

车用柴油:外观、馏程、硫含量、酸度、闭口闪点、冷滤点、凝点、机械杂质、水含量、十六烷指数、密度、铜片腐蚀。

普通柴油:外观、色度、馏程、硫含量、酸度、闪点、冷滤点、凝点、机械杂质、水含量、十六烷指数、密度、铜片腐蚀。

仓储分公司及时向炼厂及管道公司索取油品检测报告单并传送给相关油库。油库对检测报告单上接近卡边或有疑问的项目,要及时开展相关项目的检验复核,确保油品质量合格后方可发出。

(3) 管输停输后,油库及时取样开展化验分析,同时取油罐上、中、下及底部样观察油品外观。油品化验合格,外观清澈透明即可发出使用。

第三节 储存质量管理

一、油库储存油品质量管理

(一)散装轻质油品储存质量管理

(1)散装轻质油品须按品名、牌号分罐储存;如仓储条件满足,统配资源与非统配资源应分开储存。

(2)储油罐内严禁底部垫水,其他原因(新建、改建等)带入的积水应及时排除。油库每月盘点时必须测量储油罐底部水杂情况,特殊情况时应根据需要增加检查频次,发现储油罐水杂超过 50 毫米、放空(零位)罐水杂超过 100 毫米须及时排除。

(3)为确保储存油品质量,须定期对油库储油罐进行清洗,周期为 4 年。如因油罐和管线被污染或罐底水杂影响产品质量时,应及时清洗。

(二)整装油品储存质量管理

(1)小包装和密封定量包装油品应分类、分厂家堆码,分别建立质量卡。

(2)各种中、高档润滑油(脂)类、电容器油、汽轮机油、刹车油等听装油品等应入库保管,不得露天存放;其他桶装油品暂时露天存放的,桶盖胶垫必须完好并且拧紧,油桶倾斜,口盖向上,加盖篷布。

二、加油站储存油品质量管理

(1)加油站经理是加油站油品质量管理第一责任人,值班经理(前庭主管)是加油站油品质量的直接责任人。

(2)加油站工艺实行专管、专罐专用,并标明品名规格。

(3)加油站应备齐以下文件资料:产品质量法、油品质量管理实施细则及油品质量检测报告等。

(4)卸油前,值班经理(前庭主管)应检查油罐车铅封是否完好有效,核对品名规格是否相符;用底部取样器逐仓采取罐车底部油样,进行密度、水杂、气味、颜色、黏稠度等项目的质量验收,合格方可接卸;发现异常立即报告加油站经理并启动"油品接卸质量异议处理流程"。

(5)加油站每月使用底部取样器取底部样,至少检查一次水杂情况,发现底部有水杂应及时用手摇泵等工具排放,避免水杂随油品发出。卸油后加油及大雨、大雪天加油,应注意检查油品的外观质量。每日通过液位仪监测一次水高，雨、雪天后随时测量水高，水杂超标（用底部取样器取底部样 1000 毫升倒入玻璃量筒，量筒内水杂数量不超过 50 毫升）应及时报告，分析原因并立即排除罐内积水，防止水杂随油品发出。发现质量问题应立即停发，并逐级汇报。

（6）边卸油边发油。经测量，地罐内无水的油罐对应加油枪允许边卸油边发油作业。每次卸油后及雨、雪天后须进行罐内水高测量，并做好相应记录。

（7）加油站储油罐清洗周期为 4 年，周期内发现油罐不清洁应及时清洗。

第四节　质量纠纷管理

一、接收环节不合格油品的处置

（1）如属轻微质量问题，由仓储分公司根据库存、在途及问题油品的质量情况，制定油品处置方案报调度运输处和质量安全环保处。调度运输处根据库存、在途及问题油品的数量等情况对方案可行性进行审核，质量安全环保处负责对方案进行技术审核。审核确认后由仓储分公司执行。

（2）经质量安全环保处确认，如属严重质量问题，由质量安全环保处通知调度运输处联系发货方协商处理。

如因质量问题给公司造成经济损失，经供需双方确认后，由调度运输处负责核算损失金额并办理相关赔付事宜。

（3）加油站进货环节质量纠纷处理执行《加油站管理规范》中的《加油站接卸油品质量异议处理流程》。

二、储存环节不合格油品的判定和处置

（一）判定

（1）油库按公司油品质量管理制度要求对库存油品质量进行检测，发现油品质量不合格时，仔细检查取样、化验仪器及操作等各环节是否存在问题或失误，并重新取样化验，仍不合格的，填写《油品质量检验报告单》，并向仓储分公司质量管理部门报告。

（2）仓储分公司质量管理部门接到油库报告后，应即时核实，确认后填写《油品质量处理报告》，立即报公司油库处和质量安全环保处。

（3）质量安全环保处接到仓储分公司《油品质量处理报告》后，应进一步进行确认。

（二）处置

（1）质量安全环保处根据库存不合格油品的质量情况，与油库处共同提出不合格油品处置意见报相关分管领导审批同意后，通知仓储分公司执行。

（2）质量安全环保处牵头组织相关部门对造成库存油品质量不合格的原因进行调查，形成调查报告，并提出处理意见。

三、销售环节不合格油品的判定和处置

（1）销售过程中顾客对油品质量产生异议时，批发环节由公司营销部门组织追溯销售发票、发油记录等，确认属公司提供的油品后，公司质量安全环保部门、营销部门组织人员与顾客在顾客现场和销售现场共同抽样，送双方一致认可的质量检验机构化验；证实不合格时，由公司营销部门与顾客进行协商解决，填写《油品质量处理报告》，报公司质量安全环保部门。

（2）零售环节发生油品质量投诉时，按照《加油站管理规范》中关于"客户投诉处理"的相关规定进行分级。如属质量类 1 级投诉，所属单位须在确认投诉级别后 2 小时内报公司零售业务主管部门和质量安全环保部门，两部门核实投诉情况及级别后，根据情况确定是否上报公司领导。

（3）销售后因质量问题引发新闻危机时，按照公司《加油站新闻危机管理办法》处理。

（4）批发、零售环节由公司质量安全环保部门牵头，组织相关部门对造成销售油品质量不合格原因进行调查，形成调查报告并提出处理意见。

第四章 计量管理

计量管理一直是公司基础管理的重要内容,是价值、品牌、形象的基础,贯穿于生产运行全过程。公司成立之初就坚持以质取胜、诚信经营,随着公司的发展壮大,公司计量管理进一步精细化,以"诚信经营、优质服务,计量准确、童叟无欺"赢得社会的认可和信赖。

1999—2008 年,公司积极践行诚信计量原则理念,加大对所属加油站计量基础管理的监督检查力度,着重对制度规程落实、计量器具管理、损耗管理、精准付油等进行检查和改进。各单位以检查促整改、以整改促提高,坚持检查与考核相结合,取得明显实效。

2009—2018 年,公司严守诚信计量底线,开展加油机计量防作弊专项稽查,狠抓计量器具的合规使用和精准付油,有效削减库站计量管控风险,夯实计量损耗基础。针对云南石化投运,多次邀请各方专家,研讨新运行模式下的计量交接方式,为新流程下的损耗管控奠定了基础。

第一节 器具管理

一、计量器具管理

1999 年,公司所属油库、加油站共拥有计量器具 1580 具,发展到 2018 年公司所属油库、加油站拥有的计量器具增加到 13126 具。公司所属油库配备的动态计量器具有计量准确度等级为 0.2 级的容积式流量计;静态计量器具有量油尺、检水尺、密度计、温度计;辅助器具及材料有取样器、温度计保温盒、玻璃量筒、示油膏、示水膏(见图 7-7 至图 7-10)。公司加油站配备的动态计量器具有加油机;静态计量器具有量油尺、检水尺、密度计、温度计;辅助器具及材料有取样器、温度计保温盒、玻璃量筒、示油膏、示水膏。

随着计量技术的发展,自动化计量技术正逐步取代人工计量。在油品计量工作中,公司陆续使用便携式液位测量仪、便携式电子温度计、便携式密度测定仪等新型计量器具。通过集团公司质量计量标准化管理信息系统(QMS 系统),对在用的加油机、流量计、温度计、密度计等计量器具进行动态管理,建立由下至上的计量管理信息沟通网络,实现信息的有效传递和及时共享。

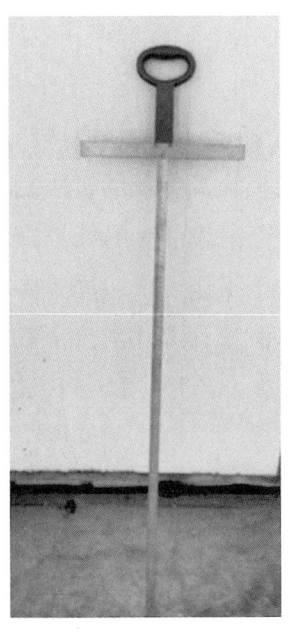

图 7-7　2011 年以前罐车计量收油的丁字尺

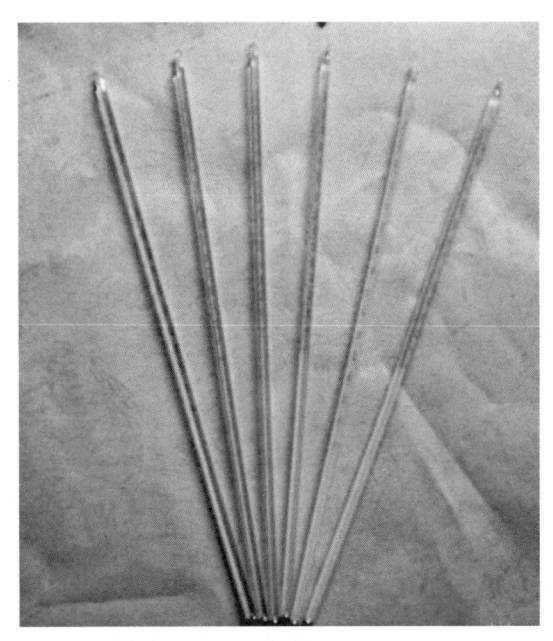

图 7-8　水银温度器

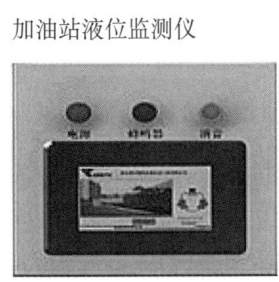
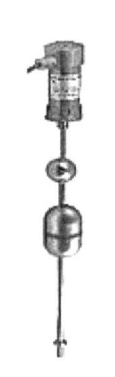

图 7-9　磁致伸缩式液位计

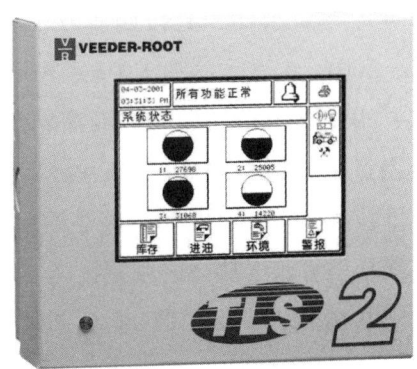

图 7-10　液位仪

为提高流量计计量准确性和稳定性，油库流量计定期进行自检，自检周期为三个月一次，在一个自检周期内，完成所有发油流量计的自检工作。加油机强制检定周期超过三个月的，在强制检定周期内至少组织一次覆盖所有加油枪的自检（见表 7-13）。

表 7-13　计量器具检定周期

计量器具种类	检定周期（月）	检定规程编号
量油尺（测深钢卷尺）	6	JJG398
玻璃液体温度计	12	JJG130
密度计（玻璃浮计）	12	JJG42
计量加油机	6	JJG443
容积式流量计	6	JJG667

二、计量检定站

2009年，公司建立计量检定站，人员配置4名，检定设备设施25台（件），取得温度计、密度计、量油尺省级标准考核证书。2013年、2017年顺利通过云南省质监局组织的资质复评。主要负责公司油库、加油站计量器具的检定、计量人员技能培训，对储存销售油品的计量管理进行监督检查，配合国家计量检定技术机构对所属库站开展计量监督抽检等工作。平均每年检定温度计2300余支、量油尺1800把、密度计3000余支、参与配合检定油库流量计120余台、监督抽检加油站加油枪200余把。

第二节 计量交接

一、交接界面及交接标准的建立

1999年至今，公司一直按照《散装液态石油产品损耗》（GB 11085—1989）要求，铁路罐车静态计量，500千米以下汽油1.6‰、501—1500千米2.4‰、1501千米以上3‰、柴油1.2‰执行。

1999—2011年，公司公路运输油品数量交接为运输油罐车计量，2011年1月1日起，加油站收油数量由过去以罐车计量数为准调整为地罐计量数为准。2012年5月公路运输单车交接综合差量损耗标准执行2‰，2017年公路运输单车交接综合差量损耗标准调整为汽油1.7‰、柴油1.2‰。

公司损耗核算密度执行的规定密度一直都是固定密度，93号、97号汽油和0号柴油分别为0.75克/厘米^3、0.76克/厘米^{3}和0.85克/厘米^3，2011年1月1日起按要求执行加权平均标准密度。

加权平均标准密度 =

$$\frac{\sum 上月26日至本月25日每座油库加权平均标准密度 \times 每座油库对自营加油站发货质量}{\sum 上月26日至本月25日各油库对自营加油站发货质量}$$

二、地罐交接

2011年2月，为充分发挥加油站管理系统信息化平台，改进目前加油站收油以汽油罐车为交接界面的手工计量交接方式，全面推行地罐交接，公司成立地罐交接推进领导小组和工作小组。同时，公司召开地罐交接推进领导小组第一次会议，标志公司地罐交接推进工作正式启动。

4月，按照公司关于全面推行地罐交接的总体部署，经各单位共同努力，地罐交接具备全面实施条件，下发《地罐交接工作手册》，对地罐交接作出规范要求。

5月,公司正式实施地罐交接。所有营运加油站全部实现地罐交接后,在降低油品损耗、减少工作量、提高工作效率、保障接卸作业安全等方面取得成效,地罐交接工作全面转入规范和提高阶段。同时,为严肃地罐交接工作纪律,规范地罐交接操作,堵塞管理漏洞,根据《绩效管理办法》及《地罐交接工作手册》相关规定,公司制订加油站地罐交接违规操作考核要求。

10月,随着油库流量计检定、加油站油罐复标、液位仪和加管系统运行维护的不断加强,人员操作和数据填写的不断规范,地罐交接工作总体上步入正轨。但由于地罐交接所涉及的环节复杂,影响因素多,运行过程中公路运输超耗大、责任界定不清楚、索赔办理不及时等问题日益突出,阻碍地罐交接工作质量的进一步提高。为进一步加强地罐交接推进工作,公司调整和明确地罐交接领导组织机构,强化地罐交接差率原因排查与分析、公路运输超耗的及时确认和办理等相关工作。

11月,为进一步推进地罐交接工作,提高各单位和加油站现场分析查找地罐交接差量问题的能力和主动性,确保将地罐交接差量控制在规定范围内,有效降低零售环节油品损耗。公司从11月9日24时起,在昆明、曲靖、楚雄、保山4家分公司统一试点实施地罐交接差量现场赔付。同时,下发《关于加快地罐交接超耗差异确认的通知》,进一步巩固地罐交接工作成果,统筹安排加油站油罐检定、液位计调修和押车任务,加快油罐复检和单站、单罐超耗差异确认工作。

2012年5月,公司在普洱召开地罐交接现场签认试点工作会,明确实施地罐交接现场签认工作的签认标准、赔付方式、现场确认条件、现场操作签认流程、仲裁处理、相关要求及应急处理预案。随着地罐交接工作的深入推进,地罐复检精度持续提高,地罐交接各环节工作得到加强。为使地罐交接超耗赔付工作及时、准确、有效,提高各单位和加油站现场分析查找地罐交接差量问题的能力和主动性,有效降低零售环节油品损耗,公司从7月开始推进该项工作,8月在所有单位全面实施。

是年,公司583座运营加油站全部实现地罐收油,油库发油时间由原来平均1小时20分钟降低至平均45分钟,单车日运行趟次由0.66次提升至0.78次,加油站数质量员与前庭主管岗位合并,运输损耗率由3.62‰下降到1.06‰,配送过程得到有效监控,地罐收油效率大幅提升,公司地罐交接工作成效显著。

2013年1月,公司对《地罐交接工作手册》(2013版)进行修订,经与中国石油天然气运输公司审阅批准,于2013年1月10日正式下发执行。

2014年,公司按照"试点运行、局部推广、全省展开"原则,在全面夯实主动配送和地罐交接工作基础上,逐步推进远程地罐交接。通过二次物流主动配送、运输过程在线监控、损耗纠纷远程仲裁、司机自主接卸,将各单位从物流环节解放出来。各单位按照公司远程地罐交接总体要求,扎实开展地罐损耗原因排查,与中国石油天然气运输公司配送中心对具备单车接卸损耗率超过2‰进行索赔条件的地罐进行双方签认。

是年,按照公司远程地罐交接推进实施的总体部署和要求,扎实开展地罐损耗原因排查工作,与中国石油天然气运输公司共同完成地罐签认和试点工作,为全面推进远程地罐交接工作奠定坚实基础。根据销售公司成都物流会工作要求，2015年1月1日起在全省范围内全面推进实施远程地罐交接工作，实行远程地罐交接单车超耗索赔。同时，公司下发《关于开展远程地罐交接工作的通知》，对远程地罐交接工作进行安排，进一步提高公司物流管理水平。

2016—2018年，公司明确公司、各单位、库站三级管理职责。公司作为计量的管理主体，主要负责制度设计、工作规划、监督考核、技术推广、纠纷仲裁等，核心是做好顶层设计；各单位作为计量工作的责任主体，主要负责制度细则制定、人员培训、器具管理、监督检查、损溢管理、纠纷处理等，核心是提升管控能力；油库、加油站作为计量工作的执行主体，主要负责制度执行、人员管理、器具应用、库存管理、现场操作等，核心是规范操作。

第三节　损耗管理

一、损耗管控成效

公司计量部门负责全过程计量管理，重点是制度建设、工作规划和安排、新技术新设备推广、新标准的制定、纠纷仲裁、监督抽查和考核等工作；调运部门负责运输过程的计量管理，重点是铁路、水路、公路、管道运输油品损耗控制；仓储部门负责仓储环节计量管理，重点是出、入库、准确付油和损耗控制；零售部门负责零售环节计量管理，重点是入站油品数量交接和加油机准确度监管。随着职责的全面落实，公司的损耗管理取得明显效果，油品损耗率逐年呈下降趋势。

1999—2011年，公司强化油品损耗管控，从各环节降低油品损耗，下发《流量计、加油机自检操作规程》《油库发油流量计管理办法》，对自检的组织和操作方法进行规范。2003年，按照销售公司《关于印发〈加油站实行体积计量交接实施细则（试行稿）〉的通知》要求，由原来油罐车配送到站重量交接改变为体积交接。2007年公司根据实际业务及相关国标、上级规定下发《计量管理办法》。

2012年，公司以诚信计量、损溢管控、地罐交接深入推进为重点，强化基础管理、严格过程监督、严谨岗位操作、严肃责任追究。对521座营运加油站地罐进行全面复检，罐容表精度及交接准确度进一步提高；开展计量管理及损溢油管理专项整治活动，每月通报各环节损耗指标完成情况及考核情况；积极组织参加销售公司节能降耗劳动竞赛活动；全面开展地罐交接现场赔付签认工作。通过多种措施，公路运输损耗降低至1.8‰以下，综合损耗率降至1.6‰，公司损耗管控水平不断提升。

2012—2018年，公司加强损溢油管理，全面降低各环节油品损耗，每年开展损溢油管理专项整治活动。通过查找在损溢油管理方面存在的瓶颈问题，严格三关损耗管控，确保损耗管理受控运行，进而建立损溢油管理长效管控运行机制。（1）严把油库付油关。研究"油库流量计误差系数交接法"，依据地方技术监督部门出具的检定证书，在油库管理信息系统中进行逆向的系数维护，利用系统对流量计付油误差进行修正，实现流量计理论上"零误差"付油。（2）严把运输在途关。推进车载视频系统升级，实现与 GPS 系统融合，增加红外摄像、人员靠近报警、自动抓拍等功能，提高监控时效性。（3）严把加油站接卸关。持续常态化标定、修正地罐容积表，由第三方专业机构对损溢数据异常罐进行验证，确保地罐标定准确。严格执行"日监控、周通报、月考核"监控措施，盯住损耗产生的每一个环节，坚持对油品损溢情况进行排名，对损溢异常的单位进行专题调查，查明原因、限期整改。

2017 年，公司加大外采油损耗管控，油品外采一律按照实收数进行结算，全年海运损耗同比降低 0.69‰，铁路运输损耗同比降低 0.04‰，公司综合损耗同比降低 0.74‰。

2018 年，公司适应云南石化投产带来的计量交接方式转变，积极参与铁路装车流量计、管道流量计、地付流量计检定等工作，多次邀请各方专家，研讨新运行模式下的计量交接方式，为新流程下的损耗管控奠定基础。

二、损耗管理信息系统

1999—2014 年，公司各类损耗报表主要以手工报表为主，基层库站计量操作人员在日常工作中，存在统计精准性较差、统计时效性不足、统计过程慢等问题，对统计人员业务水平要求较高。

2015—2018 年，为解决损耗管理均以人工报表为统计基础的问题，公司自主开发损耗管理系统，2016 年正式上线运行。通过设置铁路运输损耗、公路运输损耗、油站保管损耗、油库保管损耗等模块，对各环节损耗进行独立监控；通过采集一次物流系统、二次物流系统、油管系统、站级系统的数据，对运输的每一车油进行监控，实时查看其密度、温度、油品数量、运输时间、损耗情况。损耗管理系统的开发应用，成功替代人工编制损耗报表，可辅助完成损耗管控中的各环节人工操作。

第八篇

企业管理

公司成立以来,将财务管理、企管法规、人力资源管理、信息化建设、审计工作和办公室业务等作为深化管理提升的基础性工作重点来抓,优化管理职能,创新管理举措,不断推进各项工作管理水平提升,为公司有质量有效益可持续发展发挥基础性保障作用。

财务管理始终坚持贯彻执行国家和地方相关法律法规及集团公司有关规定,主动服务公司生产经营工作,伴随公司业务不断发展壮大,逐步延伸到生产经营各个环节,为公司持续健康发展提供支持和保障。1999—2008年,财务管理工作紧盯影响成本的重点部位和关键环节,精打细算,通过标准成本管控、定额费用管理等方式,千方百计降低成本费用。2009—2018年,狠抓开源节流降本增效工作,督促和动员公司全体员工狠抓开源节流降本增效工作。2013—2015年实现利润总额9.38亿元,连续4年利润总额排名区外前三,实现挖潜增效12.38亿元。通过预算管控、强化财务分析,商流费控制成效逐渐显现,吨油商流费从2011年的441元降至2018年的350元,下降20.6%。

企管法规工作以完善依法合规长效机制为主线,深化制度与合规管理,优化提升法律业务,积极营造依法合规文化氛围,整体推进公司依法合规管理上水平。20年来,立足公司实际,坚持依法治企、合规管理,服务和保障公司有质量有效益可持续发展,重要经营决策、经济合同等法律审核率100%,未发生累计1000万元以上经济损失、负面影响较大的法律事件,2015年、2017年被集团公司评为"管理创新工作信息报送先进单位"。

人力资源管理坚持人才强企战略,强化教育培训,加强党员干部、管理人员和基层员工三支队伍建设;聚焦提质增效,推进"三控制一规范"工作。促进了队伍素质能力提升,实现了员工与企业共同发展。1999—2008年,狠抓规范用工管理,以"三级培训网络"模式加强员工培训,促进了员工素质提升。2009—2018年,率先在中国石油销售系统打破合同化、市场化员工身份界限,真正实现员工由身份管理向岗位管理的转变,以岗定人,以岗定薪,人尽其才,才尽其用,充分调动广大员工的积极性;不断深化体制机制改革,实施"四部一中心"组织运营模式,创新用工管控模式,提高人力资源配置效率,有效发挥人力资源在公司发展中的支撑作用。

信息化建设围绕经营管理中心工作,不断推进技术创新、业务流程优化和管理升级,助力各项业务高效开展。积极融入管理提升,推进合同管理系统、人力资源管理系统、财务信息系统、协同系统等系统应用,提升管理工作效能。聚焦销售业务,强化销售企业资源计划系统、加油站管理系统、物流管理系统、客户关系管理系统等一批统建系统的推广应用,规范业务整体运行流程,为经营业务的高效运行提供坚强的信息技术支持。加强信息安全管理,开展全员信息网络安全教育和演练,升级信息网络系统和设备,推进信息安全防护体系建设,2017年,及时有效采取信息安全防护措施,成功打赢比特币勒索病毒攻击保卫战。公司信息化工作多次获得集团公司、股份公司年度信息化工作先进单位。

审计工作以服务企业发展为宗旨,以"服务与监督并重"为原则,结合公司发展各个时期中心工作任务,严格执行审计流程、规范和制度,扎实开展各类审计工作,促进各项工作合规管理运行。1999—2008年,坚持"全面审计、突出重点"方针,对云南、广西、贵州三省区各单位有效开展各类审计工作，为公司持续健康快速发展提供监督保障作用。2008—2009年，坚持以"管理+效益"为目标，以风险为导向、控制为主线、增值为目的，有效开展经济责任审计、内控审计、审计项目、财务审计、专项审计，促进各项业务合规管理和提质增效。期间风险导向审计、重点业务风险控制专项审计等多项审计成果获得中国内审协会和集团公司表彰。

办公室业务始终围绕经营管理中心工作，不断加强自身建设，在公司发展各个时期有效发挥参谋助手、督促检查、综合协调等作用。1999—2008年，办公室统筹协调云南、广西、贵州三省区公司内外部资源和关系，为公司迅速拓展销售市场、实现规模质量发展，营造良好的外部环境，创建高效的内部运行机制。2009年云南销售公司独立运作以来，调整和完善工作职责，协调推进管理提升，获评集团公司办公室系统、信息工作先进集体。积极主动协调公司与云南省政府部门、企业集团和中国石油在滇企业关系，搭建互利共赢合作平台，为助力公司有效发挥中国石油驻云南地区企业协调组组长单位作用、推动中国石油在滇业务一体化协同发展做出积极贡献。

第一章　财务管理

自公司成立以来，财务管理始终坚持贯彻执行国家和地方相关法律法规及集团公司有关规定，主动服务公司生产经营工作，伴随公司业务不断发展壮大，逐步延伸到生产经营各个环节，为公司持续健康发展提供支持和保障。

1999—2008年，公司财务管理工作紧盯影响成本的重点部位和关键环节，精打细算，通过标准成本管控、定额费用管理等方式，千方百计降低成本费用。加大预算审查把关力度，有效整合资源配置，加强采购管理，加强维修管理，加大定额管理，开展对标挖潜，倡导点滴节约，把小节约变成大效益（见表8-1）。

表8-1　2000—2008年损益及投资基本情况　　　　　　　　　　单位：万元

项　目	2000年	2001年	2002年	2003年	2004年	2005年	2006年	2007年	2008年
一、销售及其他营业收入	244534	374628	419627	543380	831334	1223621	1485713	1779479	1764711
减：购买服务及其他支出	219023	324130	366195	486106	729656	1095009	1343026	1610322	1610322
员工工资及福利	1486	4016	5619	6461	9824	13274	17749	23541	23541
销售及管理费用	19363	55083	24630	27593	40077	52607	66493	81536	81536
其中：折旧、折耗及摊销	1934	4736	8664	10272	10288	14813	21440	18191	18191
资产减值损失	0	0	0	0	3044	0	0	0	0
所得税以外的税费	439	723	1019	1530	2090	2691	3610	3964	3964
其他费用净额	250	−746	698	−995	−951	−569	1137	2657	2656
二、营业利润	2040	−13315	12802	12414	37306	45796	32258	39268	24500
三、税前利润	180	−18227	8693	9110	33912	40461	24797	25770	11002
四、净利润	27	−18219	8245	8524	32433	38165	23999	24282	8907

2009—2018年，公司财务管理突出以效益为核心，狠抓开源节流降本增效工作，每年下发挖潜增效、资产提率提效工作实施方案及相应考核办法，通过月通报、季考核、年兑现等方式，督促和动员公司全体员工狠抓开源节流降本增效工作。2013—2015年实现利润总额9.38亿元，连续4年利润总额排名区外前三，实现挖潜增效12.38亿元。2018年，在集团公司开源节流降本增效工

程经验总结交流视频会上进行经验交流。通过预算管控、强化财务分析，商流费控制成效逐渐显现，吨油商流费从2011年的441元降至2018年的350元，下降20.6%。强化两金压降（两金即：存货及应收款项占用资金）工作，连续6年实现应收账款净额为零的目标，欠款清收工作得到集团公司肯定。持续加强财务专业线队伍建设，中级以上职称占比达31%，队伍素质得到有效提升，在2013年集团公司财会职业技能竞赛中，取得销售企业第四名。2018年，公司有中级以上会计师任职资格的人员达40人。

第一节　会计核算

一、财务核算管理

1999—2002年，在集团公司统一要求下，财务核算采用中国石油财务信息系统（以下简称FMIS系统）5.0单机版系统对成品油进销存、纳税和现金等业务进行核算，由各单位和公司财务核算岗根据加油站手工日报表及日常报销单据，在财务系统录入手工进、销、存凭证。

2003年，根据上市公司对外信息披露有关要求，股份公司及销售公司对会计核算规范化、明细化要求日益严格。从2002年会计报表上报情况反映，各单位对有关会计业务处理前后不一致，费用项目反映不真实，批发与零售之间费用分摊不尽合理，收入核算不全面，成本结转不统一，不能真实反映各核算单位经营管理水平和盈利能力。为规范公司财务会计核算，保证会计信息质量，公司下发《关于进一步规范会计核算的紧急通知》，集中精力抓好会计核算和财务管理，克服工作中的浮躁情绪，树立良好、扎实的工作作风，无条件准时、正确上报销售公司要求的各类报表及相关资料，确保财务系统政令畅通。

2004年，公司实施集中核算工作，实现一级会计核算，建立以公司为一级责任中心，公司本部和所属单位为二级责任中心的标准化会计核算体系，对科目名称、科目编码、专项核算、单位往来、个人往来及报表格式等进行统一设置，统一规定各项业务核算科目及核算内容，保证公司严格按照一套体系开展会计核算工作。

2005年，公司充分发挥"规范运作、科学理财、集中高效、积极稳健"作用，进一步完善和推进股份公司"抓队伍、建内控、促机制"的财务管理重点工作。针对公司机关整体搬迁后管理体制发生的重大变化，通过调研分析，明晰公司新型财务管理核算思路。

2006年，公司以内控为契机，以规范运作、科学理财、集中高效、积极稳健为目标，积极推进新的"一个全面、三个集中"（全面预算管理，资金、债务、会计核算三个集中）财务管理体制的实施，公司一级集中核算达到运行状态。

2007—2008年，按照股份公司启动会计一级集中核算工作要求，公司组成一级集中核算项目组，经过精心组织和周密安排，实现FMIS7.0和AMIS7.0系统顺利运行，并对FMIS7.0、

AMIS7.0系统进行升级，实现会计一级集中核算单轨运行。

2009年8月，作为股份公司第二批ERP系统上线单位，公司组织抽调相关处室及各单位财务、业务骨干人员60余人参与ERP系统初始、流程测试、数据验证等工作，在3个月时间内完成ERP上传7.0测试系统与正式7.0系统对账工作，实现两套系统账务数据同步，财务与业务数据一致，并于2009年12月1日完成财务ERP模块单轨运行，得到股份公司认可和批准。财务与ERP融合系统（以下简称融合系统）上线后，财务系统内成品油销售、购进、成本结转均通过ERP系统自动传输，减少人为手工干预，提高核算质量。

2010—2011年，公司建立完全成本模拟核算，开展加油站"量本利"分析及效能评价，70座加油站实现扭亏。强化财务稽核，逐步加大费用控制力度和资金安全管理，在途资金余额和银行存款余额达到历史最低水平。全面推行资金平台运用，全过程监控库站资金，财务管理从事后监督转向过程管控。

2012—2014年，财务与ERP融合系统运行稳定，主油购进、销售、成本结转工作通过ERP自动传输至财务系统；非油购进、销售、内部调拨、成本结转工作通过HOS系统接口生成凭证，卡系统功能不断完善，为财务核算提供可靠的系统支持，提高核算效率。

2015年，按照销售公司财务"三集中"工作要求，公司统一将资金支付、销售核算、销售结算业务全部纳入财务共享中心统一处理，公司所有财务核算工作均由共享中心财务人员完成。

2016年4月，为适应公司集中管理模式发展需求，满足"三集中"核算管理要求，规避资金风险，提高工作效率，提升核算质量及合规管理水平，确保各岗位人员职责清晰，库发资金确认流程规范、风险可控，财务专业线将库发资金确认流程进行明确：营业室、客户经理、加油站发起资金查询，各单位财务部门负责资金复核，财务共享中心负责资金确认，各单位财务部门负责资金审核，各单位负责通过微信审批。

2017—2018年，为满足中国石油财务核算高度集中管理要求，集团公司在西安成立大共享中心，负责核算销售公司的资金支付、费用核算和销售结算业务。公司作为大共享中心建设的第三批试点单位，正在开展纳入西安共享中心进行统一核算的前期相关工作。

二、报表编制管理

1999—2001年，受财务系统功能限制，财务报表主要依托手工编制，需要各单位先编制出具各自单位报表，再由财务处编制合并报表底稿，根据底稿出具公司财务报表，数据及时性较差，在次月6日前方能上报。

2002年8月，公司将云南辖区的英茂、大理、强林、雄海四家控股公司会计报表合并为云南分公司一套会计报表。同时，会计核算流程由原层层核算变为云南分公司直接核算。

2004—2007年，在公司开展会计一级集中核算后，有关经营者信息和会计报表直接由公司机关一次生成，实现次月 5 日前完成报表上报目标。

2008—2013 年，FMIS7.0 系统上线后，财务报表抵消由原有报表抵消改变为账务抵消，即在抵消责任中心下编制相应抵消凭证，通过报表计算、取数后直接生成抵消后的报表，报表差错率大幅减少，报表出具时间提前至次月 4 日。

2014—2015 年，公司大力提升财务基础管理工作，督促各单位加快月末账务处理及核对，月末报表出具时间提前至次月 3 日，得到股份公司认可。

2016—2018 年，在开展财务"三集中"管理后，逐步理顺各管理层级工作要求及标准，月末报表出具时间为每月 2 日，达到销售公司先进水平，获 2015—2016 年度集团公司财务报告三等奖。

三、财务对账管理

1999 年，西南销售公司重组成立后，按照集团公司批复成立财务资产处，分别管理云南、广西、贵州三省区公司财务工作，财务日常核算和对账工作由云南、广西、贵州三省区公司及下级单位财务人员完成，主要核算三省区公司的成品油业务，核算和对账工作相对简单。

2000—2007 年，按照集团公司要求，财务人员通过 FMIS 系统进行成品油进、销、存核算，由各单位和公司财务核算岗根据加油站手工日报表及日常报销单据，在财务系统录入手工进、销、存凭证。财务对账通过 FMIS 系统数据和加油站手工报表进行核对。

2008—2009 年，广西、贵州分公司上划股份公司管理，公司作为独立的核算体系，主要核算中国石油在云南省的成品油和非油品业务。财务对账工作分别由公司和所属各单位财务对账人员完成。财务对账主要依托加油站手工日报表、加油小票和加油站手工登记的各类台账，加油站资金和进、销、存核对工作量大、工作难度大，且加油站每个办卡客户都需要手工登记台账，并逐笔核对每个 A 卡、B 卡客户的充值额、交易额和余额，财务对账困难。

2009—2010 年，公司加油卡系统、ERP 系统和 HOS 系统全面上线，财务系统不断升级优化，各类系统运行逐步稳定，财务对账主要依托各系统间数据与加油站资金拆分表进行手工核对，财务对账工作主要由各单位和公司财务对账人员完成。

2011—2012 年，按照集中、统筹、高效的原则，公司将财务资产处更名为财务处，下设综合管理科、资金资产科、核算管理科、价税科、稽核科 5 个科室。特别是党的十八大召开后，公司上下更加重视财务合规管理工作，财务监督、审核职能更加突出，核算更加规范，对账效率逐步提升。

2013—2014 年，公司积极探索财务集中核算模式，分批次将部分单位资金支付、财务核算、财务对账工作上收至公司财务处，已上收的业务由财务处核对，未上收的业务由原单位财务人员核对。

2015年，公司在财务处设置财务共享服务中心，负责全公司财务付款、结算、核算业务。11月，将资金支付、销售核算、销售结算业务全部纳入公司财务共享中心统一处理。

2016—2018年，公司积极探索将信息化手段应用到财务对账工作中，并联合第三方研究开发财务信息化对账系统，实现成品油、非油品进、销、存核对工作通过信息化系统完成，借助司库2.0系统上线，实现银行卡、微信、支付宝等资金对账通过司库系统自动完成。

四、共享中心建设

2014年3月，共享中心开始筹备，集中支付、集中核算业务在昆明地区试点。9月，集中支付、集中核算业务在全公司范围内推广。其间，共享中心主要负责全公司资金支付和费用报销业务，共享中心人员为各单位轮训人员。为进一步统一核算标准，降低资金管理风险，强化费用管控，提升财务专业线流程化、标准化、规范化工作水平及工作效率，实现"算管分离"，公司在财务处下设"集中支付与报销共享服务中心"，作为机关附属机构管理（见图8-1）。

2015年5月，集中结算业务试点运行。11月，财务共享中心正式成立，集中结算业务全面推广，集中支付、集中核算、集中结算业务全面上收。其间，共享中心主要负责全公司资金支付、费用报销和销售核算业务，共享中心人员为各单位轮训人员。

公司自2014年3月启动财务共享工作，2015年11月全面完成集中支付、集中核算与集中结算工作，提前1年完成销售公司任务目标，实现全公司所有核算、对账业务上收，同时也促进烟草、税款支出户合并集中，付款效率提升32%，两级机关财务人员由179人减少至134人，下降21%。

2016—2018年，在公司"三集中"业务基础上，实现财务全部核算和对账业务上收至共享中心，不断优化各单位与财务共享中心职能，编制"三集中"操作手册，建立并完善上下联动考核机制，不断提升共享中心运行效率（见图8-2）。

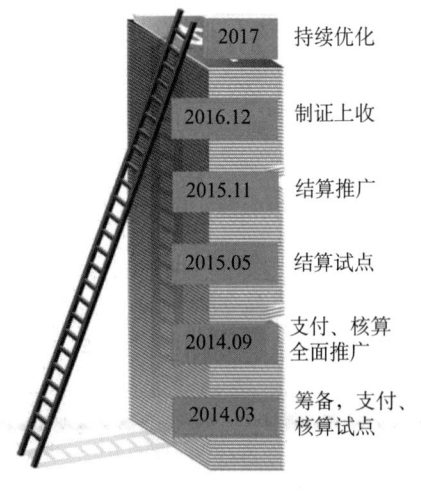

图8-1 公司财务共享中心建设历程

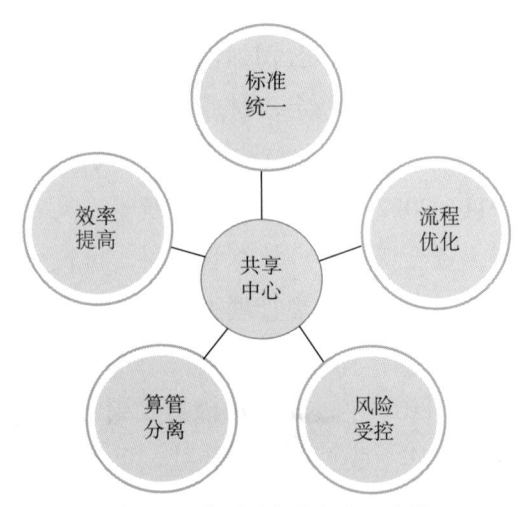

图8-2 公司财务共享中心成效

五、财务档案管理

会计资料是记录和反映经济业务的重要史料和证据。随着公司财务管理的深化,财务档案管理日趋规范和完善,对原始单据粘贴、装订质量、归档范围均进行规范和要求,档案管理信息化程度逐步提高。

1999—2015 年,会计资料(包括会计凭证、账簿、报表和其他类)均采取纸质归档形式,财务部门打印整理工作量大,同时给档案部门的保管空间及提供利用带来较大压力。由于档案信息化程度不高,财务系统更换速度快,查找往年度会计凭证资料需浪费大量时间和精力。

2015 年 12 月,财政部、国家档案局联合印发《会计档案管理办法》,明确提出满足一定条件的单位内部形成的属于归档范围的电子会计资料,可仅以电子形式保存,形成电子会计档案。

2016—2017 年,公司完成记账凭证、账簿、报告等资料的电子归档试点工作。实现记账凭证、会计账簿、会计报表及部分其他会计资料的电子归档;完善财务系统电子会计资料归档功能和档案系统电子档案管理功能,开发集成接口,实现在线归档;完善会计业务与档案业务流程,制定统一的电子会计档案归档管理、元数据管理、接口管理标准。

2018 年,公司电子会计档案模块正式上线试运行,实现财务 FMIS 系统与公司档案系统无缝连接,结束在会计档案系统中手工输入凭证号形成电子档案的历史。是年,顺利通过集团公司电子档案试点验收。通过电子会计档案系统的运用,实现公司财务系统形成电子文件归档的全过程管理,减少 70% 会计资料的纸质输出。

第二节 资金管理

一、银行账户管理

1999—2006 年,公司及所属各单位实行"资金收支两条线"管理,公司账户分为收入户和支出户。银行账户开立、变更、撤销由本单位财务部门负责人审核、总会计师审批后上报公司财务处审核,财务处处长审核后,由公司总会计师审批后上报股份公司。股份公司审批完毕后,各单位办理账户开立、变更、撤销事宜。整个流程须在财务系统账户管理模块通过系统逐级审批。

2006 年 3 月,为加强公司银行账户管理,规范银行账户设置和使用,提高资金使用效率,防范资金风险,保证资金安全,公司根据国家相关法律、法规和股份公司有关规定,制定《中国石油西南销售公司银行账户管理控制程序》。

2007—2017 年,公司及所属单位按照《资金管理办法》办理具体银行业务,每月末由账户管理岗进行银行存款核对工作，编制《银行存款余额调节表》，及时跟踪未达账项，连同银行对账单交复核人员进行逐笔审核，确定银行存款账实相符并签名确认后，报财务部门负责人审核、签名，重大情况向总会计师或单位主要负责人报告。

2018年7月，集团公司推广应用司库系统2.0，公司将由原收入户、支出户性质转变为财务公司账户、分账户、限额户。财务公司账户与分账户、限额户建立联动关系，财务公司账户用于核算，分账户用于收款与支出，限额户用于不能搭建关系的账户。

二、资金收支管理

1999—2003年，公司内部实行资金集中管理，各单位资金收支分项核算、分户管理，收入资金全额上缴，支出资金全额由集团公司核拨。

2004年1月，为进一步加强资金管理，规范收支两条线的资金运作，公司下发《西南销售分公司资金收支两条线管理办法》和《西南销售分公司资金收支计划管理办法》，做好资金收支两条线对接工作。当年，公司顺利实现与股份公司资金收支两条线对接，进一步提高资金使用效率和效益。

2005—2010年，公司资金管控不断加强，资金运行效率不断提高。推广应用资金管理平台，实现资金收付年、月、周要素计划管理，资金计划准确率常年保持在95%以上。公司资金管理基本形成资金管控集中化、资金支付网络化、监督检查常态化的资金管控模式。

2011—2012年，公司全面实现收入户、支出户、财务公司户"银企直连"，提高资金运行效率。

2013—2017年，公司实现对公、对私业务同行支付、跨行支付、同城支付、异地支付等多种方式银企直连付款。

2018年7月，公司将由原"资金收支两条线"转变为"财企直连，总分联动"管理模式，所有分账户实时将加油站存款上划至集团公司顶点账户。支出通过各单位财务公司账户发送支付指令至集团公司财务公司账户，集团公司财务公司账户发送支付指令至各单位分账户对应的商业银行顶点账户，商业银行顶点账户发送支付指令至各单位分账户完成付款流程。

三、资金计划管理

1999—2004年，公司每月按照预计的资金使用情况，由资金岗汇总各单位资金计划，并通过邮件形式上报集团公司审批，集团公司批复后，按照批复手工控制使用。

2005—2010年，股份公司资金计划系统上线，资金计划按月度控制。各单位每月根据业务支付需求，通过系统上报资金计划，公司审批同意后，上报集团公司审批。每月月初，根据财务系统使用情况，手工计算上月资金计划完成率。

2011—2017年，资金平台上线，公司实现资金收付年、月、周资金计划管理。股份公司通过资金计划完成率对公司进行考核，公司对各单位进行考核。经营活动产生的现金流出不与投资活动产生的现金流出串换使用。年度、月度、周及日资金计划经股份公司批复，严格按计划执行。如确需紧急付款且无资金计划，须向股份公司申请紧急用款，申请紧急用款必须由公司总会计师签字审批报股份公司资金部追加计划。

年度资金计划的编制以年度财务预算、投资计划、生产经营计划等为基础，结合跨年度往来挂账等情况，以收付实现制为原则编制年度资金计划。月度资金计划以年度资金计划控制额度为限，根据生产经营计划，在司库平台逐级编制、汇总、上报资金部审批，审批后的资金计划作为月收支活动的依据。周资金计划以月度资金计划控制额度为限，根据具体业务发生日期，在司库平台逐级编制、汇总、上报股份公司资金部审批，审批后的资金计划作为周收支活动的依据。日资金计划以周资金计划控制额度为限，根据审批完成的付款单和资金头寸情况，逐级编制次日支出的资金计划，在司库平台中汇总后报股份公司资金部审批，审批后的资金计划作为次日支出依据。编制年度、月度资金计划时，对资金收入与资金支出各栏必须按司库平台中的项目据实填列，公司油品采购计划统一由机关本部进行填报，各单位不再填报油品购置计划。

2018年，公司司库系统2.0上线后，加强对资金计划管理，由原来的年、月、周计划管控变为年、月、周、日管控，日计划加大对资金计划要素的控制，单据的资金计划要素必须与付款性质一致，没有达到资金计划付款条件的单据将停留在代付节点，追加资金计划后可支付。

四、资金风险管理

1999—2003年，资金风险管理逐年重视，所属加油站上门收款工作启动，各单位与工行沟通协调，上门收款率达到53%。

2004年，公司进一步深化资金安全管理，加油站上门收款取得实质性进展。突破地址复杂、银行收款车辆及人员配置限制影响，各单位加大协调力度，上门收款率大幅提升，达到77.19%。

2005—2010年，公司强化资金集中管理，严格审核把关，提高资金计划准确率。清理以前年度的基建投资项目，对长期挂账、欠交契税等问题按规定及时进行处理。实施加油站税控开票工作，提高工作效率，降低运营成本。大力推进加油站上门收款工作，实现银行上门收款率95%的目标；营运站POS机安装率达100%，平均刷卡率接近10%。

2011年，公司下发《关于下发资金管理平台加油站资金管理模块推进实施方案的通知》，于9月30日前完成加油站资金管理模块实施上线工作，实现对加油站零售网点营业资金的及时有效监督。

是年，公司针对库批、小额配送环节部分客户货款结算需采用银行承兑汇票方式结算的实际情况，下发《关于规范银行承兑汇票结算的通知》，拓展销售结算方式，规避经营风险，规范银行承兑汇票结算行为。

2012年，根据集团公司对资金平台与加油管理系统集成的要求，结合公司系统运行实际，顺利完成资金管理平台与加油站管理系统集成工作，进一步提高资金管控能力，降低资金风险。

2013—2014年，公司成立共享中心，实现集中报销支付业务。各单位用户将原始附件扫描到影像系统，共享中心稽核岗审核单据；待单据审批完成，共享中心制证岗根据各单位提交的付款明细，通过检查影像系统内扫描的单据，在资金平台完成凭证制作并提交审核岗；审核岗确定达到付款条件后提交出纳岗；出纳岗根据付款明细、报销单及资金平台电子付款单的信息进行三方核对，确保付款对象信息无误后提交付款环节初核岗进行初审；付款环节初核岗核对资金平台付款信息与审批单信息一致后提交付款环节审核岗进行复审；共享中心出纳岗查询款项支付是否成功。

银行印鉴管理方面参照银行预留的印鉴数量分别设置相应数量的印鉴管理岗位。印鉴管理人员不得兼任出纳，严禁一人同时保管同一账户的银行支票和预留印鉴，或同时保管同一账户的两枚以上银行预留印鉴。出纳根据付款凭证开具票据，印鉴保管岗审核票据无误后同意盖章。

加油站经理是加油站资金安全第一责任人，加油站核算员是加油站资金安全直接责任人，加油站经理协助和督促核算员做好资金安全保障工作，对相关员工进行资金管理方面的培训和考核。加油站原则上应设立核算员和收银员岗位，负责当日资金的收集、整理和缴存。低销站或人员少等原因无法设立专职收银员的加油站，经各单位同意后可以实行背包收款。

2015年，结合中国石油某公司销售经理卷款失踪事件，为有效防范公司销售业务资金风险，确保资金管理受控，推动公司销售业务平稳发展，公司加强对销售业务流程尤其是资金收取的监控，持续强化对销售的过程监控，确保公司销售工作健康有序运行。

2016年，为有效规避资金风险，确保销售业务风险受控，在客户利益得到有效保障的前提下更好地服务客户，公司重新梳理定期结算业务流程。原则上客户购买油品不得实行定期结算，但由于业务实际需要确需实行定期结算的客户，严格按照公司管理办法进行申请，必须详细说明定期结算原因，明确申请定期结算额度和结算时间。

2017—2018年，公司每季度梳理批发、零售及支付等业务环节所涉及的资金风险，制定资金安全风险数据库（见表8-2），并组织对各单位进行视频培训，指导各单位加强各环节风险防控，有效规避资金安全风险。同时，加强批发销售刷卡资金风险管控，从银行卡刷卡备案到逐步取消批发POS机刷卡，实现商流、物流、资金流一致，降低批发资金安全风险。

表 8-2 资金风险数据库

序号	操作环节	操作流程	风险点	措施	强化措施	责任处室	责任岗位
1	银企直连付款业务	各单位用户将原始附件扫描到影像系统,共享中心稽核岗审核单据;待单据审批完成,通过检查影像系统内描述的付款明细,在资金平台制证制作并提交审核岗;审核岗根据付款条件达到后提交出纳岗	1. 经办人员伪造银行账户、账号,致使款项支付到其他账户中		审核人员严把关,保证合同、发票、付款审批单审账号户名一致,经办人授权资料齐全	财务处	原始单据审核岗,制证岗及审核岗
2			2. 付款审批单,付款凭证金额与资金平台提交金额不一致		制证及审核岗人员认真审核,确保付款审批单与凭证及资金平台付款单金额一致,严禁修改凭证,付款单不一致时必须退回单据重新提交	财务处	凭证制作岗,付款审核岗
3			3. 稽核岗审核不到位,未达到付款条件支付	强化三级审核,确保无误	加强稽核人员业务培训,提高稽核质量,确保资金风险可控	财务处	稽核岗,凭证审核岗
4		初核岗核对资金平台提交付款环节与付款审批单信息是否一致,确保对账信息无误后提交复审;复审环节查询款项支付是否成功	4. 重复提报、重复制证,出现重复付款风险		分公司每日日时匹配支付的原始单据及记账凭证上加盖复核章,发现异常及时反馈共享中心处理	财务处	凭证制证岗
5	印鉴管理	出纳根据付款凭证开具票据,印鉴保管岗审核票据无误后予以盖章	1. 账户印鉴管理不当,被恶意加盖于票据或其他需要付款文件上等风险	印鉴分开保管,分步审核	印鉴保管人员加强印鉴管理,严格印鉴使用及移交登记	财务处	印鉴管理岗
6			2. 印鉴管理人员审核不严,未达到盖章条件予以盖章		1. 加强各环节审核;2. 加强电子支付UK及密码保管		
7	支付票据业务	(1) 出纳岗依付款凭证及付款审批单开具支付票据,并在使用登记簿上登记交由资金管理岗初审、印鉴管理岗审核、盖章后,交由稽核岗在资金平台出纳审核无误后录入票据信息。(2) 纸质商业汇票领取时需有对方单位授权委托书、身份证印件、领取人在留存手印,票据复印件上签字盖章或按手印,在交接登记簿上签字方可领取票据。(3) 电子商业汇票制证后,出纳复审支付时,使用UK初审、复审;复核岗审核无误,复审审批	1. 存在虚开、错开风险	资金管理岗审核业务真实性及具体项目是否有误	对方单位领汇票时,须出示领取人身份印件、复印件及加盖有公章的单位证明	机关各处室	出纳岗、资金管理岗、印鉴管理岗
8			2. 存在对方单位冒领风险	印鉴管理岗审核业务真实性及具体项目及金额准确性			

第三节 财务稽查管理

一、管理机制

1999—2007年，公司财务专业线未设置专门稽查岗，稽查工作由各单位财务部门负责人兼任，不定期开展财务稽查，在其他专业线组织的季度、年度检查工作中，财务人员积极参与并进行稽查。

2008年，为规范库站资金管理，杜绝资金安全隐患，提升库站资金管理水平，公司开展财务专项检查，对各单位资金管理制度执行情况进行专项检查。为确保油库、加油站资金安全，减少资金安全隐患，确保年前资金管理工作安全平稳，下发《关于加强油库、加油站资金安全管理工作的要求》，进一步加强资金安全管理工作。

2009—2011年，公司修订下发《中国石油西南销售公司财务稽核管理实施办法（暂行）》，进一步统一公司财务稽核方法，明确各单位与库站两级稽核职责和权限，规范财务稽核内容，为做好财务稽核工作提供制度保证。根据新下发财务稽核管理办法，狠抓财务稽核工作，督促各单位进一步加大财务稽核力度，对稽核出的问题及时下发稽核通知书，进行季度稽核情况通报。

2012年，为强化财务稽查管理，及时发现财务管理存在的问题，公司在财务处设立稽查科及稽查岗，要求各单位设立稽查岗，并对稽查岗资质进行要求。稽查科每年根据实际需求制定年度稽查计划，并按计划推进实施稽查，对公司财务管理存在的问题提出合理化建议；日常对集中报销系统单据进行抽查，对财务共享中心核算规范性进行检查。同时，稽查科负责配合公司内外部审计、检查，并对审计、检查发现的问题督促各科室及各岗位进行整改，整改完成后稽查科对问题进行复查，对整改完成问题实行销项制度，确保问题得到彻底整改。

为加强财务专业线三级稽查工作，不断规范会计核算、内控流程及会计基础工作，有效防范加油站资金管理风险，充分利用信息化手段强化内部监督，建立各单位财务稽查机制。月度总账科目审核100%，实现经济业务处理稽核的及时性、准确性和完整性。

每月对岗位流程操作的稽查达20%，季度达50%，全年100%，实现操作流程的合规性和制度建设的完整性；凭证装订完15日内完成会计凭证稽查，实现财务基础工作提升；每月开展加油站资金、发票管理情况稽查，每月加油站稽查率不低于40%，每季度达100%。每季度开展一项专项稽查，确保日常财务管理合规和风险的有效管控。

采用详查法和抽样法，利用检查、监盘、查询、观察、计算、分析等技术手段查找问题。结合资金风险数据库，重点对加油站资金管理、促销管理、费用管控、财务基础工作进行稽查，确保各单位批零环节资金、发票风险可控。成本费用性科目稽查重点关注原始凭证合规性和会计核算准确性、附件完整性；往来管理稽查重点关注往来核销准确性、往来签认及时性、完整性，定期结算合同履行严谨性；资金管理稽查重点关注未达账项和在途资金的真实性，在途资金核对签认及时性，票据相关交接、盘点记录完整性；对投运加油站重点检查资产转资和长期待摊费用摊销是否及时；稽查价格审批是否及时、有效，税费缴纳是否及时、核算是否规范。通过现场访谈及了解岗位操作流程操作情况，查找实际操作与内控流程存在的差异；对新业务及敏感性业务通过数据核对分析、原始资料检查，梳理存在的问题，提出合理建议，跟踪问题整改结果，实现稽查的闭环管理。

在稽查管理方面，制定财务处内部稽查流程及要求，在实现稽查信息化之前，完成稽查问题从发现到整改的闭环管理。稽查科梳理财务管理中容易出现的问题，制定《财务稽查办法》，指导各单位稽查人员明确和完善每月稽查内容、方法、频次，将各单位稽查深度及广度作为财务工作考核的一部分，有效提高稽查主动性。

2013—2018年，公司财务专职稽核岗按照《财务稽查办法》，每季度针对性开展稽查工作，重点就营业现金管理、上门收款管理中资金的收取、保管、缴存环节进行检查，对检查出的问题，建立整改台账，及时督促进行整改。

二、财务稽查情况

2001—2003年，销售公司就进一步加强应收账款工作进行部署，公司对应收账款进行专题研究，成立清欠领导小组，下设清欠办公室，负责指导、监督、检查公司本部及各单位的清欠工作。为完成销售公司下达的清欠目标，公司结合应收账款的实际，在全公司范围全面开展应收账款清理工作，顺利完成欠款清收目标。

2004年，为进一步贯彻落实国家财经法规和公司规章制度，规范财会与税收工作，维护国有资产的安全完整，提高公司财务资产管理水平，根据股份公司总体部署，公司对所属各单位开展全面财务税收检查工作，按照"摸家底、查隐患、夯基础、促发展"的检查要求进行细致、彻底的检查。

2005年，公司对云南辖区161座加油站、9座油库、7个润滑油经营网点、3个配送中心、13个零售片区进行资金安全大检查。广西、贵州分公司也分别成立检查小组，对所属库站的资金安全工作进行自查。是年，公司固定资产抽查小组对公司所属部分油库、加油站进行抽查，掌握公司存量资产动态，了解固定资产实际状况及分布形态，摸清家底，夯实资产管理基础。

2006年，为加强公司资金管理，确保资金安全，完善资金管理内控制度，不断提高资金管理水平，根据股份公司《关于开展炼油销售企业资金管理检查的通知》要求，公司下发《关于开展资金管理检查的通知》，从7月3日开始开展资金管理检查，通过检查进一步夯实资金基础管理，实现资金安全目标。

2007年，在全公司范围内开展财务专项大检查，现场检查9个基层单位、7座油库和28座油站。通过检查,各单位加强会计基础工作,强化资金安全管理,提升财务管理水平。是年,公司开展为期54天的税收专项检查,夯实税务管理基础,进一步降低公司涉税风险。

2008年,公司下发《关于对资金专项测试发现问题进行系统整改的通知》,股份公司联合测试组于11月26日—12月9日对公司资金管理情况进行检查测试,涉及10座加油站、2个营业室和1座油库。

2009—2010年,根据股份公司《关于进一步明确ERP系统内部控制工作的通知》要求,公司及时组织相关处室对ERP系统建设内部控制工作进行自查,重点对系统应用控制规范中关键控制点的落实和执行情况进行检查,针对检查过程中发现问题及时制定改进措施,切实推进公司ERP系统内部控制的规范运行。

2011年,公司财务基础工作达标验收工作正式启动,并组织开展"财务基础管理月"活动。重点对各单位制度建设、机构设置、账户管理、资金管理、便利店及非油品管理、小额配送(直销业务)货款管理、财务核算管理、存货管理、投资管理、资产管理等13项内容进行逐项检查。

2012年,为深入贯彻公司"管理挖潜、优化整合、精干用工、追求卓越"的活动精神,公司制定财务专业线精细化管理工作实施方案,从会计基础管理、资金管理、资产管理等7个方面编制详细的实施计划运行大表,确定43条具体措施,明确责任人、完成时间以及考核办法,稳步推进财务精细化管理工作。组织2次财务大检查,对各单位财务部门、油库营业室开展了检查,共发现各类问题606项,巩固财务精细化管理成果。

2015年,为进一步强化资金管控,消除资金安全隐患,公司组织所属单位开展资金风险自查自纠工作,检查发现问题198个。通过检查,找出公司财务管理存在的薄弱环节及管理漏洞,并督促各单位抓好落实整改。

2016年,公司按照集团公司《关于开展资金管理业务监督检查工作的通知》要求,为查找资金管理中存在的风险,及时发现问题、堵塞漏洞,对公司及所属各单位、油库、加油站,涉及资金业务管理的所有环节,尤其是油品购销及实施集中核算后资金管理情况进行检查。共发现7方面17项128个问题,自查问题全部整改完毕。

是年3—5月,公司对年销量在8000吨以上加油站和销售前20名客户经理进行检查,对加油站的检查重点围绕便利店管理、加油卡管理、现场资金管理、资产管理、存货管理、发票管理、费用管理展开;对客户经理的检查重点从价格审批、客存油签认、往来款项管理、POS机刷卡管理等方面进行检查;涉及13家单位,共检查55座加油站,23名客户经理。6月,对公司所属10座油库及营业室进行检查,检查重点围绕资产提率提效和财务管理工作展开。以上检查共发现问题172个,其中8000吨以上加油站及客户经理检查共发现问题39项146个,整改136个,无法整改10个;油库及营业室检查发现21项26个问题,整改21个,无法整改5个。

2017—2018年,公司扎实推进财务基础工作提升,学习借鉴兄弟单位经验,制定公司财务基础管理提升方案。进一步强化财务监督职能,完善稽查机制,制定财务处内部稽查流程及要求;强化入账规范性日常稽查,切实提升财务核算合规性。聘请中介机构对2家专业公司、11家控股企业开展财务专项审计，共找出 212 项问题，整改 195 项。

第四节　资产管理

随着公司资产管理制度不断完善，资产和业务结构持续优化，资产质量和使用效率持续提升，资产管理逐步形成控投资、重效用、保增值、统调配的轻量化运营管理模式。同时，公司开展资产提率提效工作，提高经营效益和运行质量，逐步建立健全资产持续优化的长效机制，提升企业资产质量和经营效益。

公司成立以来，固定资产的购建严格按照股份公司下达的计划执行，严禁计划外投资；固定资产投资方向主要是加油站、油库建设等项目，固定资产总量自成立以来逐年递增（见表 8-3、表 8-4）。

表 8-3　2000—2008 年西南销售公司固定资产总额变化情况　　　　　　　　　　　　单位：万元

年度	固定资产原值	固定资产净值
2000	31563	27320
2001	59810	52715
2002	74944	63244
2003	82314	65206
2004	107684	84459
2005	124031	93474
2006	175330	134827
2007	204371	150529
2008	218837	156511

表 8-4　2009—2018 年云南销售公司固定资产总额变化情况　　　　　　　　　　　　单位：万元

年度	固定资产原值	固定资产净值
2009	101980	68400
2010	138572	99481
2011	192088	143945
2012	237954	178922
2013	293252	219158
2014	328481	235173
2015	340119	216697
2016	384453	239260
2017	410947	244045
2018	438403	251896

固定资产管理部门职责划分如下：财务部门为固定资产的价值管理部门；工程（设备）、办公室、信息化管理部门为固定资产的实物管理部门；资产管理中心具体负责固定资产的实物管理；办公室负责非经营性房屋、办公车辆、打印设备、复印设备、通信设备、办公设备及其他电子设备的实物管理；信息化管理部门负责计算机及信息设备的实物管理；日常资产管理工作由工程部门牵头，相关部门配合。工程部门负责废旧物资的管理和组织相关部门进行实物技术鉴定；办公室负责非经营性房屋、办公车辆、打印设备、复印设备、通信设备、办公设备及其他电子设备类废旧物资的管理和组织相关部门进行实物技术鉴定；信息化管理部门负责计算机及信息设备类废旧物资的管理和组织相关部门进行实物技术鉴定；财务部门负责废旧物资价值的管理；非油品公司根据公司资产管理中心提供的报废固定资产明细表制定处置方案，并组织公司工程、财务等相关部门及单位进行审核，经公司领导审批后实施。

1999—2003年，公司逐年完善资产制度建设，规范资产管理。下发《双低站资产调拨指导意见》和《资产管理手册》，指导各单位加强实物资产在交接、验收、调拨等方面的管理。积极盘活闲置资产，加大闲置资产调剂力度，减少资产重复投入，提高资产使用效率；完善公司内部资产调拨、调剂相关制度，依托资产管理信息系统，配合实物管理部门做好资产内部调拨、调剂，坚持内部调剂优先原则，坚持先办手续后调拨原则，实现了财务全过程参与。

2004—2005年，公司深化资产管理信息系统运用，依托管理信息系统，形成资产管理平台，优化流程设置，规范转资、调拨、报废、处置流程，提高资产使用效率；建立完善《资产管理考核实施细则》《资产管理信息系统考核实施细则》等制度，明确各层级管理责任，规范资产管理工作；开展业务培训，提升管理人员管理意识及技能，提升资产管理水平。

2006年，为加强资产管理工作，公司将每年开展一次资产清查工作改为每半年开展一次资产清查工作。在资产清查中，采用交叉清查办法，提高资产清查效率，降低清查工作成本，取得良好效果。同时，对清查出来的盘盈（亏）资产查明原因，及时进行处理；加强报废资产清理、处置工作，对各单位上报的报废资产进行抽查，保证对已达到报废条件的资产能够及时进行报废申报及处理；对已整体报废油库、加油站内可以调拨使用的尚未报废的单项资产，督促各单位及时办理调拨手续，及时入账，保证账实相符，提高资产使用效率；加强报废资产后续管理，督促实物管理部门，按照公司管理规定对已报废资产及时进行处置，督促各单位对处置的报废资产进行公开招标处置，保证国有资产保值增值。

2007—2012年，公司不断加强资产过程管控，增强资产盈利能力。在资产前期管理上，积极参与前期论证、前期评审和会签工作，做到前期切入、源头控制、过程监督，降低和避免低效投资，减少风险，增强资产盈利能力。在工程转资上，根据内控及会计准则要求，会同工程建设管理部门和各单位网建部门，对达到使用状态的加油站及油库建设项目进行（预）转资工作。

2013年，为加强企业资产管理，提高资产使用效率，根据国务院国资委、股份公司清理低效无效资产工作要求，按照公司"以零售为核心，以效益为目标"的理念，加强公司资产管理，优化、盘活存量资产，不断提高存量资产使用效率。结合低效无效资产清查情况，拟定公司存量资产提效方案，确保公司存量资产提效工作高效推进，不断提高资产运行效率。

2014—2018年，公司固定资产管理以规范基础工作、强化制度建设、明确固定资产管理职责为出发点，实施资产全过程管理。制定《固定资产报废及处置实施办法》《固定资产管理实施细则》《实物资产管理办法》等规章制度，明确管理职责，规范固定资产新增、转资、折旧、后续支出及应用、清查、调剂调拨、计提减值准备、报废处置、核算等业务流程。

第五节 预算分析管理

一、财务预算管理

根据股份公司规定，公司实施全面预算管理，建立各级预算组织，制定《预算管理办法》，具体指导各单位、各部门开展预算管理工作。在此基础上，公司持续推进财务分析管理，查找不足，找出差距，提出改进建议。全面预算管理与经营活动分析在服务生产、指导经营、控制收支、激励约束等方面发挥出积极作用。公司以全面预算管理方式对各单位、各部门各项资源进行分配、考核和控制，组织和协调公司全部生产经营活动，完成既定经营目标。预算包括经营预算、投资预算、财务预算。

1999年，公司按照股份公司要求，实行年度预算政策，将销售、费用、利润等主要生产经营指标纳入预算管理，统筹平衡全年生产经营指标运行。

2000—2007年，公司开始实行月度预算管理模式。每月初，预算管理委员会均衡年度预算安排，结合各单位、各部门实际，编制下达月度预算，包括销售量、各项费用、利润等指标。月度预算由预算管理委员会签发，一经下达，各单位必须严格执行，按照预算组织生产经营，控制各项支出。同时，公司按照下达的月度预算拨付资金，没有预算的不予拨付，财务部门对超出预算费用的支出不予报销，特殊事项必须书面上报公司预算管理委员会批准。月度预算指标均纳入月度考核，每月由公司绩效考核委员会对各单位、各部门预算执行情况进行考核，按照指标权重和比例与薪酬兑现挂钩。

2008年，公司贯彻预算"全局一盘棋"思想，在加强月度、季度滚动预算编制科学性、准确性的同时，逐步启用股份公司预算管理信息系统。按照销售公司要求，每月将月度滚动预算补录入预算系统，初步实现滚动预算编制系统化。同时，对预算执行情况进行实时监控，充分发挥预算事前、事中控制作用。一方面加强预算与资金计划的有效衔接，从源头上对超预算或预算外的项目加以控制。另一方面充分利用网上报销系统，进一步规范细化各项可控费用的报销制度，通过网上报销系统的预警作用，对超预算的费用不予以报销，充分发挥预算事中控制的作用。

2009—2010年，公司充分利用预算信息系统平台，及时做好年度、季度及月度滚动预算的编制及上报工作，提高预算及时性和准确性。在预算安排上，重点考虑网络开发所需资金，及早纳入计划考虑，针对市场销售的不确定性及价格波动性特点，在预算总体额度留足相应空间以应对各种变化。为强化预算监督考核职能，公司将八项可控费用进行分解，纳入各单位及部门业绩考核范畴，严格把关，及时反馈，加强控制，各项费用指标均在预算范围之内。

2011—2013年，为强化预算的生产经营指导作用，公司开始编制季度预算，将生产经营、加油站开发投运等指标按季度进行安排，实现年度、季度、月度预算三级管理，精准判断生产经营形势，及时纠正年度预算偏差，保障年度预算执行。

2014—2015年，公司建立月度利润测算模型，每月及时测算盈亏情况，提高月度预算执行准确性。

2016—2018年，根据业务发展情况，公司进一步完善月度利润测算模型，月度利润预测与实际偏差控制在1000万元以内。

二、财务分析管理

为充分发挥财务分析在企业管理中的重要作用，为企业管理和经营决策提供信息支持，根据集团公司相关要求，公司建立本部、各单位两级财务分析框架体系。财务分析工作与经营活动相结合，收集、整理、分析、评价各类信息，形成客观、真实、准确的分析评价。

（1）经营指标通报：主要通过比预算、同比等方式，通报各项生产经营指标完成情况，主要指标包括销售总量、自营销量、利润总额、商流费总额、非油收入、非油利润等。

（2）利润分析：主要按照利润结构分析资源配置、外采资源、价格政策、营销支出、品种及销售方式、非油品等因素对公司利润的影响，同时分析增减变动原因。

（3）商流费分析：分析公司商流费整体情况，侧重于大额、敏感性费用，如租赁费、运费、维修费、财务费用等，同时分析增减变动原因。

（4）对标分析：选择规模相近、部分指标具有可比性的先进兄弟单位及主要竞争对手，对销售规模、销售结构、价格政策、商流费、利润完成等进行全面对标，查找差距，补足短板。

（5）专题分析：主要选择分析期内，对公司生产经营造成较大影响的问题进行专题分析，剖析问题产生的原因及导致的结果，提出有效应对措施。

1999—2002年，按照公司半年度、年度工作会要求，开展半年度、年度经营活动分析，查找经营活动中存在的各类问题，提出改进建议，为领导经营决策提供相应依据。

2003—2004年，公司为强化预算预测和控制作用，在半年度、年度分析基础上，开展月度经营活动分析，及时发现生产经营运行与预算控制间的差异，加以改进，确保各项指标控制在预算范围内。

2005—2008年，公司改进和完善财务分析模式，按季度召开全公司经营活动分析会，针对生产经营过程中发现的问题，逐步加强专题及对标分析，强化重要指标的分析力度。

2009—2012 年，公司不断完善专题分析模式，每月在经营活动分析中针对生产经营活动中的热点、难点问题展开专题分析，季度开展全面分析，持续提升经营活动分析的针对性及有效性。

2013—2017 年，公司在专题分析基础上逐步加强对标管理，先后完成与四川销售公司、浙江销售公司商流费对标分析，与主要竞争对手近三年对标分析，2015 年 1—7 月与浙江销售公司、湖北销售公司等兄弟单位专题对标分析等专项分析，通过与先进兄弟单位、主要竞争对手比较，发现公司经营管理过程中的短板，提出后期工作中的改进建议，取得良好效果。

2018 年，公司按月轮流组织市场营销处、零售业务处开展经营活动分析，从财务、营销、零售等多个角度分别对公司的经营活动展开全方位分析。同时，针对重点、难点问题，多维度开展专题分析，为公司决策提供依据。

第六节　税价管理

一、价格管理

公司坚决贯彻集团公司关于价格管理相关要求，严格执行集团公司下达的购进价格，在确保公司效益情况下，根据市场情况灵活制定销售价格，维护中国石油整体利益。公司成立价格领导小组，价格调整制定必须由价格领导小组集体决策。

1999 年，公司负责西南三省区资源调配工作，购进价格（出厂价）及销售价（配置价）严格按照集团公司规定价格执行。

2000—2007 年，公司价格管理工作由营销处负责，只负责公司直销和零售定价，结合市场变化和公司价格政策积极落实各项价格工作。

2008 年，公司取消资源配置职责后，购进价格严格执行集团公司配置价，销售价格由业务部门根据市场行情灵活调整，经价格领导小组审批后执行。

2009—2011 年，公司结合国家政策及时修订价格制度，不断规范业务流程，确保公司各项业务活动有章可循。

2012 年，公司价格管理办公室由营销处调整至财务处，财务部门在价格管理方面实现了由事后分析到事前参与定价的转变。

2013 年，公司认真梳理价格管理流程，修订完善价格管理制度，并结合公司预算制定内部调拨价定价机制，有效分离业务部门价格制定与执行权限。

2014 年，为进一步激励各单位增量增效，实现效益最大化，公司将销售公司给予的零售毛利全部让给各单位，同时对各单位零售销售价格进行严格审批。

2015 年，公司修订内部定价机制，采用更贴近市场的模式，进一步完善了股权企业和子公司的内部定价机制。

2016年，为更加及时地应对市场变化，公司优化内部调拨结算价格定价机制，将批发价格审批权限适当下放。审批权限下放后，各单位拥有自主定价权，能够灵活应对市场价格变化、综合权衡量效关系，在提高价格审批效率的同时，确保了量效齐增。

2017年，公司根据业务变化修订价格管理办法，制定新的股权企业定价机制和优化成品油价格审批流程，充分调动各单位增量提效的积极性、促进股权企业健康发展，有效发挥市场销售灵活性。

2018年，为实现股东双方合作共赢，推动股权企业稳步发展，公司制定股权企业销售价格优惠政策，每月跟踪股权企业指标完成情况，确保公司政策有效落实。同时，为深入做好公司价格管理，突出以效益为核心的定价理念，公司财务处和业务处室每周沟通交流，并结合当期市场变化及时制定销售价格。

二、税务管理

公司为增值税一般纳税人，缴纳税费种类主要有企业所得税、增值税、房产税、土地使用税、车船使用税、印花税、城市维护建设税、教育费附加、地方教育附加、水资源管理费、水利建设基金、残疾人保障金等。

1999年，公司及所属各单位财务部门积极与云南省及各州市税务部门沟通，协调有关税收缴纳事宜，最终达成协议，增值税缴纳方式由过去的1%就地缴纳改变为按销售收入比例分摊的方法缴纳，均衡云南省各州市税收缴纳，企业税赋同口径降低21.78%，全年减少企业税赋3806万元，实现管理效益提升。

2000年，公司积极配合云南省国税、地税税务稽查工作，沟通对接稽查发现的各类问题，在政策允许范围内积极协调。针对税务稽查发现问题，组织各级财务人员进行学习讨论，吸取教训，总结经验，举一反三，不断提高各级财务人员的税收筹划及风险防范意识。

2001年，公司加强新税务政策的学习研究，督促各单位与当地税务部门加强沟通，深化对各税种税收政策研究，及时提出税务协调，理顺内部税收管理流程。针对加油站发票开具现状，到各单位加油站实地调研，了解在执行过程中存在问题，有针对性地制定税控开票机联机开票方案，指导各单位开展税收工作。

2002年，公司积极参与云南省国税局新版发票运行的商讨，确定发票版样及印制、发票分配及配送工作。进一步督促各单位及加油站细化发票管理，及时修订《税务票证及发票管理办法》。

2003年，按集团公司、云南省稽查局要求，公司组织开展发票、税收自查并报送自查报告，完成税金补缴工作。配合云南省国税、地税税务稽查，顺利完成大屯油库和云南分公司本部税收申报缴纳工作。

2004—2006年，为提高资金使用效率、保证资金安全、减少资金沉淀，年初给各单位下达银行税款账户的清理目标，要求各单位与当地税务部门加强协调，做到利用支出账户支付各种税款。

同时，为提高公司应对涉税风险能力，积极与税务局、中介机构沟通，畅通信息渠道，充分利用好税务政策，并邀请税务专家到企业宣贯税法知识。

2007年，公司积极修订税务管理制度，不断查找涉税风险，通过内部稽查和精细化大检查不断查找管理漏洞，坚持以问题为导向，不断完善自身税务管理水平。

2008年，经云南省地方税务局批示同意，从2008年8月1日起，公司在云南辖区内单位的印花税执行据实征收办法，改变原来按收入核定征收的方式。

2009年，云南省国税局同意，对公司及所属非独立核算分支机构增值税按预征率实行的"预征—结算"管理办法，调整为按月依销售比例分摊法计算、分配公司及所属非独立核算分支机构应纳增值税"预征—结算"管理办法。

2010年，公司所属油库由各单位管理划归本部管理，发票领、用、销统一由公司办理，油库使用分机开具发票。是年，根据地方税务局要求，使用新版普通发票，逐步取消手工发票，适用于交通运输、建筑、金融保险、邮电通信、文化体育、娱乐、服务、转让无形资产、销售不动产和其他等10类行业。为规避发票管理及虚开发票风险，公司下发《发票管理补充规定》，针对非油管理、批发、零售环节增值税专用发票、普通发票的开具作了详细要求及规定。

2011年，企业所得税由公司本部按每季度应纳税所得额的50%就地预缴，年末由股份公司汇算清缴。是年，根据国家税务总局规定，统一发票专用章式样为椭圆形，为财务报销环节取得发票减少了虚假发票风险。

2012年，公司配合云南省国税稽查局，对330家受票企业2007年12月—2011年12月的增值税专用发票进行为期3个月的协助调查取证。11月，公司财务处成立价税科，编制2人，负责公司税务和价格管理制度建设、日常内部调拨价、对外销售价格制订工作，完成税款缴纳、纳税申报、发票管理及协调好税企关系等工作。

2013年，公司结合当年预算管理，及时修订税务管理制度，积极研究国税税收法规政策，分析税务政策对公司带来的影响；公司税务管理人员积极参与公司各项业务活动，将税务管理向业务延伸。

2014年，公司聘请税务中介机构进行年度所得税汇算清缴及财产损失鉴证工作，并根据销售公司要求在财务系统启用"税务会计"模块，对每月涉及所得税纳税调整事项进行记录及处理。是年，房产税计算方法改为按照房产原值计税的房产，无论会计上如何核算，房产原值均应包含地价，包括为取得土地使用权支付的价款、开发土地发生的成本费用等。

是年，为提升税务管理水平，切实通过有效措施，合理利用税务政策达到企业降本增效目的，公司完成2013年税务筹划节税目标实施计划，设定全年节税2000万元的奋斗目标，并给各单位下达奋斗目标。为提升财务服务客户、服务公司发票业务的能力，拟定并下发《加油站开票全面提速推进方案》。

2015年，随着营改增全面推广，为更好地满足客户需求，公司结合实际制定《增值税发票开票网点增加实施方案》。为持续巩固依法节税筹划成果，在总结2014年基础上制定2039万元的节税目标和措施，受国家营改增政策利好影响，全年完成节税 3543 万元，为公司节税降费 420 余万元。

2016 年，公司编制税收筹划手册，在全公司范围内实现增票联网工作，各单位所开具的增票数据可实时上传税局系统。拟定节税目标 3000 万元，实际完成 3824 万元。

2017 年，公司积极落实营改增税收政策，充分利用国家优惠税收政策实现节税 6986 万元，完成全年 4000 万元目标的 151%。公司积极协调云南省国税、地税和工会，完成云南省 345 个税、银、企三方协议的签订，实现云南省税收缴纳全部集中由一个银行账户统一支付。8 月，公司开始研究电子发票项目，并于 2018 年全面实现电子发票在生产环境中的应用。

2018 年，公司认真研究税收法规，积极发掘各单位在节税方面的经验，将好的经验与做法面向全公司宣贯，全面提升公司各级税务管理岗位人员的节税视野，确保公司节税创效目标的实现。同时，积极协调云南省国税局和昆明市国税局业务骨干、税务专家到公司为各级管理人员进行纳税培训，不断巩固公司涉税管理人员的税收知识，促进税企和谐发展，为公司发展创造有利环境。

第七节 财务信息化管理

随着现代化科技以及信息技术的迅猛发展，财务信息化已成为企业提升竞争能力的重要手段和财务共享集中的必要条件。公司严格按照股份公司关于财务信息化管理要求，以 FMIS 系统为核心，辅之其他系统，不断升级改造，拓展新功能，使财务信息化更趋完善。截至 2018 年底，公司使用的财务信息系统主要有：FMIS 系统、ERP 系统、EAM（资产管理）系统、司库 2.0 系统以及预算管理系统。

1999—2000 年，公司财务信息化建设处于初始阶段，重点解决单用户工作效率提升问题。公司使用具有国内先进水平的 FMIS 系统及资金系统，极大减轻财务人员繁重的日常核算工作。

2000—2001 年，公司将 FMIS 系统从 3.0 版本升级到 5.0 版本，将 3 位会计科目编码升级为 4 位，从而符合股份制企业会计核算要求。公司启用中国石油资产管理系统（以下简称 AMIS 系统），该系统是 FMIS 系统的一部分，其发展进程基本与 FMIS 系统一致，AMIS 系统于 2001 年从 3.0 版本升级至 5.0 版本。

2005 年，按照股份公司要求，公司使用资金系统填报资金计划，并在资金系统内开通"网上对账"模块，每月与股份公司进行账务核对；开通"账户管理"模块，对开设的全部银行账户进行统一管理。

2006—2010 年，公司重点解决多用户、多系统信息共享问题。公司按照"规范、集成、透明、快捷、共享"的财务信息系统建设思路，有计划、分步骤地推进财务信息化建设，使公司财务信息化达到国内领先水平。

2006 年，公司作为销售系统首批使用 AMIS6.0 系统的单位，成功实现资产信息集中管理，资产数据实现集中和共享。

2007年，按照股份公司统一部署，公司成功启动FMIS7.0系统，实现会计一级集中核算。该系统极大简化会计核算和会计报告层次，实现集团公司一级提取报表目标，使财务核算工作实现重大跨越。

2008年，按照股份公司要求，公司逐步启用预算管理信息系统开展预算信息录入工作，实现滚动预算编制的系统化。

2009年，公司ERP系统全面实现单轨运行，标志着财务核算工作又一次重大变革。随后，FMIS系统与ERP系统成功融合，使成品油销售业务物流、资金流、信息流实现集成共享，会计凭证自动生成、往来对账自动完成，手工操作全部实现自动化，会计核算效率极大提升。

是年，公司全面推广财务辅助管理信息系统。该系统作为财务部门统一使用的工作管理、沟通交流、绩效考核和在线培训平台，极大地提升财务基础工作信息化水平。

2010年，股份公司启动资金管理平台推广运用工作，这是继会计集中核算和ERP集成后，构建国际一流财务管理的体系又一项创新实践。公司作为首批上线单位，于当年12月成功实现单轨运行。

2011年，公司全力推进资金管理平台建设，不断优化资金结算、资金计划、资金往来、加油站资金管理模块，提高资金运行效率和安全性。

2012年，公司在AMIS系统中新增实物资产管理模块，将低值易耗品、租赁资产等全部纳入系统管理，并改变资产盘点模式，利用扫码枪进行盘点，提升实物资产清查效率。10月，公司作为股份公司首批试点单位，完成集中报销系统上线运行。

2013年，公司及所属单位开通银企直连付款模式，实现对公、对私业务对外银企直连付款，并全面停止POS机报账业务，进一步提升财务对外付款安全性。

2014年，公司圆满完成财务信息系统统一界面上线工作，实现财务管理系统统一身份认证，统一任务待办界面。

2016年，公司顺利完成FMIS与ERP2.0融合上线，实现ERP系统资产管理模块、投资模块与FMIS系统的集成运用。同时，财务资产AMIS系统停止使用。FMIS与ERP2.0融合上线标志着财务与投资项目的深度融合，进一步强化了投资项目预算管控力度。

2017年，公司试点开展财务电子档案系统，并于2018年2月通过集团公司验收。电子会计档案的上线，实现会计凭证、报表、账簿等会计档案的电子化管理，减轻部分纸质会计档案打印，提高查询效率，降低成本费用。

2018年，公司完成司库2.0系统上线运行工作，实现资金日计划控制、财务先付款再制证等一系列变革，在进一步精细资金计划管理，控制付款节奏的同时，提高了付款效率。

第八节　开源节流降本增效

1999—2011年，公司逐年加大降本增效工作力度，通过多部门配合，在公司规模不断增长的前提下，成本费用逐步降低，取得良好成效。

2012年，公司开展节能降耗、降本增效、提高劳动生产率活动，制定"五定五率"降费目标，即运输费、租赁费、损耗、财务费用、折旧折耗定额下降，其他费用下浮5%，全年节约商流费1亿元。细化制定租赁费优化、财务费用管控方案，全年节约租赁费930万元，财务费用1495万元；严格执行地罐交接、地罐标定、公路损耗现场赔付，公司损耗降幅明显，全年降低损耗5105万元；优化费用控制手段，在库站层面全面推行费用网上报销系统，费用管控由事后控制向过程控制、人工控制向系统控制转变，杜绝无预算或超预算报销事项，全年"五项费用"控制在预算之内。

2013年，公司制定"五定十率"降费目标，实现降费1.46亿元。合理筹划公司各项专项资金，制定2013年专项资金使用计划，确保各项专项资金使用控制在计划范围内，有效降低成本费用；利用利息合理待摊、优化付款节奏、增加IC卡沉淀资金、降低库存资金占用等手段，节约财务费用4948万元。

2014年，公司制定包含"纯枪增量、外采创效、提价增效、控本降费、管理优化、考核激励、政策支持、体制机制、降耗增效"等9方面挖潜增效工作的实施方案，挖潜增效2.08亿元。在完成销售公司配置计划的前提下，积极争取外采计划，合理把握外采节奏，实现外采15.17万吨，创效5592万元；优化IC卡折扣管理，减少折扣卡发卡比例，降低IC卡折扣率，IC卡折扣率控制在0.67%，创效3008万元；积极开展远程地罐交接工作，通过远程视频监控、分析超耗原因、进行超耗索赔等手段，降低损耗发生，创效355万元；积极梳理行政性收费项目，对于道路开口费等重点费用项目，与云南省成品油协会、商务厅进行协调，争取减免政策，清理不合理行政性收费项目394万元；协调地方铁路部门，对自备车加收的地方铁路运费进行变更，减少地方铁路运费1495万元；强化欠款追回机制，通过专人清收、发律师函等方式，共收回欠款1198万元。

是年，公司开始开展资产提率提效工作，实现资产提效1.32亿元。优化油库布局，清退3座租赁油库，油库租赁费降低1766万元；统筹公司销售计划、季节变化等因素，确保采、调、销、存合理控制，全年平均库存14.12万吨，降库11.14万吨，节约财务费用4253万元；通过降价、买赠、特价、互采互销等方式持续优化非油库存，全年清理滞销库存375万元；建立闲置资产信息库，调拨资产5829项，节约投资资金2154万元；对公司范围内资产闲置情况及社会单位、股权单位占用资产情况进行"地毯式"清查，取得各项资产租赁收入690万元。

2015年，公司持续推进挖潜增效及资产提率提效工作，以"加快网建、纯枪增量、统筹价格、控本降费、优化管理、降耗增效、协调政策、考核激励、体制机制"9方面工作为重点，制定公司2015年挖潜增效工作实施方案。以优化盘活资产，提高资产使用效率为目标，制定资产提率提效工作方案，挖潜增效2.95亿元、资产提率提效2.26亿元。稳定纯枪价格，坚持一客一价的价格审批原则，灵活折扣政策；针对未达到约定条款的折扣卡或消费返利，及时调整，有效维护公司效益，纯枪价格到位率同比增加0.44个百分点，创效9537万元；严控非生产性费用支出，"五项费用"预算节约率达10%以上；优化库存结构、大力推进商信通业务、增加IC卡沉淀资金，节约财务费用 5600 万元；深入推进行政性收费清理工作，减少行政性支出 250 万元；购置资产前优先调剂调拨，实现调拨 800 项，减少重复投资 695 万元；梳理闲置房屋及土地情况，实现出租、出借收入 1145 万元；强化资产报废处置，报废资产 903 项，金额 711 万元；督导各单位规范资产报废处置，尽可能取得净残值收入，实现资产的闭环管理。

2016 年，公司拟定十项创效目标，实现挖潜增效 4.71 亿元。按照资产提率提效三年总体目标，实现资产提率提效 2.49 亿元。统筹资源运作，坚持低库存运行，月均库存控制在 13.67 万吨，同比减少 0.92 万吨；协调金融机构下调 POS 机费率，减少回佣金支出；加大商信通支付力度，开具商信通 7.02 亿元，同比增加 5.31 亿元，有效降低资金占用。全年财务费用控制在 2110 万元，同比减少 3181 万元，下降 60%。借助国家营改增全面推广，争取税收优惠政策，节税 3824 万元；利用云南省供给侧改革降成本各项措施，减少行政性支出 577 万元，节约电费 40 万元、财务费用 42 万元。制定下发《关于公务用车运行费用标准的通知》，进一步规范公务用车管理，明确公务用车费用标准，建立定期考核通报机制，实现降费 44 万元。持续梳理长期待摊费用摊销时间性差异，完成补提折旧摊销 4977 万元。强化资产报废处置，完成资产报废 4011 万元，取得资产处置收益 906 万元；加大闲置资产调剂调拨，调拨资产 679 项，减少重复投资 315 万元；加大闲置土地、场地对外出租力度，实现资产租赁收入 1355 万元。紧盯往来清欠，指定专人全程跟踪落实，实现欠款清收 2.1 亿元，超额完成集团下达清欠目标。

2017 年，公司制定囊括 11 个方面、60 条具体措施的挖潜增效工作实施方案（见表 8-5），实现挖潜增效 2.64 亿元；持续推进资产轻量化工作，实现资产提率提效 1.28 亿元。加大财务费用管控，明确 10 万元以上资金必须通过商信通支付，进一步降低资金占用；推进云南省工行 POS 机刷卡手续费按月结算、月末汇总开票，年节约财务费用 75 万元；全年财务费用 1278 万元，同比减少 832 万元，下降 39.4%。深入研究云南省供给侧结构性改革降成本政策，编制并下发与公司相关的政策汇总，降低成本费用 985 万元；加强税收政策法规研判，严把发票取得关，确保在营改增政策允许范围内最大限度取得增值税专用发票，全年节税 6986 万元。积极与银行沟通，推进 ATM 机进站事宜，节约上门收款费用 8.5 万元。充分利用闲置资产信息库，资产采购前由财务、工程部门审核把关，有效利用闲置资产，全年调拨资产 528 项，减少重复投资 754 万元；加大闲置土地、场地对外出租力度，实现资产租赁收入 1436 万元。

2018 年，根据集团公司、销售公司开源节流降本增效方案，制定完善公司 2018 年挖潜增效工作实施方案，并修订优化相应考核办法，累计实现挖潜增效 2.65 亿元。全年累计开具商信通 9.28 亿元，同比增加 3.61 亿元，增长 63.6%，节约财务费用 303 万元。用活政策，降低行政性支出，实现行政性降费 1321 万元。科学筹划，降低公司税负，累计节税 8390 万元。及时编制并持续推进资产提率提效方案，累计实现资产提率提效 1.72 亿元。

表8-5 2017年挖潜增效工作任务明细表（机关各处室）

挖潜增效类别	挖潜增效工作要求	工作目标及挖潜增效成果	责任处室	配合单位
网建增效	开投并举，破解网络开发难题。加快新项目开发，优先决策当年投运项目，慎重决策建设条件不成熟项目。强化外部协调，加速办理土地和建设审批手续，加快存量项目落地建设。对于复批复超过2年末投运的项目，履行最终投资决策程序，继续实施的项目，细化推进方案；不能正常推进的项目，销项解除		投资处	所属各单位
网建增效	突出重点，抢夺优质站点。围绕突出出库库周边，插点高速公路，填补空白市场的原则，加快网络开发建设。全年投运要减少空白县域3个以上，空白县城8个以上		工程处 投资处	所属各单位
网建增效	多措并举，保留存量站点。超前谋划，提前续租有潜力的存量站。加强沟通取得政府政策支持，针对"拆一还一"站点，实现"先建后拆"		投资处 工程处	所属各单位
网建增效	多元开发，培育新的增长点。探索合资合作，资源加盟，销量分成租赁、品牌输出，短租短付等开发方式，实现网络延伸；推进加气业务，充电业务和新能源规划研究，利用现有网点优势，实现业务拓展	力争新开发加油站50座，投运加油站新增投运70座，实现2015—2017年三年滚动新增投运150座加油站	投资处 市场营销处	所属各单位
网建增效	实行责任片区管理。将省内16个地州划分为4个责任片区，建设责任工作组，充分发挥基层与机关处室的工作协同，现场指导、业务培训等作用，形成合力，提升网络建设攻坚克难能力		投资处 工程处	所属各单位
网建增效	优化工作流程，提高项目推进效率。针对地质、环境条件复杂的项目，分步分批恢复项目建设事项，造价和结算工作重心继续前移，充分发挥造价投资预测对建设工程投资的指导作用，结算审计工作计划完成时的促进作用		投资处 工程处	所属各单位
销售增效	强化以"油卡非润"一体化为核心，突出"两个体系"，搭建零售售客户和地市公司综合竞争力评价，以全流程诊断与优化为抓手，搭建零售客户"三个关键点"，促销开级和服务提升，抓实"四个管理升级"，持续强化跨界资源整合，分运用，双依站治理，双售站培育和对标升级，力争全面完成全年纯抢销售任务	力争实现纯抢销量249万吨	市场营销处	所属各单位
销售增效	强化以客户结构优化为核心的直销体系，不断完善不同客户营销策略，机构用户稳价增量，批发站顺价增量，批发企业价值控制增量	力争抢抓60%的新增需求量；力争内部及关联企业用油销售占比提高到70%	市场营销处	所属各单位

第二章　企管法规

企管法规工作以完善依法合规长效机制为主线,深化制度与合规管理,优化提升法律业务,积极营造依法合规文化氛围,整体推进公司依法合规管理上水平,为公司稳健发展提供强有力法律保障。

公司企管法规管理主要包括股权管理、法律风险防控体系建设与维护、纠纷案件管理、服务商标管理、合同管理、工商事务管理、内部控制与风险管理、规章制度管理、"三基"工作精细化管理、管理提升、"三个创新"（科技创新、管理创新、体制创新）、物资采购管理等重点工作。

20年来,企管法规管理工作立足公司实际,坚持依法治企、合规管理,服务和保障公司有质量有效益可持续发展。法律事务管理实行事前防范为主、事中控制和事后补救为辅的工作方针,注重关口前移,防范风险。强化法律审查,重要经营决策、经济合同等法律审核率100%;充分发挥外聘律师专业力量,适时为公司提供法律论证、咨询、指导等服务,公司未发生累计1000万元以上经济损失、负面影响较大的法律事件。优化采购管理流程,实现"采管分离",完成股份公司和销售公司下达的管控指标。基础管理持续加强,6S管理（整理、整顿、清扫、清洁、素养、安全）常态开展,夯实库站基础工作,库站形象及规范管理水平明显提升,账表减负、效率提升见到成效。全面贯彻落实集团公司管理创新战略,深入开展管理创新与实践工作,2015年和2017年度被集团公司评为管理创新工作信息报送先进单位。制度流程体系不断优化,开展内部控制有效性自我测试、自我评价及风险评估工作,确定年度重点风险,制定风险管理策略,积极防控风险。针对不同阶段经营管理重点工作,组织对内控业务流程进行梳理、优化,符合各项业务高效受控运行需要,内控评价为优秀。

第一节　制度建设

1999—2002年,公司狠抓以建立健全各项规章制度为重点的基础管理,规范工作程序、工作标准,为公司正常经营和管理活动提供根本保障。依据公司职能及机构设置确定机关各处室工作职责、工作标准;制定完善业务管理、财务管理、安全管理、绩效管理、党建工作等方面的规章制度近100项;制定完善加油站各项管理制度和岗位责任制;控股公司逐步引用中国石油管理体系，明确各项规章制度，规范各项业务程序。

2003—2007年，公司按照股份公司规定和发展需要，围绕决策管理、销售经营、开发建设、激励约束等方面，制定财务、业务、安全、设备、人事、数质量、法律事务、审计监察等方面整套管理制度和管理办法，为推进公司管理规范化、标准化奠定基础，保证公司各项工作规范有效进行。

2008年，公司按照《规章制度管理程序》对现有规章制度进行集中清理，共清理评审公司层面的268项及各单位层面的575项规章制度，公司层面268项规章制度中，203项整体有效、43项需部分修订、22项需废止。各单位575项规章制度中，411项整体有效、33项需修订、102项需废止。

2009—2010年，为进一步理顺管理关系，提高工作效率，公司针对市场实际，对机关处室职能界面进行重新梳理并做出重大调整，组织机关各处室对专业性机构、机关附属机构、地州（市）公司、控股公司及临时性机构相关专业管理权限进行重新界定。公司组织对相应的规章制度进行重新评审、修订和完善，共制修订制度186项，修订93项、新制订49项。通过梳理、修订，进一步明晰规章制度中的职能与责任，保证公司规章制度的系统性、规范性和严肃性。同时，结合公司组织机构、职能调整及制度运行过程中发现的问题，按照实现制度内容流程化和表单化、制度语言描述规范化和信息化的要求，于2010年10月组织开展2011年度规章制度制修订工作，共修订制度180项，新制订28项。

2011年，公司突出顶层设计，深化制度建设，共完成217项制度的制修订发布工作，并启动2012年258项制度的修订。同时，借助协同管理系统，组织开展53项综合性制度视频培训和各专业线制度在线学习答题活动。

2012—2013年，根据公司《规章制度管理办法》及《关于做好公司2013年度规章制度制修订工作的通知》要求，对2012年度制度进行实用性评价，共评审制度269项，其中161项评审为有效、96项需修订、12项需废止。根据各专业线评审结果和立项申请，汇总编制2013年度规章制度制修订计划。2013年重点对制度数量、内容等进行精简、优化，共立项制修订制度103项，制修订发布制度46项。

2014—2016年，公司持续加强制度建设，进一步推进制度建设的规范性、实用性。其中2014年立项制修订制度113项（修订109项、新制定4项），2015年立项制修订制度101项（修订88项、新制定13项），2016年立项制修订制度82项（修订77项、新制定5项）。

2017年，根据公司《规章制度管理办法》规定及《关于做好公司2017年度规章制度制修订工作的通知》安排，为适应公司体制机制改革和经营管理需要，公司共立项制修订制度77项，其中修订73项、新制定4项。

2018年，公司组织评审制度239项，其中146项评审为有效、81项需修订、12项需废止。结合机关处室职能调整和经营管理需要，立项制修订制度86项。共制修订发布制度50项，进一步促进各项业务的优化运行，提升管理效率。

第二节 基础工作管理

一、精细化管理及 6S 管理

1999—2009 年，公司成立以来，逐步通过全员、全过程、全方位实施基础管理建设工程，形成人人主动关心基础管理工作，人人积极参与基础管理工作，人人自觉遵守基础管理工作要求，最终人人又都受益于基础管理提升成果的良好局面。深入开展"基础管理年"活动，增强全体员工的凝聚力、创造力和战斗力，引领广大员工自觉树立起追求卓越、精益求精的进取意识，进一步提高工作效率和工作水平。

2010 年 3 月，集团公司印发《关于全面实施基础管理建设工程的通知》，从 2010 年开始全面实施以质量计量和标准化管理、流程化管理、制度化管理等为主要内容的基础管理建设工程。5 月，销售公司在武汉召开精细化管理会议，全面推进精细化管理工作。公司全面贯彻落实集团公司基础管理建设工程总体部署和销售公司精细化管理会议精神，及时成立加强精细化管理实施基础管理建设工程领导小组，建立由党政主要领导研究部署，总会计师牵头，班子其他成员抓好分管专业线工作落实的领导机制，成立领导小组办公室和 10 个专业组。各专业线全面深入开展调查摸底工作，并拟写调研报告，梳理出本专业线基础工作精细化管理中存在的薄弱环节，确定公司 59 个需要加强的具体管理项目。领导小组办公室牵头制定《加强精细化管理实施基础管理建设工程工作方案》，对 2010—2014 年五年建设工作进行总体安排；各专业组通过细化分解，制定本专业线工作方案和 2010 年实施计划，并汇编成册下发各处室、各单位执行。

10 月，公司召开基础工作精细化管理大检查工作部署暨质量管理体系内部审核（末次）会议，下发《关于开展公司 2010 年基础工作精细化管理大检查工作的通知》，进一步统一思想，提高认识，对基础工作精细化管理大检查进行动员部署，进一步检验实施基础管理工程以来各项工作取得的成效。

2011 年 4 月，公司制定下发《基础工作管理办法》，建立抓基础管理工作长效机制。6 月，公司召开加强精细化管理实施基础管理建设工程工作推进视频会议。总结 1—5 月基础管理建设工程推进情况，安排部署上半年基础工作精细化管理大检查工作和下一步重点工作。组织开展 2011 年上半年基础工作精细化管理大检查，抽调骨干人员组成 4 个检查小组，对两级机关所有处（部）室、所属油库、营业室进行全面检查，按比例抽查加油站 39 座。

10 月，根据公司《基础工作管理办法》规定，公司于 11 月开展 2011 年度基础工作精细化管理大检查工作，有效推进公司加强精细化管理实施基础管理建设工程工作的深入开展，进一步夯实各项基础工作，提升精细化管理水平，促进公司全年安全平稳生产和业绩目标的实现。

2012年，公司制定下发《开展管理提升活动实施方案》，成立领导工作小组，全面开展涵盖基础管理建设工程、精细化管理、"三基"工作、管理挖潜、降本增效、"三个创新"等工作的管理提升活动，切实提升科学管理水平。管理提升活动以"全面加强'三基'、提高管理效能、推动科学发展、建设世界一流水平销售企业"为主题，以"深化管理提升、加快服务转型"为主线，以"突出市场、突出客户、突出服务"为着力点，将管理提升活动与强化"三基"工作、提升精细化水平紧密结合，全面促进基础管理上台阶。同时，公司提出加油站精细化管理"10+X"精益管控模式、老油库"提、控、优、严、强"精益管控模式、营销队伍"1436"精益管控模式和发展规划"四结合"精益管控模式，将精细化管理落实到库站，提高横向单元精细化管理水平。

"10+X"精益管控模式，即：一个核心（精细营销）；六个优化（立项改造、地罐交接、测时写实、微笑服务、非油托管、信息建设）；三个到位（预算到人、绩效到人、设备到人）；X（创新、人本、建言……）。

老油库"提、控、优、严、强"精益管控模式，即："一提"（提高周转率）；"一控"（控损耗）；"二优"（优化配送、优化用工）；"三严"（严质量、严计量、严安全）；"三强"（强化设备管理、强化信息应用、强化"人本"理念）。

营销队伍"1436"精益管控模式，即：全员营销模式，人人都是营销员、人人都是加油员、人人都是服务员、人人都是安全员；4P组合营销策略（整合产品、提升价值、统筹价格、提升效益，拓展渠道、提升服务、灵活促销、提升份额）；"三图"市场分析法（编制客户分布图、竞争态势图、项目规划图，对客户、对手、市场整体把控，提高针对性和维护的及时性）；"大产品"营销理念（成品油、加油卡、润滑油、非油品、小产品、天然气六大类产品整体综合营销）。

发展规划"四结合"精益管控模式，即：与整体规划结合、与重点规划结合、与预算目标结合、与员工发展结合。

2012—2014年，公司严格按照集团公司三个阶段、六个环节的具体安排，结合实际扎实开展管理提升活动。2012年8—9月开展第一阶段全面启动、自我诊断工作；2012年10月—2013年6月开展第二阶段专项提升、协同推进工作；2013年7月—2014年1月开展第三阶段持续改进、总结评价工作。公司充分利用门户网站、活动专栏等多种途径，营造活动氛围，确保管理提升活动广泛深入开展。2014年8月，公司在集团公司管理提升活动评选表彰大会上获集团公司"管理提升活动先进单位"，成为13家获此荣誉的成品油销售企业之一。

2015年，公司召开推行6S管理启动大会，宣读《公司推行6S管理工作方案》，对推行6S管理工作作了总体安排。11月，公司在所属加油站全面推行加油站6S管理模式，并针对加油站基础管理工作迫切需要解决的问题和薄弱环节，广泛收集、充分吸收基层单位和加油站员工意见和建议，专门组织编制和下发《加油站6S管理实施细则（第一部分）》。

2016年，在分析总结《加油站6S管理实施细则（第一部分）》实施情况并广泛征求意见的基础上，公司编制《加油站6S管理实施细则（第二部分）》，并下发各单位组织实施。在此基础上，公司打造6S标准示范加油站28座、民族特色加油站7座。

是年，公司对机关及所属14家单位、10座油库、106座加油站进行基础管理（6S管理）大检查、加油站达标创星考评及内控测试，检查共发现问题1110项，其中加油站检查发现问题1016项、油库检查发现问题57项、机关及所属单位内控测试发现问题37项。

2017—2018年，公司于每年6月组织开展一次基础管理（6S管理）大检查暨加油站达标创星考评（部分检查内容见表8-6、表8-7），持续加强库站基础管理，提升6S管理水平。2018年6月，公司组织开展2018年上半年基础管理（6S管理）大检查暨加油站达标创星考评工作（见图8-3）。此次检查，按照"检查—通报—整改—复查—再通报"的流程开展。检查共发现问题1623项，其中加油站及中央仓基础管理类问题1156项、油库基础管理类问题77项、人事档案管理类问题62项、工程档案管理类问题328项。

图8-3　2018年上半年基础管理（6S管理）大检查视频通报会

二、管理创新

1999—2011年，公司立足经营管理实践，以创新的思维、方式方法，着力解决制约企业发展的矛盾和问题，全面提升管理现代化水平，实现向管理要效益、要质量、要安全。

2012年，集团公司召开科技工作视频会，就科技创新及管理创新工作进行安排部署。公司认真贯彻落实集团公司科技工作视频会议精神，围绕公司"十二五"发展规划，着力推进"三个创新"。4月，公司召开"三个创新"大讨论动员会，启动"三个创新"工作，成立领导工作小组及办公室。8月，公司制定下发《"技术创新、管理创新、体制创新"实施方案》，确立17个创新项目，其中技术创新7项、管理创新7项、体制创新3项。

2013年，公司承办销售公司油品销售地市公司工作会议，并以此为契机，成立工作领导小组及办公室，积极探索国际水准地市公司创建工作，推进管理模式创新，编写《国际水准管理手册》等8个管理手册。优化调整昆明分公司组织机构和运行模式，初步构建以零售为核心的扁平化组织架构，实现机关部门从9个到4个的机构瘦身和机关人员75人到40人的人员优化；强化机关对基层"一站式"服务与基层对机关"直线式"沟通，初步探索出一条"升级版"地市公司创建之路。12月，销售公司油品销售地市公司工作会议在昆明顺利召开，昆明分公司在会上作经验交流，并协助销售公司在昆明举办三期地市经理培训班，学习推广昆明分公司管理模式。

表8-6　2018年上半年加油站基础管理（6S管理）大检查及达标创星考评检查

项目	检查内容	编号	检查方式和检查标准	分值	评分标准	扣分原因及分值	得分	备注
6S管理	场地	B1	油价牌无破损，夜晚能正常发亮，无遮挡，出入口限速牌、出入口指示灯箱必须安装在加油站出入口两侧看见报价牌上的信息。进站须知、牌、地面导向标识清晰，无脱落和破损，无过期广告、井盖、路沿石、便利店火烧板警示标识设置规范，清晰无过期时，无违规张贴物	0.4	有一处不符合项扣0.2分			
	站房—外立面	B2	站房立面，促销广告，政务公告粘贴位置符合要求，无破损，画面平整，内容更新及时，无过期广告、公告，无违规张贴物	0.4	有一处不符合项扣0.2分			
		B3	"五合一"站牌位置安装规范，完好清晰，整洁，无破损，褪色；无"五合一"站牌的加油站按要求粘贴"95504"和"110联网报警"标识；加油站按星级评定结果更新加油站星级牌	0.4	有一处不符合项扣0.2分			
	罩棚、立柱	B4	立柱警示牌，立柱广告牌粘贴位置符合要求，海报不能直接使用胶带张贴在墙面或其他设备上，规范张贴物，海报框无空白处。立柱包装没有破损，立柱框无空白处	1	有一处不符合项扣0.2分			
		B5	加油站主标识立牌、罩棚檐口、"中国石油"（字体）宝石花、黄条完好，完好清晰、整洁、无破损、褪色、无违损，整体一体化整改计划的可剔除考核	0.4	有一处不符合项扣0.2分			
	加油现场—加油岛	B6	多功能安全服务台按设定位置摆放灭火器，灭火毯，吸油棉、毛巾、水杯、常用工具等物品，多功能安全服务台抽屉无杂物。加油机灯箱完好清晰，字体和大小统一、褪色、字体和大小统一	0.4	有一处不符合项扣0.2分			
		B7	垃圾桶套放垃圾袋，垃圾及时清理	0.4	有一处不符合项扣0.2分			
		B8	防撞柱完好，无破损、变形、无积灰、蛛网、杂物，防撞柱上标识黄黑反光膜	0.4	有一处不符合项扣0.2分			
	加油现场—加油机	B9	加油机外观清洁，无积灰，无明显积灰、杂物，加油机内部无明显积灰、油渍，无加油作业时，加油胶管必须安全抽屉无杂物。加油机灯箱设置合实际、温馨提示、自助加油流程标识粘贴位置，颜色、字体和大小统一	0.4	有一处不符合项扣0.2分			
		B10	油品标签，加油枪（枪套）字体符合加油站6S管理规范，完好清晰，整洁，无破损，褪色，无违规张贴物	0.4	有一处不符合项扣0.2分			
		B11	加油机设备故障的停用机数量不超过（含）2台。加油机出现故障时，应设置如"设备维修、暂停使用，敬请谅解"提示牌，并醒目张贴于故障加油机正面	0.4	有一处不符合项扣0.2分			

续表

项目	检查内容	编号	检查方式和检查标准	分值	评分标准	扣分原因及分值	得分	备注
6S管理	办公室	B12	办公桌、文件柜、沙发、茶几、饮水机、电脑、打印机等物品定位摆放，整体配备齐全，无积灰、蛛网、垃圾桶，无杂物堆放，不能有污渍和破损（塑料、铁质、皮质沙发可以配备黑色椅套）	0.4	有一处不符合项扣0.2分			
		B13	办公抽屉内物品摆放整齐，常用耗材及工具，如剪刀、订书机用隔断区分定位摆放。抽屉第一层为文件资料，第二层为办公用品，第三层为个人物品	0.4	有一处不符合项扣0.2分			
		B14	文件柜内物品摆放整齐有序，无无关物品堆放，文档资料、账表卡册记录归档有序，陈列整齐	0.4	有一处不符合项扣0.2分			
		B15	所有钥匙统一分类标识挂在办公室端上的钥匙管理箱内，分为油罐区（黄色）、作业区（蓝色）、办公区（橘色）、生活区（粉色）4个区域	0.4	未按要求执行的扣0.5分			
		B16	钱箱、发票机、点钞机、自助终端、开票机、POS机、发卡电脑、密码键盘、扫码枪等设备定位摆放，设备能正常使用，抽屉、背柜内物品摆放整齐、分区定位摆放；整体清洁，无灰尘、水渍、杂物，无违规张贴物	0.4	有一处不符合项扣0.2分			
	便利店—收银合	B17	设置"四合一"公告牌；设备所有的电源线及数据线尽量不要露裸在收银台上，就近在收银合合面开孔从合板下方走线，线路整理有序	0.4	有一处不符合项扣0.2分			
		B18	配置加油卡自助服务终端设备的，必须配置加油卡自助服务终端充值指示牌及标签	0.4	有一处不符合项扣0.2分			
	财务室	B19	财务室保险柜门窗有或木门进行遮挡，上门收款人员照片牌贴美观、整齐	0.4	未按要求遮挡扣0.2分			
	员工宿舍	B20	高低床、衣柜、鞋柜、宿合桌、靠背椅，整体清洁，摆放定位摆放，毛巾架、仪表镜、盆架、整理箱、垃圾桶、绿色植物等按定位摆放，无灰尘、蛛网、水渍、杂物、无违规张贴物。生活区椅子和沙发必须按6S手册标准配备椅套，不能有污渍和破损（塑料、铁质、皮质沙发和椅子可以配备黑色椅套）	0.4	有一处不符合项扣0.2分			
	员工之家	B21	被子折叠整齐，洗漱用品、毛巾、鞋袜规范摆放，不得使用大功率电器，衣服要求整齐叠放或挂放，不得散乱堆放，不得私拉乱接电线	0.4	有一处不符合项扣0.2分			
		B22	沙发、茶几、电视柜、书柜、电视、饮水机、垃圾桶、绿色植物等按定位摆放，整体清洁，无灰尘、蛛网、水渍、杂物、无违规张贴物	0.4	有一处不符合项扣0.2分			
	楼梯及楼道	B23	整体清洁，无灰尘、蛛网、水渍、杂物、无违规张贴物，楼梯应随时保持畅通，楼道"安全出口"指示标识、楼梯设置"当心合阶"的提示标识；摆放4千克干粉灭火器2具	0.4	有一处不符合项扣0.2分			
	员工厨房	B24	冰箱、消毒柜、餐桌、餐凳等按定位摆放，整体清洁，无灰尘、蛛网、水渍、杂物、异味，无蟑螂、苍蝇、无违规张贴物；厨房厨具摆放整齐，整体无油烟、水池、合面、地面、窗合及各个角落干净整洁，微波炉、消毒柜、冰箱、桌面、插座无油渍、污渍；食堂电冰箱、消毒柜、电器设备及电源线、插座无油污泥	0.4	有一处不符合项扣0.2分			

续表

项目	检查内容	编号	检查方式和检查标准	分值	评分标准	扣分原因及分值	得分	备注
6S管理	卫生间	B25	整体清洁、无灰尘、蜘蛛网、水渍、杂物、异味、蟑螂、苍蝇，无违规张贴物；设施无故障，能正常使用；"四禁止要求"，纸篓不能过满，垃圾不超过三分之二，且没有溢出。查卷是否执行，禁止锁闭。巡检记录及清洁。巡检未填写及时，不得提前签字。小时未检及清洁。巡检记录填写及时，由拒绝客户使用、禁止收费、禁止超1	1	有一处不符合项扣0.2分			
	洗漱间、浴室	B26	物品按定位摆放，整体清洁、无灰尘、蜘蛛网、水渍、杂物，无违规张贴物；灯具、水管、喷头设施完好，插座有防水措施	0.4	有一处不符合项扣0.2分			
	发电机房、配电室、机房	B27	整体清洁、无灰尘、蜘蛛网、水渍、杂物，无违规张贴物	0.4	有一处不符合项扣0.2分			
		B28	配电柜操作规程、发电机操作规程、"当心触电、严禁烟火"等警示牌完好悬挂正确；配电柜、发电机上开关标识齐全，挡鼠板板规格、尺寸符合要求；配置2千克二氧化碳灭火器1具，摆放完好，摆放在靠门口靠门内一侧。机房机柜线路整齐，无卫生死角	0.4	有一处不符合项扣0.2分			
	变压器	B29	安装隔离护栏，设置"禁止攀爬""高压危险"的标识	0.4	有一处不符合项扣0.2分			
		B30	消防器材、计量器具柜、消防沙箱按定位摆放，整体清洁、无灰尘、蜘蛛网、杂物，无违规张贴物	0.4	有一处不符合项扣0.2分			
	油罐区及卸油区	B31	卸油操作规程牌、油罐区警示牌、分区定位标识张贴位置符合要求，操作井盖及卸油口油品号标识标签安装位置符合规范要求，完好、无破损褪色	0.4	有一处不符合项扣0.2分			
		B32	加油站油车卸油时间不超过10分钟。停枪期间有人维护现场秩序	0.2	有一处不符合项扣0.2分			
	储藏室	B33	物品按定位摆放整齐，分区分类、分区定位标识粘贴位置符合要求，物品摆放不超高，包库分类、分区定位标识粘贴位置符合要求，统一、美观、完好清晰，整洁，无破损、褪色	0.4	有一处不符合项扣0.2分			
	员工形象	B34	员工工牌：必须佩戴工牌，工牌佩戴在最外衣的左胸前，宝石花正下方荧光带上，且佩戴端正，工牌正面向顾客，不可空白及反翻转。单位编号、员工编号正确统一，员工的工号牌颜色标识正确。工号牌按公司《加油站管理规范》规定统一着装（云南销售[2017]47号）文件执行。仪容仪表：上岗时应按《工号牌执行标准》规定员工统一着装——着同一季节装内（包括防静电工作服、防静电工作鞋），不穿拖鞋，当班员工统一着装——着同一季节装（束边服装、束边服装）、不敞胸露怀，不挽袖，不卷裤脚；着夏装时，上装下摆应束于腰内，下摆可不束于腰内），自上面第二个扣子往下扣完整；着秋冬装时，内衣下摆不得外露，内衣领不高于外衣领	0.4	有一处不符合项扣0.2分			

续表

项目	检查内容	编号	检查方式和检查标准	分值	评分标准	扣分原因及分值	得分	备注
6S管理	6S管理内容及意义	B35	查看员工是否有随时将取用物品归位的习惯	1	发现一个员工未养成习惯的扣0.5分			
	班前会是否按要求召开	B36	口头询问了解辅以视频监控或现场查看加油站是否召开前会，是否执行《加油站班前会执行标准》(云南销售函[2017]47号)文件要求，每班召开，加油站经理每周每班不少于1次召集主持班前会。交接班时要将"五禁服务"作为必讲内容，时刻提醒当班员工遵守	1	未按期召开班前会扣1分；有一处不符合项扣0.2分；提问员工答不全"五禁服务"扣0.5分/人			
	巡检是否按要求执行	B37	检查自2017年6月以来，加油站巡检制度是否按要求落实，详见《加油站巡检执行标准》(云南销售函[2017]127号)文件要求。其中：加油站经理每天必参与一次巡检，巡检不得少于3次，夜间不少于1次。加油站员工上岗时，夜间仅有一名员工上岗的，巡检不得少于2次，凌晨2点至凌晨6点期间不得开展巡检。必须编制巡检流程表备查。复查核：交接班不少于1次。使用闭路循环检查(手工挂牌)，不交叉巡检点设置规范，线路闭环	0.4	未开展巡检扣1分(使用挂牌闭路循环检查但未编制巡检流程表视为未开展巡检)；有一处不符合项扣0.2分			

表8-7 2018年上半年非油中央仓基础管理(6S管理)大检查评分

序号	检查项目	标准分值	检查内容	评分细则	扣分原因及所扣分值	得分	检查依据及检查方式
1	消防安全	5	灭火器检查	是否按照公司规定定期开展火火器检查，是否有检查信息记录。不符合一项扣1分			检查依据：《中央仓管理办法》 检查方式：查看记录
		5	灭火器保养	是否对灭火器进行保养维护，维护是否有记录信息。不符合一项扣1分			检查依据：《中央仓管理办法》 检查方式：查看记录
		5	灭火器位置	是否配备足够的灭火器，灭火器摆放位置是否合理，标识是否清晰。不符合一项扣1分			检查依据：每100平方米需要配2具5千克干粉灭火器，楼道消防栓数量应根据楼层按照GB 50016中8.4条规定检查 检查方式：现场查看
2	安保管理	5	出入库登记	是否对出入库人员进行登记，检查登记合账，未达要求一例扣2分			检查依据：《中央仓管理办法》 检查方式：现场查看
		5	安全提示	是否对人库人员进行遵守库区规定的安全提示，未达要求扣2分			检查依据：《中央仓管理办法》 检查方式：现场查看

续表

序号	检查项目	标准分值	检查内容	评分细则	扣分原因及所扣分值	得分	检查依据及检查方式
3	收发货	5	监督管理	收发货是否有人进行监督管理。未达要求扣2分			检查依据：《中央仓管理办法》 检查方式：现场查看
		5	劳保用品佩戴	收发货劳保用品是否配备到位，员工是否按要求佩戴相关劳保用品。不符合一例扣2分			检查依据：《中央仓管理办法》 检查方式：现场查看
4	商品管理	10	商品入库验收	入库商品是否经过有效验收工作，库区内商品是否符合商品安全要求。不符合一例扣2分			检查依据：《中央仓管理办法》 检查方式：现场查看
		5	商品摆放	现场商品堆码摆放是否符合库区规定要求，商品是否整齐有序，商品堆码高度是否高于1.9米。不符合一项扣2分			检查依据：《中央仓管理办法》 检查方式：现场查看
5	库区安全管理	5	应急预案	是否制定有效应急预案，是否按照应急预案内容进行定期演练。不符合一项扣2分			检查依据：《中央仓管理办法》 检查方式：查看记录
		5	风险管理	是否根据周边环境变化进行风险评估，是否有相应记录信息。不符合一项扣2分			检查依据：《中央仓管理办法》 检查方式：查看记录
		5	安全培训	是否定期开展日常安全培训，新员工是否进行相关入职培训，培训记录是否符合。不符合一项扣1分			检查依据：《中央仓管理办法》 检查方式：查看记录
6	商品盘点	6	商品盘点	是否对库区商品进行定期盘点，是否及时对处理损耗商品，损耗处理是否通过有效审批。不符合一例扣1分			检查依据：《中央仓管理办法》 检查方式：查看记录
7	员工食堂及宿舍区域管理	5	厨房设施	厨房使用的液化气钢瓶是否完好，燃气灶连接是否符合安全标准。不符合一项扣1分			检查依据：查看钢瓶瓶口检验标签上的检验日期是否在规定期限内 检查方式：现场查看
		5	用电安全	各类电器、电缆及其接头是否完好，是否存在私自接用大功率电器现象。不符合一项扣1分			检查依据：未经专业电工许可不得私自接用2000瓦以上大功率电器 检查方式：现场查看
8	6S管理	6	定置化	库内商品、办公室、员工宿舍物品摆放是否统一标准，按照规定的要求摆放。不符合一处扣1分			检查依据：6S管理要求 检查方式：现场查看
		6	目视化	仓库现场是否实施目视化管理。不符合一处扣1分			检查依据：6S管理要求 检查方式：现场查看
		7	环境卫生	现场是否卫生，存储商品是否干净、清洁。不符合一处扣1分			检查依据：6S管理要求 检查方式：现场查看
总分							100分

2013—2015年，为激发广大员工投身企业现代化研究热情，将创新工作实践转化为智力成果，全面提升企业管理水平，公司组织机关各处室、各单位撰写创新论文，择优推荐参加中国石油企业协会创新优秀论文评选工作。2013年有2篇论文获三等奖，2014年有1篇论文获二等奖、3篇论文获三等奖，2015年有1篇论文获二等奖、4篇论文获三等奖。2015年，公司开展"五新五小"微创新项目征集活动，德宏分公司员工代鹏发明的"防静电、防火花加油枪活接套"获国家专利。

2016年，公司全面贯彻落实集团公司管理创新战略，深入开展管理创新与实践工作。上报集团公司管理创新成果2项、管理创新论文53篇。12月，集团公司组织对管理创新优秀成果及优秀论文进行评选表彰，公司1项成果获三等奖、1篇论文获二等奖、3篇论文获三等奖，公司获"2016年度管理创新与实践工作优秀组织单位"，在销售公司是唯一一家获此奖项的区外销售企业。

2017年，公司组织撰写管理创新成果20项，择优上报5项参加集团公司2017年度优秀管理创新成果评选，公司有1项成果获二等奖，3项成果获三等奖，其中"惠购油"APP创新成果在集团公司第四次管理创新会议上作经验交流。自2015年以来，公司累计向集团公司改革与企业管理部报送管理创新工作动态73篇，其中2017年度报送数量排名集团公司前十。

2018年，公司择优上报3项管理创新成果，参加集团公司2018年度优秀管理创新成果评选，其中"昆仑润滑油及车辅产品'油卡润汽'联动营销模式创新与应用"获集团公司管理创新成果三等奖；择优推荐23篇论文参加石油企协2018年度创新优秀论文评选，其中2篇获二等奖、10篇获三等奖。

是年，国家知识产权局对公司"一种加油站消防安全小型多功能灭火车"颁发实用新型专利证书，这是公司近两年来获得的第二项国家级专利。"一种加油站消防安全小型多功能灭火车"专利项目，是由德宏分公司、瑞丽北汽公司联合开展的科技项目。该项目2017年立项，2017年6月，向国家知识产权局提出专利申请。

三、管理创新实例——应用信息技术提升成品油损耗管控能力

成品油具有易挥发的特性，受温度、密度等外在因素的影响，造成油品数量减少，同时降低油品质量。作为成品油销售企业，损耗率的大小，是衡量企业经营管理水平的一项主要指标，一方面企业应采取一切有效的措施，减少油品挥发的损失；同时，更应当通过日常管理和信息技术"双管齐下"，加强油品运输、直销及零售环节非正常损耗管理，确保企业利益不受损。损耗管理信息系统基于系统自动获取业务基础数据，利用相关计算规则，对各环节损耗变化情况进行实施监测，同时分析存在的管理难题及可能存在的风险漏洞。摸索和分析潜在的规律，进而制定切实可行的措施，提升企业损耗管控能力，为企业损耗管理提供数据支持和依据。

（一）实施背景

剔除油品易挥发特性可能带来的正常油品数量减少因素外，管理措施不到位或人为因素是导致成品油销售企业损耗率长期保持在一个较高比率的重要原因，而这种超耗往往是不合理的，可以通过加强管理有效进行监管和规避。

将损耗控制在合理的范围内，是企业实现降本增效最有力的抓手，已经成为创造经济效益新的增长点。长期以来，大多数油品销售企业依然采用传统手工方式进行数据收集，再通过计算规则得出损耗率等相关信息，加之在计算损耗时还需要考虑到因各种因素导致损耗误差需要修正，这种方式工作量大，过程复杂烦琐，数据准确性、及时性和完整性无法保证，还存在人为修改的潜在风险。公司通过对各环节损耗产生的要素、成因等进行深入分析研究，在尽可能规避人为因素的情况下，利用信息化技术，挖掘各类基础数据背后的规律性因素，通过推行损耗管理信息系统，有效解决油品运输、储存、销售等环节海量数据收集、汇总、计算、分析等问题，将各环节损耗情况以图例、报表等方式直观展现，同时选择关键指标进行研究，有针对性地制定管控措施，在为公司创造经济效益、减少非正常损失的同时，也切实提升公司的经营管理水平。

损耗管理主要包括运输及保管两类。公司在公路运输损耗方面已实现油库发油及加油站收油的付油标准体积数据统计，依据损耗管理信息系统来解决零售保管损耗受加油机发出体积的影响。而铁路运输损耗及油库保管损耗受油品实时密度影响较大，一直以来没有实现系统自动采集数据，主要靠人工进行统计，依据损耗系统管理来进行出库与入库密度对比、出库与入库数量对比，进行完整环境的损耗管理与监控变得非常迫切。

（二）主要措施与做法

在各管控环节，加油站零售保管损耗是其中取数难度最大、影响因素最复杂、人为因素较多的关键点。损耗管理系统重点功能模块就是解决加油站零售保管损耗这一难题。

1. 损耗管理系统功能

损耗管理信息系统利用信息技术和手段，实现损耗计算信息化、自动化和智能化，具有如下功能：

（1）数据自动采集。必须实时获取到加油站交易支付数据（包括油枪号、油品号、交易数量）、库存数据（包括油高、水高、油体积、油温、采集时间、油枪油罐对应关系），通过实时获取到的数据，对加油站每一笔枪出交易进行体积转换，从而获取标准体积下油品零售保管损耗的数据。

（2）数据自动转换。将获取到的每一笔交易数量与同时间内油罐温度进行绑定计算，实现每一笔付油体积销售自动转换为付油标准体积销售量。

（3）损耗统计分析。结合库存、购进、销售等基础数据，自动生成每个加油站的损耗数量，按照不同需求进行统计分析，实现损耗管理信息化。

（4）基础数据查询。由于所采集的基础数据量非常大，受网络环境、服务器性能等影响，存在数据上传延时、堵塞甚至丢失的风险，导致损耗数据不真实，因此需要对基础明细数据进行查询，及时修正损耗所需要的数据。

（5）取数程序监控。受加油站分布广、站点多、人员能力等因素影响，为确保损耗计算所需要的基础数据完整、准确，必须对取数程序实现自动监控。

2. 系统设计存在的技术难点

通过上述功能分析，实现损耗管理的信息化，自动获取基础数据成为项目开发和应用的关键所在和技术难点。

（1）如何实时获取加油站交易支付明细数据？由于站级系统没有数据接口，无法实时获取加油机每一笔交易支付数据，如果采用汇总数据进行付油体积和付油标准体积数据转换，计算结果和传统手工方式一样可能不符合实际。

（2）如何获取实时油温，油温与交易支付如何绑定，油温数据不全如何处理？油罐油温随着气候变化、接卸油等实际情况在随时变化，而交易随时都在发生，如何将每一笔交易付油体积量利用温度和系统转换成付油标准体积量，需要我们做更深入的研究和探讨。

（3）如何确保基础数据的完整性？由于加油站分布广、站点多、设备杂，加之加油站人员水平参差不齐，任何一个环节出现纰漏，都有可能造成数据上传不及时或无数据上传，导致系统计算的损耗出现偏差，损耗考核没有真实体现实际管理水平。

3. 系统计算规则及注意事项

（1）系统自动读取站级系统中每笔加油交易数据信息并抓取与相对应的发油油罐内油品温度，自动进行销售 VT（付油体积）与 V20（付油标准体积）的换算。

加油站纯枪销售 V20= 纯枪销售 VT×[1+（20− 发油油罐实时油温）× 体积膨胀系数]

体积膨胀系数为汽油 0.0012（%/℃）、柴油 0.0009（%/℃）。

（2）加油站每班进行班结时，系统同步读取站级系统各油罐购进量及实际库存数量作为下一个班的期初库存参与系统数据计算。

（3）系统每日自动统计油品损耗情况

考核零售保管损耗量 = 期初库存量 V20 +当期入库量 V20 −当期纯枪销售 V20 −实际库存量 V20

考核零售保管损溢率 =（考核零售保管损耗量 / 当期纯枪销售 V20）× 1000‰。

（4）如加油站站级系统、DIT 软件出现问题导致数据无法同步读取时，损耗管理信息系统自动记录为问题站，采取手工方式人工进行处理。

（5）如加油站液位计出现问题或其他问题导致系统读取销售油品温度为"0"时，系统自动记录为问题站，加油站纯枪销售 V20 计算公式中"实时油温"取各单位当日油品平均油温进行计算。如出现销售油品油温取数不全，将按照系统读取的本加油站各油品平均温度对温度不全部分销售 VT 进行自动计算 V20。

（6）系统每日自动统计计算各单位、各站、各油品损耗情况，形成当月各单位油品损溢信息并对单油品损溢超过 ±3‰的站在超耗站中进行统计。

4. 损耗成因分析及处理流程

（1）正常损耗按工作环节划分为保管损耗、运输损耗及零售损耗。

①保管损耗是指油品从入库到出库整个保管过程中发生的损耗。包括储存、输转、灌桶、装、卸等5项损耗。

储存损耗：是指单个油罐在不进行收发作业时，因油罐"小呼吸"而发生的油品损失。储存油罐白天受热，罐内温度升高，油料蒸发速度加快，油蒸气压力也随之增高，当气体压力增加到油罐呼吸阀极限时就要放出气体。夜间气温下降，油和油蒸气体积收缩，罐内又要吸进空气。这种排出石油蒸气和吸入空气的过程叫"小呼吸"损失。针对小呼吸损失，损耗信息管理系统记录每五分钟库存，每隔1小时，使用库存变化量和销售变化量进行比对，当发现库存变化量和销售变化量大于"小呼吸"阈值，则生成一条比对警报。同时根据白天和夜间"小呼吸的不同"，系统中分别为每个加油站设置了白天呼吸阈值和夜间呼吸阈值，系统自动根据各自的阈值进行警报。

输转损耗：是指油品从某一油罐输往另一油罐时，因油罐"大呼吸"而产生的损失。当向油罐注入油料时，由于罐内液体体积增加，罐内气体压力增加，当压力增至呼吸阀压力极限时，呼吸阀自动开启排气。当从油罐输出油料时，罐内液体体积减小，罐内气体压力降低，当压力降至呼吸阀负压极限时，吸进空气。这种由于输转油料致使油罐排除油蒸气和吸入空气所导致的损失叫"大呼吸"损失。

损耗管理信息系统针对"大呼吸"特性，分别预设了回灌油、自用油、倒库（含倒灌）报表，自动将加油站的每笔油品"大呼吸"详细进行记录。移库和倒罐产生的损耗自动计入当日的保管损耗。日保管损耗的"大呼吸"和零售损耗的总阈值为千分之五，当某日的日盘损耗大于千分之五，则推送警报至岗位人员以及相关分管领导。

②运输损耗是指以发货点装入车、船起至车、船到达卸货点止整个运输过程中发生的损耗。其中包括铁路罐车、公路运输、水上运输、管道运输等4项损耗。由于车船在运行中震荡、颠簸，加速了装载容器内油料的蒸发，特别是当运输容器内密封程度不良，装载量超过安全高度时，不仅会使石油蒸气溢出，造成蒸发损失，而且有可能造成油料外溢，增大运输损耗量。

损耗管理信息系统针对每一笔装卸进行：油温、密度、油品、实发量、实收量进行详细记录。铁路槽车抵达油库后，系统自动获取铁路始发数和油库卸油的实收数量，根据发货记录获取油品发油密度。从油库收发存记录中抓取实收量，实时算出铁路运输损耗，当损耗率超过千分之三时，系统进行超耗报警。

针对公路运输的特点，损耗系统从油管系统中获取油品出库单据。根据油品出库单获取油品的实际发油数量，根据发油数据对比加油站收油后提交的收油反馈信息，计算当车损耗，同时根据加油站的液位情况判断加油站的不当操作行为：高低液位卸油、卸油超时。

③零售损耗是指加油站在小批量付油过程和保管过程中发生的油品损失。损耗管理信息系统对零售保管损耗的计算，从多个角度入手：加油枪、加油机、油罐、油品。加油机的检定证书必

须定期更新，当加油机检定结果不符合系统中内置的误差阀值的时候，系统立即报警。系统针对油罐的库存变化量和销售变化量进行比对，从差异数据中统计油罐的损耗。针对油罐损耗率进行排名，辅助提高加油站的损耗控制力度。

(2) 损耗管控的主要管控点。

① 人为因素造成损耗包括事故损耗、盗油损耗、零星洒漏损耗。

事故损耗是指在油品储运过程中，由于工作责任心不强，操作失误，麻痹大意及违规等原因，常发生跑油、冒油、混油事故而引起的损耗。系统中针对人为因素进行了大量的报警工作，报警类型分为：卸油超时、高低液位卸油、稳油时间不足。对操作失误导致的损耗问题纳入人事考核体系。

盗油损耗是指油库、加油站人工操作溢余油品外销，以及运输过程中司机盗油等发生的不良损耗。系统中设置了原发和实收以及收油反馈的信息获取。当发生原发和实收相差较大的时候，系统会进行报警，目前报警阈值为千分之五，当超过阈值的时候，系统进行报警。各单位岗位人员每天可以监控运输损耗的情况。

② "进"。通过获取油库付给加油站油品数量中的原发和实收，是加油站油品损溢控制与管理的第一个关键环节。原发和实收的数据减少成为计算运输损耗的主要依据。

损耗系统进油的数据主要来自油库系统的出库单数据，将出库单数据的单号、油品号、油站号进行关联，对比加油站卸油后站级系统产生的收油反馈信息。将收油信息和发油信息进行实时比对，现场计算损耗问题，当出现损耗超标，立即进行警报。

除此之外系统还针对如下三个方面进行数据监控：

a. 损耗系统允许加油站或各单位导入油罐表，在各单位或油站导入油罐容积表逻辑有问题的时候，系统拒绝此批数据。

b. 卸车前一定要停止所卸入油罐的加油枪作业，并测量卸油前油罐内油品的高度和温度。卸车后静止15分钟计量卸车后油罐内油面的高度和温度，然后计算油罐接收到的油品的体积。卸入地下罐，由于罐车内油品的温度与地下罐内油品温度的差异，造成油品体积的膨胀或缩小，由此引发的油品虚假溢余和亏损是客观存在，因此加油站在地下罐验收环节要考虑温度变化引起油品体积变化这一因素。

c. 要卸净油罐车内油品。卸油时间等一律需要按照卸油流程操作，发现稳油时间不足或者卸油时间超长的时候系统直接生成警报给岗位人员。

③ "发"。油品的发付过程是加油站油品数量管理的最后一个关键环节。在这个环节中要把握五个要点。

a. 油品温度变化造成的虚假损耗。大家都有这样的经验：加油站的非动转罐内的油品，在春、夏季随着气温的逐渐升高，会出现油品体积膨胀，造成大幅溢余，溢余率能达到百分之十几。同样动转罐温度也会影响加油站体积损耗率。为真实反映温度变化带来的加油站油品损耗，可以采取每月公布一个加油站平均销售油品温度的办法，对油库进油的油品体积数进行温度修正补偿，在事前消除温度对油品体积的影响，月末按正常操作规程进行盘点。也可以采取盘点时对加油站油品损耗进行温度补偿修正的办法，从而剔除温度的影响，客观真实地反映加油站油品损耗情况。

b.确保加油机付油误差在±0.3%之内。加油机计量器的准确度受使用年限和油品种类、流量大小的影响，常常会发生计量不稳定。前两者基本属于设备方面问题，而后者是在经营过程中需要解决的。技术监督部门在检定加油机时通常使用50升的标准计量罐及加油枪最大流量，而加油站在实际经营的过程中，完全用大流量加油的概率较小，特别是处于城乡接合部的加油站，摩托车、农用三轮车较多，小流量加油带来加油机付油误差较大，加之销售量较小导致油品损耗率较大。损耗管理信息系统中提供加油站自检或者强检记录，加油站或各单位必须及时录入检定证书和检定结果。定期自我检定加油机有利于维护中国石油的企业形象和企业信誉，但随之而来的也容易造成管理上的漏洞，特别是在尚未安装管控的站点，因此要加强加油机自检回罐油的管理，回罐油数据一律纳入系统管理，当检定的回罐油和系统中自动抓取回罐油数量发生偏差的时候系统立即生成警报，有效防止人为加大加油站损耗。自检和强检周期在系统中采用自动误差率警报的方式进行提醒，系统中设有加油枪误差率统计，系统每天针对加油枪进行误差率扫描，当发现油枪的误差率绝对值大于2.5‰，系统会自动记录，并直接警示给对应的加油站和各单位。

c.合理调整加油站库存。根据加油站销售量确定加油站进油数量和进油次数，尽量减少加油站的卸油次数，从而减少地下油罐由于卸油引发的呼吸损耗。损耗系统针对加油站的地罐的容量设定高低液位基础数据，当卸油量可能超过高液位或者低于低液位的时候，系统卸油自动生成高低液位卸油警报，通过高低液位卸油合理引导加油站进油次数。

d.定期检查、维护、保养设备设施，尽量避免因设备故障引发的损耗。损耗系统针对按罐维度进行计算的损耗统计，筛出加油站损耗偏大的地罐，辅助加油站排查，减少地罐跑冒滴漏渗情况发生。损耗系统对油罐、油枪、加油机、液位仪探棒、液位仪控制台、网络设备进行多方位监控，每日针对网络设备进行多次扫描，一旦发现网络不通，或者BOS系统问题立即上报，针对液位仪以及潜油泵进行温度和数量显示正确性监控，逐站设置油温阈值，一旦超过油温阈值，系统及时发现并生成警报推送给各单位。针对油枪油罐做月度损耗分析。针对地罐、油枪排名筛选出损耗量比较大的设备，辅助各单位和加油站进行硬件问题盘查。

e.加强加油站的账务管理，做到账账、账实、账卡相符。加油站的账务管理源头是加油机累计泵码，系统详细记录每日每笔交易的泵码数，严格油站泵码模式，避免加油机乱码时造成的人为损失，按月核对泵码、随机抽查泵码与销售账款、实际库存，是避免违章事件发生和人为损耗的好办法，系统记录每日地罐的日结数据，根据日结数据和交易明细数据，每天逐笔核对加油枪的发出总数与地罐的发出总数，一旦发现账目出现不平，立即剔出数据进行单独警示。

控制油品损耗，是加油站一项非常重要的任务。从油品出库的那一刻，损耗系统全程监控，在收油过程中遇到的问题及时警示。例如，高液位卸油，稳油时间不足、未标罐，当运输损耗量达到百升以上，直接并入当日运输损耗，有利于各岗位进行数据分析，有利于辅助提升损耗的管理水平。

（三）取得的效果

损耗管理信息系统替代了原来人工编制损耗报表的传统做法，通过系统自动生成各类型统计报表，实现损耗管控中的各环节的优化与监控。自 2016 年损耗系统上线以来，运输损耗控制到 2.9‰，超耗站比例自 2016 年 1 月份起到 2017 年 4 月份止，由原来的 15% 降至 0.5%，各单位损耗得到有效控制，达到了"降本增效"的目的。通过系统监控，逐步将加油站不规范操作方式，不合流程的作业习惯及时扭转过来，同时也增强了员工对损耗管控的重要性的认识，逐渐形成了日常业务运行过程中紧盯损耗的良好氛围。

（1）损耗数据真实反映。随着加管、二配、油库等统建系统开放数据接口，可以实时获取库站进销存数据，改变了以往手工统计可能存在的数据不真实、不完整的潜在风险，同时损耗数据全部采用 V20 口径，各环节损耗数据真实反映，为损耗原因分析、管控措施制定提供了数据支撑。

（2）VT 与 V20 自动换算。在加油站零售保管损耗管理过程中，系统自动读取站级系统中每笔加油交易数据信息并抓取与之相对应的发油油罐内油品温度，自动进行销售 VT 与 V20 的换算，统一了数据汇总的口径，确保了损耗数据的完整性、准确性，为公开、公平、公正的开展损耗管控提供了数据支持。

（3）数据不实问题得以解决。将单笔交易量和最近的油温进行绑定计算，有效规避了因计算温度与实际温度差异造成的损耗数据失真的问题，实时采集油温并逐步交易进行转换，避免了传统方式中平均温度或手工录入温度不准确带来的计算差异，实现了油品零售进销存环节的全口径 V20 数据统计。

（4）油品温度自动采集。油品温度对体积变化有较大的影响，以前由于无法实时采集油温，在实际计算损耗的过程中，一般采取的都是平均温度，造成计算所得的损耗与实际存在差异，无法真实体现损耗管理状况。现在通过数据接口，每隔 5 分钟获取一次油温，同时完善了油温获取不到时的补偿方式，加油站纯枪销售 V20 计算公式中"实时油温"取各单位当日油品平均油温进行计算。如出现销售油品油温取数不全，将按照系统读取的本加油站各油品平均温度对温度不全部分销售 VT 进行自动计算 V20。通过采集或补偿实时油温，尽可能减少油温失真带来的损耗不实的弊端。

（5）油品丢失风险有效规避。实时采集油温并逐步交易进行转换，避免了传统方式中平均温度或手工录入温度不准确带来的计算差异，管理部门可以通过系统随时掌握每天的损耗情况，规避了损耗量不上报、私自处理等潜在的油品丢失风险。

（6）业务操作更加规范。通过损耗管理系统每天获取交易、配送、库存等信息，可以规避因系统操作不规范带来的虚假损耗，如移库、油品卸卸、回罐油等操作未能按流程处理或处理不及时，而导致站级系统出现大亏、大盈等虚假数据，进而出现损耗管理数据不真实或与实际差异过大的问题。

（7）工作效率显著提升。随着损耗系统上线应用，传统的手工方式处理损耗数据被系统自动计算代替，以前存在的数据统计工作量大，汇总分析难度大，数据真实性难以保障等问题迎刃而解，每月初自动生成上月各环节的统计报表，各维度数据查询简单便捷，员工手工工作量大幅度减少，损耗管理的工作效率显著提升。

（8）考核实现公平公正。将全省库站损耗统一到同一标准下进行考核，可以真实、客观反映各环节、各单位、各库站损耗日常管理的实际状况，一方面管理部门可以通过系统随时掌握每天的损耗情况，简化了考核流程，规避了风险；另一方面也规避了以往损耗数据可能被人为修改、导致数据不真实的问题。

四、地市公司综合竞争力及发展进步能力排名评价

2017年1月，公司制定下发《地市公司综合竞争力及发展进步能力排名评价办法（试行）》，正式启动地市公司综合竞争力及发展进步能力排名评价工作，以进一步促进地市公司深入分析市场环境、了解自身优劣势、改善经营管理，不断增强市场竞争能力和发展进步能力。公司成立领导工作小组及办公室，统筹开展地市公司排名评价工作。建立排名评价指标体系，认真研究综合竞争力及发展进步能力的评价重点，确定综合竞争力3大类18项评价指标、发展进步能力16项指标，设置安全环保、数质量、党风廉政建设、资金风险等约束类指标，明确单项指标计分及综合评分方法。通过2016年和2017年全面开展地市公司排名评价工作（见图8—4、图8—5），较为

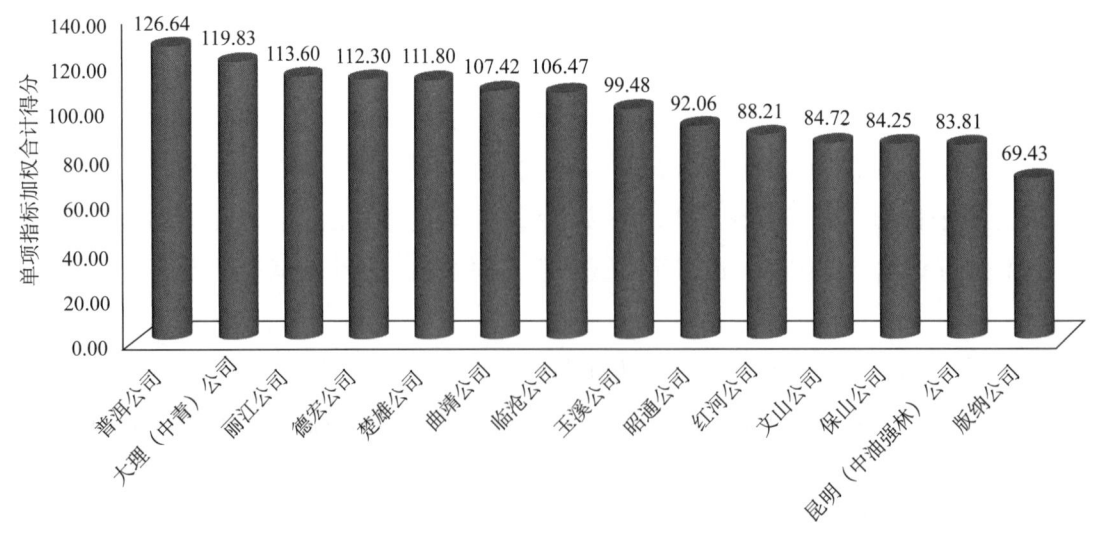

图8-4 2017年地市公司发展进步能力排名

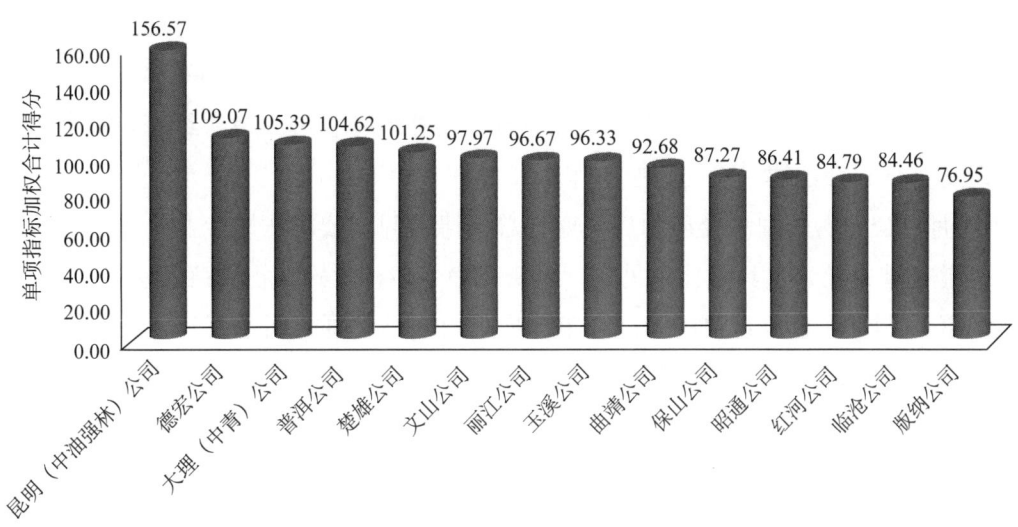

图 8-5　2017 年地市公司综合竞争力排名

全面客观地反映了地市公司整体经营水平及发展进步情况。各单位通过横向与其他单位相比、纵向与自身近三年发展相比,能够较为清晰地了解本单位在公司内部及区域市场中的优势与劣势,促进经营质量的提升。

第三节　法律管理

一、依法治企

1999—2004 年,面对复杂市场环境和法律环境,公司建立了法律工作机构和两级法律风险防控体系,制定完善合同管理和纠纷管理实施细则,不断拓宽公司法律工作领域,促进公司规范运作,维护公司经济利益和社会信誉。

2005 年,公司设立综合管理与法律事务处,进一步明确专业法律管理机构和归口管理部门,强化法律工作职责,完善法律管理机制,提升法律管理工作专业化和规范化水平。

2006 年,根据股份公司《关于加快推进总法律顾问制度建设的通知》要求和工作需要,按照销售企业领导人员管理权限的有关规定,在全面考察基础上,经公司党委会议研究,聘任杨德华为公司总法律顾问。

2007—2009 年,公司制定下发《法律事务管理办法》,对公司法律事务管理工作职责、内容、程序、要求等进行了明确规定。同时,结合实施情况,多次对《法律事务管理办法》进行了修订完善。

2010 年 4 月,针对公司各级证照信息未统一管理,证照的取得、年检、换证等关键信息不全的现状，公司通过集团公司 HSE 信息系统证照管理平台实现对证照的动态管理，确保公司各级证照管理规范，做到合法经营。9月，公司下发《关于规范法律事务工作加强法律风险防控管理的通知》，切实加强了对印章管理、合同管理、证照管理、委托事项管理、销售结算和资金管理、销售人员行为管理等方面存在法律风险的防控工作。

2011年4月，公司聘任副总经理刘启然兼任总法律顾问。公司法律专业线通过参与讨论、会议、谈判，实施法律审核，出具法律意见书，口头咨询等多种形式，积极落实法律审查把关机制。公司在制定政策、制度和进行重要决策、评审重要投资项目及研究确定其他重大事项过程中，坚持法律论证为基本前提，公司重要经营决策、经济合同、规章制度的法律审核率达100%。

5月，公司下发《关于开展公司岗位法律风险防控指引编制工作的通知》，编制两级机关《法律风险岗位防控指引》，于7月26日下发。同时，组织机关管理人员签署《法律风险岗位防控责任书》，在责任书中明确岗位工作职责、所涉及主要法律风险源点、法律后果、防控措施、实施证据和制度依据等内容，使法律风险防控到岗到人，以确保有针对性地做好事前防范和事中控制。

11月，公司下发《关于印发公司〈法制宣传教育第六个五年规划（2011—2015年）〉的通知》，安排部署并有序实施"六五"普法规划，全体员工法律素质得到普遍提高，领导干部法律意识和依法经营管理能力全面增强，重要岗位法律风险防控水平进一步提升，守法合规内化为企业文化的总目标。

2012年，公司组织开展风险识别工作，共识别出189类风险，在此基础上编制公司《风险防控手册》，明确风险类别、描述、诱发原因、可能造成的损失或影响、控制措施、负责领导、责任单位、责任岗位等内容，加强了风险防控的针对性和实效性。结合HSE体系建设，为落实《法律风险岗位防控指引》和《法律风险岗位防控责任书》，组织各专业线对300多项法律法规开展了内部适用性及合规性评价。

2013年，公司下发《关于编制油库及加油站法律风险岗位防控指引的通知》，组织各单位梳理一线岗位设置情况，分析岗位法律风险源点，收集相关法律法规和规章制度文本，结合各单位实际编制了油库及加油站等一线岗位法律风险岗位防控指引，组织一线员工签署法律风险岗位防控责任书，实现公司法律风险岗位防控的全员覆盖。

2014年，针对网络上出现的包含公司与相关单位合作建设油气联建站等内容的基金招募信息及宣传报道，公司积极采取向证券监管部门举报、向公安机关报案、向相关方发律师函、要求相关方以书面方式澄清事实、登报声明等措施，收集整理有关证据材料，切实防范和化解可能出现的风险。

2015年，公司制定下发《关于印发〈云南销售公司全面推进依法治企实施方案〉的通知》，建立以公司总经理、党委书记为组长的依法治企工作领导小组，加强统一领导、统一部署、统筹协调，将法治建设与改革发展稳定工作同安排同组织同检查同考核，层层签订绩效合同，把依法合规责任细化到各个层面。

2016年，公司根据中央办公厅、国务院办公厅印发的《关于推行法律顾问制度和公职律师公司律师制度的意见》，下发了《关于进一步加强网络开发项目法律风险管理的通知》，积极防范和规避法律风险，维护公司合法权益，进一步加强公司网络开发项目风险管理，要求各单位加强对外聘律师的管理，督促外聘律师忠实勤勉，尽职审核，为公司提供优质法律服务。

2017年，公司制定下发《关于深入贯彻落实〈中国石油天然气集团公司法治宣传教育第七个五年规划（2016—2020年）〉的通知》，全面推进"七五"普法工作。公司建立法制宣传教育长效机制，结合公司工作实际，着力发挥员工主体作用，积极运用会议、文件、内网、微信公众号、橱窗、广告栏、宣传看板、LED显示屏等载体，通过举办法律知识及合规管理讲座、专题讨论会、发送普法短信、布置普法标语、编制普法宣传栏等各种形式，开展法制学习宣传教育活动。公司每年下发《关于开展"12·4"国家宪法日（法制宣传日）系列宣传活动的通知》，集中开展法制学习宣传活动。

是年，公司针对租赁加油站合同履约风险比较突出的情况，积极组织各单位对加油站租赁合同履约法律风险进行全面自检，对所有租赁合同逐一进行分析，提出防范风险的具体措施，形成专题报告向公司汇报。8月，下发《关于做好公司租赁加油站法律风险防控工作的通知》，明确落实风险防控措施的责任单位、责任人和时间要求，建立相关工作表单，坚持跟踪考核，着力构建专项风险防控长效机制。

2018年，公司进一步强化纠纷高发领域的法律风险防控，持续落实租赁站法律风险专项防控工作，组织开展了一期专题培训。8月17日，公司租赁站法律风险防控信息模块正式上线运行。

二、纠纷案件管理

在纠纷案件管理中，公司深入总结已发案件经验教训，认真落实以"预警长效机制、应对联动机制、责任追究机制"为核心的纠纷案件管理体系，切实把握好"向政府汇报、与法院沟通、优选律师团队、制定有效措施"四个关键环节，坚持"利益最大、损失最小、谁主管谁负责、谁制定控制方案、和解优先、可追溯"等原则，全面实施案情分析会制度，努力做到凝聚各方智慧、穷尽所有资源、力争最佳效果。公司历年来发生的纠纷案件，除个别案件以外，绝大部分案件处理结果均达到公司预期目标。

1999—2005年，公司成立之初发生的法律纠纷案件相对较少，随着公司快速发展和业务规模不断扩大，纠纷案件也随之有所增加，特别是受加油站市场租价上涨、成品油批零价差较大等影响，发生一些加油站出租方（转让方）意图通过诉讼解除租赁（转让）合同、收回加油站的纠纷案件。

2006年，公司按照《中国石油西南销售公司纠纷处理管理控制程序》规定，进一步规范和加强纠纷案件管理工作，提高公司与所属各单位共同防范法律风险的能力。

2007—2010年，公司新增纠纷案件12起，除公司与中国石化云南大理石油分公司关于大理中青公司股权问题的系列诉讼案（此后双方均已撤诉），公司诉云南中炬石化集团公司昆明教场加油站租赁合同纠纷案（转入2011年）外，其他案件的标的额均未超过200万元，且有6起案件在此期间处置完毕，均为公司胜诉或者按照公司意图达成调解。

2011年，公司未发生新的纠纷案件，主要是处理遗留纠纷案件6起。其中公司诉大理中青公司欠油款纠纷案，因股东双方对大理中青公司历史遗留问题的解决方案达成一致意见，公司撤诉；2011年结案1起，公司胜诉；公司诉云南中炬石化集团公司昆明教场加油站租赁合同纠纷案在法院主持下达成和解，双方签署和解协议，但云南中炬石化集团公司以各种理由迟迟不履行协议，公司坚持不懈维权，于2014年7月成功收回全部欠款共938.68万元。

2012年，公司新增纠纷案件4起，标的金额均在300万元以下，承继上一年度未决案件3起。2012年结案5起，均为公司胜诉或者按照公司意图达成和解，另有1起公司主诉案件因被告主体不适而搁置。

2013年，公司新增纠纷案件5起，承继上一年度未决案件1起。其中2013年结案1起，公司胜诉；另有1起按照公司意图达成和解。

2014年，公司新增纠纷案件10起，承继上一年度未决案件4起。2014年结案7起，其中公司胜诉或者按照公司意图达成和解的共6起；另有1起公司不服裁定向云南省高级人民法院申请再审。

2015年，公司新增纠纷案件7起，承继上一年度未决案件7起。2015年结案7起，其中公司胜诉6起，原告起诉公司后又撤诉1起。在这些案件中，昆明小菜园加油站相关的2起纠纷案对于公司至关重要，公司第三人撤销之诉终审胜诉，迫使昆明运恒经贸公司起诉公司要求解除小菜园加油站租赁合同、返还加油站的案件最终撤诉。小菜园加油站经营效益可观，同时该站是集团公司"百面红旗"单位，是公司样板加油站、标杆加油站，如果本案处理不善，将存在类似加油站以此为例引发连锁涨租反应的重大风险，对公司产生较大不良影响。从小菜园加油站租赁合同纠纷案发开始，公司将其作为具有代表性的典型案件来处理。公司通过积极应对，最终胜诉，有效维护了公司合法权益，对潜在的恶意涨租者形成有力的震慑。此外，楚雄锦华集团诉公司借贷纠纷案公司终审胜诉，为公司避免经济损失1290.84万元。

2016年，公司新增纠纷案件7起，承继上一年度未决案件7起。2016年结案11起，其中公司胜诉4起，按照公司意图和解4起，公司达成诉讼目标后撤诉1起，法院判决支持相对方部分诉讼请求2起。

2017年，公司新增纠纷案件6起，已二审终结后对方提起再审1起，承继上一年度未决案件3起。2017年结案3起，其中公司胜诉1起，向对方起诉公司后又撤诉1起，法院判决支持相对方部分诉讼请求、经二审和再审被驳回1起。

2018年，公司新增纠纷案件4起，承继上一年度未决案件7起。结案4起，均为公司胜诉，为公司减少或挽回损失金额4802万元。已结案件中，标的金额1000万元以上的重大纠纷2起，公司诉云南宝辰公司、云南英业公司加油站租赁合同纠纷案，法院最终判令由两名被告向公司返还租赁费 932.53 万元，已全部付清，执行完毕。张澍诉公司借贷纠纷案，标的金额 3170 万元，经二审后，终审判决纠正了一审关于张澍有权对云南禄达公司质押的公司罗衙加油站代建款 5000 万元的应收账款折价或拍卖、变卖来受偿的判决。本案终审结果避免了公司承担直接还款责任，也降低了后续诉讼风险。

三、合同管理

1999 年，公司不断开拓外部市场，提高市场占有率，在对外开展经营活动中要求必须签订书面合同，以合同形式与经营者确定交易，加油站租赁、收购，成品油采购与销售是公司成立之初主要的合同类型，合同管理工作进入起步规范阶段。公司坚持把好合同谈判关，明确划分谈判人员职责，发挥专业部门优势，使各部门紧密配合，取得较好的谈判结果。

2000—2001 年，公司根据《中国石油天然气股份有限公司合同管理暂行办法》，制订《西南销售公司合同管理办法（暂行）》，于 2001 年下发执行。公司把合同管理作为重点工作来抓，提出"以落实管理制度为基础、以示范合同文本为保障、以风险防范和提高效益为目的"的工作思路，2001 年共签订和审查合同 193 份，合同标的额 8257 万元。

2002—2004 年，公司从健全组织入手，成立采购管理领导小组，对合同管理实施统一管理，主要职责是负责制修订合同采购管理规章制度，决定合同管理的重大问题；负责外部单位、产品的市场准入；负责审批各类招标项目。综合管理处作为公司市场管理委员会的日常办事机构，统一组织项目招投标工作；负责牵头组织重大合同谈判、审查、签订、变更或解除；负责合同履行的监督及合同验收复核。公司所属各单位按公司规定设置相应岗位，比照综合管理处确定本单位合同管理职责，使合同管理人员数量和质量能够满足工作需要。同时健全管理体系，强化制度落实，先后两次组织公司有关部门对各单位合同管理进行监督检查，对查出问题发现一个，整改一个，并帮助被检查单位制定改进措施，防止此类问题再度发生。针对合同管理中存在的问题与专业处室联合下发 4 个公务通知单，对合同签订应当注意的问题、合同条款、技术协议、合同结算等进行了规范。

2005 年，公司下发《关于合同管理信息系统试运行的通知》，根据合同管理信息系统推进总体进度，要求各处室、各单位利用系统进行合同模拟试运行。合同管理信息系统的运行，标志着公司合同管理进入信息化、系统化的管理时代。与此同时，公司通过招标手段规范合同管理，以招标或议标的方式确定承包商，在招标文件中对重大事项事先做出明确规定，减少谈判难度，提高工作效率。

2006 年，公司以合同管理信息系统为平台，进一步规范合同管理。为强化和规范合同管理系统运行，提高系统资源利用率，提高合同管理水平，公司下发《关于加强合同管理系统运行的通知》。在完善"两级三审制"（两级是指在合同审查审批必须经过部门和领导两个层级，三审是指必须经过法律、经济和技术审查）合同审查制度的同时，根据项目大小，明确合同代理人和审查人员职责、权限，做到领导审查、技术审查与法律审查相结合，将合同中存在的问题在履行之前解决，保证合同合法、规范。

2007—2008年，公司在合同管理中坚持"五统一"（统一归口管理、统一合同立项选商、统一使用合同系统审查、统一合同履行程序、统一归档）为核心内容，进一步改进合同管理，规范对外交易行为。抓合同管理制度和工作流程落实，严格执行合同管理标准，明确合同签订和归档条件；在合同履行中，检查合同执行情况，对没有按合同规定执行的施工单位，采取相应措施追究对方违约责任。所有对外交易活动，除特殊情况外，一律签订书面合同，两万元以下项目由各单位自行办理合同立项手续，两万元以上项目按规定报公司审批。

合同签订审查程序是：由各单位草拟合同文本并依据中标通知书组织合同谈判，企管法规处组织重要合同谈判；合同谈判后由各单位进行技术条款、价格及支付条款和法律条款三项审查，公司职务授权或专项授权代表人对合同全面审查；经各单位和对方审查后，由企管法规处进行法律条款审查，对审查合格合同签署意见返还合同代表人签字，企管法规处盖章。在合同谈判中专业部门负责项目技术标准、质量标准和技术措施条款谈判；质量安全部门负责安全环保责任条款和安全环保措施条款谈判；计划财务人员或合同谈判代表负责价格和支付条款谈判；合同管理人员负责队伍资信审查和合同法律条款谈判；审计监察处负责合同谈判过程监督，纠正制止违反公司制度和谈判职责的行为；合同谈判代表负责组织合同谈判。所有签约人员除公司规定有签约权的人外，都必须依法履行授权手续。

2009年，公司通过合同管理统计体系，开发合同管理区域网，力争实现合同网上审查审批，与股份公司信息网对接，及时对合同运行质量进行分析和评价，把微观合同管理与宏观合同管理相结合，提高管理效率、层次和水平，使合同管理在整个经营管理中发挥更大作用。不断提高合同管理人员业务素质，通过举办合同管理业务培训班、标准文本使用和具体操作知识培训班，参加股份公司业务培训，使合同管理人员提高专业知识、计算机知识、加油站开发专业知识，适应合同管理不断规范化、信息化的要求。

2010年，公司加强采购合同管理，规避采购法律风险。在采购合同管理工作中，公司制定各类物资与服务采购合同标准文本，由公司及所属单位领导按照总经理授权与供应商（服务商）签订合同。所有采购合同均通过股份公司合同管理信息系统平台，按照合同管理权限及审批流程进行流转审批。合同签订后，由采购项目实施部门登记盖章并由专人进行保管。通过严格审核，层层把关，确保采购合同与采购项目谈判或招标结果相符、内容完备、权责明确、合同价款支付合理、合同风险得到有效规避。全年签订采购合同244份，合同标的金额14618.35万元。

2011年，为加强网建项目合同管理，强化网建项目合同"谁主管、谁负责"的管理体制，提高合同流转效率，对网建项目合同管理流程进行调整，新设网建项目合同上报规则及流程。调整后流程自2011年6月1日起正式执行。

是年，公司优化合同管理体制机制。按照降低成本、提高效率、防范风险的要求，进一步优化合同订立和履行管理的体制机制。按照"谁签约谁负责"原则，进一步规范合同管理权限划分，适当扩大地区企业本部直接签订和管理的合同范围，减少分散在下级单位的合同数量。适当简化合同审查审批流程，减少不必要重复审批环节和一般性审查事项，增强合同审查的有效性，提高合同管理效率。

2012年，为认真落实治理"三超"有关工作安排，公司开展对机关处室、各单位2012年事后合同的彻底清查。组织开展了2012年度公司合同审查审批流程及运行效率统计分析，深入查找影响合同审查审批效率的原因，有针对性地对系统流程进行改进优化，进一步提升了合同管理及审查审批效率。

2013年，公司组织开展网络开发项目合同清理工作。会同投资处对21座已拆迁加油站、15座面临拆迁加油站、289个尚未得到履行或履行中存在问题的项目进行清理，制定应对措施。清理集团项目进展情况，结合合同条款，分析违约责任，持续督促对方履约，及时收集完善证据材料，保留诉讼权利。

2014年，公司加强合同全生命周期管理。针对2013—2014年3月油品外采业务内部控制及财务审计提出有关合同管理及执行情况存在的问题，安排有关处室进行整改。加强合同从签订到履行的全过程管控，梳理从合同签订到执行过程中存在的问题及法律风险，加强合同全生命周期全过程管控。

2015年，公司加强合同预警管理，针对近几年公司进入网络开发项目高风险期的特点，采取措施防控网络开发合同重点条款风险，实时跟踪履行情况，设置到期租赁项目预警提醒。全年共签订采购合同368份，合同标的金额16553万元。

2016年，公司加强对重大项目合同监管，清理公司与禄达财智公司等单位36个合作项目，解除23个项目的合同；切实关注集团项目进展，结合合同条款分析违约责任，对于相对方未按约履行的项目，建议持续督促对方履约，并通过各种方式保留诉讼时效。

2017年，公司加强合同从签订到履行的全过程管控，梳理了合同从签订到执行过程中存在的问题及法律风险，严控事后合同，强化履约管理。加强合同预警管理，汲取西园加油站诉讼教训，加强到期租赁项目预警提醒，实时跟踪履行情况，对加油站转让、租赁合同标准文本进行修订，完善建筑质量责任、合同解除条件、违约责任等条款，采取措施防控合同重点条款风险。

2018年，公司不断加强合同管理各环节的衔接与配合，提高合同运行速度和效率，更好地配合网络开发工作。规范合同立项、谈判、审查、签订、验收、结算程序。对相互重叠的职能和相互矛盾的程序进行修改，明确合同各环节运行时间、责任部门、工作职责及相应处罚措施。加大合同承办部门、专业管理部门、合同执行部门、结算部门、监督部门之间的协调力度，形成共同协作、程序优化、互相监督、运行顺畅的管理程序。

四、商标维权

1999—2004年，中国石油进入滇、黔、桂三省区市场，迅速以优质快捷的服务、保质保量的油品、安全整洁的加油站环境赢得广大消费者认可，中国石油良好品牌形象在西南成品油市场日益提升。自中国石油新标识启用以来，发现有社会单位假冒中国石油的侵权现象，假冒加油站大都销售质量低劣成品油，干扰正常成品油供应秩序，严重败坏中国石油声誉。

2005年，为贯彻落实关于加大中国石油品牌管理力度的安排部署，开展好中国石油新标识学习宣传工作，有计划、有步骤地做好标识更换、使用、维护工作，进一步提升中国石油品牌价值，实现中国石油企业形象和企业价值双重提升，公司成立品牌管理委员会，负责辖区中国石油品牌的使用、管理、推介和维护。

2006年，为切实做好商标维权工作，对侵犯股份公司服务商标权益的行为积极采取措施，配合国家工商行政部门予以查处，最大限度维护公司合法权益，公司下发《关于组织开展中国石油品牌维权活动的通知》，组织开展中国石油服务商标维权活动。同时，成立公司维权工作领导小组，设立维权办公室，负责维权工作的指导协调、检查落实和材料汇总、上报工作。

2007年3月，根据公司《关于组织开展中国石油品牌维权活动的通知》要求，各单位积极组织开展第一阶段维权工作。除滇西地区、贵州省涉嫌侵权的加油站已答复停止侵权并积极整改外，其他地区涉嫌侵权的加油站查整没有达到预期效果。

4月，根据公司《关于组织开展中国石油品牌维权活动的通知》要求，各单位积极组织开展第二阶段维权工作。贵州、滇中、滇西、滇南地区涉嫌侵权加油站已停止侵权，并整改完毕。其他地区涉嫌侵权的大部分加油站已停止侵权，少部分没有按要求整改的加油站，负责清查的公司利用"3·15"消费者权益保护活动，向当地工商部门进行投诉，工商部门进行了查处。

2008—2009年，公司组织开展云南省范围内的商标侵权情况专项摸底排查，发现20座社会加油站涉嫌对中国石油服务商标侵权。公司及时向云南省工商行政管理局报送《关于中国石油商标被侵权情况的报告》，通过采取与侵权方协商沟通、提请地方工商行政管理部门查处等方式，使20项侵权事件得到妥善处理，各加油站均对侵权行为进行了整改。通过不断加大维权力度、强化服务商标管理，云南省社会加油站对中国石油注册商标的侵权行为得到有效遏制。

2011年，按照销售公司《关于开展加油站商标侵权专项活动的有关通知》要求，公司及时下发《关于开展加油站、便利店商标侵权情况调查的通知》，进一步明确商标侵权行为的界定标准，制作了统一的《投诉书（样板）》，下发各单位执行，由公司企管法规处牵头，组织各单位对辖区内加油站商标侵权情况进行摸底调查。在2011年专项清查活动中，发现1起商标侵权行为。具体为：云南省文山州砚山县顺云加油站罩棚檐口包装、加油机、进出站口指示牌上使用与中国石油服务商标相似的标识，加油员工穿着带有中国石油企业标识的工作服。发现侵权现象后，公司随即与对方进行沟通，并向砚山县工商行政管理局进行投诉，请求砚山县工商行政管理局对顺云加油站侵权行为进行查处，责令其立即停止侵权行为。集团公司法律事务部及时出具《关于就砚山县顺云加油站涉嫌商标侵权一事进行说明的函》，请当地工商局维护公司合法权益。砚山县工商行政管理局对顺云加油站侵权行为进行立案调查，认定该站侵犯了中国石油注册商标"十等分花"，并依法对顺云加油站进行查处，顺云加油站停止侵权行为，公司维权行动取得良好效果。

2012 年，根据集团公司办公厅《关于进一步加强中国石油标识管理和规范使用工作的通知》精神，公司及时转发集团公司办公厅文件，就加强中国石油标识管理和规范使用工作进行强调和部署，编制中国石油标识使用自查情况报表，组织机关本部及所属 17 家单位对中国石油标识管理和规范使用情况进行自检自查。所属股权企业使用中国石油商标标识的，均已签订转许可使用合同，新设股权企业如需使用中国石油商标标识的，及时向集团公司相关部门申报，办理商标标识许可使用手续。在自查中未发现擅自扩大标识使用范围等违规现象。通过清查，进一步提高了广大员工商标标识管理意识，强化了员工对中国石油商标标识的认知度，增强了标识使用的规范性和严肃性。

2013—2015 年，在集团公司支持下，公司通过属地工商管理部门的积极行动，查处了罗平顺风石化有限公司的商标侵权行为。同时，积极向属地工商管理部门举报，查处了景洪市东风诚信加油站的商标侵权行为。

2016 年"3·15"前夕，公司通过依法申请、协调当地工商行政管理部门，认定西双版纳州 5 座社会加油站、红河州 1 座社会加油站存在侵犯中国石油注册商标权益行为，并责令侵权加油站拆除假冒的中国石油商标标识。

2017 年，公司联合中国石化云南石油分公司开展了商标维权专项活动，成功消除 9 座社会加油站对中国石油商标的侵权行为，销售公司就此印发了专题简报，集团公司总经理章建华在相关材料上做出重要批示，对公司商标维权工作给予肯定和表扬。

2018 年，公司下发《关于持续开展商标侵权清理工作的通知》，不断巩固 2017 年开展商标侵权集中整治活动取得的成果，加强组织领导，明确责任主体，细化工作措施，建立定期报告制度，着力构建商标侵权清理的长效机制。同时，抓住"3·15"前后各级政府和社会各界高度关注打假维权的有利契机，依靠地方政府，组织各单位持续开展商标侵权清理工作，于 2018 年"3·15"前夕对 3 座商标侵权加油站进行了清理。

第四节　股权管理

1999—2003 年，中国石油进入西南市场初期，通过分批次收购股权方式，收购雄海石化有限公司、云南英茂石化有限公司。此后，又大量采取股权投资方式，先后成立云南中油强林石油化工有限公司等股权企业，接收大理州中青石化有限责任公司等股权企业，实现市场规模的快速扩张。

2004 年，为加强股权管理工作，维护股份公司整体利益，提高对外投资回报率，降低对外投资风险，进一步规范股权管理行为，根据《中国石油天然气股份有限公司股权管理办法（试行）》和《中国石油天然气股份有限公司股权处置实施细则》，结合公司实际制定了《中国石油西南销售公司股权管理办法（试行）》。

2006年，根据股份公司《关于调查股权处置和整合相关工作的通知》，公司股权管理部门对2004年8月股份公司批复的云南中油龙山交通服务有限公司、云南英茂盈江振龙有限责任公司的两项股权进行清理分析，进一步确认股权处置的责任。

8月，为加强股权管理工作，规范投资与经营行为，规避投资与法律风险，公司明确由综合管理与法律事务处作为股权管理的归口部门，牵头负责股权管理工作，公司股权管理工作重心逐步从财务核算转移到加强管理上来。在资料不全、现状不清、程序不明的情况下，公司首先把股权管理工作定位在摸清情况、规范流程上。集中对股权管理基础资料进行收集、整理，分单位摸清股权企业基本情况、管理现状、存在问题及解决建议，并在认真开展调研的基础上形成《股权调研报告》，为公司进行股权决策提供翔实依据，为进一步理顺股权管理工作流程、规范股权运作奠定良好基础。系统学习上级公司关于股权管理工作的制度和要求，编制《西南销售公司股权管理程序》，明确横向和纵向权限职责，规范从股权前期设立、中期管理到后期处置的一系列工作规范和业务流程，为公司股权管理工作开展提供制度保障。

是年，集团公司启用股权管理信息系统，公司组织专人对股权企业的基础数据进行录入，充分利用股权管理信息系统实现基础资料信息化管理，依托平台更好地发挥股权管理系统决策支持系统、分析基础平台、数据存储仓库、资料传输通道的作用，为提高股权管理工作效率、提升股权管理工作水平提供坚强保证。通过摸清股权企业基本情况，不断完善管理制度，逐步实现股权管理专业化、制度化和信息化。

2007年，为加强公司股权管理工作，提高股权管理水平，根据公司《股权管理程序》规定，公司成立股权管理委员会，办公室设在综合管理及法律事务处。

2008年，公司股权管理工作会暨股权管理和董监事培训班在昆明举行。这是公司成立以来首次召开股权管理专业会议，也是根据公司股权管理要求，顺应股份公司对股权管理政策重大调整，提高公司专兼职董监事行权履职素质和能力的一次专题培训。公司机关各处室负责人、主管以上管理人员，公司委派的股权代表、专兼职董监事，部门股权企业的高级管理人员和专职董监事联系部门负责人参加会议。

是年，公司根据机构调整情况，及时调整公司股权管理机构设置，由企管法规处牵头负责股权企业的基础管理工作，财务、加管、投资、信息及审计等相关部门协同配合，协助做好股权企业财务管理、检维修管理、信息化建设及其他各项工作，使下属托管股权企业在独立运行的同时，纳入公司管理范围，股权管理得到有效落实。

截至2008年，公司有股权企业16家。其中直接投资企业11家，再投资企业5家。2007年，在公司主营业务中，股权企业承担的成品油销量为47.18万吨，占公司当年总销量的13.1%。公司股权企业大部分是在公司开发区外市场初期，为快速有效占领市场，借助国家进一步规范成品油市场的契机，实施低成本扩张战略，采取资本运营模式，对社会经营单位的油库和加油站进行重组、兼并、合资、合作建立的，这些股权企业在公司成品油仓储和销售上起到了重要作用，为公司在西南市场迅速构筑起中国石油成品油销售市场网络体系，促进公司持续发展做出了重要贡献。从投资形成来看，公司托管股权企业可以分为三类：一类是中国石油初入区外市场，在云南省兼并重组英茂石化和强林石化时带入的股权投资9项；一类是公司成立以后新增股权投资2项；一类是股份公司划转的股权投资，即大理中青及其再投资共5项。从会计核算来看，15项投资账列长期股权投资，投资账面余额23377万元。有7个控股项目纳入报表合并范围、有7个项目实行资金收支两条线。从2003年以来，实现投资收益6183万元，分回股利4883万元。从经营情况来看，持续经营项目14项，被投资公司处于关停状态或投资各方存在股权纠纷的2项，其中有1项已批准处置尚未完成处置手续。16项股权项目中，从事主营业务的有14项、从事其他业务的2项。从治理结构来看，11家直接投资股权项目中，控股公司9项、参股公司2项；5家再投资股权项目中，控股公司4项、参股公司1项。按公司法人治理结构，依法向14个股权企业派出了董事、监事，健全了"三会"制度。

2009年，公司为进一步加强对股权企业的重大事项管理，确保对股权企业行权履职到位，注重对委派到股权企业的股东代表、董监事人员的选派和管理工作，完善法人治理结构，推动股权企业"三会"正常召开。在管理体制调整、董监事人员工作变动的情况下，公司及时研究下发《关于调整公司托管股权企业董监事人员委派方案的通知》，对公司现有股权企业的专兼职董监事进行调整和充实；下发《专兼职董监事考核暂行办法》，建立和完善对专兼职董监事的激励和约束机制。通过董监事的选派，及时掌握股权企业重大投资、发展战略、经营状况、投资收益等情况，为充分行使股东决策权、管理权和监督权奠定了基础。

2011年以来，公司与云南省内实力较强的云南省交通投资集团、云南省投资控股集团、云南省物流产业集团、大理州国有资产经营管理公司、北汽瑞丽汽车公司等单位合资组建5家股权企业。将中国石油的资金、资源、品牌、管理等优势与合作方的市场、客户、环境、政策等优势相结合，资源共享、风险共担，撬动公司与合作方在网络开发、油品供应等方面的深度合作，促进公司企业文化、品牌形象、社会影响等软实力的提升。

2012年，公司制定下发《关于控股公司经营管理工作的指导意见》，着力推动股权企业规范管理、有序发展。公司股权企业中油强林公司的股东名称一直都是中国石油销售有限责任公司，为规范股权管理，按照集团公司有关要求，积极与工商管理部门协调，顺利将该公司股东变更为中国石油天然气股份有限公司。

2013年，公司组织开展股权企业投资建设管理、营销管理以及财务管理等专项研究，召开公司2013年合资合作专项工作会议，进一步明确公司股权管理工作方向。在集团公司统一组织下，开展了国有产权登记的信息补录工作，上报国务院国资委审核。组建云路中油公司，完成注册登记并正式运营。

2014年，公司组织召开2014年合资合作工作座谈会，对合资合作工作进行总结、分析、决策和部署。通过组织外部学习、内部培训的方式，指导股权企业依法规范日常行权管理。通过召开座谈会、现场调研等方式，定期研究解决股权企业发展中存在的困难和问题。给予政策倾斜，支持股权企业发展，实现股权项目投资收益1765万元，其中中油云岭公司成功扭亏。推进拟新设股权企业筹备工作，与昆钢泛亚物流集团合资项目获得集团公司立项批复。

2015年12月，销售公司对地区公司股权投资项目决策权限进行明确，投资1000万元（不含）以内控股、参股的新设合资公司及增资扩股项目，由公司自行审批；严格执行股份公司股权管理相关规定，由有资质的咨询机构编制可行性研究报告，根据项目需要出具法律意见书、审计报告、评估报告等，效益达到股份公司投资回报标准，股权项目严格执行备案、评审和"三重一大"决策程序。进一步强化与合作方沟通，着力解决争议问题，规范股权企业管理，中油云翔公司、中油云岭公司超额完成全年目标任务。

2016—2017年，中油强林公司与昆明分公司合署办公，云路中油公司获得股份公司清算批复。同时，不断加强股权管理，中油北瑞公司成功注册，云路中油公司清算注销，实现股权收益4877万元，云投公司扭亏为盈。期间，按照集团公司要求积极配合"红木项目"的有序推进。

图8-6　公司召开2018年合资合作推进会

2018年，公司召开2018年合资合作推进会（见图8-6），会上作了《云南销售公司合资合作工作报告》，宣读了《云南销售公司股权企业发展规划（2019—2021年）》和《关于落实〈云南销售公司股权企业发展规划（2019—2021年）〉的指导意见》。研究解决公司合资合作项目存在的问题，做好未来三年合资合作规划，推动合资合作项目高质量快速发展，全面推进合资合作工作。

第五节　内控与风险管理

一、内控体系建设

2004年4月，公司按照股份公司内控项目组总体安排，成立内控体系建设领导小组，组织开展内控体系建设相关工作。12月，股份公司召开内控体系建设工作座谈会，对内控体系建设进行部署。为做好公司内控体系建设工作，公司结合实际调整和充实内控体系建设领导小组，明确内控体系建设组织机构，对内控体系与QHSE体系建设工作进行了安排。

2005年5月，公司编制完成《内部控制体系建设实施方案（试行）》和《关键控制管理文件（试行）》，并经公司内控项目建设委员会审议通过，以上两个实施方案和管理文件自5月25日起试行。

是年,在公司内控建设委员会领导下,内控体系建设分阶段完成业务流程描述、风险数据库、风险控制分析文档和关键控制管理文件编写工作。内控项目组同时补充修订了现行文件制度,并通过跟单作业完善内控文档以及完成搭建内控体系框架等基础工作。至此,公司内控体系建设阶段的主要任务基本完成。

2006年,是公司内部控制体系的第一个完整执行年,围绕内控体系做到设计有效、执行有力,确保通过管理层测试和外部审计的工作目标,公司精心组织编制内控分册,确定12个一级流程、229项关键控制(含80个自动控制)、97个控制程序文件和86项股份公司层面统一的控制实施证据。精心组织培训,逐级传递内控责任,强化内控执行力,顺利通过股份公司管理层测试组及外部审计组等4次测试和审计。精心维护体系运行,全力推进内控信息化建设,通过内控体系建设、运行和若干次测试,广大员工内控意识普遍提高,内控体系在公司管理工作中的作用初步明显,员工规范管理意识得到进一步加强。

2007年,《公司2007版内控手册》于3月通过股份公司内控部审核,在业务流程管理信息系统(ARIS)平台上线发布运行。同时,公司配合股份公司完成管理层测试和外部审计工作。在测试中,管理层测试组与外部审计组保持同步,达到最终测试结果相同。测试最终通报例外事项1个,提请公司注意业务层面问题6个、信息系统层面问题3个。为更好地促进内控工作开展,公司对测试发现所有问题进行了全面系统整改。

是年,公司按照分步实施、整体推进的原则,加快控股公司内控体系建设步伐,各控股公司内控工作取得明确成效。开展内控手册修订完善、转换和宣贯工作,新版内控手册顺利通过股份公司审核并予以发布。进一步落实内控责任,加强薄弱环节管理,公司内外部测试覆盖面达到100%,确保了内控体系持续改进和有效运行。

2008年,公司根据《关于开展内控自我测试的通知》要求,对滇东北分公司、滇南分公司、滇东南分公司以及云南物流公司3座油库进行内控自我测试。测试主要涉及油品销售和存货管理两个流程下的14个子流程10个关键控制点。测试发现例外事项9个,其中滇东北分公司4个、滇东南公司2个、曲靖油库2个、宣威油库1个。

2009年,结合公司机构重组整合情况,及时修订完善2009版《内部控制管理手册—云南销售分册》,经公司内控与风险管理委员会审核后于4月1日正式发布。同时,根据《关于印发〈中国石油天然气股份有限公司地区公司总会计师业务管理权限指引〉的通知》要求,编制完成《中国石油西南(云南)销售公司总会计师业务管理权限指引》;根据ERP系统内部控制规范要求,完成ERP系统内部控制规范蓝图设计、控制矩阵和职责分离矩阵及RCD文档的编制;针对2009版手册修订情况及新增业务流程,开展不同形式及多层次的宣贯培训工作。

是年,公司首次运用自测系统开展内控自测工作。岗位人员通过认真学习数据初始化业务,加强与集团公司内控项目组沟通,按期完成监督分册的补充建模及内控测试数据初始化,顺利通过项目组审核。10月,公司对6家新成立单位及中油强林公司、物流中心以及非油品中心和机关本部进行自我测试。共测试关键控制597个,抽取样本4588个,达到《中国石油天然气股份有限公司内部控制运行评价管理办法》要求的覆盖率。针对自我测试发现的问题,公司及时组织整改,12月上旬,对相关处室和单位的整改情况进行复查。通过测试和改进,发现的例外事项全部整改,已无例外事项。

2010年2月,公司下发《关于规章制度和内控手册执行有关事宜的通知》,为确保内控手册与公司实际运行模式一致,提高运行效率,增强执行力,经请示股份公司内控部同意,2009年11月30日完成修订的《公司2010版内控手册》暂缓发布执行,重新修订的《公司2010版内控手册》在3月底发布,4月1日起正式实施。

2011年,根据《内部控制管理办法》要求,公司每年至少开展一次内控自我测试。为有效推动内控工作的开展,保证公司内控体系执行有效,并为接受第三方测试做好准备,公司聘请股份公司入围审计中介单位,对机关本部及所属昆明、曲靖等8家单位进行内控自我测试,共发现例外事项108个,其中业务层面95个,公司层面3个,信息系统控制层面10个。

2013年,公司接受股份公司企管部组织的管理层测试及外部审计师审计,两组人员分别对公司本部及所属昆明分公司、文山分公司进行了测试。通过测试过程中充分沟通,最终确定例外事项9个,其中,业务活动层面例外事项4个,信息层面例外事项5个。

2014年,公司顺利通过2013年度财务报告控制测试及2014年管理层测试,财务报告控制测试无例外事项上报,管理层测试上报例外事项11个,无纳入缺陷评估的例外事项和实质性漏洞。召开问题整改专项对接会,系统深入分析问题原因,确保整改问题、整改措施、责任人员、整改时限"四落实"。

2016年,根据《公司2016版内控手册》要求,对机关及所属各单位内控体系实施的符合性进行测试。测试包括公司机关,所属昆明、大理等7家单位及中油云岭、中油云翔2家控股公司,发现问题37项。7月26日—8月9日,集团公司组织开展的管理层测试发现问题19个。

2017年,按照集团公司要求和公司年度内控工作计划,公司开展了2017年内控自我测试工作。测试范围包括所属昆明、红河等9家单位及中油云岭、中油云翔2家控股单位。测试主要依据2017版《内部控制管理手册》及相关规章制度,通过现场测试及自检自查两种方式交叉进行,重点对油品销售、加油卡、促销费、非油、采购、资金、薪酬、用工等常见例外易发领域开展测试。本次测试通过现场测试及自检自查两种方式交叉进行,共发现问题30个。

2018年5月,公司聘请大庆诚恒信强会计师事务所测试组对公司开展为期25天的内控自我测试,测试范围包括公司机关,所属昆明、大理等14家单位及中油云翔、中油云岭2家控股单位。测试内容重点关注采购管理、存货管理、合同管理、资金管理、资产管理、工程管理、销售管理、投资管理等业务环节常见例外易发领域。8月,由辽宁销售公司和毕马威会计师事务所一行12人组成的集团公司内控测试工作组进驻公司,对公司开展为期15天的管理层测试及外部审计工作。最终确定例外事项15个,其中,业务活动层面例外事项14个,信息层面例外事项1个。

二、内控风险管理

2004—2010年，内控及制度建设随着公司快速发展不断完善，经营管理重点领域和关键环节受控运行，在公司组织开展的内控自我测试中无重大缺陷、实质性漏洞。

2011年，针对批发及库发小额配送业务运行中的高风险控制领域、例外事项频发领域等内容，公司对6家所属单位及12座油库开展了库发小额配送及批发业务专项测试。为明晰管理要求，界定管理职责，组织对站级非油品业务、公路运输业务、安全环保业务、质量（产品）标准与节能业务、预算管理业务等业务流程规范进行梳理完善，补充完善管理制度，规范流程描述，形成完整的专业管理流程规范。

2012年，公司组织各专业线重新识别、梳理了189类风险，完善防控措施，编发了《风险防控手册》。同时，组织开展了销售收入质量自查及油库加油站制度流程梳理专项自查。

2013年，公司开展2012年度内部控制有效性自我评价，编制《内部控制有效性自我评价报告》，自我评价结果为优秀。编制《云南销售公司风险评估标准》，组织开展企业层面风险评估，评估出7个重大风险，并制定风险管理策略、解决方案及监督改进计划。

是年，按照集团公司内控与风险管理工作要求，公司结合管理实际成立风险评估工作领导小组及专项工作小组，制定《云南销售公司风险评估标准》，对风险分类、分级标准，以及风险发生概率、对目标影响程度等进行规定，统一风险数据和风险事件库，组织全面风险识别与评估，最终评估出投资项目决策风险、工程建设项目内外部协调风险、工程施工管理风险、安全风险、土地管理风险、客户经理管理风险、外采管理风险7个重大风险。针对重大风险。研究制定强化管理策略和措施，分解落实管理责任，建立跟踪监督机制，确保重大风险处于受控状态。

2014年，公司下发《关于加强风险损失事件管理工作的通知》，及时收集公司各类风险损失事件，建立风险损失事件库，加强对风险事件信息统一管理；通过分析事件发生原因、发展趋势、风险易发相关业务领域及管理环节等信息，对事件相关风险管控有效性进行评价，总结规律、揭示风险，为相关部门和单位进行风险提示，并为重大风险评估工作提供支持。

2015年，公司组织各专业线开展风险评估，编制完成2015年度风险管理报告。针对公司客存油业务中出现的问题，牵头组织对相应业务流程进行梳理、优化和进一步规范。对各单位开展了工程建设项目专项稽查及营销业务合规管理检查。

2016年，公司组织开展风险评估，确定违章作业、交通安全、网络开发、违规采购及销售货款管理为2016年度五项重大风险，制定风险管理策略，提升风险管控能力。优化规范业务流程，以风险管理为核心，组织梳理财务管理专业流程66个，配合上级单位对公司二级物资采购及合同管理流程进行了梳理和优化。顺利通过股份公司内控体系建设及运行情况实施评价测试。

是年，根据集团公司《关于进一步做好合规管理有关工作的通知》要求，公司进一步推进合规管理工作，认真开展合规培训、《集团公司诚信合规手册》征订及发放、合规评价、合规登记报告和员工合规档案管理工作，并开展交易对象合规审查及评价和合规管理相关建议反馈工作。

2017年，公司围绕主营业务防范合规风险，开展为期3个月的电子券合规风险专项检查，每周对电子券违规核销情况进行督查通报，共发现违规事件9起，电子券业务风险基本受控；对所有租赁加油站开展法律风险评估，梳理潜在风险67个，重要合同、重大决策法律审核率100%。专项审计、合规监督发现并整改问题近50项。

2018年，公司按照"谁主管业务、谁控制风险"的原则，针对2018年度风险评估结果，制定重大风险管控方案，编制各专业线年度风险管理报告，重点关注突发性强、扩展速度快、破坏性大的重大风险事件领域，建立和完善快速应对预案，通过强化风险管控手段，全面提升重大突发风险事件的应对能力和管控水平。

第六节 采购管理

1999—2001年，公司不断优化提升物资采购与招标业务水平，做强、做优、做精物资采购与招标业务。进一步夯实管理基础，持续完善制度、流程和标准，做到采购工作管理制度化、制度流程化、流程标准化、标准持续化。

2002年，根据集团公司《部分物资实行电子商务采购的通知》，公司完成首次电子采购工作，在能源一号网采购加油机，并配合销售公司安全环保处11月开展第二次加油机网上采购业务，本部及各单位圆满完成销售公司下达的9900万元采购任务。

2003—2005年，公司不断加强物资采购监督检查及后评价工作，定期开展对采购实施部门的工作检查。通过信息化丰富监督检查手段，对采购工作合规性、质量效率和效益进行后评价，对采购相关工作信息公开，并将信息公开作为监督检查的重点。组织相关处室学习培训能源一号网站的相关内容，为能源一号网站在公司的运行打下良好的基础。

2006—2007年，按照集团公司集中采购要求，公司明确集中采购范围，确定集团公司一类采购目录，甄别公司二类和三类采购目录。将共性大、采购频率高的项目纳入公司集中采购范围。公司开始正式施行合同管理信息系统，所有物资采购合同均在物资采购信息系统中上线运行。

2008年，公司大力推行统一招标管理，坚持招标公开化、专业化导向，倡导公开招标和信息公开，加强招标专业机构、从业人员队伍管理，有效提升招标专业化能力。全年完成招标项目69项，招标率为100%，中标总金额为10620万元，节约资金655.4万元，资金节约率5.9%。其中：公开招标共24项，中标金额3078.3万元，节约资金208.7万元，资金节约率6.3%，同比增加11项。邀请招标45个，中标金额7541.8万元，节约资金456.7万元，资金节约率5.7%。在实际工作中规范对评审专家的使用，抽取评审专家在招标管理部门监督下进行，由招标机构工作人员从云南省依法组建的专家库随机抽取，全年没有发生一起因专家名单泄漏造成的违规评审事件。

2009年，按照公司《规章制度管理规定》和《关于规章制度修订工作有关要求的通知》要求，结合调整后的机关处室职能，公司对现行股权、采购等方面管理制度进行清理，对《股权管理办法》进行修订，将公司《采购方式（选商）管理程序》《其他物资采购程序》《服务采购程序》整合为《采购管理办法》，经公司审议批准后予以发布。

是年，公司对采购实施归口管理和分级管理。根据管理体制调整的实际，公司对采购管理领导小组进行调整，明确采购管理工作归口职能管理部门和各部门、各单位采购管理职责权限。明确由企管法规处对公司采购实施归口管理，包括招标、谈判的组织，供应商管理等。公司对《物资与服务采购管理办法》《招投标管理办法》及《供应商（服务商）管理办法》等三项采购管理制度进行两次制修订，进一步明确部门职责、采购权限、采购程序、供应商（服务商）准入、采购监督等内容。及时组织公司机关及所属单位采购管理人员学习宣贯上级公司和公司采购管理相关制度，在实际采购中逐步规范业务流程，加强采购监督，力求做到采购程序公开、公正、透明，从制度上确保采购管理工作的规范化、标准化运行。

是年，公司加强采购计划管理，全面推行集中采购。公司采购计划包含在每年度投资计划及预算安排之中，一级采购物资严格按照集团公司要求上报审批后进行网上电子商务采购；二级采购物资在分类汇总后对同类物资实行集中采购。全年公司物资采购计划资金安排17325.49万元，实际发生采购项目367项，采购金额16323.74万元，其中机关处室采购项目90项，金额5487.89万元，各单位采购项目277项，金额10835.85万元。

2010年，公司制定《物资与服务采购管理办法》《招投标管理办法》《供应商（服务商）管理办法》《合同管理实施细则》4个管理办法，采购工作更加制度化、规范化。制订完善《供应商（服务商）管理办法》，对2009年为公司提供服务的各类物资供应商进行认真评价筛选，确定2010年工程、信息、HSE、非油商品及其他物资的入围供应商211家，规定公司各类物资采购均须从入围供应商库中选择，特殊情况下必须履行相关审核报批程序后方可在入围供应商库以外选择供应商进行物资采购。

2011年，公司建立招标评审人员信息库，共有182人作为公司评标专家进入公司统一专家库。规范采购程序，加强过程监控，不断完善采购方式，公司物资和服务采购共签订合同647项，合同总金额3.39亿元，其中106项经过招标，招标总金额为2.54亿元，招标率为75%，通过招标，与预算额相比共节约采购资金635万元，节约率为2.5%。

2012年，根据集团公司建立统一评审专家库总体部署和"两级管理、统一建库"总体思路，为进一步健全公司管理招标评审专家库，做好招标工作，公司下发《关于补充推荐公司招标评审专家的通知》。在2011年评审专家库基础上，对机关处室和所属单位专家进行补充推荐，共申报评审专家293名，经审核有280名专家符合公司《招投标管理办法》规定评审专家条件，进入公司评标专家库。

是年，通过协同管理办公系统等信息化手段，对2011年度供应商（服务商）进行考核评价，对2012年供应商（服务商）进行准入。招标代理公司数量由2011年度的2家增至4家，通过增加竞争，提高公司招标代理水平。强调招标代理公司退出机制，要求招标代理机构严格按照招标投标有关法律法规要求组织招投标，一旦发现在招标过程中存在管理办法规定和合同约定不符合项，坚决淘汰出公司。补充招标评审专家进入公司招标评审专家库。按照集团公司有关文件要求和公司招标工作需要，对招标评审专家库进行更新，补充新的招标评审专家，为下一步开展招标工作打下良好基础。

2013年，借鉴集团公司"三集中"（集中采购、集中招标、集中供应商管理）为组织方式的集中采购工作，推进二级采购物资集中采购。强化对公司工程、物资和服务招标的统一归口管理，明确分工，落实责任。优化专家库资源信息，推广应用中国石油招标投标网，公司总体招标率达到70%。开展物资采购管理信息系统培训和推广工作，实现物资采购管理信息系统上线运行。

2014年，为进一步加强公司物资与服务采购管理，发挥规模优势，降低运营成本，深入推进公司招标采购专业化运作、一体化管理，实现公司内部工程、服务、物资采购的整体运作、有效管控，根据集团公司物资设备集中采购等有关要求，公司对物资与服务采购职能等进行调整：企管法规处为公司招投标管理、物资与服务采购管理、供应商（服务商）管理的归口管理部门；非油品公司（非油处）为公司招投标业务、物资与服务采购业务的组织实施部门；公司机关各专业处室为物资与服务采购的专业（技术）支持部门；在非油品公司机关增设"物资与服务采购部"。

是年，公司强化集中采购，强力推进招标管理。完善公司招标评审专家库，严格执行分类权限管理，招标管理整体工作水平不断提高。加强供应商动态管理，不断优化供应商资源，考评淘汰2013年度16家不合格单位。

2015年，为提升采购效率，在协同系统中增加采购模块，采购流程进一步优化、简化。非油品公司采购计划审批时间从平均4天缩短至2天，采购方案审批时间从平均3天缩短至2天，采购付款审批时间平均缩短5天。组织召开招标业务座谈会，听取各方意见及建议，完善招标采购业务。加强采购监督，每月检查、通报集中采购情况。全年集中采购项目153个，采购金额15703.99万元，节约采购资金1585.44万元，资金节约率9.17%。招标项目51个，中标总金额为14364.91万元，招标率为91.47%，通过招标节约资金1126.98万元。重点物资、加油站新（改）建项目采购运行正点率100%。出库物资合格率100%。

2016年，根据公司《供应商（服务商）管理办法》规定，开展了2016年供应商（服务商）考评及2017年市场准入工作（见表8-8、表8—9），对所有在公司提供工程、物资和服务的供应商（服务商）进行考评，成品油外采供应商（服务商）纳入考核范围。同时，公司对2016年新建、技改及检维修项目中承包商使用是否存在违法转包、违规选商等违法行为进行检查，成立承包商管理检查工作领导小组和工作办公室，对各单位工程建设项目、在建管道工程配套油库项目部进行检查，针对检查发现违法违规行为、管理问题和不足，要求立即整改，认真分析原因，防止问题再次发生。

是年，公司全面优化采购管理流程，实现"采管分离"。统一和固化集中采购组织方式和运作程序；规范评审专家管理，监督评审专家抽取工作，未发生因专家名单泄露造成违规评审事件；严格执行供应商动态管理，配合集团公司开展一级采购物资供应商考评，做好公司二级物资供应商管理，坚持供应商向少量优秀集中，清理淘汰不合格供应商，不断优化供应商资源。全年完成招标项目69项，招标率为100%，中标总金额为10620万元，节约资金655.4万元，资金节约率5.9%。其中公开招标共24项，中标金额3078.3万元，节约资金208.7万元，资金节约率6.3%，同比增加11项。邀请招标45个，中标金额7541.8万元，节约资金456.7万元，资金节约率5.7%。

表8-8　2017年工程类供应商（服务商）准入单位统计　　　　　　　　　　　　　单位：家

类　别	数量
成品油库（站）设计单位	8
成品油库（站）监理单位	15
50万元以下加油站技改检维修工程施工单位	35
成品油库（站）测绘及勘察单位	9
成品油库（站）特种作业单位	3
成品油库（站）装饰装修单位	8
成品油库（站）设备商	126

表8-9　2017年非工程类供应商（服务商）准入单位统计　　　　　　　　　　　　单位：家

类　别	数量
配件及生活服务设施	28
信息类设备	22
化验设备、安全环保类产品	49
办公设备、耗材、家具、杂品	97
中介代理服务	14
鉴证、造价、评价等咨询服务	37
法律、管理咨询服务	25
行政后勤服务	42
成品油外采供应商	25

2017年，为规范物资与服务采购，节约采购成本，严格控制投资和费用支出，提高采购质量，堵塞采购各环节管理漏洞，完善制度，防范企业经营风险。公司对2016年物资与服务采购合规管理情况开展效能监察，进一步提高管理人员严格执行集中采购管理制度的自觉性，防范和杜绝不合规交易行为发生。

是年，公司扩大集中采购范围，对金额在20万元以上50万元以下的公司检维修项目纳入集中采购，并制定相应操作流程。强化招标管理，按照集团公司统一安排，组织开展招标专项治理工作。对公司审计监察发现的违规自行采购项目进行专项分析，印发通报，重申有关制度与要求。

2018年，公司被集团公司选为8家招标采购管理工作经验交流单位之一，在9月份装备与采购成都现场会议上进行交流，副总经理刘启然代表公司作《打造高效招标采购流程，助力网络建设快速发展》视频交流，公司是唯一一家作经验交流的成品油销售企业。

第三章 人力资源管理

公司成立以来，实施人才强企战略，精简机构、精干用工、控员增效，助力生产经营工作；强化中层干部队伍建设，开展脱产培训、送外挂职锻炼，提升引领发展能力；推进业务骨干队伍建设，加大高层次专业技术、技能操作人才评聘力度，中高级职称、高级技能人才比例明显增加，技师队伍实现零的突破，人才队伍结构逐步优化；加大培训力度，队伍素质能力持续提升，实现了员工与企业的共同成长、和谐发展。

1999—2008年，公司整合规范用工管理，统一用工标准、规范劳动合同签订，建立统一、规范、合规、市场化运作的用工机制；以"干什么学什么、缺什么补什么"为原则，建立了"三级培训网络"模式，成立了职业技能鉴定站；深化职称改革，实行"三严两分开"评聘政策，即严格政策、严格程序、严格标准，评与聘分开，资格与待遇分开。

2009—2018年，公司不断深化体制机制改革，创新用工管控模式，采取非油品业务托管、后勤业务外包、加油站岗位优化、创新自助加油模式、制定劳动定员标准、双低站治理等措施，在公司业务增长、销售增长、网络发展的情况下，用工规模得到有效控制，劳动效率明显提升。2014年在昆明分公司试点推出"四部一中心"组织运营模式，2015年在公司范围内推开，打造地市公司升级版；逐级开展机关管理岗位竞聘，促进机关与基层员工交流互动，实现优胜劣汰，提高人力资源配置效率，优化缩减二级单位机关机构34个，减幅38%；减少机关编制167个，减幅28%；减少岗位人员114人，减幅21%，精干了管理人员队伍，提高了组织运行效率。落实培训直线责任，开展多渠道、多专业、分层次的业务培训、岗位练兵和技能竞赛，员工队伍整体素质得到持续提升。

第一节 员工培训

公司成立以来，认真贯彻落实集团公司、销售公司培训工作部署，牢固树立培训也是生产力的理念，持续完善人事部门主管、业务部门主导、分级组织实施的培训管理直线责任，把培训工作作为人力资源开发的重要手段，把培训投资作为战略资源，不断加强培训基础设施建设，建立健全培训保障机制，完善各项培训制度。以培养造就公司发展需要的高素质人才队伍为主线，以

"干什么学什么、缺什么补什么"为原则,落实培训直线责任,创新培训方式,丰富培训载体,全面加强全员培训工作,为公司实现有质量有效益可持续发展提供了坚实的人力资源保障。1999—2018年,公司共开展各类培训班5727期,培训员工267123人次(见表8-10),多形式的培训工作有效促进了员工队伍素质整体提升。

2000—2003年,在公司成立初期,加快建章立制,确保培训工作顺利起步。2000年,公司下发《关于加强职工培训管理的暂行办法》,明确培训职责分工,归口公司人事部门统一管理;明确培训人员范围,凡属公司正式员工,均可参加业务相应对口的培训,机关处室、各单位须结合自身实际和经营管理的需要举办不同类型的培训班。2002年5月,公司组织协调并分别在云南、广西、贵州三家分公司举办3期成品油交接计量员培训学习班,历时近一个月,164人取得销售公司核发的中国石油交接计量员证。2003年,取得相关专业上岗证、资格证50人。2002—2003年,公司举办各类培训班290期,培训员工8583人次。

2004—2007年,公司逐步构建起培训工作保障体系。2004年,制定《西南销售分公司2004年人才培训工作的安排意见》。2005年,成立由公司领导牵头、各处室负责人组成的人才培训体系建设工作领导小组,建立新的培训管理体制。在昆明成立培训中心,负责公司员工的培训规划、培训实施及日常培训管理工作。建立17个加油站(油库)培训基地,为员工培训创造良好的环境。10月,选派16名员工参加中国石油销售企业第三届操作人员技能竞赛,获团体总分第二名,14名选手获个人单项奖。2006年,制定出台《员工教育培训管理(暂行)办法》等一系列管理制度,明确各级培训重点,不断完善培训制度体系。建立公司培训中心(零售学院)、地区培训基地、各单位培训示范库站"三级培训网络",组建兼职教师队伍,为提高培训工作水平提供保障。2007年11月,举办第一届职业技能竞赛。竞赛设加油工、油品计量工、油品分析工、司泵工、电工、安全监督等六个工种的比赛项目,146名选手参赛,共表彰34名技术能手,4个优胜单位。2004—2007年,公司举办各类培训班1368期,培训员工56470人次。

2008—2011年,公司进一步完善培训工作机制,强化运行管理。2009年8月,下发《内训师管理办法》,着力培养一支业务素质过硬、人员数量充足、专业结构合理的兼职教师队伍。2010年,按照"用好现有的、引进外来的、稳定整体的"工作方针,围绕"打造一流经营管理人员、一流专业技术人员、一流操作人员队伍"的"十一五"人力资源建设目标,建立229人的两级内训师队伍,完成12座培训示范站、1座培训示范库的打造,组织编印规范的操作人员入职培训教材。2011年,修订完善《员工教育培训管理办法》,建立"主要领导总体负责、人事部门归口管理、业务部门组织实施、培训机构具体承办、两级公司分级负责"的培训管理体制,实行"四级计划、三级培训、资源统筹、有效评估"的培训工作运行机制。建立月度专题讲座和班子成员定期上讲台授课制度。重点开展了中层管理人员综合素质和领导能力培训,343人次接受业务知识和管理能力培训。完成了加油站站级系统用户培训,1400余名各级用户参加培训并通过考试。2008—2011年,公司举办各类培训班1533期,培训员工69433人次。

2012年,公司全面建设"以公司培训中心(零售学院)为龙头,以州市公司培训基地为纽带、

表8-10 1999—2018年员工培训情况

年份 项目	1999年	2000年	2001年	2002年	2003年	2004年	2005年	2006年	2007年	2008年	2009年	2010年	2011年	2012年	2013年	2014年	2015年	2016年	2017年	2018年
一、培训总量																				
培训期数	—	—	—	93	197	308	617	232	211	434	302	375	422	427	406	406	309	316	297	375
培训人次	—	—	—	1673	6910	10802	13254	11322	21092	16068	13980	16213	23172	20884	20405	15547	20104	18653	19094	17950
二、上级培训项目																				
培训期数	—	—	—	27	31	45	47	54	61	59	67	70	58	62	61	69	63	91	117	99
培训人次	—	—	—	29	50	75	69	76	92	95	101	101	93	94	82	119	106	161	235	137
三、公司级培训项目																				
培训期数	—	—	—	8	19	21	40	32	29	39	28	30	52	44	48	42	28	42	40	35
培训人次	—	—	—	239	765	2451	2749	2746	4970	4719	3752	4017	5148	4587	4795	4136	6292	6363	5832	2813
四、分公司级培训项目																				
培训期数	—	—	—	58	147	242	530	146	121	336	207	275	312	321	297	295	281	274	257	241
培训人次	—	—	—	1405	6095	8276	10436	8500	16030	11254	10127	12095	17931	16203	15528	11292	13812	12290	13262	15000

以各单位培训示范库站为基础"的三级员工教育培训体系,成立公司培训中心。9月,组织第三届职业技能竞赛,竞赛共设加油站操作员、油品储运调和操作工、油品计量工、油品分析工四个项目,共表彰22名技术能手,6个先进单位。年内,举办各类培训班427期,培训员工20884人次;组建"张本荷式服务法示范队",现场培训155场次。

2013年,公司创新培训工作机制,全面加强一线岗位员工培训。3月,制定《关于进一步加强基层一线员工培训工作的通知》,在持续强化一线队伍岗位技能培训,完善培训管理制度,明确职能分工,落实直线责任,夯实培训基础,健全培训管理体系等方面做出明确要求。5月,制定印发《关于开展基层一线员工常态化岗位练兵活动的实施意见》,全面推进"一日一题、一周一课、一月一考、一季一赛、一年一评"常态化岗位练兵,进一步加强一线员工岗位练兵的针对性、实用性、持续性,切实提高一线员工技术技能水平。6月,为推进加油站经理人职业化团队建设,开展公司首轮加油站经理资格认证,共421人取得初级加油站经理任职资格。10月,举办首届信息系统应用及95504客服岗技能竞赛活动,2030余人参加竞赛选拔,162人参加决赛,共39名选手、4个集体获表彰奖励。11月,中国石油远程培训网云南销售分院正式运行。年内,公司举办各类培训班406期,培训员工20405人次。

图8-7 公司举办第四届职业技能竞赛

2014年,公司多渠道、多专业、分层次开展岗位任职资格取证培训和技能培训。1月,为规范销售信息系统应用岗位资质管理,提升收银岗位员工系统应用水平,开展了加油站管理信息系统收银岗位资格认证工作,培训员工992人,109人取得信息系统考评员资格,769人通过收银岗位资格认证。6—7月开展首轮中级加油站经理资格认证和第二轮初级加油站经理队伍培训考核与资格认证工作,共456人取得初级加油站经理任职资格,79人取得中级加油站经理任职资格。8月,举办第四届职业技能竞赛,竞赛设置加油站经理、加油站操作员、油品储运调和操作工、油品计量工、油品分析工等5个竞赛项目。共表彰23名技术能手、3个团体优胜单位、3个优秀组织单位(见图8-7)。是年,公司利用中国石油远程培训网培训资源,举办收银岗位资格认证培训班、加油站经理资格认证培训班等10期培训班,培训员工2429人次。借助网络培训学院的时效性、灵活性、便捷性,提升公司教育培训支撑能力,拓宽教育培训方式,有效解决了工学矛盾。年内,公司举办各类培训班406期,培训员工15547人次。

2015年,公司着力加强加油站经理培训,现场服务技能培训。举办首届加油站经理培训班,邀请外部专家、系统内优秀讲师和公司内训师授课,在昆明、大理举办5期加油站经理及见习、后备加油站经理培训班,有效提升了加油站经理的综合管理素质。7月,举办云南省第十二轮职工技术技能大赛加油站操作员工种决赛暨公司服务技能竞赛,竞赛设置加油站现场团体服务技能竞赛、加油服务技能竞赛、客户经理服务技能竞赛3个比赛项目，1个创意堆头表演赛项目，共表彰23名技术能手、3个团体优胜单位、3个优秀组织单位。10月，公司组队参加集团公司销售系统"开口营销"服务技能竞赛，获得1金3银3铜，2个杰出班组奖、1个优秀班组奖，并以团体第二名的成绩获得优秀组织奖。年内，公司举办各类培训班309期，培训20104人次。

2016年，公司全面启动"十三五""6116"人才队伍建设工程，即建设一支60名经营管理人员后备队伍，打造一支1230人的基层经理队伍（其中加油站经理1000名、客户经理200名、油库经理30名），选拔培养150名操作技术能手、60名专业技术拔尖人才和学科技术带头人。根据公司员工队伍素质能力现状，启动骨干人才三年轮训计划，委托北京石油管理干部学院、广州石油培训中心等培训机构举办了党委书记及党群干部培训班、中层管理人员培训班、中青年干部培训班等重点送外培训项目，共培训117人。选送22名优秀加油站经理赴中油BP公司、广东销售公司等单位挂职学习，提升加油站经理自身素质和零售业务水平。建立一支28人的远程培训管理员队伍，应用有效管理将远程培训延伸到网络终端，使基层库站能更多更好地利用网络资源开展培训、练兵，提升培训层次。9月，组织开展公司第二届信息系统应用技能竞赛，共104名选手参加加油站管理系统油品、站级油品业务等6个竞赛项目的决赛，6个集体、36名选手获表彰奖励。年内，公司举办各类培训班316期，培训18653人次。

2017年，公司坚持以发展战略为导向，以岗位要求和个人成长需求为导向，以能力建设和素质提升为主线，通过有效实施公司、各单位、基层库站三级立体培训，综合运用送外培训、内外部交流培训、远程教育培训、送培训到基层等多种培训方式，有效推进人才队伍建设。4月，下发《关于加强新员工入职培训工作的通知》，对新员工入职培训责任单位、培训内容、培训时间、培训形式等做出明确要求。9月，举办第五届职业技能竞赛。竞赛设加油站操作员和加油站现场团体服务赛等2个项目，共有98名选手参赛，10名选手、6个班组、6个集体获得表彰奖励。11月，通过集团公司操作技能人才培养开发工程实施情况检查评估，成绩排名销售企业第二。公司在实施党群干部、中层管理人员、中青年干部3年轮训的基础上，积极推进一线技能人才培训，组织1期营销业务骨干培训班、1期客户经理培训班，全年共组织177名各层级业务骨干、中层管理人员参加送外培训。年内，公司举办各类培训班297期，培训19094人次。

2018年，公司全力落实"6116"人才培养规划，进一步加大骨干人才培养力度，启动加油站经理三年轮训计划，分6期组织209名加油站经理到四川销售公司经理人学院参加为期12—13天的加油站经理集中培训（见图8-8）。是年，公司组织开展了2期党的十九大精神培训班、2期党支部书记培训班、1期中层管理人员培训班，1期科级干部培训班、1期党群干部（优秀共产党员）培训班，2期客户经理培训班

图8-8 经理人学院第二分院云南站经理培训班拓展

等9期公司重点送外培训项目，培训管理人员和骨干人才436人次。11月，重新编制《新员工入职培训手册》，规范新员工入职培训内容。

第二节　职业技能鉴定及专业技术职称评审

一、职业技能鉴定站概况

2008年4月，集团公司针对销售企业点多面广、高度分散、主营业务工种相对单一等特点，批复组建公司职业技能鉴定站。同月，公司职业技能鉴定站正式成立。

职业技能鉴定站行政隶属于公司人事处，业务上接受中国石油销售职业技能鉴定中心管理与指导。职业技能鉴定站拥有销售企业加油站操作员、油品储运调和操作工、油品计量工和油品分析工等四个主体工种的初、中、高级三个职业资格等级鉴定的资质，年鉴定能力约4000人次，主要担负公司技能操作岗位员工的职业技能鉴定任务。

2010年11月，为保证日常油库工种岗位技能练兵和高标准职业技能竞赛环境要求，为开展员工培训和技能水平评价提供有力的硬件保障，公司按照"完善标准、规范设计、完备设施、服务训练"原则，在安宁油库缓冲池建造微缩油库仿真模拟设施设备，完成油库储油罐、管线、铁路栈桥、汽车发油、司泵、中央控制系统等全套模拟装置，与真实油库现场作业环境仿真度达97%，符合油品储运调和操作工及油品计量工初、中、高、技师四个等级全部实操试题鉴定场地与设施设备需求（图8-9）。

职业技能鉴定站自成立以来，累计完成9100余名员工的鉴定任务（见表8-11），鉴定能力与工作水平不断提升，为公司发展提供了坚实的人才评价支持。

图8-9　安宁油库油品储运调和操作工及油品计量工模拟仿真操作场地

二、职业技能鉴定开展情况

2008年之前，公司未开展职业技能鉴定工作。

2008年8月，公司制定《职业技能鉴定实施办法》，规范公司职业技能鉴定工作，全面推行职业资格证书制度，加快培养高素质操作技能人才，进一步加强基层队伍建设。全年完成云南分公司、广西分公司、贵州分公司920人职业技能鉴定工作，累计鉴定初级工486人、中级工434人，752人获得技能操作职业资格等级证书。

表8-11 2008—2018年各单位职业技能鉴定数据统计

序号	年份	鉴定等级	保山中青	大理中青	德宏中青	迪庆中青	滇东北	滇东南	滇南	滇西	滇中	云南物流	中油强林	贵州	广西	丽江	临沧	中油强林	非油	迪庆	合计
1	2008年																				
2		初级	6	16	5	6	18	21	7	29	55	23	0	39	130						355
3		中级	2	15	2	0	18	2	21	20	118	6	31	52	110						397
4	2009年		保山	楚雄	大理(中青)	丽江	昆明	曲靖	云南物流	文山	中油强林	玉溪	红河	昭通	西双版纳						
5		初级	50	51	143	13	131	67	10	48	59	44	79	18	25						738
6		中级	11	20	28	4	41	28	47	15	26	22	24	2	12						280
7	2010年		保山	楚雄	大理(中青)	丽江	昆明	曲靖	物流中心	昭通	中油强林										
8		初级	26	47	84	11	66	41	2	3	4										284
9		中级	15	23	59	0	13	19	18	3	7										157
10	2011年		保山	楚雄	大理	红河	昆明	曲靖	普洱	文山	西双版纳	玉溪	仓储公司	昭通	德宏	丽江	临沧	中油强林	非油	迪庆	
11		初级	50	42	25	73	182	55	10	49	5	61	17	34	9	8	6	29	0		655
12		中级	7	18	19	11	55	0	2	17	5	11	18	20	1	2	2	2	0		190
13	2012年	初级	42	75	44	47	168	40	11	116	9	27	27	90	13	11	15	30	0		765
14		中级	11	25	6	14	55	13	2	19	3	4	17	1	9	3	1	0	0		183
15		高级	0	2	8	1	18	3	0	0	3	6	14	1	0	0	0	0	0		53
16	2013年	初级	36	72	44	0	132	65	0	0	65	0	40	26	20	10	29	20	0		494
17		中级	22	8	17	0	66	22	0	5	22	0	13	4	3	0	6	9	0		170
18		高级	6	15	4	1	21	7	2	5	1	4	18	0	2	0	1	3	0		90

续表

序号	年份	鉴定等级	鉴定单位（获证人数）																	合计
19	2014年	初级	14	20	51	38	60	69	13	42	10	14	24	16	10	11	24	13	1	430
20		中级	33	22	17	13	27	26	7	25	8	9	31	4	4	0	8	8	0	242
21		高级	12	0	9	2	6	9	3	6	0	1	31	1	2	2	3	10	0	97
22	2015年	初级	27	19	28	47	103	68	29	53	6	43	29	45	19	16	16	15	0	563
23		中级	33	22	22	25	47	35	6	43	9	28	33	16	2	9	4	2	0	336
24		高级	7	0	1	6	12	6	0	6	6	0	28	0	0	1	0	2	0	75
25		技师	0	0	0	0	0	0	0	0	0	0	2	0	0	0	0	0	0	2
26	2016年	初级	18	32	27	28	78	59	30	33	15	36	17	39	14	12	13	0	4	455
27		中级	22	62	19	24	46	34	15	30	11	28	45	13	17	5	5	0	0	376
28		高级	8	0	6	6	12	4	0	5	2	2	18	2	0	0	1	0	0	66
29		技师	1	0	1	1	4	1	1	1	0	1	0	2	0	0	1	0	0	14
30	2017年	初级	0	0	0	36	0	0	23	37	8	32	11	0	0	0	0	71	0	218
31		中级	0	0	3	8	8	0	8	16	4	18	18	6	0	0	0	21	0	93
32		高级	7	18	3	7	0	0	13	10	2	7	14	6	0	0	0	14	0	101
33	2018年	初级	27	49	38	30	107	60	24	41	16	37	11	26	24	12	23	0	17	545
34		中级	11	14	12	17	31	34	14	20	4	14	12	14	15	3	7	0	2	224
35		高级	8	3	5	8	31	6	5	8	0	4	23	9	1	0	0	0	0	111

2009年初，公司职业技能鉴定站和基层单位13个鉴定分站组建完成，公司两级技能鉴定体系责任明确，鉴定站设备设施基本配备到位，为鉴定工作的开展奠定了基础。6月，下发《关于调整职业技能鉴定理论知识考试组卷方案的通知》，增强职业技能鉴定的科学性和适用性。全年开展1678人职业技能鉴定工作，累计鉴定初级工1235人、中级工443人，获证1018人。

2010年，启动职业技能鉴定质量管理体系建设，确定"以科学规范的管理体系，通过持续改进，实现顾客满意，为创建一流区外销售企业提供人才评价支撑"的质量方针，明确了"鉴定过程控制率≥95%，顾客满意度＞95%"的质量目标。全年开展860人职业技能鉴定工作，累计鉴定初级工709人、中级工151人，获证441人（见图8-10）。

图8-10 技能鉴定实操考试考评员合影

2011年5月，销售公司油品分析工职业技能鉴定题库和培训教材专家组在安宁油库集中组织修订编写。8月，公司职业技能鉴定站设质量管理室、考务管理室、现场管理室、题库管理室4个职能部门，并通过国家职业技能鉴定机构质量管理体系认证，成为集团公司第66家、销售公司第6家获得质量管理体系认证的职业技能鉴定机构。全年开展1474人职业技能鉴定工作，累计鉴定初级工1213人、中级工261人，获证845人。

图8-11 站级管理系统操作考核

2012—2014年，开展3682人职业技能鉴定工作，累计鉴定初级工2547人、中级工812人，高级工323人，获证2524人（见图8-11）。2014年5月，修订《职业技能鉴定实施细则》，明确委托鉴定业务的外部单位缴纳费用方式与标准，划分考评员与高级考评员考评等级，规范技师与高级技师等级鉴定管理办法。

2015—2017年，开展2541人职业技能鉴定工作，累计鉴定初级工1369人、中级工888人、高级工284人，获证2299人。2015年，参加销售公司油品储运调和操作工、油品分析工工种技师技能等级鉴定，共2人获证。2016年，参加销售公司加油站操作员工种技师技能等级鉴定，共13人获证。2017年7月，在集团公司开展的操作技能人才培养开发工程实施情况检查评估工作中，公司职业技能鉴定站成绩优异，综合评价92.5分。

2018年6月，修订《职业技能鉴定实施细则》，新增规范性引用文件，修改鉴定申报条件以及企业职业技能竞赛获奖破格晋升条件。同月，根据集团公司和销售公司有关规定，结合公司实际，制定《高技能人才管理实施细则》，规范高技能人才考评、培养、聘任与管理工作，加强高技能人才队伍建设，充分发挥高技能人才在企业生产经营中的骨干作用。全年开展1047人职业技能鉴定工作，累计鉴定初级工671人、中级工251人、高级工125人，获证880人。

三、专业技术职称评审

1999年9月，公司成立职称改革工作领导小组，初级专业技术资格的评定由公司开展；中级专业技术资格的评定，报销售公司审核后下文批复；高级专业技术职务任职资格报销售公司评审，股份公司人事部审核后下文确定。

2004—2008年，深化职称改革，建立完善的专业技术职务评聘制度，实行"三严两分开"评聘政策，拓宽员工成长通道。2005年，公司调整职称改革领导小组。2007年11月，销售公司同意公司对思想政治工作、工程技术专业中级专业技术职务评审委员会进行调整，调整后的两个中级专业技术职务评审委员会委员任期两年。

2009年，广西销售公司和贵州销售公司上划股份公司管理后，经征求广西销售公司和贵州销售公司意见，报集团公司人事部批准，由公司和广西销售公司、贵州销售公司共同成立工程、政工专业中级职务联合评审委员会，评审委员会名称仍沿用中国石油西南销售公司工程（政工）专业中级职务评审委员会，负责对3家公司工程、政工专业初级和中级职务进行评审。评委会办公室设在公司人事处，负责评委会的日常工作及评审组织等工作。

2013年3月，下发《专业技术职务任职资格评审工作管理办法》，规范专业技术职务任职资格评审范围和工作程序。

2017年，公司首次通过人力资源管理系统（ERP-HR）进行高级专业技术职务任职资格申报、初评及推荐人选上报工作。

2018年，修订完善《专业技术职务任职资格评审工作管理办法》，调整专业技术职务任职资格专业评审范围，继续开展工程和政工专业系列中级、初级专业技术职务任职资格评审，实行全国统一考试的经济、统计、审计和会计专业，不再进行相应的专业技术职务任职资格评审或认定，其他专业系列均委托地方评审，公司负责办理中级、初级专业技术职务任职资格委托评审手续。截至2018年，公司通过持续组织开展技术职称评审工作，共有1459人获得初、中、高级各类职称，其中教授级1人、高级71人、中级167人、初级1220人（见表8-12）。

表8-12　1999—2018年职称评审统计

类别 年份	教授级高级职称（人数）	高级职称（人数）	中级职称（人数）	初级职称（人数）
1999年	0	0	0	0
2000年	0	1	0	0
2001年	0	2	1	7

续表

类别 年份	教授级高级职称（人数）	高级职称（人数）	中级职称（人数）	初级职称（人数）
2002年	0	0	0	15
2003年	0	0	2	51
2004年	0	0	0	0
2005年	0	1	2	104
2006年	0	0	0	150
2007年	0	10	8	240
2008年	0	2	14	82
2009年	0	4	7	23
2010年	0	4	11	17
2011年	0	2	9	52
2012年	0	4	12	175
2013年	0	4	8	147
2014年	0	5	11	42
2015年	1	6	8	29
2016年	0	8	9	41
2017年	0	10	65	45
2018年	0	8	0	—
合计	1	71	167	1220

第三节　劳动组织

1999年6月，为建立有效的用工机制，规范用工行为，公司下发《企业自行用工管理暂行办法》。企业自行用工，指从中国石油系统外招聘，使用期限在3年以内的临时用工人员。当年，员工总量66人，平均年龄34.5岁，均为合同化员工，全部为机关管理人员，其中本科及以上学历21人。

2000年12月，公司下发《所属企业社会招聘人员管理试行办法》等两个文件。建立现行用工制度和员工社会招聘相结合，以社会招聘为主的新型用工制度，规范用工行为。是年，根据《西南销售分公司员工有偿解除劳动关系实施细则》，经成都市公证处公证，李灵民等9名员工与公司有偿解除劳动关系。当年，员工总量2097人，平均年龄24岁，其中合同化员工73人，市场化员工 2024 人；管理人员 228 人，技能操作人员 1869 人；本科及以上学历 147 人。

2002 年以前，合同化员工的劳动合同、社会保险均按集团公司规定规范管理，市场化用工管理方面未出台相应规范性、统一性政策。

2002 年 7 月，公司按照销售公司要求，接受第一批按社会用工管理的 15 名大学生，大学生用工统一纳入社会化用工管理范畴。当年，员工总量 4039 人，平均年龄 24.8 岁，其中合同化员工 108 人，市场化员工 3931 人；管理人员 831 人，技能操作人员 3208 人；本科及以上学历 302 人。

2003 年 1 月，公司实施《西南销售分公司机关处室业务主管岗位聘任暂行办法》，通过本人提出申请，处室考核推荐，人事处审核，公司党政领导会议研究决定的方式实施聘任。同月，按照扩大签订劳动合同及办理社会保险范围，做好事业留人、感情留人、适当待遇留人的工作要求，建立培养人才、吸引人才、用好人才、稳定人才的机制，针对市场化员工启动全员签订劳动合同及启动社会保险工作。当年，员工总量 4229 人，平均年龄 25.4 岁，其中合同化员工 113 人，市场化员工 4116 人；管理人员 769 人，技能操作人员 3460 人；本科及以上学历 312 人。

2004 年 10 月，根据股份公司《西南销售分公司机关搬迁过程中人事方面的处理意见》，经本人提出申请，成都市公证处公证，李克俭等 14 名员工与公司依法解除劳动合同。当年，员工总量 5935 人，平均年龄 25.6 岁，其中合同化员工 100 人，市场化员工 5835 人；管理人员 741 人，技能操作人员 5194 人；本科及以上学历 403 人。

2005 年，公司继续完善用工制度，市场化用工达到公司员工总数的 98% 以上，实现了"用工规范化、招聘属地化、管理一体化、薪酬市场化、培训系统化"的现代企业用工管理目标，公司在集团公司人事工作会议上交流经验。6 月，公司下发《中国石油西南销售公司引进各类特需管理人员管理暂行办法》。当年，加大人才引进工作，共从油田、炼化企业调入业务娴熟、公司急需的专业人才 29 名，并与 74 名石油院校应届毕业生达成就业意向。年末，员工总量 8519 人，平均年龄 26 岁，其中合同化员工 131 人，市场化员工 8388 人；管理人员 736 人，技能操作人员 7783 人；本科及以上学历 612 人。

2006 年，为适应劳动合同管理要求，加强和规范劳动合同管理，建立稳定和谐的劳动关系，根据《中华人民共和国劳动法》《劳动合同法》《中国石油天然气股份有限公司劳动合同管理办法》及相关劳动政策法规有关规定，正式出台《劳动合同管理办法》。5 月，公司下发《中国石油西南销售公司普通院校应届毕业生引进工作及见习期管理暂行办法》，明确引进毕业生实行统一计划、统一政策、统一组织、分级管理，规范大学生引进和培养管理程序，共引进 127 名应届大学毕业生。10 月，公司下发《西南销售公司组织机构设置、编制与员工总量管理暂行办法》等 6 个配套改革办法。此次改革不是普调增资，而是以统一、规范和调整分配结构为目的。当年，员工总量 8866 人，平均年龄 26.3 岁，其中合同化员工 139 人，市场化员工 8727 人；管理人员 704 人，技能操作人员 8162 人；本科及以上学历 621 人。

2007 年，加大低效站用工管理，不断提高劳动生产率，公司核心竞争力进一步增强。当年，员工总量 10535 人，平均年龄 26 岁，其中合同化员工 139 人，市场化员工 10396 人；管理人员

700 人，技能操作人员 9835 人；本科及以上学历 737 人。

2008 年，公司员工总量 8820 人，平均年龄 27 岁，其中合同化员工 135 人，市场化员工 8685 人；管理人员 748 人，技能操作人员 8072 人；本科及以上学历 705 人。

2009 年，公司严格推进"三控制一规范"，严格执行用工总量控制计划，通过合理控制非主营业务规模，推进非主营业务、后勤服务业务的整体外包，实施低销站内部承包经营、委托管理、适当调整用工模式、清理规范用工工作，进一步精干主体队伍。当年，员工总量 5323 人，平均年龄 27 岁，其中合同化员工 89 人，市场化员工 5234 人；管理人员 530 人，技能操作人员 4793 人；本科及以上学历 420 人。

2010 年，公司制定《用工管理办法》，将用工合规管理推向新高度。与石油高校、职业技校建立合作机制，达成培养协议，拓宽员工招聘、人员储备和素质提升渠道，营造有利于人才脱颖而出的内部环境。当年，为适应公司快速发展需要，从新疆独山子石化公司等单位引进 7 名技术人员。员工总量 6486 人，平均年龄 26.5 岁，其中合同化员工 102 人，市场化员工 6384 人；管理人员 613 人，技能操作人员 5873 人；本科及以上学历 526 人。

2011 年，按照《州市公司分类管理办法》的有关规定，根据各州市公司规模及质量发展情况，采用 2010 年各有关生产经营数据测算各州市公司类别。其中昆明分公司为正处级二类公司，曲靖、大理（中青）、红河、玉溪、文山分公司等 5 家单位为副处级四类公司，楚雄、保山、西双版纳分公司等 3 家单位为正科级四类公司，丽江和昭通分公司 2 家单位为正科级五类公司，临沧和普洱分公司 2 家单位为正科级六类公司，德宏分公司为正科级七类公司，类别自 2011 年 1 月 1 日起执行。当年，引进网建、营销等骨干人才 26 人，招聘应届高校毕业生 341 人。员工总量 7781 人，平均年龄 26.7 岁，其中合同化员工 112 人，市场化员工 7669 人；管理人员 721 人，技能操作人员 7060 人；本科及以上学历 819 人。

2012 年 3 月，公司围绕控员增效目标的实现，开展非主营业务工作任务外包，将库站餐饮及保洁等后勤服务工作整体外包给人力资源管理公司。5 月，为控制用工总量、减少直接用工，提高劳动效率，制定《公司基层库站新入职操作服务人员劳务派遣管理指导意见》，将新投运加油站操作服务岗位及现有库站新招用的操作服务人员纳入劳务派遣管理。劳务派遣满 1 年后，考核合格，按一定比例转为市场化员工，提高市场化员工的门槛，进一步提升基层队伍整体综合素质。当年，员工总量 7694 人，平均年龄 27.3 岁，其中合同化员工 116 人，市场化员工 7578 人；管理人员 843 人，技能操作人员 6851 人；本科及以上学历 1008 人。

2013 年，采取逐步过渡、逐步消化超定员人员的方式调整劳动定员，制定《加油（气）站及油库劳动定员》标准。推进"三控制一规范"，实施后勤保障服务项目委托管理，减少直接用工 509 人。6 月，开始推行经营管理目标责任制。7 月，在玉溪分公司采取集体经营、个人经营、家庭经营的方式，对加油站实施经营管理目标责任制。当年，员工总量 6920 人，平均年龄 27.9 岁，其中合同化员工 124 人，市场化员工 6796 人；管理人员 738 人，技能操作人员 6182 人；本科及以上学历 881 人。

2014年4月，深化体制改革创新，全面推行"四部一中心"模式，州市分公司部室精简率38%。当年，员工总量6681人，平均年龄28.3岁，其中合同化员工121人，市场化员工6560人；管理人员738人，技能操作人员5943人；本科及以上学历875人。

2015年5月，坚持顶层设计，综合考虑单站日销量、交易笔数、非油销售额等因素，引入柴汽比系数精准衡量不同加油站劳动强度大小，修订完善《加油（气）站及油库劳动定员》标准，进一步提高劳动效率。强化"三控制一规范"，持续优化用工结构，减少直接用工189人，全员人均纯枪量同比增加11吨，日均10吨纯枪用人同比减少0.5人。当年，员工总量6289人，平均年龄29.2岁，其中合同化员工119人，市场化员工6170人；管理人员738人，技能操作人员5551人；本科及以上学历963人。

2016年，员工总量6006人，平均年龄30.2岁，其中合同化员工116人，市场化员工5890人；管理人员725人，技能操作人员5281人；本科及以上学历1001人。

2017年10月，制定《加油站岗位设置优化运行方案》，正式推行加油站大岗位责任制，将加油站岗位设置统一规范为加油站经理、值班经理、营业员三类岗位，明确"安全技能""营销技能""服务技能""设备及系统技能""数质量技能""财务技能"等六项技能，逐步向"大岗位"管理迈进，实现从专人专岗到"一人多岗、一岗多能"的转变。根据各单位规模和机关人员编制确定部门领导职数，二级单位机关部门领导职数减少58个，主管岗位减少22个，共优化用工311人。当年，员工总量5695人，平均年龄31岁，其中合同化员工115人，市场化员工5580人；管理人员721人，技能操作人员4974人；本科及以上学历1000人。

2018年1月，将昆明分公司常青、宏程、宏峰、桂港、铁龙、小石坝、小新村、正阳等10座加油站正式委托云南聚蛟企业管理股份有限公司管理，减少用工71人。

通过采取多种措施，在网络规模、销售总量大幅增长的情况下，历年用工总量不升反降，进一步提高了劳动效率。用工总量从2013年初的7694人调减至2018年底的5648人（见表8-13）。

第四节　业绩考核

2000年，在公司年度工作会上首次提出建立一套以业绩考核为主的激励与约束机制，把每个员工的劳动成果与个人收入挂钩，有效调动全体员工的工作积极性。

2001年，初步建立一套以业绩合同为主的考核机制，对年度任务按照效益类、管理类、组织类细分为十二项考核指标，分解到各处室、各单位，建立业绩合同并严格考核。

2002年，建立业绩考核责任制，逐级签订业绩合同，初步形成以业绩考核为基础的激励机制，较好地调动各级管理人员和全体员工的工作积极性。

表 8-13　1999—2018 年员工队伍结构情况表

单位：人

项目 \ 年份	1999年	2000年	2001年	2002年	2003年	2004年	2005年	2006年	2007年	2008年	2009年	2010年	2011年	2012年	2013年	2014年	2015年	2016年	2017年	2018年
一、员工总数及基本情况																				
员工总数	66	2097	3781	4039	4229	5935	8519	8866	10535	8820	5323	6486	7781	7694	6920	6681	6289	6006	5695	5648
其中，合同化员工人数	66	73	101	108	113	100	131	139	139	135	89	102	112	116	124	121	119	116	115	110
市场化员工人数	0	2024	3680	3931	4116	5835	8388	8727	10396	8685	5234	6384	7669	7578	6796	6560	6170	5890	5580	5538
男员工人数	51	1174	2192	2105	2326	3145	4602	4521	5372	3969	3141	3252	3535	3465	3178	3178	2989	2860	2698	2659
女员工人数	15	923	1589	1934	1903	2790	3917	4345	5163	4851	2182	3234	4346	4229	3742	3503	3300	3146	2997	2989
员工平均年龄	34.5	24	24.5	24.8	25.4	25.6	26	26.3	26	27	27	26.5	26.7	27.3	27.9	28.3	29.2	30.2	31	31.5
二、员工队伍结构情况																				
管理人员总数	66	228	235	831	769	741	736	704	700	748	530	613	721	843	738	738	738	725	721	717
其中，省公司机关管理人员	66	40	47	52	53	109	151	154	157	155	127	132	138	155	152	154	152	153	153	148
所属各单位机关管理人员	—	188	188	779	716	632	585	550	543	593	403	481	583	688	586	584	586	572	568	569
技能操作人员总数	—	1869	3546	3208	3460	5194	7783	8162	9835	8072	4793	5873	7060	6851	6182	5943	5551	5281	4974	4931
其中，客户经理人数	—	0	0	0	0	0	0	0	0	0	0	0	0	0	54	157	157	152	152	125
加油站人数	—	1775	3156	2775	3077	4522	6932	7173	8659	7581	4449	5434	6569	6386	5610	5335	4986	4729	4437	4419
其中，加油站经理	—	70	109	205	212	329	453	546	564	560	426	426	553	583	599	623	644	653	683	727
油库人数	—	94	390	433	383	548	689	827	908	329	322	353	405	379	355	320	313	305	291	291
其中，油库主任人数	—	6	6	6	6	9	9	12	11	10	10	10	10	11	12	10	9	9	10	9
油库副主任人数	—	3	3	3	3	5	5	10	9	9	9	9	9	12	16	11	13	12	14	15
三、员工队伍学历情况																				
本科及以上学历人数	21	147	245	302	312	403	612	621	737	705	420	526	819	1008	881	875	963	1001	1000	1009
大、中专学历人数	39	736	1323	2625	1696	2376	3325	3546	4214	3528	2489	2864	3726	3489	3104	3097	3321	2779	2600	2575
大、中专以下学历人数	6	1214	2213	1112	2221	3156	4582	4699	5584	4587	2414	3096	3236	3197	2935	2709	2095	2098	2095	2064

2003年，建立吨油人工成本、吨油工资含量、人均实物销量、人均利润等指标体系；探索切实可行的销售代表分配办法，形成多劳多得的分配激励机制。制定"2003年降低成本、挖潜增效实施方案"，把挖潜增效目标任务细化分解，纳入考核，提升公司挖潜增效工作。3月，公司根据业绩考核要求，结合2003年发展规划和经营管理总体要求，以"增加销量、降低成本、挖潜增效、树立形象"为工作主线，建立自上而下的业绩考核制度，形成"责任看指标、增效靠管理、奖惩凭业绩"的激励约束机制，制定《2003年绩效考核实施办法》，进一步促进经营管理水平的提高。为加强绩效考核的组织领导，公司成立绩效考核委员会作为业绩考核的管理机构，绩效考核委员会下设绩效考核办公室，绩效考核办公室设在人力资源部。

2004年，公司根据全年总体销售目标，结合当前市场需求及资源供应等实际情况，调整各单位2004年度业绩合同指标。年内，在历年绩效考核体系的基础上继续健全业绩考核体系，突出指标的预算考核，推行量、利、费三联互动的考核机制。

2005年，按照股份公司《高级管理人员业绩考核暂行办法》，形成了年度绩效考核办法和各单位、机关各处室考核细则互为补充的业绩考核机制，将绩效考核结果作为奖金兑现的依据，作为评优、竞聘及劳动合同续签、解除的重要依据。

2006年，公司召开绩效管理体系建设阶段工作汇报会，北大纵横管理咨询有限公司对公司绩效管理体系设计方案（讨论稿）进行了汇报，公司领导班子成员和机关处室对考核范围、周期、维度等提出了建议。按照《成品油销售企业地区公司两级机关业绩考核指导意见》的要求，根据两级机关不同管理岗位工作要点和岗位职责，确定业绩考核指标和考核评价方式。根据《成品油销售企业业绩考核指标词典》，不断完善业绩考核指标体系，既注重经营指标，又注重对管理指标的考核，提高绩效考核的准确性与及时性。制定《绩效考核管理程序》，明确绩效管理要与战略目标相匹配，以提高员工绩效和能力为导向，采用定性与定量考核相结合的方法进行多角度考核；通过工作绩效、态度绩效和能力绩效三大考核维度，对各单位和员工从工作过程和业绩结果全方位、全角度跟踪考核，初步建立了一套符合实际、科学规范的绩效考核体系。

2007—2009年，按照《绩效考核管理程序》实施考核。2007年，以"过程科学、结果适用"为目标，全面启动新的绩效管理考核体系，切实发挥了对单位和个人的激励导向作用。按照"干什么、考什么"的原则，构建任务绩效指标库，在考核过程中加强与基层单位的沟通交流，使考核评价更趋科学合理（见表8-14、表8-15）。6月，成立绩效考核委员会，加强了绩效考核工作的组织领导，完善了绩效考核管理程序，规范了考核数据采集环节，切实发挥绩效考核对集体和个人的激励导向作用。2008年2月，下发《中国石油西南销售公司管理性支出考核办法（暂行）》。6月，下发《加油站绩效考核指导意见（试行）》。

2010年，公司进一步健全绩效考核体系，建立机关处室专业管理绩效，对机关一般管理人员推行月度工作量化评价法。要求14条专业线分别制定《专业管理绩效考核实施细则》，每季度按照实施细则标准要求，对基层单位实行百分制考核；同时开展管理绩效考核、周边绩效、工作能力与态度考核。管理绩效主要是用来衡量机关部门对基层单位工作指导、帮助基层解决问题和

表 8-14　西南销售公司营销处 2008 年业绩合同

受约人姓名：　　　　　　发约人姓名：　　　　　　合同有效期：2008 年 1 月 1 日至 12 月 31 日
职　务：营销处处长　　　职　务：西南销售公司副总经理　　　签订日期：2008 年 1 月 25 日

指标类别	关键业绩指标	权重（%）	计量单位	目标值	完成值
营运类	费用控制　处室管理费	3	万元		
	运行费	7	万元		
	销售量　销售量	10	万吨		
	零售量	25	万吨		
	终端销售比例	10	%		
	润滑油销量	5	万吨		
	价格到位率	5	%		
	资源计划落实　资源计划配置量	20	万吨		
	自采资源量	5	万吨		
专业类	应收账款、其他应收账款降低	10	万元		
组织类	及时消除各种不稳定因素，无群体性事件，党风建设责任区无违法违纪。达到控制目标增加 3 分，未达到控制目标的每起事件扣减 3 分				
	公司发生安全、环保、质量责任事故，负连带责任，按集团公司事故责任人责任追究规定执行。				
	管理层测试和外部审计中相关业务，一般性缺陷=0，重要缺陷=0，实质性漏洞=0。达到控制目标增加 1 分，未达到控制目标的每项扣减 3 分				

表8-15 西南销售××分公司2008年业绩合同

受约人姓名：	职务：××公司经理　姓名：	职务：××公司党委书记　姓名：
发约人姓名：	职务：西南销售公司总经理　姓名：	职务：西南销售公司党委书记　姓名：
合同有效期：2008年1月1日至12月31日		
签订日期：2008年1月25日		

指标类别	关键绩效指标		权重（%）	计量单位	目标值	数据提供部门
效益类	税前利润		10	万元		
服务类	综合服务满意度		5	%		
营运类	销售量	销售量	8	万吨		
		零售量	15	万吨		
		终端销售比例	10	%		
	非油品销售贡献（销售收入+毛利）		5	分数		
	费用控制	管理费用	3	万元		
		吨油现金营销成本（批发）	2	元/吨		
		吨油现金营销成本（零售）	12	元/吨		
	网络建设	开发加油站核准数	8	座		
		加油站投运数	7	座		
组织类	应收账款、其他应收账款降低		5	万元		
	员工伤亡事故千人死亡率		5	‰		
	全员人均资产型零售量		5	吨/人		
	员工总量及人工成本控制		3		员工总量控制达标，人工成本控制达标，达到控制目标的每项增加1分，未达到控制目标的每项扣减3分	
	反腐倡廉责任书		5		加强思想政治工作，党风廉政建设和班子建设，保持员工队伍稳定；及时消除各种不稳定因素，能做到无大规模群体性事件，班子不发生重大党风廉政问题，完成目标值加5分，未完成减5分	

发生安全环保责任事故的，按安全环保责任书规定追究受约人和单位责任。
发生质量计量测试和外部审计中，一般性缺陷=0，重要缺陷=0，实质性漏洞=0，达到控制目标的每项扣减3分
管理层测试和外部审计中，一般性缺陷=0，重要缺陷=0，实质性漏洞=0，达到控制目标的每项扣减3分

困难的情况，实行百分制考核；周边绩效主要是用来衡量机关部门之间工作上相互支持、相互配合等方面的情况，也实行百分制考核；工作能力和态度绩效评价，主要是公司和各单位领导班子对所属机关部门及单位领导班子成员进行的评价，也就是上级对下级工作能力和工作态度的评价。2010年将机关管理人员绩效奖金的30%、库站人员绩效奖金的30%与绩效考核结果挂钩考核，调动了广大员工的工作积极性。年内，组织开发绩效管理信息系统，提升了公司绩效考核效率。

2011年，推行全员业绩合同考核，制定《关于推行全员业绩合同考核的实施意见》，制定各层级员工业绩合同模板，分级、分类帮助、指导和督促所有员工签订年度业绩合同，深化全员绩效考核。将安全指标、部分关键绩效指标、网络建设任务完成情况纳入领导人员问责制度，对指标没有踏上进度要求的单位、部门领导人员进行通报批评、述职、诫勉谈话、扣发奖金等处理，通过推行指标考核问责制度，达到了鼓励先进、鞭策后进的目的。为进一步调动两级机关员工的工作积极性，将机关管理人员绩效奖金挂钩考核的比例提高到60%，同时，将绩效考核结果作为绩效面谈的重要依据，将绩效反馈面谈制度推广到全体员工，并通过信息系统自动提示和督促管理人员实施绩效反馈面谈，充分发挥绩效反馈面谈制度的积极作用。

2012年，开发业绩合同、降费增效、生产联系点模块等月度考核网络管理模块并投入应用，实行绩效诊断制度，推行360度全方位考评，实现从手工向信息化、季度考核向月度考核转变。绩效考核系统的完善，推动了绩效管理的网络化、便捷化，绩效考核基础工作效率提高50%以上，领导人员360度民主测评通过信息系统（网上）进行，提高效率达95%，大大减轻工作量；由于从绩效考核的发起、信息填报到考核结果计算、异常情况提醒、考核结果的反馈均通过信息系统进行，实现了绩效考核过程控制流程化、结果计算自动化；因绩效反馈面谈通过信息系统发起、提醒和监控，如果上级没有进行绩效反馈面谈，则系统会自动予以提醒，确保绩效反馈面谈制度的贯彻落实，实现绩效改进的机制化。

2013年，制定下发《"制度、流程、KPI"三位一体管理实施细则》，建立制度、流程、KPI"三位一体"考评模式，吸纳OMC考核评价方式，把OMC评价功能移植到销售公司管理评价系统中，将公司领导、机关处室长、各单位领导班子成员等均纳入"三位一体"考核。加大工效挂钩力度，明确将两级机关管理人员、库站经理绩效奖金全额与利润、销售总量、成本指标完成情况同比例挂钩考核，扣奖幅度高限比例占绩效奖金全额的15%—35%；各单位利润、销售总量、成本指标考核挂钩权重为52%—72%，较好地发挥了工效挂钩的导向作用。

2014年，精简业绩合同考核指标数量，增加量本利指标考核权重，制定工效挂钩、纯枪增量、降本控费三个专项考核办法，建立"一合同三办法"的绩效考核机制，形成专项考核与业绩合同考核各有侧重、互为补充、发挥协同效应的绩效管理体系。

2015年，优化调整业绩合同考核指标数量，调整量本利指标考核权重，制定纯枪增量、降本控费、网络建设三个专项考核办法，形成专项考核与业绩合同考核各有侧重、互为补充、发挥协同效应的绩效管理体系，同时将业绩合同单项考核指标完成率由130%调整为120%封顶。

2016年，按照公司"重零售、强直销、上非油"的发展思路，对各单位业绩合同框架及关键考核指标做适当调整，适度调增便利店收入的考核权重；根据机关处室职能划分，将网络建设、投资控制计划及客户满意度等指标进行微调，对相关处室增加考核指标，使考核指标设置更加符合管理实际；优化完善专项考核办法，在突出关键绩效考核指标考核的同时，优化考核项目、考核内容及考核方式，减少专项考核种类，避免重复考核，引导各单位、各处室更加注重发展质量、效益。

2017年，在现有绩效考核体系的基础上，探索建立各单位综合竞争力评价体系，围绕创新、零售量、市场份额等内容设定评价指标，按照权重进行综合评价。启动所属各单位综合竞争力及发展进步能力排名，推动均衡发展。年度业绩考核结果中，公司以综合业绩考核127.61的总分，获评集团公司"2017年度业绩考核A级单位"。

2018年，将党建思想政治工作和党风廉政建设纳入业绩合同关键绩效指标考核，权重20%；结合2017年考核情况、2018年销售公司新要求以及公司发展新目标，继续突出量、本、利关键驱动因素考核，对业绩合同指标体系进行适当调整和完善（见表8-16、表8-17）；优化完善扩销增量、网络建设、挖潜增效三个专项考核办法。通过调整引导各单位、各处室以量、本、利为中心推进各项重点工作，确保2018年生产经营管理目标实现。

第五节　薪酬管理

1999年公司成立后，薪酬体系按照股份公司标准执行，包括技能工资、岗位工资、工龄工资、绩效奖金及加班工资5项。11月，为更好体现效率优先、兼顾公平的分配原则，合理拉开分配差距，调整了月度奖金系数档次。

2000年8月，公司下发《新增人员薪酬及有关待遇的规定》。明确了1999年4月9日以后新增的员工（从系统外调入或新分配的大、中专毕业生、复转军人）实行用工双方协商后以合同形式确定合同工资制，原则上采用结构相对单一、不分工资单元的月薪制，具体标准由用工单位根据劳动力供求关系和市场工资水平自行确定。新增人员福利待遇自起薪之日起同公司其他人员一致。下发《关于派驻全资、控股、参股公司工作人员薪酬及有关待遇问题的暂行规定》。同月，为深化养老保险制度改革、进一步提高员工养老保障能力和调动员工的工作积极性，下发《西南销售分公司补充养老保险实施办法》，在启动基本养老保险的基础上，增加补充养老保险。

表 8-16 云南销售公司市场营销处 2018 年度业绩合同

| | | | 受约人姓名： | 发约人姓名： | 职务：云南销售公司总经理 | 合同有效期：2018年1月1日至12月31日 | |
| | | | 职务：市场营销处处长 | 姓名： | 职务：云南销售公司党委书记 | 签订日期：2017年12月26日 | |

指标类别	关键绩效指标		计量单位	权重（%）	目标值	数据提供部门
效益类	税前利润		万元	16		财务处
	平均投资资本回报率		%	4		财务处
	存货油品占用资金利息		万元	4		财务处
	处室专项可控费用		万元	4		人事处
营运类	成品油销售	省内自营销量	万吨	18		财务处
		纯枪量	万吨	22		财务处
	IC卡管理	沉淀资金	亿元	5		投资处
	网络建设	加油（气）站开发数	座	1.5		工程处
		加油（气）站投运数	座	1.5		工程处
客户类	95504客户投诉回访满意率		%	4		人事处
党群类	党建思政工作和党风廉政建设		分	20		党群工作处、党委组织部、党委办公室、纪委办公室

工作受到集团公司、股份公司，一般B级及以上安全表彰（对集体的表彰）的，业绩合同分值加2分/次，同一项工作不重复加分，累计最多加5分。属于季度表彰的，按季度进行加分。

本部门责任范围内发生一般B级及以上安全责任事故、一般及以上工程质量责任事件、重大及以上环保责任事故，扣减业绩合同分值20分。发生上述相关事故的，还需按HSE目标责任书规定追究受约人和部门的责任。发生一般及以上但负面影响较大责任事故的，扣减业绩合同分值8分。负连带责任事故的，扣减业绩合同分值5分。发生上述相关事故但经济损失50万元以下的，按照就重复核原则进行考核。 各有关部门

管理层测试和外部审计控制目标：一般缺陷、重要缺陷、实质性漏洞均为0，每出现一次一般缺陷扣减业绩合同分值3分，每出现一次重要缺陷扣减业绩合同分值5分，每出现一次实质性漏洞扣减业绩合同分值10分。"合规管理"未达到公司要求的，按季度考核，按季考核扣分值，最多扣3分。 企管处

销售计划完成率目标值为100%，比目标值每降低1%扣1分，直至扣完5分。按季度考核，全年按平均分扣分考核 调运处

应收款项指标按照公司相关规定执行，年度未完成指标要求的，按照相关考核办法扣减业绩合同分值2分 财务处

信息系统应用评价未达标的，扣减业绩合同分值2分 信息处

公司年度开展阶段性专项工作（活动）的，其考核纳入本业绩合同，具体考核办法见相关文件 各有关部门

表8-17 云南销售公司××分公司2018年度业绩合同

受约人姓名： 职务：××分公司经理　　发约人姓名： 职务：云南销售公司总经理　　合同有效期：2018年1月1日至12月31日
姓名：　　　　职务：××分公司党委书记　　姓名：　　　　职务：云南销售公司党委书记　　签订日期：2017年12月26日

指标类别	关键绩效指标		计量单位	权重(%)	目标值	数据提供部门
效益类	税前利润		万元	12		财务处
	吨油现金成本		元/吨	8		
	非油业务利润/润滑油利润		万元	5/3		非油处
营运类	销售总量	自营销售总量	万吨	11		市场营销处
		纯枪量/IC卡沉淀资金	万吨/万元	13/2		
		便利店收入/润滑油销售	万元	5/3		非油处
	网络建设	加油(气)站开发数	座	3		投资处
		加油(气)站投运数	座	7		市场营销处/工程处
	损耗控制	运输损耗率	‰	2		调运处
		零售保管损耗率	‰	2		质安处
客户类	客户满意度		分	4		市场营销处
党群类	党建思想政治工作和党风廉政建设		分	20		党群工作处、党委组织部、党委办公室、纪委办公室

续表

受约人姓名：		发约人姓名：		合同有效期：2018年1月1日至12月31日
职务：××分公司经理		职务：云南销售公司总经理		
姓名：××分公司党委书记		姓名：云南销售公司党委书记		签订日期：2017年12月26日

指标类别	关键绩效指标	计量单位	权重（%）	目标值	数据提供部门
控制类	1. 发生一般B级以上安全责任事故、一般及以上工程质量责任事故、一般及以上环境责任事件、重大及以上质量计量责任事故，直接经济损失50万元以上或经济损失影响较大责任事故的，扣减业绩合同分值20分。发生上述事故负连带责任的，扣减业绩合同分值12分。发生事故但未达到上述考核条件的，扣减业绩合同分值8分。负连带责任的扣减5分。发生上述相关事故，还需按HSE目标责任书规定追究受约人和单位的责任。考核出现重复的，按照就重原则进行考核。（发生一般C级安全事故，扣减责任单位当年工资总额基数的1%；发生一般B级安全事故，扣减责任单位当年工资总额基数的1.5%；发生A级及以上安全环保事故或一般环境事件，扣减责任单位当年工资总额基数的3%）。 2. 责任范围内每发生一起因网络信息系统管理不善引起的商业机密和信息泄密事件的，扣减业绩合同分值3分；信息系统应用评价未达标的，扣减业绩合同分值2分。节能节水量指标完不成目标值的，扣减业绩合同分值2分。"合规管理"未达到公司要求的，按相关考核办法扣减业绩合同分值，最多扣4分；"投资计划控制"指标未达到公司要求的，按相关考核办法扣减业绩合同分值，最多扣3分；"在营站平均单站运营天数"指标，按相关考核办法增加或扣减业绩合同分值，最多增加扣减4分；应收账款回收率达不到100%的，扣减业绩合同分值1分。其他一般缺陷扣减扣减预付账款年未余额其中一项达不到公司要求的，扣减业绩合同分值1分。 3. 管理层测试和外部审计控制目标：一般缺陷、重要缺陷、实质性漏洞均为0，每出现一次一般缺陷扣减业绩合同分值3分，每出现一次重要缺陷扣减业绩合同分值5分，每出现一次实质性漏洞扣减业绩合同分值10分				各有关部门

1. 工作受到集团公司、股份公司、销售公司表彰（对集体的表彰）的，业绩合同分值加2分/次，同一项工作不重复加分，累计最多加5分。属于季度表彰的，按季度进行加分；属于年度表彰的，按年度进行加分。
2. 成品油销售总量同比增长率高于成品油自然增长率且高于主要竞争对手增长率时予考核加分，并按内插法计算奖励分值，最高5分，最低2分。低于主要竞争对手时不予加分

公司年度开展阶段性专项工作（活动）的，其考核约人本业绩合同，具体考核办法见相关文件

2002年7月,公司制定下发《薪酬制度暂行办法(一)》,统一规范二级单位机关员工薪酬(见表8-18);制定出台《薪酬制度暂行办法(二)》,统一规范配送中心、加油站零售片区员工的薪酬待遇(见表8-19至表8-23)。12月,根据《劳动法》中关于"国家鼓励用人单位根据实际情况为劳动者建立补充保险"的规定,为使员工在享受基本医疗保险的基础上获得更多的医疗保障,公司实行医疗保障。

表8-18　2002年机关管理人员岗位工资标准　　　　单位:元

岗类	岗位	基本工资	E档	D档	C档	B档	A档	岗位级差
一	总经理助理	1200	1200	1400	1600	1800	2000	200
二	部门正职	1000	1000	1150	1300	1450	1600	150
三	部门副职	800	800	950	1100	1250	1400	150
四	部门科级	700	600	700	800	900	1000	100
五	一级科员	600	500	550	600	650	700	50
六	二级科员	500	400	450	500	550	600	50

表8-19　2002年配送中心岗位工资标准　　　　单位:元

配送中心		油库		油罐车队
岗位	基本工资	岗位	基本工资	基本工资
经理	1000	主任	700	300
副经理	800	副主任	600	
科长	700	班组长	500	300
副科长	600	员工	400	
科员	500	杂工	500	

表8-20　2002年零售片区岗位工资标准　　　　单位:元

岗　位	基本工资
零售经理	750—800
加油站事务管理	600
账务统计员	500

表8-21　2002年加油站核算员岗位工资标准　　　　单位:元

岗位	类别	基本工资	岗位工资	类别划分
加油站核算员	A类	400	500	卡户在200户以上
	B类	400	400	卡户在100户以内
	C类	400	300	卡户在100户以下

表8-22　2002年加油站岗位工资标准　　　　　　　　　　　　　　　　　　　　　单位：元

岗位	基本工资			固定工资
	一类站	二类站	三类站	四类站
站长	750—800	700	600	800
副站长	700	600	500	700
数质量管理员	450	400	350	600
员工	350	300	280	450
杂工	400			

表8-23　2002年片区经营部岗位工资标准　　　　　　　　　　　　　　　　　　　单位：元

岗位	大片区基本工资	小片区基本工资
经理	1000	800
副经理	800	700
加油站事管主管	600	600
管理人员	500	450

2003年9月，公司对机关职能部门的管理岗位序列进一步规范整合，制定下发《关于做好公司机关高级主管、主管、主办岗位聘任的实施办法》。

2004年3月，公司对《薪酬分配办法（暂行）》进行修订，形成《薪酬分配办法》。以完善薪酬管理制度为主线，细化用工"五定"工作，进一步完善用工制度，健全业绩考核体系，规范劳动合同管理，并为签订劳动合同的员工启动社会保险，评定专业技术职称等，充分调动了一线员工的工作积极性。

2005年，公司明确各单位全年薪酬计划分4个季度滚动下达。按照业绩考核结果，兑现机关员工奖金和各单位效益工资，体现"效率优先，兼顾公平"的原则，有效调动员工工作积极性，提高管理效能和经营业绩。年内，规范保险基数，投入850万元资金为员工建立社会保险。

2006年1月，公司正式启动员工住房公积金工作。10月，实施薪酬制度改革，制定《西南销售公司组织机构设置、编制与员工总量管理暂行办法》《西南销售公司岗位（职务）序列规范》《西南销售公司所属单位领导班子成员年薪制管理办法（试行）》《西南销售公司工资总额管理及绩效考核挂钩管理暂行办法》《西南销售公司基本工资制度改革实施办法》《西南销售公司基本工资制度改革实施细则》等6个办法。主要目的是统一公司组织架构，统一岗位（职务）序列，统一员工基本工资制度，规范机构设置与编制管理审批程序，规范员工总量增长模式，规范工资总额管理制度，调整、优化分配结构。12月，提出福利费使用意向，各单位可按工资总额14%比例计提并使用福利费，明确福利费使用必须坚持惠及全体员工的原则；在公司机关建立员工疗养周期包干费等福利项目。

2007年9月，公司下发《人工成本管理暂行办法》。

2009年，制定《州市分公司分类管理办法》，对州市分公司实行差异化管理，州市分公司类别不但与班子职数及机关人员编制密切相关，还与州市分公司行政级别、机关人员岗级、绩效薪酬等直接挂钩。是年，公司试行万吨级加油站经理公开选聘及年薪制，试点的5座万吨级加油站年销量平均同比增加近1400吨，增长9.89%，加油站经理年薪收入较2008年增长9.93%，达到"加油站增量、员工增薪"的目的。

2010年11月，根据集团公司薪酬管理有关要求，公司制定《云南销售分公司工资总额核定方案》《云南销售分公司升油含量累进工资改革方案》《云南销售分公司调整完善基本工资制度改革方案》等3个方案，初步建立用工总量与生产经营规模相联系的总量决定机制，用工总量、销售与薪酬、人工成本联动机制，"以销定编、以编定薪、销编结合"的薪酬总额核定机制。加油站推行吨油含量工资制，油库推行吞吐量工资制，实施了公司成立以来增资幅度最大、向基层一线和艰苦地区倾斜力度最大、全员受益的薪酬体系改革。

2011年12月，公司制定《加油站经理岗位管理办法与3000吨及以上加油站经理年薪制方案》《油库薪酬分配体系调整方案》《公司基本工资制度调整方案》等3个方案，将公司发展成果惠及员工，加大向关键岗位和基层一线倾斜力度，消除合同化、市场化员工收入差距，实现与集团公司薪酬体系有序接轨，充分调动全体员工的工作积极性，提高公司经营管理水平和运营效率。

2012年12月，根据加油站年纯枪销量、人均零售量、加油站星级三项指标将加油站划分为16个等级，根据油库性质、工作内容及管理难度不同，依据油库库容、吞吐量等指标将油库分为6个等级，将加油站经理、油库正副主任待遇按照所管加油站、油库业绩指标分别对应到办事员、助理主办、主办、主管、高级主管、副处级等岗位（职务）职级上，实现加油站经理、油库正副主任收入待遇稳步提升，打通加油站经理、油库正副主任与两级机关管理岗位之间公平、合理、有序的双向交流通道。科学调整各单位间、岗级间的薪酬系数，实现责任与薪酬的正向激励，提出薪酬分配向基层一线岗位、关键岗位、艰苦岗位倾斜的分配制度。

2014年6月，公司下发《企业补充医疗保险管理办法》《企业年金管理办法》。9月，按照"管人、管考核与薪酬相统一"的原则，为进一步规范各单位领导班子成员的薪酬福利管理，完善激励约束机制，公司将各单位领导班子成员的薪酬及"五险两金"统一收归公司集中管理。

2017年8月，在二级单位机关部门增设专业技术岗位，建立专业技术岗位序列管理机制；规范统一各单位机关岗位管理序列，取消正处级单位机关主管管理岗级；加油站推行大岗位管理，将加油站岗位统一为加油站经理、值班经理、营业员三类岗位，明确岗位技能要求及配套措施等。同时建立与之相配套的薪酬体系，根据员工技能等级建立岗技工资制，为公司专业技术人才培养和提高基层员工技能水平提供了保障。

2018年5月，公司下发《关于调整完善统招应届毕业生培养期薪酬标准及培养方式的通知》，进一步调整完善统招应届毕业生薪酬标准，明确"985""211"本科毕业生标准5500元/月；全日制公立院校本科毕业生标准4500元；全日制民办院校本科及大专毕业生3000元；"985""211"院校硕士研究生标准6500元，全日制公立院校硕士研究生标准5500元；取得双学位的加500元（见图8-12）。

图8-12　2018年应届毕业生入职座谈会

第六节　人事档案

2001年，公司下发《中国石油西南销售公司干部人事管理暂行办法》。公司领导班子成员及其正职后备干部的档案，其正本由销售公司管理，副本由公司管理。其他干部档案由公司人事处统一管理。

2004年，公司集中管理人事档案138卷，其中在职人员档案133卷（含领导干部副本3卷）、不在职人员档案5卷。

2005年，公司集中管理人事档案200卷，其中在职人员档案193卷（含领导干部副本7卷）、不在职人员无头档案7卷。人事处对所管辖的合同化员工人事档案进行了全面整理和材料收集，集中收集了一批人事档案归档材料，充实了人事档案内容，提高了人事档案案卷质量。同时借承办股份公司2005年第五期人事档案管理业务培训班机会，选派多名人事档案兼职骨干人员参加此次培训，提升人事档案骨干业务水平。

2006年，公司集中管理人事档案288卷，其中在职人员档案132卷、不在职人员流动档案148卷、无头档案7卷、已故员工档案1卷。11月，公司启动人事档案审核工作，成立人事档案审核工作领导小组，组长由党委书记刘建明担任，副组长由总经理助理兼人事处（组织部）处长（部长）郝丽萍担任。领导小组下设办公室，办公室设在公司人事处（组织部），办公室主任由郝丽萍担任，副主任由人事处（组织部）副处长（副部长）刘启然担任，成员由公司人事档案管理员及各单位人力资源部负责人组成，全面实施公司人事档案审核工作。

2007年，公司集中管理人事档案374卷，其中在职人员档案132卷、不在职人员档案241卷（含离退休人员档案3卷、流动档案231卷、无头档案6卷、已故员工档案1卷）。2月，下发《中国石油西南销售公司人事档案管理暂行办法》《中国石油西南销售公司人事档案管理工作细则》等制度，建立公司人事档案管理制度体系。同月，下发《关于进一步加强人事档案管理通知》，明确人事档案管理工作要求，全面启动市场化员工人事档案管理工作。

2008年，公司集中管理人事档案263卷，其中合同化员工人员档案70卷、市场化员工档案187卷、无头档案5卷、已故员工档案1卷。2月，公司下发《关于做好人事档案验收工作的通知》，组织开展各单位人事档案审核验收工作。10月，按《关于人事档案验收工作安排的通知》要求，公司对滇中分公司等12家单位人事档案审核情况进行检查验收，并根据检查情况下发《人事档案验收工作的情况通报》。

2009年，公司管理员工人事档案4455卷，其中机关员工人事档案263卷（含合同化员工人事档案71卷）、基层员工自建档案4192卷。

2010年，公司组织开展人事档案基础管理完善专项工作。11月，下发《关于完善人事档案基础管理工作的通知》，通过培训、自查、整改及检查等四个阶段，不断夯实人事档案管理工作基础。

2011年，公司深入开展人事基础管理工作。9月，下发《关于进一步加强人事档案管理工作的通知》，进一步明确人事档案基础管理工作要求。10月，组织开展第一期人事档案业务培训班，进一步提升人事档案管理人员业务水平。

2012年3月，公司修订下发《人事档案管理实施细则》《云南销售公司人事档案管理升级达标工作规划》《人事档案管理升级达标运行方案》等4个制度，为公司人事档案制度化、规范化和科学化管理奠定了基础，为人事档案管理规划了管理目标。

2013年4月，公司以人事档案审核得分93.42分，系统数据综合错误率0.3%的成绩，通过集团公司人事部人事档案审核及系统数据核查整改工作检查验收。11月，组织开展所属单位人事档案管理员持证上岗工作，所属单位44名人事档案管理员取得上岗证书。

2015年3月，公司组织开展人事档案改版暨提升案卷质量专项工作，下发《关于开展公司人事档案改版暨提升案卷质量专项工作的通知》，推进人事档案改版专项工作。6月，组织开展公司领导干部人事档案专项审核工作。

2016年6月，全面完成公司领导干部人事档案专项审核工作，累计完成公司123名领导干部人事档案专项审核及审核材料归档工作。8月，完成123名领导干部人事信息关键数据人力资源管理信息系统锁定工作。

2017年10月，公司对20家单位人事档案管理情况进行督导检查，通过检查人事档案改版设施设备、核对本单位中层干部人事档案三龄两历信息数据，现场指出问题，并解决人事档案管理日常管理中存在的问题，夯实了各单位人事档案管理基础。

2018年3月，公司组织开展为期5天的人事档案业务培训班。5月，启动集团公司人事部人事档案管理督导检查迎检工作，下发《关于做好集团公司人事部人事档案管理督导检查迎检工作的通知》,明确督导检查内容、检查评分标准、检查方法等内容。6月,将人事档案管理纳入公司年度基础管理(6S管理)大检查内容。7月,组织对16家所属单位开展人事档案检查工作,并将检查情况进行通报。

第四章 信息化建设

信息化是提升公司营销水平、优化内部管理的有力抓手和重要支撑。公司成立以来，坚持按业务主导原则推进信息化建设。合同管理系统、人力资源管理系统、销售企业资源计划（简称ERP）系统、财务管理信息系统（简称FMIS）、加油站管理系统、物流管理系统、客户关系管理系统等一批统建系统顺利推广应用，规范了业务整体运行流程，丰富了终端销售渠道；协同管理系统、加油站视频监控系统、损耗管理系统、"惠购油"直销APP、无纸会议系统等一批自建系统建成投用，作为统建系统的有力补充，有效提升了公司管理经营水平。信息化在辅助管理、服务业务支撑、服务经营决策、促进业务创新等方面发挥了重要作用。

公司信息网络整体架构为"公司、各单位、油库和加油站"三层拓扑树形结构，信息运维采取"总部、公司、各单位"三级运维体系，信息安全管理工作按照国家和集团公司的信息安全政策和规范标准执行。为规范和提升公司信息化管理水平，结合不同时期管理要求，制定了9项专业管理制度；通过岗位培训、参观考察、团队共建等多种方式，不断提升队伍素质和能力，为公司信息化管理提供了保障。公司信息化工作多次获集团公司年度"信息化工作先进单位"等表彰。

第一节 信息系统建设

一、统建系统

2001年10月，公司在所有加油站推广、实施加油站自动化管理信息系统。年内，根据销售公司统一安排，开始成品油购销存信息管理系统部署与实施工作。成品油购销存信息管理系统是一套分布式处理系统，实现从成品油生产、调运到销售的全过程管理，功能覆盖总公司、大区公司、省公司、地市公司（大区分公司）四级销售网络和炼油企业，并覆盖营业室和油库主要日常业务。

2002年6月，成品油购销存信息管理系统在公司本部及云南分公司、广西分公司、贵州分公司安装调试完毕，开始试运行。年内，加油站零售管理系统、加油站图文信息数据库系统在贵州分公司、云南分公司试行。

2003年8月，销售公司开始推广企业信息门户建设工作。次年3月，公司门户、各处室及各单位二级门户建设完成,当年系统投入使用,建成全公司范围信息发布和资源共享平台。

2005年,根据销售公司安排开始推广使用合同管理信息系统。5月,公司完成对各处室、各单位系统用户的培训,开始全面推广使用合同管理信息系统。

2006年6月,按照公司绩效管理建设工作总体部署,绩效管理体系与绩效管理信息系统在公司机关和滇中分公司同步投入试运行。10月,公司机关办公自动化系统(简称OA系统)开始试运行,并完成OA系统一期推广工作,实现公司机关无纸化办公和公文网上流转。

2007年8月,正式启动人力资源管理系统建设工作。次年8月,人力资源管理系统试运行;11月,全面完成系统数据模板培训、数据采集、数据预导入、数据导入校验、数据核对等五个阶段工作,人力资源管理系统正式上线运行。

2009年3月,根据销售公司统一规划,公司作为ERP第三批推广实施单位,开展销售ERP系统建设工作。销售ERP实施的功能范围包括:财务、采购、销售、库存和设备管理五个功能模块,基本实现商流、物流和资金流的有效管理(见图8-13)。同月,公司正式启动加油站管理系统推广部署工作。9月全面开展系统部署上线工作,12月完成云南292座加油站的部署上线任务,部署上线率98%。

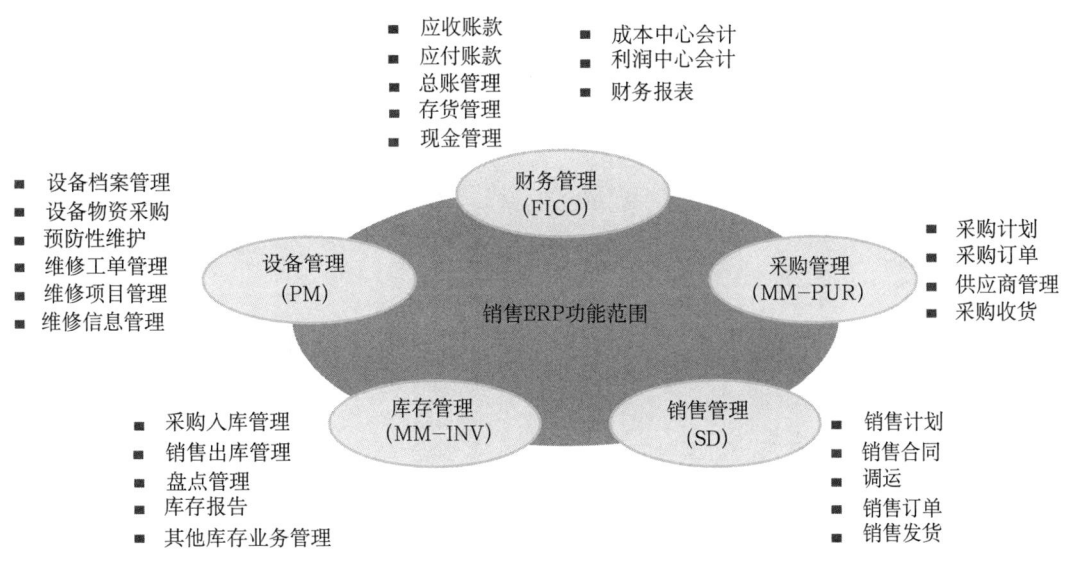

图8-13 销售ERP功能范围

2010年3月,公司完成销售ERP系统自我测试。4月,公司销售ERP系统与业务管理信息系统接口顺利上线,ERP系统与自建业务系统实现业务单轨。5月,实现ERP系统与FMIS融合系统的财务单轨。次年,公司销售ERP系统率先在第三批ERP系统实施单位中实现单轨运行。同时,协调销售公司项目组实现ERP与公司业务系统的接口集成,既保护原有投资,又减少基础重复劳动。

2011年1月,销售公司下发《关于开展油库管理信息系统第三批推广单位前期工作的通知》,

公司信息化管理处编制《油库管理信息系统项目工作部署方案》。7月，公司按计划完成油库管理系统的部署实施工作，顺利上线使用。年内，协同办公系统全面建成应用，随着公文管理、任务管理、档案管理、车辆会议管理和即时通信等功能的不断完善，形成覆盖层级最全、应用范围最广、全员应用的协同管理系统平台。

是年，按销售公司要求开展加油站管理系统部署实施工作，实现加油站"进销存量价"一体化管控和"一卡在手、全国加油"目标，并根据公司新建站情况及时部署加油站管理系统。截至12月31日，加油站管理系统累计部署474座加油站，上线率99.3%，顺利完成销售公司95%的上线指标；系统考核稳定在98分以上，年底顺利实现单轨运行。随着销售ERP系统、加油站管理系统顺利上线运行，公司实现了油品销售物流、资金流、信息流的集成和统一。

根据股份公司信息化建设总体安排，公司于2010年11月全面启动二次物流配送系统部署工作，至2011年7月，二次物流系统完成关键用户集中培训、基础数据校对、系统并行测试等实施工作，并经项目组总体评定，正式上线运行，实现加油站销售、库存、入库及油库出库数据的统一上报、配送计划优化生成及配送过程管控（见图8-14）。

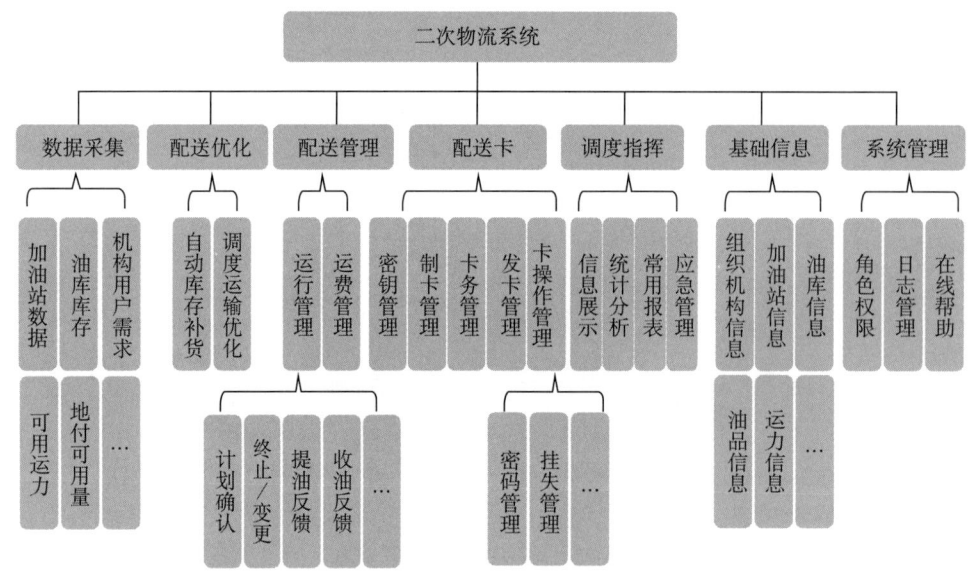

图8-14 二次物流系统功能架构

2013年，根据集团公司要求，公司信息门户迁移至规划总院，新版本信息门户统一进行搭建，涉及1个主站点、30个子站点、10个专题栏目、32个公共及综合栏目。年内，根据销售公司要求，完成视频会议系统升级（F7项目），标志着公司视频会议从标清时代升级为高清时代。

2014年开始，集团公司开始推广销售应用集成项目。按照集团公司规划，销售信息化建设重点是销售应用集成、加油站管理2.0、销售物流2.0和客户关系管理信息系统建设工作。销售应用集成是集团公司ERP应用集成的重要组成部分。销售公司在五大信息系统建成和深化应用的基础上，开展销售应用集成项目建设工作。

2015年，公司完成加油站管理系统2.0版本升级工作，在实现加油站微信、支付宝、电子券应用的同时，新增 8 种促销方式，进一步推进加油站互联网支付方式的发展，实现加油站多样化的促销模式，为公司零售业务的快速发展提供了支撑。

2016 年，开展销售应用集成（ERP2.0）系统建设工作，完成方案对接、人员培训、用户接受性测试、系统并行验证、系统上线准备等各项工作，涉及主营、财务、资产、投资工程、物资、设备等业务领域，4 月正式上线运行。建设销售物流系统（2.0 版），整合提升一、二次物流和油库管理系统，扩展支持非油品、海运、燃料油、润滑油物流业务，包括计划优化、调运管理、油库管理、仓库管理、运力管理、物流门户、综合分析 7 个模块 54 项功能。12 月，销售物流系统（2.0 版）正式上线。

是年，完成加油站管理系统升级，微信、支付宝等互联网支付方式在 620 多座加油站开通，远程交接、损耗管理、非油订货等信息项目，进一步强化了业务关键环节管控。同时，库站手工报表减少 87 张，精简率 68%。

2017—2018 年，公司继续按照上级公司安排部署推进统建工作。2017 年 6 月，统建系统客户关系管理信息系统正式上线，主要包括客户管理、市场营销管理、销售管理、服务管理、智能分析、报表管理、客户交互、内部交互、系统管理等功能。

二、自建系统

公司自建系统建设工作开始于 2006 年，之前各业务部门均使用销售公司统建系统。随着公司规模不断扩大，销售公司统建系统已不能满足业务管理需求，公司组织开展自建系统建设。

2006 年，公司开展业务管理信息系统建设工作，涵盖公司经营业务各环节，形成完整的公司业务流程信息流。业务管理信息系统于 9 月立项开发，10 月在云南各区域公司陆续试运行，12 月对广西分公司、贵州分公司进行业务推广工作。2007 年 1 月，在云南各区域公司、营业室、油库正式运行业务管理信息系统，为各级管理部门销售业务的经营、管理、决策提供有效支持，达到项目建设预期目标（见图 8-15、图 8-16）。

2007 年 5 月，业务管理信息系统全面正式上线，使用单位覆盖公司本部、云南五个区域公司、广西分公司、贵州分公司及其所属营业室、油库。系统功能涉及各项关键业务：计划、调运、价格、销售、客户管理、资金管理、出入库、配送、结算等。系统上线后各营业室、油库停止手工单据的使用，全部使用"机打票据"进行业务流转，相关报表全部依据系统数据制作。

2008 年 8 月，在业务管理信息系统基础上进行二期开发和发展，通过扩展已有业务管理信息系统，建立"零售业务管理""加油站液位仪应用系统""物流管理业务"等 6 个子项目，实现覆盖销售、零售、物流的完整业务信息管理体系。以"零售业务管理"信息化和"物流业务运行体系"信息化建设为重心，配合零售管理信息化建设，开发液位仪应用系统，同时对销售业务管理、物流运行管理等进行相应扩展。二期项目建设完成后，全面支持公司营销、物流和零售整体业务的运行、管理、分析、控制工作。

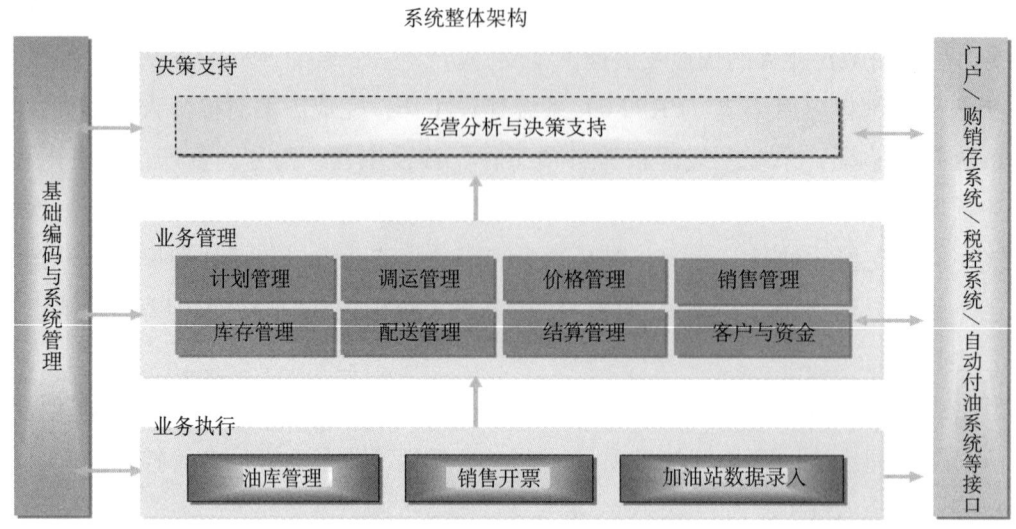

图8-15 业务管理信息系统整体架构

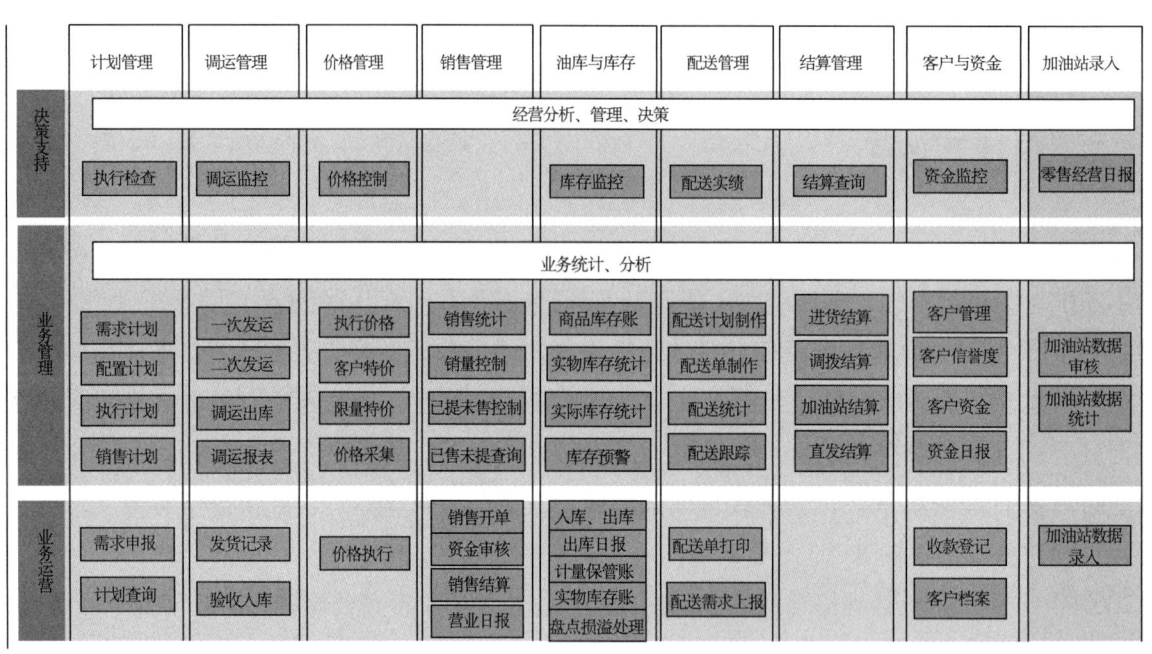

图8-16 业务管理信息系统功能

是年,开始建设便利店销售终端(简称POS)系统,在昆明市加油站安装便利店系统43座。9月,便利店POS系统正式上线运行,初步实现加油站便利店非油商品进销存信息化管理。

2008年,加油站IC卡系统开始建设。2009年4月,IC卡系统正式上线,以IC卡为载体,加油站后台电脑为操作平台,支持客户持卡在各省公司范围内部署IC卡系统的加油站进行联网验证与加油结算,并通过IC卡管理系统提供客户IC卡账务管理、集团用户加油管理与服务、个人用户加油积分营销、自用油管理,以及内部结算、清算管理,实现整体营销、卡户管理手段的提升。

2009年,协同管理系统正式上线运行,实现全公司覆盖。协同管理系统上线运行后,根据各专业线应用需求,不断优化完善系统功能,并开发各专业线应用管理模块。是年,开始建设加油站视频监控系统,首批建设298座加油站标清监控系统,后续共建成469座加油站标清视频监控系统。

2011年3月,公司移动办公测试平台搭建完毕。5月,在全公司范围内顺利启动实施地罐交接;加油站管理系统实行实质性单轨运行。11月,在油库营业室精细化大检查和内控专项测试中发现,各单位在批发、库发小额配送销售方面存在流程执行不严、营业室资金管控不到位、信息传递滞后及存在潜在资金风险等问题,为规范业务流程、强化系统控制,公司在赛思通业务信息系统中新增并启用"资金管理"模块。

2012年,公司建设办公车辆运行监控系统,通过在办公车辆安装GPS、行车记录、准驾指纹身份识别等技术手段,监控和记录车辆运行状况,规范车辆行驶过程,提高运行安全,降低成本费用。次年8月,公司办公车辆运行监控系统上线试运行。

2013年3月,根据销售公司要求,公司自建业务信息系统全部停用,所有业务流程全部在销售公司信息系统中进行操作。6月,公司组织开发信息直通平台模块,进一步畅通公司信息沟通渠道、方便基层与公司的直接沟通联系。是年,为落实以客户为中心的服务理念,建立一体化营销机制,研究客户分类,强化差异服务,将客户分布图、竞争态势图和项目规划图有效融合,将市场与需求、客户与销量、项目与油站、直销与纯枪进行纵向和横向综合分析,公司开发"三图一册"联合营销平台,并与客户服务网站相结合,成为营销部门融合项目、客户、竞争和措施于一体的管理工具(见图8-17)。

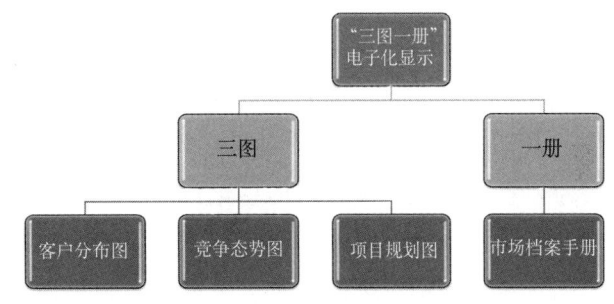

图8-17 三图一册示意图

是年,为充分发掘和应用市场及客户信息数据的价值,建设销售业务地理信息系统。该系统利用GIS地图专业的统计分析、绘图制图和地理信息,与成品油销售行业专题信息有机结合,将全省成品油销售行业的市场概况、客户分布、竞争态势和项目规划情况以丰富的统计图表、鲜明的空间在地图上展现,以便各级使用者制定出切合实际情况的经营销售政策和发展规划。借助GIS地图,为客户选择最优、最省费用、耗时最短的通行路径,实现省时、省力、省油、省事、省心的"五省"服务,为客户提供增值服务。

为解决公司机关处室、各单位、基层库站间相互索要数据的问题,实现主营业务"下对上不报表、上对下早服务",切实减轻基层上报报表和数据的负担,开发建设数据处理平台,将生产经营过程中产生的系统数据、手工数据统一存储到数据库,自动生成各级管理部门所需要的报表,实现数据自主查询,有效解决数据、报表上报的问题。

为进一步提升加油站现场服务水平,及时获取更多信息数据,将车牌与昆仑加油卡融合,有针对性地制定差异化营销策略,更好地服务于客户,在昆明张本荷加油站、高新加油站试点开展车牌识别与昆仑加油卡融合功能探索工作。

2014年，为适应公司非油品业务的快速发展，围绕加管系统，建设非油品订货与物流系统，包括商品天书、采购订单、分拣配送、调拨退货、基础信息、供应商模块、物流模块等7个功能模块。

2015年，为对油品从油库出油到加油站收油及日常运营进行监管，公司建设远程地罐交接信息平台，包括远程地罐交接超耗仲裁、加油站库存、主动配送、运行数据分析等管理功能。12月，为加强损耗管理，在总结历年工作情况的基础上开发损耗管理信息系统，实现加油站销售VT、V20的逐次交易自动换算，并具备统计分析功能。

为解决直销客户提油排队时间长、沟通渠道单一、信息传递不透明、客户提油确认手续烦琐等问题，公司利用微信企业号，开发直销客户微信营销服务平台，包括客户信息管理、价格管理、油库管理、油品管理、订单管理、配送管理、接口管理和系统管理等，统筹优化价格审批、资金到账、提油油库和提油时间4个关键流程确认，提供相关增值服务，持续提升客户提油服务效率，促进了直销业务稳步发展。是年，公司高清视频会议系统应用扩展至各单位层面，加油站通过软件方式接入高清视频会议。

2016年，随着非油品业务的拓展，对非油品订货与物流系统进行升级，新增非油商品日配模块、供应商管理及优化订单管理模块、中央仓库区管理模块、业务管理模块、数据分析模块等，并对前期功能模块结合实际使用情况进行优化调整。

2016年，为切实加强运输及保管两个环节油品损耗管理，公司启动损耗管理信息系统建设，并于2017年上线使用。通过对各环节损耗产生的要素、成因等进行深入分析研究，在尽可能规避人为因素的情况下，利用信息化技术，挖掘各类基础数据背后的规律性因素，通过推行损耗管理信息系统，有效解决油品运输、储存、销售等环节海量数据收集、汇总、计算、分析等问题，将各环节损耗情况以图例、报表等方式直观展现，同时选择关键指标进行研究，有针对性地制定管控措施，在为公司创造经济效益、减少非正常损失的同时，提升了经营管理水平。

2017年，以微信提油服务为基础，公司开发"惠购油"直销APP，定位为客户服务平台、客户管理平台、网络营销平台和大数据平台，设有首页、惠购油、惠政策、惠乐园等功能菜单，在油库部署自助发卡终端，减少油库营业室工作量，并实现与销售ERP、物流2.0、客户关系管理等统建系统数据互联互通，切实堵塞销售漏洞，为客户提供主动诚信配送服务，对管理体制机制优化升级，成为销售公司首家践行"互联网+销售"的业务平台，获2017年集团公司"科技创新成果三等奖"。

是年，公司建设QHSE微信办公系统，主要包括质量计量管理报表、周报月报、施工安全监管、损耗管理、量化审核五个功能模块。在手机端实现对公司周报月报、施工安全管理、损耗管理、量化审核等的管理，提高员工工作效率、减轻基层负担、关注全员协作沟通、接触前沿科技。

是年，公司协同管理系统V2.0、移动办公V2.0正式上线运行，升级后的协同管理系统V2.0与股份公司证照管理、督查督办、传阅管理、印章管理等相关模块进行集成，同时对专业线应用模块进行升级。

截至2017年，自2012年开始建设的高清视频监控系统，完成了491座加油站现场、卸油区、财务资金管控环节的高清设备更换，实现所有加油站均有高清监控设备，为管理从"看得见向看清楚"转变提供了技术保障。

2018年，公司无纸会议系统正式上线运行，公司无纸会议系统在销售公司无纸会议系统功能上进行扩展，实现历史会议查询、批注等相关功能，进一步扩展会议召开模式，减少会议材料打印及耗材使用，节省公司耗材费用支出。

是年，根据公司"十三五"规划发展目标，结合"市场战略、品牌战略、创新战略、人才战略"的推进，以及打好网络开发攻坚战、营销提质攻坚战和信息化提升攻坚战的工作部署，编制了信息化建设攻坚战三年行动计划。工作目标为：以零售为核心，以客户为中心，以加油站为平台，借鉴国内外新零售行业先进经验，围绕统建和自建系统的深度应用，在智慧加油站建设上取得新进展，在运用"互联网+"培育新业态、新模式方面取得新突破，推动公司数字化转型升级。一是建设销售业务综合运营平台，推动业务流程再造；二是打造智慧加油站，助推竞争实力和创效水平提升；三是积累信息化资产，为创新提供数字化土壤；四是打造信息化人才队伍，强化信息系统应用水平。主要建设内容为：以业务需求为主线，统筹考虑零售、营销、物流、投资、工程、财务等相关专业线分级应用需求和系统技术集成标准，分解为业务应用、信息中台、服务器存储及信息安保、硬件改造、咨询监理服务五大部分，共计18个建设项目（见图8-18）。

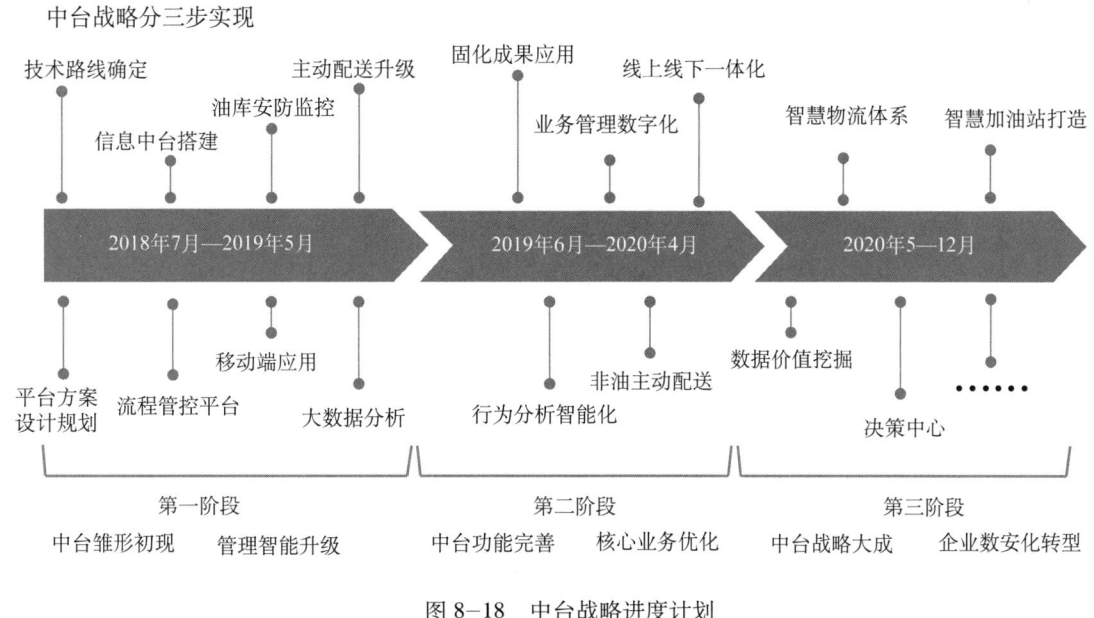

图8-18　中台战略进度计划

11月开始构建流程共享中心，建设服务整合模块，实现跨系统的端到端流程，支持可视化流程配置和灵活调整；实现孤岛系统的数据贯通和流程推送，支持服务的全生命周期管理。同月，开始搭建公司企业微信移动办公门户，具备通知公告、表单流程、排班考勤、企业活动、知识库、问卷投票、共享云盘、工作日志、会议管理、任务管理、移动外勤、移动CRM、培训考试、人事管理、请假出差、同事社区、拿快递、库站名片、待办事项等功能，用户通过流程表单可实现表单和流程自定义。

第二节　信息安全管理

2006年之前，公司信息安全管理工作依靠管理制度、信息网络和终端安全要求进行管理。2006年开始，根据股份公司信息系统总体控制（简称GCC）及信息系统应用控制（简称AC）的相关要求，开展GCC、AC各项工作，配合完成股份公司管理层测试和外部审计。5月，公司为加强信息系统控制各项工作，确保公司顺利通过股份公司管理层测试和外部审计，各二级单位配备防病毒服务器，所有客户端（包括财务录入点）安装股份公司统一的SYMANTEC防病毒软件。

2007—2009年，持续开展信息系统总体控制和信息系统应用控制相关工作。2007年10月，公司根据《关于做好迎接内控补充改进和更新测试准备工作的通知》要求，为保证公司内控建设工作顺利开展，下发《关于做好信息系统控制补充改进及更新测试准备等相关工作的通知》，确保每年内审、外审无例外项，保障信息安全平稳。

2010年，公司下发《信息安全管理实施细则》，规定公司信息安全管理有关的内容与要求，明确信息安全管理的目的是增强公司全体员工的信息安全意识，防范各类计算机犯罪，提高信息安全总体控制水平。同时，对信息安全管理的职责划分、通用信息安全技术管理、应用系统安全管理、网络安全管理等作了明确要求。

2011年7月，按照集团公司《关于开展机房安全检查工作的通知》要求，对公司中心机房相应安全问题进行检查，未发现安全隐患。11月，按照集团公司《关于开展身份管理与认证项目推广工作的通知》，在公司推广统一身份认证系统。推广涉及人力资源管理系统、健康安全环保系统、应急管理系统、加油站管理系统（仅部署HOS账号）、销售ERP系统、ERP门户Portal/BW、公共数据编码平台MDM、数据仓库系统、纪检监察信访案件管理信息系统、档案管理系统等管理系统。

2012年，公司制定《信息安全突发事件专项应急预案》，对信息突发事件分类、应急组织机构及职责、应急处置流程等作了明确规定。

自2013年开始，公司每年都按照地方政府和上级公司有关文件要求开展信息安全相关自查工作，对自查发现问题进行认真整改，信息安全得到了持续有效提升，多年未发生信息安全等级责任事故。

2014年，按照《关于进一步落实集团公司信息安全工作要求的通知》和《中国石油天然气集团公司2014年度信息安全自查方案》要求，开展信息安全管理制度、相关安全措施、应急预案、桌面终端安全及终端 IP 地址管理、互联网访问、数据安全及保密等信息安全管理内容的自查工作。

2015 年，按照集团公司《关于开展 2015 年集团公司信息安全检查工作的通知》文件要求，开展自建互联网出口、网站和网站备案情况、应用系统安全、桌面安全、安全基线配置和机房安全防护自查工作。

2016 年，按照集团公司《关于开展 2016 年集团公司网络安全检查工作的通知》文件要求，开展信息系统常规安全自查、工业控制系统安全自查、信息系统安全等级保护自查工作。是年，按照集团公司安全基线配置标准，开展服务器、终端基线修复工作，同时结合自查结果，向北京中油瑞飞信息技术有限责任公司定制开发信息安全终端基线扫描修复工具，将单台电脑扫描到修复用时从人工 30 分钟缩短至仅 5 分钟。

2017 年，按照集团公司信息安全要求，对公司机关及所有单位机房、网络、客户端信息安全进行检查，检查在网计算机终端 3425 台。同时，公司启动信息安全防护体系建设工作，引入第三方安全厂家，对公司主要信息系统、服务器进行渗透测试、安全加固等相关工作。有效应对"比特币勒索"病毒事件，将对经营管理的影响降到了最低。

是年，按照加油站管理系统安全管理要求，开始站级系统基线修复和站级系统桌面安全客户端部署工作，至 2018 年 4 月完成所有在营加油站共 2300 余台站级设备修复和部署工作。

2018 年，按照集团公司要求，在全公司开展网络安全与数据中心检查、"护网 2018"活动，对公司机关及所有单位机房、网络、客户端信息安全进行检查并加固。7 月，按照集团公司安全管控要求，完成 4 座部署油库管理信息系统（1.0 版），在用油库共 8 台服务器的桌面安全软件部署工作。

第三节　信息网络建设

2002 年，公司建立上行销售公司的专线网络，开始与集团公司、股份公司广域网互联互通。

2004 年以前，公司无内部专线网络，各单位、加油站所有传输数据均依靠基于互联网的 VPN 模式进行传输。

2004 年开始建设内部专线网络工作，7 月，建成以西南销售公司机关为核心，省内覆盖滇中、滇西、滇南、滇东南、滇东北等五个区域公司，省外互联广西分公司、贵州分公司机关的专线网络。

2007 年 7 月，公司 156 座加油站开通上网业务，并在加油站预算通信费用项目中增加宽带业务费用。同时要求今后所有新开业（新建）加油站都必须装备液位仪、计算机等主要信息系统，并同时保证电话和宽带接入。此举加快了加油站信息化建设工作，提高了加油站综合管理水平，保证了加油站信息传递工作的正常进行。

2008 年，因组织机构调整，广西分公司、贵州分公司网络从公司分离。公司建立本部到各级经营管理单位、到基层库站的信息网络，实施桌面标准化管理，推进业务管理信息系统的平稳运行。

2009年，为配合公司组织机构的调整，对相应信息网络结构进行了调整，初步形成以公司机关为核心，覆盖云南11个州市分公司、298座加油站及11座油库的三级网络架构。

2010—2012年，不断优化调整信息网络结构、链路模式，分批次逐步将州市分公司上行SDH专线、加油站SDH专线更换为MSTP专线链路。2012年升级更换36台信息网络核心设备，网络覆盖含非油品公司在内的16家单位、400余座加油站。

2013—2016年，配合公司发展，在保障新增站点、机构接入的同时按照集团公司网络安全管理要求不断对公司网络结构、网络策略进行优化调整。至2017年，逐步形成现有加油站单链路上行至各单位，各单位双链路互备上行至公司的三级网络架构。

2017年3月，完成各单位核心网络设备更新工作，共更换核心设备22台。8月，开始加油站无线网络建设工作，至2018年4月，全省共648个站点无线网络投入使用。

2017—2018年，根据各单位业务情况陆续开展链路带宽扩容工作，将加油站4M带宽扩容至10M、各单位10M带宽扩容至40M。

第四节　信息运维工作

2005年之前信息运维工作主要依靠各单位信息管理员进行，负责本单位终端计算机运维工作。2005年4月，根据公司信息化管理需要，制定《中国石油西南销售公司计算机及相关设备和信息系统管理制度》。

2006年，按照股份公司要求，开始实施桌面标准化管理，包括安装统一防病毒软件、补丁分发软件等，通过桌面标准化管理，加大了信息系统管控力度，信息安全得到有效提升。

2008—2009年，持续做好各单位网络改造、加油站联网及加油站管理系统部署及上线工作，至2009年11月，网络改造完成13家分公司的汇聚端调试，269座加油站的网络接入，加油站管理系统完成系统上线部署236座。

2010年，公司采取流量监控、互联网出口控制、远程账号权限梳理等措施，全年共监测网络异常流量43起，对终端进行封堵、断网处理36次，未发生一起网络安全责任事故。进行安全设备巡检，为公司涉密岗位配备涉密计算机，安排专人定期对涉密计算机病毒库和系统补丁升级情况进行巡检。8月，公司启动中心机房改造工作。12月，公司298座加油站实现视频监控。

2011年，进一步加强信息化建设，信息系统维护应用水平得到提升。加强系统应用，建立考核、分析机制，借助第三方力量到所属单位现场开展信息化知识巡讲，提升基层信息系统应用水平；加强系统运维，设立省级运维支持热线，形成7×24小时的运维机制和"各单位—公司—总部"三级运维体系，信息系统故障处理率从56%提高到97%，问题处理时间缩短50%以上。

2012年，根据销售公司《关于运维中心建设的指导意见》，为保障公司信息化运维的持续发展和平稳运行，公司成立了省级运维中心，实行两层三线运维模式（两层为现场服务和远程服务，三线为一线操作指导、二线应用维护和三线缺陷修复及优化），按照统一的事件管理流程，提供热线支持。

2014年，强化信息系统开发与运维，加管系统、二配系统应用考核评价稳定在销售公司前五名，系统问题解决率、运维保障率100%。

2015年，实施264座加油站老旧设备更换和系统清理，站级系统运行效率得到提升，运维问题处理率100%，在销售公司考核排名第一。按照对上报问题进行统一接报、统一管理和集中处理的"两统一一集中"原则，将运维工作集中到公司本部，实现了库站及两级机关问题的有效管控和高效处理。

2016—2017年，持续做好系统运维工作，站级系统运维问题处理率100%，月度运维考核成绩稳定在99.9分。

2018年，按照"大运维"原则，运维中心开始由单一的运维和系统支持逐步向系统全方位支持转变。

第五章　审计工作

公司成立以来，为确保审计工作规范化管理，建立健全审计机构，于1999年3月设立审计纪检监察处，审计工作正式起步。一直以来，公司认真贯彻落实上级公司审计工作部署，以服务公司发展为宗旨，以保障企业健康发展为己任，以"服务与监督并重"为原则，将审计重心放在解决公司发展的热点、难点问题上。结合实际制定审计工作计划，严格执行审计流程、规范和制度，加强对日常经营管理、重点项目及重点岗位的审计监督。通过开展多种形式的审计工作，突出审计服务监督职能，推进内审工作逐步向管理效益审计延伸，为公司强化基础管理，规范管理行为，防范经营风险起到了积极作用。

1999—2008年，公司审计工作覆盖公司机关及云南分公司、广西分公司、贵州分公司。审计工作依据股份公司内部审计规范，从销售网络建设方面逐步拓展和细化为全面审计，紧紧围绕销售经营工作，全面履行服务和监督职能，发挥了企业内部审计工作的监督保障作用。期间，公司重点开展离任经济责任审计、工程外委审计、工程结算审计、财务审计等审计业务。2009—2018年，公司审计工作以"管理+效益"为目标，以风险为导向、控制为主线、增值为目的，在公司机关及所属各单位开展审计业务，有效发挥审计监督和服务作用，重视审计发现问题，加强建章立制、规范流程、防范风险、堵塞漏洞，促进了公司规范管理，取得明显成效。期间，公司在开展经济责任审计、内控审计、工程项目审计、财务审计、专项审计等业务的基础上，积极服务经营管理中心，开展了工会经费专项审计、加油卡管理、非油品公司经营管理专项审计、巡视巡察整改审计等审计业务。共开展审计项目近2100项，审计资金18.61亿元，审减金额1.37亿元，减少经济损失1.37亿元（见表8-24）。其中经济责任审计、风险导向审计、重点业务风险控制专项审计等多个审计项目获得全国石油石化企业、中国内审协会及集团公司表彰。

表8-24　2009—2018年公司审计情况

序号	年份	审计项目含外委审计项目（项）	审计资金（万元）	审减金额（万元）	审减率（%）	减少经济损失（万元）
1	2009年	163	11400	1699.25	14.91	1699.25
2	2010年	77	4091.15	454.57	11.11	454.57
3	2011年	315	27800	1274.64	4.59	1274.64

续表

序号	年份	审计项目含外委审计项目（项）	审计资金（万元）	审减金额（万元）	审减率（%）	减少经济损失（万元）
4	2012年	249	16700	1035.17	6.21	1035.17
5	2013年	249	12600	583.36	4.8	583.36
6	2014年	152	39626	1546.62	4.27	1546.62
7	2015年	448	16800	1430.9	12.95	1430.90
8	2016年	80	19400	2007.87	9.37	2007.87
9	2017年	219	14639.89	2055.23	14.04	2055.23
10	2018年	132	23000	1645.70	7.13	1645.70

第一节　审计依据

公司审计工作围绕中心工作和重点部位，以国家法律法规和集团公司、公司各项规章制度为依据开展审计监督和服务。开展审计工作所依据的主要法律法规、规章制度有：《中华人民共和国审计法》《审计署关于内部审计工作的规定》《中国石油天然气股份有限公司内部审计管理办法》《中国石油天然气集团公司审计项目质量管理办法》《中国石油天然气集团公司审计项目管理办法》《中国石油天然气集团公司建设项目审计管理办法》《中国石油天然气集团公司审计购买服务管理暂行办法》《中国石油云南销售公司内部审计管理办法》等。

第二节　审计内容

公司审计部门根据公司年度工作部署和年度审计工作计划开展审计工作，审计内容包括：

经济责任审计。根据公司人事处委托，对各单位离任（任期）负责人进行经济责任审计，主要包括重大经济决策的制定和执行，业绩考核指标完成，财务收支的真实、合法和效益，资产管理、使用及质量变动，内部控制制度建立健全和执行，遵守有关廉洁从业规定等情况，评价单位负责人任期经营绩效，督促任职者认真履行职责，加强和改善经营管理，为考核干部提供依据。

工程建设项目审计。主要包括公司新建、改扩建、技术改造、安全隐患治理、检维修等工程建设项目，主要依托中介机构进行审计。

财务审计。主要包括被审计单位资产、负债、所有者权益和损益真实性、合法性、合规性，对被审单位财务状况确认和评价；重点检查财务收支及有关经营管理情况真实性、合法性、合规性，确认和评价被审单位在一定期间财务收支核算及相关控制管理情况，主要是聘请中介进行审计。

内部控制审计。主要内容包括对公司控制环境、风险评估、控制活动、信息与沟通、监督内部控制五要素进行监督与评价，主要是聘请中介机构进行测试并录入内控系统。

其他审计。是指集团公司或公司制度规定的需要对非油品管理、加油卡管理、合同管理、信息系统管理、表外资金、政府补助、保险、职工福利费、货币资金内部控制等资金使用管理及执行情况进行专项审计监督和评价。

第三节　审计方法

公司成立以来，重视审计独立性，强化审计工作和审计队伍建设，坚持以风险和问题为导向，以管理需求为基础，以价值增值为目标选题立项，充分发挥内部审计职能作用。执行公司《内部审计管理办法》，不断规范内部审计行为，提高审计工作成效，对企业经营管理、风险管理、控制及治理过程等进行客观监督、确认与评价，促使审计工作常态化、制度化、法制化、规范化。一般采取就地审计方式，采用审阅、核对、盘存、询问、分析性复核等方法开展工作。重要风险是审计计划未经有效审批，审计人员发现问题未及时上报公司领导，审计报告未征求被审计单位或人员的意见，审计实施中发现的违纪违规问题未依法给予处理、处罚，需要移送纪检、监察部门的未进行移送。

内部审计程序一般包括：审计计划、审前准备、审计实施、审计终结四个阶段。具体程序为：(1) 审计计划，包括制定年度审计项目计划和年度审计项目预算。(2) 审前准备，包括制定审计方案、审前安排和下发审计通知书。(3) 审计实施，包括现场实施审计、形成审计报告初稿。(4) 审计终结，包括审计报告编审、审计处理、审计资料归档、审计费用结算。以上程序及质量标准执行集团公司内部审计规范及相关要求。审计报告征求被审计单位意见，被审计单位应当自接到审计报告征求意见书之日起十日内，将其书面意见报送征求意见的审计机构。在审计项目实施过程中，审计部门可视具体情况决定是否实施审前调查、后续审计等程序。审计工作执行要点及流程（见表8-25）。

表 8-25　审计工作执行要点

控制环节	执行要点
内部审计内容	财务收支、预算执行情况、成本管理、资产管理、投资管理、基建工程、技改、维修的概（预）算、结（决）算、物资采购、招投标等审计，对内部控制进行测试和评价
内部审计实施	审前调查，制定审计实施方案、下达《审计通知书》、进行内部控制测试评价、审计查证、收集审计证据、编制审计工作底稿、与被审计单位交流和沟通、签认审计工作底稿、撰写审计报告、审理、征求被审计单位意见、下达审计意见书或决定书、审计复议、检查审计意见书或决定书的执行情况、后续审计、审计资料归档

第四节 历年审计工作

1999年3月，公司设立审计纪检监察处，配备2名专职审计人员。审计工作依据职能及机构设置确定的工作职责、工作标准，开展经营业务审计，强化日常经营管理监督。

2000年，公司审计工作重点围绕成品油销售、网络建设工作，依据股份公司审计管理制度，加强日常经营管理监督。在区外销售、网络建设工作中，审计监察处提前介入，对控参股单位进行调查，确保资金安全，对于职工普遍关心的分房问题等项目，审计监察处派专人进行专项监督。

2001年，公司审计工作进一步扩展和细化，依据股份公司内部审计规范，编制审计实施方案，严格履行审计程序，完成各类审计项目。组织开展中油雄海、中油英茂、中油强林及新成石化等4家单位资产负债损益情况的审计。同时，开展《会计法》执行情况的全面检查、自查整改，进一步增强了各级领导干部的法制观念和守法自觉性，夯实了会计基础工作，促进了财务管理与企业管理水平的提升。

2002年，公司进一步规范审计工作，完善各区域职能，下发《西南销售分公司纪检监察审计工作制度规定》，在云南、贵州、广西等3家分公司均组建审计监察科，配备25名专兼职审计工作人员，为审计工作提供了组织保证、人员保证。开展部分网络建设投资形成的固定资产评估，对102座加油站资产进行评估，涉及金额4.40亿元，对2000年以来网络建设投资的273个项目进行审计，审计资金9.7亿元。对大理分公司和中油雄海、中油英茂、中油强林等3家控股公司行政主要负责人进行离任经济责任审计，对云南、贵州、广西等3家分公司2001年经营情况进行会计报表审计，共审计资金42.36亿元，针对存在的问题，提出5项整改建议。

2003年，公司坚持"全面审计、突出重点"原则，开展2002年度经营情况审计、应收欠款审计和股权管理审计。组成4个内部审计小组，对各单位2002年度经营过程中合规性、效益性、真实性进行审计，审查云南、广西、贵州、新成石化等4家单位2002年的财务报表、近400本财务凭证，审计金额13.1亿元，实现直接经济成果14.83万元，发现问题16个，提出5项整改建议。根据股份公司《关于加强股权投资项目审计的通知》，对16家控参股公司成立以来经营情况进行审计，审计资金2.39亿元，核对各类财务凭证80多本，进行可行性调整账目7项，查找出各类问题12个，提出整改建议11项。

2004年，公司认真贯彻落实股份公司审计工作电视会议精神和销售公司安排部署，下发公司审计工作要点，制定开展审计工作的具体任务和措施，组织开展2003年度党风廉政建设责任制和纪检审计监察工作大检查。开展工程结算审计工作，规范投资管理，审计金额2993万元，审减金额325.30万元。是年，销售公司审计组对公司机关及各单位2003年度财务收支和成本费用进行了审计，提出10条建议。

2005年，公司两级审计部门齐抓共管，共组织实施各类审计项目289个，其中，财务收支、成本费用审计项目6个，工程建设结算审计项目283个，审计金额6.8亿元。针对发现的管理控制缺陷和不规范行为，提出各类审计建议70条，审计建议采纳率95%，取得经济成果812.35万元。

2006年，公司以内控测试为重点，扎实开展各类审计工作。组织开展大理中青公司股权划转审计，派专人在现场负责组织协调，对大理中青公司的资产负债权益情况进行调查核实。开展公司润滑油经营管理效益审计，对云南、广西、贵州等3家分公司润滑油经营管理现状和效益情况进行审计，对2006年1—9月润滑油经营效益做出客观评价，提出加强资金管理、及时处置过期及报废油品、查清账实不符原因等建议8条。开展公司非油品经营部管理审计，对非油品经营部2004年至2006年9月的经营情况进行审计，重点审计其资金管理、存货管理及实现利润情况，提出审计建议5条。年内，公司对外委审计队伍重新进行筛选，通过招投标确定5家外委审计单位，全年两级审计部门共完成工程外委审计项目401个，审计金额1.89亿元，审减金额1534.60万元，直接节约工程投资1534.60万元。

2007年，公司开展2006年成品油运输费用审计，对云南、广西、贵州等3家分公司成品油运输费用情况进行审计，重点审计运费构成、运距是否合理、变更是否合理及账务处理是否正确等方面内容，提出审计建议8条。对2006年安全环保隐患治理项目及资金管理情况进行了审计。聘请当地工程造价咨询单位工程审计人员对广西、贵州等2家分公司2006年度工程管理情况进行交叉审计。年内，完成工程结算审计项目172个，审计金额1.42亿元，审减金额810.12万元，审减率5.69%。

2008年，公司开展广西、贵州等2家分公司行政负责人任期经济责任审计，提出审计建议17条。对大理中青公司行政负责人进行离任经济责任审计。根据集团公司审计部要求，开展公司一次性住房补贴资金管理和发放情况审计，未发现重大问题。年内，完成工程结算外委审计项目216个，审计金额2.17亿元，审减金额1113.21万元，审减率5.12%。

是年，开展二级单位内控专项测试，测试主要涉及油品销售和存货管理两个一级流程下14个子流程的10个关键控制点，抽测加油站15座、油库3座，抽取样本1320个，发现例外事项9个，全部督促进行了整改。

2009年，公司以内部股权清算审计、全流程内控测试运行为重点，进一步规范公司经营管理，提高投资收益。完成审计项目7个，发现问题78个，提出审计建议68条。重点开展滇中、滇西、滇南、滇东北、滇东南等5家分公司行政负责人任期经济责任审计，为人事部门考核干部提供依据。5月，开展严家山股权审计，审计内容涵盖2000—2008年整体经营管理情况。年内，完成工程结算外委审计项目156个，送审金额1.14亿元，审减金额1699.25万元，审减率14.91%。

是年10—11月，开展内部控制自我测试工作，对全部流程的内部控制体系运行情况进行了测试，测试关键控制点597个，抽取样本4588个，发现例外事项19项。

2010年，公司完成加油站损耗管理审计和非油品中心、物流中心、楚雄分公司、中油强林公司、昆明分公司、玉溪分公司、昭通分公司7家单位行政负责人离任审计，发现问题78个，提出审计建议68条。开展销售情况及价格管理的监督检查。组织1次内部控制测试，发现例外事项19个，提出整改意见13条。年内，完成工程结算外委审计项目68个，送审金额4091.15万元，审减金额454.57万元，审减率11.11%。

2011年，公司大力开展项目审计和专项检查，强化过程监督，有效规避经营管理风险。公司下发《内部审计管理办法》（含库站管理人员离岗审计模板）《重点部位及关键点监督管理办法（试行）》《审计监察处（纪委办公室）专业管理绩效考核实施细则》等制度规定，确定各单位内部审计员，明确了各级责权。开展大理分公司、大理中青公司、保山分公司、成都综合协调办事处、仓储分公司等5家单位行政负责人离任经济责任审计。开展公司报废资产处置管理审计和工程挂账一年以上无动态的在建项目资金管理审计，发现问题31个，提出审计建议27条。年内，完成外委审计项目310个，送审金额2.78亿元，审减金额1274.64万元，审减率4.59%；参加招投标监督40次，商谈会议53次，共涉及资金1.89亿元。

2012年，公司审计强化过程监督，加强内部审计结果应用，形成监督合力，完成审计项目6个。重点开展领导人员离任审计以及自用油管理审计。其中：自用油管理审计发现问题16个，提出审计建议4条；对红河分公司、保山分公司、西双版纳分公司、大理中油能源公司等4家单位行政负责人进行离任经济责任审计，发现问题12类，提出审计建议12条。年内，完成外委审计项目243个，送审金额1.67亿元，审减金额1035.17万元，审减率6.21%；参与监督招投标30次，涉及金额4605万元，监督谈判采购39次，涉及金额3855万元。

2013年，公司实施精准审计，选准经营管理重点部位组织专项审计，完成审计项目12个。开展加油卡管理审计，对公司加油站管理处、财务处、昆明分公司等进行抽查盘点，对公司2009—2013年3月的数据进行在线审计，发现问题4类39个问题，并提出审计建议，该项审计项目获得经理单项奖励。开展加油站管理信息系统审计，发现问题5类，提出审计建议10条。开展网络投资管理审计，对在营14座油库和567座加油站的投资计划管理、网络建设管理、资产管理、资金管理、项目建设后评价5个方面进行专项审计。对仓储管理中心、云投中油公司、丽江分公司、曲靖分公司、文山分公司、非油品公司、中油强林公司等7家单位行政负责人进行离任经济责任审计。年内，开展外委审计项目237个，送审金额1.26亿元，审减金额583.36万元，审减率4.8%；参加合同谈判监督33次，金额4088万元；招投标监督40次，金额9766万元。

2014年，公司进一步拓展审计监督范围，强化业务运行关键环节、关键领域监督，突出对中央八项规定精神落实情况的专项检查，完成审计项目12个。开展2013年会议费等经费使用情况审计，对14家州市分公司、9家控股公司、1家参股公司、2个专业机构和13个机关处室进行审计，审计金额3426万元。开展多种经营职工持股和企业等具有实质性控制权表外公司审计，未发现存在多种经营、职工持股和假集体企业等各种具有实质性控制权的表外公司。根据集团公司《关于2014年审计项目计划编制工作的意见》要求，5月，对公司2009—2012年投运加油站达销率情况进行审计，涉及加油站292座，投资计划金额38.47亿元。5—6月，采取现场抽查公司工会财务凭证、昆明分公司财务凭证等形式，对公司2011—2013年工会经费进行审计，金额达924万元。对普洱、玉溪、文山、昭通等4家分公司和大理中油能源、云路中油、中油云岭等3家控股公司行政负责人进行离任经济责任审计。年内，完成外委审计项目共140个，送审金额3.62亿元，审减金额1546.62万元，审减率4.27%。

2015年，公司审计工作突出专项资金审计、保障员工合法权益，完成审计项目7个。开展公司客存油管理审计，抽审公司本部和昆明、曲靖、楚雄、大理等4家分公司，发现3类13个问题，提出相应建议。根据集团公司审计部《关于对困难职工帮扶资金进行审计的通知》要求，对公司近三年的帮扶资金进行审计，对公司机关、昆明分公司、仓储分公司涉及帮扶资金的财务凭证进行抽查，发现问题7类，提出审计建议7条。根据《关于开展炼化、销售及天然气管道板块所属企业销售费用自审工作的通知》要求，对2012—2014年销售费用管理情况进行专项审计，公司销售费用真实、完整、合规。对临沧、楚雄、红河等3家分公司行政负责人进行离任经济责任审计。年内，完成外委审计项目441个，工程竣工结算完成投资项目送审金额1.82亿元，审定金额1.68亿元，审减金额1430.9万元，其中工程部分送审金额1.1亿元，审定金额9562.09万元，审减率12.95%。

2016年，公司重点开展工会经费、技改检维修工程建设项目专项审计，进一步规范经营管理、降低成本，完成审计项目9个。开展2014—2015年工会经费专项审计，发现问题3类，提出审计建议3条。根据《关于对各企事业单位存货管理情况进行审计的通知》要求，6—8月，对2015年存货管理情况进行专项审计，发现4大类22个问题，提出相关审计建议。对云投中油、中油强林、中油云岭、云路中油等4家控参股公司和昆明、昭通等2家分公司行政负责人进行离任经济责任审计，共发现问题6大类25个，提出整改建议，督促进行整改。开展公司2015年技改检维修工程建设项目专项审计，现场抽审昆明分公司、大理分公司、保山分公司、丽江分公司、楚雄分公司、仓储分公司、非油品公司等7家单位，发现问题17个。年内，完成外委审计项目71个，外委投资项目送审金额2.14亿元，审定金额1.94亿元，审减金额2007.87万元，审减率9.37%。

2017年，公司全面提升审计工作监督审查能力，完成审计项目7个。开展工会经费专项审计，发现问题4类，并提出审计建议。以集团公司、销售公司和公司相关制度为依据，重点对2014—2016年应收款项管理情况进行专项审计，发现问题9类，并提出审计建议。对保山、曲靖、昭通、西双版纳等4家分公司行政负责人进行离任经济责任审计。年内，借助中介审计力量完成外委审计项目212个，送审金额1.46亿元，审减金额2055.23万元，审减率14.04%。

2018年，公司推进联合监督，着力构建大监督格局，审计年度工作纳入公司党风廉政建设"大监督"体系有序开展。开展2017年工会经费专项审计，发现问题10项，形成工作底稿11份，提出审计建议10条。开展非油品公司经营管理专项审计，发现问题6大类25个，提出审计建议7条。开展扶贫资金专项审计，发现问题4项，形成工作底稿3份，提出审计建议4条。开展临沧、德宏2家分公司行政负责人离任经济责任审计。年内，开展外委工程项目审计132项，送审金额2.3亿元，审减金额1645.7万元，审减率7.13%。

第六章 办公室业务

公司总经理办公室（党委办公室）是公司的综合性部门，是公司机关的运转中心、协调企业内部关系的桥梁和枢纽。办公室业务主要涵盖文稿起草、调查研究、督查督办、公文运转、印章管理、会议服务、公务接待、综合协调、档案管理、机要保密、信访维稳及后勤服务等工作。自公司成立以来，公司总经理办公室（党委办公室）紧紧围绕公司中心工作，不断调整和完善工作职责，全力服务公司改革发展稳定大局，高标准、高效率、高质量推进办文办会办事工作，较好地完成了各项任务，发挥了"中心枢纽、参谋助手、桥梁窗口、服务保障"四个作用，推动了企业管理水平提升。公司信息工作、公文报送、密码工作等多次获得集团公司表彰，2014年档案工作获评集团公司A级，2017年获得集团公司办公室系统先进集体。

第一节 文秘工作

一、秘书工作

秘书工作主要是为公司管理决策及经营工作提供党务、政务服务，通过督促落实公司党委、公司重要决策，开展调查研究，起草以公司党委、公司名义上传下达的各类公文，撰写工作报告、工作汇报、领导讲话等综合性材料，发挥以文辅政、参谋助手作用。

1999—2000年，公司成立初期，机构经历多次变动，办公室机构名称先后为经理办公室、经理办公室（党委办公室），秘书工作作为办公室主要业务，围绕资源配置和市场开拓等重点工作，负责工作报告、汇报和领导讲话等材料的起草，整理会议记录、大事记等。

2001—2003年，公司区外市场开拓工作任务繁重，秘书工作承担着大量的工作报告、工作总结、领导讲话、重要决定，上级公司领导调研工作汇报材料的起草，负责公司会议纪要、大事记、年鉴等材料的起草任务，年均文字量80万字以上。

2004—2006年，集团公司将滇、黔、桂三省区调整为销售业务的战略发展市场，公司机关从四川省成都市迁至云南省昆明市，办公室机构更名为总经理办公室（党委办公室），秘书工作除了围绕公司经营管理和党委工作起草各类综合性文字材料以外，还结合公司行政（党委）重点工作开展调研和督查督办，制定公司行政（党委）年度工作安排，并督促、检查和总结落实情况，对公司各类文件和上呈外送材料进行政策性和文字审查。

2007—2008年，抓住中国石油加快南方能源战略通道和炼化基地建设的机遇，公司迈入内涵式发展轨道，对秘书工作提出新要求。所起草的向集团公司、股份公司、销售公司领导专项汇报材料，展现了公司良好精神风貌和业绩。从制度完善入手，先后制定下发《督查督办管理办法》和《重要信息报告管理办法》，规范了重点工作督办和突发事件信息报送工作。编印公司《每周工作计划安排》《每周动态》和《工作简报》，发挥信息上传下达、下情上传作用，为公司领导决策提供了可靠依据。

2009—2012年，公司管理体制调整，上划股份公司直接管理，公司迈入新的发展阶段，对秘书工作的精细化提出更高要求。为有效整合各专业线对公司政策和理论研究力量，公司党委成立政策研究室，挂靠公司总经理办公室（党委办公室）统一管理。开办每周一期的《工作动态》，畅通公司信息渠道，有效发挥信息服务决策、沟通情况、推动工作的重要作用。上报集团公司的《缅甸政局动荡，我边境加油站安全稳定形势堪忧》内部信息，引起集团公司领导高度关注，并做了批示。在公司党委学习实践科学发展观活动中，编印《分析检查报告》《整改落实方案》《心得体会》3本书，文字总量达79万字。每周编发公司《经营例会纪要》，并列入文件归档范围，保持公司政令畅通。编制每周经营例会《重点工作落实情况报告》，加强重点工作督办。下发《首问负责管理实施细则》《限时办结管理实施细则》，做到事事高效率、有着落、有回音。

2013—2015年，公司进入有质量有效益可持续发展时期，借力中国石油中缅油气管道和云南石化两个大项目，加大与云南省委省政府沟通力度，秘书工作起草了大量向云南省委省政府及省属职能部门的工作汇报材料，积极反映配套库站网络建设过程中存在的问题，并提出可行建议，争取地方政府政策支持。每年向云南省国资委报送《国资年鉴》，充分展现中国石油良好企业形象。每周准时向集团公司报送《值班信息》，向销售公司报送《销售动态》，信息工作排名销售企业前列。围绕年度、半年度工作报告及月度经营例会重点安排事项，认真开展督查督办工作，编印《督查督办表》，明确责任处室和完成时限，实施销项管理，有效推动了公司党委、公司各项工作部署落实。

2016—2018年，公司进入新的发展阶段，明确了"十三五"时期的总体思路和发展目标，尤其是云南石化投产后，公司调整发展定位，把"为云南石化发展创造市场空间、维护集团公司在滇整体利益最大化"作为新的责任和使命，确立了"市场、创新、品牌、人才"四大战略，公司总经理办公室（党委办公室）对秘书工作重新定位，即企业战略推动者、品牌文化主导者、文秘人才培养者。秘书工作更加注重与经营管理工作结合，围绕"四大战略"，加强调查研究、收集情况，为领导决策提供依据。上报集团公司的《"云油利剑"再出鞘 净化市场稳增量》简报，得到集团公司领导批示。

二、文书工作

文书工作是公司运转枢纽，主要通过公文处理、会务组织、印章管理等，推动机关工作，提高机关运转效率和效能。

1999—2000年，公司成立之初，下发《文件办理和公文运转工作制度》，对来文登记签收、公文格式和行文程序进行规范，推动了公文管理工作制度化、规范化、科学化。

2001—2003年，公司开通与集团公司、股份公司的视频会议系统，实现远程音频视频的实时双向传输。加强文书队伍建设，分批次选拔基层公文管理人员跟班轮训，有针对性地讲授公文格式和公文处理常见问题，提升基层单位办文能力。

2004—2006年，股份公司研发公文流转电子系统（OA），公司积极推广应用，收文、发文工作陆续实现网上阅办、审批和处理，促进公司两级机关公文运转电子化，推动办公自动化。实施公司本部和基层单位会议视频系统升级改造，提高了会议质量和效果，节约了会议费用。

2007—2009年，公司下发《公文管理办法》《印章管理实施细则》《会议管理办法》和《总经理办公室管理业务手册》，促进文书工作更加流程化、标准化。为贯彻落实公司"勤俭节约、挖潜增效"主题实践活动，下发《关于精简会议和文件的通知》，规范发文文种，减少会议和发文数量，分别建立办公室系统和机关员工QQ群，2009年公司发文数量比上一年减少10%。

2010—2011年，随着公司业务规模迅速扩大，越来越多的文件资料需要实时传递和共享，公司开发协同办公系统，集成公文管理、会议管理、印章管理、车辆管理及信息传递等多项功能，实现公司全体员工同时在线办公，提高了办文、办会、办事效率。下发《协同管理系统管理实施细则》，规范协同管理系统的应用工作。随着信息技术快速发展，公司开发启用移动办公系统，通过登录移动办公系统完成协同办公、网上报销、合同管理等的审批和查询工作，进一步提高了机关运转效率。

2012—2013年，集团公司党组印发《关于改进工作作风、密切联系群众的若干规定》，公司制定下发《转文风、改会风、强作风的规定》，落实开短会、发短文、讲短话、简办事的"三短一简"要求，精简文件简报，减少基层单位报送材料；严控会议活动，合并同类会议，提倡视频会议形式。修订完善《印章管理实施细则》，完善公章签批流程，保证印章使用的合法性、严肃性。公司与云南省政府建立公文交换机制，接入云南省政府非涉密公文传输系统，文件交换实现信息化。

2014—2018年，公司协同办公系统优化升级至2.0版本，精简公文运转流程，实行处长负责制，通过超时管理、效率分析模块，实时监控公文处理过程，及时催办重点公文，提高文件运转效率，文件流转时间平均缩短33分钟。实行公文定期通报制度，每半年对机关处室发文数量和各单位发文质量进行通报，各单位退文率年均下降3个百分点。加强上行文校核把关，严格落实公文行文规范，连年保持对上公文报送合格率100%。开发启用无纸化会议系统，提高了会议效率，节省了纸张文印费。严格执行公章使用审批登记制度,实行专人专责,建立健全台账,有效规避各类用印风险。2018年7月,设立机要文秘科。

第二节　档案与保密工作

一、档案管理

档案工作是公司重要的基础性工作,承担着维护公司历史真实面貌,为机关和所属各单位提供档案信息服务的重任。

1999—2000年,公司成立之初,下发《档案管理办法》,对档案收集、归档、保管、利用、销毁等工作进行规范,确保了档案工作做到有章可循、有据可依。

2001—2003年,办公室加强档案基础业务建设,组卷过程严格执行国家标准,卷内文件保持有机联系,案卷排列有序,档案管理向标准化、规范化方向发展。对各单位档案工作进行监督和指导,建立档案归档责任制,督促各单位及时整理档案和立卷,确保档案资料完整、准确、系统。

2004—2007年,公司从四川省成都市搬迁至云南省昆明市,加强对档案工作的领导和管理,从人、财、物等方面保证档案工作开展的需要,档案设施建设日趋完善。设置档案室,使用面积72平方米,对公司档案实行集中统一管理。配备兼职档案管理员,开展岗位轮训,邀请专家授课,培养档案管理队伍,档案管理基础逐步夯实。建立档案查阅、借阅等制度,有序开展档案利用,较好地服务了公司中心工作开展。

2008—2010年,公司总经理办公室(党委办公室)对室藏档案进行全面整理,公司档案室共收集各类文书、会计、声像等档案两万多件(卷),较完整地反映了企业发展历程。同时,制定《档案管理规定》《归档文件整理规则》《档案分类表》和《档案保管期限》,持续促进档案管理规范化。

2011—2012年,按照集团公司《关于开展档案管理系统推广应用工作的通知》要求,公司成立档案系统推广应用项目指导委员会,启动档案系统建设工作,经过一年半的努力,档案系统顺利上线运行,促进了档案工作的标准化、规范化与现代化管理。同时,开展档案管理升级工作,加强工程建设项目档案管理,制定《建设项目档案操作指引》,对新建工程项目进行资料归档指导和培训,参与新建加油站竣工验收,严格审核建设项目档案数据,确保工程项目档案齐全、准确、规范。加强各单位档案管理,下发《档案工作评价标准》,确定A、B、C、D、E五个评价等级,促进各单位档案工作协调发展。

2013—2015年,公司机关办公楼从云南省昆明市五华区青年路搬迁至昆明市西山区滇池路后,投资89万元,建成230平方米档案室,配备档案密集架37列,配齐灭菌机、除湿机、打印复印机、防磁柜等硬件设施,并预留20年档案资料保管空间。同时,将档案工作纳入公司整体发展规划,启动了档案数字化建设,投入96万元、历经16个月全面完成馆藏历史档案数字转化,实现公司档案统一管理和在线利用。成立公司档案工作委员会,主任由公司分管领导担任,副主任由公司总经理办公室(党委办公室)负责人担任,成员由机关各处室负责人、各单位分管领导组成,加强对公司档案工作的领导和管理。2014年,公司档案管理工作获评集团公司A级。

2016—2018年,坚持把收集作为档案工作的第一要务,做好年度文件资料归档工作,不断丰富馆藏,确保各类档案完整归档,实现"应收尽收、应归尽归"。截至2018年,公司档案室收藏各类档案68942件(卷)。完善档案工作检查、考核与评估制度,每年组织开展基层单位档案评价工作,通报评价结果,并纳入所属各单位绩效考核,提高了基层档案管理水平,所属各单位档案工作A级单位达到7家,B级单位达到9家。开发档案信息资源,在处理公司纠纷案件过程中,主动提供档案支持,维护了公司合法权益,公司《发挥档案资源利用功能 建立纠纷处置证据保障》案例获集团公司二等奖。

二、保密工作

保密工作是维护国家安全和利益,保护企业核心竞争力的关键。公司保密工作遵循党管保密、依法治密、创新驱动、综合防范,分级管理、分类施策的原则,既确保了国家秘密和商业秘密安全,又便于信息资源合理有效利用。

1999—2003年,公司成立之初,明确经理办公室负责保密工作,承担定密、保密、监督等全过程管理。保密工作实行统一领导、归口管理、各负其责的管理体制。

2004—2006年,公司对保密工作进行规范,下发《保密工作管理规定》,从保密职责划分、涉密载体、涉密计算机、移动介质管理等方面做出具体规定,使保密工作行有规章、做有依据、查有准则。加强对公司商业秘密的管理,下发《关于开展商业秘密"四定"工作和与涉密人员签订保密协议的通知》,组织公司两级机关人员签订《保密协议书》《保密责任书》和《保密承诺书》。公司加强对保密工作的领导,成立公司保密委员会,公司保密委员会办公室设在公司总经理办公室(党委办公室)。

2007—2009年,公司保密委员会加强对机要文件的管理,下发《机要文件管理办法》,公司总经理办公室(党委办公室)从机要文件的接收、登记、保管等各环节入手,全面加强保密工作。严格按照云南省保密局要求,定期开展国家涉密文件清退工作。定期开展涉密文件保密管理自查工作,及时发现保密工作中存在的泄密隐患,堵塞管理漏洞,并将保密工作纳入机关各处室、各单位业绩考核,杜绝泄密事件发生。加强对保密要害部门、部位和重要涉密人员的保密教育,落实保密责任,加强保密防范,确保了公司各类涉密信息、文件资料的安全。

2010—2015年,新修订的国家《保密法》颁布后,公司保密委员会加强宣贯学习,组织开展《保密法》宣传月活动,明确禁止事项,加强分级保护,既保护公司商业秘密,又便于信息资源综合利用。加强《<国家安全法><国家秘密法><反间谍法><网络安全法><国家情报法>宣传手册》《保密工作培训教材》《集团公司保密管理规定条文导读》等保密教材的学习宣传,营造人人重保密、事事讲保密的浓厚氛围。开展保密知识专题讲座,重点对涉密人员及分类、新形势下保密工作现状及多渠道泄密方式等内容进行培训。开展保密知识竞赛,促进员工学习保密法律法规,提升全员保密意识。

2016—2018年,公司党委将保密教育纳入党委理论学习中心组(扩大)会议学习内容,邀请专家现场授课,增进机关干部对保密工作的理解和认识,增强干部的保密意识和责任意识。开展公司涉密人员审查、登记、备案、定级,实现分类管理、全程管理。按照"谁主管、谁审批、谁发布、谁负责"和"一事一审"的原则,完善信息公开发布审查机制。加强对公司门户网站信息发布的审查和监控工作,严禁涉密信息上网,严格执行信息公开保密审查制度和网络信息发布登记制度,对拟通过网站公开的信息是否涉密进行严格把关。加强保密责任管理,严禁使用QQ、微信、手机短信、邮箱等传递国家秘密信息、集团公司及公司商业秘密信息。结合保密工作突出问题,反复重申保密工作要求,推动了责任落实,领导重视保密、全员参与保密的氛围正在形成,历年均无涉密事件发生,在云南省国家保密局保密工作检查中获评优秀。2018年7月,设立档案保密科。

第三节　后勤事务管理

一、接待工作

公司公务接待主要任务是为公司的公务交往活动提供服务保障,促进公司经营发展。

1999—2003年,公司成立初期,公司对外接待主要是上级公司检查指导工作、进行调查研究和业务单位之间的往来、重要会议的接待,尤其安排接待了一批集团公司、股份公司、销售公司领导来公司调研工作。公司总经理办公室(党委办公室)加强对接待工作规范管理,下发《差旅费报销规定》,对各类业务接待和会议接待的费用标准进行明确,使接待工作费用列支有章可循。

2004—2011年,集团公司做出战略调整,公司开拓区外市场的压力增大,接待工作任务更加繁重。公司总经理办公室(党委办公室)克服人员少、接待多、条件受限等困难,积极协调各方资源,突出高原特色和云南文化,热情得体、周到细致地做好每一次接待,充分展示公司良好形象,尤其顺利完成中缅油气管道工程(中国境内段)开工暨云南1000万吨/年炼油项目奠基仪式、沙特阿美石油公司总裁法利赫到云南参观考察、"全国三八红旗集体"大理金花加油站授牌仪式等重大活动的接待工作。公司总经理办公室(党委办公室)制定《内部接待管理暂行办法》《接待工作管理办法》,对接待范围、接待服务、接待标准和接待审批等环节进行了规范。

2012—2016年，公司全面贯彻落实中央八项规定精神，结合集团公司党组20条要求和公务接待管理规定，制定下发《转文风、改会风、强作风的规定》，改进调查研究，严格职务消费管理，修订《接待工作管理办法》，规范接待工作，严控接待标准。在确保合规的前提下，积极调动各方力量和各种资源，圆满完成上级领导调研、公司机关办公楼搬迁、油品销售地市公司工作会议、第三届"南博会"、公司首届加油站经理人大会等重大活动的组织工作，树立了企业良好形象。

2017—2018年，公司党委下发《关于进一步贯彻落实中央八项规定精神实施细则》，推动接待工作规范化、合规化。坚持"必要、适度"原则，合规开展公务接待工作，加强公务接待审批管理，建立接待费、接待用品登记台账，严格执行接待标准，严控费用支出，严格遵守公务接待纪律，圆满完成上级单位、地方政府、兄弟单位、重要客户及各类会务的接待工作。2018年7月，设立综合管理科。

二、车辆管理

公务车辆管理是确保公司公务车辆安全运行、合理使用的关键，在推动公司中心工作高效开展、机要通信、应急保障等方面发挥了十分重要的作用。

1999—2003年，公司成立之初，按要求配置公务车辆5辆，保障公司各项业务正常运转。滇、黔、桂三省区分公司成立后，为满足业务需要，适量增配了公务车辆。按照"统一管理、分级使用、独立承担责任"的原则，办公室加强对公务车辆的使用管理，精心组织、认真部署、协调配合，圆满完成各项重大任务的用车保障工作。为深入贯彻公司"六查六整顿"（查思想观念，整顿工作作风；查制度，整顿工作秩序；查低标准，整顿现场管理；查经营活动，整顿采购、营销、资金运作；查纪律，整顿干部员工队伍；查施工和用工，整顿施工队伍和临时用工）工作要求，办公室下发《公务用车油料管理规定》，规范公务车油料管理，实行定点加油站加油，节省车辆使用开支。

2004—2013年，公司根据业务需要，通过购进与租赁相结合的方式，增配公务车辆，截至2013年，公车数量达到369辆，其中，机关使用78辆，其余车辆调配至各基层单位使用。针对公务车辆增多、管理费用上升的情况，公司下发《机关车辆及驾驶员管理规定》《公务车辆管理实施细则》，加强车辆使用管理，启用协同办公系统车辆管理模块，按程序呈报审批。加强费用预算管控，实行定点维修保养，先申请、后修理，降低车辆使用成本。

2014—2018年，按照中央八项规定精神和集团公司"三超"（办公用房超标准、公务车辆超标准、公务接待超标准）治理工作安排，公司优化车辆管理，挖掘存量资产潜力，在经营规模不断扩大的情况下始终未购新车。截至2018年，公司公务用车324辆，其中资产型216辆、租赁型108辆，按规定公开报废处置公务用车45辆。公司管理层成员、机关处室长及各单位领导班子成员取消专车，所有车辆实行集中管理、统一调派。公务用车管理更趋规范，建立公车使用登记台账,建立回单位定点停放制度,严格执行节假日"三交一封"制度,尤其规范长途车辆使用审批,实现线上审批、一单一批。建立车辆运行管理台账,推行单车核算,在公务车辆逐年老化、维修保养费用增加的情况下,单车费用持续降至 2.92 万元。2018 年,公司下发《机关小车班管理人员及驾驶员绩效考核办法》,改革驾驶员薪酬机制,加大考核力度,推动服务水平提升。

三、对外协调工作

对外协调是公司总经理办公室(党委办公室)的一项重要职能,在公司联系、协调和维护与上级单位、兄弟单位、地方政府之间良好关系方面发挥着重要作用。

在公司党委、公司正确领导下,公司总经理办公室(党委办公室)加强与地方政府的沟通联系,为公司发展创造良好的外部环境。公司成立以来,代表中国石油承办"中国石油杯"2006 中国—东盟国际汽车拉力赛等重大活动,积极落实中国石油与地方政府的战略协议,认真做好上级公司领导参加东盟博览会、南亚博览会的协调工作,积极主动地介入中国石油广西石化、云南石化和中缅油气管道及配套网络项目的推进工作,积极做好与地方政府沟通、协调、汇报工作,树立了中国石油稳健、诚信、负责任的公司形象。通过加强公关工作,公司各方面工作特别是网络建设得到了地方政府的大力支持。

在应急协调方面,结合云南涉藏、涉毒和涉边等特点,公司总经理办公室(党委办公室)依托驻滇企业协调组组长单位的有利条件,加强应急状态下的对外联络工作,与地方政府应急办、上级单位以及各驻滇企业建立了良好的协调联动机制,为公司保持安全平稳运行发挥了积极作用。公司成立以来,成功应对各个时期的地震、暴雨洪涝、恐怖袭击等突发事件,妥善处理和化解各种新闻危机,确保公司安全平稳运行,无任何影响稳定的事件发生。特别是在支援 2007 年"6·3"普洱宁洱地震、2014 年"8·3"昭通鲁甸地震等过程中,得到地方政府高度肯定,树立了中国石油良好形象。

第九篇

党群工作

1999—2018年，公司党委认真学习贯彻党和国家的路线、方针、政策以及集团公司党组战略部署，坚持发挥党委的政治核心作用，融入中心、服务大局，不断强化战略引领，改进党建思想政治工作，团结带领各级党组织、全体党员和广大干部员工，在推进公司深化改革进程中持续发挥政治、思想、组织领导作用，努力提高工作针对性和有效性，为推进公司科学发展提供坚强保障，促进公司从无到有、从小到大、从弱到强跨越式发展，实现员工与企业共同成长，有效保障了国有资产的保值增值和公司科学发展、和谐发展、绿色发展、高质量发展。公司获"全国五一劳动奖状""全国职工职业道德建设标兵单位""中央企业先进集体"3项全国性荣誉，涌现出以全国"三八红旗集体"金花加油站、全国"青年文明号"张本荷加油站、中国石油"十大特等劳动模范"张本荷、全国"最美青工"张艳芬为代表的一批先进典型集体和个人。在公司20年发展历程中，党群工作在改革中加强，在加强中提升，亮点纷呈，硕果累累。

坚持加强党的思想政治建设，党在各个历史时期的先进理论，成为引领公司科学发展的行动指南。1999—2008年，以学习贯彻党的十五大、十六大、十七大精神为主线，先后深入开展"三讲"教育、"三个代表"重要思想学习教育、保持共产党员先进性教育等活动，不断优化选人育人用人机制，突出抓好中层干部尤其是各单位领导班子建设，持续配齐配强班子，使一大批优秀人才脱颖而出。2009—2018年，深入学习贯彻落实党的十七大、十八大、十九大精神，扎实开展学习实践科学发展观、创先争优、党的群众路线教育实践、"三严三实"专题教育、"重塑中国石油良好形象"大讨论、"两学一做"学习教育、"四合格四诠释"岗位实践专题活动，深入开展"政治素质好、经营业绩好、团结协作好、作风形象好"的"四好"领导班子创建活动，推进干部队伍选拔任用及考核机制创新，培养了一支政治过硬、业务过硬、作风过硬，"忠诚、干净、担当"的党员干部队伍，强有力推动了公司合规、健康、持续发展。

坚持加强基层党组织建设，完善党建工作机制，党建工作在改革发展中不断加强。1999—2008年，建立健全基层党组织，做到经营活动开展到哪里，党的组织就建设到哪里，党的活动就开展到哪里；持续完善公司党建工作领导体制和工作机制，开展以创建"四好"领导班子、"标准党支部"、争做"党员先锋"为主要内容的"西南销售先锋"工程活动，坚持"青年、一线、一流"方针，重点在管理人员和业务骨干中发展党员，党建基础工作不断巩固提升。2009—2018年，公司推进"44655"基层党建工程、基层示范党支部建设及党建信息化平台运用，实施基层党建工作、基层党委书记及党群工作量化考评，进一步发挥了党委政治核心作用、党支部战斗堡垒作用、党员先锋模范作用，有效促进了公司各项工作上台阶、上水平、创新高。

坚持加强舆论引导，大力弘扬石油精神，公司品牌形象持续提升。1999—2008年，以"大庆精神、铁人精神"教育和"形势、目标、任务、责任"主题教育构筑独具特色的文化优势，为助力公司发展提供强大思想保证、精神动力和文化支撑；以报刊、网站为宣传主渠道，多种方式策划宣传公司重点、亮点工作和各类先进典型；建立健全评先选优机制，典型培养选拔工作机制基本形成。2009—2018年，深入探索创新员工思想政治教育方式方法。宣传工作以网站及新媒体为主阵地，与政府新闻主管部门建立舆情防控定期沟通机制；启动企业文化体系建设，建立中长期发展规划，开展政研课题研究，形成具有云南销售特色的政研成果和实践案例 30 余项；梳理生产经营活动中的先进经验和特色做法，总结提炼出张本荷"四多"服务法、金花加油站"五小特色服务法"等一批工作方法和服务理念，形成"张本荷"劳模品牌、"金花"文化品牌；借鉴云南民族特色文化，打造出以大理金花加油站、楚雄太阳女加油站等为代表的"五朵金花"特色加油站；制定实施公司品牌建设五年发展规划，促进企业形象、经营效益、公众口碑多重提升。

坚持加强党风廉政建设，构建反腐倡廉体制机制，形成风清气正的干事创业环境。1999—2008 年，坚持教育为本，强化日常监管，严肃信访案件查办，积极推进惩治和预防腐败体系建设。2009—2018 年，深入贯彻落实党风廉政建设责任制，全面落实从严治党要求，严格落实两个责任，深入开展执纪审查、反腐倡廉教育、联合监督、专项检查、党内巡视巡察等工作，持续打造不敢腐、不能腐、不想腐的清廉环境，有效保障了公司持续健康发展。

坚持依靠员工办企业，深化民主管理，群策群力促发展。1999—2008 年，建立完善各项民主管理制度，认真贯彻落实员工代表大会制度，积极推行企务公开、站务公开；率先启动以"小图书、小食堂、小娱乐、小沐浴、小绿地"为内容的"五小工程"，推进库站员工之家建设；健全完善女工委员会组织机构，组织开展女工先进典型表彰活动；深入开展主题劳动竞赛，举办员工喜闻乐见的文化娱乐活动，调动公司全体干部员工干事创业热情。2009—2018 年，公司持续深化工会工作，丰富竞赛内容，创新竞赛机制，推动劳动竞赛开展；成立"张本荷式服务法示范队"，深入加油站开展示范培训，组建"金孔雀文艺小分队"，深入基层慰问演出；组建"张本荷劳模创新工作室"及"金孔雀文化营销创意工作室"，推动营销创新、管理创新、服务创新、文化创新；坚持以人为本，实施"春送慰问、夏送清凉、金秋助学、冬送温暖"为主题的常态化员工关怀计划；落实员工健康计划，定期开展健康体检，建立医疗互助、补充医疗保险等保障项目，真正解决员工后顾之忧，提升员工幸福指数，积极构建和谐稳定的劳动关系，员工队伍凝聚力、向心力、战斗力持续增强。

坚持加强共青团组织建设，积极打造"青字号"品牌，团员青年成为推动公司发展的主力军。1999—2008 年，自上而下持续完善共青团组织建设，结合青年员工特点，举办各类青年思想教育、生产经营创效活动，开展青年文明号、青年岗位能手、青年员工创新创效等"青字号"品牌争创活动，团结带领广大团员青年发挥团组织生力军和突击队作用，促进公司改革发展。2009—2018 年，进一步突出共青团的服务意识，创新团建工作，与共青团云南省委建立"青字号"品牌联建机制；成立团组织协作区，优化搭建丰富多样的学习交流平台，团结带领广大团员青年立足岗位成长成才，在新时代展现新作为；组建"郭明义爱心团队"等青年志愿服务团队，在急难险重时刻开展志愿服务，打造了"爱心温暖回家路、青春加油彩云南"志愿活动品牌，彰显公司青年形象。

坚持牢记"奉献能源、创造和谐"企业宗旨，履行国有企业社会责任，树立中国石油良好形象。自公司成立以来，在抗洪、抗旱、抗震等急难险重时刻，投入人力、物力、财力驰援保供，抗灾救灾；积极推进以生活帮扶、入学帮扶、就业帮扶、产业帮扶为内容的精准扶贫；深入推进企地共建，开展政企合作，构建和谐企业，提升品牌形象，赢得社会赞誉。

第一章 党组织建设

1999—2018年，公司党委坚持发挥党的领导核心和政治核心作用，融入中心、服务大局，不断强化战略引领，改进党建思想政治工作，以领导班子建设为重点，抓牢领导班子政治建设、组织建设、思想作风建设，先后深入开展"三讲""两学一做"等主题教育活动。致力基层党组织发展与壮大，做好党员发展及教育管理，积极探索创新基层党建工作，先后推进西南党建先锋工程、基层党建创新、党建量化考评、党建信息化平台运用，持续做好干部队伍选拔、任用、培养、考核，提升干部队伍建设水平。公司基层党组织队伍不断壮大、组织结构持续优化、党建基础工作巩固提升，党组织凝聚力和战斗力不断增强。2008年，公司党委获国务院国资委"2008年抗雨雪冰冻灾害先进基层党组织"；2013年，公司党委获中央驻滇企业2009—2012年党建工作考核"优秀"等级；2018年，公司《强化基层党支部战斗堡垒作用研究》获集团公司优秀党建研究成果二等奖。

第一节 领导班子建设

一、政治建设

1999—2003年，公司成立初期，认真落实党中央及上级党组织关于进一步加强领导班子思想政治建设、提高领导干部思想政治素质工作部署，以贯彻落实党的十五大、十六大精神为主线，深化理论指导，强化两级领导班子政治建设。建立党委理论学习中心组学习制度，两级领导班子深入开展"三讲"教育、"三个代表"重要思想学习教育活动。在"三讲"学习教育中，公司突出"四个重点"、坚持"四个结合"、采取"四个措施"，即：把两级领导班子和处级以上干部作为重点，把江泽民同志"七一"讲话、《国有企业"三讲"学习教育必读》等材料作为学习重点，把向职工群众学习宣传作为重点，把发动群众积极参与作为重点；通读与精读相结合，集体学习与专题讨论相结合，提高认识与联系实际相结合，自检自查与征求群众意见相结合；采取"下发征求群众意见表、召开各类座谈会、设立意见箱、公布专线电话"工作措施。在"三个代表"重要思想学习教育活动中，公司党委结合实际，下发《关于认真学习"三个代表"重要思想学习纲要的通知》，就认真学习"三个代表"重要思想作出部署。公司领导班子围绕管理体制和部门职能定位、专业线管理沟通思想，开展专题研讨，以政治引领推进公司科学发展。

2004—2008年，公司党委持续贯彻落实党的十六大、十七大精神，深入推进领导班子政治建设。先后组织学习《中国共产党章程》、社会主义荣辱观、销售公司《关于进一步加强领导班子思想政治建设》等内容。2005年，公司两级领导班子深入开展以"政治素质好、经营业绩好、团结协作好、作风形象好"为主要内容的"四好"领导班子创建活动。2008年，公司党委以科学发展观为指导，深入学习贯彻党的十七大精神，坚持用科学理论武装头脑、指导实践、推动工作，解决公司改革发展与经营管理难题。按照"西南销售先锋工程"三年规划总体要求，全面抓好"四好"领导班子创建，各级班子坚持党委理论学习中心组学习和民主生活会制度，不断完善自身建设，在参与公司经营管理发展等重大问题决策中，着重进行政治性、政策性把关，确保各项工作贯彻落实。

2009—2013年，公司党委持续贯彻落实党的十七大、十八大精神，深入开展学习实践科学发展观活动，全面加强"学习型"班子建设。2010年，印发《党委理论学习中心组学习制度》，选编学习资料19期85篇，对两级领导班子、机关处室负责人进行综合素质和领导能力轮训。2011年，开展"专题学习月大讲堂"，对两级领导班子进行脱产培训。2012年，组织两级领导班子赴大庆油田开展集中培训，举办党的十八大精神和"弘扬大庆精神铁人精神、树立高原情怀大山品质"学习汇报会。2013年，在党的群众路线教育实践活动中，通过集中学习、专题讨论、专题辅导等形式，系统学习党章、党的群众路线理论、中央八项规定、集团公司党组二十条等内容，两级领导班子累计组织集中学习110次、专题讨论51次。

2014年，公司党委坚持用理论学习统一思想，抓实党的十八大精神学习，建立网络党校，组织党的十八届三中全会精神、习近平总书记系列重要讲话精神专题辅导班，增进两级领导班子对党的路线、方针、政策理解，进一步认清公司发展形势，统一思想，明确任务。

2015年，公司党委突出中国石油优良传统再教育，深入学习贯彻习近平总书记重要指示精神、党的十八届五中全会精神，落实集团公司2015年领导干部会议精神，将"三严三实"专题教育、"重塑中国石油良好形象"大讨论活动与科学谋划"十三五"发展相结合，持续加强"忠诚、干净、担当"的领导班子建设，推动公司合规、健康、持续发展。

2016年，公司党委开展"两学一做"学习教育，通过组织开展党委理论学习中心组学习、专题研讨等方式，传达学习党的十八届六中全会精神、《习近平总书记"七一"讲话》《关于新形势下党内政治生活的若干准则》《中国共产党党内监督条例》、集团公司领导干部会议精神等内容，引导领导班子增强政治意识、大局意识、核心意识、看齐意识，自觉在思想上政治上行动上同党中央保持高度一致，推动公司又好又快发展。

2017年，公司党委坚持把思想政治建设摆在首位，以组织学习党的十八届六中全会精神、习近平总书记专题研讨班重要讲话精神、党的十九大精神等为重点，坚持推进"两学一做"学习教育常态化、制度化；组织开展"践行四合格四诠释、弘扬石油精神、喜迎党的十九大"岗位实践活动，举办党的十八届六中全会精神专题学习研讨班，组织开展党委理论学习中心组专题学习13次，两级领导班子带队赴基层宣讲130场次。

2018年，公司党委以深入学习贯彻党的十九大精神为主线，开展以习近平新时代中国特色社会主义思想为主要内容的专题学习；在昆明市委党校举办两期领导班子党的十九大精神学习研讨班；公司党委理论学习中心组开展习近平新时代中国特色社会主义思想专题学习研讨，坚持用中国特色社会主义理论最新成果武装头脑，加强领导班子政治建设，指导公司按照"五大发展理念"，实现高质量稳健发展。

二、组织建设

1999—2003年，公司成立初期，着手以系统借聘、民主推荐、考核选拔等方式，选齐配强各级领导班子，加强领导班子组织建设。1999年，公司从集团公司系统内部12个单位借聘40余位业务骨干到公司工作，重点抓好区外全资、控股公司领导班子建设，向4家控股公司派出8名领导班子成员。2000年，公司持续完善向控股公司民主推荐班子成员程序，采取年度领导干部述职、测评、组织考核等形式，抓好两级领导班子组织建设。2001年，公司明确从政治纪律、班子团结、工作业绩、经营管理、联系群众、坚持民主集中制等方面开展领导干部评议工作的具体标准，采用个别谈话等方式开展评议工作。2002年，公司在所属云南分公司、贵州分公司、广西分公司先后组建党委，配备专职党委书记。2003年，公司注重提高两级领导班子素质，建立领导干部与加油站责任联系制度，坚持领导干部定期外送培训，开展干部交流和领导人员年度考核。

2004—2008年，公司党委持续加强制度建设，实施选人用人改革创新，全面加强领导班子组织建设。2004年，在各单位领导班子建设中推行"双向进入、交叉任职"，完善省级分公司党政领导分设、交叉任职制度，对具备一定经营规模和员工人数的配送中心、零售片区及其他经营单位实行党政领导分设、交叉任职制度。3月，建立两级党委委员党建工作联系点制度，完善公司党建工作领导体制和工作机制。2005年，为建立能上能下、竞争择优的选人用人新机制，公司党委推进用人制度改革，印发《中国石油西南销售公司云南区域分公司领导班子成员竞聘实施办法》，并将岗位竞聘从加油站站长、片区经理扩大到两级领导班子成员，在公司机关举行首次行政副职和副处以上领导干部竞聘。2006年，公司党委持续开展中层干部竞聘上岗工作，印发《中国石油西南销售公司省级分公司领导班子成员竞聘实施办法》，对省级分公司领导班子党政正职由公司领导班子研究后，直接进行任命和聘任；副职采取竞聘上岗方式选拔，竞聘岗位为省级分公司副经理岗位、省级分公司总会计师岗位。公司建立领导班子成员重点工作责任制，在领导班子建设中全面落实安全生产责任制，建立领导干部安全生产联系点制度，在各单位配备安全总监，班子结构不断优化；强化领导班子能力建设，加强任期考核管理，逐步推行干部任期任届制，根据业绩完成等情况及时进行调整，加大干部交流力度。

2009—2013年，公司以"四好"领导班子创建为引领，加强领导班子组织建设。2009年，按照"年龄结构、知识互补、专业配套、气质相融"原则，采取公开选拔、竞争上岗、轮岗交流、履职考评等一系列措施，先后对机关处室、州市分公司班子进行充实调整，优化领导班子结构，33名优秀年轻干部走上领导岗位。2010年，公司党委修订《领导人员管理暂行办法》，明确领导人员管理权限和职责、任期、选拔方式、考核评价、交流、回避、退出、责任追究、纪律监督以及后备人员管理、引进人员任职管理等内容；对昆明分公司、大理分公司增加班子成员配置，对玉溪分公司、红河分公司、西双版纳分公司配齐党委（总支）书记，对副处级及以上基层单位配齐总会计师，对科级单位增配分管财务的副经理。2011年，公司党委修订《领导班子碰头会制度》《公司领导人员管理暂行办法》，规范决策程序，明确领导人员管理权限和职责、任期、选拔方式、考核评价、交流、回避、退出、责任追究、纪律监督及后备人员管理、引进人员任职管理等内容，形成领导人员系统、规范的管理体系；结合公司发展需要，对29名机关处室负责人和基层单位领导班子成员进行调整，从中国石油系统内企业引进业务骨干26名，使基层领导班子年龄、知识、专业结构进一步优化。2012年，公司党委下发《关于调整公司领导人员公开选拔方式等内容的通知》，规范领导人员任职资格、选拔方式，对引进领导人员实行试用期，取消临时负责人、协助负责人岗位设置，干部选拔工作更为科学合理。2013年，公司党委优化领导干部选聘机制，加强领导干部交流，调整选拔方式，优化调整调运处等9个处室、非油品公司等15个基层单位的领导班子，44名综合素质好、业绩突出的中层干部走上领导岗位。

2014年，按照集团公司干部选拔任用新要求，公司党委先后印发《领导人员管理暂行办法》《领导班子和领导人员综合考核评价暂行办法》；优化领导班子结构，调整23个基层单位、机关处室领导班子，42名综合素质好、业绩突出的干部走上领导岗位；按照业务、管理、监督三大职能调整基层单位领导班子分工，形成营销、零售业务由1人分管，审计监察业务由党政正职分管，安全业务原则上由党委书记分管的业务分工格局。

2015年，公司党委持续优化干部队伍结构，对昭通等5家分公司机构升格后的领导干部进行职级晋升民主推荐，组织开展审计监察处、仓储分公司、楚雄分公司部分领导岗位竞争上岗，优化调整8个基层单位、2个机关处室领导，14名综合素质好、业绩突出的干部走上领导岗位；公司首次启动干部挂职交流机制，选派州市分公司3名干部到国土资源局、规划局、住房和城乡建设局等政府部门挂职锻炼，促进政企交流，服务公司发展。

2016年，公司党委调整优化工程建设管理处、质量安全环保处等4个处室，大理分公司、昭通分公司等10家分公司领导班子，配齐配强班子力量；持续开展领导干部到政府挂职工作，选派公司副总经理王德耀到云南省发展和改革委员会挂职，选派州市分公司6名优秀干部到辖区所属国土资源局、规划局、住房和城乡建设局等相关部门挂职锻炼。

2017年，公司党委先后印发《党建工作责任制实施意见》《关于公司党委班子成员工作分工的通知》，明确党建责任内容，齐抓共管、各负其责的大党建工作格局初步形成。修订《领导人员管理办法》，制定《领导人员选拔任用工作规范》，开展大理分公司、文山分公司正处级干部民主推荐，保山分公司、丽江分公司班子副职竞争上岗，充实配强昭通分公司领导班子，优化基层各单位领导班子结构；持续选派6名干部到州市国土资源局、规划局、住房和城乡建设局等相关部门挂职锻炼。

2018年，公司持续完善选人用人制度建设，修订印发《领导人员管理办法》，配合集团公司完成正局级销售企业正职人选民主推荐、销售企业总会计师人选竞争上岗、公司党政主要领导调整工作，组织开展财务处、质量安全环保处处长和文山分公司正职等领导岗位竞聘上岗，进一步完善了领导干部选拔机制；持续推动干部赴外挂职工作，持续选派6名干部到州市商务局、国土资源局、住房和城乡建设局等相关部门挂职锻炼。出台《领导人员退出领导岗位管理办法》，7名达到退职岗位条件的中层领导干部退出领导岗位。

三、思想作风建设

1999—2003年，公司成立初期，公司党委把开展"三讲"学习教育作为加强党员领导干部思想政治建设的重要举措，提升服务意识，推动领导班子思想作风转变。按照上级公司要求，从2001年起，公司处级以上党员领导干部民主生活会改为一年召开一次。公司党委把2002年定为两级机关"工作转变作风年""调查研究年""为基层服务年"，重点做到"两深入、三减少、三碰硬"，即："深入基层、深入实际；减少会议、减少文件、减少应酬；在解决经营扯皮问题上要碰硬，在清收欠款问题上要碰硬，在反腐倡廉和执行纪律上要碰硬"。2003年，公司党委建立两级党委委员党建工作联系点制度，及时了解掌握联系挂点党支部所在单位党建工作和其他方面情况，指导帮助其做到党的基层建设和经营管理有机结合，促进物质文明和精神文明共同发展。

2004—2008年，公司党委不断加强领导班子思想作风建设，引领企业持续有效快速协调发展。2004年，公司深入开展保持共产党员先进性教育，各单位党委书记为第一责任人。2005—2006年，以创建"四好"领导班子为目标，深入贯彻落实党的十六届四中全会和集团公司党组《关于加强各级领导班子领导管理能力建设的意见》。2007年4月，公司领导班子召开以"加强领导干部作风建设"为主题的党员领导干部专题民主生活会。2008年4月，公司党委印发《开展"牢记两个务必，加强作风建设"主题教育活动实施方案》，组织开展解放思想大讨论活动，持续转变思想作风，提升工作效能。

2009—2013年，公司党委以服务基层、服务员工、服务发展为主线，以转变观念、提高效率、转变作风为重点，领导班子率先垂范，强化机关作风建设。2009年，公司党委印发《开展机关作风建设年活动实施意见》，以争创最佳"五型"部门为目标，全面开展争创"学习型、服务型、效能型、廉洁型、和谐型"为主题的"五型"机关建设活动。2010年，公司党委开展"基础管理年""作风建设年"活动，先后印发《"三重一大"决策制度管理实施细则（试行）》《公司两级机关管理人员基层挂点（蹲点）管理实施细则（暂行）》，实施首问负责制、限时办结制、责任追究制，两级机关管理人员全年完成基层挂（蹲）点648人次，解决各类问题1187个；对17名领导干部和管理人员进行责任追究，提升各级领导干部责任意识及服务意识。2011年，公司党委召开"作风建设年"活动推进视频大会，在两级机关开展"一字之差、谬之千里"作风建设大讨论活动；领导班子召开以"坚持以人为本、执政为民理念，发扬密切联系群众优良作风"为主题的党员领导干部民主生活会。2012年，公司党委大力倡导"开短会、讲短话、发短文、简办事"的"三短一简"工作作风，从严控数量、压缩规模、规范审批程序入手精简会议、压缩文件，公司会议文件同比减少5.5%；倡导"答案永远在现场"的管理理念，公司两级机关管理人员深入基层库站开展挂（蹲）点工作，全年累计挂（蹲）点1222人次，为基层解决问题1728个。2013年，公司党委印发《云南销售公司转文风、改会风、强作风的规定》，坚持用作风建设强化宗旨意识，以为民务实清廉为主题，扎实开展党的群众路线教育实践活动；启动制度梳理立项工作，着手建立反对"四风"（形式主义、官僚主义、享乐主义、奢靡之风）、密切联系群众的长效机制；推进专项整改活动，以"加强自身建设、狠抓作风和基础管理"为主题，组织召开两级班子民主生活会，领导干部作风进一步转变。

2014年，公司党委坚持用作风建设提升两级班子的领导能力，狠抓党的群众路线教育实践活动相关问题整改，公司领导班子制定4个方面67项整改措施，完成问题整改62项；各单位领导班子制定507项整改措施，完成问题整改478项；坚持问题导向正风肃纪，在两级机关开展"责任、制度、执行、协作"主题大讨论，引导两级机关解决工作流程不顺、配合不畅、制度不严、执行不力、责任心不强等问题，共梳理并整改问题439项。

2015年，公司党委深入开展"三严三实"专题教育，两级领导班子围绕"严以修身、严以用权、严以律己，谋事要实、创业要实、做人要实"，查问题、定措施、促整改，共制定整改清单111份；公司领导班子召开"三严三实"专题民主生活会，努力推动形成积极向上、干事创业、风清气正的政治生态。

2016年，公司党委深入开展"两学一做"学习教育，从开展专题学习教育、廉洁教育、选树先进典型、强化教育培训、问题查摆和整改、高质量召开专题民主生活会、培育打造党建知名"品牌"、实施"三个培养"工程、推进"大监督"体系建设等10个方面，将学习教育引向深入；两级机关持续开展以创建"学习型、服务型、创新型、廉洁型、和谐型"机关和为基层办实事为主要内容的"五型"机关建设活动，领导班子成员率先垂范，推进服务型机关转型，切实提升管理人员服务基层、服务一线能力水平。

2017年，结合"四合格四诠释"岗位实践活动，公司党委聚焦领导班子、机关处室带头等措施转变工作作风；启动基层评议机关作风建设活动，针对机关各处室及机关处室长（正职）一年来的服务意识、服务态度、服务效率、作风形象和廉洁自律情况进行评议。

2018年，公司党委印发《两级领导班子基层党建联系制度》，在开展"党委（总支）委员联系党支部、党支部委员联系班组、党员联系生产经营岗位"的党建"三联"责任示范点工作基础上，明确领导班子成员须选择一个基层党支部作为联系点，每年至少到联系点调研检查指导一次党建工作，讲一次专题党课，定期宣讲解读政策、调研解决问题、督促落实责任、总结推广经验。四季度，公司党委在两级党委班子、党支部和全体党员中深入开展以"三联三争"为载体的"决胜全年争先锋"劳动竞赛活动，有效促进了公司年度目标的全面完成。

四、党风廉政建设

1999—2008年，公司党委贯彻落实上级工作部署，抓好领导班子党风廉政建设工作。以制度建设为要点，先后制定下发《党员干部诫勉谈话制度》《领导干部廉洁自律"十不准"》《领导干部个人收入申报、重大事项报告管理办法》等多项制度，形成长效机制，强化领导班子党风廉政建设制度监督，增强廉洁从业风险防控能力。以反腐倡廉教育为重点，公司以党委理论学习中心组学习、专题讲座、主题教育、党纪政纪条规知识测试等形式，强化领导班子纪律意识，推动廉洁从业，营造风清气正干事创业氛围。自2004年起，在每年工作会议上，公司党委与公司领导班子副职、各基层单位党政主要领导、公司机关副处级以上领导干部签订《党风廉政建设责任书》《党风廉政建设承诺书》，明确副处级以上领导干部在各自管理范围内，承担落实的党风廉政建设责任制职责和任务，形成"一级抓一级、一级保一级、级级抓落实"的立体工作网络。

2009—2018年，公司认真贯彻落实党风廉政建设党委主体责任和纪委监督责任，持续强化领导班子党风廉政制度建设，抓好领导班子反腐倡廉教育，建设风清气正的领导班子。公司党委将党风廉政建设与经营管理同部署、同落实，明确各级领导班子成员对职责范围内的党风廉政建设负主要领导责任，切实落实好"一岗双责"；坚持党要管党、从严治党，组织领导干部签订《规范公务车辆使用承诺书》，两级机关领导干部《领导人员及其亲属经商办企业并与中石油发生业务往来情况承诺书》《领导人员收送红包礼金情况承诺书》，开展领导人员及其亲属经商办企业并与中国石油发生业务往来情况登记申报工作；开展领导班子党风廉政建设有关问题专项治理工作，包括公款为领导人员办理各种消费卡、公款为领导人员购买图书，领导人员未如实报告个人有关事项问题的专项治理和"会所中的歪风"清理整顿工作。2016年，公司党委突出"两个责任"，推进党风廉洁建设责任落实，完善公司领导班子党风廉政建设主体责任清单，细化落实党风廉政建设监督责任清单，构建权责明晰的监督责任体系，先后印发《关于规范党员领导干部操办婚丧喜庆事宜的管理规定（试行）》《云南销售公司党委深入践行集团公司党组关于贯彻中央八项规定精神的实施细则》，深入落实中央八项规定精神，纠正"四风"，整治大操大办、借机敛财问题。2017年，公司制定下发《关于建立基层党委书记纪委书记述职评议制度的实施意见》，组织12名党委书记、纪委书记进行现场述职、评议考核，有效推进从严治党；制定下发《关于进一步规范和严格党内政治生活制度的通知》，对严格落实党员领导干部民主生活会等党内政治生活提出规范要求。2018年，以领导班子建设为重点，召开2018年党风廉政建设和反腐败工作会议，学习贯彻党的十九大精神及十九届中央纪委二次全会精神；开展廉洁从业教育及"合规用权""遵规守纪"专题讲座；严肃两级领导干部约谈教育，切实将"抓早抓小抓预防"的工作要求落到实处。在各级领导干部和全体党员中深入开展了学习新修订《中国共产党纪律处分条例》网上答题活动，考试平均成绩达到 95 分以上。

第二节　基层党组织建设

一、基层党组织发展和重要活动

1999—2003 年，立足创业初期的发展特点，公司党委积极探索区外销售企业党建思想政治工作方法，加强基础工作，创新工作方式，不断建立健全党组织机构，力争做到经营活动开展到哪里，党的组织就建立到哪里，党的活动就开展到哪里。2001—2002 年，公司深入开展创先评优活动，各级党组织通过划分党员责任区，建立党员先锋岗，将创先争优活动引向深入。2001 年 4 月，公司印发《关于加强基层党工团组织建设有关问题的通知》，组织引导各单位加强基层党工团组织建设，规范开展党工团活动，大力推动企业精神文明建设。2002 年 8 月 2 日，公司召开第一次党委工作会议，传达销售公司党委书记会议精神并对下一步党委工作进行安排。2003 年 9 月，公司开展创建"标准党支部"活动，通过规范基层党支部建设，增强党支部凝聚力和战斗力；12 月 16 日，公司在广西分公司召开创建"标准党支部"现场观摩会议。

2004—2008 年，公司党委结合经营网络不断扩张的实际，自上而下加强党的基层党组织建设。2004 年 3 月，印发《两级党委成员党建工作联系点制度》，完善党建工作领导体制和工作机制，加强两级党委成员对基层党支部的联系和指导，形成领导班子成员齐抓共管的"大政工"格局。2005 年，公司党委把开展党员先进性教育活动与加强基层党组织建设、健全党的组织生活紧密结合，认真贯彻落实《集团公司基层建设纲要》，创建"标准党支部"。2006 年 4 月，公司党委印发《关于开展"西南销售先锋工程"活动，大力推进党的基层组织建设的实施方案》，开展以创建"四好"领导班子、创建"标准党支部"、争做"党员先锋"为主要内容的"西南销售先锋"工程活动。11 月，公司首期党支部书记、工会主席培训班在昆明举办，40 余名专兼职党群干部参加培训。2007 年，公司党委启动基层党组织目标管理，对 8 个基层单位党组织目标管理情况进行全面考核，按照"思想好、素质高、业绩优"的"党员先锋"标准，开展"党员先锋岗""党员示范区"等创建活动，促进党员带头抓生产、带头比服务、带头促经营；3 月，公司开展"西南销售先锋工程"活动考核验收；5 月，公司党委印发《关于开展"党员先锋示范区"活动的指导意见》；10 月，公司党委印发《西南销售公司基层建设实施意见》。2008 年 7 月，公司首届基层党委（总支）书记培训班在北京石油管理干部学院开班，14 人参加培训。截至 2008 年底，公司共有基层党委 3 个、党总支 8 个、党支部 87 个，党员 1136 人，专兼职党务工作者 143 人。

2009—2013年,公司党委严格落实"三同时"原则,做到党建工作与行政工作同步安排、同步推进、同步检查,探索设立片区党支部、机关与基层联合党支部、重点工程项目甲乙方联合党支部、重大工作项目党支部等多种组织形式,确保战斗堡垒作用充分发挥。2009年,公司党委印发《西南(云南)销售公司"456基层党建工程"实施方案》,连续三年开展"四好"领导班子创建,加强各单位党政领导班子建设;开展"五好"党支部创建活动,加强基层党组织建设;开展"六好"党员争创活动,加强党员队伍建设。2010年,公司深化"公推直选"党支部书记工作,提出3000吨及以上加油站"站站有党员"的目标,表彰15个先进党组织和59名优秀共产党员。2011年,公司推进"党支部建设进库站"工作,明确"十二五"期间实现"站站有党员、5000吨级以上加油站建立独立党支部"的奋斗目标。2012年,公司党委全面启动"44655"基层党建工程,形成新时期加强基层党组织建设完整体系;新调整、成立基层党委10个,培育选树表彰"先进基层党组织"、先进党支部"十面红旗"、优秀共产党员"十大先锋""十佳党务工作者""十佳创先争优示范岗"和"优秀共产党员"。公司党委持续开展深入学习实践科学发展观活动,以"深入贯彻落实科学发展观、推进建设国际水准销售企业"为主题,先后印发《关于在公司党组织和党员中深入开展创先争优活动的实施方案》《云南销售公司"为民服务创先争优"活动实施意见》《云南销售公司2012年"为民服务创先争优"活动实施方案》《云南销售公司2012年基层组织建设年活动实施方案》,将为民服务创先争优、基层组织建设年活动引向深入;推进"戴党徽、亮身份、明标识、树形象"活动常态化,促进服务质量、管理水平、经营业绩提升。2013年,公司党委印发《云南销售公司深入开展党的群众路线教育实践活动实施方案》,深入开展党的群众路线教育实践活动;致力"转文风、改会风、强作风",公司文件、会议同比减少16%、35%,两级机关深入150座加油站挂(蹲)点,帮助基层解决问题200余项。截至2013年底,公司共有基层党委18个、党总支14个,党支部170个,党员1454名。

2014年,公司有基层党委19个、党总支13个、党支部194个,党员1522名。公司党委印发《基层党委书记量化考评标准》,开展"三服务三促进"基层服务型党组织建设活动,新建基层党支部27个,万吨级加油站、5000吨级加油站独立党支部覆盖率分别达86%、28%;坚持"融入中心抓党建、抓好党建促发展"思路不动摇,持续反"四风",全面落实中央八项规定精神、集团公司党组二十条要求,持续巩固党的群众路线教育实践活动成果,表彰11个"践行群众路线、为民务实清廉"政研成果。

2015年,公司有基层党委19个、党总支13个、党支部198个,党员1573名。举办基层党支部书记培训班,推动基层党组织管理工作上台阶;以开展"三严三实"专题教育为主线,先后组织开展"三送一提升"、党员带头"四个一"、机关挂点基层驻站帮扶等工作,全年基层挂蹲点和驻站帮扶748人次,解决实际问题830余件;印发《云南销售公司开展"重塑中国石油良好形象"大讨论活动实施方案》,开展铸魂育人"五个一"、百座加油站"U计划"推广提升及"油站都是宝石花、人人都是护花人"主题签名承诺、"滴滴好油、满满诚信"等活动,实现了塑形象、亮品牌、扩销量、增效益。

2016年，公司有基层党委18个、党总支12个，党支部189个，党员1568名。12月27—28日，公司召开中国共产党中国石油云南销售公司第一次代表大会，115名党员代表参加会议。公司党委书记赵剑春作了题为《深化全面从严治党、改进加强党的建设，为公司稳健发展提供坚强保障》的工作报告，纪委副书记史咏梅作了《全面从严治党、强化执纪问责，为公司实现"十三五"发展目标保驾护航》的纪委工作报告。与会代表听取并审议了公司党委工作报告、纪委工作报告，审查了公司党费收缴使用管理的情况报告，按照程序选举产生了中国共产党中国石油云南销售公司第一届委员会，中国共产党中国石油云南销售公司第一届纪律检查委员会。新一届党委和纪委分别召开第一次全体会议。

会议指出："十三五"是公司发展的重要战略机遇期，也是党建思想政治工作大有可为的创新发展期，公司要按照党建思想政治工作指导思想，强化融入中心，创新方式方法，着力加强理论武装和教育引导，加强和改进基层党的建设，加强从严治党和反腐倡廉建设，加强领导班子和干部队伍建设，加强和改进思想政治工作，加强企业文化建设，加强服务型党组织建设，加强对工团组织的领导，为实现公司"十三五"发展目标提供强有力的思想、政治和组织保障。

2017年，公司新成立1个基层党委，基层党委数达19个、党总支5个、党支部153个，党员1541名。公司所属16个基层单位党委分别召开第一次党员大会，按照程序选举产生了基层党的委员会、党委书记、党委副书记，纪律检查委员会、纪委书记。公司党委印发《关于开展"践行四合格四诠释，弘扬石油精神，喜迎党的十九大"岗位实践活动实施方案》，着眼提升党员身份意识、责任意识、担当意识，积极开展"四合格四诠释"岗位实践活动；印发《中国石油云南销售公司党委关于推进"两学一做"学习教育常态化制度化实施方案》《关于进一步规范和严格党内政治生活制度的通知》，深入推进党员教育，严肃党内政治生活。

2018年，公司基层党委达18个、党支部142个，党员1517名。公司健全优化党务工作机构设置，在党委组织部增设党建工作科，党群工作处加挂党委宣传部牌子，成立公司党委巡察工作机构，在各州市分公司机关成立党群工作部（纪委办公室），党建工作职责分工更加清晰，公司基层党建不断优化；公司党委分两批次组织两级领导班子及党员代表到遵义开展"重温红色记忆，追寻初心步伐，筑梦红色之旅"主题党日活动。

是年11月16日，中国石油基层建设云南销售现场会在大理召开（见图9-1），会议的主要任务是：认真贯彻落实党的十九大和全国宣传思想工作会议精神以及集团公司2018年领导干部会议精神，探索今后一个时期基层建设的努力方向，总结交流经验，夯实发展基础，真抓实干开拓新时代中国石油高质量发展新局面。公司在会上作了题为《着力"四真"强党建，打造三基新标杆》的工作交流，"张本荷劳模创新工作室"及中国工会第十七次全国代表大会代表赵石妹分别作了工作汇报。集团公司思想政治工作部，成品油销售、天然气销售、科研等业务系统专业分公司、企事业单位有关负责同志参加会议。

会议期间，与会代表观摩了金花加油站、富海加油站现场及基层党支部建设情况（见图9-2）。

图 9-1　中国石油基层建设云南销售现场会在大理召开

图 9-2　与会代表观摩基层党支部建设情况

历年基层党组织和党员情况统计表（见表9-1）。

二、基层党组织建设改革与创新

（一）"44655"基层党建工程

2012年9月，公司党委印发《云南销售公司"44655"基层党建工程实施意见》，统筹规划"十二五"期间基层党建工作目标，争创以"政治素质好、经营业绩好、团结协作好、作风形象好"为主要内容的"四好"领导班子，以"政治引领力强、推动发展力强、改革创新力强、凝聚保障力强"为主要内容的"四强"党组织，以"选配一个好书记、建设一个好班子、带出一支好队伍、完善一套好制度、构建一个好机制、创造一流工作业绩"为主要内容的"六个一"党支部；争当以"全心干事业、精心抓管理、用心带队伍、贴心爱员工、信心创佳绩"为主要内容的"五心"党支部书记，以"带头学习提高、带头争创佳绩、带头服务群众、带头遵纪守法、带头弘扬正气"为主要内容的"五带头"共产党员。

自2012年起，公司党委制定"44655"基层党建量化考评标准（见表9-2、表9-3）及基层党委书记量化考评标准，每年4月组织党建考评小组深入各基层单位开展考评工作（见图9-3）。

图 9-3　公司党建考评小组深入各基层单位开展考评工作

表 9-1 公司历年基层党组织和党员情况统计

年份 项目		1999年	2000年	2001年	2002年	2003年	2004年	2005年	2006年	2007年	2008年	2009年	2010年	2011年	2012年	2013年	2014年	2015年	2016年	2017年	2018年
党委（个）		—	—	—	3	3	3	3	3	3	3	7	8	8	18	18	19	19	18	19	18
党总支（个）		—	—	—	—	—	—	6	6	6	8	13	15	16	14	14	13	13	12	5	0
党支部（个）	总数	5	—	—	—	26	—	50	55	70	87	54	55	89	153	170	194	198	189	153	142
	机关党支部	—	—	—	—	—	—	27	30	37	39	30	27	35	39	42	49	52	48	45	44
	基层车站党支部	—	—	—	—	—	—	23	25	33	48	24	28	54	114	128	145	146	141	108	98
党员总数（人）		—	—	—	—	285	349	514	768	1041	1136	607	704	1092	1401	1454	1522	1573	1568	1541	1517
党务工作者（人）	总数	—	—	—	—	—	—	94	101	124	143	112	133	172	245	263	286	455	422	411	423
	专职党务工作者	—	—	—	—	—	—	35	37	45	45	45	55	58	59	60	60	32	32	37	46
	兼职党务工作者	—	—	—	—	—	—	59	64	79	98	67	78	114	186	203	226	423	390	374	377

表9-2　2012年公司"四强"党组织量化考评标准

序号	考核项目	分值（分）	子项评分标准	检查内容和方式
1	落实党建责任制	20	（1）未根据《中国石油云南销售公司党建工作责任制实施细则》要求，制定下发本单位党建工作责任制实施细则的，扣5分；未发文的，扣2分	查看发文记录
			（2）基层党委、党委书记、党委副书记、党委班子成员未能履行党建工作责任制，出现《中国石油云南销售公司党建工作责任制实施意见》中责任追究事项的，每项扣2分	依据实际考评
			（3）未围绕公司和本单位中心工作制定年度党建工作计划的，扣3分；未定期召开会议专题研究和安排部署党建工作的，每缺一项扣1分；重点工作推进落实不好的，视情况扣1-3分	查看工作计划、工作要点等、查看专题会议资料
			（4）未围绕践行社会主义核心价值观活动、石油精神学习教育，"形势、目标、任务、责任"主题教育活动纳入本单位党委年度工作安排，每缺一项扣1分；工作组织不具体、落实不到位，每项扣2分	查看党委年度工作安排、工作计划、记录等。
			（5）未定期开展党建思想政治工作调研检查工作的，扣3分；调研检查结果未有效运用的，扣2分	查看调研检查过程资料
			（6）未将党建工作纳入业绩合同的，扣3分	查看业绩合同及考核兑现过程资料
			（7）未建立党建工作联系点制度；党委领导班子成员每年至少到基层联系点检查指导一次党建工作，讲一次党课，每少1人次扣1分	查看制度、会议记录
			（8）党委书记、纪委书记年度述职评议考核综合评价意见评为"一般"的，扣3分；评为"差"的，扣5分	由公司人事处（组织部）提供依据
			（9）未组织开展所属基层党支部书记述职评议考核工作的，扣3分；述职方式、内容、步骤等不符合工作要求的，扣1-3分	查看基层党支部书记述职评议考核资料

续表

序号	考核项目	分值（分）	子项评分标准	检查内容和方式
二	健全基层党组织	20	(1) 未按要求组织换届选举的，扣5分；工作流程不符合要求的，每发现1项问题扣1分	查看换届选举工作资料
			(2) 综合管理部无分管党群工作部门主任（副主任）的，扣5分；未设置党群岗位配备人员的，扣2分	查看部门职责、分工文件、岗位配备、岗位职责等
			(3) 未按照公司《关于加强基层党支部建设的实施意见》，积极开展"六个一"党支部创建活动的，扣3分；党支部作用发挥不明显的，扣3分	依据实际考评
			(4) 未指导、督促基层党支部按期进行换届选举，支部书记改选、支委补选等工作的，每发现1项问题扣1分	依据实际考评
			(5) 未定期组织基层党组织书记和党员干部学习培训的，扣3分；未落实支部津贴待遇的，每人次扣1分	查看培训记录，查看发放工作津贴记录
			(6) 未围绕生产经营工作，定期开展先进基层党组织、优秀共产党员、党员先锋岗等评选创建活动的，扣3分；无先进典型的，扣2分	查看评选创建活动通知、推荐情况、选拔结果等记录
			(7) 未围绕党委重点工作和当期主题活动，组织开展主题实践活动的，扣5分；活动流于形式，效果不明显的，视情况扣1~3分	依据重点党内活动安排，查看活动方案、工作计划、记录等
			(8) 党内统计系统信息库数据不完整不准确的，扣2分；未及时上报统计数据的，扣1分	对照党组织和党员名册查看党内统计系统数据完整情况；查看每半年上报1次报表的记录
三	发展党员工作	15	(1) 未按照公司党委下达的发展党员工作计划，制定本单位年度发展党员工作的，扣3分；未结合实际采取措施加强发展党员工作的，扣2分	查看工作计划、工作措施等
			(2) 未严格执行发展党员5个阶段25个步骤程序，存在程序执行不到位、书写不规范、过程资料不齐全问题的，每项扣0.5分	抽查1~2名预备党员资料
			(3) 未组织入党积极分子、发展对象培训班或专项培训的，每人扣3分	查看培训记录
			(4) 未在三个月内审批基层党支部上报的接收预备党员的决议的，每人扣1分；党委会未将讨论结果进行批复的，每人扣1分	查看党委会记录，批复记录，上报备案记录
			(5) 有举报或检查时发现有违反程序发展党员的，经核实无误每人扣5分	依据实际考评

续表

序号	考核项目	分值（分）	子项评分标准	检查内容和方式
四	党员教育管理	15	（1）未制定党员教育培训计划的，扣2分；未按计划开展党员培训的，扣3分	查看培训计划、学习教育、培训班记录
			（2）党员每年接受所在党组织集中学习培训累计时间不少于12天。抽查发现同题每人次扣0.5分	抽查党员学习教育培训记录
			（3）党政主要领导每年上专题党课不少于1次，每人每少1次扣1分	查看记录或宣传报道
			（4）未指导、督促基层党支部按时开展组织生活会和民主评议党员的，扣3分；党员领导干部不能自觉参加所在党支部组织生活会的，每人次扣1分；未安排对基层党支部组织生活会情况进行督查、指导、点评的，扣2分	查看党员领导干部参加所在党支部组织生活会记录，查看督查指导记录等
			（5）未根据民主评议结果，按照《关于做好处置不合格党员工作的通知》（中组发〔2014〕21号）规定的办法程序，及时于做好处置不合格党员组织处置的，每项扣0.5分	依据实际考评
			（6）未按照规定流程，及时转移转移接收党员组织关系的，每1人扣0.5分	抽查接转党员组织关系记录
五	党费、党组织工作经费使用管理情况	15	（1）未建立和落实"党费日"制度的，扣5分；未以党支部为单位建立党费收缴名册的，扣2分；党员无《党费证》登记齐全的，每人扣0.5分	抽查党支部党员交纳党费记录和党员《党费证》登记记录
			（2）党费使用范围、审批流程不符合要求的，每项扣2分	查看党费使用记录
			（3）未按时向公司党委上缴党费的，扣5分；未按标准上缴的，扣2分	查看上缴党费凭证
			（4）每年至少向党员公布一次党费收缴和使用情况。未公示的，扣2分	查看公示记录
			（5）未按要求使用党组织工作经费的，每项扣2分；未公示的，扣3分；未向基层党支部下拨工作经费的，扣3分；抽查基层党支部在工作经费使用不合规的，每个支部扣2分	查看党组织工作经费使用记录、公示记录、下拨记录等
六	党群工作量化考核	15	公司党群工作量化考核分值	由公司党群工作处提供依据
加分项			1.基层党委在公司及以上会议上作过典型经验交流、被评为公司及以上先进基层党组织的，可酌情加分 考核周期内，单位受到集团公司、云南省相关部门表彰的加2分，受到公司、地州市相关部门表彰的加1分。以上表彰重点为年度表彰，按所获得的最高荣誉加分，不复加分，累计最高加5分	由被考核单位提供正式表彰文件
			2.提高创新能力，建立了党建工作体系的，可酌情加分	建立了本单位中长期党建工作规划及考核标准，并已推广应用的，经考核组评定认可后可加3分 由被考核单位提供正式的体系文件等

续表

序号	考核项目	分值（分）	子项评分标准	检查内容和方式
扣减分值及降档项	因监管不力、单位、班子成员、员工发生违规违纪问题，班子成员决策失误给公司造成经济损失等情况和处理结果扣减本考评总分值5~10分。同时，视责任认定情况，考评结果在原评定等级的基础上降低一个等级			由公司各有关部门提供依据
一票否决项（出现前述情况的，直接评定为"不达标"）	1. 发生一般B级及以上安全责任事故，一般及以上工程质量责任事故，直接经济损失50万元以上或经济损失低于50万元但负面影响较大责任事故的			由公司人事处（组织部）提供依据
	2. 领导班子成员受到"撤销党内职务、留党察看、开除党籍、降级、降职、撤职、开除"等党纪、政纪处分的			由公司审计监察处（纪委办公室）、人事处（党委组织部）提供依据
	3. 管理不善，单位员工在本单位管理职责范围内出现违法事项，被司法机关处理过的			由公司审计监察处（纪委办公室）提供依据
	4. 发生3人及以上的群众上访、聚众闹事等事件，造成县、市（州）、省级范围内的新闻危机或造成严重不良影响的			由公司总经理办公室（党委办公室）、党群工作处提供依据
	5. 领导班子年度履职评评结果为"较差"的			由公司人事处（党委组织部）提供依据
	6. 党风廉政建设工作考核评定为"不达标"的			由公司审计监察处（纪委办公室）提供依据
	7. 因其他性质被上级考核部门一票否决的			依据实际
评分要求	以上考评标准满分100分（不含加分项），根据考评内容及评分标准进行增减。各项考评内容若无扣分因素，则得满分；若有扣分因素，扣完该大项分数为限本量化考评标准以争创"选配一个好书记，建设一个好班子，带出一支好队伍，完善一套好制度，构建一个好机制，创造一流工作业绩"的六个一党支部为目标，适用于基层党支部。成立未满三个月的党支部，不参加年度考评			
评定级别	"六个一"党支部最终考核得分＝自查自评得分值×40%＋上级党组织复核验收考评分值×60%总分90分及以上为优秀，80~89分为良好，60~79分为达标，59分及以下为不达标。考评结果"优秀"的作为评选先进基层党组织的基本条件			

合 计 得 分：

表 9-3　2012 年公司"六个一"党支部量化考评标准

序号	考核项目	分值（分）	子项评分标准	检查内容和方式	评分（+ −）	考核得分
一	配齐支部班子	20	（1）未按要求健全支委会、党小组的，每项扣 2 分	查看换届选举、增补、党小组划分等记录		
			（2）支委会任期届满未按时进行换届选举的，扣 3 分	查看换届选举记录		
			（3）支委分工不明确，职责不落实的，扣 2 分	查看分工记录，抽查分工职责		
			（4）未按要求配备专兼职支部书记的，扣 3 分	查看党支部书记任免文件等		
			（5）党支部书记每年至少参加一次 3~5 天的集中培训，未参加的扣 3 分	查看党支部书记上岗培训记录		
			（6）党支部书记每年上党课不记录不少于 2 次，每少 1 次扣 1 分	查看上党课记录		
			（7）班子组织纪律涣散，不团结，服务意识和群众观念不强，员工对党支部发挥作用满意度达不到要求的，扣 5 分	抽查党员、员工对党支部工作及支委会成员的评价		
二	建强党员队伍	20	（1）每名党员都编入党支部或党小组，每少 1 人次扣 0.5 分	查看支部党员花名册		
			（2）党员年集中学习培训累计时间不少于 12 天，支部党员人每少 1 天扣 0.1 分	查看党员教育培训记录等		
			（3）未严格执行发展党员 5 个步骤 25 个阶段，存在程序执行不到位、书写不规范、过程资料不齐全等问题的，每项扣 0.5 分，有举报或检查时发现有违反程序发展党员的，经核实无误每人次扣 5 分	抽查 1~2 名预备党员资料		
			（4）未按要求做好退休党员服务和管理的，扣 2 分	有退休党员的党支部，查看退休党员是否有人花名册，是否按时交纳党费，是否定期慰问等		
			（5）未按照上级党委安排，组织支部内各类先进典型选树活动的，扣 2 分	查看推荐、选树文件		
			（6）被举报支部队伍中有黄、赌、毒、封建迷信等不良现象的，经核实无误的，每发生 1 次扣 2 分	由两级纪委部门提供依据		
三	加强制度建设	20	（1）无党支部年度工作计划的，扣 3 分；年度总结内容不翔实的，每项扣 1 分	查看党支部年度工作计划及推进落实情况		
			（2）无党支部工作记录本的，扣 5 分；记录本记录不完整、无签字等的，每项扣 0.5 分	查看党支部工作记录本		
			（3）党支部党员大会每季度不少于 1 次，每少 1 次扣 1 分；党小组会每月不少于 1 次，每少 1 次扣 1 分；党课每季度不少于 1 次，每少 1 次扣 1 分	查看"三会一课"记录		

续表

序号	考核项目	分值(分)	子项评分标准	检查内容和方式	评分(+-)	考核得分
三	加强制度建设	20	(4) 未组织组织生活会和开展民主评议党员的，扣5分；未按照"优秀、合格、基本合格、不合格"对党员进行评定的，每人扣0.5分；未按照《关于做好处置不合格党员工作的通知》（中组发〔2014〕21号）对"不合格"的党员作出组织处置的，每人扣2分	查看组织生活会和民主评议党员资料		
			(5) 党支部书记和支委每年与支部党员谈心谈话不少于2次，每少1次扣1分	查看谈心谈话记录		
			(6) 建立和落实"党费日"制度，未以党支部为单位建立党费收缴名册的，扣2分；党员无《党费证》的，党员《党费证》登记不齐全的，每人扣0.5分	查看党支部党员交纳党费记录和党员《党费证》记录等		
			(7) 未开展支部主题"党日"活动，扣2分	查看活动记录		
			(8) 未按要求开展党务公开的，扣2分	依据实际考评		
			(9) 未按上级党组织要求，组织廉洁从业教育活动的，扣2分	查看学习、活动记录		
			(10) 对涉及员工切身利益等重大事项未听取员工意见的，每发现1项扣1分	依据实际考评		
四	创新工作载体	20	(1) 党员主题实践活动开展不力，效果不明显的，扣3分；党员党内活动参与率低于90%的，扣2分	查看活动记录		
			(2) 未按要求开展劳动竞赛、技能培训等活动的，扣2分			
			(3) 未按上级党组织要求组织开展优秀共产党员、党员责任区、党员先锋岗等选树推荐的，扣2分	查看选树推荐记录		
			(4) 库站所辖单位党员岗位员工中有损害公司形象、违规违纪、服务对象有效投诉，每1人次扣0.5分	依据实际考评		
			(5) 支部所辖部门/库站等窗口服务单位员工上岗不佩戴党徽的，每项扣2分	由公司市场营销处、人事处（党委组织部）、审计监察处（纪委办公室）等部门提供依据		
五	争创一流业绩	20	(1) 党支部所辖部门/库站年度业绩合同分值低于100分的，每低1分扣1分（联合党支部需累计所辖部门/库站业绩考核平均成绩）	由所属单位组织人事部门提供依据		
			(2) 未有效落实公司岗位安全生产制度，支部所辖部门/库站中集体或个人违反公司安全生产需有关规定受到通报的，每项扣5分	由公司质安处、审计监察处（纪委办公室）提供依据		
加分项	1. 党支部在公司及以上会议上作过典型经验交流、被评为公司及以上先进基层党组织的、公司的酌情加分		考核周期内，党支部受到过党委表彰的加3分。以上表彰重点为年度表彰，按所获得的最高荣誉加分，不重复参加，累计最高加5分	由被考核单位提供正式表彰文件		

续表

序号	考核项目	分值（分）	子项评分标准	检查内容和方式	评分（+ -）	考核得分
加分项	2. 支部所辖员工在集团公司、公司等举办的岗位练兵、技能竞赛等活动中名列前三名的，可酌情加分		考核周期内，支部所辖员工在集团公司上述活动中有取得前三名的，共加3分；在公司上述活动中有取得前三名的，共加2分。按所获得的最高荣誉加分，不重复加分，累计最高加5分	由被考核单位提供正式表彰文件		
扣减分值及降档项	因监管不力，支部党员发生违规违纪问题的，视责任认定情况，考评结果在原评定等级的基础上降低一个等级			由两级各有关部门提供依据		
一票否决项（出现前述一票否决的情况，直接评定为"不达标"）	1. 支部发生一般B级及以上安全责任事故，一般及以上工程质量责任事故，直接经济损失低于50万元以上或经济影响较大责任事故的			由公司审计监察处（纪委办公室）、人事处（组织部）提供依据	出现前述一票否决的情况，直接评定为"不达标"	
	2. 支委会成员受到"撤销党内职务、留党察看、开除党籍"等党纪，"开除"等党纪，政纪处分的			由公司审计监察处（纪委办公室）（党委组织部）提供依据		
	3. 管理不善，支部员工在支部管理职责范围内出现违法事项，被司法机关处理过的					
	4. 发生3人及以上的群众上访，聚众闹事事件，造成县、市（州）、省级范围内的新闻危机或造成严重不良影响的			由公司总经理办公室（党委办公室）、党群工作处提供依据		
	5. 因其他问题被上级有关部门一票否决的			依据实际		
评分要求	以上考评标准满分100分（不含加分项），根据考评内容及评分标准进行增减。各项考评内容无扣分因素，若有扣分因素，扣完该大项分数为限					
	本量化考评标准以自争创"选配一个好书记，建设一个好班子，带出一支好队伍，完善一套好制度，构建一个好机制，创造一流工作业绩"的六个一党支部为目标，适用于基层党支部。成立未满三个月的党支部，不参加年度考评					
评定级别	"六个一"党支部最终考核得分＝自查自评分值×40%+上级党组织复核验收考评分值×60%					
	总分90分及以上为优秀，80—89分为良好，60—79分为达标，59分及以下为不达标。考评结果"优秀"的作为评选先进基层党组织的基本条件					

按照自查自评、验收考核、评定级别、整改落实等工作步骤，开展年度"44655"党建考评，考核结果作为"七一"评先选优的评价依据。在公司历年"44655"年度量化考评工作中，"四好"领导班子和"四强"党组织优良率均达 95% 以上，"六个一"党支部、"五心"党支部书记、"五带头"共产党员优良率保持在 90% 以上，基层党建工作水平逐年提升，基层战斗堡垒作用和党员先锋模范作用持续发挥。

（二）示范党支部建设

2017 年，公司党委深入学习贯彻党的十九大精神，坚持问题导向，解决基层党建工作中存在的突出问题，建立健全党建工作长效机制，努力把党支部建设成为教育党员、管理党员、监督党员和组织群众、宣传群众、凝聚群众、服务群众的坚强堡垒，深入推进基层示范党支部建设。10月，曲靖分公司党委《打造标准化党支部、建强基层党组织》案例在集团公司推广交流，公司组织在曲靖召开党支部标准化建设现场观摩交流会。11月，公司党委印发《关于加强基层党支部建设的实施意见》，明确以"一个好班子、一支好队伍、一个好阵地、一套好载体、一个好机制、一个好业绩"为建设目标，以"科学设置支部、配齐支部班子、选好支部书记、建强党员队伍、规范阵地建设、加强制度建设、优化支部职能、完善工作机制、创新工作载体、强化党内监督"十项工作举措全力加强基层党支部建设，各基层党支部开展打造工作（见图9-4），全面提升基层党支部战斗堡垒作用。

图 9-4 基层党员在"示范党支部"活动室开展"三会一课"

2018 年，公司党委印发《示范党支部验收标准》，组织党建思想政治工作检查组到各单位开展工作验收，进一步加强和改进新形势下的党支部建设。

（三）党建信息化平台运用

2018 年，按照集团公司党组"集团建网、党委靠网、支部用网、党员上网"要求，公司党委从 6 月起开展党建信息化平台"石油党建"全面推广应用工作，先后举办 13 期应用推广使用培训，覆盖全体党员。经过两级党委一个多月的努力，实现了党务信息、党费缴纳、支部生活、党员学习、交流互动"五项全面上线"。

党员信息全面上线，让党务管理员和党员随时随地掌握党务动态。党费缴纳全面上线，一改党员交费、党支部组织委员收费、记账、保管、汇款等一系列程序，党员一部手机一键缴纳党费，随时查询缴纳明细，实现了党员轻松交、支部轻松收、党委轻松管。支部生活全面上线，实现了党员线上实时对话，一键添加手机通讯录，支部讨论组踊跃发言，交流更方便快捷；"三会一课"不再受时间地点限制，也不再用线下签到和纸质会议记录，党支部利用"石油党建"平台"把支部建在网上"。党员学习全面上线，平台学习资源丰富，党员打开手机即可随时学习，解决了线下学习资料有限且分散的问题。交流互动全面上线，让各党委更方便快捷地展示出党建工作成果，学习兄弟单位的党建工作经验，党建交流区域更广、范围更大、更加及时高效。

依托党建信息化平台，公司党委建立"云南销售公司党建"公众号，致力于"讲好党建故事，传播党建声音"，在党建公众号推出一系列党建经验、专题活动、优秀征文等主题宣传报道，文末评论区成为党员学习交流互动专区。公司策划推出广播纪实文学联播《梁家河》《讲述》及英文版《习近平谈治国理政（第二卷）》3个创新栏目，以视频、音频等创新展现形式，增强平台内容吸引力和广大党员参与度。《讲述》栏目被集团公司党建公众号连载，累计浏览量突破6万余人次。公司党委通过党建信息化平台开展党的十九大精神知识竞赛活动，被集团公司党建平台采纳信息并进行推送，当天阅读量突破11万余人次。

（四）加强党建工作责任制考核

为贯彻落实党的十九大精神和全国国有企业党的建设工作会议精神，全面落实党建工作责任制，不断加强和改进公司党的建设，2018年，公司党委按照"明确性、可量化、可实现、相关性、时限性"原则，系统梳理党建思想政治工作和党风廉政建设各项工作，将其纳入公司业绩合同，以重点工作、创新性工作、常规工作推进月度考核，将党建思想政治工作和党风廉政建设与生产经营工作一体化考核，提升各级党组织和党员干部抓党建的责任意识。

2018年11月，公司党委印发《中国石油云南销售公司党建工作责任制考核评价实施细则（试行）》，根据中央重大决策部署、集团公司党组和云南省国资委党委工作要求、公司党委重点工作任务安排等相关内容，以自查自评、考核评价、分值评定、整改提升等工作步骤，开展各基层党委年度党建工作责任制定量和定性考核。

考核评价体系包括定量考核评价指标和定性考核评价指标两类，权重分别占70%、30%。评价指标根据党中央重大决策部署、集团公司党组和云南省国资委党委工作要求、公司党委重点工作任务，动态调整评价指标、评价要点、评价依据及标准、评价方式等，以年度为单位下发。

定量考核评价指标，分为基本考核项和专项考核项，共有7个一级指标，18个二级指标，实行千分制考核。其中，基本考核项包括6个一级指标、16个二级指标；专项考核项包括1个一级指标、2个二级指标。设激励约束项，包括加分、减分、降档。

考核按照自查自评、考核评价、分值评定、整改提升的步骤实施。考核评价工作组初步评定的分值经公司党的建设工作领导小组审定后，形成考核评价结果，确定A、B、C、D、E五个档级。950分以上的为A，900—949分的为B，800—899分的为C，700—799分的为D，700分以下（不含700）的为E。

考核评价结果与干部任免、业绩合同、党内表彰紧密结合。考核评价结果作为公司党委管理干部任免、调整及奖惩的参考依据；纳入所属各单位和机关各处室年度业绩考核体系，占党群类指标权重的40%；与评先选优挂钩，参评公司及以上集体荣誉的，其考核评价结果须达到"A"

或"B",参评公司及以上个人荣誉的各单位领导班子成员,其单位考核评价结果须达到"A"。年度考核评价结果为"E"的单位,对其党委书记进行诫勉谈话;连续两年结果为"D"的单位,对其党委书记进行约谈;连续两年结果为"E"的单位,对其党委书记和相关班子成员进行问责,并视情况进行必要的组织调整。

第三节　党员队伍建设

一、党员发展

1999—2008年,公司党委立足公司发展需要,坚持"青年、一线、一流"方针,强化入党积极分子队伍培养,重点在管理人员和业务骨干中发展党员,公司党员比例逐年提升。2002年,公司认真做好入党积极分子培养工作,发展党员3名,为公司党组织建设注入新活力。2005年,公司加强发展党员工作流程管理,党委组织部对各单位主动填写入党申请书的人员、入党积极分子、重点发展对象进行摸底调查,从入党条件、程序上严格把关,指导各单位及机关严格遵循"坚持标准、保证质量、改善结构、慎重发展"十六字方针,积极规范做好党员发展工作,全年培养入党积极分子125人,发展党员73人,党员达514人。2006年6月,按照《中国共产党章程》《中国共产党发展党员工作细则(试行)》有关规定,公司党委授予所属各党总支审批发展党员权限,全年培养入党积极分子364人,发展党员178人,党员总数达768人,占员工总数的9.2%。2007年,公司培养入党积极分子600人,发展党员232人,党员总数达1041人。2008年,公司培养入党积极分子488人,发展党员159人,党员总数达1136人,占员工总数的13%。

2009—2018年,公司党委严格落实上级党组织关于加强新形势下党员发展和党员管理工作要求,正确处理发展党员数量和质量的关系,把政治标准放在首位,持续提升发展党员工作水平。2010年,公司推进落实"把党员培养成骨干,把骨干发展成党员"的"双培"工程,持续优化新发展党员的年龄、性别、文化结构等,注重在基层库站关键岗位、党工团干事、岗位能手等优秀青年群体中发展党员,提高库站员工中党员比例,全年培养入党积极分子169人,发展党员110人。2011年,全年培养入党积极分子475人,发展党员200人。2012年,公司着力在库站员工中发展党员,全年共培养积极分子216人、发展党员294人。2013年,落实中央关于加强发展党员和党员管理工作要求,严把"政治关、培养关、程序关、纪律关",公司两级党委举办入党积极分子培训班14期,培养入党积极分子279人,发展党员35人。2014年,抓好《中国共产党发展党员工作细则》的学习培训和贯彻落实,认真贯彻"控制总量、优化结构、提高质量、发挥作用"总要求,全年培养积极分子292人、发展党员75人。2016年,严把党员"入口关",从入党申请书书写规范性、入党积极分子确定和培养教育、发展对象确定和考察、预备党员接收、预备党员教育考察和转正等环节从严把关、层层负责,保障发展党员质量;落实入党积极分子"推优"

制度，推行"三谈三评三审"党员发展模式，健全党员发展票决制，建立《入党志愿书》使用台账，加强党员档案管理；坚持"四个不发展"要求，即：凡是没有参加入党积极分子和发展对象培训的不发展、没有进行政审或政审不合格的不发展、手续不完备的不发展、群众反映问题没查清或党内意见不一致的暂不发展，全年共培养积极分子165人、发展党员70人，党员总数达1568人，实现80%以上3000吨及以上加油站"站站有党员"。2017年，通过年度党建思想政治工作调研，加强发展党员工作的督促检查，保证发展党员工作质量，全年共培养积极分子115人、发展党员50人，党员总数达1541人。2018年，公司强化制度建设，印发《党员管理办法》，明确"谁培养、谁发展、谁负责"的主体责任，规范发展党员工作流程，全年共培养积极分子136人、发展党员50人，党员总数达1517人。公司历年党员情况统计表（见表9-4）。

表9-4　公司历年党员情况统计表

年份 项目	1999年	2000年	2001年	2002年	2003年	2004年	2005年	2006年	2007年	2008年	2009年	2010年	2011年	2012年	2013年	2014年	2015年	2016年	2017年	2018年
总数（人）	—	—	—	—	285	349	514	768	1041	1136	607	704	1092	1401	1454	1522	1573	1568	1541	1517
男（人）	—	—	—	—	—	—	413	580	759	808	397	594	778	812	837	874	921	914	901	875
女（人）	—	—	—	—	—	—	101	188	282	328	210	110	314	589	617	648	652	654	640	642
少数民族（人）	—	—	—	—	—	—	76	117	212	236	81	265	272	201	233	248	238	273	284	273
35岁及以下（人）	—	—	—	—	—	—	346	583	800	859	437	600	920	1076	1051	1046	1038	978	881	771
大学专科及以上学历（人）	—	—	—	—	—	—	313	482	664	750	433	517	889	1023	1086	1137	1181	1155	1238	1203
发展党员（人）	—	—	—	—	—	—	73	178	232	159	115	110	200	294	35	75	76	70	50	50
入党积极分子（人）	—	—	—	—	—	—	125	364	600	488	156	169	475	216	279	292	249	165	115	136

二、党员教育管理

1999—2008年，公司党委组织开展"三讲"教育、"三个代表"重要思想学习教育活动，以及保持共产党员先进性教育活动、学习实践科学发展观活动，以"带头学习讲政治、带头干事谋发展、带头创新建佳绩、带头自律树形象"积极发挥作用，力求达到"思想好、素质好、业绩优"的工作目标。党支部充分利用"三会一课"，面向党员开展学党章、学法规、学党纪理论教育，引导广大党员干部树立正确的世界观、人生观和价值观。公司党委先后印发《中国石油西南销售公司党支部工作职责》《党员管理办法》《党员责任区制度》《党支部"三会一课"制度》《党支部思想政治制度》等多项制度，规范党员日常教育管理。

2009—2018年，围绕公司发展目标，公司党委先后以学习实践科学发展观活动、创先争优活动、党的群众路线教育实践活动、"三严三实"专题教育、"重塑中国石油良好形象"大讨论、"两学一做"学习教育、"四合格四诠释"岗位实践等活动为主线，组织开展党员学习教育。2011年，公司党委将"学习型"党组织建设与创先争优活动相结合，深入开展"读书年""学习在石油·每日悦读十分钟"活动，每季度党群工作例会对学习情况进行点评；探索建立党课进加油站长效机制，推广党员学习日、早班学习等，两级党委委员带头讲党课，形成"党员人人上讲台、广大员工齐参与"的氛围。2013年，公司将学习贯彻党的十八大精神与学习业务知识、大庆精神、铁人精神相结合，编印学习十八大精神，争当二次创业先锋；学习业务知识，争当管理提升和优质服务标兵；学习大庆精神、铁人精神，争当艰苦创业节能降耗模范等党课教材，在全体党员中开展"三学三争当"专题学习教育。2016年，公司推进"大庆精神、石油精神"及具有云南特色的"滇西抗战精神""老山精神"等优良传统学习互融互促，组织基层党组织书记、团委书记、党员代表到文山州麻栗坡烈士陵园开展红色教育。2017年，公司党委深入开展学习贯彻落实党的十九大精神活动，开展"喜迎十九大，永远跟党走"知识竞赛及网上答题，持续丰富教育手段及载体，提高党员教育覆盖面；在全体党员中重点开展"践行四合格四诠释，弘扬石油精神，喜迎党的十九大"岗位实践活动，围绕党员学习教育、岗位建功立业、基层党建工程等内容，组织开展优秀党课评选、党员"读（书）·（演）讲·（竞）赛"学习、党员"工作学习、经营管理、文化生活、生活困难"四维度帮扶等十二项岗位实践活动，切实提升党员队伍整体素质。2018年，针对公司站点分散、党员队伍年轻、集中学习难等实际，依托集团公司党建信息化平台，利用互联网优势，建立党建公众号，搭建党员学习交流网上平台；先后印发《党员管理办法》《党员教育管理实施细则》，进一步规范工作流程，提升党员学习教育工作水平。

第四节　干部队伍建设

一、干部选拔使用

1999—2003年，公司成立初期，公司党委加强制度建设，实施人才竞争上岗，配齐配强中层干部队伍。2000年，推行管理人员聘用公示制度，在全体干部中实行聘任上岗、逐级聘任，根据群众测评和推荐结果，聘任16名机关处室、各单位负责人。2001年，把加强干部队伍制度建设作为重要任务，公司党委印发《中国石油西南销售公司干部人事管理暂行办法》。2002年，在干部聘任过程中，公司首次实行全员聘任，公开选拔干部，将本单位工作和个人业绩相结合考察，实行廉洁一票否决，打破正式、借聘、外聘等界限，大胆启用当地人才，通过实施干部人事制度改革，新的用人导向和聘用机制初步形成。

2004—2008年，公司党委创新选人用人机制，全面实行干部竞聘制，公司机关部门领导、各单位片区经理、加油站站长选拔任用均实行竞聘制，通过新的选人用人机制，提高干部队伍整体素质。2005年，为建立健全企业经营管理者选拔任用制度，全面规范开展公司机关处级干部岗位竞聘工作，公司党委印发《中国石油西南销售公司机关处级干部岗位竞聘实施办法》，对公司机关处级干部岗位实行竞聘上岗，并在公司实行管理人员竞聘上岗和机关岗位双向选择，34名中青年干部走上领导岗位；为建立规范有序、管理科学、符合现代企业特点的用工机制，公司党委印发《中国石油西南销售公司引进各类特需管理人员管理暂行办法》，规定引进各类特需管理人员的基本条件、引进程序、引进范围（系统内油田、炼化、销售企业的业务骨干，系统外企事业单位的成熟型管理人员）、待遇，进一步加强引进人才管理工作。2006年，为加强新形势下干部管理工作，公司党委制订《中国石油西南销售公司干部管理办法（试行）》及与之配套的《各级领导人员管理权限的暂行规定》《职务名称序列的规定》《领导班子职务设置和职数管理的暂行规定》等制度，使干部选拔任用工作制度化、程序化、规范化。

2009—2013年，公司党委为适应快速发展需要，持续探索创新干部选拔任用体制机制。2010年，按照干部任期任届要求，在公司推行新一届中层管理人员公开选拔，135人踊跃报名，通过民主推荐和满意度测评等环节，择优选聘84名。2011年，公司党委健全并实施从库站经理、一线关键岗位、两级机关一般管理人员到公司中层干部的全员竞争上岗、交流、退出制度，首次建立全口径干部队伍公开竞争机制，畅通各类人才脱颖而出渠道；在后备干部队伍建设上，采取公开推荐等方式，对17个所属单位领导班子后备人选进行公开选拔，确定后备干部117人。2012年，为进一步优化干部队伍结构，按照业绩导向、机关与基层交流原则，在公司范围内公开选拔中层管理人员，充实调整机关处室和基层单位中层干部26人。2013年，按照"加强干部交流、体现工作贡献大小、注重人文关怀、突出业绩导向和积极选拔培养优秀年轻干部"原则，公司党委科学完善选拔任用制度，调整领导干部选拔方式，规范任职资格。

2014—2018年，围绕公司发展新形势，公司党委持续优化完善干部选拔任用制度建设，以更加科学规范的干部选拔任用机制，促进公司经营业务发展。2014年，公司党委启动中层干部学历提升教育，组织28名干部参加研究生考试，干部队伍能力素质持续提升。2015年，公司组织开展团委副书记岗位公开竞聘，面向全公司选拔年轻干部。2016年，公司党委制定出台《关于加强和改进优秀年轻干部培养选拔工作的实施意见》，明确年轻干部任职条件、选拔方式、培养锻炼等内容，完善干部选拔任用制度，不断优化管理人员队伍结构。组织完成机关处室19名业务组长聘任、14名一般管理人员岗位晋升工作。2017年，公司党委根据集团公司党内巡视、选人用人专项检查发现问题，对照集团公司干部选拔任用制度要求，修订完善《领导人员管理办法》，制定出台《领导人员选拔任用工作规范》，形成更加科学规范的选拔任用制度。2018年，公司党委加大业务骨干培养选拔力度，规范岗位序列管理，统一在机关处室增设科室、增设资深高级主管，通过竞争上岗方式选拔资深高级主管5人，科长、副科长10人，通过转聘方式选拔资深高级主管5人，科长18人。公司先后开展12家单位经理助理、公司团委副书记、财务处处长、质安处处长、文山分公司行政正职及相关处室科长等竞聘工作，一批优秀人才走上新的领导岗位。

二、干部培养教育

1999—2003年，公司成立初期，干部队伍培养处于起步阶段。公司每年利用年度考核评议，建立两级领导班子后备干部队伍，为公司干部培养、选拔提供保障。

2004—2008年，随着公司发展，干部队伍培养工作日趋规范化、科学化。2006年，按照集团公司党组《关于领导人员后备人选工作的暂行规定》要求，公司党委完成公司及所属单位领导班子成员后备人选推荐工作，建立完善两级领导人员后备人选队伍；按照集团公司党组《关于领导人员交流工作的暂行办法》及配套政策，结合公司实际，提出领导人员交流计划，持续推进领导干部交流任职，加强领导干部在基层与机关间的交流，锻炼培养干部队伍，增强工作活力。2007—2008年，公司党委持续坚持外派培训与内部培训相结合，有计划、有组织、有针对性地加强干部队伍学习培训，开阔视野思路，提高理论水平、综合素质和管理能力。

2009—2013年，为满足公司快速发展需要，公司党委持续加强干部队伍培养，并以业务培训、外出学习交流、专业研讨为主线，有序开展干部队伍培养工作。2009年，为进一步加强各级领导班子建设，尽快建立一支思想政治素质好，业务能力强，专业门类齐全的后备干部队伍，制定下发《关于做好公司各级后备干部选拔工作的通知》，明确领导班子成员后备人选拔的程序，在民主推荐、组织考核的基础上，由公司党委会研究确定；各单位机关部门、二级单位领导班子成员后备人选，由各单位参照规定自行组织。2011年，以建设"学习型班子"为重点，坚持开展"大讲堂、大轮训、大视野"学习教育活动；对机关处室长、所属单位领导班子成员共81人进行集中轮训；邀请行业内外知名专家、学者共举办各类专题讲座11场，组织业务骨干到国外参观考察，拓宽思路视野。2012年，围绕干部队伍素质能力提升，公司党委先后举办"企业创新与发展"、营销、KPI指标提升等10场专题讲座，组织开展两期中层干部轮训班。2013年，公司党委深入开展贯彻落实党的十八大精神专题学习，举办员工职业素养提升培训班和中层管理干部培训班，360余人参训，系统学习领导干部素养、企业管理等相关知识。

2014—2018年，公司党委线上线下持续丰富学习教育载体，同步开展干部队伍培养工作，引导干部队伍学历教育提升，拓宽干部队伍成长锻炼途径，明确干部队伍基层选拔导向，多维度推动干部队伍培养，实现能力素质综合提升。

2014年，公司党委采取优化学历结构、外送学习培养等方式，深化干部队伍培养。在网络培训学院开设党的十八届三中全会精神专题学习课程，启动中层干部研究生学历提升教育，组织28名中层干部参加研究生考试，选送47名中层及以上干部参加集团公司、销售公司组织开展的专业培训。

2015年，公司党委按照销售公司挂职工作要求，选派5名中层干部、25名加油站经理赴甘肃销售公司对口挂职锻炼，选派1名中层干部赴西藏销售公司挂职锻炼，为提升干部综合素质、促进干部快速成长打下坚实基础。按照集团公司"干部要来自于基层，植根于基层，始终服务于基层"的基层导向理念，制定下发《关于在领导人员选拔和两级机关管理人员选聘工作中加强基层导向的实施意见》，将库站经理任职经历作为两级机关管理人员选聘和职务晋升的硬性条件，正式启动两级机关管理人员下基层挂（任）职库站经理岗位锻炼工作，有效建立起两级机关管理人员选人用人基层导向工作机制。

2016年，结合干部队伍素质能力现状，公司党委采取脱产学习培训形式，广泛开展培训需求调研，精心设计培训课程，精心选配师资力量，扎实办好中层管理人员培训班、中青年干部培训班、党委书记及党群干部培训班，累计培训中层业务骨干117名；持续拓宽干部锻炼途径，6名中层干部、20名加油站经理赴广东销售公司、浙江销售公司等兄弟单位挂职，丰富干部履职经历，加快锻炼成长。

2017年，公司党委持续推动干部挂职锻炼工作，6名中层业务骨干、30名加油站经理到宁夏销售公司、浙江销售公司、江苏销售公司挂职；持续举办中层管理人员培训班、中青年干部培训班、党委书记及党群干部培训班、营销业务管理人员培训班，累计培训学员159人。

2018年，公司党委持续加强后备干部队伍建设，根据2017年度干部考核访谈结果，按照成熟、基本成熟、继续培养三个层级，储备后备干部50名，充实后备干部人才库；持续推动4名业务骨干、17名加油站经理到甘肃销售公司挂职；举办中层管理人员培训班、中青年干部培训班、党委书记及党群干部培训，累计培训118人次，提升业务骨干队伍能力素质。

三、干部考核管理

1999—2003年，公司党委每年印发《关于做好年度干部考核工作的通知》，考核对象为机关各处室处长、二级单位领导班子成员以及人事关系在公司的副处级以上领导干部，主要程序是个人汇报年度工作，召集机关全体干部职工组织开展民主测评，个别谈话；各处室及各单位科级以下干部由各处室、各单位自行考核。为进一步完善和规范中层管理人员年度考核工作，加强基层领导班子和员工队伍建设，保证公司各项任务完成，自2002年起，公司党委建立健全中层管理人员年度考核制度，年度考核工作主要采取年终总结、民主评议和测评、主要领导签署考核意见等方式，机关各处室由公司统一组织进行，各单位除领导班子外自行组织考核。年度考核对象包括机关各处室长（含总经理助理），各单位领导班子成员（包括领导班子中的社会外招人员），含纪委副书记、工会副主席、副总会计师等中层管理人员。中层管理人员年度考核主要做好六项工作：准备述职报告、公开述职、民主测评和民主评议、填写中层管理人员考核表、评议情况反馈与落实谈话制度、组织开好民主生活会。公司将年度考核结果作为干部选拔任用、奖惩以及工资晋升重要依据。

2004—2008年，公司党委持续加强各单位领导班子成员管理，从全面了解领导班子和领导人员工作完成情况、自身建设情况出发，按规定完成评议考核工作。评议考核范围为公司领导班子成员、总经理助理、安全副总监、机关处室正副职、广西分公司、贵州分公司、新成石化公司领导班子成员，公司润滑油经营部、非油品经营部正副经理，云南地区各区域分公司领导班子成员。

2009—2013年，公司党委持续健全完善考核评价体系。2010年，制定《绩效管理办法》，构建领导干部绩效评价和管理体系，形成以业绩合同、OMC、专业管理绩效（或管理绩效）、周边绩效、工作能力与态度绩效评价、民主测评评价为主体，以专项工作考核为补充的领导干部考核评价体系，科学、合理地评价工作绩效；制定《两级机关人员责任追究制》，强化领导干部硬约束，建立责权对等的激励约束机制，并对10名处级领导干部责任追究，发挥警示作用。2011年，健全管理制度，改进领导人员评价体系，实行领导人员积分制管理，从基本评价、修订评价、补充评价三部分进行积分考核，将积分结果作为领导人员选拔任用依据，年内加强年度考核评价，对9名考核排名处于末尾的机关、基层领导干部进行警示谈话，促使其补齐短板，实现工作提升。2012年，按照科学化、体系化、全维度评价要求，公司开发网上评价模块，率先引入干部考核测评系统，对领导人员年度考核在网上进行民主测评，完成105名领导人员、18个领导班子的年度履职考评工作，干部考核实现"四个转变"：在考核全面性方面，实现从单维度向360度多维度转变；在考核技术手段方面，实现从手工测评向网络测评转变；在考核频次方面，实现从单纯年度考核向日常考核与年度考核相结合转变；在考核方式方法方面，实现由单一民主测评向绩效考核与民主测评综合评价转变。领导干部考核结果有效运用，对9名考评结果排名末尾的机关、基层单位领导人员分别进行警示谈话，对18名领导人员进行通报批评或处分，促进各级领导班子和干部队伍执行力实现新提升。2013年，公司党委持续加大干部队伍考核力度，完成107名领导人员、21个领导班子年度履职考评工作，对8名考评结果排名靠后的中层领导人员进行警示谈话。

2014—2018年，公司党委持续推进干部考核工作，促进各级领导班子和干部队伍执行力提升，对工作上标准不高、责任心不强的领导干部深化责任追究，调动干部队伍干事创业热情。

2014年，公司党委开展2013年度领导班子及中层领导人员年度考核工作。22个单位中，评定优秀13个、良好9个，115名中层领导人员评定优秀59人、称职55人、基本称职1人，对12名考评结果排名靠后的中层领导人员进行警示谈话；加大岗位责任追究力度，对5名工作上标准不高、责任心不强的领导干部进行责任追究，对领导人员在岗及重大节假日、特殊敏感时期的值班值守情况强化检查，严肃工作纪律。

2015年，公司党委组织开展对所属单位领导班子及中层领导人员2014年度考核访谈、网上民主测评及后备干部民主推荐工作。21个单位中，评定优秀14个、一般7个，120名中层领导人员评定优秀82人、称职35人、基本称职3人，对8名考评结果排名靠后的中层领导人员进行警示谈话，3名进行诫勉谈话。

2016年，公司党委持续加大干部队伍考核力度，组织开展所属各单位领导班子及中层领导人员2015年度考核访谈、网上民主测评及后备干部民主推荐工作，综合绩效考核结果，计算得出履职考评结果。21个单位中，评定优秀10个、良好6个、一般5个，123名中层领导人员评定优秀73人、称职47人、基本称职3人。

2017年，公司党委组织开展机关处室、所属各单位领导班子及中层领导人员2016年度考核访谈、网上民主测评及后备干部民主推荐工作（见表9-5、表9-6）。19个单位中，评定优秀15个、良好4个，116名领导人员评定优秀109人、称职7人。

表9-5 2017年度领导班子综合考核指标评价要点和标准

一级指标	二级指标	权重	评 价 要 点 和 标 准
政治素质	政治方向	5.56%	坚持党的基本理论、基本路线、基本纲领、基本经验、基本要求，坚决贯彻执行党和国家方针政策，遵守党的政治纪律，在思想上政治上行动上与党中央保持高度一致；坚持国有企业的社会主义方向，改治意识、大局意识、核心意识、看齐意识强，落实集团公司党组决策部署坚决有力
	企业党建	5.56%	坚持党要管党、从严治党方针，充分发挥企业党组织作用，把党的政治优势转化为企业发展优势，善惩治和预防腐败体系为重点的反腐倡廉建设；注重加强基层党组织建设，严格执行党风廉政建设责任制，深入推进以企业文化建设，思想政治工作扎实有效 有效发挥党支部战斗堡垒作用和党员先锋模范作用；积极推进企业文化建设，思想政治工作扎实有效
	社会责任	5.56%	维护市场经济秩序，模范遵守法律法规、商业道德和行业规则，确保产品和服务质量，正确处理好企业利益与公共利益的关系，处理好企业与社会、地方的关系，实现和谐发展，注重保护生态环境，认真落实节能减排任务，提高资源综合利用效率，恪守职业道德，诚实守信，树立企业良好形象
经营业绩	绩效成果	35%	直接采用年度经营业绩考核结果
	可持续发展	7.5%	正确处理当前和长远、显绩和潜绩的关系，科学制定中长期发展规划，谋长远、打基础、惠民生，避免短期行为，突出主业，企业核心竞争力强，具有广阔的发展前景和可持续发展能力。创新驱动发展战略，注重加大科技创新、管理创新力度；加快走出去步伐，增强企业国际化、市场化经营能力
	科学管理	7.5%	注重加强管控，决策机制健全，方法科学，执行有力；风险管控机制和安全生产制度健全，对风险的判断力、预测力和应变力强，对重大问题和突发事件反应敏捷、判断准确、处置有力
团结协作	发扬民主	5.56%	坚持民主集中制，企业生产经营的重大决策、重要项目安排、大额度资金运作事项及重要人事任免等重大同题坚持集体讨论决定；党政主要领导民主意识强，广泛听取各方面意见建议，充分发表意见，办好实事，让企业发展成果惠及广大职工群众 党政主要领导民主开展批评与自我批评，民主生活会质量高
	整体合力	5.56%	领导班子善于统揽全局，坚强有力；党政主要领导善于团结班子成员，充分发挥班子成员作用；班子成员能够从大局出发，相互支持，密切配合，团结共事，班子整体功能得到充分发挥
	运行机制	5.56%	领导班子分工合理，职责明确，工作制度和议事规则健全，运行良好，工作效率高
	联系群众	5.56%	贯彻落实中央八项规定和集团公司党组20条要求，全心全意依靠职工群众，坚持以人为本，切实维护职工群众合法权益；坚持厂务公开，组织职工群众为职工群众管理，全心全意为职工群众办实事、让企业发展成果惠及广大职工群众
作风形象	选人用人	5.56%	落实党管干部原则，坚持正确用人导向，坚持德才兼备、以德为先，知人善任，人尽其才，建设高素质领导人员队伍，坚持公道正派，以德选人，以致选人，以工作和实绩选人，以讲原则，以调查研究、以讲高层次创新型人才为重点，统筹抓好各类人才队伍建设
	廉洁自律	5.56%	健全廉洁从业各项制度规定，自觉遵守并有效落实，规范领导人员从业行为，领导班子成员中没有违法违纪现象

表9-6　2017年度公司领导人员综合考核指标评价要点和标准

一级指标	二级指标	权重	评 价 要 点 和 标 准
素质	政治素质	6.25%	理想信念坚定，在思想上政治上行动上与党中央保持高度一致；在思想上政治上与正确的事业观、权力观和业绩观，遵守党的政治纪律，自觉加强党性锻炼，不断提高党性修养；认真落实集团公司党组的决策部署，坚持原则，顾全大局
	职业操守	6.25%	忠诚事业，勤勉敬业，充满干事创业的激情和动力；严守国家和企业秘密，遵守商业道德，诚信践诺，坚守职业精神
	作风建设	6.25%	贯彻落实中央八项规定精神和集团公司党组20条要求，坚决反对形式主义、官僚主义、享乐主义和奢靡之风，敢于担当，求真务实，真抓实干，艰苦奋斗，勤俭办企业，牢固树立群众观念，密切联系职工群众，切实解决实际问题，在职工群众中威信高
	廉洁从业	6.25%	正确履职行权，严格执行"三重一大"集体决策制度，自觉遵守领导人员廉洁从业各项规定，严于律己，严格约束亲属和身边工作人员，自觉接受组织和职工群众监督
能力	科学决策能力	6.25%	思路清晰，有前瞻性，善于把握国内国际经济发展趋势和行业发展规律，坚持按程序办事，坚持科学决策、民主决策、依法决策，注重调查研究，能够针对形势变化及时调整思路和对策
	推动执行能力	6.25%	认真贯彻落实上级精神，具备驾驭全局、应对复杂局面、解决好企业改革发展稳定重点问题的能力；大胆管理，勇于承担责任，善于优化资源配置，协调各方力量，有序推进各项工作
	学习创新能力	6.25%	注重学习，学以致用，注重发现、注重创造，勇于创造，大力推动科技进步和自主创新，不断推动企业体制创新、管理创新、机制创新，增强可持续发展能力
	团队建设能力	6.25%	善于抓班子、带队伍，培养和使用人才，带领的团队有活力、凝聚力和战斗力
业绩	绩效成果	35%	直接采用年度经营业绩考核结果
	履职表现	7.5%	主要依据工作分工和岗位职责，重点考核工作态度，任务完成情况和工作质量、效果
	协同成效	7.5%	积极协同配合其他领导班子成员推动工作；坚持从企业改革发展大局出发出谋划策和推动工作，研究讨论重大问题时积极建言献策，在推动企业整体发展中发挥建设性作用

2018年，公司党委完成机关各处室、所属各单位领导班子及成员2017年度履职考核评价。21个单位中，评定优秀15个、良好2个、一般3个，122名中层领导人员评定优秀106人、称职12人、基本称职4人。

第二章 思想政治工作

1999—2018年，公司党委认真贯彻落实集团公司党组战略部署，坚持融入中心、服务大局，发挥党的领导核心和政治核心作用，不断强化战略引领，团结带领各级党组织、全体党员和广大干部员工，推进素质提升工程，通过开展"三讲"教育、"三个代表"重要思想学习教育活动，保持共产党员先进性教育活动、学习实践科学发展观活动、党的群众路线教育实践活动、"三严三实"专题教育、"重塑中国石油良好形象"大讨论、"两学一做"学习教育、"践行四合格四诠释、弘扬石油精神、喜迎党的十九大"岗位实践等活动，加强党的思想建设；以"形势、目标、任务、责任"主题教育及"大庆精神、铁人精神"教育推进员工思想教育；以报刊、网站、微信平台"三位一体"做实做活新闻宣传，内外联动，加强新闻舆情防控；持续探索特色企业文化建设，形成了一批企业文化作品。公司思想政治工作求新求变，有力推动了公司科学发展。

第一节 政治理论学习

1999—2003年，公司党委坚持对员工进行以党的路线、方针、政策为主要内容的思想政治教育。坚持每周四理论学习制度，集中宣贯学习党的十五大、十六大精神，配发辅导读本，引导员工高举邓小平理论伟大旗帜，紧紧围绕经营业务开展政治理论学习教育，探索新形势下的思想政治工作方法。

2004—2008年，公司党委围绕经营管理中心任务，对"三个代表"重要思想学习纲要分阶段进行学习，以两级领导班子中心组集中学习、聘请党校教授上辅导课等方式开展以"三个代表"重要思想、党的十六大精神为主要内容的政治理论学习，促进员工思想政治素养提升。2007年10月，公司组织两级干部员工学习党的十七大精神。11月29日，公司邀请云南省委党校教授到公司开展题为《高举旗帜，深入贯彻落实科学发展观，推动经济社会大发展》的专题讲座。

2009—2013年，公司党委把深入开展学习实践科学发展观活动作为一项重要政治任务，紧紧围绕"党员干部受教育、科学发展上水平、员工群众得实惠"总要求，突出实践特色，重在解决问题，圆满完成学习调研、分析检查、整改落实三个阶段各项任务。2009年，公司邀请北京石油管理干部学院、云南大学等系统内外知名专家举办专题讲座，累计举办学习培训班47次，形成调研报告 113 篇，撰写体会文章 2044 篇。引导带动广大干部员工积极思考和探讨科学发展之路，在广泛征求基层各方面意见建议基础上，形成《公司党委贯彻落实科学发展观情况的分析检查报告》。2012 年，以"三学三争当"活动为载体，把学习党的十八大精神与学习业务知识、大庆精神、铁人精神相结合，通过组织开展专题党课、知识竞赛、先进事迹报告会等形式，系统学习党章、党的群众路线理论、中央八项规定精神等内容，引导动员员工学理论、强本领、当标兵，投身公司发展实践。

2014—2018 年，公司党委以制度保障政治理论学习有序开展，紧紧围绕服务公司发展，线上线下同步开展学习，以专题党课、专家讲座、配发专题读本、集体研讨等多种形式，引导干部员工深入学习党的十八大以来习近平总书记系列讲话及提出的重要战略思想、重大理论观点，团结带领广大干部员工聚焦公司稳健发展目标，持续提升各级党组织战斗力，为公司"十二五"圆满收官，"十三五"开局起步奠定思想基础。

2017 年 10 月，公司党委深入开展党的十九大精神学习，外请云南省委党校教授到公司开设党的十九大精神专题辅导讲座。11 月，公司编制《云南销售公司学习贯彻党的十九大精神专题辅导宣讲提纲》，开展学习贯彻党的十九大精神宣讲活动。11 月 27 日，集团公司学习贯彻党的十九大精神宣讲组走进云南，为中国石油驻滇企业进行十九大精神专题宣讲。公司党委在宣讲报告会上要求各单位要牢牢把握习近平新时代中国特色社会主义思想这条主线，通过多种形式学习，多种手段营造舆论氛围，引导党员干部全面准确学习领会党的十九大精神，指导和推动公司各项工作，不断开创中国石油驻滇企业发展新局面，为集团公司建设世界一流综合性国际能源公司做出新的更大贡献。各单位党政工团同步发力，以专题辅导、重温入党誓词、青年大讲堂、学习心得分享等多种形式，掀起学习贯彻党的十九大精神热潮，两级领导班子成员带队赴基层开展宣讲 130 场次，实现基层全覆盖。

2018 年，公司党委以两级领导班子、副处级以上领导干部为重点，开展以习近平新时代中国特色社会主义思想为主要内容的学习教育，将学习党的十九大精神贯穿两级领导班子党委理论学习中心组学习，以个人自学、集体讨论、撰写学习心得等方式引导领导干部学原著、读原文、悟原理；采取即学即考、教学互动、班子成员上讲台等形式增强政治理论学习成效，抓好学习成果实践运用，坚持用中国特色社会主义理论最新成果武装头脑、指导公司发展实践；同步开展主题征文、知识竞赛、线上答题等活动，引导广大员工参加学习，提升公司全员学习贯彻党的十九大精神的热度、广度、深度。

第二节 主题教育

一、"形势、目标、任务、责任"主题教育

2003年，公司党委围绕中心工作，首次在干部员工队伍中深入开展"形势、目标、任务、责任"主题教育，有针对性地做好思想政治工作，凝聚广大干部员工智慧力量，服务公司发展。

2004—2008年，公司党委定期组织开展"形势、目标、任务、责任"主题教育，传达上级公司及公司年度发展目标、重点工作安排，统一思想认识，增强员工对加快公司发展的紧迫感、责任感和使命感。

2009—2013年，公司各级党组织采取专题党课、报告会、群众性大讨论等多种方式，深入开展"形势、目标、任务、责任"主题教育，累计开展宣讲300多场次，覆盖一线库站近万人次。2011年2月，公司邀请云南大学教授举办"新形势、大规划—公司发展战略与云南省发展战略的联系"专题培训讲座。2012年，公司党委先后3次汇编下发专题学习资料，指导各单位开展主题教育。公司及所属各单位深入开展员工思想动态调查分析，形成两个层面《员工思想动态调查分析报告》，为公司两级管理决策提供依据。2013年，公司党委通过发放知识读本、组织巡回宣讲、制作宣传看板，面向一线开展"形势、目标、任务、责任"主题教育，凝聚员工力量，推动"黄金十年"二次创业，累计宣讲近200场次，覆盖3500余名员工。

2014—2015年，公司党委持续面向基层开展"形势、目标、任务、责任"主题教育。2015年，开展"认清新形势、明确新任务、抢抓新机遇、再谋新发展"为主题的"四新"主题教育活动，通过员工集中学、领导专题讲、宣讲集中讲、座谈针对谈等方式开展"形势、目标、任务、责任"主题教育，在公司完成"十二五"规划的收官之年，凝聚员工力量，助力公司发展。

2016年，公司党委将"形势、目标、任务、责任"主题教育与各项重点工作有机结合，提升宣讲效率、扩大覆盖面，形成"时时、处处、人人"的教育格局；主题教育有机融入"两学一做"学习教育活动，两级领导班子成员带头深入基层宣讲，结合工作调研、帮扶慰问等工作，在库站通过座谈、现场交流、一对一访谈等形式开展形势任务教育，全年两级领导班子深入库站调研访谈21次，以座谈会、宣讲会等形式开展宣讲300余次。

2017—2018年，公司党委将"形势、目标、任务、责任"主题教育与深入学习贯彻党的十九大精神相结合，通过组织开展党委中心组理论学习、党委委员赴基层讲授专题党课、平台阵地集中宣传、举办主题知识竞赛活动等形式，将主题教育与日常思想政治工作相结合，与促进员工个人成长与公司发展相结合，与当前各项重点工作相结合，引领全体员工认清发展形势，聚焦发展目标，明晰发展任务，找准责任定位。2018年12月，集团公司表彰第16次"形势、目标、任务、

责任"主题教育活动评选出的 100 篇优秀宣讲课件、100 名优秀宣讲员。尹丽芳、施建恒撰写的《认清形势、明确任务、坚定信心、砥砺前行》课件获"优秀宣讲课件"表彰；尹丽芳、张艳芬获"优秀宣讲员"表彰。

二、"大庆精神、铁人精神"主题教育

1999—2008 年，公司党委在创业初期及加快发展时期，注重开展"大庆精神、铁人精神"主题教育活动，初步构筑广大员工共同的价值观和思想基础。利用专题学习、宣讲教育、典型学习事迹报告会、组织观看影片《铁人》等形式，深入推进"大庆精神、铁人精神"教育。2006 年 3 月，中国石油优秀加油站经理巡讲团在昆明举行演讲报告会，坚持用身边人、身边事教育员工，以此为契机，公司先后开展了向"中国石油·榜样"陈鸣红、张本荷学习等活动。

2009—2013 年，公司党委持续开展"大庆精神、铁人精神"再学习再教育宣讲，下发专题学习教材，组织学习王进喜、王启民、秦文贵的先进事迹，把学习"大庆精神、铁人精神"作为引导员工推动公司持续发展的政治优势。2011 年 3 月 22 日，公司党委举办铁人精神先进事迹报告会，铁人王进喜的老战友、大庆铁人精神研究会顾问、原大庆油田化工总厂党委书记朱鼎科应邀作了《我所认识的铁人王进喜》专题报告。5 月 17 日，集团公司"石油魂——大庆精神铁人精神宣讲报告会云南销售专场"在公司举行（见图 9-5）。2012 年 8 月 30 日，公司党委召开"弘扬大庆精神铁人精神、树立高原情怀大山品质"学习成果汇报会，对两期专题培训班进行了总结，7 名优秀学员代表进行汇报交流。

图 9-5 石油魂—大庆精神铁人精神宣讲报告会云南销售专场

2014—2018 年，公司党委突出中国石油优良传统再教育，多载体深层次开展"大庆精神、铁人精神"主题教育。2014 年，把学习党的十八大精神与"大庆精神、铁人精神"相结合，通过组织开展专题党课、知识竞赛、先进事迹报告会等活动，引导员工学理论、强本领、当标兵。2015—2016 年，深入开展"重塑中国石油良好形象"大讨论活动，以知识竞赛、微信接力签名、主题演讲等活动为载体，引导广大干部员工重温"大庆精神、铁人精神"。2017 年 6 月 23 日，由集团公司思想政治工作部组织的中国石油"弘扬石油精神、重塑良好形象"报告团在昆明举行专场报告会，系统内 5 名劳动模范作了主题报告，公司 130 余名员工现场聆听劳模先进事迹（见图 9-6）。8 月 2—23 日，公司党委结合发展实际，以宣贯集团公司 2017 年领导干部会议精神、公司半年工作会精神以及践行"四合格四诠释，弘扬石油精神，喜迎党的十九大"岗位实践活动为主

要内容,在公司范围内开展"弘扬石油精神、重塑良好形象"主题宣讲活动,主题宣讲团成员历时23天,行程8000余公里,宣讲15场次,受众员工逾千人。2018年,紧紧围绕服务公司发展,公司党委坚持线上线下结合,利用线上闯关游戏知识问答、线下组织专题学习讨论等形式,深入开展"大庆精神、铁人精神"主题教育。

图9-6 中国石油"弘扬石油精神、重塑良好形象"报告会昆明专场

第三节 新闻宣传

一、专题宣传

1999—2008年,公司党委结合不同时期重点工作,以提高宣传质量,突出宣传效果为目的,深入开展专题宣传工作。期间,公司内部刊物《扬帆起航》《西南石油销售》《云南销售》先后对"中国石油·榜样"张本荷、专题劳动竞赛、作风建设等重点工作展开专题宣传。

2009—2014年,公司专题宣传突出重点工程、重要会议和重大活动,先后策划开展"坚定信心、科学发展""抗旱救灾我们在行动""精细为赢、管理创效聚焦""撸起袖子加油干"投资工程系列报道等20个专题,全方位宣传公司经营重点、亮点工作。2012年9月7日,昭通彝良地震发生后,公司党委迅速组织宣传力量、整合宣传平台,震后8小时,在公司门户网站开设"抗灾救灾专栏",刊发稿件38篇,推出简报3期,彰显国企责任,鼓舞队伍士气。

2015—2018年,公司党委在丰富宣传内容、改进形式手段、建立健全机制上下功夫,专题宣传进入新发展时期。两级新闻宣传工作者深入采访、精心写作,"弱市图强、淡季谋旺""优化百站、增效千万""彩云之南的承诺""数说赢销"等专题宣传报道先后在《中国石油报》头版、《油商周刊》专刊刊发;2015年,以集团公司"新丝路·能源之路万里行"大型采访活动为契机,采编《美丽"冻人"的加油站》《"宝石花"的温度》《苍山脚下"金花"开》等重点稿件,均在《中国石油报》头版刊发,有力提升了公司美誉度。

二、主流媒体宣传

1999—2018年,公司党委把握新闻宣传工作力度、角度,拓展对外宣传广度、深度,抓牢主流媒体宣传，弘扬企业形象，形成重大会议活动专刊报道、重大管理活动专题报道、重大事件专栏报道的新闻宣传新格局，2000余篇稿件先后在新华网、人民网、中央电视台、《中国石油报》《汽车生活报》等媒体上重点报道，正面舆论宣传有新突破。"彝良地震央企在行动""运营商抢修""中国石油忙调配"等一大批围绕油品保供、无私奉献、爱心救助的主题报道在中央人民政府网、中央电视台、新华网、人民网等全国31个主流媒体报道。《中国青年报》以"五星级女子加油站的育女心经"为题，报道高新加油站经理张艳芬扎根一线成长历程；云南电视台、云南网、《中国石油报》《云南日报》《春城晚报》《云南信息报》等多家媒体相继报道了楚雄分公司员工苏丕超为上海一名白血病患者捐献264毫升造血干细胞的先进事迹。

三、新闻宣传媒介发展

（一）报纸

为凝聚公司发展动力，引导公司发展舆论，及时宣传公司各项方针、政策，报道生产经营管理过程中的工作经验和工作亮点，活跃员工队伍文化生活。2002年6月15日，公司成立以来的第一张自办内部报纸—《扬帆起航》创刊，版式为8开4版，普通打印纸印刷（半月刊），由公司团委主办，编辑部设在人力资源部。2004年6月3日，公司党委下发《关于扬帆起航改版的通知》，报纸由8开4版改版为4开4版，157克铜版纸印刷，为半月刊。

2006年1月19日，《扬帆起航》正式更名为《西南石油销售》（半月刊），并在党群工作处（企业文化处）下设采编室。办刊宗旨为"紧扣销售脉搏、构建信息平台、交流经营之道、传承文明新光"。报刊4开4版，157克铜版纸印刷，为内部发行和销售企业内部交流。

2007年1月，中国书法家协会会员、甘肃省书法家协会理事寒雨为《西南石油销售》题写报头。8月，《西南石油销售》内刊经云南省新闻出版局正式批准使用（云新出2007准印临字第I013号）准印号，内刊改版为新闻纸印刷，4开4版。10月，内刊列入全省内部资料性出版物交流协会，公司成为协会理事单位。

2008年1月，《西南石油销售》改为旬刊发行，4开4版，新闻纸印刷。5月，内刊执行编辑曹军被云南省新闻局内刊管理处聘为"全省内部资料性出版物评审专家委员"（聘期4年），参与云南省企业内部期刊年度评比。

2009年5月20日，《西南石油销售》更名为《云南销售》，保持旬刊发行。2010年，中国书法家协会会员、甘肃省书法家协会理事寒雨再次为《云南销售》题写报头。2011年12月31日，根据公司挖潜增效工作总体安排部署，《云南销售》发行第195期后，纸质刊物停办。

公司内刊演变历程（见图9-7）。

2012年1月，《云南销售》电子版正式上线，实现网络化运行，解决了偏远库站读报难、时效性差的问题，提高了新闻宣传及时性和覆盖面，每年节约印刷及邮寄成本14万元。

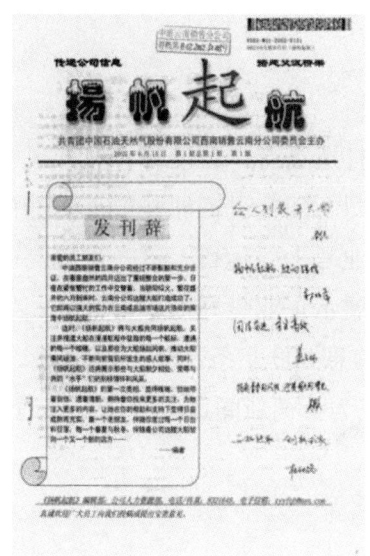  

图 9-7　公司内刊演变历程

2013年12月31日，随着公司门户网站信息更新频率加快，《云南销售》电子版因发布信息内容重复等原因停办。

（二）网站

信息门户是公司实现"统一管理信息资源，统一搭建信息平台，实现管理、业务集成以及知识共享"的信息系统。

2002年，公司建立上行销售公司的专线网络，开始与集团公司、股份公司广域网互联互通。

2004年3月，在销售公司推广企业信息门户建设工作的基础上，公司门户、各处室及各单位门户建设完成，门户网站成为公司范围信息发布和资源共享平台。

2005—2009年，公司门户网站新闻宣传信息由总经理办公室（党委办公室）负责维护。

2010—2012年，根据部门职责调整，公司门户网站维护管理权限调整至党群工作处（企业文化处）。期间，集团公司从网站建设、运行维护、网站管理、信息安全四个方面，对集团总部机关和企事业单位内部网站、外部网站进行综合评估，评估结果分为A、B、C、D、E五类。公司评估结果排名E类，在中国石油系统排名第163位，在销售企业中排名第31位。

2013年10月，公司门户网站在集团公司第三次网站评估中，晋级为B类，排名B类第8位；在石油系统169家企事业单位排名第48位，在销售企业中排名第10位。

2014—2018年，根据集团公司办公厅出台的《中国石油网站设计规范及用户浏览视觉效果》要求，公司门户网站本着突出"石油味、民族风、时尚感"，突出公司业务特点和企业文化特色，基于为用户提供业务查询、资源共享、互动交流等服务，服务中心工作，提高信息量、增强可读性、提升互动性，先后3次进行改版。

2018年1月，公司新版门户网站正式上线，将公司微信公众号、企业号等新媒体资源融合到门户网站首页展示，同步扩大新闻宣传影响力。

（三）新媒体

随着互联网广泛应用，把握新媒体时代新趋势，公司突出打造具有"石油味、民族风、时尚感"的"七彩云南·魅力云销"新媒体平台，及时准确传递公司新闻资讯，加强员工内部信息沟通，汇聚发展正能量。2017年4月，公司"魅力云销"微信企业号上线运行，进一步提高"互联网+新闻宣传"工作水平，积极正面引导鼓舞员工士气，弘扬展示企业良好形象，为公司发展营造良好舆论氛围。截至2018年底，"魅力云销"平台累计推送信息800余条。其中，《石妹，从加油岛走进人民大会堂》单条点击量突破1万余人次，微信平台成为公司新闻宣传工作主阵地。

四、新闻宣传工作体系建设

（一）制度建设

2002年10月，公司党委印发《西南销售公司"宣传报道先进单位"和"优秀通讯员"评选表彰暂行办法》，推动各单位宣传责任落实，建立宣传队伍，健全宣传网络，明确各单位选拔3—6名宣传报道骨干，推进新闻宣传工作。

2003—2005年，公司党委印发《关于切实做好新闻宣传工作的通知》，进一步强调发挥新闻宣传工作在公司改革发展和稳定中的重要性和必要性。

2006年4月，公司党委印发《关于进一步加强和规范新闻宣传工作的通知》，对公司内部创办刊物实施规范管理。

2007—2008年，公司党委印发《中国石油西南销售公司新闻宣传管理办法（暂行）》《中国石油西南销售公司宣传报道稿费发放办法》，明确新闻宣传工作流程，强化经费保障，加强和规范新形势下的新闻宣传工作。

2009年，公司党委整合《中国石油西南销售公司新闻宣传管理办法（暂行）》《中国石油西南销售公司宣传报道稿费发放办法》，制定印发《中国石油西南（云南）销售公司党委新闻宣传管理工作办法》。

2010年，公司党委修订印发《中国石油云南销售公司门户信息运行维护实施细则》《中国石油云南销售公司新闻危机舆情处置预案》等相关制度，从阵地建设、舆情防控等方面，持续加强新闻宣传工作。

2011—2018年，公司党委每年对《中国石油云南销售公司新闻宣传工作管理办法》进行完善，与时俱进做好新闻宣传工作制度保障。

（二）队伍建设

2006—2010年，公司新闻宣传队伍培训以内部培训为主，公司党委每年举办一次新闻宣传通讯员培训，累计培训700余人次。

2010—2018年，公司党委坚持表彰年度"新闻宣传工作先进集体"及"新闻宣传工作先进个人"，并选送基层优秀通讯员参加由集团公司、销售公司、《中国石油报》《汽车生活报》等单位组织举办的宣传思想及新闻工作培训，累计参训200余人次，提升新闻宣传队伍整体素质。

2016年，根据集团公司思想政治工作部要求，公司党委建立由处室负责人、专业线专家、基层优秀员工为主的网络评论员队伍，共有网络评论员48人。

2018年3月21日，集团公司召开宣传思想文化工作视频会，公司党群工作处处长王虎获集团公司"十佳宣传部长"表彰。7月26—27日，公司2018年宣传思想文化工作培训班在昆明开班，来自机关处室、所属单位的65名党群、宣传岗位人员参加培训，系统学习新闻基础知识、舆情、新媒体运营、新闻摄影采访等课程。

五、舆情防控

1999—2010年，基于发展需要，公司舆情防控工作主要以事前预防为主。通过完善网络舆情信息报送、分析、责任追究和新闻发言人制度，强化舆情管控和新闻危机处置体制机制保障；坚持每日舆情监测分析，建立舆情监测台账，将舆情处置由事后处置转变为事先预防。

2011—2018年，公司坚持每年与新华社云南分社签订合作协议，双方在智库咨询、专题资讯、舆情监测等领域开展合作。

2016年，公司加强网络舆情管理，组建网评员队伍，建立公司、各单位和外部主流媒体三级舆情防控网络，围绕群众关心的热点问题和重大突发事件、复杂敏感问题，用正确思想、准确事实，解读国家政策，阐释问题疑惑，牢牢掌握网络舆论主导权。公司党委理论学习中心组特邀云南省网信办舆情工作负责人，组织公司两级领导班子开展互联网舆情专题学习。截至2018年12月，网评员队伍先后转发扩散主流信息140余条，宣传覆盖超百万人次，宣传主流思想，传承石油精神，深化舆论引导，提升品牌形象。

第四节　企业文化

一、企业文化建设概况

2009年12月29日，《云南销售公司2009—2015年企业文化建设规划》正式发布。规划指出公司企业文化建设，按照"整体规划、全面建设、统筹推进、分项实施、逐步深入"的思路，围绕公司"三步走"发展战略，分"企业文化推进年""企业文化发展年""企业文化创新年"三个阶段进行。

2010年，公司在《云南销售》开设"企业文化理念"征文专栏，面向全体员工征集优秀企业文化理念和企业文化小故事。4月，公司根据《2009—2015年企业文化建设规划》，推进公司企业文化建设，组织开展公司企业文化理念征集活动；8月，公司党委印发《企业文化建设管理实施细则》。

2011—2012年，公司党委先后印发《企业文化建设管理实施细则》《中国石油云南销售公司企业文化建设纲要》。

2013—2018年，公司党委提出以"七彩云南·魅力云销"为主题，以"品牌、服务、创新、特色、活力、清正、和谐"为要点，打造充满活力、富有魅力、特点鲜明的党建思想政治工作体系，打造具有"石油味、民族风、时尚感"的企业文化。2015年以来，公司党委巧借云南"金花"文化，打造"五朵金花"特色文化加油站（见图9-8），发挥典型集群效应，对内引导员工队伍建设，对外提升企业品牌竞争力。

丽江古路湾（纳西族）特色加油站

楚雄太阳女（彝族）特色加油站

文山宝宁（壮族）特色加油站

德宏瑞丽（傣族）特色加油站

昆明干坝塘（彝族）特色加油站

西双版纳景勐（傣族）特色加油站

图9-8 "五朵金花"特色文化加油站群体

二、企业文化建设案例—"五朵金花"特色文化加油站群体打造

"五朵金花"特色文化加油站群体打造是公司立足于云南少数民族文化大省、旅游经济强省的现实条件,通过在加油站建设、改造过程中将中国石油文化与当地特色少数民族文化、地域文化相融合,从加油站外观形象、员工服饰、特色服务、特色商品等方面打造特色文化加油站,形成加油站对本地公众的亲和力和对外地游客的吸引力,提升企业文化形象,增强企业品牌认同,最终将文化优势转化为云南销售发展优势。

(一)成果实施背景

云南市场是中国石油主要竞争对手的传统市场,近年来,在成品油市场逐步开放,经营主体逐渐多元、市场竞争越发激烈、成品油销售日趋同质化的趋势下,作为中国石油区外销售企业,公司成立时间短、进入云南市场时间晚、网点数量相对较少、市场份额相对较小,社会公众对中国石油的品牌认知较主要竞争对手弱,品牌影响力、号召力与主要竞争对手还存在差距。在集团公司南方战略深入实施的大背景下,中缅油气管道项目顺利建成投运,云南炼厂项目顺利建成投运,扩大市场份额,提升销售能力,疏通炼厂后路,确保集团公司在滇利益最大化就成了公司迫切任务和核心使命。为此,公司双管齐下,一方面加大网络建设力度,抢滩布局销售站点,提升销售硬实力,另一方面从特色文化加油站建设切入,提升社会公众、消费群体对中国石油企业文化和品牌形象的认同感和亲和力,弥补云南销售品牌形象、消费口碑、公众认同等方面与主要对手的差距,增强企业发展软实力,为公司销售能力快速提升和市场份额的扩大提供文化支撑。

(二)主要措施及做法

公司"五朵金花"特色文化加油站群体打造思路主要是在大理金花加油站打造经验基础上进行总结提炼的。其核心是文化营销,思路是以文化小投入带动加油站形象、进店顾客、消费体验、油站销售四个提升,实现路径是将中国石油文化与地方文化相融合形成特色文化。主要做法是选取位于云南省著名旅游景区周边、客流量较多、提量增效潜力较大、民族及地域文化鲜明的加油站,结合加油站小改大、检维修等工作开展特色化打造。打造内容主要引进地方少数民族及区域文化要素,从油站建筑外观、员工服饰、室内陈设、特产销售、特色服务等方面优化提升,做到中国石油文化"打底"、地方特色文化"提鲜"。以大理金花加油站为例,该站特色化打造始于2008年,为提升加油站形象和知名度,大理分公司抢在主要竞争对手之前,将原万花加油站更名为金花加油站,同时结合油站检维修,在不影响加油站功能和不损害中国石油统一标准的前提下,将大理当地白族建筑特色、服饰特色融入加油站建筑外观和加油站工服设计,形成青瓦青砖彩绘、大理石挂画的加油站外观形象,由中国石油红、黄、蓝颜色以及"宝石花"标识构成的少数民族特色工作服也让人耳目一新。结合油站靠近大理古城风景区的区位优势,金花站顺势推出小导游、小翻译、小广播、小地图、小能手为主要内容的"特色五小服务",形成旅游城市加油站的特色服

务。金花加油站特色打造案例被集团公司评为中国石油集团公司十大基层建设案例，2011年，大理金花加油站以其鲜明的文化形象、显著的经营业绩、良好的公众口碑，被全国妇联授予"全国三八红旗集体"。

鉴于大理金花加油站特色文化打造的显著经济效益、社会效益和文化价值，公司于2014年正式提出打造"五朵金花"特色文化加油站群体，这一概念中所指的文化包含但不仅限于少数民族文化，还可以涵盖云南各地特色的滇西抗战文化、和顺侨乡文化等地域文化，其数量不仅限1座，未来会逐步发展到十数座甚至数十座。其目的就是在加油站建设过程中，通过将中国石油企业文化与地方少数民族文化、地域文化相融合，形成独具特色的油站品牌形象、企业文化、营销口碑、消费认同，增强本地游客认同感和对外地游客的吸引力，在成品油销售同质化的时代走出一条文化营销的差异化发展路径，为云南销售提升销售能力、扩大市场份额、抢占行业制高点提供文化软实力。2014年以来，在"五朵金花"特色文化加油站思路打造理念指引下，云南销售公司先后打造了丽江古路湾（纳西族）、楚雄太阳女（彝族）、文山宝宁（壮族）、德宏瑞丽（傣族）、昆明干坝塘（彝族）、西双版纳景勐（傣族）、保山和顺（侨乡文化）、普洱茶源（拉祜族）、曲靖安达（爨文化）、大理富海（蝴蝶文化）、红河阿土（哈尼族）等十余座特色文化加油站。

（三）取得的成果

公司"五朵金花"特色文化群体打造以来，其经营效益、文化效益、公众口碑不断提升。大理金花加油站鲜明的白族文化、细致的特色服务对本地顾客产生了极大吸引力，本地60%以上的出租车在金花站定点加油，当地顾客笑称："家里吃肉，油站喝茶，服务做到需要处，关怀送到心窝里，金花站就是咱的家"。金花加油站特色文化建设案例被收入中国人民大学EMBA案例，并被评价："金花加油站是民族文化与企业文化相融合的典范，实现了经济效益和社会效益双赢。"丽江古路湾特色文化加油站建成后，当地媒体争相报道，本地客户亲切地将加油站称之为"我们自己的加油站"。楚雄太阳女特色站浓郁的石油味、民族风吸引当地各大媒体纷至沓来，《民族文化建设助力中石油打造满意加油站》《这里有座彝族特色加油站》等报道陆续见诸报端，已有14家省级和州市级媒体先后对加油站进行了采访报道。楚雄州委宣传部常务副部长、外宣办主任在参观完油站后说："中国石油将民族文化与石油文化有机融合，不仅成了楚雄州一道亮丽的风景，更是楚雄州对外宣传展示彝族文化的一扇窗口。"昆明干坝塘加油站以"远方的客人请你留下来"为主题，重点展示了"一景""一诗""一节""一舞""一歌""一绣"的"六个一"彝族撒尼文化元素，开业当天就吸引大批游客进店消费。德宏瑞丽（傣族）特色站在特色商品上下功夫，在加油站设立德宏特产馆和"咖啡庄园"，主打德宏本地特色商品销售，客人舟车劳顿之余，在加油站除了能品尝到地道的德宏后谷咖啡，还可以一站选购咖啡、坚果、大米、辣木、茶叶等德宏特产，深受顾客青睐。

三、企业文化子文化体系

2009—2015年，公司党委深入开展以精神文化建设、物质文化建设、制度文化建设、行为文化建设、营销文化建设、安全文化建设、质量文化建设、管理文化建设、服务文化建设、库站文化建设、廉洁文化建设、格言警句文化建设、文体宣传文化建设、人文关怀文化建设为内容的子文化体系建设，不断增强员工对企业的认同感和凝聚力。

精神文化建设。主要是指公司所有员工共同信守的基本理念、价值标准、职业道德及精神面貌，是企业文化的核心。精神文化建设的主要内容包括企业发展愿景、发展目标、企业核心价值观等。精神文化建设的主要任务是以"爱国、创业、求实、奉献"的企业精神为指导，大力弘扬大庆精神、铁人精神，在继承公司优秀文化传统的基础上，总结提炼，改进提升，形成符合时代要求的企业文化理念体系，通过宣传公司企业精神，在全体员工中培养"四种意识"、形成"五种能力"，实现公司科学发展、和谐发展。"四种意识"即立足市场的竞争意识，面向未来的发展意识，放眼世界的开放意识，与时俱进的创新意识。"五种能力"即强大的企业凝聚力，强劲的市场竞争力，强烈的领导感召力，旺盛的员工创造力，持久的品牌影响力。

物质文化建设。物质文化是形成公司文化精神层、制度层和行为层的条件。物质文化建设包括：公司名称、标识、标准字、标准色设计和规范使用；公司外貌、自然环境、办公环境、形象包装设计和布置；员工服装设计和统一规范使用；公司文化传播网络建设（包括自办报纸、计算机网络、宣传栏、宣传单）等。通过建设公司物质文化，为公司企业文化建设提供必要物质条件和良好环境，有效树立公司良好企业形象。

制度文化建设。主要包括对公司各级组织及其员工行为产生约束性影响的各种制度规定，集中体现企业文化物质层和精神层对员工和企业组织行为要求，规定了公司成员在共同生产经营活动中应当遵循的行为准则。

行为文化建设。行为文化建设包括规范全体员工的一切经营活动、规范各级组织对员工的教育与管理。公司以社会主义核心价值观为指导，建立完善公司各级干部和普通员工的行为管理办法和行为守则，潜移默化，让制度、条规、纪律遵照执行成为组织和员工的自觉行动。

营销文化建设。营销文化建设是实现公司效益最大化、利润最大化的主要方法和手段，营销文化包括营销战略、营销信息、营销环境、营销预测、公关策划等主要内容。建立健全公司营销文化研究体系、营销信息快速反馈体系，加强油品市场营销策略研究，构建油品营销预测模型，大力推广公司"关注细节、用心去做"的服务理念，开展"用户满意"建设工程，在员工中开展全程、全员、全方位的营销活动，形成人人关注营销，人人心想营销、人人参与营销的良好氛围。

安全文化建设。安全文化是企业文化的重要组成部分，是企业在安全生产实践中，经过长期积淀和不断总结提炼，企业所倡导、全体员工所认同并自觉遵守的安全价值观和行为准则，是安全生产、安全生活的精神、观念、行为和物态的总和。公司推进安全文化建设，以实现安全发展、清洁发展、和谐发展为目标，坚持"安全第一、环保优先、以人为本"的管理理念，营造"关注安全、关爱生命""人人讲安全、人人抓安全、人人懂安全"的文化氛围，实现公司安全、健康、和谐发展。

质量文化建设。质量文化是公司在社会市场环境的影响下，在经营活动中，由公司倡导、员工认同的逐步形成的群体质量意识、质量精神、质量行为准则、质量价值观和质量形象等"软件"，以及公司所提供的服务质量等"硬件"总和。公司认真总结和提炼公司质量管理文化理念，不断提高全体员工质量意识，不断强化标准化和计量建设工作，建立健全公司标准化和计量工作技术体系，强化油品质量监督检查，稳步推进质量管理各项工作上台阶、上水平。

管理文化建设。管理文化主要包括企业战略、经营管理、企业制度、人力资源、法律风险管理等主要内容，核心任务是将公司价值理念转化成员工和公司之间的一种心灵契约，使员工认同公司的目标和追求，把个人目标与组织目标结合在一起，从而更加主动承担责任，为加快公司发展尽心竭力。公司加强管理文化体系建设，不断创新和丰富公司管理文化内涵，把公司的核心价值观融入发展战略、发展规划、经营生产、安全环保、人力资源、财务工作、法律事务、基层建设等各个方面，用先进的文化理念不断提升公司管理水平。

服务文化建设。服务文化是指反映企业服务特色、服务水平和服务质量的物质和精神因素的总和。主要体现在为满足消费者需要而提供的服务设施、方式、手段、环境和贯穿于实际服务过程中的各种观念上。公司加强服务文化建设，要牢固树立"以用户为中心"的服务理念，设计以顾客为中心的服务标准和科学管理流程，在服务第一线营造浓厚的文化氛围，通过打造民族特色文化品牌，不断提高公司的竞争力。

库站文化建设。主要是指基层油库、加油站一线文化建设。公司以大力开展社会主义核心价值观教育和大庆精神、铁人精神教育为重点，不断提高库站员工的思想政治素质；以全力打造规范化、标准化、特色化的样板油库和样板加油站为引领，树立中国石油良好形象；以"五小"工程建设为着力点，不断改善员工工作环境和生活条件，组织库站员工积极开展丰富多彩的文化娱乐活动，创造舒适宜人、温馨和谐的人文环境，建设风格多样的库站特色文化。

廉洁文化建设。廉洁文化，是关于廉洁知识、理念、制度及与之相适应的生活方式、行为规范的总概括。公司以科学的廉洁理论为统领，以先进的廉洁思想为核心，以完备的廉洁制度为基础，以丰富的廉洁活动为载体，不断加强公司廉洁文化建设，在公司上下营造清廉之风。

格言警句文化建设。格言警句文化主要包括学习、修身、执行、管理、服务、创新等几个部分。公司鼓励在机关办公楼、基层油库、加油站积极开展学习格言、修身格言、管理格言、服务格言、创新格言等格言警句"文化墙""文化走廊"宣传，形成浓厚的格言提炼和学习氛围。

文体宣传文化建设。文体宣传和文化艺术是推进企业文化建设的重要途径，是提升公司形象的重要载体。公司研究制定《开展文化体育活动实施意见》，充分发挥公司书法美术摄影协会作用，通过举办员工书法美术摄影展等方式，强化媒体、网络文化研究，加强新闻宣传工作，充分运用主流媒体，大力宣扬公司企业精神和各条战线上涌现出的先进模范人物，加强文体宣传文化建设，不断提升信誉度、知名度和美誉度。

人文关怀文化建设。人文关怀是企业文化建设中的核心内容之一。缓解员工心理压力、促进员工心理健康、实现企业和谐发展，已成为公司加强和改进思想政治工作的新课题。公司倡导和谐理念，培育和谐精神，积极开展扶贫帮困送温暖活动，落实《员工健康行动计划》，引导员工以饱满的工作热情和愉快的精神状态为加快公司发展多做贡献。

四、企业文化作品

1999—2012年，公司在云南省摄影家协会、美术家协会、书法家协会的支持和帮助下，先后成功举办五届员工书法美术摄影作品展，展示公司广大员工开拓创新、积极进取、团结拼搏、健康向上的精神风貌，反映公司文化艺术繁荣景象。相继出版《油韵和风》《油情织梦》《油意成诗》3本员工书法美术摄影作品纪念册（见图9-9）。

图9-9 公司员工书法美术摄影作品纪念册

2007年，公司员工张本荷的先进事迹被集团公司编排成文艺小品，在集团公司总部迎新春团拜会上演出。

2008年，公司以"制作一个专题片、一本画册、一首歌曲，打造一批典型，形成一套理念"为载体，不断推进中国石油和西南特色相结合的企业文化建设。9月，由销售公司及公司联合编辑完成的《春城油站"小百灵"》一书，由石油工业出版社设计印刷完成并公开发行。该书为32K本，彩色铜版纸精印，印数20000册，收录了张本荷事迹报道、小故事等文章32篇，图片40余幅；随书一同制作发行了《绽放的小荷—中国石油榜样张本荷》DVD光盘（见图9-10），得到了集团公司、销售公司和兄弟单位好评。《中国石油真情回报社会—西南销售开展情系春城的士活动》新闻作品，获中国石油记者协会年度好新闻评比三等奖。

2009年9月，以弘扬"大庆精神、铁人精神"，展示当代石油人风采为主要内容的中国石油电视歌曲大赛结果在北京揭晓，公司选送的《西南石油人之歌》获二等奖。

图 9-10 《春城油站"小百灵"》及随书制作发行的 DVD 光盘

2010 年 1 月 24 日,由现代司机报社举办的华篷杯"2009 我的销售符号"摄影大赛结果在京揭晓。公司党群工作处曹军摄影作品《精细化管理》和陈明崇摄影作品《手把手》分别获银奖、优秀奖。

2011 年 3 月 26 日,三盈杯"2010 我的销售符号"摄影大赛评选在北京举行。公司党群工作处曹军新闻摄影作品《情浓于水》,获本次大赛唯一一个一等奖。4 月 26 日,由中国石油记者协会、中国石油报社组织的 2010 年度全国石油石化系统新闻摄影评选在江西九江举行,曹军新闻摄影作品《情浓于水》,获重大突发类事件新闻摄影二等奖。

2012 年 12 月 31 日,集团公司思想政治工作部举办首届"图说中石油"摄影大赛,曹军摄影作品《抗旱救灾,情浓于水》获银奖,成为销售系统唯一获银奖的作品;薛思明参加第三届中国职工艺术节,其古筝弹奏作品《我为祖国献石油》获器乐类铜奖。

2013—2014 年,由汽车生活报社举办的最美销售"我的销售符号"摄影比赛评选揭晓,昭通分公司申永毅摄影作品《送油路上》获二等奖;公司党群工作处刘国栋、曹军选送的摄影作品《感动时刻》《震中那朵宝石花》均获优秀奖。

2016 年,曹军采写拍摄的《小凉山来了石油人》获中国石油报社 2016 年度中国石油报优秀新闻作品(图片类)二等奖。

2018 年,公司企业文化作品《爱的驿站》获中国石油天然气集团有限公司"中国石油品牌故事大赛"视频类三等奖。

第五节 典型选树

一、典型选树工作

1999—2003年，在公司创业艰难起步阶段，为鼓舞员工队伍士气，公司党委每年结合重点工作，开展主题评先选优工作。1999年12月，公司在"双文明"建设中开展先进集体和优秀个人评比活动，表彰公司成立第一年在物质文明和精神文明建设中做出突出成绩的集体和个人。2000年5月，公司组织开展"优秀共产党员"评选活动，表彰先进，树立典型，进一步推动基层党组织和党员队伍建设。自此，公司建立起固定评先选优机制，每年组织开展纪念中国共产党成立相关活动，每年开展主题评选，表彰"先进基层党组织""优秀共产党员"，年底组织表彰年度"先进集体""优秀个人"。2001年5月，组织开展"创先评优"活动，表彰先进党支部和优秀共产党员。2002年，组织开展"四个优秀"典型选树活动。

2004—2008年，公司党委大力发掘和培养典型，开展创建"一批先进单位、一批先进加油站、一批优秀加油站经理、一批加油状元、一批优秀基层干部"的"五个一"评选活动，坚持用身边的典型教育、引导、激励员工，典型培养选拔工作机制初步形成。2008年，公司深入开展"向张本荷学习"活动，通过典型示范导向作用，影响和带动干部员工。大理金花加油站获"全国青年文明号"。9月，公司修订印发《中国石油西南销售公司表彰奖励管理办法》。

2009—2010年，公司党委持续加大先进典型培养和选树力度，各级党组织采取选苗子、压担子、铺路子等方法，强化先进典型培养选树，发挥示范引领作用。公司在建立内部评先选优机制的基础上，积极参与中国石油销售系统典型选树活动，向地方政府相关部门推荐先进，典型示范引领作用进一步彰显。2009年，张本荷获"中央企业劳动模范"；安宁油库和金花加油站分别获集团公司"十大标杆油库"和"十大标杆加油站"。杨子清、张本荷、孙晓娜的先进事迹被中国石油销售系统英模辑《我们都是护花人》收录。2010年，张本荷获"中国石油十大特等劳动模范"。

2011—2014年，公司党委持续注重从销售一线培育典型，将先进典型推向云南省、全国，不断扩大"张本荷"及"金花"品牌效应，打造典型选树特色工作机制。公司先后培育出"全国三八红旗集体"、中国石油基层建设"百个标杆单位"金花加油站，"全国青年文明号"、股份公司"十大标杆加油站"张本荷加油站，"中国石油企业精神教育基地"小菜园加油站，云南省"三八红旗集体"高新加油站等一批典型群体，涌现出了"中央企业劳动模范"、集团公司"十大特等劳动模范"、中国石油"十大金花加油站经理"张本荷，"全国最美青工""全国青年岗位能手"张艳芬，"中央企业先进职工"王玉琼，第十届"中国青年志愿者优秀个人"苏丕超等一大批先进典型，公司先进典型群体进一步壮大，典型影响力和示范作用进一步提升。2012年，公司将"张本荷式员工"作为公司级青年员工的最高荣誉开展年度评选，实现了张本荷劳模形象向品牌资源转化。

2015—2018年，公司党委坚持用中国石油优良传统铸魂育人，用先进典型为员工做示范引领，提升企业文化软实力。修订下发《劳模管理办法》，建立健全评先选优机制，发挥先进典型品牌效益。2015年，昆明分公司客户经理秦怀波获"全国五一巾帼标兵"，玉溪分公司欣都加油站被共青团中央、国家安监总局联合授予"青年安全生产示范岗"，昆明分公司东兴加油站获集团公司"模范集体"，玉溪分公司客户经理宋凤英获集团公司"劳动模范"。6月16日，中国石油成品油销售系统英模事迹报告会在集团公司总部举行，秦怀波作个人先进事迹报告，并深入多家州市公司巡讲，公司组织开展向秦怀波学习活动。2016年，非油品公司中央仓获"云南省工人先锋号"；西双版纳分公司勐养第一加油站、大理分公司双廊服务区获2016—2017年度"全国优秀服务区"、保山分公司潞江坝服务区获"全国百佳示范服务区"。2017年，公司典型选树取得历史性突破，全年获4项国家级荣誉、6项省部级荣誉。非油品公司中央仓获中华全国总工会"工人先锋号"，昆明分公司高新加油站获全国"巾帼标兵岗"，楚雄分公司太阳女加油站获集团公司"铁人先锋号"，楚雄分公司大平地加油站经理董俊芳获全国"巾帼建功标兵"，昆明分公司高新加油站经理张晓怀获云南省"第二十二届劳动模范"。2018年，昆明分公司和利辉获共青团中央"优秀共青团员"；昭通分公司员工赵石妹先后获云南省煤炭电力化工工会"最美职工"、云南省"五一劳动奖章"。8月17日，在云南省工会代表会议上，赵石妹以222票（全票）当选中国工会第十七次全国代表大会代表；10月22日，赵石妹作为云南省总工会39名参会代表之一，与来自全国各行各业的2000多名中国工会十七大代表和近百名特邀代表走进人民大会堂出席盛会。

二、典型选树案例——"中国石油十大特等劳动模范"张本荷典型培养

张本荷作为公司典型群体的突出代表，其培养过程有着较为典型的意义。公司多措并举，对张本荷开展系统典型培养。

（一）系统培养提升典型

公司将张本荷纳入先进典型培养计划，为其量身定制培养方案，通过系统培养、提升，张本荷实现了从"小荷才露尖尖角"到"映日荷花别样红"的巨大转变。(1)换岗位增加历练。按照培养计划，先后将张本荷安排到曙光加油站、小菜园加油站等多个加油站的加油员、核算员、加油站经理、培训师等岗位工作，实现了先进加油站打造与先进典型培养的良性互动。(2)压担子提高能力。有压力才有动力，每次更换岗位后，分公司领导都亲自找张本荷谈话，对其工作提要求、压担子。经过历练，张本荷实现了从单一的服务型人才向服务、培训、管理综合性人才的转变。(3)进学校丰富知识。张本荷学历和知识储备一直是限制其成长的短板，公司鼓励她参加在职学习，丰富知识储备，提升学历层次，并为她参加学习积极创造条件。

（二）打造声势树立典型

先进典型的知名度是发挥其引领与示范作用的前提，在张本荷选树过程中，公司通过全方位宣传，增强其在公司内外的影响力和知名度。（1）专题宣传反响强烈。根据张本荷事迹编印了《春城油站"小白灵"》书籍及宣传光盘，发行两万册，涵盖中国石油所有加油站，在销售系统形成了"学习张本荷，争做'小百灵'"的热潮。（2）内外宣传多点绽放。在公司内部通过小品、快板、征文等形式宣传张本荷的同时，邀请系统内外媒体对张本荷先进事迹进行多层次多角度报道，先后有《中国石油报》《现代司机报》、网易、新浪、搜狐等多家系统内外主流媒体对张本荷先进事迹进行了报道。（3）地方交流塑造品牌。推荐张本荷参与地方政府先进评选、交流发言活动，向外展示公司良好形象，实现了较好的社会反响。

（三）营造氛围学习典型

公司通过建平台、抓推广，在全公司范围内掀起"学习本荷、争做本荷"的热潮。公司党委、团委分别三次下发文件号召全体员工向张本荷学习，召开一次张本荷事迹学习活动推进会、一次"学习'张本荷式服务法'，争做张本荷式员工"主题活动誓师大会，充分调动广大员工学习先进、争做先进的积极性。

通过系统培养，张本荷一步一个台阶，逐步成长为公司典型群体的突出代表，她先后获"中央企业劳动模范""中国石油十大特等劳动模范""铁人奖章"等多项荣誉，成为一名在中国石油销售系统有着广泛影响力的先进典型，实现了一个劳模到三个品牌的转化，即：服务品牌，张本荷的"四多"服务法命名为"张本荷式服务法"，强化了公司服务品牌；培训品牌：成立"张本荷式服务法示范队"，每年下基层开展培训示范，形成了公司的培训品牌；效益品牌：将昆明北仓县华加油站命名为张本荷加油站，在云南首创以劳模名字命名加油站的先例，实现了劳模效应向效益品牌的转化。命名挂牌后，加油站品牌效应凸显，销量连年增长。

从公司对张本荷典型培养来看，典型培养要压担子、指方向。典型人物固有的优秀品质是其脱颖而出的基础条件，但要从先进员工晋级为先进典型榜样，还必须根据其自身条件，结合公司发展需要，为其指明发展方向，有意识给任务，压担子。（1）典型培养必须遵循人才成长客观规律。先进典型榜样的成长有一个长期的过程，需要长时间的岗位工作来"动心忍性，增益其所不能"，短期的拔苗助长，给予不符合其贡献的荣誉，一方面容易导致典型的骄傲自满，自我退化，一方面会动摇先进典型榜样的群众基础。（2）典型培养要注重选用结合。培养和选树典型的根本目的在于发挥典型的示范、引领、带动作用，以点带面带动公司员工队伍整体成长，因此，一方面要为先进典型发挥引领作用营造氛围、创造平台，一方面要鼓励员工争先进、做典型，才能最大程度发挥典型的正面引导效应，实现"一枝独秀"到"春色满园"。

第三章　纪检监察

公司纪检监察工作的主要任务是：维护党的章程和其他党内法规，监督检查公司及所属各单位有关党纪法规、集团公司党组、公司党委党风廉政建设决策部署的工作执行落实情况，协助公司党委加强和组织协调反腐败工作开展，为公司快速稳定发展保驾护航。公司自成立以来，认真贯彻落实集团公司工作部署，坚持围绕中心、服务大局，突出党委主体责任和纪委监督责任，积极转职能、转方式、转作风，不断完善管理制度和监督机制，强化监督执纪问责，实现纪检监察工作水平不断提升。

1999—2008年，公司纪检监察工作以持续建立健全纪检监察队伍，全面加强制度建设为重点，坚持教育为本，强化日常监管，严肃信访案件查办，实行党风廉政建设责任制，推进惩治和预防腐败体系建设（以下简称"惩防体系建设"）。2009—2018年，公司纪委深入贯彻落实党风廉政建设责任制，全面落实从严治党要求，以开展执纪审查、反腐倡廉教育、联合监督、专项检查、党内巡视巡察等工作为重点，持续巩固落实党风廉政建设和反腐败工作成果。尤其是2013年以来，公司坚持"党要管党、从严治党"，强抓中央八项规定等各项党纪条规的贯彻落实，坚持效能监察、专项检查、执纪审查，对经营活动中的不正之风提前预防、及时发现、迅速查处，化解矛盾，稳定大局，持续推进风清气正的内部环境建设，保障了公司持续健康发展。

第一节　惩防体系建设

惩防体系建设即建立健全惩治和预防腐败体系建设，以邓小平理论和"三个代表"重要思想为指导，全面落实科学发展观，认真贯彻党中央、中纪委和集团公司党组关于反腐败的各项工作部署，紧紧围绕《中国石油天然气集团公司党风廉政建设责任制实施办法（试行）》、内控体系建设和党风廉政建设责任制的贯彻落实，坚持不懈抓反腐倡廉教育、积极推进廉洁文化建设，建立拒腐防变教育长效机制。

公司在成立之初，将惩防体系建设作为重要抓手统领党风廉政建设和反腐败工作。1999—2001年，公司集中开展党风廉政制度建设，先后制定《党员干部诫勉谈话制度》《领导干部廉洁自律"十不准"》等11项制度，完善建立财务管理、投资管理、价格管理、人事管理、合同管理、工程招投标管理等制度。

2002年，公司纪委进一步加强纪检监察组织建设，在云南、贵州、广西三家分公司设立纪检审计监察科，配备12名专职工作人员、16名兼职工作人员，举办纪检审计监察专兼职工作人员培训班；制定下发《关于加强纪检审计监察部门案件管理严肃工作纪律的通知》等11个廉政制度规定，严肃工作纪律。2003年，公司纪委印发《西南销售分公司关于纪检审计监察工作人员若干纪律的规定》《西南销售分公司关于纪检审计监察工作考核办法（试行）》《西南销售分公司审计监察处工作制度职责和程序》3个制度，明确具体工作流程，强化纪检监察部门内部建设，增强各级管理人员廉洁从业风险防控能力。

2004—2007年，公司纪委以贯彻落实《建立健全教育、制度、监督并重的惩治与预防腐败体系实施纲要》为重点，全面落实党风廉政建设责任制，相继制定《西南公司经营管理重点部位及关键控制与监督分解方案》《西南销售公司开展治理商业贿赂专项工作实施方法》等制度，不断完善惩防体系；组织各级管理人员签订《党风廉政建设责任书》《廉洁自律承诺书》，确保将党风廉政建设责任落到实处；坚持从制度制定、源头治理下功夫，抓好领导干部廉洁自律、效能监察、案件查办等重点工作，持续强化党风廉政建设和反腐败工作。

2008年10月，公司纪委印发《西南销售公司建立健全惩治和预防腐败体系2008—2012年实施办法》，明确了惩防体系建设五年工作重点，以此统领五年惩防体系建设工作；为强化惩防体系建设工作，2009年制定《云南销售公司惩防体系建设考评制度》，将惩防体系建设工作纳入年度考核范围。

2010年，公司纪委持续完善制度建设，印发《惩防腐败体系和党风廉政考核测评及责任追究管理实施细则》，以完善制度和增强执行力为重点，把2010年惩防体系建设任务分解到13个责任部门，把工作落实情况列入党风廉政建设责任制考核，修订166项制度、制定3项反腐倡廉新制度，推进惩防体系建设；为强化作风建设，公司专门颁布"禁酒令"。"禁酒令"具体内容包括：一是严禁酒后驾驶机动车辆；二是操作岗位人员严禁酒后上岗；三是严禁公司内部活动未经许可饮酒；四是严禁对外接待中不文明饮酒。

2011—2012年，公司纪委持续推进教育、制度、监督并重的惩治和预防腐败体系建设，先后制定下发《党风廉政建设责任制实施细则》《重点部位及关键点监督管理办法（试行）》《奖励举报管理实施细则》等制度，建立监督部门联席会议制度，惩防体系更加完善。2012年3月，公司纪委专门制定《中国石油云南销售公司禁宴令》。"禁宴令"具体内容包括：机关管理人员下基层开展各项工作，除外事活动外，一律在内部食堂用餐，严禁宴请；内部条件不允许的，就近从简用餐；下基层的人员在内部食堂就餐需向就餐食堂缴纳餐费，严禁占用基层伙食费；单位内部之间严禁相互宴请；凡违反上述禁令的，视情节给予诫勉谈话、通报批评、行政警告、记过、降级、解除劳动合同等处分；造成严重后果或事故的，依法严肃处理，对责任单位及相关领导严肃追究责任。公司获集团公司"2008—2012年惩防体系建设先进单位"，并在集团公司惩防体系建设工作研讨会上作经验交流。

2014年，公司不断完善党风廉政建设工作机制，制定下发《党委的主体责任和纪委的监督责任实施方案》，明确了工作重点、推进措施和职责分工，落实好"一岗双责"，强化目标管理。制定下发《公司党委关于落实党风廉政建设主体责任和监督责任的实施细则》，明确党风廉政建设党委主体责任、纪委监督责任和业务部门监管责任，推进纪委转职能、转方式、转作风，聚焦中心，抓好主业，明确规定业务主管部门既是业务管理主体，也是监督主体，纪委把不该牵头或参与对投资、工程、网建、合同、招投标等的监管责任交还给业务主责部门，集中精力抓好监督执纪问责。各分公司调整纪委委员、纪检干事，为纪委工作顺利开展提供力量支撑。12月，公司党委发布"五条禁令"，公司领导班子带头作出"六项承诺"，提升干部员工廉洁意识。

"五条禁令"具体内容为：严禁对外业务往来和内部工作联系中收受礼金、有价证券和礼品；严禁参与带有赌博性质的棋牌球类等娱乐活动；严禁公司内部单位和个人相互公款宴请；严禁出入私人会所或公款支付高档娱乐消费活动；严禁公款支付应该由个人支付的各类费用。

"六项承诺"具体内容为：不利用公司平台和资源，为特定关系人谋取不当利益；不插手基层单位包括加油站的选人用人工作或为他人使用、升迁打招呼、讲人情；不违反集团公司的相关规定，发放钱物和调整薪酬；不在营销工作中为特定客户询价、谈价和协调资源；不私自插手公司系统的工程建设、各类招投标和物资采购工作；管好家人和身边的人，使其不参与与公司业务有关的各项活动。

2015年，公司落实党风廉政建设责任制，严格跟进落实"五条禁令"，强化执纪问责力度。12月，公司纪委先后印发《纪委书记全过程监督中层管理人员选拔任用工作实施细则（试行）》《纪委落实党风廉政建设监督责任实施细则》。

2016年，公司以党委主体责任和纪委监督责任为抓手，完善《公司领导班子党风廉政建设主体责任清单》，细化《落实党风廉政建设监督责任清单》，构建权责明晰的监督责任体系。3月，公司贯彻落实中央关于加强作风建设的精神，开展"四风"问题整治情况"回头看"。

2017年，公司纪委完善分工管理，纪委工作细化分解到每位委员，形成纪委统一领导、书记负总责、委员分工负责的工作格局。注重监督执纪"治未病"，印发《关于落实监督执纪"四种形态"实施意见》，明晰适用"四种形态"的问题清单，将123种情形纳入"第一种形态"，加强函询谈话注重预防"治未病"，推进了监督执纪"四种形态"融入日常管理。

2018年2月，公司召开2018年党风廉政建设和反腐败工作会议（见图9-11），安排部署党风廉政建设和反腐败工作，发布《党内巡察工作实施细则》等5项巡察制度，组织签订《党风廉政建设责任书》1034份、《廉洁从业承诺书》1586份；结合公司加油站防渗一体化改造工作集中实施的情况，为强化工程项目专业线廉洁从业监督管理，组织签订《防渗改造工程廉洁承诺书》。

公司严把选人用人廉洁关，对40名拟提拔干部出具《党风廉政情况意见书》；针对1489名基层管理人员开展经商办企业清查。公司党委深入贯彻习近平新时代中国特色社会主义思想和党的十九大精神，认真落实党中央、集团公司党组《关于进一步激励广大干部新时代新担当新作为的实施意见》，制定下发公司《关于进一步激励广大干部新时代新担当新作为的实施意见》。调整公司党风廉政建设与反腐败工作领导小组、巡察工作领导小组、公司纪委委员及工作分工，建立公司纪委议事规则，完成专项审计3项、离任经济责任审计2项；完成对仓储、曲靖、红河、玉溪4家分公司的党内巡察；开展专项治理3项、专项检查1项。

图9-11　公司召开2018年党风廉政建设和反腐败工作会议

第二节　反腐倡廉教育

1999年，公司以教育为本，加强对全体干部职工尤其是领导干部的经常性党风廉政建设和廉洁自律学习教育工作，通过剖析案例和反面典型，努力抓好党风廉政建设；利用每周的政治学习，广泛进行廉政教育，系统学习《中国共产党纪律处分条例》，在销售公司组织的考试中，公司平均成绩达98分。

2000年，公司在日常教育工作中，突出教育内容实效性、教育对象针对性和教育形式多样性，筑牢党员干部拒腐防变的思想防线。狠抓《中国石油西南销售公司党员领导干部廉洁从政若干准则》《廉洁自律"十不准"》等制度落实，各单位保证每月对党员、干部教育的时间不少于4小时；组织党员干部观看反腐警示电影《生死抉择》和学习上级下发的重大典型案例。3月，公司党委转发《关于纪检监察机关依法采用"两指""两规"措施若干问题的通知》，组织公司干部员工学习贯彻。

2001—2003年，公司纪委结合纪检监察工作的特点，先后印发《"防腐室"的腐败分子等十四起案件剖析材料》《关于"发人深省的轻烃盗窃案"等四起案件剖析材料》等教育材料，组织观看《大雪无痕》等多部反腐倡廉教育录像片，对各级管理人员进行重大典型案例教育；公司机关和基层分公司共90多人参加由集团公司党组纪检组、监察部组织举办的"预防职务犯罪知识竞赛"活动。

2004—2005年，公司购买《中国共产党纪律处分条例》700多套，编印《两个条例学习手册》辅导教材1000本；购置辅导讲座和自制典型案例教育光盘35套；印发试卷1310多套，组织进行学习测试。

2006年，公司以"以廉为荣，廉洁从业"为主题，开展党风廉政教育宣传月、廉洁从业宣传教育等活动，全年1020名领导干部、管理人员参加集体学习，组织838人观看廉政建设教育片，735人参观监狱接受警示教育，1297人参加廉洁自律知识答题活动，征集"廉洁自律警言警句"659条。

2007—2008年，公司纪委先后转发《贪恋钱财走险路、以身试法葬前程》等11篇案件剖析材

图 9-12　公司举行 2009 年廉洁文化宣传月启动仪式

料和《关于认真学习贯彻国有企业领导人员廉洁自律七项要求有关事项的通知》，印发《滥用职权谋权利　坠入深渊食苦果》案例剖析材料，面向广大员工开展反腐倡廉教育学习，同时组织公司全体党员干部参加学习廉洁教育知识答题活动。

2009 年，公司纪委每月下发学习重点，组织党员干部深入学习《国有企业领导人员廉洁从业若干规定》等 4 个反腐倡廉文件以及《中国石油反腐倡廉教育读本》等党纪党规，坚持每周在经营例会上进行党纪党规宣讲和案例警示教育。6 月 22 日，云南省人民检察院到公司召开"检企共检预防职务犯罪座谈会"，双方就建立预防职务犯罪联络工作机制、查处职务犯罪案件、建立反腐倡廉警示教育基地和开展纪检监察人员业务培训等进行了探讨。8 月，公司举行 2009 年廉洁文化宣传月启动仪式（见图 9-12）。

2010 年，公司印发《在开展"忠诚事业、承担责任、艰苦奋斗、清廉奉献"主题教育活动中加强反腐倡廉教育实施方案》，以"作风建设年"活动为契机，以两级领导班子和管理人员为重点，以"五个一"专题教育为主要形式，每周开展案例警示教育，在公司内部报刊《云南销售》开设"警世钟"专栏，在培训中增加反腐倡廉教育内容，坚持干部任前廉政谈话制度，实现反腐倡廉教育常态化。全年共发放教育资料 1300 多册，组织党员干部、加油站经理 800 余人参观监狱，组织 1802 名管理人员参加廉政考试。

2011 年，公司纪委组织两级机关管理人员参观反腐倡廉警示教育基地 13 场次，以动漫形式自制典型案例教育光盘，利用网上协同管理系统组织各级管理人员廉洁考试，1952 名管理人员参加考试，及格率 100%。

2012—2013 年，公司纪委强化关键时间节点教育，在春节、中秋、国庆等重要节日，重申党风廉政建设要求和廉洁自律要求，帮助领导干部绷紧反腐倡廉这根弦；组织案例警示教育，举办党风廉政建设专题讲座，以案说法、以案警戒，促使领导干部居安思廉。公司坚持在丰富案例警示教育的同时，引入视频宣教形式，刻录、下发《珍惜岗位、远离犯罪》警示教育光碟 17 套，以真实案例教育引导各级管理人员廉洁从业，选树表彰 6 名员工为"2011 年度廉洁从业模范干部"，并以《云南销售》为平台宣传先进事迹。

2014 年，公司纪委坚持不懈开展廉洁从业教育，及时将党中央和集团公司党组有关廉政建设的文件和要求，在各级管理人员中传达学习。利用公司和销售企业的典型案例，开展了廉洁从业警示教育、专题讲座活动，两级机关管理人员累计参加 300 余人次。公司党委组织开展 2014 年度廉政考试，累计参考管理人员 113 人，全部合格。

2015 年，公司纪委进一步丰富反腐倡廉教育形式，邀请云南省纪委工作人员开展反腐倡廉专题讲座，邀请云南省委党校老师专题讲解《中国共产党廉洁自律准则》和《中国共产党纪律处分条例》，组织新晋干部学习廉洁从业相关规定，开展集中考试，强化廉政教育。

2016年，公司纪委深入组织开展学习《中国共产党廉洁自律准则》《中国共产党纪律处分条例》《中国共产党党章》、习近平总书记系列重要讲话精神及《集团公司管理人员违纪违规行为处分规定》，定期通报集团公司内外的违法违纪典型案例，用正反两方面的案例教育警醒党员领导干部，组织机关员工参加警示教育77人次，网上廉洁考试1600多人次。

2017年，公司纪委组织开展党风廉政专题学习3次，围绕《党的十八大以来部分单位和党员干部违纪违法问题处理情况的通报》组织开展专题学习研讨。

2018年，公司党委、纪委建立起月度党建思想政治工作和党风廉政建设月度考核机制，各单位、机关各处室均建立起党风廉政建设月度教育机制，促进了廉洁警示教育常态化开展。公司纪委对新提拔调整的11名党员干部开展廉洁从业"六个一"教育，抓实任前教育；开展《知敬畏存戒惧守底线，争做遵规守纪、廉洁从业的表率》《学习新〈条例〉，履行新使命，激发新担当》主题教育，践行纪委书记讲党课专题教育；开展党风廉政建设沟通性谈话67人次，抓实约谈教育；将集团公司2015年以来发现和查处违反中央八项规定精神共性问题的通报、2018年第一轮巡视发现共性问题的通报及《深入剖析王晓林严重违纪违法案件典型特征将办案成果转化为国企治理效能的工作建议》，列入公司党委中心组理论学习、纪委专题学习，深入开展党员领导干部警示教育；"云霄清风"微信群推送各类信息146条，处室主页动态更新435条，建立"云霄清风"业务动态推送、"悦读悦分享"纪检干部荐读两个廉洁文化专栏，"三管齐下"开展日常教育；4月，组织监察法考试；10月，面向公司全体党员开展廉洁从业答题活动。

第三节　党内巡视巡察

党内巡视的主要任务是以党的路线方针政策为指导思想，以《中国共产党党章》《中国共产党党内监督条例》及党内法规为依据，检查被巡察党组织落实党风廉政建设和反腐败工作、履行全面从严治党责任情况；被巡察党组织党员干部尊崇党章、坚持党的领导、执行党的纪律、坚持民主集中制等情况。

党内巡视工作于2009年正式启动。2009年7月，按照集团公司党组和公司党委在党风建设、领导班子建设、党内巡视监督等方面的决策部署，公司启动首轮巡视工作，按照全覆盖的原则，对各单位进行了全面巡视。2012年，第一次巡视工作历经四年全面完成。

2009年，公司纪委深入贯彻落实集团公司反腐倡廉建设会议精神，按照"标本兼治、综合治理、惩防并举、注重预防"的方针，围绕公司中心工作，公司纪委对大理（中青）公司、红河分公司开展党内巡视，以完善惩治和预防腐败体系为主线，加大重点单位、重大资金、重要管理环节的监察力度。重点检查了被巡视单位执行"三重一大"决策制度和公司规章制度情况。

2010年，公司纪委对非油品中心、楚雄分公司、曲靖分公司开展党内巡视，重点检查被巡视单位执行"三重一大"决策制度、内控制度建设、领导干部作风建设和基础管理建设等情况，发现并及时纠正制度执行不严格、作风不民主等突出问题。

2011年，公司纪委先后对保山、西双版纳、文山、普洱、丽江分公司开展党内巡视。将党内巡视与信访举报、审计、效能监察项目相结合，重点突出对各单位"一把手"的监督、对违反"三重一大"决策制度和规章制度执行不力的问题进行巡视，有针对性地检查各单位在经营管理、销售纪律、劳务用工、报废资产处置、"五小"工程建设、油品损耗等情况，提出巡视建议26条。

2012年，公司纪委先后对德宏、临沧、昭通、昆明分公司开展党内巡视。监督检查、及时纠偏，提升基层单位领导班子成员自觉接受监督的意识，养成了在监督环境中干好工作的能力。公司巡视监督工作的"四个确保"经验在集团公司惩防体系建设研讨会上作了交流，公司论文《关于开展石油销售企业巡视工作的研究和探索》代表集团公司参加国务院国资委交流。

2014年，公司纪委先后对德宏、昭通、红河分公司开展党内巡视。同时，对巡视中发现的问题，下发限期整改通知，进一步规范公司经营管理，提高经济效益。被巡视单位结合自身实际，整改融入专项管理效能监察，对效能监察业务进行积极探索，及时发现和纠正基层油站在经营管理中存在的问题，促进管理水平逐步提高。

2015年，公司纪委先后对楚雄、曲靖、大理分公司开展党内巡视，把"发现问题、形成震慑"作为巡视工作主要任务，以领导班子为重点，着力纠治在执行党的纪律、落实中央精神、选人用人、廉洁从业等方面的突出问题。公司纪委把党内巡视与信访举报、审计、效能监察项目结合，加强巡视成果运用，向被巡视单位下达巡视意见书，督促被巡视单位形成整改方案，限期整改，确保见到实效。2月28日—4月30日，中央第二巡视组对集团公司进行专项巡视并反馈意见建议，为落实集团公司要求，公司结合工作实际，成立整改领导小组，制定《公司中央巡视反馈问题整改方案》，对工作存在的问题及时进行整改。

2016年，公司纪委把发现问题、形成震慑作为巡视工作主要任务，先后对保山、丽江、玉溪分公司进行党内巡视。重点针对巡视对象在作风、纪律、腐败、选人用人方面的普遍性问题，把落实"两个责任"、政治纪律、政治规矩以及"五条禁令""六项承诺"和"三重一大"议事规则执行情况作为巡视重要内容，共发现问题30项，提出建议19条。根据巡视发现问题，对1家单位领导班子进行了集体警示约谈，对2名党政领导进行了诫勉谈话。9月，公司对照集团公司党内巡视发现问题开展自查自纠。

2017年3月19日，根据集团公司党组统一部署，集团公司党组第八巡视组进驻公司，开展为期2个月专项巡视。针对巡视反馈的6个方面22项问题和5个方面的意见建议，公司成立整改领导小组，认真研究制定整改方案和整改落实工作运行表，逐条逐项进行整改，并对整改情况进行公示，接受群众监督。

3月，公司成立党委巡察工作领导小组，把巡察作为从严治党的重要手段、基层监督的重要抓手,以检查政治纪律政治规矩执行情况为重点,完成了对昆明、普洱、西双版纳、临沧 4 家分公司的党内巡察,对巡察过程中发现问题进行监督整改。

2018 年 5—11 月,公司党委启动新一轮巡察,重点对仓储、曲靖、红河、玉溪分公司进行党内巡察,重点检查被巡察党组织和党员、干部尊崇党章、坚持党的领导、加强党的建设和落实党的路线方针政策情况,履行全面从严治党责任、执行党的纪律、落实中央八项规定精神、党风廉政建设和反腐败工作、选人用人以及"三重一大"决策制度执行情况,着力发现基层党的领导弱化、党的建设缺失、全面从严治党不力,党的观念淡漠、组织涣散、纪律松弛,管党治党宽松软等突出问题。5 月 21 日—7 月 20 日,公司党委巡察组采取"一托二"的方式,对曲靖、仓储分公司开展为期 60 天的巡察。巡察组发现曲靖分公司问题 66 个,查阅相关资料 2400 多份;发现仓储分公司问题 42 个,查阅相关资料 2000 多份。公司党委巡察组向被巡察单位单独反馈巡察意见和问题清单,从 7 个方面提出了整改意见。截至 10 月中旬,仓储分公司全部整改完成,曲靖分公司整改完成 64 项,持续整改 2 项。7 月,针对集团公司党组 2017 年巡视反馈问题,公司纪委牵头各监督部门改进工作方式方法,完善已整改过程说明,确保整改描述完整、准确、全面,持续巩固巡视反馈整改工作成果,对巡视组提出的 62 项问题全部完成整改,在公司范围内开展对照检查。9 月 12 日,公司党委召开 2018 年第二轮巡察工作动员部署会,对玉溪、红河分公司开展巡察。全年共开展 4 家单位两轮现场巡察,共发现问题 245 个,问题线索 8 个,提出整改意见 14 条。

第四节　信访工作

1999—2000 年,公司在成立之初,明确审计监察处为信访工作职能机构和归属部门,设兼职岗位,公布信访举报电话、邮箱,逐步强化实体举报信箱、电子举报邮箱和 24 小时录音举报电话的管理,将公司举报平台拓展到各单位和加油站、油库,畅通网络信访举报渠道。这一期间,公司未接到信访举报线索。

2001 年 8 月,公司纪委转发销售公司《关于在信访工作中坚持"双打双保"保证反腐败斗争健康发展的通知》,贯彻执行该项工作,做到信访举报工作坚持"双打双保"的原则:既要严厉打击腐败分子,也要注意打击要挟报复、诬告陷害他人的违法违纪行为;既要保护举报人的合法权益,也要注意保护勇于改革、大胆管理、廉洁勤政的领导干部和被诬陷者的合法权益。

2002 年,公司纪委认真受理群众的来信来访,对涉及处级以上干部的举报案件线索,公司主要领导亲自过问,指定专人谈话,查清楚问题;8 月,公司查处了广西分公司严重违反财经纪律案件,1 名副处级干部、1 名科级干部受到了纪律处理,1 名处级干部受到了通报批评。

2003 年,公司纪委收到信访举报 7 件,其中:上级转来 1 件,基层单位 6 件。对 7 封信访举报,及时进行初核,初核率 100%。从信访举报情况看,员工反映的主要是个别加油站站长、片区负责人在管理工作中违规卸油、奖金分配不公、工作方法简单粗暴、与员工沟通不畅等问题。

2004—2005年,公司纪委受理信访举报18件,全部进行初核,并及时给有关单位、个人反馈了初核情况,其中转立案2件,追究责任11人。

2006年,公司纪委受理信访举报14件,立案4件,移送司法机关2件。

2007年,公司纪委受理信访举报8件,对2名违规违纪人员进行了处分;对1名加油站管理人员倒卖油品案和1名机关工作人员收受贿赂案,公司纪委及时进行了查办。

2008年,公司纪委未受理信访举报。

2009年,公司与云南省检察院建立预防职务犯罪工作机制,强化查办案件的工作力度。公司纪委加大重点部位和关键点的信访和案件查办力度,共收到举报信3件,立案1件,对6名管理人员进行严肃处理。

2010年,公司纪委受理信访举报信件10封,对17名有关领导干部及相关人员进行了处理和责任追究。一个职务侵占案办案组获集团公司2007—2009年度"优秀办案组三等奖"。

2011年,公司持续与云南省检察院建立预防职务犯罪和联合办案工作机制。昆明、曲靖、红河等11家分公司也加强与当地检察机关合作。按照"查清问题、惩治腐败、挽回损失、维护稳定、促进发展"的思路,公司纪委加大对案件查处力度,受理信访举报8件,处理了有关责任人,通过从查办案件中发现苗头性、倾向性问题和薄弱环节,查找出在监督方面存在的盲点和弱点,确定了监督重点,拓宽了监督途径,实现了关口前移,防患于未然。

2012年,公司纪委坚持信访举报和监督监察并举,全年查处举报件6件,一个违反财经纪律案办案组获集团公司2010—2011年度"纪检监察部门优秀办案组三等奖"。

2013—2015年,公司纪委畅通信访举报渠道,严格排查案件线索,从化解矛盾、维护稳定的大局出发,认真做好、做细信访举报的核查工作,加强对重要线索和案件跟踪督办。公司纪委2013年受理并查结信访举报4件。2014年受理并查结信访举报1件。2015年未接到信访举报,信访举报数量同比大幅下降。

2016年,公司纪委受理信访举报4件,对某分公司违规设置"小金库"等问题进行了处理。问题线索核查率100%,案件结案率100%,对4名党员领导干部进行了党纪政纪处分,其中:行政警告1人次,行政记过2人次,党内警告2人次,行政撤职1人次,撤销党内职务1人次,对履行主体责任不力的1名党委书记进行了诫勉谈话,在干部队伍中形成较大震慑。

2017年,公司纪委受理信访举报6件,对集团公司党组巡视组转办问题线索从严从快开展执纪审查,党纪处分2人次,政纪处分5人次。

2018年,公司纪委累计接收处置14封信访举报件、1件审计发现移交问题线索、3件内部巡察发现移交问题线索,结案率100%。执纪审查过程中,公司纪委坚持依规依纪、公正廉洁办案,建立健全容错纠错机制,坚持严管和厚爱相结合,推进约谈常态化,年内共计对党员领导干部进行批评教育、提醒和函询22人次;10月,公司纪委开展重复举报专项治理。

第五节　合规监督

合规监督主要是指对公司经营管理各个领域的合规风险进行全面分析评估，针对合规风险制定相应防范措施，有效执行、防控，保障企业健康发展。公司成立之初，重点对销售、网络建设、工程质量管理、油品及物资采购效能监察等方面进行监督。多年来，合规监督服务于公司发展需要，合规监督内容不断扩展，促进了公司合规管理和持续健康发展。

1999年，公司在区外销售网络建设中，审计监察部门提前介入，对控股、参股合作单位进行调查，确保资信安全，为经营管理工作保驾护航。对于职工普遍关心的分房问题，审计监察部门作为分房办公室成员参与监督。

2000—2002年，公司审计监察处合规监督职能进一步发挥，全过程参与网络建设投资、确定销售价格、工程招标投标、资金管理等方面工作，保证各项管理制度的落实；把网络建设投资审计，加油站经营管理、油品安全，油库、加油站生产经营作为检查工作重点，确保日常经营管理正常进行。

2003年9—11月，按照炼油与销售公司党委《关于严格遵守销售工作纪律进一步强化企业内部监督管理的通知》要求，结合经营管理工作实际，公司对各单位6—8月的成品油销售价格进行效能监察，共涉及成品油53.27万吨、金额15.16亿元，检查存在问题14个，整改14个，提出监察意见12条。

2004年，公司认真落实炼油与销售分公司加强销售工作纪律的要求，开展油品销售、财务管理、投资管理、公路运输管理、未投用加油站等方面的审计和效能监察工作，全年审计项目234个，审计金额6338万元，审减额748万元，提出审计监察建议127条。对各单位2003年度公路运输管理的情况及未投用的45座加油站进行效能监察。对广西分公司、贵州分公司、云南分公司2004年以来的712项工程建设项目进行了效能监察。

2005年，公司对2004年50万元以上已竣工工程建设项目、油库（站）安全整改及形象包装专项资金使用、成品油销售、加油站管理4个重点效能监察项目进行监察，促进重点业务合规管理运行。

2006年，公司围绕经营管理，开展云南区域性公司库存油品、公司自用油使用管理两次效能监察，发现问题8个，提出11条监察建议。

2007年，针对经营管理重点环节，公司共开展8项效能监察工作，发现物资采购、库存管理、合同管理、资金管理等方面存在的28个问题，提出34条整改意见，督促相关部门完善《加油站停业工作程序》《加油站油品管理损耗程序》等相关制度。

2009年，公司开展便利店改造项目、物资采购效能监察和薪酬管理、账外资金专项检查，完成云南省47座加油站便利店效能监察，共发现问题26个，提出建议14条。

2010年，公司完成油库溢余油管理效能监察、加油站检维修项目安全隐患资金使用管理效能监察。云南地区47座加油站便利店效能监察项目获集团公司"优秀效能监察项目三等奖"。

2011年，公司完成加油站小额配送业务管理、工程质量管理效能监察、加油站整改管理效能监察和其他专项检查项目11个，共发现问题62个，提出监察建议60条。3月，公司下发《工程建设领域突出问题专项治理整改实施阶段工作安排》，从整改管理体制机制、制度建设、工程建设项目核准和过程管理、诚信体制建设方面进行整改。

2012年，公司完成油罐检定设备采购、外采油品业务管理、物流费用管理、非油品公司经营管理、工程物资采购管理5项效能监察，专项检查52项，形成专项报告16份，提出相关建议65条，全部转化为具体工作措施付诸实施，有效加强了公司经营风险防控，促进了管理提升。7月，公司组织各单位开展"小金库"清查。加油站整改管理效能监察项目获集团公司2011年度"优秀监察项目三等奖"，公司效能监察工作经验作为销售企业唯一代表在集团公司推广。9月，开展加快转变经济方式监督检查工作，针对公司在基础管理、精细化管理方面存在的问题，强化监督检查力度，持续提升执行力，推进惩防体系建设。

2013年，公司开展往来资金管理、重点费用管理、中央八项规定落实情况、油品扩销增量政策执行情况、油品损溢管理5项效能监察，发现问题39类，提出建议19条。对油品质量等5起事故进行专项调查。物流费用管理效能监察被评为集团公司"优秀效能监察三等奖"。

2014年，公司开展2013年促销费管理、2013年油品库存管理、2014年成品油低价销售情况3项效能监察，发现问题20类35个，提出整改建议35条。

2015年，公司对2014年促销费管理情况开展效能监察，发现问题12个，提出监察建议3条；对2015年1—10月促销费合规管理情况开展专项监察，发现问题11个，提出监察建议4条。

2016年，公司开展橇装加油设备管理情况专项检查，上半年加油站保管损耗、自用油、回罐油合规管理专项检查，薪酬合规管理专项检查，销售费用和加油卡审计发现问题自纠自查，公司1—10月促销费合规管理专项检查，共发现问题214个，并督促整改，强化了对业务运行过程的监督。

2017年，公司下发《关于发布专业线廉洁风险点，进一步落实业务监管责任的通知》，制定公司机关层面138项廉洁风险点，并对履行业务监管责任提出明确要求，各单位纪委梳理廉洁风险点1412项；全年组织召开监督部门联席会1次，不断将廉洁风险防控机制引向深入；完成2016年物资与服务采购合规管理监察，发现问题23类，提出建议3条。

2018年，公司召开2018年党风廉政建设和反腐败工作会议，学习贯彻党的十九大精神及十九届中央纪委二次全会精神，深入落实集团公司党风廉政建设和反腐败工作会议各项部署；组织召开两次监督部门联席会议，2018年联合监督涵盖13个专业线共48个类别68个单项，建立关键岗位139条廉洁风险数据库，完成68个季度项目，共发现问题869项，完成整改744项。

第四章 工　　会

自公司成立以来，工会工作坚持围绕公司发展战略，深度融入生产经营，坚持创新工作方式方法，突出战略导向、文化导向、基层导向、问题导向，坚持强化组织建设，健全工会工作合规管理体系。坚决落实员工代表大会机制，推进库站民主管理。探索创新工会业务，勇于搭建平台，建立"张本荷劳模创新工作室""金孔雀文化营销创意工作室"，助力生产经营；逐年开展主题劳动竞赛，丰富竞赛内容，创新竞赛机制，调动公司上下提量创效热情；开展丰富多样的文化娱乐活动，丰富员工业余文化生活；逐步完善女工工作，建立健全员工"四送"帮扶体系及医疗帮扶体系，多措并举提升工会工作围绕中心、服务大局的能力，团结和引领广大干部员工积极投身公司改革发展实践，多维度精准施策保障公司和谐稳定发展。

第一节　民主管理

一、员工代表大会

2003年11月28日，公司工会第一次会员代表大会暨首届职工代表大会在昆明召开。会议通过了《中国石油西南销售公司职工代表大会条例实施细则》。自此，公司每年按规定召开职工代表大会。

2009年6月，公司修订印发《公司员工代表大会条例实施细则》。细则明确公司员工代表大会是实行民主管理的基本形式，是员工行使民主权利的机构，公司工会是公司员工代表大会的工作机构，负责员工代表大会的日常工作。员工代表大会的职权范围是：听取和讨论公司总经理年度工作报告，对公司发展和经营管理中的重大决策、重大事项提出意见和建议；讨论通过公司涉及员工切身利益的重要改革方案（如劳动保护措施、奖惩办法等）以及其他重要规章制度或重大事项；评议和监督公司领导干部，并按规定的民主程序提出奖惩和任免（聘任或解聘）建议，同级职代会评议同级领导干部，每年评议一次；听取公司业务招待费使用情况报告；审议和决定其他法律、法规规定的须经员工代表大会审议和决定的事项。细则同时对员工代表条件、产生程序、任期、权利、义务，员工代表大会组织制度、基层民主管理进行了管理范围界定及内容明确。

2011年11月，公司修订印发《中国石油云南销售公司员工代表大会条例实施细则》。细则根据员工代表大会条例管理内容识别风险和执行要求，增加了"重要风险"内容，主要为：未按相关程序组织召开员工代表大会。对制度语言进行了规范化和信息化描述，按规章制度模板对内容的"适用性"及"附则"进行了明确。在"术语和定义"中，增加了对员工代表大会制度的定义。在"管理内容及要求"方面，对员工代表的构成比例进行了调整，由原来的"一线岗位操作人员、销售人员占员工代表总数的43.2%；技术及管理人员占员工代表总数的28.4%；两级公司领导占员工代表总数的28.4%；女员工代表、少数民族员工代表、青年和各类先进典型代表占适当比例"调整为"一线岗位操作人员、销售人员占员工代表总数的50%以上；女员工代表、少数民族员工代表、青年和各类先进典型代表占适当比例"。

二、库站民主管理

1999年8月，公司根据集团公司党组《关于进一步推行厂务公开制度的意见》，印发《中国石油销售西南公司党委关于进一步推行厂务公开制度的实施意见》，加强基层民主政治建设，完善民主监督及民主管理，明确厂务公开主要内容，规定厂务公开基本形式，组织职工参与公司经营管理目标、奖金分配、住房分配等公司的改革和管理，调动职工工作积极性，推动企业改革、发展和稳定。

2002年8月，公司成立西南销售公司厂务公开领导小组。厂务公开领导小组职责是：制定厂务公开实施意见，审定重大公开事项，指导协调有关部门解决厂务公开工作问题，督导考核工作，建立责任制度和责任追究制度。自此，公司民主管理、厂务公开工作逐步走向制度化、规范化。

2000—2004年，公司发挥工会组织"建设、维护、监督、教育"四项职能作用，相继印发《公司建立基层民主管理机构的有关规定》《关于进一步做好厂务公开推进民主管理工作的通知》，通过开展合理化意见建议征集，充分调动员工参与企业民主决策、民主管理、民主监督的积极性。

2005—2008年，公司工会加强基层民主建设，开展"公司发展我献计"合理化建议征集活动，逐步增强员工参与企业经营管理意识，使公司基层民主管理、基层文化建设、基层监督工作更加有效。2006年10月，公司工会印发《中国石油西南销售公司加油站民主管理办法》，规范加油站民主管理工作，保障落实员工当家做主的民主权利。2008年8月，公司工会修订印发《中国石油西南销售公司关于推行厂务公开制度的实施方案》。截至2008年底，公司创建员工之家的库站达354座，推行站务公开的加油站覆盖率达100%。

2009—2013年，公司工会印发《加油站民主管理办法》《企务公开制度实施细则》《职业道德建设管理办法》，进一步明确加油站民主管理内容及流程。公司定期组织工会工作基础管理自检自查，持续开展以"加强基础管理建设工程""强化三基精细管理"为内容的合理化建议征集活动，夯实基础工作，完善民主管理。

2014—2018年，公司多措并举鼓励员工广泛参与公司管理，持续利用员工代表提案征集，合理化意见建议征集，引导员工提出公司抢抓机遇谋发展的办法和措施，促进公司各项工作上水平。

第二节　工会业务创新

一、"五小工程"建设

"五小工程"建设以"小食堂、小沐浴、小图书、小娱乐、小绿地"为主要内容，是公司结合区外销售公司特点，为稳定一线员工队伍，改善员工生活工作条件和环境，加强油库、加油站精神文明建设，提升中国石油品牌形象而长期开展的一项以"稳人心、暖人心、聚人心"为主的"民心工程"。

公司自成立起，着手开展"五小工程"建设。2007年，公司对"五小工程"建设进行规范，在"五小工程"建设活动中，重点抓"六个坚持，六个注重"，即：坚持继承发扬铁人精神，注重自力更生、艰苦创业；坚持以人为本，注重人文关怀；坚持因地制宜，注重突出库站特色；坚持勤俭节约，注重引领低碳生活新风尚；坚持学习型组织创建，注重不断提升队伍素质；坚持绿化美化环境，注重提升中国石油品牌形象。用"菜篮子工程"丰富"小食堂"，以人文关怀为着力点抓好"小沐浴"，以建设学习型组织为载体建设"小图书"，以配好娱乐硬件设施为前提开展"小娱乐"，以美化工作环境为目标搞好"小绿地"。

2008—2009年，公司坚持以人为本，着力提高员工满意度，从提升基层库站"软环境"，注重拴心留人，解决实际问题，划拨300万元专项资金，全面推进加油站"五小工程"建设，为250座加油站和9座油库配置电视机113台、DVD158台、音响115套、功放机115套；每月给基层员工每人补贴150元伙食费，从根本上解决员工生活、学习、工作及娱乐问题，营造浓郁温馨"家"氛围。

2010年，公司落实集团公司党组关于创建学习型党组织的实施意见，坚持与创先争优活动有机结合，深入开展"学习在石油·每日悦读十分钟"活动，为基层库站配送图书近3万册，坚持每季度党群例会对学习情况进行点评，营造全员学习氛围；全年投入300多万元，对239座加油站、13座油库和2个调运点食堂和浴室进行整改，基本解决基层库站员工就餐、洗浴难题。公司"五小工程"建设案例被评为中国石油思想政治工作优秀案例。

2011年，公司印发《"五小工程"建设管理实施细则》，对加油站"五小工程"建设保障及具体实施流程予以明确。

2012年7月，公司持续开展"优秀影片进库站、云岭传承石油魂"库站小影院配送工作暨库站常用药品配送工作，实现小影院、小图书、小药箱配备库站全覆盖；以人为本，关心关爱基层一线员工，全面启动138座偏远加油站"小菜园"建设，大力开展"建家活动"，创建集团公司"模范职工之家"2个，集团公司直属工会"模范职工之家"4个、"先进职工之家"16个，在昆明市人事局及云南石化等单位的支持下，解决了9名员工两地分居问题。

2013年，公司在持续推进"五小"工程建设的基础上，全年投入资金35万元，持续开展小影院、小图书、小药箱配备更新，有效改善一线员工生活条件；启动"双十"全员读书活动，为员工人手发放《中国石油员工知识读本》共计7393套。

2014年，公司先后开展"优秀影片进库站、云岭传承石油魂"库站小影院配送工作暨库站常用药品配送和"平安度夏送清凉"活动，配发小影院、小药箱各620套，改善库站一线工作生活条件。

2015年，公司持续开展"平安度夏送清凉"活动，拨付专项资金115万元为一线库站配备防暑降温用品、整修防暑降温设施，为基层库站配送小药箱638套。

2016年，公司持续开展关心关爱基层员工活动，在加油站推进Wi-Fi建设，为加油站员工提供优质工作环境，稳定员工队伍，为企业互联网+运用提供网络基础，推进信息化加油站建设。

2017年10月，中华全国总工会举办全国工会职工书屋创新发展论坛，公司作为全国唯一的石油销售企业代表参会，加油站书屋建设成果获"全国工会职工书屋模式创新示范项目"。至此，公司有20个站点先后被授予"全国职工书屋示范点"。

2018年，公司累计投入资金130万元，用于库站"五小工程"建设，夯实了公司基层建设基础，提高了油库、加油站标准化、样板化建设工作水平，提升了中国石油在西南地区的品牌形象；从根本上解决了区外销售一线员工关注的吃饭难、娱乐难等热点、难点问题，降低了生活成本（见图9-13），改善了工作环境，充分调动了广大员工热爱石油、献身石油的工作积极性。

图9-13 迪庆分公司开辟小绿地建蔬菜大棚丰富员工餐桌

二、张本荷劳模创新工作室

"张本荷劳模创新工作室"是经云南省总工会命名，以中国石油"十大特等劳动模范"张本荷为主，汇集公司各类劳动模范、管理专家、业务骨干及特殊人才，围绕企业发展和生产经营工作，开展营销创新、管理创新、服务创新、文化创新的工作平台。

2014年,云南省总工会认定公司张本荷为省(部)级劳模且享受相关待遇。12月,云南省总工会命名授牌公司"张本荷劳模创新工作室"。

2015年,公司下发《张本荷劳模创新工作室运行实施方案(暂行)》,规范工作室工作内容、方式及保障。明确工作室以开展创新创效创意课题公关、案例研究、经验推广、文化创意等工作为内容,为服务公司创新发展、品牌文化建设中心工作提供智力和实践支撑;工作室实行云南省总工会和公司双重管理,公司给予必要的人员、经费和场地支持;工作室日常需统筹做好"张本荷式服务法示范队"示范培训工作,开展金点子征集研究计划,帮助库站解决实际困难,发现、培养、选树和推广一线库站先进典型,组织开展学习研讨活动,参加系统内外的业务交流和学习活动,学习国内外加油站和油库的管理经验,开展现场调研,结合公司实际提出学习推广意见。

2015—2018年,"张本荷劳模创新工作室"每年结合公司中心工作发布工作手册,汇集加油站业务能手,先后开展以加油站现场优化提升为主的"百站千万"U计划、文化营销产品创意制作传播、加油站团队管理研究与实践、"五朵金花"特色加油站群体打造等专项工作(见图9-14),累计优化加油站204座、单站日均增量2吨,增幅12.1%;非油增收550.7元,增幅17.8%。联合"金孔雀文化营销创意工作室"推出创意文化营销产品30余个。"张本荷劳模创新工作室加油站创新创效实践""五朵金花特色文化加油站群体打造"等课题被集团公司评为管理创新优秀成果奖;

工作室参与打造"楚雄太阳女"等12座特色文化加油站,推动了中国石油文化与云南地域文化的融合,提升了中国石油品牌在云南的亲和力、认同度,推动了文化软实力向企业品牌竞争力、营销硬实力的转化。2016年11月,云南省总工会对"云南省劳模创新工作室"进行检查复核,工作室获评"优秀"等级。2018年11月,集团公司基层建设现场会在大理召开,张本荷代表"张本荷劳模创新工作室"作经验交流。

图9-14 张本荷劳模创新工作室深入加油站开展优化提升工作

三、金孔雀文化营销创意工作室

"金孔雀文化营销创意工作室"是由公司组建的,汇集金孔雀文艺小分队队员及公司各类文艺骨干组成的服务生产经营的文化营销创新团队。

2014年10月,公司命名"金孔雀文化营销创意工作室"。

2015年,公司下发《金孔雀文化营销创意工作室运行实施方案(暂行)》,规范工作室工作内容、方式及保障。明确工作室实行中国石油文联的统一领导和业务指导,公司党群处负责日常管理和考评。工作室遵循"把握导向、服务发展；围绕中心、服务营销；贴近基层、服务群众"原则，负责结合公司重点工作，做好公司文艺骨干培养选树、营销文化产品制作、文艺作品创作，开展"送欢乐下基层"慰问演出活动（见图9-15），参与加油站优化美化、公司重大活动的策划和实施，集团公司、各级政府、合作单位、重点客户的文化交流和比赛，提升公司形象。

2015—2018年，"金孔雀文化营销创意工作室"联合"张本荷劳模创新工作室"累计推出创意文化营销产品30余个，其中两个点击量突破100万，配合公司加油站经理人大会等主题活动，编创文艺节目，拍摄微电影和宣传片，高质量完成相关活动。微电影作品《一路向西，去大理》《一路油你，从心出发》获集团公司首届新媒体内容创作大赛二等奖，《爱要油你

图9-15 金孔雀文化营销创意工作室开展"送欢乐下基层"慰问演出

才完美》获创新奖；《爱的驿站》《七彩云南等你来》微视频作品获集团公司第二届新媒体大赛一等奖；"金孔雀文化营销创意工作室"获中国石油文联"先进集体"，工作室主任程茜、副主任龙思元均获"先进个人"。2017年5月，"金孔雀文化营销创意工作室"成员程茜、龙思元、桂红健、薛思明参加集团公司与俄罗斯天然气工业股份公司在俄罗斯索契举办的"火炬杯"艺术节，这是公司员工首次登上国际舞台，"金孔雀文化营销创意工作室"创编参赛文艺作品《打虎上山》《朝圣》，分获民间艺术类二等奖和原生态类三等奖。

四、劳动竞赛

2002—2008年，公司启动创先争优劳动竞赛，并相继开展了"转观念、找差距、上水平、增效益"创先争优劳动竞赛，"练内功、抓规范、强服务、促销量，大干50天"等主题劳动竞赛。广大员工按照实施方案和竞赛目标，迎难而上，开拓进取，紧盯市场，增销上量，力促发展，掀起竞赛热潮。

2009—2013年，公司深入开展"促发展、上规模、增效益"劳动竞赛。2010年，公司获股份公司"促发展、上规模、增效益"劳动竞赛10面季度流动红旗，集体及个人获表彰数量位居销售公司前列，销售总量、零售量、网络开发、非油收入等竞赛指标在销售企业名列前茅。2011年，公司17个集体、23名个人获股份公司劳动竞赛年度表彰。2012年，公司优化劳动竞赛奖惩办法，实施"竞赛月度联系会议"机制，增强劳动竞赛过程控制；公司信息门户开设"龙虎榜"竞赛排名专栏，每月公布各单位排名情况，强化竞赛氛围，公司全年获股份公司劳动竞赛10面流动红

旗，3个项目获先进单位表彰。2013年，公司加强劳动竞赛顶层设计，提前研究分析，科学设置营销业务、零售业务等4个类别41项指标和3个竞赛层次，创新实施目标责任考核、机关处室挂点承包等6项保障制度，优化劳动竞赛体制机制，劳动竞赛实现新突破，公司销售总量、吨油利润等多项指标名列销售公司前茅，共夺取16面流动红旗，超过2012年夺旗总数。

2014年，公司开展"冲刺双过半""雨季扩销增量""大干一百天、销量一百万"等阶段性竞赛，调整优化劳动竞赛工作部署，将"全员营销"及"两服务一清洁"工作纳入劳动竞赛。在销售公司"调结构、提质量、增效益"劳动竞赛中，公司连续两个季度实现50%竞赛项目夺旗。

2015年，公司印发《保后路、增份额、增纯枪、增效益劳动竞赛实施方案》，突出全员营销，优化劳动竞赛赛制赛程，将全年竞赛分解为七大主题，优化激励导向，优化专项竞赛，优化激励政策，围绕工作重点设置竞赛指标，引入同比、环比、增量、增幅等指标衡量竞赛效果，采取绩效考核、奖惩结合等方式传递竞赛压力。非油劳动竞赛在奖项设置上增强竞赛激励性，全年累计夺取股份公司劳动竞赛流动红旗15面。

2016年，公司组织开展"转作风、塑形象、稳增长、促发展"劳动竞赛，将一年时限竞赛周期细分为4个主题劳动竞赛。非油专项劳动竞赛以"金猴腾跃2+2，店销日增100元"为分项主题，丰富奖项设置，增强竞赛激励。7—9月，公司组织开展"鏖战雨季、逆势图强"专项劳动竞赛，夺取股份公司三季度劳动竞赛零售项目、非油项目流动红旗。

2017年，公司将劳动竞赛深度融入销售主题，分时段、分阶段、有重点地开展专题竞赛，先后开展"保后路、增份额、增纯枪、增效益"油库专项劳动竞赛、"红牛杯""金鸡报春、非常有礼"主题非油专项劳动竞赛、"精细营销抢市场、量效齐增双过半""损耗管理"专项劳动竞赛、"大干一百天、销量一百万"百日冲刺主题劳动竞赛、"鏖战雨季、畅通后路"等专项劳动竞赛，以多专业线、多维度有效调动全员竞赛热情。全年夺取股份公司劳动竞赛流动红旗22面，139名员工跨省、出境、出国考察学习。

2018年，公司年度劳动竞赛开展以"学习新思想、激发新活力、汇聚新动能、促进新发展"为主线，先后组织开展"昆仑杯"非油专项劳动竞赛、"汇聚新动能、冲刺双过半""决胜全年争先锋"主题竞赛。公司在股份公司上半年"保后路、增份额、增纯枪、增效益"劳动竞赛中，加油卡业务类、降本控费类、提质增效类均排名第三，非油类排名第四，综合评比名列前三，获股份公司上半年劳动竞赛"综合评比先进单位"。

五、员工文化娱乐活动

1999—2004年，公司经常性组织开展各类文体活动，举办迎新活动、职工国庆文艺汇演等，丰富广大员工业余文化生活，激发员工团队精神和集体荣誉感，推动企业和谐发展。

2005年9月，由公司党委、工会、团委联合主办的首届员工运动会在昆明体育训练基地开幕。

来自基层5个体育代表队的241名运动员,参加了4个运动项目决赛。运动会共决出奖牌39枚,其中广西分公司代表团23枚、云南分公司代表团13枚、贵州分公司代表团3枚。9月22日,以"明天更美好"为主题的公司"庆祝国庆五十六周年文艺汇演"在云南艺术剧院隆重举行。

2006年8月,公司组织开展"迎国庆57周年暨纪念红军长征胜利70周年"文艺活动。11月,公司首届"和谐西南杯"气排球比赛在昆明海埂训练基地举行,贵州分公司、滇东北分公司、滇中分公司分获前三名。

图9-16　公司组织开展第二届员工篮球比赛

2007年8月,公司第二届员工篮球比赛在昆明举行(见图9-16),公司机关、各单位10支代表队、100余名选手参加比赛。10月,公司举办第二届员工羽毛球、乒乓球比赛,丰富员工业余文化生活。

2008年3月,在云南成品油流通行业协会与加油周刊编辑部联合举办的"加油2008,云油协羽毛球联谊赛"上,公司代表队夺冠。

2009年,公司成立"金孔雀文艺小分队",自此,坚持每年创编节目,深入库站一线开展慰问演出。是年,公司以"庆祝建国60周年,大庆油田发现50周年"为主题,开展"唱响红色经典,激扬爱国情怀"红歌赛等系列教育活动,表彰活动中涌现出的优秀作品及先进组织单位。

2010年6月,公司代表队在云南省第一届"油协杯"足球赛总决赛中夺冠。

2011年6月,公司举办庆祝中国共产党成立90周年红歌比赛系列主题庆祝活动。公司代表队在云南省第二届"油协杯"足球赛总决赛中夺冠。

2012年,公司足球队出征云南省第三届"油协杯"友谊赛夺冠,成功蝉联三连冠。

2013年,公司参加由云南省妇联、省直机关工委举办的"弘扬云南精神、唱响巾帼之歌"歌咏比赛活动,展示了公司品牌形象。

2014年9月,公司举办首届"青年员工英语风采演讲比赛",公司各单位团委、直属机关团委共23名选手参赛,仓储分公司李文旭获比赛冠军。

2016年4月,由公司承办的中俄文化节在昆明举办,公司党委书记赵剑春代表公司与俄罗斯天然气公司签署长期往来协议,公司100余名员工观看了中俄文化节演出。

2017年,公司先后在普洱、楚雄举办"驰骋赛场、激扬青春"协作区运动会。

2018年7月,公司工会邀请中国音乐家协会会员、原中国石油文联副秘书长、中国石油音协副主席徐青,开展"老徐说音乐——我为祖国献石油"专题音乐艺术讲座。

第三节 女工工作

2004年，公司正式成立女工委员会，选举产生第一届女工委员会。在公司工会领导下，按《工会法》《工会章程》，全面负责公司女职工工作，依法维护女职工的合法权益和特殊利益。公司女工委员会按期进行换届选举。

2005—2009年，公司贯彻落实上级党委有关加强和改进企业女职工工作意见，完善体制机制，加强对女员工政治权益、劳动权益和特殊利益的维护，做好女职工帮扶救助工作，先后开展"巾帼建功"活动、女工文体娱乐活动、"珍爱事业、和谐健康"主题活动，提升女工素质，倡导岗位立功，建设文明家庭，为推进公司发展，构建和谐企业鼓劲加油。

2009—2018年，随着公司发展，公司女工工作更趋专业化、规范化、特色化、品牌化。女工委员会着力实施女职工提升素质建功立业工程，做好女工婚姻与家庭经营引导，以每年"三·八"节为契机，组织开展思想教育、健康讲座、文体活动、维权关爱活动等丰富多样的主题庆祝活动，加强对外沟通联系，培养选树女职工先进典型，调动激发女工队伍活力，岗位建功成果显著。2011年3月，大理金花加油站获"全国三八红旗集体"。中国石油首届"十大金花"加油站经理命名仪式暨现场交流会在张本荷加油站举行，从中国石油18000多名加油站经理中脱颖而出的10名优秀女加油站经理获此殊荣，公司女工张本荷位列其中。2012年3月，公司开展全体员工向"集团公司优秀青年"张艳芬学习活动，库站集体向"全国三八红旗集体"大理金花加油站、"全国青年文明号"张本荷加油站学习的"双学"活动。2015年3月2日，在全国先进女职工集体和个人表彰大会上，昆明分公司客户经理秦怀波获"全国五一巾帼标兵"。3月10日，在全省城乡妇女"巾帼建功"先进集体和个人表彰大会上，仓储分公司安宁油库发油班、普洱分公司陆通加油站经理罗琴波分别获云南省"巾帼文明岗""巾帼建功标兵"。4月24日，在云南省"五一"国际劳动节庆祝大会上，昆明分公司高新加油站经理张晓怀获云南省"五一巾帼标兵"；曲靖分公司罗平阿鲁加油站、玉溪分公司东风加油站、文山分公司广南经营部获云南省"五一巾帼标兵岗"。

2016年2月，公司女工委员会工作获云南省总工会"2015年度工作目标考核一等奖"。公司与云南省总工会女职工委员会签订2016年云南省工会女职工重点工作目标责任书。3月，公司开展女职工安康团体重大疾病保险工作，本着"自愿参加、自付费用、自行决定"原则，增强女职工防病治病能力，为女职工办好事做实事。

2017年，公司工会获评"2016年云南省工会重点工作目标考核"二等奖，公司女工委员会获评"2016年云南省工会女职工工作目标责任考评"特等奖，两个家庭获"云南省和谐家庭"、两名员工分获"云南省好妻子""云南省好邻里"。3月，为表彰先进，树立典型，总结经验，推动工作，公司工会首次选树"巾帼标兵岗""巾帼标兵"，10个先进集体及10名优秀个人获表彰。

2018年3月，公司首届"十大金花加油站经理"授牌仪式在大理分公司富海加油站举办。公司党委书记赵剑春向获表彰的张本荷加油站经理张艳芬等"十大金花加油站经理"授牌。

第四节 员工关爱

一、员工关怀及帮扶体系

1999—2006年，公司为提升员工幸福感、归属感，认真践行"以人为本、构建和谐企业"的文化理念，着力为员工办实事、办好事。针对库站一线员工安全压力大、劳动强度高、工作条件艰苦等问题，加大困难群体帮扶工作，持续提升员工幸福指数，积极构建和谐稳定的劳动关系。

2007年9月，公司工会建立起"情系困难员工"爱心扶贫帮困基金，建立相关管理程序，规范公司扶贫帮困资金的管理使用，先后开展元旦、春节、国庆、中秋节扶贫帮困，形成对困难员工帮扶的长效机制。全年投入扶贫帮困基金71.76万元，募集捐款9.8万元，帮助困难员工819人次。

2008年5月，汶川地震发生后，公司共有20名员工家庭遭受地震灾害直接影响，房屋倒塌、墙体开裂无法居住，公司及时为受灾员工拨付了3.3万元救助款。8月，公司工会印发新修订的《"情系困难员工"爱心扶贫帮困资金管理程序》。

2009年，公司工会完善扶贫帮困长效机制建设，所属单位全部建立扶贫帮困资金。在春节、中秋等传统节日，各级组织深入开展扶贫帮困送温暖活动，全年发放帮困资金57.78万元，帮扶困难员工455人；公司为楚雄地震困难员工家庭拨出专项资金和捐款20.8万元。6月，公司印发《扶贫帮困资金管理办法》，对扶贫帮困人员范围界定及资金使用管理进行了明确。

2010年，公司工会持续完善扶贫帮困资金管理制度，建立扶贫帮困长效机制，积极开展扶贫帮困、送温暖活动，划拨帮困资金近140万元，帮扶困难员工1000余人次；组织开展"员工同心互助金"捐助活动，2300余人参加，捐款近14万元；对遭受旱灾、洪涝灾害的95名员工家庭及时发放专项困难补助；各单位陆续建立扶贫帮困资金，为帮扶活动开展提供保障。

2011年元旦、春节期间，公司两级领导班子成员赴一线库站特别是偏远库站进行慰问，为461名困难员工、61个困难群体发放59.01万元困难补助。公司和各单位在落实扶贫帮困的同时，为一线库站划拨21.9万元的伙食补助，用于丰富节日期间员工餐桌；国庆、中秋双节期间，公司两级领导班子奔赴一线慰问，一周内走访慰问偏远库站199座，慰问员工近2900人，为471名困难员工、84个困难群体发放48.81万元困难补助。12月，公司建立"员工同心互助金"捐款机制，开展"员工同心互助金"捐款活动，合计捐款27.67万元。

2012年，公司工会大力开展扶贫帮困送温暖活动，走访慰问偏远库站591座次，帮扶困难员工1234人次，发放困难补助121.95万元，为彝良地震受灾员工及其家庭发放12万余元专项帮扶资金。

2013年，公司工会积极开展"两节"帮扶活动，全年累计走访困难员工1165人次、慰问库站580座次、发放帮扶资金140余万元。12月，组织开展"员工同心互助金"捐款工作，合计捐款32.97万元。

2014年8月，公司工会制定下发《云南销售公司"金秋助学"帮扶工作方案》，并组织开展中秋、国庆期间扶贫帮困送温暖活动。12月，公司组织开展2014年"员工同心互助金"捐款工作，合计捐款31.95万元。

2015年，公司工会为20名员工子女发放升学奖励8.4万元；慰问帮扶困难员工128人次，慰问库站685座次、员工1024人次，发放资金103.5万元。12月，组织开展"员工同心互助金暨挂包帮互助金"捐款工作，合计捐款28.15万元。

2016年8月，公司工会进一步规范加强非职业健康体检管理工作，预防、控制和消除非职业健康危害，落实"以人为本"的员工关怀政策，构建非职业健康管理体系，明确非职业健康管理工作重点。12月，公司员工同心互助金合计捐款33.13万元。

2017年，公司工会系统持续深入开展"春送慰问、夏送清凉、金秋助学、冬送温暖"为主的员工四季关怀帮扶活动。两级工会元旦、春节、国庆、中秋累计组织140支慰问队伍，走访库站1074座次，慰问困难员工1196人次，发放帮扶资金160.91万元。专项划拨防暑经费149万元、发放助学金9.4万元，将10名员工子女纳入云南省总工会2017年度金秋助学名单。6月，公司深入实施扶贫帮困送温暖工程，完善工会帮扶体系，解决困难员工家庭成员上学难的问题，帮助困难员工家庭成员圆上学梦，开展"金秋助学"活动。12月，公司员工同心互助金合计捐款30.99万元。

2018年，公司工会秉承"快乐工作，健康生活"理念，全面构筑员工"EAP"关怀体系，不断改善员工工作生活环境，提高员工幸福指数。公司持续深入开展员工常态化关怀工作，确保发展成果惠及员工，努力构筑"和谐家园"；两级公司工会元旦、春节、国庆、中秋累计慰问困难员工3600人次，发放帮扶资金278.59万元。专项划拨防暑经费149.8万元、发放助学金14.1万元，将7名员工子女纳入云南省总工会2018年度金秋助学名单。

二、医疗帮扶及健康疗养体系

1999—2010年，随着公司不断发展，员工队伍不断壮大，为体现公司"以人为本"关怀理念，公司逐步探索员工医疗帮扶体系，建立起基本医疗保险、员工健康体检医疗保障模式，增强员工抵御疾病风险的能力；印发《员工疗养管理实施细则》，建立起员工疗养机制。

《员工疗养管理实施细则》规定：公司员工疗养分健康疗养和奖励疗养两种。凡属公司在册，且工龄满10年的在岗员工，均可享受健康疗养；工龄满10年至19年的在岗员工，每间隔3年疗养1次；工龄满20年至29年的在岗员工，每间隔2年疗养1次；工龄满30年的在岗员工，每间隔1年疗养1次；有违法违纪、年内休假超期等特殊情况的员工年内不可享受疗养；奖励疗养针对与公司签订正式劳动合同，合同期满1年以上的，由公司推荐获省部级先进个人、国家级先进个人或获得其他重大荣誉的，在获奖当年或次年可享受奖励疗养1次。

2011年，为体现以人为本的经营管理理念，公司工会组织开展员工健康疗养工作。

2012年5月，公司工会召开员工健康档案管理模块推进视频会，并开展《员工健康档案管理填报模板》使用培训。员工健康档案管理模块作为线上管理模块，是落实公司"五必访""六必谈"工作要求的有效抓手，成为指导公司在第一时间为有需要的员工送上关怀的"网络管家"。

2013年，公司工会严格落实《员工疗养管理实施细则》，加强员工健康档案管理，为54名员工发放健康疗养金17.8万元，组织员工开展健康体检。12月，公司工会召开员工代表团（组）长联席会议，审议通过修订后的《云南销售公司企业年金管理办法》《云南销售公司补充医疗保险管理办法》。

2014年，公司工会建立员工补充医疗保险基金，为员工购买补充医疗保险，累计为员工报销补充医疗费用37.5万元，赔付意外伤害保险20万元、疾病费用205万元，帮助3名员工享受人均10万元重大疾病补贴，提高了员工医疗保障水平。11月，公司工会制定下发《云南销售公司参与"职工医疗互助活动"工作方案》，切实完善公司工会帮扶体系，有效改善员工"看病贵"的难题，深入推广"无病我帮人，有病人帮我"的互助理念。12月，云南省职工医疗互助中心同意成立云南省职工医疗互助中心中国石油办事处。

2015年1月，公司工会与云南省总工会签订《云南省职工医疗互助活动互助金安全管理责任书》，推动职工医疗互助活动持续健康发展。

2016年11月，为切实完善公司工会帮扶体系，有效改善员工"看病贵"的难题，公司工会持续开展第十三期员工医疗互助活动。

2017年12月，公司工会持续开展第十四期员工医疗互助活动，公司共1123人参与互助，昆明市辖区各单位含机关员工共缴纳互助金14.33万元。

2018年9月，为预防、控制和消除非职业健康危害，落实"以人为本"的员工关怀政策，构建非职业健康管理体系，公司开展员工非职业健康体检工作，并针对近年来高发病种，特别增加了肿瘤、癌症、甲状腺等高发疾病的筛查。

第五章　共青团

共青团作为党的助手和后备军，在公司发展中发挥着服务大局、服务企业、服务青年的作用。1999—2008年，公司共青团工作逐步完善团组织机构建设，找准共青团工作定位，探索建立健全运行体制机制。2009年以来，公司团委认真贯彻落实公司党委、公司的战略部署，坚持融入中心、服务大局，把持续加强组织建设作为共青团工作保证，打好服务基础，增强团组织凝聚力；抓住工作重点，围绕青年员工思想教育、成长成才、弘扬形象，持续搭建平台，重心下移、重点突破，强化服务功能，激活团的内在活力；立足长远发展目标，把服务大局、服务发展，作为共青团工作责任，创新服务机制，延伸团的工作领域，充分发挥共青团在公司发展中的先锋队作用。

第一节　组织建设

一、共青团组织建设与发展

1999年，公司成立之初，尚未建立成熟完备的共青团组织架构和工作运行体系，各项活动主要以落实上级安排为主，截至1999年底，公司28岁以下青年员工占职工总数的16.7%。

2000年4月17日，公司党委批复同意建立中国共产主义青年团西南公司机关支部委员会和支委组成人选。

2002年，公司逐步建立健全团的组织机构，下设两个基层团委和两个直属团支部，抓牢为青年员工服务的工作主线，做好1823名团员青年的教育服务工作，将团的工作融入库站经营管理和员工工作生活。

2003年12月，公司成立中国共产主义青年团西南销售分公司委员会，汪长波任团委副书记。

2004年2月，西南销售公司团委召开一届一次委员会，选举汪长波、朱妩、任家永、郑循建、赵民为团委委员，汪长波任团委副书记。

2006年4月，共青团中国石油西南销售公司第一次团员代表大会在昆明海埂会议中心召开。会议审议通过了共青团中国石油西南销售公司临时委员会的工作报告，选举产生了共青团中国石油西南销售公司第一届委员会。7月，公司首期团干部培训班在安宁培训中心举行。8月，公司团委先后印发《西南销售公司团费交纳管理使用暂行办法》《西南销售公司团委工作职责》等制度文件，规范共青团工作开展。

2007年8月，公司团委创办《西南石油销售团讯》，传播共青团工作资讯，讲述青年榜样故事，展现公司团建风采。

2008年4月，公司团委在昆明举办第三期团干部培训班。截至2008年底，公司团委下设基层团委7个、团总支35个、团支部482个。

2009年10月，公司印发《团委（总支）目标管理考核办法》和《团支部目标管理考核办法》，规范开展团的基层组织建设工作。

2010年7月，公司团委召开"双推优"（推优入党和推荐优秀青年人才）工作座谈会，同步召开公司团委第三次团委委员会议，增补选举部分团委委员。

2011年3月，公司团委印发《基层团组织目标管理考核管理办法》，明确团委对各单位团委、总支、支部目标管理考核的内容及要求。公司全年共成立各类"青年突击队"42个。

2013年，公司开展所属单位团委书记公开竞聘，5名一线团员青年通过竞聘走上团委负责人岗位。7月，公司团委印发《中国石油云南销售公司共青团工作协作区制度》，加强各单位团组织横向交流联络，促进团组织资源共享、优势互补，提升共青团整体工作水平。10月21日，所属各单位6名团干部参与共青团云南省委在省共青妇干校举办的"云南省2013年企业干部培训班"。

2014年，以"凝心聚力，青春正能量"为主题，公司团委先后在红河分公司、大理分公司举办协作区石油青年大讲堂，提升青年团干团员综合素质。

2015年4月，公司团委在昆明分公司东兴加油站举办第十期团干培训班，并以提升加油站经营管理为主要内容，组织召开"聚力黄金销售终端"主题座谈会。

2016年，公司团委坚持以效益为中心、零售为核心的发展方针，大力实施"青春担当"工程。

2017年4月，共青团中国石油云南销售公司召开第一次代表大会。会议期间，全体团员代表表决通过了题为《瞄准新目标，汇聚新动能，努力开创共青团工作新局面》的团委工作报告，按照程序民主选举产生了共青团中国石油云南销售公司第一届委员会，谢刚当选为团委副书记。会议确定了今后一个时期的公司共青团工作任务和工作目标：以党的十八届历次全会精神、习近平总书记系列重要讲话精神为指导，认真贯彻落实共青团十七届六中全会部署，深度融入公司"十三五"发展规划和公司党委"十三五"党群工作构想，大力开展青年创新创效、青年创意创业、青年创牌创优为主要内容的三项青年双创行动，为公司经营发展注入青春活力，对深化青年思想引领、实施青年创新创效、实施青年创意创业、实施青年创牌创优、服务青年成长。8月，集团公司2017年西南华南协作区青年工作会议在昆明举行。会议指出公司将在全面从严治党治团的背景下，坚持集团公司、集团公司团工委领导，不断发挥改革发展生力军、突击队作用，将共青团工作推向更高点。截至2017年底，公司有涵盖各单位及直属机关的基层团委17个、团支部565个，专兼职团干部570名，团员2855名，占员工总数的48%，实现了库站团组织全覆盖。

2018年5月，公司团委首次以"述、问、评、测"方式，组织各单位及机关团委负责人进行述职评议，获评"优秀"5人、"良好"11人。截至2018年，直属机关团委、各单位团委全部召开第一届团代会，按照程序民主选举产生了团委委员及团委负责人。11月，公司团委制定下发《关于云南销售公司团费收缴、使用和管理的规定（暂行）》，进一步加强和改进团费收缴、使用和管理工作。

二、共青团活动

2000年，公司机关团支部积极开展各类活动，通过组织团员青年到新成公司油库参观学习活动，开展"做新时期雷锋、争当业务能手"活动，调动青年工作积极性，全力服务公司发展。

2001年，立足公司市场开拓实际，围绕生产经营活动，公司团委举办"销售风采"演讲比赛，宣传公司在成立初期涌现出的先进个人及其事迹。

2002年，公司团委开展"文明服务明星员工""严管理、重服务""亲情服务"等评选活动，下发活动评选方案，制定有针对性的学习内容，通过活动营造热点、带动主流，提高员工素质。

2003年，公司有意识地把团的工作引向服务员工成才，组织开展岗位练兵、安全知识竞赛、挑战训练等活动。5月，公司首次组织开展纪念五四运动系列纪念活动，表彰优秀团总支1个、优秀团支部15个、优秀团干部22名，优秀共青团员33名。自此，公司每年组织开展纪念五四运动主题活动，并开展共青团评优表彰工作。

2004年，公司团委以开展"青年文明号"创建活动和创优争先活动为载体，通过岗位练兵、主题活动开展等形式，不断提高青年员工队伍素质；举办"规范服务比武、评选服务之星"主题活动，评选表彰10名优秀员工。

2005年，公司团委广泛开展演讲比赛、知识竞赛、技能比武、文艺汇演、公益活动等形式多样、寓教于乐的活动；开展"我身边的共产党员"征文活动，对其中具有代表性的优秀党员先进事迹进行汇编，汇编手册题名《西南先锋颂》。

2006年4月，公司团委举办"树立社会主义荣辱观"主题演讲比赛，围绕党的路线、方针、政策，公司发展规划，上级团委工作要求，团干部综合素质提升等重点，以集体学习、视频会议、加油站现场观摩、榜样面对面、素质拓展等方式，带动青年成长成才。

2007年，公司团委立足角色定位，主动服务青年、服务业务，组织开展向"中国石油·榜样"学习、团员青年联谊会、党的十七大精神学习宣贯、向公司第一届操作人员职业技能竞赛优胜单位和个人学习等活动，全力服务青年员工成长成才。

2008年，公司各级团组织协同工会组织各类岗位练兵活动，为团员青年岗位成才搭建平台。4月，公司开展纪念五四运动89周年暨"学习张本荷服务法、争做张本荷式员工"主题活动誓师大会。5月，公司团委开展"安全生产，青年争先"主题实践活动，以群团基础工作达标为主要内容的"两提高一达标"活动。6—7月，组织开展青年员工学习贯彻中国共产主义青年团第十六次代表大会精神，开展"与奥运同行、为奥运加油"系列活动，做好奥运火炬西南地区传递期间服务工作。10—11月，公司团委开展"练内功、抓规范、强服务、促销量"主题活动及首届员工技能大赛。

2009年，公司团委举办青年篮球赛、足球赛、拔河、书画摄影展等形式多样、健康有益的文体娱乐活动。各级团组织通过开展"五小""五型班组"建设现场交流会，提高共青团工作水平，调动团员青年工作热情。7月，公司团委举办"弘扬大庆精神、助力公司发展、与祖国共奋进"主题演讲比赛。

2010年，公司团委开展"五比五争当""青春彩云南·创先争优促发展""文明服务、央企先行"等活动，调动青年员工工作积极性、创造性，在公司扩销增量、劳动竞赛等重点工作中献计献策。

2011年7月，公司团委组织开展"颂歌献给党"红色短信征集评选活动，启动"岗位建功、青年争先"青年员工素质教育活动，实施以"青年榜样""服务先锋""爱心牵手"为内容的"三项工程"建设；邀请集团公司劳动模范河北保定分公司片区经理兼111加油站经理贾会青为公司青年员工作报告，为青年员工成长成才指引方向。

2012年，公司团委协办纪念公司成立十周年系列活动，开展"喜庆十八大，再创新业绩"员工书画摄影作品展、青年志愿者"支援云南·抗旱救灾"等活动。

2013年3月，公司团委开展"学雷锋树新风、学铁人立新功"青年志愿行动月活动，公司"郭明义爱心团队云南分队"等一批志愿者队伍，组织400余名团员青年参与抢险救灾、扶危济困等志愿服务，"郭明义爱心团队云南分队""彝良加油站青年志愿者服务队"被集团公司授予"中国石油青年志愿服务先进集体"。

2014年，公司团委主题活动开展有声有色。春运期间，公司团委首次组织开展春运志愿服务活动。3—4月，公司团委以"美丽石油销售人"为主题，开展"走进阳光文化，争做阳光青年"活动，评选出10名"阳光青年"，并广泛宣传其先进事迹。4月，公司团委举办"为中国梦加油"篮球友谊赛。5月，公司团委组织开展"挖潜增效、青年争先"主题征文比赛，表彰了10个研究成果。6月，在第2届中国—南亚博览会期间，公司团委以"青春聚力·精彩南博"为主题，积极组织"宝石花"青年志愿服务分队100余名青年志愿者，在昆明主城区5座加油站开设绿色加油通道，设置南博爱心驿站。10月，集团公司团工委西南华南协作区"书香宝石花·点亮青春梦"双十读书青年知识竞赛在成都举行，公司获团体三等奖，昆明分公司青年员工赵娜获"青年读书明星"。

2015年春运期间，公司团委开展"爱心温暖回家路、青春加油彩云南"春运暖冬行动。自此，公司团委每逢春节、国庆等小长假，均开展该主题志愿服务活动。9月，公司团委启动"重塑中国石油良好形象"大讨论活动，组织开展以"三严三实"、习近平总书记系列重要讲话精神、大庆精神铁人精神为主要内容的"三个一百"主题知识竞赛及演讲比赛。

2016年1月，公司团委印发《"重塑形象、青年建功"主题实践活动》实施方案，以"重塑形象、青年建功"，建设安全库站、建设清洁库站、建设和谐库站、建设服务型库站为内容，召开"聚焦发展转型"主题座谈会，号召全体青年员工唱响发展主旋律。3月，公司团委组织开展"学雷锋树新风、学传统塑形象"青年志愿行动月活动。4月,成功举办"青春塑形、云霄筑梦"滇南协作区篮球友谊赛。

2017年,公司团委致力丰富员工业余文化生活,增加企业文化活动的吸引力,率先利用"魅力云销"微信平台,推出"欢乐颂"线上主题拍客互动活动,全年推出活动12期,点击率200余万次,参与员工5682人次;组织开展"喜迎十九大,永远跟党走"知识竞赛,3个协作区17支代表队参加了比赛。3月,为进一步深化集团公司关于开展"重塑中国石油良好形象"大讨论活动的要求,公司团委以"雷锋月"为契机,开展系列主题活动。8月,组织开展宣贯集团公司2017年领导干部会议精神暨"弘扬石油精神,重塑良好形象"主题巡回宣讲,开展2017年团干部培训班暨"喜迎十九大"系列爱国主义实践活动;11月,公司团委组织开展"弘扬石油精神、共谱青春之歌"主题征文评选活动。

2018年4—5月,公司团委以"新时代·新青年·新作为"为主题,以非油销售限时开口竞赛、"五四"表彰大会、首届青年论坛、柯渡红军长征纪念馆红色教育为内容,组织开展纪念五四运动99周年系列活动。6月,公司两级机关团委组织团员青年开展"为中国梦加油"强国一代大讨论系列活动,各级团组织围绕深入学习习近平新时代中国特色社会主义思想,开展团支部专题研讨分享、知识竞赛、演讲演说、"大讲堂""微课堂"等主题活动110余场。结合公司"汇聚新动能,冲刺双过半"专项劳动竞赛开展,各单位团委成立青年"扩销增效突击队""服务提升攻坚队",在加油站现场开展销售竞赛,掀起了"冲刺双过半·岗位练兵实战"热潮。9月,组织开展"悦读·悦分享"活动,掀起公司上下好书推荐及读书热潮。

第二节 "青字号"品牌创建

1999—2008年,公司不断完善团组织建设,持续积极探索"青字号"品牌建设。2000年9月,公司根据集团公司政治思想工作部《关于开展创建"青年文明号"加油站活动的通知》,在所属各单位开展创建"青年文明号"加油站活动。2004年6月,公司印发《关于在公司开展创建"青年文明号"活动的通知》,公司团委借力开展岗位练兵、技术比武,创建"青年文明号"等活动,发挥广大员工的主力军和生力军作用。2006年,根据集团公司《关于在中国石油系统开展创建"青年文明号"活动的通知》精神,为保持创建"青年文明号"活动的连续性和长效性,结合《关于在公司开展创建"青年文明号"活动的通知》,公司团委决定在中国石油云南区域分公司继续开展创建"青年文明号"活动,成立"青年文明号"工作领导小组,印发《在中国石油西南销售公司云南区域公司开展创建"青年文明号"活动的实施意见》,首次以文件方式明确了"青年文明号"创建标准与内容、实施与评定流程,为公司"青年文明号"创建提供制度支撑。2008年,公司团委与质量安全环保处联合发文《关于开展"青年安全生产示范岗"创建活动的通知》,建立起公司处室联动创建机制,在青年集体中开展创建"青年安全生产示范岗"活动,动员广大青年员工投身安全生产管理。

2009—2018年,公司团委联系实际,积极向集团公司团工委、共青团云南省委沟通汇报,进一步修订完善"青字号"品牌创建制度,逐年下发专项工作通知,组织公司各级团组织抓好"青字号"品牌工程创建活动。2009年8月,公司印发《西南(云南)销售公司"青年安全生产示范岗"争创活动实施意见》。自此,按照《云南销售公司"青年安全生产示范岗"争创活动实施意见》,公司团委每年下发关于开展年度"青年安全生产示范岗"争创活动的通知,以"安全生产,青年当先"为主题,开展创建活动。2012年3月,公司团委下发《关于加强"青字号"品牌、五四红旗团委、五四红旗团支部基础管理工作的通知》,要求各级团组织突出重点,强化"青字号"氛围营造,建立争创活动宣传阵地,公布创建标准、服务承诺、活动资料、考核情况等内容,要求各级团组织争创"青年安全生产示范岗",有明确的争创目标、计划和措施。2015年12月,公司与共青团云南省委、云南省安全生产监督管理局首次建立联合创建年度"青年文明号""青年安全生产示范岗"机制。2017年,公司团委下发《关于创建2016—2017年度云南销售公司"青年文明号"的通知》,开展2016—2017年度云南省青年文明号评选工作,进一步提升公司青年员工职业文明,持续强化库站服务形象窗口建设,助力重塑中国石油良好形象。

第三节　青年员工培养

1999—2008年,公司各级团组织以强化青年思想政治教育工作为保障,创新团建工作,突出团的服务意识,塑造合格青年队伍,团结带领广大团员青年发挥团组织生力军和突击队作用,促进公司改革发展。

政治学习方面,以深入学习贯彻"社会主义荣辱观"为契机,组织开展以"树立社会主义荣辱观"主题演讲比赛,在广大青年员工中树立知荣辱、讲正气、树新风、促和谐良好风气。按照集团公司"与祖国共奋进、与企业同发展"主题活动要求,组织开展以"讲文明、树新风、创优质"为主要内容的"塑形"活动,在一线团员青年中开展服务规范化操作演练,加强"亲情服务、情感营销"经营理念宣传教育,进一步传播和弘扬中国石油优秀企业文化。

业务练兵方面,紧紧围绕公司经营管理中心工作开展各类主题实践活动,定期组织开展员工技能大赛,引导广大团员青年学技术、强素质、比贡献,为打造以零售为主导型的现代销售企业贡献智慧力量。

典型选树方面,公司积极与上级团组织和地方团组织加强沟通,加强基层工作指导,各级团组织坚持"青年文明号""青年岗位能手"联动,把创建"青年文明号"活动和团组织自身建设、本单位中心工作有机结合,坚持内容与形式相统一,紧密结合实际,开展独具特色、富有实效的创建活动。

推优荐才方面,公司团委积极发现人才、培养人才、聚集人才,逐步建立健全各类青年人才档案，基层单位团委成立篮球、足球、游泳、文艺等兴趣活动小组，培养储备特长人才；建立困难员工档案，切实为其提供帮助，解决实际问题；加强推优工作，不断理顺推优工作体系，完善推优程序，制定推优计划，建全推优档案，累计推荐入党优秀青年110名，推优工作逐步实现规范化、制度化。

2009—2018年，公司各级团组织搭建丰富多样的平台，团结带领广大团员青年立足岗位成长成才，在新时代展现新作为。

政治学习方面，公司团委带领团员青年融入党的群众路线教育实践活动、"三严三实"专题教育、"重塑中国石油良好形象"大讨论、"两学一做"学习教育、"四合格四诠释"岗位实践活动，以"形势、目标、任务、责任"主题教育及"大庆精神、铁人精神"学习教育推进员工思想政治教育。认真组织开展党的十八大、十九大精神宣贯学习，以纪念"五四"爱国运动为契机，开展"我与祖国共奋进""学党史、知党情、跟党走""青春给力'十二五'、跨越发展建功业""重塑中国石油良好形象"大讨论、"传承大庆精神铁人精神"主题知识竞赛、"我为企业添光彩"主题演讲比赛、"铸魂育人五个一"等青年主题教育活动，学习党的理论、传达党的政策、宣传党的主张，唱响红色主旋律，增强团员青年政治自觉及对石油优良传统的认同感。

业务练兵方面，坚持开展多渠道、多专业、分层次的业务培训、岗位练兵和技能竞赛，拓宽青年员工经营管理视野。先后分批组织优秀青年加油站经理赴广东、浙江、江苏、四川等销售企业挂职学习，加强青年加油站经理人队伍建设；开展中青年干部队伍综合素质能力提升工程，先后组织安全风险管控、数质量管理、信息系统、新媒体、工会工作、新闻写作等专题培训，提升青年员工综合素质能力。2011年，104名优秀青年通过团组织推荐和公开竞聘，走上加油站经理岗位，152名团员青年经培养推优光荣入党。在历届销售系统技能竞赛中，11个青年集体、20名青年员工摘金夺银，152名青年员工被评为"岗位能手"，形成了良好示范带动作用，员工队伍素质持续提升。

典型选树方面，坚持榜样引领，大力选树青年员工身边的好榜样，先后培养出以"全国青年文明号"张本荷加油站、"全国最美青工""全国青年岗位能手"张艳芬、"全国青年志愿者"苏丕超等为代表的青年典型。与此同时，开展"张本荷式员工""十佳阳光青年""十佳优秀毕业生""优秀青年志愿者"等各领域、各层级先进青年榜样选树，引领青年员工争当先进，成长成才。2004—2018年，公司累计表彰"十佳阳光青年"40名，"优秀青年志愿者"79名，"优秀共青团组织"337个，"优秀共青团干部"365名，"优秀共青团员"723名。

推优荐才方面，公司团委持续深化"双推优"工作，制定《"推优入党"工作指导意见》，坚持把工作重点放在生产经营管理骨干、一线优秀青年身上，为公司发展储备人才，不断壮大公司入党积极分子队伍。努力为青年干部成长搭建平台，引导青年干部到重点工程、重大项目、重要改革、突发事件等急难险重任务、环境中摔打历练、经受考验。10年来，近200名优秀青年走上加油站经理岗位和两级机关管理岗位。2017年，公司团委进一步畅通团干部成长通道，完善团组织层级、明确团干部任职级别，落实团干部待遇，逐步解决了各级团干部高职低配问题，两级团委书记、副书记岗位成为优秀年轻干部快速成长通道。

第六章 社会责任

公司作为中央国有企业，在履行社会责任、构建和谐社会中承担着重要使命。自1999年成立以来，公司在做好投资经营、提升企业效益，加快自身发展的基础上，始终牢记"奉献能源、创造和谐"的企业宗旨，坚持讲政治、顾大局，履行社会责任与承担政治责任、经济责任相结合，在抗洪、抗旱、抗震等急难险重时刻，投入人力、物力、财力驰援保供，抗灾救灾；深入开展以生活帮扶助脱贫、就学帮扶助脱贫、就业帮扶助脱贫、公共设施建设助脱贫为主要内容的"四帮四助"扶贫工作，助力地方精准扶贫，打赢脱贫攻坚战；贯彻落实"创新、协调、绿色、开放、共享"的发展理念，深化企地共建，构建和谐企业，树立中国石油品牌形象，得到了政府和社会的认可。

第一节 抗灾救灾

1999年，公司开展向台湾地震灾区捐款活动。

2001年6月，受三号、四号台风影响，广西各地陆续遭受洪涝灾害，损失惨重。广西分公司在南宁、北海两地的加油站不同程度受灾。广西分公司广大干部员工团结一致，积极开展抗洪抢险自救工作，把损失降到最低。积极响应地方政府号召，参与抗洪救灾，慰问驻守在南宁抗洪抢险的部队官兵。

2005年6月26日，受集团公司委托，公司向广西慈善总会捐赠200万元人民币，支援广西抗洪救灾。

2006年7月24日，公司代表股份公司向盐津地震灾区捐款300万元。

2007年6月3日，普洱市宁洱县发生6.4级地震，大量房屋倒塌，造成人员伤亡。灾情发生后，公司全力配合地方政府做好抗震救灾工作。6月5日，公司领导带队赶赴地震灾区，慰问受损加油站员工，指挥恢复生产经营工作。6月21日，公司代表股份公司向宁洱地震灾区捐款400万元。7月25日，公司代表集团公司分别向云南、广西地区各捐款100万元，用于支援灾区重建。

2008年5月12日，四川汶川发生8.0级特大地震。地震灾害发生后，公司迅速建立并启动应急联动保供机制，在通往四川的沿线加油站开辟抗震救灾用油绿色通道，全力支持抗震救灾。仅5

月13日至23日，云南、贵州所属加油站共服务来自湖南、福建、广西、海南等省区赴四川抗灾车辆1800余辆，为救灾人员提供服务超26000人次，没有一辆车因加不到油和补充不到生活物资而滞留加油站。与此同时，公司上下干部员工积极响应集团公司"百万石油职工抗震救灾捐款爱心行动"号召，共计向灾区捐款35.78万元。公司1019名党员交纳"特殊党费"14.23万元，直接向灾区捐款3.9万元；公司在最短的时间内，多方筹集帐篷40顶，并按批次为帐篷编号，当天从昆明空运至成都。

2009年7月14日，楚雄州姚安县"7·9"地震发生后，公司领导出席捐赠仪式，向地震灾区捐赠100吨柴油。

2010年1月14日，大理州宾川县和剑川县发生地震，公司领导赴大理出席向地震灾区捐赠仪式，捐赠200吨柴油。自2010年起，云南多地旱情严重，公司克服重重困难，千方百计调集成品油资源，设立184条绿色加油通道，全力以赴保证抗旱用油；开展"共产党员抗旱先锋行动"，组织120支抗旱小分队，送油送水到田间到农户（见图9-17）。2月23日，云南省召开抗旱救灾动员大会，按照集团公司党组统一部署，公司总经理杨子清、党委书记张安平参加会议，并代表集团公司向云南省捐赠500万元抗旱资金。3月22—25日，公司员工累计为抗旱救灾捐款20.75万元。8月18日，怒江贡山独龙族怒族自治县普拉底乡突发泥石流灾害后，公司在第一时间将油品送到灾区，成为捐赠物资支援灾区的第一家企业，怒江州人民政府发来感谢信，对公司积极履行社会责任、及时伸出援手表示感谢。

图9-17 公司全力以赴保证抗旱用油，送油送水到田间到农户

2011年3月11日，德宏州盈江县地震发生后，公司代表集团公司向盈江县地震灾区捐赠500万元。

2012年9月7日，云南省昭通市彝良县与贵州省毕节地区威宁彝族回族苗族自治县交界发生5.7级地震，公司迅速启动突发地质灾害应急预案，及时成立抗震救灾应急领导小组，保证油品不脱销、不断档、不限供，保障抗震救灾油路畅通。公司直属机关及所属各单位纷纷组织开展捐款活动，合计捐款5.07万元，帮助灾区群众重建家园。9月10日，昭通彝良"9.7"抗震救灾指挥部新闻发布会在彝良县政府召开，公司代表中国石油驻滇企业参加会议，并就中国石油支援彝良抗震救灾所做工作在会上发言，得到地方政府充分肯定。

2013年1月15日，公司参加在丽江举行的宁蒗"6·24"地震捐款仪式，代表集团公司向灾区捐赠灾后重建资金300万元。4月20日，四川省雅安市发生7.0级地震，公司全体员工积极响应集团公司"百万石油员工抗震救灾捐款"行动，捐款18万余元。为保障云南省救援队伍、救援物资、救援车辆赴灾区抗震救灾，公司加大通往四川方向沿线加油站的油品资源及方便食品、饮用水等物资的储备,并开通绿色通道,为抗震救灾车辆提供方便快捷的服务保障。

2014年4月5日,昭通市永善县发生5.3级地震,公司立即启动应急预案,积极联系当地政府对接救灾需求,及时组织通往震区沿线的加油站开辟绿色加油通道,全力支援抗震救灾。5月24—30日,德宏盈江县先后发生5.6级、6.1级地震,公司第一时间启动应急预案,加强与当地政府沟通,了解救灾油品需求,及时开辟绿色加油通道,确保灾区油品足量供应,全力支援抗震救灾工作。8月3日,昭通市鲁甸县发生6.5级地震,公司迅速启动自然灾害应急预案,在确保自身安全生产经营的同时,第一时间与当地政府取得联系,开辟绿色加油通道,确保震区生产自救油品足量供应,及时调配抗震救灾应急物资,全力支援抗震救灾(见图9-18)。8月4日,集团公司向鲁甸地震灾区捐款仪式在云南省民政厅举行,公司总经理兰建彬代表集团公司向鲁甸灾区捐款500万元,公司党委书记赵剑春代表中国石油接受了捐赠证书。公司工会组织向地震灾区捐款25.82万元。8月10日,销售公司副总经理廖国勤一行赶赴昭通鲁甸地震灾区慰问调研。8月17日,昭通市永善县发生5.0级地震,公司迅速启动自然灾害应急预案,主动与永善县政府取得联系,了解救灾油品需求,第一时间在通往震区沿途加油站开辟绿色加油通道,优先保障救灾用油,全力支援抗震救灾。10月7日,普洱市景谷县发生6.6级地震,公司第一时间启动应急预案,紧急安排部署应急措施,选定3条通往震区道路,在沿线31座加油站开辟绿色加油通道,全力保障震区抗震救灾油品供应,支援震区生产自救及灾后重建。

图9-18 鲁甸地震灾区赵家海加油站开辟抗震救灾绿色通道

2015年3月1日,临沧市沧源县发生5.5级地震,公司立即启动应急预案,在确保安全生产经营的前提下,积极联系当地政府对接救灾需求,及时组织通往震区沿线的加油站开辟绿色加油通道,全力支援抗震救灾。5月10日,昭通市镇雄县鱼洞乡突降暴雨,发生特大洪灾,公司立即启动自然灾害应急预案,积极联系当地政府对接救灾需求,成立应急领导小组,开通救灾保供加油"绿色通道",优先保障救灾车辆加油。8月22日,文山州富宁县富宁至花甲公路平麻小组路段发生山体滑坡地质灾害,公司立即启动应急预案,联系当地政府对接救灾需求,组织通往灾区沿线的加油站开辟绿色加油通道,全力支援抢险救灾。

2018年2月2日,德宏州瑞丽市发生4.3级地震,震源深度10千米。地震发生后,公司第一时间启动自然灾害应急预案,并积极与地方政府取得联系,开通绿色通道,做好保障救援工作。8月13日,玉溪市通海县发生5.0级地震,震源深度7千米。地震发生后,公司立即启动自然灾害防范处置应急预案,积极与地方政府加强沟通联系,并根据政府抗震救灾的统一安排部署,在通往震区主要道路上的加油站全部开通绿色通道,确保油品资源供应充足。9月8日,普洱市墨江县发生5.9级地震,震源深度11千米。灾情发生后,公司立即启动抗震救灾应急预案,成立抗震救灾工作组紧急赶赴震区,并及时与地方政府取得联系,全力做好灾区油品及非油商品保供等抗震救灾工作。

第二节 扶贫帮困

2005年9月9日,公司捐赠120万元,在玉溪市峨山县援建万和希望小学。

2006年10月30日,根据集团公司《关于开展中国石油"情系母亲水窖助力新农村建设"捐款活动的通知》要求,公司组织员工捐款2.54万元,用于支援新农村建设,捐款可建25个"母亲水窖"。

2013年8月27日,公司在楚雄州武定县插甸乡增益小学,开展"宝石花春蕾助学"爱心捐赠活动,捐款18.04万元。

2014年12月9日,在楚雄州武定县插甸乡增益小学,公司党委书记赵剑春代表公司向学校捐赠了价值7.67万元的爱心物资。

2015年1月,公司捐赠昆明市禄劝县大松原小学价值4.05万元的爱心物资。2月3日,由直属机关团委组织的"暖冬行动"爱心活动小组,将718件御寒爱心棉被,送至昆明市禄劝县翠华镇大松原小学。9月,贯彻落实云南省委、云南省政府定点挂钩扶贫工作安排部署,公司成立定点挂钩扶贫暨"领导挂点、部门包村、干部帮户""转作风、走基层、遍访贫困村贫困户"工作领导小组,并明确相关职责,推进扶贫工作开展。12月,公司选派2名干部至丽江市宁蒗县开展定点挂钩扶贫工作,并按照"挂包帮"工作要求,年内组织公司91名副处级以上干部与97户贫困户帮扶结对。为进一步规范开展工作,公司印发《公司扶贫攻坚挂包帮转走访工作方案》,推动公司定点挂钩扶贫暨"领导挂点、部门包村、干部帮户""转作风、走基层、访贫困村贫困户"工作深入开展,公司所派出的5名驻村扶贫干部,深入贫困山区扎根扶贫。

2016年1月27日,由公司援建的扶贫挂点联系村马鹿塘村、拉克屋基村组人畜饮水工程施工验收完成,正式投入使用。3月1日,公司完成定点挂联丽江市宁蒗县96户建档立卡贫困户遍访工作,并围绕"四帮四助"工作要求,协助贫困户确立产业帮扶工作思路。结合挂联贫困户产业发展意愿,协助新建小组7户贫困户发展花椒种植集体产业,帮助其余9个村组89户贫困户发展生猪养殖个体产业,累计对96户贫困户按3000元/户的标准开展产业帮扶,帮扶资金28.8万元。3月14日,公司对丽江市宁蒗县定点挂钩扶贫,做好就业帮扶助脱贫,协助解决6名贫困户家庭成员就业问题。同月,公司下发《"宝石花爱心社区"公益平台创建指导意见》,利用加油站商流、物流、资金流、信息流、人流资源优势,设置公益平台,汇聚社会扶贫力量,号召广大社会爱心人士向贫困地区捐赠衣物、书籍、文具等爱心物资。7月,公司对丽江市宁蒗县帮扶贫困户家庭成员就学情况进行摸底调查,启动"爱心助学圆梦"工程,划拨助学金9.18万元,累计捐款捐物折合人民币1.1万余元,为马鹿塘完小、昔腊坪完小贫困学生购买发放学习、生活物资。公司筹集帮扶资金 10 万余元，向丽江市宁蒗县挂钩贫困户累计捐赠大米 100 袋、食用油 100 桶、被褥 200 套、床单被罩 200 套，并在昆明城市中心加油站设置 10 个"宝石花爱心社区"物资捐赠点收集衣物，累计派送爱心衣物 4300 余件，送达 96 户贫困家庭。8 月 24 日，公司投资 2.1 万元用于马鹿塘新村组花椒基地围栏项目建设，保护马鹿塘新村组 200 亩花椒基地的 8000 余棵花椒苗木。同时，公司克服企业严格控制用工、压缩编制等困难，将挂联村 8 名符合公司用工政策的适龄青年，吸收到丽江分公司、大理分公司加油站工作，开展就业帮扶，力争实现就业一人、脱贫一户。9 月 1 日，公司工会到宁蒗县永宁坪乡贫困村昔腊坪完小，为 102 名结对贫困户的孩子送去助学金，公司以生活帮扶助脱贫、就学帮扶助脱贫、就业帮扶助脱贫、公共设施建设助脱贫为主要内容的"四帮四助"扶贫工作全面有序推进。12 月，公司向扶贫挂点联系村贫困户捐赠大米 7.74 吨、食用油 1032 桶、面条 2064 包，为 294 名贫困家庭子女发放暖冬补助近 9 万元，做好助老助困人文关怀工作，投入近 12 万元，在为公司挂联的 96 户 308 人缴纳 2017 年新农合医保费用的同时，又为宁蒗县请求帮扶的 162 户 465 人缴纳新农合医保费用。2016 年，公司对丽江市宁蒗县开展精准扶贫，合计医疗帮扶 11.59 万元；暖冬行动 8.82 万元，新年送福 15.48 万元，其他费用 5.23 万元，精准扶贫工作共计投入 41.92 万元。

2017 年 8 月 25 日，公司面向挂点联系村帮扶贫困家庭的 259 名就学子女开展"宝石花爱心助学"活动。按照小学生每人 500 元，初中生每人 800 元，高中生每人 1000 元，大学生每人 2000 元的标准，捐赠共计 24.25 万元，解决了困难家庭子女入学的燃眉之急。11 月 20 日，公司扶贫工作办公室向定点扶贫的丽江市宁蒗县永宁坪乡挂联 258 户贫困户捐赠 2018 年首批产业帮扶金、养老保险金、基础设施项目建设资金 53.68 万元。此次捐赠资金包括用于结对帮扶贫困户的产业发展项目 2018 年产业帮扶金 30 万元，用于结对贫困家庭 2017 年养老保险缴纳的养老保险金 7.18 万元，用于马鹿塘和昔腊坪村 22 个垃圾池建设等基础设施项目资金 16.5 万元（见图 9-19）。

图 9-19　公司为挂点联系村捐赠爱心物资

2018 年 1 月 10 日，公司在丽江市宁蒗县昔腊坪乡完小举行暖冬行动物资捐赠仪式，为挂联帮扶对象的 217 名孩子每人送去一份含棉鞋、棉衣、食品在内的爱心物资。6 月，从云南省扶贫工作办公室发文获悉，公司 2017 年度定点挂钩丽江宁蒗县扶贫工作在受考核的 90 家单位中获得"好"等次评定。7 月 31 日，公司投入 52.6 万元，作为扶贫点产业帮扶及基础建设资金，并举行了捐赠仪式。8 月 31 日，按照公司"爱心助学圆梦""爱心养老"帮扶政策，公司再次投入助学资金 27.4 万元、养老金 7.2 万元，为扶贫点困难群众解决后顾之忧。12 月 18 日，公司在丽江宁蒗县永宁坪乡政府大院举行暖冬行动物资捐赠仪式，为 238 户结对帮扶的贫困家庭捐赠了毛毯、被褥等爱心物资。

第三节 企地共建

2006年8月，由集团公司咨询中心主办、兰州石油化工公司承办、公司协办的中国石油构建和谐企业研讨会在昆明召开，全国人大环资委委员、集团公司咨询中心主任、集团公司副总经理阎三忠出席会议，公司党委书记刘建明及来自其他石油企业的20多名代表参加会议。

9月，"中国石油杯"2006中国—东盟国际汽车拉力赛总冠名仪式在广西南宁举行，广西壮族自治区副主席、赛事组委会主任刘新文与中国石油天然气股份有限公司董事会秘书李怀奇共同为赛事冠名揭晓，销售公司党委书记覃国军，公司总经理杨宁海、党委书记刘建明等出席签字仪式。10月，由中国石油总冠名，广西壮族自治区和国家体育总局联合主办，主题为"和谐之旅"的"中国石油杯"2006年中国—东盟国际汽车拉力赛开赛。本次比赛属于国际汽车二级拉力赛，起点和终点均为广西南宁，以新加坡为折返点，途经越南、老挝、泰国、马来西亚、新加坡和柬埔寨6个东盟国家，全长1万千米，历时21天，共有来自中国和东盟各国的15支车队参加比赛，公司全程参与赛事活动。本次拉力赛，加深了东盟各国及社会各界对中国石油的品牌认知，传播了中国石油企业文化，提升了中国石油企业形象。

2008年2月，股份公司副总裁孙龙德、沈殿成与云南省副省长和段祺在昆明翠湖宾馆会晤。双方就中国石油与云南省合作框架协议中相关内容及昆明炼化基地项目有关情况会谈和交流。中国石油规划计划部、炼油与化工公司负责人，云南省政府相关部门及昆明市政府相关领导、公司总经理杨宁海、党委书记刘建明、副总经理张永参加会晤。

2009年6月，公司与昆明市商务局、昆明市规划局在昆明邦克酒店签署39座加油站，总投资达12亿元的建设项目框架协议。

2010年1月，公司在昆明邦克酒店与昆明市商务局就加快企地合作，实现互惠互利，促进企地发展进行磋商。公司先后与红河州政府、大理州政府、曲靖市政府、楚雄州政府签订了《合作框架协议》，在地方加油站规划、选址、土地征用及相关手续办理等方面进行了约定，标志着双方合作迈入了一个崭新阶段，是企地实现互利互惠、合作共赢发展的重大举措。

6月，第十八届中国昆明进出口商品交易会、第三届南亚国家商品展、第八届东盟华商投资西南项目推荐会暨亚太会商论坛项目签约仪式在昆明举行。公司总经理杨子清出席签约仪式，签订了包括油气零售、建立高层领导定期会晤及日常协调机制等合作框架协议。12月，集团公司与云南省人民政府在北京钓鱼台国宾馆签署战略合作框架协议，标志着双方全方位合作进入崭新阶段。根据协议，中国石油将与云南省在重大项目、油气销售网络、生物质能源等领域展开全面合作。

2011—2016年，公司加大对辖区内加油站商标侵权情况进行摸底调查，加强组织领导，明确责任主体，细化工作措施，及时向地方工商行政部门进行投诉举报，建立定期报告制度，着力构建商标侵权清理的长效机制，联合做好立案调查工作，抓住"3·15"前后各级政府和社会各界高度关注打假维权的有利契机，依靠地方政府，组织各单位持续开展商标侵权清理工作，企地共建取得了显著成效。

2017年7月，公司积极参与由云南省政府出台，各州市工商局等部门联合开展的"云油利剑"行动。公司在省市两级公司成立成品油市场整治领导小组，通过"云油利剑"专项整治调研会专题汇报等形式，积极向工商、公安等部门作专题汇报，采取拍照举报、蹲点布控等一系列措施，严厉打击成品油经营市场中无证经营、以次充好等违规违法行为，深入治理非法购油获利渠道。公司与昆明海关签署《走私油品处置合作备忘录》，为企地联合，进一步有序处置走私油品、全力打击油品走私创造良好条件。8月，云南省陈舜副省长主持召开会议，专题研究中国石油在滇销售网络建设及云南石化项目成品油销售工作。会议对公司提出的战略合作协议推进滞后、高速公路项目获取难、管道沿线加油站占比低、"昆明189集团项目"推进缓慢以及空白县区填补难5个问题，逐项研究并部署了具体落实措施。

2018年，公司多次向云南省各级政府进行项目建设专题汇报，取得政府大力支持，有效加快了工程建设项目手续办理进度。7月，公司副总经理杨声武带队赴彝良县人民政府洽谈网络开发事宜，双方就中国石油在彝良县建设加油站销售网络事宜进行洽谈，并签订《彝良县中石油加油站建设综合开发项目招商引资协议》。与此同时，公司协同地方政府相关部门联动推进"云油利剑"专项整治工作，加强成品油市场监管，维护成品油市场正常经营秩序，文山、德宏、西双版纳等分公司协助地方公安机关，成立联合检查组，在主要路段设卡设点，坚决堵住外省低价油、走私油违规入滇；昆明、楚雄等分公司配合地方税务、商务部门，重点查处省外经营者租赁的社会油库"三证不全"、违规低价销售等行为。8月，云南省"云油利剑"专项行动组在保山、德宏进行调研，公司领导及所属地分公司相关人员参与调研座谈。普洱市政府在普洱分公司召开了"云油利剑"专项整治调研会。截至2018年底，公司会同省、市、地州相关职能部门累计查获黑窝点、非法流动加油车、非标油运输车共计1100余起，企地共建推动"云油利剑"专项整治取得显著成效。

第十篇

人物及荣誉

第一章　人物简介

第一节　公司历任党政主要领导简历

聂端阳

1998.5—1998.10　中国石油销售西南公司筹备组组长

杨宁海

1998.10—1999.3　中国石油销售西南公司筹备组组长

1999.3—1999.9　中国石油销售西南公司经理

1999.9—1999.12　中国石油西南销售公司经理、党委委员、党委副书记

1999.12—2008.12　中国石油西南销售公司总经理、党委委员、党委副书记

2008.12—2009.11　中国石油西南销售公司（云南销售公司）总经理、党委委员、党委副书记

项平生

1998.5—1999.3　中国石油销售西南公司筹备组副组长

1999.3—1999.9　中国石油销售西南公司党委委员、党委书记

王建中

1999.9—2000.6　　中国石油西南销售公司党委委员、党委书记
2000.6—2005.5　　中国石油西南销售公司党委委员、党委书记、
　　　　　　　　　纪委书记

刘建明

2005.5—2008.12　　中国石油西南销售公司党委委员、党委书记、
　　　　　　　　　 副总经理

杨子清

2008.12—2009.11　　中国石油西南销售公司（云南销售公司）
　　　　　　　　　　党委委员、党委书记、纪委书记、副总经理
2009.11—2012.3　　 中国石油云南销售公司总经理、党委委员、
　　　　　　　　　　党委副书记

张安平

2009.11—2010.12　　中国石油云南销售公司党委委员、党委书记、
　　　　　　　　　　纪委书记、副总经理

杜丽学

2012.3—2014.4　中国石油云南销售公司总经理、党委委员、党委副书记

兰建彬

2010.12—2011.4　中国石油云南销售公司党委委员、党委书记、纪委书记、副总经理

2011.4—2014.4　中国石油云南销售公司党委委员、党委书记、纪委书记、工会主席、副总经理

2014.4—2018.4　中国石油云南销售公司总经理、党委委员、党委副书记、中国石油驻云南地区企业协调组组长

赵剑春

2014.4—2017.12　中国石油云南销售公司党委委员、党委书记、纪委书记、工会主席、副总经理

2014.9—2016.12　挂职云南省发改委副主任

2017.12—2018.4　中国石油云南销售公司党委委员、党委书记、工会主席、副总经理

2018.4—2018.12　中国石油云南销售公司总经理、党委委员、党委书记、工会主席、中国石油驻云南地区企业协调组组长

第二节　省部级以上主要先进典型简介

中央企业劳动模范——张本荷

张本荷，女，1984年生，现任昆明分公司经理助理、公司"张本荷劳模创新工作室"主任，获聘销售公司"培训师"。以其名字命名的加油站、示范队、工作室创新工作节节开花，其立足岗位凝练的"张本荷式服务法"、加油站创新创效经验、创新工作室优化经验被中国石油销售企业复制推广，其"忘我工作、爱岗敬业、微笑服务、积极进取、艰苦奋斗"的张本荷劳模精神，"服务别人是我最大的快乐"的服务理念成为云南销售公司企业文化重要组成部分。获"中央企业劳动模范"、集团公司"第四届优秀青年""中国石油·榜样""十大特等劳动模范""铁人奖章""管理创新优秀成果奖"、销售公司"十大金花加油站经理"等称号。

2003年，19岁的张本荷进入滇中分公司，成为曙光加油站的一名加油员。加油员的工作单调、枯燥、辛苦，但张本荷坚信：再普通的工作，只要干好了，也一样能干出成绩；只要用心去做，三尺加油岛，也能够成为人生大舞台。从迎送顾客到唱收唱付，从取枪加油到收枪复位，她在现场一边揣摩一边实践，还把每个步骤所花的时间精确计算到秒。日复一日，渐渐地，她不仅能熟练地操作"十三步曲"，还掌握了加油"准、稳、快"的本领。从最初如蚊子哼哼一般的羞涩，到像百灵鸟一样的欢叫，三尺加油岛成了张本荷的秀场，引导车辆时的喊声成了加油站里最响亮的声音，她也被顾客和同事亲切地称为"春城油站小百灵"。进入中国石油仅4年，张本荷在加油岛跑动1万多千米，提枪、挂枪40多万次，服务过的车次超过36万，加油总量达到5700多吨—相当于每年把一列火车的油加到汽车油箱里……熟记400多个预付款客户和300多个经常来加油的司机；接待顾客40万多人次，没有发生一次争吵，点过的现金和油票价值2000多万元，没有一笔差错。

张本荷把服务别人当成自己最大的快乐！用从心底流淌出来的真诚和质朴打动客户，总结出

"多说一句,给顾客温馨提示;多看一眼,把顾客记在心中;多帮一把,给顾客送去温暖;多跑一步,拉近与顾客距离"的"张本荷式服务法",被销售公司在全国复制推广。24岁时,张本荷从中国石油13万加油员中脱颖而出,被评为销售公司"十名加油状元",并获评"中国石油·榜样"。

2010年5月,以张本荷名字命名的"张本荷加油站"亮相昆明,张本荷担任加油站经理。作为从一线操作岗位一步步成长历练而出的加油站掌门人,张本荷带领加油站兄弟姐妹大力弘扬"忘我工作、爱岗敬业、微笑服务、积极进取、艰苦奋斗"的劳模精神,充分发挥自身品牌影响力,坚持将劳模精神转化为市场竞争能力,努力践行"关注细节、用心去做"的服务理念,积极推广"张本荷式服务法",贴近市场,贴近客户,创新管理,引客做实功,增量抓现场,服务树品牌,全力打造中国石油标杆加油站,实现了管理质量、经济效益和形象展示"三项提升"。这座2008年开业运营的加油站,刚开业时加油站成品油日均销量仅19.2吨。命名挂牌后,品牌效应凸显,销量连年增长。截至2018年,加油站日销量增长了近4倍。

2014年底,由云南省总工会授牌,以张本荷名字命名的"张本荷劳模创新工作室"在公司挂牌成立。张本荷作为创新工作室主任,活用劳模金字招牌,汇集公司一批优秀管理人才及专业骨干,组成一支业务专、管理精、素质优的干部队伍。以加油站为舞台,聚焦加油站现场管理,以"加油站诊疗师"的定位开展工作,为公司建设黄金销售终端提供智力和实践支撑。

"张本荷劳模创新工作室"优化工作开展3年间,张本荷带动工作室成员总结提炼出加油站创新创效9大创新理念,编制5本创新手册,细化制定47项优化创新举措并进行推广实践,实现了"优化百座站,增收一千万"的目标。张本荷带动工作室成员培训加油站优化骨干力量,培训出16名金牌优化培训师、400余名加油站营销骨干、2000余名加油站员工。工作室提出"五朵金花"打造思路,先后在大理、丽江、楚雄、德宏、文山等地区打造了民族特色加油站,云岭大地五朵金花特色加油站竞相绽放,彰显出"石油味、民族风、时尚感"。"张本荷劳模创新工作室""百站千万"优化经验走出云南,走向全国,工作室创新创效实践被集团公司授予"管理成果创新优秀成果"三等奖。

共青团中央"全国最美青工"——张艳芬

张艳芬,女,1985年生,2004年入职公司,现任昆明分公司张本荷加油站经理。获共青团中央"全国最美青工""全国青年岗位能手"、云南省"五一劳动奖章""青年五四奖章"和集团公司"优秀青年"等称号。

2010年,专业技能过硬的张艳芬走上昆明分公司高新女子加油站经理岗位。进站车辆多、现场拥堵、秩序混乱一直是制约加油站管理服务提升的难题。员工引车不到位,场地得不到充分利用,服务范围没有得到最大程度扩展。张艳芬扎根加油现场,恳请老客户配合,变换车位测量车距及加油胶管的长度。通过计算操作,将加油胶管加长20厘米,实现服务直径扩大一倍的效果,严抓现场引车的准确性,服务秩序明显好转。

为持续满足客户需求,提升服务能力,张艳芬开始研究如何让加油高峰期及低谷期的进站车辆均衡,她又提出了一套"削峰填谷"组合拳。加油站每天22时至次日7时时段,以优惠0.15元/升的政策将出租车客户引向夜间加油实现削峰;针对周末进站车辆较少的实际,周六、周日汽柴油价格优惠0.2元/升,吸引私家车客户在周末销售低谷期加油实现填谷。"削峰填谷造峰",加油站月均进站车次增加了5600余辆,增长20%。

张艳芬常说:"客户要的就是完美服务。客户来到加油站,我们要走进客户心里;老客户要坦诚,新客户要热情,服务客户要贴心"。她带领员工在实践中不断推敲、研究、完善,提炼出了"四项顾客服务法"。即对出租车客户的信任服务,私家车客户的差异服务,机构客户的增值服务,老客户的亲情服务。针对加油现场出现的小摩擦,她又提出了"1234矛盾化解法"。即一静(心)、二忌(粗、怒)、三有(有理、有利、有节)、四及时(发现及时、沟通及时、汇报及时、处理及时)。在张艳芬担任高新加油站经理的四年多时间里,加油站先后获云南省"三八红旗集体"、集团公司"青年文明号"等荣誉。

2014年底,张艳芬再次被委以重任:调任昆明分公司张本荷加油站经理。张本荷加油站是公司第一座以劳模张本荷的名字命名的加油站。该站于2008年5月开业,以管理、业绩突出而闻名遐迩,先后获得"全国青年文明号""中国石油十大标杆加油站"等荣誉。

正当张艳芬踌躇满志准备放手一搏时，加油站里却接连显现两大难题：一是接到昆明市委市政府通知，从当年5月1日起，三环以内大型车辆一律限制通行，张本荷加油站恰恰就处在三环边上；二是加油站刚刚完成自助改造，顾客新的消费习惯还未养成。受此双重影响，全站汽柴油销量均出现下滑。

面对严峻现实，张艳芬通过仔细分析发现，张本荷加油站不同于高新加油站，这是一座典型的社区型加油站，地处昆明市北市区小康大道，周边中高端社区密布，企事业单位云集，由此衍生出的餐饮、购物、娱乐等生活商圈更是繁荣有加。

张艳芬以"服务留客、回客增量"为张本荷加油站发展定位，瞄准周边社区开始大做服务文章，一套"组合拳"应运而生。一"拳"调结构。针对场地及罐容受限问题，张艳芬重新调整11把加油枪品号，专门增加服务社区高端客户的CN98超级汽油。二"拳"增功能。推广"中油好客e站"APP电子券，利用微信开展"10惠"活动；趁着顾客排队等待加油和付款间隙，张艳芬和员工免费为顾客擦车、打扫车内垃圾，了解顾客需求。三"拳"提效率。张艳芬自担老师强化员工开口营销，以"指导＋检查＋奖惩"，确保员工做到服务语言及手势执行不打折扣。现场车辆引导采取"双人互补引导法"，进站车辆快加快离。

除此之外，张艳芬还引导进站车辆斜车位停车，店内增加收银设备，开票环节推广"码上开票"。为抢占"黄金销售时段"，实现"高峰期快销创收"，她带动员工专门在现场设置高、中、低档商品堆头，保证员工5步之内能取到。很快，全站车辆通过率由原来的110辆，增加至198辆，每小时销售油品由原来的3800升增加至7800升。

服务创造价值，服务成就未来。2015年，有人专门就张本荷加油站顾客构成做了一项市场调查。结果数据显示：有高达87%客户来自周边社区且为固定客户。近三年时间，加油站员工在张艳芬带领下，面对同商圈4座对手加油站降价竞争，继续深化创新服务，成功夺得近50%的市场份额，促成全站日销量由40吨增至59.5吨，非油品日均收入由7000元增至1.9万元。

全国五一巾帼标兵——秦怀波

秦怀波，女，1969年生，现任昆明分公司客户经理。2000年，中国石油进入云南市场后，秦怀波成为公司的一名员工。2006年，公司建立客户经理队伍，秦怀波考虑到自己多年从事销售业务，熟悉客户、市场，便主动要求当了一名客户经理。担任客户经理以来，秦怀波的销售量年年在公司排第一名，获"全国五一巾帼标兵"、集团公司"优秀共产党员"、销售公司"十大客户开发能手""优秀客户经理人"、公司"优秀共产党员"等称号。

秦怀波始终把岗位建功创业、实现人生价值的梦想化为拓展市场、扩销增效的实际行动，以"硬着头皮、厚着脸皮、磨破嘴皮、扎破脚皮"的坚韧和执着，先后开发106家客户，其中大型机构客户18家。

秦怀波，以一个客户经理应尽的职责和义务，担当使命，挺起脊梁，勇挑重担，迎难而上，努力创造无愧于理想、无愧于岗位、无愧于信任的销售业绩，近5年来，实现油品直销近20万吨，相当于每年4座万吨级加油站的销量，所售油品价格到位率100%，货款回笼100%，销售业绩居公司百名客户经理之首。

在昆明市做油品业务20多年，市场情况都在秦怀波心里，大型客户基本都在中国石化。这种情况下，要想做好直销业务，就必须善于从竞争对手那里挖客户、抢销量。

昆明瑞三投资有限公司是一家民营企业，年用油量达8000吨，是竞争对手单位的"黄金客户"。经过反复掂量，秦怀波把开发的首选目标定在瑞三公司。为了把这个大客户挖到手，秦怀波绞尽脑汁，从长计议，耐心跟踪两年零三个月。

瑞三公司女老板当家，俗话说，女人心相连。每逢节日，秦怀波给老板发短信，早问候；老板过生日，秦怀波表心情，送祝福，但生意的事只字不提，就是让老板知道，中国石油一个姓秦的客户经理在关注她。尽管短信去多回少，有时连发几个，却一个不回，秦怀波还是照发不误，保持联络。在瑞三公司分管进油的业务经理孩子转学遇到困难时，秦怀波闻讯主动帮忙。一来二去，秦怀波和业务经理成为好姐妹、好朋友。开发瑞三公司只差老板最后一关。秦怀波辗转反侧，恍然大悟：自己爱人的叔叔也从事矿业开发，与瑞三公司老板又是老乡，一定能给面子。于是，搬出叔叔出面疏通，打通油品直销"最后一公里"。

从竞争对手那里抢客户，要耐住性子，静观其变，找准对手的软肋。有一天，瑞三公司内部人员向秦怀波透露，竞争对手在加油卡返点上没有兑现承诺，惹恼了瑞三公司。秦怀波抓住时机，正面进入，介绍公司"返点到主卡，每月一兑现"的促销机制，解开瑞三公司的心结。老板当即拍板，先把每月800吨的直销业务转到公司，之后又把部分车辆加油业务转到公司。2014年，加油卡充值达1400万元。

从竞争对手抢客户，必须站在客户角度，真心实意维护客户利益。2014年，油品价格连续13跌，秦怀波每星期两次去瑞三公司，了解情况，改进服务。根据市场走势，建议他们控制购油规模，合理掌握库存，规避跌价风险。2014年，瑞三公司从公司购油近9000吨，据他们自己测算，剔除价格因素，与原合作单位相比，一年节省购油成本100多万元。瑞三公司老板说：与中国石油合作省心、省事、省钱。

秦怀波千方百计从竞争对手那里不断挖来大客户，打开直销局面——开发昆明钢铁集团，年购油量最高达3万吨；开发祥丰集团下属10家分公司，年购油量达7000吨；开发中铁二十局、二十四局、中铁物资公司等大型客户，都带来数千吨销量，在直销市场上开垦一片属于自己的天地。

秦怀波没有休过带薪年假，因为每天要发近百吨油，填写提油单、办理充值卡、做第二天的送油计划，忙起来挺充实，闲下来心发慌。为客户服务成为秦怀波生活的第一需求，秦怀波的车里常年放着四样东西：运动鞋、矿泉水、草帽、雨伞。有些工程项目在山沟里，小车到不了地方，秦怀波就换上运动鞋，步行几千米走到现场，每年要走300多千米。

心中有目标，创业劲头高。在秦怀波看来，作为一名客户经理，有为者和碌碌无为者之间的最大区别是，前者会冷静地审视自身处境，反复思考改善处境的方法，并在思虑成熟以后立即投入行动；后者则总是日复一日地嗟怨命运的不公、环境的恶劣，却从不试图分析原因、寻求解决之道。

云南省"五一劳动奖章"获得者——杨兴林

杨兴林,男,1980年生,现任昆明分公司昆石线职业经理人管理团队负责人。自2006年3月入职公司,历经加油员、前庭主管、计量员、加油站见习经理、加油站经理等岗位锻炼,一步步走上片区经理岗位。他凭借雷厉风行的干劲、勇于开拓的闯劲、百折不挠的韧劲,开创出一套行之有效的加油站扩销增量营销经验,锤炼出一支高品质服务的优秀团队。其被授予云南省"五一劳动奖章",获云南省"职工职业道德建设十佳标兵"、集团公司"优秀共产党员"、公司"优秀加油站经理"等称号。

2007年4月20日,杨兴林任宜良宝洪加油站经理,当时该站成品油日均销量仅6吨,两年内更换了6名加油站经理,员工每月工资仅有500多元,工作处于消极状态,甚至满口"不干了""我辞职总行了吧"来表示不满。在困难面前,杨兴林迎难而上。他带头在加油现场做清洁,抓服务,聊客户。用了3周时间,与附近村委会小组达成协议,为加油站引来水源,车辆进站率稳步提升,销售量直线上升。经过两个多月示范带动,员工工作热情逐渐高涨。杨兴林在宝洪加油站一干就是5个年头。他调离时,宝洪加油站日均销售量已达28吨。

2011年6月,杨兴林竞聘为德发加油站经理。该站是公司第一座高速公路加油站,起步早、基础牢、阵容大、品牌硬。结合加油站实际情况,杨兴林提出打造高速公路服务区全员营销新模式的想法。抽调部分优秀员工组建"精英销售团队",抓住进站顾客,营造良好的服务氛围。

德发加油站主油、非油销量都是领跑昆明分公司大站。然而,2013年5月下旬至6月上旬,高速公路整修,加油站停业近20天;加之雨季长达50天以上,前后影响加油站销量近3500吨。面临压力,杨兴林坚信最大的客户来源于加油现场,他带动员工为客户在加油站增设休息场所,提供食物加热、手机充电等服务,赢得了众多货车司机好评。

在担任德发加油站经理的5年间,为把客户开发的触角伸向更加广阔的市场,杨兴林沿320国道嵩明至汤池段,后又扩散至嵩明、宜良等地,逐家走访客户,开发大小客户110家,个人贡献销量4万吨以上;加油站油品日销售由67吨增至104吨,日销量最高突破150吨,年销量连续4年突破3万吨级大关;非油品日销售由4800元增至22000元,年销售收入连续4年突破700万元销售大关。

在进入中国石油之前，杨兴林曾是乡镇中学的一名语文教师，正因如此，他总为人师表，创新解惑。2016年10月，接过公司治理低销低效站重担，杨兴林组建第一批职业经理人团队，对324国道昆石段沿线的8座加油站实行连线管理。

面对昆石路沿线竞争对手的重重挤压围堵，杨兴林带领团队悉心研究新型团队管理模式，创新管理思路。不断优化人员结构，大胆提拔培养优秀骨干员工，构建后备人才梯队，打造一支素质过硬、能力综合、朝气蓬勃的员工队伍。致力做好客户开发，带领团队成员全面调查、重点出击，依托连线管理优势，实现销量逆势上扬。2017年，团队所属加油站成品油日均销量从接手时87吨升至110吨，同比增长20.9%，非油日均销量从8600元增至20356元，同比增长57.7%，同比增量名列公司前茅。

2018年1月，昆明分公司探索加油站委托转制管理模式，杨兴林牵头组建聚蛟公司股东队伍，成立云南聚蛟企业管理股份有限公司，挑起昆石片10座加油站委托管理的重担。

委托管理之初，大部分员工存有疑虑，尤其是10年以上工龄的老员工，心里产生了极大反差。杨兴林与股东多次上会讨论，统一思想，最终对症熬出"三剂药方"。一是分析各层级员工真实需求及想法，对提出的问题逐一进行解答，保证并承诺待遇及福利保持与原来相关岗位一致，根据贡献率逐步优化提升薪酬待遇；二是向员工阐述委托公司成立的初衷及预期目标，打破常规管理模式的束缚，成为行业的领跑者；三是启用《聚蛟公司职业经理人一岗多人制》的培养模式，集中优势力量培养出多个具有委托管理能力的专业团队。通过思想引导、人才培养及承诺兑现，杨兴林带领全体股东努力让员工感受到了真诚，整个昆石线70人中有68人如期完成转制，转制率达97.1%，为公司探索加油站委托转制管理模式奠定坚实基础。

云南省劳动模范——张晓怀

张晓怀,女,1988年生,2011年7月入职公司,历经加油站加油员、前庭主管、数质量管理员、加油站副经理、加油站经理等岗位锻炼,现任昆明分公司西山片区党支部书记。

自2014年4月起,张晓怀担任昆明分公司高新加油站副经理。高新加油站作为云南省内第一座中国石油"巾帼女子加油站",是公司的形象标杆站。张晓怀带领加油站16名女员工贴近市场,贴近客户,创新管理,实现管理质量、经济效益和形象展示"三项提升"。加油站日均销售增加3.5吨,非油品销售日均增加6000元,加油站固定客户由110家增至180家。2017年,加油站油品销量目标完成率达106%,同比增长4%;非油销售目标完成率达119%,同比增长34%,业绩排名公司前列。获云南省"第二十二届劳动模范""五一巾帼标兵"、公司"优秀加油站经理"等称号。

作为加油站经理,张晓怀具有敏锐的市场洞察力。高新加油站位于二环西路与科医路交叉口,属于典型的城市中心站,寸土寸金。为了盘活资产,让土地发挥最大效益,张晓怀通过详细的市场调研,最终向公司提议,在加油站开设咔咔汽车服务中心,以满足客户对汽服需求,带动加油站汽油销售。最终,咔咔汽车服务中心在加油站落地生根,汽服中心60%的咔咔会员成为加油站的固定客户,每天带动加油站增销3吨汽油,每月带动润滑油销售1.8万元。

基于加油站对面有小学,周边企事业单位及住宅小区较多的现状,张晓怀积极联络对接,促成一铭酥小吃店在加油站开业运营,深得进站顾客青睐。加油站通过长期与小吃店开展优惠互动活动,互帮互助,互利共赢,实现油品日增量0.5吨,便利店月增量1万元。

高新加油站1千米范围内有竞争对手加油站8座,结合加油站商圈特点和加油站现状,张晓怀带动员工做实做优现场服务。为了给进站顾客方便快捷的服务,张晓怀跑动在加油现场,找方法、换思路。高新加油站位于二环边上,对面是小学,周边住宅小区和企事业单位林立,上下班高峰期道路拥堵严重,有时加油排队的车辆排出站口十几米。从客户消费舒适、快捷、便利出发,张晓怀带动员工积极开展全流程诊断,在上级公司的支持下,将便利店门前的台阶缩短50厘米,加油站门口的花台缩进30厘米,拓展出内外侧两条快速通道,车辆排队等候时间减少3分钟;科学划线,并用色彩区分车位,便于顾客识别油品和员工准确快速引导,同时服务车辆由16辆增至

20辆，现场顾客滞留时间从8分钟降至4分钟，进站车辆日均增加150余辆，汽油销量日均增长2.5吨，现场效率提升带来了顾客满意度提升。

从客户需求出发，张晓怀最大限度地发挥加油站员工的团队协作优势，加油站分时段推行自助加油模式，减员增效。采取"高峰期"增人全人工服务，"低谷期"减人半自助、自助服务的方式，减少用工10人，人均纯枪量位列公司前列。与此同时，张晓怀扎根现场，引导员工通过错峰优惠、自助加油示范宣传，IC卡销售不断攀升，加油站卡销比达62%，增强了客户黏性。

以"中油好客e站"APP及电子券政策推广作为"圈粉利器"，张晓怀带领加油站员工通过席卷式宣传推广、为顾客精打细算"省钱账"，吸引了新顾客，留住了老顾客，培养了忠诚顾客，提高了APP下载率、充值率和消费率，激活了油非销售。2017年，高新加油站全年APP推广下载量达7200人，充值金额达540万元，非油电子券核销金额22.46万元，电子券油非转换率达到18.75%。

张晓怀带动员工主动帮助机构客户编制统计报表，对异常消费及时进行提示；充分利用微信、QQ等平台向顾客推介油品知识、价格信息和促销活动。对于早晚高峰接送孩子的车辆，张晓怀带领员工引导车主在现场短暂停留，缓解交通压力，有时还帮助家长安全接送孩子。工作以来没有发生一次顾客投诉，加油站客户服务满意度在同行业口碑出众。

从细处着眼，实处着手，张晓怀将高新加油站打造成为春城昆明的一张亮丽名片。作为一名石油战线上的基层员工代表，加油站销售一线的巾帼女将，她用精湛的经营思路、干练的工作作风，奏响了一曲嘹亮的青春之歌。

中央企业优秀员工——王玉琼

王玉琼,女,1976年生,现任玉溪分公司东风加油站经理。2005年8月入职公司,先后从事加油站加油员、收银员、前庭主管、加油站经理等工作,她立足本职、爱岗敬业,在加油站经理这个平凡的岗位上做出了不平凡的业绩,获"中央企业优秀员工"、云南省"青年岗位能手"、集团公司"优秀青年"、股份公司"明星加油站经理人"、销售公司"百名功勋站经理"和公司"劳动模范""张本荷式员工""优秀共产党员""十大明星加油站经理""首届十大金花加油站经理"等称号。

"带头示范,以身作则,勤劳协作,共同分担",这是王玉琼担任加油站经理以来每天工作的习惯。为了提高加油站现场服务水平,她带头规范加油动作,微笑服务顾客,耐心打消客户顾虑。她严格要求员工坚持"六个必须做到",即"规范引车必须做到、双手接递必须做到、关键提示必须做到、微笑服务必须做到、三声服务必须做到、礼貌送行必须做到"。细化服务措施,为顾客提供免费加水、免费药箱、备用手电筒、简易工具等服务,亲情服务留顾客。为加强加油站安全管理,王玉琼用心开好每一次班前班后会、做好每一次巡检、抓好每一次班组培训、识别每一个风险点、做好每一次预案演练,用心守卫着加油站的安全防线。

"思路决定出路,观念改变现状"。东风加油站是城区加油站,地理位置得天独厚,日均1300辆进站车辆,保证了加油站较好的油品和非油品销量。王玉琼上任没多久,却发现了东风加油站的不足之处:由于车辆引导不力,导致服务效率不高。怎样才能让进站车辆"各归其位"、现场员工"各司其职",从而提升服务效率呢?王玉琼一边自己琢磨,一边学习借鉴,大胆尝试改进,深化精益管控,让管理工作更加简化。成功地将错峰加油、"品字型画线法""4311排班法""内外联合收银法""交接班三步曲"和设置摩托车定点加油位等在东风加油站落实推进并形成合力,汇聚成一条极具东风加油站特色的管理之路,并在公司范围内大力推广,王玉琼和东风加油站也成了名副其实的"领头雁"、样板加油站。

加油站真正安全了,才是客户最大的满意。王玉琼带领班组抓安全、强基础。一方面,规范交接班程序,规定交接班必须交任务、交设备、交安全、交卫生、交上级指示,防止交接班成为安全管理的空窗期。另一方面,实施"五定四懂三会"设备管理法。即定责任人、定设备、定目标、定责任、定时间；懂结构、懂原理、懂性能、懂用途；会使用、会维护、会排障，坚持设备管理每班查、每天试、每周清洁维护保养，有效实现了班组安全管理制度化、工作程序化、行为规范化的科学管理理念，为加油站安全运行奠定了基础。其次，现场推行"五个三"管理法，即"三勤"：勤动脑、勤汇报、勤沟通，确保信息沟通及时；"三细"：心细、安排工作细、抓员工情绪细，抓准员工情绪，及时发现和制止不安全行为；"三到位"：布置工作到位、检查工作到位、隐患处理到位，及时发现现场安全隐患；"三不少"：班前检查不能少、班中排查不能少、班后复查不能少，确保整个班组操作过程可控；"三提高"：提高安全意识、提高岗位技能、提高团队凝聚力和战斗力。

一直以来，王玉琼都在思考和尝试如何让员工的心暖起来，幸福日子快活起来。她在加油站推行以亲情关怀、友情关爱、热情帮助、真情感动为主要内容的"四情"管理法，实施凝心工程、暖心工程、幸福工程、成才工程等四大工程，采取设家属安全寄语墙、手机短信报平安、员工生日送祝福、合理建议随时提、困难员工共帮扶、员工晋升共庆功、每月一次的"民主会"、每年一次的"出外游"等形式，从点滴做起，引导员工关爱家人、关爱同事、关心客户，以感情为纽带，以责任为动力，把员工凝聚为一股绳、一条心。

集团公司优秀共产党员、劳动模范——宋凤英

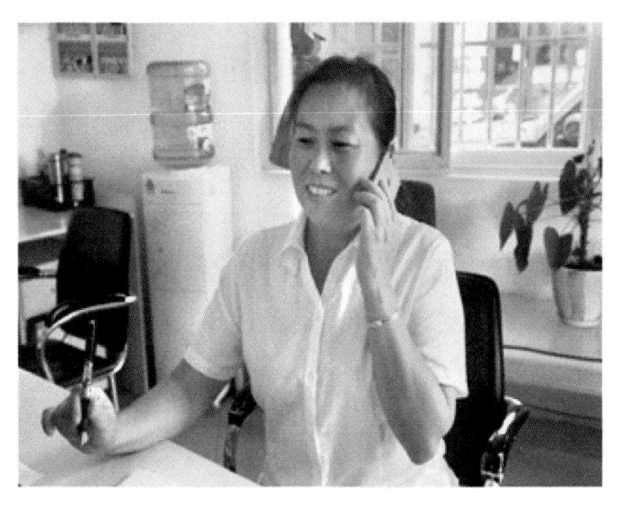

宋凤英，女，1968年生，现任玉溪分公司客户经理。2003年入职公司，先后从事加油员、收银员、出纳等工作。2009年3月，宋凤英转岗成为一名客户经理，她始终践行客户经理人的使命与职责，累计开发客户185家，销售油品13.2万吨，年均销量1.1万吨，非油销售收入57.44万元，期间，没有一车油品被客户退回，未出现过一次客户短款，未发生过一起不安全事故，被誉为流动的"万吨级加油站"。获集团公司"优秀共产党员""劳动模范"、股份公司"赢销能人"、公司"优秀共产党员""劳动模范""先进工作者""优秀客户经理""张本荷式员工"等称号。

四处奔波找客户，一只脚窝一首歌。正所谓万事开头难，刚转岗的那些日子，对于财务出身的宋凤英来说既压抑又矛盾。长期的财务工作，大部分时间和数字打交道，突然间要"转行"去做"生意"谈何容易。但她相信，"世上无难事，只怕有心人"，于是她信心满满地上矿山、跑工地、入工厂，一个月脚底磨出了茧子，口里长出了火疮，客户却一个也没找来。

偌大的市场，客户到底在哪里？万般无奈之下她又冷静下来，开始反思，她再次捧起书本快速充电：寻找客户，确定开发对象，收集客户资料信息。一次偶然的机会，她的一个朋友告诉她：云南绿茵环境公司有很多自用车，可以尝试着开发这家客户，她拿出了十足的勇气和劲头马上登门拜访，说明来意后，客户不耐烦的一句"我们不需要油。"直接给她当头一棒，被客户晾在办公室里手足无措。遭受挫折后，她并没有灰心丧气，再次硬着头皮。一次次登门拜访，一次次信息沟通，她仔细为客户分析利弊，抛出与竞争对手相比吨油成本下降近100元的有利条件，终于拿下了日均用油在3吨左右的客户，淘到了她"生意场"上的第一桶金。

亲情营销暖客户，柳树花明又一村。易峨高速第四合同段在宋凤英众多的合作客户中是最难开发的一家，第一次与客户接触她并没表明来意，只跟他们闲谈，了解工程状况。第二次去直接说明来意，结果当场被拒。

第三次登门拜访，同样只是聊天拉家常，只字不提供油的事。突然有一天他们老板一个电话打来，说是仪器检测费用马上要交，但是他们没时间需要她帮忙，她一口应承。自己掏钱为他们垫上了费用后，趁机再次登门，本想合作有望，可一句："感谢，我还有事要忙。"让她从头凉到

了脚，自己的倾情相助竟然一文不值，站在别人冰冷的屋檐下，她委屈的欲哭无泪。一次次登门拜访，一次次被人拒之千里，一次次想放弃，一次次又厚着脸皮再次登门，得到的答复都是他们不需要油，甚至后来几次老总直接闭门谢客，眼看合作无望，但当得知他们工程建设水泥短缺，她立马联系当地水泥厂，找来车辆，为他们拉去水泥一解燃眉之急，效果立竿见影，合作当场达成。9次登门，两次解难打动客户，目前易峨高速第四合同段成为她的二星级客户。

一诺千金感客户，千辛万苦为油忙。在一家客户的介绍下，宋凤英结识了距离千里之外的临沧公路桥梁工程总公司，为了能够合作成功，为了一句"我一定要亲自把油送到你们公司"的郑重承诺，她先后两次奔赴临沧，两天两夜吃住在车上，累了就随便在车上打个盹，饿了就拿出自备干粮啃上几口，觉得苦了，就想想当初自己跑工地、住矿山的酸甜苦辣。她的诚心换来了客户的真心，先后为该公司供油119吨。每隔一周宋凤英就主动与该客户联系，聊聊家常，了解客户生活及工作近况，逢年过节发上一条节日祝福短信，让客户感受到除合作关系还有朋友间的关怀，她逐渐取得了客户的信任，并且和客户成了好朋友。

云南省"五一劳动奖章"获得者——杨芹翠

杨芹翠，女，1976 年生，现任楚雄分公司楚雄经营部主任、楚雄党支部书记。进入公司以来，从普通加油员成长为明星加油站经理、业务运作部副主任、经营部主任。其被授予云南省"五一劳动奖章"，获云南省国资委"优秀共产党员"、公司"职业成就奖"等荣誉。

勤学苦思强本领。2000 年初，杨芹翠怀揣梦想进入中国石油，凭借着热情认真的工作态度，积极向上的进取心，很快成为加油站的计量员。设备管理、油品接卸一直都是女员工们望而却步的弱项，她却迎难而上，通过长期的认真观察、研究，对不同车型的配送车辆采取不同的接油方法，确保滴油归仓；严格控制收油环节，定期维护检查设备，杜绝跑冒滴漏损耗的产生，通过努力，加油站损耗管理一直排名前列，她的损耗管理经验在楚雄分公司范围内全面推广。

提效上量筑根基。2008 年，杨芹翠任职东南加油站经理，当时东南加油站还只是座城郊偏远的小站，主要客户群体是周边居民的摩托车和私家车，日销量 5 吨。她深知销量就是效益，积极带领员工对周边市场进行拉网式普查走访，对每一位进站消费客户信息进行登记，建立客户档案库，任职加油站经理以来，记录客户信息的笔记本多达 10 本，手机上的联系电话号码多达 1972 个。为积极响应公司"上销量、保增长、强基础、促发展"劳动竞赛号召，她带领员工不怕山高路险，深入乡镇的矿山、沙厂跑客户，同时把加油站销售指标分解到班组和个人。在她的带领下，加油站形成了全员销售局面，加油站的固定客户由 2008 年的 3 家增加到 2016 年的 460 多家，加油站由日均销量 7 吨成功跻身万吨级加油站的行列，便利店由 20 万元便利店发展到百万元便利店，跃居楚雄分公司万吨级加油站、标杆加油站行列。

传授经验育新人。杨芹翠不仅是加油站市场开拓的"急先锋"，还是员工成长的"好老师"。任加油站经理以来，培养 10 名加油站经理、6 名核算员和 8 名前庭主管，2 名员工在公司首届信息系统应用暨 95504 客服岗技能竞赛中，获得团体第一名、个人第三名的好成绩。2017 年，杨芹翠凭借自身丰富的管理经历，在楚雄分公司机关双选中成功竞聘为经营部主任。面对区域市场重大工程建设剧减、油价跌宕起伏、市场需求萎靡等诸多困难，她紧紧围绕"拓市场、抓客户、增纯枪、促汽油、创效益"的工作重点，将自己的经验如数传授给片区加油站经理。强化加油站经理客户开发能力，带领加油站经理积极找办法、寻出路、抢市场，同时，积极培育后备加油站经理，为公司销售提供有力保障。

杨芹翠无论在什么岗位都体现了爱岗敬业、求真务实、勤于学习、刻苦钻研、谦虚谨慎的品质，很好地完成各项管理工作，得到同事和顾客一致好评。十八载风雨兼程，她用实际行动践行中国石油"爱国、创业、求实、奉献"的企业精神，用一颗赤诚的心，展现了一名优秀共产党员的光辉形象。

中国工会十七大代表、云南省"五一劳动奖章"获得者——赵石妹

赵石妹，女，1984年生，现任昭通分公司巧家城北加油站副经理。2016年4月入职公司以来，她在平凡的岗位上，辛勤工作、默默奉献，用微笑打动顾客；她热心公益事业，加入郭明义爱心团队；她机智勇敢，在遭遇歹徒持刀抢劫、面临生命危险和国家财产遭受损失的关键时刻，背负刀伤，临危不惧，保障了600余名小区居民的生命财产安全。获得云南省"五一劳动奖章"、公司"忠诚企业、敬业奉献"模范员工、"优秀员工"等称号。2018年8月当选中国工会第十七次全国代表大会代表。

2016年4月，赵石妹成为公司的一名加油员。和其他加油员一样，赵石妹在三尺加油岛上展示着自己的人生。不一样的是，她用"心"服务、用"情"加油。昭通市处于云南省东北部，夏天，最能感受骄阳的"火热"；冬天，最能领教北风的"无情"，但她热心、诚心为顾客的亲情服务信念一直保持着恒温，始终做到每一位顾客一样热情，工作忙时闲时一样认真，顾客加多加少一样欢迎。一年四季，车辆进站，她总是微笑着小跑相迎；车辆加油，她总是微笑着介绍路况；车辆出站，她总是微笑着提醒注意安全。

赵石妹用真心、诚心服务每位顾客。若逢顾客不便，赵石妹就主动送油办卡。2017年3月4日下午，赵石妹正在加油机旁忙碌着，一个陌生电话来求助：车在半路上没油抛锚了，停在距离加油站大约还有2千米远的公路上，自己独自送货出门，要是来加油站上打油，就无人照看货车。了解情况后，赵石妹提起油桶加了100元的油，徒步把油送到目的地。

为赢得顾客的"心"，赵石妹坚持用爱经营。一天，一名司机跑到站上，找到赵石妹说："姑娘，我是外地人，妻子发高烧，可不可以给煮碗姜汤。"同事嘀咕着："又不常在咱们这儿加油，别管了。"但赵石妹却说："我们有困难的时候，不是也想着寻求帮助吗？帮帮他是应该的。"话音刚落，她就冲进厨房，煮了姜汤，并将从小药箱中取来的感冒药送到司机手中，司机激动得说不出话来。

关注细节，显真情。工作以来，赵石妹熟记了100多位老顾客的家庭信息和具体联系方式，逢年过节或顾客生日，她总是电话拜访、送祝福。在日常的加油服务中，她发现残疾人进站加油、交款、开票至少需要花费十几分钟的时间。为了方便残疾人进站加油，她就第一个主动对残疾人

加油实行加油、交款、开票"一条龙"服务，受到顾客的一致好评。

2017年9月27日3时35分，一名劫匪驾驶摩托车驶入昭通分公司巧家城北加油站。赵石妹为其加油后，突然，劫匪一刀子捅在她的左背部，并将其推倒在地，抢走赵石妹身上的营业款后，又逼迫赵石妹打开收银台钱箱，抢走里面的现金。劫匪仍不罢休，用刀逼着赵石妹走到加油机前，强迫她从加油枪里放汽油点火。赵石妹苦苦哀求："兄弟，钱你都拿去，就不要做傻事了！"看到她顶嘴，劫匪举刀又要砍她。无奈之下，赵石妹被迫开启5号加油机10号枪放出一些92号汽油，劫匪抢过油枪，拿出携带的铜丝捆绑加油枪开关把，意图持续大量放油。趁劫匪不备，赵石妹摆脱控制，跑过去，拉下油枪托，跑到站房二楼呼救。劫匪见形势不妙，丢下加油枪，点燃地上的汽油，驾驶摩托车仓皇逃离。现场火势一下子蹿了起来，赵石妹一边大声呼救，一边带刀伤冲下楼用灭火器扑灭了大火。加油站安全了！加油站周边小区的600余名居民安全了！可赵石妹却被送往了医院。赵石妹被送往医院途中，还挣扎着起身询问是否关闭加油站电源……事后鉴定，赵石妹背部的刀伤深5厘米、宽2厘米。

作为新时代石油工人，赵石妹用担当和责任诠释了对企业的奉献和忠诚，彰显了中国石油基层一线员工的时代风采。2018年10月，承载着亿万职工的重托，赵石妹作为中国石油39名参加全国总工会十七大代表之一，与来自全国各行各业的2000多名中国工会十七大代表和近百名特邀代表出席盛会，她心情无比激动，备受鼓舞，表示一定要自觉把个人理想、家庭幸福融入中华民族伟大复兴的使命中，大力弘扬劳模精神、劳动精神、工匠精神，不断提升自己的能力素质，在发展企业、服务社会的精彩人生中有所作为。

中国石油"十大加油状元"——肖兴颜

肖兴颜，女，1978年生，2001年7月进入西南销售贵阳分公司，历经加油员、前庭主管、计量员和加油站经理岗位工作。不管在哪个岗位，她都兢兢业业、任劳任怨。在她的带领下，坤达女子加油站3年之内由4000吨级加油站蜕变为万吨级加油站，并成为客户管理、现场管理、队伍管理的样板加油站。她总结推广的加油站"三心"（信心、诚心、耐心）服务法、首创的"员工职业规划五期管理方法"，在贵阳分公司广泛推广应用。其个人先后获贵州省"青年岗位能手"、中国石油"十大加油状元""百名优秀员工"、集团公司"优秀共产党员"、西南销售公司"优秀加油站经理""优秀共产党员"、贵州销售公司"优秀加油站经理"。

忠诚企业，实干奉献。担任加油站经理期间，她以站为家，虽然家离加油站不足十分钟路程，但她一心坚守岗位，带着3个月大的孩子和年过花甲的老人，一家三代驻守加油站，默默奉献。有人开玩笑说"中国石油给了你多少的工资，一家三代人上班？"肖兴颜每次都笑而不语。她将温情服务贯穿了生活，也将生活融入了工作。她把"顾客是否满意"作为衡量加油站服务的一把尺子，带领坤达加油站员工跑机关、下工地、进社区宣传中国石油品牌和服务，用"三心"服务法开发客户，把贵阳市邮政局、南明区法院、军体校等大单位、大客户请到了加油站定点加油，让加油站周边的企事业单位爱上中国石油，并促成了贵阳分公司与多家单位签订了长期供油协议。仅一年时间，坤达加油站固定客户突破50个，日均销量由13吨增至17吨。

关注细节，大胆探索。作为坤达加油站经理，她充分发挥女员工心细、嘴甜、微笑的特点，探索出为顾客服务的新技巧。通过细心观察、仔细研究顾客心理和开展服务创新竞赛、争当"明星员工"活动，激励员工多出点子、多想办法，为顾客提供周到细致的服务，使加油站各项经营管理水平稳步提升，员工服务意识、荣誉意识和创新意识切实增强，形成了一个积极向上的加油站团队。在开展精细化管理工作中，她大胆创新工作方法，启发核算员采用"零头收银"交接方式收缴营业款，采用"补齐和对空"方式进行便利店商品交接班，大大缩短员工交接班时间，促进了加油站团队工作效率提升。

关心员工,团结友爱。作为加油站经理,她将自己当成加油站大家庭的一家之长。一方面,她坚持"一定要将我们的员工培养成才"的想法,从工作上充分调动员工的积极性,促进员工成长成才,常态化开展非油促销竞赛,增加员工收入。日常注重开展岗位练兵,鼓励员工参与内外部培训学习。3年时间,其培养出加油站经理4名、计量员和核算员10名,做到了员工工作上的领导者和人生道路上的引导者。另一方面,她从生活上关心员工,在加油站坚持开展"关怀周"活动,关心关注员工生活状况,从点滴了解员工的心理动态,成为员工生活上的贴心人,增强了团队凝聚力和战斗力。

心系顾客,用心服务。她坚持"一户一策"开发和维护顾客。对新客户,她送上名片,亲自加油,了解有关信息,建立业务联系;对老客户,她打电话,发短信,节日早问候,生日送祝福;对重点客户,定期上门走访,开展联谊活动,营造亲情氛围;对一般客户,经常沟通情况,增进彼此了解,尽力满足需求。她视顾客为亲人,设身处地为顾客排忧解难,把中国石油的诚信植入顾客心中,不仅赢得了顾客赞誉,也收到了真诚回报。

她在平凡的销售一线岗位上不懈努力,用自己的真心、诚心和细心打动每一位顾客和员工。她立足本职,忠诚企业,在平凡的岗位上成就了不平凡的事业。

第二章　历年获表彰的公司级以上先进集体和优秀个人名单

第一节　国家级先进集体及优秀个人

2006 年
国务院国有资产监督管理委员会"中央企业知识型先进职工"
龚丕强

2008 年
国务院国有资产监督管理委员会 2008 年"抗雨雪冰冻灾害先进基层党组织"
西南销售公司党委
共青团中央"全国青年文明号"
金花加油站　夏云加油站
全国总工会"全国五一劳动奖状"
小碧加油站

2009 年
国务院国有资产监督管理委员会"中央企业劳动模范"
张本荷

2010 年
2009—2010 年度"全国青年文明号"
张本荷加油站
国务院国有资产监督管理委员会"中央企业优秀员工"
王玉琼

2011年
全国"优秀价格监测定点单位"
昆明分公司
全国"创先争优巾帼建功三八红旗集体"
金花加油站

2013年
中央企业先进集体
云南销售公司
中华全国总工会"全国五一劳动奖状"
云南销售公司
全国"职工职业道德建设标兵单位"
云南销售公司
共青团中央"全国最美青工"
张艳芬

2014年
共青团中央"全国青年安全生产示范岗"
欣都加油站
中共国资委委员会"中央企业优秀共产党员"
陈进军
共青团中央"全国青年岗位能手"
张艳芬
"第十届中国青年志愿者"优秀个人奖
苏丕超

2015年
全国"五一巾帼标兵"
秦怀波

2016年
2016—2017年度"全国优秀服务区"
勐养第一加油站　双廊服务区加油站

2016—2017年度"全国百佳示范服务区"
潞江坝服务区
全国"优秀质量管理小组"
楚雄分公司太阳女QC小组

2017年
全国"工人先锋号"
非油品公司中央仓
全国"巾帼文明岗"
高新加油站
全国工会"职工书屋模式创新示范项目"
党群工作处
全国"巾帼建功标兵"
董俊芳

2018年
共青团中央"全国优秀共青团员"
和利辉

第二节　集团公司级先进集体及优秀个人

2001年
中国石油天然气集团公司直属机关党委1998—2000年度"先进集体"
西南销售综合业务处

2003年
中国石油天然气集团公司直属机关2001—2002年度"先进集体"
西南销售云南分公司
中国石油天然气集团公司"基层百面红旗单位"
小菜园加油站

2004年
中国石油天然气集团公司"第二届优秀青年工作者"
朱　妩

2005 年

中国石油天然气集团公司"先进集体"

玉林分公司

中国石油天然气集团公司"劳动模范"

刘 杰

中国石油天然气集团公司"先进个人"

王勇波

中国石油天然气集团公司机关"优秀党务工作者"

郝丽萍

中国石油天然气集团公司直属党委"优秀共产党员"

肖兴颜

中国石油天然气集团公司"办公室系统先进个人"

杨德华

2006 年

中国石油天然气集团公司"先进员工之家"

滇中分公司　新成公司　滇南分公司

中国石油天然气集团公司思想政治工作部"宣传工作先进个人"

岑义林

中国石油天然气集团公司"四五"普法依法治企先进工作者

汪长波

2007 年

中国石油天然气集团公司直属机关党委"先进集体"

滇南分公司

中国石油天然气集团公司"标杆班组"

小碧加油站

中国石油天然气集团公司"先进班组"

楚雄油库　高仓加油站

中国石油天然气集团公司"青年文明号"

高新加油站

中国石油天然气集团公司"第四届优秀青年""中国石油·榜样"

张本荷

中国石油天然气集团公司"密码工作优秀个人"
司　燕
中国石油天然气集团公司直属机关"先进个人"
程斌虎

2008年
中国石油天然气集团公司规划计划部2008年度"统计工作目标管理统计工作优胜单位""优秀统计分析三等奖"
西南销售公司
中国石油天然气集团公司"思想政治工作先进集体"
贵州分公司党委　滇南分公司党总支
中国石油天然气集团公司"安全环保先进单位"
柳江油库
中国石油天然气集团公司"先进基层党组织"
贵阳分公司党支部
中国石油天然气集团公司"思想政治工作先进集体"
贵州分公司党委
中国石油天然气集团公司"先进职工之家"
夏云加油站
中国石油天然气集团公司"青年文明号"
夏云加油站　阳关加油站　黄山冲加油站
中国石油天然气集团公司2008年度直属机关"五四红旗团支部"
小碧加油站团支部
中国石油天然气集团公司"安全环保先进个人"
谢淑海
中国石油天然气集团公司2008年"办公系统优秀个人"
曾　中
中国石油天然气集团公司"优秀思想政治工作者"
杨德华　罗建伟　张月明
中国石油天然气集团公司"中国石油·榜样"典型宣传活动先进个人
王　虎
中国石油天然气集团公司"优秀共青团干部"
王志平

中国石油天然气集团公司2008年度"青年安全生产明星"
江　荣
中国石油天然气集团公司2008年度直属机关"青年岗位能手"
李　勇

2009年
中国石油天然气集团公司2008—2009年度"财务工作二等奖"
西南（云南）销售公司
中国石油天然气集团公司直属机关党委"先进集体"
安宁油库
中国石油天然气集团公司"销售系统十大标杆油库"
安宁油库
中国石油天然气集团公司"十大标杆加油站"
金花加油站
中国石油天然气集团公司2008—2009年度"绿色基层队站"
楚雄油库
中国石油天然气集团公司直属机关党委"先进个人"
苏朝祥
中国石油天然气集团公司2009年度"安全生产先进个人"
梁　宾
中国石油天然气集团公司"审计工作先进工作者"
聂　焱
中国石油天然气集团公司"后评价工作先进个人"
解晶晶
中国石油天然气集团公司"资金平台建设先进个人"
王丽萍

2010年
中国石油天然气集团公司审计部2009年度"审计信息化工作评比考核三等奖"
云南销售公司
中国石油天然气集团公司2009年度"信息化工作先进单位"
云南销售公司
中国石油天然气集团公司直属工会"模范职工之家"
云南销售公司工会

中国石油天然气集团公司"先进集体"
金花加油站
中国石油天然气集团公司"密码工作先进集体"
总经理办公室
中国石油天然气集团公司"先进工会组织"
玉溪分公司工会
中国石油天然气集团公司"十大特等劳动模范""铁人奖章"
张本荷
中国石油天然气集团公司"优秀青年"
张艳芬
中国石油天然气集团公司"HSE信息系统应用先进个人"
梁　宾
中国石油天然气集团公司"预算管理信息系统项目一期建设先进个人"
史咏梅　张斗云
中国石油天然气集团公司"十一五"统计工作先进个人
解晶晶
中国石油天然气集团公司"十一五"员工培训先进工作者
蔡新江
中国石油天然气集团公司"十一五"优秀兼职培训教师
蒋雁飞
中国石油天然气集团公司"纪检监察先进个人"
郭争光
中国石油天然气集团公司"密码工作优秀个人""保密工作优秀个人"
司　燕

2011年
中国石油天然气集团公司"环境保护先进企业"
云南销售公司
中国石油天然气集团公司2010年度"审计信息化工作三等奖"
云南销售公司
中国石油天然气集团公司党组"先进基层党组织"
大理（中青）分公司党委
昆明分公司城东经营部党支部

中国石油天然气集团公司"基层建设千队示范工程"示范单位
金花加油站　小菜园加油站　张本荷加油站　会兰加油站
中国石油天然气集团公司"绿色基层队站"
张本荷加油站
中国石油天然气集团公司"五五"普法依法治企先进集体
玉溪分公司
中国石油天然气集团公司直属工会"先进职工之家"
云南销售公司工会　昆明分公司工会
大理分公司机关工会　丽江分公司工会
金花加油站　东风加油站　楚雄油库
中国石油天然气集团公司"讲党性、重品行、做表率"创先争优活动先进集体
玉溪分公司综合办公室
中国石油天然气集团公司党组"优秀共产党员"
宋凤英　李永群
中国石油天然气集团公司党组"优秀党务工作者"
王　虎　张俪诚
中国石油天然气集团公司"办公系统先进个人"
王克军
中国石油天然气集团公司"安全管理先进个人"
马　黎　马　俊
中国石油天然气集团公司"安全生产先进个人"
刘劲松　岳　鸣
中国石油天然气集团公司"环境保护先进个人"
李　勇
中国石油天然气集团公司"HSE信息系统应用先进个人"
赵晓诚　邓　珏
中国石油天然气集团公司"五五"普法依法治企先进工作者
任家永
中国石油天然气集团公司十一五"内控与风险管理先进个人"
汪长波
中国石油天然气集团公司2009—2010年度"后评价先进工作者"
解晶晶
中国石油天然气集团公司监察部"效能监察先进个人"
尉　英

中国石油天然气集团公司"优秀青年工作者"
王志平

2012年
中国石油天然气集团公司"安全生产先进企业"
云南销售公司
中国石油天然气集团公司"环境保护先进企业"
云南销售公司
中国石油天然气集团公司"惩防体系建设先进单位"
云南销售公司
中国石油天然气集团公司"节能节水先进企业"
云南销售公司
中国石油天然气集团公司规划计划部2012年度"统计工作目标管理统计报表优胜单位"
云南销售公司
中国石油天然气集团公司审计部2011年度"审计信息化工作评比考核三等奖"
云南销售公司
中国石油天然气集团公司党组"创先争优先进基层党委"
昆明分公司党委
中国石油天然气集团公司创建"四好"领导班子先进集体
昆明分公司领导班子
中国石油天然气集团公司"安全生产先进监管部门"
质量安全环保处
中国石油天然气集团公司"节能节水先进单位"
德发加油站
中国石油天然气集团公司"绿色基层队站"
清华洞油库
中国石油天然气集团公司2009—2011年度"审计工作先进个人"
尉　英
中国石油天然气集团公司2012年度"安全生产先进个人"
梁　宾
中国石油天然气集团公司"节能节水先进个人"
史漾萍
中国石油天然气集团公司"安全管理先进个人"
王志平

中国石油天然气集团公司"环境保护先进个人"
赵晓诚
中国石油天然气集团公司"HSE管理体系推进工作先进个人"
李 勇 张 媛
中国石油天然气集团公司2010—2011年度"投资管理先进个人"
解晶晶
中国石油天然气集团公司2007—2011年度"资本运营工作先进个人"
任家永
中国石油天然气集团公司直属工会2010—2012年度"先进职工之家"
昭通巧家城南加油站

2013年
中国石油天然气集团公司"环境保护先进企业"
云南销售公司
中国石油天然气集团公司2012年度"信息工作先进单位"
云南销售公司
中国石油天然气集团公司"基层建设百个标杆单位"
金花加油站
中国石油天然气集团公司"绿色基层队站"
德发加油站
中国石油天然气集团公司"节能节水先进单位"
德发加油站
中国石油天然气集团公司"青年志愿服务先进集体"
郭明义爱心团队云南分队
彝良加油站青年志愿者服务队
中国石油天然气集团公司"安全管理先进个人"
杨 勇 王志平
中国石油天然气集团公司"保险管理先进个人"
邓一鑫
中国石油天然气集团公司"中国石油招标管理先进个人"
任家永
中国石油天然气集团公司2012年度"信息工作优秀个人"
李海忠

中国石油天然气集团公司"百佳爱心人物"
何燕琼
中国石油天然气集团公司"密码工作优秀个人"
司　燕

2014 年
中国石油天然气集团公司"管理提升活动先进单位"
云南销售公司
中国石油天然气集团公司"先进基层党组织"
曲靖分公司党委
中国石油天然气集团公司"档案工作评价 A 级单位"
总经理办公室
中国石油天然气集团公司"节能节水先进单位"
锁蒙加油站
中国石油天然气集团公司"五四红旗团委"
文山分公司团委
中国石油天然气集团公司"五四红旗团支部（总支)"
西园加油站团支部　芒市入口加油站团支部
中国石油天然气集团公司 2013 年度"环境保护先进个人"
薛雷声
中国石油天然气集团公司 2013 年度"节能节水先进个人"
袁　睿
中国石油天然气集团公司"安全生产先进个人"
袁　能
中国石油天然气集团公司"管理提升活动先进个人"
李　玲
中国石油天然气集团公司"办公室系统先进个人"
刘水平
中国石油天然气集团公司"优秀党务工作者"
张洪伟
中国石油天然气集团公司"优秀共产党员"
秦怀波
中国石油企业协会"先进工作者"
任家永

中国石油文联"石油舞蹈家"
程 茜
中国石油天然气集团公司"优秀共青团干部"
赵 然
中国石油天然气集团公司"优秀共青团员"
李文玲 肖朝毅
中国石油天然气集团公司团工委西南华南协作区"书香宝石花·点亮青春梦"双十读书青年知识竞赛"青年读书明星"
赵 娜

2015年
中国石油天然气集团公司"模范集体"
东兴加油站
中国石油天然气集团公司2015年度"质量信得过班组"
成品油检验班组
中国石油天然气集团公司"节能节水先进单位"
松林油库
中国石油天然气集团公司"绿色基层队站"
清华洞加油站
中国石油天然气集团公司2014年度"信息工作先进单位"
总经理办公室
中国石油天然气集团公司2015年"报送公文优秀单位"
总经理办公室
中国石油天然气集团公司"文联下基层工作先进集体"
云南销售公司"金孔雀"文艺小分队
中国石油天然气集团公司"劳动模范"
宋凤英
中国石油天然气集团公司第八届"优秀青年"
王玉琼
中国石油天然气集团公司"节能节水先进个人"
王义贵
中国石油天然气集团公司"安全生产先进个人"
李跃强

中国石油天然气集团公司"环境保护先进个人"

段洪武

中国石油天然气集团公司"2014年度信息工作优秀个人"

刘承栋

中国石油天然气集团公司"年鉴工作先进个人"

刘承栋

中国石油天然气集团公司"文联下基层工作先进个人"

程　茜　龙思元

2016年

中国石油天然气集团公司"十三五"规划工作先进单位

云南销售公司

中国石油天然气集团公司规划计划部2016年度"统计工作目标管理统计报表优胜单位"

云南销售公司

中国石油天然气集团公司"先进基层党组织"

普洱分公司党委

中国石油天然气集团公司2015年度"节能节水先进基层单位"

松林油库　清华洞油库

中国石油天然气集团公司"绿色基层队站"

西福路加油站

中国石油天然气集团公司"质量信得过班组"

秧田冲油库储运化验班

中国石油天然气集团公司"财务报告先进单位"

财务处

中国石油天然气集团公司2016年度"管理创新与实践工作优秀组织单位"

企管法规处

中国石油天然气集团公司"人事统计工作先进单位"

人事处

中国石油天然气集团公司2015年度"报送公文优秀单位"

总经理办公室

中国石油天然气集团公司2016年度"管理创新优秀成果三等奖"

党群工作处

中国石油天然气集团公司2014—2015年度"五四红旗团支部"

瑞丽加油站团支部

中国石油天然气集团公司"安全管理先进个人"
尹丽芳　熊红志
中国石油天然气集团公司"安全生产先进个人"
周　斌　过光明　李跃强
中国石油天然气集团公司"环境保护先进个人"
廖　科　段洪武
中国石油天然气集团公司"节能节水先进个人"
李伟杰
中国石油天然气集团公司"质量计量标准化管理先进个人"
王　恒
中国石油天然气集团公司"HSE 管理体系推进工作先进个人"
李世森　李　勇
中国石油天然气集团公司"财务工作先进个人"
杨　健　燕爱良
中国石油天然气集团公司"十二五"财税价格工作先进个人
周春雨
中国石油天然气集团公司"法律与合规工作先进个人"
任家永
中国石油天然气集团公司"六五"普法先进个人
杨光福
中国石油天然气集团公司"十三五"规划工作先进个人
张　雪
中国石油天然气集团公司"物资采购与招标管理先进个人"
方指胜
中国石油天然气集团公司"人事统计工作先进个人"
余红美
中国石油天然气集团公司"信息化工作先进个人"
唐　璐
中国石油天然气集团公司"纪检监察专家"
余国昌
中国石油天然气集团公司"先进科技工作者"
代　鹏
中国石油天然气集团公司"优秀党务工作者"
潘竟忠

中国石油天然气集团公司"优秀共产党员"
杨兴林
中国石油天然气集团公司2014—2015年度"优秀共青团干部"
宗　瑶
中国石油天然气集团公司2014—2015年度"优秀共青团员"
杨志燕

2017年
中国石油天然气集团公司"质量先进企业"
云南销售公司
中国石油天然气集团公司"安全生产先进企业"
云南销售公司
中国石油天然气集团公司"安全生产先进监管部门"
质量安全环保处
中国石油天然气集团公司"节能节水先进单位"
文山羊街加油站　清华洞油库
中国石油天然气集团公司"绿色基层队站"
楚雄太阳女加油站
中国石油天然气集团公司"质量信得过班组"
成品油检验中心清华洞分中心
中国石油天然气集团公司"铁人先锋号"
太阳女加油站
中国石油天然气集团公司办公室系统"先进集体"
总经理办公室
中国石油天然气集团公司第九届"优秀青年"
何德能
中国石油天然气集团公司"质量管理先进个人"
王延军
中国石油天然气集团公司"安全管理先进个人"
张继弟
中国石油天然气集团公司"安全生产先进个人"
谭红兵
中国石油天然气集团公司"环境保护先进个人"
李　勇

中国石油天然气集团公司"管理提升信息报送先进个人"

李　玲　张云丽

中国石油天然气集团公司"组织史资料编纂工作先进个人"

武　举

中国石油天然气集团公司"办公室系统先进个人"

张月明

中国石油天然气集团公司"信息工作先进个人"

刘振兴

中国石油天然气集团公司"统计工作先进个人"

王佑坤

中国石油天然气集团公司"优秀通讯员"

曹玉宏

2018年

中国石油天然气集团公司2017年度"业绩考核A级单位"

云南销售公司

中国石油天然气集团公司2017年度"质量先进企业"

云南销售公司

中国石油天然气集团公司"管理创新信息报送工作销售企业"第二名

云南销售公司

中国石油天然气集团公司"安全生产先进监管部门"

质量安全环保处

中国石油天然气集团公司2017年度"绿色基层队站"

太阳女加油站

中国石油天然气集团公司2016—2017年度"青年文明号"

金牛加油站　永定加油站

中国石油天然气集团公司"五四红旗团支部"

秧田冲油库团支部

中国石油天然气集团公司"十大标杆加油站"

西福路加油站

中国石油天然气集团公司"十大模范经理人"

杨先春

中国石油天然气集团公司"十大模范油库主任"

邓代斌

中国石油天然气集团公司"十大模范客户经理"
郭 霖
中国石油天然气集团公司"十大模范便利店主管"
沐桂萍
中国石油天然气集团公司2017年度"环境保护先进个人"
李 勇
中国石油天然气集团公司2017年度"安全生产先进个人"
谭红兵
中国石油天然气集团公司2017年度"质量管理先进个人"
王延军
中国石油天然气集团公司"管理创新信息报送先进个人"
李 玲 葛 新 李娇雁
中国石油天然气集团公司信息管理部"公安部——护网2018网络攻防演习"表彰
唐 璐 夏保昆
中国石油天然气集团公司2015—2017年度"审计工作先进者"
尉 英
中国石油天然气集团公司"十佳宣传部长"
王 虎
中国石油天然气集团公司2016—2017年度"优秀共青团干部"
杨 栗 汪韶琛
中国石油天然气集团公司2016—2017年度"优秀共青团员"
白慧萍 黄久琳

第三节 股份公司级先进集体及优秀个人

2001年
中国石油天然气股份有限公司2000年度"直属机关先进集体"
西南销售公司综合业务处

2003年
中国石油天然气股份有限公司"十大加油状元"
肖兴颜

2004 年

中国石油天然气股份有限公司"先进销售单位"

云南分公司　西南销售公司综合业务处

中国石油天然气股份有限公司"百座红旗加油站"

曙光加油站　侨星加油站

中国石油天然气股份有限公司"先进销售工作者"

王勇波　盛毅辉　郑　峰　宋根成

中国石油天然气股份有限公司"百名优秀加油员"

凌秀英　肖兴颜　姚丽娟

2005 年

中国石油天然气股份有限公司2004年度"安全生产先进单位"

西南销售公司

中国石油天然气股份有限公司"资金集中管理工作先进个人"

梅元金　宋　琪　景占虎　苏丽佳　杨荣生　钟永洪　韦春荣　张荣平　刘竹青

中国石油天然气股份有限公司"股权管理通报表扬个人"

史咏梅

中国石油天然气股份有限公司"会计集中核算工作先进工作者"

张建银　郎　胜　吴　振　陈涵光

2006 年

中国石油天然气股份有限公司规划计划部"2005年度后评价工作先进单位"

西南销售公司

2007 年

中国石油天然气股份有限公司2006年度"安全生产表扬单位"

西南销售公司

2008 年

中国石油天然气股份有限公司"会计一级集中核算先进个人"

杨　健　贺　健　徐重临　郎　胜

2011 年

中国石油天然气股份有限公司"中国石油明星加油站经理人"

王玉琼

中国石油天然气股份有限公司"资金管理平台建设先进个人"
冯　涛　王丽萍

2012 年
中国石油天然气股份有限公司"十大标杆加油站"
张本荷加油站
中国石油天然气股份有限公司"十大模范经理人"
杨辉国

2015 年
中国石油天然气股份有限公司"十大模范经理人"
赵文强
中国石油天然气股份有限公司"十大模范油库主任"
苏朝祥
中国石油天然气股份有限公司"十大模范加油站经理"
张本荷　陈学艳
中国石油天然气股份有限公司"十大加油明星"
和利辉

2016 年
中国石油天然气股份有限公司"统计报表优胜单位"
市场营销处

2017 年
中国石油天然气股份有限公司"油品销售经典策略"
市场营销处

第四节　销售公司级先进集体及优秀个人

2001 年
中国石油天然气股份有限公司炼油与销售分公司 2000 年度"价格信息工作一等奖"
西南销售公司综合业务处

中国石油天然气股份有限公司炼油与销售分公司2000年度"双文明加油站"
巨星加油站　小菜园加油站　明波加油站　龙山加油站　玉龙加油站　侨星加油站

2002 年
中国石油天然气股份有限公司炼油与销售分公司2001年度"价格信息工作一等奖"
西南销售公司综合业务处

2003 年
中国石油天然气股份有限公司炼油与销售分公司"销售企业廉洁自律模范干部"
郝丽萍

2004 年
中国石油天然气股份有限公司炼油与销售分公司2003年度"销售网络开发先进单位"
云南分公司
中国石油天然气股份有限公司炼油与销售分公司2003年度"销售网络开发先进个人"
李月平　袁载兴　沈永明　李建龙
中国石油天然气股份有限公司炼油与销售分公司2003年度"工程建设管理先进个人"
喻德泉

2006 年
中国石油天然气股份有限公司炼油与销售分公司"党群系统先进集体"
西南销售公司机关第一党支部
黔南销售分公司
中国石油天然气股份有限公司炼油与销售分公司2004—2005年度"工程建设项目管理先进个人"
谢安升
中国石油天然气股份有限公司炼油与销售分公司"先进工作者"
施建恒
中国石油天然气股份有限公司炼油与销售分公司第二届"十名模范加油站经理"
乐贺超
中国石油天然气股份有限公司炼油与销售分公司"党群系统优秀个人"
优秀党务工作者：李彦龙　江南萍　刘华江
优秀人事工作者：刘启然　任家永　施建恒　梁大林

2007年
中国石油天然气股份有限公司炼油与销售分公司2006年度"石油产品价格管理和价格信息工作先进单位"
西南销售公司
中国石油天然气股份有限公司炼油与销售分公司"第二届中国石油成品油销售系统十名加油状元"
张本荷

2008年
中国石油天然气股份有限公司销售分公司2007年度"石油产品价格信息工作先进单位"
云南分公司

2010年
中国石油天然气股份有限公司销售分公司"加油站统计分析工作先进单位"
云南销售公司
中国石油天然气股份有限公司销售分公司"十大金花加油站经理"
张本荷
中国石油天然气股份有限公司销售分公司"销售企业加油站润滑油零售能手三等奖"
马元德

2011年
中国石油天然气股份有限公司销售分公司"加油站统计分析工作先进单位"
云南销售公司
中国石油天然气股份有限公司销售分公司"零售统计分析工作先进个人"
赵丽燕
中国石油天然气股份有限公司销售分公司"中国石油销售先进职业技能鉴定站站长"
任家永

2012年
中国石油天然气股份有限公司销售分公司"明星加油站经理人"
张本荷　张艳芬　王玉琼　董仕华　陈学艳　严茂雄
中国石油天然气股份有限公司销售分公司"零售统计分析工作先进个人"
赵丽燕

2013 年

中国石油天然气股份有限公司销售分公司"优秀地市经理人"
杨辉国　罗建伟　李　新　马　黎

中国石油油品销售地市公司工作会议会务工作"优秀个人"
唐　璐
中国石油天然气股份有限公司销售分公司2012年度"信息化类先进个人"
辛　姜

2014 年

中国石油天然气股份有限公司销售分公司"质量计量管理先进单位"
云南销售公司
中国石油天然气股份有限公司销售分公司"计量管理先进个人"
张学坤

2015 年

中国石油天然气股份有限公司销售分公司2015年度"昆仑好客人气百强便利店"
古路湾加油站便利店　禄膨加油站便利店　潞江坝加油站便利店　黄金海岸加油站便利店
勐仑加油站便利店
中国石油天然气股份有限公司销售分公司2015年度"昆仑好客收入百强便利店"
张本荷加油站便利店　弥勒服务区便利店　北二环加油站便利店　大平地加油站便利店
中国石油天然气股份有限公司销售分公司2015年度"昆仑好客创新奖"
北二环加油站"四步促销法"
中国石油天然气股份有限公司销售分公司2015年度"昆仑好客优秀店长"
黄慧玲　李文玲　殷丽华　周　悦
中国石油天然气股份有限公司销售分公司2015年度"昆仑好客优秀管理者"
王志勇　程　华
中国石油天然气股份有限公司销售分公司2015年度"昆仑好客优秀员工"
陈　瑞　丁　燕　董学会　黄瑞媛　李王雁
中国石油天然气股份有限公司销售分公司"质量、计量管理先进个人"
雷观南
中国石油天然气股份有限公司销售分公司"开口营销"服务技能竞赛获奖名单
优秀组织奖　　云南销售公司
杰出班组奖　　云南销售公司加油站班组A队、B队

优秀班组奖　　云南销售公司油库班组
金牌选手　　　伏雪蛟
银牌选手　　　刘振兴　黄瑞媛　边　霄
铜牌选手　　　范　艳　吕仲尧　王析论
优秀选手　　　周　江　陈　尹

2016 年
中国石油天然气股份有限公司中国石油油品销售"百座示范加油站"
陆通加油站　弥勒服务区加油站　张本荷加油站
中国石油天然气股份有限公司中国石油油品销售"十大创新标兵"
张艳芬
中国石油天然气股份有限公司中国石油油品销售"百名功勋加油站经理"
缪富祥　杨兴林　王玉琼
中国石油天然气股份有限公司中国石油油品销售"百名明星加油站经理"
何德能　罗琴波　杨志刚　权本恩
中国石油天然气股份有限公司销售分公司"十二五期间优秀培训师"
张　媛　何红艳　李思霖
中国石油天然气股份有限公司销售分公司"十二五期间优秀考评员"
雷观南　李承明　李　强

2017 年
中国石油天然气股份有限公司销售分公司"网络开发先进团队"
投资处　楚雄分公司
中国石油天然气股份有限公司销售分公司"工程建设优秀团队"
工程建设管理处　蒙自油库项目经理部　昆明分公司
中国石油天然气股份有限公司销售分公司"价值创造梦之队"
市场营销处
中国石油天然气股份有限公司销售分公司2016年劳动竞赛"零售类先进集体""加油卡类先进集体"
德宏分公司　业务运作部
中国石油天然气股份有限公司销售分公司"网络开发先进工作者"
马　晨　曹　刚
中国石油天然气股份有限公司销售分公司"规划先进工作者"
杨　晋

中国石油天然气股份有限公司销售分公司"工程建设先进工作者"
谢安升　赵文涛　张文斌
中国石油天然气股份有限公司销售分公司"工程建设突出成就奖"
李月平
中国石油天然气股份有限公司销售分公司"计划先进工作者"
陈　雷
中国石油天然气股份有限公司销售分公司"油品销售卓越贡献奖"
徐光磊
中国石油天然气股份有限公司销售分公司"中国石油油品销售营销能人"
金笃军　刘小波　宋凤英　万永川
中国石油天然气股份有限公司销售分公司"数据淘金高手"
刘洪金　宁　鸿
中国石油天然气股份有限公司销售分公司"运作组织专家"
唐　薇　史龙平　王　林

2018年
中国石油天然气股份有限公司销售分公司2017年度"投资与工程工作先进单位"
云南销售公司
中国石油天然气股份有限公司销售分公司第三届加油站经理论坛"优秀组织奖"
云南销售公司
中国石油天然气股份有限公司销售公司"百座示范加油站"
江南加油站
中国石油天然气股份有限公司销售分公司2017年度"投资与工程建设工作先进个人"
李海明
中国石油天然气股份有限公司销售分公司"十大治理能手"
张见宝
中国石油成品油销售"百名明星加油站经理"
赵　娜　赵松涛　刘卫平
中国石油成品油销售"百名好客之星"
马金勇　赵　丹　张建荣　孙仕奎

第五节　省级先进集体及优秀个人

2005 年
共青团贵州省委"青年文明号"
侨星加油站　龙里加油站　黄泥塘加油站

2006 年
贵州省"励业工程"特别贡献奖
贵州分公司
共青团贵州省委"青年文明号"
小碧加油站　湘江加油站　耀华加油站　长城加油站
共青团贵州省委"五四红旗团支部"
夏云加油站

2007 年
共青团贵州省委"青年文明号"
黔西加油站　凯达加油站
贵州省职工职业道德建设"十佳个人"
阳起元
贵州省总工会"五一劳动奖状"
夏云加油站

2008 年
贵州省国资委党委"抗冰雨雪灾害先进个人"
江　荣

2009 年
云南省统计局 2009 年度"成品油统计工作先进单位"
云南销售公司

2010 年
共青团云南省委"青年岗位能手"
王玉琼

2011年

云南省国资委"先进基层党组织"

红河分公司党委

云南省"三八红旗集体"

高新加油站

云南省商务厅"2010年度云南省用户满意加油站"

太阳女加油站

云南省国资委"优秀共产党员"

苏朝祥

共青团云南省委"优秀共青团干部"

刘国栋

2012年

云南省统计局2012年度"能源环境统计工作"先进单位

云南销售公司

云南省"信访工作突出贡献奖"

丽江分公司

共青团云南省委"云南青年五四奖章"

张艳芬

云南省"三八红旗手"

张俪诚

云南省国资委党委"深入开展创先争优活动先进个人"

张本荷　杨燕丽

共青团云南省委"优秀共青团员"

朱艳香

云南省"云南精神"演讲大赛国有企业选拔赛三等奖

金红梅

2013年

云南省统计局2013年度"能源环境统计工作先进单位"

云南销售公司

云南省国资委"中央驻滇企业2009—2012年党建工作考核优秀等级"

云南销售公司党委

云南省"工人先锋号"
大平地加油站
共青团云南省委"五四红旗团委"
昭通分公司团委
共青团云南省委"五四红旗团支部"
西园加油站团支部　茶苑加油站团支部
云南省"五一劳动奖章"
张艳芬
云南省国资委党委"学习型党组织建设先进个人"
陈金和
云南省商务厅2012年度"云南省加油服务明星"
董俊芳
共青团云南省委"优秀共青团干部"
苏彦林　章永明
共青团云南省委"优秀共青团员"
苏丕超

2014年
云南省"五一巾帼标兵岗"
城东加油站
云南省国资委党委"先进基层党组织"
小菜园加油站党支部
云南省国资委党委"优秀党务工作者"
陈金和
云南省国资委党委"优秀共产党员"
杨芹翠　潘文彪
云南省总工会"和谐家庭"
张晓燕　李兴林　杨林华
共青团云南省委"优秀共青团员"
和利辉

2015年
云南省"中国—南亚博览会志愿者工作先进集体"
云南销售公司团委

云南省"工人先锋号"

古路湾加油站

云南省"巾帼文明岗"

安宁油库发油班

云南省"五一巾帼标兵岗"

阿鲁加油站　东风加油站　广南经营部

云南省"青年文明号"

富民加油站

云南省"青年安全生产示范岗"

太阳女加油站

云南省"五一劳动奖章""职工职业道德建设十佳标兵"

杨兴林

云南省"五一劳动奖章"

杨芹翠

云南省"巾帼建功标兵"

罗琴波

云南省"五一巾帼标兵"

张晓怀

云南省财政厅与云南财经大学2012级云南省高级会计管理人才（企业类）培养班"优秀学员"

尉　英

云南省国资委党委"优秀共产党员"

潘文彪

共青团云南省委"优秀共青团干部"

任　倩

2016年

2015年度云南省总工会"重点工作目标考核先进单位"三等奖

云南销售公司工会

2015年度云南省"女职工工作目标责任考评"一等奖

云南销售公司女工委员会

云南省"工人先锋号"

非油品经营管理公司

云南省"五一巾帼标兵岗"

西河加油站

云南省国资委党委"先进基层党组织"

工程建设管理处党支部　直属机关第三党总支

2015—2016年度云南省"安康杯"竞赛先进集体

昭通分公司

共青团云南省委2015年度"五四红旗团委"

曲靖分公司团委

云南省国资委"中国共产党成立95周年歌咏比赛优秀奖"

云南销售公司

云南省"五一劳动奖章"

边　宵

云南省"五一巾帼标兵"

伏雪蛟　边　宵　刘筱杭　董俊芳
田智梅　张兆静　黄仁敏　黄瑞媛

云南省第十二轮"职工技术技能大赛技术状元"

边　霄　刘　明　侯愚堃　刘筱杭

云南省"三八红旗手"

董俊芳

云南省国资委党委"优秀党务工作者"

董俊芳

云南省国资委党委"优秀共产党员"

赵旭灿

共青团云南省委"优秀共青团员"

张兆静

云南省总工会"和谐家庭"

梁　宾　鲁国应

云南省总工会"好妻子"

曹艳红

2017年

2016年云南省总工会"重点工作目标考核先进单位"二等奖

云南销售公司工会

2016年云南省总工会"女职工工作目标责任考评"特等奖

云南销售公司女工委员会

共青团云南省委"五四红旗团委"
文山分公司团委
云南省第二十二届"劳动模范"
张晓怀
云南省"巾帼建功标兵"
司 燕 陆鹏燕
共青团云南省委"岗位学雷锋标兵"
苏丕超
共青团云南省委"优秀共青团员"
何玉环

2018年
云南省总工会"模范职工之家"
云南销售公司工会
云南省国资委党委"先进基层党组织"
宁蒗扶贫工作队党支部
云南省煤炭电力化工工会"模范职工小家"
昭通巧家城北加油站
共青团云南省委"五四红旗团支部"
红瓦加油站团支部
云南省"五一劳动奖章"
赵石妹
云南省国资委党委"优秀党务工作者"
杨根旺
云南省国资委党委"优秀共产党员"
罗 端
云南省煤炭电力化工工会"最美职工"
赵石妹
共青团云南省委"优秀共青团干部"
胡 晓

第六节　公司级以上创新案例、项目、论文及成果获奖情况

2010 年
中国石油思想政治工作优秀案例
云南销售公司"加油站'五小'建设强'三基'"
中国石油天然气集团公司 2009 年"优秀效能监察项目"
三等奖
云南地区 47 座加油站便利店施工管理效能监察
　项目组：聂　焱　尉　英　冯　敏　白伟全

2011 年
石油审计优秀论文
二等奖
《油品销售企业领导干部经济责任审计研究》
　作者：史咏梅　尉　英

2012 年
中国监察学会石油分会第三片组 2012 年优秀论文
一等奖
《关于开展石油销售企业巡视工作的探索与研究》
　作者：郭争光　尉　英
中国石油天然气集团公司 2011 年度"优秀效能监察项目"
三等奖
加油站整改项目管理效能监察
　项目组：史咏梅　尉　英　李　坚

2013 年
全国石油石化企业管理现代化创新优秀论文
二等奖
《强化营销队伍建设　推进精细管控　提升市场竞争力》

作者：魏秋冬　赵朝忠　唐　薇　宁　鸿　侯　雯

三等奖

《加油站用地法律风险及防范措施解析》

作者：任家永　杨光福

中国石油天然气集团公司基层建设"十大案例"

金花加油站"文化铸站特色强站"基层建设案例

石油审计优秀论文

三等奖

《运用风险导向在石油销售企业建立行之有效的损耗评估体系》

作者：史咏梅　郭争光　尉　英

云南省国资委国有企业党建重点课题

优秀奖：自媒体时代成品油销售企业舆情预防与应对的方法途径研究

作者：蒋雁飞　曹玉宏

鼓励奖：践行"一线工作法"　推进服务型党组织建设的实践和思考

作者：张利娟　刘兴艳

鼓励奖：关于改进和创新国有企业党建工作的探索与思考

作者：朱　妩　金红梅

2014年

全国石油石化企业管理现代化创新优秀论文

二等奖

《试论中国石油文化与云南地域文化的融合》

作者：刘秀兰　王克军

三等奖

《运用风险导向审计在石油销售企业建立行之有效的损耗评估体系》

作者：史咏梅　郭争光　尉　英

《自助加油站应该具备的安全条件》

作者：岳　鸣　刘秀兰　曹靖国

《浅议4P、4C、4R理论在成品油营销中的应用》

作者：刘利荣

中国监察学会石油分会优秀论文

二等奖

《关于开展石油销售企业巡视工作的探索与研究》

作者：郭争光　尉　英

中国石油天然气集团公司"12·23"井喷事故警示月活动论文

三等奖

《浅析加油站摩托车加油风险控制》

作者：梁　宾　赵露霞

2015年

中华人民共和国国家知识产权局授予的"实用型专利证书"

一种防静电火花耐用的加油枪活接套

发明者：代　朋

全国石油石化企业管理现代化创新优秀论文

二等奖

《薪酬激励在地市公司发展中的几点作用及体系建设探讨》

作者：朱亮波

三等奖

《加油卡风险分析及应对措施》

作者：史咏梅　尉　英　杨瑞军　向有翠

《加强人文关怀和心理疏导　提高企业思想政治工作水平》

作者：金红梅

《销售企业如何通过品牌形象传递服务理念——基于培养品牌忠诚的视角》

作者：王彦佳雨

《便利店商品库存主次因素分析法的应用》

作者：李思霖

中国石油学会石油经济专业委员会第四届"青年论坛征文"

二等奖

《论石油销售企业低成本发展战略》

作者：冯　涛　金广宇

三等奖

《成品油销售企业税收筹划研究》

作者：杨　健　李海洋　周春雨

云南省女职工技术创新成果

东风加油站"4311优化排班法"

2016年

中国石油天然气集团公司管理创新优秀论文

二等奖

《"三全一防"主动预防内控体系的构建和实施—以中油碧辟公司内控管理为例》

作者：李　玲

三等奖

《非油物流优化研究》

作者：黄光富

《加油站服务"最后一公里"浅析》

作者：张艳雪

《中油碧辟业务模式对销售企业"油卡非润"一体化运行的借鉴》

作者：赵朝忠

中国石油天然气集团公司管理创新优秀成果

三等奖

"张本荷劳模创新工作室"加油站创新创效实践

项目组：赵剑春　王　虎　刘秀兰　刘国栋　张本荷　曹　军　谢　刚　冯运松
　　　　吴玉松　程　茜

中国石油天然气集团公司"两学一做"学习教育党支部书记优秀党课

一等奖

践行"两学一做"擦亮窗口形象，做忠诚干净担当的销售一线石油人

作者：杨兴林

三等奖

做能担当、敢担当、善担当的合格共产党员

作者：张　磊

扎实开展"两学一做"学习教育，坚定理想信念，争做先锋模范

作者：葛　新

云南省总工会经审优秀调研报告及论文

云南销售公司工会

2017年

中国石油天然气集团公司管理创新优秀成果

二等奖

FAB4P商品价值矩阵在加油站便利店销售中的创新与应用

项目组：郑阁辉　程　华　郭丽云　王志勇　罗真勇　黄　瑛

　　　　刘　庆　李思霖　王红权　杨林华　张正祥

三等奖

应用信息技术提升成品油损耗管控能力

项目组：刘启然　朱明刚　唐　璐　杨　勇　王　辉　王　恒　尹丽芳　杨　洋

"五朵金花"特色文化加油站群体打造

项目组：赵剑春　王　虎　刘秀兰　冯运松

直销"惠购油"微信营销平台建设及应用

项目组：金笃军　赵朝忠　陈延平　刘小波

昆仑润滑油及车辅产品"油卡润汽"联动营销模式创新与应用

项目组：王志勇　杨洪祯　杨林华　胡登华　钟永洪　王红权　康红梅　张正祥

《中国石油喜迎党的十九大》丛书之《榜样引领》

东兴加油站《"三位一体"联动经营　细处大写管理文章》

中国石油天然气集团公司组织史资料企业卷优秀著作

三等奖

云南销售公司组织史资料

作　者：刘忠华　任家永　潘竟忠　孙　英　李新宇　詹宝军
　　　　李　黎　余红美　武　举　袁海龙　汪韶琛

中国石油油品销售"优秀论文"

《"互联网+"时代成品油营销模式创新的思考》

作者：魏秋冬

《共享单车对城市汽油消费的影响》

作者：孙晓娜

《直销业务规范管理与创新发展的思考》

作者：金笃军

《浅析直销APP平台建设的整体架构及思路》

作者：赵朝忠

销售公司精细化会议经典营销策略

"惠购油"直销微信精细营销平台

"三全营销"客户开发服务法

社会油站服务产品营销法

2018年

中华人民共和国国家知识产权局"实用型专利证书"

一种加油站消防安全小型多功能灭火车

发明者：代　朋

全国石油石化企业管理现代化创新优秀论文

二等奖

《成品油销售企业法律事务管理工作探析》

作者：刘启然　聂　焱　杨光福

《非油品业务HSE风险分析与防控》

作者：朱明刚　张丽明　李伟杰

三等奖

《浅析成品油销售企业资金风险及防范措施》

作者：毕春霞

《浅谈省级财务集中核算及共享模式下如何开展财务稽查工作》

作者：霍　芩

《租赁加油站主要法律风险类别与防控措施研究—以中国石油云南销售公司为例》

作者：汤玉波

《在"互联网+"背景下对成品油销售企业管理创新的几点思考》

作者：李　玲

《浅析新形势下加油站控员增效的风险与应对》

作者：朱　妩　梁　宾　杨玉玲

《成品油销售企业营销队伍建设及市场竞争力提升研究》

作者：赵朝忠

浅谈如何持续提升店面销售能力

作者：沈建雄

《成品油库物流优化研究—以中国石油云南销售公司为例》

作者：谢淑海

《成品油销售企业创新管理体系构建研究》

作者：朱明刚　唐　璐

《浅析加油站重大改造风险与防控》

作者：梁　宾　赵露霞

中国石油党建思想政治工作研究会销售分会政研课题研究成果

一等奖

中国石油企业形象塑造与企地文化融合的探索实践

二等奖

企业文化创意产品创新创效案例研究

销售公司加油站"油卡非润"一体化营销话术评选活动

优秀组织单位：云南销售公司

一等奖

昆明分公司干坝塘加油站货运类营销话术

丽江分公司私家车类营销话术

二等奖

保山分公司私家车类营销话术

曲靖分公司私家车类营销话术

三等奖

红河分公司货运类营销话术

楚雄分公司其他类营销话术

迪庆分公司私家车类营销话术

西双版纳分公司私家车类营销话术

玉溪分公司私家车类营销话术

临沧分公司私家车类营销话术

昆明分公司西福路加油站私家车类营销话术

普洱分公司私家车类营销话术

大理分公司私家车类营销话术

昭通分公司政府企事业类营销话术

文山分公司政府企事业类营销话术

第三章　历年获表彰的公司级先进集体和优秀个人名单

第一节　历年年度先进集体及优秀个人

1999 年

(一) 先进集体：储运安全处　财务资产处

(二) 先进个人：李克俭　王志勇　陈继华　李亚莉　聂　焱　张晓玲　蒯　凯　郑清甫
　　　　　　　袁　薇　李玉香　刘秀兰　冉进军　于　蓉　肖金贵　李灵民

2000 年

(一) 先进单位：新成公司　广西分公司

(二) 先进处室：综合业务处

(三) 先进个人：刘　杰　吴利民　王明敏　李建龙　肖金贵　黄彦林　闫继怀　李克俭
　　　　　　　李　虹　雷启宏　杨文玲　李海明　陈继华　王志勇　曹靖国

2001 年

(一) 先进单位：中油英茂公司　中油强林公司

(二) 先进处室：综合业务处　财务资产处

(三) 先进个人：李克俭　赵文强　王志勇　刘秀兰　杨德华　任　军　赖　玉　李亚莉
　　　　　　　李海明　于　蓉

2002 年

(一) 先进处室：综合业务处　质量安全处

(二) 先进个人：杨德华　陈继华　梅元金　高　雁　宋　亮　王　健　华　桦　赵文强
　　　　　　　秦绍锁　宋根成　徐书伟

(三) 优秀加油员工：肖兴颜　尤桂英　何　芸　陈树云　王政芳

（四）优秀加油站长：乐贺超　李鸿斌　何赞羔　陈　军　郭先林

（五）优秀油库员工：郭红彬　李　院　李丰才　黄小红

（六）优秀基层管理员工：史咏梅　邓代斌　赵华成　时战英　胡　滢

2003 年

（一）先进处室：综合业务处　财务资产处

（二）先进个人：任　军　李海明　刘秀兰　徐　毅　杨文玲　莫　云　蒋雁飞　赵　民

（三）先进油库：浑水塘油库

（四）优秀加油员工：何　娜　许华香　鲁翠妃　杨　超

（五）优秀加油站长：宁德荣　李鸿斌　李献庭　王　锐

（六）优秀油库员工：张克全　尹水才

（七）优秀基层管理人员：史咏梅　聂志坚　沈永明

2004 年

（一）先进油库：成都新成石化公司 102 油库

（二）优秀加油站长：宁德荣　邱　英　李鸿斌　武学华　乐贺超　冯伟革　罗　杰
　　　　　　　　　郭先林　张仁志　赵体华

（三）优秀加油员工：张本荷　张建华　和桂萍　杨海政　罗仕贤　苏　容　张　园
　　　　　　　　　肖兴颜　陆治梅　吴仕玖

（四）优秀油库员工：王　礼　张克全　贺开文　李桂芳　陈建锦　吴超勇　覃　闯
　　　　　　　　　黄小红　杨富华　王志远

（五）优秀基层管理人员：郭　瑜　沈永明　沈建雄　李敬东　赵华成　徐广禄　陈光雄
　　　　　　　　　　　刘光浩　徐　璐　胡海龙

2005 年

（一）先进处室：调度运输处　综合管理与法律事务处

（二）先进油库：102 油库　河池油库　楚雄油库

（三）红旗加油站

广西分公司：正大加油站　华武加油站　屏风加油站

贵州分公司：龙里加油站　黄泥塘加油站

滇中分公司：梁源加油站

滇西分公司：中鑫加油站

滇东北分公司：沾益玉林加油站

滇东南分公司：西北路加油站

滇南分公司：玉溪东风加油站

（四）优秀管理人员

广西分公司：冉进军　赵华成　张荣平　时战英　龚丕强

贵州分公司：胡海龙　李廷静　苏　石　王勇波

滇中分公司：李桃荣　郑振安

滇西分公司：彭　娟

滇东北分公司：葛楚祥

滇东南分公司：张　平

滇南分公司：李永生

成都新成公司：乔　梁

公司机关：王　健　朱明刚　江海涛　沈永明　任　军　雷观南　韩经昆

（五）优秀加油站经理

广西分公司：乐贺超　罗　杰　刘团安　候伶俐

贵州分公司：张仁志　张前方　詹　丹

滇中分公司：武学华　李红斌　杨明菊

滇西分公司：李献廷　陈金玲

滇东北分公司：文开勇

滇东南分公司：邓大海

滇南分公司：吴玲珊

（六）优秀加油站员工

广西分公司：甘书志　谭雪霜　罗智德　欧　玲　陈　强　张　园
　　　　　　梁莉莉　潘　辉　韦　罗　石晓桃　廖艳红　蔡　燕

贵州分公司：陈大鹏　刘永红　王　琴　王桂琴　罗良艳　李贤贵　梁　婷

滇中分公司：张本荷　张琼仙　沈冬芹　鲁绍江　杨　艳　张佳燕

滇西分公司：常永倩　陆鹏燕　李红艳　闫祥旭

滇东北分公司：黄春莲　宁德尧

滇东南分公司：查为美　王金明

滇南分公司：普　罗　周应福

（七）优秀油库员工

广西分公司：唐云辉　庞黄富

贵州分公司：罗　臣　毛建新　朱仁龙

滇中分公司：杨　素　韩文林

滇西分公司：刘家平

滇东北分公司：张杰红

成都新成公司：李先儒

2006 年

（一）先进单位：广西分公司　滇南分公司　新成公司

（二）先进处室：综合管理与法律事务处　加油站管理处

（三）先进油库：柳江油库　四瑞油库　楚雄油库　曲靖油库

（四）先进加油站

广西分公司：华武加油站　南宁金明加油站　南宁正大加油站

贵州分公司：贵阳小碧加油站　毕节黄泥塘加油站

滇中分公司：金虎加油站　曙光加油站

滇西分公司：玉龙加油站

滇东北分公司：会泽永强加油站

滇东南分公司：灰土寨加油站

滇南分公司：高仓加油站

（五）优秀管理人员

广西分公司：王炳明　宋　琪　刘应德　龚丕强　时战英

贵州分公司：李廷静　陈　潜　莫忠华　张小燕

滇中分公司：谢淑海　张学坤　向有翠　朱怡锦

滇西分公司：施建恒　马　俊　杜　敏

滇东北分公司：杨　勇　葛俊武

滇东南分公司：苏艳华　张　平

滇南分公司：武宜彬　杜　斌

新成公司：乔　梁

润滑油经营部：杨林华

公司机关：梁　宾　杨京会　曾　中　丁　缨　汪长波　王湘江　张月明　倪增华

（六）优秀库站经理

广西分公司：乐贺超　李沛松　李　雁　蒙志纯　吴佳仰　于占宝　张　园

贵州分公司：詹　丹　王兴福　张前方

滇中分公司：王绍银　刘登全　潘文彪

滇西分公司：吴云翠　苏朝祥

滇东北分公司：董佳尧

滇东南分公司：童　丽

滇南分公司：张继弟

（七）优秀员工

广西分公司：黄 涛　赵海军　黄艳春　劳 锋　何锡铭　倪润有
　　　　　　刘茹英　农荣家　罗南夏　韦州妮　谢法理　黄 幸
　　　　　　梁日涛　卢凤愿　韦 罗　雷相师　梁维信　卢少群
　　　　　　韦安荣　段小松　蓝练新　黎澄清　蒋新宇　蔡文豪
　　　　　　林 波　覃 雁

贵州分公司：王 芳　王建平　周 华　陈兴丽　丁玉琴　杨贵碧
　　　　　　冯 成　文正忠　吴德华　杨永贵　蒋 懋　陈富强
　　　　　　王 琴　张 波　李柏翠

滇中分公司：马云祥　林 林　李国荣　李金丽　宋 丽　王开华
　　　　　　杨金安　赵秀康　黄初朴　张晓波　杨 俊　史桂萍
　　　　　　张本荷　周保章　杨光华　陈 丽

滇西分公司：钏才菊　纪 强　黎文兰　李青松　李益飞　刘 宏
　　　　　　杨宏霞　周从荣

滇东北分公司：杨海燕　沈修艳　王 力　李建颖

滇东南分公司：毛云凤　权本恩　吴娅萍　张李贵　周继生

滇南分公司：余红美　宋紫琦　杜学芹　岩 班

新成公司：向远才

润滑油经营部：张正祥

2007年

（一）先进单位：滇中分公司　滇西分公司

（二）先进处室：总经理办公室　加油站管理处　财务处

（三）先进油库：柳江油库　安宁油库　楚雄油库

（四）先进加油站

广西分公司：正大加油站　海湾加油站　新大新一加油站

贵州分公司：小碧加油站　夏云加油站　长城加油站

滇中分公司：小菜园加油站　德发加油站

滇西分公司：金花加油站

滇东北分公司：玉林加油站

滇东南分公司：团山加油站

滇南分公司：东风加油站

大理中青公司：芒核加油站

（五）优秀管理人员

广西分公司：宋 琪　刘应德　朱丽萍　李静波　孙淑华　樊志明
　　　　　　李成云　张燕东　黄忠智　叶建波　时战英　李 博
　　　　　　许雨顺　郑明辉　何 明
贵州分公司：郭 河　张婷婷　苏 石　张仁志　常鸿斌　张发富
　　　　　　舒 斌　谌业平　朱清毅　申 亚
滇中分公司：李桃荣　解晶宇　林源媛　杨 晋
滇西分公司：李敬东　李 伟　孙旭伟
滇东北分公司：武宜彬　张洪伟
滇东南分公司：彭 云　苏艳华
滇南分公司：曹艳红　宋紫琦
大理中青公司：郭向斌　李德仙　马 俊　陈明红
新成公司：王 垣
润滑油经营部：杨林华
公司机关：汪长波　杨 杰　徐时国　陈金和　史咏梅　黄光富
　　　　　饶君荣　孙卫刚　詹宝军

（六）优秀库站经理

广西分公司：乐贺超　金玉昌　侯伶俐　于占宝　刘团安
贵州分公司：江 荣　徐 荣　王兴福　张前方
滇中分公司：王 林　孙晓娜　刘登全
滇西分公司：董学良　何赞羔
滇东北分公司：李兴林
滇东南分公司：杨国萍
滇南分公司：刘杞福
大理中青公司：洪 流

（七）优秀员工

广西分公司：朱 玲　阮小妮　陈肖静　张 浪　卢少群　卢 钊
　　　　　　邹 珍　陈 然　莫吉琦　黎桂华　卢文威　倪润有
　　　　　　袁民志　农金梅　张衍良　邓开菊　覃正规　苏丽萍
　　　　　　龚玉娟　叶松芳　潘 鹏　卢凤愿　周 鸣　黄艳春
　　　　　　胡万鹏
贵州分公司：王治宏　范 林　杨廷舜　罗冯梅　杨贵碧　唐显梅
　　　　　　赵 叶　柏牡丹　符 丽　陈富强　刘 蕾　耿仲丽
　　　　　　赵 鑫　冯 成
滇中分公司：郭红彬　李韩艳　张述均　王永胜　李利春　何应花

　　　　　　段学明　马莉娜　陈志丹　白继兵　仇丽华　沈加翠
　　　　　　赵慈航　张本荷
滇西分公司：范春卫　李必仙　李　桦　刘家平　王海明　肖　华　许　波
滇东北分公司：李颂赟　武亚林　张　洪　李俊美　李友芬
滇东南分公司：胡艳林　黄晓戈　陆增旺　杨文仙
滇南分公司：刘晓鹏　王玉琼　陈顺珠　宗梦祥
大理中青公司：秦　燕　李　波　周　欣　杨艳新
新成公司：刘渭锋
润滑油经营部：张颖慧
公司机关：马　超

2008年

（一）先进单位：广西分公司　贵州分公司　滇中分公司

（二）先进处室：人事处　加油站管理处

（三）先进油库：安宁油库　楚雄油库　柳江油库

（四）先进加油站

广西分公司：玉林华武加油站　北部湾海湾加油站　南宁金安加油站

贵州分公司：贵阳贵花加油站　安顺夏云加油站　黔南公交加油站

滇中分公司：德发加油站　圭山加油站

滇西分公司：东南加油站

滇东北分公司：新桥加油站

滇东南分公司：灰土寨加油站

滇南分公司：宇丰加油站

大理中青公司：东山加油站

中油强林公司：禄膆加油站

（五）优秀管理人员

广西分公司：王诚信　冉进军　宋　琪　赵华成　徐才水　樊志明
　　　　　　朱丽萍　郑祖雄　李静波　韦燕飞　江南萍　许雨顺
　　　　　　朱　宏　龚丕强　陶焕称

贵州分公司：刘华江　张婷婷　孙　静　刘晓慧　董震宇　王　闯
　　　　　　王勇波　卢　伟　张发富　杨胜文　吴　涛　黄小红

滇中分公司：冯术坤　王小宁　申永毅　周　恒　齐芙蓉　吴　林

滇西分公司：丁　磊　孙旭伟　文平权　緱亮亮

滇东北分公司：臧国云　杨　勇

滇东南分公司：李跃强　何振兴

滇南分公司：黄建华　刘贵久

大理中青公司：段开文　陈明红

中油强林公司：彭　云

云南物流公司：吕振忠

非油业务经营部：杨林华

公司机关：陈　晖　徐光磊　邵李慧　梁　宾　曹　军
　　　　　毕建琼　王　健　谢安升

（六）优秀库站经理

广西分公司：阮小妮　朱艳娜　银景培　梁　飞　马朝晖　罗成军

贵州分公司：肖兴颜　胡志威　王兴福　符连会　张启军

滇中分公司：王　锐　刘登全　孙晓娜

滇西分公司：李华贵

滇东北分公司：黄照志

滇东南分公司：屠金发

滇南分公司：刘永平

大理中青公司：董仕华

中油强林公司：左世亮

云南物流公司：尹水才

（七）优秀员工

广西分公司：何立松　冯收娃　宁梅英　黄　富　刘柳英　刘　伟
　　　　　　李有愉　刘丕艳　冯贤伟　张衍良　陆秋菊　陈友华
　　　　　　韦艳萍　韦　慧　龚桂香　黄秋妹　王翠兰　罗湘岚
　　　　　　秦荣平　李良昌　王大刚　段小松

贵州分公司：朱子熹　陈兴丽　吴和春　刘　涛　杨佳虎　聂天义
　　　　　　赵贵花　柏牡丹　汪铭梅　陈富强　龙树元　王定先

滇中分公司：张本荷　施坚慧　李晓玲　林　超　杞增富　余腾超
　　　　　　常彦龙　李凤丽　罗　萍　赵树华

滇西分公司：张云华　李秋艳　陈雨萍　李红娟　黄　玲　范春卫

滇东北分公司：王素珍　李颂赟　胡玉梅　张朝巧

滇东南分公司：邓世平　刘　静　侯佑粉　杨宣贵　韦德恩

滇南分公司：王琳琳　张云丽　赵正斌

大理中青公司：张　羽　禹华金　李顺喜　赵衍丽

中油强林公司：陈锦记　吕燕波　于红双

云南物流公司：王桂凤　张述均

非油业务经营部：张颖慧

公司机关：张　强

2009年

（一）先进单位：红河分公司　丽江分公司　物流中心

（二）先进处室：加油站管理处　党群工作处（企业文化处）

（三）网络开发先进集体：曲靖分公司　红河分公司　丽江分公司

（四）先进油库：安宁油库　晋宁油库

（五）先进加油站

昆明分公司：西园加油站　小菜园加油站　路美邑加油站

大理（中青）分公司：凤山加油站　清华洞加油站

曲靖分公司：大花桥加油站　西华加油站

红河分公司：曲江加油站　团山加油站

玉溪分公司：高仓加油站

文山分公司：灰土寨加油站　富宁迎宾加油站

楚雄分公司：三家塘加油站　太阳女加油站

保山分公司：和顺加油站

西双版纳分公司：双联加油站

丽江分公司：古路湾加油站

昭通分公司：荷花加油站

中油强林公司：禄脿加油站

（六）优秀管理人员

昆明分公司：刘　宇　周　恒　盖沂伟　吕　霞

大理（中青）分公司：熊红志　李晓波　杨光福

曲靖分公司：陈　雪　吴　非　向有翠

红河分公司：白　梅　龚建松

玉溪分公司：李永生　余红美

文山分公司：李　龙　吕红梅

楚雄分公司：施建恒

保山分公司：和敬媛　罗文华

西双版纳分公司：黄　亚

丽江分公司：耿普选

昭通分公司：李兴林

物流中心：丁　缨　张学坤

非油品中心：杨林华

中油强林公司：彭　云

公司机关：陈星戎　郎　胜　丁　猛　倪增华　杨　杰　王志平

（七）优秀库站经理

昆明分公司：张本荷　葛　华　何德能

大理（中青）分公司：刘　宏　汤永泉

曲靖分公司：谭红兵　缪富祥

红河分公司：高江华　杨朝露

玉溪分公司：刘杞福

文山分公司：杨德有　杨　斌

楚雄分公司：杨芹翠　王　琪

保山分公司：周建国

西双版纳分公司：陈紫千

丽江分公司：余何丽

昭通分公司：李文博

物流中心：陈时礼

中油强林公司：张永华

（八）优秀员工

昆明分公司：王晓东　李维杨　张　瑜　马丽艳　和海羽　王从芬
　　　　　　迟焕梅　马雪娇　白　冬　史顺鹏　包小菊

大理（中青）分公司：宝　林　郭向斌　和恩雄　马　恢　万永川
　　　　　　　　　　夏　峰　杨志珍

曲靖分公司：陶凤仙　陈乔芬　杨宏斌　胡祥莲　杨俊梅

红河分公司：邓世平　陆献高　戚江友

玉溪分公司：刘　艳　王竹梅　余　艳

文山分公司：高　燕　肖文清　郑　敏

楚雄分公司：金海丽　李正丽

保山分公司：李光萍　尹艳丽

西双版纳分公司：唐　春　杨家燕

丽江分公司：罗振豪

昭通分公司：王朝文

物流中心：李　竞　郭红彬

非油品中心：赵忠平

中油强林公司：和　勇　王良典　顾正兵

公司机关：李小宏

（九）网络开发优秀个人

昆明分公司：高大凡

大理（中青）分公司：李　伟

曲靖分公司：李　辉

红河分公司：周有和

玉溪分公司：王栩亦

文山分公司：陈洲云

楚雄分公司：王　斌

保山分公司：谢　旸

西双版纳分公司：田　江

丽江分公司：徐代强

昭通分公司：李兴林

2010 年

一、先进集体

（一）先进单位

红河分公司　保山分公司

（二）先进处室

调运处（调度中心）　投资处

（三）先进油库

仓储管理中心：安宁油库

（四）先进加油站

昆明分公司：张本荷加油站　西园加油站　红瓦加油站　盈轶加油站

曲靖分公司：宣威祥达加油站　罗平环城加油站　瑞麟加油站

大理分公司：金牛加油站

红河分公司：八号洞加油站　茂源加油站

玉溪分公司：宇丰加油站　东风加油站

文山分公司：羊街加油站　迎宾加油站

楚雄分公司：禄丰金山加油站　鹿城南路加油站

保山分公司：城市加油站　勐巴加油站

西双版纳分公司：江南加油站

丽江分公司：古路湾加油站

昭通分公司：葡泉加油站

普洱分公司：茶城加油站

临沧分公司：城北加油站

德宏分公司：姐勒加油站

中油强林公司：和平加油站

大理中青公司：清华洞加油站

（五）先进便利店

昆明分公司：白云加油站便利店　张本荷加油站便利店

西双版纳分公司：普光加油站主站便利店

文山分公司：灰土寨加油站便利店

中油强林公司：禄脿加油站便利店

玉溪分公司：东都加油站便利店

二、优秀个人

（一）优秀管理人员

昆明分公司：徐光磊　邱　英　张艳雪　刘柱花　张　雪

曲靖分公司：王素珍　韩　霞　陈　雪　王莉莉

大理分公司：王永聪　李献庭

红河分公司：孙　荣　于　楠

玉溪分公司：李永生　余红美

文山分公司：王国祥　赵　平

楚雄分公司：杨友平　施建恒

保山分公司：和敬媛　谢　旸

西双版纳分公司：朱龙敏　黄建华

丽江分公司：刘　穗　杨宏霞

昭通分公司：李兴林

普洱分公司：何红艳

临沧分公司：马振海

德宏分公司：高　勇

仓储管理中心：李世荣

非油品公司：毕建琼　李思霖

中油强林公司：和兰芬　龙永君

大理中青公司：袁　能

公司机关：许　强　唐　薇　夏　敏　孙庆华　李　勇　丁　猛

杨洪祯　吴　金　解晶晶

(二) 优秀油库主任

仓储管理中心：苏朝祥

(三) 优秀加油站经理

昆明分公司：张本荷　刘培友　刘登全　马东方
曲靖分公司：宁德尧　陈乔芬　李粉丽
大理分公司：张建宝
红河分公司：李利飞　杨朝露
玉溪分公司：刘杞福　武春明
文山分公司：杨德有　杨宣贵
楚雄分公司：刘杞明　陈　宏
保山分公司：龙林武　张自钧
西双版纳分公司：谢卫权
丽江分公司：张云达
昭通分公司：桂贤稳
普洱分公司：许　艳
临沧分公司：梁体华
德宏分公司：杨　能
中油强林公司：张永华
大理中青公司：洪　流

(四) 优秀员工

昆明分公司：杨海林　查红岗　葛咏梅　郭国琼　陈建英　彭　丽
　　　　　　文德昆　李凤丽　李庭雄　严玉美　蔡　金
曲靖分公司：胡　艳　郭振强　张　艳　李　伟　朱艳香　耿世武
　　　　　　邓冬梅
大理分公司：段迎春　王芝勇　桑丽芳　王海军
红河分公司：彭建云　沈杨川　徐启艳　杨美仙　张月梅
玉溪分公司：李志萍　马　丹　段自强　刘建琼
文山分公司：黄　芳　王绍芝　杨　辉　卢海萍　李显槭
楚雄分公司：王　冰　余发英　胡　清
保山分公司：杨德艳　张艳清　吴金娇
西双版纳分公司：王晓梅
丽江分公司：和雪珍
昭通分公司：陈　瑞　何贤友

普洱分公司：杨加燕

临沧分公司：李云虎

德宏分公司：汤晓娟

仓储管理中心：刘艳艳　朱久明

非油品公司：杨林珍

中油强林公司：管国金　张琼仙　李有丽

大理中青公司：张晓娟　段　琴　张建米　梁体鹏

公司机关：郑　茂

2011年

（一）先进单位：昆明分公司　非油品公司

（二）先进处室：市场营销处　财务处

（三）先进加油站

昆明分公司：明波加油站　润心加油站　严家山加油站

大理（中青）公司：金牛加油站　凤北加油站

曲靖分公司：大花桥加油站　沾益玉林加油站　富源佳源加油站
　　　　　　宣威祥达加油站

红河分公司：清远加油站　田心加油站

玉溪分公司：欣都加油站

文山分公司：羊街加油站　珠街加油站

楚雄分公司：西城加油站

保山分公司：和顺加油站

西双版纳分公司：云龙加油站

丽江分公司：长水加油站

昭通分公司：荷花加油站

普洱分公司：茶苑加油站

临沧分公司：羊头岩加油站

德宏分公司：芒核加油站

中油强林公司：双龙加油站

（四）先进便利店

昆明分公司：高新加油站便利店　张本荷加油站便利店

曲靖分公司：三所加油站便利店

玉溪分公司：欣都加油站便利店

文山分公司：会兰加油站便利店

西双版纳分公司：普光加油站便利店

昭通分公司：荷花加油站便利店

普洱分公司：兰花加油站便利店

（五）优秀管理人员

昆明分公司：梁　宾　朱怡锦　解晶宇　刘洪金

大理（中青）公司：王永聪　史　军　史漾萍

曲靖分公司：陈金龙　葛俊武　胡　晓　刘培友

红河分公司：于　楠　赵小希　杨　栗

玉溪分公司：朱　旭　戴艳苹

文山分公司：杨　斌　褚苗苗　陈梅芬

楚雄分公司：赵忠平　段洪武

保山分公司：张国刚　尹欣熠

西双版纳分公司：张云美　黄　亚

丽江分公司：张学鹏

昭通分公司：李兴林　赵　丹

普洱分公司：肖香华

临沧分公司：李坤莲

德宏分公司：赵家吕

仓储管理中心：郭向斌

非油品公司：王红权　李思霖

中油强林公司：龙永君

公司机关：施　茜　孙晓娜　倪增华　杨映冬　汤玉波　刘国栋
　　　　　　裴　兵　尉　英

（六）优秀油库主任

仓储管理中心：王　斌

（七）优秀加油站经理

昆明分公司：李志新　普　莉　杨光华

大理（中青）公司：董本云　陈学艳

曲靖分公司：许　兵　普润兰　杨根旺

红河分公司：赵红鑫　李贵平

玉溪分公司：王玉琼

文山分公司：杨志刚　舒世曦

楚雄分公司：吴　平

保山分公司：段向葵

西双版纳分公司：李　青
丽江分公司：赵松涛
昭通分公司：孔令学
普洱分公司：罗　娅
临沧分公司：陈国军
德宏分公司：何利芬
中油强林公司：张永华

（八）优秀员工

昆明分公司：栾凤川　孙云凤　史顺鹏　董开远　沙　佳　普珍丽
　　　　　　陈　鹏　赵春亮　王正修　彭有华　李荣芳　伏雪蛟
　　　　　　张华翠

大理（中青）公司：段迎春　张小娟　蒙娟枝　茶林俐　李玉环

曲靖分公司：吴少红　饶子弘　陈　芳　谷朴艳　旬　锐　史小辉
　　　　　　方翠兰　李加梅　宁莲娥　唐艳梅

红河分公司：李红娇　李梦云　邓小仙　张　毅　王光林　毛云凤

玉溪分公司：杨明金　余春美　詹星星　张小燕

文山分公司：朱　丽　杨　选　侬瑞莲　李天芬　李明珍　陈忠梅

楚雄分公司：胡　清　李　红　杨德员　周　杰

保山分公司：李红娟　王雪婷　纳志兰

西双版纳分公司：杨晓燕　王晓梅

丽江分公司：和寿梅　王丽芳

昭通分公司：王华艳　李章琴　张广珍　张志斌　赵庆梅

普洱分公司：李文龙　陶春季

临沧分公司：纪建彩　张学菊

德宏分公司：兰　洁　杨菊香

仓储管理中心：杨丽娟　张兴良　刘艳祥

非油品公司：陈　燕

中油强林公司：白秀琴　永培东　叶玉琼

2012 年

（一）先进单位：昆明分公司　西双版纳分公司　非油品公司

（二）先进处室：市场营销处　加油站管理处

（三）先进加油站

昆明分公司：织布营加油站　高新加油站　宝洪加油站

曲靖分公司：会泽奔腾加油站　曲靖大花桥加油站
　　　　　　宣威吉通加油站　沾益玉林加油站

大理（中青）公司：金花加油站　沙龙加油站

红河分公司：团山加油站　清远加油站

玉溪分公司：东风加油站　宇丰加油站

文山分公司：法棚加油站　卧龙加油站

楚雄分公司：太阳女加油站

保山分公司：潞江坝加油站

西双版纳分公司：云龙加油站

丽江分公司：古路湾加油站

昭通分公司：水富振兴南路加油站

临沧分公司：羊头岩加油站

普洱分公司：茶城加油站

德宏分公司：边关加油站

中油强林公司：双龙加油站

（四）先进便利店

昆明分公司：高新加油站便利店　红瓦加油站便利店

曲靖分公司：弈腾加油站便利店

大理（中青）公司：沙龙加油站便利店

红河分公司：鑫海加油站便利店

玉溪分公司：欣都加油站便利店

文山分公司：环西路加油站便利店

德宏分公司：边关加油站便利店

中油强林公司：禄脿加油站便利店

（五）先进油库：安宁油库

（六）优秀管理人员

昆明分公司：程　华　叶芮含　张高宁　张春林　金红梅

曲靖分公司：陈　雪　黄明文　刘培友　周　江

大理（中青）公司：王永聪　魏宏伟　史　军　万永川

红河分公司：吴宝青　吴　锐　赵小希

玉溪分公司：宋紫琦　张　磊

文山分公司：梁艳访　吴明波　郑先玲

楚雄分公司：储丽萍　夏　龙

保山分公司：龙超敏　李海燕

西双版纳分公司：张云美　高　丹

丽江分公司：李艳菊　熊春兰

昭通分公司：林　刚　李琴琴

临沧分公司：王宏明

普洱分公司：祁　梅

德宏分公司：濮兴美

非油品公司：黄　英　王以琴

仓储分公司：任　倩

中油云岭公司：朱　彬

中油强林公司：龙永君

中油能源公司：张健臻

云投中油公司：吉　超

公司机关：李海忠　蔡新江　唐　薇　李　勇　谢安升　黄　涤　王　辉　李　玲

（七）优秀油库主任

仓储分公司：苏朝祥

（八）优秀加油站经理

昆明分公司：陈　云　杨明菊　关俊权

曲靖分公司：杨根旺　邹秀兰　宋云富　何江文

大理（中青）公司：陈学艳　张爱林

红河分公司：邓世平　金维艳

玉溪分公司：贾丽彦　刘建琼

文山分公司：李　琼　苏　林

楚雄分公司：尚费平

保山分公司：杨　俊

西双版纳分公司：玉南应

丽江分公司：董仕华

昭通分公司：张　阳

临沧分公司：王怀惠

普洱分公司：李　超

德宏分公司：赵衍丽

中油强林公司：张永华

（九）优秀员工

昆明分公司：董学会　杨芹林　武广福　陈天荣　王学二　钱朝梅
　　　　　　李　江　王秋丽　邓大英　雷晶红　李　莉　何廷现

杭学斌

曲靖分公司：方　俊　肖丽秀　李建文　李响兵　田智梅　吴美双
　　　　　　苟　锐　农　朴　陈永林　保周德

大理（中青）公司：李　珊　洪　芳　张　羽　罗晓玲　张　飞

红河分公司：张　娜　王丽琼　杨志燕　普丽芳　王　旭　周　园

玉溪分公司：李秀葵　王卫斌　杨丹平　张　强

文山分公司：罗艳玲　王　伟　岳绍长　杨　辉　曾玉柳　郑　敏

楚雄分公司：胡　清　罗恩才　夏天芬　苏银秀

保山分公司：李红娟　杜亚楠　杨荣丽

西双版纳分公司：桑小平　刀剑荣　白文丽

丽江分公司：和　舟　刘　浩

昭通分公司：马良娇　范广智　武孔刚　李　丽　李章琴

临沧分公司：纪建彩　杨蓉涛

普洱分公司：罗琴波　曾进香

德宏分公司：段艳萍　架　也

非油品公司：管　芮　杨宝峰

仓储分公司：张星东　刘家平　娄光平

中油强林公司：李燕琼　李成奇　张琼仙

2013 年

（一）首届"劳动模范"暨"张本荷式员工"

昆明分公司高新加油站经理：张艳芬

曲靖分公司马龙片加油站经理：何江文

仓储分公司安宁油库主任：潘文彪

玉溪分公司客户经理：宋凤英

红河分公司弥勒服务区加油站前庭主管：杨志燕

玉溪分公司东风加油站经营管理目标责任人：王玉琼

公司党群工作处：曹　军

非油品公司业务运作部主任：杨　杰

大理（中青）公司非油品业务部主任：史　军

公司加油站管理处：邵李慧

昆明分公司小菜园加油站经理：陈　云

楚雄分公司大平地加油站经理：刘杞明

文山分公司总会计师：杨瑞军

昆明分公司红瓦加油站经理：李志新

中油云岭公司董事长、党委书记：李彦龙

（二）先进单位：昆明分公司　仓储分公司　昭通分公司

（三）先进处室：市场营销处　企管处

（四）先进加油站

昆明分公司：织布营加油站　红瓦加油站　宝洪加油站　德发加油站

曲靖分公司：师宗紫薇加油站　陆良西华加油站　曲靖大花桥加油站
　　　　　　会泽奔腾加油站

大理（中青）公司：顺达加油站　金汇加油站

红河分公司：蔓耗加油站　清远加油站

玉溪分公司：东风加油站　欣都加油站

文山分公司：宝宁加油站　环西路加油站

楚雄分公司：大平地加油站

保山分公司：兰城加油站

西双版纳分公司：勐养第一加油站

丽江分公司：玉河加油站

昭通分公司：荷花加油站

临沧分公司：城市加油站

普洱分公司：中原加油站

德宏分公司：芒核加油站

中油强林公司：曙光加油站

（五）先进便利店

昆明分公司：双龙信誉加油站便利店

曲靖分公司：东源加油站便利店

大理（中青）公司：金花加油站便利店

红河分公司：弥勒服务区加油站便利店

文山分公司：珠街服务区加油站便利店

楚雄分公司：东南加油站便利店

丽江分公司：古路湾加油站便利店

昭通分公司：红路加油站便利店

德宏分公司：瑞丽边关加油站便利店

中油强林公司：和平加油站便利店

（六）先进油库：安宁油库

（七）优秀管理人员

昆明分公司：李　勇　樊孝元　解晶宇　朱怡锦
曲靖分公司：陈　雪　贾立坤　张智威　葛楚祥
大理（中青）公司：和敬媛　史漾萍
红河分公司：张　慧　蔡艳萍　谷加升
玉溪分公司：李井泉　张云丽
文山分公司：杨德有　韩　秀　杨　敏
楚雄分公司：肖　斌　刘永兴　赵忠平
保山分公司：李　斯　康坤菊　龙超敏
西双版纳分公司：张云美　高　丹　徐永洪
丽江分公司：张云达　白俊敏
昭通分公司：彭　铃　李琴琴　李兴林
临沧分公司：黄　蓉　李　波
普洱分公司：肖云华　祁　梅　刘利荣
德宏分公司：濮兴美　谷淑秋　任立荣
非油品公司：黄　英　马先艳
仓储分公司：张学坤
中油强林公司：席云霞
中油云岭公司：朱　彬
中油能源公司：潘晓青　施　鸿
云投中油公司：钱志惠　黄　平
云路中油公司：侯昌利　孙晟涛
公司机关：刘水平　余红美　苏丽佳　史龙平　赵晓诚　韩春玲　王　辉　同志刚

（八）优秀油库主任：苏朝祥

（九）优秀客户经理

昆明分公司：邓莉娟
曲靖分公司：王宏飞
红河分公司：资　聪

（十）优秀加油站经理

昆明分公司：朱　亚　刘　明
曲靖分公司：赵　彪　马金勇　杨应福　崔光月
大理（中青）公司：陈学荣　罗志生　杨燕丽
红河分公司：邓世平　王朝波
玉溪分公司：苏进平　王文琼
文山分公司：杨志刚　黄成飞　刘本荣

楚雄分公司：杨芹翠

保山分公司：杨　俊　段向葵

西双版纳分公司：刘　清　玉南应

丽江分公司：罗　晴

昭通分公司：李维杨　邓家全

临沧分公司：梁体华　王怀惠

普洱分公司：李文龙

德宏分公司：朱艳香

中油强林公司：张永华

（十一）优秀员工

昆明分公司：闪世华　李艳萍　郑兴华　杨文江　冯　莉　朱创洲
　　　　　　吴　蓉　季引林　白三妹　施庭权　刘　娇　张华翠

曲靖分公司：张春娇　付兆仙　吴绍芬　徐柳峰　姜永金　冯　鑫
　　　　　　王　欣　邓　鸟　邓冬梅

大理（中青）公司：李金环　柯文山　杨　钧　肖丽云

红河分公司：田　清　黄玉娟　张永芳　周　园

玉溪分公司：李金丽　赵　蓉　周成坤

文山分公司：欧永梅　田秀梅　张　瑜　施彦娥

楚雄分公司：张宏琼　周菊芬　常景瑜

保山分公司：景春玲　李艳丽　张春兰

西双版纳分公司：王晓梅　吴晓丽

丽江分公司：谢国群　和明生

昭通分公司：李章琴　李　丽　刘明芝　魏银琴

临沧分公司：李　兰　杨晓坤

普洱分公司：毕海波　李建芳

德宏分公司：刘帮国

非油品公司：陈　燕

仓储分公司：华　荣　冷长虹　杨　非

中油强林公司：陈燕飞　王　敏　吴全芬

2014年

（一）先进单位：楚雄分公司　仓储分公司　非油品公司

（二）先进处室：调度运输处　审计监察处

（三）先进加油站

昆明分公司：织布营加油站　同兴加油站　润心加油站　德发加油站
曲靖分公司：沾益广源加油站　会泽振兴加油站　曲靖城东加油站
　　　　　　陆良大板田加油站
大理（中青、能源）公司：金花加油站　大井加油站
红河分公司：弥勒服务区加油站　阿土加油站
玉溪分公司：港都加油站　宇丰加油站
文山分公司：城北加油站　环西路加油站
楚雄分公司：龙海加油站　元谋加油站
保山分公司：潞江坝加油站　槟榔江加油站
西双版纳分公司：勐养第一加油站
丽江分公司：玉河加油站
昭通分公司：赵家海加油站　大山包加油站
临沧分公司：勐省加油站
普洱分公司：陆通加油站
德宏分公司：芒市入口加油站
中油强林公司：和平加油站

（四）先进便利店

昆明分公司：严家山加油站便利店　张本荷加油站便利店
曲靖分公司：会泽奔腾加油站便利店
大理（中青、能源）公司：金花加油站便利店
红河分公司：弥勒服务区副站加油站便利店
玉溪分公司：欣都加油站便利店
文山分公司：珠街服务区加油站1站便利店
保山分公司：潞江坝加油站便利店
西双版纳分公司：勐仑加油站便利店
临沧分公司：西河加油站便利店
中油云岭公司：富民加油站便利店

（五）先进油库：清华洞油库

（六）优秀管理人员

昆明分公司：刘洪金　叶芮含
曲靖分公司：谭红兵　张粉娥
大理（中青、能源）公司：侯　杰　李春艳
红河分公司：李跃强　童　丽
玉溪分公司：龚朝玺　李金丽

文山分公司：韩　秀　肖文平

楚雄分公司：施建恒　吴云翠

保山分公司：何赞羔　徐红萍

西双版纳分公司：陈　超

丽江分公司：程锦春

昭通分公司：陈乾坤　张志斌

临沧分公司：王国市　周　扬

普洱分公司：陈紫千

德宏分公司：刘莉娟

非油品公司：罗真勇　原　田

仓储分公司：杨　洋

中油强林公司：龙永君

中油云岭公司：刘翠翠

云投中油公司：钱志惠

云路中油公司：孙晟涛

中油云翔公司：贾雪妮

公司机关：余红美　陈延平　黄　亚　郭检富　赵文涛　王　辉　刘国栋　杨光福

（七）优秀油库主任

仓储分公司：尹水才

（八）优秀客户经理

昆明分公司：杨　素

红河分公司：黄庆芳

玉溪分公司：李　伟

（九）优秀加油站经理

昆明分公司：张仕泽　何德能　宁智敏

曲靖分公司：许　兵　杨应福　杨家文

大理（中青、能源）公司：洪　芳　马小龙

红河分公司：海文刚　周广川

玉溪分公司：张崇海　王文琼

文山分公司：陈柏林　舒世曦

楚雄分公司：王丽萍　窦思文

保山分公司：陈树梅　杨孝海

西双版纳分公司：徐永洪

丽江分公司：和丽霞

昭通分公司：孔德西　李维杨

临沧分公司：潘继国

普洱分公司：李　超

德宏分公司：王立华

中油强林公司：宋丽芬

（十）优秀员工

昆明分公司：李丽慧　董学会　赵晓祥　余红英　沙　佳　刘明安
　　　　　　赵永生　顾美珍　沐桂萍　李富龙　龙　梅　资卢利

曲靖分公司：马有德　伏桃仙　张德会　陈　雪　罗　雄　郑琼瑶
　　　　　　罗　杰　保　莲　杨海燕

大理（中青、能源）公司：赵雷霞　张宏飞　唐道余　赵湖翠

红河分公司：孙吉庆　赵　娜　张　凯　高月芬　张永芳

玉溪分公司：王文宝　杨学珠　詹星星　赵绍玲

文山分公司：龚湘云　刘远花　王兴星　杨　辉

楚雄分公司：李玉琼　张　萍　李国艳

保山分公司：杨　丽　毛雪艳　李金方

西双版纳分公司：顾进东　杨金艳

丽江分公司：刘　浩　刘庆禄

昭通分公司：马良娇　蒋中红　李　丽

临沧分公司：段泽映　林　正

普洱分公司：周春明　王　玲

德宏分公司：朱丽萍　赵桂芝

非油品公司：李海彪

仓储分公司：陈　尹　冷长虹　樊　智

中油强林公司：贾争艳　夭敬云

（十一）第三届"张本荷式员工"名单

曲靖分公司三所加油站前庭主管：杨　跃

昭通分公司葡泉加油站前庭主管：马良娇

红河分公司团山加油站2站前庭主管：马　翠

文山分公司环西路加油站经理：杨志刚

保山分公司大庄加油站经理：杨　俊

公司成品油检验中心化验员：戈艳梅

普洱分公司陆通加油站经理：罗琴波

昆明分公司张本荷加油站便利店主管：张　雪

大理（中青、能源）公司祥云经营部规范管理员：董艳娟

德宏分公司机场大道加油站2站前庭主管：张福艳

2015年

（一）先进单位：非油品公司　昭通分公司　临沧分公司

（二）先进处室：人事处　财务处

（三）先进加油站

昆明分公司：织布营加油站　张本荷加油站　白云加油站　西游洞加油站

曲靖分公司：瑞丰加油站　城东加油站　陆良大阪田加油站　沾益林龙加油站

大理（中青、能源）公司：宾川加油站　云康加油站

红河分公司：弥勒服务区　草坝加油站

玉溪分公司：铁都加油站　宇丰加油站

文山分公司：羊街加油站　龙潭加油站

楚雄分公司：元双大道北加油站　龙海加油站

保山分公司：大庄加油站　平田加油站

西双版纳分公司：勐仑加油站

丽江分公司：程海加油站

昭通分公司：赵家海加油站　文屏加油站

临沧分公司：城南加油站　羊头岩加油站

普洱分公司：陆通加油站

德宏分公司：景罕糖厂加油站

中油强林公司：禄脿加油站

（四）先进便利店

昆明分公司：东兴加油站便利店

曲靖分公司：马龙三所加油站便利店

大理（中青、能源）公司：全兴加油站便利店

红河分公司：草坝服务区1站便利店

玉溪分公司：东风加油站便利店

文山分公司：润丰加油站便利店

楚雄分公司：鹿鸣加油站便利店

西双版纳分公司：勐远加油站便利店

昭通分公司：昭鲁主站加油站便利店

临沧分公司：旗山加油站便利店

普洱分公司：中原2站加油站便利店

德宏分公司：芒市入口加油站便利店

（五）先进油库：安宁油库

（六）优秀管理人员

昆明分公司：朱怡锦　范　艳

曲靖分公司：谭红兵　易儆琳

大理（中青、能源）公司：李献庭　袁　能

红河分公司：张彦松　冯光文

玉溪分公司：张　磊　龙　勇

文山分公司：李　龙　李　隆

楚雄分公司：康红梅

保山分公司：张国刚

西双版纳分公司：杨晓西

丽江分公司：丁超群

昭通分公司：赵　然　白金龙

临沧分公司：张利美

普洱分公司：陈紫千

德宏分公司：赵家吕

非油品公司：刘　庆　杨林华

仓储分公司：夏　敏　袁　睿

中油强林公司：关成礼

中油云岭公司：刘　穗

云投中油公司：钱志惠

云路中油公司：仝祥金

中油云翔公司：王瑞香

公司机关：刘承栋　冯　敏　刘小波　李世荣　王佑坤　张先朝　王　恒　冯　涛

（七）优秀油库主任

仓储分公司：韩文林

（八）优秀客户经理

大理分公司：万永川

玉溪分公司：宋凤英

临沧分公司：周　扬

（九）优秀加油站经理

昆明分公司：周总强　吴　蓉　姚丽娟

曲靖分公司：缪富祥　李粉丽　卢艳娥

大理（中青、能源）公司：张爱林　杜锡军
红河分公司：龙　明　阿璟冲
玉溪分公司：刘杞福　刘建琼
文山分公司：杨宣贵　杨志刚
楚雄分公司：杨　涛　张菊芬
保山分公司：吴晓微　尹艳丽
西双版纳分公司：徐永洪
丽江分公司：罗仙玉
昭通分公司：孔德西　游达义
临沧分公司：陈迪龙　郭明彩
普洱分公司：马雄波
德宏分公司：何东华
中油强林公司：王冬冬

（十）优秀员工

昆明分公司：资卢利　缪林秀　先海沙　李　挺　李云山　孙云凤
　　　　　　罗学兰　楚昌宇　杨　波　林艳秋　冯代美　张云涛
曲靖分公司：王　梅　刘胜清　吕红萍　蔡　丹　杨英男　张春娇　田智梅
大理（中青、能源）公司：张艳芝　罗金杰　陈华贤　段迎春
红河分公司：付　先　向贵英　李贵花　杨美仙　张　燕
玉溪分公司：张　梅　高彩艳　张　菊
文山分公司：刘灿平　陈忠梅　杜晓艳　杨　群
楚雄分公司：胡天敏　贾　梅　罗恩才
保山分公司：茶全东　李艳丽　毛雪艳
西双版纳分公司：刀剑荣　杨金艳
丽江分公司：汪国会　章良顺
昭通分公司：余　艳　幸金花　陈　瑞
临沧分公司：李王雁　申显秀
普洱分公司：邱继会　普春玲
德宏分公司：谢灵艳　唐志巧
非油品公司：孙　巧
仓储分公司：孔凡斌　李加庆　李文旭
中油强林公司：何　芸　武海婕

（十一）第四届"张本荷式员工"

仓储分公司楚雄油库主任：郭向斌

曲靖分公司麒麟区东山线经理助理：黄红娟
临沧分公司南汀河加油站经理：魏宗仁
非油品公司中央仓主任：王红权
保山分公司潞江坝加油站经理：陆鹏燕
昆明分公司织布营加油站经理：何德能
德宏分公司边关加油站经理：王燕琼
文山分公司羊街加油站经理：李　琼
丽江分公司古路湾加油站便利店主管：李艳虹
玉溪分公司兴蒙加油站经理：余春美

2016 年
（一）先进单位：德宏分公司　仓储分公司　文山分公司
（二）先进处室：工程建设管理处　党群工作处
（三）先进加油站
昆明（中油强林）公司：白云加油站　东菊加油站　西福路加油站
　　　　　　　　　　　宝沣加油站　安易加油站
曲靖分公司：陆良西华加油站　会泽振兴加油站　宣威吉通加油站　曲靖瑞麟加油站
大理（中青、能源）公司：金花加油站　湾桥加油站　双廊左侧服务区
红河分公司：保和加油站　祥源加油站　白水加油站　鑫海加油站
玉溪分公司：东风加油站　宇丰加油站　高仓加油站
文山分公司：兴隆加油站　羊街加油站　卧龙加油站
楚雄分公司：元双大道北加油站　太阳女加油站　三家塘加油站
保山分公司：德鑫加油站　和顺加油站　兴华加油站
西双版纳分公司：城南加油站　农场加油站
丽江分公司：玉龙中心加油站　五凤山加油站
昭通分公司：燕子溪加油站　红路加油站　理世加油站
临沧分公司：金源加油站　永康加油站
普洱分公司：东海加油站　哈尼加油站
德宏分公司：章凤加油站　中和加油站
（四）先进便利店
昆明（中油强林）公司：宝洪加油站便利店　润心加油站便利店
曲靖分公司：瑞麟加油站便利店　陆良大板田加油站便利店
大理（中青、能源）公司：宾川加油站便利店　双廊右加油站便利店
红河分公司：建水鑫海加油站便利店　阿土加油站便利店

玉溪分公司：易门劲力加油站便利店　东都加油站便利店

文山分公司：羊街加油站便利店　会兰加油站2站便利店

楚雄分公司：三家塘2站便利店

保山分公司：德鑫加油站便利店

西双版纳分公司：勐腊城南加油站便利店

丽江分公司：玉龙中心加油站便利店

昭通分公司：燕子溪加油站便利店

临沧分公司：旗山加油站便利店

普洱分公司：茶源2站加油站便利店

德宏分公司：宏运加油站便利店

（五）先进油库：秧田冲油库　松林油库

（六）优秀管理人员

昆明（中油强林）公司：孙　飞　张高宁　金红梅

曲靖分公司：胡　晓　谭红兵

大理（中青、能源）公司：郗登坤　赵　阳

红河分公司：于　楠　张保弟

玉溪分公司：张云丽　李金丽

文山分公司：韩　秀　李　隆

楚雄分公司：张春渝　段洪武

保山分公司：张国刚

西双版纳分公司：张云美

丽江分公司：杨宏霞

昭通分公司：李兴林　张志斌

临沧分公司：李云虎

普洱分公司：肖香华

德宏分公司：濮兴美

非油品公司：张发松　马先艳

仓储分公司：李　勇

中油云岭公司：桑富芳

云投中油公司：黄　平

中油云翔公司：贾雪妮

公司机关：张艳雪　武　举　唐　薇　许　强　杨　光　潘华文　夏保昆　吴　蕾

（七）优秀油库主任

仓储分公司：邓代斌　王　斌

（八）优秀客户经理

玉溪分公司：宋凤英

文山分公司：郑兴义

楚雄分公司：李　桦

保山分公司：张　博

昭通分公司：耿子镇

普洱分公司：倪　溟

（九）优秀加油站经理

昆明（中油强林）公司：关俊权　李尚钊　李凤丽　杨云虎

曲靖分公司：周　江　杨家文　许　兵　马金勇

大理（中青、能源）公司：李文玲　杨燕丽　和亚东

红河分公司：王达云　邓世平　高应辉

玉溪分公司：杨　彪　苏进平　崔　欣

文山分公司：詹龙奎　吴明波　贺应洪

楚雄分公司：黄慧玲　陈　兰　周富宏

保山分公司：段向葵　杨朝美　张卫超

西双版纳分公司：杜学芹　徐永洪

丽江分公司：木文军　和继成

昭通分公司：吴兴苹　邓家全　周开吕

临沧分公司：胡玉兰　鲁国应

普洱分公司：罗　娅　李　超

德宏分公司：王燕琼　侯兴娟

（十）优秀员工

昆明（中油强林）公司：张　妹　陈天荣　罗寿龙　龙　珠　张光强　缪秋玲
　　　　　　　　　　　　刘　磊　张天梅　董石刚　杨永菊　王正昌　刘海艳

曲靖分公司：张春梅　吕红萍　李勇圣　金红波　杨　磊　林建枝　黎　严

大理（中青、能源）公司：杨义元　高宏杰　李文琼　马孙毅　左　勇

红河分公司：周国香　师如彤　张根子芬　田　清　范立鹏

玉溪分公司：孔丽芬　李婷婷　普丽苹　招　翔

文山分公司：贾德梅　沈崇珠　杨　润　王国林

楚雄分公司：胡　蓉　赵　航　范文荣

保山分公司：代成娜　段　丽　杨继敏

西双版纳分公司：顾进东　樊　勇

丽江分公司：田　凤　次林央宗

昭通分公司：余庆玲　王天凤　范　雄
临沧分公司：陈志强　粟国秀
普洱分公司：邱继会　段学娟
德宏分公司：倪从香　李　瑾
非油品公司：李海彪　李敬文
仓储分公司：邓汉强　王析论　申轩铭

（十一）第五届"张本荷式员工"
昭通分公司昭鲁经营部规范岗：黄仁敏
昆明分公司石林片区目标经营责任制管理团队负责人：葛跃宏
仓储分公司曲靖松林油库主任：尹水才
曲靖分公司顺风加油站前庭主管：杨改莲
大理分公司满江东加油站经理：陈华贤
临沧分公司西河加油站加油员：粟国秀
楚雄分公司东南加油站加油员：张宏琼
德宏分公司中油道达加油站经理：朱艳香
普洱分公司景谷城西加油站经理：李　超
文山分公司会兰加油站经理：苏　林

2017 年
（一）第二届"劳动模范"
仓储分公司秧田冲油库主任：邓代斌
玉溪分公司客户经理：宋凤英
昆明分公司副经理：杨先春
非油品公司中央仓主任：张丽明
仓储分公司保山油库主任助理：张　奇
大理分公司金花加油站经理：陈学艳
昆明分公司西福路加油站经理：罗　端
楚雄分公司质量安全工程部主任：段洪武
普洱分公司党群宣传岗：赵桂玲
市场市场营销处营销科科长：赵朝忠
曲靖分公司副经理：高亚文
楚雄分公司太阳女加油站：董俊芳
楚雄分公司经理：蒋雁飞
（二）先进单位：仓储分公司　楚雄分公司　德宏分公司

（三）先进处室：投资处　总经理办公室

（四）先进加油站

昆明（中油强林）公司：西福路加油站　干坝塘加油站　茨坝加油站
　　　　　　　　　　白云加油站　寻甸荣茂加油站

曲靖分公司：马龙三所加油站　大花桥加油站　宣威吉通加油站
　　　　　　陆良大板田加油站

大理（中青、能源）公司：金花加油站　凤北加油站　汇发加油站

红河分公司：开远服务区　白水加油站　阿土加油站　建水羊街服务区

玉溪分公司：东风加油站　宏翔加油站　港都加油站

文山分公司：祥平加油站　环西路加油站　羊街加油站

楚雄分公司：杨家庄加油站　元谋加油站　双柏加油站

保山分公司：河图加油站　瓦窑加油站　兴华加油站

西双版纳分公司：江南加油站　尚勇加油站

丽江分公司：关坡加油站

昭通分公司：振兴南路加油站　荷花加油站　昭鲁加油站

临沧分公司：勐撒加油站　旗山加油站

普洱分公司：陆通加油站　哈尼加油站

德宏分公司：宏运加油站　姐列加油站

迪庆分公司：纳池河加油站

（五）先进便利店

昆明（中油强林）公司：小菜园加油站便利店　园艺场加油站便利店

曲靖分公司：大水井加油站2站便利店　大板田加油站便利店

大理（中青、能源）公司：湾桥加油站便利店　顺达加油站便利店

红河分公司：沙治加油站便利店　金平金水河镇加油站便利店

玉溪分公司：宇丰加油站便利店

文山分公司：卧龙加油站便利店　珠街服务区1站便利店

楚雄分公司：南永加油站便利店

保山分公司：河图加油站便利店

西双版纳分公司：景洪农场加油站便利店

丽江分公司：丽江程海加油站便利店

昭通分公司：昭通荷花加油站便利店

临沧分公司：西河加油站便利店

普洱分公司：陆通加油站便利店

德宏分公司：芒市加油站便利店

迪庆分公司：城市加油站便利店　飞来寺加油站便利店

（六）先进油库：秧田冲油库　安宁油库

（七）优秀管理人员

非油品公司：贾　青　原　田

仓储分公司：杨　洋

昆明（中油强林）公司：朱怡锦　张　媛

曲靖分公司：向有翠　张粉娥

大理（中青、能源）公司：王　仙　史漾萍

红河分公司：朱经瑞　黄光红

玉溪分公司：段锦坤　张　磊

文山分公司：杨德有　张俪诚

楚雄分公司：康红梅　杨友平

保山分公司：杨继波　张艳清

西双版纳分公司：李　青

丽江分公司：和明生

昭通分公司：普有鑫　李章琴

临沧分公司：马振海　陈迪龙

普洱分公司：祁　梅

德宏分公司：兰　洁

中油云岭公司：裴　兵

中油云翔公司：李北辰

公司机关：钟　文　黎经勇　盖沂伟　冯运松　李智圣　张宇清　李尧飞　朱　玺

（八）优秀油库主任

仓储分公司：潘文彪　郭向斌

（九）优秀客户经理

昆明（中油强林）公司：包小菊

楚雄分公司：郭启唐

丽江分公司：关学元

昭通分公司：陈兴琼

普洱分公司：黄庆伟

德宏分公司：何治江

（十）优秀加油站经理

昆明（中油强林）公司：姚丽娟　江明渝　游培生　张　雪

曲靖分公司：熊雪友　杨家文　马金勇　马　凡

大理（中青、能源）公司：李文玲　代　勇　张　羽

红河分公司：高应辉　李　林　戚江友

玉溪分公司：叶卫洪　周晓海　赵正斌

文山分公司：施彦娥　黄　炳　卢海萍

楚雄分公司：周富宏　侯金贵　王　俊

保山分公司：许　波　杨朝美　杨　俊

西双版纳分公司：张　渝　白文丽

丽江分公司：杨再兴　李晓鹏

昭通分公司：陈乾坤　朱云兰　严洪喜

临沧分公司：杨先昌　阿明全

普洱分公司：马雄波　刘建志

德宏分公司：祝　银　侯兴娟

迪庆分公司：木文军

（十一）优秀员工

非油品公司：孙　巧　赵宇鑫

仓储分公司：张星东　杨云敏　卢绍春

昆明（中油强林）公司：王建伟　所利峰　董光平　郭国琼　饶　芳　罗寿龙　永培东　杨兴忠　普珍丽　林艳秋　朱　刚　冯　莉

曲靖分公司：周燕　杨术葵　蒋兴琼　杨翠花　王会存　杨改莲　杨丽丹

大理（中青、能源）公司：李早艳　陈凤花　耿绍奎　杨玉秀　张会琼

红河分公司：杨美仙　何　倩　李共美　李吉春　孙　莹

玉溪分公司：李金平　李　萍　李　建　谢巧蓉

文山分公司：胡艳丹　李明珍　席丽婷　李绍海

楚雄分公司：何　洁　李兆林　胡　蓉

保山分公司：毛雪艳　吴学芹　杨易芳

西双版纳分公司：董普英　顾进东

丽江分公司：陶　洪　杨　蓉　杨　柯

昭通分公司：赵石妹　黄仁敏　石绍环

临沧分公司：杨学良　李新军

普洱分公司：唐小菊　沙云刚

德宏分公司：雪　成　张　琼

迪庆分公司：殷陈康

2018 年

一、第六届"张本荷式员工"

昭通分公司巧家城北加油站副经理：赵石妹

仓储分公司安宁油库主任：张文乔

曲靖分公司大花桥加油站前庭主管：李春丽

楚雄分公司双柏双新加油站经理：赵　航

非油品公司中央仓安全管理岗：李海彪

玉溪分公司庆城加油站经理：周晓海

保山分公司客户经理：张自钧

丽江分公司古路湾加油站核算员：杨　蓉

昆明分公司东兴加油站经理：姚昱舟

红河分公司客服中心客户经理：孔　兰

二、先进集体

（一）先进单位

昭通分公司　临沧分公司　非油分公司

（二）先进处室

零售业务处　财务处

（三）先进加油站

昆明（中油强林）公司：东兴加油站　宏宇加油站　荣归加油站

　　　　　　　　　　　石锁加油站　宝沣加油站　昆曲双龙加油站

曲靖分公司：东源加油站　振兴加油站　安达加油站　祥达加油站

大理（中青、能源）公司：凤北加油站　富海加油站　清华洞加油站

红河分公司：保和加油站　白水加油站　沙治加油站　双龙加油站

玉溪分公司：港都加油站　宏翔加油站　双江加油站

文山分公司：法棚加油站　西门加油站　珠街加油站

楚雄分公司：大平地加油站　太阳女加油站　长兴加油站

保山分公司：槟榔江加油站　永昌加油站　六库加油站

西双版纳分公司：傣乡加油站　江南加油站

丽江分公司：长水加油站　玉河加油站

昭通分公司：普洱渡加油站　巧家城南加油站　昭鲁加油站 1 站

临沧分公司：幸福桥加油站　西河加油站

普洱分公司：新思澜加油站　中原加油站

德宏分公司：章凤加油站　瑞丽加油站

迪庆分公司：城市加油站

（四）先进便利店

昆明分公司：石锁主站便利店　梁源加油站便利店

玉溪分公司：早街加油站便利店　宏翔加油站便利店

大理分公司：宾川加油站便利店　大井副站便利店

昭通分公司：彝良加油站便利店

文山分公司：恒丰加油站便利店　环东路加油站便利店

临沧分公司：耿马幸福桥加油站便利店　城北加油站便利店

保山分公司：保山姚关加油站便利店　保山祥丰加油站便利店

楚雄分公司：楚风苑加油站便利店　桃园工业园区加油站便利店

曲靖分公司：沾益阳光加油站便利店

普洱分公司：上允加油站便利店

丽江分公司：长水加油站便利店

红河分公司：绿春加油站便利店

迪庆分公司：迪庆中青城郊加油站便利店

德宏分公司：机场1站加油站便利店

西双版纳分公司：景勐加油站便利店

（五）先进油库

保山油库　清华洞油库

三、优秀个人

（一）优秀管理人员

非油品公司：贾　青　马海泉

仓储分公司：袁　睿

昆明（中油强林）公司：陈　雪　朱怡锦

曲靖分公司：杨承征　易儆琳

大理（中青、能源）公司：刘　宏　罗文华

红河分公司：刘　迪　邹云绍

玉溪分公司：谢巧蓉　徐志强

文山分公司：王国祥　薛雷声

楚雄分公司：苏丕超　罗正刚

保山分公司：寸金云　李　娟

西双版纳分公司：刘奔辉

丽江分公司：张学鹏

昭通分公司：孔德西　张志斌

临沧分公司：李云虎　涂永萍

普洱分公司：肖云华

德宏分公司：濮兴美

迪庆分公司：杨宏霞

中油云岭分公司：余　虹

云投中油分公司：贾雪妮

中油云翔分公司：高沛东

中油北瑞分公司：黄光富

公司机关：张　立　张艳雪　丁　猛　赵朝忠　马崇炜　尉　英　段文进　刀　犁　习　飞

（二）优秀油库主任

仓储分公司：马　俊　苏朝祥

（三）优秀客户经理

昆明（中油强林）公司：包小菊

玉溪分公司：宋凤英

楚雄分公司：郭　霖

丽江分公司：关学元

昭通分公司：耿子镇

德宏分公司：杨林芳

（四）优秀加油站经理

昆明（中油强林）公司：曹红丽　姚丽娟　边　霄　刘思奇　楚昌宇　都晨宇

曲靖分公司：马金勇　张　洪　梁华莉　宁德摇

大理（中青、能源）公司：马小龙　汤永泉　左　勇

红河分公司：阿璟冲　李　林　袁　斌

玉溪分公司：杨明金　叶卫洪　黄华荣

文山分公司：施彦娥　舒世曦　吴明波

楚雄分公司：董俊芳　杨　涛　宋云富

保山分公司：张　键　杨朝美　杨建浩

西双版纳分公司：张　渝　田玉灯

丽江分公司：李晓鹏　余志新　昝学林

昭通分公司：幸金花　朱云兰

临沧分公司：鲁国应　李新军

普洱分公司：孙自武　周春兰

德宏分公司：孙　凯　赵衍丽

迪庆分公司：李志斌

（五）优秀员工

非油品公司：白黎明　邓海林
仓储分公司：曾　辉　钱　熠　王桂凤
昆明（中油强林）公司：李海燕　姚　轲　金海玲　谌园园　赵永红　张　兰
　　　　　　　　　　　赵　艳　刘秋丽　陈兴坤　朱进城　杨小英　赵　青
　　　　　　　　　　　张晓明　李　薇
曲靖分公司：查蓉玲　伏桃仙　何灿钊　袁　娟　吕鹏飞　颜丽娟　黄艳芬
大理（中青、能源）公司：谷智玲　华绍明　卢国华　王梅娟　张会琼
红河分公司：古鑫明　胡怡非　李凡飞　杨　梅　杨梅芳
玉溪分公司：孔丽芬　师　丹　刀晓红　施丽花
文山分公司：李桂花　陆青美　杨　菊　杨　润
楚雄分公司：鲁　燕　蔡菊芹　李贵付
保山分公司：王丽娇　陈仙保　李红娟
西双版纳分公司：杨金艳　周　全
丽江分公司：陈绍美　胡志全
昭通分公司：李素梅　肖启毅　杨元伟
临沧分公司：张　莉　李建文
普洱分公司：白　李　许　庆
德宏分公司：李智婷　李　谨
迪庆分公司：阿　宗　李丽远

第二节　历年"七一"先进集体及优秀个人

2000 年
优秀共产党员
陈进军　张晓玲　张　永　李克俭　宋根成　李海明　郑清甫　刘　杰　冯润堂

2001 年
（一）先进基层党组织
机关党支部　云南分公司党委
（二）优秀共产党员
王诚信　冉进军　张德华　刘　杰　李怀忠　汪长波　章建中　刘秀兰　李海明
梅元金　徐书伟　李克俭

2002 年

(一) 先进党支部

第二党支部　第五党支部

(二) 优秀共产党员

张汉泉　戴吉山　朱　妩　李世荣　刘利荣　李桂芳　曹学金　李耀强　闫继怀
何　刚　伍　岩　张　平　曾朝义

2003 年

(一) 优秀党支部

云南分公司浑水塘配送中心党支部

广西分公司机关党支部

贵州分公司机关党支部

西南销售公司机关党支部

(二) 优秀共产党员

张汉泉　闫继怀　朱　妩　伍　岩　刘利荣　魏秋冬　江南萍　何朝晖　黄洪光
陈明章　刘光浩　肖兴颜　张建银　李克俭　刘秀兰　李海明

2004 年

(一) 优秀党支部

云南分公司楚雄配送中心党支部

广西分公司玉林党支部

贵州分公司机关党支部

新成石化党支部

西南销售分公司机关第一党支部

(二) 优秀共产党员

张汉泉　张汝良　伍　岩　周立国　潘文彪　张　平　鲁　伟　马志莹
蒋英明　罗英学　阳起元　肖兴颜　彭南海　张建银　彭国强　彭　娴

2005 年

(一) 先进党支部

公司机关第一党支部　　广西南宁分公司党支部

广西玉林分公司党支部　贵州分公司机关第一党支部

贵州黔南分公司党支部　云南楚雄零售部党支部

云南红河零售部党支部

（二）优秀共产党员

公司机关：张汝良　蒋雁飞　李　玲　江海涛　王亚静　肖雁鸿
　　　　　苏丽佳　雷观南　罗建伟　刘　波　倪增华　陈　雪
广西分公司：李建龙　赵华成　张德华　李艳玲　何朝晖　徐广禄　陈先雄
　　　　　　罗英学　江南萍　郑循建　李玉英　陈水发　张灵芝　马瑞鸿
　　　　　　梁信和　秦玉平　郭荣德　阮小妮
贵州分公司：任家永　郭　河　王爱科　邓智慧　程斌虎　付忠述
　　　　　　牛庆明　王勇波　刘华江　肖兴颜　张仁志　张　钱
　　　　　　刘勇张　张正江　张艺钟
新成公司：李金和　乔　梁
云南地区：刘利荣　曹学金　郭红彬　杨　霖　何　刚　猴亮亮　鲁艳琴
　　　　　吴玉明　杨跃红　游德高　赵立世　董慧昕　陈树梅　徐红萍
　　　　　李曙明　刘和珺　陈子芬　黄建华　冯树友

2006 年

（一）先进党支部

公司机关第三党支部　　广西南宁分公司党支部
广西玉林分公司党支部　广西河池分公司党支部
贵州黔南分公司党支部　贵州贵阳分公司党支部

（二）优秀共产党员

公司机关：朱明刚　吴跃庆　杨　健　杨　杰　葛　新
广西分公司：江南萍　郑循建　赵华成　孔　军　李艳玲　冯伟革
　　　　　　张晓龙　秦玉平　徐广禄　甘仕志　罗　杰　罗英学
　　　　　　郑明辉　严忠勇　陶焕称
贵州分公司：任家永　罗　静　唐存树　张小燕　张开勋　牛庆明
　　　　　　刘永忠　王兴福　张发富　蒋光树
滇中分公司：冯术坤　杨丽娟　郭红彬　宁德荣　阮　凌　李桃荣
滇西分公司：闫继怀　马　俊　刘永兴　陈　宏　陈金玲
滇东北分公司：杨　勇　尹水才
滇东南分公司：李祖富　陈子芬
滇南分公司：张世美　邓永康
新成公司：张颜来

2007 年

（一）先进党委（党总支）

滇南分公司党总支

（二）先进党支部

公司机关：第五党支部

广西分公司：南宁分公司党支部　玉林分公司党支部　百色分公司党支部

贵州分公司：机关第二党支部　贵阳分公司党支部

滇中分公司：第三党支部

滇西分公司：楚雄党支部

滇东北分公司：第一党支部

滇东南分公司：文山地区党支部

滇南分公司：版纳、普洱党支部

直属党支部：新成公司党支部

（三）优秀共产党员

公司机关：汪长波　蒋雁飞　徐时国　刘　波　冯　敏　杨　健　沈永明　施　茜

广西分公司：宋　琪　赵华成　江南萍　李秀展　陈水发　李　钢
　　　　　　梁　能　冯伟革　乐贺超　刘团安　李玉英　石秋菊
　　　　　　马朝晖　昌君武　吴月山　尹小波　银景培　李沛松
　　　　　　罗崇亮　蒙志纯　黄林仕　付宝永　花春戈　姚康林
　　　　　　贺德荣　陈建锦

贵州分公司：任家永　刘华江　程斌虎　常鸿斌　王勇波　王　俊
　　　　　　徐程媛　董震宇　张国锋　聂东鲁　王兴福　涂昌明
　　　　　　张前方　李才燕

滇中分公司：侯昌利　李金丽　杨卫东　李承明　曹学金　杨玉玲
　　　　　　张春林　王　锐

滇西分公司：李敬东　曹　刚　何赞羔　李成东　罗金华　张　云

滇东北分公司：武宜彬　杨　勇　尹水才

滇东南分公司：刘利荣　苏艳华　李田梅

滇南分公司：邓永康　张丽明　杜　斌

新成公司：彭兰海

润滑油经营部：陈世荣

2008 年

（一）先进党委（党总支）

滇南分公司党总支

（二）先进党支部

公司机关：第一党支部　第四党支部

广西分公司：南宁分公司党支部　桂林分公司党支部
北部湾分公司党支部

贵州分公司：机关第一党支部　遵义分公司党支部

滇中分公司：机关第一党支部

滇西分公司：楚雄党支部

滇东北分公司：第一党支部

滇东南分公司：第六协作区党支部

滇南分公司：版纳党支部

大理中青公司：机关党支部

（三）优秀共产党员

公司机关：任　军　赵文强　朱　妩　伍　岩　徐时国　葛　新
　　　　　尉　英　谢安升　任立荣　彭　达

广西分公司：杨德华　严忠勇　贝鹏程　郑祖雄　黄声平　张　南
　　　　　华　丁　陈水发　韦燕飞　赵华成　时战英　李　钢
　　　　　梁　能　冯伟革　李方圣　姜晓英　吴倩倩　黄朝彬
　　　　　梁嘉俊　邓小琴　秦玉平　吴月山　黄　富　卢纪刚
　　　　　耿西伟　邓开菊　麦满怡　张向东　林晓思　黄林仕
　　　　　蒙志纯　李　博　易景明　邓文龙　吴佳仰　周福东
　　　　　龚丕强　陈建锦

贵州分公司：王勇波　肖兴颜　胡志威　常鸿斌　蒙正奎　王兴福
　　　　　杨　慧　牛庆明　朱泽洪　卢　伟　龙立刚　张发富
　　　　　袁登峰　刘华江　张婷婷　李建龙　吴　燕　徐程媛
　　　　　程斌虎　王爱科

滇中分公司：冯术坤　王亚静　杨明华　武学华　王　虎　潘文彪
　　　　　刘登全　李桂芳　郭红彬　左世亮　郑　飞

滇西分公司：闫继怀　张春渝　袁海龙　芦小燕　李成东
　　　　　徐代强　王桂凤　罗金华　高　勇

滇东北分公司：刘利荣　张洪伟　李兴林

滇东南分公司：童　丽　陈洲云　陈子芬　李跃强　耿普选

滇南分公司：张世美　张继弟　刘海龙　邓永康

大理中青公司：郑兴健　张丽梅　莫赵荣　马　俊

润滑油经营部：张正祥

2009 年
（一）先进党委（党总支）
玉溪分公司党委
（二）先进党支部
公司机关：党群工作处党支部
物流中心：第四党支部
非油品中心：机关党支部
中油强林公司：安宁油库党支部
昆明分公司：第二区域党支部
大理（中青）公司：清华洞油库党支部
曲靖分公司：第一党支部
红河分公司：机关第一党支部
玉溪分公司：机关党支部
文山分公司：基层党支部
楚雄分公司：第二党支部
西双版纳分公司：版纳党支部
丽江分公司：第二党支部
（三）优秀共产党员
公司机关：吴跃庆　赵文强　刘秀兰　朱妣　倪增华　李亚林　葛新
　　　　　魏仕君　罗真勇　赵丽燕　贺健
物流中心：袁睿　李智圣　韩文林
非油品中心：李跃梅
中油强林公司：彭云
昆明分公司：郭瑜　李桃荣　刘槟　李全　刘登全　周立国　王锐　赵秀康
大理（中青）公司：闫继怀　李殿益　郭向斌　陈明红　李献庭　文平权
　　　　　　　　　袁海龙　侯杰
曲靖分公司：武宜彬　陈雪　武亚林
红河分公司：周有和　白梅　李晓艳　陈子芬
玉溪分公司：刘杞福　宋凤英
文山分公司：赵平　殷万春
楚雄分公司：刘利荣　施建恒
保山分公司：何赞羔　陈金林

西双版纳分公司：黄　亚　赵正斌

丽江分公司：徐时国

昭通分公司：李兴林

2010 年

（一）先进党委（党总支）

红河分公司党委

玉溪分公司党委

（二）先进党支部

昆明分公司：第五区域党支部

曲靖分公司：第三党支部

大理（中青）公司：清华洞油库党支部

红河分公司：机关党支部

玉溪分公司：高仓联合党支部

文山分公司：基层党支部

楚雄分公司：机关党支部

保山分公司：机关党支部

西双版纳分公司：版纳党支部

丽江分公司：第一党支部

仓储管理中心：第一党支部

公司机关：调运处党支部、总经理（党委）办公室党支部

（三）优秀共产党员

昆明分公司：张本荷　刘　宇　王亚静　王　虎　盖沂伟　吴玉明

　　　　　　周立国　周　恒　何宏伟　李志刚

大理（中青）公司：王建华　闫　奎　董本云　董慧昕　李华贵　罗志生

　　　　　　王继林　袁　能　张丽梅

曲靖分公司：缪富祥　董佳尧　贺开文　陈金龙

红河分公司：高应辉　龚建松　李文涛　沈常俊　张永芳

玉溪分公司：李永生　刘杞福　宋凤英

文山分公司：李　龙　杨德有

楚雄分公司：韩　秀　张菊芬

保山分公司：何赞羔　李永群

西双版纳分公司：吴玲珊　陈紫千

丽江分公司：木本坚　徐代强

昭通分公司：刘子俊

仓储管理中心：李世荣　潘文彪　王桂凤

非油品中心：张颖慧

中油强林公司：计萍仙　王艳梅

公司机关：吴跃庆　李海忠　徐毅　杨先春　詹宝军　邵李慧
　　　　　李亚林　倪增华　曹军　尉英　贺健

2011 年

（一）先进基层党委（党总支）

大理分公司党委

保山分公司党总支

楚雄分公司党总支

（二）先进党支部

1. 先进党支部"十面红旗"

昆明分公司城东经营部党支部

玉溪分公司通海联合党支部

文山分公司砚山区域党支部

非油品公司第一党支部

丽江分公司第一党支部

昭通分公司第三党支部

西双版纳分公司高速路加油站党支部

中油强林公司安宁片区党支部

仓储管理中心安宁油库党支部

加油站管理处党支部

2. 先进党支部

昆明分公司石林党支部

曲靖分公司机关第一党支部

曲靖分公司宣威党支部

大理分公司清华洞油库党支部

红河分公司机关党支部

楚雄分公司三家塘党支部

保山分公司保山党支部

临沧分公司中心党支部

普洱分公司第二党支部

德宏分公司机关党支部

调运与油库管理处党支部

（三）优秀共产党员

1. 优秀共产党员"十大先锋"

田景丽　谭红兵　杨燕丽　谷加升　宋凤英　李永群　刘晓波　肖香华　徐红萍　潘华文

2. 优秀共产党员

公司机关各处室：司　燕　李　黎　贺　健　赵朝忠　陈　欢　赵丽燕

　　　　　　　　李亚林　陈　雷　李　玲　曹　军　郭争光

昆明分公司：张本荷　盖沂伟　朱怡锦　王　虎　张　媛　李　瑛

　　　　　　李　娅　紫发明　游培生　何宏伟　关俊权

曲靖分公司：董佳尧　葛俊武　耿双凤　李华月　熊定柱　汪粉仙　王素珍

大理分公司：程锦春　史　军　杨宇茜　张丽梅　罗志生　文平权

　　　　　　李必仙　闫　奎　洪　流

红河分公司：冯光文　雷　云　李贵平　沈建鹏　王雪梅　杨永富

　　　　　　于　楠　周　军

玉溪分公司：王玉琼　戴艳萍　刘杞福　王文琼　张继弟

文山分公司：赵　平　杨德有　李　龙　何先法　陈洲云

楚雄分公司：刘杞明　何志文　段洪武

保山分公司：谢　旸　杨光波

西双版纳分公司：张云美　玉南应　赵正斌

丽江分公司：董仕华　李艳菊

昭通分公司：吉　鹏　李兴林

临沧分公司：仝祥金

普洱分公司：李景原

中油强林公司：计萍仙　张兴良　张丽明

非油品公司：李思霖　王海鹰　陈　燕

仓储管理中心：李承明　钱志惠　王　斌　王桂凤

（四）十佳优秀党务工作者

周　恒　李敬东　杨　栗　张利娟　耿普选　张俪诚　曹玉宏　王　虎　李海忠　杨洪祯

2012 年

（一）先进党委（党总支）

昆明分公司党委

玉溪分公司党委

德宏分公司党总支

(二) 先进党支部

1. 先进党支部"十面红旗"

昆明分公司城北党支部

曲靖分公司会泽党支部

大理分公司金花加油站党支部

保山分公司保山党支部

丽江分公司古路湾加油站党支部

昭通分公司珠泉党支部

临沧分公司中心党支部

中油强林公司昆明片区联合党支部

仓储管理中心安宁油库党支部

公司财务处党支部

2. 先进党支部

昆明分公司城东党支部

红河分公司建石经营部党支部

玉溪分公司东风加油站党支部

文山分公司砚山区域党支部

楚雄分公司机关党支部

西双版纳分公司机关党支部

普洱分公司茶城加油站党支部

非油品公司第一党支部

公司加油站管理处党支部

公司党群工作处（企业文化处）党支部

(三) 优秀共产党员

1. 优秀共产党员"十大先锋"

昆明分公司经理、党委副书记：杨辉国

曲靖分公司奔腾加油站经理：何江文

红河分公司开远经营部主任、党支部书记：童　丽

玉溪分公司东风加油站经理、党支部书记：王玉琼

文山分公司文山区域经营部主任、党支部书记：邓大海

楚雄分公司太阳女加油站经理、党支部书记：张菊芬

普洱分公司双联加油站经理：朱　文

德宏分公司中和加油站经理：徐　东

公司调运与油库管理处（调度指挥中心）副处长：刘秀兰

公司质量安全环保处高级主管：岳　鸣

2. 优秀共产党员

昆明分公司：秦怀波　王　虎　张本荷　高大凡　紫发明　杨兴林

曲靖分公司：陈　雪　毕　丽　张学令

大理分公司：彭　娟　洪　流　段开文

红河分公司：金维艳　沈建鹏

玉溪分公司：宋凤英　王文琼

文山分公司：苏彦林　张俪诚

楚雄分公司：曹玉宏

保山分公司：袁海龙　李永群

西双版纳分公司：罗　冲

丽江分公司：段学宾

昭通分公司：张志斌

临沧分公司：杨和松

中油强林公司：黄　俊

非油品公司：葛　新

仓储管理中心：郑振安

公司机关各处室：丁　磊　李　黎　贺　健　王国锋　许　强　马崇炜
　　　　　　　　解晶晶　朱维全　王　辉　杨光福　冯运松　尉　英

（四）十佳党务工作者

大理分公司人事劳资培训部主办：董慧昕

红河分公司人事劳资培训部主任、机关党支部书记：张　慧

保山分公司党总支书记：张月明

昭通分公司人事劳资培训部主任、机关第二党支部书记：赵　丹

非油品公司润滑油与化工产品部副主任、第三党支部书记：罗真勇

仓储管理中心综合办公室主任：任　倩

公司党委（总经理）办公室协助负责人：王克军

公司党委组织部副部长：潘竟忠

公司党群工作处主管：曹　军

公司纪委办公室主办：余国昌

（五）十佳创先争优示范岗

昆明分公司小菜园加油站

曲靖分公司瑞麟加油站

玉溪分公司高仓加油站计量员岗
文山分公司迎宾加油站经理岗
楚雄分公司综合办公室
西双版纳分公司零售管理部
昭通分公司网络建设工程部
普洱分公司综合业务部
非油品公司中央仓主任岗
公司市场营销处计划管理组

2013 年
（一）先进基层党委
昆明分公司党委
大理分公司党委
普洱分公司党委
仓储分公司党委
（二）先进党支部
昆明分公司小菜园加油站党支部
昆明分公司石林联合党支部
曲靖分公司奔腾加油站党支部
大理分公司金牛加油站党支部
红河分公司开远经营部党支部
玉溪分公司红塔联合党支部
文山分公司文山区域党支部
楚雄分公司东南加油站党支部
保山分公司腾冲片区党支部
西双版纳分公司勐仑加油站党支部
丽江分公司古路湾加油站党支部
昭通分公司荷花加油站党支部
临沧分公司中心党支部
普洱分公司茶城加油站党支部
德宏分公司盈江党支部
非油品公司第一党支部
仓储分公司安宁油库党支部
中油强林公司禄脿加油站党支部

公司人事处（组织部）党支部

公司调运处党支部

（三）优秀共产党员

昆明分公司：李　勇　张高宁　姚丽娟　杨兴林　杨光华　栾凤川

曲靖分公司：陈　雪　董加尧　杨根旺　王宏飞

大理分公司：王永聪　李必仙　刘　志

红河分公司：李跃强　金维艳　黄光红　高应辉　杨　文

玉溪分公司：张　磊　王文琼　宋凤英

文山分公司：李　琼　王　伟

楚雄分公司：肖　斌　王丽萍

保山分公司：文平权　周建国

西双版纳分公司：刘海龙

丽江分公司：余志新

昭通分公司：冉　瑜

临沧分公司：字金林

普洱分公司：李　超

德宏分公司：杨绍总

非油品公司：王以琴

仓储分公司：邓代斌　张育祥

中油云岭公司：周有和

中油强林公司：杨云虎

中油能源公司：张文斌

云投中油公司：钱志惠

云路中油公司：仝祥金

公司机关各处室：司　燕　余红美　刘兴艳　燕爱良　张世美　赵朝忠
　　　　　　　　施　茜　齐　敏　关　营　苏　亮　王　恒　倪增华
　　　　　　　　陈　雷　丁　猛　吴　蕾　吴玉松　尉　英　谢安升
　　　　　　　　潘华文

2014 年

（一）先进基层党委

曲靖分公司党委

楚雄分公司党委

普洱分公司党委

(二) 先进党支部

1. 先进党支部"十面红旗"

昆明分公司小菜园加油站党支部

曲靖分公司会泽党支部

红河分公司机关党支部

玉溪分公司红塔联合党支部

文山分公司会兰加油站党支部

昭通分公司荷花加油站党支部

非油品公司业务运作部党支部

仓储分公司昆明秧田冲油库党支部

中油强林公司和平加油站党支部

直属机关财务处党支部

2. 先进党支部

昆明分公司织布营加油站党支部

保山分公司机关第二党支部

西双版纳分公司小磨沿线加油站联合党支部

丽江分公司古路湾加油站党支部

临沧分公司西河加油站党支部

普洱分公司茶城党支部

德宏分公司芒市党支部

中油云岭公司工程建设管理部党支部

直属机关党群工作处党支部

直属机关市场营销处党支部

(三) 优秀共产党员

1. 优秀共产党员"十大先锋"

昆明分公司客户经理：秦怀波

大理分公司质量安全工程部主任：袁　能

红河分公司蒙屏经营部经理：谷加升

玉溪分公司东风加油站经理：王玉琼

文山分公司经理：徐光磊

楚雄分公司东南加油站经理：杨芹翠

仓储分公司安宁油库主任：潘文彪

公司工程建设管理处副处长：赵永德

公司加油站管理处处长助理：孙晓娜

公司西北采调办主任：张开平

2. 优秀共产党员

昆明分公司：赵 艳　何宏伟　刘 晗　段学明

曲靖分公司：杨根旺　王素珍　王义贵　李粉丽

大理分公司：罗建宏

红河分公司：冯光文　阿璟冲　邓 珏

玉溪分公司：李井泉

文山分公司：董仁乐

楚雄分公司：赵忠平

保山分公司：杨继波　李自伟

西双版纳分公司：张云美

丽江分公司：和明生

昭通分公司：胡 星

临沧分公司：字金林

普洱分公司：李文龙

德宏分公司：吴汪平

非油品公司：王红权

仓储分公司：韩文林

中油云岭公司：刘翠翠

中油强林公司：王冬冬

中油能源公司：陶绍勇

云投中油公司：钱志惠

云路中油公司：龚 琦

中油云翔公司：崔 宇

公司机关各处室：王 毅　李小宏　屠丹玲　武 举　燕爱良　张宇清
　　　　　　　　陈延平　李世荣　赵丽燕　黄 亚　王 恒　郭检富
　　　　　　　　黄 涤　张 雪　杨映冬　李 玲　冯运松　尉 英
　　　　　　　　谢安升　同志刚

（四）十佳党务工作者

昆明分公司党风廉政监督员：王亚静

红河分公司综合管理部主任：张　慧

楚雄分公司综合管理部文秘兼党群管理岗：曹玉宏

昭通分公司党委书记：陈金和

普洱分公司党委书记：张洪伟

非油品公司综合办公室主任：葛　新
公司党委办公室高级主管：刘水平
公司党委组织部高级主管：蔡新江
公司党群工作处高级主管：曹　军
公司纪委办公室主管：余国昌

2015 年
（一）先进基层党委
楚雄分公司党委
普洱分公司党委
非油品公司党委
（二）先进党支部
昆明分公司：织布营加油站党支部
昆明分公司：红瓦加油站党支部
曲靖分公司：麒麟党支部
大理分公司：金花加油站党支部
红河分公司：个元经营部党支部
玉溪分公司：东风加油站党支部
文山分公司：文山区域党支部
楚雄分公司：太阳女加油站党支部
保山分公司：潞江坝加油站党支部
西双版纳分公司：景洪城区加油站联合党支部
丽江分公司：古路湾加油站党支部
昭通分公司：巧鲁党支部
临沧分公司：南汀河城北联合党支部
普洱分公司：思澜党支部
德宏分公司：瑞丽党支部
非油品公司：业务运作部党支部
仓储分公司：清华洞油库党支部
中油强林公司：机关党支部
直属机关：工程建设管理处党支部
直属机关：党群工作处党支部
（三）优秀共产党员
昆明分公司：朱怡锦　马金燕　张朦元　唐三军　赵永生

曲靖分公司：许 兵 张学令 周 江 武亚林
大理（中青、能源）公司：和敬媛 马小龙 王燕娥
红河分公司：邓 珏 吴庆华 杨德富 邹云绍
玉溪分公司：林应奎 张云丽
文山分公司：杨 辉 殷万春
楚雄分公司：曹玉宏 董俊芳
保山分公司：袁海龙 陆鹏燕
西双版纳分公司：高 丹
丽江分公司：和丽霞
昭通分公司：孔德西
临沧分公司：杨洪祯 杨和松
普洱分公司：马雄波
德宏分公司：何应永
非油品公司：马先艳
仓储分公司：李承明 尹水才 王延军（成品油检验中心）
中油强林公司：计萍仙
中油云岭公司：周有和
云投中油公司：倪 超
云路中油公司：仝祥金
中油云翔公司：余 虹
公司机关各处室：丁磊 郑茂 李黎 张阳 孙庆华 张宇清
　　　　　　　　徐光磊 刘小波 赵丽燕 褚苗苗 赵晶 雷观南
　　　　　　　　盖沂伟 杨晋 夏保昆 杨光福 冯运松 刘丰齐
　　　　　　　　潘华文 赵文涛

2016 年
（一）党建思想政治工作创新奖
非油品公司：劳动竞赛引入第三方资源，丰富和创新激励机制
昆明（中油强林）公司：新闻微信宣传平台搭建
昆明（中油强林）公司：加油站"宝石花爱心社区"建设
红河分公司："金点子"微创新常态化征集评审及奖励机制
玉溪分公司：大学生"四定"培养模式
昭通分公司：中国石油名言再解读
普洱分公司：知心姐姐驿站

人事处（党委组织部）：干部队伍"双向"交流挂职机制
人事处（党委组织部）："44655"基层党建工程量化考评体系
党群工作处（企业文化处）：五朵金花特色文化加油站群体打造
党群工作处（企业文化处）：张本荷劳模创新工作室
　　　　　　　　　　　　金孔雀文化营销创意工作室

（二）先进基层党组织

1. 四强党组织

非油品公司党委

仓储分公司党委

昆明分公司党委

玉溪分公司党委

临沧分公司党委

2. 红旗党支部

昆明（中油强林）公司：织布营加油站党支部

曲靖分公司：陆良片区党支部

红河分公司：弥勒服务区加油站党支部

文山分公司：会兰加油站党支部

楚雄分公司：太阳女加油站党支部

保山分公司：城市加油站党支部

直属机关：总经理（党委）办公室党支部

直属机关：财务处党支部

直属机关：市场营销处党支部

直属机关：调运处党支部

（三）十佳党支部责任区

1. 效益类党支部责任区

非油品公司：润滑油营销部党支部

曲靖分公司：会泽片区党支部

大理（中青、能源）公司：顺达加油站党支部

红河分公司：鑫海—茂源联合党支部

普洱分公司：思澜党支部

2. 服务类党支部责任区

仓储分公司：曲靖油库党支部

楚雄分公司：东南加油站党支部

保山分公司：潞江坝加油站党支部

3. 安全类党支部责任区

仓储分公司：清华洞油库党支部

红河分公司：田心加油站党支部

（四）十佳党员先锋岗

1. 党员营销先锋岗

红河分公司阿土加油站经理：龙　明

玉溪分公司客户经理：宋凤英

文山分公司业务运作部副主任：韩　秀

楚雄分公司客户经理：郭　霖

保山分公司城市、龙泉、河图加油站经理：吴晓微

昭通分公司巧家片区经理：孔德西

普洱分公司陆通加油站经理：罗琴波

德宏分公司芒市加油站经理：何　伟

直属机关市场市场营销处副处长：金笃军

直属机关市场市场营销处主办：陈延平

2. 党员安全先锋岗

仓储分公司楚雄油库主任：郭向斌

昆明（中油强林）公司质量安全工程部副经理：杨卫东

曲靖分公司沾益蓝宝加油站经理：马元德

大理（中青、能源）公司弥北加油站经理：段雄忠

玉溪分公司欣都加油站经理：林应奎

文山分公司羊街加油站经理：李　琼

保山分公司潞江坝加油站经理：陆鹏燕

昭通分公司经理助理兼质量安全部主任：李兴林

临沧分公司凤山加油站经理：杨绍健

直属机关总经理（党委）办公室驾驶员：李小宏

3. 党员控本先锋岗

非油品公司财务部主任：马先艳

昆明（中油强林）公司财务部副主任：吕　霞

曲靖分公司财务部主任：向有翠

红河分公司财务部主办：徐　伟

玉溪分公司财务部主任：段锦坤

文山分公司财务部主任：王国祥

保山分公司口岸加油站核算员：马　丽

西双版纳分公司财务部主办：张云美

临沧分公司财务部主任：王国市

直属机关财务处副科长：燕爱良

4. 党员网建先锋岗

昆明（中油强林）公司项目开发经理部：朱怡锦

大理（中青、能源）公司质量安全工程部主任：张文斌

红河分公司质量安全工程部主办：杨　静

玉溪分公司党委书记：徐时国

文山分公司质量安全工程部副主任：陈洲云

楚雄分公司质量安全工程部副主任：曹　刚

普洱分公司质量安全工程部副主任：肖云华

德宏分公司质量安全工程部主任：杨国萍

直属机关投资处科长：郭检富

直属机关工程建设管理处科长：张先朝

5. 党员服务先锋岗

仓储分公司昆明秧田冲油库主任：邓代斌

曲靖分公司城东加油站经理：李粉丽

红河分公司草坝加油站经理：邓世平

文山分公司灰土寨加油站副经理：黄瑞媛

保山分公司干岩加油站经理：杨朝美

丽江分公司古路湾加油站经理：和丽霞

普洱分公司城西加油站经理：李　超

中油云岭公司综合管理部主办：桑富芳

直属机关总经理（党委）办公室高级主管：司　燕

直属机关党群工作处（企业文化处）高级主管：曹　军

（五）十佳党务工作者

曲靖分公司综合管理部主办：胡　晓

红河分公司综合管理部主任：张　慧

玉溪分公司东风加油站党支部书记、加油站经理：王玉琼

文山分公司综合管理部主任：苏彦林

楚雄分公司综合管理部协助负责人：曹玉宏

西双版纳分公司综合管理部主任：高　丹

昭通分公司综合管理部副主任：赵　然

临沧分公司综合管理部助理主办：马丽娜

直属机关人事处（党委组织部）主管：刘兴艳
直属机关审计监察处（纪委办公室）高级主管：尉　英
直属机关党群工作处（企业文化处）主管：冯运松

2017 年
（一）先进基层党委
楚雄分公司党委
德宏分公司党委
仓储分公司党委
（二）先进党支部
昆明分公司：建南联合党支部
曲靖分公司：麒麟党支部
大理分公司：金花加油站党支部
红河分公司：开远片区经营部党支部
玉溪分公司：东风加油站党支部
文山分公司：羊街加油站党支部
楚雄分公司：机关党支部
保山分公司：潞江坝加油站党支部
西双版纳分公司：小磨沿线加油站联合党支部
丽江分公司：扶贫工作队党支部
昭通分公司：巧鲁党支部
临沧分公司：临翔联合党支部
普洱分公司：思江党支部
德宏分公司：瑞丽党支部
非油品公司：综合办公室党支部
仓储分公司：秧田冲油库党支部
直属机关：人事处（党委组织部）党支部　财务处党支部
（三）优秀共产党员
昆明（中油强林）公司：席云霞　宋丽芬　宁德平　石国英　王丽萍　王冬冬
曲靖分公司：周　江　张智威　杨改莲　杨自平
大理（中青、能源）公司：李献庭　袁　能　李文玲
红河分公司：李　勇　张保弟　杨丽梅　杨永富
玉溪分公司：宋凤英　张云丽
文山分公司：刘利荣　邓大海　罗云松

楚雄分公司：黄慧玲　杨　涛

保山分公司：李成东　陈树梅

西双版纳分公司：张　渝

丽江分公司：和明生

昭通分公司：孔德西

临沧分公司：杨和松

普洱分公司：王　英

德宏分公司：刘　慧

非油品公司：陈　燕

仓储分公司：邱　英　张　云

公司机关各处室：史咏梅　刘水平　李　黎　李　彪　夏保昆　汤玉波　吴玉松

2018 年

（一）先进基层党委

昆明（中油强林）公司党委

楚雄分公司党委

德宏分公司党委

仓储分公司党委

（二）十佳示范党支部

昆明（中油强林）公司：西山片区党支部

曲靖分公司：麒麟党支部

大理（中青、能源）公司：大理经营部党支部

红河分公司：开远经营部党支部

文山分公司：文山区域党支部

楚雄分公司：楚雄党支部

保山分公司：潞江坝加油站联合党支部

临沧分公司：临翔联合党支部

德宏分公司：瑞丽党支部

仓储分公司：保山油库党支部

（三）优秀党支部

昆明（中油强林）公司：城东片区党支部　城北片区党支部

曲靖分公司：马龙党支部　沾益党支部

大理（中青、能源）公司：机关党支部

红河分公司：机关党支部　个元经营部党支部

玉溪分公司：东风加油站党支部

文山分公司：广南区域党支部

楚雄分公司：太阳女党支部

保山分公司：隆昌联合党支部

西双版纳分公司：景洪城区加油站联合党支部

丽江分公司：机关第二党支部

昭通分公司：机关第一党支部

临沧分公司：永德镇康联合党支部

普洱分公司：思茅区联合党支部

德宏分公司：芒市党支部

迪庆分公司：香格里拉党支部

非油品公司：综合办与市场拓展部党支部

仓储分公司：玉溪油库党支部

直属机关：市场营销处党支部　工程建设管理处党支部

（四）优秀共产党员

昆明（中油强林）公司：张艳芬　关俊权　曹红丽　姚丽娟　楚昌宇　刘筱杭

曲靖分公司：胡七兵　李华月　李春丽　马金勇

大理（中青、能源）公司：洪　流　洪　芳

红河分公司：陈子芬　于　楠　罗绍英

玉溪分公司：刘建琼　宋凤英

文山分公司：张建荣　薛雷声

楚雄分公司：周富宏　余　凤

保山分公司：李　强　吴晓微

西双版纳分公司：彭　达

丽江分公司：熊西楠

昭通分公司：耿子镇　吴兴苹

临沧分公司：梁体华

普洱分公司：周春兰

德宏分公司：陈晓龙

迪庆分公司：董仕华

非油品公司：王海鹰

仓储分公司：宗　瑶　樊　智　李红梅

直属机关：丁　磊　潘　南　张伟荣　王　恒　王　辉　李　玲
　　　　　刘振兴　余国昌　周有和　崔延伟

（五）党员先锋岗

1. 党员营销先锋岗

昆明（中油强林）公司：织布营加油站党支部书记岗

大理（中青、能源）公司：富海加油站经理岗

红河分公司：业务运作部主任岗

玉溪分公司：业务运作部主任师岗

文山分公司：业务运作部副主任岗

非油品公司：车辅产品营销管理岗

2. 党员服务先锋岗

保山分公司：绩效薪酬岗

迪庆分公司：综合管理部主任岗

3. 党员安全先锋岗

仓储分公司：地付油库发油岗

4. 党员网建先锋岗

直属机关：投资处开发科科长岗

（六）十佳党员责任区

1. 服务类党员责任区

曲靖分公司：富源经营部

红河分公司：弥勒服务区

德宏分公司：芒市珠宝小镇加油站

2. 效益类党员责任区

大理（中青、能源）公司：财务部

文山分公司：环东路加油站

楚雄分公司：大平地加油站

临沧分公司：业务运作部

迪庆分公司：业务运作部

直属机关：财务处共享中心

3. 安全类党员责任区

昭通分公司：巧家城北加油站

（七）党员突击队

航煤储运工程项目党员突击队　宁蒗扶贫党员突击队

（八）党建十佳创新案例

昆明（中油强林）公司：做活新闻宣传　服务中心工作

曲靖分公司：党员积分制管理增强党性意识

大理（中青、能源）公司：多样化主题党日凝聚党员力量
红河分公司：创新制度建设 促进党建规范化
文山分公司：资料分类管理 促进党建精细化
楚雄分公司：党建搭建平台 融入中心助发展
西双版纳分公司：因地制宜优化党支部设置
昭通分公司："微讲堂"紧贴员工需要
普洱分公司：创建知心驿站暖人心
仓储分公司：人才培养机制激活队伍活力

第三节 历年"五四"先进集体及优秀个人

2005年
一、红旗团支部
广西南宁销售分公司华洋加油站团支部
广西玉林销售分公司华武加油站团支部
贵州黔南销售分公司龙里加油站团支部
贵州毕节销售分公司黄泥塘加油站团支部
云南楚雄零售部金叶加油站团支部
云南玉溪零售部东风加油站团支部
云南保山零售部桂花加油站团支部
云南安宁配送中心大屯油库团支部
二、优秀团干部
广西分公司：郑循建 何 波 郭荣德 叶丽花 廖国宏 陆仕梧
贵州分公司：聂东鲁 陈 灏 张前方 何廷章
新成石化公司：康钦利
云南地区各经营单位：郭 力 李成奇 杨朝丽 王丽杰 李 龙
　　　　　　　　　　张粉娥 张 玲 张丽明
公司机关：李 玲
三、优秀共青团员
广西分公司：袁 厅 李 芳 甘书志 陆旭璇 颜鉴翠 谭 铁
　　　　　　黄贵伸 杨红果 吴佳仰 唐春郁
贵州分公司：杨玲玲 蔡顺文 王 梅 李朝友 王桂琴 段家朵
　　　　　　杨 兵 袁小丽 吴 松

新成石化公司：任小兵

云南地区各经营单位：肖兴林　罗　成　杨瑞军　彭艳华　付仕勇
　　　　　　　　　　姚丽娟　马　春　刘金刚　杨　福　李双喜
　　　　　　　　　　王丽萍　李海彪　刘　榕　宋应华　李兴文
　　　　　　　　　　曹艳红　杨　能　王以琴

公司机关：王体波　吴　海

2006年

一、红旗团支部

广西分公司南宁正大加油站团支部

广西分公司桂林屏风加油站团支部

贵州分公司贵阳小碧加油站团支部

贵州分公司铜仁长城加油站团支部

滇中分公司宏宇加油站团支部

滇西分公司三家塘加油站团支部

滇东北分公司会泽永强加油站团支部

滇东南分公司清远加油站团支部

滇南分公司高仓加油站团支部

新成石化公司（102油库）团支部

二、优秀团干部

广西分公司：郭荣德　王　英　汤　璐　徐　念　黄亚龙　周亚明

贵州分公司：张前方　聂东鲁　莫忠华　朱　燕

新成公司：彭　勇

滇中分公司：李　洁　戈艳梅　罗志辉

滇西分公司：肖兴林　彭　娟　唐新明

滇东北分公司：云　川　顾明奎

滇东南分公司：李　龙　张　慧

滇南分公司：罗　成　苗祖全

润滑油经营部：李跃梅

公司机关：吴　海

三、优秀共青团员

广西分公司：施秀梅　张敏俊　张　园　李瑞祥　陆建夸　潘海冠
　　　　　　韦小锋　苏　成　卢雪丽　莫玉忠　林晓思　龙晓云
　　　　　　李有愉　袁　厅　宋寅业

贵州分公司：陈官秀　王贵琴　王　琴　李　严　蔡顺文　王布兴
　　　　　　雷　芬　皇甫岷　刘兴筑　袁列利　卢德章　吴　静
　　　　　　张　莉　包　勇
新成公司：张为斌　杨　佳
滇中分公司：金付祥　李金荣　杨秉琪　曹天学　肖　洪　赵露霞
　　　　　　李　宾　宋剑波　徐永芳　包小菊
滇西分公司：杨　蕊　尹继荣　丁　洁　徐荣静　陈学艳　范文荣
　　　　　　李　云　杨和松　李明琼　周振清
滇东北分公司：杨朝丽　林柳旭　骆继仓　赵天才　邢安娜　罗　珍
　　　　　　　黄江彦　赵　虹
滇东南分公司：周广川　袁国宏　钟顺林　贾德梅　何先法　董仁乐
　　　　　　　吴娅萍　王文林
滇南分公司：马玲丽　黄新强　匡柏林　李忠明　喻学斌　玉南应
　　　　　　李艳华　岩叫洒
润滑油经营部：赵忠平
公司机关：梁　宾　陈　蕾　吉　超　王以琴

2007 年
一、红旗团委
贵州分公司团委　滇中分公司团委
二、五四红旗团支部
广西分公司：玉龙加油站团支部　大安加油站团支部
金福加油站团支部
贵州分公司：小碧加油站团支部　黄泥塘加油站团支部
滇中分公司：小菜园加油站团支部　昆阳油库团支部
新成石化公司（102 油库）团支部
滇西分公司：金花加油站团支部
滇东北分公司：曲靖瑞麟团支部
滇东南分公司：西北路加油站团支部
滇南分公司：澄江加油站团支部
大理中青公司：清华洞油库第二团支部
三、优秀团干部
广西分公司：何　波　黄亚龙　郭荣德　陆仕梧　吴佳仰
贵州分公司：董　兰　莫忠华　张　羽　刘　耀

新成石化公司：苏治霖

滇中分公司：白兴琼　戈艳梅　杨　俊

滇西分公司：李　云　陈学艳　周振清

滇东北分公司：吕红梅　刘子俊

滇东南分公司：何先法　黄庆芳

滇南分公司：张利娟　张丽明

润滑油经营部：陈世荣

大理中青公司：陶绍勇

公司机关：李　黎

四、优秀团员

广西分公司：李昭龙　陈礼迎　赵　刚　邓开菊　陈肖静　黄晓赢
　　　　　　谢永桓　陆忠强　唐春郁　黄裕琴　秦丽菁　覃小玲
　　　　　　钟　娇　李季花　甘明敏

贵州分公司：朱记松　付　静　何霜艳　任光敏　张燕梅　王国林
　　　　　　覃燕庭　赵　叶　李庆兰　严　仟　彭明丽　皮淑宇

新成石化公司：王　建　刘谓锋

滇中分公司：茶优丽　陈霞云　顾艳梅　李继华　李　奕　罗稳发
　　　　　　马云祥　王　艳　谢　燕　尹甜甜　曾玉娇　赵露霞

滇西分公司：杨亚萍　杨　斌　康红梅　张秀芝　赵兰琼　赵松涛
　　　　　　黄泽媛　张丽娟　苏志英　王贵华

滇东北分公司：陈金龙　马崇烨　邵　春　陈　丹　毕玉梅　钱正文　王曲江

滇东南分公司：田　丽　查为美　普美芳　杨俊祥　黄丽英　张建荣　兰　萍

滇南分公司：白西艳　陈紫千　丁　宇　刘建志　宋成涛　许　伟　张　刚

润滑油经营部：付晓燕

大理中青公司：王永金　王燕娥　杨　林

公司机关：王　怡　王志平　刘　诚　刘小波

2008 年

一、红旗团委

广西分公司团委

贵州分公司团委

二、五四红旗团支部

广西分公司：北部湾分公司团总支　金星加油站团支部
　　　　　　潮江加油站团支部　玉林分公司团总支

贵州分公司：毕节洪南加油站团支部　铜仁长城加油站团支部

滇中分公司：昆阳油库团支部德发加油站团支部

滇西分公司：保山永昌加油站团支部

滇东北分公司：昭通荷花加油站团支部

滇东南分公司：交通加油站团支部

滇南分公司：普光加油站团支部

大理中青公司：清华洞加油站团支部

公司机关团支部

三、优秀共青团干部

广西分公司：何　波　李方圣　莫吉琦　陈伯挺　苟锴煊

贵州分公司：刘华江　董　兰　杨　慧　张小燕

滇中分公司：李金丽　文真先　杨　婷　郭平新

滇西分公司：徐红萍　丁　磊　王兴隆

滇东北分公司：陈玲星　叶生丽

滇东南分公司：张李贵　李杨微

滇南分公司：普春花　玉南应

大理中青公司：陶绍勇

润滑油经营部：高驰恒

公司机关：刘国栋

四、优秀共青团员

广西分公司：李　昕　陈　瀚　唐国强　李　玉　罗娟凤　蒋英娇
　　　　　　石春香　丘　燕　柳君涛　江兰清　于媛媛　陈　仁
　　　　　　杨秀春　禤梅香　叶　秀

贵州分公司：谷荣品　李　刚　罗　缙　蔡顺文　马家燕　赵　叶
　　　　　　罗　华　常　松　吴振仙　刘　蕾　李伟平　杨胜南

滇中分公司：朱久明　金付祥　高立宽　李明华　张　扬　普树琼
　　　　　　王建辉　张云涛　谢　燕　张艳芬　关俊权　卢绍春

滇西分公司：和敬媛　杨廷松　余何丽　桑丽芳　王海强　何继巧
　　　　　　李　桦　董宝云　张自娟　胡玉兰　谢洪玲

滇东北分公司：刘世文　沈修艳　熊陆同　李友芬　马金勇　董仓红　赵天喜

滇东南分公司：王芳芳　杨建娇　李云龙　金维艳　罗文强　刘国琴　王国娅

滇南分公司：陈建林　段沙者　何　花　刘建志　鲁琼凤　普　罗　王开仙

大理中青公司：王慧芳　赵倩娇　杨艳新

润滑油经营部：李海彪　周　贵

公司机关：黄　晓　罗真勇　解晶晶　彭　达

2009 年
一、红旗团委
大理分公司（中青公司）团委
二、五四红旗团支部
昆明分公司：小菜园加油站团支部　西园加油站团支部
盈轶加油站团支部
大理分公司（中青公司）：金牛加油站团支部
清红路加油站团支部
曲靖分公司：罗平阿鲁加油站团支部
富源新桥加油站团支部
红河分公司：个旧保和加油站团支部
玉溪分公司：宇丰加油站团支部
文山分公司：西畴加油站团支部
楚雄分公司：东南加油站团支部
保山分公司：瑞丽姐勒加油站团支部
西双版纳分公司：普光加油站团支部
丽江分公司：古路湾加油站团支部
昭通分公司：珠泉加油站团支部
物流中心：物流中心第二团支部
非油品中心：非油品中心团支部
中油强林公司：草铺加油站团支部
三、优秀共青团干部
昆明分公司：李志刚　张涌浩　李世民　罗　成
大理分公司（中青公司）：丁　磊　洪尚花
曲靖分公司：武亚林　赵平春
红河分公司：杨　栗
玉溪分公司：李智梅
文山分公司：吴晓微
楚雄分公司：王兴隆
保山分公司：濮兴美
西双版纳分公司：黄　亚
丽江分公司：余何丽

昭通分公司：李琴琴

物流中心：任　倩

非油品中心：李海彪

中油强林公司：宫奕婷

公司机关：李　黎

四、优秀共青团员

昆明分公司：李绍华　刘清梅　李　丽　刘思奇　黄云芝　林　超
　　　　　　朱进城　白为者　刘路路

大理分公司（中青公司）：杨艳红　赵倩娇　查为美　孔继斌　李坤莲　张利美

曲靖分公司：李超璐　王爱萍　张　磊　赵胜财

红河分公司：李田军　罗云辉　严　荟

玉溪分公司：潘红柱　普　洁

文山分公司：高　燕　罗忠富

楚雄分公司：和晓东　金海丽

保山分公司：蒋忠超　彭武亮

西双版纳分公司：刘小球　吴耀葵

丽江分公司：张文渊

昭通分公司：胡万品

物流中心：丁　丽　高佳杰

非油品中心：郑先玲

中油强林公司：永培东　王彩华

公司机关：苏　亮

2010 年

一、五四红旗团委（总支）

玉溪分公司团委　丽江分公司团总支

二、五四红旗团支部

昆明分公司：关雨路加油站团支部　红瓦加油站团支部　路美邑加油站团支部

大理（中青）公司：金花加油站团支部　凤山加油站团支部

曲靖分公司：师宗丹凤加油站团支部　宣威鸡田加油站团支部

红河分公司：茂源加油站团支部　团山加油站团支部

玉溪分公司：宇丰加油站团支部　高仓加油站团支部

文山分公司：会兰加油站团支部

楚雄分公司：三家塘加油站团支部

保山分公司：和顺加油站团支部

西双版纳分公司：嘎洒加油站团支部

丽江分公司：古路湾加油站团支部

昭通分公司：荷花加油站团支部

物流中心：第二团支部

非油品中心：中央仓团支部

中油强林公司：第六团支部

三、优秀共青团干部

昆明分公司：王晓东　朱荟芹　张佶轩　李世民

大理（中青）公司：李　婧　涂永萍

曲靖分公司：李　林　缪富祥

红河分公司：杨　栗

玉溪分公司：张利娟

文山分公司：钱关丽

楚雄分公司：张春渝

保山分公司：和敬媛

西双版纳分公司：刘建志

丽江分公司：周　灵

昭通分公司：钱章云

物流中心：李　彪

非油品中心：李海彪

中油强林公司：王彩华

公司机关：王志平

四、优秀共青团员

昆明分公司：张　美　施祖华　关俊权　施坚惠　罗桂萍　杨　文
　　　　　　顾秋菊　董林丽　杨俊辉　朱进城　朱永能　叶群利

大理（中青）公司：徐　扬　张建米　宝　林　和自章　杨娇露　陈　锋

曲靖分公司：陈晓明　黄红娟　李华月　马金勇　王会存

红河分公司：白双玲　李思进　杨　静　赵　娟

玉溪分公司：马文菊　张　琼　陈　娇

文山分公司：赵映苹　卢　俊　曾凌凌

楚雄分公司：郭俊辉　李　伟　李　林

保山分公司：白家勇　李申素　黄显康

西双版纳分公司：杜　伟　雷有珍　许　艳

丽江分公司：王海明
昭通分公司：李俊美
物流中心：沈修艳
非油品中心：李思霖
中油强林公司：杨李芬　曾　峥　范丽娟
公司机关：余艳娟

2011年
一、五四红旗团委
红河分公司团委　大理（中青）公司团委
二、五四红旗团支部
昆明分公司：东力加油站团支部　张本荷加油站团支部
　　　　　　昌达加油站团支部　宝洪加油站团支部
曲靖分公司：瑞麟加油站团支部　蓝宝宣天加油站团支部　阿鲁加油站团支部
大理（中青）公司：大理（中青）公司机关团支部
　　　　　　　　　金花加油站团支部
红河分公司：黑龙坡加油站团支部　雄风加油站团支部
玉溪分公司：东风加油站团支部　金汉加油站团支部
文山分公司：羊街加油站团支部　珠街加油站团支部
楚雄分公司：太阳女加油站团支部
保山分公司：城市加油站团支部
西双版纳分公司：勐仑加油站团支部
丽江分公司：古路湾加油站团支部
昭通分公司：荷花加油站团支部
临沧分公司：金源加油站团支部
普洱分公司：茶城加油站团支部
德宏分公司：姐勒加油站团支部
仓储管理中心：仓储管理中心第一团支部
非油品公司：非油品公司机关团支部
中油强林公司：曙光加油站团支部
三、优秀共青团干部
昆明分公司：李世民　王晓东　赵　磊　李　丽
曲靖分公司：李粉丽　许　兵　王　虎
大理（中青）公司：李　婧　袁丽莎

红河分公司：杨　栗　朱玉敏

玉溪分公司：张利娟　禹红英

文山分公司：冯　娟　章永明

楚雄分公司：曹玉宏

保山分公司：和敬媛

西双版纳分公司：王晓梅

丽江分公司：熊春兰

昭通分公司：李琴琴

临沧分公司：涂永萍

普洱分公司：陶春季

德宏分公司：濮兴美

仓储管理中心：杨　洋

非油品公司：李海彪

中油强林公司：方晓娟

公司机关：白伟全

四、优秀共青团员

昆明分公司：马莉娜　汪正才　陈　锦　李云艳　孟礼江　牛靖荣
　　　　　　阳顺芬　申晓丽　陈　波　李永英

曲靖分公司：左开美　谢　峰　马琼梅　杨调琼　陈进波　邱学芬
　　　　　　刘建荣　周海斌

大理（中青）公司：陈　锋　罗继明　罗建宏　徐　扬　张一辉　赵晓诚

红河分公司：莫　浩　孙　晶　田冬冬　周建力

玉溪分公司：何东兰　普　雄　龙跃杰　陈刚泽

文山分公司：华春燕　李　珍　罗云松　王良典

楚雄分公司：鞠　燕　木进琴　金玉娇

保山分公司：白家勇　龙再金　展　翼

西双版纳分公司：白　艳　郭世红

丽江分公司：和恩雄

昭通分公司：黄仁敏　李红兴

临沧分公司：胡玉兰

普洱分公司：祁　梅

德宏分公司：张自娟

仓储管理中心：吴　燕　朱久明

非油品公司：杨宝峰

中油强林公司：管国金　周　艳　刀自春
公司机关：邓一鑫

2012年
一、五四红旗团委
文山分公司团委　昭通分公司团总支
二、五四红旗团支部
昆明分公司：小石坝加油站团支部　关雨路加油站团支部
　　　　　　润心加油站团支部　路美邑加油站团支部
曲靖分公司：祥达加油站团支部　奔腾加油站团支部　阿鲁加油站团支部
大理（中青）公司：金牛加油站团支部　云康加油站团支部
红河分公司：团山加油站团支部　清远加油站团支部
玉溪分公司：东风加油站团支部　宇丰加油站团支部
文山分公司：卧龙加油站团支部　迎宾加油站团支部
楚雄分公司：彩云南加油站团支部
保山分公司：和顺加油站团支部
西双版纳分公司：勐养加油站团支部
丽江分公司：古路湾加油站团支部
昭通分公司：珠泉加油站团支部
临沧分公司：永临加油站团支部
普洱分公司：茶苑加油站团支部
德宏分公司：梁河中和加油站团支部
仓储管理中心：安宁油库团支部
非油品公司：中央仓团支部
中油强林公司：和平加油站团支部
三、优秀共青团干部
昆明分公司：张　瑜　唐绍能　陈　波　颜红明
曲靖分公司：赵天喜　王爱萍　许　兵
大理（中青）公司：和敬媛　查文芳
红河分公司：杨　栗　冯　丽
玉溪分公司：马　丹　师　丹
文山分公司：李迎花　罗云松
楚雄分公司：曹玉宏
保山分公司：张国刚

西双版纳分公司：岩糯香
丽江分公司：熊春兰
昭通分公司：吴翠倩
临沧分公司：杨蓉涛
普洱分公司：何红艳
德宏分公司：杨 娟
仓储管理中心：朱天海
非油品公司：李海彪
中油强林公司：姚 望
公司机关：白伟全

四、优秀共青团员

昆明分公司：惠 灵 唐建龙 何忠飞 牛靖荣 王 娟 秦小翠 张用秀 杨永菊
曲靖分公司：杨缘美 郭振强 高娥芬 唐莉琼 李加梅 袁 圆
大理（中青）公司：李洁蕾 李金环 李文玲 张一辉 汪胜男
红河分公司：孙 晶 孙仁才 王建萍 王朝波
玉溪分公司：余春美 杨明金 范丽萍
文山分公司：毕福昌 陆加芝 沈崇珠 杨 敏
楚雄分公司：申丽菲 孙晓琼
保山分公司：何向谦 张卫超 赵明艳
西双版纳分公司：何学晓 李 艳
丽江分公司：和寿梅 魏再素
昭通分公司：王国玉 陈征征
临沧分公司：纪建彩
普洱分公司：李小花
德宏分公司：张福艳
仓储管理中心：文 竹 向红润
非油品公司：贾 青 李 祥
中油强林公司：张 勇 周 艳
公司机关：吴 蕾

2013 年

一、五四红旗团委

大理（中青）公司团委 昭通分公司团委

二、五四红旗团支部

昆明分公司：西园加油站团支部　白云加油站团支部
　　　　　　德发加油站团支部　明波加油站团支部

曲靖分公司：富源佳源加油站团支部　瑞麟加油站团支部
　　　　　　会泽振兴加油站团支部

大理（中青）公司：凤北加油站团支部　顺达加油站团支部

红河分公司：田心加油站团支部　鸡个加油站团支部

玉溪分公司：东风加油站团支部　高仓加油站团支部

文山分公司：环西路加油站团支部　新区加油站团支部

楚雄分公司：太阳女加油站团支部　金叶加油站团支部

保山分公司：德鑫加油站团支部

西双版纳分公司：勐养第一加油站团支部

丽江分公司：古路湾加油站团支部

昭通分公司：彝良加油站团支部

临沧分公司：羊头岩加油站团支部

普洱分公司：景谷城西加油站团支部

德宏分公司：边关加油站团支部

仓储分公司：安宁油库团支部

非油品公司：中央仓团支部

中油强林公司：禄脿加油站团支部

三、优秀共青团干部

昆明分公司：朱　超　张晓怀　栾凤川　陈建聪

曲靖分公司：李　林　杨芳芳　赵　彪

大理（中青）公司：侯　杰　李　婷

红河分公司：杨　栗　张　跃

玉溪分公司：罗　成　马丽晶

文山分公司：王国娅　曾　艳

楚雄分公司：夏　龙　谢文华

保山分公司：张国刚

西双版纳分公司：王晓梅

丽江分公司：夏永军

昭通分公司：雷　涛

临沧分公司：魏宗仁

普洱分公司：赵　岚

德宏分公司：刘　慧

仓储分公司：赵旭灿

非油品公司：贾　青

中油强林公司：黄伟伟

公司机关：李　勇

四、优秀共青团员

昆明分公司：龙玉君　杨世河　朱水清　李元德　刘　娇　余永志　马雪娇　李林泽

曲靖分公司：陈　雪　冯　鑫　李章丽　赛国俊　杨调琼　杨　平

大理（中青）公司：李　珊　范贵余　李玉环　张会琼　赵育良

红河分公司：赵文香　陈　伟　马　兰　孙吉庆

玉溪分公司：汪韶琛　覃艳玲　徐碧亮　余春美

文山分公司：李　鲜　陆青美　彭仕兰　岳绍长

楚雄分公司：周菊芬　胡　清　李瑞梅

保山分公司：李海燕　杨世保　张卫超

西双版纳分公司：郭世红　依应叫

丽江分公司：和丽霞　段加丽

昭通分公司：严洪喜　马良娇

临沧分公司：赵明艳　陈迪龙

普洱分公司：罗琴波　杨加燕

德宏分公司：余建成　张福艳

仓储分公司：罗保勇　张　奇

非油品公司：李　祥

中油强林公司：刘帮伟　张利莉

直属机关：段文进

2014 年

一、十佳"阳光青年"

曲靖分公司：刘振兴

文山分公司：杨志刚

楚雄分公司：董俊芳

昆明分公司：杨光华

德宏分公司：时建伟

大理（中青）公司：侯　杰

普洱分公司：罗琴波

公司机关：余国昌
保山分公司：杨　俊
西双版纳分公司：李玉梅

二、五四红旗团委
昆明分公司团委　普洱分公司团委

三、五四红旗团支部
昆明分公司：德发加油站团支部　东兴加油站团支部
　　　　　　润心加油站团支部　小石坝加油站团支部
曲靖分公司：大水井加油站团支部　歌乐加油站团支部
　　　　　　马龙黄金海岸加油站团支部　紫薇加油站团支部
大理（中青）公司：甸南加油站团支部　鸿量加油站团支部　汇发加油站团支部
红河分公司：弥勒服务区加油站团支部　田心加油站团支部
玉溪分公司：长虹加油站团支部　港都加油站团支部
文山分公司：宝宁加油站团支部　城北加油站团支部
楚雄分公司：龙海加油站团支部　南永加油站团支部
保山分公司：和顺加油站团支部　潞江坝加油站团支部
西双版纳分公司：江南加油站团支部
丽江分公司：玉河加油站团支部
昭通分公司：珠泉加油站团支部　荷花加油站团支部
临沧分公司：永临加油站团支部
普洱分公司：茶源加油站团支部
德宏分公司：瑞丽加油站团支部
仓储分公司：昆明秧田冲油库团支部
非油品公司：中央仓团支部
中油强林公司：双龙加油站团支部

四、优秀共青团干部
昆明分公司：夏春密　杨七燕　张诗锐　赵顺萍
曲靖分公司：曹祥林　黄春艳　尹　芳　张廷虎
大理（中青）公司：杜伟翠　李润芸　张君钦
红河分公司：王建萍　杨　栗
玉溪分公司：汪韶琛　张　俊
文山分公司：卢海萍　罗忠富
楚雄分公司：施宏达　孙　芳
保山分公司：袁海龙　张卫超

西双版纳分公司：王晓梅

丽江分公司：夏永军

昭通分公司：崔雪莲　刘明芝

临沧分公司：马丽娜

普洱分公司：杨加燕

德宏分公司：孙　凯

仓储分公司：王义勇

非油品公司：贾　青

中油强林公司：龙永君

中油云岭公司：刘　穗

五、优秀共青团员

昆明分公司：董光平　沈慧颖　施庭权　唐朝丽　朱永琴

曲靖分公司：陈　信　代燕丽　马文平　王东翠　谢燕琼

大理（中青）公司：陈慧贤　董朝春　李娇雁　马　辉

红河分公司：王　帅　张　凯　张　娜

玉溪分公司：冉光林　余春美　周　流

文山分公司：郭孝斌　施彦娥　石文斌

楚雄分公司：顾华宗　张兆静

保山分公司：杨　丽　杨世保

西双版纳分公司：李玉梅

丽江分公司：和煜慈

昭通分公司：黄仁敏　马良娇

临沧分公司：李云彪

普洱分公司：柴景洪

德宏分公司：匡大久

仓储分公司：陈　尹

非油品公司：刘玉梅

中油强林公司：杨远琴

公司机关：赵晓诚　龙思元　李北辰

六、优秀青年志愿者

昆明分公司：李亚明

曲靖分公司：路　敏

大理（中青）公司：罗晓玲

红河分公司：杨志燕

玉溪分公司：李双林

文山分公司：李　琼

楚雄分公司：段崇睿

保山分公司：张　媛

西双版纳分公司：黄魏静

丽江分公司：魏再素

昭通分公司：牟兴润

临沧分公司：唐　硕

普洱分公司：鲁　欢

德宏分公司：贺大洋

仓储分公司：王佳男

非油品公司：张进伟

中油强林公司：游　波

中油云岭公司：许智章

公司机关：武　举

2015 年

一、十佳"阳光青年"

曲靖分公司：赵　彪

红河分公司：高月芬

临沧分公司：魏宗仁

玉溪分公司：余春美

保山分公司：吴晓微

楚雄分公司：储　钢

非油品公司：杨宝峰

丽江分公司：和丽霞

德宏分公司：谢灵艳

公司机关：刘兴艳

二、五四红旗团委

仓储分公司团委　红河分公司团委

三、五四红旗团支部

昆明分公司：东兴加油站团支部　普吉加油站团支部

　　　　　　德发加油站团支部　石锁加油站团支部

曲靖分公司：马龙三所加油站团支部　陆良开发区加油站团支部

师宗中鑫加油站团支部　富源富兴加油站团支部

大理（中青、能源）公司：牛街服务区团支部　关巍加油站团支部　宾川加油站团支部

红河分公司：弥勒服务区团支部　红河宏达加油站团支部

玉溪分公司：宇丰加油站团支部　东风加油站团支部

文山分公司：润丰加油站团支部　宝宁加油站团支部

楚雄分公司：东南加油站团支部　长兴加油站团支部

保山分公司：大庄加油站团支部　潞江坝加油站团支部

西双版纳分公司：勐遮加油站团支部

丽江分公司：华坪加油站团支部

昭通分公司：荷花加油站团支部　赵家海加油站团支部

临沧分公司：羊头岩加油站团支部

普洱分公司：方圆加油站团支部

德宏分公司：平原农机加油站团支部

仓储分公司：曲靖松林油库团支部

非油品公司：中央仓团支部

中油强林公司：和平加油站团支部

四、优秀共青团干部

昆明分公司：刘路路　王建伟　张仁文　刘丽青

曲靖分公司：李粉丽　许　兵　崔光月　胡　晓

大理（中青、能源）公司：李　婷　王政凯　蒙娟美

红河分公司：王建萍　张　娜

玉溪分公司：罗　成　马丽晶

文山分公司：杨志刚　王义琨

楚雄分公司：曹蒙蒙　杨德员

保山分公司：于成龙　张瑞焦

西双版纳分公司：陈　超

丽江分公司：姬　志

昭通分公司：崔雪莲　普有鑫

临沧分公司：胡玉兰

普洱分公司：俸民友

德宏分公司：董丽梅

仓储分公司：宗　瑶

非油品公司：罗真勇

中油强林公司：龙永君

中油云岭公司：刘　穗

公司机关：吴玉松

五、优秀共青团员

昆明分公司：闪世华　杨亚兵　杨　欣　郗登仙　赵美兰

曲靖分公司：宁　婧　刘艳萍　李文浩　赵荣丽　王瑞林

大理（中青、能源）公司：和建东　李玉环　茶世凌　张会琼

红河分公司：徐舒宇　龙娇艳　张见宝

玉溪分公司：王文宝　招　翔　马浩云

文山分公司：杨　辉　周德燕　黄幸芝

楚雄分公司：贾　梅　李德美

保山分公司：蒲娅红　尹可双

西双版纳分公司：樊　勇

丽江分公司：陈继先

昭通分公司：黄仁敏　刘明芝

临沧分公司：谢仙禧

普洱分公司：周开鹏

德宏分公司：徐兴锦

仓储分公司：高选青

非油品公司：王晓晓

中油强林公司：刘帮伟

公司机关：冯　涛　周　旭

六、优秀青年志愿者

昆明分公司：李尚钊

曲靖分公司：杨　磊

大理（中青、能源）公司：赵毅玲

红河分公司：赵　娜

玉溪分公司：郭　谢

文山分公司：杨　明

楚雄分公司：岳　睿

保山分公司：徐　丽

西双版纳分公司：刀剑荣

丽江分公司：李应花

昭通分公司：王　健

临沧分公司：纪建彩

普洱分公司：李　梅
德宏分公司：王晶晶
仓储分公司：朱天海
非油品公司：杨晓丽
中油强林公司：杨小英
中油云岭公司：马　瑞
公司机关：焦玉荣

2016年
一、十佳"阳光青年•好榜样"
昆明分公司：梁正雄
曲靖分公司：李　强
大理（中青）公司：张　洋
文山分公司：黄瑞媛
楚雄分公司：周富宏
保山分公司：陆鹏燕
丽江分公司：李星龙
昭通分公司：吴兴苹
仓储分公司：陈　尹
非油品公司：原　田

二、五四红旗团委
昆明分公司团委　大理（中青）公司团委

三、五四红旗团支部
昆明分公司：张本荷加油站团支部　织布营加油站团支部
　　　　　　明波加油站团支部　干塘坝加油站团支部　禄脿加油站团支部
曲靖分公司：奔腾加油站团支部　腾龙加油站团支部
　　　　　　景胜大道加油站团支部　西华加油站团支部
大理（中青、能源）公司：大井服务区加油站团支部　甸南加油站团支部
　　　　　　　　　　　　云康加油站团支部
红河分公司：弥勒服务区加油站团支部　泸丰加油站团支部
玉溪分公司：宇丰加油站团支部　港都加油站团支部
文山分公司：珠街服务区加油站团支部　羊街加油站团支部
楚雄分公司：金山加油站团支部　大平地加油站团支部
保山分公司：和顺加油站团支部　潞江坝加油站团支部

西双版纳分公司：云龙加油站团支部
丽江分公司：金山加油站团支部
昭通分公司：昭鲁加油站团支部　凤凰加油站团支部
临沧分公司：鸿运加油站团支部
普洱分公司：陆通加油站团支部
德宏分公司：芒市加油站团支部
仓储分公司：昆明秧田冲油库团支部
非油分公司：中央仓团支部

四、优秀共青团干部

昆明分公司：计路红　邓昌权　缪林秀　杨艳秋　张学红
曲靖分公司：刘德卫　赵　彪　李粉丽　许　兵
大理（中青、能源）公司：董朝春　徐　菲　赵雷霞
红河分公司：何　倩　马　翠
玉溪分公司：罗　成　张　俊
文山分公司：张　永　苏　丽
楚雄分公司：谢洪江　周正德
保山分公司：杨智强　李　娟
西双版纳分公司：邱　谦
丽江分公司：杨　晴
昭通分公司：崔雪莲　普有鑫
临沧分公司：张智锋
普洱分公司：朱　文
德宏分公司：杨泽英
仓储分公司：李文旭
非油品公司：李海彪
公司机关：刘兴艳

五、优秀共青团员

昆明分公司：胡利忠　林支跃　杨小英　马林东　汪　珊　张美玲
曲靖分公司：蔡　丹　田智梅　杨改莲　张春娇　邹秀兰
大理（中青、能源）公司：陈华贤　彭泽舜　谢太花　杨　芳
红河分公司：宋建廷　武应红　赵　娜
玉溪分公司：代　丽　陈　希　马龙梅
文山分公司：王兴星　汪　尧　杨正霞
楚雄分公司：段桂琼　周　烁

保山分公司：张艳清　赵明艳
西双版纳分公司：龙云川
丽江分公司：李林军
昭通分公司：张永敬　荀世红
临沧分公司：祁云晶
普洱分公司：王　玲
德宏分公司：代　朋
仓储分公司：刁晓玲
非油品公司：姜红梅
公司机关：许达晟　李北辰
六、优秀青年志愿者
昆明分公司：张　怡　许　婷
曲靖分公司：尹　芳
大理（中青、能源）公司：马露诗
红河分公司：孔　兰
玉溪分公司：杨文娟
文山分公司：苏　林
楚雄分公司：孙　芳　张家雄
保山分公司：张德明
西双版纳分公司：李玉梅
丽江分公司：李云龙
昭通分公司：刘明芝
临沧分公司：郭明彩
普洱分公司：张云龙
德宏分公司：彭留香
仓储分公司：刘文丹
非油品公司：白黎明
公司机关：刘翠翠　陈慧琳

2017年
一、五四红旗团委
玉溪分公司团委　楚雄分公司团委
二、五四红旗团支部
昆明分公司：北二环加油站团支部　和平加油站团支部

　　　　　　　普吉加油站团支部　石锁加油站团支部　园艺场加油站团支部

曲靖分公司：东郊加油站团支部　瑞丰加油站团支部

　　　　　　　阳光加油站团支部　中鑫加油站团支部

大理（中青、能源）公司：双廊服务区左侧加油站团支部　金汇加油站团支部

　　　　　　　财富加油站团支部

红河分公司：黑龙坡、宝秀、大坡、马鞍山、异龙湖联合团支部　锁龙寺加油站团支部

玉溪分公司：宇丰加油站团支部　通广加油站团支部

文山分公司：龙潭加油站团支部　卧龙加油站团支部

楚雄分公司：猫街加油站团支部　南路加油站团支部

保山分公司：兴华加油站团支部　潞江坝加油站团支部

西双版纳分公司：江南加油站团支部

丽江分公司：玉河加油站团支部

昭通分公司：昭鲁加油站团支部　红路加油站团支部

临沧分公司：南伞加油站团支部

普洱分公司：哈尼加油站团支部

德宏分公司：中油道达加油站团支部

仓储分公司：昆明秧田冲油库团支部

非油品公司：中央仓团支部

三、优秀共青团干部

昆明分公司：冯　莉　李绍华　刘宪鹏　刘　寅　普珍丽　沙　佳

曲靖分公司：李粉丽　梁华莉　刘德卫　邹秀兰

大理（中青、能源）公司：耿绍奎　沈明珠　杨玉秀

红河分公司：王　帅　张见宝

玉溪分公司：罗　成　陈泽桃

文山分公司：杜晓燕　杨吕萍

楚雄分公司：何　洁　王　湘

保山分公司：杨建浩　杨建伟

西双版纳分公司：刘林丽

丽江分公司：姬　志

昭通分公司：崔雪莲　赵　然

临沧分公司：罗建萍

普洱分公司：鲍锋云

德宏分公司：刘　慧

仓储分公司：陈明周

非油品公司：白黎明

公司机关：赵晓诚

四、优秀共青团员

昆明分公司：毕红东　姜施涛　武晓丽　阳顺芬　殷　义　尹正磊　赵建霞　朱安蔓

曲靖分公司：耿亚丽　何梦思　杨丽丹　张春娇　周　燕

大理（中青、能源）公司：黄久琳　钱美琼　徐　涛　杨　波

红河分公司：邓海艳　孔祥红　熊国宝

玉溪分公司：柴　娜　李双林　吴　双

文山分公司：桂红建　胡艳丹　梁　牧

楚雄分公司：汪萍萍　赵　航

保山分公司：庞梦妮　袁秀芹

西双版纳分公司：白慧萍

丽江分公司：阿普生农

昭通分公司：黄仁敏　李才先

临沧分公司：李金龙

普洱分公司：朱　鹏

德宏分公司：李　瑾

仓储分公司：张人元

非油品公司：李敬文

中油云岭公司：李婵婵

中油云翔公司：李北辰

公司机关：刘承栋

五、优秀青年志愿者

昆明分公司：刘兵超　邱宏兵　周总强

曲靖分公司：丁志欣

大理（中青、能源）公司：李相荣

红河分公司：吴庆华

玉溪分公司：杨丽华

文山分公司：席丽婷

楚雄分公司：谢洪江　周正德

保山分公司：陆鹏燕

西双版纳分公司：谭　婷

丽江分公司：和秋陆

昭通分公司：刘明芝

临沧分公司：陈迪龙

普洱分公司：董晓燕

德宏分公司：王德应

仓储分公司：周子佩

非油品公司：彭大财

云投中油公司：纳晶晶

公司机关：陈延平

六、十佳阳光青年

丁　旭　龙林武　代　朋　边　霄　吕仲尧　杨　涛　杨　跃　肖香华　陈乾坤　罗　成

七、十佳优秀毕业生

丁超群　邓秀文　刘　清　刘筱杭　杨　洁　邹秀兰　周　斌　庞永波　崔　欣　董俊芳

2018 年

一、五四红旗团委

仓储分公司团委

昆明分公司团委

曲靖分公司团委

红河分公司团委

德宏分公司团委

二、五四红旗团支部

昆明分公司：永兴加油站团支部　白云加油站团支部　西福路加油站团支部

曲靖分公司：大水井加油站团支部　吉通加油站团支部

大理（中青、能源）公司：富海加油站团支部　金牛加油站团支部

红河分公司：阿土、保和、元阳宏达联合团支部　草坝加油站团支部

文山分公司：羊街加油站团支部　环西路加油站团支部

玉溪分公司：高仓加油站团支部　春和加油站团支部

楚雄分公司：大平地加油站团支部　楚雄城北加油站团支部

保山分公司：祥丰加油站团支部

西双版纳分公司：景勐加油站团支部

丽江分公司：长水加油站团支部

昭通分公司：昭鲁加油站团支部

临沧分公司：西河加油站团支部

普洱分公司：兰花加油站团支部

德宏分公司：芒市加油站团支部

仓储分公司：曲靖松林油库团支部

非油品公司：中央仓团支部

公司机关：中油云翔团支部

三、优秀共青团干部

昆明分公司：赵　娜　刘碧康　缪林秀

曲靖分公司：杨　跃　沈秀芳

大理（中青、能源）公司：李早艳　卢国华

红河分公司：杨　栗　张　慧

文山分公司：刘灿平　陆青妹

玉溪分公司：李艾伦

楚雄分公司：侯忠伸

保山分公司：张国刚

西双版纳分公司：罗　靖

丽江分公司：罗桑扎西

昭通分公司：赵　然

临沧分公司：马丽娜

普洱分公司：赵　岚

德宏分公司：高　翔

仓储分公司：李文旭

非油品公司：李敬文

直属机关：马　婧

四、优秀共青团员

昆明分公司：杨砚阳　李木玉　王超凯

曲靖分公司：袁　松　程克勤

大理（中青、能源）公司：张　尧　李珍芳

红河分公司：李　菁　张立卿

文山分公司：毕海菊　杨恩凤

玉溪分公司：周晓海　龚顺杰

楚雄分公司：赵　航　杨　德

保山分公司：王丽娇　郭　睿

西双版纳分公司：周　全

丽江分公司：李艳虹

昭通分公司：万从敏

临沧分公司：祁云晶

普洱分公司：冯添云

德宏分公司：谢灵艳

迪庆分公司：扎史只玛

仓储分公司：汤宸豪　刘文丹

非油品公司：胡　豪

丽江扶贫工作队：张宏飞

第四节　历届职业技能竞赛获奖集体及个人

2007年第一届职业技能竞赛

一、优胜选手

（一）加油工

一等奖：滇中分公司　　　　张金平

二等奖：滇中分公司　　　　任　倩

　　　　滇中分公司　　　　马文静

　　　　滇中分公司　　　　张本荷

三等奖：滇中分公司　　　　何宏伟

　　　　滇中分公司　　　　张艳芬

　　　　广西分公司　　　　周立贵

　　　　广西分公司　　　　阮小妮

　　　　广西分公司　　　　潘燕玲

　　　　贵州分公司　　　　赵　鑫

（二）油品计量工：

一等奖：滇中分公司　　　　王文富

二等奖：贵州分公司　　　　罗　成

　　　　滇中分公司　　　　杨先昌

　　　　滇中分公司　　　　张本荷

三等奖：广西分公司　　　　唐云辉

　　　　滇中分公司　　　　马云祥

　　　　滇东北分公司　　　李颂赟

（三）油品分析工：

一等奖：广西分公司　　　　邓开菊

二等奖：滇中分公司　　　　肖　婷

三等奖：滇西分公司　　　　　　王桂凤
　　　　新成公司　　　　　　　黄　琴
　　　　滇中分公司　　　　　　张明微
（四）电工
一等奖：滇中分公司　　　　　　于红双
二等奖：广西分公司　　　　　　钟维新
三等奖：大理中青公司　　　　　郭向平
　　　　滇中分公司　　　　　　赵红勇
（五）司泵工
一等奖：滇中分公司　　　　　　张彦来
二等奖：广西分公司　　　　　　关　鑫
三等奖：广西分公司　　　　　　陆明杰
　　　　滇中分公司　　　　　　潘庆雷
（六）安全监督
一等奖：滇中分公司　　　　　　李　勇
二等奖：广西分公司　　　　　　唐云辉
　　　　贵州分公司　　　　　　胡志威
三等奖：广西分公司　　　　　　陈建锦
　　　　大理中青公司　　　　　禹华金
二、团体优胜奖单位
（一）团体第一名
滇中分公司
（二）团体第二名
广西分公司
（三）团体第三名
新成公司
（四）优秀组织奖
贵州分公司

2011年第二届职业技能竞赛
一、优胜选手
（一）加油站操作员工种
第一名：昆明分公司西园加油站　　　　张佶轩
第二名：昆明分公司高新加油站　　　　张艳芬

第三名：曲靖分公司城东加油站　　　周　江

（二）油品储运调和操作工工种

第一名：仓储管理中心民航油库　　　张达军

第二名：仓储管理中心民航油库　　　潘庆雷

第三名：仓储管理中心四瑞油库　　　王开华

（三）油品计量工工种

第一名：仓储管理中心安宁检定站　　杨先昌

第二名：仓储管理中心四瑞油库　　　马云祥

第三名：仓储管理中心楚雄油库　　　唐永林

（四）油品分析工工种

第一名：仓储管理中心成品油检验中心　王玉河

第二名：仓储管理中心成品油检验中心　起新英

第三名：大理（中青）公司清华洞油库　张汝娟

二、优秀组织单位

昆明分公司　昭通分公司　玉溪分公司　仓储管理中心

2012年第三届职业技能竞赛

一、优胜选手

（一）加油站操作员金牌

第一名：昆明分公司德发加油站　　　王晓文

第二名：昆明分公司小菜园加油站　　伏雪蛟

（二）加油站操作员银牌

第三名：昆明分公司织布营加油站　　宋高才

第四名：昆明分公司严家山加油站　　任会川

第五名：楚雄分公司大姚长兴加油站　郭　霖

（三）加油站操作员铜牌

第六名：楚雄分公司彩云南加油站　　董俊芳

第七名：文山分公司环西路加油站　　杨志刚

第八名：红河分公司田心加油站　　　孙莉莎

第九名：红河分公司个元加油站　　　杨学凤

第十名：文山分公司迎宾加油站　　　李　琼

（四）油品储运调和操作工金牌

仓储管理中心昆明油库　　　　　　　赵旭灿

（五）油品储运调和操作工银牌

仓储管理中心昆阳油库　　　　　　刘艳祥

（六）油品储运调和操作工铜牌

大理（中青）公司清华洞油库　　　刘志华

（七）油品计量工金牌

大理（中青）公司清华洞油库　　　张　飞

（八）油品计量工银牌

公司成品油检验中心　　　　　　　李　院

（九）油品计量工铜牌

仓储管理中心楚雄油库　　　　　　闫祥旭

（十）油品分析工金牌

公司成品油检验中心　　　　　　　王玉河

（十一）油品分析工第二名

公司成品油检验中心　　　　　　　赵新莲

（十二）油品分析工第三名

大理（中青）公司清华洞油库　　　张丽华

二、团体优胜奖单位名单

（一）团体第一名

昆明分公司

（二）团体第二名

楚雄分公司

（三）团体第三名

文山分公司

三、优秀组织奖

仓储管理中心　昭通分公司　红河分公司

2013年第一届信息系统应用及95504客服岗技能竞赛

一、优胜选手

（一）加油站管理系统油品业务、站级油品业务

一等奖：楚雄分公司　董俊芳

二等奖：曲靖分公司　韩　霞

三等奖：红河分公司　庞　艳

　　　　昆明分公司　娄帅鹏

（二）加油站管理系统非油品业务、便利店业务

一等奖：西双版纳分公司　梁昊妍

二等奖：昆明分公司　张　媛

三等奖：昆明分公司　伏雪蛟

　　　　德宏分公司　王　华

（三）加油站管理系统卡业务、发卡充值业务

一等奖：昆明分公司　廖兰芬

二等奖：文山分公司　杨志刚

三等奖：红河分公司　朱经瑞

　　　　楚雄分公司　张宏琼

（四）加油站管理系统财务业务

一等奖：昆明分公司　沈慧颖

二等奖：强林公司　黄伟伟

三等奖：楚雄分公司　申丽菲

　　　　西双版纳分公司　邱　谦

（五）销售ERP系统

一等奖：楚雄分公司　赵忠平

二等奖：昆明分公司　刘洪金

三等奖：临沧分公司　张利美

　　　　玉溪分公司　宋紫琦

（六）二次物流系统

一等奖：丽江分公司　任　龙

二等奖：楚雄分公司　高　雄

三等奖：德宏分公司　徐芝龙

　　　　玉溪分公司　胡小兰

（七）油库管理系统

一等奖：仓储分公司　罗保勇

二等奖：仓储分公司　赵旭灿

三等奖：仓储分公司　牟志辰

　　　　仓储分公司　张　飞

（八）系统运维

一等奖：丽江分公司　张学鹏

二等奖：楚雄分公司　肖　斌

三等奖：玉溪分公司　徐志强

红河分公司　陈国荣

（九）信息系统

一等奖：楚雄分公司　肖　兵

二等奖：临沧分公司　李　波

三等奖：曲靖分公司　陈晓明

　　　　丽江分公司　张学鹏

（十）95504客服岗

一等奖：临沧分公司　陈雨萍

二等奖：红河分公司　朱经瑞

　　　　文山分公司　彭锁菊

三等奖：楚雄分公司　张兆静

　　　　丽江分公司　和明生

二、团体优胜奖单位

（一）团体一等奖

楚雄分公司

（二）团体二等奖

仓储分公司

（三）团体三等奖

红河分公司　临沧分公司

2014年第四届职业技能竞赛

一、优胜选手

（一）加油站操作员金牌

第一名：昆明分公司张本荷加油站　　　　姚昱舟

第二名：昆明分公司白云加油站　　　　　廖兰芬

（二）加油站操作员银牌

第三名：曲靖分公司瑞麟加油站　　　　　黄红娟

第四名：曲靖分公司会泽奔腾加油站　　　田智梅

第五名：昆明分公司西园加油站　　　　　边　霄

（三）加油站操作员铜牌

第六名：曲靖分公司宣威乐维加油站　　　杨　跃

第七名：昆明分公司织布营加油站　　　　蒋　旭

第八名：昆明分公司明波加油站　　　　　秦小倩

第九名：普洱分公司茶苑加油站　　　　　夏育娟

第十名：玉溪分公司北门加油站　　　　杨　莎

（四）加油站经理金牌

第一名：楚雄分公司大平地加油站　　　董俊芳

（五）加油站经理银牌

第二名：昆明分公司德发加油站　　　　亓　鹏

第三名：曲靖分公司马龙三所加油站　　刘振兴

（六）加油站经理铜牌

第四名：楚雄分公司双柏加油站　　　　余　蕊

第五名：曲靖分公司马龙黄金海岸加油站　惠世书

第六名：玉溪分公司云西加油站　　　　赵正斌

（七）油品储运调和操作工金牌

仓储分公司安宁油库　　　　　　　　张述均

（八）油品储运调和操作工银牌

仓储分公司安宁油库　　　　　　　　娄光平

（九）油品储运调和操作工铜牌

仓储分公司楚雄油库　　　　　　　　段开文

（十）油品计量工金牌

仓储分公司安宁成品油检验中心　　　李　院

（十一）油品计量工银牌

仓储分公司清华洞油库　　　　　　　王宏刚

（十二）油品计量工铜牌

仓储分公司安宁成品油检验中心　　　刘金刚

（十三）油品分析工金牌

仓储分公司楚雄油库　　　　　　　　王玉河

（十四）油品分析工第二名

仓储分公司安宁成品油检验中心　　　李金荣

（十五）油品分析工第三名

仓储分公司安宁成品油检验中心　　　戈艳梅

二、团体优胜奖

（一）团体第一名

曲靖分公司

（二）团体第二名

昆明分公司

（三）团体第三名

楚雄分公司

三、优秀组织奖

仓储分公司　玉溪分公司　昭通分公司

2015年服务技能竞赛

一、优胜选手

（一）加油服务技能竞赛金牌

第一名：昆明分公司昆阳中心加油站　　　边　霄

第二名：文山分公司环西路加油站　　　　杨志刚

（二）加油服务技能竞赛银牌

第三名：昆明分公司织布营加油站　　　　刘筱杭

第四名：楚雄分公司大平地加油站　　　　董俊芳

第五名：曲靖分公司振兴加油站　　　　　田智梅

（三）加油服务技能竞赛铜牌

第六名：楚雄分公司大平地加油站　　　　张兆静

第七名：昭通分公司登云路加油站　　　　黄仁敏

第八名：昆明分公司草禄加油站　　　　　刘　明

第九名：昆明分公司德发加油站　　　　　侯愚堃

第十名：文山分公司卧龙加油站　　　　　黄瑞媛

二、加油站现场团体服务赛获奖班组

（一）第一名

昆明分公司班组：孟碧军　边　霄　刘筱杭　刘　明　李云山

（二）第二名

曲靖分公司代表队：葛楚祥　田智梅　周　江　杨改莲　黄红娟

（三）第三名

大理分公司代表队：李晓波　董艳娟　吕　超　张艳芝　陈华贤

三、团体优胜奖单位

（一）团体第一名　曲靖分公司

（二）团体第二名　楚雄分公司

（三）团体第三名　昆明分公司

四、优秀组织奖单位名单

文山分公司　昭通分公司　大理分公司

2016年第二届信息系统应用技能竞赛

一、优胜选手名单

（一）加油站管理系统油品业务、站级油品业务

一等奖：红河分公司　　　　庞　艳
二等奖：德宏分公司　　　　杨浩然
　　　　楚雄分公司　　　　樟峰铤
三等奖：文山分公司　　　　李　琼
　　　　红河分公司　　　　吴　锐
　　　　曲靖分公司　　　　韩　霞

（二）加油站管理系统非油品业务、便利店业务

一等奖：红河分公司　　　　张彦松
二等奖：德宏分公司　　　　王　华
　　　　红河分公司　　　　张保弟
三等奖：玉溪分公司　　　　曹艳红
　　　　普洱分公司　　　　何红艳
　　　　楚雄分公司　　　　张　梅

（三）加油站管理系统卡业务、发卡充值业务

一等奖：楚雄分公司　　　　张宏琼
二等奖：玉溪分公司　　　　陈　松
　　　　丽江分公司　　　　田　凤
三等奖：文山分公司　　　　彭锁菊
　　　　大理（中青、能源）公司　　赵杜萱
　　　　西双版纳分公司　　张　渝

（四）销售ERP系统

一等奖：玉溪分公司　　　　李金丽
二等奖：昆明（中油强林）公司　　曾　敬
　　　　大理（中青、能源）公司　　王　丽
三等奖：楚雄分公司　　　　高　雄
　　　　红河分公司　　　　宋建廷
　　　　曲靖分公司　　　　黄　燚

（五）信息系统运维

一等奖：昆明（中油强林）公司　　龙永君
二等奖：红河分公司　　　　陈国荣
　　　　德宏分公司　　　　王明春

三等奖：昭通分公司　　　　　　白银海
　　　　玉溪分公司　　　　　　徐志强
　　　　普洱分公司　　　　　　曹军福

(六) 油库管理系统

一等奖：仓储分公司　　　　　　王析论
二等奖：仓储分公司　　　　　　和行涛
　　　　仓储分公司　　　　　　云　川
三等奖：仓储分公司　　　　　　罗保勇
　　　　仓储分公司　　　　　　曹文琼
　　　　仓储分公司　　　　　　黄仕华

二、团体优胜奖单位名单

(一) 团体一等奖

德宏分公司

(二) 团体二等奖

红河分公司

(三) 团体三等奖

楚雄分公司

三、优秀组织奖

玉溪分公司　普洱分公司　昆明（中油强林）公司

2017年第五届职业技能竞赛

一、优胜选手名单

(一) 加油站操作员技术能手金牌

第一名：昆明分公司高新加油站　　　　　赵　娜
第二名：昆明分公司昆阳上梁王加油站　　刘宪鹏

(二) 加油站操作员技术能手银牌

第三名：曲靖分公司宣威吉通加油站　　　徐　华
第四名：普洱分公司茶苑加油站　　　　　张艳楠
第五名：玉溪分公司江通加油站　　　　　宋佳月

(三) 加油站操作员技术能手铜牌

第六名：玉溪分公司双江加油站　　　　　崔　欣
第七名：曲靖分公司大花桥加油站　　　　李春丽
第八名：昆明分公司张本荷加油站　　　　刘　龙
第九名：昆明分公司安宁大成加油站　　　和利辉
第十名：曲靖分公司富源胜境大道加油站　张春姣

二、加油站现场团体服务赛优胜班组

(一) 第一名

昆明分公司班组：陈 雪　赵 娜　刘 龙　刘宪鹏　和利辉

(二) 第二名

玉溪分公司班组：龚朝玺　李金平　陈泽桃　崔 欣　杨文娟

(三) 第三名

德宏分公司班组：王 华　雪 成　李信姝　何成蓉　王晶晶

(四) 第四名

红河分公司班组：龚建松　田 清　张 凯　杨 恒　孔祥红

(五) 第五名

普洱分公司班组：肖香华　罗彩茹　王 玲　张智威　许 庆

(六) 第六名

昭通分公司班组：张志斌　崔文龙　万从敏　石绍环　肖启毅

三、团体优胜奖单位

(一) 团体第一名

玉溪分公司

(二) 团体第二名

德宏分公司

(三) 团体第三名

普洱分公司

四、优秀组织奖

红河分公司　曲靖分公司　楚雄分公司

第五节　历年新闻宣传先进集体及优秀个人

2012 年

一、先进集体

昆明分公司　曲靖分公司　玉溪分公司

二、先进个人

(一) 模范通讯员

昆明分公司：金红梅

(二) 先进通讯员

玉溪分公司：汪韶琛

楚雄分公司：曹玉宏
昭通分公司：赵　然
（三）优秀通讯员
大理（中青）公司：董慧昕
文山分公司：章永明
保山分公司：袁海龙
临沧分公司：马丽娜
普洱分公司：赵桂玲
非油品公司：贾　青

2015 年
一、先进集体
昆明分公司　红河分公司　曲靖分公司
二、先进个人
模范通讯员
昆明分公司：金红梅
优秀通讯员
大理分公司：李娇雁
普洱分公司：赵桂玲
楚雄分公司：曹玉宏
先进通讯员
曲靖分公司：宁　婧
玉溪分公司：汪韶琛
非油品公司：贾　青
临沧分公司：马丽娜
保山分公司：袁海龙
文山分公司：章永明

2016 年
一、新闻宣传工作先进单位
昆明分公司　楚雄分公司　红河分公司
二、新闻宣传工作先进个人
昆明分公司：金红梅
大理（中青、能源）公司：李娇雁

红河分公司：崇　杰

楚雄分公司：曹玉宏

西双版纳分公司：刘奔辉

丽江分公司：和绍强

昭通分公司：赵　然

普洱分公司：赵桂玲

德宏分公司：刘　慧

非油品公司：杨　洁

2018年

一、宣传思想文化工作先进单位

非油品公司　昆明分公司　楚雄分公司

二、宣传思想文化工作先进个人

非油品公司：杨　洁

大理分公司：李娇雁

西双版纳分公司：刘奔辉

昭通分公司：赵　然

曲靖分公司：易徼琳

昆明分公司：金红梅

楚雄分公司：曹蒙蒙

保山分公司：袁海龙

临沧分公司：马丽娜

非油品公司：贾　青

三、2017—2018年度网评论员先进个人

普洱分公司：赵桂玲

大理分公司：李娇雁

普洱分公司：赵　岚

楚雄分公司：余　蕊

文山分公司：章永明

曲靖分公司：易徼琳

西双版纳分公司：刘奔辉

保山分公司：李　娟

非油品公司：贾　青

工程建设管理处：赵露霞

第六节　历年安全生产专业线先进集体及优秀个人

2007 年

一、先进单位

广西分公司：玉林分公司　南宁分公司　百色分公司　柳江油库
　　　　　　桂林分公司　桂大加油站　河池分公司　金利加油站
　　　　　　梧州分公司　筋竹加油站

贵州分公司：铜仁分公司　安顺分公司　遵义分公司　毕节分公司

新成公司：新成公司

滇中分公司：安宁油库　小菜园加油站　梁源加油站　高新加油站
　　　　　　德发加油站

滇西分公司：楚雄油库　丽江古路湾加油站

滇南分公司：宇丰加油站　良源加油站

滇东南分公司：交通加油站　团山加油站

滇东北分公司：沾益玉林加油站　富源胜境大道加油站

大理中青公司：宾川加油站

二、先进个人

广西分公司：张　南　袁　厅　黄　富　黄林仕　郭荣德　秦玉平
　　　　　　张宏伟　刘　斌　梅硕敏　黄美仲　黄尚度　王翠兰
　　　　　　黎天殿　方　海　欧燕凤　张向东

贵州分公司：胡志威　杨胜文　王亚平　宋　洋　张艺思　罗　臣
　　　　　　蒋秀桥　黄敬亮　周新林　唐献红

新成公司：杜希兵　龙　莉

滇中分公司：江卫弟　刘跃林　张永华　曾克纯　马吉平　文真先
　　　　　　郗啟毅　赵秀康　吴艳芬　戈艳梅　朱天海　马俊产

滇西分公司：邓春林　陈　庚　陈　涛　罗金华　寸灼辉　董学良
　　　　　　唐永林　刘劲松　马　恢　王桂凤

滇南分公司：王开仙　谢　青　罗　冲　喻学斌　王　芳　蔡　皓

滇东南分公司：李跃强　赵　平　邓大海　杨德有　李贵平　谷加升

滇东北分公司：杨　勇　谭红兵　张东贵　尹水才　沈修艳　宋云富

大理中青公司：袁　能　洪　流　李忠艳　张俊龙　王继林

2008 年

一、先进集体

广西分公司：设备安全部　南宁片区公司　百色片区公司　金利加油站　金路加油站

贵州分公司：金阳加油站　公交加油站　黔西加油站　坪东加油站

滇中分公司：白云加油站　观音山加油站　路美邑加油站

滇西分公司：三家塘加油站　大理金花加油站　瑞丽姐勒加油站

滇南分公司：三板桥加油站　双江加油站

滇东南分公司：清远加油站　团山加油站　灰土寨加油站

滇东北分公司：宣威祥达加油站　富源新桥加油站

大理中青公司：城北加油站　宾川加油站

中油强林公司：安宁油库　禄脿加油站

云南物流公司：油库管理部　楚雄油库

广西物流公司：南宁油库　柳江油库

二、安全管理先进个人

广西销售公司：王诚信　李成云　李　东　秦玉平　黄　富　郑循建

贵州销售公司：宋　扬　王　瑞　杨胜文　朱清毅　莫忠华

滇中分公司：马吉平　曾克纯　何艳波　李　江

滇西分公司：周建国　陈　庚　杜晓波　杨光波　张　跃

滇南分公司：张怀朝　鲍　恩　曹发兵　冯代丽

滇东南分公司：赵　平　李晓燕　邓大海　杨德有　权本恩

滇东北分公司：李　强　李宏伟　李　林　张　洪　胡玉梅

大理中青公司：袁　能　张尊利　郭向平　关学员

中油强林公司：张文乔　王良典　李成奇

云南物流公司：袁　睿　刘家平　武金光

广西物流公司：周福东　贺德荣　陶焕称

贵州物流公司：曾云保　杨代毅

西南公司油品检测中心：苏治霖

2009 年

一、安全生产先进单位

物流中心　玉溪分公司　红河分公司　楚雄分公司　大理（中青）公司

二、安全生产先进个人

昆明分公司：解晶宇　王　虎　刘永平　李桂芳　马吉平　关俊权

大理（中青）公司：马　俊　段开文　张育祥　李华贵　张建宝

曲靖分公司：经　锦　李粉丽　董佳尧　宋云福
玉溪分公司：武春明　张怀朝　蔡　皓
红河分公司：邹云绍　杨　波　高　飞
楚雄分公司：张　云　肖　斌　郭　斌
保山分公司：张自均　殷成志　刘劲松
文山分公司：肖　瑞　杨德有　吴明波
中油强林公司：王　恒　张永华　夭敬云
西双版纳分公司：黄建华　马雄波　玉南应
丽江分公司：陈　庚　王海明
昭通分公司：李颂赟　张科强
物流中心：苏朝祥　李　彪　李金荣
非油品中心：张正祥

2010 年

一、先进集体

仓储管理中心　红河分公司　文山分公司
玉溪分公司　大理分公司　保山分公司

二、先进个人

昆明分公司：盖沂伟　刘　俊　杨大华　许　坤
曲靖分公司：黄　海　王　江　邓　松　宋云富
红河分公司：邓　珏　黄庆芳　沈常俊
文山分公司：薛雷声　杨　斌　张俪诚
玉溪分公司：过光明　刘云芳　杨江平
楚雄分公司：张　云　张菊芬　段洪武
大理分公司：李开江
保山分公司：何应董　吴晓微
昭通分公司：王文富　桂贤稳
西双版纳分公司：谢卫权　刘小球
丽江分公司：陈　庚　董仕华
普洱分公司：邓永康　刘建志
临沧分公司：李智杰　梁体华
德宏分公司：何丽芬
非油品公司：陈　燕
仓储管理中心：袁　睿　娄光平

大理中青公司：尹俊滔　王永金
中油强林公司：姚　望　宁德平
成品油检验中心：戈艳梅
公司机关：岳　鸣　潘华文　徐　松　黄光福　陈　欢　马　超

2011 年
一、安全生产先进单位
玉溪分公司　大理分公司　昆明分公司　丽江分公司　普洱分公司
二、安全生产先进库站
昆明分公司：白云加油站　东兴加油站　润心加油站
　　　　　　严家山加油站　安易加油站　路美邑加油站
曲靖分公司：富源富兴加油站　富源宏发加油站　黄泥堡加油站
　　　　　　会泽振兴加油站　罗平阿鲁加油站　曲靖乐维加油站　珠江加油站
大理分公司：清华洞加油站　云康加油站
玉溪分公司：三板桥加油站
红河分公司：红河宏达加油站　清远加油站　七锦加油站　团山加油站
文山分公司：东山加油站　骏城加油站
保山分公司：城市加油站　潞江坝加油站
昭通分公司：葡泉加油站
丽江分公司：古路湾加油站
楚雄分公司：太阳女加油站　东南加油站
西双版纳分公司：良源加油站　云龙加油站
普洱分公司：景谷城西站
临沧分公司：金源加油站
中油强林公司：和平加油站
仓储管理中心：楚雄油库
三、安全生产先进个人
昆明分公司：紫发明　百园园　贾丽清　盖沂伟　高丽辉　吴玉明
　　　　　　许　坤　杨明菊　郑志兵
曲靖分公司：黄　海　刘光先　刘贤坤　荀开国　杨家文　张力芳
大理分公司：洪　流　袁　能　李　广　李启鹏
玉溪分公司：过光明　赵　宏　段自强
红河分公司：邓世平　冯光文　高　飞　李晓艳　邹云绍
文山分公司：董仁乐　张建荣　罗　芳　曹洪会

保山分公司：张自文　张　媛
昭通分公司：张文贵
丽江分公司：段学宾　熊春兰
楚雄分公司：贾文华　周富宏　刘杞明
德宏分公司：李东平　尹浚滔
西双版纳分公司：曹发兵　刘庆虎
普洱分公司：李景原　邓永康
临沧分公司：陈雨萍　徐志斌
中油强林公司：张丽明　张永华
仓储管理中心：娄光平　王开华
非油品公司：王志勇
成品油检验中心：李继华

2012 年

一、安全生产先进单位

西双版纳分公司　丽江分公司　楚雄分公司　昆明分公司　玉溪分公司

二、安全生产先进库站

昆明分公司：织布营加油站　富民文昌加油站　晋宁欣瑞加油站
　　　　　　铁龙加油站　小菜园加油站　盈轶加油站
曲靖分公司：陆良西化加油站　矣腊加油站　会泽辉煌加油站
　　　　　　吉祥加油站　金龙加油站　富源佳源加油站　海联加油站
大理分公司：永丰加油站　凤北加油站
玉溪分公司：建兴加油站　金汉加油站
红河分公司：北山加油站　鸡个加油站　七锦加油站　鑫海加油站
文山分公司：卧龙加油站　新区加油站　迎宾加油站
保山分公司：中盛加油站　凯丰加油站
西双版纳分公司：普光加油站
昭通分公司：巧家城南加油站　振兴南路加油站
丽江分公司：达瓦路加油站
楚雄分公司：太阳女加油站　南华西郊加油站
临沧分公司：羊头岩加油站　南伞加油站
普洱分公司：景谷城西加油站
仓储分公司：大屯油库
德宏分公司：章凤加油站

中油强林公司：禄脿加油站

三、安全生产先进个人

昆明分公司：罗峰林　主元应　吕　霞　周立国　曾克纯　陈　云
　　　　　　左顺珍　李世民
曲靖分公司：杨应福　惠世书　张贵才　张智威　赵　彪　严建里
大理分公司：杨燕丽　袁　能　李献庭　李必仙
玉溪分公司：过光明　王文琼　杨明金
红河分公司：邓　珏　李忠明　高　飞　卢建春　袁　斌
文山分公司：梁艳访　罗云松　罗忠富　骆常菊　罗建锋
保山分公司：董朝文　尹欣熠
昭通分公司：孔德西　彭　铃　李兴林　严洪喜
丽江分公司：余志新
楚雄分公司：向微微　杨　涛　张菊芬
德宏分公司：寸德柳
西双版纳分公司：宗梦祥　李　青
普洱分公司：陈紫千
临沧分公司：梁体华
仓储分公司：张学坤　邓代斌　潘文彪
中油强林公司：宁德平　姚　望
非油品公司：王红权
成品油检验中心：刘金刚

2013 年

一、先进单位

安全生产先进单位

曲靖分公司　文山分公司　楚雄分公司　西双版纳分公司　普洱分公司

质量管理先进单位

仓储分公司

损耗管理先进单位

德宏分公司

二、先进库站

安全生产先进库站

昆明分公司：织布营加油站　东力加油站　欣瑞加油站　向化加油站
　　　　　　小菜园加油站　马街加油站

曲靖分公司：东山加油站　东源加油站　会泽辉煌加油站
　　　　　　师宗紫薇加油站　宣威祥达加油站　沾益广源加油站
大理分公司：大井加油站　金汇加油站　工业园区加油站
玉溪分公司：青年加油站　宇丰加油站
红河分公司：泸西白水加油站　泸丰加油站　鑫海加油站　兴业加油站
文山分公司：环西路加油站　城南加油站　回龙加油站
保山分公司：中盛加油站　龙泉加油站
西双版纳分公司：勐养第一站
昭通分公司：荷花加油站　玉泉路加油站
丽江分公司：东山加油站
楚雄分公司：太阳女加油站　大平地加油站
临沧分公司：沧源加油站　西河加油站
普洱分公司：茶源加油站
仓储分公司：楚雄油库
德宏分公司：中和加油站
中油强林公司：岗头加油站

质量管理先进库站

仓储分公司：清华洞油库
文山分公司：羊街加油站

损耗管理先进库站

仓储分公司：曲靖油库
昆明分公司：茨坝加油站

三、先进个人

安全生产先进个人

昆明分公司：李玉兰　李志新　杨荣生　左顺珍　白继兵　吴玉明　周　斌
曲靖分公司：葛楚祥　郭　婧　贺开文　李春荣　李粉丽　宋云富
大理分公司：郭云龙　洪　芳　余文祥　张小娟
玉溪分公司：过光明　徐碧亮　杨明金
红河分公司：邓世平　何晓红　陆献高　周广川
文山分公司：李　鲜　李绍海　杨志刚　方艳福
保山分公司：李成东　余　斌
昭通分公司：彭　铃　张文贵
丽江分公司：赵松涛
楚雄分公司：段洪武　杨德员　杨芹翠

德宏分公司：蔡　军

西双版纳分公司：杨晓西　宗梦祥

普洱分公司：罗　娅

临沧分公司：洪世云

仓储分公司：王永金　欧永芬　段明锋　娄光平　郭向斌

中油强林公司：白秀琴　杨春华

非油品公司：李思霖　杨宝峰

中油云岭公司：李彦龙

中油能源公司：闫　奎

成品油检验中心：李　院

质量管理先进个人

昆明分公司：何能德

临沧分公司：陈金东

仓储分公司：张述均

中油强林公司：杨李芬

成品油检验中心：王延军

损耗管理先进个人

大理分公司：蒙士兰

玉溪分公司：招　翔

红河分公司：宋　茜

保山分公司：张　媛

昭通分公司：李兴林

2014年

一、先进单位

安全生产先进单位

曲靖分公司　文山分公司　德宏分公司　保山分公司　普洱分公司　仓储分公司

质量管理先进单位

仓储分公司　楚雄分公司

损耗管理先进单位

昭通分公司　西双版纳分公司

二、先进库站

安全生产先进库站

昆明分公司：严家山加油站　安易加油站　圭山加油站

　　　　　　　　白云加油站　向化加油站　明波加油站

曲靖分公司：城东加油站　新桥加油站　黄金海岸加油站

　　　　　　　　振兴加油站　阿鲁加油站　吉通加油站

大理分公司：凤北加油站　顺达加油站　甸南加油站

玉溪分公司：通达加油站　凤凰加油站

红河分公司：燕子洞加油站　鸡个加油站　七锦加油站　田心加油站

文山分公司：城南加油站　干河加油站　临江加油站

保山分公司：勐巴加油站　永昌加油站

西双版纳分公司：景勐加油站

昭通分公司：文屏加油站　玉泉路加油站

丽江分公司：长水加油站

楚雄分公司：金叶加油站　南路加油站

临沧分公司：西河加油站　永康加油站

普洱分公司：东海加油站

仓储分公司：昆明秧田冲油库

德宏分公司：潞友加油站

中油强林公司：禄膵加油站

质量管理先进库站

昆明分公司：马街加油站

曲靖分公司：东山加油站

昭通分公司：芒部加油站

红河分公司：福达加油站

文山分公司：客运加油站

玉溪分公司：长虹加油站

普洱分公司：茶源加油站

西双版纳分公司：云龙加油站

楚雄分公司：一平浪加油站

大理分公司：金牛加油站

丽江分公司：金山加油站

保山分公司：城市加油站

德宏分公司：瑞丽加油站

临沧分公司：沧源加油站

中油强林公司：桂港加油站

仓储分公司：罗平油库

损耗管理先进库站

昆明分公司：园艺场加油站

曲靖分公司：宣天蓝宝加油站

昭通分公司：珠泉加油站

红河分公司：宏达加油站

文山分公司：天生桥加油站

玉溪分公司：金汉加油站

普洱分公司：陆通加油站

西双版纳分公司：蓝天加油站

楚雄分公司：大平地加油站

大理分公司：云康加油站

丽江分公司：金安加油站

保山分公司：中升加油站

德宏分公司：勤励加油站

临沧分公司：永临加油站

中油强林公司：草融加油站

仓储分公司：曲靖油库

三、先进个人

安全生产先进个人

昆明分公司：刘思奇　陈鹏飞　曹红丽　林支云　朱　超　李龙斌　罗峰林

曲靖分公司：罗建伟　杨承征　李　辉　王莉莉　黄　海　毕　丽

大理分公司：陈学荣　马东东　马小龙　王洪久　张文斌

玉溪分公司：过光明　李井泉　武春明

红河分公司：杨朝露　邹云绍　黄光红　邓　珏

文山分公司：黄成飞　梁艳访　王海波　杨　涛

保山分公司：杜亚南　尹艳丽

昭通分公司：李崇飞　朱昌辉

丽江分公司：罗　晴

楚雄分公司：经　锦　刘杞明　尚贵平

德宏分公司：杨国萍

西双版纳分公司：徐志斌　陈求黑

普洱分公司：黄新强

临沧分公司：王怀惠

仓储分公司：郭向斌　韩文林　刘自成　王永金　杨桂林

中油强林公司：张永华　陈燕飞
非油品公司：李思霖
中油云岭公司：赵　宏
成品油检验中心：郭向平
小 车 队：罗　勇
党 群 处：曹　军

质量管理先进个人
昆明分公司：匡　勇
曲靖分公司：姜永金
昭通分公司：邱大军
红河分公司：阿艳梅
文山分公司：董仁乐
玉溪分公司：宋成涛
普洱分公司：邓永康
西双版纳分公司：周奎玉
楚雄分公司：贾文华
大理分公司：赵秀康
丽江分公司：和　舟
保山分公司：张　媛
德宏分公司：张玉云
临沧分公司：杨绍健
中油强林公司：杨李芬
仓储分公司：张兴良
非油品公司：陈　燕

损耗管理先进个人
昆明分公司：高　强
曲靖分公司：钱家成
昭通分公司：吴兴苹
红河分公司：戚江友
文山分公司：崔　洁
玉溪分公司：段自强
普洱分公司：马雄波
西双版纳分公司：陈功波
楚雄分公司：王　琪

大理分公司：郭学玖

丽江分公司：丁超群

保山分公司：刘劲松

德宏分公司：侯兴娟

临沧分公司：宫银川

中油强林公司：杨春华

仓储分公司：张　飞

成品油检验中心：刘金刚

四、HSE 风险管理示范奖

示范单位

玉溪分公司：东风加油站　九龙加油站

红河分公司：和营加油站

大理分公司：沙龙加油站

保山分公司：城市加油站

仓储分公司：秧田冲油库

示范个人

文山分公司：沈富贵　梁艳访

仓储分公司：郭向斌　郑振安　刘艳祥　王义琨　张汝娟

保山分公司：张　媛

丽江分公司：丁超群

中油强林公司：关成礼

临沧分公司：洪世云

大理分公司：夏　峰　王洪久

五、生产安全事故隐患报告特别奖

昆明分公司坤达加油站：葛跃宏

曲靖分公司三所加油站：李　新

文山分公司润丰加油站：杨宣贵

楚雄分公司一平浪加油站：罗　涛

保山分公司诚信加油站：郭春鹏

2015 年

一、安全生产先进单位

仓储分公司　昆明分公司　楚雄分公司　保山分公司　中油强林公司

二、安全生产先进库站

仓储分公司：楚雄油库　安宁油库
昆明分公司：北二环加油站　昌达加油站　东兴加油站
　　　　　　高新加油站　县草加油站
曲靖分公司：城东加油站　东源加油站　瑞麟加油站
　　　　　　三所加油站　会泽振兴加油站
红河分公司：锁龙寺服务区　鸡个加油站　团山加油站　鑫海加油站
大理分公司：凤北加油站　金花加油站
玉溪分公司：东风加油站　欣都加油站
文山分公司：宝宁加油站　卧龙加油站　环西路加油站
楚雄分公司：大姚长兴加油站　鹿鸣加油站　永定加油站
保山分公司：德鑫加油站　城市加油站
西双版纳分公司：景勐加油站
丽江分公司：拉市海加油站
昭通分公司：凤凰副加油站　荷花加油站
临沧分公司：西河加油站
普洱分公司：中原加油站
德宏分公司：平原农机加油站
中油强林公司：和平加油站

三、安全生产先进个人

仓储分公司：陈　欢　娄光平　王加荣　尹水才　张文乔
昆明分公司：陈鹏飞　段学明　蒋　旭　刘玉全　孙　飞　阳顺芬　张仕泽
曲靖分公司：董加尧　刘光先　向有翠　严建里　杨超平　赵　彪
红河分公司：袁　斌　陈嘎举　冯　丽　杨国东
大理分公司：段雄忠　郭云龙　洪　芳　熊红忠
玉溪分公司：过光明　苏进平　招　翔
文山分公司：董仁乐　梁艳访　王海波　王兴星
楚雄分公司：经　锦　尚贵平　王　琪
保山分公司：许　波　段润仙
西双版纳分公司：李昌勇　吴玲珊
丽江分公司：白俊敏
昭通分公司：范广智　杨家坤
临沧分公司：王怀惠
普洱分公司：陶　宇
德宏分公司：赵衍丽

中油强林公司：黄　俊　夭敬云
非油品公司：黄光富
油库项目部：赵文涛　潘华文
小车队：张　强

四、质量管理先进单位

仓储分公司　文山分公司　德宏分公司　非油品公司

五、质量管理先进库站

昆明分公司：宝洪加油站
曲靖分公司：宣威祥达加油站
玉溪分公司：凤凰加油站
红河分公司：曲江加油站
文山分公司：灰土寨加油站
楚雄分公司：南路加油站
大理（中青）公司：金牛加油站
丽江分公司：兴农加油站
普洱分公司：景谷城西加油站
西双版纳分公司：勐养第一加油站
保山分公司：金龙加油站
临沧分公司：凤山二加油站
德宏分公司：边关加油站
昭通分公司：城南加油站
中油强林公司：曙光加油站
仓储分公司：清华洞油库

六、质量管理先进个人

昆明分公司：杜林环
曲靖分公司：杨自平
玉溪分公司：傅春凯
红河分公司：田冬冬
文山分公司：薛雷声
楚雄分公司：张明华
大理（中青）公司：李时杰
丽江分公司：和　舟
普洱分公司：孙自武
西双版纳分公司：梅云芳

保山分公司：杨朝美

临沧分公司：杨绍健

德宏分公司：杨自丽

昭通分公司：孔令学

中油强林公司：吕燕波

仓储分公司：段锡朋

非油品公司：杨　磊

成品油检验中心：李继华

七、计量损耗管理先进单位

曲靖分公司　大理分公司　丽江分公司

八、计量损耗管理先进库站

昆明分公司：金虎加油站

曲靖分公司：陆良大板田加油站

玉溪分公司：澄江加油站

红河分公司：保和加油站

文山分公司：骏城加油站

楚雄分公司：双柏加油站

大理（中青）公司：大运加油站

丽江分公司：金山加油站

普洱分公司：方圆加油站

西双版纳分公司：农场加油站

保山分公司：中升加油站

临沧分公司：永康加油站

德宏分公司：芒核加油站

昭通分公司：兰花地加油站

中油强林公司：草融加油站

仓储分公司：宣威油库

九、计量损耗管理先进个人

昆明分公司：林支芸

曲靖分公司：赵天喜

玉溪分公司：张　宏

红河分公司：庞　艳

文山分公司：杜晓艳

楚雄分公司：杨　涛

大理（中青）公司：王树军

丽江分公司：杨林文

普洱分公司：刘庆虎

西双版纳分公司：普海林

保山分公司：张卫超

临沧分公司：鲁国应

德宏分公司：江媛媛

昭通分公司：彭　铃

中油强林公司：张利莉

仓储分公司：樊　智

成品油检验中心：谢文活

十、安全生产特别奖

昆明分公司：坤达加油站　石锁副站　宜良宝洪加油站
　　　　　　同兴（副）加油站　小新村加油站　高新加油站　西站加油站

曲靖分公司：富源新桥加油站

红河分公司：朋达加油站　田心加油站

楚雄分公司：鹿鸣加油站　大平地加油站

大理（中青）公司：财富加油站　工业园区加油站　顺达加油站
　　　　　　　　　永丰加油站　关巍加油站

普洱分公司：陆通加油站

保山分公司：中升加油站　潞江坝加油站

中油强林公司：质量安全工程部　双龙加油站

仓储分公司：松林油库

昭通分公司：荷花加油站　坝尾槽加油站　凤凰加油站

十一、安全生产特别奖

玉溪分公司：赵正斌

文山分公司：黄鹏吕　陆美金　施彦娥　尹文建　杨星星

丽江分公司：刘庆禄

西双版纳分公司：陈功波　玉南应

临沧分公司：杨绍健　李俊涛

德宏分公司：高　翔

仓储分公司：潘文彪　刘艳祥　郭向斌　杨平金　郭红彬　赵永刚　何志金

2016 年

一、安全生产先进单位

仓储分公司　楚雄分公司　玉溪分公司　文山分公司　保山分公司

昆明分公司：德发加油站　雨花加油站　红瓦加油站　建南加油站
　　　　　　石锁加油站　王家桥加油站

曲靖分公司：会泽永强加油站　黄金海岸加油站　宣威祥达加油站
　　　　　　沾益蓝宝宣天加油站　沾益阳光加油站

红河分公司：草坝加油站　黑龙坡加油站　鸡个加油站　锁蒙加油站

大理（中青）公司：北环加油站　金汇加油站

文山分公司：富宁加油站　羊街加油站　珠街加油站

玉溪分公司：欣都加油站　通达加油站

楚雄分公司：东南加油站　西城加油站

保山分公司：潞江坝加油站　祥丰加油站

仓储分公司：秧田冲油库　曲靖松林油库

昭通分公司：机场路加油站　昭鲁加油站

西双版纳分公司：勐遮加油站

丽江分公司：玉河加油站

普洱分公司：茶城加油站

临沧分公司：西河加油站

德宏分公司：德宏机场二站

二、质量管理先进单位

分公司

曲靖分公司　红河分公司　非油品公司

库站

昆明分公司：强林和平加油站

曲靖分公司：东源加油站

红河分公司：七锦加油站

大理（中青）公司：满江东加油站

文山分公司：口岸加油站

玉溪分公司：云西加油站

楚雄分公司：南华南永加油站

保山分公司：中盛加油站

仓储分公司：安宁油库

昭通分公司：巧家老店加油站

西双版纳分公司：城南加油站

丽江分公司：城市加油站

普洱分公司：孟连东海加油站

临沧分公司：金源加油站

德宏分公司：中和加油站

三、计量损耗管理先进单位

分公司

昭通分公司　大理分公司　德宏分公司

库站

昆明分公司：金龙加油站

曲靖分公司：富源新桥加油站

红河分公司：阿土加油站

大理（中青）公司：宾川加油站

文山分公司：润丰加油站

玉溪分公司：古城加油站

楚雄分公司：三家塘加油站

保山分公司：瓦窑加油站

仓储分公司：秧田冲油库

昭通分公司：小河塘加油站

西双版纳分公司：勐遮加油站

丽江分公司：金山加油站

普洱分公司：哈尼加油站

临沧分公司：永康加油站

德宏分公司：芒市入口加油站

四、安全生产先进个人

昆明分公司：董开远　和海羽　袁　芳　罗　端　孙　飞　张红生　李云山

曲靖分公司：毕　丽　陈　果　李建文　梁华莉　王义贵　张智威

红河分公司：刘玉波　陆献高　田冬冬　岳云能　吴　锐

大理（中青）公司：郭云龙　施正海　熊红忠　张春凤

文山分公司：黄成飞　罗云松　杨建会　杨明早

玉溪分公司：刘尚贤　宋成涛　杨明金

楚雄分公司：杨　涛　经　锦　王　俊

保山分公司：李成东　杨建浩　杨金成

仓储分公司：华　荣　段开文　蒋新剑　潘文彪　王开华

昭通分公司：范广智　王　健　雷　涛
西双版纳分公司：鲍　恩　谢卫平
丽江分公司：赵松涛
普洱分公司：李朝福
临沧分公司：王怀惠
德宏分公司：龚祖娜
非油品公司：黄光富
中油云岭公司：朱　钧
成品检验中心：谢文活

五、质量管理先进个人

昆明分公司：赵灼华
曲靖分公司：李粉丽
红河分公司：李晓艳
大理（中青）公司：李时杰
文山分公司：赵　亮
玉溪分公司：李金平
楚雄分公司：王　琪
保山分公司：李金方
仓储分公司：樊　智
昭通分公司：黄开文
西双版纳分公司：杜学芹
丽江分公司：余志新
普洱分公司：周晓荣
临沧分公司：杨先昌
德宏分公司：张世安
非油品公司：杨林华
成品油检验中心：王延军

六、计量损耗管理先进个人

昆明分公司：董石刚
曲靖分公司：黄　海
红河分公司：姜云东
大理（中青）公司：施震五
文山分公司：刘贵林
玉溪分公司：杨学珠

楚雄分公司：姚生艳

保山分公司：纳志兰

仓储分公司：张　飞

昭通分公司：刘　清

西双版纳分公司：宗梦祥

丽江分公司：杨再兴

普洱分公司：赛　晴

临沧分公司：鲁国应

德宏分公司：杨国萍

成品油检验中心：李　院

2017 年

一、安全生产先进单位

分公司

文山分公司　仓储分公司　楚雄分公司　玉溪分公司　大理分公司

库　站

昆明分公司：东起加油站　东力加油站　岗头加油站　兴隆加油站
　　　　　　盈轶加油站　织布营加油站

曲靖分公司：东郊加油站　龙翔加油站　瑞丰加油站　彩云加油站　高坡顶加油站

红河分公司：黄龙寺加油站　大河湾加油站　七锦加油站　双龙加油站

大理（中青）公司：金牛加油站　江东加油站　清华洞加油站

文山分公司：润丰加油站　兴隆加油站　运源加油站

玉溪分公司：通达加油站　建兴加油站

楚雄分公司：茶花大道加油站　鹿鸣加油站

保山分公司：永昌加油站　腾星加油站

仓储分公司：清华洞油库　大屯油库

昭通分公司：闸上加油站　箐门加油站　彝良加油站

西双版纳分公司：江南加油站

丽江分公司：拉市海服务区加油站

普洱分公司：双联加油站

临沧分公司：西河加油站

德宏分公司：中和加油站

迪庆分公司：五凤山加油站

二、质量管理先进单位

分公司

仓储分公司　保山分公司　红河分公司

库　站

昆明分公司：小菜园加油站

曲靖分公司：阳光加油站

红河分公司：鑫隆加油站

大理（中青）公司：汇发加油站

文山分公司：七乡加油站

玉溪分公司：三板桥加油站

楚雄分公司：共和加油站

保山分公司：祥丰加油站

仓储分公司：曲靖松林油库

昭通分公司：燕子溪加油站

西双版纳分公司：勐腊城南加油站

丽江分公司：金安加油站

普洱分公司：陆通加油站

临沧分公司：金源加油站

德宏分公司：中油道达加油站

迪庆分公司：城市加油站

三、计量损耗管理先进单位

分公司

德宏分公司　曲靖分公司

库　站

昆明分公司：新禄加油站

曲靖分公司：阿鲁加油站

红河分公司：小羊街加油站

大理（中青）公司：老君山加油站

文山分公司：祥平加油站

玉溪分公司：宏翔加油站

楚雄分公司：吕合加油站

保山分公司：凯丰加油站

仓储分公司：秧田冲油库

昭通分公司：普洱渡加油站

西双版纳分公司：勐养加油站

丽江分公司：关坡加油站

普洱分公司：景东城南加油站

临沧分公司：永康加油站

德宏分公司：芒市入口加油站

迪庆分公司：五凤山加油站

四、安全生产先进个人

昆明分公司：高云龙　何忠飞　罗峰林　秦　江　文　华　吴春云　赵永生

曲靖分公司：毕　丽　李文浩　刘胜清　谢　峰　张德会　贺开文

红河分公司：邓　珏　付　先　王德义　张　爽　邓世平

大理（中青）公司：董本云　吕　超　汪胜男　杨甲武

文山分公司：陈金梅　李顺贵　熊光花　张　永

玉溪分公司：王文宝　林应奎　罗耀宏

楚雄分公司：段　辉　马　恢　余　蕊

保山分公司：尹欣熠　张　键　赵春鑫

仓储分公司：韩文林　汤宸豪　王　斌　张述均　袁　睿

昭通分公司：徐碧亮　张东贵　钟　林　彭　铃

西双版纳分公司：李富强

丽江分公司：杨再兴

普洱分公司：王　东

临沧分公司：王怀惠　杨先昌

德宏分公司：刘家腾　岳丽香

迪庆分公司：李开文

非油品公司：黄光富

中油云岭公司：董庆福

成品检验中心：陈　尹

小车班：高县伟

五、质量管理先进个人

昆明分公司：史顺鹏

曲靖分公司：林建枝

红河分公司：赵伟尧

大理（中青）公司：刘　杰

文山分公司：王艺蓉

玉溪分公司：罗廷梅

楚雄分公司：郑云峰

保山分公司：吉绍才

仓储分公司：赵红勇

昭通分公司：孙仕奎

西双版纳分公司：谢卫平

丽江分公司：赵松涛

普洱分公司：李洪才

临沧分公司：鲁国应

德宏分公司：张世安

迪庆分公司：龚寿梅

非油品公司：张发松

成品油检验中心：孙云芝

六、计量损耗管理先进个人

昆明分公司：刘　明

曲靖分公司：严建里

红河分公司：金维艳

大理（中青）公司：杨　昶

文山分公司：段云林

玉溪分公司：代万俊

楚雄分公司：李贵付

保山分公司：代成娜

仓储分公司：李承明

昭通分公司：范广智

西双版纳分公司：陆松林

丽江分公司：李润武

普洱分公司：李文清

临沧分公司：胡玉兰

德宏分公司：杨宇翔

迪庆分公司：李志斌

成品油检验中心：刘金刚

2018 年

一、安全生产先进单位

分公司

楚雄分公司　临沧分公司　文山分公司　仓储分公司　红河分公司

库　站

仓储分公司：清华洞油库　曲靖（松林）油库

昆明分公司：北二环站加油站　王家桥加油站　白云加油站　干坝塘加油站
　　　　　　晋宁金虎加油站　呈贡龙兴加油站　东川东起加油站

曲靖分公司：大花桥加油站　胜境大道加油站　罗平顺风加油站
　　　　　　宣威东兴加油站　沾益玉龙加油站

红河分公司：弥勒小羊街加油站　清远加油站　祥源加油站　八号洞加油站

大理分公司：双廊服务区右侧　顺达加油站　浩宇加油站

文山分公司：口岸加油站　会兰加油站　宝宁加油站

玉溪分公司：宇丰加油站　高仓加油站

楚雄分公司：长兴加油站　太阳女加油站

保山分公司：赢兴加油站　城市加油站

昭通分公司：凤凰副加油站　红路主加油站　珠泉加油站

西双版纳分公司：云龙加油站

丽江分公司：拉市海服务区

普洱分公司：兰花加油站

临沧分公司：城北加油站

德宏分公司：边关加油站

迪庆分公司：城郊加油站

非油品公司：中央仓

二、质量管理先进单位

分公司

仓储分公司　曲靖分公司　玉溪分公司

库　站

仓储分公司：蒙自油库

昆明分公司：梁源加油站　雨花加油站

曲靖分公司：陆良开发区加油站　富源青石龙加油站

红河分公司：鑫海加油站　元阳宏达加油站

大理分公司：弥北加油站　全兴加油站

文山分公司：卧龙加油站　珠琳加油站

玉溪分公司：通远加油站

楚雄分公司：杨家庄加油站

保山分公司：兴华加油站

昭通分公司：普洱渡加油站　牛寨加油站

西双版纳分公司：普光 2 加油站

丽江分公司：金山 2 加油站

普洱分公司：方圆加油站

临沧分公司：鸿运加油站

德宏分公司：大象加油站

迪庆分公司：飞来寺加油站

三、计量损耗管理先进单位

分公司

昭通分公司　保山分公司

库　站

仓储分公司：保山油库

昆明分公司：安易加油站　阳宗加油站

曲靖分公司：师宗丹凤加油站　会泽林强加油站

红河分公司：弥勒服务区副加油站　福家营副加油站

大理分公司：甸南加油站　城北加油站

文山分公司：合力加油站　莲城加油站

玉溪分公司：建兴加油站

楚雄分公司：金叶加油站

保山分公司：槟榔江加油站

昭通分公司：昭鲁主副加油站　小河塘加油站

西双版纳分公司：景勐加油站

丽江分公司：长水加油站

普洱分公司：景东城南加油站

临沧分公司：南伞加油站

德宏分公司：中和加油站

迪庆分公司：开发区加油站

四、安全生产先进个人

仓储分公司：蒋新剑　潘　林　杨　钟　杨云敏　彭泽尧

昆明分公司：李　瑛　刘尧平　永培东　张书晓　高莱林　解春鹏　游培生　董石刚

曲靖分公司：胡七兵　马元德　汪　良　唐光平　魏兴龙　徐　华

红河分公司：李跃强　陈　云　陈金贵　吴庆华　骆顺兵

大理分公司：汪胜男　余文祥　陈　涛　杜文军

文山分公司：董仁乐　贺应洪　严　飞　冯川雪

玉溪分公司：胡翠红　李连成　马丽晶

楚雄分公司：董俊芳　贾文华　杨　涛
保山分公司：余　斌　杨金成　李艳丽
昭通分公司：雷　涛　张东贵　张文贵　张志斌
西双版纳分公司：周　全
丽江分公司：昝学林
普洱分公司：李文清　孙自武
临沧分公司：洪世云　李云彪
德宏分公司：杨宇翔　陈晓龙
迪庆分公司：和志梅
非油品公司：马海泉
成品油检验中心：左晓华
小车班：文　亮

五、质量管理先进个人

仓储分公司：张兴良　朱久明　尹国宇
昆明分公司：姜施涛　王建伟
曲靖分公司：张学令　谢　峰
红河分公司：庞　艳　戚江友
大理分公司：李开江　李美翠
文山分公司：杜晓艳　王森荣
玉溪分公司：詹星星
楚雄分公司：王　俊
保山分公司：刘东波
昭通分公司：刘　清　刘燚冰
西双版纳分公司：宗梦祥
丽江分公司：和恩熊
普洱分公司：李洪才
临沧分公司：李新军
德宏分公司：张世安
迪庆分公司：区　宗
非油品公司：李海彪
成品油检验中心：李金荣

六、计量损耗管理先进个人

仓储分公司：康　华　李承锐　黄仕华
昆明分公司：丁美贵　姚　望

曲靖分公司：陈　亮　张贵才
红河分公司：田冬冬　沈建鹏
大理分公司：张义美　王　平
文山分公司：荀进柳　杨　辉
玉溪分公司：杨海涛
楚雄分公司：王永凯
保山分公司：赵兴波
昭通分公司：包广通　杨家坤
西双版纳分公司：李健春
丽江分公司：成　志
普洱分公司：李海生
临沧分公司：李文德
德宏分公司：张　潭
迪庆分公司：罗小华
成品油检验中心：郭向平

第七节　历年"和谐家庭"名单

2014 年
仓储分公司：尹水才
直属机关：司　燕
中油强林公司：杨云虎
昭通分公司：李兴林
非油品公司：杨林华
大理（中青）公司：张晓燕
楚雄分公司：张菊芬
红河分公司：李跃强
曲靖分公司：罗　珍
昆明分公司：葛跃宏

2015 年
昭通分公司：游达义
玉溪分公司：曹艳红

昆明分公司：梁　宾
保山分公司：周进国
仓储分公司：苏朝祥
曲靖分公司：杨根旺
大理（中青、能源）公司：张建宝
普洱分公司：刘建志
楚雄分公司：刘杞明
直属机关：马　婧

2016 年
临沧分公司：鲁国应
楚雄分公司：黄慧玲
昭通分公司：杨顺连
仓储分公司：杨丽娟
丽江分公司：和明生
中油云岭公司：周有和
曲靖分公司：陈　果
普洱分公司：孙自武
昆明分公司：许从辉
保山分公司：文平权

2017 年
红河分公司：龙　明
仓储分公司：任　倩
非油品公司：毕建琼
保山分公司：李成东
西双版纳分公司：杜学芹
楚雄分公司：杨芹翠
昆明分公司：罗　端
临沧分公司：段永金
大理分公司：施正海
昭通分公司：顾文举

第八节 首届"十大金花加油站经理"名单

2018 年

昆明分公司：张艳芬　张晓怀　毛光燕

曲靖分公司：梁华莉

大理分公司：陈学艳　李文玲

玉溪分公司：王玉琼

楚雄分公司：董俊芳

保山分公司：陆鹏燕

昭通分公司：吴兴苹

第四章 公司中级及以上专业技术职务任职资格人员名单

以下数据统计口径为现在册在岗人员，数据截止时间为：2018年12月31日，按姓氏笔画排列。

一、教授级资格人员

教授级高级经济师（1人）

赵剑春

二、高级资格人员

1. 高级工程师（26人）

王正华　王志勇　王佑坤　王建华　尹丽芳　朱明刚　关成礼　孙　英
孙卫刚　李月平　李世森　李海明　肖桂湘　吴　金　陈　青　陈　蕾
岳　鸣　赵文强　赵永德　唐　璐　梁　宾　韩春玲　谢安升　谢淑海
雷观南　黎经勇

2. 高级经济师（22人）

王克军　王德耀　石爱武　吕振忠　朱　妩　朱　彬　任家永　刘小波
刘秀兰　汤玉波　李　黎　李海忠　杨　光　汪长波　初丽娟　陈　雷
陈友军　赵立世　聂　焱　曹靖国　屠丹玲　蔡　峰

3. 高级会计师（6人）

史咏梅　杨亚进　张德华　周　琳　郑阁辉　臧国云

4. 高级审计师（1人）

尉　英

5. 高级政工师（15人）

王　虎　冯运松　刘启然　刘国栋　李新宇　杨先春　张书明　陈金和

钟　文　顾伟明　徐时国　蒋雁飞　蔡新江　潘竟忠　魏秋冬

三、中级资格人员

1. 工程师（41人）

丁　猛　于　楠　马占德　王　恒　王　辉　方指胜　尹浚滔　过光明
朱　钧　朱星羽　朱维全　孙　波　李　勇　李世春　李亚林　杨　勇
杨　娟　杨映冬　杨桂林　吴跃庆　张　立　张文斌　张先朝　张健臻
罗峰林　周　斌　赵　平　赵　宏　赵文涛　赵晓诚　赵露霞　袁　能
夏保昆　徐　松　谈一江　龚建松　盖沂伟　裴　兵　廖　科　潘　南
潘华文

2. 经济师（31人）

丁　磊　马　婧　王彦佳雨　王静媛　朱小刚　齐　敏　许　强　孙晓娜
杜　斌　李　玲　李　彪　杨玉玲　连伟才　吴　蕾　余　虹　沈建雄
张　平　张　阳　张正祥　陈延平　周　军　赵丽燕　饶　刚　施　茜
唐衍尘　陶绍勇　黄　亚　黄　涤　黄　瑛　韩　秀　詹宝军　罗真勇
张发松　贾　青

3. 会计师（34人）

马先艳　王湘江　毛祥芬　邓　伟　邓一鑫　付桂娥　代心怡　邢小丽
权国才　毕建琼　毕春霞　向有翠　刘　蕾　孙庆华　李红蕾　李海洋
杨玉琳　杨瑞军　沈慧颖　张世美　张艳丽　陈　林　金广宁　金笃军
周德锐　胡德华　钟永洪　段文进　贺　健　夏　敏　鲁振华　燕爱良
霍　芩　魏宏伟　胡家茂

4. 政工师（27人）

王志平　王素珍　任立荣　刘兴艳　刘利荣　刘振兴　李　新　杨　忠
杨声武　杨辉国　余红美　余国昌　汪韶琛　张　慧　张月明　张洪伟
张艳雪　武　举　易敬琳　罗　靖　赵　然　贾　青　徐启东　高　丹
曹　军　崔雪莲　葛　新

5. 主治医师（1人）

李万梅

6. 编辑记者（1人）

陈　银

7. 讲师（1人）

王海鹰

第五章　技师人员名单

昆明分公司：何德能　张艳芬　王冬冬　赵　娜　伏雪蛟
保山分公司：杨朝美　李　强
玉溪分公司：赵正斌
大理分公司：洪　流
红河分公司：宋正辉
普洱分公司：何红艳
昭通分公司：黄仁敏　桂贤稳
临沧分公司：梁体华
文山分公司：杨志刚
仓储分公司：李金荣　张述均

附　录

附录一 历年重要文件

中国石油销售总公司文件

销字[1999]第 37 号

转发集团公司《关于同意组建中国石油销售总公司四个地区公司的批复》的通知

各所属单位：

现将集团公司中油人劳字[1999]第 23 号《关于同意组建中国石油销售总公司四个地区公司的批复》转发给你们，请认真遵照执行。

主题词：转发 机构 批复 通知

抄送：总公司党政领导、各总师，机关各处室。

中国石油天然气集团公司文件

中油人劳字[1999]第23号

关于同意组建中国石油销售总公司四个地区公司的批复

中国石油销售总公司：

你公司《关于明确中国石油销售总公司地区公司行政级别和领导职数的请示》(销字[1999]第2号)收悉，经研究，批复如下：

一、同意你公司组建四个地区石油销售公司(下称地区公司)，即中国石油销售西北公司、中国石油销售东北公司、中国石油销售西南公司、中国石油销售华东公司。

二、地区公司的主要职责

(一)负责区内省(直辖市、自治区)石油公司和系统内其他成品油经营单位销售业务的管理、指导、协调、监督；负责本地区市场规范管理和区外市场的开拓。

（二）提出本地区内年度、季度成品油配置建议计划，制定并实施月度计划。

（三）组织运销衔接。东北、华东地区公司负责制定并组织实施运输计划；西北、西南公司负责组织运输计划的平衡衔接，监督运输计划的执行。

（四）根据市场变化，提出价格调整建议，协助上级制定销售价格，监督价格执行情况。

（五）根据集团公司规定的结算方式，负责组织成品油销售结算。

（六）协助销售总公司做好本地区储运设施和销售网络规划、建设及安全管理工作。

（七）负责市场动态分析和信息收集、整理、汇总，并对下属公司经营业务进行管理。

三、各地区公司领导职数为5人（书记1人，经理1人，副经理2人，总会计师1人），其中书记、总经理为副局级，其他为正处级。

中国石油天然气集团公司
一九九九年一月十五日

中国石油销售总公司文件

销字[1999]第 76 号

关于中国石油销售西南公司机构设置的批复

中国石油销售西南公司：

你公司《关于中国石油销售西南公司机构设置和编制定员问题的请示》收悉，经研究，批复如下：

一、中国石油销售西南公司（以下称西南公司）为中国石油销售总公司（以下称总公司）的派出机构，保留法人资格，按子公司体制运作。

二、西南公司的职责范围

1. 在总公司的领导下，负责对供应区省、市石油公司和石油集团系统内各成品油经营单位销售业务的管理、指导、协调、监督、检查，负责区内市场规范管理和区外成品油市场的开拓、经营，保证炼厂后路畅通。

2. 提出四川、重庆供应区及区外市场年度、季度成品油销售需求(含中石化资源)建议计划;根据总公司下达的年度、季度成品油配置计划,制定供应区域月度成品油销售计划,提出并落实区外销售资源的月度配置衔接计划。

3. 组织运销衔接。根据月度配置计划,统一进川铁路运输计划管理和提报,负责协调、监督运输计划的执行和落实。

4. 根据市场变化,提出价格调整建议,协助总公司制定区内油品销售价格,协调、监督、检查区内市场价格执行情况。

5. 负责组织区外市场开发,扩大市场份额,负责区外销售网络、储运设施规划建设、管理及投资回报。按照集团公司确定的成品油价格,负责对区外各类用户办理销售结算业务,办理中石化资源入区结算业务。

6. 协助总公司做好区内储运设施和销售网络整体规划、建设及安全管理工作。

7. 负责区内市场动态分析和商情信息的搜集、整理、汇总、上报。

8. 负责本公司的国有资产保值增值,按总公司核定的经营指标上缴管理费。

9. 财务管理统一纳入总公司管理,按收支两条线原则负责提出年度资金(管理性和经营性)需求计划,经核批后合理使用,加强管理。

10. 按照总公司赋予的财务管理权限和有关规定,逐步创造条件设立公司区域外销售结算中心,区内外销售实行统一结算。

11. 按照总公司赋予的人事劳资管理权限,贯彻人事劳资工作的有关政策规定,做好直属单位的人事劳资管理工作。

12. 负责做好公司及直属单位党建和精神文明建设工作。

三、西南公司机关机构设:经理办公室、计划处、调运处、市场处、财务资产处、人事政工处和审计纪检监察处7个处室(均为正处级),人员编制45人,其中公司领导职数5人(书记、总经理为副局级,其余为正处级),处级职数18人(含公司领导班子成员中处级干部人数)。

西南公司下属分公司(仓储中心)原则上按副处级管理,其机构规格及编制应另行上报总公司审批。

一九九九年三月二十六日

（此页无正文）

主题词：销售　机构　编制　批复

抄送：总公司党、政领导，副总师，机关各处（室），人事劳资处（3），存档（3），共印30份。

中国石油销售总公司文件

销字 [1999] 第 167 号

关于将中油西南销售有限公司的股份划归中国石油销售西南公司管理的通知

中国石油销售西南公司、中油西南销售有限公司：

根据中国石油天然气集团公司财资字[1999]184号文件《关于中油西南销售有限公司股份划转的通知》规定，将各有关石油企业在中油西南销售有限公司的股权 4900 万元，无偿划转给中国石油销售西南公司。请按规定作相关帐务处理。

附：中油西南销售有限公司股东及股权明细表

一九九九年六月廿二日

附件：中油销售有限公司股东及股权明细表

股东单位	出资金额（万元）
玉门石油管理局	1000
塔里木石油勘探开发指挥部	500
新疆石油管理局	1000
四川石油管理局	500
西北石油管道建设指挥部	500
青海石油管理局	400
吐哈石油勘探开发指挥部	500
长庆石油勘探局	500

中国石油天然气集团公司文件

中油办字[1999]第 359 号

关于对中国石油销售西南公司
重组方案的批复

中国石油销售西南公司：

你公司《关于上报〈中国石油销售西南公司重组改制方案〉的报告》(西南办字[1999]第 14 号)收悉。经研究，批复如下：

一、你公司更名为中国石油西南销售公司。机关人员编制 45 人，其中领导职数 5 人。职能部门设：经理办公室(党委办公室)、资源配置处、储运安全处(含防火管理)、综合业务处、财务资产处、审计监察处、人事处(组织部)。

二、销售公司人员总数控制在 66 人以内。如业务扩展需增加人员另行报批。

三、西南销售公司不得从事非核心业务。

接到批复后,望认真组织实施,并将实施情况上报集团公司。

中国石油天然气集团公司

一九九九年七月十六日

主题词:重组　方案　批复

分送:集团公司领导,机关各部门,重组与上市筹备组,存档(3),共印45份。

校　对:孙金瑜　　　　排　版:王万梅

中国石油销售总公司文件

销字[1999]第 99 号

关于同意西南公司设立云南分公司和黔桂分公司的批复

中国石油销售西南公司：

你公司《关于西南公司设立云南分公司和黔桂分公司的请示》(西南人字[1999]第 2 号)收悉，经研究，批复如下：

一、同意你公司下设云南分公司和黔桂分公司。

二、云南分公司和黔桂分公司的主要职责是，组织和实施云、黔、桂及周边地区市场开发，稳定发展区外销售网络；组织区外运销衔接；掌握市场动态，收集、整理和反馈市场信息，为上级经营决策提供依据。

三、云南分公司和黔桂分公司机构级别暂定为副处级，人员编制分别暂定为 18 人和 16 人，其中处级职数分别为 3

人。内设部门(科室)由你公司根据需要自主确定。人员来源通过总公司在系统内调剂解决。

此复。

一九九九年四月十九日

抄送:总公司党政领导、副总师、机关各处室、人事劳资处(3),存档(3),共印25份。

中国石油西南销售公司文件

西南人字[1999]第 11 号

关于成立滇黔桂分公司的
通　　知

公司所属各单位：

根据销售总公司对西南公司机构设置的批复精神和公司区外经营工作的需要，公司决定成立滇黔桂分公司。

滇黔桂分公司下设财务价格部、综合业务部、市场管理部。其定员编制视发展情况另定。

此页无正文。

一九九九年十一月十二日

主题词： 驻外机构　编制　通知

抄　　送：机关各处室、公司领导。　　　　　　　存档（2）

中国石油西南销售公司办公室　一九九九年十一月十二日印发

打字：陈　薇　　　　　校对：李怀忠　　　　　　共印 16 份

中国石油天然气股份有限公司炼油与销售分公司文件

油炼销字[2000]第 261 号

关于同意成立贵州分公司和广西分公司的批复

西南销售分公司：

你公司《关于设立贵州公司和广西公司的请示》（西南人字[2000]第 10 号）收悉。为适应区外销售网络建设、营销和管理工作的需要，加大西南地区的油品市场开发力度，经研究，同意你公司在贵州和广西设立区域分公司，名称分别定为中国石油天然气股份有限公司西南销售贵州分公司和中国石油天然气股份有限公司西南销售广西分公司，分公司按正处级管理，人员编制分别为13人和14人，其中含领导职数3人，所需人员全部在股份公司系统内调剂解决。

特此批复。

二〇〇〇年十月十日

主题词：销售　机构　设立　批复

抄送：股份公司人事部

分送：公司领导，机关各处室，存档（3），共印35份。

附 录

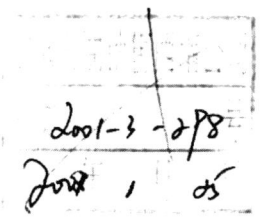

中国石油天然气股份有限公司炼油与销售分公司文件

油炼销字〔2001〕第 246 号

关于同意组建西南销售广西和贵州分公司片区公司的批复

西南销售分公司：

你公司《关于西南公司广西分公司组建片区公司的请示》（西南人字[2001]15号）、《关于请求办理所属分公司允许设立分支机构授权委托书的报告》（西南办字[2001]13号）及《关于所属分公司及加油站注册问题的紧急报告》（西南函字[2001]45号）收悉。经研究，批复如下：

1. 同意组建西南销售广西分公司6个片区公司，名称分别定为中国石油天然气股份有限公司西南销售广西百色分公司、中国石油天然气股份有限公司西南销售广西柳州分公司、中国石油天然气股份有限公司西南销售广西北海分公司、中国石油天然气股份有限公司西南销售广西桂林分公司、中国石油天然气股份有限公司西南销售广西玉林分公司和中国石油天然气股份有限公司西南销售广西河池分公司。

2.同意组建西南销售贵州分公司5个片区公司，名称分别定为中国石油天然气股份有限公司西南销售贵州遵义分公司、中国石油天然气股份有限公司西南销售贵州六盘水分公司、中国石油天然气股份有限公司西南销售贵州安顺分公司、中国石油天然气股份有限公司西南销售贵州黔南分公司、中国石油天然气股份有限公司西南销售贵州铜仁分公司。

3.片区公司不作为一级管理层次，不设立机关，由西南销售广西和贵州分公司直接管理。

4.同意片区公司注册为经营单位。财务实行报账制，由西南销售广西和贵州分公司统一核算和纳税。

特此批复。

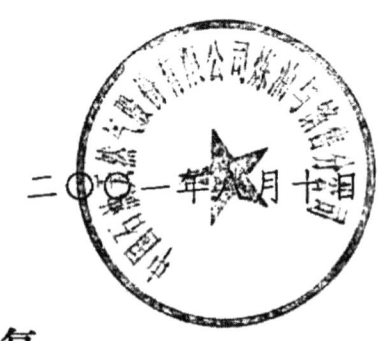

二〇〇一年八月十日

主题词：销售　机构　设立　批复

抄送：股份公司人事部，公司领导，机关各处室，存档（3），共印30份。

中国石油天然气股份有限公司总裁办　　　　2001年8月10日印发

附 录

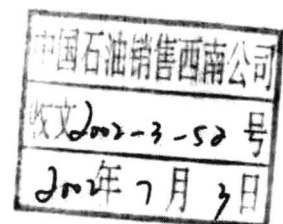

中国石油天然气股份有限公司炼油与销售分公司文件

油炼销字〔2002〕38号

关于成立西南销售云南分公司的批复

西南销售分公司：

你单位《关于组建"中国石油天然气股份有限公司西南销售分公司云南分公司"的请示》（西南人字[2001]22号）收悉。经研究，批复如下：

一、同意你单位撤消英茂、大理两个全资分公司，组建统一的云南分公司。新公司全面负责中国石油在云南地区的市场开拓和经营管理工作，并对区域内的控股公司进行统一管理。

二、重组后的云南分公司，名称定为"中国石油天然气股份有限公司西南销售云南分公司"，机构规格按正处级管理。人员配置除少量领导和业务骨干从你单位内部调剂外，其余全部实行社会用工。

三、你公司应抓紧办理新公司注册登记手续。同时,做好新公司的会计集中核算和合并纳税的有关工作。

特此批复。

二○○二年三月七日

主题词:销售 机构 设立 批复

抄送:股份公司人事部,炼油与销售分公司有关领导及有关部门;云南省人民政府有关部门,存档(3),共印25份。

中国石油天然气股份有限公司总裁办　　2002年3月7日印发

中国石油天然气股份有限公司西南销售分公司文件

西南销字[2006]12号

关于在云南设立中国石油西南销售公司所属五个区域性管理公司的通知

机关各处室，所属各单位：

为加强公司对云南地区各经营单位集中统一管理，更好地协调各方面工作联系，争取云南省各地各级党委政府及相关管理部门更多地关心和支持，进一步促进公司在云南的健康发展。经公司党政办公会议研究决定，在云南设立中国石油西南销售公司所属五个区域性管理公司。现将相关事宜通知如下：

一、单位名称

五个区域性管理公司的规范名称分别为：

（一）"中国石油天然气股份有限公司西南销售分公司滇中公司"，简称"中国石油西南销售公司滇中公司"。

（二）"中国石油天然气股份有限公司西南销售分公司滇东北公司"，简称"中国石油西南销售公司滇东北公司"。

（三）"中国石油天然气股份有限公司西南销售分公司滇东南公司"，简称"中国石油西南销售公司滇东南公司"。

（四）"中国石油天然气股份有限公司西南销售分公司滇南公司"，简称"中国石油西南销售公司滇南公司"。

（五）"中国石油天然气股份有限公司西南销售分公司滇西公司"，简称"中国石油西南销售公司滇西公司"。

二、区域性管理公司的性质和职权

云南五个区域性管理公司的性质为纯管理性公司，本身不从事任何经营活动，不办理营业执照，组织机构代码证等相关经营证照。其职权是代表中国石油西南销售公司对在云南省行政区划内的中国石油加油站、油库等经营实体，按区域划片进行销售经营、市场建设、党务活动、行政事务、人事事务等管理。

三、五个区域性管理公司的管理范围及办公所在地

（一）滇中公司：管理中国石油在云南省昆明市行政区划内的加油站、油库等经营单位。办公所在地设于昆明市五华区。

（二）滇东北公司：管理中国石油在云南省曲靖市、昭通市行政区划内的加油站、油库等经营单位。办公所在地设于曲靖市麒麟区。

（三）滇东南公司：管理中国石油在云南省红河州、文山州行政区划内的加油站、油库等经营单位。办公所在地设于红河州蒙自县。

（四）滇南公司：管理中国石油在云南省玉溪市、思茅市、西双版纳州行政区划内的加油站、油库等经营单位。办公所在地设于玉溪市红塔区。

（五）滇西公司：管理中国石油在云南省楚雄州、大理州、德宏州、怒江州、迪庆州、保山市、丽江市、临沧市行政区划内的加油站、油库等经营单位。办公所在地设于大理州大理市。

四、印章

（一）根据管理需要，云南五个区域性管理公司的印章，

由西南公司办公室统一刻制内部印章下发使用。

（二）各区域性管理公司的印章，仅为内部使用，一律不得对外从事经营活动，不具有法律效力。

（三）各区域性管理公司在管理工作中，若涉及经营活动事项须加盖印章的，仍须使用西南公司或者云南公司印鉴。

特此通知。

二〇〇六年一月十九日

主题词：管理　机构　通知

抄送：存档（2）

中国石油西南销售公司办公室　　　二〇〇六年一月十九日印发

中国石油天然气股份有限公司文件

石油人事〔2008〕351号

关于西南销售分公司管理体制调整有关问题的通知

各企事业单位：

为进一步完善销售业务管理体制，提高组织运行效率，加快推进市场化战略，适应建设综合性国际能源公司发展战略要求，经研究决定，调整西南销售分公司管理体制。现将有关事项通知如下：

一、将西南销售分公司管理的广西、贵州销售分公司上划股份公司直接管理。

二、西南销售分公司继续与云南销售分公司实行"一个机构，两块牌子"，负责云南省的成品油销售业务。

三、上述调整后，西南销售分公司机构规格保持副局级不变，行政上由股份公司直接管理,业务上归口销售分公司管理。

四、西南销售分公司受销售分公司委托,继续负责云南、广西、贵州等省(区)的区域资源优化配置。具体职责是:

(一)负责提出本区域资源优化平衡意见;

(二)负责物流组织协调运行,特别是跨省配送的协调组织;

(三)负责外采资源的统一采购和管理;

(四)负责本区域的市场监管和协调。

五、西南销售分公司领导职数6人。该公司应严格控制机关机构和人员编制,现有部分业务骨干应择优充实到新上划的省公司,以加强省公司的组织管理力量。

六、西南销售分公司要按照组织扁平、人员精干、专业化管理、集约化经营的要求,尽快提出内部机构设置方案,报股份公司批准后组织实施。

销售业务管理体制调整,是公司为进一步理顺销售公司管理关系、优化资源配置、发挥整体优势、持续推进销售业务发展所作出的重要举措。各相关单位要从公司发展大局和整体利益出发,统一思想,提高认识,加强领导,严密组织,确保生产经营的正常进行,确保员工队伍稳定,确保体制调整工作的平稳实施。

二〇〇八年十二月五日

主题词：人事　体制　调整　通知

抄送：总部各部门，各专业公司。存档（2），共印50份。

总裁办公室　　　　　　　　　　　　　　2008年12月5日印发

中国石油天然气股份有限公司销售分公司文件

油销〔2008〕485号

关于做好管理体制调整有关工作的通知

各销售企业：

按照党组决定，销售业务管理体制进行了调整。为切实落实集团公司部署，确保销售业务有序有效稳定运行，提出如下要求。

一、统一思想，坚决落实党组关于体制调整的各项部署

销售业务重组是党组的重大决策，有利于提升销售业务整体管理水平和市场竞争能力，也体现了党组对销售业务的重视和关怀。各级领导干部和广大员工，要把思想和行动统一到党组的决策上来，顾全大局，真诚拥护重组，积极支持和服从整合。要保持心态平稳，把精力投入到营销和管理工作中，提高工作效率和服务质量，稳住阵脚、经受考验。在当前市场变化剧烈的时期，

各级领导干部要深入一线,加强协调,狠抓落实,确保党组各项要求落到实处。

二、认清形势,全力做好当前销售工作

今年以来,销售系统认真贯彻集团公司的各项部署,面对供应紧张、雨雪冰冻灾害、汶川特大地震、奥运保供以及市场剧烈变化等一系列困难和挑战,全力以赴做好工作,预计将超额完成全年利润指标。总体上,销售业务在困境中保持了平稳有效运行。10月份以来,油品市场出现了重大变化,突出表现在消费急剧萎缩,库存快速上升,油价逐步下降。目前直至明年一季度是传统的消费淡季,市场形势难有大的好转。各单位要正确认识当前的严峻形势,切实提高认识,保持清醒头脑,以坚定的信心和扎实的工作,带领广大干部员工,知难而进,埋头苦干。

要认真贯彻落实蒋总在与部分销售企业主要领导集体谈话时提出的各项要求,坚持以效益为中心,及时调整营销策略,优化资源配置和流向,掌控资源投放的主动权,全力做好稳价促销工作,保证销售质量,努力增加销量,确保生产企业后路畅通。要继续全面落实《做好当前成品油销售工作指导意见》、《提高零售销量指导意见》的各项具体要求,努力实现"份额不丢、效益不降、成本不升"的目标。

三、加强组织,保持各项业务平稳过渡和有效运行

1、加强组织领导。各单位主要领导到位后,要尽快进入角色,加快班子的组建和机关建设,加强领导,落实责任,确保各

项业务按时按新体制机制运作。

2、保持平稳过渡。有序做好业务交接，尽快完善规章制度和业务流程，保持销售业务各项工作和政策的连续性。重组的企业要加强与总部机关各部门的沟通，做好业务衔接，确保运行顺畅。按时做好年度工作总结，筹划好明年工作。

3、切实加强管理。加强安全环保管理，层层落实责任制，坚决防止重特大事故的发生。进一步做好思想政治工作，努力化解和消除不稳定因素，确保大局的稳定和谐。板块已制定各项业务流程和管理要点（征求意见稿），各单位尽快反馈意见。

4、严肃各项纪律。严肃政治纪律、人事纪律、财务纪律和销售纪律，坚决杜绝违规违纪现象，做到令行禁止，步调一致。

5、加强廉政建设。尽快建立和完善惩防体系，加强廉洁从业建设。年终岁尾和重组之初，不得乱花钱、突击花钱。要规范核算，严控成本，过好紧日子。

特此通知。

二〇〇八年十二月十九日

主题词：通知

存档（2）份，共印 50 份。

销售分公司　　　　　　　　　　　　　2008 年 12 月 19 日印发

中国石油天然气股份有限公司 部门文件

油人事〔2009〕26号

关于西南销售分公司（云南销售分公司）机构设置有关问题的批复

西南销售分公司（云南销售分公司）：

你公司《关于中国石油西南（云南）销售公司组织机构设置方案的请示》（西南销字〔2008〕307号）收悉。经研究，现就有关事宜批复如下：

一、同意你公司机关设总经理办公室（党委办公室）、人事处（党委组织部）、财务处、营销处、调运处、加油站管理处、仓储安全环保处、投资建设管理处、信息化管理处、企管法规处、党群工作处（企业文化处）、审计监察处（纪委办公室）12个处室，非油业务管理、内控管理、质量安全环保管理职能分别配属在加油站管理处、企管法规处和仓储安全环保处。机关人员编制控制在 105 人以内（含公司领导职数），其中：助理、副总师职数 2 人，部门领导职数控制在 27 人以内。

二、同意你公司机关附属设职业技能鉴定站、成品油检验中心，业务上分别由人事处、仓储安全环保处负责管理。机关附属机构人员编制 10 人，其中：部门领导职数 2 人。

三、现阶段你公司仍保留滇中、滇西、滇南、滇东北、滇东南 5 个销售分公司，5 个公司机构规格均为副处级，领导职数均控制在 4 人以内。其内设机构和人员编制由你公司根据其业务发展需要从严从紧确定。

同意你公司暂保留大理中青石化有限公司、中油强林石化有限公司，待条件成熟后应对其业务进行整合。

你公司应进一步细化实施方案，精心组织，稳妥操作，妥善处理好机构设置和人员安置问题，并进一步明确内设机构职责和业务分工，规范工作和业务流程，尽快做到机构到位、人员到位、工作到位、责任到位，确保各项经营工作正常开展，确保员工队伍稳定。

主题词：人事　机构　编制　批复

存档（2），共印5份。

人事部　　　　　　　　　　　　　　　　2009年1月19日印发

中国石油天然气股份有限公司西南销售分公司文件

西南销字〔2009〕29号

关于印发《中国石油西南（云南）销售公司组织机构设置方案》的通知

机关各处室，所属各单位：

现将《中国石油西南（云南）销售公司组织机构设置方案》，请遵照执行。

附件：中国石油西南（云南）销售公司组织机构设置方案

二〇〇九年二月二十八日

主题词： 机构 设置 通知

抄送：公司领导。

中国石油西南销售公司总经理办公室　　2009 年 02 月 28 日印发

附件一：

中国石油西南（云南）销售公司机关处室编制定员表

序号	部门名称	处级干部职数	高级主管职数	主管职数	主办\助理主办职数	定员人数
1	总经理办公室（党委办公室）	2	2	2	1	7
2	人事处（党委组织部）	2	2	1	1	6
3	财务处	3	4	5	6	18
4	营销处	2	2	2	1	7
5	调运处（生产指挥中心）	2	2	4	2	10
6	加油站管理处	2	2	2	2	8
7	仓储安全环保处	2	2	2	1	7
8	投资建设管理处	2	3	4	2	11
9	信息化管理处	2	2	1	1	6
10	企管法规处	2	2	1	1	6
11	党群工作处（企业文化处）	2	2	2	2	8
12	审计监察处（纪委办公室）	2	2	1	1	6
	合计	25	27	27	21	100

注：公司机关总编制为105名。其中，领导班子成员5名、总经理助理3名。

附件二：

中国石油西南（云南）销售公司机关附属机构编制定员表

序号	部门名称	处级干部职数	高级主管职数	主管职数	主办\助理主办职数	定员人数
1	职业技能鉴定站	1	1		1	3
2	成品油检验中心	1			4（操作人员）	5
3						
4						
5						
6						
7						
8						
9						
10						
11						
12						
	合计	2	1	0	5	8

中国石油天然气股份有限公司西南销售分公司文件

西南销字〔2009〕35号

关于新成立机构前期筹建相关事宜的通知

机关各处室，所属各单位：

为确保新成立的各地州（市）分公司迅速完成前期筹备组建工作，尽快投入正常运行，推进经营管理工作顺利开展，集中精力组织劳动竞赛。现对新机构筹建相关事宜通知如下：

一、成立筹备组

组　长：杨子清

副组长：张晓玲

成　员：机关各处室主要负责人，所属各单位党政主要领导。

筹备组下设办公室，办公室设在人事处。

二、工作职责

（一）筹备组负责新机构筹建的领导、指挥和推进；筹备组办公室负责协调解决新机构筹建中存在问题。

（二）总经理办公室负责新机构车辆、办公用品等设备、设施以及新机构和原机构办公场所的标准制定、统筹调剂和购置补充。

（三）财务处负责统筹调剂资产划拨手续的办理，银行账户开立与变更，新机构开办筹备相关费用的核定，工作交接中财产、资金的安全。

（四）人事处负责新机构组织机构设置的落实，新原机构间人员关系调配、人力资源管理、信息系统分拆和工资、社会保险划拨。

（五）信息化管理处负责新机构信息设备标准的确定、统筹调剂、购置补充及信息网络的建设。

（六）企管法规处负责新机构工商注册登记手续的办理，确保新机构的合法经营。

（七）仓储安全环保处负责帮助新机构建立HSE管理体系。

（八）其它各处室也要根据其管理职责，主动协调解决新机构筹建过程中出现的各类问题。

（九）原区域公司党政主要领导负责区域内新机构筹建工作的牵头组织，负责交接工作的办理、物资调剂、费用报销等具体事宜的安排落实。

（十）新机构也要负责按照筹备开办计划，积极与相关处室、原区域公司对接，落实并推进相关工作。

三、具体要求

（一）新机构的筹建要本着节俭、高效的原则进行，办公场所设在所属行政区域中心城市，交通便利的库站。

（二）新机构所需车辆、信息设备、办公设施等由筹备组统一确定配备标准，根据人员划转情况，由原区域公司先从内部进行调剂，调剂不足部分，再由筹备组统一研究解决。

（三）新机构在筹建期间的相关费用，需提报预算，先由原区域公司审核，报公司财务处审定后实施。

（四）新机构和原区域公司分拆过程中涉及的工作交接内容，由相关处室制定具体交接方案；在交接过程中，相关处室要加强指导和监督，确保交接工作安全、顺利进行。

（五）原区域公司有义务对新机构的筹建给予积极支持和配合，协助新机构尽快完成筹建工作，帮助新机构开展经营管理工作。

（六）新机构在筹建同时，要认真研究部署好本单位经营管理工作和劳动竞赛推进工作，要特别关注和关心员工思想动态，积极做好思想政治工作，确保员工队伍稳定和生产经营安全。

（七）按照新机构设置情况，相关处室要对年初制定的工作目标和考核指标进行相应调整，并补充签订业绩合同，调整后的指标合计不得低于原指标。

四、时间安排

新机构原则上在 3 月 15 日前正式接手所辖区域的经营管理工作，确不具备条件的可延后一周；相关处室应指导新机构制定筹备工作计划，并明确工作进度。

二〇〇九年三月二日

主题词： 新机构 筹建 通知

中国石油西南销售公司总经理办公室　　2009 年 03 月 02 日印发

中国石油天然气股份有限公司文件

石油人事〔2009〕375号

关于进一步理顺华东销售分公司等四家单位管理体制的通知

华东销售分公司、华中销售分公司、华南销售分公司、西南销售分公司：

为进一步理顺内部管理关系，简化财务会计、工商税务等日常工作，经研究决定，进一步理顺华东销售分公司、华中销售分公司、华南销售分公司、西南销售分公司管理体制。现就有关事项通知如下：

一、上述四个公司分别单独使用中国石油天然气股份有限公司上海销售分公司、中国石油天然气股份有限公司湖北销售分公司、中国石油天然气股份有限公司广东销售分公司、中国石油天然气股份有限公司云南销售分公司名称，不再加挂华东、华中、华南、西南大区分公司牌子。

海南销售分公司仍由广东销售分公司管理。

二、上海、湖北、广东、云南四个销售分公司不再履行华东、华中、华南、西南地区资源二次配置职能。

三、中国石油天然气股份有限公司华东销售分公司、中国石油天然气股份有限公司华中销售分公司、中国石油天然气股份有限公司华南销售分公司、中国石油天然气股份有限公司西南销售分公司予以注销。

二〇〇九年十一月二十七日

主题词：人事　体制　调整　通知

抄送：各企事业单位，总部各部门，各专业分公司。存档（2），
共印 52 份。

| 总裁办公室 | 2009 年 11 月 27 日印发 |

附录二　重要经验交流材料

认真履行三大责任　推进企业科学发展

——集团公司 2011 年领导干部会议交流材料

云南销售公司

(2011 年 1 月 12 日)

2010 年，云南销售成品油销量突破 300 万吨，比"十五"末增长 154%；市场份额 37%，比"十五"末提高 9 个百分点；投运加油站 425 座，比"十五"末增加 205 座；用 12% 的加油站占领了 34% 的零售份额。以强烈的责任意识、和谐的企地关系、良好的品牌形象，促进了企业又好又快发展。

一、立足上下游整体发展，全力开拓营销网络

一是争取地方政府支持，实现"规模开发"。集团公司启动中缅管道、云南炼厂两大项目后，公司积极向云南各级政府汇报工作，宣传大项目需要大网络的支撑，才能产生应有的效益。集团公司与云南省政府签订《战略合作协议》前，公司与 15 个州市及省公投公司签订了合作协议，网络开发政策环境发生了转变。云南省主要领导多次组织有关部门专题研究落实中国石油加油站网络建设问题，公司也加强与各地的协调，最终达成在云南省开发 700 座加油站、11 座油库及"两干四支"6 条成品油管道的布局规划；昆明市政府也承诺新规划 400 座加油站全部由中国石油建设。

二是紧盯重点区域，实现"打包开发"。公司紧盯省地城市道路发展规划，以大中城市、高速公路、交通干道为投资重点，按照"做大滇中城市群，做强管道铁路沿线，做优旅游景区"的区域市场开发策略，采取"参与规划、油气联建、批次申报、政府协议、合作经营、拆一还一、委托开发"等方法，科学分析投资回报率，全程跟踪、全力拼抢，成功实现了对昆明市城投公司、交通局 56 个油站项目的"打包开发"，另有 101 个项目正在洽谈之中；全线控制高速路 6 条，开发油站项目 32 个。2010 年开发加油站 200 座，其中昆明地区开发加油站 76 座，占 38%。

三是依托大项目建设,实现"配套开发"。储运能力不足是制约公司发展的瓶颈。在加快加油站开发的同时,公司多管齐下,积极寻求支持,充分依托管道炼厂项目,加快油库、成品油管道的"配套开发"建设。昆明、曲靖油库主体完工,铁路专用线建设的协调全面"破冰";7座新建油库和2座改扩建油库已取得省商务厅核准,其中5座油库已完成预可研。成品油管道项目已取得省发改委预核准。

二、着眼提升盈利能力,全面改善销售质量

牢牢牵住"零售创效"牛鼻子,多措并举,全力提升终端销量。一是服务提量。大力推广张本荷"四多"服务法和"关注细节,用心去做"理念,用亲情服务、诚信服务、温馨服务、个性化服务、增值服务吸引客户、留住客户,实现新客户纯枪增量5.38万吨。二是发卡提量。全力推广加油卡营销,完善发卡充值网络、开展营销推广活动、与知名商家联合促销,共发卡25.1万张,沉淀资金1.63亿元。三是激励提量。制定完善全员营销、纯枪增量等奖励措施,劳动竞赛直接奖励油站经理和加油员;设立客户经理专项奖励,成功开发了云投集团、云天化、昆钢等17家黄金客户、152家机构客户,新增销量51万吨;客户经理宋凤英全年完成销量1.2万吨,成为一座流动的"万吨站"。四是拓展提量。不断拓展零售领域,在公交站点、施工场所、大型矿山开发撬装设施51座、投产31座;开发投产LNG撬装设施2座,率先抢占了云南车用LNG市场。五是挖潜提量。积极挖掘存量资产潜力,大力推进"小站改大站""弱站变强站"工作,共治理低效站17座,增加纯枪销量3.4万吨。六是"以非促油"提量。激活非油体制机制,与云铜、诺仕达等大客户合作,签订互供协议,在便利店销售其专供产品带动油品销售增量5.6万吨。通过灵活的策略和有效的措施,全年完成零售总量212.3万吨,同比增长59%;全年新增万吨站25座,单站日销量14.77吨,同比增加1.51吨。

三、高举责任大旗,树立中国石油品牌形象

一是用保障供应的实际行动为中国石油品牌铸"魂"。在油品紧张时期,在集团公司的统一部署下,公司全力组织资源调运,合理组织投放,优先保障了重点地区、涉及民生等行业的供应。为了提高资源供应量,加大资源外采力度,充分利用地方炼厂资源,保市场、保供应、创效益。2010年累计外采资源114.7万吨,同比增长140%,占资源调运总量的38%,创效8100万元。在云南大旱期间,开通184条绿色加油通道,全力保证抗旱用油;组织120多个抗旱小分队,送油送水到农户、学校。怒江贡山发生泥石流灾害后,第一时间将救灾油品送到现场。公司用实际行动在彩云之南奏响了新时期"我为祖国献石油"的壮歌。

二是用先进水准的管理和服务为中国石油品牌塑"形"。公司始终坚持高标准建站、严要求管

理、优质化服务,努力建设只有位置不同、没有管理差异的加油站网络。通过深入开展"基础管理年"主题活动和加油站创星达标活动,向社会公开承诺中国石油加油站计量准确、质量合格、明码标价、服务一流,培育三星级以上加油站220座,国家、省级"青年文明号""青年安全生产示范岗"21个,使客户体会到了星级化的环境和服务,赢得了广大客户和社会的信赖,展示了中国石油优质服务形象。

三是用先进典型的影响力为中国石油品牌添"彩"。公司注重各个层面的典型选树和引导。全国"青年文明号"、集团公司"十大标杆加油站"大理金花加油站,发挥旅游资源优势,打造"新五小"特色服务,吸引了大理30%的旅游车,占据近50%的出租车市场份额,一跃跨入万吨站行列;以"中国石油·榜样"张本荷命名的加油站,在春城产生了"中国石油特等劳动模范张本荷为您加油"的品牌效应,油站日销量提升30%以上。在先进群体的带动下,掀起了学习典型、赶超先进的热潮,加油站争创先进、加油员争当先进、顾客感受先进,先进效应波及云南各地。公司用真心、诚心、热心和爱心,为"宝石花"增光添彩。

站在新起点,迎接新挑战。云南销售的使命更艰巨,责任更重大。公司将用"区内市场"定位自己,认真履行三大责任,全面落实市场战略,按照"借力大项目、开发大市场、建设大网络、实现大发展"工作思路,转方式、优结构、重质量、强基础、抓执行,努力争取到"十二五"末,实现销售总量600万吨,零售480万吨,市场份额50%,投运加油站1000座、油库60万立方米、建成6条成品油管道。把公司打造成综合实力强、体制机制活、盈利能力强、品牌形象优的国际水准销售企业。

积极履行三大责任　争当跨越发展先锋

——云南省国资委党委"跨越发展先锋行动"
动员大会交流材料

云南销售公司

（2012年3月28日）

中国石油云南销售公司党委积极贯彻落实省委组织开展"跨越发展先锋行动"活动的安排部署，按照"围绕发展抓党建、抓好党建促发展"的要求，牢固树立党的建设出生产力、出凝聚力、出战斗力的理念，倾力将"跨越发展先锋行动"作为推动公司发展、服务云南"桥头堡"战略实施的重要载体和强大引擎，公司上下形成了争当发展先锋、服务先锋、和谐先锋、云岭先锋的良好局面，各项生产经营指标在一季度全面实现开门红。

一、抢抓机遇谋发展，争当服务云南经济发展先锋

面对云南实施"两强一堡"战略，中国石油建设中缅油气管线、昆明千万吨炼厂的重大机遇，公司党委以高度的政治责任感和使命感，围绕中心，服务云南经济腾飞。一是深化学习谋发展。开展"学习型"领导班子创建活动，组织党员干部学习贯彻省委第九次党代会精神，紧跟形势谋发展；邀请省委党校教授举办解读云南"十二五"发展规划专题讲座，明确目标抓机遇；制定公司"三步走"发展目标、"十二五"发展规划，提出"借力大项目、开发大市场、建设大网络、实现大发展"的工作方针，与15个州市签订《销售网络建设合作协议》，增强服务云南经济发展能力。二是转变方式促发展。紧紧围绕"转方式、优结构、重质量、强基础、抓执行"工作主线，实现销售结构从追求增长规模向突出质量效益转变，营销理念从价格竞争、产品营销向品牌竞争、服务营销转变，管理由"简单粗放"向"深入精细"转变。2011年，油品销量同比增长16.4%，实现了"零事故、零伤害、零污染"目标，增强提量创效能力。三是加强管理促发展。制定《三基工作实施方案》，开展"基础管理年""专业线管理月"活动，建立健全14大系列258项管理制度，实施59个基础管理项目，每半年开展一次全公司范围内的精细化管理大检查，实行综合考评奖惩制度，提升基础管理水平；开展"作风建设年"活动，突出"四群"教育，在党员干部中开展"三深入、补三课"活动。去年累计为基层解决问题1187件，撰写调研报告726份，补上了机关党员干部对基层的学习课、实践课和感情课，增强服务发展能力。

二、履职尽责保民生,争当为民服务创先争优先锋

公司党委以"为民服务创先争优"活动为载体,保供应、保民生、保安全,为民服务做表率。一是开展为民服务创先争优活动。召开动员大会,制定《为民服务创先争优活动方案》,筹划8个系列活动,采取20项措施,做出4项承诺,推行7项服务,形成了活动开展的浓厚氛围。二是全力保障资源供应。做好油品保供工作,落实"四保"、强化"两好"、实现"两个满意",严守"质量、安全、计量"三条红线,组织开展"庆双节迎两会"优质服务系列活动。1—2月份,累计调入资源较去年同期相比增长16.5%,确保了重点时期重点地区油品销售不断档、不脱销,油品质量、数量100%合格。三是建设亲情服务体系。开展"奉献石油当先锋,我为党旗添光彩""微笑开口工程""党员承诺"和"三联"示范点活动,建立"三联"示范点104个、"创先争优示范岗"125个、"共产党员先锋岗"171个,营造良好服务氛围;规范现场管理、服务流程、礼仪着装,打造良好的服务环境;提供手机充电、小药箱、道路指南等多样化便民服务措施,打造95504客户服务平台,倾情为民服务。四是发挥典型引领作用。开展先进党支部"十面红旗"、优秀共产党员"十大先锋""十佳优秀党务工作者""十佳创先争优示范岗""四个十"选树活动,涌现出了"全国三八红旗集体"大理金花加油站、"全国青年文明号"张本荷加油站、国务院国资委"中央企业先进职工"王玉琼、中国石油集团公司"十大特等劳动模范"张本荷等一批先进典型,公司呈现群星璀璨创先争优的良好局面。

三、团结互助促稳定,争当促进云南内外和谐先锋

争当绿色企业、责任企业、和谐企业,凝心聚力创和谐先锋,为推动云南跨越发展营造和谐环境。一是抗旱救灾促社会和谐。积极支持抗旱救灾,开展"送水送油到田间,服务抗旱我先行"活动,代表中国石油集团公司,先后两次为云南省抗旱救灾捐款1000万元,成立89支共产党员抗旱保供小分队,开展600多次抗旱送油送水活动,开辟529条抗旱绿色加油通道,以实际行动服务民生;积极参加"3·18"森林火险救灾,成立应急油品供应小组,安排油罐车24小时在救援现场提供加油服务,全力保障抢险救援车辆设备的油品供应。二是互助合作保地企和谐。深化与地方政府的互助合作关系,积极参与地方党的政治生活,支持地方新农村建设和抗击自然灾害工作。截止目前,为云南解决就业岗位7000多个,投入200多万元援建中国石油玉溪峨山希望小学,代表中国石油向楚雄、德宏地震灾区累计捐款1000万元,组织全体党员和干部员工向盈江灾区捐款12.19万元,表达了中国石油对灾区人民的深情厚谊,构建了良好、和谐的地企关系。三是人文关怀创企业和谐。组织开展暖人心、稳人心、聚人心"三心"工程,保证队伍旺盛士气;大力开展小绿地、小菜园、小食堂、小浴室、小图书室"五小建设"工程,员工生活环境大大改善;开展扶贫帮困活动,2011年,为932名困难员工、145个边远库站划拨困难补助金107.82万元,

对全体员工进行健康体检，企业凝聚人心的感召力不断增强。

四、夯实基础强堡垒，争当推动云岭跨越发展先锋

加强基层党组织建设，是推动云南跨越发展、争当云岭先锋的重要保证。一是开展基层组织建设年活动。制定《公司2012年基层组织建设年活动实施方案》《基层党支部晋位升级达标量化考评标准》，按照"突出一个主题，明确三个重点，贯彻四项要求、实现五个目标"的总体要求，制定"党支部建设进库站"工作方针，确定2012年实现万吨级及符合条件的5000吨级以上加油站和全资油库全部建立党支部，3000吨级以上加油站"站站有党员"工作目标。二是建设"四优"党员队伍。按照"四优党员"标准要求，深化创先争优活动，鼓励党员在公司生产经营中当标兵、站排头、扛红旗；改善党员队伍构成和分布，率先把基层关键岗位的业务骨干培养成党员，把党员培养成业务骨干。三是创新党建工作机制。创新支部设置。探索设立机关与基层联合党支部、重点工程项目甲乙方联合党支部等新模式；创新活动方式，把创先争优活动与"学雷锋树新风，学铁人立新功"活动结合，把理想信念教育与"我为祖国献石油"核心价值观结合，把党员学习与"学习在石油·每日悦读十分钟"全员读书活动结合，丰富活动内容；创新选拔方式，按照"五心"党支部书记标准在保山、曲靖等8个分公司开展"公推直选党支部书记"试点，选好配强支部带头人，提升党建工作水平。

下一步我们将认真贯彻落实省委第九次党代会精神，争先进位，服务群众，凝心聚力，强基固本。一是深入开展"跨越发展先锋行动"活动。按照今天会议的安排部署，细化方案，落实责任，抓好推进。二是深入开展"喜迎十八大，创先争优促发展"主题实践活动。抓好党的十八大精神的学习、宣贯和落实，凝心聚力，推动发展。三是深入开展"基层组织建设年"活动。推进健全基本组织、建强基本队伍等"七项工程"建设，推动活动深入开展。四是深入开展"为民服务创先争优"活动。开展纪念建党91周年系列活动，提升五种意识，推行七项服务，争为民服务之先、创社会和谐之优。五是深入开展中央企业管理提升活动。以"强基固本、控制风险、转型升级、保值增值、做强做优、科学发展"为主题，夯实基础，提升管理水平，为推进云南科学发展、和谐发展、跨越发展做出更大贡献。

加强典型文化建设　助推公司科学发展

——集团公司企业文化建设工作会议上的经验交流材料

云南销售公司

(2013 年 3 月)

各位领导、各位同事：

云南销售公司作为中国石油区外销售公司，地处西南边陲、位于资源末端，进入市场晚、资源调运难，公司经营存在先天不足，再加上少数民族员工多、员工市场化程度高、人员流动快、平均年龄低，公司发展面临较大困难。为汇聚发展合力，适应激烈市场竞争，云南销售公司坚持以文化凝聚人心、用典型带好队伍，建设了一支传承大庆精神铁人精神，践行高原情怀大山品质的典型文化群体，推动了文化软实力向发展硬实力转化。借此机会，现就云南销售公司企业文化建设的一些做法向各位领导和同事做如下汇报，请批评指正。

一、立足基层，健全和完善先进典型培树机制。面对市场化用工占比达 98%、平均年龄 27 岁、分布在 15 个地州市的员工队伍现状，云南销售公司从立足基层挖掘选树典型入手提升员工队伍建设质量。

弘扬正气，形成崇尚典型的氛围。公司在培养选树典型过程中，始终注意营造崇尚典型的浓郁氛围。2003 年公司小菜园加油站获集团公司"百面红旗单位"以来，公司上下始终关心支持该站的建设，帮助提炼出"管理重细节、销售创新高、红旗不褪色、和谐促发展"的"红旗理念"，引导创建"一流管理、一流素质、一流文化、一流业绩"，取得了经济效益和社会效益的双丰收。如今，该站已成为中国石油企业精神教育基地，到站观摩学习已经成为公司员工入职、入党、入团的第一课，形成了传文化、学先进的浓郁氛围。

充分挖掘，让典型出类拔萃。一个微笑引出一个榜样。中国石油特等劳动模范张本荷微笑服务的背后，是一份责任与担当，是对企业的感恩情怀。公司挖掘她的服务理念、方法，将她的"四多"服务法以公司党委名义命名为"张本荷式服务法"，总结提炼出"张本荷精神"，并编制宣传片、书籍等形式进行宣传推广，产生了较强的示范效应。

加强教育，让典型更加完善。我们要求"典型也要学典型"，带动典型之间横向比较、相互学习、共同提高，使老典型有新成长、新典型传承老作风。在公司的关心下，张本荷完成了自考大专和本科的学习，文化水平从初中提升到本科，从一名加油员成长为分公司经理助理，从库站典型变身为管理模范。高新加油站经理张艳芬自学经营管理，立足优势地段挖潜增效，巧借价格杠杆打出"削峰填谷造峰"组合拳，油站日均增量 21.58 吨，相当于再造一座加油站。

严格考评，让典型立得更稳。公司安宁油库在获"十大标杆油库"荣誉后，油库提出了"荣誉面前怎么办，标杆能够挺多久"的危机观，公司及时指导，给出把"荣誉变压力、把标杆变标准"的药方，帮助油库总结了"管理精耕细作、技术精益求精强、操作精准无误、安全精雕细刻"的精细化管理思路，在严格考评的基础上总结了以提效率、控损耗、优配送、优用工、严安全、严计量、严质量、强管理为主要内容的老油库"提、控、优、严、强"精益管控模式，召开推进会大力推广，提高了一批老油库的运行效率和安全管理水平。

二、丰富群体，引导和激励先进典型脱颖而出。公司通过从典型群体身上总结经验、提炼精神并大力推广，层层树典型、立旗帜，人人学榜样、赶目标，实现了先进典型层出不穷，新老典型交辉相映的生动局面。

创新形式学典型。一位记者问张本荷："每当你换新站时，都有老顾客跟着到新站加油，是不是很自豪？"，张本荷却说，"顾客跟着我，并不是好事情。这说明还有加油员没让顾客太满意。"一句话触动了公司的管理者。为此，公司组建公司、分公司两级"张本荷式服务法示范队"，每年开展逐级逐站逐库开展培训，实现一线库站示范培训全覆盖，用一个典型张本荷带出千百个"张本荷式员工"，实现一支独放到春色满园的辐射带动作用。

搭建平台推典型。集团公司优秀共产党员、玉溪分公司客户经理宋凤英开发客户，"一月跑烂一双鞋，一年行程两万里，一年销量万余吨"。公司广泛宣传她"硬着头皮、厚着脸皮、磨破嘴皮、跑破脚皮""单肩扛起万吨站"的感人事迹，让她在年度工作会上作报告，开办客户经理培训班授课，实现了先进典型的精神传导、经验推广。

抓住亮点带典型。在宋凤英感召下，昆明分公司客户经理秦怀波"拜访客户勤于回家，照顾客户胜于家庭"，年均销售油品逾万吨，被誉为"流动的万吨站"，公司总结其"甘当无私奉献的'孺子牛'、开拓进取的'拓荒牛'、任劳任怨的'老黄牛'"为主要内容的"三牛精神"并加以推广，影响和带动了一批敢啃硬骨头、善打攻坚仗的客户经理队伍。目前，公司101名客户经理的销量已占到公司直销量的68%。

三、发挥作用，聚集和放大先进典型引导功能。典型的意义在于带好队伍、展示形象、提升品牌。云南销售公司发挥典型文化群体队伍建设"示范队"、企业形象"代言人"作用，产生了较好的经济效益和社会效益。

加强宣传，努力提高典型引领的感召力。公司打造特色少数民族文化加油站，命名了"金花"加油站，将白族文化元素引入加油站建筑和员工工装设计，把中国石油品牌形象巧妙融入了当地文化氛围，赢得了本地客户的认同和外地游客的青睐，被少数民族群众誉为"我们自己的加油站"，实现了经济效益和社会效益双丰收。集团公司深度挖掘金花站和张本荷的文化品牌价值，开展"十大金花加油站经理""十大金花科技工作者"等评比活动，金花已经走出云南，成为中国石油巾帼模范的代名词。

抓住时机，努力搭建发挥作用的平台。公司在履行社会责任中树立企业形象。彝良"9·7"地震中，公司抗震救灾模范集体彝良加油站8名员工中有6人家在震区，部分人员家庭房屋受损，却无一人请假，十大抗震救灾先锋、加油员肖朝毅与家人失去联系138个小时仍坚守岗位为生命加油，公司抓住时机，联系中央电视台进行专访，央视新闻频道以《坚守在地震重灾区最近的加油站》为题给予了充分报道，同时，以他们为代表的公司抗震救灾先进集体和个人事迹被地方和中央媒体连续报道，产生了良好的社会反响。

加强引导，积极做好内外结合的有效推介。2013年初，公司优秀青年志愿者苏丕超成功捐献造血干细胞，挽救了一名白血病患者的生命，系统内外媒体广泛报道，公司及时推介，以《滇沪千里生命线》为主题，二十四小时内形成电视、纸媒、网络、广播立体宣传声势，中共云南省委、共青团云南省委领导慰问苏丕超并推荐其参评全国优秀青年志愿者，其事迹在云南产生强烈反响，有效传递了中国石油云南销售公司勇担社会责任的正面形象。

各位领导、同事们，当前，云南销售公司已全面开启了二次创业的新征程，进入了全面建成国际水准销售企业的关键期，云南销售公司将在学习借鉴各兄弟单位企业文化建设经验的基础上，更加自觉地继承和发扬中国石油企业文化，进一步丰富典型文化群体、增强先进典型激励示范功能，为集团公司全面建成综合性国际能源公司贡献智慧和力量。

创新营销模式　提升发展质量

——集团公司 2014 年度工作会经验交流材料

云南销售公司

(2014 年 1 月)

近年来，云南销售公司认真贯彻党组的战略部署，抓住炼化项目落地昆明的历史性机遇，依托集团公司与云南省的战略合作协议，努力开发营销网络，不断扩大销售规模，持续改善销售结构，企业实现了快速有效发展。目前，销售能力超过 400 万吨，零售量接近 300 万吨，运营加油站达到 572 座，市场份额接近 40%，为云南石化项目的推进提供了市场保障。2013 年以来，公司落实党组"转变发展方式、提升质量效益"的要求，按照"不求做大、局部做精、整体做强"的发展思路，突出品牌、服务和效益，创新营销模式，优化销售结构，强化核心能力，提高盈利水平，在有质量有效益可持续发展的道路上迈出了重要一步。我们的做法是：

一、做强"点"，打造"金字"招牌。企业之间的竞争是品牌的竞争，品牌就是销售企业的核心竞争力。公司把品牌建设作为营销工作的重点，扮靓"宝石花"，提高"含金量"。一是打造旗舰站。我们选择地理位置好、客户密集度高、市场影响力大的加油站，打造功能齐全、管理标准、代表行业最高水平的旗舰站，展示中国石油的品牌形象，提升销售能力。张本荷加油站是以集团公司特等劳模张本荷命名的加油站，该站凭借标准化建设、规范化管理、多样化服务，成为当地知名品牌，也成为品牌增量的典型。三年来，加油站日销量从 19 吨增加 60 吨，通过自助加油将员工优化到 18 人，2013 年利润超过 800 万元。旗舰站已经成为客户体验中国石油、展示集团公司形象的平台。二是打造特色站。针对云南旅游景区多、民族特色突出的特点，公司打造了以大理金花站为代表的一批民族特色站，从软硬件建设入手，成功融入少数民族特色文化，加油员身着民族服装，销售旅游产品，成为旅游景区宣传中国石油品牌的典范。三是打造"五省"服务站。以丽江古路湾站为代表的一批旅游景区标准站，开展"开口服务、微笑服务，卫生间清洁"活动，全面推行为客户"省油、省力、省时、省事、省心""五省"服务，获得广泛好评。去年国庆节，省长李纪恒暗访加油站，对公司的消费环境和客户服务给予高度评价。

二、连成"线"，构建加油通道。销售业务发现的是需求，提供的是服务，创造的是满意，实现的是价值。客户是企业生存之本，服务是销售创效之道。公司认真分析西南地区的客户分布和消费特点，以交通旅游线为依托，大力推行"连站、连线、连片、连客""四连"服务，同时与沿线酒店、景点、餐饮联合，连出了油站与油站互为补充、互相促进、共同提量增效的"黄金"加油通道，构建了以云南为起点，联动周边省区油站的服务网，牢牢锁定了客户群。顾客在同一线路享受同一折扣政策，油卡非促销活动统一策划、统一开展，统一服务项目、服务标准、价格政策，提供电话预约、商品异站退换货等服务。开发信息服务平台，线上网站展示油站分布、促销活动、最优路线对比等，开展微信营销，线下油站与网站互动，制作服务指引一卡通，使客户在任何一座油站都能享受到"五省"服务，初步实现从单纯产品销售向综合服务体验的转变。云南红云红河集团物流车队体验了"四连""五省"网络化服务后，成为公司忠诚客户，年用油量达到3000吨。连点成线后，昆明到曲靖、贵阳沿线8座站销量同比增长2.1万吨。

三、拓展"面"，创新营销模式。公司按照不求做大、局部做精、整体做强的要求，强化市场渗透，挖掘客户潜力，向营销创新要效益。一是推进油卡非一体化运作。公司根据业务发展状况，实施"大产品"组合营销策略，系统整合成品油、加油卡、润滑油、非油品、小产品、车用燃气六类产品，以油带非、以非促油、以卡为媒，为客户提供综合解决方案，提高整体效益。2013年中秋国庆期间组织开展的油卡非联动促销，油品销量、非油收入、记名卡发卡、沉淀资金同比增幅分别为25.4%、40.9%、32%、32.5%。为了提高一体化营销水平，公司创新非油业务运作模式，探索引入外部专业团队委托经营。在玉溪试点后，玉溪公司非油收入同比增加117%，利润增长53%，非油创效能力显著递增。二是推进零售直销一体化运作。针对营销网络相对不足、投资成本过高的问题，公司零售和直销两手抓，建立了140人组成的专职客户经理队伍和部分加油站经理为补充的兼职客户经理，加大终端客户开发力度，弥补网络空白。昆明分公司客户经理秦怀波2013年实现销量近4万吨，相当于新建4座万吨站。三是客户资源一体化。公司坚持"客户的客户也是客户"的理念，加强与银行、通讯、保险等企业合作，渠道共用、客户共享、互惠共赢，促进了客户转介并跨界共享。公司还推进资源共享、互采互供，将昆钢转介给云南炼厂，炼厂项目建设所需部分钢材由昆钢供应，昆钢所需油品由我公司供应，实现了不同客户间合作共赢。2013年，全省1025家重点客户实现增量23万吨，同比增长71%。

营销创新"倒逼"管理革新。为适应营销工作快节奏、高效率的要求，公司在销售公司的指导下，围绕建立以零售为核心的营销体制，调整地市公司的管理架构和运行方式。保障性业务上划省公司，让地市公司集中精力搞营销。地市公司精简机构，建立机关对加油站"一站式"服务支撑平台、加油站对机关"单线式"业务流程、机关对加油站"贴近式"服务机制，让加油站集中精力做好零售。以昆明分公司为例，机关部门从9个精简到4个，人员从75人减少至40人。通过信息平台，实现1个平台24小时受理加油站提报的各类问题，将省市两级公司99张报表全部实现系统自动生成，真正做到基层报表零负担。通过管理流程优化，实现了油品主动配送、设备主动检修、安全隐患现场排查、公共关系主动维护，提高了对一线的服务保障能力。

创新发展是一个大课题。面对激烈竞争的市场、日益成熟的客户和快速变化的业态，公司将认真贯彻党组的安排部署，以效益为中心，以零售为核心，以品牌为根本，持续打造质量效益型销售企业，为集团公司的发展作出应有的贡献。

攻坚克难稳增长　精准发力促发展

——销售公司年度工作会经验交流材料

云南销售公司

（2016年1月25日）

2015年，面对经济增速放缓、市场需求低迷、油价深度下跌、创效难度加大等严峻挑战，我们积极适应新常态，迎难而上，多措并举，紧盯网络优化、主油上量、非油增收、挖潜创效四项重点，全力扩销上量增效，推进规模发展、效益发展、创新发展、低成本发展。全年实现销售总量385.6万吨，其中省内自营350.6万吨、纯枪242.2万吨、直销108.4万吨，同比分别增长12.7%、5.3%、33%，总体市场份额同比提升3个百分点；实现非油收入7.1亿元、非油利润6465.5万元，同比分别增长27.5%、43.5%；完成利润3.25亿元，同比增加2.53亿元。

一、做大网络扩市场，推动规模发展

公司把油站开发作为生命工程，抓住云南石化建设的历史性机遇，加大网络开发，优化布局结构，提升发展能力。一是重布局，优化网络结构。加大向省市两级政府沟通汇报力度，促成省政府下发专项文件，争取到简化审批、减免费用等优惠政策，为网络建设重点突破提供保障。坚持规划引领，按照"突出高效市场、巩固优势市场、追赶后进市场、补充空白市场"思路，围绕昆明集团项目和大理、玉溪等高效市场，全力拓展网络，全年新开发加油站50座、投运37座，特别是新投运站在滇中城市群占51%，网络布局进一步优化。积极落实销售公司"同步建四库"要求，清华洞油库改扩建工程按时完工，其余3座新建管道配套油库总体进度均达到80%以上。二是重质量，优化发展方式。坚持对拟建项目逐个实地勘察、反复论证、审慎立项、科学推进，严把新项目评审关，确保项目质量。创新网络开发模式，力推合资合作，完善资源加盟，探索短期租赁，优选5座社会站试点托管合作，以西畴县2座托管合作站为例，相当于新增1座5000吨站，助推该县市场份额由28%提升至56%。三是重治理，优化老站运行。按照"巩固高效站、治理'双低站'、提升中间站"思路，深入推进全流程诊断与优化，实施117座站"小改大"，全年新增万吨级站、九千吨级站各7座，新增三千吨级以上站21座，减少低效负效站36座，纯枪量同比增长12.6万吨。

二、做优销售稳增长，推动效益发展

面对激烈的市场竞争，公司落实销售公司要求，坚持贴紧市场、量效并举、创新营销，促进了量效齐增。一是创新营销模式提份额。推行集团客户全产品链、全产业链、全生命周期营销，以推动客户集中采购为重点，深化油非卡润一体化营销，推进与价值客户深度合作，实现主油销售54万吨，带动非油销售770万元，卡销售5.3万张。强化跨界营销，通过战略合作单位穿针引线，新增客户858家，贡献销量11.5万吨。顺应"互联网+"时代趋势，搭建微信营销平台，"吸粉"12万，线上线下互动，实现引客聚客。深入推进"网格化"市场开发责任制，全省129个县区中101个销量同比增加，直销市场份额从50%提升至67%。二是创新运作模式提效益。实施"零售稳价推价创效益，常态化促销保增长"策略，深入研究客户需求，精准实施"加油吧·兄弟"等5期专题促销，增量4.26万吨。优化销售结构，调整加油站罐容结构和加油枪配置，加大汽油尤其是高标号汽油销售力度，汽油纯枪、高标号汽油销量同比分别提升11.4%、41%，纯枪价格到位率同比提升0.16%。三是创新管理模式提效率。成立营销核心小组，跟踪研判市场走势，灵活制定营销策略，完善市场快速反应机制，缩短市场变化应对周期。召开首届加油站经理人大会，落实"五项权利"，调整优化激励机制，全面激发一线员工销售积极性。深化"微笑服务、开口服务、卫生间清洁"客户服务提升活动，提升服务质量，擦亮中国石油品牌，时任国务院副总理汪洋云南调研期间称赞"中国石油加油站管理很规范"。

三、做强非油新引擎，推动创新发展

针对成品油销售业态发展趋势，公司把非油业务作为新的增长点，强化店面升级，优化现场服务，扩大对外合作，努力打造发展新引擎，汇聚发展新动能。一是现场优化强店面。以便利店全流程诊断优化和"张本荷劳模创新服务工作室"巡回培训为抓手，深化店面提升，30万元以上便利店毛利同比提升51%。狠抓双级ABC分类分析，培育潜力商品、淘汰低效商品，单品品效达13.6万元。实施226座便利店"小改大"，日均销售环比提升32.7%；全年店销4.8亿元，同比增长47.7%；单店日均收入2203元，同比增加438元。二是项目创新强渠道。顺应O2O商业新模式，上线运行"好客云南"微商城，精选云南特色产品线上销售，创新增收渠道。加大润滑油客户开发维护及技术营销力度，全年实现润滑油销售收入9531万元、毛利748万元。实施属地化招商，推进广告、汽服、餐饮、闲置资产租赁等新业务，实现收入2161.8万元、利润1665.32万元。拓展代储业务，中央仓从费用单位转为盈利单位，创效52万元。三是高效运行强基础。按照内控及合规管理要求，加强制度建设，落实监督措施，堵塞了管理漏洞。开展创意堆头大赛及369知识竞赛，提高员工非油技能，连续获销售公司前三季度非油销售专项奖、后备箱销售竞赛加多宝系列全国第1名。全面推广"日销日兑"激励方式及小时销售竞赛模式，加大非油规模和效益考核权重，激发员工开口营销、微笑服务积极性，客户进店购买率10.7%、客单价36.9元/人，同比分别提升28.9%、33.4%。

四、做精管理控费用，推动低成本发展

公司把挖潜增效作为一项长期性、战略性任务，千方百计控本降费，不断优化成本结构，努力提升可持续发展能力。一是控节奏，平衡资源优库存。坚持"优化运行、降库增效"原则，统筹油库、加油站、在途、客存四种库存平衡，保持低库存、紧平衡运行，月均库存控制在14.29万吨，节约费用1760万元。持续优化公路配送路线，在销售公司和大区公司支持下，推进跨区配送、互供串换，节约运费1300万元。二是控节点，优化流程降损耗。持续深化全流程、分环节损耗管控，自建损耗管理信息系统，深化驾驶员损耗排名通报等制度，规范超损索赔，狠抓油品损耗专项整治。全年公路、铁路运输损耗率及零售保管损耗率同比分别下降0.34‰、0.14‰、0.28‰，综合创效2156.8万元。三是控费用，全员挖潜降成本。深化全价值链成本优化、全方位成本对标赶标，狠抓纯枪挖潜、政策挖潜、费用挖潜等九项创效措施，全年不含盈余商流费较销售公司预算节约1.21亿元，五项费用较预算节约12.7%，非生产性租赁费同比降低68.4%。推进商信通业务，增加IC卡沉淀资金，节约财务费用3197万元。开展行政性收费清理，减少支出242万元。调拨资产800项，减少重复投资695万元。出租闲置房屋及土地等，实现收入1145万元。

一年来，我们虽在扩销上量、提质增效方面做了一些工作，取得了一些成效，但与党组的期望、销售公司的要求还有不小差距。下一步，公司将认真贯彻落实总部决策部署，虚心借鉴学习兄弟单位成功经验，紧密结合实际，主动作为，综合施策，坚决完成各项任务指标，全力推动公司由油品供应商向加油站平台综合服务商转变，为销售业务有质量有效益可持续发展做出新贡献。

强化自有商品开发　助力非油稳健发展

——销售公司 2017 年下半年工作会议交流材料

云南销售公司

(2017 年 7 月 17 日)

云南销售公司非油业务连续 9 年保持了高速稳健增长，特别是 2014 至 2016 年，收入年均增长 20%，效益年均增长 31%。上半年，实现非油收入 4.35 亿元、利润 4368.7 万元，同比分别增长 7.8%、10.9%，50 万元以上优质店增幅 24.5%，占比达 55.6%，人均非油收入、单店收入、油非转换率、客单价等指标虽然销售公司排名前列，但增速放缓、增幅缩小的问题凸显。要实现公司"十三五"非油 14.6 亿元、利润 1.56 亿元目标，必须破解发展瓶颈，寻找新出路。

明确发展新方向，寻求非油快速发展新出路。自有商品不仅是非油业务平台式发展的重要支撑，也是产品核心、创效核心。基于这一认识，公司把开发自有商品作为破解发展瓶颈的关键。在销售公司的整体部署和指导下，2016 年，云南销售公司把自有商品开发放在战略高度正式启动，成立了自有商品开发领导小组，设立专门机构，聘请外部专家，开展深入研究，加快推进步伐。公司瞄准云南独特的绿色生态资源，结合"人·车·生活"综合服务平台针对"人和生活"个性化、特色商品少的情况，研究形成了以"云烟、云药、云茶、云咖"为核心的"好客雲品"系列商品开发体系。3 月 21 日，涵盖饮品、烟草等 6 个类别的"好客雲品"商标获得国家商标局保护，为自有商品快速发展奠定了基础。

做大"云烟"——打造非油新的增长极。烟草是云南省支柱产业，年产值 2500 多亿元。云南中烟公司产销量、税利总额、市场覆盖率等多项指标位居全国首位。近年来，受国内经济放缓影响，云南中烟量效下滑明显，急于寻求有价值的合作伙伴。公司抓住这一有利契机，成立专门小组，积极与云南中烟商谈，顺利达成合作意向。经过深入的市场调研和分析，初步明确了开发定制烟的经营思路，得到了销售公司大力支持。定制烟具有突破普销烟价格壁垒的优势，毛利率能够达到 30% 以上，远超普销烟 12% 的毛利率。公司与云南中烟的专家成立工作组，在研究分析便利店在售香烟价格带、毛利贡献的基础上，确定了以普一类 20 元、中一类 40 元、高一类 60 元，收入和毛利率贡献最大的目标商品开展产销合作，发挥定制烟首销先发、溢价增效的优势。6 月 2 日，公司与云南中烟及云南烟草公司正式签署三方战略合作协议；6 月中旬，以"钓鱼台"等为主的 5 款专销（定制）烟中的 3 款顺利上市，实现销售收入 72 万元，毛利率 32%。公司还将玉溪"壹零捌"作为定制烟的首款开发产品，已完成口味、口感、包装、品牌形象设计。下一步，将按照先专销、后定制，先省内、后全国的推进策略，打造中国石油"云烟"专属自有产品。按照烟草行业单品全国最低年销量，预计可贡献年收入 7.5 亿元、增效 1.5 亿元。

做特"云药"——开启强强联合新路子。云南白药以226亿元的品牌价值位居全国医药行业之首。近年来，其11个单品年销售额过亿元，其中白药牙膏、创可贴等单品年销售额达40亿元。为了发挥中国石油的品牌优势、渠道优势和客户资源优势，与云南白药的品牌价值、研发能力、营销网络、物流配送体系共用、共营、共享，走强强联合、合作共赢之路，从2016年开始，公司开展了和白药的全面战略合作，紧紧围绕"人"的需求，以生活健康、车行健康、出行安全为切入点，先期开发车之爽、应急包等商品，并争取到了最高达40%的毛利政策，走先总经销、再定制联合品牌之路。目前，已有83个单品上架销售，上半年实现收入871万元。下一步，公司将尝试把车之爽、雾霾口罩、晕车贴、应急包等产品作为昆仑之星的扩充产品，按照双品牌战略，拓展全国市场，力争2018年打造3款单品年销售过千万的拳头产品。

做强"云茶"——拓展非油发展新空间。普洱茶是云南"十三五"打造的"千亿产业"之一，2016年产值达到670亿元。普洱茶以独特的口感、特殊的养生功效、绿色环保的品质畅销海内外。近年来，随着便利店业务快速发展，公司深刻认识到普洱茶巨大的开发价值、市场空间、增效空间。2015年，公司就成立了专门小组，聘请专家开展相关业务前期研究。2016年，结合省内茶企多、品牌杂的实际，确定了"品牌整合"策略，先后选取80多款样茶，对厂商逐一考察、组织专家对样品进行盲品品鉴，制定普洱茶自有品牌选品技术标准。在毛茶付制前，开发团队与合作茶商现场确认毛茶原料，对发酵、分筛等10多个环节全程跟踪，确保品质最优、质量受控、符合国标。目前，针对不同客户群体，已开发完成"邂逅""余音""格调""非凡"四个系列的7个茶品。在沈阳非油业务会议上，兄弟单位意向采购订单达600余万元。五一期间，通过在39个旅游景点站开展普洱茶加油伴手礼特价试销活动，受到省内外客户青睐，实现销售87万元。目前，公司正将西双版纳一家信誉好、茶质好、品牌好的老茶商企业2吨8年古茶树原料，开发订制为昆仑十周年好客优选＋纪念版"邂逅"普洱茶。根据普洱茶适合长期保存、越陈越香的特点，公司为经销商预留了30%以上毛利空间，并确定了一旦销售不畅、将高于采购价5%回购的政策。公司相信，"绿色、生态、环保、健康"的"邂逅"古树茶必将成为惠及客户的典藏好茶，也将成为"好客优选＋"的又一款"爆品"。公司坚信，"邂逅"普洱茶这一蕴含着浓浓石油情的自有商品，必将深得广大客户喜爱，也一定能为云南销售公司非油业务拓展更为广阔的空间。

做精"云咖"——瞄准时尚生活新市场。云南咖啡种植面积和产量都占到全国99%以上，其中70%以上被雀巢、星巴克等收购，其浓而不苦、香而不烈的独特优势畅销国际市场。结合加油站便利店功能性饮品增幅放缓、人民生活水平逐步改善、大众追求高品质生活，特别是千禧一代将成为主要消费群体的实际，公司把咖啡业务作为非油业务的一个重要增点，持续加大与云南后谷咖啡、小粒咖啡的合作力度。今年，公司以罐装咖啡开展油非互动，带动功能饮料销量同比增长43%。在高速公路和部分城市站打造咖啡吧，开展现磨咖啡销售，赢得年轻客户好评。目前，专销定置、联合品牌及探索股权合作试点工作已启动，力争"十三五"末咖啡销售规模过亿元。公司相信，随着特色咖啡业务的深入开展，必将得到越来越多时尚客户的喜爱，成为新的效益增长点。

尊敬的各位领导，云南销售公司在自有商品开发过程中得到了销售公司各级领导、兄弟单位的大力支持和帮助，在此，公司表示衷心感谢。公司相信，有销售公司的坚强领导，有兄弟单位的大力支持，云南销售公司非油业务一定会取得新的更大的进步。

着力"四真"强党建　打造三基新标杆

——中国石油基层建设云南销售现场会交流材料
云南销售公司
（2018年11月16日）

云南销售公司成立时间短，党建工作底子薄，近年来我们在强三基、促发展上做了一些探索。下面，与大家分享：

一、出真招，建活机制强堡垒

方向对了就不怕路远。在引领企业发展上，区外销售党组织把方向管大局，融入中心促发展，确保公司战略目标实现。

过去，基层单位重经营轻党建的问题一直困扰着我们。2012年我们实施了"44655"基层党建工程，有效解决了基层党建缺抓手的问题，但同抓同落实仍不理想。按照党的十八大全面从严治党要求，我们把党建工作考核纳入业绩合同，权重占比20%。有基层单位认为权重过高，党委一班人认真讨论后认为：抓党建就是抓经营，20%的权重不过头。考核上的精准发力和动真格，让基层单位真正重视起党建工作。

老问题刚解决，新问题又来了。分公司综合管理部对着6条专业线，人手紧、多兼职，工作成效有折扣。调研分析后，我们建机构、给编制、配人手、增费用，落实"两个1%"要求，在分公司成立16个党群工作部，配备32名专职党务工作者，保证了党建工作的专职力量。

基层支部强，作用才能发挥好。我们推进"党支部建设进库站"，确保支部建在销售最前沿。2016年初，以曲靖麒麟加油站党支部标准化打造为试点，探索支部"党建+安全+服务+队伍建设"的职责定位，按照"三亮六有"标准，规范支部活动阵地建设。经过近两年的优化推广，一批筋骨硬、动力强、活力足的支部由此孵化。今年4月，集团公司要求启动并在年内建成云南石化配套项目秧田冲油库长水机场航煤储运库项目。开工伊始，项目建设手续办理遇阻，更棘手的是秧田冲油库投运近十年的历史遗留问题仍悬而未决。困难面前，项目党员突击队分工协作、冲锋在前，跑政府、蹲现场、盯节点、破难题，短短数月就完成商务立项等关键手续，历史遗留问题也打破僵局、取得突破。截止目前，该项目进度达90%，踏点有序推进。像航煤项目的"云销速度"在持续上演。2015年蒙自、玉溪等4座管输油库同期开工，次年全部建成投用。2016年至今，公司开发油站153座，投运119座，网建连续三年排名销售公司前列；今年前10月，主油销售377万吨，非油收入10.7亿元，利润2.18亿元，排名区外销售前列。

二、动真格，打破成长天花板

2016年10月，昆明分公司对324国道昆石段8座加油站实行连线管理，杨兴林成为团队负责人。依托连线连片优势，团队8座站日均销量从80吨增加到110吨，非油日均销售从8600元增加到20356元。

干得好就要有个"好归宿"，但成长道路不畅限制了像杨兴林这样的优秀基层骨干成长。为此，我们2015年建立选人用人基层导向机制；2016年出台优秀年轻干部培养选拔实施意见；2017年制定人才队伍建设优化实施意见；2018年机关基层岗位实现互联互通，启动人才战略五年行动计划。一系列改革大刀阔斧破除了人才成长的条条框框。今年组织开展的部分处室长、分公司经理助理等岗位的公开竞聘，5人竞聘财务处长岗位、14人竞聘公司团委副书记岗位、43人竞聘12个地市分公司经理助理岗位的激烈角逐点燃了员工干事创业热情。昆明西福路加油站经理罗端，凭借9座加油站管理经验、12年加油站经理任职经历的突出优势，成功竞聘西双版纳分公司经理助理，从加油站经理直接进入分公司管理层。

成长通道的顺畅激发出了队伍活力。近年来，我们打破身份差异，实现了市场化与合同化员工同岗同酬，实现了市场化员工进入集团公司管理干部序列的重大突破，培育出以张本荷、张艳芬等为代表的一大批行业标杆，先后有36个集体、48名个人获得集团公司及以上表彰奖励。

三、念真经，落实责任强练兵

2013年、2016年，先后任云南省省长、省委书记的李纪恒分别到曲靖黄金海岸、保山潞江坝加油站突击检查油站卫生，对公司加油站服务清洁工作给予肯定："中国石油加油站的卫生间很干净，你们辛苦了！"小小卫生间清洁工作能得到省委领导两次表扬，着实让我们欣喜。

我们每年轮换开展职业技能竞赛、营销服务竞赛推动岗位练兵常态化，七年来选树岗位技术能手145人，"你比我看亮真功""非油创意堆头赛"等岗位练兵活动成为常态。在2015年销售系统"开口营销"服务技能竞赛上，公司斩获1金3银3铜，团队获2个杰出班组奖、1个优秀班组奖，并获团体第2名。

为了实战化开展岗位练兵活动，我们组建"张本荷劳模创新工作室"，深入油站开展现场流程诊断、优化提升、示范培训；我们创新劳动竞赛方式，开展"班前会比拼""营销PK赛""开口促销10分钟"等小型化、易组织的竞赛练兵活动。三年来，公司在股份公司劳动竞赛中始终名列前茅。

四、怀真情,以人为本聚合力

香格里拉五凤山加油站海拔 3300 米,冬季最低温度零下 16 度,基层调研时,该站高寒缺氧的艰苦条件让我们看在眼里、急在心里。这几年像这样生活设施配备有差距、有短板的加油站不在少数。"铁门铁床"不是家,我们一直倡导员工要以企为家、爱站如家,可面对没有"温度"的生活条件和环境,想谁也爱不起来。

为此,我们探索油站"家文化"建设,打造岗头加油站"家文化"蓝本并复制推广,为员工营造舒适、温馨家园;实施"春送慰问、夏送清凉、金秋助学、冬送温暖"四季关怀,三年来支出 562 万元。升级"五小工程",拿出 200 多万元增添"小影院、小 Wi-Fi、小药箱",提升员工幸福指数。组建"金孔雀文化营销创意工作室",文艺小分队每年进库站,把欢乐送给基层员工。每月开展"欢乐颂"等活动,聚人心、激活力。开办"云销夜读""悦读·分享"栏目,为员工推荐好书 360 多本,让员工业余生活更多彩、更美好。

前不久,五凤山加油站传来好消息。今年入冬前,暖气通到了每一间宿舍,吸氧器配备到了每一个床位,油站经理告诉我:"自己家里都没有这么好的条件"。

近年来,公司相继获"全国五一劳动奖状""全国职工职业道德建设标兵单位""中央企业先进集体"等荣誉称号,和谐、活力、富有魅力的云南销售正焕发出新光彩。

各位领导、各位同事,虽然我们在三基工作上做了一些探索实践,但离上级的要求还有一定差距。下一步,我们将按照集团公司党组要求,认真落实此次会议精神,坚持不懈抓实、抓细、抓硬三基工作,为集团公司高质量稳健发展做出新的更大的贡献。

发挥一体化优势　　促进高质量发展
——集团公司年度工作会经验交流材料

云南销售公司

2018年，面对云南石化投产后资源和市场的新变化，云南销售以"为上游业务发展创造市场空间、维护集团公司在滇整体利益最大化"为使命，充分发挥上下游一体化优势，坚持优化网络布局与提升销售能力并重，扩大销售规模与提升销售质量并重，创新服务模式与优化营销机制并重，最大限度把资源优势转变为发展优势，推动网络建设高质量、客户开发高质量、营销服务高质量发展。全年实现销量453万吨，同比增加46万吨、增幅11.3%；纯枪销量248万吨，同比增加15万吨、增幅6.4%；实现利润1.2亿元，全面完成年度预算指标。

一、发挥整体优势，高质量开发网络，有效破解发展"瓶颈"。把云南石化投产作为历史性机遇，依托大项目，促进大发展。一是争取政策拓网络。认真落实宜林董事长与省委省政府主要领导会谈精神，专题向省委书记陈豪汇报解决云南石化达产、配套加油站网络建设问题，取得加油站项目优先考虑中国石油的政策支持。协调昆明市政府举行加油站建设集中开工仪式，建设项目纳入政府督办。新投运加油站66座，其中昆明区域连续两年新投运超过20座，单站日销量10.2吨。二是攻坚克难破瓶颈。集团公司重点项目秧田冲航煤库在办理前期手续需要八个月的情况下，突破政策瓶颈、外输管线征地阻力、长周期降雨和复杂地质影响等难题，打破常规，不舍昼夜，仅用七个月全面建成，为云南石化航煤扩销增量创造了条件。三是合资合作促发展。利用云南石化资源优势，推动与7个政府平台、21家民营企业开展合资合作，将收编云投集团18座加油站，与云南最大的民营物流集团金孔雀交运合作运营加油站将超过10座。未来3年，合资合作预计新增加油站70座，为云南石化上量达产创造条件。

二、发挥资源优势，高质量开发客户，有效提升销售能力。把云南石化资源本地销售最大化作为第一责任，紧贴市场、灵活营销，努力提升省内份额，减少资源出省，助推中国石油在滇效益最大化。一是推进以客户"全产业链、全产品链、全服务链"为核心的"三全营销"。强化客户开发和服务，深挖集团客户业务链上关联企业的油卡非润全产品需求，实现从单一客户和产品销售向关联企业集群、组合产品销售转变，30家集团VIP客户实现直销量38万吨、纯枪量3.3万吨、加油卡5032张、润滑油1450万元，销售占比提高2.6%。二是深化以直销惠购油APP为核心的"互联网+"服务链营销。5505家直销客户和7家批发客户全部线上下单、配送、评价、分析，实现数据、营销、管理和服务闭环，从信息反馈、策略制定到客户落地，由原来的24小时缩短为1小时，高效服务吸引新客户1086家，贡献销量25.9万吨，终端客户占比提升9.5%，批发客户销量减少6.2万吨，带动直销价格到位率上升0.5%。三是强力推进"云油利剑"市场专项整治。协调政府持续打击成品油走私、非标油销售、流动加油等违法现象，推动走私和非法销售入刑，查获涉油案件1127件，公安部挂牌督办4件，查封加油站14座，取缔"黑窝点"303个，查处非法流动加油车716辆，刑事拘留128人、行政拘留427人，罚没不合格油7003吨。借机开发社会加油站、基建等新客户217家，新增销量12.48万吨，柴油销量日均增长640吨。四是妥善处理竞合关系。与主要竞争对手建立常态化的沟通协调机制，强化资源合作、减少终端竞争，共同维护良好的市场秩序，最大限度降低效益流失，全年向中石化云南公司串换销售油品83万吨。在对方销量不增的情况下，增销油品46万吨，相对市场份额超过39%，提高了1.2个百分点。

　　三、发挥一体化优势，高质量组织营销，有效促进量效齐增。坚持量效兼顾、量价互动，在全力消化云南石化资源的同时，以精准营销、精心服务和精细管理实现量价均衡、量效齐增。一是统筹基础量和额外量的关系。将销售板块额外量政策作为撬动新增市场、挖掘潜在市场的有力依托，建立市场价格趋势、量价匹配模型，妥善处理基础量和额外量的量效关系，紧贴市场灵活营销，额外量销量达到140万吨，补贴与价差持平不亏。二是统筹批发和零售业务的关系。深化批零一体化、客户开发服务一体化互动营销，针对零售盈利、批发亏损，科学测算批零比例盈亏临界点，精准不同趋势下库发、站发、直销、纯枪互动营销，努力提升纯枪销量，促进直销上量。在主要竞争对手纯枪和销售总量"双下降"的情况下，云南销售纯枪增量15万吨，直销增量31万吨，实现量效齐增。三是统筹油卡非润一体化营销。坚持以油带非、以非促油、油非互促，推行精益零售，打造"10惠日""最惠星期六"等营销品牌，开发"好客雲品"系列高原特色产品，建设以金花等为代表的特色文化加油站，全年新增万吨站17座，减少低效负效站55座。构建全会员体系，线上客户突破370万家，卡充值97亿元，沉淀资金9.75亿元，增幅20%，卡销比提升7个百分点。非油收入达到12.8亿元，利润突破1亿元。四是统筹生产和销售的关系。针对云南石化生产油品质量好的实际，我们提前半年在云南推广国六油品，树立了中国石油油品高品质的形象。千方百计协调省政府自2019年1月起，提前4年全省封闭推广国六（B）汽油，抬高汽油进入云南市场的门槛，为云南石化生产的汽油在云南市场全部销售创造了条件。

附录三 主要获奖文艺作品

曹军摄影作品《精细化管理》获华篷杯2009"我的销售符号"摄影大赛银奖

曹军摄影作品《情浓于水》获三盈杯2010"我的销售符号"摄影大赛一等奖

曹军摄影作品《震中那朵宝石花》获《汽车生活报·油商周刊》2014"我的销售符号"摄影比赛优秀奖

刘国栋摄影作品《感动时刻》获《汽车生活报·油商周刊》2014"我的销售符号"摄影比赛优秀奖

申永毅摄影作品《送油路上》获《汽车生活报·油商周刊》2014"我的销售符号"摄影比赛二等奖

"金孔雀文化营销创意工作室"微电影作品《一路油你，从心出发》获集团公司"重塑形象，从心出发"新媒体内容创作大赛微电影类三等奖

"金孔雀文化营销创意工作室"微电影作品《一路向西,去大理》获集团公司"重塑形象,从心出发"新媒体内容创作大赛微电影类三等奖

"金孔雀文化营销创意工作室"微电影作品《爱要油你才完美》获集团公司"重塑形象,从心出发"新媒体内容创作大赛微电影类创新奖

"金孔雀文化营销创意工作室"微视频作品《爱的驿站》在2017年"中国石油品牌故事大赛"活动中获视频类三等奖

"金孔雀文化营销创意工作室"微视频作品《七彩云南等你来》获集团公司第二届"重塑形象,从心出发"新媒体内容创作大赛其他作品类一等奖

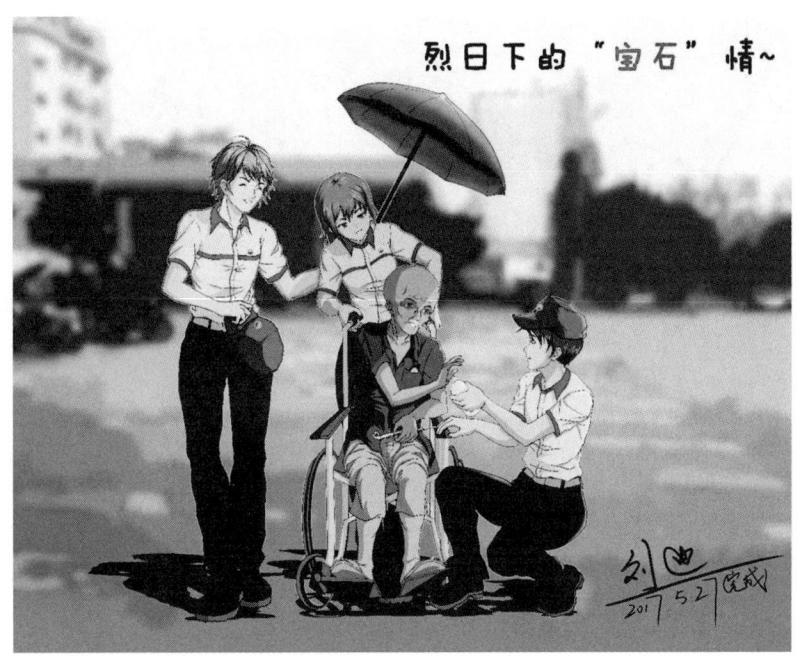

"金孔雀文化营销创意工作室"漫画作品《烈日下的宝石情》获集团公司第二届"重塑形象,从心出发"新媒体内容创作大赛漫画作品类三等奖

"金孔雀文化营销创意工作室"文艺作品《打虎上山》获索契"火炬杯"艺术节系列比赛民间艺术类二等奖

"金孔雀文化营销创意工作室"文艺作品《朝圣》获索契"火炬杯"艺术节系列比赛民间原生态类三等奖

后 记

《中国石油云南销售公司志（1999—2018）》编纂工作始于2018年5月底，止于2019年1月底，历时8个多月，经过全体编纂人员的共同努力，编纂工作如期完成，这是公司成立20年来的第一部志书。

2018年5月23日，公司召开公司志编纂工作启动会，对公司志编纂工作进行安排部署，公司总经理、党委书记赵剑春参会并作了动员讲话。5月25日，公司正式成立公司志编纂工作委员会，同时成立编纂工作组，抽调政治素养好、熟悉公司情况、有较强文字功底、较高理论水平的6名同志集中办公，督导各承编处室、单位按期完成相关编纂，开展公司志编纂、统稿、总纂、审稿和出版等工作。

2018年6月中旬，编纂工作组边学边干，完成了公司志篇目设计，下发了编纂手册。6月下旬至8月底，完成了资料长编和初稿撰写。期间，编纂工作组先后查阅档案资料、报刊及相关文件资料10万余份，逾4000万字，查阅历史照片2.7万余张。9月至2019年1月，经过十轮修改并经公司编委会审定后交出版社编审印刷。本志采用横排纵写的方法，涵盖述、记、志、传、图、表、录七个体裁，共10篇41章168节160余万字，内容涉及公司组织机构、网络开发建设、市场营销、零售、调运、仓储、质量安全环保、企业管理、党群工作等方方面面，力求史料翔实、横不缺要项、纵不断主线。

本次修志是公司成立以来的首次，面临工作经验不足、专业知识储备不够等困难。为此，编纂工作组建立了早课学习制度，深入学习志书理论知识，并邀请石油工业出版社和塔里木油田编志办专家到公司培训指导；同时组织编纂工作组成员到西北销售、上海销售等4家兄弟单位学习取经。期间，举办了5期编纂业务专题培训班，对各处室、相关单位参编人员进行了培训。

因公司办公地点多次变迁，机构多次整合等因素影响，公司成立前十年的文件资料保存较少，资料收集困难巨大。为此，编委会专门下发《关于征集公司成立20周年历史资料和实物的通知》，并向历任领导、已退休老员工和在广西销售、贵州销售公司工作的原西南销售公司员工收集资料，以确保公司志编纂工作顺利进行。本志的资料主要来自公司档案馆、各处室及相关单位收存资料，以及部分老领导保存的个人工作笔记和访谈资料。

在面临时间紧、任务重、资料不全、经验不足等重重困难的情况下，公司志能如期完成，主要得益于公司领导的高度重视，得益于公司各位老领导、各位专家顾问的精心指导，得益于各处室、各单位同仁的鼎力参与和大力支持，得益于广大参编人员不畏艰辛、夜以继日地工作投入，这部志书是所有参与者、支持帮助者的集体智慧结晶。

公司志时跨二十年，事涉千条线，年代较远，内容纷繁。编纂志书对公司而言，是一项全新工作，因时间较紧、经验不足、水平有限，虽多方努力搜寻资料，经十轮审稿和反复勘校正误，但仍可能存在内容疏漏、文字表述不当等问题，尤其是涉及2009年之前的内容，更易出现上述问题，诚请各位领导、各位专家、广大员工及业界同仁谅解并给予指正。

《中国石油云南销售公司志（1999—2018）》编委会
2019年1月

2018年8月8日,公司志编纂工作委员会举办第三期编纂业务培训。编纂期间,累计举办五期专题培训

公司志编纂工作委员会办公室全体人员合影